中国文化文物统计年鉴

(2007)

文化部计划财务司编著

北京图书馆出版社

天津文化设施

天津博物馆

2004年12月20日建成开放的天津博物馆，坐落在友谊路与平江道交口的银河广场上，占地面积5.7万平方米，总建筑面积35032平方米，总投资32711万元，拥有11000平方米的现代化展厅和功能齐全的文化休闲设施。其建筑外形为自湖面振翅欲飞的天鹅，线条流畅，极富时代感与艺术性，颇具特色。

天津博物馆是在原天津市历史博物馆和天津市艺术博物馆的基础上组建的一座大型的历史艺术类综合性博物馆。丰富的历史类文物及地方史料与品类齐全、体系完整的古代艺术品相融合，使天津博物馆成为国内为数不多的现代化省级博物馆，馆藏各类文物近20万件，包括青铜器、陶瓷器、书法、绘画、玉器、玺印、砚台、甲骨、钱币、历史文献、地方民间工艺等多个门类，其中尤以古代陶瓷器、书法、绘画、砚台、钱币以及近现代历史文物、文献最为突出。

作为集收藏、保护、研究、展览为一体的"非赢利性"机构和天津的标志性文化设施，天津博物馆秉着传承华夏文明，延续历史文化，保护本土艺术的宗旨，竭诚为国内外的观众奉献各种精美展览，她不仅肩负着保护本地区地上、地下物质文化遗产的重要职责；更是集中展示华夏文明的艺术殿堂和承续天津地方历史文化的主要场所。

历史景观

精品厅

天津人文说由来序厅

中华剧院

中华剧院坐落于天津市河西区隆昌路与平江道交口处，西临青少年活动中心，北靠天津科技馆，建筑面积9079平方米，加上综合业务楼、金禧园宾馆共约16000平方米，占地47.9亩，环境优美、交通便利。

中华剧院的构造充分体现了民族特点、京剧特色，既美观又具备实用的设计原则。在总体布局上，采用了中国传统园林及借景手法，在建筑造型上力求方正简洁，彰显中国传统建筑艺术的魅力；在内部装修风格上选用花梨木与天然石材相配，运用细腻的中式纹样与简洁的设计风格，使整个建筑显得庄重、大方。

中华剧院是天津市又一个标志性的文化设施，对提升城市文化品位，弘扬民族优秀文化发挥积极的作用。

中华剧院观众厅

前大厅

化妆间

山西

西周晋侯墓组玉佩

陶寺唐尧文化彩绘龙盘

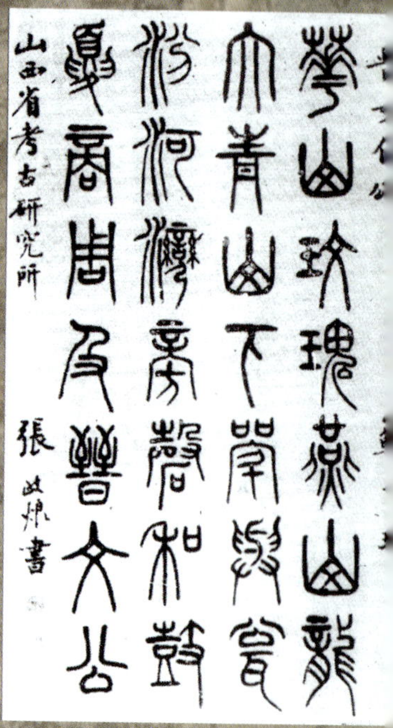

晋文化颂

M61出土的五孔石刀.牙璧

北 齐 徐 显 秀 墓 壁 画

2 0 窟 大 佛
乔 家 大 院
晋祠圣母殿侍女像
应县木塔
文 物
八 路 军 纪 念 馆 外 景
永乐宫玉女像
悬 空 寺
城 墙 西 门

山西
文化艺术

《走西口》

《走西口》

《走西口》

《西厢记》

《一把酸枣》

河 南 艺 术 中 心

河 南 艺 术 中 心 鸟 瞰 及 夜 景

音乐厅

大剧院观众厅

河南艺术中心为河南省政府确定的"十五"期间重点项目，位于郑州市郑东新区CBD核心区，占地面积10公顷，投资总概算9.09亿元人民币，总建筑面积77396平方米。建筑方案由加拿大OTT／PPA建筑师事务所国际著名设计大师卡洛斯·奥特先生设计。整个建筑群由1800席大剧院、800席音乐厅、380席小剧场和美术馆、艺术馆5个主要功能建筑组成。

河南艺术中心造型独特，设计新颖，五个椭圆体是由河南出土6500年前古乐器陶埙造型演变而来；艺术墙像黄河波涛翻卷的浪花，又如河南出土的2500年前古代管乐器石排箫；中间晶莹剔透的装饰柱，是设计师根据河南出土的8700年前中华第一笛——骨笛感悟而做。整个建筑群体均取之于古代乐器的抽象造型，使河南古代文化与现代建筑艺术有机地结合在了一起。

珠海市图书馆

珠海市图书馆位于广东省珠海市新香洲迎宾北路，占地面积30000平方米，建筑面积16000平方米。整体建筑集古典与现代于一体，环境优美，造型独特，富有地方特色，是一座与珠海历史文化相呼应、内部功能现代化的公益性大型标志性文化设施。

珠海市图书馆设计藏书量200万册（件），读者席位1500个，网络信息点位800个。馆内设有中文图书借阅厅、中文报刊阅览室、外文书刊阅览室、新报新刊阅览室、珠海地方文献阅览室、港澳台文献阅览室、古籍阅览室、参考文献阅览室、专家研究室、信息咨询室、自学室等传统服务区，同时设有多功能报告厅、电子阅览厅、音像视听室、培训室、演示厅等自动化服务区，另还设立了展览艺术长廊，是一座集信息化、智能化、多功能于一体的现代化图书馆。

为方便读者和完善图书馆服务功能，还设立了购书中心、商务中心、书吧、餐厅等配套服务设施，为读者营造休闲、舒适、温馨的良好学习环境。

珠海市图书馆是珠海“三个文明”建设的重要窗口，它以崭新的姿态，以多角度、全方位的方式为广大读者提供高质量、高水平的信息资源服务，成为全市的知识资源集散中心、市民终身学习教育和文化休闲的理想场所。

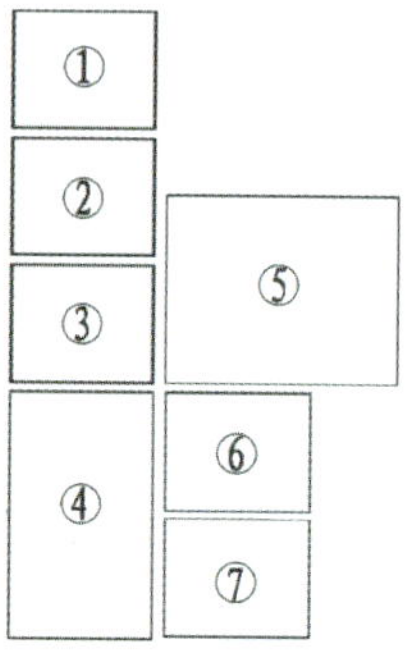

① 多功能报告厅
② 电子阅览室
③ 新报新刊阅览室
④ 大堂景观
⑤ 外观
⑥ 展览艺术长廊
⑦ 港澳台文献阅览室

云南
公共设施

全国文化文物统计工作表彰会合影留念 2006.10 辽宁·丹东

全国文化文物系统统计工作先进个人表彰大会

说　明

《中国文化文物统计年鉴(2007)》今天与读者见面了，这是一部最具权威性的有关文化及相关产业的统计资料。

本年鉴共分为两大部分:历史资料和年度资料。

历史资料是根据文化部历年统计年报以及各省、自治区、直辖市文化主管部门补报的1966年至1977年文化事业统计数据，并搜集有关部门的文化事业统计资料整理汇编而成。

年度资料是根据各省、自治区、直辖市及各计划单列市、省辖市文化主管部门报送的2006年文化及相关产业统计年报和文化部对外文化联络(港澳台)司的有关报表整理编印。本年鉴尚缺香港、台湾、澳门资料。

年鉴中"——"号表示数字为零，"…"号表示缺资料。

本年鉴的出版发行工作，得到了各级文化主管部门以及有关部门的大力支持，在此我们表示衷心的感谢!

年鉴中若有遗漏和不足之处，请同志们批评、指正，以便在内容上不断得到完善和充实。

编　者

2007年10月

目　录

历史资料

年度资料

(一)综合部分

(二)艺术业

(三)图书馆业

(四)群众文化服务业

(五)文化市场经营机构

(六)文化市场管理机构

(七)教育、科技及其他

(八)文物业

（九）对外文化交流

排序资料

附　　录

2006年中国文化事业发展概述

2006年，全国文化系统坚持以邓小平理论和"三个代表"重要思想为指导，全面贯彻落实科学发展观，以繁荣为中心，以改革促发展，各项文化建设全面推进。

一、文化单位机构和人员有所增加

截至2006年底，全国共有各类文化单位机构37.46万个，从业人员189.93万人。从主要分类看：

2006年全国共有艺术表演团体2866个，从业人员14.4万人，分别比上年增加61个和2489人。全国共有各类艺术表演场所1839个，从业人员3.49万人。有艺术创作机构351个；艺术研究机构188个；艺术展览机构58个，其中美术馆由22个增至33个。

2006年全国共有公共图书馆2778个，从业人员5.13万人，分别比上年增加16个公共图书馆，888人。

2006年全国共有群众艺术馆395个，从业人员1.05万人；文化馆2819个，从业人员3.99万人；文化站36784个，从业人员7.2万人，其中乡镇文化站3.27万个，从业人员6.27万人。

2006年全国文物保护业共有机构4092个，比上年增加62个。从业人员8.09万人。其中博物馆1617个，4.08万人，分别比上年增加36个，2215人。

2006年，全国文化娱乐业(含歌舞厅、舞厅、卡拉ok厅、电子游艺厅、台球厅、保龄球、旱冰场、综合娱乐场所等)共有机构20.24万个，从业人员106.8万人。全国文化市场其他经营机构(包括文化艺术经纪代理业、音像制品批发零售业、录像放映业、录像带出租、画店画廊、美术公司、艺术品拍买公司、图书批发等机构)共有11.65万个，31.22万人。

二、国家财政投入持续增加，文化设施建设开局良好

(一)文化事业费增幅较大，人均文化事业费11.91元

2006年是执行国家"十一五"规划的第一年，中央及各级政府认真贯彻党的路线方针政策，加大了对文化事业发展的投入力度，中央财政和地方财政对文化的投入有了较大幅度的提高，特别是中西部地区经费无论从增加额和增长速度看，都与往年有了较大改善。全国文化事业经费达到158.03亿元，比2005年增加24.21亿元，增长18.1%。全国人均文化事业费由上年的10.23元增加到11.91元，增长16.4%。文化事业费的持续增加，有力支持和保证了文化事业繁荣发展。

全国有15个省、区、市的人均文化事业费(按人均财政拨款，下同)超过全国平均水平(11.91元)，其中上海市最高，人均文化事业费达48.56元，其次是北京市，人均文化事业费40.36元，最低的是河南省，人均文化事业费仅为4.27元。

从分地区情况看，2006年财政拨款超亿元的有29个省、区、市，只有海南、西藏2个省、区的文化事业费未超过亿元。从2006年财政拨款比2005年的增减额看，各省、区、市都有不同程度的增加。江苏省的增加额最高，达2.68亿元，其次是广东省，为2.41亿元，云南省增加了1.75亿元位居第三；文化事业费增长幅度达到或超过全国平均水平(17%)的有17个省、自治区、直辖市，其中增长幅度最高的是青海省，增幅为46.2%，其次是云南省，为41.7%，第三是海南省，增长了40.8%。

(二)农村文化投入增幅较大，西部投入比重略有上升

2006年，是全国农村文化建设进展较快的一年，各级党政部门认真学习贯彻党的十六届六中全会做出的《中共中央关于构建社会主义和谐社会若干重大问题的决定》和中办、国办下发的《关于进一步加强农村文化建设的意见》(中办发【2005】27号)，"优

先安排关系群众切身利益的文化建设项目,突出抓好广播电视村村通工程、社区和乡镇综合文化站(室)工程、全国文化信息资源共享工程”,加大对农村文化建设的投入力度。

中央政府为做好农村文化建设工作,不仅将文化信息资源共享工程、乡镇综合文化站建设工程等列入了《中华人民共和国国民经济和社会发展第十一个五年规划纲要》和《国家“十一五”时期文化发展规划纲要》,还通过转移支付补助地方近8000万元用于资源和服务点建设,现已建成各级中心和基层服务点20多万个,辐射人群上亿。

2006年,全国文化事业单位总收入216.5亿元,比上年增加32.09亿元,增长17.4%,其中,全国文化事业经费达到158.03亿元,比上年增加24.21亿元,增长18.1%。其他收入(事业、经营等收入)58.47亿元,比上年增加7.88亿元,增长15.4%。

从文化投入的构成看,政府投入的总额和增长幅度远远超过文化单位事业服务和经营的收入总额和增长幅度,全国文化事业单位仍主要是靠财政投入促进发展。特别是十六大以来,国家财政对公共文化服务体系建设投入比重逐年增加,财政投入占总投入的比重由2000年的62.6%增长到2006年的72.8%,增加了10.2个百分点。这是近年来各级政府认真贯彻十六大对公益文化事业扶持的文件精神,加大了文化投入力度的结果,而政府投入的增加,使文化事业发展有了坚强后盾和基础。所以,国家加大对公益文化事业的投入,是推动文化事业健康发展,满足人民群众文化需要,提供优质文化产品和服务的基本条件。

从财政对文化投入的级别构成看,中央财政对本级文化投入力度远远超过地方对文化投入力度,尽管“十五”以来地方财政对文化投入占全国的比重有所增加(2006年94.1%,比2000年增加了2.8个百分点),但从对文化投入的经费年均增长速度看,中央财政投入年均增长17.6%,比地方财政对文化投入的年均增长13.5%,高出4.1个百分点。因而,地方财政加大对文化投入,促进各地文化事业迅速发展势在必行。

从财政对文化投入的城乡构成看。2006年对农村文化共投入44.6亿元,比上年增加8.9亿元,增长24.9%,年均增长11.1%,占全国财政对文化总投入比重为28.5%,比上年增加1.8个百分点。农民人均财政收入1.48元,比上年增加0.21元,增长16.5%。尽管对农村文化投入有所增加,但和同期财政对城市文化投入比较,无论是经费的基数,还是经费的增长速度都低于对城市文化投入力度,2006年财政对城市文化投入占总财政投入的比重仍然高达71.5%,超过对农村文化投入比重43个百分点。若扣除对县级文化单位的投入,2006年全国直接为7.37亿乡村农民提供文化服务的乡镇文化站,其经费只有10.9亿元,全国每个农民一年只能享受国家财政1.48元的文化投入,而经费的严重不足,也使农村文化建设困难重重,农村文化生活贫乏。

从财政对文化投入的地区构成看,国家加大了对西部地区的投入,2006年对西部地区文化共投入34.3亿元,比上年增加6.2亿元,增长22.1%,年均增长14.7%。占全国文化财政投入比重为21.9%,比上年增加0.9个百分点。但与东、中部地区财政对文化投入比较,无论是经费的基数,还是经费的增长速度都低于对东、中部地区对文化的投入,2006年东、中部地区财政对文化投入占总财政投入的比重高达78.1%,远远超过对西部地区文化投入比重56.2个百分点。上述数据表明,2006年西部地区与东、中部地区比较,投入差距仍然很大,不能彻底改变困扰西部地区文化事业发展的经费拮据现象,只能是在局部有所改善。

(三)2006年全国文化设施建设开局良好

2006年是执行“十一五”规划的开局之年,《国家“十一五”规划》和《国家“十一五”文化发展规划纲要》对建设公共文化服务设施网络提出了明确要求,中央在抓国家重大文化建设项目的同时,还制定《全国乡镇文化站建设规划》,推动各地对县级图书馆、文化馆、乡镇综合文化站等基层公共文化服务设施建设。中央和地方财政加大了对公共文化设施的投入力度,国家博物馆改扩建工程,可行性研究报告已经国务院批准,总投资26.1亿元,建设规模19.19

万平方米。国家图书馆二期暨国家数字图书馆工程总投资12.23亿元，建设规模7.99万平方米，2006年已完成投资1.75亿元。中国美术馆二期改扩建工程总投资5.6亿元，建设规模3.8万平方米，目前前期筹备工作正在有序进行。各地文化设施建设项目也纷纷上马，全国文化基础设施建设取得了重大进展。

2006年，全国文化（文物）系统固定资产投资项目总数达到1212个，计划总投资达416亿元，计划施工面积（建筑面积）723.5万平方米，比上年增加23.5万平方米，增长3.4%；本年完成投资额为58.1亿元，比上年增加13.8亿元，增长31.2%；其中国家投资50.2亿元，比上年增加19.3亿元，增长62.5%；国家投资占本年完成投资总额的86.4%，比上年增加了16.6个百分点。建成项目405个，竣工面积28.2万平方米。

2006年，全国文化事业机构基建项目总数为753个，计划总投资达276亿元，比上年增加78.4亿元，增长39.7%；施工面积（建筑面积）499.5万平方米，比上年增加60.3万平方米，增长13.7%；本年计划投资额为45.1亿元，比上年增加10.1亿元，增长28.9%；其中国家投资31.7亿元，比上年增加11.9亿元，增长60.1%；国家投资占本年计划投资额的比重为70.3%，比上年增加了13.7个百分点；本年完成投资额为37.2亿元，比上年增加7.3亿元，增长24.4%。全国文化基建建成项目253个，竣工建筑面积13.9万平方米。

在文化基建项目中，全国有175个公共图书馆建设项目，占项目总数的23.2%，比上年减少4.1个百分点；面积占总数的23.3%，比上年减少2.1个百分点；虽然项目和面积比上年略有减少，但国家投资占文化项目的国家投资总数达41%，比上年增加了28个百分点；实际完成投资额占总数的32.2%，也比上年增加4个百分点。全国有270个群众艺术馆、文化馆、文化中心建设项目，占项目总数的35.9%，比上年减少8个百分点；面积占总数的28.7%；实际完成投资额占总数的22.9%。

2006年，全国文物事业机构新建项目总数为137个（不含文物维修项目），比上年增加32个，增长30.5%；计划总投资达86.1亿元，比上年增加18.1亿元，增长26.6%；施工面积（建筑面积）113.8万平方米，比上年增加26.9万平方米，增长31%。本年计划投资额为22.4亿元，比上年增加7.3亿元，增长48.3%；其中国家投资10.6亿元，比上年增加4亿元，增长60.6%；国家投资占本年计划投资额的比重为47.3%，比上年增加了8.2个百分点。本年完成投资额为11.99亿元，比上年增加3.89亿元，增长48%。全国文物新建成项目53个，比上年增加12个，增长29.3%；竣工面积6.9万平方米，比上年增加1.4万平方米，增长25.5%；在文物新建项目中，全国有95个博物馆建设项目，比上年增加18个，增长23.4%；占项目总数的69.3%。博物馆建设面积占总数的90.9%，比上年增加了1.9个百分点；国家投资占总数的93.1%；实际完成投资额占总数的93%，比上年增加了2.6个百分点。全国31个博物馆项目建成，竣工面积6.2万平方米。

全国文化文物事业的基建项目数、计划总投资额、本年计划投资额、实际完成投资额等各项指标的大幅度增加，是国家持续加大对中央级文化设施建设的投入力度，并通过制定国家规划和有关政策，推动地方加大对文化设施建设投入的结果。2006年，各地党政部门认真贯彻执行中央27号文件和国家“十一五”文化发展规划纲要，纷纷制定本地区文化发展规划等相关政策，加大了对公益性文化设施建设的投入力度，国家投资总额和占投资总额的比重有了显著增加。

特别是2006年国家对博物馆、图书馆等文化设施建设的投入，无论是投资额，还是占总投资额的比重都比上年有了大幅度的增加，说明各地对博物馆、图书馆、文化馆（站）等公共文化服务基层设施建设非常重视，国家投资主要使用于能直接为广大人民群众提供公共文化服务产品的基层文化设施建设。

2006年，全国投资在亿元以上筹建开工的大型文化设施项目有国家博物馆、中国美术馆二期工程、国家话剧院、首都图书馆二期工程、浙江省小百花艺术中心、福建省莆仙大剧院、山东省博物馆、河南省郑州市歌舞剧院、湖北省图书新馆、广东省演艺中心、广东省潮州市图书馆、云南省博物馆等12个项目。

2006年，全国投资在5000万元以上的在建项目79个。其中投资在亿元以上的有：国家大剧院、国家图书馆二期工程、中国歌剧舞剧院、故宫博物院大修工程、恭王府府邸修缮工程、北京市延庆文体中心、河北省秦皇岛市文化广场、山西省大剧院、山西省博物院、山西省八路军太行纪念馆、内蒙古乌兰恰特大剧院、内蒙古博物馆、鄂尔多斯市民族剧院、鄂尔多斯市博物馆、鄂尔多斯市图书馆、鄂尔多斯市文化中心、上海市奉贤区图书馆、江苏省现代美术馆、江苏省大剧院、江苏省金陵图书馆新馆、浙江省美术馆、浙江省杭州市图书馆新馆、浙江省湖州大剧院、浙江省绍兴市鲁迅故里保护整治工程、浙江省舟山市文化艺术中心、浙江省永康市图书馆新馆、福建省大剧院、厦门文化艺术中心、厦门海沧区文化中心、江西省艺术中心、山东省东营文化艺术中心、山东省桓台文化艺术中心、河南省艺术中心、河南省安阳市殷墟申报世界文化遗产、湖北省艺术馆、湖北省博物馆、湖南省群众艺术馆新馆、湖南省岳阳文化广场、广东省中山图书馆、广东省广州歌剧院、广东省广州图书馆新馆、广东省博物馆、广东省海上丝绸之路博物馆、广东省汕头市图书馆、广东省汕头市博物馆、广东省梅州市客家黄遵宪博物馆、广东省潮州市文化艺术馆、叶剑英纪念馆、广西民族博物馆、海南省博物馆、重庆市渝中区文图新馆、四川省博物馆、四川省成都市金沙遗址博物馆、陕西省秦始皇兵马俑博物馆扩建工程、陕西省延安纪念馆、甘肃省博物馆、宁夏图书馆新馆、宁夏博物馆、新疆民族歌舞学校等59个项目。

2006年，全国投资亿元以上的文化设施竣工项目有：北京市海淀剧院、北京市大兴图书文化影剧楼、辽宁省大连市经济技术开发区图书馆、江苏省南京博物院展厅、江苏省苏州市博物馆新馆、昆明文化艺术生产基地等6个项目。

三、文艺创作进一步繁荣

国家实施的国家舞台艺术精品工程和国家重大历史题材美术创作工程，在促进文艺繁荣、引导文艺创作方面的积极作用进一步显现。广大艺术工作者和艺术团体坚持民族化、大众化、精品化的创作取向，坚持精品剧目创作生产与创新体制机制相结合，面向群众，面向市场，创作了一批优秀作品，受到了热烈欢迎。文化部注意对创作态势、文艺现象的研究，注重正面引导和把握，加强了对艺术创作的管理。“文华奖”整合了大型赛事、展演等活动，并与中国艺术节相结合，成为院团面向市场，政府引导创作的平台。国家加强了对传统艺术的抢救、保护和扶持，昆曲艺术节、中国越剧艺术节、中国评剧艺术节、全国地方戏优秀剧目展演等活动集中展现了传统艺术的生机和活力。《长征颂》、《我的祖国》等重大艺术活动赢得了广泛好评。民族优秀文化和高雅艺术普及活动蓬勃开展。

2006年，全国2866个艺术表演团体，全年共新排上演剧目2643个。其中，新创作并首演的剧目1228个，比上年增加260个，增长21.2%。全国艺术表演团体的演出场次共49.3万场，比上年增加2.3万场，增长4.9%；平均每团演出172场，比上年增加5场，增长3%。其中到农村演出28.7万场，比上年增加1万场，增长3.6%；占总演出场次60.5%。国内观众达到4.6亿人次，比上年增加7335万人次，增长18.6%。演出收入13.4亿元，比上年增加1.9亿元，增长17.5%。2006年，全国1839个艺术表演场所共演（映）出58.2万场次。共有2.1亿人次到艺术表演场所观看演出。

四、公共文化服务体系建设取得重大进展

2006年，中央和各级政府以保障公民基本文化权利为出发点，优先安排关系群众切身利益的文化建设项目，着力推进文化基础设施建设，公共文化服务体系进一步健全。配合社会主义新农村建设，公共文化服务网络逐渐向农村延伸，县、乡两级公共文化服务网络进一步形成。重大文化工程项目建设取得明显进展。全国文化信息资源共享工程列入党的十六届六中全会决议和《国民经济和社会发展第十一个五年规划纲要》，与农村党员干部现代远程教育

工程、农村中小学现代远程教育工程密切合作，共建基层服务点分别达到19.7万和18.1万个，辐射人群上亿，数字资源量达到58TB。文化部和财政部继续实施的送书下乡工程，共安排资金2000万，向300个国家级扶贫开发工作重点县和3614个乡镇赠送图书136万册。新实施的流动舞台车工程，是艺术院团送戏下乡，直接服务农村的“轻骑兵”。2005—2006年中央财政共落实资金1亿元，为24个省(区)配置流动舞台车。文化部还以多种形式活跃农村文化生活，部直属院团“三下乡”慰问演出，深受农民群众喜爱，观众人数达到30余万。同时举办专门面向基层和农村文艺骨干的培训班，培养基层文化队伍。

2006年，全国公共图书馆总藏量共有5亿册(件)，比上年增加1969万册(件)，增长4.1%；全国公共图书馆新购图书为1686万册，比上年增加了151万册，增长9.8%。全国公共图书馆购买报刊种类8.16亿种，比上年增加2006种，增长2.5%。全年共发放借书证1062万个，比上年增加了98万个，增长9.2%。全国千人拥有借书证为8.8个，比上年增加0.7个，增长8.6%。流通总人次为2.52亿人次，比上年增加了1856万人次，增长8.1%。其中，书刊文献外借1.14亿人次，2.1亿册次，分别比上年增加了588万人次和772万册次，增长5.2%和3.7%。全国公共图书馆充分利用网络技术，丰富服务手段，全国共有电子阅览终端37148台，比上年增加了4577台，增长14.1%。共有762个网站，比上年增加了191个，增长33.5%。因特网总带宽达15226兆。2006年，全国公共图书馆为读者服务共举办各种活动8.31万次，共有2741万人次参加。有14355个共享工程服务点为读者提供服务，比上年增加了5766个，增长67.1%。

2006年，全国群众文化业的40088个机构，共举办展览14.1万个，比上年增加3万个，增长27%。组织文艺活动49.8万次，比上年增加10.7万次，增长27.3%。组织各类理论研讨活动7060次，比上年增加327次，增长4.9%。组织各类讲座9332次，比上年增加1806次，增长24%。举办各类训练班21.9万班次，结业人次达688万人次，分别比上年增加2.8万班次和21万人次，增长14.7%和3.1%。全国群艺馆、文化馆、文化站的藏书达1.1亿册。全国群众文化单位注重自身建设，加强对业余文化辅导，配置了6319台计算机，建立了335个网站，对公众开放了14万平方米的阅览室，全国共有馆办文艺团体4365个，指导基层文化示范点14887个，农村集镇文化中心21831个，文化户49.9万个，群众业余文艺团体58409个。

五、文化产业蓬勃发展

中央和各级政府对文化产业的管理和服务已经基本走出摸索的阶段，抓住调查研究、政策制定、推广典型、打造平台、提供服务等重要环节，工作思路逐渐清晰，力度不断加大。文化部启动了文化产业项目服务工程，命名了第二批33个国家文化产业示范基地。中国国际网络文化博览会、中国(深圳)国际文化产业博览交易会等，已成为我国文化产品和服务交易的重要平台。各地普遍重视发展文化产业，文化产业发展势头良好，多数省区的文化产业增长率达到两位数。新兴文化产业发展势头强劲，动漫产业、网络文化、网络音乐、电子游戏等发展迅速。调整政策，鼓励出口，国产音像制品出口持续增长。艺术品市场逐步规范，艺术品行业有了较大发展。民营表演团体有了较快发展，加快了农村文化市场的发育。浙江、辽宁、吉林、安徽、河南等地的民营表演团体非常活跃。

2006年全国文化部门管理的文化及相关产业单位总产出891.06亿元，比上年增加150.52亿元，增长20.3%。新创增加值为446.84亿元，比上年增加57.13亿元，增长14.7%。

六、文化市场秩序明显改观

文化部坚持抓管理促繁荣，探索建立文化市场的长效管理机制，进一步规范文化市场秩序，营造更加公平、有序的竞争环境。网吧管理、音像市场知识产权保护的长效机制初步形成。以查处网吧违规接纳未成年人、解决音像市场盗版等问题为重点，强化了文化市场监管，特别是加大了农村文化市场的监管力度。在全国开展了以“保护知识产权，打击侵权盗版”为主题的全国音像市场法制宣传活动。2006

年全国共出动文化执法人员 503 万余人次，检查音像经营单位 416 万余家次，检查网吧 183 万家次，收缴盗版音像制品近 1.1 亿万张，停业整顿各类经营单位 1.9 万家，吊销许可证 4000 多家，加大文化市场重点案件督办查处力度，市场秩序有了很大的改观。

2006 年，全国文化市场产业经营单位经过治理整顿，共有 31.9 万家，从业人员 137.99 万人；年上缴各种税金 76 亿元，比上年增加 20.4 亿元，增长 36.7%。2006 年，全国省、市、县三级文化市场管理稽查网络机构共有 3692 个，22297 人。其中稽查机构 1841 个，13207 人。

七、文化遗产保护取得突破性进展

党中央国务院高度重视文化遗产保护工作。国务院发布《关于加强文化遗产保护工作的意见》，成立文化遗产保护工作领导小组，各地也相应建立了领导机构，加强了经费、人员等方面的支持和保障，极大地推动了文化遗产保护工作。国家首次设立“文化遗产日”，各地围绕“文化遗产日”开展了一系列丰富多彩的活动，各级政府保护文化遗产的力度总体上有所加强，全社会保护文化遗产的意识有明显提高，初步形成了全民参与文化遗产保护的可喜局面。

全国文物保护工作进一步加强。国务院公布了第六批全国重点文物保护单位。加强了对基本建设中文物保护工作的规范，三峡库区和南水北调东中线一期工程等基本建设项目区域内的珍贵文物得到有效保护。各地新建和改扩建了一批博物馆。全国各级各类博物馆举办展览近万个，接待观众 1.5 亿人次。文物市场稳定发展，文物犯罪得到遏制。长城保护工程正式启动。通过建立世界文化遗产监测巡视机制和专家咨询机制，加强了世界遗产的管理。河南安阳殷墟成功入选《世界遗产名录》。

2006 年，全国文物业 4092 个机构共有文物保管品、藏品 1845 万件；共举办展览 7866 个；参观人次达 1.84 亿人次，比上年增加 120 万人次，增长 4%；其中外宾参观人次达 899 万人次；青少年参观人次 4405 万人次，比上年增加 426 万人次，增长 10.7%；青少年占参观总人次的 23.9%，比上年增加 1.4 个百分点。门票收入 26.3 亿元，比上年增加 2.1 亿元，增长 9.1%。全年进行文物保护维修的单位 1498 个，比上年增加 143 个，增长 10.6%；其中，国保单位 531 个，比上年增加 162 个，增长 43.9%；占总维修单位数的 35.4%，比上年增加 8.1 个百分点。全国新建和改建了一批博物馆及文物库房，一大批濒临毁坏的文物得到有计划、有重点的抢救和保护。

非物质文化遗产保护工作进入发展的新阶段。建立部际联席会议制度，成立中国非物质文化遗产保护中心，机构进一步健全。公布了首批 518 项国家级非物质文化遗产名录项目，名录体系建设有了良好开端。全面部署非物质文化遗产普查工作。中华再造善本工程第一期任务顺利完成。

八、对外及对港澳台文化交流日益活跃

文化交流服务国家外交大局的优势得到充分发挥，文化外交特色和魅力日益显现。配合党和国家领导人出访和重要的多边国际活动，举办了“中国文化澳洲行”、“阿拉伯艺术节”。政府间文化高层互访更加频繁，2006 年，文化部长级的出访和来访共计 72 起。主动开展国际合作，积极参与规则制定，多边文化交流取得显著进展。出席了联合国教科文组织第 34 届大会、第三届亚欧会议文化部长会议、第九届国际文化政策论坛部长级年会等重要国际会议。我国高票当选为《非物质文化遗产保护公约》政府间委员会成员。对外文化交流内容和形式不断创新。“相约北京”联欢活动、上海国际艺术节、武汉国际杂技艺术节等项目已经形成品牌，吸引着越来越多的四海宾朋。继中法互办文化年之后，中俄互办“国家年”再次掀起两国文化交流的热潮，“俄罗斯文化节”堪称两国文化交流史上前所未有的盛事。并在日本成功举办了中国文化节。与综合国力和国际地位的提升相伴随，我国海外文化中心发展迅速，驻法国、德国、毛里求斯等中国文化中心工程进展顺利，成为文化交流的亮点。海外春节活动成为传播中华文化的窗口，影响越来越大。突出文化内涵，促进人心回归，对港澳文化交流更加活跃。着眼增强台湾同胞对中国文化的认同感和民族认同感，成功开展了“两

岸文化交流年”、“海峡两岸艺术节”等活动，收到了争取民心、反“独”促统的政治效果。

2006年，我国共与友好国家签订了3起文化协定，18起文化协定执行计划，2个备忘录。实施的对外文化交流往来项目共有1672个，33791人次。其中，出访943个，15877人；来访729个，17914人次。

2006年，对港澳台文化交流往来项目共有912个，16893人次。其中，赴港澳台670个，10522人次；来大陆242个，6371人次。

九、依法行政和依法管理能力和水平不断提高

依法行政理念进一步确立，政府职能进一步转变。在“十一五”开局之年，文化部抓住机遇，参与编制《国家“十一五”时期文化发展规划纲要》，颁布实施《文化建设“十一五”规划》和《国家文物事业“十一五”发展规划》，并逐个对规划项目进行了责任分解落实。以促进文化创新为核心，艺术教育、科技工作和文化人才队伍建设稳步发展。以健全行业标准体系为抓手，文化行业管理进一步加强。按照国务院在《全面推进依法行政实施纲要》中提出的“合法行政、合理行政、程序正当、高效便民、诚实守信、权责统一”的要求，文化领域依法行政工作取得了重要进展。文化立法工作进一步推进。国务院颁布《长城保护条例》，首次对单个文物项目进行立法保护。修订了《娱乐场所管理条例》，文化市场法规体系进一步完善。与此同时，文化部还出台了《文化部立法工作规定》等6个部门规章。此外，《非物质文化遗产保护法》草案已报国务院审议。陕西、四川、江苏等省地方性文化遗产保护法规和规章相继出台。普法方面，法制宣传教育第五个五年规划已全面实施。梳理执法项目、推行行政执法责任制的工作正在有序开展。

十、实施文化创新工程，突出艺术职业教育

为了对文化创新项目扶持、培育、推广，引导文化行业的理论创新、科技创新和体制机制创新，促进我国文化创新体系建设和文化事业的全面发展，解放和发展文化生产力，文化部开始实施包括标准化工程在内的文化创新工程。组织召开首届文化部创新奖和第二届文化部文化艺术科学优秀成果奖颁奖会。加大了文化行业标准化工作力度。组织召开了西部课题评审会。完成《中国文化发展战略研究》特别委托课题立项工作。贯彻落实国务院《关于大力发展职业教育的决定》，大力推进艺术职业教育工作。指导、召开了中国艺术职业教育学会第20次年会暨换届改选大会。启动了《艺术教育大系》（高职卷）的编写工作。举办了文华艺术院校奖——第八届桃李杯舞蹈比赛和第八届小提琴演奏比赛。加强社会艺术水平教育，科学管理社会艺术考级工作，出台《涉外社会艺术考级管理办法》，有步骤地开放国外艺术考级机构进入我国考级市场。

2006年，全国文化部门共有各类教育机构186个，共招生26222人，毕业21166人，在校生82157人，共培训干部3084人。其中，高等艺术院校招生7965人，毕业4971人，在校生23789人；中等专业学校招生16147人，毕业13764人，在校生53063人。

2006年，全国共有文化（文物）科研机构278个，共有中高级职称的科研人员3370人，比上年增加190人，增长6%，占从业人员总数的47.7%。本年完成科研项目445个，比上年增加79个，增长21.6%。其中获国家奖52个，占项目总数的11.7%；获省部级奖155个，占项目总数的34.8%。

十一、文化体制改革积极稳妥推进

2006年是文化体制改革工作由试点向面上推开、向纵深拓展的关键时期。中央、国务院下发《关于深化文化体制改革的若干意见》，召开全国文化体制改革工作会议，举办文化体制改革培训班，对深化文化体制改革进行了全面部署。文化部认真贯彻落实中央精神，积极推进改革试点工作，同时加强了对文化系统改革工作的指导，制定指导全国文化系统体制改革的意见和文化部直属单位改革总体方案，积极帮助转制单位争取并落实税收优惠等有关政策。各省（区、市）党委政府都召开了文化体制改革工作会议，制定了改革方案，出台了一系列切合本地区实际的具体政策措施。目前已有18个省（区、市）出台或即将出台深化改革、加快发展的有关配套政

策,13个省设立了文化产业发展专项资金或农村文化建设专项资金。有些地方还设立了文化体制改革专项资金。各地文化部门在党委政府的领导下,结合文化系统不同行业、不同单位的实际情况,协助党委政府制定文化体制改革实施方案,并提出本系统的试点单位和具体工作方案。总的来看,文化系统的改革在构建公共文化服务体系、重塑市场主体、转变政府职能、完善市场体系、加强宏观管理等方面,取得了明显成效。

(一)重塑文化市场主体,经营性文化单位转企改制取得新进展

文化系统列入试点的文化经营中介机构、影剧院等经营性单位转制任务基本完成。非试点地区推进经营性文化单位转企改制工作也取得了重要进展。安徽成立了新安农村数字院线公司,河南成立了文化影视集团公司。浙江、广东、河南、湖南、江西、山西、吉林、宁夏等农村电影改革试点地区,以股份制形式新组建了15个农村数字电影院线。浙江舞台艺术研究院转企后,研制开发多功能流动舞台车,获得很好的社会效益和经济效益。一般艺术表演团体的转制,是文化系统改革工作的一个难点,在全国文化体制改革工作会议的推动下,也有新的突破。如,中国木偶艺术剧团、中国杂技团先后转企改制,吉林省将吉林市歌舞团、吉林省歌舞团、东方大剧院整合重组,成立吉林歌舞剧院集团有限公司。新体制与新机制焕发了改制单位的生机和活力,成效越来越显现出来。中国对外文化集团公司改制以来,建立现代企业制度,完善法人治理结构,促进文化生产力的解放,保持了良好的发展态势。在成功承办国家重大文化活动的同时,实施多元发展和品牌战略,与上海等地合作,形成了《时空之旅》为代表的一批自有品牌产品,在海外和国内两个市场都取得不俗的成绩。到2006年底,大型多媒体梦幻舞台剧《时空之旅》演出497场,净票房收入超过5000万元,观众逾40万人次。改制后的北京儿艺凭借新体制的优势,完成了运作机制转换,推动了内容产品生产,整合了外部资源,激活了内部潜力,在演出场次和总收入方面实现了两大飞跃,变依靠“输血”为“造血”,成为充满活力的文化企业。其他改制单位也取得了良好的成绩。

(二)文化事业单位改革进一步深化,促进了服务质量的提高

作为首批试点单位,国家图书馆以岗位管理为重点,以提高服务质量为目标,深化劳动人事制度改革的经验在文化系统产生广泛影响。各地文化系统公益性事业单位的内部人事、分配和社会保障制度改革顺利推进。在机制转换的同时,各地文化部门和文化事业单位结合实际,创新服务方式,丰富服务内容,努力探索扩大和改善公共文化服务的新途径,进行了有益的尝试。比如,广东省首创“流动图书馆”、“流动博物馆”、“流动演出服务网”等模式,有了新的发展。流动图书馆达到35个,流动博物馆成员单位50个,覆盖了全省大部分地区。这些办法盘活了文化资源,缓解了经济欠发达地区人民群众文化生活匮乏的问题。浙江、湖南等省由党委、政府和企业共同出资,把文化产品和服务送到基层,特别是农村,受到广大群众的欢迎。

(三)加大结构调整力度,文化产业快速发展

各地通过整合文化资源,调整结构,推进文化产业的规模化、集约化和专业化发展,积极支持和引导社会资本进入政策许可的文化领域,涌现出一批规模大、效益好的国有和民营文化企业,形成了以公有制为主体、多种所有制共同发展的文化产业格局。在视听、娱乐、演艺、会展等领域,形成了一批产业基地和大型文化产业集团。创新演艺作品的生产运营机制,涌现出《云南印象》、《风中少林》等艺术质量和市场效益俱佳的艺术精品。

(四)推进政府职能转变,文化市场综合行政执法改革成效显著

各地文化部门积极推行政务公开,改进审批方式,简化办事程序,行政效率明显提高。有关试点地区按照党中央确定的文化管理体制的目标,积极推进政府职能转变,实行政企分开、政事分开、管办分离,理顺政府与文化企事业单位的关系,初步实现了由“办”向“管”的转变,“越位”、“缺位”问题得到有效解决,提高了政策调节、市场监管、社会管理和公共服务能力。大力推进文化市场综合行政执法改革，调整合并有关行政执法队伍，组建统一的文化市场综合执法机构。目前，试点地区综合执法改革各项任务基本完成，文化市场管理中长期存在的职能交叉、多头执法等问题得到初步解决。

(五)坚持区别对待，分类指导，艺术表演团体改革稳步推进

我国区域间经济、社会、文化差异比较明显，不同地区、不同艺术品种的艺术院团生存发展环境和要求也不同。各地结合当地的实际，按照区别对待、分类指导的原则，对艺术表演团体改革进行了多种方式的探索。条件成熟的，果断进行转制改革；重复设置、资源分散的，实行资源整合重组；对转制条件还不够成熟的一般艺术表演团体，也在积极创造条件，分步实施。国家对代表国家水准体现民族特色的重点艺术表演团体加大了扶持力度，同时也促进内部改革的深化，增强了院团自身活力。2006 年，文化部直属院团全年财政事业拨款 1.8 亿元(不含基建拨款)，比 2005 年增加 3660 万元，增幅达 25%。中国东方歌舞团、国家话剧院和其他中直院团通过改革转换经营机制，强化管理，提高了适应市场的能力，演出收入都有明显的提高。在改革中，民族艺术瑰宝京剧和昆曲得到有效的保护，通过严格公正的评估确定了 11 个国家重点京剧团和 17 个省重点京剧团，并配套了相应的支持措施：设立了昆曲保护经费、国家重点京剧院团保护和扶持专项资金。

2006 年的各项工作虽然取得了很大成绩，在某些领域还有重大突破性进展，但也要看到，在改革与发展中还存在着一些亟待解决的矛盾和问题，主要表现在以下几个方面：一是投入不足，公共文化服务需求增长与供给不足的矛盾有所加剧。公共文化机构免费向未成年人开放后，相应的财政支持多数未到位。从总体上看，近年来中央财政和地方财政对文化的投入有了较大幅度的提高，但是，投入的增长幅度仍不适应社会经济发展的速度、规模、水平和人民群众不断增长的精神文化需求。特别是西部地区由于财政困难，历年对文化欠账多，文化事业费基数较低，人口少，尽管文化事业费增幅较大，但增加的绝对额并不足以彻底改变困扰文化事业发展的经费拮据现象，只能是在局部有所改善。西藏的人均文化事业费居全国第 3 位，但文化事业费总额却只有 8008 万元，其比上年增加额和增长幅度均排在全国倒数第三位，经费的严重不足，必然影响为群众提供公共文化服务产品的能力。二是改革中还存在一些需要深入研究的问题。一些地方对改革的思想准备、舆论准备、政策准备、工作准备还不充分，改革自觉性、主动性还不强，政策支持未到位，存在畏难情绪和观望心态。三是政令不畅和政出多门的现象仍不同程度地存在，依法行政水平有待进一步提高。

历史资料

全国文化事业机构数

单位：个

年　份	艺术表演团体	艺术表演场所	博物馆	公共图书馆	群众艺术馆	文化馆	文化站	中等艺术学校
1949年	1 000	891	21	55	…	896	…	1
1952年	2 084	1 510	35	83	…	2 430	4 107	4
1957年	2 884	2 296	72	400	…	2 748	…	29
1962年	3 320	2 249	230	541	61	2 514	1 192	46
1965年	3 458	2 943	214	562	62	2 598	2 125	51
1970年	2 541	1 432	182	323	29	2 303	1 794	14
1975年	2 836	1 464	242	629	81	2 589	2 717	49
1978年	3 150	1 095	349	1 218	92	2 748	1 729	71
1980年	3 533	1 444	365	1 732	218	2 912	25 273	69
1985年	3 317	1 756	711	2 344	335	2 965	52 858	102
1986年	3 195	2 058	777	2 406	337	2 993	53 519	113
1987年	3 094	2 148	827	2 440	348	2 973	52 867	116
1988年	2 985	2 081	903	2 485	358	2 975	52 923	116
1989年	2 850	2 050	967	2 512	366	2 955	51 910	121
1990年	2 805	2 055	1 013	2 527	366	2 955	52 435	111
1991年	2 772	2 068	1 075	2 535	371	2 894	51 959	122
1992年	2 753	2 037	1 106	2 558	372	2 900	48 375	126
1993年	2 707	2 024	1 130	2 572	370	2 886	46 212	129
1994年	2 698	1 998	1 161	2 589	374	2 887	46 619	129
1995年	2 684	1 972	1 194	2 608	373	2 886	45 038	131
1996年	2 664	1 934	1 219	2 620	392	2 892	41 969	130
1997年	2 663	1 947	1 282	2 628	385	2 901	42 163	137
1998年	2 652	1 929	1 339	2 652	386	2 901	42 547	135
1999年	2 632	1 911	1 363	2 669	389	2 905	42 543	141
2000年	2 630	1 912	1 392	2 677	390	2 907	42 024	137
2001年	2 605	1 854	1 461	2 696	400	2 852	40 138	142
2002年	2 587	1 829	1 511	2 697	389	2 854	39 273	131
2003年	2 618	1 912	1 515	2 709	382	2 846	38 588	121
2004年	2 580	1 846	1 548	2 720	480	2 760	38 181	129
2005年	2 805	1 866	1 581	2 762	447	2 779	38 362	120
2006年	2 866	1 839	1 617	2 778	395	2 819	36 874	121

全国艺术表演团体分剧种机构数

单位:个

年份	总计	话剧、儿童剧、滑稽剧团	歌剧、舞剧、歌舞剧团	歌舞团、轻音乐团	乐团合唱团	文工团、文宣队、乌兰牧骑	戏曲剧团		曲、杂、木、皮团
								京剧	
1949年	1 000	…	…	…	…	…	860	…	…
1952年	2 084	…	…	…	…	255	1 706	350	123
1957年	2 884	100	103	…	…	13	2 406	…	262
1962年	3 320	78	113	…	15	91	2 450	249	647
1965年	3 458	94	102	…	14	212	2 318	230	725
1970年	2 541	52	93	…	7	932	1 293	226	156
1975年	2 836	58	113	…	4	1 225	1 253	243	183
1978年	3 150	76	116	…	7	959	1 726	239	266
1980年	3 533	100	143	…	11	669	2 224	231	386
1981年	3 483	104	152	…	10	605	2 272	221	340
1982年	3 460	5	165	…	11	584	2 269	215	326
1983年	3 444	105	170	…	12	558	2 271	209	328
1984年	3 397	105	184	…	16	530	2 231	191	331
1985年	3 317	103	204	…	18	517	2 167	181	308
1986年	3 195	100	226	…	20	502	2 061	163	286
1987年	3 094	97	261	…	22	490	1 954	154	270
1988年	2 985	94	283	…	21	466	1 861	138	260
1989年	2 850	91	289	…	24	445	176	126	234
1990年	2 805	90	298	…	22	440	1 722	122	233
1991年	2 772	92	41	252	21	432	1 707	121	227
1992年	2 753	94	43	250	21	432	1 695	120	218
1993年	2 707	90	42	254	18	421	1 667	119	215
1994年	2 698	90	44	258	20	427	1 647	116	212
1995年	2 682	89	45	261	19	425	1 634	116	209
1996年	2 664	92	61	283	17	415	1 587	114	209
1997年	2 663	93	59	283	19	432	1 573	113	204
1998年	2 652	88	65	286	17	424	1 562	112	210
1999年	2 632	86	74	295	17	410	1 541	110	209
2000年	2 630	86	79	289	17	419	1 531	109	209
2001年	2 605	97	112	321	15	379	1 479	109	187
2002年	2 587	87	109	343	15	383	1 472	111	178
2003年	2 618	88	104	361	32	361	1 483	114	189
2004年	2 759	140	92	347	28	313	1 544	110	173
2005年	2 810	165	88	270	33	176	1 853	125	105
2006年	2 866	143	109	380	34	330	1 505	93	194

注:2004年以后剧团数是行业统计数,含事业和企业团体数。

全国文化事业
财政拨款占国家财政总支出的比重

单位:亿元、%

年份	文化事业费	国家财政总支出	占国家财政比重
一五时期	4.97	1 345.6	0.37
二五时期	7.99	2 288.7	0.35
三年调整	4.49	1 204.9	0.37
三五时期	10.36	2 518.6	0.41
四五时期	15.36	3 919.6	0.39
五五时期	22.04	5 247.3	0.42
1978年	4.44	1 111.0	0.40
1980年	5.58	1 212.7	0.46
六五时期	36.03	6 952.0	0.52
1985年	9.32	1 844.8	0.51
七五时期	62.45	13 978.3	0.45
1986年	10.74	2 330.8	0.46
1987年	10.77	2 448.5	0.44
1988年	12.18	2 706.6	0.45
1989年	13.57	3 040.2	0.45
1990年	15.19	3 452.2	0.44
八五时期	121.23	26 092.5	0.46
1991年	17.28	3 813.6	0.45
1992年	19.46	4 389.7	0.44
1993年	22.37	5 287.4	0.42
1994年	28.83	5 792.6	0.50
1995年	33.39	6 809.2	0.49
九五时期	254.51	56 897.94	0.45
1996年	38.77	7 914.4	0.49
1997年	46.19	9 197.1	0.50
1998年	50.78	10 771.0	0.47
1999年	55.61	13 136.0	0.42
2000年	63.16	15 879.44	0.40
十五时期	496.16	129 692.91	0.38
2001年	70.99	18 844.00	0.40
2002年	83.66	22 012.00	0.38
2003年	94.03	26 768.00	0.35
2004年	113.66	28 360.79	0.40
2005年	133.82	33 708.12	0.39
2006年	158.03	40 213.20	0.39

说明:资料来源:国家财政总支出、文教科学卫生事业费均系国家财政决算数。文化事业费:1953——1980年系国家财政决算数("一五"至"四五"时期含文物、出版经费,"五五"时期不含文物、出版经费);1981年以后系文化事业统计年报数(不含文物、出版及科学研究费)。

全国文化事业费总支出分项情况

单位：万元

年份	总计	艺术表演团体	艺术表演场所	公共图书馆	群众文化事业	中等专业学校	干部训练	其他
六五时期	459 316	213 563	30 046	47 760	74 866	16 421	940	75 720
1981年	69 232	38 897	…	6 145	12 140	2 797	…	9 253
1982年	79 318	39 693	6 169	252	11 957	2 827	…	11 420
1983年	89 282	42 861	6 653	9 121	13 631	3 114	261	13 641
1984年	103 885	44 820	7 705	1 184	16 798	3 540	335	18 838
1985年	117 599	47 292	9 519	13 393	20 340	4 143	344	22 568
七五时期	980 847	294 857	138 074	116 300	168 619	29 521	5 122	228 353
1986年	151 892	53 238	16 912	17 242	27 118	4 640	1 160	31 582
1987年	163 618	54 334	21 887	19 030	28 222	483	958	34 350
1988年	193 954	57 834	27 420	23 021	32 385	5 967	872	46 454
1989年	226 748	61 937	33 601	26 737	3 818	6 720	1 000	58 335
1990年	244 635	67 514	38 254	30 270	42 470	7 357	1 132	57 632
八五时期	2090 837	559 130	302 037	261 106	334 861	78 076	8148	547 478
1991年	287 937	76 065	45 634	34 388	48 674	8 610	1 228	73 338
1992年	328 295	87 797	49 738	41 132	55 330	10 483	1 217	82 598
1993年	398 478	100 106	58 860	48 211	63 172	13 717	1 489	112 922
1994年	502 210	134 508	68 389	63 295	78 794	21 113	1 985	134 126
1995年	574 193	160 654	79 416	74 080	88 891	24 153	2 229	144 769
九五时期	4522 682	1121 883	447 005	622 921	835 808	220 970	10 103	1262 994
1996年	741 671	183 534	88 947	88 963	137 775	31 477	1 573	208 402
1997年	848 548	202 789	93 125	113 927	158 861	39 561	2 186	238 100
1998年	899 877	223 877	92 580	127 032	173 207	43 820	2 084	237 277
1999年	973 733	242 797	85 653	135 826	177 528	51 690	1 486	278 754
2000年	1058 853	268 886	86 700	157 173	188 437	54 422	2 774	300 461
十五时期	7103 503	2025 076	471 018	1215 721	1381 016	…	7 969	2003 334
2001年	1097 176	312 601	89 815	180 489	210 860	…	1 933	301 479
2002年	1277 797	363 312	89 374	208 929	235 593	…	1 659	378 930
2003年	1384 184	397 890	104 384	235 819	265 751	…	2 479	378 491
2004年	1573 087	459 369	102 174	275 034	310 850	…	724	425 350
2005年	1767 102	492 653	91 655	312 571	358 641	…	1 077	510 506
2006年	1580 280	390 771	21 703	319 479	322 773	…	737	524 818

全国文化事业费总支出构成情况

单位：%

年　份	总　计	艺术表演团　体	艺术表演场　所	公　共图书馆	群　众文化事业	中等专业学　校	干部训练	其　他
六五时期	100.0	46.5	6.5	10.4	16.3	3.6	0.2	16.5
1981年	100.0	56.2	…	8.9	17.5	4.0	…	13.4
1982年	100.0	50.0	7.8	9.1	15.1	3.6	…	14.4
1983年	100.0	48.0	7.5	10.2	15.3	3.5	0.3	15.3
1984年	100.0	43.1	7.4	11.4	16.2	3.4	0.3	18.1
1985年	100.0	40.2	8.1	11.4	17.3	3.5	0.3	19.2
七五时期	100.0	30.1	14.1	11.9	17.2	3.0	0.5	23.3
1986年	100.0	35.0	11.1	11.4	17.9	3.1	0.8	20.8
1987年	100.0	33.2	13.4	11.6	17.2	3.0	0.6	21.0
1988年	100.0	29.8	14.1	11.9	16.7	3.1	0.4	24.0
1989年	100.0	27.3	14.8	11.8	16.9	3.0	0.4	25.7
1990年	100.0	27.6	15.6	12.4	17.4	3.0	0.5	23.6
八五时期	100.0	26.7	14.4	12.5	16.0	3.7	0.4	26.2
1991年	100.0	26.4	15.8	11.9	16.9	3.0	0.4	25.5
1992年	100.0	26.7	15.1	12.5	16.9	3.2	0.3	25.2
1993年	100.0	25.1	14.8	12.1	15.9	3.4	0.4	28.3
1994年	100.0	26.8	13.6	12.6	15.7	4.2	0.4	26.7
1995年	100.0	28.0	13.8	12.9	15.5	4.2	0.4	25.2
九五时期	100.0	24.8	9.9	13.8	18.5	4.9	0.2	27.9
1996年	100.0	24.7	12.0	12.0	18.6	4.2	0.2	28.3
1997年	100.0	23.9	11.0	13.4	18.7	4.7	0.3	28.0
1998年	100.0	24.9	10.3	14.1	19.2	4.9	0.2	26.4
1999年	100.0	24.9	8.8	13.6	18.2	5.3	0.2	29.0
2000年	100.0	25.3	8.2	14.8	17.8	5.1	0.3	28.4
十五时期	100.0	28.5	6.6	17.1	19.4	…	0.1	28.3
2001年	100.0	28.3	8.1	17.0	19.1	…	0.2	27.3
2002年	100.0	28.4	7.0	16.4	18.4	…	0.1	29.7
2003年	100.0	28.7	7.5	17.0	19.2	…	0.2	27.4
2004年	100.0	29.2	6.5	17.5	19.8	…	0.05	27.0
2005年	100.0	27.8	5.1	17.6	20.2	…	0.06	29.3
2006年	100.0	24.95	1.39	20.40	20.61	…	0.05	32.60

全国文化产业增加值情况

单位:亿元

年份	总计	其中			
		艺术业	图书馆业	群众文化业	文化娱乐业
九五期间	1 020.97	82.03	30.00	46.61	499.64
1996	211.84	15.05	4.22	7.43	138.28
1997	207.14	15.65	4.91	8.87	127.31
1998	207.62	16.00	6.47	9.21	121.25
1999	191.29	16.91	6.54	10.24	101.99
2000	205.95	18.42	7.59	10.86	100.33
十五期间	1483.69	170.06	68.56	89.3	735.48
2001	210.68	20.95	9.57	12.19	99.95
2002	250.00	23.75	10.80	13.83	123.78
2003	307.20	31.93	11.91	15.44	163.12
2004	326.10	46.15	17.02	22.46	149.40
2005	389.71	47.28	19.26	25.38	199.23
2006	446.84	54.29	21.86	27.94	237.51

全国文化产业增加值主要行业构成情况

单位:%

年份	总计	其中			
		艺术业	图书馆业	群众文化业	文化娱乐业
九五期间	100.00	8.03	2.94	4.57	48.94
1996	100.00	7.10	1.99	3.51	65.28
1997	100.00	7.56	2.37	4.28	61.46
1998	100.00	7.71	3.12	4.44	58.40
1999	100.00	8.84	3.42	5.35	53.32
2000	100.00	9.07	4.28	5.35	51.38
十五期间	100.00	11.46	4.62	6.01	49.57
2001	100.00	9.94	4.54	5.79	47.44
2002	100.00	9.50	4.32	5.53	49.51
2003	100.00	10.39	3.88	5.03	53.10
2004	100.00	14.15	5.22	6.89	45.81
2005	100.00	12.13	4.94	6.51	51.12
2006	100.00	12.15	4.89	6.25	53.15

全国文化事业基本建设投资占全国基本建设投资的比重

单位:亿元、%

年份	文化事业基建投资	国家基建投资	文化事业基建投资占国家基建投资比重
一五时期	2.58	531.19	0.49
二五时期	1.97	944.38	0.21
三年调整	0.40	371.74	0.11
三五时期	2.38	871.28	0.27
四五时期	2.67	1 454.72	0.18
五五时期	3.77	1 696.40	0.22
六五时期	25.68	3 410.09	0.75
1985年	6.45	1 074.37	0.60
七五时期	28.83	7 286.00	0.40
1986年	6.32	1 176.11	0.54
1987年	6.14	1 343.10	0.46
1988年	6.42	1 574.31	0.41
1989年	4.81	1 551.74	0.31
1990年	5.14	1 703.81	0.30
八五时期	53.13	23 545.69	0.23
1991年	5.78	2 115.80	0.27
1992年	7.85	3 012.65	0.26
1993年	9.18	4 615.50	0.20
1994年	14.22	6 436.74	0.22
1995年	16.10	7 365.00	0.22
九五时期	98.79	56 547.00	0.17
1996年	14.43	8 399.00	0.17
1997年	20.48	10 500.00	0.20
1998年	17.01	11 904.00	0.14
1999年	23.92	12 619.00	0.19
2000年	22.95	13 125.00	0.17
十五时期	136.88	150 602.00	0.09
2001年	19.84	14 567.00	0.14
2002年	24.00	17 251.00	0.14
2003年	25.54	22 729.00	0.11
2004年	37.12	42 482.00	0.09
2005年	29.89	53 572.90	0.06
2006年	37.17	66 672.40	0.06

说明:1.资料来源:①国家基建投资均摘自国家统计局统计年鉴。其中1953——1980年系国家预算内投资;1981年以后系国家基本建设投资(包括国家预算内投资、自筹投资和银行贷款等)。②文化事业基建投资:1953——1980年系国家预算内投资;1981—1984年以后系国家基本建设投资(包括国家预算内投资、自筹投资和银行贷款等)。1985——2002年系文化事业统计年报中文化事业基建实际完成投资额(包括国家预算内投资、自筹投资和银行贷款等)。

2.文化事业基建投资:1953——1984年包括文化系统内所属文化、出版、文物的基建投资;1985年以后仅为文化部系统的基建投资,不含文物、出版的基建投资。

全国文化事业基本建设情况

单位:万元、个、万平方米

年　份	本年计划投资		实际完成投资额	交付使用	
		国家投资		项　目	面　积
1982年	46 244	…	37 090	1 187	…
1983年	53 170	18 063	42 381	1 292	…
1984年	58 589	22 517	48 479	1 024	…
1985年	73 267	32 150	64 460	986	…
七五时期	320 139	152 369	288 287	2 419	520.6
1986年	69 939	32 864	63 197	74	117.6
1987年	69 692	34 951	61 383	622	121.0
1988年	69 918	31 594	64 186	581	97.0
1989年	51 964	24 680	48 124	542	97.9
1990年	58 626	28 280	51 397	476	87.1
八五时期	627 173	180 715	531 208	1 540	299.3
1991年	67 112	23 214	57 781	325	62.8
1992年	89 707	28 348	78 488	358	65.6
1993年	110 843	28 170	91 766	314	56.3
1994年	154 649	48 912	142 171	268	48.1
1995年	204 862	52 071	161 002	275	66.5
九五时期	1 255 378	497 573	988 048	1 174	413.2
1996年	187 692	58 225	144 433	287	94.1
1997年	223 963	98 845	204 774	285	74.1
1998年	230 649	119 561	170 079	176	73.0
1999年	280 005	112 130	239 269	217	78.4
2000年	333 069	108 812	229 493	209	93.6
十五时期	1678 383	918 246	1363 909	1 087	338.8
2001年	251 075	171 729	198 397	160	77.2
2002年	346 381	159 999	240 023	150	73.9
2003年	335 434	180 416	255 359	217	115.0
2004年	395 208	207 739	371 204	286	44.4
2005年	393 383	198 037	327 683	284	28.8
2006年	451 099	317 046	371 736	253	139.0

全国文化部门艺术表演团体演出及收支情况

年份	机构数(个)	演出场次(万场次)		观众人次(万人次)	平均每团演出场次(场)	总收入(万元)			总支出(万元)		经费自给率(%)
			农村演出				财政补助收入	演出收入		排练制作费	
1949年	1 000	30	…	…	300	…	…	…	…	…	…
1952年	2 084	66	…	2 312	317	…	…	…	…	…	…
1957年	2 884	137	…	79 245	474	…	…	…	…	…	…
1958年	3 181	205	…	120 290	644	…	…	…	…	…	…
1964年	3 302	171	82	84 293	518	19 030	5 290	…	19 817	…	68.0
1978年	3 143	65	22	79 395	206	32 086	19 644	11 079	30 049	7 393	41.4
1980年	2 183	54	20	61 519	245	34 687	22 503	10 685	29 524	5 953	41.3
1985年	3 295	74	49	72 322	226	48 568	30 942	13 091	47 292	6 007	37.3
1986年	3 173	63	40	60 012	198	53 638	35 562	13 278	53 238	3 815	34.0
1990年	2 788	49	32	51 012	176	71 535	43 759	18 041	67 514	3 952	41.1
1991年	2 760	45	29	46 411	162	71 756	42 638	17 798	76 065	4 566	38.3
1992年	2 744	43	28	46 338	155	80 959	46 617	19 559	87 797	4 843	39.1
1993年	2 698	41	26	42 530	151	92 770	51 093	21 756	100 106	4 762	41.6
1994年	2 691	40	26	40 935	149	127 628	75 583	27 276	134 508	6 608	38.7
1995年	2 676	41	26	43 166	154	151 388	86 620	34 382	160 654	9 302	40.3
1996年	2 656	42	27	47 934	158	184 240	109 781	39 870	183 534	8 090	40.1
1997年	2 651	42	26	46 361	157	206 794	125 300	40 716	202 789	10 161	37.9
1998年	2 640	42	26	53 486	161	218 546	139 913	41 730	223 877	11 215	34.5
1999年	2 622	42	26	46 904	161	242 645	155 609	48 967	242 797	16 423	33.2
2000年	2 619	41	26	46 168	157	263 664	172 864	51 650	268 886	14 926	31.5
2001年	2 590	42	24	47 385	163	311 852	210 018	57 448	312 601	18 783	30.3
2002年	2 577	42	24	45 980	161	365 331	246 661	64 884	363 312	18 896	29.1
2003年	2 601	39	22	39 163	147	400 867	269 640	71 781	397 890	22 036	29.5
2004年	2 694	45	26	39 833	165	464 215	313 068	91 157	462 777	21 635	36.1
2005年	2 502	40	23	36 295	159	507 628	346 987	99 023	496 305	24 776	30.8
2006年	2 508	42	24	41 579	167	590 880	399 771	113 720	583 881	32 080	37.9

注：中国的民族戏曲历史悠久，剧种繁多，全国共有京剧、昆曲、评剧、豫剧、河北梆子、二人台、漫瀚剧、二人转、吉剧、黄龙戏、龙江剧、秦腔、阿宫腔、陇剧、青海平弦戏、新疆曲子戏、山东梆子、吕剧、黄梅戏、凤阳花鼓戏、沪剧、越剧、赣剧、闽剧、歌仔戏、粤剧、琼剧、桂剧、湘剧、汉剧、楚剧、川剧、滇剧、黔剧、藏剧、晋剧等275个有据可考的戏曲剧种。

全国文化部门剧场、影剧院演出及收支情况

年份	机构数（个）	演出场次（万场次）			观众人次（万人次）	收入合计（万元）				总支出（万元）
			艺术场次	电影场次			财政补助收入	艺术演出收入	电影放映收入	
1985年	1 377	99	12	87	…	11 630	1 506	1 776	5 206	9 519
1990年	1 995	302	9	209	89 157	43 491	2 865	3 375	16 560	37 402
1995年	1 918	205	5	114	24 252	79 507	2 793	6 481	22 492	77 134
1996年	1 892	256	5	97	59 057	86 147	5 034	7 611	21 958	87 204
1997年	1 898	231	5	91	16 572	88 540	6 559	8 387	18 513	89 732
1998年	1 882	206	5	75	15 368	84 956	6 800	8 869	17 735	88 735
1999年	1 864	168	6	61	11 581	75 675	7 588	10 187	11 160	80 731
2000年	1 863	136	6	53	12 982	81 081	8 643	10 735	11 438	82 040
2001年	1 840	115	7	58	19 422	83 431	13 112	11 601	11 632	89 815
2002年	1 819	74	7	55	11 421	83 643	12 033	13 186	11 366	89 374
2003年	1 900	56	7	43	8 087	103 274	15 703	21 425	9 398	104 384
2004年	1 674	59	8	45	12 689	106 121	16 483	27 180	11 855	112 171
2005年	1 759	58	7	45	8 430	113 760	19 145	35 668	16 119	103 125
2006年	1 724	56	8	46	6 529	117 975	19 603	37 511	9 206	117 871

全国公共图书馆业务活动情况

年份	机构数（个）	总藏量（万册、件）		总流通人次（万人次）		图书流通册次（万册次）	书架单层总长度（万米）	发放借书证数（万个）
			书刊		外借人次			
1979年	1 651	18 353	18 353	7 787	…	9 625	…	…
1980年	1 732	19 904	19 904	9 045	…	11 830	…	…
1985年	2 344	25 573	25 573	11 614	…	18 942	…	…
1990年	2 527	29 064	29 064	12 435	…	20 242	772	603
1995年	2 608	32 850	32 171	18 298	7 160	11 814	899	540
1996年	2 620	33 686	32 913	14 793	7 731	13 544	967	527
1997年	2 628	37 549	33 514	16 114	8 561	15 685	817	556
1998年	2 662	38 514	34 443	17 058	8 910	15 422	873	582
1999年	2 669	39 539	35 418	18 040	9 075	16 290	934	596
2000年	2 677	40 953	36 550	18 854	9 600	16 913	978	623
2001年	2 696	41 804	37 259	20 876	9 829	17 559	942	792
2002年	2 697	42 683	37 928	21 950	10 428	20 021	995	918
2003年	2 709	43 776	38 992	21 440	10 666	18 775	1 035	943
2004年	2 720	46 152	40 891	22 100	10 114	18 527	1 247	1 057
2005年	2 762	48 055	42 480	23 331	10 821	20 269	1 320	1 062
2006年	2 778	50 024	44 261	25 217	11 408	21 039	1 413	1 160

全国公共图书馆经费收支及设施情况

年份	收入合计(万元)	财政补助收入	支出合计(万元)	购书费	新购图书(万册)	公用房屋建筑面积(万平方米)	书库	阅览室	坐席数(万个)
1979年	5 040	5 040	5 206	2 163	…	86.6	38.1	21.1	…
1980年	5 476	5 476	5 486	2 273	…	92.0	42.1	23.5	…
1985年	15 272	15 272	13 393	4 164	1 343	172.0	64.1	46.1	23.1
1990年	32 328	29 292	30 271	8 474	895	326.0	98.4	76.1	32.1
1995年	79 685	65 829	74 080	16 788	551	415.5	117.8	88.3	35.2
1996年	93 235	76 582	88 963	19 626	577	441.4	120.8	94.0	35.6
1997年	114 004	93 177	113 927	25 527	680	471.5	124.9	98.0	37.4
1998年	129 082	107 521	127 032	28 067	700	492.5	131.7	101.8	39.9
1999年	137 430	115 830	135 826	30 473	678	506.0	137.4	105.7	41.6
2000年	163 799	139 321	157 123	37 141	692	598.2	139.0	109.7	41.6
2001年	183 368	152 732	180 489	36 489	819	561.8	146.4	114.4	43.7
2002年	213 322	176 882	208 929	41 853	946	582.8	151.6	122.6	43.9
2003年	242 188	205 252	235 819	44 407	1 049	588.6	156.0	129.7	46.1
2004年	281 234	238 141	275 034	50 778	1 228	625.1	158.4	138.6	47.2
2005年	325 880	277 848	312 571	59 781	1 535	677.0	170.0	150.0	48.0
2006年	366 089	319 479	344 076	66 095	1 686	718.9	175.5	159.0	50.0

全国群众文化事业业务活动、经费收支及设施情况

年份	机构数(个)	举办展览个数(个)	组织文艺活动次数(次)	举办训练班次(次)	藏书(万册)	收入合计(万元)	财政补助收入	支出合计(万元)	公用房屋建筑面积(万平方米)
1979年	3 965	13 001	114 307	…	4 241	10 114	10 114	10 114	…
1980年	7 723	23 553	202 828	20 359	…	11 270	11 270	11 376	…
1985年	8 746	30 998	118 888	31 842	3 294	20 835	20 835	17 686	308.5
1990年	9 087	34 292	99 068	37 017	1 915	49 763	36 985	37 475	457.8
1995年	13 487	31 070	110 509	46 023	2 585	89 411	56 826	83 628	614.1
1996年	45 253	76 397	247 357	130 592	8 675	139 090	74 434	137 775	1 110.0
1997年	43 738	87 795	278 782	119 873	7 126	160 117	92 275	158 861	1 176.0
1998年	45 834	86 960	267 351	125 872	7 948	178 165	96 416	173 207	1 195.3
1999年	45 837	94 270	280 373	138 195	8 251	111 089	108 656	177 528	1 195.2
2000年	45 321	91 670	276 574	143 370	8 562	186 896	118 430	118 437	1 229.9
2001年	43 390	89 462	284 497	156 145	8 999	210 435	140 978	211 113	1 215.7
2002年	42 516	92 917	301 792	137 350	9 145	241 050	165 163	235 593	1 203.6
2003年	41 816	93 514	327 306	154 502	9 316	271 704	190 424	265 751	1 431.3
2004年	41 402	120 702	424 479	168 301	10 104	313 104	227 641	310 850	1 408.4
2005年	41 588	111 300	391 439	190 194	10 630	365 887	279 033	358 641	1 507.0
2006年	40 088	141 150	497 779	218 696	11 011	428 962	322 773	412 430	1 622.8

注:1996年后群众文化事业机构包括其他部门文化站。

按年份各地区文化事业财政拨款情况

单位:万元

地区	1980年	1985年	1990年	1991年	1995年	2000年	2002年	2004年	2005年	2006年
总计	**56 073**	**107 188**	**179 376**	**181 010**	**333 853**	**631 591**	**836 582**	**1136 559**	**1338 193**	**1580 281**
中央	2 389	5 609	11 021	13 326	20 973	55 498	44 257	102 027	113 028	137 350
地方	53 684	101 579	168 355	167 684	312 880	576 093	792 325	1034 532	1225 165	1442 931
北京	1 146	2 333	4 592	3 827	8 427	24 008	35 359	51 113	64 587	63 817
天津	851	1 586	2 813	3 073	5 098	9 796	12 189	22 614	31 592	29 588
河北	2 286	3 740	6 243	5 659	11 393	18 984	24 675	31 742	39 626	44 252
山西	1 931	3 334	6 020	5 278	9 215	12 347	18 405	26 337	29 832	35 530
内蒙古	1 816	3 670	5 861	5 751	8 624	14 515	20 478	26 576	30 543	34 403
辽宁	3 022	5 748	9 417	11 433	17 525	26 790	29 710	39 758	47 578	52 538
吉林	2 199	3 899	5 911	5 712	10 613	15 711	20 553	24 276	26 566	34 257
黑龙江	2 264	4 008	6 358	6 080	10 722	16 598	22 422	28 851	33 742	36 244
上海	1 568	3 717	6 426	6 642	15 431	42 608	52 761	62 051	79 201	88 135
江苏	2 329	4 319	7 657	8 286	18 234	38 527	51 973	65 916	77 658	104 433
浙江	1 834	4 282	6 774	6 903	14 764	35 334	55 909	86 007	110 397	127 865
安徽	1 891	3 318	5 136	5 017	8 836	15 849	20 968	28 782	30 541	35 720
福建	1 472	2 627	5 073	5 620	11 023	22 174	28 684	33 061	42 949	49 003
江西	1 832	3 174	4 112	4 259	7 404	10 696	22 826	18 341	23 398	27 643
山东	2 709	4 704	9 016	9 789	16 315	30 944	41 449	55 023	61 687	76 920
河南	2 455	4 528	6 883	6 550	12 447	20 948	26 046	31 979	37 708	40 066
湖北	2 541	4 801	6 349	6 116	11 268	19 367	27 191	33 611	43 585	53 757
湖南	2 467	4 658	5 989	6 171	10 525	16 564	20 749	28 967	34 771	40 083
广东	2 437	5 112	11 547	9 500	27 486	58 321	85 778	116 704	128 095	152 160
广西	1 525	2 677	4 701	4 438	8 617	14 608	21 983	26 068	28 089	34 199
海南	...	...	1 241	1 496	2 965	3 468	4 415	5 966	6 007	8 460
重庆	...	...	...	...	...	9 151	12 442	15 099	17 505	23 168
四川	3 501	6 135	10 037	10 157	16 905	20 500	29 775	40 256	44 523	51 651
贵州	898	2 016	3 364	3 060	4 785	9 131	11 010	15 808	18 731	23 419
云南	1 682	3 534	7 247	9 581	14 563	23 945	29 373	40 118	42 036	59 584
西藏	797	1 416	1 733	1 153	2 124	4 264	7 078	7 572	8 003	7 959
陕西	1 990	3 269	5 758	5 360	8 583	13 976	16 027	18 682	23 462	29 038
甘肃	1 283	2 502	4 101	3 627	6 935	9 130	13 253	17 757	20 882	25 893
青海	749	1 425	1 730	1 513	2 574	3 696	5 201	6 472	7 349	10 745
宁夏	784	1 783	1 888	1 781	2 108	3 625	6 356	7 031	9 646	10 311
新疆	1 425	3 263	4 378	3 852	7 371	10 518	16 981	21 993	24 877	32 093

按年份各地区文化事业费占财政支出比重情况

单位:%

地区	1995年		2002年		2003年		2004年		2005年		2006年	
	比重	位次	比重	位次	比重	位次	比重	位次	比重	位次	比重	位次
北京	0.55	21	0.56	7	0.57	6	0.57	6	0.61	4	0.49	10
天津	0.55	21	0.46	20	0.45	19	0.60	5	0.71	3	0.54	5
河北	0.6	18	0.43	23	0.43	20	0.39	27	0.4	24	0.37	27
山西	0.82	7	0.55	10	0.51	14	0.50	13	0.44	14	0.39	22
内蒙古	0.84	5	0.52	13	0.51	15	0.47	19	0.44	15	0.42	17
辽宁	0.64	15	0.43	23	0.41	25	0.43	24	0.39	25	0.37	29
吉林	0.88	3	0.57	6	0.54	9	0.48	16	0.42	18	0.48	14
黑龙江	0.61	17	0.42	25	0.46	18	0.41	25	0.42	19	0.37	28
上海	0.59	19	0.61	4	0.55	7	0.45	22	0.48	9	0.49	11
江苏	0.72	10	0.6	5	0.65	2	0.50	12	0.46	12	0.52	7
浙江	0.82	8	0.75	2	0.78	1	0.81	1	0.87	1	0.87	1
安徽	0.65	14	0.46	20	0.48	16	0.48	15	0.42	20	0.38	25
福建	0.64	15	0.72	3	0.63	3	0.64	2	0.72	2	0.67	2
江西	0.67	13	0.83	1	0.4	28	0.43	23	0.41	22	0.40	20
山东	0.59	19	0.48	16	0.43	21	0.46	20	0.42	21	0.42	18
河南	0.6	18	0.42	25	0.41	26	0.36	30	0.33	31	0.28	31
湖北	0.69	12	0.53	12	0.55	8	0.52	11	0.55	6	0.51	8
湖南	0.61	17	0.39	30	0.42	23	0.40	26	0.39	26	0.38	26
广东	0.52	22	0.56	7	0.61	4	0.63	3	0.55	7	0.60	4
广西	0.61	17	0.52	13	0.52	12	0.55	8	0.45	13	0.47	16
海南	0.7	11	0.48	16	0.36	30	0.47	17	0.39	27	0.48	13
重庆	…	…	0.41	28	0.38	29	0.37	29	0.35	29	0.39	21
四川	0.61	17	0.42	25	0.43	22	0.45	21	0.41	23	0.38	24
贵州	0.56	20	0.35	31	0.35	31	0.38	28	0.35	30	0.38	23
云南	0.62	16	0.56	7	0.53	11	0.60	4	0.54	8	0.67	3
西藏	0.61	17	0.51	15	0.41	27	0.57	7	0.43	16	0.40	19
陕西	0.84	6	0.4	29	0.42	24	0.35	31	0.36	28	0.35	30
甘肃	0.85	4	0.48	16	0.52	13	0.50	14	0.48	10	0.49	12
青海	0.89	2	0.44	22	0.48	17	0.47	18	0.43	17	0.50	9
宁夏	0.92	1	0.55	10	0.59	5	0.54	9	0.6	5	0.53	6
新疆	0.76	9	0.47	19	0.54	10	0.52	10	0.47	11	0.47	15

按年份各地区人均

地区	1980年		1985年		1990年		1995年		1996年	
	人均经费	位次	人均经费	位次	人均经费	位次	人均经费	位次	人均经费	位次
总计	**0.56**	…	**0.89**	…	**1.33**	…	**2.75**	…	**3.24**	…
北京	1.29	5	2.05	6	3.07	4	8.74	2	9.08	3
天津	1.14	6	1.79	7	2.63	6	7.56	3	7.40	4
河北	0.44	21	0.51	29	0.81	28	1.78	25	1.97	23
山西	0.78	11	1.07	12	1.57	12	3.12	15	3.57	16
内蒙古	0.97	9	1.78	9	2.19	8	4.13	9	5.25	6
辽宁	0.87	10	1.45	10	2.06	10	4.31	6	4.2	11
吉林	0.99	8	1.68	9	2.14	9	4.21	8	4.26	10
黑龙江	0.71	12	1.07	11	1.56	13	2.95	16	3.17	17
上海	1.36	4	2.67	4	4.55	1	13.10	1	22.0	1
江苏	0.39	24	0.63	23	0.99	22	2.62	8	3.05	18
浙江	0.48	9	0.91	15	1.42	16	3.26	13	3.74	15
安徽	0.39	25	0.55	27	0.78	29	1.48	28	1.67	28
福建	0.58	15	0.82	18	1.45	15	3.27	12	4.03	12
江西	0.56	16	0.71	19	0.97	23	1.94	22	2.36	21
山东	0.37	26	0.58	25	1.01	21	1.93	23	2.36	21
河南	0.34	28	0.51	28	0.70	30	1.34	30	1.61	29
湖北	0.54	17	0.91	16	1.05	20	2.04	21	2.25	22
湖南	0.46	20	0.67	20	0.84	26	1.67	26	1.86	24
广东	0.42	23	0.64	21	1.16	19	3.93	10	4.86	8
广西	0.43	22	0.64	22	0.90	24	1.93	24	1.86	24
海南	…	…	…	…	1.48	14	2.50	19	3.83	14
重庆	…	…	…	…	…	…	…	…	…	…
四川	0.36	27	0.56	26	0.85	25	1.56	27	1.73	26
贵州	0.32	29	0.59	24	0.83	27	1.36	29	1.78	25
云南	0.53	18	0.90	17	1.57	11	3.47	11	4.41	9
西藏	4.31	1	6.43	1	4.40	2	3.22	14	12.4	2
陕西	0.70	13	0.93	14	1.34	18	2.42	20	2.83	19
甘肃	0.67	14	1.03	13	1.40	17	2.93	17	2.72	20
青海	1.99	3	2.96	2	3.03	5	5.30	5	7.00	5
宁夏	2.10	2	2.73	3	3.18	3	4.23	7	3.85	13
新疆	1.11	7	2.06	5	3.32	7	5.39	4	4.92	7

文化事业费及位次

单位:元

2000年		2001年		2002年		2003年		2005年		2006年	
人均经费	位次	人均经费	位次	人均经费	位次	人均经费	位次	人均经费	位次	人均经费	位次
5.11	…	**5.70**	…	**6.51**	…	**7.27**	…	**10.23**	…	**11.91**	…
21.56	2	24.9	2	30.94	2	28.71	2	41.99	2	40.36	2
10.66	4	12	4	13.15	4	13.92	5	30.29	3	27.52	4
2.85	25	3.44	24	3.66	26	4.02	25	5.78	25	6.42	25
3.86	19	5.27	17	5.67	18	6.31	17	8.89	16	10.53	16
6.31	11	7.67	10	8.77	10	9.62	10	12.8	9	14.35	10
6.48	10	6.68	13	7.15	14	7.63	14	11.27	12	12.44	15
5.98	12	6.95	12	7.76	12	8.18	13	9.78	14	12.58	14
4.49	17	5.63	16	6.01	16	6.85	16	8.83	17	9.48	19
32.24	1	36.8	1	39.54	1	35.18	1	44.54	1	48.56	1
5.45	15	6.2	14	7.29	13	8.98	11	10.39	13	13.83	11
7.85	5	10.3	6	12.33	5	14.97	4	22.54	5	25.68	5
2.52	28	2.95	28	3.29	28	3.79	26	4.99	30	5.85	30
6.71	8	7.54	11	8.61	11	8.22	12	12.15	11	13.77	12
2.57	26	3.26	25	5.35	19	3.57	28	5.43	27	6.37	26
3.45	21	3.8	22	4.57	22	4.79	21	6.67	21	8.26	21
2.20	31	2.51	31	2.72	31	3.01	31	4.02	31	4.27	31
3.26	22	3.76	23	4.55	23	4.92	19	7.63	19	9.41	20
2.54	27	2.85	29	3.16	29	3.55	29	5.5	26	6.32	27
7.78	6	9.26	7	11.21	6	13.1	6	13.93	7	16.35	8
3.09	23	3.81	21	4.59	21	4.71	22	6.03	24	7.25	24
4.56	16	4.14	19	5.67	18	4.70	23	7.25	20	10.12	17
2.96	24	3.14	26	4.00	25	4.14	24	6.09	23	8.25	22
2.44	30	2.95	28	3.51	27	3.60	27	5.42	28	6.32	28
2.48	29	2.55	30	2.94	30	3.02	30	5.02	29	6.23	29
5.87	13	6.11	15	7.09	15	7.07	15	9.45	15	13.29	13
16.97	3	14.8	3	27.71	3	22.10	3	28.89	4	28.5	3
3.91	18	3.82	20	4.44	24	4.82	20	6.31	22	7.77	23
3.60	20	4.4	18	5.16	20	6.02	18	8.05	18	9.94	18
7.69	7	10.7	5	10.68	8	11.05	7	13.53	8	19.61	6
6.54	9	8.16	8	11.10	7	10.83	8	16.18	6	17.07	7
5.87	13	8.11	9	9.13	9	10.42	9	12.38	10	15.66	9

按年份各地区文化事业费总支出情况

单位:万元

地区	1985年	1990年	1995年	2000年	2001年	2002年	2005年	2006年
总计	**119 106**	**250 231**	**574 196**	**1 004 432**	**1 097 430**	**1 277 797**	**1 772 009**	**2 070 984**
中央	5 125	12 224	26 007	68 996	55 631	72 502	135 546	167 626
地方	113 981	238 007	548 189	935 436	1 041 798	1 205 295	1 636 464	1 903 358
北京	2 783	6 729	18 039	40 313	46 079	54 195	82 489	87 964
天津	1 873	3 946	10 008	16 565	18 359	21 707	32 169	38 045
河北	4 165	8 522	17 366	27 056	39 459	34 567	49 487	54 217
山西	4 672	12 784	14 724	18 774	23 009	24 738	38 999	46 006
内蒙古	3 676	5 703	10 720	19 200	20 834	30 047	33 865	36 885
辽宁	6 714	14 313	28 705	37 177	39 546	41 358	61 594	72 728
吉林	4 994	8 102	16 706	20 204	22 790	25 544	32 287	40 760
黑龙江	4 103	6 983	15 890	44 298	25 394	26 308	39 052	39 680
上海	4 599	14 586	49 623	97 643	116 380	131 395	150 962	165 486
江苏	5 174	15 445	43 011	68 696	73 123	84 988	105 799	124 187
浙江	4 980	11 546	34 097	61 855	73 876	81 895	148 040	167 726
安徽	3 286	6 540	13 798	22 848	26 121	27 130	39 223	46 498
福建	3 268	7 513	16 835	32 134	41 126	39 753	56 944	68 460
江西	2 995	5 039	10 094	14 766	19 313	39 760	30 389	36 417
山东	5 393	12 879	26 333	43 198	48 472	56 968	75 425	15 519
河南	5 984	11 257	22 947	32 718	35 945	39 929	51 961	58 450
湖北	5 535	9 908	25 424	35 023	38 233	44 404	65 558	92 279
湖南	4 971	8 643	19 554	28 972	31 809	35 620	48 718	55 111
广东	6 059	14 285	44 643	98 294	107 672	127 194	173 985	210 064
广西	2 884	6 613	13 253	20 179	23 479	30 520	36 191	42 267
海南	…	1 264	4 146	5 083	4 383	5 335	7 417	9 227
重庆	…	…	…	14 876	16 057	19 725	24 097	29 503
四川	7 483	13 773	29 144	34 608	38 742	44 230	62 714	66 096
贵州	2 090	3 655	6 537	11 778	11 890	13 943	21 754	26 337
云南	3 244	7 354	17 508	28 646	29 408	36 715	51 688	61 017
西藏	1 304	1 063	2 386	4 299	4 092	19 804	8 353	8 347
陕西	3 609	7 356	12 724	20 242	20 152	23 340	32 660	37 825
甘肃	2 497	4 095	9 023	11 681	14 442	15 990	24 719	29 502
青海	1 270	1 599	2 853	5 248	5 877	5 901	8 021	10 959
宁夏	1 261	2 168	2 971	4 962	5 783	7 774	10 823	12 582
新疆	3 115	4 344	9 127	14 099	19 954	20 667	31 081	39 613

按年份各地区文化事业实际完成基建投资情况

单位：万元

地　区	1985年	1990年	1995年	2000年	2001年	2002年	2005年	2006年
总　计	**64 460**	**53 983**	**161 004**	**229 493**	**198 397**	**240 023**	**371 069**	**431 164**
中　央	10 940	12 241	17 876	46 779	21 986	21 340	29 075	24 423
地　方	53 520	41 742	143 128	182 714	176 411	218 683	341 994	406 741
北　京	1 799	1 248	2 646	6 679	7 670	…	…	8 901
天　津	1 078	2 512	1 167	328	279	403	5 940	13 144
河　北	1 691	933	1 904	6 235	5 355	9 254	10 703	8 371
山　西	1 166	1 606	640	3 730	2 169	2 162	2 285	3 882
内蒙古	898	678	1 587	392	1 041	1 219	10 483	41 746
辽　宁	2 601	1 872	2 807	11 835	12 732	5 192	13 897	19 810
吉　林	597	984	1 207	1 643	1 756	585	10 506	11 435
黑龙江	868	495	1 008	2 270	3 704	4 862	2 943	2 300
上　海	1 482	2 586	18 635	5 943	94	3 000	816	1 923
江　苏	1 825	3 017	12 241	36 346	20 566	10 252	31 294	12 431
浙　江	2 334	1 366	12 759	34 259	25 668	46 813	50 601	52 437
安　徽	847	467	1 762	1 168	472	1 940	4 814	313
福　建	2 032	1 479	4 598	3 339	5 074	2 953	20 996	39 280
江　西	1 454	1 258	4 279	947	2 463	334	2 875	569
山　东	2 354	2 292	7 173	3 086	5 739	5 132	24 448	25 258
河　南	2 310	1 695	4 018	1 570	1 728	4 564	27 253	24 248
湖　北	2 181	1 887	8 590	21 835	7 049	1 652	…	11 849
湖　南	2 257	1 234	4 755	5 410	3 369	5 765	9 249	11 106
广　东	8 213	5 483	18 800	18 881	48 983	72 222	60 097	57 029
广　西	592	1 478	2 722	411	968	2 351	1 859	4 506
海　南	...	481	1 967	110	962	314	14 412	8 936
重　庆	...	...	...	254	1 380	1 616	7 305	5 795
四　川	2 904	2 211	18 240	6 996	7 076	7 705	6 957	7 504
贵　州	839	127	1 429	1 635	1 326	67	2 417	3 090
云　南	2 026	1 674	3 678	3 220	8 055	3 829	5 807	7 315
西　藏	2 468	85	125	…	…	…	2 716	200
陕　西	2 150	1 427	1 059	183	364	881	607	8 137
甘　肃	1 166	659	406	2 908	10	1 207	5 002	1 138
青　海	486	113	838	120	…	500	771	1 622
宁　夏	947	…	270	279	127	200	113	6 579
新　疆	1 955	395	1 818	700	238	…	4 828	5 887

按年份各地区艺术表演团体机构数

单位:个

地区	1958年	1965年	1978年	1980年	1985年	1990年	1995年	2000年	2003年	2005年	2006年
总计	**3 181**	**3 458**	**3 150**	**3 533**	**3 317**	**2 805**	**2 682**	**2 619**	**2 601**	**2 805**	**2 866**
中央	…	34	19	18	19	20	18	11	10	17	16
地方	3 181	3 424	3 131	3 515	3 298	2 785	2 664	2 608	2 591	2 788	2 850
北京	36	29	11	24	23	23	22	20	20	20	18
天津	26	29	21	19	25	23	19	16	15	16	16
河北	289	264	205	206	181	143	138	138	133	126	135
山西	172	136	147	162	175	169	162	159	158	156	158
内蒙古	49	86	70	176	148	124	118	116	113	109	108
辽宁	81	119	116	132	120	97	89	77	74	66	66
吉林	72	106	103	107	99	74	68	65	65	61	60
黑龙江	62	129	112	120	122	94	92	89	86	84	84
上海	65	73	16	48	44	36	31	29	65	85	97
江苏	224	233	143	157	147	137	136	133	127	129	127
浙江	139	146	127	170	126	90	83	79	77	273	245
安徽	153	140	129	137	126	99	92	92	93	92	89
福建	126	115	101	107	104	91	91	96	94	91	92
江西	103	126	118	118	105	86	81	79	78	79	78
山东	175	176	155	156	158	119	118	118	120	117	118
河南	281	390	250	280	264	231	216	205	199	199	199
湖北	148	151	117	127	118	108	105	100	98	99	114
湖南	118	134	141	138	115	91	89	90	86	91	93
广东	197	171	172	195	171	130	134	138	144	139	138
广西	39	54	118	121	117	115	117	118	117	118	118
海南	…	…	…	…	…	22	23	21	28	22	73
重庆	…	…	…	…	…	…	…	38	32	29	36
四川	197	246	254	244	207	155	140	98	89	84	81
贵州	70	41	31	32	33	33	30	28	26	26	24
云南	85	72	149	154	156	137	134	129	121	135	126
西藏	…	5	9	10	29	25	25	26	27	27	26
陕西	104	105	132	137	139	119	117	118	116	113	112
甘肃	69	36	82	98	97	85	78	76	74	76	75
青海	19	12	21	23	18	14	14	14	14	12	12
宁夏	17	15	17	23	25	20	15	15	14	23	14
新疆	65	85	64	94	106	95	87	88	88	91	118

按年份各地区艺术表演团体演出场次

单位:千场

地区	1964年	1978年	1980年	1985年	1990年	1995年	2000年	2005年	2006年
总计	**1 709**	**647**	**1 112**	**744**	**491**	**412**	**410**	**470**	**493**
中央	3	2	4	3	2	1	1	3	3
地方	1 706	646	1 108	741	490	411	409	467	490
北京	22	3	10	7	4	4	6	8	8
天津	...	3	8	7	4	3	2	2	2
河北	125	45	64	49	36	29	27	32	28
山西	52	37	51	57	48	44	34	26	29
内蒙古	49	9	24	18	17	13	14	14	15
辽宁	97	22	37	25	16	10	9	9	8
吉林	59	14	26	23	15	11	7	5	6
黑龙江	32	17	30	22	14	14	12	11	10
上海	76	6	49	33	21	10	13	15	17
江苏	261	54	141	93	47	38	40	39	40
浙江	112	28	82	38	18	11	13	66	62
安徽	65	21	42	29	10	7	13	11	13
福建	43	16	32	26	15	15	14	12	14
江西	40	23	30	16	10	7	9	10	10
山东	69	43	58	37	19	17	21	20	19
河南	158	67	101	74	57	50	37	39	39
湖北	84	26	39	19	13	13	15	16	23
湖南	61	35	45	22	13	12	15	22	22
广东	57	32	45	30	24	17	18	16	16
广西	12	15	17	10	14	11	13	12	12
海南	...	...	...	...	2	2	2	2	10
重庆	...	...	...	...	...	...	2	3	3
四川	130	72	92	34	12	9	10	9	10
贵州	20	4	4	3	3	2	2	3	2
云南	19	7	16	9	9	15	10	13	14
西藏	0	0	1	1	1	2	2	2	2
陕西	33	22	33	29	25	23	22	20	22
甘肃	13	20	19	14	13	13	14	15	15
青海	1	2	2	2	2	2	2	2	1
宁夏	3	2	3	5	4	2	2	2	2
新疆	12	4	8	10	7	7	9	11	16

按年份各地区文化部门艺术表演团体财政拨款情况

单位:万元

地区	1964 年	1978 年	1980 年	1985 年	1990 年	1995 年	2000 年	2003 年	2005 年	2006 年
总计	**5 290**	**19 644**	**22 503**	**30 942**	**43 759**	**86 619**	**172 864**	**269 640**	**359 005**	**387 812**
中央	342	743	658	954	974	2 960	6 265	13 337	25 205	17 473
地方	...	18 902	21 847	29 988	42 785	83 659	166 599	256 303	333 800	370 339
北京	118	465	664	847	1 384	2 137	7 119	14 475	22 482	18 803
天津	...	242	335	502	646	1 625	2 973	4 618	12 827	10 620
河北	176	1 069	1 002	985	1 107	2 416	4 704	6 637	9 851	9 633
山西	124	680	648	813	1 419	2 341	4 891	7 873	10 916	12 291
内蒙古	157	447	764	1 227	1 698	2 913	5 277	8 887	11 796	14 502
辽宁	261	1 219	1 203	1 785	2 166	4 138	6 683	9 606	10 880	12 096
吉林	269	649	815	1 151	1 637	2 938	5 073	7 586	9 246	12 439
黑龙江	277	936	1 043	1 583	2 310	4 553	7 524	12 581	14 876	17 168
上海	215	421	606	945	1 298	4 207	7 011	12 296	12 746	12 827
江苏	222	737	816	1 105	1931	4 050	9 911	13 002	15 181	14 985
浙江	125	551	624	889	1 210	2 501	7 431	13 185	19 810	20 430
安徽	234	805	784	932	1 335	2 554	5 161	7 610	10 163	12 106
福建	133	465	632	756	1 313	2 258	7 607	9 870	11 839	14 687
江西	155	679	816	874	1 076	1 736	3 529	4 855	6 909	7 128
山东	179	967	1 036	1 607	2 197	3 817	7 952	12 140	17 800	20 539
河南	129	1 036	745	1 134	1 542	2 803	5 435	6 677	10 575	10 623
湖北	229	906	1 066	1 462	1 962	3 459	6 610	10 242	13 635	18 386
湖南	143	579	754	962	1 187	2 040	3 842	5 482	7 402	8 483
广东	145	905	1 076	1 393	1 998	6 533	12 701	20 852	19 809	24 424
广西	141	552	590	754	1 265	2 237	4 913	8 119	9 022	11 031
海南	...	...	...	...	290	962	1 390	2 000	2 200	2 174
重庆	...	...	...	...	...	...	2 355	4 107	4 178	5 012
四川	287	1 272	1 702	2 163	3 009	5 065	6 610	9 909	11 642	12 789
贵州	153	287	318	610	842	1 475	2 546	4 010	5 716	6 877
云南	194	633	645	1 074	1 547	3 783	7 270	9 792	13 017	15 280
西藏	80	161	231	398	625	1 130	2 341	3 538	4 725	4 730
陕西	173	899	1 037	1 213	2 078	2 995	6 125	5 917	8 477	9 947
甘肃	187	468	648	857	1 211	1 958	3 514	6 044	8 779	9 912
青海	81	253	276	486	503	1 068	1 500	2 771	3 115	3 866
宁夏	97	217	285	391	476	646	1 279	2 124	3 015	3 579
新疆	348	404	686	1 092	1 523	3 321	5 325	9 500	11 172	12 973

按年份各地区文化部门艺术表演团体演出收入情况

单位:万元

地区	1978年	1980年	1985年	1990年	1995年	2000年	2002年	2003年	2005年	2006年
总计	**11 079**	**17 767**	**13 092**	**18 041**	**34 385**	**51 650**	**64 884**	**71 781**	**114 381**	**103 431**
中央	56	221	204	403	1 394	2 630	4 028	6 479	12 048	10 786
地方	11 023	17 546	12 888	17 638	32 991	49 020	60 855	65 302	102 333	92 645
北京	70	271	231	295	1 068	2 265	3 759	3 836	8 001	6 384
天津	78	211	226	209	347	547	654	773	1 335	1 415
河北	779	1 068	875	1 148	1 754	2 279	3 014	2 839	3 853	3 858
山西	574	1 041	1 316	1 742	2 528	2 683	3 030	2 832	4 299	4 280
内蒙古	63	233	182	275	606	497	776	779	914	1 190
辽宁	456	776	660	887	1 209	2 185	2 509	2 668	3 298	3 051
吉林	236	381	387	554	778	1 051	1 437	2 539	2 658	3 411
黑龙江	347	439	287	245	866	959	1 012	746	887	1 033
上海	151	614	561	1 639	3 023	4 527	7 465	8 869	12 412	10 186
江苏	744	1 155	866	1 149	2 332	4 142	4 838	5 347	8 022	7 612
浙江	367	735	430	626	1 648	2 768	3 226	4 488	11 426	5 254
安徽	302	600	457	298	507	993	1 212	1 267	2 017	2 193
福建	225	552	596	869	1 953	2 382	2 274	2 474	3 158	3 085
江西	398	551	222	276	381	438	741	582	727	1 375
山东	737	956	579	640	1 500	2 963	3 242	3 088	4 202	5 015
河南	1 263	1 932	1 518	1 910	2 647	3 104	3 363	3 205	4 743	5 818
湖北	403	618	319	427	1 075	1 610	1 988	2 010	2 813	3 131
湖南	595	835	322	405	630	1 137	1 434	1 665	2 151	2 617
广东	857	1 292	1 108	1 656	3 861	6 282	7 415	7 846	9 157	9 918
广西	183	290	147	365	507	717	839	841	1 550	1 238
海南	...	...	...	142	476	367	322	658	550	404
重庆	...	...	...	...	...	433	551	493	467	470
四川	1 160	1 387	502	303	604	732	1 164	967	1 725	2 015
贵州	70	71	40	69	119	142	233	147	313	263
云南	88	173	67	167	353	455	634	820	6 096	1 323
西藏	...	2	1	8	27	12	11	31	28	57
陕西	436	761	563	679	1 245	1 804	1 726	1 539	2 685	3 041
甘肃	375	379	215	244	446	579	843	1 065	1 652	1 806
青海	16	25	17	46	63	71	155	135	215	272
宁夏	22	62	63	108	52	122	270	159	221	337
新疆	30	140	131	254	386	775	719	596	762	594

按年份各地区文化部门艺术表演团体总支出情况

单位:万元

地区	1964 年	1978 年	1980 年	1985 年	1990 年	1995 年	2000 年	2003 年	2005 年	2006 年
总计	**19 817**	**30 049**	**41 184**	**47 292**	**67 514**	**160 653**	**268 886**	**397 890**	**514 001**	**558 540**
中央	478	820	906	1 349	1 771	6 635	11 794	25 949	51 633	35 480
地方	19 339	29 229	40 278	45 934	65 743	154 018	257 092	371 941	462 368	523 059
北京	429	537	940	1 193	1 566	5 062	15 566	20 122	26 226	29 292
天津	…	331	539	785	962	2 570	4 525	7 817	10 387	12 343
河北	1 358	1 782	2 156	1 951	2 472	5 302	8 505	10 492	15 067	15 613
山西	952	1 383	1 800	2 341	3 462	6 054	8 330	11 450	16 134	18 658
内蒙古	462	477	1 034	1 341	1 953	3 861	7 964	9 859	13 604	15 902
辽宁	963	1 633	1 943	2 246	3 236	6 727	10 198	13 542	16 414	15 885
吉林	655	934	1 265	1 604	2 305	4 735	6 848	10 637	12 332	16 355
黑龙江	759	1 392	1 564	1 999	2 760	6 318	9 313	13 811	16 442	18 855
上海	760	585	1 021	1 699	3 450	10 162	15 257	32 679	34 321	30 724
江苏	1 061	1 425	1 979	2 282	3 482	9 742	17 384	20 742	24 396	26 675
浙江	754	871	1 348	1 483	1 940	6 574	12 513	21 781	26 804	29 388
安徽	738	1 042	1 405	1 380	1 717	3 787	6 867	9 721	13 117	15 870
福建	618	659	1 117	1 451	2 292	5 107	10 354	13 518	16 117	20 295
江西	626	1 024	1 427	1 192	1 533	2 974	4 423	6 266	8 727	9 719
山东	930	1 641	2 030	2 331	3 090	7 026	12 594	17 527	24 843	27 924
河南	1 495	2 133	2 729	2 710	3 519	6 587	9 735	10 897	16 211	17 881
湖北	764	1 302	2 251	2 007	2 774	6 368	9 808	14 206	19 248	24 402
湖南	660	1 152	1 596	1 512	1 956	4 565	6 552	9 155	11 420	13 980
广东	1 175	1 638	2 332	2 672	3 960	12 955	22 365	31 675	33 064	38 977
广西	267	715	872	949	1 727	3 670	6 492	9 810	11 679	13 946
海南	…	…	…	…	396	1 728	1 957	2 894	3 150	3 227
重庆	…	…	…	…	…	…	4 020	5 888	5 443	6 753
四川	1 305	2 344	3 158	3 259	4 320	8 638	9 657	12 930	16 178	17 407
贵州	279	363	408	725	986	1 960	3 421	4 764	6 888	8 124
云南	341	684	869	1 246	1 886	4 974	8 442	11 857	15 455	19 587
西藏	85	161	233	398	636	1 333	2 380	3 591	4 794	4 872
陕西	743	1 297	1 794	1 824	2 930	5 657	8 991	10 501	13 035	14 744
甘肃	404	827	1 023	1 093	1 485	3 211	4 413	7 304	10 976	12 518
青海	93	263	300	486	559	1 190	1 699	3 069	3 522	4 457
宁夏	176	221	345	441	574	779	1 421	2 425	3 446	4 055
新疆	489	415	802	1 346	1 815	4 402	7 011	11 009	12 932	14 633

按年份各地区文化部门艺术表演团体平均每团演出场次及位次

单位:场

地区	1964年		1978年		1980年		1985年		1990年		1995年		2000年		2005年		2006年	
	场次	位次	场次	位次	场次	位次	场次	位次	场次	位次	场次	位次	场次	位次	场次	位次	场次	位次
总计	**498**	…	**206**	…	**316**	…	**226**	…	**176**	…	**154**	…	**156**	…	**168**	…	**172**	…
中央	134	…	127	…	333	…	246	…	115	…	77	…	90	…	176	…	188	…
地方	496	…	206	…	316	…	226	…	176	…	154	…	156	…	167	…	172	…
北京	741	5	232	9	418	5	282	5	182	11	200	6	299	3	400	1	444	1
天津	…	…	154	17	429	4	276	7	164	13	153	10	124	19	125	19	125	20
河北	574	7	217	12	310	11	272	8	252	4	212	5	195	5	253	3	207	5
山西	354	17	252	6	317	10	325	3	281	3	269	3	213	4	166	11	184	10
内蒙古	506	9	123	21	134	22	123	22	133	19	112	18	120	20	128	17	139	16
辽宁	742	4	188	14	282	14	205	14	163	14	117	17	116	21	136	14	121	22
吉林	591	6	134	19	238	17	235	10	201	7	160	9	107	24	81	29	100	27
黑龙江	254	23	151	18	255	15	191	15	151	17	151	11	134	16	120	21	119	23
上海	1 007	2	398	1	1 064	1	796	1	592	1	332	1	448	1	230	5	175	11
江苏	1 094	1	378	2	897	2	634	2	346	2	276	2	300	2	302	2	315	2
浙江	745	3	220	10	484	3	300	4	197	8	133	14	164	11	191	8	253	3
安徽	453	12	166	16	308	12	228	12	97	24	79	23	145	22	119	22	146	14
福建	362	16	154	17	295	13	250	9	167	12	160	9	166	13	131	16	152	13
江西	323	19	198	13	253	16	148	20	113	23	83	21	113	15	128	18	128	19
山东	391	15	176	4	369	7	233	11	157	15	140	12	177	9	170	10	161	12
河南	429	13	267	5	359	8	281	6	245	5	233	4	180	8	195	7	196	9
湖北	469	11	218	11	308	12	158	19	121	21	125	16	149	12	163	13	202	6
湖南	427	14	251	7	323	9	191	15	147	18	133	14	166	10	241	4	237	4
广东	300	21	185	15	232	18	175	17	184	10	128	15	130	18	115	23	116	24
广西	226	24	124	20	143	21	84	25	122	20	93	20	110	23	101	27	102	26
海南	…	…	…	…	…	…	…	…	68	28	70	25	95	27	90	28	137	17
重庆	…	…	…	…	…	…	…	…	…	…	…	…	52	31	103	26	83	28
四川	505	10	284	3	375	6	165	18	74	27	66	26	101	25	107	25	123	21
贵州	523	8	119	22	128	23	98	24	85	25	70	25	71	30	115	24	83	29
云南	275	22	46	27	105	24	58	26	66	29	108	19	77	28	76	30	111	25
西藏	80	27	49	26	58	27	31	27	48	30	76	24	76	29	74	31	77	31
陕西	320	20	166	16	238	17	210	13	209	6	193	7	186	6	176	9	196	8
甘肃	333	18	240	8	197	19	146	21	154	16	168	8	184	7	197	6	200	7
青海	54	28	85	24	83	26	98	24	114	22	136	13	142	14	166	12	83	30
宁夏	203	25	94	23	147	20	178	16	185	9	133	4	133	17	133	15	143	15
新疆	194	26	57	25	90	25	100	23	82	26	78	22	102	26	123	20	136	18

按年份各地区文化部门艺术表演团体经费自给率情况

单位：%

地区	1964年		1978年		1980年		1985年		1990年		1995年		2000年		2005年		2006年	
	自给率	位次	自给率	位次	自给率	位次	自给率	位次	自给率	位次	自给率	位次	自给率	位次	自给率	位次	自给率	位次
总计	**68.0**		**41.4**		**48.7**		**37.3**		**41.1**		**40.3**		**31.5**		**35.5**		**29.6**	
中央	30.0		9.6		28.3		23.9		51.2		45.7		48.3		62.6		53.6	
地方	68.9		42.3		49.2		37.7		40.9		40.1		30.7		33.9		27.8	
北京	70.5	11	14.2	24	29.8	21	22.3	22	28.2	19	34.2	16	20.9	22	31.5	14	34.8	7
天津	...	...	28.2	20	40.8	16	37.7	10	36.9	10	32.5	17	32.4	11	21.7	23	21.5	20
河北	75.5	5	45.7	9	51.9	9	51.0	5	58.9	4	48.0	7	45.1	2	40.5	10	32.3	9
山西	77.4	3	58.6	3	70.3	3	61.1	2	57.3	6	53.6	3	39.1	6	37.5	11	35.5	5
内蒙古	58.9	20	13.4	26	25.3	23	17.9	25	17.3	27	19.7	23	11.3	29	11.0	28	10.7	28
辽宁	69.7	13	29.2	19	41.5	15	36.2	11	38.0	9	35.2	15	31.4	12	44.6	5	31.0	10
吉林	56.4	21	33.2	16	34.9	19	30.5	16	35.4	13	28.7	19	25.0	16	27.4	18	24.5	16
黑龙江	64.7	18	33.3	15	35.8	18	25.7	20	21.4	23	27.3	20	16.1	26	10.9	29	8.9	30
上海	66.3	17	30.3	17	72.9	2	44.8	7	68.6	1	64.0	1	48.2	1	85.3	1	50.3	1
江苏	72.0	8	62.5	1	67.5	4	52.4	4	57.5	5	52.9	4	36.3	9	48.1	3	40.1	3
浙江	76.2	4	50.3	7	59.3	5	43.7	8	52.4	7	54.1	2	37.0	8	41.5	7	29.2	12
安徽	59.9	19	29.4	18	47.8	12	35.3	12	27.2	20	25.8	21	21.9	23	22.9	21	21.0	22
福建	71.7	9	36.4	14	52.2	8	53.8	3	48.0	8	50.4	6	28.9	15	27.8	15	22.6	18
江西	69.0	14	42.9	11	43.4	14	29.2	17	31.1	18	29.0	18	20.7	21	21.9	22	25.7	13
山东	71.0	10	47.3	8	50.2	10	31.5	15	32.7	17	42.8	11	35.7	10	27.6	17	24.7	15
河南	85.7	1	59.3	2	83.7	1	65.5	1	63.3	2	50.8	5	42.0	4	46.8	4	42.2	2
湖北	70.0	12	37.5	13	32.1	20	28.8	18	33.9	15	40.0	12	31.2	13	34.7	12	22.4	19
湖南	72.5	7	54.6	4	57.3	7	34.2	13	36.2	12	44.9	9	39.5	5	41.1	8	35.8	4
广东	83.2	2	54.1	5	58.5	6	48.7	6	62.1	3	47.4	8	39.1	7	48.8	2	35.2	6
广西	50.9	22	27.1	21	35.9	17	22.9	21	35.4	13	33.2	16	23.7	18	27.2	19	21.1	21
海南	...		...		...		...		34.6	14	44.6	10	24.1	17	32.8	13	30.6	11
重庆	...		...		...		...		...		...		42.2	3	40.7	9	25.7	14
四川	74.7	6	53.3	6	49.2	11	33.6	14	36.8	11	39.9	13	22.9	19	27.6	16	24.5	17
贵州	48.5	24	21.7	23	21.2	24	16.9	26	21.2	25	25.5	21	22.5	20	20.2	25	17.8	24
云南	67.1	15	24.3	22	25.8	22	21.6	23	20.8	26	15.0	24	14.1	27	25.4	20	12.8	26
西藏	5.6	28	...	···	10.7	27	0.1	29	2.8	29	6.8	27	0.9	31	1.0	31	2.4	31
陕西	66.9	16	42.4	12	49.2	11	43.0	9	33.5	16	36.5	14	30.5	14	41.6	6	33.2	8
甘肃	49.7	23	45.4	10	45.5	13	26.0	19	23.8	21	20.3	22	18.8	28	20.4	24	19.5	23
青海	11.9	27	6.1	27	8.3	28	7.9	28	10.6	28	9.7	26	7.9	30	9.6	30	9.8	29
宁夏	22.0	26	14.2	24	21.0	25	16.2	27	21.3	24	11.0	25	13.0	28	11.2	27	14.8	25
新疆	28.9	25	14.0	25	20.0	26	18.7	24	22.4	22	17.3	24	20.5	24	12.8	26	12.5	27

按年份各地区文化部门艺术表演团体平均每场演出经费补贴情况

单位：元

地　　区	1964 年	1978 年	1980 年	1985 年	1990 年	1995 年	2000 年	2004 年	2005 年	2006 年
总　　计	**31**	**303**	**202**	**416**	**891**	**2 101**	**4 216**	**7 025**	**8 894**	**9 088**
中　　央	1 342	4 174	1 521	2 982	6 493	29 595	62 652	9 837	95 112	87 365
地　　方	29	293	197	405	874	2 034	4 073	6 483	8 318	8 722
北　　京	55	1 821	662	1 305	3 460	5 087	11 864	23 642	27 779	25 037
天　　津	…	746	411	726	1 794	5 605	14 864	35 831	55 050	53 100
河　　北	14	240	157	181	307	825	1 742	2 491	3 066	3 853
山　　西	24	184	126	143	299	538	1 439	3 105	4 122	4 242
内 蒙 古	32	518	324	672	1 029	2 207	3 769	7 789	8 158	9 668
辽　　宁	27	560	323	725	1 371	2 275	7 426	11 740	12 680	15 120
吉　　林	46	470	319	495	1 099	2 695	7 247	13 107	18 273	20 732
黑 龙 江	87	562	347	707	1 627	3 276	6 270	13 796	14 034	17 168
上　　海	28	662	124	283	609	4 085	5 393	6 285	13 794	11 661
江　　苏	8	137	58	119	407	1 077	2 478	3 694	3 830	4 085
浙　　江	11	198	76	235	684	2 273	5 716	3 096	16 563	8 643
安　　徽	36	376	186	325	1 391	3 499	3 970	4 991	9 107	9 341
福　　建	30	299	200	290	864	1 752	5 433	7 071	10 171	10 491
江　　西	38	291	274	564	1 109	2 591	3 921	6 884	6 637	7 128
山　　东	26	226	180	437	1 175	2 313	3 787	7 165	9 096	10 810
河　　南	8	155	74	153	273	557	1 469	2 115	2 738	2 724
湖　　北	27	355	272	778	1 498	2 641	4 406	7 299	8 582	8 763
湖　　南	24	164	169	439	886	1 729	2 561	3 422	3 414	3 856
广　　东	25	285	238	472	843	3 820	7 056	11 825	12 872	15 265
广　　西	122	377	340	766	904	2 053	3 779	8 087	7 852	9 193
海　　南	…	…	…	…	1 933	6 012	6 952	11 275	11 281	10 870
重　　庆	…	…	…	…	…	…	11 776	15 455	16 634	16 705
四　　川	22	176	186	633	2 617	5 446	6 610	11 527	13 569	12 789
贵　　州	67	779	775	1 887	3 007	7 024	12 730	22 270	21 249	34 383
云　　南	57	930	400	1 180	1 700	2 609	7 270	13 604	14 741	11 753
西　　藏	2 000	3 611	4 003	4 472	5 208	5 949	11 707	23 328	29 530	23 652
陕　　西	52	411	318	415	835	1 325	2 784	3 484	4 168	4 521
甘　　肃	140	237	337	605	924	1 495	2 510	5 047	5 734	6 608
青　　海	1 165	1 420	1 450	2 762	3 143	5 622	7 500	30 762	18 767	38 655
宁　　夏	319	1 354	842	875	1 286	3 232	6 393	11 129	14 425	17 896
新　　疆	299	1 114	816	1 104	2 115	4 884	5 917	10 522	10 047	10 810

按年份各地区艺术表演场所机构数

单位：个

地　区	1952 年	1965 年	1978 年	1980 年	1985 年	1990 年	1995 年	2000 年	2003 年	2005 年	2006 年
总　计	**1510**	**2943**	**1095**	**1444**	**1377**	**1995**	**1918**	**1863**	**1900**	**1866**	**1 839**
中　央	4	8	6	5	2	2	3	3	4	4	5
地　方	1506	2935	1089	1439	1375	1993	1915	1860	1896	1862	1 834
北　京	18	30	28	30	32	24	22	22	24	39	42
天　津	33	28	13	9	9	29	27	30	32	28	28
河　北	152	274	29	84	94	101	99	96	96	95	93
山　西	27	52	25	29	44	51	53	49	48	44	46
内蒙古	23	43	8	19	12	30	33	30	30	27	28
辽　宁	71	81	55	60	70	83	79	71	68	59	50
吉　林	24	57	33	50	60	64	59	51	48	73	69
黑龙江	24	60	39	50	56	53	48	53	50	45	46
上　海	96	68	18	43	43	39	35	38	180	160	148
江　苏	216	587	33	23	21	125	129	134	115	87	81
浙　江	78	124	85	107	89	93	93	88	77	125	141
安　徽	106	196	95	169	12	107	109	103	91	90	93
福　建	32	81	…	24	55	75	77	79	76	76	69
江　西	53	79	53	49	80	77	69	61	57	58	58
山　东	89	128	74	71	62	117	115	105	104	94	95
河　南	66	356	81	97	87	175	169	165	159	156	152
湖　北	79	116	55	75	75	90	86	77	69	66	67
湖　南	87	120	66	106	108	110	104	94	94	83	78
广　东	38	70	5	21	26	75	79	74	70	68	67
广　西	23	33	21	27	35	39	34	31	22	23	22
海　南	…	…	…	…	…	3	3	18	19	13	16
重　庆	…	…	…	…	…	…	…	25	25	17	19
四　川	99	162	141	159	159	150	124	92	76	65	65
贵　州	16	3	3	7	17	14	15	14	13	12	11
云　南	19	34	3	26	16	46	44	40	37	38	33
西　藏	…	…	…	…	1	9	9	20	36	24	26
陕　西	20	77	89	70	68	111	108	111	108	107	108
甘　肃	11	38	26	24	27	56	47	46	32	30	28
青　海	3	6	4	3	3	3	3	2	1	1	1
宁　夏	3	10	…	…	2	16	17	19	13	12	11
新　疆	…	16	7	7	12	28	26	22	26	47	43

按年份各地区艺术表演场所演(映)出场次

单位:千场

地区	1985年	1990年	1995年	2000年	2001年	2002年	2003年	2005年	2006年
总计	**988.3**	**3 020**	**2 047.7**	**1 355**	**832**	**740**	**559**	**604**	**585**
中央	1	…	0.8	…	…	1	…	…	…
地方	987.3	3 020	2 046.9	1 355	832	739	559	604	585
北京	30.5	49	28.3	23	17	18	14	27	31
天津	10.7	65	68.4	40	39	39	30	20	26
河北	38.4	82	81.8	64	40	31	21	18	15
山西	49.7	35	36.3	31	24	21	17	26	28
内蒙古	11	29	19.4	18	7	6	3	6	6
辽宁	78.1	205	66.3	49	16	13	10	12	11
吉林	71	132	32	27	20	13	12	10	18
黑龙江	26.9	36	14.8	19	12	11	7	5	4
上海	58.2	73	47.7	39	21	20	36	47	35
江苏	14.1	340	265.8	126	80	58	51	50	63
浙江	7	171	141.7	73	55	39	28	31	27
安徽	3.7	170	169.1	82	35	27	17	15	14
福建	60.5	130	64.4	49	28	27	20	21	23
江西	50.5	91	49	20	12	11	6	7	6
山东	15.3	133	116.3	95	73	4	35	25	17
河南	45.8	222	164	103	66	82	53	78	70
湖北	63.7	161	118.1	89	49	54	23	28	11
湖南	90.7	166	109.4	76	52	45	37	33	32
广东	24.5	181	156	90	58	53	49	48	47
广西	12.8	68	36.8	18	5	3	2	12	13
海南	...	4	2.5	8	4	3	2	2	2
重庆	...	...	...	16	7	6	4	3	8
四川	72.4	150	59.7	24	12	16	12	12	19
贵州	25.8	36	13.8	10	11	12	10	13	10
云南	6	71	63.1	48	19	14	8	7	7
西藏	0.05	4	21	21	5	9	18	7	3
陕西	29.9	98	39.1	42	24	17	12	11	10
甘肃	11.8	49	29.3	32	19	16	12	6	4
青海	6.5	11	4.2	2	2	2	2	2	2
宁夏	5.4	33	21.6	12	7	2	1	1	2
新疆	2.8	25	7.3	9	13	17	7	21	21

按年份各地区艺术表演场所艺术演出场次

单位:千场

地　　区	1985 年	1990 年	1995 年	2000 年	2001 年	2002 年	2003 年	2005 年	2006 年
总　　计	**116.1**	**89**	**49.1**	**59**	**65**	**71**	**66**	**93**	**94**
北　　京	2.9	1	0.7	2	1	3	2	7	8
天　　津	1.1	1	0.4	1	…	1	…	1	1
河　　北	5.7	4	2	2	1	2	1	1	2
山　　西	3.6	1	0.6	1	1	1	1	1	1
内 蒙 古	0.4	1	0.3	…	1	1	…	1	2
辽　　宁	6.5	5	1.2	1	1	1	1	2	2
吉　　林	4.6	7	0.5	1	1	2	1	1	1
黑 龙 江	5.1	3	1	1	1	1	1	1	1
上　　海	4.7	4	4.4	3	3	5	13	14	13
江　　苏	1.9	6	7.2	5	6	6	4	4	5
浙　　江	6.7	5	4.1	6	12	9	7	12	13
安　　徽	1.3	3	1.8	1	2	2	1	3	3
福　　建	3.1	1	1.8	6	6	4	3	5	4
江　　西	4	2	0.7	1	1	2	1	2	2
山　　东	6.6	5	3.5	2	2	…	2	2	3
河　　南	13.2	10	4.5	3	3	2	5	3	3
湖　　北	7.2	9	2.2	2	2	3	2	9	4
湖　　南	7.7	4	1.9	3	4	4	5	5	4
广　　东	3.7	3	2.6	6	7	6	7	8	8
广　　西	2.3	1	0.8	2	1	1	1	1	1
海　　南	...	…	0.1	1	1	1	1	…	1
重　　庆	...	...	...	…	…	1	…	…	…
四　　川	13	5	2.6	3	2	3	3	3	4
贵　　州	0.6	1	…	…	…	1	…	…	…
云　　南	1.1	1	0.9	…	2	2	1	3	2
西　　藏	0.03	…	…	…	…	…	…	…	…
陕　　西	5.7	4	1.5	3	2	3	2	2	3
甘　　肃	1.4	1	0.7	1	2	1	1	1	1
青　　海	0.3	…	0.1	…	…	…	…	…	…
宁　　夏	0.2	…	0.4	…	…	…	…	…	1
新　　疆	1	1	0.3	…	…	…	…	1	1

按年份各地区文化部门艺术表演场所财政拨款情况

单位:万元

地　区	1984年	1985年	1990年	1995年	2000年	2001年	2003年	2005年	2006年
总　计	**1 892**	**1 506**	**2 865**	**5 723**	**8 643**	**11 300**	**15 703**	**16 792**	**19 603**
中　央	24	…	8	…	…	…	…	…	…
地　方	1 864	1 506	2 857	5 723	8 643	11 300	15 703	16 792	19 603
北　京	24	12	2	40	387	150	58	40	124
天　津	…	…	2	13	70	28	10	173	111
河　北	36	44	65	134	392	762	561	1 097	605
山　西	51	75	258	151	93	167	216	263	427
内蒙古	5	14	72	156	232	327	360	508	550
辽　宁	67	114	103	200	253	242	599	553	297
吉　林	136	258	242	366	615	1 107	1 492	1 017	2 277
黑龙江	10	4	29	23	124	174	91	142	207
上　海	…	…	11	54	189	150	1 231	1 304	501
江　苏	12	32	27	191	89	60	109	67	25
浙　江	87	83	112	325	768	931	2 819	1 875	2 263
安　徽	3	3	259	338	517	815	664	864	977
福　建	9	28	114	381	672	1 049	660	1 503	649
江　西	113	58	114	301	334	678	438	712	588
山　东	67	105	330	439	730	1 036	861	274	339
河　南	76	76	229	444	337	447	485	561	558
湖　北	424	99	40	81	135	168	180	307	428
湖　南	36	40	99	264	543	571	576	607	958
广　东	4	1	97	324	650	860	1 472	2 097	4 243
广　西	50	20	28	59	18	39	35	44	155
海　南	…	…	…	…	11	…	…	1	51
重　庆	…	…	..	…	81	91	182	111	26
四　川	66	196	138	255	210	262	295	173	492
贵　州	24	…	6	93	63	100	90	75	70
云　南	286	6	76	146	187	201	322	249	308
西　藏	…	22	…	81	261	143	340	494	199
陕　西	108	37	109	226	288	366	810	538	625
甘　肃	119	86	222	402	180	124	143	99	192
青　海	…	16	…	…	…	…	…	…	…
宁　夏	32	56	4	21	45	30	116	106	55
新　疆	24	23	69	217	173	309	492	941	1 304

按年份各地区文化部门艺术表演场所总支出情况

单位:万元

地区	1984年	1985年	1990年	1995年	2000年	2001年	2003年	2005年	2006年
总计	**7 705**	**9 519**	**37 402**	**77 139**	**82 040**	**84 389**	**104 384**	**89 301**	**117 871**
中央	39	44	81	185	232	556	258	737	650
地方	7 666	9 475	37 321	76 954	81 808	83 832	104 126	88 563	117 222
北京	414	472	785	1 690	3 567	3 108	4 333	5 252	5 782
天津	93	143	566	1 311	1 464	1 412	1 648	1 147	1 015
河北	282	371	1 096	2 405	2 847	2 995	2 673	3 574	3 264
山西	284	344	672	1 620	1 403	1 579	1 637	1 993	2 717
内蒙古	89	131	485	666	648	759	661	815	856
辽宁	694	906	2 881	3 481	2 767	4 452	4 338	4 153	17 028
吉林	621	682	1 244	2 308	1 999	2 294	2 655	1 940	4 237
黑龙江	75	131	511	560	819	737	957	858	918
上海	586	599	1 398	5 056	7 344	5 916	22 424	17 864	24 743
江苏	68	65	3 743	8 848	9 270	8 808	9 639	618	930
浙江	544	708	2 108	4 672	5 471	6 117	8 089	7 807	8 132
安徽	18	26	1 533	3 250	3 295	3 246	2 959	3 058	3 271
福建	292	344	1 438	3 629	3 905	4 496	3 634	5 031	5 430
江西	251	228	533	1 227	1 421	1 786	1 670	2 028	1 838
山东	199	243	2 120	4 271	4 530	5 294	4 669	1 172	1 074
河南	394	450	2 688	5 146	4 156	4 059	4 150	5 974	6 081
湖北	539	492	1 525	4 476	3 043	3 318	3 261	2 820	3 508
湖南	527	683	1 655	3 325	4 883	4 084	5 470	2 908	2 839
广东	487	749	4 069	8 148	7 986	8 219	8 115	6 061	8 856
广西	181	202	1 036	1 480	1 203	962	991	1 167	1 159
海南	...	...	136	354	453	351	221	193	217
重庆	...	...	...	...	546	405	343	298	161
四川	419	650	1 554	2 676	1 861	2 084	2 294	2 501	2 843
贵州	118	222	311	489	711	731	828	793	799
云南	5	21	577	1 337	1 503	1 487	1 094	1 505	1 874
西藏	1	24	68	313	357	219	457	506	207
陕西	208	219	976	1 521	2 124	1 976	2 361	2 428	2 590
甘肃	127	166	766	1 456	1 221	1 133	955	1 079	1 206
青海	35	66	157	275	121	95	76	...	...
宁夏	68	80	290	499	436	370	402	271	265
新疆	47	58	400	465	452	1 343	1 125	2 751	3 380

按年份各地区公共图书馆机构数

单位:个

地区	1949年	1957年	1965年	1978年	1980年	1985年	1990年	1995年	2000年	2003年	2005年	2006年
总计	**52**	**400**	**562**	**1 218**	**1 732**	**2 344**	**2 527**	**2 615**	**2 675**	**2709**	**2 762**	**2 778**
中央	1	1	1	1	1	1	1	1	1	1	1	1
地方	51	399	561	1 217	1 731	2 343	2 526	2 614	2 674	2708	2 761	2 777
北京	2	7	6	17	20	22	22	22	24	25	25	24
天津	2	5	10	19	18	26	30	31	31	31	32	32
河北	2	14	12	42	80	104	121	134	145	147	153	156
山西	…	5	17	61	72	103	111	119	121	122	122	122
内蒙古	…	15	12	24	83	94	104	107	108	108	110	110
辽宁	…	22	30	71	85	121	123	127	128	128	126	127
吉林	2	11	18	60	48	39	47	51	60	62	63	64
黑龙江	…	12	26	78	80	87	96	96	97	97	96	95
上海	20	21	24	17	23	46	51	31	31	35	28	28
江苏	…	25	35	78	82	90	91	94	101	100	103	104
浙江	2	31	35	63	69	76	80	81	83	83	90	92
安徽	…	16	34	36	80	82	84	83	84	84	88	85
福建	…	10	12	23	26	65	74	78	81	82	84	85
江西	2	11	20	38	49	105	104	104	104	104	104	105
山东	3	40	27	80	88	99	115	130	133	140	145	145
河南	1	10	17	36	71	118	127	132	134	136	136	136
湖北	3	15	7	47	101	99	101	100	103	103	102	102
湖南	1	15	37	72	77	110	116	116	115	115	120	120
广东	2	19	46	76	97	117	103	114	124	129	129	129
广西	…	10	29	84	87	89	90	92	94	96	95	100
海南	…	…	…	…	…	…	19	19	19	19	20	20
重庆	…	…	…	…	…	…	…	…	42	44	43	43
四川	…	26	44	78	98	115	148	166	129	132	141	146
贵州	…	9	16	25	44	76	84	87	89	90	91	91
云南	…	10	16	16	80	149	148	148	148	149	149	149
西藏	…	1	1	1	1	18	18	18	1	1	4	3
陕西	7	9	13	43	69	113	113	114	114	111	111	111
甘肃	1	12	8	6	39	75	83	86	91	92	92	92
青海	…	1	1	13	23	27	41	41	38	38	43	43
宁夏	…	3	3	8	14	20	20	20	22	21	20	20
新疆	1	14	5	5	27	58	62	60	80	84	96	98

按年份各地区公共图书馆总藏量情况

单位：万册(件)

地　　区	1979 年	1980 年	1985 年	1990 年	1995 年	2000 年	2002 年	2003 年	2005 年	2006 年
总　　计	**18 353**	**19 904**	**25 573**	**29 064**	**32 850**	**40 953**	**42 628**	**43 776**	**48 056**	**50 025**
中　　央	1 020	1 060	1 310	1 598	1 959	2 249	2 373	2 412	2 505	2 570
地　　方	17 333	18 844	2 426	27 466	30 891	38 704	40 256	41 364	45 551	47 454
北　　京	483	548	560	607	670	767	876	944	1 121	1 206
天　　津	547	550	584	664	677	786	822	840	869	945
河　　北	384	423	504	707	845	1 081	1 132	1 179	1 307	1 351
山　　西	427	444	588	662	777	867	898	912	963	993
内 蒙 古	401	367	482	550	621	683	696	707	744	761
辽　　宁	1 391	1 487	1 521	1 557	1 786	1 970	2 119	2 115	2 326	2 400
吉　　林	651	665	834	831	921	1 030	1 071	1 090	1 202	1 229
黑 龙 江	535	613	848	1 009	1 094	1 186	1 227	1 248	1 291	1 436
上　　海	1 107	1 138	1 430	1 585	1 586	5 500	5 817	5 894	6 049	6 062
江　　苏	1 364	1 433	1 816	2 110	2 420	2 669	2 777	2 846	3 179	3 410
浙　　江	814	843	1 038	1 266	1 511	1 715	1 848	1 918	2 324	2 497
安　　徽	556	563	651	681	752	787	792	807	847	907
福　　建	395	431	709	845	902	985	1 053	1 097	1 274	1 362
江　　西	513	768	916	1 003	1 070	1 122	1 167	1 197	1 282	1 309
山　　东	1 070	1 159	1 234	1 469	1 724	1 989	2 176	2 246	2 746	2 846
河　　南	660	708	975	1 022	1 062	1 239	1 303	1 336	1 429	1 470
湖　　北	650	771	1 032	1 220	1 445	1 678	1 759	1 819	1 923	1 981
湖　　南	732	808	1 120	1 239	1 362	1 514	1 548	1 602	1 667	1 704
广　　东	689	798	1 065	1 260	1 651	2 316	2 300	2 498	3 119	3 454
广　　西	581	644	935	1 102	1 243	1 312	1 378	1 419	1 491	1 564
海　　南	…	…	…	100	137	154	165	167	184	193
重　　庆	…	…	…	…	…	811	678	700	768	792
四　　川	1 471	1 502	1 880	2 125	2 356	1 722	1 746	1 773	2 002	2 094
贵　　州	229	292	451	527	616	681	691	713	764	771
云　　南	420	503	906	1 034	1 104	1 254	1 252	1 287	1 371	1 397
西　　藏	…	17	46	54	51	60	60	60	42	45
陕　　西	482	480	645	658	733	837	840	852	887	913
甘　　肃	323	338	586	579	670	745	759	795	860	872
青　　海	195	220	287	260	280	286	295	295	324	289
宁　　夏	156	185	300	328	338	380	368	361	378	389
新　　疆	107	147	321	412	489	579	644	649	817	811

注：本年鉴的总藏量，1991 年以前只包括图书。

按年份各地区公共图书馆人均拥有藏书册数

单位:册

地区	1980年	1985年	1990年	1995年	2000年	2001年	2002年	2003年	2004年	2005年	2006年
全国	**0.2**	**0.2**	**0.3**	**0.2**	**0.3**	**0.3**	**0.3**	**0.3**	**0.3**	**0.3**	**0.3**
北京	0.6	0.6	0.6	0.6	0.7	0.7	0.7	0.6	0.6	0.7	0.7
天津	0.7	0.7	0.8	0.7	0.9	0.9	0.9	0.8	0.9	0.8	0.8
河北	0.8	0.1	0.1	0.1	0.2	0.2	0.2	0.2	0.2	0.1	0.2
山西	0.2	0.2	0.2	0.2	0.3	0.3	0.3	0.3	0.3	0.2	0.2
内蒙古	0.2	0.2	0.3	0.2	0.3	0.3	0.3	0.3	0.3	0.3	0.3
辽宁	0.4	0.4	0.4	0.4	0.5	0.4	0.5	0.5	0.5	0.5	0.5
吉林	0.3	0.4	0.3	0.3	0.4	0.4	0.4	0.4	0.4	0.4	0.4
黑龙江	0.2	0.3	0.3	0.3	0.3	0.3	0.3	0.3	0.3	0.3	0.3
上海	1.0	1.2	1.2	1.1	1.5	1.6	1.7	1.3	1.4	1.4	1.2
江苏	0.2	0.3	0.3	0.3	0.4	0.4	0.4	0.4	0.4	0.4	0.4
浙江	0.2	0.3	0.3	0.3	0.3	0.4	0.4	0.4	0.4	0.4	0.4
安徽	0.1	0.1	0.1	0.1	0.1	0.1	0.1	0.1	0.1	0.1	0.1
福建	0.2	0.3	0.3	0.2	0.3	0.3	0.3	0.3	0.3	0.3	0.3
江西	0.2	0.3	0.3	0.2	0.3	0.3	0.3	0.3	0.4	0.2	0.3
山东	0.2	0.2	0.2	0.2	0.2	0.2	0.2	0.2	0.3	0.2	0.3
河南	0.1	0.1	0.1	0.1	0.1	0.1	0.1	0.1	0.1	0.1	0.1
湖北	0.2	0.2	0.2	0.2	0.3	0.3	0.3	0.3	0.3	0.3	0.3
湖南	0.2	0.2	0.2	0.2	0.2	0.2	0.2	0.2	0.2	0.2	0.2
广东	0.2	0.2	0.2	0.2	0.3	0.3	0.3	0.3	0.3	0.3	0.3
广西	0.2	0.1	0.3	0.2	0.3	0.3	0.3	0.3	0.3	0.3	0.3
海南	...	...	0.2	0.2	0.2	0.2	0.2	0.2	0.2	0.2	0.2
重庆	...	...	...	...	0.1	0.3	0.2	0.2	0.2	0.2	0.2
四川	0.2	0.2	0.2	0.2	0.5	0.2	0.2	0.2	0.2	0.2	0.2
贵州	0.1	0.2	0.2	0.1	0.2	0.2	0.2	0.2	0.2	0.2	0.2
云南	0.2	0.3	0.3	0.2	0.3	0.3	0.3	0.3	0.3	0.3	0.3
西藏	0.1	0.2	0.3	0.2	0.2	0.2	0.2	0.2	0.1	0.1	0.1
陕西	0.2	0.2	0.2	0.2	0.2	0.2	0.2	0.2	0.2	0.2	0.2
甘肃	0.2	0.3	0.3	0.2	0.3	0.3	0.3	0.3	0.3	0.3	0.3
青海	0.6	0.7	0.6	0.5	0.6	0.6	0.6	0.5	0.5	0.5	0.4
宁夏	0.5	0.7	0.7	0.6	0.7	1.0	0.6	0.6	0.6	0.6	0.6
新疆	0.1	0.3	0.3	0.3	0.3	0.3	0.3	0.3	0.4	0.4	0.3

按年份各地区公共图书馆总流通人次

单位:万人次

地区	1979年	1980年	1985年	1990年	1995年	2000年	2003年	2005年	2006年
总计	**7 787**	**9 045**	**11 614**	**12 435**	**18 298**	**18 854**	**21 440**	**23 331**	**25 218**
中央	48	53	72	169	133	381	449	458	391
地方	7 739	8 992	11 542	12 266	18 165	18 473	20 991	22 873	24 827
北京	126	157	142	180	272	320	443	715	747
天津	209	214	291	245	265	461	399	483	474
河北	135	242	289	390	473	736	602	634	588
山西	200	251	247	330	227	261	348	255	257
内蒙古	139	195	190	179	282	270	291	380	324
辽宁	432	544	606	686	829	1 184	1 132	1 133	1 209
吉林	133	132	182	314	385	409	510	505	551
黑龙江	241	327	514	619	631	608	441	505	547
上海	439	544	797	660	687	1 225	1 204	1 249	1 342
江苏	575	640	883	909	883	1 227	1 533	1 734	1 753
浙江	446	464	482	589	555	1 140	1 174	1 397	1 651
安徽	274	487	358	402	372	561	541	460	560
福建	142	130	405	384	466	647	777	733	712
江西	279	319	778	490	413	485	553	533	460
山东	701	707	494	504	509	795	1 055	1 421	1 334
河南	323	555	442	440	650	713	799	828	780
湖北	263	316	370	548	559	714	897	1 145	1 197
湖南	396	375	616	498	618	808	978	787	960
广东	524	504	739	903	1 447	2 235	2 635	3 542	4 695
广西	320	239	452	461	809	927	949	895	1 381
海南	…	…	…	52	94	121	115	114	139
重庆	…	…	…	…	…	266	459	594	330
四川	740	814	850	933	776	554	638	766	889
贵州	113	129	275	320	462	228	241	187	190
云南	206	289	463	517	559	654	739	735	695
西藏	…	…	3	5	…	2	3	1	3
陕西	217	236	258	207	242	275	617	365	368
甘肃	65	71	166	222	225	185	334	316	306
青海	33	35	73	43	39	58	61	68	57
宁夏	40	38	101	131	140	142	140	166	160
新疆	28	38	76	105	140	263	384	211	167

按年份各地区公共图书馆图书外借册次

单位：万册次

地 区	1979年	1980年	1985年	1990年	1995年	2000年	2003年	2005年	2006年
总 计	**9 625**	**11 830**	**18 942**	**20 242**	**11 814**	**16 913**	**18 775**	**20 268**	**21 039**
中 央	110	129	177	654	29	217	321	428	332
地 方	9 515	11 701	18 765	19 588	11 785	16 697	18 454	19 840	20 708
北 京	279	361	367	366	283	442	448	678	734
天 津	485	471	581	467	237	274	339	379	359
河 北	133	234	358	504	379	673	541	468	497
山 西	228	310	403	467	204	207	181	272	228
内蒙古	116	202	246	294	239	233	264	243	260
辽 宁	726	957	1 321	1 197	856	1 119	1 101	1 173	1 245
吉 林	165	165	474	338	332	259	466	794	432
黑龙江	268	533	1 346	1 239	500	527	457	789	425
上 海	673	862	1 143	1 045	507	970	956	1 027	1 087
江 苏	720	837	1 758	1 557	967	1 269	1 245	1 493	1 642
浙 江	513	600	926	1 068	550	1 054	1 087	1 233	1 612
安 徽	289	588	497	463	343	455	399	340	416
福 建	179	217	633	610	517	779	1 002	729	700
江 西	326	364	987	726	383	543	524	722	437
山 东	932	872	753	807	573	718	984	1 378	1 166
河 南	401	614	652	796	517	695	948	646	697
湖 北	293	371	661	954	543	769	965	926	1 078
湖 南	457	388	1 081	953	562	735	858	801	880
广 东	374	488	952	1 439	687	1 192	1 452	2 036	3 097
广 西	251	287	338	546	528	688	687	761	684
海 南	...	...	...	39	49	64	78	28	44
重 庆	...	...	...	...	...	435	603	471	586
四 川	960	953	1 328	1 370	691	564	664	651	713
贵 州	115	141	372	289	133	189	179	117	123
云 南	218	338	540	705	529	680	618	700	631
西 藏	…	…	3	10	10	11	1	3	6
陕 西	209	299	366	311	238	305	671	263	278
甘 肃	89	94	220	398	173	153	275	261	265
青 海	36	40	136	86	51	52	60	57	46
宁 夏	47	62	197	372	125	265	123	212	172
新 疆	33	53	126	172	91	251	280	175	169

按年份各地区公共图书馆财政拨款情况

单位:万元

地　区	1979年	1980年	1985年	1990年	1995年	2000年	2002年	2003年	2005年	2006年
总　计	**5 040**	**5 467**	**15 272**	**29 296**	**65 838**	**139 321**	**176 882**	**205 252**	**277 848**	**319 479**
中　央	470	489	1 292	3 420	9 421	15 293	18 326	18 155	23 650	29 211
地　方	4 570	4 978	13 980	25 876	56 417	124 028	158 556	187 096	254 198	290 268
北　京	144	127	322	743	1 683	8 734	8 173	8 984	15 554	15 561
天　津	159	162	321	409	1 295	2 751	3 298	3 445	10 980	9 265
河　北	108	111	569	741	1 827	2 980	3 638	4 150	6 717	6 583
山　西	154	124	331	517	1 184	2 150	2 719	3 433	4 862	5 579
内蒙古	131	167	420	876	1 432	2 452	3 437	3 792	5 086	5 358
辽　宁	344	368	973	1 841	3 737	6 822	9 425	9 620	15 446	15 006
吉　林	194	193	530	876	1 707	3 364	4 068	4 850	5 861	6 526
黑龙江	281	234	625	1 068	2 088	3 104	4 193	5 871	7 752	7 313
上　海	399	433	990	2 159	5 558	22 871	22 442	23 862	30 636	32 358
江　苏	226	297	741	1 403	3 620	6 729	10 683	13 792	16 075	31 083
浙　江	121	146	725	1 195	2 356	6 509	9 935	13 582	20 316	21 656
安　徽	125	149	313	519	1 165	2 054	3 031	4 830	5 436	5 856
福　建	84	131	411	879	1 778	3 681	4 448	4 513	6 579	6 533
江　西	121	111	451	700	1 184	2 022	2 651	2 965	3 780	4 102
山　东	254	283	543	1 284	2 814	6 129	7 720	8 618	12 039	14 084
河　南	143	119	429	819	1 766	3 591	4 704	4 776	5 987	6 588
湖　北	168	211	768	941	1 649	2 896	4 541	5 383	6 498	7 579
湖　南	199	176	771	884	1 816	2 550	3 428	3 996	5 376	6 163
广　东	219	286	844	2 157	6 110	11 868	18 920	26 025	28 592	31 819
广　西	138	174	456	793	1 563	2 851	3 989	4 345	5 469	6 542
海　南	…	…	…	123	378	322	628	440	631	1 977
重　庆	…	…	…	…	…	1 491	2 249	2 410	2 957	4 022
四　川	254	291	690	1 545	2 591	2 877	3 811	4 752	7 229	8 963
贵　州	91	101	241	479	746	1 259	1 779	1 969	3 401	4 408
云　南	97	140	401	944	2 178	5 134	4 558	4 497	6 096	7 348
西　藏	…	…	13	11	72	111	188	194	336	350
陕　西	118	132	253	566	934	2 038	3 225	3 468	3 973	5 295
甘　肃	93	85	217	482	985	1 752	2 318	3 852	4 438	4 748
青　海	69	70	164	227	724	678	1 001	909	1 237	1 636
宁　夏	67	85	178	264	408	786	1 138	997	1 504	1 756
新　疆	69	72	290	431	1 062	1 476	2 221	2 778	3 360	4 209

按年份各地区公共图书馆总支出情况

单位:万元

地区	1979年	1980年	1985年	1990年	1995年	2000年	2002年	2003年	2005年	2006年
总计	**5 206**	**5 486**	**13 393**	**30 271**	**74 080**	**157 173**	**208 929**	**235 819**	**312 571**	**344 076**
中央	511	490	1 325	3 550	9 460	21 155	23 462	24 608	28 686	30 140
地方	4 695	4 996	12 068	26 721	64 620	136 018	185 466	211 211	283 885	313 936
北京	142	130	284	733	1 851	5 326	9 181	10 270	16 840	17 846
天津	164	160	323	643	2 128	3 074	4 084	4 130	7 548	9 679
河北	125	135	306	758	2 044	3 458	4 395	4 603	7 208	6 567
山西	148	126	287	527	1 170	2 270	3 159	3 677	5 085	5 979
内蒙古	143	150	370	734	1 458	2 536	3 584	3 898	4 959	5 564
辽宁	348	375	846	2 099	4 392	7 783	10 636	10 596	16 225	15 980
吉林	192	176	474	871	1 835	3 520	4 318	4 986	6 295	6 869
黑龙江	290	286	518	1 132	2 139	3 409	4 448	5 612	8 602	7 760
上海	402	379	897	2 484	7 021	24 425	28 659	29 432	36 757	38 589
江苏	219	259	695	1 514	4 046	8 400	12 609	15 712	20 630	23 976
浙江	130	135	624	1 237	3 082	8 500	12 229	16 506	22 905	25 951
安徽	134	137	254	521	1 384	2 641	3 361	5 656	5 767	6 398
福建	91	90	335	777	1 710	3 916	5 386	5 447	7 446	7 222
江西	114	137	372	744	1 323	2 343	3 227	3 552	4 343	5 074
山东	275	269	496	1 268	2 968	6 881	8 238	9 623	13 242	14 974
河南	161	168	371	815	2 140	3 902	5 348	5 320	6 377	6 979
湖北	166	225	636	1 109	2 372	3 952	6 070	6 745	8 120	9 120
湖南	199	207	548	982	2 329	3 399	4 374	4 887	6 431	7 124
广东	201	259	691	2 011	6 807	14 597	20 800	26 569	33 777	39 752
广西	148	165	431	749	1 769	3 077	4 598	5 182	6 288	7 443
海南	...	...	...	118	369	355	679	476	658	1 189
重庆	...	...	...	...	...	2 026	2 679	3 009	3 856	3 994
四川	258	287	618	1 789	3 245	3 462	4 657	5 290	8 218	9 057
贵州	83	95	241	417	810	1 428	1 806	2 104	3 497	4 314
云南	108	142	398	843	2 234	3 928	6 099	5 339	6 786	7 614
西藏	...	3	31	15	61	110	190	195	336	346
陕西	126	133	214	482	951	2 263	3 526	3 766	4 405	5 657
甘肃	107	99	200	441	1 011	1 799	2 492	3 728	4 399	4 854
青海	81	89	165	237	424	780	1 039	1 040	1 315	1 683
宁夏	69	82	153	265	430	783	1 174	1 017	1 574	1 773
新疆	71	98	290	406	1 119	1 677	2 423	2 848	3 999	4 610

按年份各地区公共图书馆购书费支出情况

单位:万元

地　区	1979 年	1980 年	1985 年	1990 年	1995 年	2000 年	2002 年	2003 年	2005 年	2006 年
总　计	**2 163**	**2 273**	**4 164**	**8 474**	**16 788**	**37 141**	**41 853**	**44 407**	**59 781**	**66 095**
中　央	297	297	735	2 200	6 036	9 000	10 991	10 993	12 001	13 003
地　方	1 866	1 975	3 429	6 274	10 752	28 141	30 862	33 414	47 780	53 092
北　京	42	42	102	163	251	914	1 664	1 755	3 413	4 188
天　津	67	67	104	106	318	563	609	617	1 527	2 590
河　北	63	68	76	161	302	428	367	444	677	949
山　西	50	49	68	93	131	292	184	281	385	438
内蒙古	45	51	66	85	86	166	192	211	169	281
辽　宁	115	117	205	454	768	948	1 777	1 482	2 027	2 079
吉　林	98	61	104	152	250	459	597	491	777	758
黑龙江	79	91	128	251	235	395	390	409	410	659
上　海	172	187	431	1 079	2 204	11 210	7 607	8 607	10 342	10 686
江　苏	98	99	284	458	732	1 780	2 657	2 933	3 739	4 370
浙　江	68	68	191	374	578	1 577	1 990	2 337	3 994	4 375
安　徽	57	60	62	121	262	297	370	271	619	593
福　建	42	47	111	170	311	716	890	929	599	1 301
江　西	44	58	67	129	98	302	351	347	646	807
山　东	87	85	113	237	506	978	1 468	1 434	1 868	1 922
河　南	62	65	80	165	255	413	530	540	655	827
湖　北	55	94	120	256	299	699	972	1 033	1 296	1 534
湖　南	68	73	115	177	207	415	549	627	900	914
广　东	74	83	251	465	1 186	2 832	4 575	5 222	7 394	8 056
广　西	71	82	96	159	291	520	516	556	674	747
海　南	…	…	…	21	59	41	100	61	92	66
重　庆	…	…	…	…	…	330	306	340	569	570
四　川	107	109	168	289	431	485	417	559	1 095	1 230
贵　州	48	46	79	128	100	166	216	232	301	383
云　南	49	63	110	207	441	538	598	647	720	843
西　藏	…	2	5	3	14	16	13	30	43	40
陕　西	62	42	61	88	1 041	117	275	295	701	504
甘　肃	41	51	61	108	170	289	352	480	594	588
青　海	38	37	40	39	33	54	54	36	72	72
宁　夏	29	32	42	59	41	68	111	42	136	133
新　疆	35	46	89	77	91	136	168	170	347	590

按年份各地区公共图书馆人均购书费情况

单位:元

地　　区	1984年	1985年	1990年	1995年	2000年	2004年	2005年	2006年
总　　计	**0.023**	**0.04**	**0.074**	**0.139**	**0.287**	**0.391**	**0.457**	**0.50**
北　　京	0.049	0.106	0.150	0.239	0.661	0.863	2.219	2.65
天　　津	0.089	0.129	0.120	0.360	0.562	1.062	1.463	2.41
河　　北	0.013	0.014	0.026	0.048	0.063	0.088	0.098	0.14
山　　西	0.020	0.026	0.032	0.045	0.089	0.086	0.114	0.13
内 蒙 古	0.027	0.033	0.039	0.039	0.07	0.090	0.070	0.12
辽　　宁	0.034	0.056	0.114	0.194	0.224	0.459	0.480	0.49
吉　　林	0.028	0.045	0.061	0.101	0.168	0.235	0.286	0.28
黑 龙 江	0.029	0.039	0.07	0.067	0.107	0.158	0.107	0.17
上　　海	0.163	0.354	0.807	1.71	6.697	5.573	5.816	5.89
江　　苏	0.017	0.046	0.068	0.108	0.239	0.452	0.500	0.58
浙　　江	0.018	0.047	0.09	0.135	0.337	0.635	0.815	0.88
安　　徽	0.012	0.012	0.021	0.045	0.05	0.088	0.101	0.10
福　　建	0.019	0.041	0.056	0.101	0.206	0.306	0.452	0.37
江　　西	0.018	0.019	0.034	0.026	0.073	0.085	0.149	0.19
山　　东	0.012	0.015	0.028	0.059	0.108	0.170	0.202	0.21
河　　南	0.009	0.011	0.019	0.029	0.045	0.068	0.069	0.09
湖　　北	0.02	0.024	0.047	0.054	0.116	0.174	0.226	0.27
湖　　南	0.014	0.02	0.029	0.033	0.064	0.093	0.142	0.14
广　　东	0.016	0.04	0.073	0.183	0.328	0.717	0.804	0.87
广　　西	0.023	0.025	0.037	0.067	0.116	0.131	0.144	0.16
海　　南	...	...	0.032	0.088	0.052	0.091	0.110	0.08
重　　庆	...	...	...	...	...	0.139	0.203	0.20
四　　川	0.011	0.016	0.027	0.039	0.058	0.153	0.133	0.15
贵　　州	0.017	0.027	0.039	0.03	0.047	0.037	0.080	0.10
云　　南	0.02	0.032	0.052	0.117	0.125	0.137	0.161	0.19
西　　藏	0.011	0.03	0.014	0.061	0.063	0.091	0.155	0.14
陕　　西	0.015	0.021	0.027	0.031	0.033	0.128	0.188	0.13
甘　　肃	0.027	0.03	0.048	0.074	0.113	0.220	0.228	0.23
青　　海	0.098	0.098	0.087	0.074	0.103	0.089	0.132	0.13
宁　　夏	0.086	0.086	0.126	0.084	0.12	0.174	0.228	0.22
新　　疆	0.036	0.065	0.05	0.058	0.071	0.157	0.172	0.29

注:本表所用人口数,均为当年《中国统计年鉴》数字。

按年份各地区公共图书馆购书费占总支出比重

单位:%

地区	1979年	1980年	1985年	1990年	1995年	2000年	2001年	2004年	2005年	2006年
中央	58.1	60.8	55.5	62.0	63.8	42.5	45.5	44.9	41.8	43.1
地方	39.7	39.5	28.4	23.5	16.6	20.7	20.2	15.8	16.8	16.9
北京	24	25.5	26.2	20	9	14.2	14.4	11.6	18.5	23.5
天津	32.1	31.6	19	10.5	7.5	7.9	8.5	14.7	15.3	26.8
河北	41.4	45.3	26.5	19	6.4	9.4	7.2	13	8.9	14.5
山西	32.9	53.1	24.3	20.2	10.1	6.3	3.1	2.8	6.7	7.3
内蒙古	25.5	32.5	19.3	8.9	7.4	8.3	4.4	3.1	4.0	5.1
辽宁	29.5	28.8	27.3	18.2	18.2	17.1	16.8	15.9	11.0	13.0
吉林	34.8	31.7	20.4	14.8	17.2	15.2	13.6	14.8	15.4	11.0
黑龙江	21.8	20.8	28.4	23.9	14.7	12	10.4	9.6	10.5	8.5
上海	40.5	25.4	27.4	17.4	11.8	14.5	17.9	13.8	14.1	27.7
江苏	38.7	32.9	41.5	31.5	17.7	21.5	19.1	14	16.5	18.2
浙江	40.4	45.7	27.7	25.4	19.4	19.1	11.3	14.9	14.5	16.9
安徽	35.4	37.5	22.9	21	21.5	14	12.1	12.5	16.7	9.3
福建	33.1	50.1	21.4	16.6	19.7	23.7	22.4	18.4	16.4	18.0
江西	38.6	35.5	21.1	17.9	5.8	10.5	19.7	11.8	15.1	15.9
山东	35.4	34.1	26.7	21.5	17.4	15.4	16.5	13	15.4	12.8
河南	37.7	42.2	26.9	22.5	12	15	10.5	13.1	12.3	11.9
湖北	41.4	42.4	24.4	23.7	15.1	16	16.9	14.8	15.2	16.8
湖南	37.3	33.3	14.8	14.1	8.4	12.8	10	7.5	10.8	12.8
广东	25.7	26.8	45.7	24.5	20.6	21.6	21	21.2	22.1	20.3
广西	43.3	45.9	16.7	26.1	18.9	16.1	12.5	12	10.5	10.0
海南	…	…	…	21.1	15.7	9.7	12.1	19.3	19.5	5.6
重庆	…	…	…	…	…	12.8	11	13.4	16.2	14.3
四川	44.2	37.6	34.1	15.8	15.2	14.2	10.6	13.7	15.7	13.6
贵州	55.8	52.4	21.2	38.3	7.2	14.5	23.2	4.6	9.7	8.9
云南	50.8	49.8	35.4	38.3	13.6	15.9	15.6	8.5	7.1	11.1
西藏	…	57.6	…	…	…	14.9	…	…	13.6	11.6
陕西	57.6	34.9	33.3	14.7	11.4	5.9	16.2	15.8	25.9	8.9
甘肃	44.8	41.4	23.2	26.8	13.4	12.5	12.9	15	13.3	12.1
青海	55.4	36.1	14.1	12.2	3.7	0.6	1.4	2.6	3.0	4.3
宁夏	53.1	46.7	22.1	20	12.2	20.3	27.4	13.6	6.8	7.5
新疆	70	49.2	29.8	21.6	11.3	11.3	10.8	10.1	7.7	12.8

按年份各地区地市级公共图书馆购书费占总支出比重

单位：%

地区	1979年	1980年	1985年	1990年	1995年	2000年	2001年	2004年	2005年	2006年
总计	**36.7**	**31.8**	**28.0**	**20.3**	**14.8**	**16.0**	**15.4**	**14.3**	**15.1**	**14.5**
北京	24.0	25.5	26.2	20.0	9.0	14.2	14.4	11.6	18.5	——
天津	32.1	31.6	19.0	10.5	7.5	7.9	8.5	14.7	15.3	——
河北	41.4	45.3	26.5	19.0	6.4	9.4	7.2	13.0	8.9	13.2
山西	32.9	53.1	24.3	20.2	10.1	6.3	3.1	2.8	6.8	6.2
内蒙古	25.5	32.5	19.3	8.9	7.4	8.3	4.4	3.1	4.0	5.0
辽宁	29.5	28.8	27.3	18.2	18.2	17.1	16.8	15.9	11.0	12.8
吉林	34.8	31.7	20.4	14.8	17.2	15.2	13.6	14.8	15.4	14.4
黑龙江	21.8	20.8	28.4	23.9	14.7	12.0	10.4	9.6	10.5	10.9
上海	40.5	25.4	27.4	17.4	11.8	14.5	17.9	13.8	14.1	——
江苏	38.7	32.9	41.5	31.5	17.7	21.5	19.1	14.0	16.5	16.0
浙江	40.4	45.7	27.7	25.4	19.4	19.1	11.3	14.9	14.5	15.8
安徽	35.4	37.5	22.9	21.0	21.5	14.0	12.1	12.5	16.8	13.6
福建	33.1	50.1	21.4	16.6	19.7	23.7	22.4	18.4	16.5	12.2
江西	38.6	35.5	21.1	17.9	5.8	10.5	19.7	11.8	15.1	13.6
山东	35.4	34.1	26.7	21.5	17.4	15.4	16.5	13.0	15.5	15.9
河南	37.7	42.2	26.9	22.5	12.0	15.0	10.5	13.1	12.3	14.5
湖北	41.4	42.4	24.4	23.7	15.1	16.0	16.9	14.8	15.3	17.7
湖南	37.3	33.3	14.8	14.1	8.4	12.8	10.0	7.5	10.8	10.8
广东	25.7	26.8	45.7	24.5	20.6	21.6	21.0	21.2	22.1	18.5
广西	43.3	45.9	16.7	26.1	18.9	16.1	12.5	12.0	10.5	10.9
海南	…	…	…	21.1	15.7	9.7	12.1	19.3	19.6	10.0
重庆	…	…	…	…	…	12.8	11.0	13.4	16.2	12.6
四川	44.2	37.6	34.1	15.8	15.2	14.2	10.6	13.7	15.8	14.0
贵州	55.8	52.4	21.2	38.3	7.2	14.5	23.2	4.6	9.7	7.5
云南	50.8	49.8	35.4	38.3	13.6	15.9	15.6	8.5	7.1	12.0
西藏	…	57.6	…	…	…	14.9	…	…	13.6	——
陕西	57.6	34.9	33.3	14.7	11.4	5.9	16.2	15.8	26.0	18.5
甘肃	44.8	41.4	23.2	26.8	13.4	12.5	12.9	15.0	13.3	11.7
青海	55.4	36.1	14.1	12.2	3.7	0.6	1.4	2.6	3.0	1.9
宁夏	53.1	46.7	22.1	20.0	12.2	20.3	27.4	13.6	6.8	9.7
新疆	70.0	49.2	29.8	21.6	11.3	11.3	10.8	10.1	7.7	8.1

按年份各地区县级公共图书馆购书费占总支出比重

单位:%

地区	1979年	1980年	1985年	1990年	1995年	2000年	2001年	2004年	2005年	2006年
总计	**37.0**	**35.3**	**17.2**	**15.1**	**10.3**	**9.9**	**9.3**	**9.4**	**10.9**	**12.7**
北京	39.1	34.7	19.2	13.5	8.6	6.9	9.0	9.3	40.8	25.0
天津	31.5	51.3	22.8	7.2	8.6	4.2	1.8	5.4	0.7	22.5
河北	46.9	40.7	16.7	14.6	13.6	4.6	5.1	5.2	5.5	5.6
山西	33.8	32.1	16.6	13.0	4.8	5.4	4.6	3.6	6.1	6.6
内蒙古	35.6	32.0	14.4	10.9	4.9	4.2	3.6	3.0	3.2	3.1
辽宁	32.9	24.4	16.6	13.9	14.1	11.4	10.3	7.4	9.2	7.5
吉林	34.4	28.8	12.3	9.6	7.2	4.0	3.9	3.8	4.8	3.5
黑龙江	23.6	23.9	16.7	14.6	7.8	6.4	4.4	4.7	5.0	4.9
上海	40.5	39.4	26.8	27.1	15.8	18.4	14.6	22.1	12.2	17.6
江苏	41.8	34.0	19.3	19.5	11.4	13.9	12.1	12.1	12.0	12.2
浙江	51.4	47.1	19.7	25.1	14.2	14.7	13.2	11.6	15.7	16.0
安徽	39.2	37.1	18.0	17.6	8.8	5.1	5.5	5.0	6.0	7.6
福建	36.4	50.9	23.8	22.0	11.6	9.5	11.0	9.6	23.5	16.3
江西	31.6	39.8	12.8	9.5	7.5	12.5	8.4	8.0	8.9	9.6
山东	24.1	23.9	9.6	8.3	10.0	6.7	8.9	8.7	9.3	8.5
河南	36.2	36.8	12.9	12.7	5.8	6.3	5.5	6.2	5.7	7.5
湖北	35.9	41.9	8.3	15.0	10.7	14.2	16.2	10.7	12.3	11.5
湖南	29.4	31.5	17.2	14.2	8.4	8.4	8.1	7.4	10.0	8.2
广东	31.0	29.8	19.4	18.0	13.3	13.5	13.2	14.4	16.6	15.0
广西	45.0	45.4	19.5	16.3	11.1	8.0	9.0	8.6	8.4	7.2
海南	...	...	...	16.3	16.3	12.5	13.8	7.8	9.6	7.6
重庆	...	...	...	...	...	12.7	12.1	7.7	5.1	8.2
四川	38.1	34.3	17.7	11.3	10.5	10.1	8.9	15.1	8.2	10.5
贵州	66.7	43.6	35.0	18.9	7.0	6.5	6.9	6.0	4.8	6.4
云南	48.0	44.1	21.5	20.6	14.2	10.5	10.0	8.3	8.3	7.4
西藏	...	...	17.5	20.0	...	...	...	...	...	...
陕西	52.4	22.3	19.3	8.9	3.6	2.4	4.0	3.8	5.3	4.0
甘肃	37.1	84.0	18.8	14.5	7.1	4.5	4.4	4.3	4.4	2.5
青海	48.9	44.0	17.4	10.8	2.8	1.6	2.1	0.8	1.7	1.2
宁夏	32.9	39.5	19.8	13.7	6.2	5.9	11.1	3.9	3.5	2.9
新疆	55.8	55.9	16.9	14.4	6.3	5.8	3.1	4.7	8.7	7.2

按年份各地区地市级公共图书馆平均每馆购书费情况

单位:万元

地　区	1979年	1980年	1985年	1990年	1995年	2000年	2001年	2004年	2005年	2006年
总　计	**1.8**	**1.9**	**3.3**	**5.7**	**10.0**	**19.4**	**21.9**	**32.9**	**40.9**	**40.2**
北　京	1.4	1.8	3.2	7.8	7.2	25.6	28.2	31.2	76.3	——
天　津	1.9	1.6	1.4	1.6	2.7	4.9	6.5	19.7	28.0	——
河　北	2.5	2.8	3.4	5.1	6.0	12.2	9.9	27.3	29.8	33.7
山　西	1.2	1.3	1.9	3.2	3.4	6.1	3.3	8.4	14.5	12.7
内蒙古	1.2	1.5	2.2	1.8	3.1	5.4	4.1	4.4	5.8	7.7
辽　宁	3.5	4.2	5.0	8.7	18.1	27.6	34.8	48.0	44.0	47.0
吉　林	2.1	2.1	3.1	6.3	16.7	23.4	24.3	38.5	48.6	46.1
黑龙江	2.0	3.1	3.5	10.3	12.9	15.8	13.7	22.1	25.2	28.6
上　海	2.1	2.1	2.9	5.6	14.7	30.3	45.4	60.7	79.9	——
江　苏	2.7	2.8	8.1	13.5	17.5	49.5	59.5	69.3	79.9	86.7
浙　江	2.5	2.9	4.3	8.0	15.0	38.8	27.7	63.5	86.6	111.4
安　徽	1.5	1.1	2.3	3.3	10.2	9.1	10.4	17.7	25.9	20.2
福　建	1.7	2.1	1.9	3.3	7.7	39.6	30.4	43.6	45.8	30.6
江　西	1.1	1.5	2.7	3.5	3.0	3.2	9.8	9.7	12.3	11.5
山　东	1.8	1.9	3.1	6.5	12.3	20.1	26.9	43.2	45.3	56.0
河　南	2.0	1.9	2.7	4.0	5.7	14.6	11.0	17.7	17.7	23.3
湖　北	2.2	1.9	2.8	5.4	6.8	9.3	19.1	22.4	30.9	39.6
湖　南	1.1	1.3	1.8	3.1	4.1	8.5	8.3	8.3	12.6	14.4
广　东	1.2	1.4	12.5	15.3	33.3	69.4	71.2	148.1	152.7	152.3
广　西	1.8	2.4	2.6	6.0	13.3	16.1	16.2	17.0	17.6	21.3
海　南	...	...	...	4.0	11.8	6.2	8.8	22.6	28.3	17.9
重　庆	...	...	...	...	...	5.9	5.9	11.0	14.3	12.5
四　川	2.7	2.0	3.8	7.1	9.5	9.2	6.1	29.3	22.8	27.1
贵　州	1.8	2.0	2.2	5.2	2.0	10.1	18.9	5.1	12.0	13.9
云　南	1.0	1.2	1.9	3.4	4.6	13.1	11.9	9.2	9.8	17.0
西　藏	…	1.9	…	…	…	16.4	…	…	4.3	…
陕　西	1.7	1.8	1.3	1.8	3.0	6.5	13.7	19.2	38.9	29.6
甘　肃	1.0	0.9	1.2	3.2	3.4	6.5	10.3	16.3	15.9	19.6
青　海	1.3	1.4	1.0	1.3	0.6	0.1	0.5	1.3	1.5	1.5
宁　夏	3.8	2.8	2.7	1.3	5.4	12.3	20.4	23.6	7.9	14.5
新　疆	1.0	1.7	1.8	2.6	3.4	5.1	5.9	7.5	7.0	9.2

按年份各地区县级公共图书馆平均每馆购书费情况

单位:万元

地区	1979年	1980年	1985年	1990年	1995年	2000年	2001年	2004年	2005年	2006年
总计	**0.5**	**0.5**	**0.5**	**0.8**	**1.2**	**1.9**	**2.0**	**3.3**	**4.1**	**6.7**
北京	1.3	1.3	1.3	3.3	3.2	5.9	10.3	15.0	119.5	112.1
天津	0.7	1.0	2.0	0.8	2.2	1.8	0.7	3.4	0.5	44.1
河北	0.3	0.3	0.2	0.4	0.9	0.4	0.5	0.8	0.9	1.0
山西	0.4	0.4	0.3	0.4	0.3	0.5	0.5	0.6	1.2	1.7
内蒙古	0.3	0.3	0.4	0.5	0.5	0.6	0.6	0.8	0.9	0.9
辽宁	0.6	0.6	0.7	1.0	2.2	2.8	2.9	3.7	4.3	3.5
吉林	0.5	0.5	0.9	0.9	1.2	1.0	1.0	1.2	1.8	1.5
黑龙江	0.6	0.5	0.5	0.7	0.7	1.0	0.8	1.2	1.3	1.4
上海	1.7	1.9	1.8	3.0	11.6	31.2	33.0	64.2	49.0	93.6
江苏	0.6	0.5	0.7	1.7	2.8	5.6	5.6	12.3	12.8	13.8
浙江	0.6	0.6	1.1	2.4	3.3	7.8	8.4	15.6	22.6	24.3
安徽	0.4	0.3	0.3	0.7	0.8	0.8	0.9	1.3	1.5	2.8
福建	0.6	0.7	0.6	1.0	1.3	1.8	2.2	2.6	9.4	6.9
江西	0.4	0.5	0.3	0.5	0.6	2.2	1.2	1.6	2.1	2.6
山东	0.5	0.5	0.3	0.6	1.5	1.7	2.3	3.1	3.8	3.8
河南	0.4	0.4	0.3	0.5	0.5	0.9	0.8	1.3	1.2	1.8
湖北	0.3	0.5	0.4	1.0	1.4	4.0	4.2	3.4	4.8	4.4
湖南	0.5	0.5	0.6	0.7	1.0	1.3	1.5	1.9	3.2	2.7
广东	0.4	0.5	0.5	1.5	3.2	7.2	7.3	16.1	16.9	18.7
广西	0.5	0.6	0.5	0.9	0.9	1.0	1.4	1.6	1.9	1.9
海南	…	…	…	0.8	2.1	1.7	2.0	1.7	2.1	1.8
重庆	…	…	…	…	…	2.0	2.4	2.3	2.2	2.6
四川	0.5	0.5	0.6	0.8	1.2	1.3	1.4	5.1	2.6	2.9
贵州	0.7	0.5	0.7	0.5	0.4	0.4	0.6	0.8	0.7	1.1
云南	0.4	0.5	0.4	0.7	1.4	1.7	1.8	2.2	2.2	2.2
西藏	…	…	0.2	0.5	…	…	…	…	…	…
陕西	0.6	0.2	0.2	0.2	0.2	0.2	0.5	0.6	1.0	0.8
甘肃	0.6	0.9	0.3	0.4	0.4	0.4	0.6	0.7	0.8	0.6
青海	1.1	0.8	0.5	0.3	0.1	0.1	0.2	0.1	0.2	0.2
宁夏	0.9	1.2	0.8	1.2	0.8	1.3	4.3	1.5	1.2	1.2
新疆	1.0	1.0	0.5	0.5	0.6	0.7	0.5	1.0	1.8	1.8

按年份各地区公共图书馆新购图书册数

单位:万册

地区	1983 年	1985 年	1990 年	1995 年	2000 年	2001 年	2002 年	2003 年	2005 年	2006 年
总计	**1 541**	**1 343**	**895**	**551**	**692**	**819**	**947**	**1 049**	**1 535**	**1 686**
中央	41	70	71	17	21	26	24	24	28	32
地方	1 500	1 273	824	534	671	793	923	1 025	1 507	1 654
北京	44	30	23	11	33	61	52	61	114	152
天津	39	31	13	14	17	22	20	18	35	81
河北	38	45	22	26	15	18	17	20	33	39
山西	32	30	25	7	12	9	9	10	17	17
内蒙古	33	31	18	7	11	11	12	12	8	14
辽宁	97	94	66	41	39	48	63	61	72	79
吉林	50	34	17	14	14	12	23	24	32	22
黑龙江	43	48	32	17	17	17	17	18	26	37
上海	90	67	49	44	67	75	90	96	100	103
江苏	108	68	54	41	57	61	73	79	106	136
浙江	73	67	50	33	54	58	78	76	142	163
安徽	33	27	17	9	11	12	13	16	23	34
福建	49	40	23	18	25	32	34	38	71	52
江西	44	61	19	9	15	29	24	17	26	25
山东	52	44	28	23	32	42	55	68	64	78
河南	73	40	25	16	21	17	24	33	30	31
湖北	70	64	43	23	28	31	35	39	43	48
湖南	76	62	26	19	24	24	26	38	54	32
广东	64	54	58	69	77	99	142	168	316	296
广西	55	38	66	16	20	19	23	28	26	28
海南	...	...	4	6	3	2	7	2	3	2
重庆	...	...	...	...	12	12	14	18	23	19
四川	86	74	46	25	21	20	20	20	47	74
贵州	34	36	20	5	8	7	7	9	7	10
云南	83	69	33	22	15	20	16	24	26	25
西藏	5	3	1	0.1	0.3	0.2	…	1	2	1
陕西	33	28	10	5	6	13	9	14	25	19
甘肃	30	26	15	7	7	11	8	9	12	11
青海	20	13	4	1	2	0.7	1	2	4	1
宁夏	25	24	7	2	3	4	3	3	5	5
新疆	21	25	10	6	5	10	6	7	15	19

按年份各地区地市级公共图书馆平均每馆新购图书册数

单位:万册

地区	1983年	1985年	1990年	1995年	2000年	2001年	2004年	2005年	2006年
总计	**1.8**	**1.3**	**0.8**	**0.6**	**0.7**	**0.8**	**1.2**	**1.5**	**0.6**
北京	2.7	1.6	1.5	0.4	1.3	1.9	1.6	3.0	6.3
天津	1.3	0.9	0.3	0.3	0.3	0.4	0.7	0.6	2.5
河北	1.4	1.4	1.0	0.5	0.6	0.5	1.0	1.3	0.3
山西	1.0	0.9	0.7	0.1	0.1	0.3	0.3	0.3	0.1
内蒙古	1.5	1.1	0.4	0.2	0.3	0.3	0.2	0.2	0.1
辽宁	3.1	2.2	1.3	1.0	0.8	1.1	1.4	1.4	0.6
吉林	2.1	1.1	0.7	0.8	0.9	0.6	0.7	1.4	0.3
黑龙江	0.9	1.3	1.3	0.8	0.8	0.7	1.0	1.3	0.4
上海	2.1	1.6	0.9	0.9	1.0	1.2	1.7	2.3	3.7
江苏	3.3	2.8	1.7	1.3	1.6	1.9	2.4	2.9	1.3
浙江	2.4	1.8	1.2	0.8	1.8	1.5	2.7	3.6	1.8
安徽	1.0	0.9	0.6	0.2	0.3	0.3	0.5	0.7	0.4
福建	3.3	1.1	0.7	0.5	1.6	1.2	1.5	2.2	0.6
江西	2.0	1.3	0.5	0.3	0.2	1.1	0.4	0.6	0.2
山东	1.8	1.4	0.6	0.4	0.7	0.9	1.3	1.8	0.5
河南	5.1	1.3	0.7	0.4	0.7	0.5	0.7	1.0	0.2
湖北	1.7	1.5	0.9	0.5	0.4	0.7	0.8	1.0	0.5
湖南	1.4	1.2	0.6	0.3	0.4	0.4	0.4	0.6	0.3
广东	1.9	1.8	0.9	1.7	1.4	2.1	4.8	6.2	2.3
广西	1.8	1.3	1.0	0.5	0.9	0.8	0.7	0.7	0.3
海南	…	…	0.5	1.2	0.3	0.5	1.6	0.6	0.1
重庆	…	…	…	…	0.2	0.2	0.4	0.8	0.5
四川	2.1	1.7	1.0	0.5	0.4	0.2	1.0	0.9	0.5
贵州	2.4	1.2	0.5	0.1	0.5	0.6	0.4	0.2	0.1
云南	1.1	1.1	0.4	0.3	0.2	0.5	0.3	0.4	0.2
西藏	…	…	…	…	0.3	…	…	0.3	0.3
陕西	1.1	0.6	0.3	0.2	…	1.4	0.7	1.2	0.2
甘肃	1.8	0.6	0.8	0.2	0.2	0.2	0.4	0.5	0.1
青海	0.5	0.4	0.1	0.02	…	0.01	0.2	0.1	0.0
宁夏	2.7	1.4	1.0	0.5	0.5	0.6	0.8	0.5	0.3
新疆	0.8	0.6	0.3	0.3	0.2	0.5	0.3	0.3	0.2

按年份各地区县级公共图书馆平均每馆新购图书册数

单位:万册

地区	1983年	1985年	1990年	1995年	2000年	2001年	2004年	2005年	2006年
总计	**0.44**	**0.32**	**0.17**	**0.10**	**0.11**	**0.11**	**0.20**	**0.25**	**0.33**
北京	1.39	0.88	0.56	0.33	0.28	0.43	0.80	6.00	5.23
天津	0.78	0.68	0.17	0.18	0.10	0.18	0.18	0.14	2.00
河北	0.35	0.19	0.08	0.13	0.04	0.06	0.10	0.09	0.11
山西	0.26	0.22	0.13	0.03	0.07	0.03	0.15	0.10	0.09
内蒙古	0.20	0.21	0.12	0.05	0.05	0.04	0.09	0.05	0.05
辽宁	0.54	0.45	0.27	0.14	0.13	0.13	0.20	0.26	0.23
吉林	0.49	0.61	0.23	0.15	0.06	0.08	0.09	0.16	0.11
黑龙江	0.34	0.27	0.14	0.08	0.07	0.05	0.09	0.09	0.10
上海	1.54	0.92	0.55	0.72	1.17	1.10	1.60	1.53	2.33
江苏	0.64	0.44	0.38	0.25	0.34	0.33	0.68	0.61	0.91
浙江	0.71	0.57	0.49	0.25	0.31	0.39	0.74	1.06	1.25
安徽	0.28	0.20	0.11	0.07	0.04	0.05	0.08	0.08	0.27
福建	0.91	0.33	0.18	0.11	0.09	0.11	0.16	0.63	0.31
江西	0.35	0.47	0.13	0.07	0.14	0.08	0.11	0.11	0.12
山东	0.40	0.23	0.12	0.12	0.13	0.17	0.22	0.19	0.20
河南	0.36	0.20	0.12	0.06	0.07	0.06	0.10	0.09	0.12
湖北	0.30	0.23	0.26	0.13	0.21	0.18	0.23	0.23	0.22
湖南	0.54	0.41	0.15	0.12	0.12	0.11	0.16	0.38	0.16
广东	0.34	0.26	0.27	0.25	0.33	0.33	0.79	1.11	0.79
广西	0.45	0.29	0.21	0.09	0.08	0.08	0.11	0.10	0.10
海南	…	…	0.18	0.21	0.12	0.07	0.08	0.10	0.08
重庆	…	…	…	…	0.10	0.12	0.13	0.13	0.13
四川	0.53	0.35	0.15	0.09	0.11	0.09	0.41	0.20	0.35
贵州	0.36	0.36	0.13	0.03	0.04	0.02	0.06	0.04	0.06
云南	0.40	0.33	0.15	0.10	0.07	0.08	0.10	0.12	0.11
西藏	…	0.14	0.06	…	…	…	…	…	…
陕西	0.27	0.16	0.05	0.02	0.04	0.02	0.06	0.07	0.07
甘肃	0.29	0.22	0.05	0.04	0.03	0.08	0.04	0.04	0.04
青海	0.71	0.26	0.06	0.01	…	0.01	0.003	0.06	0.02
宁夏	1.26	1.02	0.18	0.05	0.06	0.16	0.08	0.04	0.05
新疆	0.35	0.30	0.09	0.04	0.02	0.03	0.05	0.09	0.11

按年份各地区群众文化事业机构数

单位:个

地　　区	1964 年	1978 年	1985 年	1986 年	1990 年	1995 年	2000 年	2005 年	2006 年
总　　计	**4 467**	**6 893**	**56 158**	**56 849**	**55 756**	**58 525**	**45 321**	**41 588**	**40 088**
北　　京	36	22	392	399	396	356	278	328	329
天　　津	...	18	524	364	367	362	306	217	200
河　　北	186	175	3 916	3 847	3 587	3 194	2 257	2 149	2 231
山　　西	103	124	1 785	1 906	1 803	1 835	1 851	1 355	1 385
内 蒙 古	98	61	1 708	1 752	1 622	2 122	1 712	1 329	1 048
辽　　宁	171	910	1 732	1 839	2 479	3 327	1 520	1 522	1 495
吉　　林	256	445	1 105	1 079	1 072	1 420	894	821	830
黑 龙 江	179	194	1 337	1 360	1 372	1 546	1 201	1 015	975
上　　海	68	20	369	403	410	334	340	249	250
江　　苏	665	1 042	2 427	2 429	2 287	3 401	1 771	1 534	1 477
浙　　江	230	372	3 610	3 629	3 623	3 877	1 932	1 592	1 593
安　　徽	403	825	3 196	3 387	3 328	2 178	1 898	1 677	1 514
福　　建	120	117	1 115	1 089	1 160	1 321	1 085	1 116	1 108
江　　西	188	106	2 050	2 131	2 096	1 999	2 000	1 546	1 393
山　　东	139	155	2 355	2 435	2 641	2 521	2 581	1 926	2 015
河　　南	178	173	2 351	2 462	2 452	2 435	2 479	2 395	2 373
湖　　北	222	876	2 991	2 647	1 849	3 136	1 695	1 258	1 321
湖　　南	225	182	3 286	3 180	3 333	2 788	2 667	2 617	2 625
广　　东	135	139	2 127	2 184	1 926	3 057	2 042	1 725	1 731
广　　西	88	86	1 256	1 299	1 422	1 527	1 408	1 254	1 252
海　　南	...	...	...	...	326	328	327	243	229
重　　庆	...	...	...	...	...	...	1 248	1 086	1 057
四　　川	227	234	7 294	7 676	7 041	4 964	3 865	4 716	3 802
贵　　州	85	89	2 187	2 199	1 858	1 556	1 030	1 401	1 419
云　　南	140	145	1 605	1 607	1 661	3 254	1 734	1 684	1 548
西　　藏	...	5	27	39	56	104	94	208	206
陕　　西	114	117	2 857	2 850	2 785	2 370	2 065	1 732	1 757
甘　　肃	75	95	1 181	1 238	1 310	1 363	1 432	1 190	1 202
青　　海	30	43	305	315	307	358	250	244	262
宁　　夏	23	36	297	304	318	465	309	252	240
新　　疆	83	87	773	800	869	1 023	1 060	1 207	1 221

按年份各地区群众艺术馆机构数

单位：个

地区	1959年	1965年	1978年	1980年	1985年	1990年	1995年	2000年	2003年	2005年	2006年
总计	**51**	**62**	**92**	**218**	**335**	**366**	**373**	**390**	**382**	**375**	**395**
北京	1	1	…	1	1	1	1	1	1	1	1
天津	1	1	1	1	1	1	1	1	1	1	1
河北	3	1	14	17	20	18	12	12	12	13	13
山西	1	…	…	5	11	12	12	12	12	12	12
内蒙古	1	…	4	10	13	13	13	13	13	13	13
辽宁	6	3	9	13	16	16	23	23	22	22	23
吉林	3	4	7	7	10	12	13	13	13	14	14
黑龙江	4	3	15	18	17	16	16	15	16	17	17
上海	1	1	…	1	1	1	3	3	2	1	1
江苏	…	2	…	1	11	12	12	14	4	14	13
浙江	2	2	1	12	12	12	12	12	12	12	12
安徽	1	1	1	2	12	14	14	14	15	14	15
福建	2	8	6	9	10	10	10	10	10	10	10
江西	1	8	…	11	12	12	12	12	12	12	12
山东	4	8	8	13	13	17	18	19	19	18	18
河南	2	11	10	12	17	22	23	23	23	18	18
湖北	2	2	1	15	17	16	13	18	18	13	18
湖南	1	…	…	1	16	14	15	15	15	15	15
广东	2	…	…	13	15	19	21	21	22	22	22
广西	1	…	…	4	14	14	14	15	15	16	16
海南	…	…	…	…	…	3	3	3	2	3	3
重庆	…	…	…	…	…	…	…	4	3	1	15
四川	3	2	5	5	16	24	24	27	25	21	21
贵州	2	2	2	3	7	7	8	8	11	8	8
云南	1	1	1	18	18	19	19	20	20	17	17
西藏	…	…	2	6	7	7	7	7	8	8	8
陕西	3	…	2	9	11	11	11	11	11	11	11
甘肃	1	…	1	8	14	15	15	15	15	16	16
青海	2	1	1	2	8	9	9	9	9	9	10
宁夏	…	…	1	1	2	4	4	4	5	7	6
新疆	…	…	…	…	13	15	15	16	16	16	15

按年份各地区文化馆机构数

单位：个

地　区	1952年	1965年	1978年	1985年	1990年	1995年	2000年	2005年	2006年
总　计	**2 430**	**2 598**	**2 748**	**2 960**	**2 955**	**2 886**	**2 907**	**2 851**	**2 819**
北　京	24	18	19	22	22	22	22	21	20
天　津	21	13	17	18	18	18	18	18	18
河　北	168	166	161	172	170	169	166	162	162
山　西	116	108	124	117	118	118	118	119	119
内蒙古	70	81	54	104	103	102	104	102	102
辽　宁	109	97	118	161	161	105	102	110	110
吉　林	64	62	72	36	43	45	89	67	67
黑龙江	85	86	100	132	122	121	118	127	126
上　海	2	20	20	42	48	40	45	32	29
江　苏	108	99	110	108	109	110	107	103	102
浙　江	90	83	75	93	85	83	84	87	87
安　徽	100	93	96	101	101	99	103	104	99
福　建	72	73	76	78	80	80	80	80	80
江　西	92	97	106	103	101	101	101	101	101
山　东	166	133	147	144	142	140	140	140	140
河　南	134	151	150	210	203	201	191	186	184
湖　北	112	138	176	188	182	179	129	111	103
湖　南	102	121	119	127	127	122	125	125	125
广　东	117	118	124	123	113	115	119	117	120
广　西	77	87	86	92	96	98	99	99	99
海　南	…	…	…	…	17	17	18	18	18
重　庆	…	…	…	…	…	…	43	31	25
四　川	198	215	220	214	209	212	171	180	181
贵　州	61	83	87	86	84	85	85	87	87
云　南	65	140	144	130	128	128	127	132	131
西　藏	…	…	3	10	23	26	52	33	33
陕　西	127	110	115	112	113	111	111	110	109
甘　肃	94	75	94	83	84	83	83	84	85
青　海	21	30	30	43	42	42	43	43	44
宁　夏	…	18	19	20	19	22	22	18	19
新　疆	35	83	86	91	92	92	92	94	94

按年份各地区文化站机构数

单位：个

地　区	1978年	1985年	1986年	1990年	1995年	2000年	2005年	2006年
总　计	**17 297**	**52 858**	**53 519**	**52 435**	**45 038**	**42 024**	**38 362**	**36 874**
北　京	87	369	376	373	321	255	306	308
天　津	…	505	345	348	343	287	198	181
河　北	133	3 724	3 656	3 399	3 011	2 079	1 974	2 056
山　西	…	1 657	1 777	1 673	1 705	1 721	1 224	1 254
内蒙古	3	1 591	1 635	1 506	1 575	1 595	1 214	933
辽　宁	1 542	1 555	1 660	2 302	1 805	1 395	1 390	1 362
吉　林	950	1 059	1 030	1 017	1 010	792	740	749
黑龙江	565	1 183	1 204	1 234	1 280	1 068	871	832
上　海	344	326	356	361	289	292	216	220
江　苏	2 093	2 308	2 310	2 166	2 221	1 650	1 417	1 362
浙　江	1 182	3 505	3 522	3 526	1 891	1 836	1 493	1 494
安　徽	1 448	3 083	3 273	3 213	1 827	1 781	1 559	1 400
福　建	914	1 027	1 001	1 070	1 072	995	1 026	1 018
江　西	347	1 935	2 016	1 983	1 886	1 887	1 433	1 280
山　东	2 103	2 198	2 276	2 482	2 363	2 422	1 768	1 857
河　南	1 260	2 124	2 236	2 227	2 211	2 265	2 191	2 171
湖　北	321	2 786	2 436	1 651	1 856	1 548	1 134	1 200
湖　南	3 590	3 143	3 038	3 192	2 651	2 527	2 477	2 485
广　东	15	1 989	2 046	1 794	1 957	1 902	1 586	1 589
广　西	332	1 150	1 190	1 312	1 412	1 294	1 139	1 137
海　南	…	…	…	306	301	306	222	208
重　庆	…	…	…	…	…	1 201	1 044	1 016
四　川	9	7 064	7 446	6 808	4 718	3 667	4 515	3 600
贵　州	…	2 094	2 106	1 767	863	937	1 306	1 324
云　南	2	1 457	1 459	1 514	1 567	1 587	1 535	1 400
西　藏	…	10	17	26	44	35	167	165
陕　西	28	2 734	2 726	2 661	2 237	1 933	1 611	1 637
甘　肃	…	1 084	1 139	1 211	1 265	1 334	1 090	1 101
青　海	12	254	265	256	219	198	192	208
宁　夏	16	275	282	295	266	283	227	215
新　疆	1	669	696	762	862	952	1 097	1 112

按年份各地区群众文化事业财政拨款情况

单位:万元

地区	1978 年	1980 年	1985 年	1990 年	1995 年	2000 年	2002 年	2003 年	2005 年	2006 年
总计	**11 520**	**11 270**	**20 835**	**36 985**	**56826**	**118 430**	**165 163**	**190 424**	**279 033**	**322 773**
北京	142	126	281	812	661	2 594	3 491	5 318	8 145	9 007
天津	187	139	279	415	691	1 422	2 136	2 228	3 076	3 453
河北	594	513	740	1 819	2 362	5 161	6 350	6 626	9 767	10 335
山西	512	486	621	1 207	1 603	2 674	3 801	4 104	5 571	7 350
内蒙古	354	324	759	1 320	1 723	3 388	4 841	4 886	7 068	6 979
辽宁	599	700	1 426	2 047	3 488	5 054	6 030	6 347	9 121	14 383
吉林	359	336	732	1 043	1 986	3 384	4 502	4 535	5 989	7 374
黑龙江	431	461	832	1 399	1 972	3 541	4 435	4 857	6 193	7 201
上海	184	178	667	1 006	1 492	5 020	7 377	11 128	22 327	20 539
江苏	542	584	1 079	1 852	3 959	8 521	11 421	12 604	19 063	22 080
浙江	401	416	1 050	1 989	4 660	9 446	15 796	19 016	29 490	32 944
安徽	369	433	591	1 052	1 430	3 609	4 746	6 134	7 803	7 610
福建	281	306	573	932	1 794	2 895	4 666	4 276	5 168	6 678
江西	402	346	504	960	1 182	2 504	3 609	3 386	4 714	4 823
山东	637	722	1 067	2 151	2 622	7 295	8 514	9 032	12 633	16 386
河南	572	654	818	1 377	2 282	4 630	5 710	6 459	8 194	8 159
湖北	475	492	994	1 229	1 965	3 832	4 608	5 028	6 284	8 130
湖南	648	636	1 050	1 352	1 620	3 571	5 158	5 392	7 570	9 168
广东	495	440	891	1 909	4 518	12 113	18 455	25 682	40 125	47 583
广西	347	348	637	1 225	1 231	2 639	4 358	5 103	6 056	7 403
海南	…	…	…	210	363	645	838	708	1 260	1 414
重庆	…	…	…	…	…	2 202	2 777	3 065	4 069	5 422
四川	841	710	1 391	2 544	3 149	4 730	7 015	7 828	12 246	13 827
贵州	307	231	297	558	895	1 657	2 275	2 830	4 797	5 744
云南	368	360	843	2 061	3 551	5 950	7 789	8 178	10 958	13 105
西藏	21	42	133	209	454	556	727	781	1 098	923
陕西	521	416	673	1 455	1 448	3 027	4 149	3 929	5 296	6 588
甘肃	307	266	471	1 139	1 116	1 980	2 701	3 493	4 620	5 890
青海	172	142	298	373	520	829	1 038	1 141	1 531	1 941
宁夏	146	170	234	410	504	879	1 489	1 609	1 901	2 079
新疆	306	293	904	930	1 586	2 683	4 364	4 723	6 902	8 260

按年份各地区群众文化事业总支出情况

单位:万元

地区	1978年	1980年	1985年	1990年	1995年	2000年	2002年	2003年	2005年	2006年
总计	**10 114**	**11 376**	**20 340**	**42 476**	**83 628**	**188 437**	**235 593**	**265 751**	**358 641**	**412 430**
北京	107	176	281	782	1 566	4 681	5 448	7 115	10 119	12 137
天津	146	174	289	695	1 376	2 633	3 111	3 376	4 133	4 705
河北	689	561	788	1 686	2 713	5 714	6 937	7 176	10 549	10 922
山西	482	522	637	1 075	1 824	3 151	4 230	4 473	6 016	7 680
内蒙古	201	359	733	1 173	1 932	3 799	5 171	5 153	7 478	7 304
辽宁	542	662	1 324	2 706	4 552	6 172	7 569	7 838	10 129	11 040
吉林	349	337	711	1 106	2 101	3 748	4 975	4 960	6 394	7 493
黑龙江	499	467	814	1 407	2 219	3 804	4 917	5 112	6 485	7 682
上海	220	253	674	2 333	6 752	14 985	20 128	24 967	38 967	36 473
江苏	328	471	1 072	3 778	8 509	16 394	17 965	20 290	25 920	31 167
浙江	306	417	1 011	2 629	7 101	17 194	23 384	27 280	39 851	45 336
安徽	388	419	572	1 323	1 934	4 302	5 490	7 042	8 976	9 083
福建	251	309	517	1 094	2 199	4 135	5 436	5 299	6 763	9 227
江西	337	374	515	1 055	1 493	3 167	4 176	3 979	6 265	5 921
山东	653	705	987	2 369	3 317	8 909	10 096	10 556	14 358	17 561
河南	674	695	914	1 469	2 737	5 647	7 625	8 729	8 810	9 455
湖北	442	480	981	1 706	3 885	7 841	7 732	7 890	10 072	12 351
湖南	542	572	941	1 702	2 575	5 696	7 060	7 563	9 603	11 573
广东	361	510	887	1 709	5 937	27 213	32 677	42 018	57 669	69 416
广西	279	278	656	1 235	1 877	3 425	6 018	6 375	6 842	8 654
海南	...	...	...	200	364	887	961	914	1 329	1 556
重庆	...	...	...	...	...	4 889	5 892	6 228	6 627	8 937
四川	636	740	1 313	3 108	5 327	8 927	10 473	11 208	14 375	16 321
贵州	274	268	359	585	989	1 976	2 625	3 142	5 123	6 121
云南	314	424	692	1 832	4 191	7 312	8 920	9 391	11 933	14 548
西藏	21	47	137	172	429	607	997	843	1 169	1 135
陕西	459	346	597	988	1 569	3 648	4 810	4 573	5 775	7 124
甘肃	310	267	506	861	1 189	2 251	2 903	3 863	4 995	6 333
青海	84	157	290	340	537	870	1 104	1 174	1 629	2 166
宁夏	108	115	260	418	651	1 202	1 768	1 842	2 096	2 598
新疆	112	271	882	940	1 785	3 261	4 999	5 384	8 194	10 412

按年份各地区文物业文物藏品数

单位：件

地　区	1995 年	2000 年	2001 年	2002 年	2003 年	2005 年	2006 年
全　国	**11 331 575**	**12 491 531**	**12 598 808**	**12 360 506**	**14 343 943**	**19 964 963**	**18 453 447**
中　央	1 422 369	1 461 199	1 256 553	1 474 399	1 474 399	1 667 307	1 686 643
地　方	9 909 206	11 030 332	11 342 255	10 886 107	12 869 544	18 297 656	16 766 804
北　京	167 342	181 864	173 441	196 469	1 123 558	1 152 341	1 154 683
天　津	546 695	553 684	578 696	564 870	577 485	598 813	202 611
河　北	617 098	668 097	864 153	440 829	440 531	527 123	523 534
山　西	394 648	397 373	398 244	413 819	458 658	897 875	944 350
内蒙古	352 021	367 847	268 195	271 966	272 243	442 177	448 307
辽　宁	225 092	214 994	276 002	271 582	232 517	423 106	385 989
吉　林	163 694	168 976	155 996	131 901	129 479	190 796	194 057
黑龙江	162 820	166 115	160 590	151 646	154 228	168 899	173 221
上　海	203 424	268 984	270 791	279 671	281 611	1 496 698	308 077
江　苏	771 836	803 066	871 147	854 978	881 396	1 933 152	1 930 699
浙　江	396 543	494 206	509 085	509 320	678 426	869 053	1 068 973
安　徽	328 780	432 385	429 033	452 762	459 631	446 566	484 528
福　建	218 598	263 587	324 761	321 219	327 065	419 697	418 000
江　西	202 575	241 239	222 107	173 679	185 780	387 165	365 436
山　东	591 720	792 763	663 867	665 211	655 930	811 316	806 951
河　南	1 021 544	1 260 014	1 319 825	1 135 850	1 206 533	1 435 202	1 435 495
湖　北	560 737	615 162	533 034	1 034 134	998 578	983 730	817 623
湖　南	278 609	277 841	272 754	264 644	275 575	532 768	524 518
广　东	456 762	498 102	504 718	362 383	483 261	988 920	1 005 832
广　西	232 666	211 091	206 089	197 264	196 551	301 908	269 691
海　南	24 938	48 731	44 927	44 297	47 666	30 140	37 889
重　庆	…	237 413	236 799	232 456	237 987	301 849	322 923
四　川	675 154	457 941	502 103	544 487	653 333	752 459	756 962
贵　州	36 892	41 579	41 837	72 100	72 911	54 690	54 936
云　南	214 693	244 475	232 442	213 466	232 942	299 465	305 870
西　藏	127 026	68 650	72 929	12 467	89 738	212 691	182 215
陕　西	502 005	533 192	544 269	433 537	828 333	883 408	880 382
甘　肃	249 723	280 812	404 043	371 548	373 969	429 726	443 671
青　海	75 233	97 052	87 553	34 057	128 638	141 121	135 515
宁　夏	37 881	48 620	63 452	25 759	68 238	77 025	75 249
新　疆	72 457	94 477	109 373	207 736	116 753	107 777	108 617

按年份各地区博物馆机构数

单位:个

地区	1995年	2000年	2001年	2002年	2003年	2004年	2005年	2006年
全国	**1 194**	**1 384**	**1 454**	**1 504**	**1 507**	**1 548**	**1 581**	**1 617**
中央	5	5	5	5	4	4	4	4
地方	1 189	1 379	1 449	1 499	1 503	1 544	1 577	1 613
北京	17	25	26	24	27	31	34	33
天津	14	14	14	15	17	17	18	19
河北	31	43	45	44	44	45	46	46
山西	69	76	79	85	86	88	86	87
内蒙古	17	25	27	28	28	31	33	35
辽宁	26	30	34	34	35	37	39	36
吉林	16	16	19	22	22	18	18	18
黑龙江	29	41	41	46	45	47	46	47
上海	12	11	21	23	23	24	25	26
江苏	72	86	87	90	89	97	99	100
浙江	59	65	69	70	70	73	80	83
安徽	30	37	37	37	40	40	43	44
福建	64	81	80	79	79	79	82	84
江西	82	81	83	84	84	85	82	87
山东	56	59	66	70	73	72	75	76
河南	66	70	72	75	75	76	78	79
湖北	88	94	95	96	96	98	91	96
湖南	57	66	67	70	70	71	73	72
广东	114	128	141	140	143	143	146	148
广西	37	39	40	41	42	49	49	53
海南	17	15	16	16	17	16	16	15
重庆		14	14	17	17	15	18	16
四川	54	50	55	51	51	54	55	59
贵州	4	8	9	10	10	10	11	13
云南	22	30	30	30	30	31	32	33
西藏	2	2	2	2	2	2	2	2
陕西	59	67	75	88	81	81	82	86
甘肃	52	65	64	67	65	67	69	70
青海	8	14	13	16	16	16	15	17
宁夏	3	4	5	5	5	6	6	5
新疆	12	23	23	24	23	25	28	8

历年对外文化交流情况

单位:起

年份	签订文化协定	签订文化协定执行计划	文化交流来往项目		
			总计	来华	出国
1985年	5	17	804	381	423
1986年	2	16	1 075	456	619
1987年	8	32	880	378	502
1988年	5	19	707	282	425
1989年	4	18	484	182	302
1990年	1	14	733	263	470
1991年	4	29	736	227	509
1992年	13	11	1 181	413	768
1993年	8	31	1 534	480	1 054
1994年	7	22	1 176	401	775
1995年	1	28	1 647	500	1 147
1996年	4	22	1 580	859	721
1997年	1	27	1 446	527	919
1998年	2	23	1 871	672	1 199
1999年	4	31	1 366	534	832
2000年	2	27	1 433	595	838
2001年	4	25	2 042	1 103	939
2002年	4	26	1 477	748	729
2003年	4	23	762	420	342
2004年	15	14	1 647	815	832
2005年	16	12	1 168	587	581
2006年	7	17	1 672	943	729

按年份各地区总人口数

单位:万人

地区	2000年	2001年	2003年	2004年	2005年	2006年
总计	**126 743**	**127 627**	**129 227**	**129 988**	**130 756**	**131 448**
北京	1 357	1 383	1 456	1 493	1 538	1 581
天津	1 001	1 004	1 011	1 024	1043	1 075
河北	6 674	6 699	6 769	6 809	6 851	6 898
山西	3 248	3 272	3 314	3 335	3 355	3 375
内蒙古	2 372	2 377	2 380	2 384	2 386	2 397
辽宁	4 184	4 194	4 210	4 217	4 221	4 271
吉林	2 682	2 691	2 704	2 709	2 716	2 723
黑龙江	3 807	3 811	3 815	3 817	3 820	3 823
上海	1 641	1 614	1 711	1 742	1 778	1 815
江苏	7 327	7 355	7 406	7 433	7 475	7 550
浙江	4 596	4 613	4 680	4 720	4 898	4 980
安徽	6 286	6 328	6 410	6 461	6 120	6 110
福建	3 410	3 440	3 488	3 511	3 535	3 558
江西	4 149	4 186	4 254	4 284	4 311	4 339
山东	8 998	9 041	9 125	9 180	9 248	9 309
河南	9 488	9 555	9 667	9 717	9 380	9 392
湖北	5 960	5 975	6 002	6 016	5 710	5 710
湖南	6 562	6 596	6 663	6 698	6 326	6 342
广东	7 707	7 783	7 954	8 304	9 194	9 304
广西	4 750	4 788	4 857	4 889	4 660	4 719
海南	789	796	811	818	828	836
重庆	3 092	3 097	3 130	3 122	2 798	2 808
四川	8 602	8 640	8 700	8 725	8 212	8 169
贵州	3 756	3 799	3 870	3 904	3 730	3 757
云南	4 241	4 287	4 376	4 415	4 450	4 483
西藏	285	263	270	274	277	281
陕西	3 644	3 659	3 690	3 705	3 720	3 735
甘肃	2 557	2 575	2 603	2 619	2 594	2 606
青海	517	523	534	539	543	548
宁夏	554	563	580	588	596	604
新疆	1 849	1 876	1 934	1 963	2 010	2 050

注:全国总计包括中国人民解放军现役军人数,但不包括香港、澳门特别行政区和台湾省数据;分省数据中未包括中国人民解放军现役军人数。

年 度 资 料

全国文化文物机构数、

	总计				文化 合计				文化 国有经济			
	机构数（个）	从业人员数（人）	高级职称	中级职称	机构数（个）	从业人员数（人）	高级职称	中级职称	机构数（个）	从业人员数（人）	高级职称	中级职称
总　计	**374 559**	**1899 250**	**34 391**	**91 797**	**144 559**	**863 988**	**33 432**	**89 983**	**53 729**	**488 674**	**31 663**	**84 126**
文化及相关产业	**374 327**	**1893 962**	**34 391**	**91 797**	**144 331**	**858 857**	**33 432**	**89 983**	**53 560**	**484 563**	**31 663**	**84 126**
艺　术　业	5 211	184 455	18 331	40 367	4 736	170 637	17 504	39 069	4 042	146 813	16 128	34 713
图书馆业	2 778	51 311	3 631	15 159	2 770	51 156	3 605	15 094	2 687	49 703	3 517	14 655
群众文化服务业	40 088	123 465	4 422	18 961	37 461	117 970	4 376	18 688	34 709	110 312	4 261	18 042
艺术教育业	186	13 952	2 048	3 852	186	13 952	2 048	3 852	174	13 585	1 966	3 744
文化市场经营机构	318 966	1379 921	——	——	92 122	368 476	——	——	5 124	30 802	——	——
文艺科研	188	3 395	972	881	188	3 395	972	881	181	3 300	955	862
文　物　业	4 092	80 894	4 428	11 225	4 061	76 930	4 371	11 056	3 911	75 095	4 292	10 812
其他文化产业	2 818	56 569	559	1 352	2 807	56 341	556	1 343	2 732	54 953	544	1 298
非文化及相关产业	**232**	**5 288**	**——**	**——**	**228**	**5 131**	**——**	**——**	**169**	**4 111**	**——**	**——**

全国文化文物机构数、

	总计		按单位性质分类 事业单位		按单位性质分类 企业单位		按登记注册 内资合计		在内资 国有企业（单位）		在内资 集体企业（单位）	
	机构数（个）	从业人员数（人）	机构数（个）	从业人员数（人）	机构数（个）	从业人员数（人）	机构数（个）	从业人员数（人）	机构数（个）	从业人员数（人）	机构数（个）	从业人员数（人）
总　计	**374 559**	**1899 250**	**54 179**	**486 804**	**320 380**	**1412 446**	**374 040**	**1881 355**	**59 336**	**533 983**	**6 595**	**55 599**
文化及相关产业	**374 327**	**1893 962**	**54 179**	**486 804**	**320 148**	**1407 158**	**373 809**	**1876 072**	**59 165**	**529 734**	**6 555**	**55 113**
艺　术　业	5 211	184 455	4 380	164 497	831	19 958	5 207	184 165	4 091	149 633	586	18 383
图书馆业	2 778	51 311	2 778	51 311	——	——	2 776	51 294	2 695	49 858	1	20
群众文化服务业	40 088	123 465	40 088	123 465	——	——	40 087	123 464	36 815	114 340	1 834	4 627
艺术教育业	186	13 952	186	13 952	——	——	186	13 952	174	13 585	2	4
文化市场经营机构	318 966	1379 921	——	——	318 966	1379 921	318 459	1362 401	8 535	64 883	4 078	31 477
文艺科研	188	3 395	188	3 395	——	——	188	3 395	181	3 300	——	——
文　物　业	4 092	80 894	4 092	80 894	——	——	4 090	80 887	3 933	78 988	19	205
其他文化产业	2 818	56 569	2 467	49 290	351	7 279	2 816	56 514	2 741	55 147	35	397
非文化及相关产业	**232**	**5 288**	**——**	**——**	**232**	**5 288**	**231**	**5 283**	**171**	**4 249**	**40**	**486**

从业人员数综合情况

部门											
集体经济				其他经济				其他部门			
机构数	从业人员数			机构数	从业人员数			机构数	从业人员数		
（个）	（人）	高级职称	中级职称	（个）	（人）	高级职称	中级职称	（个）	（人）	高级职称	中级职称
3 506	**30 291**	**826**	**3 574**	**87 324**	**345 023**	**943**	**2 283**	**230 000**	**1035 262**	**959**	**1 814**
3 467	**29 817**	**826**	**3 574**	**87 304**	**344 477**	**943**	**2 283**	**229 996**	**1035 105**	**959**	**1 814**
544	17 837	812	3 335	150	5 987	564	1 021	475	13 818	827	1 298
1	20	——	7	82	1 433	88	432	8	155	26	65
1 470	3 405	11	225	1 282	4 253	104	421	2 627	5 495	46	273
2	4	——	——	10	363	82	108	——	——	——	——
1 397	7 953	——	——	85 601	329 721	——	——	226 844	1011 445	——	——
——	——	——	——	7	95	17	19	——	——	——	——
18	201	——	4	132	1 634	79	240	31	3 964	57	169
35	397	3	3	40	991	9	42	11	228	3	9
39	**474**	**——**	**——**	**20**	**546**	**——**	**——**	**4**	**157**	**——**	**——**

从业人员数综合情况(按性质类型分)

册类型分类											
企业（单位）中								港澳台商投资企业		外商投资企业	
股份合作、联营企业		有限责任、股份有限公司		私营企业		其他					
机构数（个）	从业人员数（人）	机构数（个）	从业人员数（人）	机构数（个）	从业人员数（人）	机构数（个）	从业人员数（人）	机构数（个）	从业人员数（人）	机构数（个）	从业人员数（人）
2 485	**24 159**	**18 899**	**233 010**	**157 721**	**633 035**	**129 004**	**401 569**	**241**	**8 744**	**278**	**9 151**
2 485	**24 159**	**18 884**	**232 501**	**157 721**	**633 035**	**128 999**	**401 530**	**241**	**8 744**	**277**	**9 146**
15	301	112	3 375	208	6 378	195	6 095	1	62	3	228
1	6	1	10	——	——	78	1 400	1	9	1	8
20	91	——	——	17	14	1 401	4 392	1	1	——	——
1	15	——	——	2	29	7	319	——	——	——	——
2 447	23 738	18 741	228 607	157 487	626 571	127 171	387 125	237	8 672	270	8 848
——	——	——	——	——	——	7	95	——	——	——	——
1	8	5	54	7	43	125	1 589	——	——	2	7
——	——	25	455	——	——	15	515	1	——	1	55
——	**——**	**15**	**509**	**——**	**——**	**5**	**39**	**——**	**——**	**1**	**5**

全国文化部门直属机构

	总计				国有经济			
	机构数（个）	从业人员数（人）			机构数（个）	从业人员数（人）		
			高级职称	中级职称			高级职称	中级职称
总　　计	**69 351**	**555 601**	**33 388**	**89 741**	**49 456**	**465 048**	**31 620**	**83 901**
文化及相关产业	**69 206**	**551 814**	**33 388**	**89 741**	**49 343**	**461 633**	**31 620**	**83 901**
艺　术　业	4 508	168 351	17 478	38 856	3 861	145 073	16 103	34 517
图书馆业	2 770	51 156	3 605	15 094	2 687	49 703	3 517	14 655
群众文化服务业	37 461	117 970	4 376	18 688	34 709	110 312	4 261	18 042
艺术教育业	186	13 952	2 048	3 852	174	13 585	1 966	3 744
文化市场经营机构	17 330	65 766	——	——	1 159	10 508	——	——
文艺科研	188	3 395	972	881	181	3 300	955	862
文　物　业	4 061	76 930	4 371	11 056	3 911	75 095	4 292	10 812
其他文化产业	2 702	54 294	538	1 314	2 661	54 057	526	1 269
非文化及相关产业	**145**	**3 787**	**——**	**——**	**113**	**3 415**	**——**	**——**

全国艺术表演业机构

	总计				文化							
					合计				国有经济			
	机构数（个）	从业人员数（人）	高级职称	中级职称	机构数（个）	从业人员数（人）	高级职称	中级职称	机构数（个）	从业人员数（人）	高级职称	中级职称
总　　计	**4 705**	**179 112**	**17 385**	**39 350**	**4 232**	**165 313**	**16 562**	**38 055**	**3 555**	**141 819**	**15 189**	**33 708**
一、艺术表演团体	**2 866**	**144 167**	**16 623**	**36 058**	**2 508**	**132 432**	**15 877**	**34 952**	**1 987**	**111 328**	**14 530**	**30 751**
1.话剧、儿童剧、滑稽剧团	143	8 485	1 843	2 263	128	7 926	1 753	2 117	109	6 582	1 395	1 764
其中：儿童剧团	10	843	232	240	8	683	206	184	6	564	184	168
2.歌剧、舞剧、歌舞剧团	109	11 096	2 102	3 278	92	10 801	2 102	3 267	77	9 539	1 953	2 977
3.歌舞团、轻音乐团	380	21 931	3 046	6 082	343	21 041	2 936	5 992	303	19 292	2 774	5 563
4.乐团、合唱团	34	2 503	634	612	24	2 049	539	445	20	1 939	538	445
5.文工团、文宣队、乌兰牧骑	330	10 068	480	2 227	327	9 090	250	1 851	310	8 560	226	1 717
6.戏曲剧团	1 505	71 459	6 430	16 599	1 314	65 743	6 414	16 457	940	51 157	5 832	13 758
其中：京　剧	93	7 490	1 631	2 401	89	7 336	1 630	2 391	79	6 968	1 579	2 269
7.曲、杂、木、皮团	194	9 664	1 119	2 459	161	8 700	1 113	2 445	120	7 523	1 056	2 202
8.综合性艺术表演团体	171	8 961	969	2 538	119	7 082	770	2 378	108	6 736	756	2 325
二、艺术表演场馆	**1 839**	**34 945**	**762**	**3 292**	**1 724**	**32 881**	**685**	**3 103**	**1 568**	**30 491**	**659**	**2 957**
1.剧场、影剧院	1 712	31 805	720	3 102	1 642	30 736	651	2 974	1 504	28 732	635	2 849
其中：儿童剧场	95	1 887	73	254	94	1 859	73	254	74	1 433	69	229
2.书场、曲艺场	14	121	2	2	12	106	2	2	7	86	2	1
3.杂技、马戏场	2	84	1	5	2	84	1	5	2	84	1	5
4.音乐厅	22	563	11	32	13	386	9	24	13	331	8	18
5.综合性	48	1 580	16	81	30	1 296	15	79	26	1 079	11	69
6.其　他	41	792	12	70	25	273	7	19	16	179	2	15

数、从业人员数综合情况

集体经济				其他经济			
机构数（个）	从业人员数（人）			机构数（个）	从业人员数（人）		
		高级职称	中级职称			高级职称	中级职称
2 265	**23 064**	**825**	**3 566**	**17 630**	**67 489**	**943**	**2 274**
2 244	**22 852**	**825**	**3 566**	**17 619**	**67 329**	**943**	**2 274**
509	17 715	811	3 327	138	5 563	564	1 012
1	20	——	7	82	1 433	88	432
1 470	3 405	11	225	1 282	4 253	104	421
2	4	——	——	10	363	82	108
227	1 358	——	——	15 944	53 900	——	——
——	——	——	——	7	95	17	19
18	201	——	4	132	1 634	79	240
17	149	3	3	24	88	9	42
21	**212**	**——**	**——**	**11**	**160**	**——**	**——**

数、从业人员数综合情况

部门								其他部门			
集体经济				其他经济							
机构数（个）	从业人员数（人）			机构数（个）	从业人员数（人）			机构数（个）	从业人员数（人）		
		高级职称	中级职称			高级职称	中级职称			高级职称	中级职称
539	**17 828**	**811**	**3 331**	**138**	**5 666**	**562**	**1 016**	**473**	**13 799**	**823**	**1 295**
441	**17 100**	**804**	**3 271**	**80**	**4 004**	**543**	**930**	**358**	**11 735**	**746**	**1 106**
9	316	33	80	10	1 028	325	273	15	559	90	146
——	——	——	——	2	119	22	16	2	160	26	56
12	786	46	166	3	476	103	124	17	295	——	11
22	902	107	253	18	847	55	176	37	890	110	90
——	——	——	——	4	110	1	——	10	454	95	167
12	424	24	122	5	106	——	12	3	978	230	376
343	13 375	537	2 386	31	1 211	45	313	191	5 716	16	142
9	305	48	103	1	63	3	19	4	154	1	10
38	1 115	54	242	3	62	3	1	33	964	6	14
5	182	3	22	6	164	11	31	52	1 879	199	160
98	**728**	**7**	**60**	**58**	**1 662**	**19**	**86**	**115**	**2 064**	**77**	**189**
92	635	5	52	46	1 369	11	73	70	1 069	69	128
15	140	4	23	5	286	——	2	1	28	——	——
5	20	——	1	——	——	——	——	2	15	——	——
——	——	——	——	——	——	——	——	——	——	——	——
——	55	1	6	——	——	——	——	9	177	2	8
——	——	——	——	4	217	4	10	18	284	1	2
1	18	1	1	8	76	4	3	16	519	5	51

全国图书馆业、群众文化业

	总计				文化							
					合计				国有经济			
	机构数	从业人员数			机构数	从业人员数			机构数	从业人员数		
	（个）	（人）	高级职称	中级职称	（个）	（人）	高级职称	中级职称	（个）	（人）	高级职称	中级职称
图书馆业	**2 778**	**51 311**	**3 631**	**15 159**	**2 770**	**51 156**	**3 605**	**15 094**	**2 687**	**49 703**	**3 517**	**14 655**
其中：少儿图书馆	86	1 605	149	526	83	1 571	146	519	80	1 540	145	512
群众文化服务业	**40 088**	**123 465**	**4 422**	**18 961**	**37 482**	**118 136**	**4 388**	**18 721**	**34 730**	**110 478**	**4 273**	**18 075**
1、省级文化馆、群众艺术馆	32	1 622	431	423	32	1 622	431	423	30	1 533	415	417
2、地市级文化馆、群众艺术馆	363	9 913	1 493	3 308	363	9 913	1 493	3 308	357	9 811	1 484	3 269
3、县、市级文化馆	2 819	39 936	1 986	10 267	2 819	39 936	1 986	10 267	2 756	38 886	1 939	10 027
4、文化站	36 874	71 994	512	4 963	34 268	66 665	478	4 723	31 587	60 248	435	4 362
其中：乡镇文化站	32 706	62 704	431	4 182	30 730	58 738	407	3 988	28 359	53 253	370	3 669

全国艺术教育、文艺科研及其他

	总计				文化							
					合计				国有经济			
	机构数	从业人员数			机构数	从业人员数			机构数	从业人员数		
	（个）	（人）	高级职称	中级职称	（个）	（人）	高级职称	中级职称	（个）	（人）	高级职称	中级职称
艺术教育业	**186**	**13 952**	**2 048**	**3 852**	**186**	**13 952**	**2 048**	**3 852**	**174**	**13 585**	**1 966**	**3 744**
1、高等院校	16	3 626	625	901	16	3 626	625	901	16	3 626	625	901
2、中等专业学校	121	9 232	1 300	2 688	121	9 232	1 300	2 688	115	9 020	1 247	2 616
3、文化干部学校	8	210	38	57	8	210	38	57	7	108	14	34
4、其他教育机构	41	884	85	206	41	884	85	206	36	831	80	193
艺术科研机构	**188**	**3 395**	**972**	**881**	**188**	**3 395**	**972**	**881**	**181**	**3 300**	**955**	**862**
1、文化科技机构	68	1 838	501	483	68	1 838	501	483	65	1 767	490	472
2、综合性艺术研究	91	1 277	393	347	91	1 277	393	347	87	1 253	387	339
3、地方戏艺术研究	18	127	37	28	18	127	37	28	18	127	37	28
4、其他艺术研究	11	153	41	23	11	153	41	23	11	153	41	23
文化市场经营单位	**318 966**	**1379 921**	**——**	**——**	**92 123**	**368 476**	**——**	**——**	**5 124**	**30 802**	**——**	**——**
1、文化娱乐业	202 419	1067 765	——	——	59 249	267 976	——	——	2 911	15 127	——	——
2、文化市场其他经营机构	116 547	312 156	——	——	32 874	100 500	——	——	2 213	15 675	——	——
其他文化产业	**3 300**	**61 185**	**1 506**	**2 375**	**3 288**	**60 950**	**1 499**	**2 363**	**3 199**	**59 472**	**1 483**	**2 303**
1、艺术创作机构	351	2 600	777	677	351	2 600	777	677	341	2 577	774	672
其中：剧目创作室、组	163	867	247	224	163	867	247	224	160	863	246	224
2、艺术展览机构	58	1 420	182	343	58	1 420	182	343	58	1 420	182	343
其中：美术馆	33	694	109	169	33	694	109	169	33	694	109	169
3、其他	2 891	57 165	547	1 355	2 879	56 930	540	1 343	2 800	55 475	527	1 288
非文化产业	**232**	**5 288**	**——**	**——**	**232**	**5 288**	**——**	**——**	**171**	**4 249**	**——**	**——**

机构数、从业人员数综合情况

部门								其他部门			
集体经济				其他经济							
机构数（个）	从业人员数（人）	高级职称	中级职称	机构数（个）	从业人员数（人）	高级职称	中级职称	机构数（个）	从业人员数（人）	高级职称	中级职称
1	**20**	**——**	**7**	**82**	**1 433**	**88**	**432**	**8**	**155**	**26**	**65**
——	——	——	——	3	31	1	7	3	34	3	7
1 470	**3 405**	**11**	**225**	**1 282**	**4 253**	**104**	**421**	**2 606**	**5 329**	**34**	**240**
——	——	——	——	2	89	16	6	——	——	——	——
——	——	——	——	6	102	9	39	——	——	——	——
1	12	——	5	62	1 038	47	235	——	——	——	——
1 469	3 393	11	220	1 212	3 024	32	141	2 606	5 329	34	240
1 265	2 787	9	196	1 106	2 698	28	123	1 976	3 966	24	194

文化机构数、从业人员数综合情况

部门								其他部门			
集体经济				其他经济							
机构数（个）	从业人员数（人）	高级职称	中级职称	机构数（个）	从业人员数（人）	高级职称	中级职称	机构数（个）	从业人员数（人）	高级职称	中级职称
2	**4**	**——**	**——**	**10**	**363**	**82**	**108**	**——**	**——**	**——**	**——**
——	——	——	——	——	——	——	——	——	——	——	——
——	——	——	——	6	212	53	72	——	——	——	——
——	——	——	——	1	102	24	23	——	——	——	——
2	4	——	——	3	49	5	13	——	——	——	——
——	**——**	**——**	**——**	**7**	**95**	**17**	**19**	**——**	**——**	**——**	**——**
——	——	——	——	3	71	11	11	——	——	——	——
——	——	——	——	4	24	6	8	——	——	——	——
——	——	——	——	——	——	——	——	——	——	——	——
——	——	——	——	——	——	——	——	——	——	——	——
1 397	**7 953**	**——**	**——**	**85 602**	**329 721**	**——**	**——**	**226 844**	**1011 445**	**——**	**——**
799	4 945	——	——	55 539	247 904	——	——	143 170	799 789	——	——
598	3 008	——	——	30 063	81 817	——	——	83 674	211 656	——	——
39	**444**	**5**	**13**	**50**	**1 034**	**11**	**47**	**12**	**235**	**7**	**12**
2	6	1	1	8	17	2	4	——	——	——	——
——	——	——	——	3	4	1	——	——	——	——	——
——	——	——	——	——	——	——	——	——	——	——	——
——	——	——	——	——	——	——	——	——	——	——	——
37	438	4	12	42	1 017	9	43	12	235	7	12
40	**486**	**——**	**——**	**21**	**553**	**——**	**——**	**——**	**——**	**——**	**——**

全国文物业机构数、

	总计				文物							
					合计				国有经济			
	机构数	从业人员数			机构数	从业人员数			机构数	从业人员数		
	(个)	(人)	高级职称	中级职称	(个)	(人)	高级职称	中级职称	(个)	(人)	高级职称	中级职称
总计	**4 092**	**80 894**	**4 428**	**11 225**	**4 061**	**76 930**	**4 371**	**11 056**	**3 911**	**75 095**	**4 292**	**10 812**
文物机构合计	**2 379**	**37 721**	**1 605**	**4 233**	**2 371**	**34 408**	**1 573**	**4 110**	**2 277**	**33 405**	**1 537**	**4 010**
1.文物保护管理机构	2 204	29 257	712	2 877	2 199	26 221	704	2 804	2 109	25 315	689	2 714
2.文物科研机构	90	3 668	680	837	90	3 668	680	837	88	3 610	663	829
3.其他文物机构	85	4 796	213	519	82	4 519	189	469	80	4 480	185	467
博物馆合计	**1 617**	**40 818**	**2 729**	**6 606**	**1 595**	**40 181**	**2 705**	**6 564**	**1 544**	**39 432**	**2 666**	**6 429**
1.艺术类	130	2 699	243	488	129	2 692	242	488	128	2 688	242	488
2.综合类	801	17 656	1 472	3 496	801	17 656	1 472	3 496	768	17 206	1 445	3 408
3.历史类	556	17 264	863	2 327	546	16 856	858	2 297	537	16 706	851	2 276
4.自然科学类	23	734	73	100	20	589	58	89	19	565	55	87
5.其他	107	2 465	78	195	99	2 388	77	194	92	2 267	73	170
文物商店合计	**96**	**2 355**	**94**	**386**	**95**	**2 341**	**93**	**382**	**90**	**2 258**	**89**	**373**

全国经营性文化产业机构

	总计		文化			
			合计		国有经济	
	机构数(个)	从业人员数(人)	机构数(个)	从业人员数(人)	机构数(个)	从业人员数(人)
总计	**208 226**	**1 313 470**	**83 735**	**401 248**	**6 631**	**89 862**
1.演出业	4 155	71 578	1 665	27 951	389	9 677
2.影视业	159	4 056	154	4 039	144	3 874
3.音像业	118	866	118	423	17	216
4.文化娱乐业	27 809	609 443	25 909	144 811	884	8 224
5.网络文化业	116 511	458 069	33 541	122 498	2 061	6 996
6.文化旅游业	1 614	40 807	1 595	40 181	1 544	39 432
7.图书报刊业	57 192	110 920	20 312	44 381	1 292	5 233
8.艺术培训业	186	13 952	186	13 952	174	13 585
9.文物和艺术品业	482	3 779	255	3 012	126	2 625

从业人员数综合情况

部门											
集体经济				其他经济				其他部门			
机构数（个）	从业人员数（人）	高级职称	中级职称	机构数（个）	从业人员数（人）	高级职称	中级职称	机构数（个）	从业人员数（人）	高级职称	中级职称
18	**201**	**——**	**4**	**132**	**1 634**	**79**	**240**	**31**	**3 964**	**57**	**169**
14	**172**	**——**	**1**	**80**	**831**	**36**	**99**	**8**	**3 313**	**32**	**123**
14	172	——	1	76	734	15	89	5	3 036	8	73
——	——	——	——	2	58	17	8	——	——	——	——
——	——	——	——	2	39	4	2	3	277	24	50
4	**29**	**——**	**3**	**47**	**720**	**39**	**132**	**22**	**637**	**24**	**42**
——	——	——	——	1	4	——	——	1	7	1	——
3	16	——	3	30	434	27	85	——	——	——	——
1	13	——	——	8	137	7	21	10	408	5	30
——	——	——	——	1	24	1	2	3	145	17	11
——	——	——	——	7	121	4	24	8	77	1	1
——	**——**	**——**	**——**	**5**	**83**	**4**	**9**	**1**	**14**	**1**	**4**

数、从业人员数综合情况

部门					
集体经济		其他经济		其他部门	
机构数（个）	从业人员数（人）	机构数（个）	从业人员数（人）	机构数（个）	从业人员数（人）
1 269	**7 823**	**75 835**	**303 563**	**124 491**	**912 222**
111	1 478	1 165	16 796	2 490	43 627
3	35	7	130	5	17
2	8	99	199	——	443
743	4 582	24 282	132 005	1 900	464 632
57	270	31 423	115 232	82 970	335 571
4	29	47	720	19	626
347	1 417	18 673	37 731	36 880	66 539
2	4	10	363	——	——
——	——	129	387	227	767

全国民族自治地方主要文化产业

	总计				文化							
					合计				国有经济			
	机构数（个）	从业人员数（人）	高级职称	中级职称	机构数（个）	从业人员数（人）	高级职称	中级职称	机构数（个）	从业人员数（人）	高级职称	中级职称
总计	**9 516**	**59 398**	**3 520**	**7 726**	**9 478**	**58 748**	**3 520**	**7 710**	**9 154**	**57 132**	**3 476**	**7 492**
艺术业	773	24 417	2 191	1 266	737	23 781	2 191	1 250	712	23 201	2 182	1 167
1.艺术表演团体	538	21 169	2 016	867	505	20 553	2 016	854	484	20 058	2 008	783
其中:少数民族歌舞团	73	3 349	352	——	62	3 238	352	——	56	3 108	352	——
2.艺术表演场馆	169	2 429	89	289	166	2 409	89	286	165	2 349	89	280
其中:剧场、影剧院	164	2 319	88	283	161	2 299	88	280	160	2 264	88	274
3.其他	66	819	86	110	66	819	86	110	63	794	85	104
图书馆业	602	7 256	397	2 216	602	7 256	397	2 216	598	7 213	392	2 192
群众文化服务业	7 463	20 549	525	3 008	7 463	20 549	525	3 008	7 209	20 037	508	2 951
群众艺术馆	83	1 950	229	632	83	1 950	229	632	82	1 916	213	626
文化馆	630	7 036	229	1 743	630	7 036	229	1 743	627	6 960	229	1 716
文化站	6 750	11 563	67	633	6 750	11 563	67	633	6 500	11 161	66	609
文物业	678	7 176	407	1 236	676	7 162	407	1 236	635	6 681	394	1 182
其中:文物保护管理机构	471	3 399	2 373	319	471	3 399	2 373	319	440	3 050	2 256	312
博物馆	190	2 821	232	606	190	2 821	232	606	181	2 815	232	606

全国文化（文物）机构

	本年收入合计（千元）						
		财政拨款	上级补助收入	事业收入	经营收入	附属单位上缴收入	其他收入
总计	**31 544 323**	**20 773 770**	**1 100 640**	**6 860 965**	**735 375**	**111 482**	**1 497 389**
1.文化合计	**21 650 110**	**15 802 806**	**710 626**	**3 082 177**	**458 722**	**31 371**	**1 099 706**
艺术表演团体	5 679 775	3 907 710	201 935	1 197 054	19 973	1 893	350 630
艺术表演场馆	1 200 746	217 031	54 258	583 149	222 572	2 512	120 855
图书馆	3 660 892	3 194 791	63 600	212 141	34 974	6 110	149 276
群众文化	4 289 623	3 227 730	271 437	357 952	116 378	12 745	303 381
干部训练	11 771	7 368	8	3 900	275	——	220
其他文化	6 807 303	5 248 176	119 388	727 981	64 550	8 111	175 344
2.文物合计	**8 317 409**	**3 759 345**	**370 798**	**3 459 706**	**273 381**	**80 003**	**374 176**
文物科研机构经费	663 029	204 793	53 732	353 293	458	——	50 753
文物主管部门经费	1 106 031	902 766	35 376	79 111	979	60 931	26 868
文物保护管理机构经费	2 252 866	544 854	78 528	1 415 028	128 547	120	85 789
博物馆	4 099 266	2 037 403	189 803	1 577 687	88 574	18 952	186 847
其他文物机构经费	196 217	69 529	13 359	34 587	54 823	——	23 919
3.教育合计	**901 321**	**536 917**	**19 095**	**319 082**	**3 272**	**108**	**22 847**
中等专业学校	624 643	412 743	12 391	186 292	1 460	108	11 649
4.外事经费合计	**675 483**	**674 702**	**121**	**——**	**——**	**——**	**660**

机构数、从业人员数综合情况

部门：集体经济 机构数（个）	集体经济 从业人员数（人）	集体经济 高级职称	集体经济 中级职称	其他经济 机构数（个）	其他经济 从业人员数（人）	其他经济 高级职称	其他经济 中级职称	其他部门 机构数（个）	其他部门 从业人员数（人）	其他部门 高级职称	其他部门 中级职称
141	**476**	**5**	**63**	**183**	**1 140**	**39**	**155**	**38**	**650**	**——**	**16**
7	234	5	62	18	346	4	21	36	636	——	16
6	209	5	57	15	286	3	14	33	616	——	13
1	30	——	——	5	100	——	——	11	111	——	——
——	——	——	——	1	60	——	6	3	20	——	3
——	——	——	——	1	35	——	6	3	20	——	3
1	25	——	5	2	——	1	1	——	——	——	——
——	——	——	——	4	43	5	24	——	——	——	——
120	133	——	——	134	379	17	57	——	——	——	——
——	——	——	——	1	34	16	6	——	——	——	——
——	——	——	——	3	76	——	27	——	——	——	——
120	133	——	——	130	269	1	24	——	——	——	——
14	109	——	1	27	372	13	53	2	14	——	——
12	102	2	——	19	247	115	7	——	——	——	——
2	——	——	——	7	6	——	——	——	——	——	——

事业经费收支综合情况

本年支出合计（千元）	基本支出	项目支出	经营支出	在支出合计中：人员支出	其中：社会保障缴费	公用支出	其中：福利费	维修费	各种设备购置费	税金支出	对个人和家庭补助支出	年末固定资产原值（千元）
29434 813	**19372 892**	**7248 008**	**802 607**	**9401 643**	**937 056**	**9944 854**	**234 765**	**1052 083**	**1634 566**	**181 873**	**2659 489**	**47160 735**
20709 844	**14394 267**	**4612 845**	**503 738**	**7244 077**	**735 656**	**6192 766**	**173 861**	**475 685**	**1419 644**	**144 026**	**2104 702**	**35818 654**
5614 991	4606 264	695 507	38 447	2401 612	308 718	1851 893	42 338	111 976	220 422	45 810	1007 420	5541 768
1199 713	735 364	127 487	241 679	382 812	71 390	427 532	19 638	74 535	22 453	37 138	61 735	5 551 932
3440 759	2307 925	970 006	21 341	1269 944	111 030	1636 283	31 523	85 884	931 938	16 009	336 965	13293 513
4124 304	3080 724	611 159	99 821	1973 042	154 069	1230 472	47 120	110 305	164 793	24 598	372 697	8320 561
11 769	10 558	935	276	4 381	558	4 060	88	555	574	48	2 156	21 646
6318 308	3653 432	2207 751	102 174	1212 286	89 891	1042 526	33 154	92 430	79 464	20 423	323 729	3089 234
7363 763	**3886 144**	**2413 987**	**293 376**	**1806 283**	**174 355**	**3108 355**	**53 815**	**532 584**	**177 829**	**36 790**	**407 830**	**10270 838**
573 326	372 747	176 489	387	113 704	11 674	349 966	4 352	52 710	37 929	709	27 290	581 101
942 618	185 094	735 020	3 403	59 829	2 680	601 208	1 785	71 385	8 237	204	16 635	——
2028 654	1151 857	275 002	191 639	554 638	52 482	731 969	20 408	156 429	28 251	15 246	75 836	2182 651
3635 177	2096 821	1176 781	58 140	1034 499	101 746	1369 740	25 286	250 993	96 635	16 288	284 457	7389 713
183 988	79 625	50 695	39 807	43 613	5 773	55 472	1 984	1 067	6 777	4 343	3 612	117 373
837 158	**682 787**	**106 868**	**5 493**	**322 326**	**25 875**	**264 698**	**6 875**	**36 124**	**29 183**	**1 057**	**146 398**	**1071 243**
570 420	461 206	67 353	5 073	237 501	18 611	162 909	4 401	21 892	17 363	733	103 468	764 562
524 048	**409 694**	**114 308**	**——**	**28 957**	**1 170**	**379 035**	**214**	**7 690**	**7 910**	**——**	**559**	**——**

全国文化企业机构

	实收资本		损益及							
	（千元）	国家资本金	营业收入（千元）	营业成本及费用（千元）	税金及附加（千元）	主营业务利润（千元）	其他业务利润（千元）	管理费用（千元）	税金	劳动、待业保险
总　计	**49 065 491**	**4 571 856**	**69 670 404**	**38 508 381**	**4 528 368**	**19 681 253**	**1 345 152**	**6 402 834**	**768 253**	**405 444**
按行业分										
一、文化艺术服务	1 057 604	766 584	748 183	477 793	29 918	137 288	43 671	232 591	6 214	18 319
其中：艺术表演团体	179 310	109 149	295 997	189 574	10 351	40 621	2 219	53 273	1 553	4 530
艺术表演场馆	878 294	657 435	452 186	288 219	19 567	96 667	41 452	179 318	4 661	13 789
二、网络文化服务	772 358	14 707	4 387 215	1 574 577	222 659	1 731 901	7 336	332 439	2 421	5 069
三、文化休闲娱乐	17 647 465	448 216	25 842 794	12 505 520	1 590 672	8 317 755	357 582	1 510 185	300 686	98 344
其中：娱乐文化服务	788 384	62 246	1 286 451	598 931	87 794	300 836	24 017	97 886	16 000	7 897
网吧服务	16 859 081	385 970	24 556 343	11 906 589	1 502 878	8 016 918	333 565	1 412 299	284 686	90 447
四、其他文化服务	5 481 054	1 043 611	9 424 642	6 479 124	442 464	2 140 844	292 674	875 288	85 063	76 938
其中：文化艺术经纪代理	873 714	316 753	813 299	483 444	31 600	167 466	15 009	164 367	5 398	9 800
图书及音像制品出租	872 920	37 489	1 298 645	568 732	88 984	457 028	15 779	53 461	17 162	6 445
五、其　他	24 107 010	2 298 738	29 267 570	17 471 367	2 242 655	7 353 462	643 889	3 452 331	373 864	206 774
按登记注册类型分										
一、内　资	45 922 418	4 477 495	63 870 691	36 058 359	4 155 369	17 694 608	1 321 841	5 828 752	757 528	390 640
其中：国有	4 715 132	2 777 876	5 191 578	3 737 334	183 857	856 381	224 634	913 716	42 404	87 249
集体	1 482 818	56 527	1 311 281	804 670	83 888	257 850	45 877	182 228	20 386	12 088
股份合作、联营企业	895 886	98 198	943 416	599 763	64 513	258 454	13 996	124 341	18 443	18 593
有限责任、股份有限公司	14 199 679	912 140	19 905 651	11 774 860	1 192 304	5 464 075	386 832	2 582 122	157 091	118 296
私营企业	16 353 549	402 954	22 999 101	12 088 155	1 659 574	6 877 060	452 551	1 407 662	357 021	111 507
二、港澳台商投资	1 159 821	35 106	623 360	390 279	68 594	81 386	6 769	107 165	3 120	5 075
三、外商投资	1 210 894	44 548	789 138	485 166	81 746	173 355	9 206	134 478	5 180	4 660

全国文化、文物机构固定

	项目个数（个）	计划总投资（千元）	建筑面积（千平方米）	本年计划投资（千元）	本年资金					
						上年结余资金	本年资金	国家投资	国内贷款	国债投资
总　计	**1 212**	**41 610 544**	**7 232**	**7 823 438**	**8 962 368**	**1 584 070**	**7 378 298**	**4 828 585**	**149 324**	**38 000**
文化合计	**961**	**30 172 385**	**5 751**	**5 285 440**	**6 263 043**	**839 881**	**5 423 162**	**3 657 501**	**80 411**	**3 300**
艺术表演团体	64	1 465 081	353	406 518	505 881	133 553	372 328	266 822	－－	－－
艺术表演场馆	50	6 066 287	665	1 031 860	1 292 899	130 198	1 162 701	840 082	5 000	－－
公共图书馆	205	7 413 051	1 216	1 764 448	1 822 138	59 525	1 762 613	1 346 117	－－	－－
群众艺术馆	9	255 950	78	69 129	80 315	3 654	76 661	16 252	－－	－－
文化馆	142	386 357	288	100 206	136 151	34 199	101 952	39 974	5 440	1 500
文化中心	152	5 415 865	1 281	974 914	1 385 927	342 804	1 043 123	635 140	34 971	1 200
中等艺术学校校舍	8	209 520	115	14 510	15 244	5 686	9 558	6 850	－－	－－
职工住宅	5	48 400	29	2 189	2 215	133	2 082	2 000	－－	－－
其　他	326	8 911 874	1 722	921 666	1 022 273	130 129	892 144	504 264	35 000	600
文物合计	**251**	**11 438 159**	**1 481**	**2 537 998**	**2 699 325**	**744 189**	**1 955 136**	**1 171 084**	**68 913**	**34 700**
文物保护管理机构	41	327 241	121	94 889	118 395	10 466	107 929	47 666	24 030	－－
其他文物机构	6	13 493	1	1 095	4 815	2 227	2 588	1 255	－－	－－
博物馆	125	9 658 059	1 151	2 321 307	2 266 533	641 719	1 624 814	1 022 758	44 883	34 100
职工住宅	1	4 925	5	80	180	－－	180	－－	－－	－－
其　他	78	1 434 441	201	120 627	309 402	89 777	219 625	99 405	－－	600

经营综合情况

分配：补贴收入（千元）	分配：补贴收入：财政拨款	分配：财务费用（千元）	分配：营业利润（千元）	分配：利润总额（千元）	分配：应交所得税（千元）	其他（千元）：从业人员劳动报酬	其他（千元）：本年应付福利费总额	其他（千元）：本年应交增值税	年末固定资产原值（千元）	上交主办单位数（千元）	固定资产累计折旧（千元）	固定资产累计折旧：本年折旧	增加值（千元）
158 000	**137 212**	**2885 024**	**11506 958**	**13585 583**	**1786 206**	**9152 657**	**534 576**	**276 495**	**147662 195**	**120 213**	**17800 003**	**5882 340**	**41478 238**
69 749	54 009	10 102	−42 702	5 486	5 038	222 305	15 743	638	2 022 307	4 788	422 187	56 745	500 929
40 969	32 598	1 892	−6 420	31 594	2 019	120 729	6 451	104	142 786	--	33 450	7 529	183 002
28 780	21 411	8 210	−36 282	−26 108	3 019	101 576	9 292	534	1 879 521	4 788	388 737	49 216	317 927
--	--	−1 357	1098 204	1152 627	1 746	268 020	66 480	19	630 123	1 524	131 297	25 204	2259 066
2	--	122 136	6084 900	6885 732	314 735	3136 862	129 401	30 462	24902 549	43 738	6459 485	996 101	14743 400
2	--	11 254	172 430	202 962	15 951	148 741	6 456	1 027	2163 774	3 231	313 585	86 550	667 170
--	--	110 882	5912 470	6682 770	298 784	2988 121	122 945	29 435	22738 775	40 506	6145 900	909 551	14076 228
4 269	2 383	62 288	1177 746	1445 213	1146 627	1529 670	96 855	60 793	80 805 945	12 130	1557 091	3232 237	7735 088
220	220	5 172	8 994	36 890	5 222	101 698	8 570	354	858 790	4 224	183 869	34 351	359 748
--	--	6 238	337 533	412 957	16 972	288 064	3 211	2 779	1135 108	1 174	193 037	45 404	913 603
83 980	80 820	2691 855	3188 810	4096 525	318 060	3995 800	226 097	184 583	39301 271	58 030	9229 943	1572 050	16239 755
145 160	124 842	2852 134	10540 673	12549 701	1781 575	8700 286	450 203	265 627	144484 713	118 381	17047 750	5755 174	38503 194
51 600	33 402	2403 038	139 389	202 940	58 297	648 005	79 036	38 732	10018 504	44 675	2825 243	375 374	2375 331
707	610	14 946	79 853	142 708	9 022	195 411	10 555	5 561	2989 663	4 044	585 350	119 291	726 749
--	--	20 185	141 596	103 611	15 953	158 552	6 393	8 157	1487 803	2 483	371 537	59 444	575 888
92 695	90 682	163 140	2316 396	2573 746	133 891	1901 093	197 692	98 803	70580 943	21 871	4775 373	2824 927	11948 196
100	100	142 911	5086 967	5966 818	1425 427	3656 426	118 017	88 927	46293 603	40 239	5720 073	1852 344	14895 218
--	--	26 402	−120 441	−120 730	−3 885	119 102	14 849	9 546	1 164 199	3	337 886	46 567	325 541
12 840	12 370	7 845	−11 478	3 985	6 770	65 249	3 044	1 303	1383 160	303	283 070	55 393	390 431

资产投资综合情况

来源总计（千元）：来源合计：利用外资	自筹资金	自筹资金：中央自筹	自筹资金：地方自筹	自筹资金：单位自有资金	其他资金来源	其他资金来源：集资	累计完成投资额（千元）	累计完成投资额：本年完成投资额	新增固定资产（千元）	新增固定资产：本年新增固定资产	本年全部建成交付使用的项目个数及竣工面积：建成项目（个）	本年全部建成交付使用的项目个数及竣工面积：竣工面积（千平方米）
4 500	**1967 433**	**39 970**	**1441 889**	**302 493**	**390 456**	**14 417**	**17 798 378**	**5 810 054**	**2 864 260**	**2 202 108**	**405**	**282.8**
4 000	**1 455 644**	**35 570**	**1 057 727**	**205 097**	**222 306**	**8 686**	**12 911 972**	**4 311 640**	**2 164 328**	**1 932 675**	**321**	**201.8**
--	85 656	33 340	46 986	4 830	19 850	--	556 130	296 390	42 400	18 545	13	3.8
--	297 866	--	264 782	32 488	19 753	--	2 615 142	1 016 195	1 272 704	1 225 941	23	68.1
--	399 502	300	367 115	6 642	16 994	300	3 813 286	1 231 100	261 213	185 513	76	42.8
--	50 809	--	50 809	--	9 600	--	103 247	52 739	40	40	1	--
--	31 849	100	25 423	4 360	23 189	1 080	231 999	112 003	66 257	39 775	56	12.9
3 000	297 990	--	172 302	39 350	70 822	--	3 070 926	937 411	385 820	347 457	64	29.4
1 000	1 160	--	--	1 160	548	--	49 449	12 815	7 060	7 060	4	--
--	--	--	--	--	82	82	6 475	2 080	2 000	2 000	1	--
--	290 812	1 830	130 310	116 267	61 468	7 224	2 465 318	650 907	126 834	106 344	83	44.8
500	**511 789**	**4 400**	**384 162**	**97 396**	**168 150**	**5 731**	**4 886 406**	**1 498 414**	**699 932**	**269 433**	**84**	**81.1**
500	33 293	500	20 401	11 925	2 440	--	165 647	81 941	24 929	24 929	22	7.2
--	1 333	--	1 328	5	--	--	7 597	2 689	--	--	4	0.6
--	361 933	3 900	340 215	7 867	161 140	5 110	3 709 807	1 285 948	290 633	222 367	39	72.0
--	--	--	--	--	180	180	1 830	1 830	--	--	--	--
--	115 230	--	22 218	77 599	4 390	441	1 001 525	126 006	384 370	22 137	19	1.3

全国文化产业增加值综合情况

	总产出（千元）	中间消耗（千元）	增加值（千元）	劳动者报酬（千元）	生产税净额（千元）	固定资产折旧（千元）	营业盈余（千元）
总　计	**89 106 258**	**44 422 060**	**44 684 198**	**21 024 424**	**5 277 686**	**6 075 066**	**12 543 110**
艺　术　业	7 965 183	2 536 588	5 428 595	4 471 432	126 181	531 937	309 485
其中：艺术表演团体	6 007 908	1 919 324	4 088 584	3 767 754	60 362	242 530	69 687
艺术表演场馆	1 569 957	435 473	1 134 484	601 035	61 404	272 537	233 449
图书馆业	3 774 934	1 588 688	2 186 246	1 743 080	16 009	531 742	63
群众文化业	3 909 034	1 114 753	2 794 281	2 492 879	24 598	332 823	44 001
艺术教育	977 307	330 488	646 819	595 872	1 349	59 814	6 509
文化市场经营机构	64 675 631	36 509 678	28 165 953	8 501 039	4 989 264	4 090 004	10 585 646
其中：文化娱乐业	24 753 234	1 002 249	23 750 985	3 566 526	2 465 848	1 646 002	3 146 679
文艺科研	234 801	8 560	226 241	171 034	2 136	8 374	48 952
文　物　业	5 556 729	1 334 202	4 222 527	2 253 394	85 115	419 760	1 464 258
其他文化产业	2 012 639	999 103	1 013 536	795 694	33 034	100 612	84 196

全国经营性文化产业增加值综合情况

	总产出（千元）	中间消耗（千元）	增加值（千元）	劳动者报酬（千元）	生产税净额（千元）	固定资产折旧（千元）	营业盈余（千元）
总　计	**36 833 612**	**19 324 365**	**17 509 247**	**4 900 461**	**2 458 824**	**2 425 717**	**7 302 157**
1.演　出　业	2 290 078	996 540	1 293 538	624 124	103 216	103 705	95 769
2.影　视　业	923 693	639 173	284 520	125 441	32 281	61 249	25 707
3.音　像　业	5 307 370	3 559 238	1 748 132	642 444	296 990	145 916	662 182
4.文化娱乐业	1 310 468	789 289	521 179	148 741	103 795	87 513	172 432
5.网络文化业	24 889 908	12 250 690	12 639 218	2 988 121	1 787 566	1 951 062	5 912 470
6.文化旅游业	12 915	10 973	1 942	475	236	281	－21
7.图书报刊业	1 988 038	997 172	990 866	359 966	131 172	74 026	425 408
8.艺术培训业	——	——	——	——	——	——	——
9.文物和艺术品业	111 142	81 290	29 852	11 149	3 568	1 965	8 210

全国文化部门增加值综合情况

	总产出（千元）	中间消耗（千元）	增加值（千元）	劳动者报酬（千元）	生产税净额（千元）	固定资产折旧（千元）	营业盈余（千元）
总　计	**39 633 368**	**15 729 964**	**23 903 404**	**14 684 574**	**1 595 724**	**3 131 669**	**4 725 127**
第一产业合计	1 979	1 298	681	424	72	74	111
第二产业合计	316 193	279 375	36 818	14 707	10 019	5 924	6 168
其中：制造业	60 745	53 265	7 480	4 611	595	4 581	－2 307
建筑业	248 815	224 476	24 339	7 682	8 866	1 096	6 695
第三产业及相关合计	39 315 196	15 449 291	23 865 905	14 669 443	1 585 633	3 125 671	4 718 848
其中：文化产业	38 939 354	15 291 691	23 647 663	14 498 871	1 569 770	3 060 266	4 753 727
批、零、餐饮业	109 880	90 149	19 731	18 018	1 421	1 973	－1 681
房地产业	28 436	21 561	6 875	2 829	3 349	7 525	－6 828

全国文化部门文化产业增加值综合情况

	总产出（千元）	中间消耗（千元）	增加值（千元）	劳动者报酬（千元）	生产税净额（千元）	固定资产折旧（千元）	营业盈余（千元）
总　计	**38 939 360**	**15 291 698**	**23 647 662**	**14 498 871**	**1 569 770**	**3 060 268**	**4 753 727**
艺术业	7 316 018	2 236 714	5 079 304	4 225 038	106 244	506 635	251 802
其中：艺术表演团体	5 591 132	1 776 525	3 814 607	3 554 550	51 012	226 611	36 153
艺术表演场馆	1 338 505	278 629	1 059 876	570 153	50 817	263 244	209 300
图书馆业	3 766 263	1 584 426	2 181 837	1 738 660	16 009	531 419	63
群众文化业	3 802 012	1 079 667	2 722 345	2 433 993	23 786	320 771	43 060
艺术教育	977 307	330 488	646 819	595 872	1 349	59 814	6 509
文化市场经营机构	15 295 443	7 730 618	7 564 825	2 289 094	1 304 200	1 114 100	2 857 431
其中：文化娱乐业	5 667 108	－ 378 932	6 046 040	865 713	620 504	422 419	985 242
文艺科研	234 801	8 560	226 241	171 034	2 136	8 374	48 952
文物业	5 556 729	1 334 202	4 222 527	2 253 394	85 115	419 760	1 464 258
其他文化产业	1 990 787	987 023	1 003 764	791 786	30 931	99 395	81 652

全国文化机构基本

	项目个数（个）	计划总投资（千元）	建筑面积（千平方米）	本年计划投资（千元）	本年资金					
						上年结余资金	本年资金			
								国家投资	国内贷款	国债投资
合计	**753**	**27601 619**	**4 995**	**4510 999**	**5449 785**	**767 199**	**4682 586**	**3086 752**	**80 411**	**3 300**
艺术表演团体	47	1314 105	282	320 151	468 974	125 186	343 788	239 772	——	——
艺术表演场馆	31	5783 060	588	945 913	1181 598	107 135	1074 463	808 011	5 000	——
公共图书馆	175	7323 749	1 165	1708 321	1778 054	58 869	1719 185	1304 629	——	——
群众艺术馆	7	254 250	72	67 820	78 706	3 354	75 352	15 752	——	——
文化馆	125	366 378	267	89 267	125 362	33 299	92 063	31 885	5 440	1 500
文化中心	138	4829 115	1 095	717 434	1107 878	324 005	783 873	383 140	34 971	1 200
中等艺术学校校舍	7	209 140	114	14 510	15 244	5 686	9 558	6 850	——	——
职工住宅	4	48 400	28	2 189	2 082	——	2 082	2 000	——	——
其他	219	7473 422	1 379	645 394	691 887	109 665	582 222	294 713	35 000	600

全国文物机构基本

	项目个数（个）	计划总投资（千元）	建筑面积（千平方米）	本年计划投资（千元）	本年资金					
						上年结余资金	本年资金			
								国家投资	国内贷款	国债投资
合计	**137**	**8605 351**	**1 138**	**2239 938**	**2210 014**	**653 197**	**1556 817**	**994 649**	**38 913**	**27 000**
文物保护管理机构	33	276 398	88	92 190	108 486	9 816	98 670	39 519	24 030	——
其他文物机构	5	13 065	1	1 095	4 387	2 227	2 160	1 255	——	——
博物馆	95	8265 788	1 033	2137 653	2086 064	638 831	1447 233	945 225	14 883	27 000
文物研究机构	1	1 800	2	1 000	1 138	384	754	650	——	——
其他	3	48 300	11	8 000	9 939	1 939	8 000	8 000	——	——

全国艺术表演团体

	剧团数		从业人员数			本年新排上演剧目		演出场次			
									国内演出场次		
	（个）	补贴团数	（人）	高级职称	中级职称	（个）	本团创作首演剧目	（千场次）		农村演出场次	本年新创首演剧目演出场次
总计	**2 866**	**2 303**	**144 167**	**16 623**	**36 058**	**2 643**	**1 488**	**493**	**474**	**287**	**71**
按登记注册类型分											
国有	2 008	1 901	113 583	15 156	31 496	1 944	1 166	310	295	166	64
集体	460	345	17 417	810	3 290	266	112	99	98	71	3
其他	398	57	13 167	657	1 272	433	210	85	81	44	1
按隶属关系分											
中央	16	15	5 083	1 984	1 383	33	16	3	3	——	——
省级	223	195	28 744	6 613	8 524	290	182	48	42	7	——
地市级	808	657	50 078	6 560	16 470	849	488	141	129	60	3
县市级	1 819	1 436	60 262	1 466	9 681	1 471	802	300	291	216	59
按管理部门分											
文化部门	2 508	2 291	132 432	15 877	34 952	2 266	1 300	420	405	244	70
其他部门	358	12	11 735	746	1 106	377	188	73	69	41	1
按剧种分											
话剧、儿童剧、滑稽剧团	143	117	8 485	1 843	2 263	189	131	15	15	3	——
歌剧、舞剧、歌舞剧团	109	86	11 096	2 102	3 278	208	131	15	14	3	——
歌舞团、轻音乐团	380	325	21 931	3 046	6 082	366	262	51	49	17	2
乐团、合唱团	34	17	2 503	634	612	25	5	——	——	——	——
文工团、文宣队、乌兰牧骑	330	314	10 068	480	2 227	225	190	39	37	22	——
戏曲剧团	1 505	1 190	71 459	6 430	16 599	1 387	563	264	260	198	58
其中：京剧	93	86	7 490	1 631	2 401	103	34	10	9	3	——
曲、杂、木、皮团	194	139	9 664	1 119	2 459	76	63	70	58	13	1
综合性艺术表演团体	171	115	8 961	969	2 538	167	143	28	28	14	——

建设投资综合情况

来源总计（千元） 来源合计 利用外资	自筹资金	中央自筹	地方自筹	单位自有资金	其他资金来源	集资	累计完成投资额（千元）	本年完成投资额	新增固定资产（千元）	本年新增固定资产	本年全部建成交付使用的项目个数及竣工面积：建成项目（个）	竣工面积（千平方米）
4 000	**1307 977**	**35 220**	**966 560**	**176 177**	**200 146**	**7 686**	**11914 315**	**3717 361**	**2000 939**	**1802 603**	**253**	**138.5**
——	84 166	33 340	46 186	4 440	19 850	——	517 723	271 716	32 179	12 324	10	3.8
——	241 929	——	235 914	6 015	19 523	——	2443 514	919 996	1173 835	1149 235	15	40.9
——	397 562	300	365 715	6 152	16 994	300	3773 503	1196 124	250 106	174 586	63	42
——	50 000	——	50 000	——	9 600	——	101 638	51 130	40	40	1	——
——	30 049	100	23 623	4 360	23 189	1 080	220 219	102 738	59 768	33 286	46	12.7
3 000	290 740	——	165 052	39 350	70 822	——	2714 855	696 789	377 717	341 054	58	26.2
1 000	1 160	——	——	1 160	548	——	49 069	12 815	6 680	6 680	3	——
——	——	——	——	——	82	82	5 058	2 080	2 000	2 000	1	——
——	212 371	1 480	80 070	114 700	39 538	6 224	2088 736	463 973	98 614	83 398	56	12.8

建设投资综合情况

来源总计（千元） 来源合计 利用外资	自筹资金	中央自筹	地方自筹	单位自有资金	其他资金来源	集资	累计完成投资额（千元）	本年完成投资额	新增固定资产（千元）	本年新增固定资产	本年全部建成交付使用的项目个数及竣工面积：建成项目（个）	竣工面积（千平方米）
500	**335 045**	**2 100**	**304 266**	**18 261**	**160 710**	**5 110**	**3566 293**	**1198 779**	**300 941**	**233 941**	**53**	**69.4**
500	32 181	500	19 951	11 263	2 440	——	151 125	71 715	17 674	17 674	16	6.7
——	905	——	900	5	——	——	7 169	2 261	——	——	4	0.6
——	301 855	1 600	283 415	6 889	158 270	5 110	3362 226	1114 727	283 267	216 267	31	62.1
——	104	——	——	104	——	——	1 154	1 138	——	——	1	——
——	——	——	——	——	——	——	44 619	8 938	——	——	1	——

演出及收支综合情况

国内演出观众人次（千人次）	农村观众人次	本年新创首演剧目观众人次	收入情况：财政拨款（千元）	演出收入（千元）	本年新创首演剧目演出收入	支出情况：人员支出（千元）	本年新创首演剧目费用支出总额（千元）	年末固定资产原值（千元）	增加值（千元）	公用房屋建筑面积（千平方米）	排练练功用房
461 147	**293 047**	**21 632**	**4031 794**	**1342 531**	**94 538**	**2603 646**	**461 809**	**6017 797**	**4088 584**	**4 081**	**882**
332 168	197 630	16 738	3692 733	996 889	73 513	2263 988	433 926	5432 826	3586 982	3556	758
75 324	63 326	3 280	209 831	121 631	8 658	187 769	11 809	290 950	254 924	356	68
53 655	32 091	1613	129 230	224 011	12 367	151 889	16 074	294 021	246 677	169	52
5 310	1 281	173	290 697	153 289	2 500	207 498	15 264	838 230	378 149	162	20
64 572	17 881	3 287	1529 554	404 557	44 660	807 633	101 126	1745 351	1389 838	1 002	216
132 102	74 004	7 635	1572 832	408 463	30 956	976 021	118 811	1797 680	1485 451	1 502	356
259 160	199 879	10 539	638 711	376 222	16 422	612 494	226 608	1636 536	835 140	1 417	284
415 794	266 261	20 741	3907 710	1137 202	91 660	2451 073	456 763	5634 747	3814 607	3 958	846
45 354	26 787	890	124 084	205 329	2 878	152 573	5 046	383 050	273 978	123	35
13 185	4 887	1 817	359 929	117 155	30 686	207 233	49 154	566 780	363 206	324	59
21 492	6 843	925	445 542	121 113	8 505	262 482	43 441	584 231	406 483	371	89
50 065	18 055	2543	699 646	280 148	8 797	463 082	33 031	914 955	682 608	572	166
2 365	251	163	161 227	65 636	2 603	94 019	3 056	306 159	151 262	62	12
33 544	21 335	1025	222 020	58 522	1 559	157 057	2 964	325 084	224 020	283	69
287 294	220 102	12 416	1600 151	464 634	33 577	1053 935	97 609	1854 047	1639 254	1 962	351
12 485	5 832	902	371 512	51 886	2 985	185 911	15 939	421 786	327 365	325	55
27 496	6 875	1 484	315 101	132 921	6 035	205 400	222 723	1100 321	364 939	250	71
25 718	14 710	1 266	228 178	102 402	2 776	160 438	9 831	366 220	256 810	251	64

全国艺术表演团体

	剧团数		从业人员数			本年新排上演剧目		演出场次			
									国内演出场次		
	（个）	补贴团数	（人）	高级职称	中级职称	（个）	本团创作首演剧目	（千场次）		农村演出场次	本年新创首演剧目演出场次
总　　计	**2 475**	**2 294**	**132 783**	**16 313**	**35 409**	**2 238**	**1 289**	**411.5**	**392.9**	**242.7**	**69.9**
按登记注册类型分											
国　　有	1 986	1 899	112 510	14 954	31 180	1 925	1 157	308.6	290.9	166.6	65.3
集　　体	433	343	16 855	804	3 271	254	106	95.5	94.7	72.0	4.0
其　　他	56	52	3 418	555	958	59	26	7.5	7.2	4.1	0.8
按隶属关系分											
中　　央	16	15	5 083	1 984	1 383	33	16	2.9	2.7	0.4	0.2
省　　级	208	192	27 562	6 385	8 258	280	175	42.2	38.1	9.5	3.2
地 市 级	673	654	47 089	6 528	16 381	681	381	124.4	114.2	51.7	7.3
县 市 级	1 578	1 433	53 049	1 416	9 387	1 244	717	242.0	237.9	181.2	59.3
按管理部门分											
文化部门	2 456	2 284	130 273	15 625	34 568	2 233	1 285	409.8	391.1	242.3	69.8
其他部门	19	10	2 510	688	841	5	4	1.8	1.7	0.5	0.1
按剧种分											
话剧、儿童剧、滑稽剧团	124	115	8 047	1 786	2 195	176	125	16.3	16.1	4.4	2.6
歌剧、舞剧、歌舞剧团	91	86	10 662	2 074	3 246	109	90	15.3	14.7	5.0	1.0
歌舞团、轻音乐团	330	321	20 737	3 014	5 986	350	252	40.4	38.4	15.8	2.3
乐团、合唱团	21	17	2 218	598	585	25	5	1.7	1.6	0.1	0.1
文工团、文宣队、乌兰牧骑	327	314	9 997	480	2 224	225	190	37.7	36.3	23.0	0.9
戏曲剧团	1 302	1 189	65 047	6 317	16 285	1 223	522	219.8	217.3	168.8	60.5
其中：京剧	88	86	7 226	1 611	2 362	99	33	11.2	10.9	3.9	0.8
曲、杂、木、皮团	156	138	8 616	1 105	2 434	71	62	58.4	46.7	13.6	1.5
综合性艺术表演团体	124	114	7 459	939	2 454	59	43	22.0	21.8	12.1	1.0

	本年支出							
					在支出			
					人员支出		公	
		基本支出	项目支出	经营支出		社会保障缴费		福利费
总　　计	**5 838 807**	**4 791 159**	**711 554**	**38 661**	**2 482 917**	**314 208**	**1 924 464**	**45 049**
按登记注册类型分								
国　　有	5 305 657	4 337 169	669 416	33 987	2 236 255	283 279	1 756 801	40 648
集　　体	363 769	316 859	17 256	4 624	184 207	25 236	115 650	3 745
其　　他	169 381	137 131	24 882	50	62 455	5 693	52 013	656
按隶属关系分								
中　　央	580 006	492 699	83 879	132	207 498	17 729	223 019	4 671
省　　级	2 128 614	1 719 047	340 869	3 385	769 934	94 007	740 220	11 793
地 市 级	2 181 448	1 769 173	262 309	20 279	954 820	140 349	703 135	17 535
县 市 级	948 739	810 240	24 497	14 865	550 665	62 123	258 090	11 050
按管理部门分								
文化部门	5 585 396	4 576 669	695 507	38 447	2 401 612	308 718	1 822 298	42 338
其他部门	253 411	214 490	16 047	214	81 305	5 490	102 166	2 711
按剧种分								
话剧、儿童剧、滑稽剧团	549 959	436 042	86 794	1 273	198 066	28 087	209 312	3 697
歌剧、舞剧、歌舞剧团	629 010	523 375	95 899	1 438	255 981	32 538	211 852	4 159
歌舞团、轻音乐团	1 041 962	841 581	135 234	6 204	443 746	41 552	369 951	7 143
乐团、合唱团	275 660	185 197	70 937	12	88 724	10 935	93 328	938
文工团、文宣队、乌兰牧骑	293 358	259 318	6 515	2 998	156 408	7 736	77 355	2 365
戏曲剧团	2 241 329	1 869 303	218 922	19 546	991 339	140 986	695 598	19 170
其中：京剧	452 752	387 818	53 541	473	181 103	24 125	135 187	2 635
曲、杂、木、皮团	477 372	395 618	63 773	3 538	198 921	26 940	159 261	4 307
综合性艺术表演团体	330 157	280 725	33 480	3 652	149 732	25 434	107 807	3 270

（事业）综合情况

国内演出观众人次（千人次）	农村观众人次	本年新创首演剧目观众人次	本年收入合计（千元）	财政拨款	上级补助收入	事业收入	演出收入	本年新创首演剧目演出收入	经营收入	附属单位上缴收入	其他收入
410 768	**262 359**	**20 066**	**5908 795**	**3999 196**	**237 161**	**1295 292**	**1098 249**	**82 290**	**20 456**	**1 893**	**354 217**
328 402	195 053	16 045	5375 329	3672 498	225 886	1137 048	963 093	71 597	18 604	523	320 190
73 766	62 333	3 257	364 441	209 831	10 518	122 789	114 088	8 658	1 711	370	19 222
8 599	4 972	763	169 025	116 867	757	35 455	21 068	2 035	141	1 000	14 805
5 310	1 281	172	591 428	290 697	27 711	201 874	153 289	2 500	483	——	70 663
61 146	16 163	3 076	2182 458	1503 729	104 813	427 558	359 045	35 705	5 455	1 060	139 843
119 274	65 885	7 488	2184 949	1569 829	76 511	419 046	363 577	29 514	11 342	195	108 004
225 037	179 029	9 329	949 960	634 941	28 126	246 814	222 338	14 571	3 176	638	35 707
407 655	261 283	19 922	5650 180	3878 115	201 935	1197 054	1034 312	82 270	19 973	1 893	350 630
3 112	1 076	144	258 615	121 081	35 226	98 238	63 937	20	483	——	3 587
11 778	4 059	1 597	552 231	353 682	29 090	117 078	89 281	23 847	1 316	185	50 880
18 298	6 543	923	636 687	442 822	26 836	131 196	113 461	8 315	2 473	1 000	32 360
47 762	17 552	2 498	1040 388	691 106	32 163	260 321	229 885	7 197	2 068	100	54 630
2 018	238	163	280 093	159 065	26 774	78 373	61 383	2 603	24	——	15 857
33 346	21 292	1 024	294 092	222 020	7 868	57 336	38 307	1 559	859	——	6 009
255 175	195 388	11 251	2266 998	1587 807	90 519	445 669	387 170	30 728	10 900	178	131 345
12 157	5 607	873	471 895	369 462	11 556	56 583	48 808	2 323	987	95	33 212
20 668	4 711	1 432	497 449	314 671	10 405	130 038	116 928	5 998	673	——	41 662
21 720	12 573	1 175	340 857	228 023	13 506	75 281	61 834	2 043	2 143	430	21 474

合计（千元） 合计中 用支出 维修费	各种设备购置费	税金支出	排练制作费	演出费	对个人和家庭补助支出	本年新创首演剧目费用支出总额（千元）	年末固定资产原值（千元）	增加值（千元）	公用房屋建筑面积（千平方米）	排练练功用房
115 921	**233 014**	**48 458**	**320 803**	**515 151**	**1067 310**	**449 282**	**5875 011**	**3913 872**	**3983.9**	**844.2**
108 679	209 597	44 659	293 459	457 794	982 904	430 198	5376 259	3550 427	3541.0	755.1
5 176	16 801	930	19 763	29 671	44 713	11 809	288 353	249 285	350.1	65.8
2 066	6 616	2 869	7 581	27 686	39 693	7 275	210 399	114 159	92.8	23.3
7 060	36 764	9 807	37 643	91 797	122 644	15 264	838 230	378 149	162.3	20.1
48 362	86 390	21 895	109 572	202 660	460 450	93 016	1664 860	1344 070	994.2	218.3
43 050	67 320	14 360	126 050	159 404	377 821	115 599	1773 438	1453 926	1473.9	350.3
17 449	42 540	2 396	47 538	61 290	106 395	225 403	1598 483	737 726	1353.5	255.6
111 976	220 422	45 810	305 271	469 126	1007 420	447 718	5541 768	3740 584	3932.1	840.4
3 945	12 592	2 648	15 532	46 025	59 890	1 564	333 243	173 287	51.8	3.8
10 480	19 327	5 930	36 949	61 156	117 173	41 111	539 041	347 630	315.1	57.4
8 705	24 777	6 103	38 495	61 172	110 094	43 421	582 886	399 652	370.4	87.5
16 000	58 075	9 875	67 160	85 836	152 024	33 031	883 679	648 135	551.2	161.7
2 202	5 133	3 829	13 723	43 273	40 331	3 056	303 064	145 944	63.4	12.8
4 318	11 348	2 205	12 754	23 670	49 334	2 964	325 079	223 324	283.3	68.8
48 433	88 955	14 212	107 218	173 689	445 783	93 645	1792 306	1555 102	1920.9	330.9
6 440	20 870	4 047	20 542	30 936	117 684	15 882	417 852	322 183	323.4	54.9
16 861	14 699	4 599	22 300	33 748	97 016	222 723	1095 250	357 383	247.3	65.4
8 922	10 700	1 705	22 204	32 607	55 555	9 331	353 706	236 700	232.4	59.6

全国文化部门艺术

	剧团数 (个)	补贴团数	从业人员数 (人)	高级职称	中级职称	本年新排上演剧目 (个)	本团创作首演剧目	演出场次 (千场次)	国内演出场次	农村演出场次	本年新创首演剧目演出场次
总　　计	**2 456**	**2 284**	**130 273**	**15 625**	**34 568**	**2 233**	**1 285**	**409.8**	**391.2**	**242.3**	**69.8**
按登记注册类型分											
国　　有	1 969	1 891	110 348	14 335	30 466	1 920	1 153	306.9	289.3	166.1	65.2
集　　体	433	343	16 855	804	3 271	254	106	95.5	94.7	72.0	4.0
其　　他	54	50	3 070	486	831	59	26	7.3	7.1	4.1	0.7
按隶属关系分											
中　　央	9	9	3 183	1 360	720	29	13	1.8	1.6	0.1	0.2
省　　级	199	191	27 224	6 331	8 151	279	174	41.8	37.7	9.4	3.2
地 市 级	672	653	46 909	6 518	16 310	681	381	124.3	114.1	51.6	7.3
县 市 级	1 576	1 431	52 957	1 416	9 387	1 244	717	241.9	237.8	181.1	59.2
按剧种分											
话剧、儿童剧、滑稽剧团	121	114	7 614	1 698	2 051	174	124	16.0	15.9	4.4	2.6
歌剧、舞剧、歌舞剧团	91	86	10 662	2 074	3 246	109	90	15.3	14.7	5.0	1.0
歌舞团、轻音乐团	329	320	20 483	2 905	5 912	350	252	40.3	38.3	15.8	2.3
乐团、合唱团	18	16	1 822	506	423	25	5	1.5	1.4	0.1	——
文工团、文宣队、乌兰牧骑	324	311	9 019	250	1 848	223	188	36.9	35.5	22.7	0.9
戏曲剧团	1 301	1 188	65 035	6 317	16 285	1 223	522	219.7	217.2	168.7	60.5
其中:京剧	88	86	7 226	1 611	2 362	99	33	11.2	10.9	3.9	0.8
曲、杂、木、皮团	156	138	8 616	1 105	2 434	71	62	58.4	46.7	13.6	1.5
综合性艺术表演团体	116	111	7 022	770	2 369	58	42	21.7	21.5	12.0	0.9

	本年支出	基本支出	项目支出	经营支出	在支出：人员支出	社会保障缴费	公	福利费
总　　计	**5 585 396**	**4 576 669**	**695 507**	**38 447**	**2 401 612**	**308 718**	**1 822 298**	**42 338**
按登记注册类型分								
国　　有	5 082 798	4 151 772	654 828	33 773	2 162 445	277 797	1 663 138	38 045
集　　体	363 769	316 859	17 256	4 624	184 207	25 236	115 650	3 745
其　　他	138 829	108 038	23 423	50	54 960	5 685	43 510	548
按隶属关系分								
中　　央	354 804	286 937	67 866	——	134 318	13 829	133 763	2 000
省　　级	2 104 954	1 714 775	340 869	3 303	764 643	92 417	728 120	11 753
地 市 级	2 177 273	1 764 998	262 309	20 279	952 181	140 349	702 500	17 535
县 市 级	948 365	809 959	24 463	14 865	550 470	62 123	257 915	11 050
按剧种分								
话剧、儿童剧、滑稽剧团	526 820	416 389	83 408	1 273	185 193	28 028	199 049	3 079
歌剧、舞剧、歌舞剧团	629 010	523 375	95 899	1 438	255 981	32 538	211 852	4 159
歌舞团、轻音乐团	1 007 311	814 625	130 734	6 204	433 902	40 277	354 624	6 602
乐团、合唱团	225 868	156 128	69 478	12	76 033	9 402	72 974	791
文工团、文宣队、乌兰牧骑	198 053	164 145	6 515	2 866	125 142	5 462	43 967	1 036
戏曲剧团	2 240 979	1 869 046	218 888	19 546	991 144	140 986	695 447	19 170
其中:京剧	452 752	387 818	53 541	473	181 103	24 125	135 187	2 635
曲、杂、木、皮团	477 372	395 618	63 773	3 538	198 921	26 940	159 261	4 307
综合性艺术表演团体	279 983	237 343	26 812	3 570	135 296	25 085	85 124	3 194

表演团体(事业)综合情况

国内演出观众人次 (千人次)	农村观众人次	本年新创首演剧目观众人次	本年收入合计 (千元)	财政拨款	上级补助收入	事业收入	演出收入	本年新创首演剧目演出收入	经营收入	附属单位上缴收入	其他收入
407 655	**261 283**	**19 922**	**5650 180**	**3878 115**	**201 935**	**1197 054**	**1034 312**	**82 270**	**19 973**	**1 893**	**350 630**
325 629	194 157	15 971	5144 437	3569 387	190 660	1048 563	899 156	71 577	18 121	523	316 603
73 766	62 333	3 257	364 441	209 831	10 518	122 789	114 088	8 658	1 711	370	19 222
8 259	4 792	693	141 302	98 897	757	25 702	21 068	2 035	141	1 000	14 805
2 795	465	87	371 788	174 729	6 975	122 146	107 862	2 500	——	——	67 938
60 808	16 093	3 027	2148 002	1502 964	90 437	409 105	340 592	35 685	5 455	1 060	138 981
119 097	65 754	7 488	2180 774	1565 654	76 511	419 046	363 577	29 514	11 342	195	108 004
224 954	178 969	9 319	949 616	634 768	28 012	246 757	222 281	14 571	3 176	638	35 707
11 607	4 059	1 592	530 211	350 752	16 954	110 307	82 808	23 847	1 133	185	50 880
18 298	6 543	923	636 687	442 822	26 836	131 196	113 461	8 315	2 473	1 000	32 360
47 262	17 352	2 498	1004 400	674 312	29 733	244 994	214 558	7 197	2 068	100	53 193
1 600	88	103	233 407	141 145	12 558	63 914	56 677	2 603	24	——	15 766
31 799	20 792	1 017	198 614	170 149	1 698	21 173	18 253	1 559	559	——	5 035
255 132	195 358	11 251	2266 704	1587 684	90 405	445 612	387 113	30 728	10 900	178	131 345
12 157	5 607	873	471 895	369 462	11 556	56 583	48 808	2 323	987	95	33 212
20 668	4 711	1 432	497 449	314 671	10 405	130 038	116 928	5 998	673	——	41 662
21 286	12 377	1 103	282 708	196 580	13 346	49 820	44 514	2 023	2 143	430	20 389

合计(千元) 合计中 用支出 维修费	各种设备购置费	税金支出	排练制作费	演出费	对个人和家庭补助支出	本年新创首演剧目费用支出总额 (千元)	年末固定资产原值 (千元)	增加值 (千元)	公用房屋建筑面积 (千平方米)	排练练功用房
111 976	**220 422**	**45 810**	**305 271**	**469 126**	**1007 420**	**447 718**	**5541 768**	**3740 584**	**3932.1**	**840.3**
104 851	197 247	42 149	277 927	418 518	936 109	428 984	5079 843	3399 448	3493.4	751.7
5 176	16 801	930	19 763	29 671	44 713	11 809	288 353	249 285	350.1	65.8
1 949	6 374	2 731	7 581	20 937	26 598	6 925	173 572	91 850	88.7	22.9
3 357	24 810	7 236	22 111	51 132	64 865	13 710	517 807	229 131	116.0	17.0
48 320	86 102	21 818	109 572	197 409	459 244	93 006	1652 580	1323 561	993.3	218.3
42 850	66 970	14 360	126 050	159 319	376 920	115 599	1773 438	1450 386	1470.0	349.8
17 449	42 540	2 396	47 538	61 266	106 391	225 403	1597 943	737 505	1352.9	255.4
10 421	16 394	5 736	35 608	56 038	117 170	40 600	521 407	332 036	310.4	56.7
8 705	24 777	6 103	38 495	61 172	110 094	43 421	582 886	399 652	370.4	87.5
14 779	56 338	9 875	64 220	83 068	145 739	33 031	796 159	627 964	551.2	161.7
2 044	4 603	3 691	13 723	31 320	26 053	2 706	254 835	116 761	58.3	12.4
3 016	7 898	411	6 427	9 331	18 816	2 271	184 738	152 803	241.9	66.4
48 433	88 955	14 212	107 218	173 689	445 779	93 645	1791 766	1554 881	1920.3	330.7
6 440	20 870	4 047	20 542	30 936	117 684	15 882	417 852	322 183	323.4	54.9
16 861	14 699	4 599	22 300	33 748	97 016	222 723	1095 250	357 383	247.3	65.4
7 717	6 758	1 183	17 280	20 760	46 753	9 321	314 727	199 102	232.4	59.6

全国艺术表演团体

	剧团数(个)	补贴团数	从业人员数(人)	高级职称	中级职称	本年新排上演剧目(个)	本团创作首演剧目	演出场次(千场次)	国内演出场次	农村演出场次	本年新创首演剧目演出场次
总　计	**391**	**9**	**11 384**	**310**	**649**	**405**	**199**	**86.3**	**82.3**	**43.6**	**1.5**
按登记注册类型分											
国　有	22	2	1 073	202	316	19	9	4.6	4.6	1.3	0.3
集　体	27	2	562	6	19	12	6	3.2	3.1	1.5	0.1
其　他	342	5	9 749	102	314	374	184	78.5	74.6	40.8	1.1
按隶属关系分											
中　央	——	——	——	——	——	——	——	——	——	——	——
省　级	15	3	1 182	228	266	10	7	6.4	6.3	1.6	0.2
地市级	135	3	2 989	32	89	168	107	19.8	19.2	6.4	0.3
县市级	241	3	7 213	50	294	227	85	60.2	56.7	35.6	1.0
按管理部门分											
文化部门	52	7	2 159	252	384	33	15	13.8	13.5	3.7	0.4
其他部门	339	2	9 225	58	265	372	184	72.5	68.7	39.9	1.1
按剧种分											
话剧、儿童剧、滑稽剧团	19	2	438	57	68	13	6	2.4	2.0	1.2	0.1
歌剧、舞剧、歌舞剧团	18	——	434	28	32	99	41	1.6	1.6	1.3	——
歌舞团、轻音乐团	50	4	1 194	32	96	16	10	12.3	11.3	2.6	0.2
乐团、合唱团	13	——	285	36	27	——	——	0.7	0.6	0.1	——
文工团、文宣队、乌兰牧骑	3	——	71	——	3	——	——	0.4	0.4	0.2	——
戏曲剧团	203	1	6 412	113	314	164	41	47.7	45.6	32.5	1.0
其中:京剧	5	——	264	20	39	4	1	0.8	0.6	0.3	0.1
曲、杂、木、皮团	38	1	1 048	14	25	5	1	12.5	12.5	3.9	——
综合性艺术表演团体	47	1	1 502	30	84	108	100	8.8	8.4	1.8	0.2

	损益及分配								
	管理费用(千元)	税金	劳动、待业保险	补贴收入(千元)	财政补贴	财务费用(千元)	营业利润(千元)	利润总额(千元)	应交所得税(千元)
总　计	**53 273**	**1 553**	**4 530**	**40 969**	**32 598**	**1 892**	**−6 420**	**31 594**	**2 019**
按登记注册类型分									
国　有	15 130	14	446	26 768	20 235	1 300	−19 866	−1 312	——
集　体	449	70	——	——	——	——	968	984	——
其　他	37 694	1 469	4 084	14 201	12 363	592	12 478	31 922	2 019
按隶属关系分									
中　央	——	——	——	——	——	——	——	——	——
省　级	35 929	7	2 797	32 184	25 825	− 491	−30 459	200	——
地市级	3 875	101	249	4 681	3 003	111	3 197	4 003	536
县市级	13 469	1 445	1 484	4 104	3 770	2 272	20 842	27 391	1 483
按管理部门分									
文化部门	40 861	735	3 677	35 954	29 595	1 088	−21 535	9 543	992
其他部门	12 412	818	853	5 015	3 003	804	15 115	22 051	1 027
按剧种分									
话剧、儿童剧、滑稽剧团	7 636	11	36	6 876	6 247	−50	−3 523	2 090	——
歌剧、舞剧、歌舞剧团	3 258	5	10	2 913	2 720	34	−2 826	338	18
歌舞团、轻音乐团	23 402	710	3 154	8 544	8 540	− 155	754	9 079	1 006
乐团、合唱团	2 365	——	——	2 613	2 162	——	−2 838	− 315	441
文工团、文宣队、乌兰牧骑	8	3	——	——	——	1 202	25	25	——
戏曲剧团	10 323	725	706	17 523	12 344	817	−1 758	13 186	377
其中:京剧	2 205	30	——	4 110	2 050	15	−4 093	17	——
曲、杂、木、皮团	2 057	79	232	511	430	1	126	2 694	121
综合性艺术表演团体	4 224	20	392	1 989	155	43	3 620	4 497	56

（企业）综合情况

国内演出观众人次（千人次）	农村观众人次	本年新创首演剧目观众人次	实收资本（千元）	国家资本金	损益及分配：营业收入（千元）	演出收入	本年新创首演剧目演出收入	营业成本及费用（千元）	税金及附加（千元）	主营业务利润（千元）	其他业务利润（千元）
50 380	**30 688**	**1 566**	**179 310**	**109 149**	**295 997**	**244 282**	**12 248**	**189 574**	**10 351**	**40 621**	**2 219**
3 769	2 577	692	2 295	739	34 186	33 796	1 916	24 208	281	−6 500	111
1 555	992	23	848	68	9 415	7 543	——	5 851	845	885	——
45 055	27 118	850	176 167	108 342	252 396	202 943	10 332	159 515	9 225	46 236	2 108
——	——	——	——	——	——	——	——	——	——	——	——
3 428	1 716	211	107 962	107 962	76 199	45 512	8 955	70 221	2 211	972	2 040
12 829	8 121	147	46 435	385	50 312	44 886	1 442	33 487	1 484	5 085	15
34 122	20 850	1 207	24 913	802	169 486	153 884	1 851	85 866	6 656	34 564	164
8 139	4 978	819	113 800	108 944	136 018	102 890	9 390	95 709	4 467	11 016	2 112
42 240	25 709	746	65 510	205	159 979	141 392	2 858	93 865	5 884	29 605	107
1 404	824	220	40 904	40 678	56 591	27 874	6 839	50 055	1 723	3 677	73
3 192	297	——	1 900	——	7 684	7 652	190	5 680	135	543	25
2 300	500	43	66 921	62 671	54 674	50 263	1 600	29 268	2 741	19 092	2 001
346	12	——	150	——	4 538	4 253	——	3 474	113	−1 333	6
197	42	——	40	——	20 215	20 215	——	140	18	30	——
32 114	24 712	1 162	18 520	600	82 366	77 464	2 849	65 631	2 709	10 914	111
325	222	28	800	——	3 228	3 078	662	4 905	170	−1 889	11
6 826	2 162	50	2 185	200	15 993	15 993	37	10 092	328	2 153	——
3 997	2 135	90	48 690	5 000	53 936	40 568	733	25 234	2 584	5 545	3

其他（千元）：从业人员劳动报酬	本年应付福利费总额	本年应交增值税	本年新创首演剧目费用支出总额（千元）	年末固定资产原值（千元）	增加值（千元）	上交主办单位数（千元）	固定资产累计折旧（千元）	本年折旧	公用房屋建筑面积（千平方米）	排练练功用房
120 729	**6 451**	**104**	**12 527**	**142 786**	**174 711**	**——**	**33 450**	**7 529**	**97.1**	**35**
27 733	2 252	——	3 728	56 567	36 554	——	11 140	1 624	14.9	2
3 562	——	——	——	2 597	5 639	——	850	194.0	6.2	3
89 434	4 199	104	8 799	83 622	132 518	——	21 460	5 711	76.0	30
——	——	——	——	——	——	——	——	——	——	——
37 699	2 424	87	8 110	80 491	45 769	——	22 526	4 127	7.4	——
21 201	734	10	3 212	24 242	31 527	——	1 969	863	28.0	8
61 829	3 293	7	1 205	38 053	97 415	——	8 955	2 539	61.7	27
49 461	5 109	87	9 045	92 979	74 021	——	26 601	4 939	25.6	4
71 268	1 342	17	3 482	49 807	100 690	——	6 849	2 590	71.5	31
9 167	831	87	8 043	27 739	15 573	——	5 780	1 319	10.2	1
6 501	380	——	20	1 345	6 831	——	522	103	1.9	1
19 336	2 249	7	——	31 276	34 472	——	13 365	2 387	18.5	6
5 295	270	——	——	3 095	5 319	——	924	136	0.4	——
649	——	——	——	5	696	——	3	1	2.1	——
62 596	1 884	——	3 964	61 741	84 153	——	11 131	2 358	41.5	20
4 808	283	——	57	3 934	5 185	——	1 700	160	0.7	——
6 479	146	——	——	5 071	7 555	——	191	32	4.4	2
10 706	691	10	500	12 514	20 112	——	1 534	1 193	18.1	5

全国文化部门艺术表演

	剧团数（个）	补贴团数	从业人员数（人）	高级职称	中级职称	本年新排上演剧目（个）	本团创作首演剧目	演出场次（千场次）	国内演出场次	农村演出场次	本年新创首演剧目演出场次
总　计	**52**	**7**	**2 159**	**252**	**384**	**33**	**15**	**13.8**	**13.5**	**3.7**	**0.4**
按登记注册类型分											
国　有	18	2	980	195	285	16	8	4.5	4.5	1.2	0.2
集　体	8	1	245	——	——	6	1	1.2	1.0	0.7	0.1
其　他	26	4	934	57	99	11	6	8.1	8.1	1.8	0.1
按隶属关系分											
中　央	——	——	——	——	——	——	——	——	——	——	——
省　级	13	3	1 067	228	266	10	7	5.3	5.2	1.3	0.2
地市级	12	1	180	2	3	6	——	2.1	2.1	0.5	——
县市级	27	3	912	22	115	17	8	6.4	6.2	1.9	0.2
按剧种分											
话剧、儿童剧、滑稽剧团	7	2	312	55	66	10	5	1.3	1.3	1.0	0.1
歌剧、舞剧、歌舞剧团	1	——	139	28	21	——	——	0.1	0.1	——	——
歌舞团、轻音乐团	14	3	558	31	80	8	5	6.1	5.9	0.7	0.1
乐团、合唱团	6	——	227	33	22	——	——	0.4	0.3	——	——
文工团、文宣队、乌兰牧骑	3	——	71	——	3	——	——	0.4	0.4	0.2	——
戏曲剧团	13	1	708	97	172	13	5	1.6	1.6	1.0	0.1
其中：京剧	1	——	110	19	29	1	1	0.2	0.2	0.1	——
曲、杂、木、皮团	5	——	84	8	11	2	——	3.4	3.4	0.4	——
综合性艺术表演团体	3	1	60	——	9	——	——	0.5	0.5	0.4	——

	损益及分配：管理费用（千元）	税金	劳动、待业保险	补贴收入（千元）	财政补贴	财务费用（千元）	营业利润（千元）	利润总额（千元）	应交所得税（千元）
总　计	**40 861**	**735**	**3 677**	**35 954**	**29 595**	**1 088**	**−21 535**	**9 543**	**992**
按登记注册类型分									
国　有	15 130	14	446	22 087	17 232	1 300	−19 866	−1 312	——
集　体	285	70	——	——	——	——	360	366	——
其　他	25 446	651	3 231	13 867	12 363	− 212	−2 029	10 489	992
按隶属关系分									
中　央	——	——	——	——	——	——	——	——	——
省　级	34 688	7	2 666	32 184	25 825	− 491	−30 443	200	——
地市级	187	56	78	——	——	64	57	56	1
县市级	5 986	672	933	3 770	3 770	1 515	8 851	9 287	991
按剧种分									
话剧、儿童剧、滑稽剧团	7 342	8	36	6 876	6 247	−50	−3 445	2 168	——
歌剧、舞剧、歌舞剧团	2 523	——	——	2 913	2 720	——	−3 035	− 122	——
歌舞团、轻音乐团	19 545	671	2 959	8 544	8 540	− 160	− 470	7 827	980
乐团、合唱团	2 035	——	——	2 613	2 162	——	−2 862	− 349	——
文工团、文宣队、乌兰牧骑	8	3	——	——	——	1 202	25	25	——
戏曲剧团	7 694	12	446	12 842	9 341	100	−11 500	− 679	——
其中：京剧	2 170	——	——	4 110	2 050	——	−4 218	− 108	——
曲、杂、木、皮团	458	41	25	511	430	——	− 272	649	12
综合性艺术表演团体	1 256	——	211	1 655	155	−4	24	24	——

团体(企业)综合情况

国内演出观众人次			实收资本		损益及分配						
(千人次)	农村观众人次	本年新创首演剧目观众人次	(千元)	国家资本金	营业收入(千元)	演出收入	本年新创首演剧目演出收入	营业成本及费用(千元)	税金及附加(千元)	主营业务利润(千元)	其他业务利润(千元)
8 139	**4 978**	**819**	**113 800**	**108 944**	**136 018**	**102 890**	**9 390**	**95 709**	**4 467**	**11 016**	**2 112**
3 523	2 403	679	2 295	739	33 118	32 728	1 385	18 798	281	−6 500	111
1 082	860	8	563	63	4 441	2 665	——	4 087	217	261	——
3 534	1 714	131	110 942	108 142	98 459	67 497	8 005	72 824	3 969	17 255	2 001
——	——	——	——	——	——	——	——	——	——	——	——
3 170	1 639	211	107 962	107 962	73 314	42 627	8 955	68 768	2 120	−253	2 040
970	560	——	910	180	1 915	1 862	——	1 903	25	−55	12
3 998	2 779	608	4 928	802	60 789	58 401	435	25 038	2 322	11 324	60
1 050	740	219	40 694	40 678	53 688	25 130	6 838	49 507	1 552	3 109	70
122	30	——	——	——	2 738	2 738	——	3 219	55	−536	24
1 413	194	28	65 226	62 666	44 874	40 844	1 600	25 957	2 380	13 996	2 001
336	10	——	100	——	3 459	3 249	——	2 442	71	−1 333	6
197	42	——	40	——	20 215	20 215	——	140	18	30	——
3 118	2 561	571	2 200	600	8 601	8 271	952	11 860	219	−4 028	11
297	210	25	——	——	1 656	1 656	512	3 675	40	−2 059	11
575	123	——	——	——	1 821	1 821	——	1 632	124	155	——
1 325	1 275	——	5 540	5 000	622	622	——	952	48	−377	——

其他(千元)			本年新创首演剧目费用支出总额(千元)	年末固定资产原值(千元)	增加值(千元)	上交主办单位数(千元)	固定资产累计折旧		公用房屋建筑面积	
从业人员劳动报酬	本年应付福利费总额	本年应交增值税					(千元)	本年折旧	(千平方米)	排练练功用房
49 461	**5 109**	**87**	**9 045**	**74 021**	**92 979**	**——**	**26 601**	**4 939**	**25.6**	**4**
25 633	2 252	——	1 328	29 773	42 963	——	11 140	1 624	8.9	1
2 084	——	——	——	2 901	1 256	——	480	170	1.9	——
21 744	2 857	87	7 717	41 347	48 760	——	14 981	3 145	14.8	1
——	——	——	——	——	——	——	——	——	——	——
37 449	2 420	87	8 110	45 395	80 128	——	22 397	4 078	6.7	——
1 606	43	——	——	1 752	560	——	52	8	1.1	——
10 406	2 646	——	935	26 874	12 291	——	4 152	853	17.9	4
8 827	808	87	8 043	15 121	27 536	——	5 699	1 303	9.0	1
4 366	337	——	——	4 310	219	——	176	11	——	——
14 823	2 223	——	——	28 196	29 750	——	12 637	2 248	9.1	1
4 920	270	——	——	4 878	3 095	——	924	136	0.1	——
649	——	——	——	696	5	——	3	1	2.1	——
14 769	1 439	——	1 002	17 494	30 942	——	6 990	1 152	3.8	——
3 751	283	——	57	3 773	3 134	——	1 400	90	——	——
722	32	——	——	1 141	101	——	70	15	1.6	——
385	——	——	——	2 185	1 331	——	102	73	——	——

全国艺术表演场

	机构数（个）	从业人员数（人）	高级职称	中级职称	座席数（个）	屏幕数（个）	演(映)出场次合计（千场次）	艺术演出场次	电影放映场次
总计	**1 839**	**34 890**	**761**	**3 286**	**1 413 647**	**2 324**	**585.0**	**94.0**	**463.0**
其中：附属剧场	282	3 277	94	353	169 163	168	38.0	19.0	19.0
儿童剧场	97	1 918	73	254	65 906	72	24.0	4.0	19.0
按登记注册类型分									
国有	1 595	31 049	682	3 019	1 244 857	2 066	526.0	72.0	432.0
集体	120	890	15	74	79 122	147	21.0	9.0	12.0
其他	124	2 951	64	193	89 668	111	36.0	13.0	21.0
按管理部门分									
文化部门	1 724	32 826	684	3 097	1 327 066	2 213	561.0	79.0	455.0
其他部门	115	2 064	77	189	86 581	111	22.0	15.0	9.0
按隶属关系分									
中央	5	87	6	10	2 962	149	——	——	——
省级	136	4 369	149	358	125 027	154	136.0	14.0	116.0
地市级	629	13 496	241	1 403	440 056	565	285.0	34.0	229.0
县、市及以下	1 069	16 938	365	1 515	845 602	1 456	163.0	39.0	118.0

全国艺术表演场馆

	机构数（个）	从业人员数（人）	高级职称	中级职称	座席数（个）	屏幕数（个）	演(映)出场次(合计)（千场次）	艺术演出场次	电影放映场次
总计	**1 399**	**26 316**	**607**	**2 539**	**1 074 706**	**1 813**	**376.6**	**62.3**	**292.7**
其中：附属剧场	168	1 542	26	214	87 187	64	16.7	6.2	9.1
儿童剧场	68	1 498	64	207	49 122	52	17.2	3.5	13.2
按登记注册类型分									
国有	1 327	24 861	603	2 497	1 032 884	1 759	358.7	56.1	281.4
集体	34	312	1	20	20 705	29	9.5	3.5	5.9
其他	38	1 143	3	22	21 117	25	8.4	2.8	5.4
按管理部门分									
文化部门	1 390	26 247	606	2 533	1 068 852	1 806	375.2	62.0	291.7
其他部门	9	69	1	6	5 854	7	1.4	0.3	1.0
按机构类型分									
剧场	684	12 325	328	1 350	533 643	1 028	133.8	32.9	86.3
影剧院	663	12 960	259	1 117	506 726	604	228.2	25.7	196.0
音乐厅	12	287	7	13	6 848	149	0.9	0.7	——
综合性	14	442	8	40	16 866	22	10.6	1.2	9.4
其他艺术表演场馆	26	302	5	19	10 623	10	3.1	1.9	1.0
按隶属关系分									
中央	4	56	6	7	1 747	149	0.3	0.1	——
省级	98	2 801	92	183	74 342	109	106.2	9.6	93.7
地市级	447	10 071	188	1 154	321 436	324	164.4	22.6	126.9
县、市及以下	850	13 388	321	1 195	677 181	1 231	105.7	30.0	72.2

	本年支出				在支	
		基本支出	项目支出	经营支出	人员支出	社会保障缴费
总计	**1 180 700**	**737 086**	**106 486**	**241 679**	**383 898**	**71 522**
其中：附属剧场	46 466	26 145	6 676	8 413	18 679	3 335
儿童剧场	81 103	21 425	15 564	37 566	24 599	5 059
按登记注册类型分						
国有	988 041	640 352	93 618	163 221	330 244	68 329
集体	11 809	4 688	175	5 184	2 823	526
其他	180 850	92 046	12 693	73 274	50 831	2 667
按管理部门分						
文化部门	1 178 712	735 364	106 486	241 679	382 812	71 390
其他部门	1 988	1 722	——	——	1 086	132
按机构类型分						
剧场	724 374	471 803	78 052	121 748	222 966	35 831
影剧院	339 445	194 320	14 779	89 452	137 800	31 507
音乐厅	34 152	19 492	7 930	5 467	5 343	638
综合性	42 461	12 864	4 615	24 980	10 044	2 012
其他艺术表演场馆	40 268	38 607	1 110	32	7 745	1 534
按隶属关系分						
中央	6 497	360	——	5 427	1 246	130
省级	508 487	352 265	57 015	79 401	111 229	14 696
地市级	425 060	228 253	34 083	116 135	154 387	33 379
县、市及以下	240 656	156 208	15 388	40 716	117 036	23 317

馆 综 合 情 况

观众人次合计（千人次）	艺术演出观众人次	电影放映观众人次	收入情况（千元）：财政拨款	收入情况（千元）：艺术演出分成收入	收入情况（千元）：电影放映分成收入	人员支出（千元）	年末固定资产原值（千元）	增加值（千元）	公用房屋建筑面积（千平方米）	演(映)业务用房
518 083	**198 197**	**312 204**	**218 257**	**670 663**	**166 830**	**485 474**	**7 462 545**	**1 134 484**	**5240.0**	**2621.0**
11 637	7 337	3 920	14 238	160 080	8 659	48 133	520 284	99 181	645.0	252.0
45 895	18 227	27 393	7 726	50 249	10 797	29 608	289 337	60 044	260.0	128.0
459 817	174 022	280 944	203 277	441 879	148 040	399 150	6 973 564	948 505	4525.0	2346.0
6 138	2 755	3 088	1 344	26 099	5 050	9 152	64 975	28 681	182.0	116.0
52 128	21 420	28 172	13 636	202 685	13 740	77 172	424 006	157 297	533.0	161.0
510 734	192 900	310 749	217 031	471 393	159 946	455 142	7 251 066	1 059 876	4866.0	2466.0
7 349	5 297	1 455	1 226	199 270	6 884	30 332	211 479	74 608	374.0	158.0
260	260	——	——	8 063	——	2 153	7 969	4 844	25.0	3.0
69 532	61 003	8 374	27 842	396 633	39 830	139 443	3 110 982	481 902	772.0	371.0
199 653	59 352	136 233	114 329	149 208	76 433	196 201	2 415 090	381 866	2021.0	985.0
248 638	77 582	167 597	76 086	116 759	50 567	147 677	1 928 504	265 868	2426.0	1262.0

（事业）综合情况

观众人次合计（千人次）	艺术演出观众人次	电影放映观众人次	本年收入合计（千元）	财政拨款	上级补助收入	事业收入	事业收入：艺术演出分成收入	事业收入：电影放映分成收入	经营收入	附属单位上缴收入	其他收入
368 106	**134 630**	**228 677**	**1 182 119**	**196 846**	**54 950**	**583 954**	**375 517**	**92 377**	**222 577**	**2 512**	**120 911**
5 087	2 701	2 103	47 587	13 528	458	22 878	7 876	3 780	4 238	313	6 182
43 768	17 236	26 257	77 555	7 246	1 077	51 951	44 359	4 345	6 751	170	10 360
322 190	116 127	201 466	954 001	195 166	26 528	492 524	297 612	85 387	128 117	2 139	109 158
2 730	1 422	1 252	20 054	734	85	10 703	2 202	2 330	7 203	373	956
43 186	17 081	25 959	208 064	946	28 337	80 727	75 703	4 660	87 257	——	10 797
367 721	134 473	228 449	1 179 745	196 030	54 258	583 149	375 105	92 059	222 572	2 512	120 855
385	157	228	2 374	816	692	805	412	318	5	——	56
242 529	93 526	146 310	749 100	117 552	44 590	384 038	305 179	23 819	137 445	670	64 426
122 105	38 715	81 434	326 895	59 869	8 008	141 058	34 583	65 775	65 460	1 842	50 658
665	665	——	36 541	13 463	799	13 214	3 148	——	5 580	——	3 485
1 954	1 178	714	30 572	3 670	115	12 342	5 065	2 506	13 592	——	853
853	546	219	39 011	2 292	1 438	33 302	27 542	277	500	——	1 489
168	168	——	5 800	——	——	207	——	——	5 580	——	13
13 912	6 471	7 286	539 831	25 792	40 103	334 354	256 754	31 992	107 904	151	31 527
185 577	54 618	129 606	410 773	98 243	9 586	171 874	89 436	32 424	73 235	1 227	56 229
168 449	73 373	91 785	225 715	72 811	5 261	77 519	29 327	27 961	35 858	1 134	33 142

合计（千元）	出合计中：公用支出：福利费	维修费	各种设备购置费	税金支出	对个人和家庭补助支出	年末固定资产原值（千元）	增加值（千元）	公用房屋建筑面积（千平方米）	演(映)业务用房
407 157	**19 677**	**74 637**	**22 571**	**37 176**	**61 943**	**5 583 024**	**966 965**	**3650.2**	**1854.4**
15 794	488	4 255	2 385	1 176	2 799	109 370	37 349	303.0	114.7
28 712	2 222	3 189	1 707	1 726	4 125	208 869	52 604	192.7	94.8
335 905	17 961	71 531	21 392	35 238	57 444	5 430 332	836 785	3488.6	1784.8
2 975	276	498	126	383	135	36 354	18 538	49.4	26.6
68 277	1 440	2 608	1 053	1 555	4 364	116 338	111 642	112.1	43.0
406 531	19 638	74 535	22 453	37 138	61 735	5 551 932	963 807	3625.3	1844.2
626	39	102	118	38	208	31 092	3 158	24.8	10.1
261 344	9 261	52 105	12 751	21 761	43 530	3 466 924	595 738	1807.6	922.6
107 158	9 432	17 553	8 436	12 999	15 516	1 365 447	283 401	1605.9	837.3
18 990	309	2 326	552	205	1 232	324 974	21 070	39.6	6.1
11 618	423	2 182	495	1 119	950	158 891	24 381	161.0	67.9
8 047	252	471	337	1 092	715	266 788	42 372	36.0	20.6
4 354	157	439	313	5	186	6 620	2 012	5.3	——
182 631	4 987	30 484	5 732	15 591	17 336	2 687 101	435 382	454.5	212.9
152 156	9 401	27 489	10 029	14 156	29 180	1 659 818	320 865	1387.1	654.9
68 016	5 132	16 225	6 497	7 424	15 241	1 229 485	208 705	1803.3	986.6

全国文化部门艺术表

	机构数（个）	从业人员数（人）	高级职称	中级职称	座席数（个）	屏幕数（个）	演（映）出场次（合计）（千场次）	艺术演出场次	电影放映场次
总　计	**1 390**	**26 247**	**606**	**2 533**	**1 068 852**	**1 806**	**375.2**	**62.0**	**291.7**
其中：附属剧场	162	1 512	26	213	84 041	59	15.6	5.9	8.3
儿童剧场	68	1 498	64	207	49 122	52	17.2	3.5	13.2
按登记注册类型分									
国　有	1 319	24 792	602	2 491	1 027 628	1 752	357.3	55.7	280.4
集　体	34	312	1	20	20 705	29	9.5	3.5	5.9
其　他	37	1 143	3	22	20 519	25	8.4	2.8	5.4
按机构类型分									
剧　场	681	12 307	327	1 349	531 588	1 027	133.5	32.8	86.0
影剧院	659	12 932	259	1 114	503 965	599	227.5	25.4	195.5
音乐厅	11	276	7	12	6 277	149	0.8	0.7	——
综合性	13	430	8	39	16 399	21	10.2	1.2	9.1
其他艺术表演场馆	26	302	5	19	10 623	10	3.1	1.9	1.0
按隶属关系分									
中　央	4	56	6	7	1 747	149	0.3	0.1	——
省　级	98	2 801	92	183	74 342	109	106.2	9.6	93.7
地市级	442	10 042	188	1 153	318 784	320	163.7	22.3	126.5
县、市及以下	846	13 348	320	1 190	673 979	1 228	105.1	30.0	71.5

	本年支出	基本支出	项目支出	经营支出	在支：人员支出	社会保障缴费
总　计	**1 178 712**	**735 364**	**106 486**	**241 679**	**382 812**	**71 390**
其中：附属剧场	46 156	26 055	6 676	8 413	18 419	3 335
儿童剧场	81 103	21 425	15 564	37 566	24 599	5 059
按登记注册类型分						
国　有	986 053	638 630	93 618	163 221	329 158	68 197
集　体	11 809	4 688	175	5 184	2 823	526
其　他	180 850	92 046	12 693	73 274	50 831	2 667
按机构类型分						
剧　场	724 024	471 453	78 052	121 748	222 766	35 831
影剧院	338 893	194 034	14 779	89 452	137 387	31 449
音乐厅	33 156	18 496	7 930	5 467	4 940	564
综合性	42 371	12 774	4 615	24 980	9 974	2 012
其他艺术表演场馆	40 268	38 607	1 110	32	7 745	1 534
按隶属关系分						
中　央	6 497	360	——	5 427	1 246	130
省　级	508 487	352 265	57 015	79 401	111 229	14 696
地市级	423 844	227 257	34 083	116 135	153 794	33 305
县、市及以下	239 884	155 482	15 388	40 716	116 543	23 259

演场馆（事业）综合情况

观众人次合计（千人次）	艺术演出观众人次	电影放映观众人次	本年收入合计（千元）	财政拨款	上级补助收入	事业收入	艺术演出分成收入	电影放映分成收入	经营收入	附属单位上缴收入	其他收入
367 721	**134 473**	**228 449**	**1 179 745**	**196 030**	**54 258**	**583 149**	**375 105**	**92 059**	**222 572**	**2 512**	**120 855**
4 843	2 584	1 976	46 733	13 308	458	22 249	7 514	3 513	4 238	313	6 177
43 768	17 236	26 257	77 555	7 246	1 077	51 951	44 359	4 345	6 751	170	10 360
321 805	115 970	201 238	951 627	194 350	25 836	491 719	297 200	85 069	128 112	2 139	109 102
2 730	1 422	1 252	20 054	734	85	10 703	2 202	2 330	7 203	373	956
43 186	17 081	25 959	208 064	946	28 337	80 727	75 703	4 660	87 257	——	10 797
242 409	93 506	146 210	748 750	117 352	44 590	383 938	305 129	23 769	137 445	670	64 376
121 891	38 604	81 331	325 793	59 317	8 008	140 513	34 239	65 574	65 455	1 842	50 658
646	646	——	35 709	13 399	107	13 139	3 148	——	5 580	——	3 484
1 922	1 171	689	30 482	3 670	115	12 257	5 047	2 439	13 592	——	848
853	546	219	39 011	2 292	1 438	33 302	27 542	277	500	——	1 489
168	168	——	5 800	——	——	207	——	——	5 580	——	13
13 912	6 471	7 286	539 831	25 792	40 103	334 354	256 754	31 992	107 904	151	31 527
185 346	54 489	129 504	409 177	97 959	8 894	171 255	89 092	32 224	73 235	1 227	56 228
168 295	73 345	91 659	224 937	72 279	5 261	77 333	29 259	27 843	35 853	1 134	33 087

合计（千元）	出合计中：公用支出：福利费	维修费	各种设备购置费	税金支出	对个人和家庭补助支出	年末固定资产原值（千元）	增加值（千元）	公用房屋建筑面积（千平方米）	演（映）业务用房
406 531	**19 638**	**74 535**	**22 453**	**37 138**	**61 735**	**5 551 932**	**963 807**	**3625.3**	**1844.3**
15 744	488	4 249	2 385	1 171	2 799	95 970	36 004	287.4	110.4
28 712	2 222	3 189	1 707	1 726	4 125	208 869	52 604	192.7	94.8
335 279	17 922	71 429	21 274	35 200	57 236	5 407 740	833 966	3465.8	1776.7
2 975	276	498	126	383	135	36 354	18 538	49.4	26.6
68 277	1 440	2 608	1 053	1 555	4 364	107 838	111 302	110.1	41.0
261 264	9 231	52 055	12 751	21 761	43 460	3 456 726	595 031	1801.0	916.6
107 090	9 432	17 533	8 418	12 999	15 513	1 365 409	282 440	1592.7	835.0
18 532	300	2 300	452	172	1 097	309 018	19 852	36.3	4.2
11 598	423	2 176	495	1 114	950	153 991	24 110	159.4	67.9
8 047	252	471	337	1 092	715	266 788	42 372	36.0	20.6
4 354	157	439	313	5	186	6 620	2 012	5.3	——
182 631	4 987	30 484	5 732	15 591	17 336	2 687 101	435 382	454.5	212.9
151 668	9 392	27 463	9 929	14 123	29 045	1 643 862	318 913	1371.7	650.8
67 878	5 102	16 149	6 479	7 419	15 168	1 214 349	207 498	1793.8	980.6

全 国 艺 术 表 演

	机构数（个）	从业人员数（人）	从业人员数：高级职称	从业人员数：中级职称	座席数（个）	屏幕数（个）	演(映)出场次合计（千场次）	艺术演出场次	电影放映场次
总　计	**440**	**8 574**	**154**	**747**	**338 941**	**511**	**207.4**	**31.0**	**171.9**
其中：附属剧场	114	1 735	68	139	81 976	104	23.5	13.1	10.2
儿童剧场	29	420	9	47	16 784	20	7.6	1.7	5.7
按登记注册类型分									
国　有	268	6 188	79	522	211 973	307	168.6	14.5	150.0
集　体	86	578	14	54	58 417	118	11.6	5.2	6.1
其　他	86	1 808	61	171	68 551	86	27.2	11.2	15.8
按管理部门分									
文化部门	334	6 579	78	564	258 214	407	185.4	17.4	163.7
其他部门	106	1 995	76	183	80 727	104	22.0	13.6	8.3
按机构类型分									
剧　场	147	3 045	117	312	112 542	141	68.5	12.0	53.6
影剧院	218	3 475	16	323	165 754	312	101.6	9.1	91.7
音乐厅	10	221	3	13	6 367	6	4.3	1.1	3.2
综合性	34	1 138	8	41	31 521	34	26.7	3.7	22.4
其他艺术表演场所	31	695	10	58	22 757	18	6.2	5.1	1.1
按隶属关系分									
中　央	1	31	——	3	1 215	——	0.1	0.1	——
省　级	38	1 568	57	175	50 685	45	30.8	6.9	23.2
地市级	182	3 425	53	249	118 620	241	119.3	13.1	103.1
县、市及以下	219	3 550	44	320	168 421	225	57.2	10.9	45.6

	损益及分配：管理费用（千元）	管理费用：税金	管理费用：劳动、待业保险	补贴收入（千元）	补贴收入：财政补贴	财务费用（千元）	营业利润（千元）	利润总额（千元）	应交所得税（千元）
总　计	**179 318**	**4 661**	**13 789**	**28 780**	**21 411**	**8 210**	**−36 282**	**−26 108**	**3 019**
其中：附属剧场	30 918	448	1 013	710	710	114	12 833	10 085	1 847
儿童剧场	11 939	521	672	487	480	428	−1 703	−1 138	48
按登记注册类型分									
国　有	122 380	3 918	11 293	15 282	8 111	5 220	−25 668	−27 684	835
集　体	4 784	283	464	617	610	574	1 446	1 573	192
其　他	52 154	460	2 032	12 881	12 690	2 416	−12 060	3	1 992
按管理部门分									
文化部门	153 220	3 996	12 827	28 370	21 001	8 063	−59 477	−51 217	781
其他部门	26 098	665	962	410	410	147	23 195	25 109	2 238
按机构类型分									
剧　场	80 256	1 338	5 998	11 114	4 702	1 313	2 693	6 097	2 291
影剧院	48 696	2 535	5 805	4 660	3 719	3 212	−15 433	−18 311	229
音乐厅	3 411	23	85	——	——	−27	587	567	166
综合性	38 461	700	1 487	13 006	12 990	3 502	−25 427	−15 836	190
其他艺术表演场所	8 494	65	414	——	——	210	1 298	1 375	143
按隶属关系分									
中　央	5 270	——	——	——	——	−16	1 279	1 279	——
省　级	42 960	633	1 093	2 116	2 050	1 992	−1 987	355	1 790
地市级	85 904	2 384	8 194	22 491	16 086	3 060	−35 428	−20 768	357
县、市及以下	45 184	1 644	4 502	4 173	3 275	3 174	−146	−6 974	872

场馆（企业）综合情况

观众人次合计（千人次）	艺术演出观众人次	电影放映观众人次	实收资本（千元）	国家资本金	损益及分配：营业收入（千元）	艺术演出分成收入	电影放映分成收入	营业成本及费用（千元）	税金及附加（千元）	主营业务利润（千元）	其他业务利润（千元）
149 977	**63 567**	**83 527**	**878 294**	**657 435**	**452 186**	**295 146**	**74 453**	**288 219**	**19 567**	**96 667**	**41 452**
6 550	4 636	1 817	130 668	68 398	176 266	152 204	4 879	104 024	6 624	47 042	1 568
2 127	991	1 136	56 058	45 450	15 811	5 890	6 452	6 533	321	7 998	1 670
137 627	57 895	79 478	548 641	491 970	276 004	144 267	62 653	193 615	12 280	50 020	35 909
3 408	1 333	1 836	11 764	300	27 763	23 897	2 720	16 215	708	6 310	1 796
8 942	4 339	2 213	317 889	165 165	148 419	126 982	9 080	78 389	6 579	40 337	3 747
143 013	58 427	82 300	698 786	640 335	228 024	96 288	67 887	159 683	9 683	38 264	37 326
6 964	5 140	1 227	179 508	17 100	224 162	198 858	6 566	128 536	9 884	58 403	4 126
61 580	56 501	4 343	310 012	270 321	216 292	139 634	27 252	133 831	8 354	58 784	21 199
83 359	3 697	77 515	229 547	194 171	83 314	24 739	37 619	54 558	3 638	13 505	14 709
645	545	100	10 350	8 550	30 479	26 047	2 364	25 196	1 231	3 772	——
2 569	1 339	1 230	192 495	183 369	53 443	37 015	6 723	35 252	2 412	12 735	5 093
1 824	1 485	339	135 890	1 024	68 658	67 711	495	39 382	3 932	7 871	451
92	92	——	500	500	8 063	8 063	——	1 135	430	6 498	35
55 620	54 532	1 088	283 847	150 263	175 396	139 879	7 838	97 690	6 619	47 728	1 770
14 076	4 734	6 627	429 272	396 490	146 708	59 772	44 009	102 541	5 875	18 857	23 799
80 189	4 209	75 812	164 675	110 182	122 019	87 432	22 606	86 853	6 643	23 584	15 848

其他（千元）：从业人员劳动报酬	本年应付福利费总额	本年应交增值税	年末固定资产原值（千元）	增加值（千元）	上交主办单位数（千元）	固定资产累计折旧（千元）	本年折旧	公用房屋建筑面积（千平方米）	演（映）业务用房
101 576	**9 292**	**534**	**1 879 521**	**167 518**	**4 788**	**388 737**	**49 216**	**1591.4**	**768.4**
29 454	3 022	11	410 914	61 831	632	80 867	11 762	343.4	134.9
5 009	252	——	80 468	7 439	——	17 170	2 804	68.4	31.3
68 906	6 581	57	1 543 232	111 720	3 893	300 233	37 002	1038.4	562.3
6 329	518	476	28 621	10 143	22	7 835	760	131.5	88.4
26 341	2 193	1	307 668	45 655	873	80 669	11 454	421.5	117.7
72 330	6 683	523	1 699 134	96 069	4 286	331 846	41 167	1241.7	622.0
29 246	2 609	11	180 387	71 449	502	56 891	8 049	349.7	146.4
45 663	4 190	43	769 440	97 816	4 181	186 563	28 654	588.0	316.4
31 005	2 505	479	454 115	36 826	348	121 851	10 421	571.4	312.9
5 346	810	11	5 420	7 596	——	1 665	409	18.5	11.3
12 749	1 333	1	595 012	11 652	259	71 313	8 212	308.5	86.3
6 813	454	——	55 534	13 628	——	7 345	1 520	105.0	41.5
907	127	——	1 349	2 831	——	782	215	20.0	3.0
28 214	3 563	11	423 881	46 522	580	92 153	10 927	318.0	159.7
41 814	3 733	523	755 272	61 000	3 793	191 280	23 864	630.9	329.9
30 641	1 869	——	699 019	57 165	415	104 522	14 210	622.5	275.8

全国文化部门艺术表演

	机构数（个）	从业人员数（人）	高级职称	中级职称	座席数（个）	屏幕数（个）	演（映）出场次合计（千场次）	艺术演出场次	电影放映场次
总计	**334**	**6 579**	**78**	**564**	**258 214**	**407**	**185.4**	**17.4**	**163.7**
其中：附属剧场	42	339	3	37	30 795	31	7.9	3.3	4.5
儿童剧场	27	382	9	47	15 917	17	6.9	1.7	5.1
按登记注册类型分									
国有	249	5 699	57	466	188 351	287	161.5	11.4	146.1
集体	64	361	5	34	41 049	92	9.1	4.1	4.8
其他	21	519	16	64	28 814	28	14.7	1.9	12.8
按机构类型分									
艺术表演场馆	285	5 728	74	523	237 228	360	170.6	17.2	149.2
其中：剧场、影剧院	257	4 704	62	474	210 588	328	144.2	14.4	126.3
其他艺术表演场馆	28	1 024	12	49	26 640	32	26.4	2.9	22.9
按隶属关系分									
中央	1	31	——	3	1 215	——	0.1	0.1	——
省级	18	678	27	80	19 122	29	22.3	1.9	19.7
地市级	170	3 095	33	249	113 207	230	115.6	10.8	101.8
县、市及以下	145	2 775	18	232	124 670	148	47.4	4.5	42.2

	损益及分配								
	管理费用（千元）	税金	劳动、待业保险	补贴收入（千元）	财政补贴	财务费用（千元）	营业利润（千元）	利润总额（千元）	应交所得税（千元）
总计	**153 220**	**3 996**	**12 827**	**28 370**	**21 001**	**8 063**	**−59 477**	**−51 217**	**781**
其中：附属剧场	10 488	88	314	300	300	19	−97	−5 654	116
儿童剧场	10 137	519	530	487	480	433	−1 984	−1 423	5
按登记注册类型分									
国有	117 877	3 814	11 153	15 282	8 111	5 270	−37 575	−43 367	743
集体	1 464	91	255	207	200	514	278	329	2
其他	33 879	91	1 419	12 881	12 690	2 279	−22 180	−8 179	36
按机构类型分									
艺术表演场馆	148 290	3 912	12 348	28 216	20 957	7 905	−57 550	−49 505	758
其中：剧场、影剧院	111 916	3 389	11 056	15 210	7 967	4 509	−28 833	−32 018	725
其他艺术表演场馆	36 374	523	1 292	13 006	12 990	3 396	−28 717	−17 487	33
按隶属关系分									
中央	5 270	——	——	——	——	−16	1 279	1 279	——
省级	24 362	599	508	2 116	2 050	1 927	−8 995	−10 206	388
地市级	83 578	2 165	7 961	22 491	16 086	3 066	−39 617	−23 995	268
县、市及以下	40 010	1 232	4 358	3 763	2 865	3 086	−12 144	−18 295	125

场馆（企业）综合情况

观众人次合计（千人次）	艺术演出观众人次	电影放映观众人次	实收资本（千元）	国家资本金	损益及分配：营业收入（千元）	艺术演出分成收入	电影放映分成收入	营业成本及费用（千元）	税金及附加（千元）	主营业务利润（千元）	其他业务利润（千元）
143 013	**58 427**	**82 300**	**698 786**	**640 335**	**228 024**	**96 288**	**67 887**	**159 683**	**9 683**	**38 264**	**37 326**
1 870	978	892	61 000	57 398	20 253	16 779	974	12 184	827	3 912	592
2 078	982	1 096	49 958	39 350	13 435	5 514	4 452	6 363	194	5 920	1 670
135 395	56 015	79 126	517 231	481 470	185 593	65 625	59 325	137 684	8 090	22 346	34 160
2 720	1 040	1 448	11 114	300	11 020	7 671	2 321	4 680	111	1 816	546
4 898	1 372	1 726	170 441	158 565	31 411	22 992	6 241	17 319	1 482	14 102	2 620
140 231	58 159	79 786	679 007	622 984	223 003	96 049	64 366	156 369	9 493	36 957	36 312
137 855	57 023	78 546	489 771	439 065	182 074	70 569	57 344	125 967	7 718	28 966	32 790
2 376	1 136	1 240	189 236	183 919	40 929	25 480	7 022	30 402	1 775	7 991	3 522
92	92	——	500	500	8 063	8 063	——	1 135	430	6 498	35
52 246	51 539	707	143 397	139 763	40 223	16 832	5 026	27 612	1 914	8 342	1 236
13 014	4 380	6 509	413 969	390 390	128 723	51 617	41 895	94 322	4 676	15 695	23 113
77 661	2 416	75 084	140 920	109 682	51 015	19 776	20 966	36 614	2 663	7 729	12 942

其他（千元）：从业人员劳动报酬	本年应付福利费总额	本年应交增值税	年末固定资产原值（千元）	增加值（千元）	上交主办单位数（千元）	固定资产累计折旧（千元）	本年折旧	公用房屋建筑面积（千平方米）	演（映）业务用房
72 330	**6 683**	**523**	**1 699 134**	**96 069**	**4 286**	**331 846**	**41 167**	**1241.7**	**622.0**
5 028	684	——	274 330	11 708	130	34 671	5 562	140.5	52.2
4 439	244	——	73 869	6 266	——	14 057	2 611	64.5	30.2
59 866	5 523	46	1 427 617	81 633	3 893	261 171	32 156	946.5	509.9
3 105	172	476	19 567	3 937	——	2 500	145	96.3	63.6
9 359	988	1	251 950	10 499	393	68 175	8 866	198.8	48.5
70 081	6 501	523	1 646 635	95 011	4 286	324 220	40 859	1163.4	600.6
58 931	5 220	522	1 046 433	89 416	4 027	255 538	33 001	912.6	524.0
11 150	1 281	1	600 202	5 595	259	68 682	7 858	250.7	76.6
907	127	——	1 349	2 831	——	782	215	20.0	3.0
12 332	1 471	——	307 531	14 135	100	52 444	6 169	174.7	108.2
38 715	3 516	523	742 510	51 621	3 793	185 074	23 191	610.5	319.2
20 376	1 569	——	647 744	27 482	393	93 546	11 592	436.5	191.5

全国参加院线放映的艺术

	机构数（个）	从业人员数（人）	高级职称	中级职称	座席数（个）	屏幕数（个）	演(映)出场次合计（千场次）	艺术演出场次	电影放映场次
总　　计	**106**	**2 913**	**48**	**250**	**89 722**	**203**	**143.2**	**7.6**	**132.4**
按登记注册类型分									
国　　有	81	2 556	35	206	72 565	163	127.8	5.8	119.0
集　　体	15	165	4	22	8 578	15	3.0	0.7	2.1
其　　他	10	192	9	22	8 579	25	12.5	1.2	11.3
按管理部门分									
文化部门	98	2 764	44	239	82 172	188	136.9	6.8	127.0
其他部门	8	149	4	11	7 550	15	6.3	0.9	5.4
按机构类型分									
艺术表演场馆	98	2 708	46	230	84 854	187	134.5	7.6	123.7
按隶属关系分									
中　　央	——	——	——	——	——	——	——	——	——
省　　级	10	559	23	62	14 554	31	24.2	1.1	22.4
地 市 级	68	1 656	20	125	50 029	119	99.1	5.4	91.4
县、市及以下	28	698	5	63	25 139	53	19.9	1.2	18.6

	损益及分配：管理费用（千元）	税金	劳动、待业保险	补贴收入（千元）	财政补贴	财务费用（千元）	营业利润（千元）	利润总额（千元）	应交所得税（千元）
总　　计	**80 894**	**2 661**	**6 539**	**6 181**	**4 097**	**4 788**	**−20 103**	**−21 371**	**141**
按登记注册类型分									
国　　有	73 993	2 550	5 997	5 919	4 017	4 219	−18 533	−21 949	61
集　　体	615	31	52	87	80	8	4	212	1
其　　他	6 286	80	490	175	——	561	−1 574	366	79
按管理部门分									
文化部门	78 058	2 555	6 287	6 181	4 097	4 784	−24 566	−25 688	96
其他部门	2 836	106	252	——	——	4	4 463	4 317	45
按机构类型分									
艺术表演场馆	77 305	2 654	6 254	6 181	4 097	4 643	−18 017	−19 909	141
按隶属关系分									
中　　央	——	——	——	——	——	——	——	——	——
省　　级	17 912	592	224	2 116	2 050	1 941	−5 159	−2 601	2
地 市 级	49 645	1 555	4 856	2 833	1 000	831	−9 972	−7 486	106
县、市及以下	13 337	514	1 459	1 232	1 047	2 016	−4 972	−11 284	33

表演场馆综合情况

观众人次合计 (千人次)	艺术演出观众人次	电影放映观众人次	实收资本 (千元)	国家资本金	损益及分配 营业收入 (千元)	艺术演出分成收入	电影放映分成收入	营业成本及费用 (千元)	税金及附加 (千元)	主营业务利润 (千元)	其他业务利润 (千元)
79 148	**4 287**	**74 761**	**337 089**	**306 856**	**153 543**	**41 501**	**59 340**	**100 156**	**6 549**	**30 755**	**19 205**
76 312	3 373	72 920	318 513	300 756	137 065	36 586	50 749	91 944	5 930	25 816	18 365
880	149	650	4 476	——	3 532	1 317	1 418	1 899	62	594	278
1 956	765	1 191	14 100	6 100	12 946	3 598	7 173	6 313	557	4 345	562
78 252	3 660	74 492	324 989	294 756	129 378	28 724	54 446	86 155	5 355	22 592	19 205
896	627	269	12 100	12 100	24 165	12 777	4 894	14 001	1 194	8 163	——
77 587	4 097	73 390	331 538	302 913	150 703	41 346	56 977	98 442	6 399	29 889	18 535
——	——	——	——	——	——	——	——	——	——	——	——
1 715	970	745	88 813	88 813	41 913	13 524	7 210	24 548	1 989	12 330	1 228
7 634	2 662	4 872	203 521	187 195	91 443	23 475	40 548	59 628	3 488	14 448	15 096
69 799	655	69 144	44 755	30 848	20 187	4 502	11 582	15 980	1 072	3 977	2 881

其他(千元) 从业人员劳动报酬	本年应付福利费总额	本年应交增值税	年末固定资产原值 (千元)	增加值 (千元)	上交主办单位数 (千元)	固定资产累计折旧 (千元)	本年折旧	公用房屋建筑面积 (千平方米)	演(映)业务用房
39 357	**3 439**	**58**	**881 242**	**58 881**	**3 465**	**217 803**	**24 236**	**502.7**	**310.0**
34 927	3 297	57	841 171	54 138	3 331	203 838	23 345	450.3	283.4
1 319	9	1	11 122	1 617	——	1 995	114	19.8	13.1
3 111	133	——	28 949	3 126	134	11 970	777	32.6	13.5
36 304	3 141	47	798 855	45 954	3 465	182 126	20 125	473.6	291.9
3 053	298	11	82 387	12 927	——	35 677	4 111	29.1	18.1
38 451	3 361	58	866 996	59 562	3 465	213 204	23 894	484.4	300.9
——	——	——	——	——	——	——	——	——	——
9 181	1 294	11	303 380	15 154	100	65 214	6 435	132.6	89.9
23 359	1 705	47	414 904	34 978	3 231	105 807	13 715	259.2	156.1
6 817	440	——	162 958	8 749	134	46 782	4 086	110.9	63.9

全国公共图书馆

	机构数（个）	从业人员数（人）	高级职称	中级职称	总藏量	图书	古籍	善本
总　　计	**2 778**	**51 311**	**3 631**	**15 159**	**500 245.5**	**375 129.1**	**27 700.7**	**2 373.6**
其中:少儿图书馆	86	1 605	149	526	14 580.9	12 826.6	58.3	3.6
按隶属关系分								
中　　央	1	1 418	174	567	25 704.4	9 704.3	1 920.4	276.8
省　　级	37	7 531	1 187	2 261	147 079.2	91 692.0	13 756.0	1 252.5
地 市 级	349	13 193	1 380	4 879	130 101.5	107 430.2	6 867.9	340.3
县 市 级	2 391	29 169	890	7 452	197 360.4	166 302.7	5 156.4	504.0

	为读者举办各种活动		信息化装备				共享工程服务点（个）
	次数（次）	参加人次（千人次）	计算机（台）	电子阅览室终端数	网站数（个）	因特网总带宽（Mbps）	
总　　计	**83 117**	**27415.0**	**75 296**	**37 148**	**762**	**15 226**	**14 355**
其中:少儿图书馆	5 360	3920.7	3 125	1 635	33	428	203
按隶属关系分							
中　　央	729	149.5	1 750	96	1	112	——
省　　级	7 101	3995.0	12 605	3 182	78	1 686	5 127
地 市 级	11 197	9608.1	22 414	11 403	248	5 218	5 861
县 市 级	64 090	13662.5	38 527	22 467	435	8 210	3 367

	本年收入合计（千元）	财政拨款	上级补助收入	事业收入	经营收入	附属单位上缴收入	其他收入	本	基本支出
总　　计	**3 660 892**	**3 194 791**	**63 600**	**212 141**	**34 974**	**6 110**	**149 276**	**3440 759**	**2307 925**
其中:少儿图书馆	136 086	114 995	5 064	7 607	1 746	——	6 674	131 275	87 022
按隶属关系分									
中　　央	341 974	292 112	78	32 740	6 434	4 989	5 621	301 403	135 733
省　　级	1 092 068	946 707	5 734	91 434	18 241	414	29 538	922 977	516 475
地 市 级	961 048	834 293	13 240	45 875	2 918	584	64 138	966 467	699 232
县 市 级	1 265 802	1 121 679	44 548	42 092	7 381	123	49 979	1249 912	956 485

综 合 情 况

报刊 (千册、件、套)	缩微制品、视听文献	其他	总藏量中：开架书刊(千册、件、套)	当年购买的报刊种类(种)	书架单层总长度(千米)	累计发放有效借书证数(千个)	总流通人次(千人次)	书刊文献外借人次	书刊文献外借册次(千册次)
67 478.7	**20 296.3**	**37 341.4**	**164 786.1**	**816 293.0**	**14 126.7**	**11 598.3**	**252 175.6**	**114 079.3**	**210 393.8**
852.9	507.5	394.0	9 213.3	25 541.0	141.3	710.9	12 226.1	6 755.9	12 383.5
12 569.6	1 483.1	1 947.4	——	22 100.0	333.2	96.0	3 905.4	1 105.2	3 315.6
15 968.8	13 987.2	25 431.2	26 785.1	143 656.0	3 103.5	1 953.9	34 318.3	15 623.4	32 770.5
14 921.9	2 557.5	5 192.0	52 051.1	266 781.0	6 110.2	3 796.5	76 784.1	32 298.5	60 430.8
24 018.4	2 268.7	4 770.7	85 949.8	383 756.0	4 579.9	5 751.9	137 167.8	65 052.3	113 876.9

本年新购藏量(千册、件)	新购图书	年末固定资产原值(千元)	增加值(千元)	公用房屋建筑面积(千平方米)	书库	阅览室	书刊阅览室	电子阅览室	阅览室座席数(千个)	少儿阅览室座席数
21 020.0	**16 860.0**	**13293 513**	**2186 246**	**7 189.0**	**1 755.0**	**1 590.0**	**1 124.0**	**194.0**	**500.0**	**142.0**
1 404.7	1 205.8	358 465	74 582	178.4	25.0	48.9	34.6	8.5	19.5	17.9
747.1	318.8	1662 174	170 110	163.5	50.3	21.4	21.0	0.4	3.0	0.1
4 077.6	3 152.8	4712 691	516 933	1047.2	348.5	208.1	175.6	13.1	38.5	4.7
7 107.6	5 478.0	2981 349	594 642	2 114.6	515.1	511.0	382.0	57.2	126.4	31.3
9 086.6	7 910.1	3937 299	904 556	3 863.6	842.9	849.1	545.2	124.8	332.9	106.8

年支出合计(千元)：项目支出	经营支出	在支出合计中：人员支出	社会保障缴费	公用支出	福利费	维修费	各种设备购置费	新增藏量购置费	图书购置费	税金支出	对个人和家庭补助支出
970 006	**21 341**	**1 269 944**	**111 030**	**1 636 283**	**31 523**	**85 884**	**931 938**	**727 533**	**660 948**	**16 009**	**336 965**
40 365	1 271	46 082	4 266	67 448	827	4 940	31 914	26 381	23 962	842	12 493
164 583	1 087	48 993	1 620	172 670	8 369	4 653	130 027	130 027	130 027	2 165	44 097
393 932	12 508	240 192	24 001	575 781	4 014	23 051	345 783	254 449	231 550	7 647	76 573
232 927	3 572	358 008	34 557	438 360	8 109	25 195	223 247	163 581	140 227	3 654	105 618
178 564	4 174	622 751	50 852	449 472	11 031	32 985	232 881	179 476	159 144	2 543	110 677

全国群众艺术馆、文

	机构数（个）	从业人员数（人）	高级职称	中级职称	举办展览个数（个）	组织文艺活动次数（次）	藏书（千册）	举办训练班 班次（次）	举办训练班 结业人次（千人次）	下基层服务次数（次）	组织各类理论研讨活动次数（次）	组织各类讲座次数（次）
总计	**40 088**	**123 465**	**4 422**	**18 961**	**141 150**	**497 779**	**110105.5**	**218 696**	**6871.9**	**684 465**	**7 060**	**9 332**
省级文化馆、群众艺术馆	32	1 622	431	423	168	796	115.6	2 308	59.1	2 438	104	256
地市级文化馆、群众艺术馆	363	9 913	1 493	3 308	2 209	13 443	386.1	10 707	247.8	44 163	1 055	1 106
县市级文化馆	2 819	39 936	1 986	10 267	14 329	131 884	4377.5	45 417	1423.6	157 900	5 901	7 970
其中：县文化馆	1 651	21 606	815	5 340	7 743	85 389	2210.6	15 521	521.7	66 873	3 046	2 655
文化站	36 874	71 994	512	4 963	124 444	351 656	105226.3	160 264	5141.5	479 964	——	——
其中：乡镇文化站	32 706	62 704	431	4 182	92 054	272 012	82598.9	118 562	3730.9	363 963	——	——

	本年收入合计（千元）	财政拨款	上级补助收入	事业收入	经营收入	附属单位上缴收入	其他收入		本 基本支出
总计	**4 289 623**	**3 227 730**	**271 437**	**357 952**	**116 378**	**12 745**	**303 381**	**4 124 304**	**3 080 724**
省级文化馆、群众艺术馆	169 241	127 614	10 708	18 522	2 713	231	9 453	159 845	128 847
地市级文化馆、群众艺术馆	594 460	476 546	16 864	47 201	21 969	79	31 801	580 641	453 916
县市级文化馆	1 578 442	1 247 624	84 737	117 814	12 203	6 800	109 264	1 560 702	1 254 116
其中：县文化馆	584 295	514 108	17 507	24 443	2 852	54	25 331	577 151	489 044
文化站	1 947 480	1 375 946	159 128	174 415	79 493	5 635	152 863	1 823 116	1 243 845
其中：乡镇文化站	1 520 478	1 091 519	107 915	129 864	65 644	3 961	121 575	1 406 866	947 307

全国文化

	机构数（个）	从业人员数（人）	高级职称	中级职称	举办展览个数（个）	组织文艺活动次数（次）	藏书（千册）
总计	**36 874**	**71 994**	**512**	**4 963**	**124 444**	**351 656**	**105 226.3**
乡镇文化站	32 706	62 704	431	4 182	92 054	272 012	82 598.9
街道文化站	4 168	9 290	81	781	32 390	79 644	22 627.5

	本年收入合计（千元）	财政拨款	上级补助收入	事业收入	经营收入	附属单位上缴收入	其他收入		本 基本支出
总计	**1 947 480**	**1 375 946**	**159 128**	**174 415**	**79 493**	**5 635**	**152 863**	**1 823 116**	**1243 845**
乡镇文化站	1 520 478	1 091 519	107 915	129 864	65 644	3 961	121 575	1 406 866	947 307
街道文化站	427 002	284 427	51 213	44 551	13 849	1 674	31 288	416 250	296 538

化馆（站）综合情况

信息化装备 计算机（台）	信息化装备 网站数（个）	年末固定资产原值（千元）	增加值（千元）	公用房屋建筑面积（千平方米）	业务用房	对公众开放阅览室面积	由本馆指导的单位（个） 馆办文艺团体	基层文化示范点	农村集镇文化中心	文化户	群众业余文艺团队
6 319	**335**	**8320 561**	**2794 280**	**16 229.0**	**9 999.2**	**140.0**	**4 365**	**14 887**	**21 831**	**499 261**	**58 409**
582	12	134 849	93 081	122.1	75.8	2.1	53	72	33	37	33
1 643	56	755 066	401 571	960.2	608.7	12.1	634	1 366	3 990	5 190	5 781
4 094	267	2309 325	1100 683	4 060.3	2 288.9	125.7	3 678	13 449	17 808	111 682	52 595
1 344	153	966 838	459 005	1 963.5	1 083.4	74.7	1 776	7 350	10 497	68 458	26 177
——	——	5121 321	1198 943	11 086.4	7 025.8	——	——	——	——	382 352	——
——	——	4235 551	972 223	9 060.0	5 739.5	——	——	——	——	309 655	——

年支出合计（千元）									
项目支出	经营支出	在支出合计中 人员支出	社会保障缴费	公用支出	福利费	维修费	各种设备购置费	税金支出	对个人和家庭补助支出
611 159	**99 821**	**1 973 042**	**154 069**	**1 230 472**	**47 120**	**110 305**	**164 793**	**24 598**	**372 697**
25 184	2 116	51 052	4 868	53 857	1 040	4 235	4 830	1 533	34 063
75 216	13 094	250 373	24 862	176 020	5 714	13 657	14 786	4 414	101 780
160 313	15 771	794 736	66 556	452 641	15 396	34 492	63 825	7 669	188 943
29 884	3 301	345 081	23 673	130 003	4 534	15 570	18 660	867	69 739
350 446	68 840	876 881	57 783	547 954	24 970	57 921	81 352	10 982	47 911
266 945	60 084	705 997	45 453	393 144	18 780	47 622	63 508	9 181	37 239

站 综 合 情 况

举办训练班班次（次）	训练班结业人次（千人次）	下基层服务次数（次）	年末固定资产原值（千元）	增加值（千元）	公用房屋建筑面积（千平方米）	文化活动用房	本站指导文化户个数（个）
160 264	**5141.5**	**479 964**	**5 121 321**	**1 198 943**	**11086.5**	**7025.8**	**382 352**
118 562	3730.9	363 963	4 235 551	972 223	9060.0	5739.5	309 655
41 702	1410.6	116 001	885 770	226 720	2026.4	1286.2	72 697

年支出合计（千元）									
项目支出	经营支出	在支出合计中 人员支出	社会保障缴费	公用支出	福利费	维修费	各种设备购置费	税金支出	对个人和家庭补助支出
350 446	**68 840**	**876 881**	**57 783**	**547 954**	**24 970**	**57 921**	**81 352**	**10 982**	**47 911**
266 945	60 084	705 997	45 453	393 144	18 780	47 622	63 508	9 181	37 239
83 501	8 756	170 884	12 330	154 810	6 190	10 299	17 844	1 801	10 672

全国文化部门教育

	机构数（个）	从业人员数（人）	高级职称	中级职称	毕业生数（人）	招生数（人）	在	戏剧类	戏曲类
总　　计	**186**	**13 952**	**2 048**	**3 852**	**21 166**	**26 222**	**82 157**	**5 207**	**6 495**
高等院校	16	3 626	625	901	4 971	7 965	23 789	2 088	1 299
中等专业学校	121	9 232	1 300	2 688	13 764	16 147	53 063	2 807	5 138
文化干部学校	8	210	38	57	352	320	805	142	——
其他教育机构	41	884	85	206	2 079	1 790	4 500	170	58

	本年收入合计（千元）	财政拨款	上级补助收入	事业收入	经营收入	附属单位上缴收入	其他收入	本	基本支出
总　　计	**1 143 349**	**695 012**	**23 141**	**387 377**	**7 299**	**108**	**30 412**	**1 053 193**	**865 810**
高等院校	370 193	194 088	9 029	150 391	5 010	——	11 675	337 632	279 295
中等专业学校	718 113	468 853	13 869	219 437	1 874	108	13 972	661 282	540 445
文化干部学校	15 408	10 359	73	4 103	275	——	598	15 692	12 415
其他教育机构	39 635	21 712	170	13 446	140	——	4 167	38 587	33 655

机构综合情况

校生数（人）舞蹈类	音乐类	美术类	电影放映	其他	在校生中高职生数（人）	培训干部（人）	年末固定资产原值（千元）	增加值（千元）	公用房屋建筑面积（千平方米）	教学用房
24 284	**20 040**	**12 285**	**72**	**13 774**	**16 438**	**3 084**	**1 495 403**	**647 190**	**1610.0**	**1063.7**
5 509	6 156	5 708	72	2 957	11 776	368	463 199	193 168	408.7	285.1
16 547	12 841	6 056	——	9 674	3 442	72	980 675	419 201	1108.8	719.6
178	310	175	——	——	287	1 744	26 072	9 940	30.1	20.5
2 050	733	346	——	1 143	933	900	25 457	24 879	62.5	38.6

年支出合计（千元）		在支出合计中								
项目支出	经营支出	人员支出	社会保障缴费	公用支出	福利费	维修费	各种设备购置费	税金支出	对个人和家庭补助支出	助学金
129 418	**10 435**	**408 048**	**32 457**	**346 386**	**8 409**	**54 386**	**39 246**	**1 349**	**179 415**	**16 356**
48 972	3 618	115 224	7 922	124 955	2 907	22 240	16 750	446	56 750	5 251
76 053	6 460	269 438	22 705	203 598	4 983	29 297	20 241	802	113 772	10 915
1 697	276	5 917	601	4 910	108	558	580	59	2 814	——
2 696	81	17 469	1 229	12 923	411	2 291	1 675	42	6 079	190

全国文化（文物）科技、

	机构数（个）	从业人员（人）			本年完成科研项目（个）		
			高级职称	中级职称		获国家奖	获省、部奖
总计	**278**	**7 063**	**1 652**	**1 718**	**445**	**52**	**155**
按行业分类							
1.文化科技研究	68	1 838	501	483	68	13	31
2.综合性艺术研究	91	1 277	393	347	183	28	95
3.地方戏艺术研究	18	127	37	28	19	4	8
4.文物研究	90	3 668	680	837	85	7	11
5.其他艺术研究	11	153	41	23	90	——	10
按类型分类							
1.独立研究机构	267	6 858	1 632	1 693	438	51	150
2.非独立研究机构	11	205	20	25	7	1	5
按经费来源分类							
1.科研经费	46	1 503	353	389	65	8	12
2.文化、文物事业费	229	5 554	1 299	1 324	380	44	143
3.其他经费	3	6	——	5	——	——	——

	本年收入合计（千元）							本	
		财政拨款	上级补助收入	事业收入	经营收入	附属单位上缴收入	其他收入		基本支出
总计	**1 082 769**	**502 143**	**61 993**	**382 320**	**64 675**	**——**	**71 638**	**888 218**	**571 042**
按行业分类									
1.文化科技研究	309 896	192 008	6 899	27 300	64 089	——	19 600	207 514	110 448
2.综合性艺术研究	91 707	87 719	1 343	1 396	128	——	1 121	89 691	74 616
3.地方戏艺术研究	8 175	7 986	18	145	——	——	26	7 837	4 420
4.文物研究	663 029	204 793	53 732	353 293	458	——	50 753	573 326	372 747
5.其他艺术研究	9 962	9 637	1	186	——	——	138	9 850	8 811
按类型分类									
1.独立研究机构	1 014 649	500 216	61 993	316 128	64 675	——	71 637	829 317	512 681
2.非独立研究机构	68 120	1 927	——	66 192	——	——	1	58 901	58 361
按经费来源分类									
1.科研经费	240 212	107 954	11 327	51 501	60 334	——	9 096	208 863	102 155
2.文化、文物事业费	841 316	392 949	50 666	330 819	4 341	——	62 541	678 107	467 659
3.其他经费	1 241	1 240	——	——	——	——	1	1 248	1 228

科研机构综合情况

信息化装备 计算机（台）	信息化装备 网站数（个）	申请专利数（个）	年末固定资产原值（千元）	增加值（千元）	公用房屋建筑面积（千平方米）
3 287	**73**	**33**	**790 467**	**438 558**	**336.0**
825	21	3	147 555	149 854	70.0
346	33	23	46 042	63 912	33.0
51	2	——	8 622	4 889	3.0
2 023	14	7	581 101	212 318	222.0
42	3	——	7 147	7 585	5.0
3 112	73	33	745 534	420 908	333.0
175	——	——	44 933	17 650	3.0
712	26	5	215 229	126 414	97.0
2 572	45	28	575 156	311 017	236.0
3	2	——	82	1 127	——

年支出合计（千元）											
		在支出合计中									
项目支出	经营支出	人员支出	人员支出：社会保障缴费	公用支出	公用支出：福利费	公用支出：维修费	公用支出：税金支出	公用支出：各种设备购置费	各种设备购置费：科研仪器设备	公用支出：新产品开发经费	对个人和家庭补助支出
244 289	**39 153**	**207 866**	**19 584**	**412 315**	**7 053**	**55 028**	**42 551**	**449**	**2 845**	**——**	**97 206**
51 925	38 631	51 694	4 471	34 030	2 160	1 219	2 202	279	2 038	——	39 107
12 313	135	35 212	2 784	23 414	489	963	1 489	100	98	——	26 274
2 542	——	3 282	343	3 011	21	54	339	70	——	——	1 241
176 489	387	113 704	11 674	349 966	4 352	52 710	37 929	——	709	——	27 290
1 020	——	3 974	312	1 894	31	82	592	——	——	——	3 294
244 189	39 153	201 359	19 215	360 856	7 026	50 246	41 966	449	2 809	——	96 286
100	——	6 507	369	51 459	27	4 782	585	——	36	——	920
59 690	38 786	45 176	7 838	89 053	1 922	2 092	22 227	298	2 064	——	17 103
184 579	367	162 543	11 737	323 138	5 131	52 936	20 316	151	781	——	79 126
20	——	147	9	124	——	——	8	——	——	——	977

全国文化艺术科技、

	机构数（个）	从业人员数			本年完成科研项目		
		（人）	高级职称	中级职称	（个）	获国家奖	获省、部奖
总　计	**188**	**3 395**	**972**	**881**	**360**	**45**	**144**
按行业分类							
1.文化科技研究	68	1 838	501	483	68	13	31
2.综合性艺术研究	91	1 277	393	347	183	28	95
3.地方戏艺术研究	18	127	37	28	19	4	8
4.其他艺术研究	11	153	41	23	90	——	10
按类型分类							
1.独立研究机构	182	3 369	966	874	358	44	144
2.非独立研究机构	6	26	6	7	2	1	——
按经费来源分类							
1.科研经费	24	570	116	112	32	4	9
2.文化事业费	163	2 823	856	767	328	41	135
3.其他经费	1	2	——	2	——	——	——

	本年收入合计（千元）							本	
		财政拨款	上级补助收入	事业收入	经营收入	附属单位上缴收入	其他收入		基本支出
总　计	**419 740**	**297 350**	**8 261**	**29 027**	**64 217**	**——**	**20 885**	**314 892**	**198 295**
按行业分类									
1.文化科技研究	309 896	192 008	6 899	27 300	64 089	——	19 600	207 514	110 448
2.综合性艺术研究	91 707	87 719	1 343	1 396	128	——	1 121	89 691	74 616
3.地方戏艺术研究	8 175	7 986	18	145	——	——	26	7 837	4 420
4.其他艺术研究	9 962	9 637	1	186	——	——	138	9 850	8 811
按类型分类									
1.独立研究机构	418 842	296 453	8 261	29 027	64 217	——	20 884	314 000	197 663
2.非独立研究机构	898	897	——	——	——	——	1	892	632
按经费来源分类									
1.科研经费	93 901	30 330	453	2 630	59 876	——	612	77 514	28 606
2.文化事业费	324 924	266 105	7 808	26 397	4 341	——	20 273	236 463	168 774
3.其他经费	915	915	——	——	——	——	——	915	915

科研机构综合情况

所办刊物（种）	信息化装备		申请专利数（个）	论文及资料		年末固定资产原值（千元）	增加值（千元）	公用房屋建筑面积	
	计算机（台）	网站数（个）		专著数（册）	论文数（省级及以上刊物公开发表）（篇）			（千平方米）	科研房屋面积
75	**1 264**	**59**	**26**	**149**	**1 319**	**209 366**	**226 241**	**112.0**	**76.1**
31	825	21	3	88	533	147 555	149 853	69.3	56.4
35	346	33	23	46	711	46 042	63 914	34.4	13.0
6	51	2	——	7	36	8 622	4 888	3.2	2.2
3	42	3	——	8	39	7 147	7 584	5.1	4.5
75	1 260	59	26	149	1 317	209 299	225 464	111.9	76.1
——	4	——	——	——	2	67	776	0.1	——
9	190	21	3	16	104	65 712	78 120	32.5	19.1
66	1 073	37	23	133	1 215	143 649	147 254	79.4	57.0
——	1	1	——	——	——	5	866	0.1	——

年支出合计（千元）											
		在支出合计中									
项目支出	经营支出	人员支出		公用支出							对个人和家庭补助支出
			社会保障缴费		福利费	维修费	各种设备购置费	科研仪器设备	税金支出	新产品开发经费	
67 800	**38 766**	**94 162**	**7 910**	**62 349**	**2 701**	**2 318**	**4 622**	**449**	**2 136**	**——**	**69 916**
51 925	38 631	51 694	4 471	34 030	2 160	1 219	2 202	279	2 038	——	39 107
12 313	135	35 212	2 784	23 414	489	963	1 489	100	98	——	26 274
2 542	——	3 282	343	3 011	21	54	339	70	——	——	1 241
1 020	——	3 974	312	1 894	31	82	592	——	——	——	3 294
67 800	38 766	93 671	7 893	62 235	2 691	2 318	4 622	449	2 136	——	69 643
——	——	491	17	114	10	——	——	——	——	——	273
9 695	38 399	15 289	1 599	10 761	1 008	518	1 695	298	1 796	——	8 447
58 105	367	78 824	6 311	51 539	1 693	1 800	2 927	151	340	——	60 652
——	——	49	——	49	——	——	——	——	——	——	817

全国文物保护科学

	机构数（个）	从业人员数（人）	在编人数	具有专业资质人数（人）	具有考古发掘个人领队资格人数	具有文物保护工程职业资格人数	具有中高级职称人数（人）	高级职称	安全保卫人员（人）	在编安全保卫人数	信息化装备 计算机（台）	网站数（个）
总计	**90**	**3 668**	**2 697**	**617**	**360**	**72**	**1 517**	**680**	**434**	**156**	**2 023**	**14**
按行业分类												
1.考古研究	68	2 265	1 823	583	352	48	1 055	505	266	121	1 307	7
2.古建研究	8	241	211	6	——	5	131	51	22	5	188	2
3.其他研究	14	1 162	663	28	8	19	331	124	146	30	528	5
按隶属关系分												
中央	1	166	117	7	2	5	72	31	1	1	173	1
省级	34	2 235	1 795	460	265	54	1 062	494	243	84	1 279	9
地市级	49	1 183	701	145	89	13	348	140	176	67	544	3
县市级	6	84	84	5	4	——	35	15	14	4	27	1
按类型分类												
1.独立研究机构	85	3 489	2 642	606	349	72	1 485	666	369	154	1 852	14
2.非独立研究机构	5	179	55	11	11	——	32	14	65	2	171	——
按经费来源分类												
1.科研经费	22	933	820	152	105	20	514	237	73	40	522	5
2.文物事业费	66	2 731	1 873	465	255	52	1 000	443	361	116	1 499	8
3.其他经费	2	4	4	——	——	——	3	——	——	——	2	1

	考古发掘项目（个）	配合基建考古发掘项目	抢救性发掘项目	考古钻探面积（千平方米）	考古发掘面积（千平方米）	发掘墓葬数（个）	承担维修项目（个）	国保单位	省级保单位	市、县级保单位
总计	**964**	**668**	**160**	**33 388**	**1 138**	**12 631**	**97**	**45**	**20**	**1**
按行业分类										
1.考古研究	937	644	157	32 628	1 125	12 598	12	4	7	1
2.古建研究	——	——	——	——	——	——	34	13	13	——
3.其他研究	27	24	3	760	12	33	51	28	——	——
按隶属关系分										
中央	——	——	——	——	——	——	23	21	——	——
省级	587	363	111	17 756	814	7 620	62	20	13	——
地市级	376	304	49	15 623	323	5 000	12	4	7	1
县市级	1	1	——	8	——	11	——	——	——	——
按类型分类										
1.独立研究机构	952	656	160	33 353	1 135	12 271	95	43	20	1
2.非独立研究机构	12	12	——	35	2	360	2	2	——	——
按经费来源分类										
1.科研经费	147	120	22	719	126	1 789	54	34	10	——
2.文物事业费	817	548	138	32 669	1 011	10 842	43	11	10	1
3.其他经费	——	——	——	——	——	——	——	——	——	——

	本年收入合计（千元）	财政拨款	上级补助收入	事业收入	经营收入	附属单位上缴收入	其他收入	本	基本支出
总计	**663 029**	**204 793**	**53 732**	**353 293**	**458**	**——**	**50 753**	**573 326**	**372 747**
按行业分类									
1.考古研究	471 419	128 596	52 530	253 022	——	——	37 271	412 344	280 688
2.古建研究	15 157	12 612	14	2 215	——	——	316	13 150	9 853
3.其他研究	176 453	63 585	1 188	98 056	458	——	13 166	147 832	82 206
按隶属关系分									
中央	62 935	43 159	38	12 697	396	——	6 645	42 569	11 816
省级	431 497	123 750	41 566	224 763	——	——	41 418	374 296	239 941
地市级	165 761	35 118	12 128	115 833	50	——	2 632	148 635	118 159
县市级	2 836	2 766	——	——	12	——	58	7 826	2 831
按类型分类									
1.独立研究机构	595 807	203 763	53 732	287 101	458	——	50 753	515 317	315 018
2.非独立研究机构	67 222	1 030	——	66 192	——	——	——	58 009	57 729
按经费来源分类									
1.科研经费	146 311	77 624	10 874	48 871	458	——	8 484	131 349	73 549
2.文物事业费	516 392	126 844	42 858	304 422	——	——	42 268	441 644	298 885
3.其他经费	326	325	——	——	——	——	1	333	313

研究机构综合情况

文物藏品数（件、套）	一级品	二级品	三级品	本年考古出土文物及标本数（件、套）	藏品分类数（件、套）	古代文物数	近现代文物数	自然标本数	本年从有关部门接收文物数（件、套）	本年藏品征集数（件、套）	修复文物数（件、套）	一级品	二级品	三级品
987 996	**2 802**	**8 216**	**78 314**	**50 379**	**509 556**	**331 963**	**23 833**	**20 111**	**4 673**	**9**	**11 499**	**5**	**29**	**718**
899 206	2 364	6 138	53 495	50 103	434 734	278 280	2 694	20 111	73	9	7 473	5	29	718
——	——	——	——	——	——	——	——	——	——	——	——	——	——	——
88 790	438	2 078	24 819	276	74 822	53 683	21 139	——	4 600	——	4 026	——	——	——
12 592	——	——	——	——	——	——	——	——	——	——	4 000	——	——	——
628 874	2 178	7 344	57 505	26 701	201 236	166 397	21 139	——	4 600	——	4 280	——	——	——
345 858	623	871	20 657	23 526	307 776	165 022	2 694	20 111	73	9	3 219	5	29	718
672	1	1	152	152	544	544	——	——	——	——	——	——	——	——
897 531	2 515	8 076	78 293	45 379	419 091	241 498	23 833	20 111	4 673	9	11 499	5	29	718
90 465	287	140	21	5 000	90 465	90 465	——	——	——	——	——	——	——	——
251 136	185	248	794	7 433	18 773	5 273	——	——	——	——	5 000	——	——	——
736 860	2 617	7 968	77 520	42 946	490 783	326 690	23 833	20 111	4 673	9	6 499	5	29	718
——	——	——	——	——	——	——	——	——	——	——	——	——	——	——

本年完成科研项目（个）	获国家奖	获省、部级奖	申请专利数（个）	论文及资料整理完成情况：专著和图录（册）	论文数（省级及以上刊物公开发表）（篇）	年末固定资产原值（千元）	增加值（千元）	公用房屋建筑面积（千平方米）	实验室用房	文物库房
85	**7**	**11**	**7**	**82**	**1 016**	**581 101**	**212 315**	**222.5**	**14.8**	**55.5**
64	7	11	5	72	881	268 481	132 448	150.5	8.5	52.4
——	——	——	——	——	46	17 450	9 052	10.5	0.1	——
21	——	——	2	10	89	295 170	70 814	61.5	6.2	3.1
3	——	——	——	3	29	69 880	12 193	12.4	4.0	1.8
67	7	5	2	61	736	395 426	140 738	157.6	10.6	33.3
15	——	6	5	18	251	110 992	53 381	49.6	0.2	20.1
——	——	——	——	——	——	4 803	6 002	3.0	——	0.3
80	7	6	7	82	950	536 235	195 441	219.6	14.8	53.0
5	——	5	——	——	66	44 866	16 873	2.8	——	2.5
33	4	3	2	19	387	149 517	48 293	65.2	11.7	8.1
52	3	8	5	63	629	431 507	163 760	157.2	3.1	47.4
——	——	——	——	——	——	77	261	0.1	——	——

年支出合计（千元）：项目支出	经营支出	在支出合计中：人员支出	社会保障缴费	公用支出	福利费	维修费	各种设备购置费	税金支出	对个人和家庭补助支出
176 489	**387**	**113 704**	**11 674**	**349 966**	**4 352**	**52 710**	**37 929**	**709**	**27 290**
117 111	——	72 681	10 027	267 745	1 909	45 972	13 680	137	18 300
2 704	——	5 639	376	3 884	64	87	704	55	2 596
56 674	387	35 384	1 271	78 337	2 379	6 651	23 545	517	6 394
30 378	375	7 391	109	33 457	26	517	17 250	260	1 721
125 211	——	70 019	4 089	208 044	3 184	44 143	17 505	300	20 080
20 900	——	30 986	2 834	107 980	807	8 019	3 174	141	5 342
——	12	5 308	4 642	485	335	31	——	8	147
176 389	387	107 688	11 322	298 621	4 335	47 928	37 344	673	26 643
100	——	6 016	352	51 345	17	4 782	585	36	647
49 995	387	29 887	6 239	78 292	914	1 574	20 532	268	8 656
126 474	——	83 719	5 426	271 599	3 438	51 136	17 389	441	18 474
20	——	98	9	75	——	——	8	——	160

全国文化市场经营

	机构数（个）	从业人员数（人）	注册资本金（千元）	实收资本（千元）	实收资本：国家资本金	负债合计（千元）
总　计	**318 966**	**1 379 921**	**153 090 444**	**45 943 501**	**2 761 926**	**24 145 680**
按城乡分						
1.城　市	144 675	777 530	125 143 785	30 700 370	2 100 608	18 824 863
2.县　市	113 335	396 619	18 559 501	9 478 901	504 273	1 745 306
3.乡　村	60 956	205 772	9 387 158	5 764 230	157 045	3 575 511
按行业经营范围分						
1.文化娱乐业	202 419	1 067 765	65 068 960	38 355 212	1 776 980	16 767 594
2.文化市场其他经营机构	116 547	312 156	88 021 484	7 588 289	984 946	7 378 086

	损益及					
	营业收入（千元）	营业成本及费用（千元）	税金及附加（千元）	主营业务利润（千元）	其他业务利润（千元）	管（千元）
总　计	**63 486 307**	**35 567 806**	**4 239 391**	**17 642 547**	**1 189 315**	**5 448 174**
按城乡分						
1.城　市	40 968 018	23 533 012	2 667 891	10 990 142	808 508	3 754 837
2.县　市	14 775 318	7 719 397	1 019 249	4 577 802	271 244	833 975
3.乡　村	7 742 971	4 315 397	552 251	2 074 602	109 563	859 362
按行业经营范围分						
1.文化娱乐业	49 612 652	25 577 972	3 672 722	14 703 904	851 834	4 320 402
2.文化市场其他经营机构	13 873 655	9 989 834	566 669	2 938 642	337 481	1 127 772

机 构 综 合 情 况

固定资产原值（千元）	固定资产累计折旧（千元）	本年提取折旧	上交主办单位数（千元）	门店加盟费（千元）	增加值（千元）	连锁企业门店数（个）	房屋建筑面积（千平方米）	经营面积
142 811 052	**16 606 121**	**4 090 004**	**78 153**	**89 755**	**28 165 945**	**53 491**	**94 632.0**	**50 703.1**
117 145 246	11 165 993	2 524 639	40 493	59 796	16 263 931	37 478	55 195.1	29 275.7
15 450 531	3 081 296	983 611	19 518	19 433	8 053 935	10 759	28 092.6	14 224.2
10 215 275	2 358 832	581 754	18 141	10 524	3 848 078	5 254	11 344.2	7 203.3
59 388 778	14 545 564	3 652 835	68 210	85 474	23 750 983	41 886	81 437.7	43 480.9
83 422 274	2 060 557	437 169	9 943	4 280	4 414 962	11 605	13 194.2	7 222.2

分配						其他（千元）		
理费用		财务费用（千元）	营业利润（千元）	利润总额（千元）	应交所得税（千元）	从业人员劳动报酬	本年应付福利费总额	本年应交增值税
税金	劳动、待业保险							
749 869	**343 923**	**2 854 524**	**10 585 642**	**12 488 995**	**1 767 635**	**8 501 039**	**428 482**	**263 588**
381 460	214 403	2 675 987	5 932 265	7 144 360	1 435 114	4 757 676	291 602	209 575
240 428	89 142	109 414	3 391 643	3 834 201	235 521	2 419 004	49 423	36 608
127 980	40 378	69 123	1 261 734	1 510 434	97 000	1 324 359	87 457	17 405
641 943	254 669	430 799	9 140 141	10 684 590	588 227	6 643 342	306 008	123 363
107 926	89 254	2 423 725	1 445 501	1 804 405	1 179 408	1 857 697	122 474	140 225

全国文化娱乐业

	机构数（个）	从业人员数（人）	注册资本金（千元）	实收资本（千元）	实收资本：国家资本金	负债合计（千元）
总　计	**202 419**	**1 067 765**	**65 068 960**	**38 355 212**	**1 776 980**	**16 767 594**
按城乡分						
1.城　市	93 500	619 494	41 240 174	25 402 477	1 362 657	12 465 484
2.县　市	71 508	300 665	15 605 476	7 873 499	270 401	977 162
3.乡　村	37 411	147 606	8 223 310	5 079 236	143 922	3 324 948
按行业分						
1.歌舞娱乐场所	51 742	490 289	31 008 771	17 832 480	1 050 408	12 987 829
2.游戏电子游艺经营场所	23 043	61 247	2 823 329	1 367 233	75 027	314 709
3.其他娱乐场所	8 422	46 809	2 769 327	2 117 097	221 484	1 469 194
4.网　吧	114 273	443 745	27 004 051	16 086 473	371 013	1 175 154
5.经营性互联网文化机构	2 164	14 145	1 030 727	767 365	14 597	643 127
6.其　他	2 775	11 530	432 755	184 564	44 451	177 581

	损益及					
	营业收入（千元）	营业成本及费用（千元）	税金及附加（千元）	主营业务利润（千元）	其他业务利润（千元）	管（千元）
总　计	**49 612 652**	**25 577 972**	**3 672 722**	**14 703 904**	**851 834**	**4 320 402**
按城乡分						
1.城　市	31 748 536	16 331 826	2 314 446	9 201 109	555 679	2 877 779
2.县　市	11 460 995	5 776 877	866 157	3 752 874	216 705	671 664
3.乡　村	6 403 121	3 469 269	492 119	1 749 920	79 450	770 959
按行业分						
1.歌舞娱乐场所	21 018 896	11 611 980	1 854 225	5 548 580	429 564	2 407 529
2.游戏电子游艺经营场所	1 813 649	826 939	156 367	565 357	40 257	126 937
3.其他娱乐场所	1 796 895	1 024 911	125 173	431 184	39 882	352 548
4.网　吧	20 169 128	10 332 011	1 280 219	6 285 017	326 229	1 079 860
5.经营性互联网文化机构	4 379 903	1 570 680	222 299	1 729 696	7 209	332 279
6.其　他	434 181	211 451	34 439	144 068	8 693	21 249

综 合 情 况

固定资产原值（千元）	固定资产累计折旧（千元）	本年提取折旧	上交主办单位数（千元）	门店加盟费（千元）	增加值（千元）	连锁企业门店数（个）	房屋建筑面积（千平方米）	经营面积
59 388 778	**14 545 564**	**3 652 835**	**68 210**	**85 474**	**23 750 983**	**41 886**	**81 437.7**	**43 480.9**
37 298 112	9 746 317	2 257 790	34 568	56 934	13 961 290	29 139	47 925.1	25 423.0
12 609 905	2 600 322	858 617	17 164	18 667	6 653 237	8 480	23 967.5	11 933.6
9 480 761	2 198 925	536 428	16 477	9 871	3 136 455	4 267	9 545.1	6 124.4
29 904 237	6 780 938	1 387 537	26 760	4 541	9 259 251	20 109	49 406.8	20 705.0
2 721 336	527 584	114 654	626	92	1 002 228	1 859	4 199.9	2 562.4
3 443 368	992 658	170 374	313	105	646 090	208	2 365.4	1 529.4
22 108 429	6 014 603	1 882 533	38 982	80 579	10 979 384	19 057	24 235.2	17 898.6
623 827	129 025	67 699	1 523	153	1 655 574	585	362.9	313.3
587 581	100 756	30 038	4	4	208 454	68	867.6	472.2

分配：理费用		分配				其他（千元）		
税金	劳动、待业保险	财务费用（千元）	营业利润（千元）	利润总额（千元）	应交所得税（千元）	从业人员劳动报酬	本年应付福利费总额	本年应交增值税
641 943	**254 669**	**430 799**	**9 140 141**	**10 684 590**	**588 227**	**6 643 342**	**306 008**	**123 363**
331 028	154 544	273 786	5 286 997	6 307 372	323 456	3 771 029	223 719	89 653
202 868	67 201	92 529	2 842 845	3 182 970	184 754	1 882 750	35 998	21 071
108 046	32 924	64 484	1 010 299	1 194 248	80 017	989 563	46 291	12 639
293 487	137 640	230 536	2 705 727	3 295 566	242 276	3 018 275	155 675	85 541
39 289	13 128	17 064	393 461	509 690	31 119	298 457	6 257	4 046
18 104	11 081	66 547	45 044	92 421	13 342	287 395	19 111	4 140
282 264	85 378	112 239	4 814 267	5 530 144	297 038	2 720 101	56 465	29 416
2 366	5 032	−1 367	1 096 295	1 150 737	1 592	266 915	66 441	8
6 431	2 410	5 780	85 347	106 032	2 860	52 199	2 059	212

全国文化市场其他文化

	机构数（个）	从业人员数（人）	注册资本金（千元）	实收资本（千元）	实收资本 国家资本金	负债合计（千元）
总　计	**116 547**	**312 156**	**88 021 484**	**7 588 289**	**984 946**	**7 378 086**
按城乡分						
1.城　市	51 175	158 036	83 903 611	5 297 893	737 951	6 359 379
2.县　市	41 827	95 954	2 954 025	1 605 402	233 872	768 144
3.乡　村	23 545	58 166	1 163 848	684 994	13 123	250 563
按行业分						
1.文化艺术经纪与代理机构	922	11 438	1 039 429	767 624	225 503	406 426
2.音像制品批发机构	1 624	16 532	2 506 723	1 415 268	244 657	3 461 835
3.音像放映业	2 549	12 983	672 410	472 733	245 244	448 027
4.音像制品零售、出租机构	96 274	187 525	80 862 325	3 357 786	151 128	2 305 800
5.画廊、画店	421	1 444	85 371	70 441	8 360	73 563
6.艺术品公司	118	473	23 067	17 875	95	10 405
7.艺术品拍卖公司	19	172	19 923	19 095	55	26 642
8.其　他	14 620	81 589	2 812 236	1 467 467	109 904	645 388

	损益及					
	营业收入（千元）	营业成本及费用（千元）	税金及附加（千元）	主营业务利润（千元）	其他业务利润（千元）	管（千元）
总　计	**13 873 655**	**9 989 834**	**566 669**	**2 938 642**	**337 481**	**1 127 772**
按城乡分						
1.城　市	9 219 482	7 201 186	353 445	1 789 032	252 829	877 058
2.县　市	3 314 323	1 942 520	153 092	824 928	54 539	162 311
3.乡　村	1 339 850	846 128	60 132	324 681	30 113	88 403
按行业分						
1.文化艺术经纪与代理机构	777 516	459 602	30 245	158 719	14 486	146 195
2.音像制品批发机构	2 691 116	2 276 747	45 234	395 207	27 214	286 575
3.音像放映业	752 678	493 689	24 195	187 511	23 301	92 957
4.音像制品零售、出租机构	6 359 045	3 828 610	336 548	1 512 967	205 125	438 369
5.画廊、画店	103 330	89 117	3 136	27 125	2 991	11 467
6.艺术品公司	53 600	13 482	870	6 838	551	3 672
7.艺术品拍卖公司	19 276	10 727	1 128	6 954	120	5 227
8.其　他	3 117 094	2 817 860	125 313	643 321	63 693	143 310

经营机构综合情况

固定资产原值（千元）	固定资产累计折旧（千元）		上交主办单位数（千元）	门店加盟费（千元）	增加值（千元）	连锁企业门店数（个）	房屋建筑面积（千平方米）	
		本年提取折旧						经营面积
83 422 274	**2 060 557**	**437 169**	**9 943**	**4 280**	**4 414 962**	**11 605**	**13194.2**	**7222.2**
79 847 134	1 419 676	266 849	5 924	2 861	2 302 640	8 339	7270.0	3852.7
2 840 626	480 974	124 994	2 354	766	1 400 698	2 279	4125.0	2290.6
734 514	159 907	45 326	1 664	652	711 623	987	1799.1	1078.9
755 759	153 200	23 958	1 224	——	168 082	200	593.6	443.9
1 979 926	443 073	93 693	1 277	199	366 896	1 492	597.3	419.6
926 685	247 640	39 944	2 038	379	211 585	61	1190.6	852.7
77 761 243	753 159	197 192	4 946	3 355	2 535 632	3 798	8612.8	4113.1
33 051	14 623	3 486	3	1	36 636	——	63.0	43.8
10 204	2 907	424	——	——	7 447	——	11.2	8.2
7 210	1 722	564	1	——	5 710	——	4.2	3.7
1 948 196	444 233	77 908	453	346	1 082 972	6 054	2121.6	1337.1

分配						其他（千元）		
理费用								
税金	劳动、待业保险	财务费用（千元）	营业利润（千元）	利润总额（千元）	应交所得税（千元）	从业人员劳动报酬	本年应付福利费总额	本年应交增值税
107 926	**89 254**	**2 423 725**	**1 445 501**	**1 804 405**	**1 179 408**	**1 857 697**	**122 474**	**140 225**
50 431	59 859	2 402 201	645 268	836 988	1 111 658	986 647	67 883	119 922
37 560	21 941	16 885	548 798	651 231	50 767	536 254	13 425	15 537
19 934	7 454	4 639	251 435	316 186	16 983	334 796	41 166	4 766
4 777	7 957	5 341	14 333	42 459	4 855	94 769	7 996	329
10 546	18 981	2 357 106	30 726	11 670	18 831	186 697	20 690	68 681
4 490	11 883	4 723	46 066	60 256	5 117	96 890	5 204	279
64 940	32 095	44 935	1 015 721	1 175 590	1 126 214	921 231	69 256	46 833
1 897	793	264	17 369	15 948	3 776	10 748	1 471	1 143
124	39	361	3 048	3 056	279	2 981	208	443
68	49	－237	2 855	3 535	817	1 095	139	104
21 082	17 457	11 232	315 383	491 891	19 519	543 286	17 510	22 413

全国文化市场文化经营

	机构数（个）	从业人员数（人）	注册资本金（千元）	实收资本（千元）	国家资本金	负债合计（千元）
总　计	**12 186**	**59 747**	**5 456 181**	**2 795 089**	**166 846**	**1 270 335**
按城乡分						
1.城　市	7 678	45 177	4 559 536	2 362 368	133 623	1 159 891
2.县　市	2 982	10 139	641 697	333 273	29 983	106 489
3.乡　村	1 526	4 431	254 948	99 448	3 240	3 955
按行业分						
1.歌舞娱乐场所连锁机构	300	3 903	238 106	117 234	280	141 880
2.其他娱乐场所连锁机构	166	792	44 013	14 210	——	2 804
3.音像制品连锁机构	3 971	17 230	1 808 875	531 245	55 365	943 674
4.互联网上网服务营业场所连锁机构	7 639	37 266	3 320 605	2 098 326	106 675	181 667
5.其　他	110	556	44 582	34 074	4 526	310

	营业收入（千元）	营业成本及费用（千元）	税金及附加（千元）	主营业务利润（千元）	其他业务利润（千元）	管（千元）
	损益及					
总　计	**3 516 623**	**2 047 444**	**136 090**	**861 322**	**74 796**	**254 788**
按城乡分						
1.城　市	2 752 588	1 677 290	102 026	691 433	60 956	213 067
2.县　市	574 742	283 296	23 529	115 779	11 477	29 650
3.乡　村	189 293	86 858	10 535	54 110	2 363	12 071
按行业分						
1.歌舞娱乐场所连锁机构	158 406	77 112	15 672	28 985	7 413	26 098
2.其他娱乐场所连锁机构	39 570	17 286	2 555	13 686	425	868
3.音像制品连锁机构	1 415 625	1 064 134	28 062	235 118	32 574	108 049
4.互联网上网服务营业场所连锁机构	1 874 766	872 948	89 053	575 857	34 148	118 203
5.其　他	28 256	15 964	748	7 675	236	1 570

连锁机构综合情况

固定资产原值（千元）	固定资产累计折旧（千元）	本年提取折旧	上交主办单位数（千元）	门店加盟费（千元）	增加值（千元）	连锁企业门店数（个）	房屋建筑面积（千平方米）	经营面积
3 364 240	**656 167**	**216 998**	**19 173**	**66 601**	**1 415 296**	**8 098**	**2 770.6**	**2 062.8**
2 668 108	526 634	162 556	14 575	44 562	990 119	6 652	2 082.3	1 550.9
505 047	92 604	40 203	4 109	16 016	292 288	467	455.0	344.3
191 085	36 929	14 239	488	6 022	132 888	979	233.3	167.6
137 300	24 569	4 273	——	67	55 892	19	149.4	129.8
652 521	6 116	309	——	——	21 341	15	40.1	35.5
458 640	89 719	21 273	848	2 707	270 918	1 329	641.8	281.6
2 105 364	534 268	190 749	18 322	63 766	1 058 153	6 722	1 922.3	1 601.5
10 415	1 495	394	2	61	8 991	13	16.9	14.4

分配：理费用		分配				其他（千元）		
税金	劳动、待业保险	财务费用（千元）	营业利润（千元）	利润总额（千元）	应交所得税（千元）	从业人员劳动报酬	本年应付福利费总额	本年应交增值税
35 253	**22 461**	**15 429**	**547 421**	**574 583**	**78 092**	**479 534**	**23 053**	**36 927**
20 471	17 821	12 575	360 725	355 624	61 095	344 341	21 324	33 240
10 626	3 344	2 174	133 807	161 445	10 855	84 123	1 426	2 642
4 155	1 296	680	52 889	57 514	6 142	51 070	303	1 045
617	603	911	11 262	12 493	4 453	24 068	1 330	24
20	122	10	10 890	11 389	3 286	7 567	44	——
8 484	11 816	2 230	60 601	48 038	12 985	152 498	9 483	33 520
25 875	9 767	12 087	460 217	498 048	56 132	292 259	12 076	3 057
256	153	191	4 451	4 615	1 236	3 142	120	326

全国文化市场管理

	机构数（个）	从业人员数（人）	本年收入合计（千元）	财政拨款	上级补助收入	事业收入	经营收入	附属单位上缴收入	其他收入
总计	**3 692**	**22 298**	**922 617**	**616 859**	**23 648**	**228 788**	**897**	**2 759**	**25 353**
中央	2	1	——	——	——	——	——	——	——
省级	41	330	28 713	26 425	714	731	——	——	843
地市级	554	4 488	219 759	183 160	5 474	16 642	83	53	6 267
县市级	3 095	17 479	674 145	407 274	17 460	211 415	814	2 706	18 243

	补充										
	演出经营与经纪机构（个）	民间职业剧团（个）	个体演职人员（人）	时装表演队（个）	歌舞娱乐场所（个）	其他娱乐场所（个）	音像制品批发机构（个）	音像放映机构（个）	音像制品零售、出租机构（个）	音像制品连锁机构（个）	连锁门店数（个）
总计	**1 167**	**3 415**	**15 060**	**298**	**59 272**	**13 425**	**2 134**	**1 970**	**115 456**	**1 105**	**3 652**
中央	——	——	——	——	——	——	——	——	——	——	——
省级	721	9	263	7	7 755	11	501	45	13 066	40	401
地市级	120	490	2 071	184	11 805	1 605	478	649	18 668	82	1 091
县市级	326	2 916	12 726	107	39 712	11 809	1 155	1 276	83 722	983	2 160

全国文化市场行政

	机构数（个）	从业人员数（人）	本年收入合计（千元）	财政拨款	上级补助收入	事业收入	经营收入	附属单位上缴收入	其他收入
总计	**1 851**	**9 091**	**330 289**	**273 375**	**7 519**	**24 023**	**193**	**537**	**10 573**
中央	2	1	——	——	——	——	——	——	——
省级	27	138	11 161	9 909	284	648	——	——	320
地市级	276	1 519	68 327	52 130	794	5 787	——	3	2 962
县市级	1 546	7 433	250 801	211 336	6 441	17 588	193	534	7 291

	补充										
	演出经营与经纪机构（个）	民间职业剧团（个）	个体演职人员（人）	时装表演队（个）	歌舞娱乐场所（个）	其他娱乐场所（个）	音像制品批发机构（个）	音像放映机构（个）	音像制品零售、出租机构（个）	音像制品连锁机构（个）	连锁门店数（个）
总计	**937**	**1 325**	**8 572**	**82**	**27 696**	**6 974**	**1 179**	**717**	**56 809**	**439**	**1 567**
中央	——	——	——	——	——	——	——	——	——	——	——
省级	702	9	263	7	141	11	438	——	66	34	141
地市级	64	231	826	36	7 059	844	214	108	11 119	55	900
县市级	171	1 085	7 483	39	20 496	6 119	527	609	45 624	350	526

机 构 综 合 情 况

本年支出合计（千元）				在支出合计中：人员支出		公用支出					对个人和家庭补助支出	固定资产原值（千元）
	基本支出	项目支出	经营支出		社会保障缴费		福利费	维修费	各种设备购置费	税金支出		
792 234	**563 073**	**59 869**	**2 096**	**383 613**	**25 062**	**254 989**	**11 081**	**9 459**	**21 825**	**150**	**34 522**	**684 618**
——	——	——	——	——	——	——	——	——	——	——	——	——
28 492	20 342	6 299	147	9 396	1 201	9 468	218	322	2 121	——	942	23 456
214 957	153 196	25 810	239	98 010	7 919	64 340	3 558	1 671	6 449	13	16 589	239 130
548 785	389 535	27 760	1 710	276 207	15 942	181 181	7 305	7 466	13 255	137	16 991	422 032

资料：电影发行放映机构（个）	电影放映队	农村电影放映队	参加院线的电影放映场所（个）	电子游戏、游艺经营场所（个）	经营性互联网文化单位（个）	网吧等互联网上网服务营业场所（个）	互联网上网服务营业场所连锁机构（个）	连锁门店数	画廊、画店、美术品公司（个）	艺术品经纪代理机构（个）	艺术展览、评估机构（个）	其他（个）
8 341	**7 141**	**6 354**	**446**	**25 715**	**2 927**	**127 308**	**3 107**	**7 446**	**1 753**	**580**	**194**	**12 048**
——	——	——	——	——	——	——	——	——	——	——	——	——
1 582	1 560	1 500	61	771	24	8 944	81	940	836	464	140	8
1 424	996	885	172	4 432	1 260	29 109	688	2 350	216	3	2	1 139
5 335	4 585	3 969	213	20 512	1 643	89 255	2 338	4 156	701	113	52	10 901

管 理 机 构 综 合 情 况

本年支出合计（千元）				在支出合计中：人员支出		公用支出					对个人和家庭补助支出	固定资产原值（千元）
	基本支出	项目支出	经营支出		社会保障缴费		福利费	维修费	各种设备购置费	税金支出		
247 866	**152 037**	**24 435**	**746**	**108 140**	**6 454**	**70 995**	**3 410**	**3 240**	**5 795**	**71**	**11 966**	**385 801**
——	——	——	——	——	——	——	——	——	——	——	——	——
10 942	4 652	4 789	147	3 348	406	6 152	14	277	1 398	——	534	7 621
67 733	42 858	7 969	179	24 753	1 210	17 269	503	229	697	13	5 475	132 891
169 191	104 527	11 677	420	80 039	4 838	47 574	2 893	2 734	3 700	58	5 957	245 289

资料：电影发行放映机构（个）	电影放映队	农村电影放映队	参加院线的电影放映场所（个）	电子游戏、游艺经营场所（个）	经营性互联网文化单位（个）	网吧等互联网上网服务营业场所（个）	互联网上网服务营业场所连锁机构（个）	连锁门店数	画廊、画店、美术品公司（个）	艺术品经纪代理机构（个）	艺术展览、评估机构（个）	其他（个）
4 184	**3 434**	**3 061**	**217**	**13 272**	**1 071**	**63 398**	**1 856**	**3 846**	**516**	**7**	**8**	**6 108**
——	——	——	——	——	——	——	——	——	——	——	——	——
7	——	——	1	11	11	144	77	440	——	4	——	8
981	749	659	93	2 746	261	15 681	409	1 788	168	1	——	531
3 196	2 685	2 402	123	10 515	799	47 573	1 370	1 618	348	2	8	5 569

全国文化市场稽查

	机构数（个）	从业人员数（人）	本年收入合计（千元）							本	
				财政拨款	上级补助收入	事业收入	经营收入	附属单位上缴收入	其他收入		基本支出
总　计	**1 841**	**13 207**	**592 328**	**343 484**	**16 129**	**204 765**	**704**	**2 222**	**14 780**	**544 368**	**411 036**
中　央	——	——	——	——	——	——	——	——	——	——	——
省　级	14	192	17 552	16 516	430	83	——	——	523	17 550	15 690
地市级	278	2 969	151 432	131 030	4 680	10 855	83	50	3 305	147 224	110 338
县市级	1 549	10 046	423 344	195 938	11 019	193 827	621	2 172	10 952	379 594	285 008

全国其他文化事业

	机构数（个）	从业人员数（人）			本年收入合计（千元）							本	
			高级职称	中级职称		财政拨款	上级补助收入	事业收入	经营收入	附属单位上缴收入	其他收入		基本支出
总　计	**959**	**12 328**	**1 506**	**2 375**	**1 567 479**	**891 899**	**83 894**	**408 401**	**55 560**	**5 352**	**122 373**	**1405 804**	**974 369**
一、其他艺术业	**540**	**6 036**	**1 129**	**1 366**	**662 309**	**420 903**	**20 025**	**128 235**	**18 254**	**2 130**	**72 762**	**631 516**	**482 200**
1.艺术创作机构	351	2 600	777	677	205 346	169 707	6 517	18 919	893	——	9 310	198 600	153 188
2.艺术展览机构	58	1 420	182	343	256 630	137 902	10 554	46 588	2 769	1 833	56 984	241 641	163 990
其中：美术馆	33	694	109	169	179 033	92 654	2 074	40 091	82	1 833	42 299	161 290	113 488
3.其他艺术	131	2 016	170	346	200 333	113 294	2 954	62 728	14 592	297	6 468	191 275	165 022
二、其　他	**419**	**6 292**	**377**	**1 009**	**905 170**	**470 996**	**63 869**	**280 166**	**37 306**	**3 222**	**49 611**	**774 288**	**492 169**

机构综合情况

项目支出	经营支出	本年支出合计（千元）								增加值（千元）	固定资产原值（千元）
		在支出合计中									
		人员支出		公用支出					对个人和家庭补助支出		
			社会保障缴费		福利费	维修费	各种设备购置费	税金支出			
35 434	**1 350**	**275 473**	**18 608**	**183 994**	**7 671**	**6 219**	**16 030**	**79**	**22 556**	**361 965**	**298 817**
——	——	——	——	——	——	——	——	——	——	——	——
1 510	——	6 048	795	3 316	204	45	723	——	408	7 293	15 835
17 841	60	73 257	6 709	47 071	3 055	1 442	5 752	——	11 114	91 861	106 239
16 083	1 290	196 168	11 104	133 607	4 412	4 732	9 555	79	11 034	262 811	176 743

机构综合情况

项目支出	经营支出	本年支出合计（千元）								固定资产原值（千元）	增加值（千元）	公用房屋建筑面积（千平方米）
		在支出合计中										
		人员支出		公用支出					对个人和家庭补助支出			
			社会保障缴费		福利费	维修费	各种设备购置费	税金支出				
326 120	**56 646**	**372 407**	**50 895**	**647 560**	**17 926**	**62 946**	**43 528**	**17 893**	**188 430**	**1792 736**	**730 207**	**889.1**
121 073	**13 955**	**188 867**	**27 847**	**320 535**	**3 982**	**24 687**	**18 182**	**7 120**	**76 955**	**951 138**	**321 318**	**372.6**
36 262	592	73 132	8 173	80 989	1 160	9 795	7 456	1 044	35 710	242 405	120 742	86.9
74 758	2 812	70 359	14 046	124 896	898	9 592	6 574	2 705	20 654	529 408	115 792	176.6
47 666	77	46 263	12 065	83 495	418	6 392	5 531	1 655	14 690	375 734	78 055	91.7
10 053	10 551	45 376	5 628	114 650	1 924	5 300	4 152	3 371	20 591	179 325	84 784	109.1
205 047	**42 691**	**183 540**	**23 048**	**327 025**	**13 944**	**38 259**	**25 346**	**10 773**	**111 475**	**841 598**	**408 888**	**516.5**

全国其他文化产业和非

	机构数（个）	从业人员数（人）	注册资本金（千元）	实收资本（千元）	国家资本金	负债合计（千元）
总　计	**578**	**12 319**	**1 778 393**	**1 278 508**	**1 016 419**	**2 891 801**
第一产业	2	47	2 920	2 928	1 141	4 860
第二产业	53	1 233	78 623	73 424	60 956	182 921
其中:制造业	22	474	37 024	32 215	23 214	84 263
建筑业	17	281	34 813	31 109	29 709	89 542
第三产业	523	11 039	1 696 850	1 202 156	954 322	2 704 020
其中:批、零和餐饮业	80	1 058	41 136	50 329	32 771	191 557
房地产业	8	120	77 100	77 100	32 128	556 907
文化产业	321	8 032	1 308 684	801 065	650 708	1 590 032

	损益及					
	营业收入（千元）	营业成本及费用（千元）	税金及附加（千元）	主营业务利润（千元）	其他业务利润（千元）	管（千元）
总　计	**1 041 470**	**882 619**	**36 302**	**167 802**	**102 898**	**384 793**
第一产业	1 326	306	57	398	653	1 624
第二产业	310 178	267 976	8 997	37 661	6 015	35 635
其中:制造业	59 779	51 656	379	8 477	966	11 960
建筑业	246 926	214 957	8 445	28 616	1 889	18 567
第三产业	729 966	614 337	27 248	129 743	96 230	347 534
其中:批、零和餐饮业	88 554	86 109	1 202	－340	21 326	20 516
房地产业	24 375	10 569	1 364	10 692	4 061	6 818
文化产业	481 765	395 114	21 098	92 720	61 850	269 430

文化产业机构综合情况

固定资产原值（千元）	固定资产累计折旧（千元）	本年提取折旧	上交主办单位数（千元）	增加值（千元）	房屋建筑面积（千平方米）
2 188 954	**637 501**	**91 944**	**35 746**	**250 844**	**607**
8 168	1 814	74	——	681	4
141 240	42 798	5 924	399	36 818	47
79 877	28 106	4 581	293	7 480	20
22 810	10 956	1 096	50	24 339	2
2 039 546	592 889	85 946	35 347	213 345	555
44 607	19 061	1 973	12 508	19 731	28
141 915	16 709	7 525	——	6 875	32
1 222 021	470 402	58 975	22 439	160 472	405

分配								其他（千元）		
理费用		补贴收入		财务费用（千元）	营业利润（千元）	利润总额（千元）	应交所得税（千元）	从业人员劳动报酬	本年应付福利费总额	本年应交增值税
税金	劳动、待业保险	（千元）	财政补贴							
9 698	**37 881**	**88 247**	**83 203**	**21 722**	**-133 324**	**-60 809**	**11 751**	**157 977**	**23 481**	**11 786**
15	280	45	45	52	66	54	——	424	30	——
1 022	3 708	968	375	83	5 200	3 337	3 219	14 707	2 266	2 584
216	1 324	268	215	488	-2 575	-2 538	477	4 611	682	2 501
421	1 970	——	——	- 540	6 695	6 694	2 742	7 682	1 472	83
8 661	33 893	87 234	82 783	21 587	-138 590	-64 200	8 532	142 846	21 185	9 202
219	2 516	——	——	1 186	-1 681	- 443	4 392	18 018	2 380	2 761
1 985	167	——	——	11 712	-6 828	-6 833	42	2 829	372	——
5 414	25 764	86 987	82 611	5 397	-114 720	-39 726	3 458	102 718	13 497	5 326

全国文化部门附营非文化

	机构数(个)	从业人员数(人)	注册资本金(千元)	实收资本(千元)		负债合计(千元)
					国家资本金	
总　计	**153**	**2 300**	**170 853**	**186 429**	**104 591**	**452 730**
第一产业	——	——	——	——	——	——
第二产业	18	317	23 168	22 992	16 042	66 790
其中:制造业	10	212	16 694	16 896	10 346	49 456
建筑业	7	55	4 114	3 519	3 119	17 333
第三产业	135	1 983	147 685	163 437	88 549	385 940
其中:批、零和餐饮业	32	396	15 716	18 280	9 665	107 284
房地产业	2	——	10 500	10 500	10 500	——
文化及相关产业	63	1 264	104 818	115 904	53 428	247 449

	损益及					
	营业收入(千元)	营业成本及费用(千元)	税金及附加(千元)	主营业务利润(千元)	其他业务利润(千元)	管(千元)
总　计	**270 891**	**253 498**	**10 904**	**50 336**	**16 523**	**127 825**
第一产业	——	——	——	——	——	——
第二产业	51 502	42 006	952	14 897	663	7 867
其中:制造业	33 631	30 211	185	4 798	101	4 588
建筑业	17 740	11 795	755	9 980	——	1 503
第三产业	219 389	211 492	9 952	35 439	15 860	119 958
其中:批、零和餐饮业	30 964	28 417	594	1 868	8 520	6 752
房地产业	——	——	——	——	——	84
文化及相关产业	159 969	140 697	8 597	31 157	5 785	108 766

产业机构综合情况

固定资产原值（千元）	固定资产累计折旧（千元）	本年提取折旧	上交主办单位数（千元）	增加值（千元）	房屋建筑面积（千平方米）
218 012	**128 289**	**15 522**	**551**	**78 269**	**57**
——	——	——	——	——	——
56 680	22 229	4 333	43	11 522	14
54 405	20 928	4 075	43	5 379	8
2 273	1 069	225	——	5 353	——
161 332	106 060	11 189	508	66 747	42
10 271	6 503	775	255	11 747	3
9	3	——	——	−82	——
135 464	92 877	9 681	14	50 694	37

分配								其他（千元）		
理费用		补贴收入		财务费用（千元）	营业利润（千元）	利润总额（千元）	应交所得税（千元）	从业人员劳动报酬	本年应付福利费总额	本年应交增值税
税金	劳动、待业保险	（千元）	财政补贴							
648	**7 109**	**79 588**	**78 069**	**−1 331**	**−67 943**	**9 861**	**5 548**	**39 550**	**5 364**	**4 461**
——	——	——	——	——	——	——	——	——	——	——
166	795	553	——	207	2 466	2 035	2 058	3 052	924	1 795
128	464	53	——	239	−1 505	−1 533	476	2 443	385	1 777
38	331	——	——	−38	3 971	4 169	1 582	364	504	18
482	6 314	79 035	78 069	−1 538	−70 409	7 826	3 490	36 498	4 440	2 666
112	179	——	——	− 197	3 471	3 434	2 354	6 795	870	1 105
1	——	——	——	−1	−83	−83	——	——	——	——
163	5 686	79 035	78 069	−1 298	−73 450	5 094	1 060	26 668	2 909	1 379

全国文物部门附营

	机构数（个）	从业人员数（人）	注册资本金（千元）	实收资本（千元）	实收资本 国家资本金	负债合计（千元）
总　计	**21**	**239**	**24 040**	**15 797**	**12 470**	**27 460**
第一产业	——	——	——	——	——	——
第二产业	2	45	5 300	5 300	5 000	4 063
其中：制造业	——	——	——	——	——	——
建筑业	2	45	5 300	5 300	5 000	4 063
第三产业	19	194	18 740	10 497	7 470	23 397
其中：批、零和餐饮业	12	107	3 600	4 587	3 070	14 915
房地产业	——	——	——	——	——	——

	损益及 营业收入（千元）	营业成本及费用（千元）	税金及附加（千元）	主营业务利润（千元）	其他业务利润（千元）	管（千元）
总　计	**24 571**	**15 088**	**931**	**9 205**	**472**	**6 893**
第一产业	——	——	——	——	——	——
第二产业	5 503	4 953	126	424	——	368
其中：制造业	——	——	——	——	——	——
建筑业	5 503	4 953	126	424	——	368
第三产业	19 068	10 135	805	8 781	472	6 525
其中：批、零和餐饮业	7 941	6 493	255	1 071	385	1 679
房地产业	——	——	——	——	——	——

产业机构综合情况

固定资产原值（千元）	固定资产累计折旧（千元）	本年提取折旧	上交主办单位数（千元）	增加值（千元）	房屋建筑面积（千平方米）
5 275	**1 507**	**339**	**18**	**6 966**	**965**
——	——	——	——	——	——
331	257	2	——	632	70
——	——	——	——	——	——
331	257	2	——	632	70
4 944	1 250	337	18	6 334	895
2 854	953	152	18	1 907	895
——	——	——	——	——	——

分配								其他（千元）		
理费用		补贴收入								
税金	劳动、待业保险	（千元）	财政补贴	财务费用（千元）	营业利润（千元）	利润总额（千元）	应交所得税（千元）	从业人员劳动报酬	本年应付福利费总额	本年应交增值税
7	**104**	**——**	**——**	**−64**	**2 135**	**2 332**	**478**	**3 554**	**568**	**288**
——	——	——	——	——	——	——	——	——	——	——
1	1	——	——	−1	56	56	38	447	63	——
——	——	——	——	——	——	——	——	——	——	——
1	1	——	——	−1	56	56	38	447	63	——
6	103	——	——	−63	2 079	2 276	440	3 107	505	288
4	62	——	——	−17	−194	−81	55	1 690	155	272
——	——	——	——	——	——	——	——	——	——	——

全 国 文 物 业

	机构数(个)	从业人员数(人)	从业人员数：在编人数	具有专业资质人数(人)	具有考古发掘个人领队资格人数	具有文物保护工程职业资格人数	具有中高级职称人数(人)	高级职称	安全保卫人员(人)	在编安全保卫人数	信息化装备：计算机(台)	信息化装备：网站数(个)
总　计	**4 092**	**80 894**	**59 311**	**7 041**	**734**	**484**	**15 653**	**4 428**	**12 272**	**6 139**	**16 206**	**380**
按单位性质分												
文物保护管理机构	2 204	29 257	20 163	1 500	113	173	3 589	712	3 549	1 977	2 438	96
其他文物机构	85	4 796	4 172	452	43	28	732	213	391	233	1 934	35
博物馆	1 617	40 818	30 363	4 472	218	211	9 335	2 729	7 663	3 666	9 513	223
文物商店	96	2 355	1 916	——	——	——	480	94	235	107	298	12
文物科研机构	90	3 668	2 697	617	360	72	1 517	680	434	156	2 023	14
按隶属关系分												
中　央	11	2 884	2 598	755	12	5	794	248	473	384	1 676	7
省　级	198	13 542	10 316	1 726	343	124	4 220	1 678	2 423	906	5 589	69
地市级	1 083	32 192	21 654	2 349	244	112	6 277	1 763	4 362	2 185	6 067	179
县市级	2 800	32 276	24 743	2 211	135	243	4 362	739	5 014	2 664	2 874	125

	本年从有关部门接收文物数(件、套)	本年藏品征集数(件、套)	本年修复藏品数(件、套)	一级品	二级品	三级品	举办展览(个)
总　计	**30 900**	**139 951**	**37 607**	**282**	**964**	**6 556**	**7 866**
按单位性质分							
文物保护管理机构	5 112	14 716	3 108	26	52	516	1 987
其他文物机构	——	8	50	——	——	——	——
博物馆	21 115	125 218	22 950	251	883	5 322	5 879
文物商店	——	——	——	——	——	——	——
文物科研机构	4 673	9	11 499	5	29	718	——
按隶属关系分							
中　央	——	1 227	4 371	8	118	9	98
省　级	12 307	61 611	10 515	81	340	1 609	726
地市级	7 627	51 442	15 627	131	359	3 981	2 895
县市级	10 966	25 671	7 094	62	147	957	4 147

	本年收入合计(千元)	财政拨款	上级补助收入	事业收入	门票收入	经营收入	附属单位上缴收入	其他收入
总　计	**8 828 537**	**3 759 345**	**370 798**	**3 459 706**	**2 627 166**	**750 420**	**80 003**	**408 265**
按单位性质分								
文物保护管理机构	2 252 866	544 854	78 528	1 415 028	1 238 086	128 547	120	85 789
其他文物机构	1 302 248	972 295	48 735	113 698	——	55 802	60 931	50 787
博物馆	4 099 266	2 037 403	189 803	1 577 687	1 389 080	88 574	18 952	186 847
文物商店	511 128	——	——	——	——	477 039	——	34 089
文物科研机构	663 029	204 793	53 732	353 293	——	458	——	50 753
按隶属关系分								
中　央	976 245	272 745	10 995	486 474	435 705	112 611	18 071	75 349
省　级	2 537 109	1 406 957	111 311	647 728	336 725	248 814	3 480	118 819
地市级	3 483 733	1 363 800	122 398	1 446 211	1 111 881	352 927	58 396	140 001
县市级	1 831 450	715 843	126 094	879 293	742 855	36 068	56	74 096

综 合 情 况

文物藏品数(件、套)	一级品	二级品	三级品		藏品分类数(件、套) 古代文物数	近现代文物数	自然标本数
18 453 447	**56 126**	**928 241**	**2 447 339**	**12 132 687**	**8 528 881**	**1 638 083**	**430 331**
2 342 103	5 084	18 187	176 254	1 959 832	1 621 449	144 142	21 551
50 877	199	4 497	37 699	14 992	9 541	4 551	26
13 024 192	47 966	897 162	2 143 223	9 648 307	6 565 928	1 465 557	388 643
2 048 279	75	179	11 849	——	——	——	——
987 996	2 802	8 216	78 314	509 556	331 963	23 833	20 111
1 724 406	13 260	621 265	317 362	77 101	37 109	654	——
6 394 552	20 322	203 746	1 248 777	4 599 134	2 991 789	813 655	280 890
6 308 742	12 243	60 715	502 183	3 922 982	2 828 712	428 925	79 722
4 025 747	10 301	42 515	379 017	3 533 470	2 671 271	394 849	69 719

参观人次(千人次)	外宾参观人次	青少年参观人次	固定资产原值(千元)	增加值(千元)	公用房屋建筑面积(千平方米)	实验室	文物库房
184 443	**8 986**	**40 053**	**10 494 001**	**4 222 524**	**10 800**	**472**	**827**
64 114	4 220	7 099	2 182 651	1464 732	4 572	428	108
——	——	——	117 373	88 287	50	22	——
120 324	4 755	32 950	7 389 713	2 273 871	5 801	10	591
——	——	——	223 163	183 322	156	——	68
——	——	——	581 101	212 318	222	15	58
14 093	1	1 969	506 278	592 812	352	22	67
23 591	1 784	7 312	3 192 973	857 753	1 665	19	296
78 308	4 548	14 167	3 437 739	1 591 402	5 517	148	252
68 451	2 653	16 605	3 357 011	1 180 557	3 266	283	212

本年支出合计(千元)	基本支出	项目支出	经营支出	在支出合计中 人员支出	社会保障缴费	公用支出	福利费	维修费	各种设备购置费	税金支出	对个人和家庭补助支出
7697 264	**3886 144**	**2413 987**	**395 019**	**1869 998**	**174 355**	**3108 355**	**55 600**	**532 584**	**177 829**	**85 319**	**407 830**
2028 654	1151 857	275 002	191 639	554 638	52 482	731 969	20 408	156 429	28 251	15 246	75 836
1126 606	264 719	785 715	43 210	103 442	8 453	656 680	3 769	72 452	15 014	4 547	20 247
3635 177	2096 821	1176 781	58 140	1034 499	101 746	1369 740	25 286	250 993	96 635	16 288	284 457
333 501	——	——	101 643	63 715	——	——	——	——	——	48 529	——
573 326	372 747	176 489	387	113 704	11 674	349 966	4 352	52 710	37 929	709	27 290
940 841	318 420	479 882	74 028	133 500	12 255	300 934	1 695	6 357	34 628	7 354	89 562
2030 708	857 306	870 504	58 321	406 846	29 740	811 206	12 254	157 419	57 803	37 240	101 439
3067 936	1619 567	815 425	96 037	820 285	90 137	1429 551	21 311	232 340	58 834	32 017	164 514
1657 779	1090 851	248 176	166 633	509 367	42 223	566 664	20 340	136 468	26 564	8 708	52 315

全国文物保护管理

	机构数（个）	从业人员数（人）	从业人员数：在编人数	具有专业资质人数（人）	具有考古发掘个人领队资格人数	具有文物保护工程职业资格人数	具有中高级职称人数（人）	高级职称	安全保卫人员（人）	在编安全保卫人数	信息化装备：计算机（台）	信息化装备：网站数（个）
总计	**2 204**	**29 257**	**20 163**	**1 500**	**113**	**173**	**3 589**	**712**	**3 549**	**1 977**	**2 438**	**96**
按隶属关系分												
中央	——	——	——	——	——	——	——	——	——	——	——	——
省级	12	248	178	4	——	——	59	27	32	17	60	1
地市级	408	11 951	6 636	492	51	37	1 305	335	1 063	613	1 180	51
县市级	1 784	17 058	13 349	1 004	62	136	2 225	350	2 454	1 347	1 198	44
按系统分												
文物系统	2 199	26 221	18 661	1 407	113	165	3 508	704	3 259	1 827	2 358	94
宗教系统	2	3	3	——	——	——	——	——	——	——	——	——
园林系统	——	——	——	——	——	——	——	——	——	——	——	——
其他	3	3 033	1 499	93	——	8	81	8	290	150	80	2

	本年从有关部门接收文物数（件、套）	本年藏品征集数（件、套）	本年修复藏品数（件、套）	一级品	二级品	三级品	举办展览（个）
总计	**5 112**	**14 716**	**3 108**	**26**	**52**	**516**	**1 987**
按隶属关系分							
中央	——	——	——	——	——	——	——
省级	——	10	——	——	——	——	9
地市级	24	1 156	146	3	15	26	356
县市级	5 088	13 550	2 962	23	37	490	1 622
按系统分							
文物系统	5 112	14 716	3 108	26	52	516	1 982
宗教系统	——	——	——	——	——	——	2
园林系统	——	——	——	——	——	——	——
其他	——	——	——	——	——	——	3

	本年收入合计（千元）	财政拨款	上级补助收入	事业收入	门票收入	经营收入	附属单位上缴收入	其他收入
总计	**2 252 866**	**544 854**	**78 528**	**1415 028**	**1238 086**	**128 547**	**120**	**85 789**
按隶属关系分								
中央	——	——	——	——	——	——	——	——
省级	24 718	16 000	3 580	3 322	2 845	——	120	1 696
地市级	1 187 882	218 592	16 241	810 954	696 715	103 685	——	38 410
县市级	1 040 266	310 262	58 707	600 752	538 526	24 862	——	45 683
按系统分								
文物系统	1 745 947	544 814	78 528	1018 255	871 503	39 337	120	64 893
宗教系统	40	40	——	——	——	——	——	——
园林系统	——	——	——	——	——	——	——	——
其他	506 879	——	——	396 773	366 583	89 210	——	20 896

机构综合情况

文物藏品数(件、套)	一级品	二级品	三级品		藏品分类数(件、套) 古代文物数	近现代文物数	自然标本数
2 342 103	**5 084**	**18 187**	**176 254**	**1 959 832**	**1 621 449**	**144 142**	**21 551**
——	——	——	——	——	——	——	——
2 152	40	95	317	1 894	1 894	——	——
750 391	1 223	3 503	31 830	570 176	513 100	19 840	4 186
1 589 560	3 821	14 589	144 107	1 387 762	1 106 455	124 302	17 365
2 338 242	5 010	17 989	175 491	1 955 974	1 618 196	143 897	21 551
363	3	——	——	360	——	——	——
——	——	——	——	——	——	——	——
3 498	71	198	763	3 498	3 253	245	——

参观人次(千人次)	外宾参观人次	青少年参观人次	考古发掘项目(个)	配合基建考古发掘项目	抢救性发掘项目	固定资产原值(千元)	增加值(千元)	公用房屋建筑面积(千平方米)	展览用房	文物库房
64112.9	**4220.3**	**7099.5**	**705**	**437**	**201**	**2 182 651**	**1 464 732**	**4572.1**	**427.3**	**109.8**
——	——	——	——	——	——	——	——	——	——	——
234.8	10.7	14.3	——	——	——	17 119	8 165	12.5	3.1	——
31298.7	2274.6	2574.7	263	211	50	825 435	711 961	3071.8	143.6	27.2
32579.4	1935.0	4510.6	442	226	151	1 340 097	744 604	1487.8	280.6	82.5
52863.7	1871.3	6537.7	705	437	201	1 967 343	1 077 728	4115.9	426.0	108.4
2.0	——	1.8	——	——	——	——	40	——	——	——
——	——	——	——	——	——	——	——	——	——	——
11247.2	2349.0	560.0	——	——	——	215 308	386 963	456.2	1.2	1.3

本年支出合计(千元)	基本支出	项目支出	经营支出	在支出合计中 人员支出	社会保障缴费	公用支出	福利费	维修费	各种设备购置费	税金支出	对个人和家庭补助支出
2 028 654	**1 151 857**	**275 002**	**191 639**	**554 638**	**52 482**	**731 969**	**20 408**	**156 429**	**28 251**	**15 246**	**75 836**
——	——	——	——	——	——	——	——	——	——	——	——
20 238	12 317	3 186	——	5 644	186	9 808	127	557	1 217	43	1 667
1 040 034	526 493	163 530	36 991	287 037	33 343	445 472	7 153	77 225	14 825	9 353	51 744
968 382	613 047	108 286	154 648	261 957	18 953	276 689	13 128	78 647	12 209	5 850	22 425
1 551 397	1 051 808	275 002	69 212	481 677	48 315	618 459	15 091	150 571	23 862	14 685	66 569
40	40	——	——	40	——	——	——	——	——	——	——
——	——	——	——	——	——	——	——	——	——	——	——
477 217	100 009	——	122 427	72 921	4 167	113 510	5 317	5 858	4 389	561	9 267

全　国　博　物　馆

	机构数（个）	从业人员数（人）	从业人员数：在编人数	具有专业资质人数（人）	具有考古发掘个人领队资格人数	具有文物保护工程职业资格人数	具有中高级职称人数（人）	高级职称	安全保卫人员（人）	在编安全保卫人数	信息化装备：计算机（台）	信息化装备：网站数（个）
总　计	**1 617**	**40 818**	**30 363**	**4 472**	**218**	**211**	**9 335**	**2 729**	**7 663**	**3 666**	**9 513**	**223**
按性质分												
艺术类	130	2 699	2 139	159	8	4	731	243	428	202	913	14
综合类	801	17 656	13 903	2 159	141	169	4 968	1 472	3 597	1 650	4 137	87
历史类	556	17 264	12 480	1 853	58	21	3 190	863	3 026	1 575	3 795	93
自然科技类	23	734	471	169	9	16	173	73	130	53	240	6
其他	107	2 465	1 370	132	2	1	273	78	482	186	428	23
按隶属关系分												
中央	4	2 333	2 126	628	9	——	624	179	460	373	1 352	4
省级	95	9 249	6 958	1 213	73	53	2 723	1 045	2 018	754	3 373	44
地市级	536	16 209	11 744	1 637	96	62	4 167	1 181	2 884	1 377	3 490	107
县市级	982	13 027	9 535	994	40	96	1 821	324	2 301	1 162	1 298	68
按系统分												
文物系统	1 595	40 181	30 010	4 433	216	211	9 269	2 705	7 543	3 626	9 386	216
非文物系统	19	626	350	39	2	——	66	24	116	38	126	6
私人	3	11	3	——	——	——	——	——	4	2	1	1

	本年修复藏品数（件、套）	一级品	二级品	三级品	举办展览（个）	本年承担课题、项目数（个）	省部级以上课题、项目数	结项课题、项目数	论文及资料整理完成情况：专著和图录（册）	论文（省级及以上刊物发表）（篇）
总　计	**22 950**	**251**	**883**	**5 322**	**5 879**	**351**	**141**	**77**	**10 458**	**2 852**
按性质分										
艺术类	652	2	127	83	517	31	12	7	26	203
综合类	13 906	140	505	3 921	3 491	126	78	28	91	1 203
历史类	5 835	109	251	1 302	1 459	144	36	32	10 320	1 255
自然科技类	2 539	——	——	——	88	18	10	2	5	94
其他	18	——	——	16	324	32	5	8	16	97
按隶属关系分										
中央	371	8	118	9	98	31	2	3	16	160
省级	6 235	81	340	1 609	717	132	77	25	76	1 167
地市级	12 212	123	315	3 237	2 539	140	46	36	10 341	1 184
县市级	4 132	39	110	467	2 525	48	16	13	25	341
按系统分										
文物系统	22 863	247	870	5 257	5 836	344	134	77	10 456	2 818
非文物系统	87	4	13	65	39	7	7	——	2	31
私人	——	——	——	——	4	——	——	——	——	3

	本年收入合计（千元）	财政拨款	上级补助收入	事业收入	事业收入：门票收入	经营收入	附属单位上缴收入	其他收入
总　计	**4 099 266**	**2 037 403**	**189 803**	**1 577 687**	**1 389 080**	**88 574**	**18 952**	**186 847**
按性质分								
艺术类	343 878	204 890	9 969	111 364	86 650	801	31	16 823
综合类	1 412 014	1 051 008	70 589	218 576	141 166	7 206	688	63 947
历史类	2 017 303	601 649	90 015	1 139 770	1 062 352	79 272	18 233	88 364
自然科技类	60 117	37 859	9 177	9 788	5 798	115	——	3 178
其他	265 954	141 997	10 053	98 189	93 114	1 180	——	14 535
按隶属关系分								
中央	688 602	78 307	8 657	464 989	435 705	67 596	18 071	50 982
省级	1 321 439	818 293	51 035	399 973	333 880	6 615	——	45 523
地市级	1 458 012	836 081	71 950	474 141	415 166	10 166	825	64 849
县市级	631 213	304 722	58 161	238 584	204 329	4 197	56	25 493
按系统分								
文物系统	4 058 449	2 027 297	180 373	1 559 524	1 372 511	88 337	18 952	183 966
非文物系统	40 764	10 106	9 430	18 141	16 547	237	——	2 850
私人	53	——	——	22	22	——	——	31

综　合　情　况

文物藏品数(件、套)				藏品分类数(件、套)				本年从有关部门接收文物数(件、套)	本年藏品征集数(件、套)
	一级品	二级品	三级品		古代文物数	近现代文物数	自然标本数		
13 024 192	**47 966**	**897 162**	**2 143 223**	**9 648 307**	**6 565 928**	**1 465 557**	**388 643**	**21 115**	**125 218**
635 257	2 256	44 859	136 505	562 993	212 295	143 498	1 322	2 822	5 236
7 998 844	22 297	181 630	1 436 674	6 775 376	5 027 220	843 965	199 556	12 001	42 477
3 863 346	21 058	664 368	541 634	1 834 915	1 180 148	417 335	7 070	2 022	65 953
258 997	1 864	2 717	5 353	252 471	5 203	1 631	170 309	2 570	3 645
267 748	491	3 588	23 057	222 552	141 062	59 128	10 386	1 700	7 907
1 711 814	13 260	621 265	317 362	77 101	37 109	654	——	——	1 227
5 199 855	17 943	191 777	1 188 966	4 389 414	2 818 498	790 926	280 890	7 707	61 601
3 683 358	10 286	56 204	404 718	3 042 218	2 147 781	406 390	55 423	7 530	50 269
2 429 165	6 477	27 916	232 177	2 139 574	1 562 540	267 587	52 330	5 878	12 121
12 912 592	47 679	896 477	2 142 417	9 536 707	6 565 788	1 435 939	383 769	21 023	123 120
111 040	287	685	806	111 040	5	29 213	4 854	92	2 098
560	——	——	——	560	135	405	20	——	——

参观人次 (千人次)	外宾参观人次	青少年参观人次	固定资产原值(千元)	增加值(千元)	公用房屋建筑面积 (千平方米)	展览用房	实验室	修复室	文物库房
120324.0	**4755.0**	**32950.0**	**7 389 713**	**2 273 871**	**5801.0**	**2524.0**	**10.0**	**23.0**	**591.0**
7747.8	456.9	1194.6	760 553	163 460	403.4	150.3	1.2	0.7	79.4
39034.4	1238.7	13971.0	3 330 166	704 773	2846.3	1278.9	6.6	17.0	331.8
62741.8	2632.5	14828.9	2 918 937	1 270 699	2149.0	905.9	2.6	4.2	151.6
2447.8	25.4	1294.1	90 323	25 903	90.4	37.9	0.4	2.0	13.8
8352.3	403.6	1662.8	289 734	109 034	313.4	150.1	0.1	0.2	15.0
14092.8	1.0	1969.0	377 820	529 173	317.9	54.8	1.0	1.0	64.6
23354.9	1772.7	7296.2	2 629 887	601 192	1396.8	632.3	4.1	9.5	211.6
47008.6	2266.7	11591.8	2 370 952	717 949	2319.1	998.4	1.9	7.6	189.0
35867.7	716.8	12094.5	2 011 054	425 556	1768.6	837.5	3.9	6.0	126.2
117191.5	4683.9	31650.7	7 242 465	2 250 802	5718.3	2482.3	10.9	23.9	586.5
3107.2	72.6	1296.7	145 648	22 875	81.6	39.2	0.1	0.1	5.0
25.4	0.6	4.0	1 600	193	2.5	1.5	——	——	——

本年支出合计（千元）				在支出合计中							
	基本支出	项目支出	经营支出	人员支出		公用支出					对个人和家庭补助支出
					社会保障缴费		福利费	维修费	各种设备购置费	税金支出	
3635 177	**2096 821**	**1176 781**	**58 140**	**1034 499**	**101 746**	**1369 740**	**25 286**	**250 993**	**96 635**	**16 288**	**284 457**
300 516	172 158	121 122	699	88 686	9 757	153 914	1 587	20 370	5 432	1 043	12 431
1303 410	778 475	450 916	5 882	421 094	40 305	536 198	8 859	92 651	41 187	4 479	103 459
1807 642	988 958	544 827	50 186	455 571	45 105	568 872	12 053	124 918	41 040	8 506	157 427
45 329	35 713	9 018	121	16 871	1 683	21 891	820	1 851	2 090	168	4 419
178 280	121 517	50 898	1 252	52 277	4 896	88 865	1 967	11 203	6 886	2 092	6 721
658 947	273 092	283 534	38 613	106 900	9 940	85 810	319	5 496	16 140	3 558	86 871
1088 759	554 320	425 628	7 133	281 668	24 442	443 732	8 082	75 877	32 118	6 318	75 953
1356 512	871 779	384 210	7 965	433 993	49 912	610 969	10 886	124 207	36 256	3 763	97 573
530 959	397 630	83 409	4 429	211 938	17 452	229 229	5 999	45 413	12 121	2 649	24 060
3588 625	2056 731	1171 087	57 944	1021 010	100 621	1340 296	24 386	245 548	95 424	15 834	282 121
46 399	39 957	5 684	186	13 415	1 119	29 421	895	5 442	1 210	454	2 286
153	133	10	10	74	6	23	5	3	1	——	50

全 国 文 物 商 店

	机构数（个）	从业人员数（人）	从业人员数：在编人数	具有中高级职称人数（人）	具有中高级职称人数：高级职称	安全保卫人员（人）	安全保卫人员：在编安全保卫人数	信息化装备：计算机（台）	信息化装备：网站数（个）	资产合计（千元）	资产合计：固定资产原值	资产合计：累计折旧
总　　计	**96**	**2 355**	**1 916**	**480**	**94**	**235**	**107**	**298**	**12**	**908 603**	**223 163**	**104 827**
按隶属关系分												
中　　央	——	——	——	——	——	——	——	——	——	——	——	——
省　　级	28	1 161	949	259	55	115	42	175	6	576 891	128 708	58 272
地 市 级	63	1 148	947	217	38	120	65	120	6	324 146	93 755	46 262
县 市 级	5	46	20	4	1	——	——	3	——	7 566	700	293
按系统分												
文物系统	95	2 341	1 902	475	93	231	103	297	11	904 496	223 163	104 827
非文物系统	1	14	14	5	1	4	4	1	1	4 107	——	——

	本年销售文物数（件、套）	本年销售文物数：文物外销数	本年销售文物数：文物内销数	本年销售收入（千元）	本年销售收入：文物外销金额	本年销售收入：文物内销金额	本年向文物收藏单位提供文物数（件、套）	一级品	二级品	三级品	补偿金额（千元）
总　　计	**205 678**	**27 620**	**178 058**	**477 039**	**56 399**	**374 128**	**36 641**	**1**	**5**	**640**	**2 901**
按隶属关系分											
中　　央	——	——	——	——	——	——	——	——	——	——	——
省　　级	139 433	21 924	117 509	236 250	31 103	192 526	1 301	——	——	501	965
地 市 级	62 336	5 696	56 640	238 139	25 296	180 265	35 340	1	5	139	1 936
县 市 级	3 909	——	3 909	2 650	——	1 337	——	——	——	——	——
按系统分											
文物系统	205 552	27 620	177 932	475 936	56 399	373 168	36 641	1	5	640	2 901
非文物系统	126	——	126	1 103	——	960	——	——	——	——	——

综 合 情 况

负债合计（千元）	所有者权益合计（千元）	实收资本	库存珍贵文物（件、套）	库存珍贵文物数量 一级品	二级品	三级品	金额（千元）	上年末库存文物数 数量（件、套）	金额（千元）	本年收购文物 数量（件、套）	金额（千元）
267 236	**739 403**	**192 511**	**2048 279**	**75**	**179**	**11 849**	**33 152**	**8770 731**	**350 479**	**35 003**	**241 211**
——	——	——	——	——	——	——	——	——	——	——	——
138 731	529 738	114 694	557 081	20	46	24	18 719	6142 840	204 072	15 776	141 706
125 912	207 291	75 345	1490 457	55	133	11 825	14 343	2479 437	143 225	18 960	98 988
2 593	2 374	2 472	741	——	——	——	90	148 454	3 182	267	517
264 577	737 955	192 511	2048 277	75	178	11 848	33 147	8769 706	348 699	34 479	240 759
2 659	1 448	——	2	——	1	1	5	1 025	1 780	524	452

本年销售成本（千元）	本年销售费用（千元）	人员支出	其他经营收入（千元）	管理费用（千元）	各种税金（千元）	增值税	净利润（千元）	增加值（千元）	公用房屋建筑面积（千平方米）	营业用房	文物库房
221 257	**101 643**	**63 715**	**34 089**	**101 212**	**48 529**	**19 776**	**62 150**	**183 320**	**153.1**	**48.9**	**69.6**
——	——	——	——	——	——	——	——	——	——	——	——
108 656	49 866	33 215	19 471	58 886	29 785	9 945	24 096	92 244	96.7	23.8	48.4
111 616	50 681	29 574	14 562	41 626	18 603	9 831	38 283	90 210	53.2	24.4	18.8
985	1 096	926	56	700	141	——	− 229	866	3.3	0.8	2.4
220 657	101 643	63 715	34 089	101 212	48 529	19 776	62 150	183 320	152.9	48.8	69.5
600	——	——	——	——	——	——	——	——	0.2	0.1	0.1

全国其他文物机构

	机构数(个)	从业人员数(人)	从业人员数 在编人数	具有专业资质人数(人)	具有考古发掘个人领队资格人数	具有文物保护工程职业资格人数	具有中高级职称人数(人)	高级职称	安全保卫人员(人)	在编安全保卫人数	信息化装备 计算机(台)	网站数(个)	文物藏品(件、套)	一级品	二级品	三级品
总计	**85**	**2 024**	**1 400**	**177**	**9**	**17**	**259**	**94**	**195**	**135**	**371**	**4**	**50 877**	**199**	**4 497**	**37 699**
按隶属关系分																
中央	5	385	355	120	1	——	98	38	12	10	151	2	——	——	——	——
省级	29	463	250	47	3	17	97	46	10	4	168	2	6 590	141	4 484	1 965
地市级	27	708	633	9	5	——	40	10	54	35	31	——	38 678	56	4	33 153
县市级	24	468	162	1	——	——	24	——	119	86	21	——	5 609	2	9	2 581
按系统分																
文物系统	82	1 747	1 123	58	9	17	185	70	183	125	272	3	50 577	198	4 497	37 699
非文物系统	3	277	277	119	——	——	74	24	12	10	99	1	300	1	——	——

	本年收入合计(千元)	财政拨款	上级补助收入	事业收入	经营收入	附属单位上缴收入	其他收入
总计	**196 217**	**69 529**	**13 359**	**34 587**	**54 823**	**——**	**23 919**
按隶属关系分							
中央	74 708	1 279	2 300	8 788	44 619	——	17 722
省级	42 677	21 917	6 412	5 001	5 949	——	3 398
地市级	35 825	8 349	4 596	19 508	627	——	2 745
县市级	43 007	37 984	51	1 290	3 628	——	54
按系统分							
文物系统	141 557	68 529	13 059	34 587	10 471	——	14 911
非文物系统	54 660	1 000	300	——	44 352	——	9 008

全国对外、对港澳台

	对外交流活动		出访						来访				
	对外文化交流活动起数(起)	对外文化交流活动人次(人次)	出访起数(起)	出访人次(人次)	民间交流起数(起)	民间交流人次(人次)	政府交流起数(起)	政府交流人次(人次)	来访起数(起)	来访人次(人次)	民间交流起数(起)	民间交流人次(人次)	政府交流起数(起)
总计	**3 745**	**46 778**	**2 112**	**19 329**	**1 094**	**10 570**	**1 018**	**8 759**	**1 633**	**27 449**	**1 063**	**15 636**	**570**

全国对外、对港澳台商业演出综合情况

	演出团体机构数(个)	参与交流人员(人)	参与交流人员 演职人员	演出场次(场)	演出观众人次(人次)	经费收入合计(千元)	财政拨款	事业收入	事业收入 演出收入	其他收入	经费支出合计(千元)
总计	**3 207**	**74 690**	**72 028**	**87 355**	**22 301 324**	**177 738**	**404**	**176 736**	**172 622**	**598**	**3 341 409**
一、对外演出	**2 178**	**50 752**	**50 752**	**84 439**	**19 631 872**	**29 291**	**373**	**28 623**	**24 614**	**295**	**2 889 182**
来访	1 081	25 231	25 231	74 207	15 127 312	24 031	28	23 866	19 866	137	323 992
出访	1 097	25 521	25 521	10 232	4 504 560	5 260	345	4 757	4 749	158	2 565 190
二、对港澳台演出	1 029	23 938	21 276	2 916	2 669 452	148 447	31	148 113	148 008	303	452 227
赴港澳台	663	17 940	17 940	2 024	1 581 770	141 711	30	141 601	141 601	80	445 294
其中:台湾	387	7 061	7 061	869	652 400	268	——	268	268	——	123 544
港澳台来大陆	366	5 998	3 336	892	1 087 682	6 736	1	6 512	6 408	223	6 933
其中:台湾	237	2 371	1 533	180	370 764	3 757	——	3 713	3 705	44	4 015

综 合 情 况

藏品分类数				本年从有关部门接收文物数(件、套)	本年藏品征集数(件、套)	本年修复藏品数				固定资产原值(千元)	增加值(千元)	公用房屋建筑面积		
(件、套)	古代文物数	近现代文物数	自然标本数			(件、套)	一级品	二级品	三级品			(千平方米)	业务用房	文物库房
14 992	**9 541**	**4 551**	**26**	**——**	**8**	**50**	**——**	**——**	**——**	**117 373**	**88 287**	**51.0**	**23.2**	**1.2**
——	——	——	——	——	——	——	——	——	——	58 578	51 446	22.2	17.4	——
6 590	5 000	1 590	——	——	——	——	——	——	——	21 833	15 412	2.2	1.3	0.5
2 812	2 809	1	2	——	8	50	——	——	——	36 605	17 902	25.0	3.8	0.4
5 590	1 732	2 960	24	——	——	——	——	——	——	357	3 527	1.6	0.7	0.3
14 692	9 366	4 431	21	——	8	50	——	——	——	65 675	43 031	30.3	7.3	1.2
300	175	120	5	——	——	——	——	——	——	51 698	45 256	20.7	15.9	——

本年支出合计(千元)											
	基本支出	项目支出	经营支出	在支出合计中							
				人员支出	社会保障缴费	公用支出	福利费	维修费	各种设备购置费	税金支出	对个人和家庭补助支出
183 988	**79 625**	**50 695**	**39 807**	**43 613**	**5 773**	**55 472**	**1 984**	**1 067**	**6 777**	**4 343**	**3 612**
74 173	30 711	3 619	35 040	19 209	2 206	16 515	1 350	344	1 238	3 536	970
40 678	14 982	19 577	1 322	9 428	838	13 743	335	266	4 883	794	1 803
31 892	27 552	72	140	11 709	2 376	19 018	293	417	344	13	769
37 245	6 380	27 427	3 305	3 267	353	6 196	6	40	312	——	70
129 692	65 209	47 609	4 799	28 661	3 992	50 110	910	893	6 277	1 218	3 612
54 296	14 416	3 086	35 008	14 952	1 781	5 362	1 074	174	500	3 125	——

文 化 交 流 活 动 情 况

	对港澳台交流活动													
	对港澳台文化交流活动起数(起)	对港澳台文化交流活动人次(人次)	赴港澳台						港澳台来大陆					
政府交流人次(人次)			赴港澳台起数(起)	赴港澳台人次(人次)	民间交流起数(起)	民间交流人次(人次)	政府交流起数(起)	政府交流人次(人次)	港澳台来大陆起数(起)	港澳台来大陆人次(人次)	民间交流起数(起)	民间交流人次(人次)	政府交流起数(起)	政府交流人次(人次)
11 813	**2 030**	**27 060**	**1 444**	**13 414**	**824**	**8 008**	**620**	**5 406**	**586**	**13 646**	**430**	**8 097**	**156**	**5 549**

全国对外、对港澳台有偿展览综合情况

	参与展览机构数(个)	参与交流人员		展览场次(场)	参观人次(人次)	经费收入合计					经费支出合计(千元)
		(人)	展览业务人员			(千元)	财政拨款	事业收入		其他收入	
									展览收入		
总　计	**833**	**6 990**	**6 308**	**731**	**10 480 537**	**987 440**	**15**	**986 445**	**7**	**980**	**665 378**
一、对外文化展览	**518**	**4 844**	**4 162**	**731**	**9 293 937**	**987 315**	**15**	**986 320**	**7**	**980**	**664 951**
来　访	266	2 156	1 713	382	1 652 937	484	——	64	7	420	662 925
出　访	252	2 688	2 449	349	7 641 000	986 831	15	986 256	——	560	2 026
二、对港澳台文化展览	315	2 146	2 146	——	1 186 600	125	——	125	——	——	427
赴港澳台	211	1 032	1 032	——	1 101 700	125	——	125	——	——	172
其中:台湾	——	301	301	——	22 500	——	——	——	——	——	21
港澳台来大陆	104	1 114	1 114	——	84 900	——	——	——	——	——	255
其中:台湾	——	1 040	1 040	——	82 900	——	——	——	——	——	255

全国各地区文化(文物)

	本年收入合计(千元)						
		财政拨款	上级补助收入	事业收入	经营收入	附属单位上缴收入	其他收入
总　计	**31 544 323**	**20 773 770**	**1 100 640**	**6 860 965**	**735 375**	**111 482**	**1 497 389**
中　央	3 564 277	2 301 656	51 536	836 100	141 595	23 060	210 330
地　方	27 980 046	18 472 114	1 049 104	6 024 865	593 780	88 422	1 287 059
北　京	1 712 742	860 317	34 372	595 721	97 808	6 173	100 386
天　津	601 313	454 799	13 956	89 747	6 516	507	28 635
河　北	979 577	661 837	24 314	233 928	13 421	11 390	26 907
山　西	928 236	552 633	23 482	314 267	8 325	1 313	23 129
内蒙古	516 831	432 871	2 854	57 674	1 693	——	18 561
辽　宁	968 905	621 845	41 421	190 106	92 272	1 008	19 228
其中:大连	125 402	102 323	347	18 461	1 906	——	2 365
吉　林	516 803	402 226	20 336	72 351	7 752	648	9 042
黑龙江	479 123	420 114	10 246	33 881	1 170	977	11 577
上　海	2 073 490	1 066 566	116 045	675 156	34 444	3 785	150 330
江　苏	1 739 805	1 318 169	49 044	231 801	14 439	2 886	98 422
浙　江	2 565 398	1 729 569	128 470	450 275	15 270	46 621	142 139
其中:宁波	299 926	219 602	19 077	24 922	1 542	1 545	23 790
安　徽	602 433	440 659	29 584	78 074	6 367	413	33 084
福　建	763 687	553 773	36 144	83 101	16 025	81	30 189
其中:厦门	160 572	132 514	6 718	12 639	729	——	6 888
江　西	478 430	345 546	17 259	78 494	7 799	589	19 349
山　东	1 273 873	891 527	21 702	313 295	4 290	——	32 108
其中:青岛	173 992	145 727	8 362	14 380	762	——	4 276
河　南	1 142 124	664 560	43 567	338 294	37 041	187	35 153
湖　北	1 189 766	673 334	53 084	308 518	26 143	497	72 650
湖　南	787 561	519 768	23 543	166 624	17 691	147	42 043
广　东	2 672 535	1 854 348	149 089	400 851	71 510	7 046	140 239
其中:深圳	599 573	376 932	50 692	65 546	16 123	4 686	70 011
广　西	574 769	439 071	14 269	74 894	15 833	435	24 503
海　南	121 127	99 089	4 545	9 407	920	5	5 879
重　庆	467 978	273 545	14 414	130 324	22 708	534	12 589
四　川	1 156 770	653 386	45 847	353 059	19 044	855	57 151
贵　州	340 988	264 212	5 846	39 852	2 091	——	22 384
云　南	782 126	679 002	15 527	47 416	14 764	——	20 642
西　藏	170 536	109 421	2 561	55 901	1 505	18	824
陕　西	943 157	436 330	54 741	365 993	8 869	2 197	74 560
甘　肃	532 586	368 732	14 960	127 761	5 851	18	14 724
青　海	151 120	135 307	2 144	8 564	384	14	4 044
宁　夏	171 510	137 335	3 928	15 370	3 451	——	5 309
新　疆	574 747	412 223	31 810	84 166	18 384	78	11 279

机构事业经费收支情况

本年支出合计（千元）												固定资产原值（千元）
	基本支出	项目支出	经营支出	在支出合计中								
				人员支出		公用支出					对个人和家庭补助支出	
					社会保障缴费		福利费	维修费	各种设备购置费	税金支出		
29434 813	**19372 890**	**7248 008**	**802 607**	**9401 643**	**937 056**	**9944 854**	**234 765**	**1052 083**	**1634 566**	**181 873**	**2659 489**	**47160 732**
3124 353	1640 718	1312 076	93 227	449 232	42 354	1246 030	22 882	39 141	203 207	21 263	288 974	3250 287
26310 460	17732 172	5935 932	709 380	8952 411	894 702	8698 824	211 883	1012 942	1431 359	160 610	2370 515	43910 444
1648 046	750 815	443 207	133 775	353 960	26 345	618 512	9 596	89 911	127 895	11 003	127 969	1 926 216
488 419	402 780	40 335	4 717	172 347	12 600	184 738	3 411	10 704	37 964	4 149	80 405	394 588
867 287	670 526	152 321	10 601	360 120	41 477	257 868	4 831	41 210	42 059	2 735	62 429	1 186 628
834 418	627 245	122 951	8 994	329 326	20 824	297 157	6 787	37 841	39 425	4 075	70 939	763 800
477 585	467 209	5 074	451	229 071	13 202	148 713	2 751	14 088	21 176	1 279	47 400	681 418
906 077	572 245	117 930	70 299	333 376	36 187	290 557	3 912	22 708	43 216	5 479	93 777	1 828 785
128 938	62 077	32 194	11 877	43 942	8 361	47 345	1 017	5 678	10 707	430	3 775	220 128
509 110	386 631	75 978	7 957	191 181	10 019	182 601	1 125	32 833	27 296	2 341	91 015	612 486
470 650	374 668	57 089	868	223 428	20 087	113 945	2 138	20 445	19 800	1 550	80 318	757 800
1901 472	1270 631	508 591	65 220	595 429	112 098	876 132	18 783	93 526	180 729	20 943	63 476	5 603 402
1607 473	1220 151	329 171	13 826	531 581	58 670	545 736	12 284	58 447	106 177	4 367	180 028	2 750 247
2372 572	1513 938	752 317	52 012	717 156	100 412	1 016 976	30 164	85 361	123 228	17 351	168 506	3 194 631
287 462	197 964	86 004	606	99 198	17 710	106 831	3 679	5 004	15 484	3 328	17 137	377 845
596 713	409 356	106 232	11 182	227 162	24 076	149 339	5 448	17 186	24 792	2 353	95 938	634 001
757 640	494 173	210 730	9 753	230 075	33 005	207 526	4 148	12 946	35 435	8 028	64 889	949 898
160 893	96 961	61 212	1 379	40 697	5 394	59 757	546	2 654	10 066	1 101	12 238	212 641
471 282	332 118	73 736	4 487	191 960	16 004	108 214	5 939	11 969	19 046	3 467	52 787	698 550
1257 137	1060 942	145 881	30 279	511 174	72 538	283 885	7 849	29 860	56 896	5 719	123 559	2 044 767
176 633	137 666	33 520	42	77 758	16 371	47 394	1 345	2 551	10 671	635	13 762	278 792
1060 971	707 471	209 053	53 620	360 681	45 173	416 722	8 183	35 012	31 200	5 624	88 239	1 573 713
1158 724	735 491	334 329	20 489	373 765	29 303	329 049	10 847	38 044	48 454	4 098	99 133	1 511 571
772 848	560 181	167 790	15 338	274 206	26 815	261 142	11 497	40 325	38 395	4 772	56 728	1 242 381
2611 486	1406 876	1 010 059	71 194	700 462	56 606	875 159	22 410	94 309	187 026	16 554	172 016	5 908 956
604 513	346 391	190 414	15 437	171 869	11 189	172 687	5 658	8 088	58 277	3 246	15 136	592 130
544 710	370 474	129 402	15 207	227 388	13 967	132 279	4 843	20 930	23 548	4 439	66 807	1 003 356
112 698	75 987	21 130	1 250	50 855	7 939	21 164	447	1 900	2 952	410	4 016	147 934
411 217	267 998	92 998	12 899	124 553	8 555	115 542	3 714	13 322	20 074	2 656	46 759	821 325
1097 397	739 776	266 390	20 114	348 333	36 307	388 271	6 635	81 747	44 053	7 497	89 690	2 052 112
309 367	271 163	26 564	3 135	131 868	7 281	85 471	2 544	8 069	14 185	2 683	53 057	304 513
717 122	471 310	162 584	15 908	282 034	13 077	148 604	3 087	12 067	23 087	4 601	57 186	1 392 192
131 032	80 842	17 503	212	53 252	1 271	13 194	459	2 300	2 378	50	11 154	219 404
848 794	580 419	75 086	16 753	300 850	18 708	308 044	6 814	43 297	29 377	6 819	52 118	2 027 336
497 777	390 821	77 591	9 396	186 767	7 478	155 688	6 320	26 935	26 648	2 707	57 953	782 609
138 932	107 904	26 638	49	60 848	1 025	24 648	55	2 517	3 939	291	25 773	107 362
171 153	115 321	30 939	4 203	70 413	8 007	32 065	1 342	3 210	5 481	417	25 364	170 075
560 351	296 712	146 333	25 192	208 790	15 646	109 883	3 520	9 923	25 428	2 153	61 087	618 392

全国各地区文化

	本年收入合计（千元）	财政拨款	上级补助收入	事业收入	经营收入	附属单位上缴收入	其他收入
总计	**21 650 110**	**15 802 806**	**710 626**	**3 082 177**	**458 722**	**31 371**	**1 099 706**
中央	1 932 712	1 373 501	40 541	349 716	28 984	4 989	134 981
地方	19 717 398	14 429 305	670 085	2 732 461	429 738	26 382	964 725
北京	912 365	638 170	27 760	167 988	8 202	2 813	49 467
天津	403 389	295 876	13 956	56 603	6 516	357	22 928
河北	546 759	442 519	11 841	56 659	6 825	1 020	20 115
山西	465 840	355 299	13 193	67 732	6 685	1 240	16 604
内蒙古	385 383	344 033	1 047	21 003	1 693	——	14 429
辽宁	783 764	525 376	35 280	113 622	90 826	1 008	14 627
其中：大连	95 746	82 515	347	9 946	1 906	——	1 032
吉林	413 775	342 570	2 777	50 398	4 395	648	8 539
黑龙江	404 651	362 442	8 526	20 288	1 170	977	10 090
上海	1 796 545	881 347	113 078	600 205	29 983	3 785	140 983
江苏	1 353 434	1 044 326	35 543	157 721	13 034	2 729	75 037
浙江	1 712 845	1 278 649	98 375	145 301	13 541	1 783	122 142
其中：宁波	252 669	185 630	16 395	16 869	1 375	1 545	21 407
安徽	461 788	357 198	16 286	45 597	4 123	413	23 919
福建	685 402	490 025	31 214	77 934	15 858	81	25 916
其中：厦门	142 809	117 167	6 680	10 819	729	——	6 330
江西	363 516	276 425	12 442	44 409	6 598	589	13 659
山东	905 995	769 201	11 951	85 654	2 603	——	25 635
其中：青岛	150 808	127 465	6 287	12 634	762	——	3 175
河南	588 983	400 659	11 183	116 005	13 291	37	24 486
湖北	953 848	537 568	27 152	255 668	20 388	497	57 035
湖南	557 928	400 831	12 203	78 506	16 747	147	31 749
广东	2 129 493	1 521 603	100 282	259 029	69 274	6 378	123 475
其中：深圳	553 852	349 052	45 357	61 845	15 417	4 686	61 912
广西	431 469	341 985	4 686	48 934	12 405	435	17 260
海南	102 135	84 596	4 530	7 816	920	5	2 986
重庆	320 429	231 677	8 515	34 775	20 969	456	10 173
四川	674 268	516 512	17 977	62 996	15 700	824	32 831
贵州	281 063	234 185	3 541	14 811	1 300	——	20 623
云南	670 437	595 842	10 891	28 890	13 918	——	16 121
西藏	83 122	79 588	1 421	731	295	18	763
陕西	376 539	290 375	3 311	55 245	5 028	32	22 081
甘肃	306 230	258 931	9 253	25 713	5 851	18	5 924
青海	116 341	107 452	1 867	3 562	54	14	2 729
宁夏	127 126	103 112	3 651	6 599	3 442	——	4 205
新疆	402 536	320 933	16 353	22 067	18 104	78	8 194

事业经费收支情况

本年支出合计（千元）												固定资产原值（千元）
	基本支出	项目支出	经营支出	在支出合计中								
				人员支出		公用支出					对个人和家庭补助支出	
					社会保障缴费		福利费	维修费	各种设备购置费	税金支出		
20 709 844	**14 394 267**	**4 612 845**	**503 738**	**7 244 077**	**735 656**	**6 192 766**	**173 861**	**475 685**	**1 419 644**	**144 026**	**2 104 702**	**35 818 654**
1 676 260	917 851	729 394	19 199	288 803	29 099	569 776	21 187	25 171	161 025	13 909	199 462	2 744 120
19 033 584	13 476 416	3 883 451	484 539	6 955 274	706 557	5 622 990	152 674	450 514	1 258 619	130 117	1 905 240	33 074 534
879 642	546 232	266 443	11 053	237 273	21 349	412 184	3 806	61 813	118 250	9 130	108 866	1 484 110
380 451	308 586	27 770	4 717	133 942	9 837	136 914	2 433	5 325	35 367	3 942	61 313	335 477
542 165	431 128	71 775	5 968	232 501	26 230	130 539	2 813	7 900	35 677	2 175	40 500	799 333
460 063	357 194	50 923	8 994	211 857	14 356	119 967	3 823	10 777	27 109	2 064	47 304	456 651
368 854	360 527	3 118	451	193 446	10 635	90 028	2 219	7 653	16 340	1 187	40 706	504 625
727 281	483 782	74 959	68 036	265 140	29 120	223 448	3 210	12 830	35 195	5 204	78 387	1 258 136
102 097	45 791	22 773	11 871	33 768	6 974	37 765	800	3 144	9 618	356	2 815	198 220
407 599	317 440	49 304	4 600	167 242	8 146	134 516	867	16 091	25 466	2 337	83 023	459 844
396 801	314 353	45 520	866	191 451	17 848	87 649	1 874	11 811	18 633	1 221	68 534	478 883
1 654 860	1 126 604	422 744	60 790	510 504	96 623	728 143	16 620	63 466	175 600	20 490	56 666	4 905 826
1 241 868	979 381	218 603	12 073	411 375	50 391	380 282	10 319	26 365	89 762	3 452	136 069	2 061 575
1 677 258	1 113 677	464 591	50 743	536 086	72 474	579 532	22 221	29 905	111 775	12 995	118 577	2 246 782
243 825	169 535	70 857	575	82 716	14 854	88 296	3 227	3 142	14 906	3 218	14 304	292 146
464 979	319 903	77 561	6 847	187 321	20 997	102 689	3 953	7 645	21 081	1 907	78 795	408 783
684 600	441 273	194 477	9 626	202 623	30 100	180 775	3 799	9 564	33 384	7 859	57 851	861 521
141 233	83 403	55 110	1 379	35 181	4 968	51 218	416	911	9 519	956	9 933	194 929
364 174	273 592	38 525	4 418	156 139	13 025	82 683	5 334	7 260	17 507	3 326	40 069	511 795
891 197	753 453	117 773	2 650	398 159	56 855	215 154	4 670	16 611	52 844	2 721	103 221	1 376 768
155 191	119 471	30 955	42	67 950	14 155	41 202	1 264	2 039	10 514	621	11 586	257 556
584 500	402 172	87 082	27 028	239 711	32 045	120 084	4 127	10 289	20 938	3 492	62 994	891 040
922 789	621 087	227 293	17 751	315 256	23 978	262 092	8 976	23 691	41 449	3 710	83 734	1 186 208
551 114	427 478	88 122	14 607	213 070	21 950	147 879	8 498	15 292	30 986	4 187	46 143	759 733
2 100 642	1 170 087	765 527	70 047	574 885	46 117	652 566	18 217	32 707	173 480	13 950	137 693	5 279 916
555 585	331 629	170 706	15 437	158 685	10 137	164 092	5 361	7 231	57 618	2 573	13 225	549 324
422 672	303 700	80 173	13 277	190 950	11 975	91 670	3 523	10 872	19 977	3 437	54 803	856 799
92 268	62 056	19 207	1 250	39 520	5 851	17 799	393	1 537	2 796	394	2 146	109 586
295 033	186 138	67 246	11 519	91 105	6 998	73 877	2 431	4 373	17 499	2 203	40 140	542 678
660 962	443 858	150 123	16 983	240 982	25 323	168 074	4 473	15 386	36 414	4 653	68 930	1 573 974
263 369	230 650	23 571	1 166	116 343	6 922	59 486	2 329	2 188	12 893	2 463	50 411	266 641
610 172	412 694	121 929	14 951	251 872	12 001	108 549	2 648	6 323	20 359	4 379	53 390	1 070 448
83 472	68 460	4 541	212	45 208	930	9 756	376	1 372	2 148	48	8 954	211 312
378 249	335 077	12 292	9 516	182 692	11 708	124 190	2 072	13 926	19 074	3 047	32 334	998 975
295 015	263 663	21 552	5 586	134 820	5 490	71 932	3 179	7 819	17 803	1 339	43 734	438 078
109 585	86 353	18 947	49	50 639	981	16 656	45	1 274	3 617	291	22 404	85 699
125 817	91 900	15 319	4 189	53 049	2 779	22 345	717	2 363	4 625	401	22 639	124 538
396 133	243 918	56 441	24 576	180 113	13 523	71 532	2 709	6 086	20 571	2 113	54 910	528 800

全国各地区文物

	本年收入合计（千元）	财政拨款	上级补助收入	事业收入	经营收入	附属单位上缴收入	其他收入
总　计	**8 317 409**	**3 759 345**	**370 798**	**3 459 706**	**273 381**	**80 003**	**374 176**
中　央	975 935	272 525	10 995	486 384	112 611	18 071	75 349
地　方	7 341 474	3 486 820	359 803	2 973 322	160 770	61 932	298 827
北　京	800 377	222 147	6 612	427 733	89 606	3 360	50 919
天　津	98 371	80 742	——	13 114	——	120	4 395
河　北	391 369	196 073	11 638	160 831	6 596	10 370	5 861
山　西	356 004	132 429	7 243	208 796	1 640	73	5 823
内蒙古	109 123	73 448	1 807	29 846	——	——	4 022
辽　宁	169 866	87 923	6 126	70 051	1 438	——	4 328
其中：大连	22 936	15 649	——	5 954	——	——	1 333
吉　林	103 028	59 656	17 559	21 953	3 357	——	503
黑龙江	52 742	47 037	1 670	2 596	——	——	1 439
上　海	268 567	180 312	2 897	73 595	4 461	——	7 302
江　苏	308 641	230 369	9 907	45 364	1 405	157	21 439
浙　江	774 327	397 714	30 095	282 830	1 729	44 838	17 121
其中：宁波	47 257	33 972	2 682	8 053	167	——	2 383
安　徽	89 413	65 128	9 639	7 493	2 244	——	4 909
福　建	71 578	58 275	4 915	4 007	167	——	4 214
其中：厦门	11 056	9 874	23	660	——	——	499
江　西	97 814	62 210	4 802	24 270	1 201	——	5 331
山　东	351 064	112 289	9 751	221 402	1 687	——	5 935
其中：青岛	23 184	18 262	2 075	1 746	——	——	1 101
河　南	503 092	228 468	32 350	208 563	23 305	150	10 256
湖　北	186 794	109 013	24 397	35 666	3 943	——	13 775
湖　南	200 940	112 629	11 340	67 567	944	——	8 460
广　东	471 546	278 036	48 719	126 428	1 396	668	16 299
其中：深圳	45 721	27 880	5 335	3 701	706	——	8 099
广　西	117 219	84 557	3 457	18 888	3 428	——	6 889
海　南	10 936	7 284	15	790	——	——	2 847
重　庆	138 763	39 154	5 899	90 294	1 739	——	1 677
四　川	445 061	119 430	27 750	271 379	3 177	31	23 294
贵　州	59 925	30 027	2 305	25 041	791	——	1 761
云　南	98 715	76 096	4 636	12 886	846	——	4 251
西　藏	87 414	29 833	1 140	55 170	1 210	——	61
陕　西	549 074	138 412	51 430	300 747	3 841	2 165	52 479
甘　肃	215 753	102 212	5 707	99 090	——	——	8 744
青　海	26 708	22 430	263	2 602	330	——	1 083
宁　夏	24 277	17 046	277	6 581	9	——	364
新　疆	162 973	86 441	15 457	57 749	280	——	3 046

事业经费收支情况

本年支出合计（千元）	基本支出	项目支出	经营支出	在支出合计中：人员支出	人员支出：社会保障缴费	公用支出	公用支出：福利费	公用支出：维修费	公用支出：各种设备购置费	公用支出：税金支出	对个人和家庭补助支出	固定资产原值（千元）
7 363 763	**3 886 144**	**2 413 987**	**293 376**	**1 806 283**	**174 355**	**3 108 355**	**53 815**	**532 584**	**177 829**	**36 790**	**407 830**	**10 270 838**
940 531	318 110	479 877	74 028	133 300	12 255	300 874	1 695	6 345	34 628	7 354	89 512	506 167
6 423 232	3 568 034	1 934 110	219 348	1 672 983	162 100	2 807 481	52 120	526 239	143 201	29 436	318 318	9 764 671
768 404	204 583	176 764	122 722	116 687	4 996	206 328	5 790	28 098	9 645	1 873	19 103	442 106
63 097	52 125	10 002	——	22 589	1 953	31 988	520	3 144	1 881	150	7 929	45 406
287 034	203 713	78 143	4 633	111 099	13 602	115 410	1 633	32 713	4 167	560	13 281	333 434
268 664	189 484	59 925	——	78 274	4 768	143 819	2 555	21 065	8 987	1 993	9 285	202 767
86 217	84 168	1 956	——	24 287	1 158	51 390	326	5 255	4 246	92	4 505	142 536
163 521	77 432	38 727	2 263	61 065	6 428	61 223	615	9 308	7 456	219	13 553	545 008
20 121	12 899	6 088	6	6 645	1 028	7 102	198	2 229	759	74	628	10 040
101 511	69 191	26 674	3 357	23 939	1 873	48 085	258	16 742	1 830	4	7 992	152 642
51 852	39 598	10 289	2	22 603	984	19 853	188	7 285	267	326	5 604	245 034
238 257	135 672	85 847	4 430	81 294	14 785	145 180	2 138	29 295	5 035	402	6 075	686 217
290 209	175 048	103 694	1 753	90 513	6 263	144 381	1 740	30 368	12 772	915	25 826	597 558
623 326	331 142	284 857	1 269	152 402	24 252	409 135	7 034	51 406	7 212	4 356	35 816	868 543
43 637	28 429	15 147	31	16 482	2 856	18 535	452	1 862	578	110	2 833	85 699
80 593	55 572	12 264	4 335	27 339	2 194	31 988	828	8 310	2 319	446	9 558	180 373
66 425	47 631	14 907	127	25 216	2 652	24 922	266	3 324	2 048	24	5 834	78 815
13 045	8 289	4 756	——	3 280	173	6 710	47	1 685	544	——	1 101	8 150
90 675	47 603	29 701	69	30 882	2 791	22 596	584	4 612	1 301	141	9 688	135 181
347 936	290 419	28 108	27 629	101 504	13 575	64 068	3 156	12 759	3 795	2 998	18 508	618 027
21 442	18 195	2 565	——	9 808	2 216	6 192	81	512	157	14	2 176	21 236
425 550	265 350	114 512	26 147	99 916	10 645	285 146	2 837	23 985	8 687	1 969	14 620	609 993
187 345	76 312	100 378	2 318	43 145	4 278	44 921	1 648	6 553	2 768	64	8 887	248 900
193 232	107 420	76 932	731	53 256	4 040	98 985	2 248	24 005	6 062	585	6 977	445 119
440 372	194 085	222 297	307	99 478	9 326	212 436	3 529	60 863	13 447	2 445	24 099	526 086
48 928	14 762	19 708	——	13 184	1 052	8 595	297	857	659	673	1 911	42 806
96 340	43 120	47 276	1 930	25 098	1 387	32 052	1 030	8 931	1 927	1 002	6 901	129 237
11 869	5 370	1 923	——	6 325	1 363	2 287	35	286	135	16	402	29 281
105 842	71 909	25 752	1 380	29 051	1 361	37 008	1 254	8 298	2 214	453	5 722	270 194
398 749	265 777	108 742	3 111	92 034	10 045	204 961	2 096	65 488	7 167	2 844	15 503	420 196
45 998	40 513	2 993	1 969	15 525	359	25 985	215	5 881	1 292	220	2 646	37 872
93 649	47 511	38 459	957	25 469	1 076	32 585	439	4 806	1 880	222	2 658	305 942
47 560	12 382	12 962	——	8 044	341	3 438	83	928	230	2	2 200	8 092
453 001	229 018	62 794	7 237	112 796	6 922	174 955	4 742	28 589	9 829	3 691	16 501	996 892
192 919	127 158	56 039	42	48 179	1 794	81 408	3 078	18 635	8 784	1 368	10 492	341 117
20 772	14 476	6 191	——	6 989	44	6 398	6	866	322	——	1 686	16 246
27 333	14 172	6 867	14	12 767	4 984	6 695	461	804	814	16	1 098	38 753
154 980	50 080	88 135	616	25 218	1 861	37 855	788	3 637	4 682	40	5 369	67 104

全国各地区文化部门教育

	本年收入合计（千元）	财政拨款	上级补助收入	事业收入	经营收入	附属单位上缴收入	其他收入
总　计	**901 321**	**536 917**	**19 095**	**319 082**	**3 272**	**108**	**22 847**
北　京	——	——	——	——	——	——	——
天　津	99 553	78 181	——	20 030	——	30	1 312
河　北	41 449	23 245	835	16 438	——	——	931
山　西	106 342	64 855	3 046	37 739	——	——	702
内蒙古	22 325	15 390	——	6 825	——	——	110
辽　宁	15 075	8 346	15	6 433	8	——	273
其中：大连	6 720	4 159	——	2 561	——	——	——
吉　林	——	——	——	——	——	——	——
黑龙江	21 730	10 635	50	10 997	——	——	48
上　海	8 378	4 907	70	1 356	——	——	2 045
江　苏	76 579	42 544	3 473	28 716	——	——	1 846
浙　江	73 174	48 154	——	22 144	——	——	2 876
其中：宁波	——	——	——	——	——	——	——
安　徽	51 232	18 333	3 659	24 984	——	——	4 256
福　建	6 707	5 473	15	1 160	——	——	59
其中：厦门	6 707	5 473	15	1 160	——	——	59
江　西	17 100	6 911	15	9 815	——	——	359
山　东	16 814	10 037	——	6 239	——	——	538
其中：青岛	——	——	——	——	——	——	——
河　南	50 049	35 433	34	13 726	445	——	411
湖　北	49 124	26 753	1 535	17 184	1 812	——	1 840
湖　南	28 693	6 308	——	20 551	——	——	1 834
广　东	71 496	54 709	88	15 394	840	——	465
其中：深圳	——	——	——	——	——	——	——
广　西	26 081	12 529	6 126	7 072	——	——	354
海　南	8 056	7 209	——	801	——	——	46
重庆市	8 786	2 714	——	5 255	——	78	739
四　川	37 441	17 444	120	18 684	167	——	1 026
贵　州	——	——	——	——	——	——	——
云　南	12 974	7 064	——	5 640	——	——	270
西　藏	——	——	——	——	——	——	——
陕　西	17 544	7 543	——	10 001	——	——	——
甘　肃	10 603	7 589	——	2 958	——	——	56
青　海	8 071	5 425	14	2 400	——	——	232
宁　夏	6 707	4 337	——	2 190	——	——	180
新　疆	9 238	4 849	——	4 350	——	——	39

事业经费收支综合情况

本年支出合计（千元）	基本支出	项目支出	经营支出	在支出合计中：人员支出	其中：社会保障缴费	公用支出	其中：福利费	维修费	各种设备购置费	税金支出	对个人和家庭补助支出	固定资产原值（千元）
837 158	**682 787**	**106 868**	**5 493**	**322 326**	**25 875**	**264 698**	**6 875**	**36 124**	**29 183**	**1 057**	**146 398**	**1071 243**
——	——	——	——	——	——	——	——	——	——	——	——	——
44 825	42 069	2 563	——	15 770	801	15 836	458	2 235	716	57	11 163	13 705
38 088	35 685	2 403	——	16 520	1 645	11 919	385	597	2 215	——	8 648	53 861
105 641	80 567	12 053	——	39 195	1 700	33 371	409	5 999	3 329	18	14 350	104 382
22 514	22 514	——	——	11 338	1 409	7 295	206	1 180	590	——	2 189	34 257
15 075	10 981	4 094	——	7 121	639	5 736	87	570	565	56	1 837	25 641
6 720	3 387	3 333	——	3 529	359	2 478	19	305	330	——	332	11 868
——	——	——	——	——	——	——	——	——	——	——	——	——
21 997	20 717	1 280	——	9 374	1 255	6 443	76	1 349	900	3	6 180	33 883
8 355	8 355	——	——	3 631	690	2 809	25	765	94	51	735	11 359
74 245	64 652	6 793	——	29 693	2 016	21 066	225	1 714	3 640	——	18 131	91 114
68 161	68 161	——	——	28 393	3 636	25 656	859	4 000	3 891	——	14 112	79 306
——	——	——	——	——	——	——	——	——	——	——	——	——
51 141	33 881	16 407	——	12 502	885	14 662	667	1 231	1 392	——	7 585	44 845
6 615	5 269	1 346	——	2 236	253	1 829	83	58	3	145	1 204	9 562
6 615	5 269	1 346	——	2 236	253	1 829	83	58	3	145	1 204	9 562
16 433	10 923	5 510	——	4 939	188	2 935	21	97	238	——	3 030	51 574
18 004	17 070	——	——	11 511	2 108	4 663	23	490	257	——	1 830	49 972
——	——	——	——	——	——	——	——	——	——	——	——	——
50 921	39 949	7 459	445	21 054	2 483	11 492	1 219	738	1 575	163	10 625	72 680
48 590	38 092	6 658	420	15 364	1 047	22 036	223	7 800	4 237	324	6 512	76 463
28 502	25 283	2 736	——	7 880	825	14 278	751	1 028	1 347	——	3 608	37 529
70 472	42 704	22 235	840	26 099	1 163	10 157	664	739	99	159	10 224	102 954
——	——	——	——	——	——	——	——	——	——	——	——	——
25 698	23 654	1 953	——	11 340	605	8 557	290	1 127	1 644	——	5 103	17 320
8 561	8 561	——	——	5 010	725	1 078	19	77	21	——	1 468	9 067
10 342	9 951	——	——	4 397	196	4 657	29	651	361	——	897	8 453
37 686	30 141	7 525	20	15 317	939	15 236	66	873	472	——	5 257	57 942
——	——	——	——	——	——	——	——	——	——	——	——	——
13 301	11 105	2 196	——	4 693	——	7 470	——	938	848	——	1 138	15 802
——	——	——	——	——	——	——	——	——	——	——	——	——
17 544	16 324	——	——	5 362	78	8 899	——	782	474	81	3 283	31 469
9 843	——	——	3 768	3 768	194	2 348	63	481	61	——	3 727	3 414
8 575	7 075	1 500	——	3 220	——	1 594	4	377	——	——	1 683	5 417
6 791	6 390	400	——	3 140	133	2 180	——	28	39	——	1 071	6 784
9 238	2 714	1 757	——	3 459	262	496	23	200	175	——	808	22 488

全国各地区省级文化

地区	合计		文	化	合	
			艺术表演团体	艺术表演场所	图书馆	群艺馆
总计	**6 099 397**	**4 706 032**	**1 695 766**	**27 842**	**1 033 105**	**45 452**
北京	557 298	380 328	193 998	——	67 268	2 019
天津	247 258	174 474	101 661	——	39 440	2 035
河北	191 702	80 828	38 171	4 045	8 239	1 661
山西	103 998	68 762	30 497	——	15 940	1 621
内蒙古	88 503	69 118	33 308	——	8 442	930
辽宁	97 553	79 165	47 446	——	21 803	1 482
吉林	75 427	65 317	27 491	1 866	12 404	2 052
黑龙江	88 644	74 724	47 467	——	19 783	1 297
上海	8 500	——	——	——	——	——
江苏	342 013	309 377	13 562	——	159 270	2 207
浙江	311 866	249 136	105 384	——	47 692	3 138
安徽	100 479	84 593	43 909	150	19 161	850
福建	150 385	135 922	51 964	300	17 298	1 570
江西	69 056	42 488	22 354	——	7 639	768
山东	155 620	144 456	70 014	1 800	29 435	2 335
河南	192 631	65 272	31 473	——	14 135	1 480
湖北	165 971	133 786	54 963	2 307	15 884	1 299
湖南	110 864	77 610	29 665	3 465	16 217	1 286
广东	236 695	207 335	90 837	8 280	57 837	1 906
广西	129 747	92 359	34 382	799	20 895	1 307
海南	33 649	30 327	13 198	——	12 826	1 349
重庆	105 935	75 361	36 596	——	19 547	1 284
四川	97 049	68 719	25 925	——	22 715	1 378
贵州	67 634	57 378	20 268	——	15 936	1 422
云南	114 515	95 455	53 949	217	9 878	1 597
西藏	36 077	36 077	23 959	——	2 513	1 444
陕西	146 179	85 037	47 388	——	24 194	1 294
甘肃	126 680	80 363	35 493	860	16 036	880
青海	67 151	52 105	18 283	——	5 326	1 283
宁夏	43 779	40 488	23 880	411	5 765	1 123
新疆	115 003	57 502	37 584	3 342	7 475	1 155

(文物)机构财政拨款情况

单位:千元

计	文物合计				教育合计	
其他文化		博物馆经费	文物保护费	其他文物事业费		中等教育
1 903 867	**1 393 365**	**777 159**	**16 000**	**23 196**	**331 075**	**123 921**
117 043	176 970	125 040	2 214	7 604	——	——
31 338	72 784	71 040	1 744	——	78 181	——
28 712	110 874	45 029	——	1 052	10 729	——
20 704	35 236	34 166	——	1 070	25 567	25 567
26 438	19 385	6 675	——	——	——	——
8 434	18 388	18 379	——	——	——	——
21 504	10 110	10 110	——	——	——	——
6 177	13 920	13 359	——	561	9 326	9 326
——	8 500	——	——	——	——	——
134 338	32 636	30 186	——	——	18 511	——
92 922	62 730	45 781	——	2 367	48 154	48 154
20 523	15 886	15 033	——	853	15 150	15 150
64 790	14 463	12 886	1 577	——	——	——
11 727	26 568	25 608	——	860	5 759	5 012
40 872	11 164	10 804	——	——	——	——
18 184	127 359	16 951	——	354	12 204	——
59 333	32 185	16 787	——	3 527	7 794	7 794
26 977	33 254	12 503	——	802	5 854	5 854
48 475	29 360	21 574	1 236	2 002	31 764	——
34 976	37 388	29 846	——	——	10 985	——
2 954	3 322	3 322	——	——	7 209	——
17 934	30 574	26 524	——	——	2 714	——
18 701	28 330	4 097	724	——	10 026	——
19 752	10 256	4 167	——	——	——	——
29 814	19 060	8 220	——	——	7 064	7 064
8 161	——	——	——	——	——	——
12 161	61 142	58 047	869	——	6 733	——
27 094	46 317	21 519	4 071	408	7 589	——
27 213	15 046	5 290	274	——	5 425	——
9 309	3 291	——	3 291	——	4 337	——
7 946	57 501	6 129	——	457	——	——

全国各地区文化(文物)机构总收入情况

单位:千元

地区	合计	文化合计					文物合计				
			艺术表演团体	艺术表演场所	图书馆	群众文化		博物馆	文物科研机构	文物保护管理机构	其他文物机构
总计	**31 544 323**	**21 650 110**	**5 679 775**	**1 200 746**	**3 660 892**	**4 289 623**	**8 317 409**	**4 099 266**	**663 029**	**2 252 866**	**196 217**
中央	3 564 277	1 932 712	371 788	5 800	341 974	——	975 935	688 292	62 935	——	74 708
地方	27 980 046	19 717 398	5 307 987	1 194 946	3 318 918	4 289 623	7 341 474	3 410 974	600 094	2 252 866	121 509
北京	1 712 742	912 365	300 402	56 122	176 387	130 315	800 377	179 312	6 933	533 490	12 012
天津	601 313	403 389	137 308	10 027	103 267	47 057	98 371	93 095	——	5 276	——
河北	979 577	546 759	152 675	28 584	68 724	109 765	391 369	102 876	31 714	168 590	4 946
山西	928 236	465 840	187 037	24 771	64 151	82 751	356 004	178 704	42 942	63 783	11 207
内蒙古	516 831	385 383	161 994	10 007	55 960	73 788	109 123	39 710	31 018	24 856	——
辽宁	968 905	783 764	165 100	177 622	160 379	153 138	169 866	121 711	14 746	19 510	159
其中:大连	125 402	95 746	24 842	2 701	37 529	20 634	22 936	22 176	760	——	——
吉林	516 803	413 775	163 966	34 807	68 863	79 819	103 028	83 198	9 196	7 133	3 305
黑龙江	479 123	404 651	189 287	9 226	77 019	78 810	52 742	33 636	1 945	16 157	622
上海	2 073 490	1 796 545	331 954	270 038	405 915	414 009	268 567	246 289	——	8 582	——
江苏	1 739 805	1 353 434	277 417	9 479	348 735	315 356	308 641	254 324	1 343	46 690	145
浙江	2 565 398	1 712 845	312 084	88 864	262 626	461 754	774 327	232 634	19 994	303 766	3 858
其中:宁波	299 926	252 669	29 836	22 112	32 519	91 776	47 257	21 171	——	24 444	——
安徽	602 433	461 788	161 124	27 775	65 902	90 578	89 413	46 808	3 077	28 653	873
福建	763 687	685 402	205 756	50 602	76 717	87 942	71 578	57 529	1 310	8 708	25
其中:厦门	160 572	142 809	44 033	7 918	18 873	25 718	11 056	8 808	938	1 310	——
江西	478 430	363 516	97 975	18 797	49 802	58 715	97 814	78 660	4 778	10 795	3 481
山东	1 273 873	905 995	278 999	14 301	151 829	178 602	351 064	103 327	10 361	226 466	——
其中:青岛	173 992	150 808	52 489	70	24 282	39 886	23 184	15 396	871	1 125	——
河南	1 142 124	588 983	179 191	63 200	73 484	95 042	503 092	116 392	48 850	185 446	19 779
湖北	1 189 766	953 848	245 624	32 871	92 636	125 158	186 794	107 194	21 840	27 688	9 992
湖南	787 561	557 928	137 693	28 255	74 170	115 773	200 940	117 989	7 764	49 082	1 023
广东	2 672 535	2 129 493	391 322	96 518	383 796	725 766	471 546	311 086	53 384	27 749	41 376
其中:深圳	599 573	553 852	40 452	15 996	110 281	249 229	45 721	33 432	4 341	——	——
广西	574 769	431 469	139 922	10 878	75 142	87 081	117 219	93 814	——	12 882	2 814
海南	121 127	102 135	33 778	1 879	20 917	15 423	10 936	5 020	——	4 219	1 697
重庆	467 978	320 429	67 808	1 863	46 712	95 828	138 763	97 551	4 520	30 500	450
四川	1 156 770	674 268	175 390	28 115	98 582	163 872	445 061	202 885	78 175	127 441	——
贵州	340 988	281 063	83 243	7 938	48 146	63 142	59 925	23 335	11 259	18 294	——
云南	782 126	670 437	175 135	17 584	80 722	146 181	98 715	42 295	11 752	33 828	——
西藏	170 536	83 122	49 042	2 158	3 503	10 556	87 414	11 699	——	58 265	——
陕西	943 157	376 539	146 229	25 113	56 278	71 398	549 074	325 646	71 027	118 048	2 701
甘肃	532 586	306 230	127 261	11 279	49 721	63 355	215 753	68 603	94 242	23 488	408
青海	151 120	116 341	43 688	——	16 841	21 049	26 708	9 336	3 470	4 420	——
宁夏	171 510	127 126	40 935	2 527	17 995	26 481	24 277	8 901	1 834	13 542	——
新疆	574 747	402 536	148 648	33 746	43 997	101 119	162 973	17 415	12 620	45 519	636

全国各地区文化(文物)机构财政拨款情况

单位:千元

地　区	合　计	文化合计	艺术表演团体	艺术表演场所	图书馆	群众文化	文物合计	博物馆	文物科研机构	文物保护管理机构	其他文物机构
总　计	**20773 770**	**15802 806**	**3907 710**	**217 031**	**3194 791**	**3227 730**	**3759 345**	**2037 403**	**204 793**	**544 854**	**69 529**
中　央	2301 656	1373 501	174 729	——	292 112	——	272 525	78 087	43 159	——	1 279
地　方	18472 114	14429 305	3732 981	217 031	2902 679	3227 730	3486 820	1959 316	161 634	544 854	68 250
北　京	860 317	638 170	200 295	1 237	155 612	90 069	222 147	136 862	5 433	22 814	7 604
天　津	454 799	295 876	106 200	1 312	92 647	34 530	80 742	77 313	——	3 429	——
河　北	661 837	442 519	96 329	6 048	65 832	103 346	196 073	66 590	24 938	33 742	1 952
山　西	552 633	355 299	123 014	4 268	55 793	73 495	132 429	62 739	11 619	21 402	6 800
内蒙古	432 871	344 033	145 023	5 497	53 580	69 791	73 448	33 852	7 403	19 483	——
辽　宁	621 845	525 376	120 960	2 974	150 063	143 832	87 923	61 258	5 507	11 598	159
其中:大连	102 323	82 515	18 343	——	35 274	19 388	15 649	14 889	760	——	——
吉　林	402 226	342 570	124 394	23 012	65 255	73 738	59 656	47 914	4 847	6 699	——
黑龙江	420 114	362 442	171 679	2 070	73 129	72 012	47 037	28 521	1 945	15 594	595
上　海	1 066 566	881 347	128 267	5 212	323 577	205 391	180 312	164 795	——	7 017	——
江　苏	1 318 169	1 044 326	163 409	460	310 827	220 798	230 369	186 090	375	38 736	145
浙　江	1 729 569	1 278 649	207 443	36 380	216 563	329 439	397 714	150 070	10 140	68 071	2 367
其中:宁波	219 602	185 630	18 609	14 222	28 735	59 714	33 972	15 243	——	17 087	——
安　徽	440 659	357 198	121 430	10 863	58 564	76 099	65 128	31 734	2 468	21 802	853
福　建	553 773	490 025	146 869	6 490	65 333	66 775	58 275	46 444	1 105	6 990	25
其中:厦门	132 514	117 167	35 140	1 047	17 268	19 046	9 874	7 851	733	1 290	——
江　西	345 546	276 425	71 277	6 076	41 023	48 230	62 210	52 396	2 315	6 399	1 000
山　东	891 527	769 201	205 390	7 116	140 841	163 860	112 289	77 495	4 372	22 101	——
其中:青岛	145 727	127 465	36 985	70	22 163	36 249	18 262	12 920	457	1 093	——
河　南	664 560	400 659	106 234	5 576	65 882	81 586	228 468	58 331	13 365	35 264	402
湖　北	673 334	537 568	184 015	4 282	75 789	81 296	109 013	79 805	3 129	7 566	3 669
湖　南	519 768	400 831	84 834	9 715	61 626	91 675	112 629	52 589	711	33 792	802
广　东	1 854 348	1 521 603	244 235	42 789	318 193	475 830	278 036	188 078	7 021	7 315	39 332
其中:深圳	376 932	349 052	29 579	8 085	68 086	137 922	27 880	18 951	2 106	——	——
广　西	439 071	341 985	110 312	1 552	65 418	74 026	84 557	66 923	——	9 936	——
海　南	99 089	84 596	21 740	510	19 772	14 141	7 284	4 293	——	2 475	516
重　庆	273 545	231 677	50 116	708	40 222	54 223	39 154	28 699	602	4 067	126
四　川	653 386	516 512	127 889	4 921	89 633	138 265	119 430	48 310	6 225	34 176	——
贵　州	264 212	234 185	68 765	698	44 077	57 436	30 027	11 742	1 145	10 420	——
云　南	679 002	595 842	152 795	3 084	73 476	131 051	76 096	35 978	2 093	27 185	——
西　藏	109 421	79 588	47 304	1 993	3 503	9 231	29 833	4 762	——	8 555	——
陕　西	436 330	290 375	99 471	6 254	52 953	65 881	138 412	78 848	14 464	26 412	1 038
甘　肃	368 732	258 931	99 120	1 917	47 482	58 895	102 212	52 689	22 316	5 829	408
青　海	135 307	107 452	38 655	——	16 364	19 406	22 430	7 541	2 125	3 282	——
宁　夏	137 335	103 112	35 792	567	17 563	20 787	17 046	8 267	1 777	7 002	——
新　疆	412 223	320 933	129 725	13 450	42 087	82 596	86 441	8 388	4 194	15 701	457

全国各地区文化(文物)机构事业收入情况

单位:千元

地区	合计	文化合计					文物合计				
			艺术表演团体	艺术表演场所	图书馆	群众文化		博物馆	文物科研机构	文物保护管理机构	其他文物机构
总计	**6860 965**	**3082 177**	**1197 054**	**583 149**	**212 141**	**357 952**	**3459 706**	**1577 687**	**353 293**	**1415 028**	**34 587**
中央	836 100	349 716	122 146	207	32 740	——	486 384	464 899	12 697	——	8 788
地方	6024 865	2732 461	1074 908	582 942	179 401	357 952	2973 322	1112 788	340 596	1415 028	25 799
北京	595 721	167 988	66 500	49 002	9 195	11 127	427 733	31 947	1 127	394 055	504
天津	89 747	56 603	14 891	5 618	4 787	5 667	13 114	11 501	——	1 613	——
河北	233 928	56 659	40 477	9 919	714	2 717	160 831	33 409	5 902	120 230	——
山西	314 267	67 732	51 092	9 989	2 432	2 169	208 796	111 705	28 337	40 315	2 385
内蒙古	57 674	21 003	12 137	2 228	881	1 127	29 846	4 395	21 218	4 233	——
辽宁	190 106	113 622	34 986	52 979	7 114	4 504	70 051	53 916	8 905	4 434	——
其中:大连	18 461	9 946	6 138	781	1 904	859	5 954	5 954	——	——	——
吉林	72 351	50 398	34 907	9 269	328	1 761	21 953	19 569	2 260	124	——
黑龙江	33 881	20 288	12 388	2 052	1 155	1 955	2 596	2 465	——	104	27
上海	675 156	600 205	132 346	242 797	64 680	63 745	73 595	68 073	——	396	——
江苏	231 801	157 721	81 920	7 239	16 879	39 025	45 364	39 571	747	5 046	——
浙江	450 275	145 301	59 166	28 582	16 475	27 515	282 830	53 551	8 000	220 079	1 200
其中:宁波	24 922	16 869	5 165	4 750	725	6 182	8 053	4 578	——	3 475	——
安徽	78 074	45 597	24 592	8 283	1 907	5 211	7 493	5 553	——	1 870	——
福建	83 101	77 934	38 746	22 113	2 777	4 904	4 007	3 673	200	114	——
其中:厦门	12 639	10 819	4 108	5 036	1 295	285	660	460	200	——	——
江西	78 494	44 409	19 371	7 604	3 032	3 868	24 270	19 456	2 417	2 397	——
山东	313 295	85 654	55 379	5 281	6 863	7 680	221 402	18 141	5 541	197 490	——
其中:青岛	14 380	12 634	10 108	——	717	1 211	1 746	1 725	——	21	——
河南	338 294	116 005	64 560	35 261	1 675	5 708	208 563	44 165	27 947	112 174	17 707
湖北	308 518	255 668	35 081	13 057	4 807	12 847	35 666	11 138	8 633	15 566	109
湖南	166 624	78 506	30 950	11 848	3 674	9 817	67 567	50 710	7 053	9 584	220
广东	400 851	259 029	107 308	23 107	12 249	104 417	126 428	93 340	14 587	16 278	1 923
其中:深圳	65 546	61 845	6 712	1 185	2 110	51 241	3 701	2 415	1 286	——	——
广西	74 894	48 934	21 583	3 595	3 948	8 422	18 888	16 881	——	2 007	——
海南	9 407	7 816	6 659	789	29	26	790	27	——	649	114
重庆	130 324	34 775	10 971	648	3 090	14 878	90 294	61 581	3 858	24 773	——
四川	353 059	62 996	25 828	6 900	4 094	7 646	271 379	119 865	71 950	78 887	——
贵州	39 852	14 811	4 903	1 705	678	1 719	25 041	11 190	10 042	3 727	——
云南	47 416	28 890	15 144	6 848	2 273	3 095	12 886	1 707	9 472	1 707	——
西藏	55 901	731	650	62	——	19	55 170	6 836	——	48 274	——
陕西	365 993	55 245	33 575	8 014	1 996	2 155	300 747	201 996	32 121	59 638	1 610
甘肃	127 761	25 713	20 255	3 161	441	1 366	99 090	10 799	66 212	16 899	——
青海	8 564	3 562	3 204	——	74	199	2 602	624	1 190	788	——
宁夏	15 370	6 599	3 367	145	150	1 196	6 581	501	——	6 080	——
新疆	84 166	22 067	11 972	4 847	1 004	1 467	57 749	4 503	2 877	25 497	——

全国各地区文化(文物)机构经营收入情况

单位:千元

地区	合计	文化合计					文物合计				
			艺术表演团体	艺术表演场所	图书馆	群众文化		博物馆	文物科研机构	文物保护管理机构	其他文物机构
总计	**735 375**	**458 722**	**19 973**	**222 572**	**34 974**	**116 378**	**273 381**	**88 574**	**458**	**128 547**	**54 823**
中央	141 595	28 984	——	5 580	6 434	——	112 611	67 596	396	——	44 619
地方	593 780	429 738	19 973	216 992	28 540	116 378	160 770	20 978	62	128 547	10 204
北京	97 808	8 202	324	2 455	1 401	2 306	89 606	——	——	88 647	959
天津	6 516	6 516	——	354	80	574	——	——	——	——	——
河北	13 421	6 825	130	4 831	464	1 320	6 596	518	——	6 078	——
山西	8 325	6 685	437	4 027	1 756	153	1 640	——	50	——	1 590
内蒙古	1 693	1 693	——	680	——	211	——	——	——	——	——
辽宁	92 272	90 826	——	90 362	20	220	1 438	——	——	719	——
其中:大连	1 906	1 906	——	1 906	——	——	——	——	——	——	——
吉林	7 752	4 395	1 328	1 560	693	749	3 357	52	——	——	3 305
黑龙江	1 170	1 170	184	728	——	4	——	——	——	——	——
上海	34 444	29 983	——	958	2 229	24 192	4 461	4 461	——	——	——
江苏	14 439	13 034	——	1 480	2 593	7 721	1 405	1 405	——	——	——
浙江	15 270	13 541	740	6 908	1 714	4 164	1 729	694	——	808	227
其中:宁波	1 542	1 375	——	7	——	1 368	167	167	——	——	——
安徽	6 367	4 123	181	2 250	162	417	2 244	2 186	——	58	——
福建	16 025	15 858	45	11 568	2 997	496	167	167	——	——	——
其中:厦门	729	729	——	715	13	1	——	——	——	——	——
江西	7 799	6 598	881	1 992	3 094	92	1 201	215	——	——	986
山东	4 290	2 603	96	1 252	——	354	1 687	877	——	810	——
其中:青岛	762	762	——	——	——	30	——	——	——	——	——
河南	37 041	13 291	165	8 991	1 487	1 797	23 305	920	——	22 385	——
湖北	26 143	20 388	4 117	8 503	364	4 214	3 943	1 981	——	1 962	——
湖南	17 691	16 747	2 213	3 098	3 178	3 493	944	897	——	47	——
广东	71 510	69 274	3 831	24 099	2 527	32 797	1 396	1 396	——	——	——
其中:深圳	16 123	15 417	2 028	4 385	520	3 505	706	706	——	——	——
广西	15 833	12 405	12	4 336	131	462	3 428	614	——	——	2 814
海南	920	920	311	580	5	24	——	——	——	——	——
重庆	22 708	20 969	1 208	222	337	18 996	1 739	1 380	——	36	323
四川	19 044	15 700	1 436	7 800	879	5 096	3 177	2 181	——	996	——
贵州	2 091	1 300	425	290	36	256	791	——	——	791	——
云南	14 764	13 918	676	3 682	2 313	2 105	846	444	——	402	——
西藏	1 505	295	93	21	——	181	1 210	——	——	1 210	——
陕西	8 869	5 028	724	3 744	75	309	3 841	590	12	3 239	——
甘肃	5 851	5 851	165	5 257	——	429	——	——	——	——	——
青海	384	54	49	——	——	5	330	——	——	330	——
宁夏	3 451	3 442	181	4	——	374	9	——	——	9	——
新疆	18 384	18 104	21	14 960	5	2 867	280	——	——	20	——

全国各地区文化(文物)机构总支出情况

单位:千元

地区	合计	文化合计					文物合计				
			艺术表演团体	艺术表演场所	图书馆	群众文化		博物馆	文物科研机构	文物保护管理机构	其他文物机构
总计	**29434 813**	**20709 844**	**5614 991**	**1199 713**	**3440 759**	**4124 304**	**7363 763**	**3635 177**	**573 326**	**2028 654**	**183 988**
中央	3124 353	1676 260	354 804	6 497	301 403	——	940 531	658 637	42 569	——	74 173
地方	26310 460	19033 584	5260 187	1193 216	3139 356	4124 304	6423 232	2976 540	530 757	2028 654	109 815
北京	1 648 046	879 642	305 182	57 823	178 456	121 370	768 404	175 963	7 239	499 517	10 583
天津	488 419	380 451	123 433	10 351	96 792	47 046	63 097	57 789	——	5 308	——
河北	867 287	542 165	156 125	32 642	65 674	109 224	287 034	82 837	20 992	137 178	4 904
山西	834 418	460 063	186 684	27 170	59 786	76 800	268 664	117 644	36 102	45 804	10 908
内蒙古	477 585	368 854	159 022	8 556	55 635	73 037	86 217	37 099	19 706	21 553	——
辽宁	906 077	727 281	158 850	170 277	159 802	110 404	163 521	115 547	11 914	20 864	159
其中:大连	128 938	102 097	21 276	12 991	37 152	20 607	20 121	19 361	760	——	——
吉林	509 110	407 599	163 548	42 613	68 688	74 934	101 511	81 168	9 675	7 167	3 305
黑龙江	470 650	396 801	188 547	9 182	77 604	76 821	51 852	32 808	2 069	15 971	622
上海	1 901 472	1 654 860	307 244	247 629	385 885	364 727	238 257	222 568	——	8 231	——
江苏	1 607 473	1 241 868	280 315	9 512	239 761	311 668	290 209	233 990	881	50 280	145
浙江	2 372 572	1 677 258	297 019	95 070	259 511	453 363	623 326	207 752	15 486	231 345	3 725
其中:宁波	287 462	243 825	28 608	21 179	31 706	89 444	43 637	20 208	——	21 733	——
安徽	596 713	464 979	159 071	33 804	63 979	90 832	80 593	36 384	3 150	27 637	543
福建	757 640	684 600	202 948	54 304	72 218	92 269	66 425	53 034	1 578	8 483	25
其中:厦门	160 893	141 233	41 852	8 189	19 507	23 938	13 045	10 115	1 206	1 724	——
江西	471 282	364 174	97 188	18 580	50 744	59 208	90 675	72 661	4 229	10 828	2 857
山东	1 257 137	891 197	279 242	14 465	149 738	175 610	347 936	100 730	10 842	226 785	——
其中:青岛	176 633	155 191	52 689	70	24 611	39 907	21 442	15 678	639	1 125	——
河南	1 060 971	584 500	178 807	60 814	69 787	94 552	425 550	117 644	51 393	163 757	15 557
湖北	1 158 724	922 789	244 177	35 081	91 197	123 510	187 345	109 217	19 971	27 343	9 925
湖南	772 848	551 114	139 798	28 529	71 244	115 725	193 232	112 457	7 763	46 952	800
广东	2 611 486	2 100 642	389 771	88 921	397 523	694 156	440 372	275 880	52 374	26 962	36 877
其中:深圳	604 513	555 585	39 138	16 739	126 667	233 261	48 928	31 931	3 951	——	——
广西	544 710	422 672	139 462	11 590	74 433	86 541	96 340	73 649	——	12 470	2 594
海南	112 698	92 268	32 267	2 174	11 890	15 561	11 869	4 971	——	4 711	2 187
重庆	411 217	295 033	67 527	2 058	39 942	89 365	105 842	66 722	2 441	30 231	450
四川	1 097 397	660 962	174 065	28 427	90 568	163 210	398 749	170 256	68 962	126 064	——
贵州	309 367	263 369	81 243	7 993	43 136	61 205	45 998	17 505	6 338	15 038	——
云南	717 122	610 172	195 867	18 738	76 138	145 476	93 649	44 049	11 537	30 629	——
西藏	131 032	83 472	48 719	2 071	3 463	11 354	47 560	4 951	——	37 887	——
陕西	848 794	378 249	147 437	25 903	56 567	71 240	453 001	255 704	55 101	108 482	2 701
甘肃	497 777	295 015	125 181	12 063	48 538	63 332	192 919	63 201	91 039	21 578	358
青海	138 932	109 585	44 566	——	16 829	21 663	20 772	8 858	3 560	4 484	——
宁夏	171 153	125 817	40 550	2 668	17 731	25 977	27 333	8 536	6 817	11 980	——
新疆	560 351	396 133	146 332	34 208	46 097	104 124	154 980	14 966	9 598	43 135	590

全国各地区文化(文物)机构基本支出情况

单位:千元

地区	合计	文化合计					文物合计				
			艺术表演团体	艺术表演场所	图书馆	群众文化		博物馆	文物科研机构	文物保护管理机构	其他文物机构
总计	**19372 892**	**14394 267**	**4606 264**	**735 364**	**2307 925**	**3080 724**	**3886 144**	**2096 821**	**372 747**	**1151 857**	**79 625**
中央	1640 718	917 851	286 937	360	135 733	——	318 110	272 782	11 816	——	30 711
地方	17732 174	13476 416	4319 327	735 004	2172 192	3080 724	3568 034	1824 039	360 931	1151 857	48 914
北京	750 815	546 232	243 123	36 513	80 739	81 341	204 583	86 717	5 478	108 374	3 600
天津	402 780	308 586	98 539	7 265	84 796	37 914	52 125	47 383	——	4 742	——
河北	670 526	431 128	135 243	22 366	56 272	96 176	203 713	51 972	7 040	123 688	4 160
山西	627 245	357 194	147 641	17 598	46 441	69 204	189 484	84 265	18 932	38 200	9 182
内蒙古	467 209	360 527	157 139	8 205	54 869	72 905	84 168	36 595	19 706	20 008	——
辽宁	572 245	483 782	113 637	101 550	110 371	76 660	77 432	52 645	6 761	11 666	159
其中:大连	62 077	45 791	14 246	743	16 552	10 401	12 899	12 339	560	——	——
吉林	386 631	317 440	131 351	25 798	55 551	64 062	69 191	56 348	5 778	6 869	——
黑龙江	374 668	314 353	158 277	7 157	62 004	60 481	39 598	27 563	2 069	9 080	534
上海	1 270 631	1 126 604	281 406	160 949	214 720	262 702	135 672	132 202	——	2 564	——
江苏	1 220 151	979 381	253 611	6 478	186 630	245 829	175 048	148 014	881	24 125	——
浙江	1 513 938	1 113 677	237 795	64 100	168 648	357 395	331 142	119 526	11 928	193 283	2 139
其中:宁波	197 964	169 535	23 954	15 966	21 586	70 750	28 429	13 535	——	14 707	——
安徽	409 356	319 903	137 300	15 630	35 662	70 923	55 572	26 297	3 150	18 119	543
福建	494 173	441 273	158 614	38 895	52 486	71 268	47 631	41 674	827	4 108	25
其中:厦门	96 961	83 403	30 760	6 471	14 054	12 453	8 289	7 619	455	215	——
江西	332 118	273 592	86 855	14 970	40 829	44 091	47 603	38 857	1 274	6 612	860
山东	1 060 942	753 453	261 963	8 654	117 925	167 062	290 419	93 880	9 602	181 976	——
其中:青岛	137 666	119 471	51 079	——	17 353	36 905	18 195	14 432	639	283	——
河南	707 471	402 172	143 416	32 872	48 868	78 586	265 350	83 546	40 772	110 688	15 154
湖北	735 491	621 087	167 174	20 026	55 317	91 183	76 312	44 703	4 766	19 761	910
湖南	560 181	427 478	117 845	19 939	63 401	97 247	107 420	71 033	2 857	29 895	414
广东	1 406 876	1 170 087	257 247	36 178	241 928	405 806	194 085	144 083	17 115	21 751	7 328
其中:深圳	346 391	331 629	14 205	8 167	94 998	157 825	14 762	12 156	1 764	——	——
广西	370 474	303 700	113 632	4 373	56 321	74 658	43 120	32 980	——	10 071	——
海南	75 987	62 056	23 397	668	5 470	12 460	5 370	3 721	——	1 649	——
重庆	267 998	186 138	48 534	1 060	26 205	52 132	71 909	47 781	60	22 725	359
四川	739 776	443 858	144 341	19 190	55 118	112 793	265 777	127 587	60 974	68 203	——
贵州	271 163	230 650	74 435	7 756	35 999	58 478	40 513	15 855	5 713	12 371	——
云南	471 310	412 694	139 056	14 062	54 146	113 059	47 511	18 711	11 027	17 773	——
西藏	80 842	68 460	44 676	565	2 425	6 637	12 382	3 237	——	7 099	——
陕西	580 419	335 077	132 227	22 251	53 138	59 334	229 018	121 758	52 077	27 470	2 695
甘肃	390 821	263 663	120 874	7 102	44 106	51 586	127 158	44 911	60 138	17 010	358
青海	107 904	86 353	42 286	——	15 867	20 294	14 476	6 486	3 244	4 354	——
宁夏	115 321	91 900	33 552	1 722	15 923	17 903	14 172	6 012	1 834	6 326	——
新疆	296 712	243 918	114 141	11 112	30 017	50 555	50 080	7 697	6 928	21 297	494

全国各地区文化(文物)机构项目支出情况

单位:千元

地区	合计	文化合计					文物合计				
			艺术表演团体	艺术表演场所	图书馆	群众文化		博物馆	文物科研机构	文物保护管理机构	其他文物机构
总计	**7248 008**	**4612 845**	**695 507**	**127 487**	**970 006**	**611 159**	**2413 987**	**1176 781**	**176 489**	**275 002**	**50 695**
中央	1312 076	729 394	67 866	——	164 583	——	479 877	283 529	30 378	——	3 619
地方	5935 932	3883 451	627 641	127 487	805 423	611 159	1934 110	893 252	146 111	275 002	47 076
北京	443 207	266 443	47 128	522	82 573	28 946	176 764	81 612	1 761	13 424	5 279
天津	40 335	27 770	5 803	240	7 544	2 472	10 002	9 921	——	81	——
河北	152 321	71 775	16 206	4 300	4 703	1 739	78 143	30 511	13 952	8 886	744
山西	122 951	50 923	17 888	462	9 025	1 726	59 925	26 904	10 739	5 618	363
内蒙古	5 074	3 118	1 877	——	766	32	1 956	411	——	1 545	——
辽宁	117 930	74 959	19 202	30	32 916	5 713	38 727	25 399	4 973	2 580	——
其中:大连	32 194	22 773	3 894	——	16 566	1 602	6 088	5 888	200	——	——
吉林	75 978	49 304	26 032	1 009	9 437	2 989	26 674	22 656	3 897	121	——
黑龙江	57 089	45 520	15 177	821	12 316	9 614	10 289	3 884	——	6 287	88
上海	508 591	422 744	25 409	50 957	162 573	55 419	85 847	78 728	——	3 000	——
江苏	329 171	218 603	21 660	210	50 648	36 757	103 694	80 903	——	19 761	145
浙江	752 317	464 591	53 350	20 907	79 890	91 594	284 857	81 878	3 558	37 380	1 446
其中:宁波	86 004	70 857	4 654	5 213	10 120	17 761	15 147	6 642	——	6 996	——
安徽	106 232	77 561	11 019	4 695	18 415	1 867	12 264	3 231	——	5 766	——
福建	210 730	194 477	26 361	4 723	15 855	17 297	14 907	8 480	751	3 582	——
其中:厦门	61 212	55 110	11 092	364	5 453	11 418	4 756	2 496	751	1 509	——
江西	73 736	38 525	7 480	500	7 061	2 775	29 701	26 124	2 756	721	——
山东	145 881	117 773	16 667	3 730	28 147	4 958	28 108	6 108	1 240	16 142	——
其中:青岛	33 520	30 955	1 610	70	4 170	1 399	2 565	1 246	——	160	——
河南	209 053	87 082	19 851	563	10 082	1 974	114 512	27 773	8 279	17 925	103
湖北	334 329	227 293	62 491	2 481	26 645	17 322	100 378	60 330	15 205	1 419	8 883
湖南	167 790	88 122	16 286	4 972	4 366	15 281	76 932	33 679	4 906	15 922	386
广东	1 010 059	765 527	111 247	21 428	149 180	219 520	222 297	110 365	35 259	5 190	29 549
其中:深圳	190 414	170 706	19 890	2 155	31 528	57 213	19 708	6 660	2 187	——	——
广西	129 402	80 173	18 265	1 375	14 408	2 556	47 276	38 337	——	1 469	——
海南	21 130	19 207	2 810	500	4 382	1 803	1 923	1 207	——	716	——
重庆	92 998	67 246	15 948	698	9 600	11 389	25 752	17 561	1 939	1 206	90
四川	266 390	150 123	19 926	583	27 481	26 148	108 742	26 303	7 988	49 997	——
贵州	26 564	23 571	4 052	——	7 137	768	2 993	1 650	625	579	——
云南	162 584	121 929	22 627	——	14 561	16 575	38 459	21 038	510	9 477	——
西藏	17 503	4 541	2 405	8	648	546	12 962	1 515	——	9 233	——
陕西	75 086	12 292	1 778	244	1 505	5 683	62 794	39 731	407	18 831	——
甘肃	77 591	21 552	3 434	——	4 264	10 567	56 039	18 242	24 380	1 415	——
青海	26 638	18 947	2 051	——	843	432	6 191	2 267	316	130	——
宁夏	30 939	15 319	1 007	16	541	1 635	6 867	1 963	——	4 904	——
新疆	146 333	56 441	12 204	1 513	7 911	15 062	88 135	4 541	2 670	11 695	——

全国各地区文化(文物)机构经营支出情况

单位:千元

地区	合计	文化合计					文物合计				
			艺术表演团体	艺术表演场所	图书馆	群众文化		博物馆	文物科研机构	文物保护管理机构	其他文物机构
总　计	**802 607**	**503 738**	**38 447**	**241 679**	**21 341**	**99 821**	**293 376**	**58 140**	**387**	**191 639**	**39 807**
中　央	93 227	19 199	——	5 427	1 087	——	74 028	38 613	375	——	35 040
地　方	709 380	484 539	38 447	236 252	20 254	99 821	219 348	19 527	12	191 639	4 767
北　京	133 775	11 053	324	7 213	339	1 461	122 722	49	——	122 673	——
天　津	4 717	4 717	——	1 902	39	301	——	——	——	——	——
河　北	10 601	5 968	330	3 980	470	1 188	4 633	298	——	4 335	——
山　西	8 994	8 994	847	5 641	1 756	68	——	——	——	——	——
内蒙古	451	451	——	311	——	90	——	——	——	——	——
辽　宁	70 299	68 036	5	61 382	——	352	2 263	6	——	1 182	——
其中:大连	11 877	11 871	——	11 841	——	30	6	6	——	——	——
吉　林	7 957	4 600	1 464	1 430	690	749	3 357	52	——	——	3 305
黑龙江	868	866	——	303	——	15	2	2	——	——	——
上　海	65 220	60 790	——	30 518	368	27 881	4 430	4 430	——	——	——
江　苏	13 826	12 073	——	2 824	1 999	6 063	1 753	1 753	——	——	——
浙　江	52 012	50 743	403	9 101	1 200	1 957	1 269	522	——	607	140
其中:宁波	606	575	——	——	——	575	31	31	——	——	——
安　徽	11 182	6 847	2 195	3 049	136	435	4 335	2 206	——	66	——
福　建	9 753	9 626	1 352	5 539	945	309	127	122	——	——	——
其中:厦门	1 379	1 379	——	1 354	——	25	——	——	——	——	——
江　西	4 487	4 418	1 009	1 627	896	458	69	68	——	1	——
山　东	30 279	2 650	136	2 067	——	235	27 629	316	——	27 313	——
其中:青岛	42	42	——	——	——	——	——	——	——	——	——
河　南	53 620	27 028	3 443	17 952	1 596	658	26 147	515	——	25 632	——
湖　北	20 489	17 751	1 623	9 987	662	1 899	2 318	1 566	——	752	——
湖　南	15 338	14 607	2 777	2 542	3 145	1 961	731	692	——	39	——
广　东	71 194	70 047	9 112	28 618	920	26 602	307	307	——	——	——
其中:深圳	15 437	15 437	5 043	5 892	——	875	——	——	——	——	——
广　西	15 207	13 277	3	5 842	67	1 430	1 930	704	——	——	1 226
海　南	1 250	1 250	311	924	——	15	——	——	——	——	——
重　庆	12 899	11 519	240	94	785	9 801	1 380	1 380	——	——	——
四　川	20 114	16 983	5 215	6 465	765	4 163	3 111	2 392	——	719	——
贵　州	3 135	1 166	413	——	——	318	1 969	——	——	1 969	——
云　南	15 908	14 951	726	3 529	2 697	2 038	957	580	——	377	——
西　藏	212	212	110	93	——	9	——	——	——	——	——
陕　西	16 753	9 516	3 890	3 165	725	866	7 237	1 361	12	5 864	——
甘　肃	9 396	5 586	461	4 758	49	291	42	7	——	35	——
青　海	49	49	49	——	——	——	——	——	——	——	——
宁　夏	4 203	4 189	——	408	——	915	14	——	——	14	——
新　疆	25 192	24 576	2 009	14 988	5	7 293	616	199	——	61	96

全国各地区文化(文物)机构人员支出情况

单位:千元

地　区	合　计	文化合计					文物合计				
			艺术表演团体	艺术表演场所	图书馆	群众文化		博物馆	文物科研机构	文物保护管理机构	其他文物机构
总　计	**9401 643**	**7244 077**	**2401 612**	**382 812**	**1269 944**	**1973 042**	**1806 283**	**1034 499**	**113 704**	**554 638**	**43 613**
中　央	449 232	288 803	134 318	1 246	48 993	——	133 300	106 700	7 391	——	19 209
地　方	8952 411	6955 274	2267 294	381 566	1220 951	1973 042	1672 983	927 799	106 313	554 638	24 404
北　京	353 960	237 273	99 819	19 090	45 270	31 527	116 687	32 864	2 504	78 820	2 327
天　津	172 347	133 942	49 835	5 141	37 264	21 180	22 589	19 677	——	2 912	——
河　北	360 120	232 501	76 725	14 105	30 935	67 875	111 099	26 169	3 665	71 549	1 647
山　西	329 326	211 857	88 458	10 203	31 165	47 047	78 274	34 040	8 166	19 369	5 516
内蒙古	229 071	193 446	84 133	4 803	33 905	48 428	24 287	12 951	1 530	9 806	——
辽　宁	333 376	265 140	69 542	49 171	57 320	51 497	61 065	45 669	2 979	9 687	87
其中:大连	43 942	33 768	9 977	1 261	10 561	9 140	6 645	6 291	354	——	——
吉　林	191 181	167 242	56 573	13 707	33 414	42 808	23 939	16 301	2 206	4 082	1 161
黑龙江	223 428	191 451	96 730	3 596	34 730	41 163	22 603	14 967	986	6 275	285
上　海	595 429	510 504	130 969	42 870	123 235	157 719	81 294	78 001	——	3 293	——
江　苏	531 581	411 375	114 933	3 984	87 320	131 100	90 513	77 204	413	12 745	——
浙　江	717 156	536 086	118 088	37 749	98 614	195 175	152 402	66 047	5 932	77 084	1 399
其中:宁波	99 198	82 716	14 011	9 967	13 076	35 038	16 482	8 824	——	7 658	——
安　徽	227 162	187 321	64 168	12 031	26 004	55 047	27 339	11 640	1 414	11 024	271
福　建	230 075	202 623	89 909	18 682	28 260	30 781	25 216	22 069	563	2 139	25
其中:厦门	40 697	35 181	17 497	3 516	6 798	3 859	3 280	2 880	301	99	——
江　西	191 960	156 139	51 024	8 173	23 299	33 938	30 882	23 665	879	5 010	1 328
山　东	511 174	398 159	145 420	6 118	69 632	108 564	101 504	54 803	3 902	40 866	——
其中:青岛	77 758	67 950	29 046	——	12 549	18 897	9 808	8 157	306	360	——
河　南	360 681	239 711	73 286	26 591	34 970	60 455	99 916	40 593	7 758	44 600	3 387
湖　北	373 765	315 256	86 682	13 579	37 351	59 599	43 145	27 426	2 641	9 938	421
湖　南	274 206	213 070	58 787	11 887	32 110	65 687	53 256	34 810	719	16 395	168
广　东	700 462	574 885	121 881	22 378	125 974	238 356	99 478	84 964	6 149	5 071	1 794
其中:深圳	171 869	158 685	12 717	9 601	28 807	83 645	13 184	10 898	1 238	——	——
广　西	227 388	190 950	69 645	4 299	35 755	57 557	25 098	18 584	——	5 784	641
海　南	50 855	39 520	18 563	953	5 202	10 330	6 325	2 323	——	2 416	1 586
重　庆	124 553	91 105	21 470	828	14 088	39 571	29 051	20 889	572	6 913	235
四　川	348 333	240 982	75 217	11 877	33 797	78 624	92 034	51 645	7 767	30 033	——
贵　州	131 868	116 343	35 769	4 536	17 508	42 318	15 525	6 815	394	7 920	——
云　南	282 034	251 872	86 754	5 219	38 685	87 810	25 469	11 448	1 816	12 205	——
西　藏	53 252	45 208	31 039	1 633	1 964	7 433	8 044	2 333	——	4 790	——
陕　西	300 850	182 692	76 603	13 429	20 861	44 741	112 796	61 224	11 344	30 252	1 566
甘　肃	186 767	134 820	56 799	4 249	21 589	37 478	48 179	17 089	22 983	6 420	199
青　海	60 848	50 639	22 306	——	9 782	13 093	6 989	3 361	1 431	2 034	——
宁　夏	70 413	53 049	18 439	763	10 235	15 370	12 767	3 923	4 613	4 231	——
新　疆	208 790	180 113	77 728	9 922	20 713	50 771	25 218	4 305	2 987	10 975	361

全国各地区文化(文物)机构公用支出情况

单位:千元

地区	合计	文化合计					文物合计				
			艺术表演团体	艺术表演场所	图书馆	群众文化		博物馆	文物科研机构	文物保护管理机构	其他文物机构
总计	**9944 854**	**6192 766**	**1851 893**	**427 532**	**1636 283**	**1230 472**	**3108 355**	**1369 740**	**349 966**	**731 969**	**55 472**
中央	1246 030	569 776	133 763	4 354	172 670	——	300 874	85 750	33 457	——	16 515
地方	8698 824	5622 990	1718 130	423 178	1463 613	1230 472	2807 481	1283 990	316 509	731 969	38 957
北京	618 512	412 184	124 210	30 858	114 429	63 631	206 328	59 099	2 919	121 738	4 602
天津	184 738	136 914	38 307	3 607	44 972	14 663	31 988	30 701	——	1 287	——
河北	257 868	130 539	51 198	9 552	26 253	23 758	115 410	50 492	1 891	54 389	2 349
山西	297 157	119 967	59 442	10 950	21 603	16 979	143 819	54 905	25 473	22 691	4 950
内蒙古	148 713	90 028	49 656	2 044	14 057	13 862	51 390	17 884	17 861	7 786	——
辽宁	290 557	223 448	48 672	54 288	72 339	26 592	61 223	43 966	7 896	6 626	69
其中:大连	47 345	37 765	8 643	357	22 702	4 577	7 102	6 757	345	——	——
吉林	182 601	134 516	67 196	19 942	23 402	14 146	48 085	41 214	2 660	2 060	2 144
黑龙江	113 945	87 649	36 477	4 321	22 427	18 039	19 853	11 103	230	8 288	48
上海	876 132	728 143	144 333	78 576	243 735	153 641	145 180	136 936	——	3 219	——
江苏	545 736	380 282	111 369	3 935	111 222	103 100	144 381	111 539	337	28 393	35
浙江	1 016 976	579 532	133 195	45 691	128 872	214 760	409 135	113 657	8 404	128 260	2 111
其中:宁波	106 831	88 296	12 345	9 376	15 907	46 027	18 535	10 003	——	8 532	——
安徽	149 339	102 689	41 222	11 790	25 869	14 672	31 988	14 695	779	9 818	206
福建	207 526	180 775	68 256	21 226	32 923	35 394	24 922	20 573	934	3 072	——
其中:厦门	59 757	51 218	16 242	3 428	10 313	18 319	6 710	4 280	856	1 574	——
江西	108 214	82 683	21 175	7 572	18 947	12 966	22 596	16 940	116	4 677	763
山东	283 885	215 154	79 109	7 223	61 075	41 549	64 068	30 690	5 578	23 451	——
其中:青岛	47 394	41 202	16 992	70	8 810	12 056	6 192	4 230	273	298	——
河南	416 722	120 084	51 998	16 161	22 788	17 155	285 146	57 171	40 961	104 808	11 549
湖北	329 049	262 092	82 451	14 468	42 386	34 990	44 921	24 593	1 318	14 334	556
湖南	261 142	147 879	52 655	9 275	28 526	30 846	98 985	60 657	6 661	24 831	235
广东	875 159	652 566	156 425	27 477	205 730	203 704	212 436	117 402	42 868	19 045	6 955
其中:深圳	172 687	164 092	5 174	3 114	74 889	73 498	8 595	7 334	316	——	——
广西	132 279	91 670	40 485	2 196	23 816	12 956	32 052	19 902	——	4 213	415
海南	21 164	17 799	8 831	883	2 557	3 906	2 287	681	——	1 093	513
重庆	115 542	73 877	19 267	582	19 856	20 158	37 008	22 911	1 849	6 917	109
四川	388 271	168 074	50 305	6 999	43 231	44 581	204 961	74 336	52 005	50 025	——
贵州	85 471	59 486	16 553	2 145	19 399	11 248	25 985	8 719	5 907	4 777	——
云南	148 604	108 549	38 234	8 694	21 881	30 368	32 585	8 287	8 961	7 903	——
西藏	13 194	9 756	5 761	269	1 157	1 758	3 438	764	——	2 183	——
陕西	308 044	124 190	46 163	8 433	29 510	16 214	174 955	87 608	41 370	31 886	1 109
甘肃	155 688	71 932	36 070	6 100	16 875	8 214	81 408	33 954	31 959	12 184	142
青海	24 648	16 656	6 287	——	4 108	4 061	6 398	2 823	1 389	1 994	——
宁夏	32 065	22 345	7 863	587	4 250	4 790	6 695	1 741	370	4 584	——
新疆	109 883	71 532	24 965	7 334	15 418	17 771	37 855	8 047	5 813	15 437	97

全国各地区文化(文物)机构对个人和家庭补助支出情况

单位:千元

地区	合计	文化合计					文物合计				
			艺术表演团体	艺术表演场所	图书馆	群众文化		博物馆	文物科研机构	文物保护管理机构	其他文物机构
总计	**2659 489**	**2104 702**	**1007 420**	**61 735**	**336 965**	**372 697**	**407 830**	**284 457**	**27 290**	**75 836**	**3 612**
中央	288 974	199 462	64 865	186	44 097	——	89 512	86 821	1 721	——	970
地方	2370 515	1905 240	942 555	61 549	292 868	372 697	318 318	197 636	25 569	75 836	2 642
北京	127 969	108 866	73 433	2 863	11 975	9 633	19 103	7 289	1 056	10 379	367
天津	80 405	61 313	27 774	522	11 596	10 573	7 929	6 882	——	1 047	——
河北	62 429	40 500	13 490	860	7 348	12 848	13 281	4 564	1 484	4 302	164
山西	70 939	47 304	26 739	767	5 868	8 997	9 285	3 154	2 260	1 984	352
内蒙古	47 400	40 706	22 615	1 079	5 701	6 583	4 505	2 841	315	1 349	——
辽宁	93 777	78 387	24 624	4 537	19 168	17 220	13 553	10 611	1 022	1 621	3
其中:大连	3 775	2 815	946	9	949	703	628	567	61	——	——
吉林	91 015	83 023	37 689	8 565	11 238	16 397	7 992	6 151	912	929	——
黑龙江	80 318	68 534	41 439	528	10 551	11 799	5 604	3 563	433	1 299	201
上海	63 476	56 666	20 049	2 638	11 781	17 536	6 075	5 794	——	281	——
江苏	180 028	136 069	43 912	354	29 905	35 454	25 826	22 187	131	3 456	——
浙江	168 506	118 577	39 711	7 158	21 667	35 041	35 816	13 707	1 150	19 132	215
其中:宁波	17 137	14 304	2 252	1 836	2 720	5 516	2 833	1 270	——	1 376	——
安徽	95 938	78 795	37 229	5 490	10 985	17 754	9 558	4 742	957	2 873	59
福建	64 889	57 851	30 071	3 232	7 592	7 243	5 834	4 953	81	724	——
其中:厦门	12 238	9 933	4 794	933	2 339	1 376	1 101	1 001	49	51	——
江西	52 787	40 069	17 237	1 442	6 922	7 991	9 688	8 474	278	741	195
山东	123 559	103 221	49 512	232	16 863	17 186	18 508	11 685	1 331	4 854	——
其中:青岛	13 762	11 586	5 346	——	2 071	3 478	2 176	1 627	29	55	——
河南	88 239	62 994	37 350	2 357	8 248	10 330	14 620	7 584	1 911	4 539	215
湖北	99 133	83 734	45 902	2 945	9 143	14 269	8 887	6 194	746	1 263	53
湖南	56 728	46 143	22 533	1 443	6 292	8 882	6 977	4 809	383	1 186	11
广东	172 016	137 693	68 550	510	28 812	28 689	24 099	21 933	1 170	181	624
其中:深圳	15 136	13 225	1 862	296	5 322	4 112	1 911	1 510	210	——	——
广西	66 807	54 803	26 958	663	9 674	10 266	6 901	5 837	——	1 054	——
海南	4 016	2 146	996	10	270	217	402	150	——	165	87
重庆	46 759	40 140	22 335	99	4 619	8 563	5 722	4 948	20	400	20
四川	89 690	68 930	37 610	3 158	7 963	16 502	15 503	11 061	1 301	2 766	——
贵州	53 057	50 411	26 780	1 161	5 228	5 746	2 646	1 788	37	821	——
云南	57 186	53 390	33 264	1 972	4 505	9 501	2 658	743	760	1 155	——
西藏	11 154	8 954	6 104	44	292	1 358	2 200	264	——	1 513	——
陕西	52 118	32 334	21 641	549	2 567	4 003	16 501	7 968	2 266	2 040	22
甘肃	57 953	43 734	28 839	1 006	5 546	6 012	10 492	4 607	4 549	1 169	17
青海	25 773	22 404	14 049	——	2 802	3 318	1 686	1 015	424	210	——
宁夏	25 364	22 639	13 004	870	2 670	2 864	1 098	907	——	191	——
新疆	61 087	54 910	31 116	4 495	5 077	9 922	5 369	1 231	592	2 212	37

全国各地区经营性文化产业机构数情况

单位：个

地区	总计	演出业	影视业	音像业	文化娱乐业	网络文化	文化旅游业	图书报刊业	艺术培训	文物和艺术品业
总计	**208 226**	**4 155**	**159**	**118**	**27 809**	**116 511**	**1 614**	**57 192**	**186**	**482**
中央	18	7	——	1	2	——	4	3	1	——
地方	208 208	4 148	159	117	27 807	116 511	1 610	57 189	185	482
北京	1 366	24	1	1	152	1 149	33	1	3	2
天津	982	23	3	——	161	709	19	53	5	9
河北	5 727	29	6	1	88	5 345	46	204	5	3
山西	5 241	93	1	3	1 719	2 882	87	437	17	2
内蒙古	6 778	19	——	6	1 192	2 150	35	3 352	7	17
辽宁	7 540	23	——	——	1 241	4 003	36	2 221	9	7
其中：大连	1 362	2	——	——	15	1 325	6	12	1	1
吉林	6 699	49	76	1	11	3 022	18	3 519	——	3
黑龙江	10 198	7	1	17	3 229	4 631	47	2 244	8	14
上海	3 235	356	——	1	1 102	1 500	26	243	1	6
江苏	11 540	348	1	1	374	6 915	100	3 765	18	18
浙江	10 381	385	10	2	292	6 263	80	3 319	5	25
其中：宁波	1 238	47	1	——	86	798	6	299	——	1
安徽	9 386	1 080	3	1	1 482	5 249	44	1 496	6	25
福建	5 523	312	1	1	590	2 983	84	1 537	4	11
其中：厦门	156	——	——	——	2	139	3	10	1	1
江西	8 685	71	1	12	2 566	4 450	87	1 478	7	13
山东	11 111	115	——	2	56	10 516	76	259	6	81
其中：青岛	1 755	13	——	1	20	1 625	8	73	——	15
河南	7 775	195	——	1	66	6 305	79	1 105	20	4
湖北	8 882	126	37	1	35	6 065	96	2 511	8	3
湖南	13 386	46	6	14	2 032	9 493	72	1 707	6	10
广东	5 785	385	——	2	188	4 587	148	458	8	9
其中：深圳	595	——	——	——	11	550	12	20	1	1
广西	6 849	27	——	——	32	4 626	53	2 095	12	4
海南	1 388	66	——	——	4	1 046	15	255	1	1
重庆	6 874	68	6	——	1 495	2 851	16	2 434	2	2
四川	19 635	95	——	11	4 194	7 374	59	7 884	8	10
贵州	3 884	26	——	4	225	1 635	13	1 970	1	10
云南	12 239	57	——	33	3 642	3 272	33	5 030	2	170
西藏	3	——	——	——	——	——	2	——	——	1
陕西	3 428	41	——	——	43	2 647	86	599	10	2
甘肃	3 294	8	——	——	4	1 543	70	1 663	1	5
青海	1 441	7	——	2	258	361	17	789	1	6
宁夏	2 875	15	1	——	647	608	5	1 593	1	5
新疆	6 078	52	5	——	687	2 331	28	2 968	3	4

全国各地区文化艺术服务机构经营情况

单位：千元

地区	营业收入	营业成本及费用	利润总额	从业人员劳动报酬	本年折旧	上交利税
总计	**748 183**	**477 793**	**5 486**	**222 305**	**56 745**	**41 808**
北京	191 167	128 074	11 223	31 298	7 433	8 036
天津	6 045	5 177	－647	2 285	452	345
河北	9 516	7 789	1 636	5 321	112	158
山西	1 810	——	——	1 000	——	30
内蒙古	——	——	——	——	——	——
辽宁	905	627	－97	——	——	131
其中：大连	905	627	－97	——	——	131
吉林	2 872	2 048	－1 315	1 458	102	196
黑龙江	——	——	——	——	——	——
上海	53 819	22 635	760	12 415	1 109	3 344
江苏	83 249	68 465	－18 506	42 621	19 399	5 111
浙江	197 110	136 596	21 899	65 158	10 957	12 095
其中：宁波	30 373	22 614	3 620	9 748	1 126	1 839
安徽	7 167	4 980	－1 762	4 924	1 081	500
福建	——	——	——	——	——	——
其中：厦门	——	——	——	——	——	——
江西	1 086	568	－116	460	150	42
山东	20 665	14 449	－5 734	10 767	5 292	1 649
其中：青岛	2 022	979	－458	1 030	240	157
河南	——	——	——	——	——	——
湖北	9 931	3 752	－1 848	5 178	1 591	620
湖南	9 178	4 440	－6 005	1 625	426	751
广东	32 388	15 497	－6 105	7 797	4 223	1 855
其中：深圳	——	——	——	——	——	——
广西	935	798	68	147	——	146
海南	25 634	23 922	4 266	16 693	58	1 905
重庆	4 491	1 828	－1 549	1 198	2 445	68
四川	——	——	——	——	——	——
贵州	199	163	－1 464	505	827	188
云南	71 453	27 703	8 945	6 473	430	3 529
西藏	——	——	——	——	——	——
陕西	——	——	——	——	——	——
甘肃	——	——	——	——	——	——
青海	548	519	－54	366	20	47
宁夏	349	420	－309	364	58	56
新疆	9 603	6 208	921	3 345	365	576

全国各地区网络文化服务机构经营情况

单位:千元

地　区	营业收入	营业成本及费用	利润总额	从业人员劳动报酬	本年折旧	上交利税
总　计	**4 387 215**	**1 574 577**	**1 152 627**	**268 020**	**25 203**	**226 846**
北　京	——	——	——	——	——	——
天　津	5 200	2 650	1 510	680	188	60
河　北	——	——	——	——	——	——
山　西	300	140	100	13	8	16
内蒙古	1 527	725	426	97	88	133
辽　宁	353 061	306 197	20 404	32 323	228	25 635
其中:大连	2 402	——	——	——	——	——
吉　林	79	16	56	48	4	7
黑龙江	3 762	1 353	1 718	960	241	640
上　海	3 810 301	1 150 440	1 087 443	204 780	14 588	183 067
江　苏	250	120	55	52	14	27
浙　江	10 329	5 427	2 511	1 231	387	830
其中:宁波	2 610	1 382	678	500	129	309
安　徽	66 760	36 739	16 769	9 907	4 105	10 684
福　建	3 677	1 245	1 799	232	64	1 089
其中:厦门	——	——	——	——	——	——
江　西	518	159	412	245	17	153
山　东	179	97	87	48	27	43
其中:青岛	118	66	57	42	21	39
河　南	1 938	935	247	221	146	111
湖　北	100 138	50 498	6 153	10 995	4 153	2 056
湖　南	3 875	1 777	1 609	633	234	616
广　东	5	1	3	——	——	1
其中:深圳	——	——	——	——	——	——
广　西	336	273	24	66	13	24
海　南	——	——	——	——	——	——
重　庆	13 727	9 693	3 779	2 346	189	148
四　川	4 371	1 605	6 407	2 440	256	1 116
贵　州	921	267	171	137	91	143
云　南	153	69	63	15	3	13
西　藏	——	——	——	——	——	——
陕　西	4 300	3 600	646	300	80	134
甘　肃	——	——	——	——	——	——
青　海	464	2	——	41	17	16
宁　夏	400	190	174	40	56	36
新　疆	644	359	61	170	6	48

全国各地区文化休闲娱乐机构经营基本情况

单位:千元

地区	营业收入	营业成本及费用	利润总额	从业人员劳动报酬	本年折旧	上交利税
总计	**25 842 792**	**12 505 520**	**6 885 732**	**3 136 862**	**996 104**	**2 236 558**
中央	2 655	6 613	2 144	3 437	9	1 663
地方	25 840 138	12 498 907	6 883 588	3 133 425	996 095	2 234 895
北京	178 432	111 429	15 582	42 100	18 929	31 738
天津	210 316	126 559	32 065	18 022	5 313	16 341
河北	456 261	244 108	154 386	67 915	23 750	36 011
山西	573 553	236 309	244 986	202 545	35 039	84 586
内蒙古	226 268	125 166	38 839	19 427	12 234	20 397
辽宁	1 029 372	399 699	149 767	61 413	15 718	46 859
其中:大连	329 897	——	——	——	——	——
吉林	673 344	297 956	341 132	96 734	36 101	33 804
黑龙江	667 345	299 152	165 304	69 990	26 550	72 158
上海	4 410 317	1 380 075	1 140 736	269 636	39 155	235 090
江苏	1 641 562	934 718	559 215	206 626	38 847	141 054
浙江	2 107 331	1 210 544	383 135	264 079	74 697	192 667
其中:宁波	222 826	121 920	53 051	32 405	8 583	16 128
安徽	736 208	377 186	198 053	97 666	55 977	82 434
福建	713 703	427 517	169 837	102 762	29 871	111 809
其中:厦门	109 101	65 281	16 933	14 766	4 673	18 381
江西	945 596	485 460	352 338	139 106	53 900	161 226
山东	1 242 338	574 615	418 906	196 063	72 467	131 374
其中:青岛	254 990	92 913	100 730	39 104	18 804	40 984
河南	953 469	412 900	252 650	110 382	47 055	78 024
湖北	1 147 884	570 049	267 004	157 422	46 455	59 585
湖南	1 291 142	828 157	295 755	136 708	53 503	99 393
广东	1 580 060	897 705	326 504	204 621	72 571	145 068
其中:深圳	525 019	280 934	159 850	42 971	14 417	39 390
广西	677 403	408 845	176 744	117 644	39 391	78 807
海南	110 063	65 022	32 164	23 056	6 567	12 610
重庆	448 830	278 820	128 476	52 304	27 238	35 492
四川	1 217 007	365 869	247 865	128 271	30 913	126 082
贵州	340 003	175 205	88 262	46 970	16 561	33 899
云南	414 149	203 863	112 951	59 936	29 646	46 512
西藏	——	——	——	——	——	——
陕西	1 057 577	645 078	377 833	138 869	45 667	49 493
甘肃	272 773	146 195	98 205	32 576	14 687	27 304
青海	43 227	6 687	12 883	1 891	3 102	6 490
宁夏	109 750	49 727	40 628	15 204	7 071	7 699
新疆	364 856	214 292	61 383	53 487	17 120	30 889

全国各地区其他文化服务机构经营基本情况

单位:千元

地区	营业收入	营业成本及费用	利润总额	从业人员劳动报酬	本年折旧	上交利税
总计	**9 424 642**	**6 479 124**	**1 445 213**	**1 529 670**	**3 232 235**	**1 734 949**
中央	14 091	13 180	−1 174	1 466	445	834
地方	9 410 551	6 465 944	1 446 387	1 528 204	3 231 790	1 734 115
北京	98 337	75 782	632	27 365	2 675	6 374
天津	140 030	115 171	976	12 046	7 049	5 083
河北	182 992	108 594	36 271	40 628	6 301	17 824
山西	177 400	87 720	57 844	88 647	6 608	38 258
内蒙古	182 609	94 146	44 214	16 592	5 505	13 729
辽宁	109 326	41 163	35 769	14 460	3 583	7 396
其中:大连	19 307	——	−660	12	——	1
吉林	167 273	62 949	79 970	37 562	8 798	16 591
黑龙江	73 792	30 736	21 128	13 390	2 551	10 764
上海	700 336	471 554	30 874	36 186	12 045	29 505
江苏	966 811	573 517	192 934	127 864	15 456	56 355
浙江	1 069 998	744 423	93 225	127 409	27 525	56 375
其中:宁波	113 106	87 402	19 680	11 501	2 303	9 135
安徽	297 204	172 794	82 886	120 122	3 058	36 844
福建	564 089	431 139	82 903	147 558	17 126	50 515
其中:厦门	50 977	37 340	4 947	10 579	3 112	3 070
江西	167 851	87 038	49 627	47 311	9 607	22 889
山东	825 301	328 952	87 074	64 240	20 090	69 289
其中:青岛	254 149	134 571	8 490	14 512	3 376	9 291
河南	241 235	133 384	57 355	38 326	9 518	16 311
湖北	169 705	106 863	22 930	39 142	11 283	1 038 389
湖南	103 051	37 962	40 597	28 355	2 681	8 257
广东	1 341 207	1 070 912	29 411	173 622	29 344	84 171
其中:深圳	535 160	519 045	−3 220	35 960	4 651	30 875
广西	142 959	84 729	39 176	34 646	13 744	13 861
海南	76 607	55 537	13 356	19 248	3 023	5 455
重庆	174 594	115 872	38 032	29 972	9 414	16 197
四川	475 440	185 279	108 678	87 690	20 998	39 570
贵州	103 096	59 824	24 425	20 749	3 157	8 266
云南	529 259	1 025 304	72 041	59 934	13 181	32 982
西藏	——	——	——	——	——	——
陕西	91 877	49 650	34 214	29 213	5 724	10 380
甘肃	78 224	41 970	29 365	15 017	2 675	6 117
青海	13 155	2 181	2 875	896	2 956 666	1 991
宁夏	42 520	18 371	14 941	8 861	634	4 267
新疆	104 273	52 428	22 664	21 153	1 771	10 110

全国各地区文化企业(国有)机构经营基本情况

单位:千元

地区	营业收入	营业成本及费用	利润总额	从业人员劳动报酬	本年折旧	上交利税
总计	**5 191 578**	**3 737 334**	**202 940**	**648 005**	**375 375**	**323 291**
中央	83 611	87 584	18 437	12 138	767	7 490
地方	5 107 967	3 649 750	184 503	635 867	374 608	315 801
北京	141 347	104 671	5 435	23 865	5 354	7 302
天津	191 693	146 574	−2 887	25 395	6 873	8 422
河北	60 345	45 496	−27	6 494	3 682	4 830
山西	38 354	19 472	8 222	7 538	1 448	2 844
内蒙古	32 766	21 767	4 199	2 938	3 385	1 605
辽宁	66 581	33 450	5 195	15 599	3 823	1 694
其中:大连	1 102	627	−1 162	82	55	134
吉林	24 019	10 828	1 297	7 967	3 056	3 496
黑龙江	22 990	10 174	4 558	3 461	1 230	3 430
上海	597 390	426 934	25 066	63 068	45 210	43 985
江苏	386 224	215 618	9 327	66 343	32 450	34 894
浙江	614 489	411 492	32 052	64 582	65 349	41 924
其中:宁波	55 314	40 361	6 028	6 765	1 018	3 586
安徽	56 884	35 560	−4 364	8 888	5 674	3 637
福建	129 463	147 280	4 599	20 946	8 545	12 044
其中:厦门	40 542	32 584	361	9 271	2 999	4 238
江西	229 832	191 083	20 755	27 719	8 987	15 770
山东	324 073	122 823	14 332	34 331	12 808	13 305
其中:青岛	30 054	22 646	−3 455	5 988	1 430	2 576
河南	115 840	81 842	8 123	16 196	3 349	8 265
湖北	100 126	78 181	877	22 965	15 109	4 743
湖南	534 854	525 126	−5 806	32 542	29 153	17 580
广东	900 222	675 460	16 038	80 972	40 367	46 770
其中:深圳	102 562	64 096	31 096	10 183	2 862	3 092
广西	33 031	20 663	3 723	7 459	5 575	3 465
海南	13 035	15 185	884	3 924	247	627
重庆	100 797	76 681	10 909	18 081	16 936	8 044
四川	130 069	89 254	13 848	30 132	24 800	6 962
贵州	34 505	20 050	−4 594	6 879	10 697	2 275
云南	108 750	57 097	3 956	13 606	10 694	8 093
西藏	——	——	——	——	——	——
陕西	68 098	42 444	7 412	14 441	5 393	6 559
甘肃	7 218	5 288	937	1 014	1 084	586
青海	7 232	3 758	132	1 543	432	452
宁夏	24 409	8 203	400	4 092	2 350	1 238
新疆	13 331	7 296	−95	2 887	548	960

全国各地区文化企业(集体)机构经营基本情况

单位:千元

地区	营业收入	营业成本及费用	利润总额	从业人员劳动报酬	本年折旧	上交利税
总计	**1 311 281**	**804 670**	**142 708**	**195 411**	**119 291**	**118 858**
中央	238	15	3	36	4	231
地方	1 311 043	804 655	142 705	195 375	119 287	118 627
北京	44 493	35 254	147	8 886	1 651	3 290
天津	29 543	20 186	-6 146	2 644	5 957	2 393
河北	2 954	1 413	987	430	141	286
山西	27 479	11 454	6 827	5 886	1 172	2 187
内蒙古	10 668	5 546	396	1 254	256	579
辽宁	2 695	1 602	826	120	60	423
其中:大连	——	——	——	——	——	——
吉林	66 926	31 792	30 952	8 009	6 546	6 296
黑龙江	14 156	12 677	404	895	494	412
上海	305 289	175 340	-391	35 757	61 683	33 550
江苏	153 634	89 882	18 760	16 567	3 557	11 532
浙江	72 451	46 020	7 964	13 352	4 351	7 786
其中:宁波	15 247	9 746	2 352	3 068	717	1 944
安徽	3 953	1 895	972	1 040	94	145
福建	8 260	5 040	494	1 755	282	1 387
其中:厦门	1 130	403	86	304	40	97
江西	3 229	1 713	957	1 135	134	436
山东	14 637	5 474	3 638	2 547	1 343	1 386
其中:青岛	5 394	3 022	-221	911	666	484
河南	20 885	13 556	2 709	2 335	967	1 709
湖北	15 112	7 525	6 228	1 829	716	1 428
湖南	9 237	3 404	3 717	3 310	1 251	350
广东	339 662	226 646	27 856	63 926	16 494	29 901
其中:深圳	166 720	129 389	6 133	23 806	3 365	13 388
广西	8 373	4 332	2 748	1 837	414	1 006
海南	8 456	5 900	218	3 285	491	1 427
重庆	22 200	16 355	4 122	1 784	408	1 587
四川	38 721	22 971	15 833	3 802	1 311	1 384
贵州	6 633	4 766	894	1 053	187	445
云南	47 526	33 950	3 969	7 330	4 303	3 824
西藏	——	——	——	——	——	——
陕西	7 464	3 468	3 636	1 483	633	647
甘肃	14 417	7 642	2 265	599	3 707	1 322
青海	657	1 502	50	333	31	80
宁夏	3 274	1 634	1 284	475	438	601
新疆	8 059	5 716	389	1 717	215	828

全国各地区文化企业(私营)机构经营基本情况

单位:千元

地区	营业收入	营业成本及费用	利润总额	从业人员劳动报酬	本年折旧	上交利税
总计	**22 999 096**	**12 088 155**	**5 966 818**	**3 656 426**	**1 852 345**	**3 530 950**
北京	57 453	46 324	4 809	9 690	1 888	3 723
天津	207 231	127 146	28 336	15 828	5 726	17 426
河北	557 206	321 816	147 828	106 102	40 892	67 231
山西	719 577	247 625	290 896	205 952	35 091	126 680
内蒙古	453 841	293 125	93 761	31 722	16 461	28 247
辽宁	542 506	445 680	54 530	70 639	2 730	44 765
其中:大连	235	——	——	——	——	——
吉林	721 328	315 844	362 673	98 076	33 952	39 954
黑龙江	687 096	264 045	197 688	87 457	28 571	73 343
上海	278 528	176 510	－6 343	35 933	10 135	33 222
江苏	1 329 669	770 477	434 195	205 575	30 348	154 744
浙江	2 400 620	1 335 387	445 988	397 069	75 195	227 759
其中:宁波	389 768	211 530	68 773	56 061	13 050	36 245
安徽	1 099 819	568 775	303 986	233 948	58 830	124 764
福建	1 194 497	737 376	224 639	188 028	40 959	147 002
其中:厦门	114 010	69 069	26 600	17 528	2 363	12 464
江西	1 139 537	576 381	419 925	214 252	66 082	199 001
山东	1 485 590	700 389	455 554	242 047	73 624	133 439
其中:青岛	233 265	123 386	66 661	28 852	10 123	24 341
河南	829 126	350 447	219 551	90 605	39 768	106 601
湖北	800 093	365 849	199 623	127 765	34 161	1 075 182
湖南	974 841	387 392	412 124	153 463	40 449	97 107
广东	2 634 721	1 640 504	316 239	387 586	102 851	284 357
其中:深圳	327 568	290 004	－3 084	24 409	1 911	46 563
广西	424 176	272 637	87 334	73 551	22 423	45 046
海南	241 277	147 024	65 787	61 038	10 511	25 263
重庆	479 648	296 145	123 036	60 845	20 093	42 821
四川	1 389 364	464 965	335 510	194 975	52 461	208 139
贵州	367 445	183 172	99 441	56 814	15 918	31 285
云南	586 769	316 735	208 285	90 002	27 692	69 844
西藏	——	——	——	——	——	——
陕西	749 257	424 846	284 878	122 766	35 180	53 761
甘肃	223 838	115 781	80 260	29 375	11 734	27 122
青海	83 482	13 890	18 377	4 955	905 298	13 088
宁夏	55 361	25 802	21 038	7 317	1 693	4 236
新疆	285 205	156 066	36 870	53 051	11 629	25 798

全国各地区文化企业(港澳台)机构经营基本情况

单位:千元

地区	营业收入	营业成本及费用	利润总额	从业人员劳动报酬	本年折旧	上交利税
总计	**623 360**	**390 279**	**-120 730**	**119 102**	**46 567**	**77 376**
北京	1 206	1 632	109	894	54	91
天津	1 400	89	——	45	——	93
河北	280	125	——	18	14	9
山西	——	——	——	——	——	——
内蒙古	400	100	——	——	32	30
辽宁	209	97	62	46	4	18
其中:大连	——	——	——	——	——	——
吉林	——	——	——	——	——	——
黑龙江	——	——	——	——	——	——
上海	272 140	201 341	-95 810	68 814	17 666	37 213
江苏	19 081	12 426	182	1 695	2 503	1 818
浙江	1 241	766	11	376	876	221
其中:宁波	——	——	——	——	——	——
安徽	3	1	——	——	——	——
福建	21 998	14 440	-3 371	3 511	1 289	2 214
其中:厦门	——	——	——	——	——	——
江西	6 697	4 756	4 222	1 959	744	1 051
山东	118 982	24 208	-14 544	12 969	9 704	14 000
其中:青岛	66 953	11 695	-4 925	4 074	2 817	12 521
河南	4 568	3 116	726	207	43	745
湖北	524	218	36	88	12	89
湖南	6 300	1 850	3 930	1 100	328	520
广东	144 863	113 642	-23 549	24 061	10 621	16 553
其中:深圳	95 024	70 019	-14 293	15 867	3 838	10 994
广西	229	81	132	55	39	16
海南	——	——	——	——	——	——
重庆	5 100	3 845	1 692	277	826	238
四川	4 299	3 913	-1 710	1 229	76	1 248
贵州	3 321	1 065	2 212	1 325	190	292
云南	2 645	1 227	421	183	731	660
西藏	——	——	——	——	——	——
陕西	6 500	1 250	4 500	150	695	250
甘肃	——	——	——	——	——	——
青海	——	——	——	——	——	——
宁夏	31	12	19	——	——	——
新疆	1 343	79	——	100	120	7

全国各地区文化企业(外商)机构经营基本情况

单位:千元

地　　区	营　业 收　入	营业成本 及 费 用	利　润 总　额	从业人员 劳动报酬	本　年 折　旧	上　交 利　税
总　　计	**789 138**	**485 166**	**3 985**	**65 249**	**55 392**	**94 999**
北　　京	60 657	21 491	1 623	4 111	659	9 516
天　　津	1 509	924	−5	38	63	107
河　　北	1 871	4 188	−2 748	579	2 061	93
山　　西	3 190	700	733	47	259	379
内 蒙 古	——	——	——	——	——	——
辽　　宁	4 981	905	——	900	——	60
其中:大连	——	——	——	——	——	——
吉　　林	5 000	2 500	2 380	300	280	20
黑 龙 江	450	180	——	90	——	100
上　　海	331 404	160 206	−12 333	28 511	35 300	38 703
江　　苏	23 372	12 423	7 429	1 372	1 878	3 726
浙　　江	15 271	9 127	21	6 725	104	274
其中:宁波	——	——	——	——	——	——
安　　徽	1 000	300	——	200	60	50
福　　建	40 320	22 422	1 120	3 927	2 913	8 383
其中:厦门	16 327	5 387	−1 041	800	1 682	4 584
江　　西	19 572	8 297	9 603	3 344	1 337	3 467
山　　东	6 566	2 115	−548	807	1 062	375
其中:青岛	4 481	1 270	−1 583	173	947	192
河　　南	1 428	600	600	400	156	200
湖　　北	2 210	286	111	362	924	73
湖　　南	473	196	100	77	12	——
广　　东	38 877	32 784	−7 003	4 994	3 605	5 654
其中:深圳	9 253	6 596	2 187	345	141	170
广　　西	2 884	1 264	1 184	316	26	336
海　　南	——	——	——	——	——	——
重　　庆	7 730	4 912	2 226	128	696	578
四　　川	204 460	187 461	−1 644	6 203	3 719	21 920
贵　　州	6 403	4 164	473	272	1	346
云　　南	6 352	5 516	−51	706	237	400
西　　藏	——	——	——	——	——	——
陕　　西	3 158	2 205	714	840	40	239
甘　　肃	——	——	——	——	——	——
青　　海	——	——	——	——	——	——
宁　　夏	——	——	——	——	——	——
新　　疆	——	——	——	——	——	——

全国各地区文化产业增加值情况

	总产出（千元）	中间消耗（千元）	增加值（千元）	劳动者报酬（千元）	生产税净额（千元）	固定资产折旧（千元）	营业盈余（千元）
总　计	**89 106 258**	**44 422 060**	**44 684 198**	**21 024 424**	**5 277 686**	**6 075 066**	**12 543 110**
中　央	1 875 257	455 035	1 420 212	865 620	25 193	144 348	375 845
地　方	87 231 001	43 967 025	43 263 986	20 158 804	5 252 493	5 930 718	12 167 265
北　京	2 019 441	828 624	1 190 817	663 186	81 425	134 040	313 792
天　津	1 251 186	721 068	530 118	355 479	81 187	49 617	45 336
河　北	1 653 747	639 159	1 014 588	579 128	104 231	107 068	238 712
山　西	1 882 615	394 235	1 488 380	758 470	94 637	87 330	558 962
内蒙古	1 331 951	717 156	614 795	354 774	58 465	43 458	168 142
辽　宁	2 982 916	2 023 575	959 341	629 644	75 178	81 061	183 875
其中:大连	973 656	913 651	60 005	50 163	772	8 849	968
吉　林	1 853 478	1 146 347	707 131	525 871	91 103	96 902	379
黑龙江	1 514 896	611 847	903 049	446 228	94 494	95 830	276 941
上　海	10 949 210	7 180 678	3 768 532	1 391 235	658 613	642 239	1 074 737
江　苏	6 195 814	2 673 142	3 522 672	1 395 657	397 646	473 120	1 264 510
浙　江	8 397 401	4 608 553	3 788 848	1 823 617	492 659	564 165	912 897
其中:宁波	1 407 974	855 604	552 370	253 450	98 624	70 568	129 666
安　徽	2 061 561	894 974	1 166 587	618 539	186 567	125 560	244 904
福　建	2 923 800	1 438 233	1 485 567	698 337	273 604	202 232	319 999
其中:厦门	463 864	254 789	209 075	108 825	58 934	21 171	21 146
江　西	2 305 194	605 562	1 699 632	552 524	178 851	353 362	623 614
山　东	3 919 208	1 576 732	2 342 476	1 012 443	234 848	333 684	775 148
其中:青岛	942 245	488 678	453 567	161 079	58 046	84 570	150 872
河　南	2 404 224	1 024 588	1 379 636	635 514	115 094	253 745	391 580
湖　北	2 731 471	1 261 596	1 469 875	740 104	92 961	144 728	500 314
湖　南	2 519 638	1 140 754	1 378 884	571 796	129 887	191 424	496 587
广　东	10 464 848	6 623 164	3 841 684	1 898 564	716 164	607 744	625 733
其中:深圳	2 736 972	1 810 010	926 962	401 350	187 632	84 505	251 930
广　西	1 921 057	522 465	1 398 592	561 405	165 687	305 083	376 714
海　南	416 951	140 178	276 773	138 865	32 946	24 625	82 276
重　庆	1 541 947	727 417	814 530	326 574	94 190	141 769	255 026
四　川	4 961 602	2 717 763	2 243 839	910 163	280 317	305 003	763 086
贵　州	1 035 007	433 568	601 439	316 855	66 812	67 226	158 709
云　南	2 757 591	1 446 197	1 311 394	628 047	179 201	186 471	330 496
西　藏	83 960	－34 318	118 278	64 343	60	8 860	46 625
陕　西	2 360 582	858 652	1 501 930	606 971	100 576	120 933	683 927
甘　肃	987 802	349 792	638 010	325 016	55 495	81 864	184 072
青　海	214 445	90 086	124 359	94 202	15 362	7 023	11 999
宁　夏	417 226	185 782	231 444	142 028	32 303	14 922	44 099
新　疆	1 170 232	419 456	750 776	393 225	71 930	79 630	214 074

全国各地区经营性文化产业机构增加值情况

	总产出（千元）	中间消耗（千元）	增加值（千元）	劳动者报酬（千元）	生产税净额（千元）	固定资产折旧（千元）	营业盈余（千元）
总　计	**36 833 612**	**19 324 365**	**17 509 247**	**4 900 461**	**2 458 824**	**2 425 717**	**7 302 157**
中　央	30 800	13 137	17 666	5 810	968	846	1 209
地　方	36 802 812	19 311 228	17 491 581	4 894 651	2 457 856	2 424 871	7 300 948
北　京	480 027	221 036	258 991	100 763	35 783	43 006	23 474
天　津	370 156	259 202	110 954	34 405	20 200	20 081	26 070
河　北	655 238	294 763	360 475	113 913	51 331	41 526	147 088
山　西	784 193	75 492	708 701	292 202	45 868	42 795	326 706
内蒙古	412 857	256 022	156 835	36 083	30 464	12 306	77 982
辽　宁	1 143 727	930 223	213 504	75 932	50 489	4 300	83 299
其中：大连	350 109	351 141	－1 032	12	132	——	－660
吉　林	847 565	592 392	255 173	135 882	49 560	63 252	－3 006
黑龙江	765 946	393 498	372 448	83 471	62 817	49 337	176 823
上　海	5 211 562	3 359 302	1 852 260	318 249	249 039	155 264	1 110 443
江　苏	2 741 536	1 272 179	1 469 357	377 667	163 894	99 576	768 321
浙　江	3 445 698	1 964 318	1 481 380	457 413	212 663	248 115	437 530
其中：宁波	368 591	208 960	159 631	53 654	20 920	21 287	45 031
安　徽	1 070 654	466 425	604 229	223 220	115 355	79 555	179 707
福　建	1 314 978	651 907	663 071	251 665	123 975	98 381	189 101
其中：厦门	162 503	87 896	74 607	25 345	19 831	10 056	19 375
江　西	1 145 726	213 312	932 414	187 069	110 586	231 617	402 209
山　东	2 207 192	1 063 740	1 143 452	273 700	179 706	206 494	468 517
其中：青岛	563 288	285 643	277 645	55 560	42 323	61 495	117 191
河　南	1 222 038	532 198	689 840	148 708	81 969	168 649	290 514
湖　北	1 361 095	696 677	664 418	201 754	64 039	76 034	305 839
湖　南	1 431 214	766 205	665 009	167 235	85 441	88 179	326 171
广　东	3 028 741	2 022 877	1 005 864	386 042	190 352	114 107	293 471
其中：深圳	1 107 640	802 999	304 641	78 931	58 515	22 326	144 869
广　西	851 164	212 601	638 563	152 437	87 465	174 849	223 226
海　南	214 067	39 114	174 953	58 997	19 124	14 291	54 863
重　庆	642 674	301 849	340 825	83 474	47 123	87 471	115 333
四　川	1 729 102	941 573	787 529	215 977	124 971	99 378	343 882
贵　州	450 518	202 050	248 468	68 533	37 696	44 300	97 471
云　南	1 037 717	596 662	441 055	127 330	68 353	48 717	177 469
西　藏	——	——	——	——	——	——	——
陕　西	1 186 347	522 396	663 951	168 082	56 857	33 556	405 456
甘　肃	354 094	146 112	207 982	48 071	31 720	27 653	100 280
青　海	60 857	39 153	21 704	3 885	8 396	1 501	6 179
宁　夏	154 525	86 417	68 108	24 473	11 670	4 356	26 900
新　疆	481 604	191 536	290 068	78 019	40 950	46 225	119 630

全国各地区文化产业总产出分项情况

单位:千元

地区	合计	艺术业			图书馆业	群众文化业	艺术教育	文化市场经营机构		文艺科技	文物保护业	其他文化艺术业
			艺术表演团体	艺术表演场所					文化娱乐业			
总计	**89106 258**	**7965 183**	**6007 908**	**1569 957**	**3774 934**	**3909 034**	**977 307**	**64675 631**	**24753 234**	**234 801**	**5556 729**	**2012 639**
中央	1875 257	652 786	586 690	14 149	332 247	——	16 934	——	——	60 745	399 781	412 764
地方	87231 001	7312 397	5421 218	1555 808	3442 687	3909 034	960 373	64675 631	24753 234	174 056	5156 948	1599 875
北京	2 019 441	578 043	357 143	186 731	203 649	110 297	52 913	632 390	196 882	4 770	388 926	48 453
天津	1 251 186	187 425	117 137	17 847	100 962	49 305	44 082	689 100	357 717	2 921	161 915	15 476
河北	1 653 747	193 616	156 148	30 436	75 582	112 358	38 652	960 316	321 503	8 439	235 974	28 810
山西	1 882 615	216 918	181 370	24 396	64 718	76 730	93 381	1 213 876	415 858	9 491	192 396	15 105
内蒙古	1 331 951	172 316	160 899	9 826	60 953	73 620	23 863	891 065	329 489	5 846	81 023	23 265
辽宁	2 982 916	266 544	147 187	115 883	176 517	102 354	26 816	2 199 954	1 020 189	14 986	156 678	39 067
其中:大连	973 656	24 703	19 883	4 080	38 565	16 067	6 671	866 671	517 244	951	17 132	2 896
吉林	1 853 478	220 575	166 778	47 261	75 483	75 905	——	1 361 097	354 245	10 495	86 206	23 717
黑龙江	1 514 896	199 886	185 657	10 146	74 376	74 481	24 936	1 055 604	251 460	3 415	57 278	24 920
上海	10 949 210	621 863	337 351	241 833	451 247	356 743	7 149	9 086 561	3 360 035	10 510	293 407	121 730
江苏	6 195 814	405 614	273 341	98 035	261 539	306 129	84 368	4 573 290	1 867 179	7 551	406 970	150 353
浙江	8 397 401	593 902	390 812	203 091	282 320	473 096	93 964	6 265 695	2 877 079	14 875	489 968	183 581
其中:宁波	1 407 974	85 033	43 801	41 232	34 582	91 254	——	1 125 750	779 108	624	42 890	27 841
安徽	2 061 561	196 577	146 362	38 823	68 104	91 240	37 299	1 581 000	506 776	2 178	70 982	14 181
福建	2 923 800	248 373	194 613	52 983	80 818	78 204	29 691	2 385 675	1 027 271	9 658	66 128	25 253
其中:厦门	463 864	51 209	40 842	10 367	22 222	24 768	5 200	337 227	174 572	3 396	17 488	2 354
江西	2 305 194	114 671	92 625	20 071	56 012	58 840	15 083	1 941 624	594 579	4 973	76 577	37 414
山东	3 919 208	347 300	284 686	38 070	172 601	178 376	38 295	2 891 737	756 258	9 212	222 310	59 377
其中:青岛	942 245	56 110	52 940	2 755	28 281	38 237	——	791 659	291 412	1 468	17 982	8 508
河南	2 404 224	221 875	167 860	54 015	75 792	95 722	47 167	1 561 958	291 206	8 186	363 207	30 317
湖北	2 731 471	278 933	229 297	45 213	100 542	120 754	47 590	1 878 586	582 163	4 086	106 429	194 551
湖南	2 519 638	191 233	139 839	37 618	75 488	111 676	35 533	1 868 009	412 073	2 383	185 140	50 176
广东	10 464 848	541 814	389 515	122 769	400 933	558 331	51 274	8 231 346	4 648 196	11 988	372 061	297 101
其中:深圳	2 736 972	35 135	20 915	14 220	116 695	171 482	339	2 357 892	1 335 555	——	24 789	30 640
广西	1 921 057	168 389	141 839	13 029	82 499	89 011	30 532	1 461 600	602 758	4 990	65 516	18 520
海南	416 951	58 452	54 015	4 437	9 253	14 918	7 724	310 525	117 641	——	10 098	5 981
重庆	1 541 947	74 559	68 023	5 331	43 737	74 976	10 081	1 229 744	419 602	3 105	78 367	27 378
四川	4 961 602	213 188	170 262	29 412	118 510	151 820	42 122	4 086 942	1 227 089	3 207	304 171	41 642
贵州	1 035 007	96 854	80 617	9 633	46 196	62 642	——	760 806	312 935	1 189	41 711	25 609
云南	2 757 591	259 399	235 210	20 624	80 920	141 560	13 636	2 165 738	785 539	2 232	67 167	26 939
西藏	83 960	49 336	44 922	4 414	4 902	13 298	——	——	——	——	12 321	4 103
陕西	2 360 582	182 750	153 757	28 785	66 123	70 854	32 333	1 652 677	433 921	6 317	320 992	28 536
甘肃	987 802	148 097	125 473	14 338	49 247	56 449	9 980	567 014	217 678	1 214	149 108	6 693
青海	214 445	45 234	43 422	888	18 538	20 923	6 689	100 975	35 172	918	15 772	5 396
宁夏	417 226	44 870	40 176	3 028	18 927	24 496	6 662	283 097	103 521	2 117	22 200	14 857
新疆	1 170 232	173 791	144 882	26 842	46 199	83 926	8 558	787 630	327 220	2 804	55 950	11 374

全国各地区文化产业增加值分项情况

单位：千元

地区	合计	艺术业			图书馆业	群众文化业	艺术教育	文化市场经营机构		文艺科研	文物保护业	其他文化艺术业
			艺术表演团体	艺术表演场所					文化娱乐业			
总计	**44 684 198**	**5428 595**	**4088 584**	**1134 484**	**2186 246**	**2794 281**	**646 819**	**28165 953**	**23750 985**	**226 241**	**4222 527**	**1013 536**
中央	1420 212	389 889	378 149	4 844	170 111	——	11 902	——	——	47 288	592 559	208 473
地方	43 263 986	5038 706	3710 435	1129 640	2016 135	2794 281	634 917	28165 953	23750 985	178 953	3629 968	805 063
北京	1 190 817	284 106	204 531	65 913	90 779	48 905	32 946	246 409	209 086	2 803	471 375	13 494
天津	530 118	115 658	80 354	10 554	56 735	35 657	31 994	207 926	190 929	2 369	75 764	4 015
河北	1 014 588	134 313	105 203	23 673	49 874	89 592	27 118	525 455	436 343	6 534	169 750	11 952
山西	1 488 380	149 252	123 434	18 740	43 865	60 698	61 141	990 958	811 344	6 749	168 134	7 583
内蒙古	614 795	122 067	112 656	8 388	47 432	60 266	16 338	309 253	192 359	4 980	37 581	16 878
辽宁	959 341	210 953	101 360	106 877	106 032	76 559	16 302	403 152	358 010	12 180	101 529	32 634
其中：大连	60 005	16 336	11 512	4 257	16 343	11 577	4 212	5	5	666	8 929	1 937
吉林	707 131	132 796	101 302	25 739	52 297	62 183	——	396 990	299 986	8 872	38 097	15 896
黑龙江	903 049	160 137	149 932	6 799	52 375	56 877	17 471	563 439	484 190	3 023	38 324	11 403
上海	3 768 532	499 435	208 133	274 568	212 018	217 856	4 416	2 626 449	2 511 549	5 724	143 956	58 678
江苏	3 522 672	255 542	191 699	40 109	153 279	208 475	57 999	2 579 736	2 182 479	6 450	187 174	74 017
浙江	3 788 848	353 911	245 788	108 124	158 701	269 685	59 283	2 460 567	2 136 886	61 125	332 257	93 319
其中：宁波	552 370	50 624	31 529	19 095	19 252	48 950	——	397 199	362 101	587	23 366	12 392
安徽	1 166 587	145 736	107 873	28 284	42 661	78 062	23 093	822 428	629 875	1 664	42 393	10 550
福建	1 485 567	172 378	128 350	43 440	48 786	43 881	20 115	1 144 027	867 361	6 036	37 381	12 963
其中：厦门	209 075	32 360	24 898	7 462	11 985	6 477	3 599	144 658	126 768	1 159	6 906	1 931
江西	1 699 632	89 581	74 146	13 760	38 851	46 963	12 566	1 430 039	1 239 409	4 275	52 188	25 169
山东	2 342 476	251 937	208 900	23 680	112 666	138 311	27 077	1 465 060	1 215 399	7 151	304 152	36 122
其中：青岛	453 567	38 490	37 024	1 061	19 708	26 577	——	349 376	304 792	1 081	12 169	6 166
河南	1 379 636	175 994	120 274	55 720	53 661	79 400	36 502	839 092	703 426	6 890	166 463	21 634
湖北	1 469 875	182 270	149 555	29 837	59 667	88 333	26 001	891 668	817 717	3 465	68 014	150 457
湖南	1 378 884	118 893	91 934	18 286	48 523	82 987	18 573	1 011 486	900 196	1 910	81 311	15 201
广东	3 841 684	341 388	241 236	87 522	199 713	397 535	41 719	2 584 638	2 253 493	6 913	206 074	63 704
其中：深圳	926 962	30 085	16 395	13 690	42 787	105 954	283	709 476	643 888	——	16 890	21 487
广西	1 398 592	135 101	102 722	15 565	59 957	78 159	20 334	1 045 564	928 690	4 346	41 766	13 365
海南	276 773	51 651	47 759	3 892	6 735	11 053	6 665	187 867	146 954	——	8 185	4 617
重庆	814 530	52 845	48 793	3 486	24 451	69 569	5 453	561 541	436 944	673	88 594	11 404
四川	2 243 839	154 612	123 248	26 876	76 438	108 910	24 569	1 658 641	1 141 883	2 439	203 543	14 687
贵州	601 439	79 290	66 187	8 109	27 023	52 408	——	399 161	345 856	909	25 033	17 615
云南	1 311 394	163 196	145 815	14 577	59 872	112 230	6 166	903 110	654 188	2 082	42 796	21 942
西藏	118 278	43 556	39 432	4 124	3 786	11 623	——	——	——	——	55 999	3 314
陕西	1 501 930	132 674	110 687	21 813	36 991	55 195	16 599	949 068	864 366	3 985	290 853	16 565
甘肃	638 010	107 450	90 749	10 776	32 666	48 688	7 695	349 798	292 966	913	86 078	4 722
青海	124 359	38 131	37 388	379	14 459	16 868	5 099	35 748	26 507	798	9 242	4 014
宁夏	231 444	35 846	32 687	2 240	14 720	19 946	4 482	128 831	102 542	1 702	17 339	8 578
新疆	750 776	148 007	118 308	27 790	31 122	67 407	7 201	447 852	370 052	1 993	38 623	8 571

全国各地区文化部门增加值情况

	总产出（千元）	中间消耗（千元）	增加值（千元）	劳动者报酬（千元）	生产税净额（千元）	固定资产折旧（千元）	营业盈余（千元）
总　计	**39 633 368**	**15 729 964**	**23 903 404**	**14 684 574**	**1 595 724**	**3 131 669**	**4 725 127**
中　央	1 743 717	449 694	1 294 023	733 337	24 001	133 004	385 577
地　方	37 889 651	15 280 270	22 609 380	13 951 237	1 571 723	2 998 665	4 339 550
北　京	1 300 512	388 790	911 722	520 309	18 219	81 685	293 133
天　津	949 233	496 291	452 942	343 150	56 049	43 092	12 254
河　北	670 594	198 911	471 683	394 626	3 126	44 964	43 932
山　西	1 780 762	361 938	1 418 824	741 967	81 273	80 482	526 290
内蒙古	952 021	474 817	477 204	315 336	30 116	32 827	109 294
辽　宁	1 807 589	895 879	911 710	596 627	62 922	80 948	181 590
其中:大连	108 076	48 912	59 164	50 323	775	8 935	−39
吉　林	499 289	179 027	320 262	295 637	3 323	32 522	−3 517
黑龙江	1 471 764	593 394	878 370	441 079	91 711	94 173	261 902
上　海	3 688 909	1 984 818	1 704 091	851 513	267 661	361 971	220 419
江　苏	1 769 145	769 305	999 840	798 565	33 184	146 326	30 712
浙　江	2 123 609	860 904	1 262 705	938 770	28 186	160 481	139 997
其中:宁波	254 437	113 207	141 230	120 028	3 814	15 458	1 868
安　徽	1 371 721	505 115	866 606	512 586	114 940	99 336	149 006
福　建	786 669	339 543	447 126	340 833	26 964	46 455	41 964
其中:厦门	159 282	82 908	76 374	59 913	4 714	10 059	2 704
江　西	2 177 126	576 944	1 600 182	545 460	163 049	334 324	566 469
山　东	1 093 781	183 503	910 278	660 556	16 793	96 693	150 195
其中:青岛	184 767	68 566	116 201	98 589	3 648	15 532	−511
河　南	923 035	348 289	574 746	452 451	9 370	68 091	61 731
湖　北	926 164	327 662	598 502	485 812	7 462	74 391	39 078
湖　南	2 082 257	922 074	1 160 183	527 286	107 760	181 426	354 659
广　东	2 323 110	1 051 726	1 271 384	920 091	38 605	252 382	67 054
其中:深圳	378 698	161 179	217 519	182 101	4 023	24 305	5 338
广　西	472 807	114 033	358 774	309 044	5 507	41 797	12 935
海　南	92 229	28 748	63 481	58 021	444	6 078	987
重　庆	1 143 537	484 440	659 097	286 336	68 323	107 840	199 782
四　川	3 473 338	1 818 780	1 654 558	763 420	174 245	224 103	507 903
贵　州	362 015	113 168	248 847	210 176	9 714	21 219	16 103
云　南	1 359 443	618 505	740 938	450 371	84 005	115 640	104 387
西　藏	83 473	−34 386	117 859	63 961	60	8 857	46 625
陕　西	732 933	169 847	563 086	361 720	8 538	81 789	121 868
甘　肃	422 031	133 341	288 690	251 765	2 794	31 343	11 286
青　海	201 820	78 065	123 755	96 462	14 484	7 286	9 915
宁　夏	354 430	161 033	193 397	132 253	28 365	9 509	25 089
新　疆	494 305	135 766	358 539	285 054	14 531	30 635	36 508

全国各地区文化部门文化产业增加值情况

	总产出（千元）	中间消耗（千元）	增加值（千元）	劳动者报酬（千元）	生产税净额（千元）	固定资产折旧（千元）	营业盈余（千元）
总　计	**38 939 360**	**15 291 698**	**23 647 662**	**14 498 871**	**1 569 770**	**3 060 268**	**4 753 727**
中　央	1 631 013	366 717	1 264 296	729 412	21 070	130 628	373 970
地　方	37 308 348	14 924 981	22 383 366	13 769 459	1 548 700	2 929 640	4 379 757
北　京	1 259 551	351 472	908 079	515 395	17 401	80 286	296 525
天　津	897 473	458 124	439 349	329 275	54 737	41 141	15 668
河　北	660 655	192 169	468 486	391 676	2 889	43 904	44 530
山　西	1 775 991	362 344	1 413 647	736 706	81 273	80 403	526 284
内蒙古	950 375	474 225	476 150	314 199	30 116	32 585	109 294
辽　宁	1 805 276	893 959	911 317	595 076	62 858	80 660	182 586
其中:大连	108 020	48 020	60 000	50 158	772	8 849	968
吉　林	494 455	183 430	311 025	291 565	2 928	24 925	−1 269
黑龙江	1 468 541	592 438	876 103	438 714	91 711	94 115	261 817
上　海	3 656 762	1 974 029	1 682 733	844 089	262 215	358 029	216 602
江　苏	1 743 020	750 293	992 727	793 284	31 752	143 501	32 451
浙　江	2 048 466	811 030	1 237 436	925 078	24 956	148 923	142 969
其中:宁波	252 212	113 200	139 012	119 441	3 734	15 437	338
安　徽	1 364 283	502 299	861 984	507 658	114 888	99 184	149 212
福　建	771 696	330 303	441 393	333 831	26 691	45 488	43 988
其中:厦门	157 114	82 315	74 799	58 817	4 684	9 714	2 585
江　西	2 141 115	562 127	1 578 988	526 987	162 796	330 895	567 029
山　东	1 086 247	178 314	907 933	658 430	16 396	96 391	150 311
其中:青岛	182 225	66 723	115 502	98 168	3 434	15 431	−531
河　南	912 632	341 042	571 590	449 701	8 559	68 074	61 553
湖　北	850 522	273 569	576 953	467 541	5 789	64 987	46 830
湖　南	2 057 338	909 077	1 148 261	514 919	107 087	178 879	358 186
广　东	2 285 593	1 019 822	1 265 771	912 953	35 826	248 413	75 100
其中:深圳	378 699	161 179	217 520	182 308	4 023	24 306	5 338
广　西	464 770	107 862	356 908	307 182	5 162	41 434	13 427
海　南	92 229	28 748	63 481	57 911	444	6 078	987
重　庆	1 102 774	462 402	640 372	274 496	67 373	99 622	201 910
四　川	3 461 810	1 814 968	1 646 842	758 441	174 136	220 756	508 239
贵　州	354 796	109 800	244 996	206 506	9 649	20 901	16 103
云　南	1 352 576	616 741	735 835	445 151	83 777	115 355	104 373
西　藏	83 474	−34 386	117 860	63 927	60	8 858	46 625
陕　西	709 738	154 687	555 051	351 391	7 242	81 102	125 793
甘　肃	421 286	132 863	288 423	251 292	2 816	31 344	11 408
青　海	194 658	75 183	119 475	92 511	14 309	7 023	9 859
宁　夏	354 346	161 474	192 872	132 096	28 333	9 470	24 881
新　疆	485 899	134 573	351 326	281 478	14 531	26 914	36 486

全国各地区文化部门总产出分项情况

单位:千元

地区	合计	第一产业合计	第二产业合计			第三产业及相关合计			
				制造业	建筑业		文化产业	批、零、餐饮业	房地产业
总计	**39 633 364**	**1 979**	**316 193**	**60 745**	**248 815**	**39 315 196**	**38 939 354**	**109 880**	**28 436**
中央	1 743 717	——	5 602	99	5 503	1 738 115	1 631 013	21 690	——
地方	37 889 648	1 979	310 591	60 646	243 312	37 577 080	37 308 341	88 190	28 436
北京	1 300 512	——	32	32	——	1 300 480	1 259 551	25 259	——
天津	949 233	——	4 610	——	4 610	944 623	897 474	5 893	——
河北	670 594	——	——	——	——	670 594	660 654	——	——
山西	1 780 762	——	——	——	——	1 780 762	1 775 990	——	——
内蒙古	952 021	——	——	——	——	952 021	950 375	——	——
辽宁	1 807 589	——	967	——	970	1 806 622	1 805 276	——	——
其中:大连	108 076	——	——	——	——	108 076	108 019	——	——
吉林	499 289	——	——	——	——	499 289	494 455	167	——
黑龙江	1 471 764	——	12 275	12 275	——	1 459 489	1 468 542	——	——
上海	3 688 909	——	239	——	239	3 688 670	3 656 761	364	——
江苏	1 769 145	——	17 592	17 480	112	1 751 553	1 743 020	19 221	——
浙江	2 123 609	——	38 632	22 721	15 911	2 084 977	2 048 466	4 640	18 473
其中:宁波	254 437	——	——	——	——	254 437	252 212	——	——
安徽	1 371 721	——	——	——	——	1 371 721	1 364 281	——	——
福建	786 669	——	4 809	4 809	——	781 860	771 696	3 030	——
其中:厦门	159 282	——	——	——	——	159 282	157 115	723	——
江西	2 177 126	——	2 513	——	——	2 174 613	2 141 115	422	——
山东	1 093 781	——	11 647	——	11 647	1 082 134	1 086 247	135	——
其中:青岛	184 767	——	——	——	——	184 767	182 227	——	——
河南	923 035	——	——	——	——	923 035	912 632	——	——
湖北	926 164	1 979	5 369	1 426	——	918 816	850 522	1 841	——
湖南	2 082 257	——	240	——	240	2 082 017	2 057 338	8 315	5 099
广东	2 323 110	——	209 583	——	209 583	2 113 527	2 285 594	7 763	——
其中:深圳	378 698	——	——	——	——	378 698	378 698	——	——
广西	472 807	——	——	——	——	472 807	464 769	1 680	——
海南	92 229	——	——	——	——	92 229	92 229	——	——
重庆	1 143 537	——	——	——	——	1 143 537	1 102 774	2 055	827
四川	3 473 338	——	——	——	——	3 473 338	3 461 810	4 312	——
贵州	362 015	——	——	——	——	362 015	354 796	——	——
云南	1 359 443	——	——	——	——	1 359 443	1 352 575	2 347	——
西藏	83 473	——	——	——	——	83 473	83 473	——	——
陕西	732 933	——	221	221	——	732 712	709 738	——	——
甘肃	422 031	——	180	——	——	421 851	421 285	746	——
青海	201 820	——	1 682	1 682	——	200 138	194 658	——	——
宁夏	354 430	——	——	——	——	354 430	354 347	——	4 037
新疆	494 305	——	——	——	——	494 305	485 898	——	——

全国各地区文化部门增加值分项情况

单位：千元

地区	合计	第一产业合计	第二产业合计			第三产业及相关合计			
				制造业	建筑业		文化产业	批、零、餐饮业	房地产业
总计	**23 903 404**	**681**	**36 818**	**7 480**	**24 339**	**23 865 905**	**23 647 663**	**19 731**	**6 875**
中央	1 294 023	——	820	187	633	1 293 203	1 264 296	12 578	1
地方	22 609 380	681	35 998	7 293	23 706	22 572 702	22 383 367	7 153	6 874
北京	911 722	——	−24	−24	——	911 746	908 079	1 544	——
天津	452 942	——	907	——	907	452 035	439 350	2 183	——
河北	471 683	——	——	——	——	471 683	468 485	——	——
山西	1 418 824	——	——	——	——	1 418 824	1 413 646	——	——
内蒙古	477 204	——	——	——	——	477 204	476 150	——	——
辽宁	911 710	——	3	——	18	911 707	911 316	——	——
其中：大连	59 164	——	——	——	——	59 164	60 000	——	——
吉林	320 262	——	——	——	——	320 262	311 025	−57	——
黑龙江	878 370	——	527	527	——	877 843	876 105	——	——
上海	1 704 091	——	26	——	26	1 704 065	1 682 733	——	——
江苏	999 840	——	−286	−284	−2	1 000 126	992 727	2 964	——
浙江	1 262 705	——	11 193	5 971	5 222	1 251 512	1 237 435	1 133	11 642
其中：宁波	141 230	——	——	——	——	141 230	139 012	——	——
安徽	866 606	——	——	——	——	866 606	861 982	——	——
福建	447 126	——	260	260	——	446 866	441 394	−478	——
其中：厦门	76 374	——	——	——	——	76 374	74 800	346	——
江西	1 600 182	——	2 458	——	——	1 597 724	1 578 988	195	——
山东	910 278	——	979	——	979	909 299	907 933	69	——
其中：青岛	116 201	——	——	——	——	116 201	115 503	——	——
河南	574 746	——	——	——	——	574 746	571 590	——	——
湖北	598 502	681	2 514	105	——	595 307	576 954	9	——
湖南	1 160 183	——	51	——	51	1 160 132	1 148 262	−3 185	−6 434
广东	1 271 384	——	16 505	——	16 505	1 254 879	1 265 772	464	——
其中：深圳	217 519	——	——	——	——	217 519	217 519	——	——
广西	358 774	——	——	——	——	358 774	356 908	236	——
海南	63 481	——	——	——	——	63 481	63 481	——	——
重庆	659 097	——	——	——	——	659 097	640 373	469	613
四川	1 654 558	——	——	——	——	1 654 558	1 646 842	1 324	——
贵州	248 847	——	——	——	——	248 847	244 996	——	——
云南	740 938	——	——	——	——	740 938	735 835	25	——
西藏	117 859	——	——	——	——	117 859	117 859	——	——
陕西	563 086	——	51	51	——	563 035	555 051	——	——
甘肃	288 690	——	147	——	——	288 543	288 422	258	——
青海	123 755	——	687	687	——	123 068	119 476	——	——
宁夏	193 397	——	——	——	——	193 397	192 873	——	1 053
新疆	358 539	——	——	——	——	358 539	351 325	——	——

全国各地区文化(文物)机构经费自给率分项情况

单位:%

地区	合计	文化合计					文物合计			中等专业学校
			艺术表演团体	艺术表演场所	图书馆	群众文化		博物馆	文物事业管理机构	
北京	106.56	41.83	39.8	149.15	20.03	26.63	279.41	48.35	469.18	——
天津	31.13	28	22.77	115.96	10.52	28.55	33.82	33.31	38.94	25.86
河北	42.6	19.63	36.23	95.18	4.02	5.17	90.15	66.26	105.53	48.67
山西	55.33	25.83	39.96	115.35	10.11	7.97	114.17	134.77	109.07	40.45
内蒙古	16.68	10.3	10.79	43.18	4.33	5.42	40.24	14.08	21.36	30.8
辽宁	52.88	45.49	36.21	144	8.97	8.58	97.91	107.48	55.99	61.14
其中:大连	36.62	28.14	45.62	363.04	13.62	8.64	56.49	59.05	——	75.59
吉林	23.22	20.15	29.6	45.3	4.49	9.01	37.31	35.63	2.33	——
黑龙江	12.71	10.35	9.76	92.71	4.74	4.5	10.19	13.66	2.68	44.15
上海	67.98	68.79	54.86	158.45	36.51	67.18	62.91	59.46	60.7	40.7
江苏	28.48	25.38	41.36	138.45	17.75	30.78	39.05	40.51	26.21	47.27
浙江	43.22	25.39	35.45	78.75	23.57	24.18	104.64	53.94	117.06	——
其中:宁波	26.17	24.3	33.96	42.16	12.9	29.89	37.3	38.33	36.82	——
安徽	28.81	23.15	22.9	95.39	17.18	16.25	26.35	33.22	21.19	56.99
福建	26.18	27.15	26.54	108.3	18.52	20.51	17.61	18.87	6.47	23.13
其中:厦门	20.89	21.44	13.96	103.01	11.42	41.63	13.98	12.52	——	23.13
江西	31.99	23.85	28.25	72.61	18.32	16.48	64.7	56.82	57.13	50.95
山东	32.96	15.12	26.25	81.13	8.52	7.31	78.86	23.29	110.22	39.7
其中:青岛	14.11	13.87	22.88	——	9.4	4.59	15.65	16.64	11.27	——
河南	58.05	38.25	49	173.65	7.96	14.19	91.3	59.92	125.24	36.5
湖北	55.45	53.71	30.99	140.75	26.73	35.09	69.95	38.99	95.31	36.37
湖南	40.43	29.74	41.54	90.91	17.06	20.29	71.65	80.94	39.65	——
广东	44.04	39.16	51.61	145.28	21.43	45.09	74.6	76.91	77.61	39.1
其中:深圳	45.14	43.38	75.13	84.86	33.16	49.43	84.71	92.22	——	——
广西	31.22	26.02	24.44	210.4	15.89	15.51	67.73	72.9	23.19	31.39
海南	21.33	18.9	34.65	204.63	13.51	8.9	67.72	19.53	104.79	9.89
重庆	62	35.66	34.28	108.86	17.04	71.54	130.32	135.07	109.33	49.94
四川	58.14	25.31	28.73	117.42	12.92	15.56	112.08	107.44	123.1	65.94
贵州	23.72	15.93	18.91	93.34	8.04	8.49	68.11	73.11	46.43	——
云南	17.57	14.28	14.97	101.8	11.68	7.01	37.85	27.58	17.8	——
西藏	72.05	2.64	2.5	15.55	——	9.07	455.79	211.15	696.96	——
陕西	77.81	24.59	34.65	83.59	5.69	7.02	156.86	172.23	307.33	61.26
甘肃	37.96	14.22	20.15	129.33	2.36	4.69	84.8	28.97	102.88	——
青海	12.05	7.36	10.29	——	1.9	5.51	27.73	25.36	25.67	37.2
宁夏	20.92	15.5	15.27	87.12	2.71	14.09	49.07	8.51	100.92	37.08
新疆	38.39	19.86	14	181.36	5.65	14.14	121.95	64.77	123.33	161.66

全国各地区文化(文物)机构

	项目个数(个)	计划总投资(千元)	建筑面积(千平方米)	本年计划投资(千元)	本年资金					
						上年结余资金	本年资金			
								国家投资	国内贷款	国债投资
总　计	**1 212**	**41610 544**	**7 233**	**7823 438**	**8962 368**	**1584 070**	**7378 298**	**4828 585**	**149 324**	**38 000**
中　央	20	5 718 530	517	535 030	544 740	——	544 740	535 030	——	——
地　方	1 192	35892 016	6 716	7288 408	8417 628	1584 070	6833 558	4293 555	149 324	38 000
北　京	14	1 092 400	183	230 154	259 607	14 201	245 406	124 165	31 971	——
天　津	3	251 000	33	146 910	235 684	90 526	145 158	112 170	5 000	——
河　北	47	536 570	263	105 512	174 806	41 391	133 415	54 106	——	——
山　西	61	792 140	283	196 059	285 283	176 683	108 600	64 550	——	16 500
内蒙古	40	2 457 040	392	807 338	1 118 551	312 828	805 723	421 163	——	——
辽　宁	14	438 430	98	224 989	229 925	968	228 957	184 638	——	600
其中:大连	3	191 370	39	174 400	174 400	——	174 400	174 400	——	——
吉　林	9	210 070	78	121 639	135 750	——	135 750	108 650	3 400	800
黑龙江	12	189 630	31	60 000	61 200	1 800	59 400	41 800	——	——
上　海	7	172 736	24	24 206	57 989	35 979	22 010	2 657	——	——
江　苏	45	2 391 349	447	234 391	485 726	73 547	412 179	246 182	14 883	——
浙　江	77	3 492 929	583	686 487	843 429	264 090	579 339	440 297	——	——
其中:宁波	3	22 111	12	16 847	17 127	2 080	15 047	15 047	——	——
安　徽	23	90 650	58	23 067	53 916	26 639	27 277	12 557	——	——
福　建	33	1 376 885	286	396 236	487 516	42 595	444 921	416 953	——	——
其中:厦门	10	711 698	167	351 259	369 877	18 618	351 259	350 092	——	——
江　西	20	103 299	67	15 540	40 487	24 248	16 239	7 306	——	600
山　东	23	1 772 044	269	265 725	267 775	——	267 775	252 787	——	——
其中:青岛	7	107 044	19	64 667	67 717	——	67 717	67 717	——	——
河　南	52	1 627 518	336	103 953	272 622	32 694	239 928	33 610	——	——
湖　北	131	1 350 326	344	484 432	450 877	50 215	400 662	302 982	15 000	——
湖　南	45	993 570	343	169 950	175 170	18 446	156 724	5 260	100	——
广　东	86	8 525 662	1 168	1 528 120	1 369 366	277 788	1 091 578	936 776	30 000	7 100
其中:深圳	17	2 092 832	272	32 355	269 416	236 069	33 347	30 361	——	——
广　西	24	416 600	102	111 774	97 022	28 782	68 240	23 113	——	500
海　南	11	1 515 551	60	99 716	131 540	——	131 540	1 348	——	——
重　庆	13	201 020	61	42 356	67 880	177	67 703	26 487	3 000	——
四　川	83	1 056 293	403	373 543	244 239	27 183	217 056	48 099	9 000	400
贵　州	57	100 850	97	41 891	61 989	17 411	44 578	40 306	——	400
云　南	139	1 039 248	255	123 592	288 771	6 426	282 345	263 399	1 940	500
西　藏	1	2 000	1	2 000	2 000	——	2 000	2 000	——	——
陕　西	35	1 466 977	91	146 382	238 994	3 760	235 234	25 536	35 030	10 000
甘　肃	35	1 270 221	101	56 521	74 510	7 793	66 717	32 730	——	600
青　海	25	36 467	27	14 190	28 029	5 600	22 429	10 463	——	——
宁　夏	6	500 375	66	313 875	77 485	——	77 485	11 835	——	——
新　疆	5	126 279	41	81 160	76 500	——	76 500	38 930	——	——

固定资产投资情况

来源总计（千元）							累计完成投资额		新增固定资产		本年全部建成交付使用的项目个数及竣工面积	
来源合计												
利用外资	自筹资金				其他资金来源		（千元）	本年完成投资额	（千元）	本年新增固定资产	建成项目（个）	竣工面积（千平方米）
		中央自筹	地方自筹	单位自有资金		集资						
4 500	**1967 433**	**39 970**	**1441 889**	**302 493**	**390 456**	**14 417**	**17798 378**	**5810 054**	**2864 260**	**2202 108**	**405**	**282.8**
——	9 710	——	——	9 710	——	——	803 810	244 230	6 950	2 950	5	——
4 500	1957 723	39 970	1441 889	292 783	390 456	14 417	16994 568	5565 824	2857 310	2199 158	400	282.8
——	88 599	——	10 231	——	671	——	250 774	100 142	141 603	139 503	5	8.1
——	5 615	——	——	5 615	22 373	——	220 528	131 438	——	——	1	——
——	79 309	——	59 373	19 936	——	——	284 784	136 893	51 124	36 124	14	5.9
——	27 550	——	26 250	1 300	——	——	429 151	41 421	12 820	11 770	12	1.1
500	239 060	——	239 060	——	145 000	——	917 205	655 727	87 415	67 795	18	51.3
——	42 419	——	40 857	562	1 300	1 000	336 834	222 801	12 800	10 790	5	1.0
——	——	——	——	——	——	——	174 400	174 400	3 100	3 100	2	——
——	7 800	——	1 800	6 000	15 100	800	144 880	114 550	104 550	104 550	5	——
——	7 600	——	7 600	——	10 000	——	23 400	23 000	——	——	1	——
——	15 960	——	15 470	490	3 393	——	37 626	19 228	33 912	377	3	——
——	110 943	——	72 651	13 747	40 171	5 000	1 425 705	200 680	280 914	280 914	13	7.9
——	110 652	——	78 860	21 945	28 390	50	2 691 571	637 700	1 125 969	1 035 456	29	40.9
——	——	——	——	——	——	——	12 305	8 835	——	——	1	——
——	11 960	——	10 760	1 200	2 760	——	83 984	46 890	13 800	12 000	7	——
1 000	21 634	500	20 639	495	5 334	100	548 714	394 337	127 915	124 915	5	10.7
1 000	67	——	67	——	100	100	452 821	341 388	110 610	110 610	3	0.1
——	8 021	450	7 571	——	312	——	172 514	12 696	5 405	5 405	5	4.8
——	2 000	——	2 000	——	12 988	——	547 031	257 681	23 968	23 968	14	——
——	——	——	——	——	——	——	65 417	65 417	4 168	4 168	4	——
3 000	201 308	——	182 673	7 435	2 010	240	592 170	227 954	27 147	23 001	21	7.0
——	76 409	100	23 849	46 457	6 271	451	538 767	275 155	70 953	42 661	29	16.1
——	103 390	30	73 665	22 300	47 974	6 474	439 490	111 654	50 056	46 856	17	8.2
——	109 007	——	83 807	1 350	8 695	——	3 000 789	869 527	56 318	20 596	11	23.8
——	1 000	——	——	1 000	1 986	——	1 479 019	98 973	34 000	6 500	4	——
——	43 697	——	40 297	3 300	930	——	170 222	52 811	65 037	47 542	9	32.5
——	129 930	2 850	127 080	——	262	262	1 464 456	95 056	6 798	1 082	5	23.6
——	38 216	——	37 216	1 000	——	——	81 609	59 846	16 420	6 120	4	——
——	131 725	1 000	124 950	5 108	27 832	——	656 323	296 628	77 195	75 085	34	23.6
——	3 872	100	3 050	702	——	——	68 742	30 899	21 660	21 660	18	2.5
——	8 006	300	7 396	160	8 500	——	307 599	206 002	57 153	39 848	60	3.8
——	——	——	——	——	——	——	2 000	2 000	2 000	2 000	——	——
——	164 478	2 300	23 181	125 597	190	40	861 940	116 815	332 414	2 909	10	0.3
——	33 387	——	30 233	2 904	——	——	230 445	48 070	25 310	1 520	15	3.3
——	11 966	——	500	5 180	——	——	32 961	16 224	18 909	6 966	23	0.2
——	65 650	——	65 650	——	——	——	142 615	76 935	585	585	1	——
——	37 570	32 340	5 230	——	——	——	88 850	58 870	3 860	3 860	4	5.2

全国各地区文化机构

	项目个数（个）	计划总投资（千元）	建筑面积（千平方米）	本年计划投资（千元）		本年资金				
						上年结余资金	本年资金			
								国家投资	国内贷款	国债投资
总　　计	**961**	**30 172 382**	**5 751**	**5 285 440**	**6 263 043**	**839 881**	**5 423 162**	**3 657 501**	**80 411**	**3 300**
中　　央	20	5 718 530	517	535 030	544 740	——	544 740	535 030	——	——
地　　方	941	24 453 852	5 233	4 750 410	5 718 303	839 881	4 878 422	3 122 471	80 411	3 300
北　　京	10	1 080 100	176	217 854	237 741	6 057	231 684	119 245	31 971	——
天　　津	3	251 000	33	146 910	235 684	90 526	145 158	112 170	5 000	——
河　　北	36	404 372	207	69 788	130 076	28 285	101 791	32 418	——	——
山　　西	59	323 580	217	44 059	49 600	1 500	48 100	20 550	——	——
内 蒙 古	33	1 506 800	273	485 336	574 373	90 652	483 721	302 331	——	——
辽　　宁	12	373 030	89	200 289	205 225	468	204 757	184 000	——	600
其中：大连	3	191 370	39	174 400	174 400	——	174 400	174 400	——	——
吉　　林	8	209 570	78	121 439	135 550	——	135 550	108 450	3 400	800
黑 龙 江	10	36 800	31	26 000	27 200	1 800	25 400	7 800	——	——
上　　海	6	135 336	23	24 206	19 473	479	18 994	2 657	——	——
江　　苏	25	1 418 419	300	126 615	126 973	3 192	123 781	37 018	——	——
浙　　江	54	2 282 538	436	494 814	704 300	179 591	524 709	419 001	——	——
其中：宁波	——	——	——	——	——	——	——	——	——	——
安　　徽	6	27 590	9	4 217	5 556	1 869	3 687	2 487	——	——
福　　建	28	1 297 472	275	394 223	453 088	30 180	422 908	395 040	——	——
其中：厦门	8	701 765	164	349 246	367 864	18 618	349 246	348 179	——	——
江　　西	14	52 186	51	10 200	31 945	23 298	8 647	4 786	——	600
山　　东	21	631 354	158	252 725	255 775	——	255 775	242 787	——	——
其中：青岛	7	107 044	19	64 667	67 717	——	67 717	67 717	——	——
河　　南	40	1 571 105	312	79 658	260 009	32 694	227 315	28 050	——	——
湖　　北	88	797 054	188	339 522	283 459	10 905	272 554	216 360	——	——
湖　　南	43	895 510	331	168 650	174 570	18 446	156 124	5 260	100	——
广　　东	69	7 057 572	1 057	793 302	1 023 085	265 592	757 493	674 891	——	——
其中：深圳	12	1 874 732	267	27 668	260 948	234 172	26 776	24 790	——	——
广　　西	21	164 650	70	41 454	49 650	1 730	47 920	2 813	——	500
海　　南	6	1 504 760	50	94 270	126 694	——	126 694	82	——	——
重　　庆	10	184 960	53	40 466	66 193	177	66 016	24 800	3 000	——
四　　川	63	261 723	230	79 854	81 006	18 495	62 511	17 599	——	400
贵　　州	56	100 050	95	41891	61 989	17 411	44 578	40 306	——	400
云　　南	130	508 238	183	109 182	78 684	6 426	72 258	59 422	1 940	——
西　　藏	1	2 000	1	2 000	2 000	——	2 000	2 000	——	——
陕　　西	14	572 700	33	94 930	91 030	——	91 030	4 040	35 000	——
甘　　肃	27	98 470	55	28 721	34 071	2 208	31 863	5 730	——	——
青　　海	25	36 467	27	14 190	28 029	5 600	22 429	10 463	——	——
宁　　夏	2	245 285	33	65 785	65 785	——	65 785	285	——	——
新　　疆	5	126 279	41	81 160	76 500	——	76 500	38 930	——	——

固定资产投资情况

来源总计（千元）							累计完成投资额		新增固定资产		本年全部建成交付使用的项目个数及竣工面积	
来源合计												
利用外资	自筹资金				其他资金来源		（千元）	本年完成投资额	（千元）	本年新增固定资产	建成项目（个）	竣工面积（千平方米）
		中央自筹	地方自筹	单位自有资金		集资						
4 000	**1455 644**	**35 570**	**1057 727**	**205 097**	**222 306**	**8 686**	**12911 972**	**4311 640**	**2164 328**	**1932 675**	**321**	**201.8**
——	9 710	——	——	9 710	——	——	803 810	244 230	6 950	2 950	5	——
4 000	1445 934	35 570	1057 727	195 387	222 306	8 686	12108 162	4067 410	2157 378	1929 725	316	201.8
——	80 468	——	2 100	——	——	——	237 793	89 011	140 862	138 762	3	——
——	5 615	——	——	5 615	22 373	——	220 528	131 438	——	——	1	——
——	69 373	——	49 873	19 500	——	——	190 686	83 712	50 286	35 286	12	5.8
——	27 550	——	26 250	1 300	——	——	127 803	38 820	12 820	11 770	12	1.1
——	181 390	——	181 390	——	——	——	603 656	417 464	85 815	66 195	15	42.3
——	18 857	——	17 857	——	1 300	1 000	273 420	198 101	11 100	9 090	4	1.0
——	——	——	——	——	——	——	174 400	174 400	3 100	3 100	2	——
——	7 800	——	1 800	6 000	15 100	800	144 680	114 350	104 550	104 550	5	——
——	7 600	——	7 600	——	10 000	——	23 400	23 000	——	——	1	——
——	15 960	——	15 470	490	377	——	37 590	19 228	33 912	377	3	——
——	56 692	——	19 387	12 760	30 071	——	588 005	124 310	139 933	139 933	6	5.5
——	77 318	——	56 082	21 080	28 390	50	1 927 036	524 373	1 010 046	991 533	15	28.9
——	——	——	——	——	——	——	——	——	——	——	——	——
——	1 200	——	——	1 200	——	——	22 255	3 132	3 000	1 200	4	——
1 000	21 634	500	20 639	495	5 234	——	537 264	392 803	127 775	124 775	4	10.7
1 000	67	——	67	——	——	——	443 391	340 363	110 490	110 490	2	0.1
——	3 261	450	2 811	——	——	——	162 904	5 686	575	575	3	——
——	——	——	——	——	12 988	——	503 235	252 575	23 968	23 968	14	——
——	——	——	——	——	——	——	65 417	65 417	4 168	4 168	4	——
3 000	194 525	——	177 165	6 160	1 740	240	576 165	216 281	20 104	18 958	15	4.0
——	51 404	——	14 129	33 745	4 790	——	200 393	118 493	43 963	18 999	19	12.3
——	103 090	30	73 365	22 300	47 674	6 474	369 878	111 060	50 056	46 856	16	7.9
——	73 907	——	49 707	350	8 695	——	2 539 280	570 293	41 318	19 596	8	5.8
——	——	——	——	——	1 986	——	1 458 269	95 326	19 000	5 500	3	——
——	43 677	——	40 277	3 300	930	——	137 742	45 058	65 037	47 542	8	32.5
——	126 530	1 350	125 180	——	82	82	1 458 760	89 360	5 432	1 082	3	23.2
——	38 216	——	37 216	1 000	——	——	71 609	57 946	4 420	4 420	2	——
——	18 080	500	15 220	1 960	26 432	——	119 551	75 036	54 959	52 849	23	7.2
——	3 872	100	3 050	702	——	——	68 742	30 899	21 660	21 660	18	2.5
——	4 806	300	4 356	——	6 090	——	169 708	73 154	53 043	35 738	58	1.7
——	——	——	——	——	——	——	2 000	2 000	2 000	2 000	——	——
——	51 950	——	1 400	50 350	40	40	338 510	81 370	280	280	2	——
——	26 133	——	24 183	1 900	——	——	67 084	11 384	24 110	320	13	3.3
——	11 966	——	500	5 180	——	——	32 961	16 224	18 909	6 966	23	0.2
——	65 500	——	65 500	——	——	——	65 785	65 785	285	285	——	——
——	37 570	32 340	5 230	——	——	——	88 850	58 870	3 860	3 860	4	5.2

全国各地区文物机构

	项目个数（个）	计划总投资（千元）	建筑面积（千平方米）	本年计划投资（千元）	本年资金					
						上年结余资金		本年资金		
								国家投资	国内贷款	国债投资
总计	**251**	**11438 159**	**1 481**	**2537 998**	**2699 325**	**744 189**	**1955 136**	**1171 084**	**68 913**	**34 700**
北京	4	12 300	7	12 300	21 866	8 144	13 722	4 920	——	——
天津	——	——	——	——	——	——	——	——	——	——
河北	11	132 198	56	35 724	44 730	13 106	31 624	21 688	——	——
山西	2	468 560	65	152 000	235 683	175 183	60 500	44 000	——	16 500
内蒙古	7	950 240	118	322 002	544 178	222 176	322 002	118 832	——	——
辽宁	2	65 400	9	24 700	24 700	500	24 200	638	——	——
其中：大连	——	——	——	——	——	——	——	——	——	——
吉林	1	500	——	200	200	——	200	200	——	——
黑龙江	2	152 830	——	34 000	34 000	——	34 000	34 000	——	——
上海	1	37 400	1	——	38 516	35 500	3 016	——	——	——
江苏	20	972 930	147	107 776	358 753	70 355	288 398	209 164	14 883	——
浙江	23	1 210 391	146	191 673	139 129	84 499	54 630	21 296	——	——
其中：宁波	3	22 111	12	16 847	17 127	2 080	15 047	15 047	——	——
安徽	17	63 060	49	18 850	48 360	24 770	23 590	10 070	——	——
福建	5	79 413	10	2 013	34 428	12 415	22 013	21 913	——	——
其中：厦门	2	9 933	2	2 013	2 013	——	2 013	1 913	——	——
江西	6	51 113	15	5 340	8 542	950	7 592	2 520	——	——
山东	2	1 140 690	111	13 000	12 000	——	12 000	10 000	——	——
其中：青岛	——	——	——	——	——	——	——	——	——	——
河南	12	55 413	24	24 295	12 613	——	12 613	5 560	——	——
湖北	43	553 272	156	144 910	167 418	39 310	128 108	86 622	15 000	——
湖南	2	98 060	12	1 300	600	——	600	——	——	——
广东	17	1 468 090	111	734 818	346 281	12 196	334 085	261 885	30 000	7 100
其中：深圳	5	218 100	5	4 687	8 468	1 897	6 571	5 571	——	——
广西	3	251 950	31	70 320	47 372	27 052	20 320	20 300	——	——
海南	5	10 791	9	5 446	4 846	——	4 846	1 266	——	——
重庆	3	16 060	7	1 890	1 687	——	1 687	1 687	——	——
四川	20	794 570	172	293 689	163 233	8 688	154 545	30 500	9 000	——
贵州	1	800	2	——	——	——	——	——	——	——
云南	9	531 010	72	14 410	210 087	——	210 087	203 977	——	500
西藏	——	——	——	——	——	——	——	——	——	——
陕西	21	894 277	58	51 452	147 964	3 760	144 204	21 496	30	10 000
甘肃	8	1 171 751	45	27 800	40 439	5 585	34 854	27 000	——	600
青海	——	——	——	——	——	——	——	——	——	——
宁夏	4	255 090	33	248 090	11 700	——	11 700	11 550	——	——
新疆	——	——	——	——	——	——	——	——	——	——

固定资产投资情况

来源总计（千元）							累计完成投资额		新增固定资产		本年全部建成交付使用的项目个数及竣工面积	
来源合计												
利用外资	自筹资金				其他资金来源		（千元）	本年完成投资额	（千元）	本年新增固定资产	建成项目（个）	竣工面积（千平方米）
		中央自筹	地方自筹	单位自有资金		集资						
500	**511 789**	**4 400**	**384 162**	**97 396**	**168 150**	**5 731**	**4886 406**	**1498 414**	**699 932**	**269 433**	**84**	**81.1**
——	8 131	——	8 131	——	671	——	12 981	11 131	741	741	2	8.1
——	——	——	——	——	——	——	——	——	——	——	——	——
——	9 936	——	9 500	436	——	——	94 098	53 181	838	838	2	0.1
——	——	——	——	——	——	——	301 348	2 601	——	——	——	——
500	57 670	——	57 670	——	145 000	——	313 549	238 263	1 600	1 600	3	9.0
——	23 562	——	23 000	562	——	——	63 414	24 700	1 700	1 700	1	——
——	——	——	——	——	——	——	——	——	——	——	——	——
——	——	——	——	——	——	——	200	200	——	——	——	——
——	——	——	——	——	——	——	——	——	——	——	——	——
——	——	——	——	——	3 016	——	36	——	——	——	——	——
——	54 251	——	53 264	987	10 100	5 000	837 700	76 370	140 981	140 981	7	2.5
——	33 334	——	22 778	865	——	——	764 535	113 327	115 923	43 923	14	12.0
——	——	——	——	——	——	——	12 305	8 835	——	——	1	——
——	10 760	——	10 760	——	2 760	——	61 729	43 758	10 800	10 800	3	——
——	——	——	——	——	100	100	11 450	1 534	140	140	1	——
——	——	——	——	——	100	100	9 430	1 025	120	120	1	——
——	4 760	——	4 760	——	312	——	9 610	7 010	4 830	4 830	2	4.8
——	2 000	——	2 000	——	——	——	43 796	5 106	——	——	——	——
——	——	——	——	——	——	——	——	——	——	——	——	——
——	6 783	——	5 508	1 275	270	——	16 005	11 673	7 043	7 043	6	3.4
——	25 005	100	9 720	12 712	1 481	451	338 374	156 662	26 990	23 662	10	3.8
——	300	——	300	——	300	——	69 612	594	——	——	1	0.3
——	35 100	——	34 100	1 000	——	——	461 509	299 234	15 000	1 000	3	18.0
——	1 000	——	——	1 000	——	——	20 750	3 647	15 000	1 000	1	——
——	20	——	20	——	——	——	32 480	7 753	——	——	1	——
——	3 400	1 500	1 900	——	180	180	5 696	5 696	1 366	——	2	0.4
——	——	——	——	——	——	——	10 000	1 900	12 000	1 700	2	——
——	113 645	500	109 730	3 148	1 400	——	536 772	221 592	22 236	22 236	11	16.4
——	——	——	——	——	——	——	——	——	——	——	——	——
——	3 200	——	3 040	160	2 410	——	137 891	132 848	4 110	4 110	2	2.1
——	——	——	——	——	——	——	——	——	——	——	——	——
——	112 528	2 300	21 781	75 247	150	——	523 430	35 445	332 134	2 629	8	0.3
——	7 254	——	6 050	1 004	——	——	163 361	36 686	1 200	1 200	2	——
——	——	——	——	——	——	——	——	——	——	——	——	——
——	150	——	150	——	——	——	76 830	11 150	300	300	1	——
——	——	——	——	——	——	——	——	——	——	——	——	——

全国各地区文化机构

	项目个数（个）	计划总投资（千元）	建筑面积（千平方米）	本年计划投资（千元）	本年资金					
						上年结余资金	本年资金			
								国家投资	国内贷款	国债投资
总　　计	**753**	**27 601 620**	**4 995**	**4510 999**	**5449 785**	**767 199**	**4682 586**	**3086 752**	**80 411**	**3 300**
中　　央	9	4 822 080	364	418 050	427 760	——	427 760	418 050	——	——
地　　方	744	22 779 540	4 631	4092 949	5022 025	767 199	4254 826	2668 702	80 411	3 300
北　　京	7	1 056 200	160	214 643	233 973	5 500	228 473	116 034	31 971	——
天　　津	3	251 000	33	146 910	235 684	90 526	145 158	112 170	5 000	——
河　　北	29	304 600	149	61 697	117 221	19 818	97 403	29 430	——	——
山　　西	55	321 940	215	43 659	49 200	1 500	47 700	20 150	——	——
内 蒙 古	28	1 473 640	260	459 626	548 468	90 652	457 816	301 431	——	——
辽　　宁	9	270 870	71	180 029	193 490	——	193 490	184 000	——	600
其中：大连	3	191 370	39	174 400	174 400	——	174 400	174 400	——	——
吉　　林	6	166 570	64	115 939	111 390	——	111 390	98 590	3 400	800
黑 龙 江	6	26 600	23	17 800	19 200	1 000	18 200	7 400	——	——
上　　海	4	126 460	18	15 970	16 326	479	15 847	——	——	——
江　　苏	25	1 418 419	300	126 615	126 973	3 192	123 781	37 018	——	——
浙　　江	43	2 240 946	379	480 108	671 867	161 302	510 565	415 127	——	——
其中：宁波	——	——	——	——	——	——	——	——	——	——
安　　徽	4	24 274	5	2 457	3 896	1 369	2 527	1 327	——	——
福　　建	16	711 837	150	143 393	181 222	11 932	169 290	143 449	——	——
其中：厦门	4	131 220	40	103 416	103 786	370	103 416	102 349	——	——
江　　西	8	47 800	51	5 900	26 698	19 348	7 350	3 500	——	600
山　　东	15	565 304	146	191 525	191 525	——	191 525	180 337	——	——
其中：青岛	2	44 594	12	5 267	5 267	——	5 267	5 267	——	——
河　　南	50	1 844 755	409	132 458	278 118	32 713	245 405	26 150	——	——
湖　　北	31	678 650	132	227 992	214 158	6 329	207 829	184 719	——	——
湖　　南	43	895 510	331	168 650	174 570	18 446	156 124	5 260	100	——
广　　东	49	6 694 661	908	724 683	951 711	254 081	697 630	647 888	——	——
其中：深圳	8	1 866 832	229	23 000	251 447	230 291	21 156	20 608	——	——
广　　西	17	100 304	49	15 467	23 530	1 597	21 933	2 813	——	500
海　　南	4	1 504 410	50	94 270	126 262	——	126 262	——	——	——
重　　庆	8	163 260	53	40 466	44 166	——	44 166	2 950	3 000	——
四　　川	51	237 587	217	75 300	73 117	17 845	55 272	11 990	——	400
贵　　州	56	100 050	95	41 891	61 989	17 411	44 578	40 306	——	400
云　　南	114	484 386	166	86 080	55 471	4 351	51 120	38 680	1 940	——
西　　藏	1	2 000	1	2 000	2 000	——	2 000	2 000	——	——
陕　　西	12	571 700	31	93 930	90 030	——	90 030	3 040	35 000	——
甘　　肃	25	94 400	53	28 431	33 781	2 208	31 573	5 690	——	——
青　　海	20	31 827	23	10 100	25 689	5 600	20 089	8 323	——	——
宁　　夏	1	245 000	33	65 500	65 500	——	65 500	——	——	——
新　　疆	4	124 579	40	79 460	74 800	——	74 800	38 930	——	——

基本建设投资情况

来源总计（千元）/来源合计/利用外资	自筹资金	自筹资金/中央自筹	自筹资金/地方自筹	自筹资金/单位自有资金	其他资金来源	其他资金来源/集资	累计完成投资额（千元）	累计完成投资额/本年完成投资额	新增固定资产（千元）	新增固定资产/本年新增固定资产	本年全部建成交付使用的项目个数及竣工面积/建成项目（个）	本年全部建成交付使用的项目个数及竣工面积/竣工面积（千平方米）
4 000	**1307 977**	**35 220**	**966 560**	**176 177**	**200 146**	**7 686**	**11914 315**	**3717 361**	**2000 939**	**1802 603**	**253**	**138.5**
——	9 710	——	——	9 710	——	——	728 910	203 330	——	——	2	——
4 000	1298 267	35 220	966 560	166 467	200 146	7 686	11185 405	3514 031	2000 939	1802 603	251	138.5
——	80 468	——	2 100	——	——	——	216 005	87 794	135 365	133 265	2	——
——	5 615	——	——	5 615	22 373	——	220 528	131 438	——	——	1	——
——	67 973	——	48 473	19 500	——	——	180 782	75 421	48 440	33 440	11	5.8
——	27 550	——	26 250	1 300	——	——	126 163	38 420	12 420	11 370	8	1.1
——	156 385	——	156 385	——	——	——	571 751	391 559	55 760	36 140	13	18.4
——	8 590	——	8 590	——	300	——	222 820	193 490	8 100	6 090	3	0.4
——	——	——	——	——	——	——	174 400	174 400	3 100	3 100	2	——
——	7 800	——	1 800	6 000	800	800	120 520	111 390	101 590	101 590	3	——
——	800	——	800	——	10 000	——	17 400	17 000	——	——	1	——
——	15 470	——	15 470	——	377	——	34 688	16 326	33 732	377	2	——
——	56 692	——	19 387	12 760	30 071	——	588 005	124 310	139 933	139 933	6	5.5
——	67 348	——	46 702	20 490	28 090	50	1 894 538	512 204	987 585	986 235	10	23.1
——	——	——	——	——	——	——	——	——	——	——	——	——
——	1 200	——	——	1 200	——	——	20 439	1 972	3 000	1 200	2	——
1 000	20 464	500	19 664	300	4 377	——	194 191	149 839	114 721	111 721	3	10.7
1 000	67	——	67	——	——	——	105 318	102 399	100 290	100 290	1	0.1
——	3 250	450	2 800	——	——	——	158 518	4 800	391	391	3	——
——	——	——	——	——	11 188	——	439 485	190 625	20 965	20 965	9	——
——	——	——	——	——	——	——	5 267	5 267	1 165	1 165	——	——
3 000	214 515	——	197 155	6 160	1 740	240	767 098	241 134	23 354	19 208	16	4.9
——	18 320	——	10 370	6 450	4 790	——	114 625	59 508	29 790	9 290	8	9.2
——	103 090	30	73 365	22 300	47 674	6 474	369 878	111 060	50 056	46 856	16	7.9
——	44 185	——	44 185	——	5 557	——	2 427 805	516 378	24 277	9 555	6	4.0
——	——	——	——	——	548	——	1 450 725	91 290	19 000	5 500	2	——
——	17 920	——	14 520	3 300	700	——	60 490	19 071	37 932	20 437	6	6.7
——	126 180	1 000	125 180	——	82	82	1 458 410	89 010	5 000	1 000	2	23.2
——	38 216	——	37 216	1 000	——	——	56 586	42 946	4 420	4 420	2	——
——	16 825	500	14 265	1 960	26 057	——	115 182	71 167	52 714	50 764	17	7.2
——	3 872	100	3 050	702	——	——	68 742	30 899	21 660	21 660	18	2.5
——	4 570	300	4 120	——	5 930	——	150 492	54 563	42 475	25 170	49	1.5
——	——	——	——	——	——	——	2 000	2 000	2 000	2 000	——	——
——	51 950	——	1 400	50 350	40	40	337 910	81 270	80	80	1	——
——	25 883	——	23 983	1 900	——	——	66 883	11 183	24 110	320	12	3.1
——	11 766	——	300	5 180	——	——	30 821	14 584	18 909	6 966	18	——
——	65 500	——	65 500	——	——	——	65 500	65 500	——	——	——	——
——	35 870	32 340	3 530	——	——	——	87 150	57 170	2 160	2 160	3	3.5

全国各地区文物机构

	项目个数（个）	计划总投资（千元）	建筑面积（千平方米）	本年计划投资（千元）	本年资金					
						上年结余资金	本年资金			
								国家投资	国内贷款	国债投资
总计	**137**	**8 605 351**	**1 138**	**2 239 938**	**2 210 014**	**653 197**	**1 556 817**	**994 649**	**38 913**	**27 000**
北京	1	10 450	2	10 450	11 131	——	11 131	3 000	——	——
天津	——	——	——	——	——	——	——	——	——	——
河北	8	129 906	56	35 632	43 163	11 631	31 532	21 596	——	——
山西	2	468 560	65	152 000	235 683	175 183	60 500	44 000	——	16 500
内蒙古	4	874 400	93	278 120	500 296	222 176	278 120	82 800	——	——
辽宁	——	——	——	——	——	——	——	——	——	——
其中：大连	——	——	——	——	——	——	——	——	——	——
吉林	——	——	——	——	——	——	——	——	——	——
黑龙江	2	152 830	——	34 000	34 000	——	34 000	34 000	——	——
上海	——	——	——	——	——	——	——	——	——	——
江苏	20	972 930	147	107 776	358 753	70 355	288 398	209 164	14 883	——
浙江	13	586 635	100	173 737	98 750	58 392	40 358	17 967	——	——
其中：宁波	2	20 388	12	16 638	16 918	2 080	14 838	14 838	——	——
安徽	2	23 400	7	5 250	30 020	24 770	5 250	50	——	——
福建	——	——	——	——	——	——	——	——	——	——
其中：厦门	——	——	——	——	——	——	——	——	——	——
江西	3	49 610	14	4 760	8 160	950	7 210	2 450	——	——
山东	2	1 140 690	111	13 000	12 000	——	12 000	10 000	——	——
其中：青岛	——	——	——	——	——	——	——	——	——	——
河南	8	40 685	10	21 485	5 485	——	5 485	900	——	——
湖北	20	536 732	114	136 776	158 031	39 310	118 721	81 942	15 000	——
湖南	2	98 060	12	1 300	600	——	600	——	——	——
广东	10	1 290 400	88	624 161	244 040	10 496	233 544	214 344	——	——
其中：深圳	3	215 380	5	1 967	5 864	1 897	3 967	2 967	——	——
广西	2	251 650	31	70 120	47 172	27 052	20 120	20 100	——	——
海南	2	4 000	2	4 000	4 000	——	4 000	1 000	——	——
重庆	2	4 800	1	190	1 255	——	1 255	1 255	——	——
四川	12	772 020	127	290 621	151 865	8 688	143 177	22 250	9 000	——
贵州	1	800	2	——	——	——	——	——	——	——
云南	6	520 500	65	8 400	203 020	——	203 020	201 420	——	500
西藏	——	——	——	——	——	——	——	——	——	——
陕西	7	387 830	40	14 770	34 642	100	34 542	9 061	30	10 000
甘肃	5	33 873	9	5 800	16 648	4 094	12 554	6 200	——	——
青海	——	——	——	——	——	——	——	——	——	——
宁夏	3	254 590	33	247 590	11 300	——	11 300	11 150	——	——
新疆	——	——	——	——	——	——	——	——	——	——

基本建设投资情况

来源总计（千元）							累计完成投资额		新增固定资产		本年全部建成交付使用的项目个数及竣工面积	
来源合计												
利用外资	自筹资金				其他资金来源		（千元）	本年完成投资额	（千元）	本年新增固定资产	建成项目（个）	竣工面积（千平方米）
		中央自筹	地方自筹	单位自有资金		集资						
500	**335 045**	**2 100**	**304 266**	**18 261**	**160 710**	**5 110**	**3566 293**	**1198 779**	**300 941**	**233 941**	**53**	**69.4**
——	8 131	——	8 131	——	——	——	11 131	11 131	——	——	1	8.1
——	——	——	——	——	——	——	——	——	——	——	——	——
——	9 936	——	9 500	436	——	——	92 658	52 488	746	746	2	0.1
——	——	——	——	——	——	——	301 348	2 601	——	——	——	——
500	49 820	——	49 820	——	145 000	——	267 917	196 381	1 600	1 600	2	1.1
——	——	——	——	——	——	——	——	——	——	——	——	——
——	——	——	——	——	——	——	——	——	——	——	——	——
——	——	——	——	——	——	——	——	——	——	——	——	——
——	——	——	——	——	——	——	——	——	——	——	——	——
——	——	——	——	——	——	——	——	——	——	——	——	——
——	54 251	——	53 264	987	10 100	5 000	837 700	76 370	140 981	140 981	7	2.5
——	22 391	——	12 000	700	——	——	413 194	85 796	95 000	42 000	10	12.0
——	——	——	——	——	——	——	10 582	7 112	——	——	——	——
——	2 600	——	2 600	——	2 600	——	28 401	23 270	——	——	——	——
——	——	——	——	——	——	——	——	——	——	——	——	——
——	——	——	——	——	——	——	——	——	——	——	——	——
——	4 760	——	4 760	——	——	——	9 540	6 940	4 760	4 760	1	4.8
——	2 000	——	2 000	——	——	——	43 796	5 106	——	——	——	——
——	——	——	——	——	——	——	——	——	——	——	——	——
——	4 315	——	3 040	1 275	270	——	8 877	5 185	6 403	6 403	5	2.7
——	20 889	100	9 100	11 429	890	110	328 032	150 148	16 906	16 906	5	3.5
——	300	——	300	——	300	——	69 612	594	——	——	1	0.3
——	19 200	——	18 200	1 000	——	——	340 906	198 747	15 000	1 000	2	18.0
——	1 000	——	——	1 000	——	——	18 520	1 417	15 000	1 000	1	——
——	20	——	20	——	——	——	32 280	7 553	——	——	1	——
——	3 000	1 500	1 500	——	——	——	2 500	2 500	——	——	——	——
——	——	——	——	——	——	——	200	200	——	——	2	——
——	110 527	500	107 630	2 130	1 400	——	525 689	213 264	16 681	16 681	7	16.0
——	——	——	——	——	——	——	——	——	——	——	——	——
——	1 100	——	940	160	——	——	127 500	125 900	——	——	——	——
——	——	——	——	——	——	——	——	——	——	——	——	——
——	15 301	——	15 261	40	150	——	26 188	10 177	2 164	2 164	4	0.3
——	6 354	——	6 050	104	——	——	21 994	13 278	400	400	2	——
——	——	——	——	——	——	——	——	——	——	——	——	——
——	150	——	150	——	——	——	76 830	11 150	300	300	1	——
——	——	——	——	——	——	——	——	——	——	——	——	——

全国各地区主要文化

地区	艺术表演团体						图书馆				
	项目个数（个）	竣工	建筑面积（千平方米）	竣工	资金来源（千元）	完成投资（千元）	项目个数（个）	竣工	建筑面积（千平方米）	竣工	资金来源（千元）
总计	**47**	**10**	**283**	**4**	**468 974**	**271 716**	**175**	**63**	**1 166**	**43**	**1 778 054**
中央	1	——	13	——	40 000	500	1	——	80	——	330 000
地方	46	10	270	4	428 974	271 216	174	63	1 086	43	1 448 054
北京	——	——	——	——	——	——	1	——	8	——	31 980
天津	2	——	24	——	192 846	88 600	——	——	——	——	——
河北	2	——	6	——	8 212	8 110	7	4	28	4	29 820
山西	——	——	——	——	——	——	10	4	19	——	8 530
内蒙古	1	1	1	1	800	800	4	1	49	1	65 845
辽宁	——	——	——	——	——	——	3	1	48	——	166 190
其中：大连	——	——	——	——	——	——	1	1	27	——	160 000
吉林	——	——	——	——	——	——	——	——	——	——	——
黑龙江	——	——	——	——	——	——	2	——	4	——	300
上海	——	——	——	——	——	——	3	2	19	——	16 053
江苏	1	——	6	——	2 950	2 950	7	3	60	2	30 960
浙江	2	——	25	——	26 699	1 766	5	1	58	——	361 385
其中：宁波	——	——	——	——	——	——	——	——	——	——	——
安徽	——	——	——	——	——	——	——	——	——	——	——
福建	3	——	4	——	2 519	2 182	——	——	——	——	——
其中：厦门	1	——	4	——	2 519	2 182	——	——	——	——	——
江西	——	——	——	——	——	——	1	1	——	——	272
山东	3	2	11	——	2 108	2 108	1	1	4	——	3 500
其中：青岛	——	——	——	——	——	——	——	——	——	——	——
河南	5	1	15	——	14 050	8 358	18	6	87	2	30 660
湖北	1	——	2	——	5 000	5 000	8	3	82	1	153 190
湖南	2	1	5	1	830	780	15	6	64	1	34 860
广东	6	——	61	——	49 645	52 669	12	1	314	2	249 773
其中：深圳	1	——	——	——	500	500	2	——	24	——	15 670
广西	2	1	7	2	4 875	2 993	4	1	19	——	7 330
海南	1	1	1	——	1 000	1 000	2	1	43	23	125 180
重庆	5	——	34	——	40 016	37 576	——	——	——	——	——
四川	——	——	——	——	——	——	11	3	31	1	7 850
贵州	——	——	——	——	——	——	26	7	37	1	16 477
云南	5	1	25	——	4 504	2 216	13	6	18	——	8 327
西藏	——	——	——	——	——	——	——	——	——	——	——
陕西	3	1	8	——	700	——	2	——	13	——	500
甘肃	——	——	——	——	——	——	14	7	38	2	27 572
青海	1	1	2	——	2 380	1 898	2	2	6	——	3 200
宁夏	——	——	——	——	——	——	1	——	33	——	65 500
新疆	1	——	34	——	69 840	52 210	2	2	4	3	2 800

(文物)机构基本建设投资情况

完成投资（千元）	文化馆（文化中心）						博物馆					
	项目个数		建筑面积		资金来源（千元）	完成投资（千元）	项目个数		建筑面积		资金来源（千元）	完成投资（千元）
	（个）	竣工	（千平方米）	竣工			（个）	竣工	（千平方米）	竣工		
1 196 124	**263**	**104**	**1 361**	**38**	**1 233 240**	**799 527**	**95**	**31**	**1 035**	**62**	**2 086 064**	**1 114 727**
175 110	——	——	——	——	——	——	——	——	——	——	——	——
1 021 014	263	104	1 361	38	1 233 240	799 527	95	31	1 035	62	2 086 064	1 114 727
——	3	1	64	——	175 439	78 540	1	1	2	8	11 131	11 131
——	——	——	——	——	——	——	——	——	——	——	——	——
6 966	15	6	89	2	59 123	40 844	2	1	35	——	11 867	25 884
7 930	14	2	85	1	21 320	11 140	2	——	66	——	235 683	2 601
65 845	17	9	94	15	75 390	73 840	3	1	94	1	499 396	195 481
166 190	2	1	4	——	1 300	1 300	——	——	——	——	——	——
160 000	——	——	——	——	——	——	——	——	——	——	——	——
——	4	1	26	——	23 390	23 390	——	——	——	——	——	——
——	4	1	19	——	18 900	17 000	2	——	——	——	34 000	——
16 053	——	——	——	——	——	——	——	——	——	——	——	——
30 158	5	——	32	——	4 290	4 290	20	7	147	2	358 753	76 370
341 131	7	1	114	6	196 155	61 815	7	6	78	12	71 330	71 326
——	——	——	——	——	——	——	——	——	——	——	——	——
——	1	1	3	——	1 200	1 200	2	——	7	——	30 020	23 270
——	5	2	46	——	105 481	105 481	——	——	——	——	——	——
——	2	1	28	——	100 067	100 067	——	——	——	——	——	——
——	2	——	1	——	300	300	3	1	14	5	8 160	6 940
3 500	5	2	106	——	138 273	138 273	1	——	80	——	10 000	3 106
——	1	——	13	——	3 273	3 273	——	——	——	——	——	——
29 914	21	8	121	3	25 162	21 437	1	1	2	——	1 270	1 270
2 790	3	——	11	——	7 700	7 700	19	5	115	4	131 888	137 783
30 870	15	5	73	1	11 442	11 720	2	1	13	——	600	594
126 373	9	2	131	——	227 573	71 291	7	2	88	18	233 935	194 102
10 012	2	1	95	——	205 000	55 000	2	1	5	——	4 897	1 417
3 518	6	2	16	——	4 113	5 130	1	——	30	——	47 052	7 433
87 930	——	——	——	——	——	——	1	——	——	——	1 500	——
——	3	2	19	——	4 150	5 370	——	——	——	——	——	——
6 260	36	14	156	6	57 707	59 969	6	3	118	12	136 618	199 119
6 967	28	9	53	2	30 472	23 892	——	——	——	——	——	——
11 387	26	15	59	——	16 802	19 014	6	——	66	——	203 020	125 900
——	——	——	——	——	——	——	——	——	——	——	——	——
——	5	——	11	——	2 580	1 780	4	1	40	——	33 731	9 677
5 532	11	5	15	1	6 209	5 651	3	——	6	——	15 110	11 740
3 400	15	14	11	——	16 609	7 000	——	——	——	——	——	——
65 500	——	——	——	——	——	——	2	1	34	——	11 000	11 000
2 800	1	1	2	1	2 160	2 160	——	——	——	——	——	——

全国各地区文化主管部门机关事业费收支情况

	机构数（个）	本机关事业编制人数（人）	本年收入合计（千元）		本年支出合计（千元）			在支出合计中:本机关支出	
				财政拨款		基本支出	项目支出		事业编制人员劳动报酬
总　计	**2 399**	**27 195**	**3 678 823**	**3 239 383**	**3 517 909**	**1 662 027**	**1 732 347**	**2 149 701**	**280 763**
中　央	1	——	431 216	431 216	446 368	136 247	305 333	56 869	——
地　方	2 398	27 195	3 247 607	2 808 167	3 071 541	1 525 780	1 427 014	2 092 832	280 763
北　京	10	40	88 362	70 397	80 151	17 411	61 038	40 111	1 097
天　津	19	49	36 659	29 506	32 244	22 822	9 018	30 119	1 282
河　北	159	1 623	127 431	119 958	126 064	90 408	30 112	102 647	25 965
山　西	102	709	71 743	66 883	68 872	45 127	18 928	51 600	14 620
内蒙古	85	395	41 927	39 341	33 786	33 353	396	33 749	4 426
辽　宁	72	538	46 698	44 091	46 753	27 035	13 437	29 391	7 997
其中：大连	11	——	——	——	——	——	——	——	——
吉　林	69	43	25 438	21 243	15 595	6 784	8 531	10 601	345
黑龙江	24	85	18 350	17 794	13 939	8 049	5 279	10 658	857
上　海	20	34	166 336	139 172	163 906	46 982	110 240	48 794	2 140
江　苏	83	241	176 909	151 865	176 238	84 331	89 307	138 946	8 907
浙　江	99	321	418 339	368 728	363 583	164 594	196 590	334 198	12 609
其中：宁波	12	23	58 209	48 761	54 602	23 458	30 626	48 579	1 966
安　徽	75	548	75 845	62 820	77 731	32 811	40 665	36 085	11 838
福　建	86	375	187 556	147 021	186 024	62 353	120 050	72 078	6 151
其中：厦门	7	9	32 666	31 582	34 441	11 935	22 506	15 853	371
江　西	111	11 847	61 843	55 682	60 802	38 270	17 159	32 101	6 609
山　东	155	1 168	183 901	174 342	173 283	115 566	56 192	136 647	21 244
其中：青岛	13	27	23 047	23 047	26 598	3 924	22 674	15 286	1 120
河　南	155	1 709	130 705	109 778	133 240	70 462	51 916	97 708	21 263
湖　北	107	1 745	218 113	161 189	222 456	108 680	107 980	101 598	24 281
湖　南	136	671	128 567	112 298	123 868	75 270	46 343	97 110	12 427
广　东	135	993	389 348	339 896	382 321	164 114	189 135	305 772	26 886
其中：深圳	7	124	89 538	73 955	87 529	34 952	32 853	68 380	10 856
广　西	93	195	68 297	63 025	61 198	19 421	40 759	25 767	2 668
海　南	21	49	23 982	22 700	24 124	14 636	9 488	16 237	878
重　庆	29	269	66 094	55 996	56 068	31 637	21 339	33 917	4 642
四　川	159	1 326	157 641	131 193	149 925	72 265	68 849	114 774	24 488
贵　州	30	104	39 446	33 273	32 097	22 359	9 436	31 254	2 405
云　南	128	745	133 647	129 490	126 571	63 114	60 468	74 568	14 809
西　藏	8	117	13 764	13 458	13 766	10 525	467	8 957	1 218
陕　西	36	167	22 762	22 478	22 667	18 992	2 897	14 711	1 813
甘　肃	100	411	36 419	36 100	29 228	25 908	2 400	26 978	6 489
青　海	8	28	22 899	22 236	14 999	1 450	13 549	1 960	——
宁　夏	26	129	25 575	19 458	24 172	11 924	11 144	14 257	2 248
新　疆	55	521	43 011	26 756	35 870	19 127	13 902	19 539	8 161

全国各地区文化主管部门省级机关事业费收支情况

	机构数（个）	本机关事业编制人数（人）	本年收入合计		本年支出合计				
			（千元）	财政拨款	（千元）	基本支出	项目支出	在支出合计中：本机关支出	其中：事业编制人员劳动报酬
总　计	**31**	**236**	**643 668**	**583 841**	**567 344**	**95 488**	**470 850**	**229 750**	**3 143**
北　京	1	——	——	——	——	——	——	——	——
天　津	1	5	12 412	7 058	12 576	11 926	650	12 576	198
河　北	1	——	10 027	8 409	14 722	8	14 714	3 945	——
山　西	1	6	10 955	9 929	10 926	3 966	6 956	2 107	177
内蒙古	1	——	15 784	14 019	9 994	9 994	——	9 994	——
辽　宁	1	——	——	——	——	——	——	——	——
吉　林	1	——	15 562	12 106	6 702	1 500	5 202	2 680	——
黑龙江	1	——	1 720	1 720	1 720	1 720	——	——	——
上　海	1	——	81 142	77 130	84 190	——	84 190	——	——
江　苏	1	12	34 261	31 175	34 974	1 030	33 944	34 174	1 030
浙　江	1	——	90 198	88 818	62 264	10 840	51 424	62 264	——
安　徽	1	——	24 932	19 612	31 063	1 921	29 142	——	——
福　建	1	69	48 955	42 909	36 166	1 439	34 727	——	——
江　西	1	20	8 354	7 171	7 288	488	6 800	7 288	349
山　东	1	——	19 409	19 225	8 533	53	8 480	3 164	——
河　南	1	——	13 372	12 534	21 828	473	20 354	21 828	——
湖　北	1	55	51 791	51 302	56 701	6 456	50 245	3 750	——
湖　南	1	10	20 238	19 522	20 238	——	20 238	3 515	——
广　东	1	——	24 225	21 453	26 316	6 751	19 565	26 316	——
广　西	1	4	28 135	27 578	27 165	20	27 145	——	——
海　南	1	——	1 636	1 636	1 636	——	1 636	1 636	——
重　庆	1	7	14 552	11 208	7 627	3 074	4 553	873	306
四　川	1	——	20 648	10 006	13 280	——	13 280	——	——
贵　州	1	——	17 086	16 988	9 988	7 286	2 702	9 988	——
云　南	1	——	21 345	21 345	19 603	1 291	18 312	——	——
西　藏	1	7	4 062	4 062	4 064	4 064	——	4 064	205
陕　西	1	——	——	——	——	——	——	——	——
甘　肃	1	6	24 114	23 898	16 923	16 923	——	16 923	173
青　海	1	——	21 795	21 180	13 899	350	13 549	1 960	——
宁　夏	1	15	3 499	372	3 499	3 499	——	372	372
新　疆	1	20	3 459	1 476	3 459	416	3 042	333	333

全国各地区文化主管部门地市级机关事业费收支情况

	机构数（个）	本机关事业编制人数（人）	本年收入合计（千元）		本年支出合计（千元）			在支出合计中：本机关支出	
				财政拨款		基本支出	项目支出		事业编制人员劳动报酬
总　计	**360**	**13 450**	**1 163 155**	**981 973**	**1 112 248**	**487 792**	**566 047**	**789 825**	**57 099**
北　京	8	20	87 756	69 791	79 545	16 815	61 028	39 605	742
天　津	15	10	21 867	20 379	17 288	8 827	8 368	15 288	249
河　北	11	121	38 879	38 704	34 300	27 677	1 930	34 300	2 871
山　西	9	49	17 400	15 657	14 703	10 751	3 457	14 640	1 162
内蒙古	11	39	11 877	11 577	9 640	9 300	340	9 640	602
辽　宁	10	38	16 378	16 374	16 381	2 025	10 592	7 829	766
其中：大连	1	——	——	——	——	——	——	——	——
吉　林	7	——	4 797	4 338	3 814	1 340	2 474	3 814	——
黑龙江	9	27	14 808	14 252	10 397	5 244	4 940	9 117	182
上　海	18	34	81 812	60 002	77 457	46 982	23 791	48 794	2 140
江　苏	13	12	49 035	43 270	49 371	14 197	35 174	39 678	331
浙　江	11	45	107 040	95 333	99 151	39 076	60 075	97 672	1 796
其中：宁波	1	——	20 567	18 061	17 268	8 234	9 034	17 268	——
安　徽	14	117	17 159	14 466	17 182	10 113	7 049	15 911	3 352
福　建	13	31	38 267	31 490	36 844	13 520	21 380	18 469	729
其中：厦门	1	——	17 195	16 980	19 142	2 761	16 381	6 227	——
江　西	19	11 270	15 444	12 179	16 202	10 041	2 326	9 705	1 390
山　东	17	102	54 496	53 045	54 740	34 474	20 266	41 929	3 110
其中：青岛	1	——	10 489	10 489	10 489	——	10 489	10 489	——
河　南	18	148	51 552	38 407	47 481	18 285	28 814	22 534	2 499
湖　北	16	329	80 652	49 830	80 894	37 042	42 986	28 841	4 999
湖　南	14	59	41 317	39 132	37 780	21 085	16 197	33 262	1 289
广　东	28	312	210 613	180 831	208 688	81 426	104 010	155 846	16 299
其中：深圳	7	124	89 538	73 955	87 529	34 952	32 853	68 380	10 856
广　西	12	28	17 837	14 420	16 479	6 212	10 267	12 304	547
海　南	2	20	14 807	14 004	14 989	8 585	6 404	8 068	156
重　庆	10	90	26 875	22 153	26 343	15 932	8 684	21 607	2 713
四　川	15	108	49 214	38 832	48 915	8 075	37 849	37 146	1 806
贵　州	7	18	14 950	10 965	14 877	9 524	5 353	14 395	584
云　南	13	80	40 155	39 305	40 569	13 738	25 625	24 801	1 209
西　藏	7	110	9 702	9 396	9 702	6 461	467	4 893	1 013
陕　西	2	——	2 132	2 132	2 132	1 132	1 000	2 132	——
甘　肃	13	32	1 287	1 287	1 287	646	400	1 287	554
青　海	1	2	68	68	68	68	——	——	——
宁　夏	5	9	9 599	8 929	9 399	1 933	7 465	9 399	139
新　疆	12	190	15 380	11 425	15 630	7 266	7 336	6 919	3 870

全国各地区文化主管部门县市级机关事业费收支情况

	机构数（个）	本机关事业编制人数（人）	本年收入合计（千元）		本年支出合计（千元）			在支出合计中:本机关支出	
				财政拨款		基本支出	项目支出		事业编制人员劳动报酬
总计	2 006	13 509	1 440 784	1 242 353	1 391 949	942 500	390 117	1 073 257	220 521
北京	2	20	606	606	606	596	10	506	355
天津	3	34	2 380	2 069	2 380	2 069	——	2 255	835
河北	147	1 502	78 525	72 845	77 042	62 723	13 468	64 402	23 094
山西	92	654	43 388	41 297	43 243	30 410	8 515	34 853	13 281
内蒙古	73	356	14 266	13 745	14 152	14 059	56	14 115	3 824
辽宁	62	500	30 320	27 717	30 372	25 010	2 845	21 562	7 231
其中：大连	10	——	——	——	——	——	——	——	——
吉林	61	43	5 079	4 799	5 079	3 944	855	4 107	345
黑龙江	14	58	1 822	1 822	1 822	1 085	339	1 541	675
上海	1	——	3 382	2 040	2 259	——	2 259	——	——
江苏	69	217	93 613	77 420	91 893	69 104	20 189	65 094	7 546
浙江	87	276	221 101	184 577	202 168	114 678	85 091	174 262	10 813
其中：宁波	11	23	37 642	30 700	37 334	15 224	21 592	31 311	1 966
安徽	60	431	33 754	28 742	29 486	20 777	4 474	20 174	8 486
福建	72	275	100 334	72 622	113 014	47 394	63 943	53 609	5 422
其中：厦门	6	9	15 471	14 602	15 299	9 174	6 125	9 626	371
江西	91	557	38 045	36 332	37 312	27 741	8 033	15 108	4 870
山东	137	1 066	109 996	102 072	110 010	81 039	27 446	91 554	18 134
其中：青岛	12	27	12 558	12 558	16 109	3 924	12 185	4 797	1 120
河南	136	1 561	65 781	58 837	63 931	51 704	2 748	53 346	18 764
湖北	90	1 361	85 670	60 057	84 861	65 182	14 749	69 007	19 282
湖南	121	602	67 012	53 644	65 850	54 185	9 908	60 333	11 138
广东	106	681	154 510	137 612	147 317	75 937	65 560	123 610	10 587
其中：深圳	——	——	——	——	——	——	——	——	——
广西	80	163	22 325	21 027	17 554	13 189	3 347	13 463	2 121
海南	18	29	7 539	7 060	7 499	6 051	1 448	6 533	722
重庆	18	172	24 667	22 635	22 098	12 631	8 102	11 437	1 623
四川	143	1 218	87 779	82 355	87 730	64 190	17 720	77 628	22 682
贵州	22	86	7 410	5 320	7 232	5 549	1 381	6 871	1 821
云南	114	665	72 147	68 840	66 399	48 085	16 531	49 767	13 600
西藏	——	——	——	——	——	——	——	——	——
陕西	34	167	20 630	20 346	20 535	17 860	1 897	12 579	1 813
甘肃	86	373	11 018	10 915	11 018	8 339	2 000	8 768	5 762
青海	5	26	1 036	988	1 032	1 032	——	——	——
宁夏	20	105	12 477	10 157	11 274	6 492	3 679	4 486	1 737
新疆	42	311	24 172	13 855	16 781	11 445	3 524	12 287	3 958

综合部分主要指标解释

一、机构、人员类

1. 文化机构的基本概念

文化事业和文化企业机构：指专门从事文化及相关工作具有法人资格、独立核算的事业、企业单位，以及单独核算、附属于事业单位的经营性专业文化活动单位。

“文化事业和文化企业机构”包括有文艺创作与表演、艺术表演场馆、文物及文化保护、博物馆、图书馆与档案馆、群众文化活动、文化艺术经纪与代理业、其他文化艺术业、娱乐文化服务业等；教育业中的文化艺术教育；以及不属于以上行业的，由文化事(企)业单位办的其他行业。

2. 非文化产业机构的基本概念

非文化产业机构：指不属于以上“文化事业和文化企业机构”的、直属于各级文化主管部门的事业、企业单位，以及文化部门内各事业、企业单位办的各类经营性的非文化活动单位。

3. 机构的部门分类

本制度调查的全部机构按所属关系划分，分“文化部门”和“其他部门”两种。

4. 企业登记注册类型

本制度调查的全部机构按企业单位登记注册类型分为“内资企业(单位)，港、澳、台投资企业，外商投资企业三大类。内资企业(单位)又分：国有企业(单位)、集体企业(单位)，股份合作企业、联营企业单位、有限责任公司、股份有限公司、私营企业、其他企业等八类。港、澳、台投资企业又分：合资经营企业、合作经营企业、港、澳、台商独资经营企业、港、澳、台商投资股份有限公司等四类。外商投资企业又分：中外合资经营企业、中外合作经营企业、外资企业、外商投资股份有限公司等四类。

5. 机构的事业、企业分类

本制度调查的全部机构分为“事业单位”和“企业单位”两类：

事业单位：指财务上执行事业会计制度的单位。

企业单位：指财务上执行企业会计制度的单位。

6. 机构的隶属关系分类

本制度调查的机构的隶属关系按其主管部门的行政级别划分为“中央”、“省、区、市”、“地、市”、“县、市及以下”四级。

中　央：指中央党政机关或人民团体直接领导的文化及相关产业机构。

省、区、市：指省、自治区、直辖市的党政机关或人民团体直接领导的文化及相关产业机构。

地、市：指地区、自治州、盟、省辖市及直辖市的城区的党政机关或人民团体直接领导的文化及相关产业机构。

县、市及以下：指县、县级市、旗及省辖市的区和直辖市的郊区的党政机关或人民团体直接领导的文化及相关产业机构，以及县级以下的党政机关或人民团体直接领导的文化及相关产业机构。

7. 机构、人员具体指标涵义

(1) 机构类

文艺创作与表演：指文学、美术创造和表演艺术(如戏剧、戏曲、歌舞、舞蹈、音乐、曲艺、杂技、马戏、木偶、皮影等各种艺术表演)等活动。

艺术表演团体：包括由文化部门举办或实行行业性管理的专门从事文学、美术创造和表演艺术等活动的各类专业艺术表演团体，如话剧团、方言话剧团、滑稽剧团、儿童剧团、歌剧团、舞剧团、歌舞剧团、歌舞团、轻音乐团、乐团、合唱团、文工团、文宣队、乌兰牧骑、京剧团、昆剧团、地方戏曲剧团、曲艺团、杂技团、马戏团、木偶团、皮影团等多种综合的专业艺术表演团体。不包括半工半艺、半农半艺的剧团。各类专业艺术表演团体，除部队系统外，均应统计。

艺术创作机构：指有专职创作人员、独立建制的剧目创作室(组)、美术创作室(组)及各类画院等专门从事艺术创作的机构。不包括业余性质的文艺创作单位。

艺术展览机构:指各级文化主管部门直属的、具有一定的展出面积、展出设备,专门供艺术作品展览用的场所。不包括群众艺术馆、文化馆内设的非独立核算的展览场所。

艺术表演场馆:指有观众席、舞台、灯光设备,专供文艺团体演出的场所的管理活动。包括音乐厅、歌剧院(场)、舞剧院(场)、话剧院(场)、马戏场、其他文艺表演的场所。不包括电影院、礼堂、体育场馆、美术馆计绘画、雕塑等艺术馆。

艺术表演场馆即由各级文化主管部门或文化有文化部门实行行业管理的,在工商、税务部门登记,公开售票的营业场所。艺术表演场所共分为两类,第一类为剧场、影剧院,包括独立核算的专业剧场和属文化部门主管的能演出戏剧的影剧院、兼映电影的剧场,以及附属在文化企事业单位公开营业的非独立核算的剧场、排演场;第二类为其他艺术表演场所,包括不论是否独立核算的书场、曲艺场、杂技场、马戏场、音乐厅等。

图书馆业:包括公共图书馆和除部队系统外的,各类单位内部举办的或单独举办的图书馆。不包括群众艺术馆、文化馆、文化站内设的图书室。

图书馆:是指通过文献、信息的搜集、整理、存储和利用,为社会读者服务的文化、教育与科学机构。

公共图书馆:指文化部门举办的面向社会服务的图书馆。

非文化系统图书馆:是指除文化部门举办的公共图书馆以外的图书馆机构,如教育、科研、厂矿企业等举办的图书馆。

群众文化活动:指开展群众文化活动的场所的管理合组织活动。包括综合性文化活动中心、群众艺术馆、文化馆、文化站、文化宫、少年宫等群众文化活动。在本制度中,目前暂不统计文化系统外的文化宫和少年宫。

群众艺术馆、文化馆、文化站:指从事群众文化工作的专业机构。不包括临时抽调人员组成、没有编制的农村和街道文化工作队、服务站等。

文化艺术教育业:包括高等艺术院校、中等艺术学校、文化干部院校和其他文化艺术教育机构。

高等艺术院校:指按国家规定的设置标准和审批程序批准举办的,纳入国家招生计划,通过国家统一招生考试,招收高中毕业生和相当于高中学历者为主要培养对象,实施高等教育的全日制、独立设置的学院和高等专科艺术学校。高等艺术院校均应填报国家教委统一印发的学年度“普通高等学校基层报表”,高等艺术院校举办的分校(教学点)或大专班,不计校数。机构、学生人数应与向各级教委填报的“普通高等学校基层报表”的数字相一致。职工人数应填报年末时点数;培训干部应填报当年累计结业人数。

中等艺术学校:指文化系统内由文化部或省、自治区、直辖市人民政府批准举办,纳入国家招生计划,按国家规定组织入学考试,招收小学或初中(或部分高中)毕业生和具有同等学历者,实施中等艺术教育、培养中等艺术人才的全日制专业学校。中等艺术学校均应填报国家教委的学年度“中等专业学校基层报表”,各校举办的分校(或校外班)不计校数。机构、学生人数应与向各级教委填报的学年度“中等专业学校基层报表”的数字相一致。职工人数和培训干部人数的填报口径同“高等艺术院校”。

文化干部院校:指各级文化行政部门领导的培养和训练文化干部的院校。

其他教育机构:指不填报国家教委制发的教育事业基层报表的非正规的艺术学校、训练班等教育机构。不包括随团的学员班。

科技、科研机构:指有明确的研究方向和任务,有一定水平的学术带头人和一定数量、质量的研究人员,有开展工作的基本条件,主要进行文化艺术科技、科研的机构。在研究机构中,凡财务上独立核算盈亏的为独立研究机构,财务上非独立核算的为非独立研究机构。

文化市场经营单位由以下统计调查对象组成:

文化艺术经纪与代理机构:包括在文化市场管理机构登记注册的主要从事演出艺术活动经济代理活动的经营性机构。

民间职业剧团:指在文化市场管理部门登记办证的非专业艺术表演团体。

个体演职人员:指在文化市场管理部门登记办证的个体演职人员。

时装表演队:指在文化市场管理部门登记,从事时装表演的单位。

歌舞娱乐场所:包括歌舞厅、舞厅、卡拉 OK 厅、餐饮卡拉 OK 厅等室内娱乐场所。

歌舞厅:指以消费者欣赏歌手等演艺人员表演,并可伴着音乐跳舞为主的娱乐场所。

舞　厅:指消费者伴着音乐(音响或乐队)跳舞的娱乐场所。

卡拉 OK 厅:指带有录放音响设备伴奏进行演唱歌曲形式的娱乐场所。

餐饮卡拉 OK:指在餐饮厅(室)内设有录放音响设备伴奏歌曲功能的饭店、酒家等。

其他娱乐场所:包括旱冰场、保龄球、台球厅和综合性娱乐场所等休闲健身娱乐场所。

旱冰场:指具有一定范围的场地和使用专用冰鞋进行活动的场所。

保龄球:指按规定标准和技术要求建造,进行保龄球活动的专门场所。

台球厅:指借助台球娱乐工具开展经营活动的场所。

综合性娱乐场所:除以上分类外的多功能的娱乐场所,如夜总会、游乐园(场)等。

音像制品批发、零售、出租单位:指从事以光盘、磁带等为介质的视听出版物的批发和进出口,包括 CD、LD、VCD、DVD 以及录音带、录像带等音像制品的批发、进出口、零售和出租的单位。

音像制品、互联网上网服务营业场所连锁单位:指按照有关统一规范,在统一经营组织形式的管理下从事音像制品分销和提供互联网上网服务的企业。

电子游戏、游艺经营场所:指借助各种游戏、游艺工具开展经营活动的场所。

经营性互联网文化单位:指由文化行政部门核发网络文化经营许可证的单位。

网吧等互联网上网服务营业场所:为消费者提供互联网上网服务的营业场所。

画廊、画店、美术品公司:指从事美术品或艺术品经营、销售活动的单位。

艺术品经纪代理机构:指从事艺术品经纪代理、拍卖活动的机构

艺术品展览、评估机构:指从事与美术品销售有直接关系的各种服务类经营活动的机构,包括艺术品展览、评估、鉴定等活动。

本制度对文化市场经营单位实行行业性统计。各级文化市场管理部门依法对文化市场经营单位进行统计调查,在将全部数据完成录入、审核和汇总后,送本级计划财务部门进行综合汇总。

其他文化企事业:包括不属于以上分类的文化系统内的其他文化企事业单位。

出版业:包括书、报、杂志、音像制品的出版活动,如报社、杂志社、音像出版社、图书出版社等。

在本制度中,目前仅统计文化主管部门直属的独立核算的出版单位,以及文化单位办的独立核算的出版单位。

文物及文化保护:指对具有历史、文化、艺术科学价值,并经有关部门鉴定,列入文物保护范围的不可移动文物的保护和管理活动;对我国语言、文字、民间文化艺术、民俗等非物质遗产的文化保护活动。包括近现代重要史迹及具有代表性、纪念性的建筑物的保护(含革命遗址、纪念碑、名人故居);寺庙、清真寺、教堂、及各种祠、堂、碑遗址的保护;古文化遗址、古墓地、古建筑、石窟寺、石刻等的保护;民族语言、文字遗产保护;民间艺术(民间传说、神话、歌谣、故事、音乐、舞蹈、戏曲、曲艺、皮影、绘画、剪纸等)遗产保护;民间、民俗传统活动(传统节日、庆典、民族艺术活动、民族体育活动等)遗产保护;民族制作(建筑风格、服饰、家具、木器、陶器、铜器等)遗产保护;其他未列明的文物与文化保护。

博物馆:指收藏、研究、展示文物和标本的博物馆的活动,以展示人类文化、艺术、科技、文明的美术馆、艺术馆展览馆、科技馆、天文馆等管理活动。包括综合类博物馆、展览馆;历史类博物馆、展览馆、革命纪念馆、历史名人纪念馆;艺术类博物馆、展览馆;自然类博物馆、展览馆;科学类博物馆、展览馆;其他类博物馆。不包括工业品展览、专业技术展览、各种技术、商业博览会、科普展览。

综合类博物馆:指综合收藏、展示自然、历史(含革命史和建设成就)、艺术等方面藏品的博物馆。

历史类博物馆:指主要收藏、展示历史(含古代史、近代史、革命史和建设成就、考古、文物品等)文物的博物馆。如中国历史博物馆、中国革命博物馆、陕西历史博物馆、泉州海外交通史博物馆、东北烈士纪念馆、韶山毛泽东同志纪念馆、遵义会议会址纪念馆、黑龙江省民族博物馆、河北省民俗博物馆等。

艺术类博物馆:指主要收藏、展示艺术品、工艺品文物(美术、工艺品、绘画、书法、篆刻、民间艺术)的博物馆。如故宫博物院、上海博物馆、南阳汉画像馆、广东民间工艺馆、武强年画博物馆、徐悲鸿纪念馆、天津戏剧博物馆、景德镇陶瓷历史博物馆等。

自然、科技类博物馆:指主要收藏、展示自然物种历史、发展以及反映科学技术成果方面标本、实物(天文、人类起源、恐龙、鸟类、鱼类、科技、航空航天、军事等)的博物馆。如天津自然博物馆、自贡恐龙博物馆、中国科学技术馆、中国地质博物馆、柳州白莲洞洞穴科学博物馆等。

其他博物馆:指上述 4 类博物馆之外,内容独特的行业性、专门性(邮品、硬币、体育等)博物馆。如中国丝绸博物馆、中国茶叶博物馆、以及农业、体育、邮电、中药、交通、水利、煤炭、林业、公安、儿童等专门博物

馆。

(2) 人员类

从业人员:指在文化部门举办或实行行业性管理的文化事业、文化企业单位以及由文化部门举办的非文化产业单位中工作,并取得劳动报酬的全部人员。包括职工、再就业的离退休人员、民办教师,以及在各单位中工作的外方人员和港、澳、台方人员。其具体指标涵义同政府统计部门"劳动情况统计"指标解释。

高级职称:指本单位已获得高级职称人员,包括未聘用但已获得高级职称的人员。

中级职称:指本单位已获得中级职称人员,包括未聘用但已获得中级职称的人员。

具有考古发掘个人领队资格人数:指本单位取得考古发掘个人领队资格的人员。

二、财务状况类

1. 事业单位财务指标

(1)**本年收入合计**:该指标包括财政拨款、上级补助收入、事业收入、经营收入、附属单位上缴收入和其他收入等六部分。

①**财政拨款**:指反映单位本年度实际收到的本级财政拨款;含一般预算拨款和基金预算拨款。

②**上级补助收入**:指事业单位从主管部门和上级单位取得的非财政补助收入。

③**事业收入**:指事业单位开展专业业务活动及辅助活动取得的收入;其中:预算外资金收入填列事业单位收到的财政预算外专户实际核拨数;有核准留用的也包括在内;但需做详细说明。

④**经营收入**:指事业单位在专业业务活动及辅助活动之外开展非独立核算经营活动取得的收入。

附属单位上缴收入:指事业单位附属的独立核算单位按有关规定上缴的收入。

其他收入:指行政、事业单位取得的除上述规定以外的各项收入;包括投资收益、利息收入、捐赠收入等;各单位直接收到的非本级财政拨付的专项或补贴经费也包括在本项内;并需单独反映。

(2)**本年支出合计**:指事业单位在业务活动中发生的各项资产耗费和损失。本年支出合计及其中数中均不包括直拨款和周转金支出。

①**基本支出**:指行政事业单位为保障其机构正常运转、完成日常工作任务而发生的各项支出。

②**项目支出**:指行政事业单位为完成其特定的行政工作任务或事业发展目标;在基本支出之外发生的各项支出。项目支出按照性质分为行政事业性项目支出、基本建设项目支出和其他项目支出。

③**经营支出**:指事业单位开展专业业务活动及其辅助活动之外开展非独立核算经营活动发生的支出。事业单位在经营活动中应正确归集实际发生的各项费用数,无法归集的,应按规定的比例合理分摊。

④**人员支出**:指单位支付给在职职工和临时聘用人员的各类劳动报酬(包括基本工资、各项津贴、资金等);为上述人员缴纳的各项社会保险费;按工资一定比例提取的福利费等。

⑤**公用支出**:反映单位购买商品(不包括按财务会计制度规定纳入固定资产管理范围的商品)和劳务的支出。

⑥**对个人和家庭补助支出**:指政府对个人和家庭的无偿性补助支出。

⑦**社会保障缴费**:指单位为职工缴纳的基本养老、医疗、失业、工伤等社会保险费。

福利费:反映单位根据国家统一规定按工资总额一定比例提取的福利费。

维修费:反映为保持固定资产的正常工作效能而开支的日常修理和维护费用。包括车船保养修理费;一般办公设备如传真机、电话交换机、计算机、打印机、复印机等的维修费;专用设备如大型计算机系统、X光机及其他医疗设备;拖拉机、联合收割机及其他农业机械的维修费;教学、科研仪器和实验设备的维修费;单位公用房屋、建筑物及其附属设备的维修费;文物保护单位管理的古建筑、纪念建筑物的维修费;城建部门和房产管理部门管理的房屋、建筑物、公共设施的维修费等。

各种设备购置费:指事业单位不够基本建设投资额度,按固定资产管理的办公一般设备、车辆等购置费,"车辆购置附加税",教学、科研医疗单位的专业设备购置费,专业图书馆、文化馆、站的图书购置费,以及一般事业单位的图书购置费,档案设备购置费等。

税金支出:指事业单位向国家交纳的各种税金,如房产税、营业税、车船使用税、土地使用税、城市维护建设税、印花税、教育费附加费、养路费、排污费等;从基本建设支出、结余和收益中支付的税金不包括在内。

2. 企业单位财务指标

1)**实收资本**:指投资人作为资本投入到企业中的各种资产的价值。

2)**国家资本**:指有权代表国家投资的政府部门或机构以实际投入企业形成的资本金。

3)**负债合计**:指过去的交易、事项形成的现有义务合计数,履行该义务预期会导致经济利益流出企业。

4)**固定资产合计**:指企业固定资产净值、固定资产清理、在建工程、待处理固定资产净损失所占用的资金合计。该指标根据会计“资产负债表”中“固定资产合计”项的期末数填列。

5)**固定资产原值**:反映企业报告期末全部固定资产按原价计算的合计数。是指企业在建造、购置、安装、改建、扩建、技术改造某项固定资产时所支出的全部货币总额。该指标取自会计“资产负债表”中“固定资产原价”项的期末数填列。

6)**本年提取折旧**:指企业在报告期末提取的固定资产折旧。

7)**损益及分配**

①**营业收入**:指企业(单位)一定时期内生产经营活动中通过销售商品、提供劳务、让度资产使用权等日常活动中形成的经济利益的总流入。营业收入按企业经营业务的祝词分类,可分为主营业务收入和其他业务收入。

②**营业成本及费用**:包括营业成本和营业费用两项。营业成本指企业产品的生产成本,即企业为生产产品所发生的制造成本。工业企业为“产品销售成本”;交通运输业为“营运业务成本”;建筑业为“工程结算成本”;商业企业为“商品销售成本”;服务企业为“营业成本”。营业费用指企业为取得本期的销售收入或营业收入所发生的有关费用。工业企业为“产品销售费用”;交通运输业为“营运费用”;商业企业为“经营费用”。

③**营业税金及附加**:指企业销售产品或提供劳务等业务活动应负担的税金及各种附加。工业企业为“产品销售税金及附加”;交通运输业为“营运税金及附加”;建筑业为“工程结算税金及附加”;商业企业为“商品销售税金及附加”。

④**主营业务利润**:指企业经营的主要业务所产生的利润。工业企业为“产品销售利润”;交通运输业为“营运业务利润”;建筑企业为“工程结算利润”;服务企业为“经营利润”。

⑤**其他业务利润**:指企业从事主要业务以外的业务活动所产生的利润。

⑥**管理费用**:指企业管理部门为组织或管理生产经营活动所发生的各项费用支出。

税金:指企业按规定从管理费用中支付的各种税金,包括房产税、车船使用税、土地使用税和印花税等。

劳动、待业保险:指企业支付的劳动保险和待业保险费。包括支付给离退休职工的退休金、价格补贴、医药费、退职金、抚恤金和企业按规定支付给离休干部的各项经费等;待业保险费是指企业按国家规定交纳的待业保险基金。

⑦**财务费用**:指企业为筹集生产经营所需资金等所发生的费用。

⑧**营业利润**:指企业(单位)因从事生产经营活动所实现的利润根据块及“损益表”中“营业利润”项的本年累计数填报。

⑨**补贴收入**:指企业按规定应收取的政策性亏损补贴和其他补贴。

⑩**应交所得税**:指企业按照国家规定应计算交纳的所得税。

⑪ **利润**:指盈利企业当年实现的税后利润和亏损企业当年发生的亏损(在填报时用“一”号表示)。

利润＝利润总额－应交所得税

利润总额＝营业利润＋补贴收入＋投资收益＋营业外收入－营业外支出

营业利润＝主营业务利润＋其他业务利润－管理费用－财务费用

6)**其　他**

从业人员劳动报酬:指劳动者从事生产活动而从生产单位得到的各种形式的报酬。劳动者报酬有三种基本形式:一是货币工资及收入,包括单位支付给劳动者的工资、薪金、奖金、各种津贴和补贴;二是实物工资,包括单位以免费或低于成本价提供给劳动者的各种物质产品和服务;三是由单位为劳动者个人支付的社会保险,具体包括单位向政府和保险公司支付的劳动、待业、人身、医疗、家庭财产等保险。

应交增值税:指企业按照国家规定应计算交纳的增值税。

上交主办单位数:指企业按有关规定上交给主管部门或主办单位的费用。

各地区艺术表演团体分剧种机构数

单位:个

地区	总计	话剧、儿童剧、滑稽剧团	儿童剧	歌剧、舞剧、歌舞剧团	歌舞团、轻音乐团	乐团	文工团、文宣队、乌兰牧骑	戏曲剧团	京剧团	曲、杂木、皮团	综合性艺术表演团体
总计	2 866	143	10	109	380	34	330	1 505	93	194	171
中央	16	4	1	1	4	3	2	1	1	——	1
地方	2 850	139	9	108	376	31	328	1 504	92	194	170
北京	18	2	1	——	1	1	——	9	2	5	——
天津	16	3	1	1	——	1	1	7	2	3	——
河北	135	2	——	——	6	1	6	100	5	15	5
山西	158	3	1	12	5	2	6	126	1	4	——
内蒙古	108	2	——	2	14	——	69	14	1	2	5
辽宁	66	13	1	3	12	1	2	19	5	2	14
其中:大连	7	1	——	——	1	——	1	2	1	1	1
吉林	60	3	——	——	15	——	2	36	1	3	1
黑龙江	84	4	1	2	8	——	14	34	4	5	17
上海	97	15	2	9	2	12	——	27	1	14	18
江苏	127	6	——	1	14	3	——	79	8	19	5
浙江	245	9	——	5	10	1	——	185	5	9	26
其中:宁波	34	2	——	——	——	1	——	26	——	1	4
安徽	89	7	——	4	8	——	1	64	4	5	——
福建	92	5	——	3	11	——	——	64	1	9	——
其中:厦门	6	——	——	1	1	——	——	3	——	1	——
江西	78	2	——	5	24	——	5	25	4	2	15
山东	118	3	1	6	10	1	3	79	20	9	7
其中:青岛	12	1	——	1	——	1	——	6	1	1	2
河南	199	1	——	——	7	——	3	170	4	18	——
湖北	114	3	——	6	32	1	10	51	7	5	6
湖南	93	2	——	6	5	——	7	61	1	2	10
广东	138	28	——	12	18	5	1	58	——	11	5
其中:深圳	3	——	——	1	——	1	——	1	——	——	——
广西	118	1	——	——	32	——	49	28	——	7	1
海南	73	——	——	2	7	——	1	49	——	9	5
重庆	36	7	——	7	1	——	3	9	2	5	4
四川	81	5	——	5	11	——	2	43	2	9	6
贵州	24	1	——	1	6	1	3	8	4	3	1
云南	126	1	——	2	45	——	45	18	2	3	12
西藏	26	1	——	1	4	——	17	——	——	——	3
陕西	112	4	1	2	4	1	17	77	2	6	1
甘肃	75	1	——	4	11	——	11	45	1	2	1
青海	12	1	——	2	5	——	1	2	——	——	1
宁夏	14	1	——	——	1	——	4	5	1	3	——
新疆	118	3	——	5	47	——	45	12	2	5	1

各地区艺术表演团体

	总计				文化							
					合计				国有经济			
	机构数	从业人员数			机构数	从业人员数			机构数	从业人员数		
	（个）	（人）	高级职称	中级职称	（个）	（人）	高级职称	中级职称	（个）	（人）	高级职称	中级职称
总　计	**2 866**	**144 167**	**16 623**	**36 058**	**2 508**	**132 432**	**15 877**	**34 952**	**1 987**	**111 328**	**14 530**	**30 751**
中　央	16	5 083	1 984	1 383	9	3 183	1 360	720	8	2 714	1 144	582
地　方	2 850	139 084	14 639	34 675	2 499	129 249	14 517	34 232	1 979	108 614	13 386	30 169
北　京	18	2 290	354	747	18	2 290	354	747	13	1 921	302	660
天　津	16	1 821	494	708	16	1 821	494	708	14	1 821	494	708
河　北	135	6 064	739	1 330	125	5 659	739	1 330	25	2 275	527	702
山　西	158	9 022	485	1 687	158	9 022	485	1 687	18	1 875	205	533
内蒙古	108	4 927	507	1 339	108	4 927	507	1 339	107	4 912	507	1 339
辽　宁	66	4 111	657	1 440	66	4 111	657	1 440	54	3 093	460	1 134
其中：大连	7	442	96	153	7	442	96	153	7	442	96	153
吉　林	60	4 204	744	1 184	60	4 204	744	1 184	60	4 204	744	1 184
黑龙江	84	5 543	786	1 680	83	5 363	776	1 609	82	5 335	776	1 609
上　海	97	3 727	710	932	35	2 708	642	809	33	2 708	642	809
江　苏	127	5 220	652	1 698	127	5 220	652	1 698	32	2 358	463	820
浙　江	245	9 062	541	1 415	72	3 591	527	1 262	68	3 527	527	1 261
其中：宁波	34	1 001	42	130	6	298	41	128	6	298	41	128
安　徽	89	4 630	463	1 403	89	4 630	463	1 403	69	4 057	451	1 262
福　建	92	4 175	249	1 034	92	4 175	249	1 034	82	3 785	233	942
其中：厦门	6	427	42	144	6	427	42	144	4	319	31	99
江　西	78	3 503	276	947	78	3 503	276	947	65	2 940	253	791
山　东	118	6 250	1 355	1 834	118	6 250	1 355	1 834	111	6 080	1 320	1 760
其中：青岛	12	765	155	228	12	765	155	228	12	765	155	228
河　南	199	10 024	471	1 408	199	10 024	471	1 408	185	9 437	471	1 401
湖　北	114	6 295	855	1 824	99	5 969	854	1 809	92	5 633	834	1 727
湖　南	93	4 557	507	1 541	93	4 557	507	1 541	85	4 216	487	1 382
广　东	138	5 927	374	1 014	136	5 835	374	1 014	123	5 367	374	1 004
其中：深圳	3	237	14	70	3	237	14	70	3	237	14	70
广　西	118	4 250	515	921	118	4 250	515	921	116	4 195	515	921
海　南	73	2 722	85	276	22	1 078	56	208	19	948	56	208
重　庆	36	1 464	264	373	29	1 341	264	373	24	1 213	245	327
四　川	81	4 429	512	1 649	81	4 429	512	1 649	72	4 271	485	1 625
贵　州	24	1 822	284	667	24	1 822	284	667	24	1 822	284	667
云　南	126	4 714	269	1 144	118	4 434	269	1 134	106	4 103	267	1 116
西　藏	26	1 216	73	218	26	1 216	73	218	26	1 216	73	218
陕　西	112	7 038	512	1 723	112	7 038	512	1 723	83	5 614	488	1 524
甘　肃	75	4 147	268	844	75	4 147	268	844	75	4 147	268	844
青　海	12	891	104	319	12	891	104	319	12	891	104	319
宁　夏	14	963	154	327	14	963	154	327	14	963	154	327
新　疆	118	4 076	380	1 049	96	3 781	380	1 046	90	3 687	377	1 045

机构数、从业人员数

部门								其他部门			
集体经济				其他经济							
机构数（个）	从业人员数（人）	高级职称	中级职称	机构数（个）	从业人员数（人）	高级职称	中级职称	机构数（个）	从业人员数（人）	高级职称	中级职称
441	**17 100**	**804**	**3 271**	**80**	**4 004**	**543**	**930**	**358**	**11 735**	**746**	**1 106**
——	——	——	——	1	469	216	138	7	1 900	624	663
441	17 100	804	3 271	79	3 535	327	792	351	9 835	122	443
3	44	1	9	2	325	51	78	——	——	——	——
1	——	——	——	1	——	——	——	——	——	——	——
99	3 349	212	624	1	35	——	4	10	405	——	——
138	7 037	279	1 154	2	110	1	——	——	——	——	——
1	15	——	——	——	——	——	——	——	——	——	——
2	115	7	47	10	903	190	259	——	——	——	——
——	——	——	——	——	——	——	——	——	——	——	——
——	——	——	——	——	——	——	——	——	——	——	——
1	28	——	——	——	——	——	——	1	180	10	71
——	——	——	——	2	——	——	——	62	1 019	68	123
95	2 862	189	878	——	——	——	——	——	——	——	——
2	18	——	1	2	46	——	——	173	5 471	14	153
——	——	——	——	——	——	——	——	28	703	1	2
9	192	2	55	11	381	10	86	——	——	——	——
8	292	13	74	2	98	3	18	——	——	——	——
2	108	11	45	——	——	——	——	——	——	——	——
——	——	——	——	13	563	23	156	——	——	——	——
7	170	35	74	——	——	——	——	——	——	——	——
——	——	——	——	——	——	——	——	——	——	——	——
14	587	——	7	——	——	——	——	——	——	——	——
1	35	——	——	6	301	20	82	15	326	1	15
6	233	7	103	2	108	13	56	——	——	——	——
10	374	——	8	3	94	——	2	2	92	——	——
——	——	——	——	——	——	——	——	——	——	——	——
——	——	——	——	2	55	——	——	——	——	——	——
2	87	——	——	1	43	——	——	51	1 644	29	68
2	34	8	14	3	94	11	32	7	123	——	——
9	158	27	24	——	——	——	——	——	——	——	——
——	——	——	——	——	——	——	——	——	——	——	——
1	16	——	——	11	315	2	18	8	280	——	10
——	——	——	——	——	——	——	——	——	——	——	——
29	1 424	24	199	——	——	——	——	——	——	——	——
——	——	——	——	——	——	——	——	——	——	——	——
——	——	——	——	——	——	——	——	——	——	——	——
——	——	——	——	——	——	——	——	——	——	——	——
1	30	——	——	5	64	3	1	22	295	——	3

各地区艺术表演团体分剧种新排上演剧目数

单位:个

地区	总计	话剧、儿童剧、滑稽剧团	儿童剧	歌剧、舞剧、歌舞剧团	歌舞团、轻音乐团	乐团	文工团、文宣队、乌兰牧骑	戏曲剧团	京剧团	曲、杂木、皮团	综合性艺术表演团体
总计	**2 643**	**189**	**10**	**208**	**366**	**25**	**225**	**1 387**	**103**	**76**	**167**
中央	33	10	2	1	3	15	2	2	2	——	——
地方	2 610	179	8	207	363	10	223	1 385	101	76	167
北京	17	7	3	——	2	2	——	4	2	2	——
天津	30	2	——	1	——	——	——	27	25	——	——
河北	67	3	——	——	3	1	1	56	10	——	3
山西	70	1	——	1	——	——	——	68	——	——	——
内蒙古	10	1	——	——	3	——	1	5	——	——	——
辽宁	78	17	——	2	27	——	——	27	7	——	5
其中:大连	2	2	——	——	——	——	——	——	——	——	——
吉林	72	8	——	——	22	——	18	16	——	8	——
黑龙江	18	8	1	——	——	——	1	9	4	——	——
上海	77	23	——	13	——	1	——	37	6	2	1
江苏	73	6	——	——	4	——	——	62	4	1	——
浙江	362	7	——	98	2	——	——	144	5	1	110
其中:宁波	30	——	——	——	——	——	——	23	——	——	7
安徽	99	17	——	——	5	——	2	72	1	3	——
福建	103	4	——	1	2	——	——	95	——	1	——
其中:厦门	16	——	——	1	——	——	——	15	——	——	——
江西	216	3	——	40	100	——	6	43	1	2	22
山东	74	9	——	1	——	——	1	58	20	2	3
其中:青岛	6	5	——	——	——	——	——	1	——	——	——
河南	109	——	——	——	1	——	——	103	——	5	——
湖北	266	11	——	5	79	5	52	108	2	5	1
湖南	124	1	——	10	——	——	8	102	1	2	1
广东	114	18	——	17	11	1	——	63	——	4	——
其中:深圳	1	——	——	——	——	1	——	——	——	——	——
广西	25	3	——	——	4	——	4	12	——	2	——
海南	72	——	——	——	1	——	——	67	——	4	——
重庆	29	1	——	——	——	——	1	6	5	21	——
四川	153	6	——	4	55	——	——	75	——	3	10
贵州	7	——	——	1	——	——	——	2	1	2	2
云南	60	3	——	6	19	——	19	7	——	——	6
西藏	81	9	——	——	5	——	67	——	——	——	——
陕西	49	6	4	1	——	——	11	29	——	——	2
甘肃	57	2	——	1	2	——	9	39	1	4	——
青海	37	1	——	5	4	——	——	26	——	——	1
宁夏	16	1	——	——	3	——	2	10	1	——	——
新疆	45	1	——	——	9	——	20	13	5	2	——

各地区艺术表演团体分剧种国内演出场次

单位:千场

地区	总计	话剧、儿童剧、滑稽剧团		歌剧、舞剧、歌舞剧团	歌舞团、轻音乐团	乐团	文工团、文宣队、乌兰牧骑	戏曲剧团		曲、杂木、皮团	综合性艺术表演团体
			儿童剧						京剧团		
总计	**474**	**15**	**1**	**15**	**51**	**——**	**39**	**256**	**10**	**70**	**28**
中央	3	1	——	——	1	——	1	——	——	——	——
地方	471	14	1	15	50	——	38	256	10	70	28
北京	7	——	——	1	——	——	——	4	1	2	——
天津	2	——	——	——	——	——	——	2	——	——	——
河北	27	——	——	——	1	——	1	21	4	1	3
山西	28	——	——	2	1	——	——	25	——	——	——
内蒙古	14	——	——	——	2	——	10	2	——	——	——
辽宁	7	2	——	1	1	——	——	1	1	——	2
其中:大连	——	——	——	——	——	——	——	——	——	——	——
吉林	6	——	——	——	2	——	——	4	——	——	——
黑龙江	8	1	1	——	1	——	1	3	1	——	2
上海	17	1	——	——	——	——	——	13	4	3	——
江苏	40	1	——	——	2	——	1	14	4	20	2
浙江	57	3	——	4	13	——	6	22	11	23	9
其中:宁波	5	——	——	——	——	——	4	——	——	——	1
安徽	11	1	——	——	1	——	——	5	——	4	——
福建	14	——	——	——	1	——	——	11	——	2	——
其中:厦门	1	——	——	——	——	——	——	1	——	——	——
江西	10	——	——	1	3	——	1	3	——	——	2
山东	19	1	——	1	1	——	——	13	3	2	1
其中:青岛	2	——	——	——	——	——	——	2	——	——	——
河南	38	——	——	——	1	——	——	33	——	4	——
湖北	22	1	——	2	4	——	2	12	1	——	1
湖南	22	——	——	1	1	——	1	16	——	——	3
广东	16	3	——	1	1	——	1	8	——	2	——
其中:深圳	——	——	——	——	——	——	——	——	——	——	——
广西	11	——	——	——	3	——	5	2	——	1	——
海南	10	——	——	——	——	——	6	3	1	1	——
重庆	2	——	——	——	——	——	——	1	——	1	——
四川	10	——	——	2	1	——	——	4	——	1	2
贵州	2	——	——	——	1	——	——	1	——	——	——
云南	14	——	——	3	3	——	3	2	——	2	1
西藏	2	——	——	——	——	——	1	1	——	——	——
陕西	21	——	——	1	1	——	3	15	——	1	——
甘肃	15	——	——	1	1	——	2	11	——	——	——
青海	1	——	——	——	——	——	——	1	——	——	——
宁夏	2	——	——	——	——	——	1	1	——	——	——
新疆	16	——	——	5	4	——	5	2	1	——	——

各地区艺术表演团体分剧种观众人次

单位:千人次

地　区	总　计	话剧、儿童剧、滑稽剧团		歌剧、舞剧、歌舞剧团	歌舞团、轻音乐团	乐　团	文工团、文宣队、乌兰牧骑	戏曲剧团		曲、杂木、皮团	综合性艺术表演团体
			儿童剧						京剧团		
总　计	**461 147**	**13 185**	**2 060**	**21 492**	**50 065**	**2 365**	**33 544**	**287 282**	**12 485**	**27 496**	**25 718**
中　央	5 310	422	221	115	2 323	530	1 370	286	286	——	264
地　方	455 837	12 763	1 839	21 377	47 742	1 835	32 174	286 996	12 199	27 496	25 454
北　京	3 346	311	238	643	——	114	——	1 753	540	525	——
天　津	1 863	237	176	222	——	99	15	1 070	304	220	——
河　北	27 968	177	——	——	950	210	904	20 794	1 255	442	4 491
山　西	31 807	66	——	3 252	1 043	——	490	26 786	50	170	——
内蒙古	9 677	92	——	134	1 328	——	5 375	2 162	7	196	390
辽　宁	6 815	1 509	——	1 079	1 362	——	——	1 343	546	84	1 438
其中:大连	657	86	——	——	320	——	——	170	170	81	——
吉　林	4 686	174	——	——	1 509	——	113	2 512	24	228	150
黑龙江	7 267	1 015	755	327	533	——	920	2 108	692	912	1 452
上　海	7 151	844	190	702	10	364	237	3 445	1 133	1 419	130
江　苏	18 055	565	——	——	2 536	170	661	9 876	688	3 084	1 163
浙　江	42 229	1 796	——	1 077	3 296	150	3 462	20 894	1 077	6 618	4 936
其中:宁波	3 677	36	——	——	——	——	143	2 780	——	160	558
安　徽	10 595	738	——	687	1 250	——	20	6 405	221	1 495	——
福　建	9 926	32	——	215	1 422	——	——	7 798	205	459	——
其中:厦门	862	——	——	139	260	——	——	438	——	25	——
江　西	11 126	190	——	538	3 062	——	577	4 260	360	166	2 333
山　东	23 022	697	480	1 726	1 203	55	395	16 310	861	1 034	1 602
其中:青岛	3 164	141	——	318	——	55	——	2 090	220	80	480
河　南	50 070	80	——	——	1 558	——	19	44 815	20	3 598	——
湖　北	24 503	421	——	1 197	3 640	40	1 686	15 370	1 232	723	1 426
湖　南	15 573	100	——	1 027	1 477	——	737	10 403	102	292	1 537
广　东	19 197	2 434	——	2 353	2 932	433	730	9 012	——	903	400
其中:深圳	595	——	——	264	——	200	——	131	——	——	——
广　西	14 531	166	——	——	4 363	43	3 384	5 799	50	760	16
海　南	14 864	——	——	28	1 085	——	1 571	11 879	515	301	——
重　庆	3 054	366	——	307	290	——	64	858	240	949	220
四　川	8 686	143	——	2 002	1 884	——	24	2 152	44	845	1 636
贵　州	2 335	100	——	100	871	——	189	827	368	116	132
云　南	13 152	65	——	799	4 687	154	2 587	3 050	60	617	1 193
西　藏	2 252	41	——	65	1 021	——	1 075	——	——	——	50
陕　西	40 206	116	——	783	1 008	3	3 113	34 826	76	297	60
甘　肃	20 373	46	——	879	846	——	726	17 203	383	473	200
青　海	1 416	36	——	259	302	——	80	240	——	——	499
宁　夏	3 092	74	——	——	226	——	879	1 671	825	242	——
新　疆	7 000	132	——	976	2 048	——	2 141	1 375	321	328	——

各地区艺术表演团体分剧种财政拨款

单位：千元

地　区	总　计	话剧、儿童剧、滑稽剧团	儿童剧	歌剧、舞剧、歌舞剧团	歌舞团、轻音乐团	乐　团	文工团、文宣队、乌兰牧骑	戏曲剧团	京剧团	曲、杂木、皮团	综合性艺术表演团体
总　计	**4 031 794**	**359 929**	**31 096**	**445 542**	**699 646**	**161 227**	**222 020**	**1600 151**	**371 512**	**315 101**	**228 178**
中　央	290 697	39 453	13 383	16 002	91 139	41 336	47 696	24 443	24 443	——	30 628
地　方	3 741 097	320 476	17 713	429 540	608 507	119 891	174 324	1575 708	347 069	315 101	197 550
北　京	200 295	41 345	3 723	——	8 540	16 574	——	105 496	49 265	28 340	——
天　津	106 200	15 865	5 239	19 336	——	8 967	608	49 771	28 903	11 653	——
河　北	96 329	7 742	——	——	13 909	4 437	870	56 627	10 986	6 446	6 298
山　西	123 014	6 618	101	22 038	5 210	100	5 937	77 885	5 642	5 226	——
内蒙古	145 023	3 322	——	1 093	66 044	——	45 700	22 598	4 846	4 952	1 314
辽　宁	120 960	30 468	——	34 419	14 734	——	360	21 701	14 267	6 155	13 123
其中：大连	18 343	3 069	——	——	3 639	——	270	5 584	5 383	5 497	284
吉　林	124 394	8 013	——	——	63 139	——	663	44 972	6 890	5 999	1 608
黑龙江	175 854	18 247	4 298	29 437	5 578	——	9 508	59 727	23 107	12 642	40 715
上　海	129 032	14 857	——	32 785	——	18 703	——	52 004	22 752	9 918	765
江　苏	163 409	11 322	——	2 720	28 126	4 340	——	83 946	10 871	19 905	13 050
浙　江	207 443	15 106	——	——	32 794	——	——	123 127	12 331	21 989	14 427
其中：宁波	18 609	——	——	——	——	——	——	5 718	——	——	12 891
安　徽	121 430	11 605	——	11 600	14 828	——	17	73 388	12 332	9 992	——
福　建	146 869	7 545	——	15 681	27 654	——	——	77 297	6 722	18 692	——
其中：厦门	35 140	——	——	11 917	4 203	——	——	12 596	——	6 424	——
江　西	71 277	5 289	——	7 254	16 396	——	1 265	30 026	10 428	4 025	7 022
山　东	205 390	16 506	2 354	36 290	6 053	8 760	470	106 345	38 195	20 259	10 707
其中：青岛	36 985	5 190	——	7 450	——	8 760	——	11 891	4 540	1 380	2 314
河　南	106 234	2 792	——	——	21 901	——	432	77 134	3 870	3 975	——
湖　北	184 015	16 602	——	41 261	18 416	4 627	5 884	79 179	28 700	13 476	4 570
湖　南	84 834	3 805	——	14 473	4 303	——	1 875	48 476	2 963	6 298	5 604
广　东	244 408	28 358	——	47 129	24 637	49 625	313	62 947	——	30 451	948
其中：深圳	29 579	——	——	1 908	——	20 292	——	7 379	——	——	——
广　西	110 312	3 210	——	——	37 323	——	25 072	32 191	——	9 203	3 313
海　南	24 743	——	——	130	10 209	——	46	14 058	——	300	——
重　庆	50 116	8 914	——	4 745	1 380	——	592	21 220	7 317	11 655	1 610
四　川	127 889	7 921	——	20 989	16 684	——	111	44 847	3 999	12 797	24 540
贵　州	68 765	2 655	——	4 823	18 245	——	5 092	20 831	9 891	11 276	5 843
云　南	152 795	5 191	——	10 513	39 836	——	19 132	47 135	12 222	8 210	22 778
西　藏	47 304	6 318	——	7 112	18 377	——	8 766	——	——	——	6 731
陕　西	99 471	6 633	1 998	13 079	4 976	3 758	9 169	52 896	3 854	6 973	1 987
甘　肃	99 120	4 389	——	27 614	11 374	——	2 603	48 194	5 226	4 586	360
青　海	38 655	2 719	——	10 919	9 037	——	435	5 308	——	——	10 237
宁　夏	35 792	2 425	——	——	9 303	——	3 200	17 584	6 209	3 280	——
新　疆	129 725	4 694	——	14 100	59 501	——	26 204	18 798	5 281	6 428	——

各地区艺术表演团体分剧种演出收入

单位:千元

地区	总计	话剧、儿童剧、滑稽剧团		歌剧、舞剧、歌舞剧团	歌舞团、轻音乐团	乐团	文工团、文宣队、乌兰牧骑	戏曲剧团		曲、杂木、皮团	综合性艺术表演团体
			儿童剧						京剧团		
总　计	**1342 531**	**117 155**	**33 385**	**121 113**	**280 148**	**65 636**	**58 522**	**464 634**	**51 886**	**132 921**	**102 402**
中　央	153 289	14 439	5 980	4 783	92 353	11 207	20 054	5 679	5 679	——	4 774
地　方	1189 242	102 716	27 405	116 330	187 795	54 429	38 468	458 955	46 207	132 921	97 628
北　京	96 345	32 536	22 845	——	9 657	9 117	——	23 690	13 231	21 345	——
天　津	14 151	1 308	388	4 615	——	1 253	24	5 334	2 761	1 617	——
河　北	47 319	490	——	——	4 430	1 259	218	21 469	980	14 794	4 659
山　西	44 397	——	——	5 016	1 223	1 600	1 676	34 230	200	652	——
内蒙古	11 898	373	——	160	4 369	——	3 950	2 068	169	821	157
辽　宁	30 512	5 818	——	7 363	5 134	——	——	2 801	2 275	2 851	6 545
其中:大连	5 787	——	——	——	2 635	——	——	604	604	2 548	——
吉　林	34 113	511	——	——	27 748	——	122	3 348	226	2 234	150
黑龙江	10 326	1 443	887	834	202	——	172	2 115	778	2 443	3 117
上　海	130 021	23 076	1 201	22 964	107	20 051	——	28 224	5 408	21 533	14 066
江　苏	86 019	7 889	——	2 738	23 349	2 188	——	33 463	2 945	10 568	5 824
浙　江	131 566	5 557	——	1 879	13 508	——	——	79 004	2 044	8 112	23 506
其中:宁波	17 326	750	——	——	——	——	——	12 224	——	——	4 352
安　徽	22 187	1 824	——	3 688	2 247	——	1	11 389	836	3 038	——
福　建	30 847	1 044	——	1 206	6 765	——	——	21 124	480	708	——
其中:厦门	2 800	——	——	565	802	——	——	1 410	——	23	——
江　西	13 750	268	——	2 211	4 692	——	1 007	3 270	813	952	1 350
山　东	50 146	3 075	1 024	8 430	2 643	1 085	150	24 047	7 447	8 237	2 479
其中:青岛	8 192	1 490	——	1 485	——	1 085	——	3 313	1 261	208	611
河　南	58 184	1 572	——	——	8 492	——	60	43 617	——	4 443	——
湖　北	36 292	1 497	——	5 578	6 569	397	1 350	12 210	1 823	5 865	2 826
湖　南	26 165	199	——	5 491	1 943	——	973	13 956	352	1 703	1 900
广　东	101 048	11 269	——	16 504	13 719	16 805	——	36 865	——	5 356	530
其中:深圳	5 015	——	——	——	——	3 649	——	1 366	——	——	——
广　西	13 316	161	——	——	3 482	——	2 232	4 149	——	3 072	220
海　南	28 008	——	——	70	672	——	——	20 226	——	1 438	5 602
重　庆	6 642	591	——	2 081	185	——	20	1 626	595	1 653	486
四　川	20 147	274	——	4 731	3 363	——	——	3 222	80	1 643	6 914
贵　州	2 634	——	——	320	518	——	22	1 244	549	530	——
云　南	76 537	180	——	1 501	32 616	——	20 916	2 593	598	2 767	15 964
西　藏	570	——	——	——	——	——	570	——	——	——	——
陕　西	30 412	1 416	1 060	6 996	2 465	674	3 094	13 715	196	1 406	646
甘　肃	18 060	54	——	8 291	666	——	683	7 500	280	761	105
青　海	2 720	5	——	1 955	142	——	6	102	——	——	510
宁　夏	3 366	252	——	——	165	——	384	1 850	1 085	715	——
新　疆	11 544	34	——	1 708	6 724	——	838	504	56	1 664	72

各地区艺术表演团体分剧种人员支出情况

单位：千元

地区	总计	话剧、儿童剧、滑稽剧团	儿童剧	歌剧、舞剧、歌舞剧团	歌舞团、轻音乐团	乐团	文工团、文宣队、乌兰牧骑	戏曲剧团	京剧团	曲、杂木、皮团	综合性艺术表演团体
总计	**2603 646**	**207 233**	**23 743**	**262 482**	**463 082**	**94 019**	**157 057**	**1053 935**	**185 911**	**205 400**	**160 438**
中央	207 498	37 991	10 513	12 207	71 606	28 336	28 627	14 390	14 390	——	14 341
地方	2396 148	169 242	13 230	250 275	391 476	65 683	128 430	1039 545	171 521	205 400	146 097
北京	113 989	17 154	4 746	——	9 424	8 768	——	50 107	22 964	28 536	——
天津	49 835	6 922	3 154	9 856	——	4 291	538	21 090	11 224	7 138	——
河北	81 557	4 620	——	——	11 195	3 417	904	43 473	6 850	10 764	7 184
山西	89 458	4 020	17	13 921	4 282	1 000	4 004	58 961	3 180	3 270	——
内蒙古	84 133	2 356	——	814	34 161	——	29 079	13 104	1 503	2 788	1 831
辽宁	69 542	14 396	——	15 600	11 742	——	207	15 723	9 125	3 660	8 214
其中：大连	9 977	1 328	——	——	3 379	——	207	1 950	1 863	2 973	140
吉林	56 573	2 344	——	——	26 361	——	345	22 856	2 857	4 049	618
黑龙江	99 369	9 183	2 630	12 901	3 991	——	6 692	31 783	9 299	7 988	26 831
上海	137 657	19 101	——	29 668	70	20 348	——	52 754	12 711	15 230	486
江苏	137 827	9 459	——	4 366	23 404	4 863	——	69 390	9 740	13 069	13 276
浙江	164 696	8 577	——	1 385	16 029	48	——	108 127	5 959	11 852	18 678
其中：宁波	21 625	30	——	——	——	48	——	10 152	——	——	11 395
安徽	64 481	5 455	——	5 602	8 957	——	14	38 443	5 495	6 010	——
福建	89 909	3 891	——	10 232	15 141	——	——	52 826	3 104	7 819	——
其中：厦门	17 497	——	——	7 342	1 212	——	——	7 547	——	1 396	——
江西	51 024	2 953	——	4 241	12 900	——	1 506	20 382	5 788	3 457	5 585
山东	145 420	10 177	1 439	24 012	7 179	6 465	587	74 611	26 060	13 562	8 827
其中：青岛	29 046	4 418	——	5 942	——	6 465	——	8 942	3 308	1 002	2 277
河南	73 286	1 179	——	——	11 980	——	325	54 695	1 359	5 107	——
湖北	89 730	5 574	——	15 686	12 176	2 261	4 024	39 713	10 588	5 796	4 500
湖南	58 787	1 214	——	7 689	3 502	——	1 722	37 412	1 899	3 828	3 420
广东	123 258	15 295	——	24 666	17 028	12 298	249	42 760	——	10 117	845
其中：深圳	12 717	——	——	1 296	——	6 091	——	5 330	——	——	——
广西	69 792	1 051	——	——	22 528	——	20 442	19 537	——	5 015	1 219
海南	34 356	——	——	140	7 877	——	46	24 137	——	921	1 235
重庆	22 150	3 163	——	3 091	1 082	——	404	8 449	4 342	4 598	1 363
四川	75 217	2 913	——	10 218	10 224	——	513	26 978	1 921	8 547	15 824
贵州	35 769	1 364	——	3 635	10 563	——	2 824	10 267	4 253	5 555	1 561
云南	93 227	1 870	——	6 849	33 745	——	15 072	17 195	2 950	3 624	14 872
西藏	31 039	3 060	——	4 226	13 250	——	5 616	——	——	——	4 887
陕西	76 603	4 901	1 244	11 561	5 092	1 924	9 247	37 399	2 203	5 530	949
甘肃	56 799	1 714	——	14 120	7 614	——	2 382	27 957	1 762	2 642	370
青海	22 306	1 455	——	7 004	7 400	——	285	2 712	——	——	3 450
宁夏	18 439	1 209	——	——	4 267	——	2 547	8 442	2 659	1 974	——
新疆	79 920	2 672	——	8 792	38 312	——	18 856	8 262	1 726	2 954	72

各地区艺术表演团体

	剧团数		从业人员数			本年新排上演剧目		演出场次			
	(个)	补贴团数	(人)	高级职称	中级职称	(个)	本团创作首演剧目	(千场次)	国内演出场次	农村演出场次	本年新创首演剧目演出场次
总　计	**2 866**	**2 303**	**144 167**	**16 623**	**36 058**	**2 643**	**1 488**	**493**	**474**	**287**	**71**
中　央	16	15	5 083	1 984	1 383	33	16	3	3	——	——
地　方	2 850	2 288	139 084	14 639	34 675	2 610	1 472	490	471	287	71
北　京	18	16	2 290	354	747	17	15	8	7	2	——
天　津	16	16	1 821	494	708	30	5	2	2	——	——
河　北	135	91	6 064	739	1 330	67	28	28	27	23	1
山　西	158	124	9 022	485	1 687	70	22	29	28	26	1
内蒙古	108	106	4 927	507	1 339	10	10	15	14	7	——
辽　宁	66	59	4 111	657	1 440	78	42	8	7	1	1
其中：大连	7	7	442	96	153	2	2	1	——	——	——
吉　林	60	58	4 204	744	1 184	72	57	6	6	2	1
黑龙江	84	82	5 543	786	1 680	18	12	10	8	3	1
上　海	97	25	3 727	710	932	77	36	17	17	4	1
江　苏	127	109	5 220	652	1 698	73	42	40	40	19	1
浙　江	245	60	9 062	541	1 415	362	203	62	57	35	2
其中：宁波	34	3	1 001	42	130	30	18	5	5	5	——
安　徽	89	85	4 630	463	1 403	99	54	13	11	4	50
福　建	92	88	4 175	249	1 034	103	43	14	14	10	1
其中：厦门	6	6	427	42	144	16	8	1	1	——	——
江　西	78	75	3 503	276	947	216	132	10	10	7	1
山　东	118	111	6 250	1 355	1 834	74	27	19	19	12	1
其中：青岛	12	12	765	155	228	6	6	2	2	1	——
河　南	199	180	10 024	471	1 408	109	53	39	38	32	1
湖　北	114	97	6 295	855	1 824	266	208	23	22	15	2
湖　南	93	92	4 557	507	1 541	124	44	22	22	14	1
广　东	138	124	5 927	374	1 014	114	54	16	16	10	1
其中：深圳	3	3	237	14	70	1	1	——	——	——	——
广　西	118	116	4 250	515	921	25	9	12	11	6	——
海　南	73	19	2 722	85	276	72	9	10	10	8	——
重　庆	36	29	1 464	264	373	29	23	3	2	1	1
四　川	81	77	4 429	512	1 649	153	100	10	10	3	1
贵　州	24	23	1 822	284	667	7	7	2	2	1	——
云　南	126	102	4 714	269	1 144	60	53	14	14	4	——
西　藏	26	24	1 216	73	218	81	80	2	2	1	——
陕　西	112	106	7 038	512	1 723	49	27	22	21	17	1
甘　肃	75	75	4 147	268	844	57	27	15	15	12	1
青　海	12	12	891	104	319	37	13	1	1	1	——
宁　夏	14	14	963	154	327	16	9	2	2	1	——
新　疆	118	93	4 076	380	1 049	45	28	16	16	6	——

演出及收支基本情况

国内演出观众人次（千人次）	农村观众人次	本年新创首演剧目观众人次	收入情况 财政拨款（千元）	演出收入（千元）	本年新创首演剧目演出收入	支出情况 人员支出（千元）	本年新创首演剧目费用支出总额（千元）	年末固定资产原值（千元）	增加值（千元）	公用房屋建筑面积（千平方米）	排练练功用房
461 147	**293 047**	**21 632**	**4031 794**	**1342 531**	**94 538**	**2603 646**	**461 809**	**6017 797**	**4088 584**	**4 081**	**882**
5 310	1 281	173	290 697	153 289	2 500	207 498	15 264	838 230	378 149	162	20
455 837	291 766	21 459	3741 097	1189 242	92 038	2396 148	446 545	5179 567	3710 435	3 919	862
3 346	1 059	294	200 295	96 345	15 704	113 989	18 391	209 775	204 531	98	10
1 863	729	37	106 200	14 151	526	49 835	4 611	30 520	80 354	29	3
27 968	24 535	893	96 329	47 319	1 227	81 557	6 219	154 781	105 203	142	34
31 807	28 381	785	123 014	44 397	2 123	89 458	4 080	126 975	123 434	193	31
9 677	5 200	324	145 023	11 898	1 944	84 133	2 729	112 363	112 656	132	44
6 815	1 987	570	120 960	30 512	2 025	69 542	8 715	108 720	101 360	101	52
657	150	3	18 343	5 787	——	9 977	——	7 924	11 512	7	2
4 686	1 863	690	124 394	34 113	1 074	56 573	4 860	133 012	101 302	184	21
7 267	2 322	758	175 854	10 326	1 013	99 369	636	170 899	149 932	163	34
7 151	1 876	385	129 032	130 021	10 039	137 657	16 451	336 959	208 133	45	7
18 055	10 050	1 373	163 409	86 019	7 810	137 827	9 202	207 080	191 699	135	32
42 229	25 508	1 870	207 443	131 566	5 757	164 696	12 070	358 559	245 788	190	65
3 677	3 087	95	18 609	17 326	581	21 625	270	67 267	31 529	28	20
10 595	5 098	546	121 430	22 187	1 636	64 481	4 705	94 620	107 873	88	20
9 926	7 743	525	146 869	30 847	1 633	89 909	9 082	159 437	128 350	132	33
862	432	109	35 140	2 800	386	17 497	3 967	57 721	24 898	10	2
11 126	7 483	1 804	71 277	13 750	2 504	51 024	2 622	79 718	74 146	109	14
23 022	15 406	667	205 390	50 146	2 765	145 420	3 360	266 124	208 900	237	53
3 164	1 866	63	36 985	8 192	1 217	29 046	1 032	38 894	37 024	36	3
50 070	42 740	1 920	106 234	58 184	5 023	73 286	5 935	130 648	120 274	176	36
24 503	15 598	1 877	184 015	36 292	4 847	89 730	239 378	236 894	149 555	270	43
15 573	10 219	980	84 834	26 165	2 215	58 787	10 899	146 607	91 934	139	33
19 197	12 212	934	244 408	101 048	9 879	123 258	17 367	1 012 060	241 236	183	49
595	135	60	29 579	5 015	1 616	12 717	1 172	29 038	16 395	3	——
14 531	7 019	240	110 312	13 316	642	69 792	876	95 409	102 722	105	30
14 864	12 131	245	24 743	28 008	955	34 356	6 518	57 039	47 759	51	7
3 054	1 037	548	50 116	6 642	1 022	22 150	3 830	74 922	48 793	77	20
8 686	3 221	759	127 889	20 147	1 280	75 217	15 973	178 252	123 248	208	36
2 335	931	198	68 765	2 634	866	35 769	10 256	37 865	66 187	41	10
13 152	5 067	368	152 795	76 537	3 069	93 227	7 056	145 137	145 815	110	32
2 252	1 041	73	47 304	570	——	31 039	826	50 447	39 432	58	8
40 206	18 674	924	99 471	30 412	1 661	76 603	4 252	233 757	110 687	240	49
20 373	16 554	293	99 120	18 060	647	56 799	5 388	94 123	90 749	112	17
1 416	810	149	38 655	2 720	1 269	22 306	2 481	19 488	37 388	31	3
3 092	1 767	191	35 792	3 366	815	18 439	3 883	21 750	32 687	31	5
7 000	3 505	239	129 725	11 544	68	79 920	3 894	95 627	118 308	109	31

各地区省级艺术表演团体

	剧团数		从业人员数			本年新排上演剧目		演出场次			
									国内演出场次		
	（个）	补贴团数	（人）	高级职称	中级职称	（个）	本团创作首演剧目	（千场次）		农村演出场次	本年新创首演剧目演出场次
总　　计	**223**	**195**	**28 744**	**6 613**	**8 524**	**290**	**182**	**48**	**42**	**7**	**——**
北　　京	11	11	2 088	332	676	15	14	7	6	2	——
天　　津	10	10	1 694	487	659	29	4	2	2	——	——
河　　北	8	8	1 160	380	316	10	5	1	1	1	——
山　　西	5	5	863	140	274	——	——	1	1	——	——
内 蒙 古	6	6	715	199	164	6	6	1	1	——	——
辽　　宁	6	4	728	178	183	8	7	1	1	——	——
吉　　林	5	5	734	209	210	——	——	——	——	——	——
黑 龙 江	6	6	948	242	187	1	1	1	——	——	——
上　　海	29	17	2 850	669	860	62	28	7	7	——	——
江　　苏	10	——	727	177	188	5	3	3	3	——	——
浙　　江	8	8	772	188	235	6	5	3	3	1	——
安　　徽	5	5	751	187	258	12	11	2	1	——	——
福　　建	6	6	796	129	222	7	1	1	1	——	——
江　　西	6	6	678	125	193	17	5	1	——	——	——
山　　东	6	6	941	302	291	6	5	1	——	——	——
河　　南	8	8	913	199	300	8	8	1	1	——	——
湖　　北	4	4	819	290	199	5	5	1	1	——	——
湖　　南	7	7	894	271	234	6	5	1	1	——	——
广　　东	9	8	1 171	196	294	24	18	2	1	1	——
广　　西	8	8	698	239	149	5	4	1	1	——	——
海　　南	3	3	296	43	123	9	1	——	——	——	——
重　　庆	8	8	731	174	168	4	4	1	1	——	——
四　　川	4	4	737	158	190	4	4	2	2	——	——
贵　　州	7	6	569	141	195	——	——	1	1	——	——
云　　南	6	6	847	129	259	8	7	1	1	1	——
西　　藏	3	3	380	54	131	9	9	——	——	——	——
陕　　西	7	7	1 603	282	576	1	1	2	2	——	——
甘　　肃	8	8	937	143	314	9	7	1	1	1	——
青　　海	2	2	357	70	140	5	5	1	1	——	——
宁　　夏	4	4	516	107	145	6	6	——	——	——	——
新　　疆	8	6	831	173	191	3	3	1	1	——	——

演出及收支基本情况

国内演出观众人次（千人次）	农村观众人次	本年新创首演剧目观众人次	收入情况：财政拨款（千元）	收入情况：演出收入（千元）	演出收入：本年新创首演剧目演出收入	支出情况：人员支出（千元）	支出情况：本年新创首演剧目费用支出总额（千元）	年末固定资产原值（千元）	增加值（千元）	公用房屋建筑面积（千平方米）	排练练功用房
64 572	**17 881**	**3 287**	**1529 554**	**404 557**	**44 660**	**807 633**	**101 126**	**1745 351**	**1389 838**	**1 002**	**216**
3 153	1 044	279	193 998	91 392	15 704	108 090	18 091	197 740	192 879	90	9
1 314	205	27	101 661	13 591	525	48 163	3 161	29 327	76 792	27	3
2 362	1 549	101	38 171	7 555	724	25 615	3 240	72 866	35 978	47	11
850	434	——	30 497	4 186	——	15 244	——	33 647	28 643	36	9
981	322	295	33 308	4 655	1 914	14 716	1 853	29 564	26 847	26	10
1 691	158	137	47 446	9 740	718	20 473	3 693	32 557	37 492	13	8
427	32	——	27 491	5 713	——	14 787	——	29 279	27 850	22	7
936	115	5	47 467	1 847	3	22 358	67	48 402	36 089	23	9
3 652	458	153	124 485	97 482	8 353	131 323	14 913	333 295	184 914	42	6
1 235	356	79	13 562	9 903	950	22 894	393	38 702	22 918	——	——
4 081	1 778	184	105 384	17 861	1 537	40 871	4 053	134 307	67 400	35	9
1 638	194	10	43 909	8 633	1 015	13 720	1 012	30 186	27 259	15	5
845	269	39	51 964	8 359	77	23 067	3 330	42 459	40 733	24	12
776	439	111	22 354	3 083	202	13 629	1 035	13 601	21 424	16	3
595	187	105	70 014	9 862	357	35 219	353	87 342	67 261	82	17
2 055	842	664	31 473	17 044	2 763	13 420	3 364	40 764	31 978	38	11
796	438	110	54 963	3 311	157	18 921	11 586	63 268	34 356	51	7
962	277	151	29 665	4 819	840	15 550	5 647	56 012	31 121	42	8
2 711	1 037	243	90 837	43 581	4 906	39 935	4 403	80 483	80 318	30	8
1 338	452	11	34 382	3 582	——	13 511	39	33 912	27 139	31	10
878	692	20	13 198	445	132	10 475	1 658	20 052	12 017	24	——
1 228	524	42	36 596	3 128	275	12 451	3 496	37 385	32 090	31	7
1 869	362	57	25 925	5 110	99	10 969	2 584	25 437	19 943	23	6
572	304	——	20 268	289	——	9 671	——	10 768	19 385	16	2
1 838	1 193	55	53 949	5 947	1 058	18 190	914	51 112	42 047	16	10
956	53	20	23 959	——	——	13 855	641	10 564	19 294	28	1
19 811	1 810	3	47 388	10 108	——	26 871	466	58 632	43 189	64	12
2 338	1 290	108	35 493	3 574	414	16 120	3 099	42 303	28 921	29	5
702	426	30	18 283	2 465	1 127	8 514	1 791	10 276	18 838	20	2
1 295	564	169	23 880	1 969	772	10 857	3 207	16 008	22 132	24	3
687	77	79	37 584	5 323	38	18 154	3 037	35 101	32 591	37	6

各地区地市级艺术表演

	剧团数（个）	补贴团数	从业人员数（人）	高级职称	中级职称	本年新排上演剧目（个）	本团创作首演剧目	演出场次（千场次）	国内演出场次	农村演出场次	本年新创首演剧目演出场次
总计	**808**	**657**	**50 078**	**6 560**	**16 470**	**849**	**488**	**141**	**129**	**60**	**3**
北京	7	5	202	22	71	2	1	1	1	——	——
天津	3	3	33	3	19	——	——	——	——	——	——
河北	29	28	1 984	326	685	29	9	9	8	6	——
山西	34	34	2 786	286	969	16	7	5	5	5	——
内蒙古	21	21	1 830	257	676	3	3	2	2	1	——
辽宁	34	32	2 886	445	1 113	54	31	6	5	1	——
其中：大连	4	4	403	94	127	2	2	1	——	——	——
吉林	16	15	1 594	425	468	15	14	3	2	1	——
黑龙江	26	26	2 902	472	981	14	9	6	4	1	1
上海	67	7	861	41	58	14	7	10	10	3	——
江苏	43	43	2 532	416	969	24	15	18	17	6	——
浙江	36	13	2 104	225	537	120	113	7	7	3	——
其中：宁波	1	1	194	36	103	——	——	——	——	——	——
安徽	34	34	1 847	213	743	47	31	4	3	2	——
福建	18	18	790	59	284	28	13	2	2	1	——
其中：厦门	5	5	375	42	143	13	5	1	1	——	——
江西	23	23	1 351	106	447	58	45	3	3	2	——
山东	42	42	3 009	790	887	35	17	9	9	4	——
其中：青岛	6	6	564	144	146	5	5	1	1	——	——
河南	38	38	2 416	195	620	26	14	8	7	5	——
湖北	26	26	2 395	459	876	40	24	5	5	2	1
湖南	23	23	1 611	205	657	40	13	4	4	3	——
广东	46	40	2 360	172	572	34	18	6	5	3	——
其中：深圳	3	3	237	14	70	1	1	——	——	——	——
广西	26	26	1 458	243	493	17	4	3	3	1	——
海南	29	2	1 124	19	64	53	2	4	4	4	——
重庆	10	9	405	62	128	23	18	1	1	——	1
四川	35	35	2 840	320	1 206	51	33	6	5	1	——
贵州	13	13	1 058	126	409	6	6	1	1	——	——
云南	23	17	1 616	112	528	18	15	4	4	1	——
西藏	7	7	419	19	84	5	4	1	——	——	——
陕西	23	23	1 964	199	727	9	2	3	3	2	——
甘肃	15	15	1 344	106	363	14	7	2	2	1	——
青海	9	9	513	34	179	32	8	1	1	——	——
宁夏	5	5	249	37	110	5	2	1	——	——	——
新疆	47	25	1 595	166	547	17	3	6	6	1	——

团体演出及收支基本情况

国内演出观众人次（千人次）	农村观众人次	本年新创首演剧目观众人次	收入情况 财政拨款（千元）	演出收入（千元）	本年新创首演剧目演出收入	支出情况 人员支出（千元）	本年新创首演剧目费用支出总额（千元）	年末固定资产原值（千元）	增加值（千元）	公用房屋建筑面积（千平方米）	排练练功用房
132 102	**74 004**	**7 635**	**1572 832**	**408 463**	**30 956**	**976 021**	**118 811**	**1797 680**	**1485 451**	**1 502**	**356**
193	15	15	6 297	4 953	——	5 899	300	12 035	11 651	8	1
15	——	——	1 617	24	——	538	——	203	1 772	1	——
10 349	9 164	197	50 270	15 232	183	36 940	1 180	52 203	45 956	56	15
9 073	7 533	227	76 637	16 757	1 576	48 504	2 629	59 211	64 254	80	12
1 752	940	21	58 958	3 768	30	36 412	3	41 111	49 280	52	15
4 215	1 306	323	67 633	19 999	1 307	44 801	4 972	70 418	58 221	78	40
657	150	3	17 588	5 787	——	9 543	——	7 519	10 977	6	2
1 577	443	301	66 322	24 784	926	23 549	4 702	78 161	47 535	30	6
3 655	698	733	101 270	7 577	1 005	55 925	559	104 291	87 808	109	18
3 279	1 198	83	4 070	32 129	1 366	6 054	1 218	3 457	22 884	1	——
6 730	1 987	471	116 091	49 510	4 269	77 997	6 775	105 951	119 379	83	18
4 547	2 161	197	52 323	35 196	1 258	45 725	2 847	148 858	72 635	72	25
186	118	——	12 891	3 507	——	10 290	——	62 765	14 871	17	17
4 390	2 205	454	51 814	7 896	381	32 966	2 754	31 513	51 291	38	9
2 059	1 210	70	44 038	5 064	1 049	24 215	3 500	66 506	33 068	20	3
787	357	34	33 780	2 595	181	16 270	2 605	57 005	23 596	9	1
3 211	1 514	492	28 922	4 305	967	21 262	1 123	34 556	30 362	59	4
11 404	6 284	481	97 559	26 485	2 042	75 520	2 617	127 872	99 545	103	24
1 072	74	43	31 360	5 997	1 017	24 510	712	34 945	31 749	30	3
14 033	10 163	467	50 313	22 351	996	32 558	1 558	48 042	51 356	50	13
5 258	2 251	627	97 799	16 057	3 408	42 531	25 097	97 344	74 552	103	14
4 964	2 500	359	34 635	9 867	906	21 726	4 439	46 913	33 146	40	14
7 118	4 112	272	137 266	39 243	3 565	62 226	12 095	190 837	106 583	91	23
595	135	60	29 579	5 015	1 616	12 717	1 172	29 038	16 395	3	——
4 147	1 184	179	44 654	6 552	622	29 994	817	34 317	44 883	27	7
8 288	6 987	26	7 361	13 052	584	13 945	4 800	27 665	20 631	15	3
1 160	349	504	7 942	1 621	744	6 485	314	25 155	10 555	22	5
4 964	1 781	509	87 177	13 673	1 092	53 089	13 304	124 190	85 484	108	24
1 225	528	183	39 924	1 778	759	22 023	10 204	20 512	38 001	18	6
3 321	892	164	56 394	7 248	1 264	36 212	5 074	46 386	47 671	37	10
376	311	12	20 203	——	——	13 548	180	32 331	16 093	23	3
3 491	2 009	78	33 847	8 629	396	28 063	2 291	85 785	40 611	88	25
4 206	3 148	40	49 084	9 008	116	25 524	1 413	30 129	42 497	35	6
634	334	119	19 937	249	142	13 507	690	8 660	18 242	11	1
618	355	3	8 432	857	3	4 755	656	3 383	7 112	4	——
1 850	442	28	54 043	4 599	——	33 528	700	39 685	52 393	40	12

各地区县市级艺术表演

	剧团数（个）	补贴团数	从业人员数（人）	高级职称	中级职称	本年新排上演剧目（个）	本团创作首演剧目	演出场次（千场次）	国内演出场次	农村演出场次	本年新创首演剧目演出场次
总计	**1 819**	**1 436**	**60 262**	**1 466**	**9 681**	**1 471**	**802**	**300**	**291**	**216**	**59**
北京	——	——	——	——	——	——	——	——	——	——	——
天津	3	3	94	4	30	1	1	——	——	——	——
河北	98	55	2 920	33	329	28	14	18	18	16	1
山西	119	85	5 373	59	444	54	15	23	22	21	1
内蒙古	81	79	2 382	51	499	1	1	11	11	6	——
辽宁	26	23	497	34	144	16	4	1	1	——	——
其中：大连	3	3	39	2	26	——	——	——	——	——	——
吉林	39	38	1 876	110	506	57	43	3	3	2	——
黑龙江	52	50	1 693	72	512	3	2	4	4	2	——
上海	1	1	16	——	14	1	1	——	——	——	——
江苏	74	66	1 961	59	541	44	24	19	19	14	1
浙江	201	39	6 186	128	643	236	85	50	47	32	1
其中：宁波	33	2	807	6	27	30	18	5	5	5	——
安徽	50	46	2 032	63	402	40	12	7	7	2	50
福建	68	64	2 589	61	528	68	29	11	10	9	——
其中：厦门	1	1	52	——	1	3	3	——	——	——	——
江西	49	46	1 474	45	307	141	82	7	6	5	1
山东	70	63	2 300	263	656	33	5	10	10	8	——
其中：青岛	6	6	201	11	82	1	1	1	1	1	——
河南	153	134	6 695	77	488	75	31	30	29	27	1
湖北	84	67	3 081	106	749	221	179	17	17	12	1
湖南	63	62	2 052	31	650	78	26	17	17	11	1
广东	83	76	2 396	6	148	56	18	8	8	6	——
其中：深圳	——	——	——	——	——	——	——	——	——	——	——
广西	84	82	2 094	33	279	3	1	8	7	5	——
海南	41	14	1 302	23	89	10	6	6	6	4	——
重庆	18	12	328	28	77	2	1	——	——	——	——
四川	42	38	852	34	253	98	63	2	2	1	——
贵州	4	4	195	17	63	1	1	1	1	——	——
云南	97	79	2 251	28	357	34	31	10	10	2	——
西藏	16	14	417	——	3	67	67	1	1	1	——
陕西	82	76	3 471	31	420	39	24	16	16	14	1
甘肃	52	52	1 866	19	167	34	13	11	11	10	——
青海	1	1	21	——	——	——	——	——	——	——	——
宁夏	5	5	198	10	72	5	1	1	1	1	——
新疆	63	62	1 650	41	311	25	22	8	7	5	——

团体演出及收支基本情况

国内演出观众人次			收入情况			支出情况		年末固定资产原值（千元）	增加值（千元）	公用房屋建筑面积	
（千人次）	农村观众人次	本年新创首演剧目观众人次	财政拨款（千元）	演出收入（千元）	本年新创首演剧目演出收入	人员支出（千元）	本年新创首演剧目费用支出总额（千元）			（千平方米）	排练练功用房
259 160	**199 879**	**10 539**	**638 711**	**376 222**	**16 422**	**612 494**	**226 608**	**1636 536**	**835 140**	**1 417**	**284**
——	——	——	——	——	——	——	——	——	——	——	——
534	524	10	2 922	536	1	1 134	1 450	990	1 790	——	——
15 257	13 822	595	7 888	24 532	320	19 002	1 799	29 712	23 269	40	8
21 884	20 413	558	15 880	23 454	547	25 710	1 451	34 117	30 536	77	11
6 944	3 938	8	52 757	3 475	——	33 005	873	41 688	36 529	53	20
909	523	110	5 881	773	——	4 268	50	5 745	5 647	9	4
——	——	——	755	——	——	434	——	405	535	1	——
2 682	1 388	389	30 581	3 616	148	18 237	158	25 572	25 917	132	8
2 676	1 509	20	27 117	902	5	21 086	10	18 206	26 035	30	7
220	220	150	477	410	320	280	320	207	335	1	——
10 090	7 707	823	33 756	26 606	2 591	36 936	2 034	62 427	49 402	53	14
33 602	21 569	1 490	49 736	78 509	2 962	78 100	5 170	75 394	105 753	83	30
3 491	2 969	95	5 718	13 819	581	11 335	270	4 502	16 658	11	3
4 567	2 699	82	25 707	5 658	240	17 795	939	32 921	29 323	35	6
7 022	6 265	416	50 867	17 424	507	42 627	2 252	50 472	54 549	88	18
75	75	75	1 360	205	205	1 227	1 362	716	1 302	2	——
7 139	5 530	1 202	20 001	6 362	1 335	16 133	464	31 561	22 359	34	6
11 024	8 935	80	37 817	13 799	366	34 681	390	50 910	42 094	52	12
2 092	1 792	20	5 625	2 195	200	4 536	320	3 949	5 275	6	1
33 982	31 735	789	24 448	18 789	1 264	27 308	1 013	41 842	36 941	88	12
18 449	12 909	1 139	31 253	16 924	1 282	28 278	202 695	76 282	40 647	116	22
9 646	7 441	470	20 534	11 479	469	21 511	813	43 682	27 667	57	11
9 368	7 062	419	16 305	18 224	1 408	21 097	869	740 740	54 335	62	18
——	——	——	——	——	——	——	——	——	——	——	——
9 046	5 383	50	31 276	3 182	20	26 287	20	27 180	30 700	48	13
5 697	4 452	198	4 184	14 511	239	9 936	60	9 322	15 111	13	3
666	164	3	5 578	1 893	3	3 214	20	12 382	6 147	25	7
1 853	1 078	194	14 787	1 364	89	11 159	85	28 625	17 821	76	6
538	99	15	8 573	567	107	4 075	52	6 585	8 800	8	2
7 992	2 981	149	42 452	63 342	747	38 825	1 068	47 639	56 096	58	11
920	677	41	3 142	570	——	3 636	5	7 552	4 045	8	3
16 903	14 855	843	18 236	11 675	1 265	21 669	1 495	89 340	26 887	88	12
13 829	12 116	145	14 543	5 478	117	15 155	876	21 691	19 331	47	7
80	50	——	435	6	——	285	——	552	307	1	——
1 179	848	19	3 480	540	40	2 827	20	2 359	3 442	3	2
4 462	2 987	132	38 098	1 622	30	28 238	157	20 841	33 325	32	11

各地区艺术表演团体

	剧团数（个）	补贴团数	从业人员数（人）	高级职称	中级职称	本年新排上演剧目（个）	本团创作首演剧目	演出场次（千场次）	国内演出场次	农村演出场次	本年新创首演剧目演出场次
总　　计	**2 475**	**2 294**	**132 783**	**16 313**	**35 409**	**2 238**	**1 289**	**411.5**	**392.9**	**242.7**	**69.9**
中　　央	16	15	5 083	1 984	1 383	33	16	2.9	2.7	0.4	0.2
地　　方	2 459	2 279	127 700	14 329	34 026	2 205	1 273	408.6	390.1	242.4	69.7
北　　京	16	14	1 965	303	669	12	11	6.4	5.5	1.3	0.3
天　　津	16	16	1 821	494	708	30	5	2.3	2.3	0.5	0.1
河　　北	125	91	5 659	739	1 330	67	28	25.2	23.6	21.0	0.8
山　　西	156	124	8 912	484	1 687	70	22	28.6	28.3	26.2	1.2
内 蒙 古	108	106	4 927	507	1 339	10	10	14.5	14.0	7.3	0.1
辽　　宁	66	59	4 111	657	1 440	78	42	8.3	6.8	1.4	0.6
其中：大连	7	7	442	96	153	2	2	1.0	0.5	——	——
吉　　林	60	58	4 204	744	1 184	72	57	6.4	5.7	2.4	0.8
黑 龙 江	84	82	5 543	786	1 680	18	12	10.4	8.5	2.9	0.9
上　　海	42	24	3 046	696	916	67	33	11.0	10.9	1.7	0.6
江　　苏	117	109	4 493	475	1 510	68	39	37.3	36.9	19.2	1.4
浙　　江	66	58	3 400	512	1 187	52	28	12.6	12.3	6.3	0.6
其中：宁波	6	3	298	41	128	8	1	1.2	1.2	0.7	——
安　　徽	88	84	4 591	460	1 393	94	53	12.5	11.2	4.1	50.4
福　　建	92	88	4 175	249	1 034	103	43	13.8	13.6	9.7	0.7
其中：厦门	6	6	427	42	144	16	8	0.9	0.8	0.4	0.2
江　　西	78	75	3 503	276	947	216	132	10.4	9.5	6.6	1.4
山　　东	118	111	6 250	1 355	1 834	74	27	19.5	19.1	12.4	0.6
其中：青岛	12	12	765	155	228	6	6	2.3	2.3	1.1	0.2
河　　南	199	180	10 024	471	1 408	109	53	38.7	37.6	31.8	1.1
湖　　北	98	97	5 924	854	1 800	266	208	20.7	20.2	12.6	1.7
湖　　南	93	92	4 557	507	1 541	124	44	22.3	22.0	14.1	1.2
广　　东	132	124	5 775	374	1 012	114	54	15.5	14.8	9.6	0.9
其中：深圳	3	3	237	14	70	1	1	0.3	0.3	0.1	——
广　　西	116	116	4 195	515	921	25	9	12.0	11.3	5.7	0.4
海　　南	20	19	991	56	208	16	4	2.1	2.1	1.4	0.1
重　　庆	29	29	1 341	264	373	29	23	3.1	2.3	0.7	0.6
四　　川	81	77	4 429	512	1 649	153	100	10.4	9.5	2.9	0.7
贵　　州	24	23	1 822	284	667	7	7	2.3	2.3	0.7	0.1
云　　南	106	102	4 100	267	1 113	50	46	8.9	8.6	3.5	0.3
西　　藏	26	24	1 216	73	218	81	80	2.2	2.0	1.1	0.1
陕　　西	112	106	7 038	512	1 723	49	27	21.7	21.1	16.6	0.8
甘　　肃	75	75	4 147	268	844	57	27	15.3	15.0	11.9	0.6
青　　海	12	12	891	104	319	37	13	1.5	1.3	0.6	0.2
宁　　夏	14	14	963	154	327	16	9	2.3	1.7	1.1	0.2
新　　疆	90	90	3 687	377	1 045	41	27	10.4	9.9	5.2	0.3

（事业）基本情况（一）

国内演出观众人次（千人次）	农村观众人次	本年新创首演剧目观众人次	本年收入合计（千元）	财政拨款	上级补助收入	事业收入	演出收入	本年新创首演剧目演出收入	经营收入	附属单位上缴收入	其他收入
410768.5	**262359.6**	**20066.8**	**5908 795**	**3999 196**	**237 161**	**1295 292**	**1098 249**	**82 290**	**20 456**	**1 893**	**354 217**
5310.5	1281.0	172.7	591 428	290 697	27 711	201 874	153 289	2 500	483	——	70 663
405458.0	261078.6	19894.1	5317 367	3708 499	209 450	1093 418	944 960	79 790	19 973	1 893	283 554
2466.2	830.9	162.1	288 139	188 032	3 354	66 500	63 843	7 699	324	——	29 929
1863.1	729.1	36.7	137 308	106 200	8 670	14 891	14 151	526	——	60	7 487
25394.3	22742.7	892.9	152 675	96 329	7 351	40 477	38 579	1 227	130	——	8 388
31556.6	28380.5	785.5	186 937	122 914	5 026	51 092	42 797	2 123	437	——	7 468
9677.5	5200.3	324.0	161 994	145 023	15	12 137	11 898	1 944	——	——	4 819
6814.6	1987.3	569.9	165 100	120 960	2 992	34 986	30 512	2 025	——	1 000	5 162
656.7	150.0	3.0	24 842	18 343	——	6 138	5 787	——	——	——	361
4686.4	1862.6	690.4	163 966	124 394	694	34 907	34 113	1 074	1 328	——	2 643
7267.1	2322.1	758.2	193 462	175 854	2 163	12 388	10 326	1 013	184	——	2 873
4424.8	909.3	345.4	366 410	129 032	63 682	150 799	120 317	9 886	——	——	22 897
16820.1	9694.0	1293.9	263 855	149 847	9 117	81 920	76 116	6 860	——	350	22 621
16016.4	10309.3	780.3	308 944	204 303	20 332	59 166	52 541	3 288	740	100	24 303
1538.4	1121.4	10.0	29 836	18 609	3 091	5 165	5 165	300	——	——	2 971
10469.9	5007.8	520.7	160 749	121 055	7 585	24 592	21 927	1 581	181	——	6 675
9926.2	7743.4	524.9	205 756	146 869	16 783	38 746	30 847	1 633	45	5	3 308
861.8	432.0	109.2	44 033	35 140	4 599	4 108	2 800	386	——	——	186
11125.8	7483.3	1804.4	97 975	71 277	2 160	19 371	13 750	2 504	881	——	4 286
23022.0	15406.2	666.8	278 999	205 390	4 846	55 379	50 146	2 765	96	——	13 288
3164.3	1866.0	63.2	52 489	36 985	3 819	10 108	8 192	1 217	——	——	1 577
50069.5	42740.0	1919.9	179 191	106 234	2 686	64 560	58 184	5 023	165	——	5 546
23894.3	15089.3	1876.8	245 469	183 860	9 796	35 081	31 312	4 847	4 117	95	12 520
15572.6	10218.7	979.6	137 693	84 834	3 981	30 950	26 165	2 215	2 213	——	15 796
18467.5	11621.7	934.1	391 666	244 408	14 447	107 365	99 233	9 879	3 831	20	21 595
595.3	135.0	60.0	40 452	29 579	200	6 712	5 015	1 616	2 028	——	1 933
14438.1	7019.2	240.3	139 922	110 312	1 836	21 583	12 381	642	12	——	6 179
2176.8	1482.0	68.5	33 778	21 740	3 931	6 659	4 042	339	311	——	1 137
2702.4	1016.4	548.3	67 808	50 116	1 055	10 971	4 698	1 022	1 208	125	4 333
8686.2	3221.3	759.0	175 390	127 889	6 030	25 828	20 147	1 280	1 436	138	14 069
2335.4	930.8	198.0	83 243	68 765	404	4 903	2 634	866	425	——	8 746
12276.6	4977.7	353.4	175 135	152 795	1 519	15 144	13 232	3 069	676	——	5 001
2251.7	1041.2	73.2	49 042	47 304	621	650	570	——	93	——	374
40206.0	18674.4	923.8	146 229	99 471	946	33 575	30 412	1 661	724	——	11 513
20373.0	16553.6	292.5	127 261	99 120	3 781	20 255	18 060	647	165	——	3 940
1416.0	810.3	148.7	43 688	38 655	682	3 204	2 720	1 269	49	——	1 098
3092.4	1767.0	191.4	40 935	35 792	20	3 367	3 366	815	181	——	1 575
5968.8	3306.5	230.5	148 648	129 725	2 945	11 972	5 941	68	21	——	3 985

各地区艺术表演团体

	本	年	支	出				
		基本支出	项目支出	经营支出	在	支	出	
					人员支出			公
						社会保障缴费		福利费
总　　计	**5 838 807**	**4 791 159**	**711 554**	**38 661**	**2 482 917**	**314 208**	**1 924 464**	**45 049**
中　　央	580 006	492 699	83 879	132	207 498	17 729	223 019	4 671
地　　方	5 258 801	4 298 460	627 675	38 529	2 275 419	296 479	1 701 445	40 378
北　　京	292 919	230 860	47 128	324	99 819	11 576	111 947	1 257
天　　津	123 433	98 539	5 803	——	49 835	3 166	38 307	736
河　　北	156 125	135 243	16 206	330	76 725	15 128	51 198	1 122
山　　西	186 584	147 541	17 888	847	88 458	8 167	59 342	1 683
内 蒙 古	159 022	157 139	1 877	——	84 133	4 386	49 656	985
辽　　宁	158 850	113 637	19 202	5	69 542	13 092	48 672	485
其中：大连	21 276	14 246	3 894	——	9 977	2 282	8 643	121
吉　　林	163 548	131 351	26 032	1 464	56 573	3 602	67 196	258
黑 龙 江	192 722	162 452	15 177	——	99 369	12 698	37 112	1 028
上　　海	330 904	285 678	25 409	82	136 260	32 513	156 433	1 285
江　　苏	266 753	240 049	21 660	——	114 933	22 556	97 807	2 239
浙　　江	293 879	234 655	53 350	403	118 088	20 223	130 055	4 107
其中：宁波	28 608	23 954	4 654	——	14 011	3 913	12 345	403
安　　徽	158 696	136 925	11 019	2 195	64 168	9 077	40 847	1 425
福　　建	202 948	158 614	26 361	1 352	89 909	14 173	68 256	1 085
其中：厦门	41 852	30 760	11 092	——	17 497	2 809	16 242	187
江　　西	97 188	86 855	7 480	1 009	51 024	5 099	21 175	1 446
山　　东	279 242	261 963	16 667	136	145 420	25 775	79 109	2 066
其中：青岛	52 689	51 079	1 610	——	29 046	8 210	16 992	607
河　　南	178 807	143 416	19 851	3 443	73 286	12 631	51 998	1 467
湖　　北	244 022	167 019	62 491	1 623	86 682	9 988	82 296	3 044
湖　　南	139 798	117 845	16 286	2 777	58 787	8 201	52 655	2 846
广　　东	390 145	257 528	111 281	9 112	122 076	12 448	156 600	3 166
其中：深圳	39 138	14 205	19 890	5 043	12 717	1 048	5 174	175
广　　西	139 462	113 632	18 265	3	69 645	5 224	40 485	1 080
海　　南	32 267	23 397	2 810	311	18 563	3 567	8 831	108
重　　庆	67 527	48 534	15 948	240	21 470	2 463	19 267	625
四　　川	174 065	144 341	19 926	5 215	75 217	11 678	50 305	1 775
贵　　州	81 243	74 435	4 052	413	35 769	4 119	16 553	888
云　　南	195 867	139 056	22 627	726	86 754	6 122	38 234	892
西　　藏	48 719	44 676	2 405	110	31 039	660	5 761	259
陕　　西	147 437	132 227	1 778	3 890	76 603	6 913	46 163	981
甘　　肃	125 181	120 874	3 434	461	56 799	2 566	36 070	851
青　　海	44 566	42 286	2 051	49	22 306	547	6 287	20
宁　　夏	40 550	33 552	1 007	——	18 439	1 120	7 863	302
新　　疆	146 332	114 141	12 204	2 009	77 728	7 001	24 965	867

（事业）基本情况（二）

合计（千元）						本年新创首演剧目费用支出总额（千元）	年末固定资产原值（千元）	增加值（千元）	公用房屋建筑面积	
合计中										
用支出					对个人和家庭补助支出				（千平方米）	排练练功用房
维修费	各种设备购置费	税金支出	排练制作费	演出费						
115 921	**233 014**	**48 458**	**320 803**	**515 151**	**1067 310**	**449 282**	**5875 011**	**3913 872**	**3983.9**	**844.2**
7 060	36 764	9 807	37 643	91 797	122 644	15 264	838 230	378 149	162.3	20.1
108 861	196 250	38 651	283 160	423 354	944 666	434 018	5036 781	3535 723	3821.7	824.1
14 346	14 315	2 769	9 925	23 282	73 433	10 674	169 140	184 043	91.0	9.7
384	3 923	788	4 340	11 518	27 774	4 611	30 520	80 353	28.9	3.4
2 068	7 345	560	7 772	13 010	13 490	6 219	149 871	100 240	141.5	33.7
3 505	9 555	392	7 636	13 293	26 739	4 080	125 515	122 303	193.2	31.2
3 162	7 463	428	15 334	9 591	22 615	2 729	112 363	112 655	131.9	44.4
1 627	4 938	2 360	10 253	11 639	24 624	8 715	108 720	101 359	100.8	52.1
50	123	151	3 135	1 486	946	——	7 924	11 511	7.1	2.4
2 024	12 557	1 462	12 565	7 956	37 689	4 860	133 012	101 302	183.7	20.6
6 865	4 560	359	3 164	3 514	42 340	636	170 899	149 931	162.7	33.7
3 736	9 219	5 296	21 733	57 502	21 255	16 141	336 524	205 960	45.0	6.7
5 622	7 932	702	20 176	25 526	43 912	8 809	168 378	168 781	135.3	32.0
4 157	16 193	3 344	18 552	28 631	39 711	10 663	331 970	178 538	139.6	42.7
139	157	297	5 574	3 694	2 252	200	65 347	19 576	21.3	17.6
2 107	5 099	539	7 483	9 452	37 229	4 405	93 459	107 159	85.2	19.1
2 153	8 415	908	14 988	18 375	30 071	9 082	159 437	128 350	131.9	32.7
409	3 224	111	2 141	2 723	4 794	3 967	57 721	24 897	10.3	1.8
1 276	2 934	1 233	3 249	5 858	17 237	2 622	79 718	74 145	108.7	13.8
5 679	11 367	1 207	12 379	17 001	49 512	3 360	266 124	208 899	237.3	52.9
473	1 386	469	2 086	4 334	5 346	1 032	38 894	37 023	35.6	3.3
3 943	5 549	971	11 333	17 199	37 350	5 935	130 648	120 273	175.9	36.1
10 973	11 252	520	14 476	23 495	45 902	239 378	235 924	145 584	264.3	41.9
4 428	7 554	1 817	11 834	13 230	22 533	10 899	146 607	91 934	139.0	33.2
5 344	14 329	4 221	28 319	49 144	68 554	17 367	1 011 760	239 886	181.6	49.3
276	227	479	1 100	1 154	1 862	1 172	29 038	16 394	3.0	0.2
5 488	3 025	873	8 333	11 297	26 958	876	95 409	102 372	105.5	30.0
962	1 395	263	953	2 364	996	4 118	40 281	21 541	38.1	1.9
609	2 743	541	3 937	3 261	22 335	3 830	74 346	47 944	76.1	18.6
3 952	3 819	1 384	8 694	13 739	37 610	15 973	178 252	123 248	207.8	36.4
755	1 354	1 235	4 037	1 346	26 780	10 256	37 865	66 186	41.2	9.9
1 070	4 003	1 106	4 061	7 010	33 264	7 056	137 623	127 520	101.0	30.0
1 094	840	3	260	246	6 104	826	50 447	39 431	58.2	7.9
4 909	4 845	1 736	5 230	11 148	21 641	4 252	233 757	110 687	239.5	48.6
4 642	4 869	495	6 826	5 913	28 839	5 388	94 123	90 748	111.5	17.0
419	486	233	656	836	14 049	2 481	19 488	37 387	31.3	3.2
555	794	72	1 300	2 630	13 004	3 883	21 750	32 687	30.8	5.0
1 007	3 578	834	3 362	4 348	31 116	3 894	92 851	114 259	103.2	26.5

各地区文化部门艺术表演

	剧团数		从业人员数			本年新排上演剧目		演出场次			
									国内演出场次		
	（个）	补贴团数	（人）	高级职称	中级职称	（个）	本团创作首演剧目	（千场次）		农村演出场次	本年新创首演剧目演出场次
总计	**2 456**	**2 284**	**130 273**	**15 625**	**34 568**	**2 233**	**1 285**	**409.8**	**391.2**	**242.3**	**69.8**
中央	9	9	3 183	1 360	720	29	13	1.8	1.6	0.1	0.2
地方	2 447	2 275	127 090	14 265	33 848	2 204	1 272	408.0	389.5	242.1	69.7
北京	16	14	1 965	303	669	12	11	6.4	5.5	1.3	0.3
天津	16	16	1 821	494	708	30	5	2.3	2.3	0.5	0.1
河北	125	91	5 659	739	1 330	67	28	25.2	23.6	21.0	0.8
山西	156	124	8 912	484	1 687	70	22	28.6	28.3	26.2	1.2
内蒙古	108	106	4 927	507	1 339	10	10	14.5	14.0	7.3	0.1
辽宁	66	59	4 111	657	1 440	78	42	8.3	6.8	1.4	0.6
其中：大连	7	7	442	96	153	2	2	1.0	0.5	——	——
吉林	60	58	4 204	744	1 184	72	57	6.4	5.7	2.4	0.8
黑龙江	83	81	5 363	776	1 609	18	12	10.3	8.4	2.8	0.9
上海	33	23	2 708	642	809	66	32	10.6	10.5	1.7	0.5
江苏	117	109	4 493	475	1 510	68	39	37.3	36.9	19.2	1.4
浙江	66	58	3 400	512	1 187	52	28	12.6	12.3	6.3	0.6
其中：宁波	6	3	298	41	128	8	1	1.2	1.2	0.7	——
安徽	88	84	4 591	460	1 393	94	53	12.5	11.2	4.1	50.4
福建	92	88	4 175	249	1 034	103	43	13.8	13.6	9.7	0.7
其中：厦门	6	6	427	42	144	16	8	0.9	0.8	0.4	0.2
江西	78	75	3 503	276	947	216	132	10.4	9.5	6.6	1.4
山东	118	111	6 250	1 355	1 834	74	27	19.5	19.1	12.4	0.6
其中：青岛	12	12	765	155	228	6	6	2.3	2.3	1.1	0.2
河南	199	180	10 024	471	1 408	109	53	38.7	37.6	31.8	1.1
湖北	98	97	5 924	854	1 800	266	208	20.7	20.2	12.6	1.7
湖南	93	92	4 557	507	1 541	124	44	22.3	22.0	14.1	1.2
广东	130	122	5 683	374	1 012	114	54	15.4	14.7	9.5	0.9
其中：深圳	3	3	237	14	70	1	1	0.3	0.3	0.1	——
广西	116	116	4 195	515	921	25	9	12.0	11.3	5.7	0.4
海南	20	19	991	56	208	16	4	2.1	2.1	1.4	0.1
重庆	29	29	1 341	264	373	29	23	3.1	2.3	0.7	0.6
四川	81	77	4 429	512	1 649	153	100	10.4	9.5	2.9	0.7
贵州	24	23	1 822	284	667	7	7	2.3	2.3	0.7	0.1
云南	106	102	4 100	267	1 113	50	46	8.9	8.6	3.5	0.3
西藏	26	24	1 216	73	218	81	80	2.2	2.0	1.1	0.1
陕西	112	106	7 038	512	1 723	49	27	21.7	21.1	16.6	0.8
甘肃	75	75	4 147	268	844	57	27	15.3	15.0	11.9	0.6
青海	12	12	891	104	319	37	13	1.5	1.3	0.6	0.2
宁夏	14	14	963	154	327	16	9	2.3	1.7	1.1	0.2
新疆	90	90	3 687	377	1 045	41	27	10.4	9.9	5.2	0.3

团体（事业）基本情况（一）

国内演出观众人次 (千人次)	农村观众人次	本年新创首演剧目观众人次	本年收入合计 (千元)	财政拨款	上级补助收入	事业收入	事业收入：演出收入	演出收入：本年新创首演剧目演出收入	经营收入	附属单位上缴收入	其他收入
407655.8	**261283.1**	**19922.5**	**5650 180**	**3878 115**	**201 935**	**1197 054**	**1034 312**	**82 270**	**19 973**	**1 893**	**350 630**
2795.4	465.0	87.4	371 788	174 729	6 975	122 146	107 862	2 500	——	——	67 938
404860.4	260818.1	19835.1	5278 392	3703 386	194 960	1074 908	926 450	79 770	19 973	1 893	282 692
2466.2	830.9	162.1	288 139	188 032	3 354	66 500	63 843	7 699	324	——	29 929
1863.1	729.1	36.7	137 308	106 200	8 670	14 891	14 151	526	——	60	7 487
25394.3	22742.7	892.9	152 675	96 329	7 351	40 477	38 579	1 227	130	——	8 388
31556.6	28380.5	785.5	186 937	122 914	5 026	51 092	42 797	2 123	437	——	7 468
9677.5	5200.3	324.0	161 994	145 023	15	12 137	11 898	1 944	——	——	4 819
6814.6	1987.3	569.9	165 100	120 960	2 992	34 986	30 512	2 025	——	1 000	5 162
656.7	150.0	3.0	24 842	18 343	——	6 138	5 787	——	——	——	361
4686.4	1862.6	690.4	163 966	124 394	694	34 907	34 113	1 074	1 328	——	2 643
7090.1	2191.6	758.2	189 287	171 679	2 163	12 388	10 326	1 013	184	——	2 873
4087.2	839.3	296.4	331 954	128 267	49 306	132 346	101 864	9 866	——	——	22 035
16820.1	9694.0	1293.9	263 855	149 847	9 117	81 920	76 116	6 860	——	350	22 621
16016.4	10309.3	780.3	308 944	204 303	20 332	59 166	52 541	3 288	740	100	24 303
1538.4	1121.4	10.0	29 836	18 609	3 091	5 165	5 165	300	——	——	2 971
10469.9	5007.8	520.7	160 749	121 055	7 585	24 592	21 927	1 581	181	——	6 675
9926.2	7743.4	524.9	205 756	146 869	16 783	38 746	30 847	1 633	45	5	3 308
861.8	432.0	109.2	44 033	35 140	4 599	4 108	2 800	386	——	——	186
11125.8	7483.3	1804.4	97 975	71 277	2 160	19 371	13 750	2 504	881	——	4 286
23022.0	15406.2	666.8	278 999	205 390	4 846	55 379	50 146	2 765	96	——	13 288
3164.3	1866.0	63.2	52 489	36 985	3 819	10 108	8 192	1 217	——	——	1 577
50069.5	42740.0	1919.9	179 191	106 234	2 686	64 560	58 184	5 023	165	——	5 546
23894.3	15089.3	1876.8	245 469	183 860	9 796	35 081	31 312	4 847	4 117	95	12 520
15572.6	10218.7	979.6	137 693	84 834	3 981	30 950	26 165	2 215	2 213	——	15 796
18384.5	11561.7	924.1	391 322	244 235	14 333	107 308	99 176	9 879	3 831	20	21 595
595.3	135.0	60.0	40 452	29 579	200	6 712	5 015	1 616	2 028	——	1 933
14438.1	7019.2	240.3	139 922	110 312	1 836	21 583	12 381	642	12	——	6 179
2176.8	1482.0	68.5	33 778	21 740	3 931	6 659	4 042	339	311	——	1 137
2702.4	1016.4	548.3	67 808	50 116	1 055	10 971	4 698	1 022	1 208	125	4 333
8686.2	3221.3	759.0	175 390	127 889	6 030	25 828	20 147	1 280	1 436	138	14 069
2335.4	930.8	198.0	83 243	68 765	404	4 903	2 634	866	425	——	8 746
12276.6	4977.7	353.4	175 135	152 795	1 519	15 144	13 232	3 069	676	——	5 001
2251.7	1041.2	73.2	49 042	47 304	621	650	570	——	93	——	374
40206.0	18674.4	923.8	146 229	99 471	946	33 575	30 412	1 661	724	——	11 513
20373.0	16553.6	292.5	127 261	99 120	3 781	20 255	18 060	647	165	——	3 940
1416.0	810.3	148.7	43 688	38 655	682	3 204	2 720	1 269	49	——	1 098
3092.4	1767.0	191.4	40 935	35 792	20	3 367	3 366	815	181	——	1 575
5968.8	3306.5	230.5	148 648	129 725	2 945	11 972	5 941	68	21	——	3 985

各地区文化部门艺术表演

	本年支出							
		基本支出	项目支出	经营支出	在支出			
					人员支出			公
						社会保障缴费		福利费
总　计	**5 585 396**	**4 576 669**	**695 507**	**38 447**	**2 401 612**	**308 718**	**1 822 298**	**42 338**
中　央	354 804	286 937	67 866	——	134 318	13 829	133 763	2 000
地　方	5 230 592	4 289 732	627 641	38 447	2 267 294	294 889	1 688 535	40 338
北　京	292 919	230 860	47 128	324	99 819	11 576	111 947	1 257
天　津	123 433	98 539	5 803	——	49 835	3 166	38 307	736
河　北	156 125	135 243	16 206	330	76 725	15 128	51 198	1 122
山　西	186 584	147 541	17 888	847	88 458	8 167	59 342	1 683
内蒙古	159 022	157 139	1 877	——	84 133	4 386	49 656	985
辽　宁	158 850	113 637	19 202	5	69 542	13 092	48 672	485
其中：大连	21 276	14 246	3 894	——	9 977	2 282	8 643	121
吉　林	163 548	131 351	26 032	1 464	56 573	3 602	67 196	258
黑龙江	188 547	158 277	15 177	——	96 730	12 698	36 477	1 028
上　海	307 244	281 406	25 409	——	130 969	30 923	144 333	1 245
江　苏	266 753	240 049	21 660	——	114 933	22 556	97 807	2 239
浙　江	293 879	234 655	53 350	403	118 088	20 223	130 055	4 107
其中：宁波	28 608	23 954	4 654	——	14 011	3 913	12 345	403
安　徽	158 696	136 925	11 019	2 195	64 168	9 077	40 847	1 425
福　建	202 948	158 614	26 361	1 352	89 909	14 173	68 256	1 085
其中：厦门	41 852	30 760	11 092	——	17 497	2 809	16 242	187
江　西	97 188	86 855	7 480	1 009	51 024	5 099	21 175	1 446
山　东	279 242	261 963	16 667	136	145 420	25 775	79 109	2 066
其中：青岛	52 689	51 079	1 610	——	29 046	8 210	16 992	607
河　南	178 807	143 416	19 851	3 443	73 286	12 631	51 998	1 467
湖　北	244 022	167 019	62 491	1 623	86 682	9 988	82 296	3 044
湖　南	139 798	117 845	16 286	2 777	58 787	8 201	52 655	2 846
广　东	389 771	257 247	111 247	9 112	121 881	12 448	156 425	3 166
其中：深圳	39 138	14 205	19 890	5 043	12 717	1 048	5 174	175
广　西	139 462	113 632	18 265	3	69 645	5 224	40 485	1 080
海　南	32 267	23 397	2 810	311	18 563	3 567	8 831	108
重　庆	67 527	48 534	15 948	240	21 470	2 463	19 267	625
四　川	174 065	144 341	19 926	5 215	75 217	11 678	50 305	1 775
贵　州	81 243	74 435	4 052	413	35 769	4 119	16 553	888
云　南	195 867	139 056	22 627	726	86 754	6 122	38 234	892
西　藏	48 719	44 676	2 405	110	31 039	660	5 761	259
陕　西	147 437	132 227	1 778	3 890	76 603	6 913	46 163	981
甘　肃	125 181	120 874	3 434	461	56 799	2 566	36 070	851
青　海	44 566	42 286	2 051	49	22 306	547	6 287	20
宁　夏	40 550	33 552	1 007	——	18 439	1 120	7 863	302
新　疆	146 332	114 141	12 204	2 009	77 728	7 001	24 965	867

团体（事业）基本情况（二）

合计（千元）						本年新创首演剧目费用支出总额（千元）	年末固定资产原值（千元）	增加值（千元）	公用房屋建筑面积	
合计中										
用支出					对个人和家庭补助支出					
维修费	各种设备购置费	税金支出	排练制作费	演出费					（千平方米）	排练练功用房
111 976	**220 422**	**45 810**	**305 271**	**469 126**	**1007 420**	**447 718**	**5541 768**	**3740 584**	**3932.1**	**840.3**
3 357	24 810	7 236	22 111	51 132	64 865	13 710	517 807	229 131	116.0	17.0
108 619	195 612	38 574	283 160	417 994	942 555	434 008	5023 961	3511 453	3816.2	823.4
14 346	14 315	2 769	9 925	23 282	73 433	10 674	169 140	184 043	91.0	9.7
384	3 923	788	4 340	11 518	27 774	4 611	30 520	80 353	28.9	3.4
2 068	7 345	560	7 772	13 010	13 490	6 219	149 871	100 240	141.5	33.7
3 505	9 555	392	7 636	13 293	26 739	4 080	125 515	122 303	193.2	31.2
3 162	7 463	428	15 334	9 591	22 615	2 729	112 363	112 655	131.9	44.4
1 627	4 938	2 360	10 253	11 639	24 624	8 715	108 720	101 359	100.8	52.1
50	123	151	3 135	1 486	946	——	7 924	11 511	7.1	2.4
2 024	12 557	1 462	12 565	7 956	37 689	4 860	133 012	101 302	183.7	20.6
6 665	4 210	359	3 164	3 429	41 439	636	170 899	146 391	158.7	33.2
3 694	8 931	5 219	21 733	52 251	20 049	16 131	324 244	185 451	44.1	6.7
5 622	7 932	702	20 176	25 526	43 912	8 809	168 378	168 781	135.3	32.0
4 157	16 193	3 344	18 552	28 631	39 711	10 663	331 970	178 538	139.6	42.7
139	157	297	5 574	3 694	2 252	200	65 347	19 576	21.3	17.6
2 107	5 099	539	7 483	9 452	37 229	4 405	93 459	107 159	85.2	19.1
2 153	8 415	908	14 988	18 375	30 071	9 082	159 437	128 350	131.9	32.7
409	3 224	111	2 141	2 723	4 794	3 967	57 721	24 897	10.3	1.8
1 276	2 934	1 233	3 249	5 858	17 237	2 622	79 718	74 145	108.7	13.8
5 679	11 367	1 207	12 379	17 001	49 512	3 360	266 124	208 899	237.3	52.9
473	1 386	469	2 086	4 334	5 346	1 032	38 894	37 023	35.6	3.3
3 943	5 549	971	11 333	17 199	37 350	5 935	130 648	120 273	175.9	36.1
10 973	11 252	520	14 476	23 495	45 902	239 378	235 924	145 584	264.3	41.9
4 428	7 554	1 817	11 834	13 230	22 533	10 899	146 607	91 934	139.0	33.2
5 344	14 329	4 221	28 319	49 120	68 550	17 367	1 011 220	239 665	181.0	49.1
276	227	479	1 100	1 154	1 862	1 172	29 038	16 394	3.0	0.2
5 488	3 025	873	8 333	11 297	26 958	876	95 409	102 372	105.5	30.0
962	1 395	263	953	2 364	996	4 118	40 281	21 541	38.1	1.9
609	2 743	541	3 937	3 261	22 335	3 830	74 346	47 944	76.1	18.6
3 952	3 819	1 384	8 694	13 739	37 610	15 973	178 252	123 248	207.8	36.4
755	1 354	1 235	4 037	1 346	26 780	10 256	37 865	66 186	41.2	9.9
1 070	4 003	1 106	4 061	7 010	33 264	7 056	137 623	127 520	101.0	30.0
1 094	840	3	260	246	6 104	826	50 447	39 431	58.2	7.9
4 909	4 845	1 736	5 230	11 148	21 641	4 252	233 757	110 687	239.5	48.6
4 642	4 869	495	6 826	5 913	28 839	5 388	94 123	90 748	111.5	17.0
419	486	233	656	836	14 049	2 481	19 488	37 387	31.3	3.2
555	794	72	1 300	2 630	13 004	3 883	21 750	32 687	30.8	5.0
1 007	3 578	834	3 362	4 348	31 116	3 894	92 851	114 259	103.2	26.5

各地区艺术表演

	剧团数（个）	补贴团数	从业人员数（人）	高级职称	中级职称	本年新排上演剧目（个）	本团创作首演剧目	演出场次（千场次）	国内演出场次	农村演出场次	本年新创首演剧目演出场次
总计	**391**	**9**	**11 384**	**310**	**649**	**405**	**199**	**86.3**	**82.3**	**43.6**	**1.5**
北京	2	2	325	51	78	5	4	1.6	1.6	0.7	0.1
天津	—	—	—	—	—	—	—	—	—	—	—
河北	10	—	405	—	—	—	—	3.0	3.0	1.8	—
山西	2	—	110	1	—	—	—	0.3	0.2	—	—
内蒙古	—	—	—	—	—	—	—	—	—	—	—
辽宁	—	—	—	—	—	—	—	—	—	—	—
其中：大连	—	—	—	—	—	—	—	—	—	—	—
吉林	—	—	—	—	—	—	—	—	—	—	—
黑龙江	—	—	—	—	—	—	—	—	—	—	—
上海	55	1	681	14	16	10	3	6.5	6.4	1.7	—
江苏	10	—	727	177	188	5	3	3.5	3.4	0.5	0.1
浙江	179	2	5 662	29	228	310	175	48.7	45.1	28.7	1.1
其中：宁波	28	—	703	1	2	22	17	4.4	4.3	3.9	0.1
安徽	1	1	39	3	10	5	1	0.2	0.2	0.1	—
福建	—	—	—	—	—	—	—	—	—	—	—
其中：厦门	—	—	—	—	—	—	—	—	—	—	—
江西	—	—	—	—	—	—	—	—	—	—	—
山东	—	—	—	—	—	—	—	—	—	—	—
其中：青岛	—	—	—	—	—	—	—	—	—	—	—
河南	—	—	—	—	—	—	—	—	—	—	—
湖北	16	—	371	1	24	—	—	1.9	1.9	1.8	—
湖南	—	—	—	—	—	—	—	—	—	—	—
广东	6	—	152	—	2	—	—	0.6	0.6	0.4	—
其中：深圳	—	—	—	—	—	—	—	—	—	—	—
广西	2	—	55	—	—	—	—	0.4	0.4	—	—
海南	53	—	1 731	29	68	56	5	8.4	8.3	6.7	0.1
重庆	7	—	123	—	—	—	—	0.4	0.4	—	—
四川	—	—	—	—	—	—	—	—	—	—	—
贵州	—	—	—	—	—	—	—	—	—	—	—
云南	20	—	614	2	31	10	7	5.3	5.2	0.4	—
西藏	—	—	—	—	—	—	—	—	—	—	—
陕西	—	—	—	—	—	—	—	—	—	—	—
甘肃	—	—	—	—	—	—	—	—	—	—	—
青海	—	—	—	—	—	—	—	—	—	—	—
宁夏	—	—	—	—	—	—	—	—	—	—	—
新疆	28	3	389	3	4	4	1	5.7	5.6	0.9	0.1

团体（企业）基本情况（一）

国内演出观众人次			实收资本		损益及分配						
					营业收入						
						演出收入					
（千人次）	农村观众人次	本年新创首演剧目观众人次	（千元）	国家资本金	（千元）		本年新创首演剧目演出收入	营业成本及费用（千元）	税金及附加（千元）	主营业务利润（千元）	其他业务利润（千元）
50380.6	**30688.2**	**1566.1**	**179 310**	**109 149**	**295 997**	**244 282**	**12 248**	**189 574**	**10 351**	**40 621**	**2 219**
880.0	228.0	131.9	102 962	102 962	63 189	32 502	8 005	51 579	1 902	7 528	1 989
——	——	——	——	——	——	——	——	——	——	——	——
2574.0	1792.0	——	300	——	8 740	8 740	——	6 920	——	270	——
250.0	——	——	——	——	1 810	1 600	——	——	30	——	——
——	——	——	——	——	——	——	——	——	——	——	——
——	——	——	——	——	——	——	——	——	——	——	——
——	——	——	——	——	——	——	——	——	——	——	——
——	——	——	——	——	——	——	——	——	——	——	——
——	——	——	——	——	——	——	——	——	——	——	——
2726.0	967.3	40.4	2 580	200	9 939	9 704	153	4 379	426	1 466	3
1235.2	355.8	79.4	——	——	9 903	9 903	950	16 357	210	−7 164	51
26213.5	15198.6	1090.1	63 240	5 600	89 576	79 025	2 469	50 385	3 203	17 724	103
2138.8	1965.8	85.0	2 870	——	12 579	12 161	281	7 238	228	4 838	——
125.0	90.0	25.0	155	139	320	260	55	145	——	115	60
——	——	——	——	——	——	——	——	——	——	——	——
——	——	——	——	——	——	——	——	——	——	——	——
——	——	——	——	——	——	——	——	——	——	——	——
——	——	——	——	——	——	——	——	——	——	——	——
——	——	——	——	——	——	——	——	——	——	——	——
——	——	——	——	——	——	——	——	——	——	——	——
609.0	509.2	——	2 560	——	4 980	4 980	——	940	140	3 900	——
——	——	——	——	——	——	——	——	——	——	——	——
730.0	590.0	——	800	——	1 815	1 815	——	1 506	131	179	——
——	——	——	——	——	——	——	——	——	——	——	——
93.0	——	——	——	——	935	935	——	798	127	98	——
12686.8	10648.8	176.4	1 045	——	24 014	23 966	616	22 862	1 896	2 642	——
351.8	20.8	——	1 400	——	1 976	1 944	——	1 144	51	511	1
——	——	——	——	——	——	——	——	——	——	——	——
——	——	——	——	——	——	——	——	——	——	——	——
875.4	89.0	15.0	3 670	——	71 453	63 305	——	27 703	1 927	11 077	——
——	——	——	——	——	——	——	——	——	——	——	——
——	——	——	——	——	——	——	——	——	——	——	——
——	——	——	——	——	——	——	——	——	——	——	——
——	——	——	——	——	——	——	——	——	——	——	——
——	——	——	——	——	——	——	——	——	——	——	——
1030.9	198.8	8.0	598	248	7 347	5 603	——	4 856	308	2 275	12

各地区艺术表演

	损益及分配								
	管理费用（千元）	税金	劳动、待业保险	补贴收入（千元）	财政补助	财务费用（千元）	营业利润（千元）	利润总额（千元）	应交所得税（千元）
总　　计	**53 273**	**1 553**	**4 530**	**40 969**	**32 598**	**1 892**	**−6 420**	**31 594**	**2 019**
北　　京	20 487	7	2 455	12 267	12 263	− 487	−10 514	1 712	——
天　　津	——	——	——	——	——	——	——	——	——
河　　北	140	——	——	——	——	——	130	1 680	100
山　　西	——	——	——	100	100	——	——	——	——
内 蒙 古	——	——	——	——	——	——	——	——	——
辽　　宁	——	——	——	——	——	——	——	——	——
其中：大连	——	——	——	——	——	——	——	——	——
吉　　林	——	——	——	——	——	——	——	——	——
黑 龙 江	——	——	——	——	——	——	——	——	——
上　　海	1 533	13	3	——	——	24	301	430	499
江　　苏	13 340	——	——	18 417	13 562	——	−19 953	−1 536	——
浙　　江	7 632	744	1 287	4 974	3 140	824	9 091	14 110	367
其中：宁波	644	184	10	334	——	55	3 100	3 376	3
安　　徽	413	2	——	375	375	——	——	137	——
福　　建	——	——	——	——	——	——	——	——	——
其中：厦门	——	——	——	——	——	——	——	——	——
江　　西	——	——	——	——	——	——	——	——	——
山　　东	——	——	——	——	——	——	——	——	——
其中：青岛	——	——	——	——	——	——	——	——	——
河　　南	——	——	——	——	——	——	——	——	——
湖　　北	3 398	49	79	155	155	9	574	566	31
湖　　南	——	——	——	——	——	——	——	——	——
广　　东	22	——	——	——	——	——	37	157	——
其中：深圳	——	——	——	——	——	——	——	——	——
广　　西	30	8	17	——	——	——	68	68	11
海　　南	211	9	——	4 681	3 003	——	3 781	3 706	——
重　　庆	422	——	——	——	——	33	55	55	——
四　　川	——	——	——	——	——	——	——	——	——
贵　　州	——	——	——	——	——	——	——	——	——
云　　南	3 943	592	472	——	——	1 425	8 872	8 945	1 010
西　　藏	——	——	——	——	——	——	——	——	——
陕　　西	——	——	——	——	——	——	——	——	——
甘　　肃	——	——	——	——	——	——	——	——	——
青　　海	——	——	——	——	——	——	——	——	——
宁　　夏	——	——	——	——	——	——	——	——	——
新　　疆	1 702	129	217	——	——	64	1 138	1 564	1

团体（企业）基本情况（二）

其他（千元）			本年新创首演剧目费用支出总额（千元）	年末固定资产原值（千元）	增加值（千元）	上交主办单位数（千元）	固定资产累计折旧		公用房屋建筑面积	
从业人员劳动报酬	本年应付福利费总额	本年应交增值税					（千元）	本年折旧	（千平方米）	排练练功用房
120 729	**6 451**	**104**	**12 527**	**142 786**	**174 711**	**——**	**33 450**	**7529.0**	**97.1**	**35**
14 170	684	87	7 717	40 635	20 487	——	11 927	2655.0	6.7	0.1
——	——	——	——	——	——	——	——	——	——	——
4 832	——	——	——	4 910	4 962	——	——	——	0.5	0.1
1 000	——	——	——	1 460	1 130	——	——	——	——	——
——	——	——	——	——	——	——	——	——	——	——
——	——	——	——	——	——	——	——	——	——	——
——	——	——	——	——	——	——	——	——	——	——
——	——	——	——	——	——	——	——	——	——	——
——	——	——	——	——	——	——	——	——	——	——
1 397	261	——	310	435	2 172	——	173	35.0	0.3	0.1
22 894	1 736	——	393	38 702	22 918	——	10 368	1350.0	——	——
46 608	1 555	10	1 407	26 589	67 249	——	6 060	2629.0	50.4	21.7
7 614	27	——	70	1 920	11 952	——	738	492.0	6.5	1.6
313	16	——	300	1 161	714	——	72	24.0	3.0	0.9
——	——	——	——	——	——	——	——	——	——	——
——	——	——	——	——	——	——	——	——	——	——
——	——	——	——	——	——	——	——	——	——	——
——	——	——	——	——	——	——	——	——	——	——
——	——	——	——	——	——	——	——	——	——	——
——	——	——	——	——	——	——	——	——	——	——
3 048	20	7	——	970	3 970	——	95	4.0	6.2	0.6
——	——	——	——	——	——	——	——	——	——	——
1 182	——	——	——	300	1 350	——	——	——	1.0	——
——	——	——	——	——	——	——	——	——	——	——
147	——	——	——	——	350	——	——	——	——	——
15 793	——	——	2 400	16 758	26 218	——	439	58.0	13.4	5.2
680	——	——	——	576	848	——	186	62.0	1.1	0.9
——	——	——	——	——	——	——	——	——	——	——
——	——	——	——	——	——	——	——	——	——	——
6 473	2 130	——	——	7 514	18 294	——	3 049	430.0	8.8	1.8
——	——	——	——	——	——	——	——	——	——	——
——	——	——	——	——	——	——	——	——	——	——
——	——	——	——	——	——	——	——	——	——	——
——	——	——	——	——	——	——	——	——	——	——
——	——	——	——	——	——	——	——	——	——	——
2 192	49	——	——	2 776	4 049	——	1 081	282.0	5.8	3.5

各地区艺术表演

	机构数（个）	从业人员数（人）	高级职称	中级职称	座席数（个）	屏幕数（个）	演（映）出场次合计（千场次）	艺术演出场次	电影放映场次
总　　计	**1 839**	**34 890**	**761**	**3 286**	**1 413 647**	**2 324**	**585.0**	**94.0**	**463.0**
中　　央	5	87	6	10	2 962	149	——	——	——
地　　方	1 834	34 803	755	3 276	1 410 685	2 175	585.0	94.0	463.0
北　　京	42	1 291	39	77	35 809	32	31.0	8.0	23.0
天　　津	28	420	16	19	14 609	34	26.0	1.0	21.0
河　　北	93	1 757	38	156	74 502	67	15.0	2.0	12.0
山　　西	46	964	6	139	38 544	55	28.0	1.0	26.0
内 蒙 古	28	475	5	29	23 155	29	6.0	2.0	4.0
辽　　宁	50	1 478	29	100	29 135	677	11.0	2.0	8.0
其中：大连	5	80	1	6	3 810	2	——	——	——
吉　　林	69	1 835	24	123	32 889	39	18.0	1.0	17.0
黑 龙 江	46	437	13	31	22 926	11	4.0	1.0	3.0
上　　海	148	2 031	23	144	115 948	160	35.0	13.0	21.0
江　　苏	81	1 877	24	173	68 572	95	63.0	5.0	58.0
浙　　江	141	2 119	56	178	104 260	143	27.0	13.0	12.0
其中：宁波	23	380	16	44	12 583	13	4.0	3.0	1.0
安　　徽	93	1 765	15	186	59 581	88	14.0	3.0	11.0
福　　建	69	853	11	104	43 935	53	23.0	4.0	18.0
其中：厦门	6	118	——	6	3 055	5	3.0	——	3.0
江　　西	58	727	26	137	36 031	21	6.0	2.0	3.0
山　　东	95	2 098	65	316	88 924	79	17.0	3.0	13.0
其中：青岛	9	143	3	21	5 241	5	1.0	——	——
河　　南	152	4 393	100	203	117 667	125	70.0	3.0	58.0
湖　　北	67	1 645	48	204	51 512	53	11.0	4.0	7.0
湖　　南	78	1 541	18	134	61 411	62	32.0	4.0	27.0
广　　东	67	1 824	12	77	113 694	70	47.0	8.0	38.0
其中：深圳	5	202	7	24	4 517	5	1.0	——	1.0
广　　西	22	244	3	31	20 375	15	13.0	1.0	12.0
海　　南	16	607	19	38	13 538	9	2.0	1.0	1.0
重　　庆	19	180	16	21	8 309	19	8.0	——	7.0
四　　川	65	1 019	25	270	44 565	35	19.0	4.0	14.0
贵　　州	11	290	5	17	6 354	10	10.0	——	10.0
云　　南	33	249	7	22	25 920	23	7.0	2.0	5.0
西　　藏	26	174	32	12	13 242	19	3.0	——	3.0
陕　　西	108	1 320	52	177	82 486	69	10.0	3.0	7.0
甘　　肃	28	291	4	31	19 307	12	4.0	1.0	3.0
青　　海	1	28	——	——	892	1	2.0	——	1.0
宁　　夏	11	170	2	40	5 947	5	2.0	1.0	1.0
新　　疆	43	701	22	87	36 646	65	21.0	1.0	19.0

场 馆 基 本 情 况

观众人次合计 (千人次)	艺术演出观众人次	电影放映观众人次	收入情况（千元） 财政拨款	艺术演出分成收入	电影放映分成收入	人员支出（千元）	年末固定资产原值（千元）	增加值（千元）	公用房屋建筑面积（千平方米）	演（映）业务用房
518 083	**198 197**	**312 204**	**218 257**	**670 663**	**166 830**	**485 474**	**7 462 545**	**1 134 484**	**5240.0**	**2621.0**
260	260	——	——	8 063	——	2 153	7 969	4 844	25.0	3.0
517 823	197 937	312 204	218 257	662 600	166 830	483 321	7 454 576	1 129 640	5215.0	2618.0
5 042	3 960	1 022	1 237	140 702	9 863	36 218	258 235	65 913	192.0	79.0
1 018	462	501	1 312	2 447	2 223	7 426	42 217	10 554	81.0	44.0
4 005	1 192	2 726	6 248	3 223	2 954	14 794	134 347	23 673	257.0	170.0
1 673	531	1 089	4 268	2 960	4 503	10 203	61 909	18 740	106.0	62.0
1 878	547	1 326	5 497	574	1 654	4 803	47 507	8 388	69.0	53.0
30 093	2 348	26 611	2 974	43 511	5 648	49 171	174 562	106 877	162.0	71.0
277	135	75	——	522	351	1 261	38 710	4 257	21.0	8.0
54 625	2 640	51 967	23 012	2 898	4 148	15 165	82 196	25 739	175.0	61.0
904	237	606	2 070	1 254	798	3 596	42 523	6 799	42.0	15.0
10 809	6 297	4 095	5 622	251 140	13 685	53 888	1 857 843	274 568	368.0	146.0
9 228	2 699	6 452	460	30 157	35 699	23 711	688 798	40 109	326.0	172.0
6 621	4 361	1 600	36 380	105 917	7 685	56 299	549 634	108 124	635.0	288.0
731	509	203	14 222	20 227	556	12 101	35 114	19 095	57.0	33.0
246 406	145 521	100 761	10 863	4 149	3 819	16 712	120 928	28 284	206.0	131.0
3 760	859	2 901	6 554	3 532	10 171	19 085	221 182	43 440	174.0	96.0
174	60	114	1 111	279	520	3 919	37 347	7 462	18.0	10.0
1 403	599	471	6 076	2 213	2 279	8 633	48 936	13 760	106.0	41.0
4 371	1 812	1 938	7 116	7 802	5 661	16 885	318 390	23 680	277.0	163.0
246	51	68	70	513	201	1 030	17 379	1 061	17.0	7.0
9 046	1 742	6 510	5 576	7 451	24 471	26 591	222 646	55 720	367.0	162.0
5 354	2 487	2 572	4 282	11 057	2 309	15 709	290 306	29 837	238.0	129.0
4 331	1 485	2 507	9 715	5 499	6 785	13 512	304 750	18 286	205.0	102.0
72 915	3 204	69 673	42 789	17 988	11 464	28 993	1 026 559	87 522	325.0	158.0
308	189	119	8 085	1 050	28	9 601	30 229	13 690	52.0	11.0
1 458	848	572	1 552	2 067	1 152	4 299	146 775	15 565	98.0	58.0
450	384	66	510	1 740	669	1 853	26 717	3 892	28.0	21.0
1 112	192	920	708	686	677	1 346	74 985	3 486	34.0	12.0
2 580	1 883	570	4 921	4 773	1 080	11 877	184 446	26 876	145.0	71.0
502	144	358	698	570	1 323	5 041	33 820	8 109	35.0	17.0
1 928	820	1 052	3 084	1 309	1 385	5 219	118 469	14 577	84.0	53.0
19 036	7 578	11 440	2 545	49	10	2 046	49 593	4 124	35.0	17.0
11 278	1 822	9 434	6 254	4 168	1 274	13 429	159 346	21 813	242.0	118.0
887	580	304	1 917	1 460	177	4 249	74 572	10 776	57.0	29.0
41	28	13	——	332	216	366	2 369	379	3.0	2.0
144	64	80	567	189	305	1 127	17 086	2 240	25.0	11.0
4 925	611	2 067	13 450	783	2 743	11 075	72 930	27 790	118.0	66.0

各地区省级艺术

	机构数（个）	从业人员数（人）	高级职称	中级职称	座席数（个）	屏幕数（个）	演（映）出场次合计（千场次）	艺术演出场次	电影放映场次
总　计	**136**	**4 369**	**149**	**358**	**125 027**	**154**	**136.0**	**14.0**	**116.0**
北　京	29	945	33	69	24 568	17	15.0	7.0	9.0
天　津	12	136	13	2	4 141	13	12.0	1.0	10.0
河　北	2	132	3	5	4 570	3	1.0	——	——
山　西	2	32	1	2	2 718	10	19.0	——	19.0
内蒙古	——	——	——	——	——	——	——	——	——
辽　宁	3	216	——	——	3 400	4	1.0	1.0	——
吉　林	3	225	10	17	1 477	1	——	——	——
黑龙江	3	46	9	2	2 450	1	——	——	——
上　海	19	758	8	60	28 359	8	4.0	4.0	——
江　苏	3	43	2	8	2 902	4	——	——	——
浙　江	5	155	5	21	6 003	5	4.0	1.0	1.0
安　徽	2	117	2	24	2 281	2	1.0	——	——
福　建	2	66	2	10	1 802	7	2.0	——	2.0
江　西	3	77	9	16	3 504	4	2.0	——	2.0
山　东	3	209	15	25	3 150	11	6.0	——	6.0
河　南	3	187	3	3	3 759	21	33.0	——	33.0
湖　北	2	80	11	11	2 338	——	——	——	——
湖　南	5	223	3	21	4 082	10	12.0	——	12.0
广　东	2	137	——	——	3 367	1	——	——	——
广　西	3	12	1	3	2 364	5	8.0	——	8.0
海　南	——	——	——	——	——	——	——	——	——
重　庆	4	——	——	——	779	——	——	——	——
四　川	2	102	5	12	2 315	——	——	——	——
贵　州	4	129	5	11	1 465	3	1.0	——	1.0
云　南	5	46	4	1	3 900	8	2.0	——	2.0
西　藏	——	——	——	——	——	——	——	——	——
陕　西	4	35	——	7	1 709	——	——	——	——
甘　肃	5	65	4	12	3 304	3	1.0	——	——
青　海	1	28	——	——	892	1	2.0	——	1.0
宁　夏	2	44	1	9	1 069	——	——	——	——
新　疆	3	124	——	7	2 359	12	10.0	——	10.0

表演场馆基本情况

观众人次合计（千人次）	艺术演出观众人次	电影放映观众人次	收入情况（千元）财政拨款	艺术演出分成收入	电影放映分成收入	人员支出（千元）	年末固定资产原值（千元）	增加值（千元）	公用房屋建筑面积（千平方米）	演（映）业务用房
69 532	**61 003**	**8 374**	**27 842**	**396 633**	**39 830**	**139 443**	**3 110 982**	**481 902**	**772.0**	**371.0**
3 595	3 148	447	——	126 911	3 160	24 504	162 502	43 883	146.0	54.0
486	279	170	——	1 613	918	3 515	15 783	5 196	18.0	7.0
417	364	6	4 045	1 877	55	2 289	9 710	3 249	43.0	33.0
213	20	193	——	576	1 750	1 051	7 460	3 880	11.0	9.0
——	——	——	——	——	——	——	——	——	——	——
1 590	1 339	251	——	40 371	3 595	35 956	58 431	82 941	40.0	11.0
142	134	8	1 866	2 272	30	6 495	14 508	8 480	32.0	9.0
204	120	84	——	1 004	53	1 466	13 857	2 688	12.0	3.0
2 716	2 670	45	——	195 450	37	23 429	1 769 208	216 086	78.0	22.0
107	84	23	——	667	194	658	92 794	4 815	24.0	14.0
799	489	260	——	7 239	1 143	6 240	61 156	12 385	36.0	24.0
50 630	50 624	6	150	1 200	75	3 085	19 078	3 557	51.0	51.0
255	100	155	300	1 099	2 045	2 329	69 331	9 592	14.0	7.0
92	——	92	——	——	1 638	1 665	12 897	2 917	19.0	——
202	126	76	1 800	345	1 259	3 516	33 474	3 680	26.0	19.0
4 636	92	4 544	——	708	19 208	2 406	13 662	15 659	11.0	4.0
165	165	——	2 307	4 201	——	1 552	94 252	7 159	33.0	18.0
626	108	518	3 465	633	3 096	2 287	166 646	－585	44.0	11.0
234	234	——	8 280	7 379	——	3 515	262 447	15 745	21.0	1.0
437	82	355	799	——	——	373	10 951	890	18.0	13.0
——	——	——	——	——	——	——	——	——	——	——
63	63	——	——	——	——	——	——	——	——	——
219	219	——	——	1 571	——	3 667	78 484	10 413	23.0	11.0
112	84	28	——	479	——	2 691	11 648	4 374	11.0	10.0
212	122	70	217	127	664	876	42 094	4 674	22.0	13.0
——	——	——	——	——	——	——	——	——	——	——
66	66	——	——	——	——	605	24 690	1 645	2.0	2.0
282	140	142	860	344	112	1 161	28 522	3 173	16.0	8.0
41	28	13	——	332	216	366	2 369	379	3.0	2.0
——	——	——	411	——	——	318	1 386	1 243	3.0	2.0
991	103	888	3 342	235	582	3 428	33 642	13 784	15.0	13.0

各地区地市级艺术

	机构数（个）	从业人员数（人）	高级职称	中级职称	座席数（个）	屏幕数（个）	演(映)出场次合计（千场次）	艺术演出场次	电影放映场次
总　　计	**629**	**13 496**	**241**	**1 403**	**440 056**	**565**	**285.0**	**34.0**	**229.0**
北　京	12	285	6	8	10 091	14	15.0	2.0	13.0
天　津	13	219	——	6	8 137	19	13.0	——	11.0
河　北	23	752	12	91	8 287	15	7.0	——	6.0
山　西	18	539	3	96	12 406	15	7.0	——	5.0
内蒙古	10	260	4	17	8 391	11	3.0	——	3.0
辽　宁	24	687	4	29	12 165	14	8.0	1.0	6.0
其中：大连	3	45	——	5	1 080	1	——	——	——
吉　林	23	716	7	59	8 877	23	16.0	1.0	15.0
黑龙江	19	176	2	13	12 356	6	2.0	——	2.0
上　海	119	1 224	15	78	76 769	137	30.0	8.0	20.0
江　苏	22	754	9	64	20 116	39	42.0	3.0	39.0
浙　江	29	728	26	32	20 760	26	7.0	4.0	2.0
其中：宁波	3	40	——	8	1 806	2	1.0	1.0	——
安　徽	29	526	9	56	12 503	28	4.0	1.0	3.0
福　建	17	186	2	18	11 193	12	6.0	2.0	4.0
其中：厦门	2	18	——	1	571	——	——	——	——
江　西	19	385	6	82	11 846	8	3.0	1.0	1.0
山　东	27	690	30	98	18 224	25	5.0	1.0	4.0
其中：青岛	6	115	——	14	2 377	2	——	——	——
河　南	41	1 422	40	87	17 485	37	32.0	2.0	21.0
湖　北	21	657	17	95	15 823	10	5.0	1.0	4.0
湖　南	16	436	5	52	7 238	14	10.0	1.0	9.0
广　东	31	737	8	54	74 968	35	27.0	2.0	26.0
其中：深圳	5	202	7	24	4 517	5	1.0	——	1.0
广　西	9	160	2	22	5 922	8	4.0	——	4.0
海　南	1	21	——	——	963	1	——	——	——
重　庆	7	58	1	2	3 158	3	——	——	——
四　川	28	610	17	200	18 756	18	16.0	2.0	13.0
贵　州	4	91	——	——	1 800	5	7.0	——	7.0
云　南	12	151	——	13	9 274	7	3.0	1.0	1.0
西　藏	5	43	——	4	3 984	6	1.0	——	1.0
陕　西	26	464	3	42	12 591	7	1.0	1.0	——
甘　肃	12	167	——	11	8 993	6	4.0	——	3.0
青　海	——	——	——	——	——	——	——	——	——
宁　夏	3	65	——	18	897	1	1.0	——	1.0
新　疆	9	287	13	56	6 083	15	6.0	——	5.0

表演场馆基本情况

观众人次合计（千人次）	艺术演出观众人次	电影放映观众人次	收入情况（千元）财政拨款	艺术演出分成收入	电影放映分成收入	人员支出（千元）	年末固定资产原值（千元）	增加值（千元）	公用房屋建筑面积（千平方米）	演（映）业务用房
199 653	**59 352**	**136 233**	**114 329**	**149 208**	**76 433**	**196 201**	**2 415 090**	**381 866**	**2021.0**	**985.0**
1 377	787	530	1 237	13 631	6 200	10 904	61 859	19 147	37.0	24.0
295	90	187	654	480	647	3 300	21 992	4 268	57.0	35.0
1 686	278	1 377	1 070	506	1 591	8 491	40 815	12 223	63.0	39.0
422	165	214	2 188	1 444	1 348	6 068	18 897	8 599	45.0	24.0
1 072	108	959	2 747	353	1 423	2 478	23 449	4 429	34.0	26.0
1 070	427	428	2 024	3 104	1 247	8 312	93 809	17 023	76.0	40.0
145	127	——	——	518	——	1 065	37 629	3 828	12.0	5.0
53 536	2 405	51 131	19 029	509	2 897	5 929	42 057	13 048	89.0	25.0
544	107	436	1 475	250	529	1 175	14 672	2 357	15.0	7.0
7 636	3 517	3 710	5 212	55 450	13 246	29 443	82 910	56 706	268.0	107.0
2 758	1 223	1 534	200	16 172	23 696	12 050	404 147	21 259	133.0	74.0
2 279	1 386	284	20 572	25 573	549	15 177	116 865	29 600	185.0	89.0
213	170	24	3 116	1 787	7	2 453	24 159	4 613	11.0	7.0
103 623	39 265	64 341	3 297	1 582	2 055	5 283	46 607	11 670	49.0	19.0
1 332	252	1 080	1 393	361	1 367	4 642	35 190	11 890	42.0	24.0
19	19	——	116	——	——	621	16 022	1 573	3.0	2.0
617	224	148	3 970	1 573	465	4 327	15 523	6 859	44.0	25.0
928	382	489	893	2 150	1 343	4 939	114 557	5 408	84.0	44.0
83	26	——	——	137	——	563	13 677	524	13.0	3.0
1 137	510	446	1 512	3 320	3 254	14 947	86 703	24 095	125.0	40.0
2 978	1 204	1 494	386	3 250	700	7 679	89 424	13 938	91.0	54.0
856	302	517	1 050	1 781	2 374	3 668	24 566	5 015	31.0	21.0
4 142	2 192	1 950	30 625	7 176	6 014	18 736	624 198	52 841	200.0	96.0
308	189	119	8 085	1 050	28	9 601	30 229	13 690	52.0	11.0
647	460	187	25	1 938	1 111	3 243	130 455	13 542	51.0	31.0
18	18	——	——	44	——	563	6 135	881	3.0	2.0
82	66	16	424	569	69	883	41 862	1 613	23.0	7.0
1 414	1 117	241	2 487	2 457	909	5 550	89 445	11 164	69.0	33.0
103	——	103	40	——	1 109	978	7 009	914	6.0	——
1 050	466	584	2 142	1 095	676	3 411	42 706	7 049	33.0	22.0
4 407	1 245	3 162	1 284	32	6	1 027	43 315	2 832	25.0	12.0
568	536	32	2 860	3 015	37	6 901	60 983	10 733	78.0	37.0
539	395	141	857	1 084	43	2 585	22 163	6 022	23.0	16.0
——	——	——	——	——	——	——	——	——	——	——
42	7	35	16	67	132	433	4 859	550	11.0	2.0
2 495	218	477	4 660	242	1 396	3 079	7 918	6 191	31.0	10.0

各地区县市级艺术

	机构数（个）	从业人员数（人）	高级职称	中级职称	座席数（个）	屏幕数（个）	演（映）出场次合计（千场次）	艺术演出场次	电影放映场次
总计	**1 069**	**16 938**	**365**	**1 515**	**845 602**	**1 456**	**163.0**	**39.0**	**118.0**
北京	1	61	——	——	1 150	1	1.0	——	1.0
天津	3	65	3	11	2 331	2	——	——	——
河北	68	873	23	60	61 645	49	7.0	1.0	6.0
山西	26	393	2	41	23 420	30	3.0	1.0	2.0
内蒙古	18	215	1	12	14 764	18	3.0	1.0	1.0
辽宁	23	575	25	71	13 570	659	2.0	——	2.0
其中：大连	2	35	1	1	2 730	1	——	——	——
吉林	43	894	7	47	22 535	15	2.0	——	2.0
黑龙江	24	215	2	16	8 120	4	1.0	1.0	——
上海	10	49	——	6	10 820	15	2.0	——	1.0
江苏	56	1 080	13	101	45 554	52	21.0	2.0	19.0
浙江	107	1 236	25	125	77 497	112	17.0	8.0	9.0
其中：宁波	20	340	16	36	10 777	11	3.0	2.0	1.0
安徽	62	1 122	4	106	44 797	58	9.0	1.0	7.0
福建	50	601	7	76	30 940	34	15.0	3.0	12.0
其中：厦门	4	100	——	5	2 484	5	3.0	——	3.0
江西	36	265	11	39	20 681	9	1.0	1.0	——
山东	65	1 199	20	193	67 550	43	5.0	2.0	4.0
其中：青岛	3	28	3	7	2 864	3	——	——	——
河南	108	2 784	57	113	96 423	67	5.0	1.0	4.0
湖北	44	908	20	98	33 351	43	5.0	2.0	2.0
湖南	57	882	10	61	50 091	38	10.0	3.0	6.0
广东	34	950	4	23	35 359	34	19.0	6.0	13.0
其中：深圳	——	——	——	——	——	——	——	——	——
广西	10	72	——	6	12 089	2	1.0	——	——
海南	15	586	19	38	12 575	8	2.0	1.0	1.0
重庆	8	122	15	19	4 372	16	7.0	——	7.0
四川	35	307	3	58	23 494	17	3.0	2.0	1.0
贵州	3	70	——	6	3 089	2	2.0	——	2.0
云南	16	52	3	8	12 746	8	2.0	——	2.0
西藏	21	131	32	8	9 258	13	3.0	——	3.0
陕西	78	821	49	128	68 186	62	9.0	2.0	7.0
甘肃	11	59	——	8	7 010	3	——	——	——
青海	——	——	——	——	——	——	——	——	——
宁夏	6	61	1	13	3 981	4	——	——	——
新疆	31	290	9	24	28 204	38	6.0	1.0	4.0

表演场馆基本情况

观众人次合计			收入情况（千元）			人员	年末固定资产原值	增加值	公用房屋建筑面积	
（千人次）	艺术演出观众人次	电影放映观众人次	财政拨款	艺术演出分成收入	电影放映分成收入	支出（千元）	（千元）	（千元）	（千平方米）	演（映）业务用房
248 638	**77 582**	**167 597**	**76 086**	**116 759**	**50 567**	**147 677**	**1 928 504**	**265 868**	**2426.0**	**1262.0**
70	25	45	——	160	503	810	33 874	2 883	8.0	1.0
237	93	144	658	354	658	611	4 442	1 091	6.0	3.0
1 902	550	1 343	1 133	840	1 308	4 014	83 822	8 200	151.0	98.0
1 038	346	682	2 080	940	1 405	3 084	35 552	6 261	51.0	30.0
806	439	367	2 750	221	231	2 325	24 058	3 959	34.0	27.0
27 433	582	25 932	950	36	806	4 903	22 322	6 913	47.0	19.0
132	8	75	——	4	351	196	1 081	429	9.0	3.0
947	101	828	2 117	117	1 221	2 741	25 631	4 211	54.0	28.0
156	10	86	595	——	216	955	13 994	1 754	15.0	5.0
457	110	340	410	240	402	1 016	5 725	1 776	22.0	17.0
6 363	1 392	4 895	260	13 318	11 809	11 003	191 857	14 035	169.0	84.0
3 543	2 486	1 056	15 808	73 105	5 993	34 882	371 613	66 139	414.0	176.0
518	339	179	11 106	18 440	549	9 648	10 955	14 482	46.0	25.0
92 153	55 632	36 414	7 416	1 367	1 689	8 344	55 243	13 056	106.0	61.0
2 173	507	1 666	4 861	2 072	6 759	12 114	116 661	21 958	119.0	65.0
155	41	114	995	279	520	3 298	21 325	5 889	15.0	8.0
694	375	231	2 106	640	176	2 641	20 516	3 984	44.0	15.0
3 241	1 304	1 373	4 423	5 307	3 059	8 430	170 359	14 591	166.0	100.0
163	25	68	70	376	201	467	3 702	537	4.0	4.0
3 273	1 140	1 520	4 064	3 423	2 009	9 238	122 281	15 965	231.0	118.0
2 211	1 118	1 078	1 589	3 606	1 609	6 478	106 630	8 740	115.0	57.0
2 849	1 075	1 472	5 200	3 085	1 315	7 557	113 538	13 856	130.0	70.0
68 539	778	67 723	3 884	3 433	5 450	6 742	139 914	18 936	104.0	61.0
——	——	——	——	——	——	——	——	——	——	——
374	306	30	728	129	41	683	5 369	1 133	29.0	14.0
432	366	66	510	1 696	669	1 290	20 582	3 010	25.0	20.0
967	63	904	284	117	608	463	33 123	1 873	11.0	4.0
947	547	329	2 434	745	171	2 660	16 517	5 299	53.0	27.0
287	60	227	658	91	214	1 372	15 163	2 821	18.0	7.0
666	232	398	725	87	45	932	33 669	2 854	29.0	17.0
14 629	6 333	8 278	1 261	17	4	1 019	6 278	1 292	11.0	5.0
10 644	1 220	9 402	3 394	1 153	1 237	5 923	73 673	9 435	162.0	78.0
66	45	21	200	32	22	503	23 887	1 581	18.0	5.0
——	——	——	——	——	——	——	——	——	——	——
102	57	45	140	122	173	376	10 841	446	11.0	7.0
1 439	290	702	5 448	306	765	4 568	31 370	7 816	73.0	43.0

各地区艺术表演场

	机构数（个）	从业人员数（人）	高级职称	中级职称	座席数（个）	屏幕数（个）	演(映)出场次合计（千场次）	艺术演出场次	电影放映场次
总计	**1 399**	**26 316**	**607**	**2 539**	**1 074 706**	**1 813**	**376.6**	**62.3**	**292.7**
中央	4	56	6	7	1 747	149	0.3	0.1	——
地方	1 395	26 260	601	2 532	1 072 959	1 664	376.3	62.2	292.7
北京	21	471	8	15	14 715	18	22.8	3.1	19.5
天津	17	251	16	18	9 323	19	13.1	0.9	11.0
河北	87	1 673	34	141	69 656	60	13.3	1.1	11.0
山西	46	964	6	139	38 544	55	28.4	1.0	25.8
内蒙古	28	475	5	29	23 155	29	5.5	1.6	3.9
辽宁	49	1 457	29	100	27 905	676	10.9	2.2	8.3
其中：大连	4	59	1	6	2 580	1	0.4	0.1	0.2
吉林	36	1 137	23	101	21 972	25	12.7	1.1	11.6
黑龙江	46	437	13	31	22 926	11	3.6	1.1	2.6
上海	63	1 251	13	57	43 650	47	18.1	8.1	8.6
江苏	8	154	9	33	8 116	7	2.9	0.3	2.6
浙江	52	879	19	102	40 559	48	11.9	4.1	6.2
其中：宁波	6	157	12	39	4 413	3	0.8	0.8	0.1
安徽	78	1 436	10	149	50 202	74	10.1	1.7	8.3
福建	69	853	11	104	43 935	53	23.4	4.2	18.2
其中：厦门	6	118	——	6	3 055	5	2.8	0.3	2.5
江西	56	673	26	129	33 111	17	5.5	1.5	2.9
山东	47	812	37	135	40 173	28	2.3	1.0	1.3
其中：青岛	——	——	——	——	——	——	——	——	——
河南	152	4 393	100	203	117 667	125	70.0	3.2	57.7
湖北	57	1 303	47	176	47 146	42	8.6	2.5	5.9
湖南	75	1 337	15	126	57 574	49	13.4	3.9	9.3
广东	49	1 506	12	61	102 582	40	17.3	7.4	9.9
其中：深圳	5	202	7	24	4 517	5	1.3	0.2	1.0
广西	22	244	3	31	20 375	15	12.7	0.9	11.7
海南	13	467	——	6	10 938	9	1.3	0.2	1.1
重庆	12	89	16	14	5 363	3	0.4	0.3	0.2
四川	65	1 019	25	270	44 565	35	18.7	4.2	14.3
贵州	9	249	5	15	5 031	9	8.0	0.3	7.7
云南	33	249	7	22	25 920	23	6.9	1.7	5.2
西藏	26	174	32	12	13 242	19	3.5	0.3	3.2
陕西	108	1 320	52	177	82 486	69	10.0	2.9	7.1
甘肃	28	291	4	31	19 307	12	4.2	0.7	3.4
青海	——	——	——	——	——	——	——	——	——
宁夏	9	131	2	31	3 810	3	0.1	0.1	0.1
新疆	34	565	22	74	29 011	44	16.8	1.0	14.3

馆（事业）基本情况（一）

观众人次合计			本年收入合计								
(千人次)	艺术演出观众人次	电影放映观众人次	(千元)	财政拨款	上级补助收入	事业收入	艺术演出分成收入	电影放映分成收入	经营收入	附属单位上缴收入	其他收入
368 106	**134 630**	**228 677**	**1 182 119**	**196 846**	**54 950**	**583 954**	**375 517**	**92 377**	**222 577**	**2 512**	**120 911**
168	168	——	5 800	——	——	207	——	——	5 580	——	13
367 938	134 462	228 677	1 176 319	196 846	54 950	583 747	375 517	92 377	216 997	2 512	120 898
1 920	1 219	641	56 122	1 237	423	49 002	24 850	7 051	2 455	——	3 005
738	348	353	9 827	1 112	289	5 618	1 716	1 619	354	——	2 454
2 512	897	1 528	28 933	6 247	1 248	10 019	2 881	2 701	4 831	——	6 588
1 673	531	1 089	24 771	4 268	202	9 989	2 960	4 503	4 027	800	5 485
1 878	547	1 326	10 007	5 497	967	2 228	574	1 654	680	——	635
30 052	2 340	26 578	177 622	2 974	28 412	52 979	43 507	5 485	90 362	——	2 895
236	127	42	2 701	——	——	781	518	188	1 906	——	14
54 077	2 592	51 467	34 568	22 773	108	9 269	2 855	2 239	1 560	96	762
904	237	606	9 226	2 070	520	2 052	1 254	798	728	——	3 856
5 882	4 213	1 491	270 382	5 012	9 806	243 341	221 652	4 100	958	315	10 950
570	284	286	9 269	250	49	7 239	2 918	1 454	1 480	——	251
2 829	1 869	890	75 109	22 625	2 004	28 582	15 058	4 694	6 908	50	14 940
340	293	28	21 872	13 982	1 159	4 750	4 591	58	7	——	1 974
195 178	94 797	100 274	26 772	9 770	1 632	8 368	2 239	3 206	2 250	322	4 061
3 760	859	2 901	51 434	6 554	2 679	22 188	3 532	10 171	11 568	——	8 445
174	60	114	8 750	1 111	896	5 111	279	520	715	——	917
1 209	531	345	18 597	5 876	1 850	7 604	1 741	1 983	1 992	45	1 230
1 779	757	528	10 571	3 386	163	5 281	2 277	1 618	1 252	——	489
——	——	——	——	——	——	——	——	——	——	——	——
9 046	1 742	6 510	63 200	5 576	540	35 261	7 451	24 471	8 991	——	12 832
4 609	2 128	2 186	32 871	4 282	400	13 057	8 555	1 545	8 503	25	6 604
3 554	1 383	1 847	28 115	9 575	412	11 848	4 961	1 889	3 098	111	3 071
5 368	2 778	2 552	96 158	42 429	1 167	23 107	9 544	2 934	24 099	151	5 205
308	189	119	15 996	8 085	980	1 185	1 050	28	4 385	——	1 361
1 458	848	572	10 878	1 552	123	3 595	2 067	1 152	4 336	411	861
143	77	66	1 879	510	——	789	120	669	580	——	——
119	103	16	1 419	264	——	648	32	69	222	125	160
2 580	1 883	570	28 115	4 921	660	6 900	4 773	1 080	7 800	58	7 776
312	134	178	7 938	698	——	1 705	550	1 144	290	——	5 245
1 928	820	1 052	17 584	3 084	184	6 848	1 309	1 385	3 682	——	3 786
19 036	7 578	11 440	2 716	2 545	77	63	49	10	26	3	2
11 278	1 822	9 434	25 113	6 254	258	8 014	4 168	1 274	3 744	——	6 843
887	580	304	11 279	1 917	176	3 161	1 460	177	5 257	——	768
——	——	——	——	——	——	——	——	——	——	——	——
87	46	41	2 511	551	459	145	32	113	4	——	1 352
2 572	519	1 606	33 333	13 037	142	4 847	432	1 189	14 960	——	347

各地区艺术表演场

		本年支出				
		基本支出	项目支出	经营支出	在支	
					人员支出	社会保障缴费
总计	**1 180 700**	**737 086**	**106 486**	**241 679**	**383 898**	**71 522**
中央	6 497	360	——	5 427	1 246	130
地方	1 174 203	736 726	106 486	236 252	382 652	71 392
北京	57 823	36 513	522	7 213	19 090	3 831
天津	10 151	7 265	40	1 902	5 141	1 304
河北	32 991	22 716	4 299	3 980	14 305	4 022
山西	27 170	17 598	462	5 641	10 203	1 996
内蒙古	8 556	8 205	——	311	4 803	459
辽宁	170 277	101 550	30	61 382	49 171	4 253
其中：大连	12 991	743	——	11 841	1 261	405
吉林	42 374	25 798	770	1 430	13 707	1 117
黑龙江	9 182	7 157	821	303	3 596	646
上海	247 429	160 949	50 757	30 518	42 870	8 417
江苏	9 302	6 478	——	2 824	3 984	884
浙江	81 315	64 100	7 152	9 101	37 749	6 436
其中：宁波	20 939	15 966	4 973	——	9 967	1 648
安徽	32 801	15 720	3 602	3 049	12 101	3 147
福建	55 300	39 891	4 723	5 539	19 085	5 390
其中：厦门	9 185	7 467	364	1 354	3 919	732
江西	18 380	14 970	300	1 627	8 173	1 761
山东	10 735	8 654	——	2 067	6 118	1 762
其中：青岛	——	——	——	——	——	——
河南	60 814	32 872	563	17 952	26 591	7 912
湖北	35 081	20 026	2 481	9 987	13 579	1 896
湖南	28 389	19 939	4 832	2 542	11 887	2 591
广东	88 561	36 178	21 068	28 618	22 378	2 804
其中：深圳	16 739	8 167	2 155	5 892	9 601	1 180
广西	11 590	4 373	1 375	5 842	4 299	764
海南	2 174	668	500	924	953	236
重庆	1 614	1 060	254	94	828	418
四川	28 427	19 190	583	6 465	11 877	2 995
贵州	7 993	7 756	——	——	4 536	889
云南	18 738	14 062	——	3 529	5 219	881
西藏	2 623	851	8	93	2 046	63
陕西	25 903	22 251	244	3 165	13 429	2 178
甘肃	12 063	7 102	——	4 758	4 249	869
青海	——	——	——	——	——	——
宁夏	2 652	1 722	——	408	763	210
新疆	33 795	11 112	1 100	14 988	9 922	1 261

馆（事业）基本情况（二）

合计（千元）出合计中 公用支出	福利费	维修费	各种设备购置费	税金支出	对个人和家庭补助支出	年末固定资产原值（千元）	增加值（千元）	公用房屋建筑面积（千平方米）	演（映）业务用房
407 157	**19 677**	**74 637**	**22 571**	**37 176**	**61 943**	**5 583 024**	**966 965**	**3650.2**	**1854.4**
4 354	157	439	313	5	186	6 620	2 012	5.3	——
402 803	19 520	74 198	22 258	37 171	61 757	5 576 404	964 953	3644.9	1854.4
30 858	1 056	4 665	1 903	2 849	2 863	135 203	33 229	73.3	42.5
3 407	348	577	30	332	522	33 481	7 924	36.3	16.6
9 631	435	2 678	391	1 186	930	116 771	23 058	247.3	163.9
10 950	694	1 576	1 874	959	767	61 909	18 740	106.4	62.3
2 044	162	671	425	191	1 079	47 507	8 388	68.6	52.7
54 288	489	1 155	915	1 923	4 537	174 562	106 746	157.2	68.5
357	108	96	8	140	9	38 710	4 126	16.3	6.0
19 703	141	10 962	222	621	8 565	53 536	25 244	135.4	49.2
4 321	148	427	66	599	528	42 523	6 798	41.7	14.8
78 376	3 059	23 829	871	4 587	2 638	1 805 119	257 750	173.2	39.5
3 725	428	495	164	479	354	44 372	8 197	36.8	29.7
31 936	2 642	6 004	2 517	2 645	7 158	259 639	62 732	226.2	121.6
9 136	835	1 656	610	369	1 836	31 236	14 256	19.4	12.8
10 717	421	2 230	1 139	918	5 490	79 419	22 432	132.4	73.0
21 684	1 058	2 905	2 454	5 898	3 367	221 182	43 440	173.8	95.7
3 886	94	299	401	878	1 068	37 347	7 461	18.4	10.1
7 372	459	484	516	718	1 442	45 558	13 024	95.7	31.1
3 493	185	807	575	324	232	72 545	10 093	103.2	58.9
——	——	——	——	——	——	——	——	——	——
16 161	1 144	2 833	988	1 948	2 357	222 646	55 719	367.5	162.2
14 468	747	940	455	1 417	2 945	229 882	28 239	209.8	116.1
9 135	679	2 418	1 242	830	1 443	147 497	22 738	168.2	95.2
27 117	1 345	3 511	2 469	1 728	510	896 355	75 267	266.5	119.9
3 114	615	255	680	255	296	30 229	13 690	51.8	10.9
2 196	236	552	228	483	663	146 775	15 565	97.7	58.5
883	27	67	30	77	10	24 267	2 431	23.6	17.6
138	16	15	5	30	99	30 979	2 377	14.4	5.2
6 999	254	779	878	1 872	3 158	184 446	26 875	145.1	71.2
2 145	395	156	86	747	1 161	25 395	7 995	30.1	14.0
8 694	362	527	131	1 352	1 972	118 469	14 576	84.0	52.8
337	——	29	67	31	47	49 593	4 123	35.2	16.9
8 433	242	946	503	858	549	159 346	21 812	242.3	117.6
6 100	1 788	289	591	711	1 006	74 572	10 775	57.2	29.2
——	——	——	——	——	——	——	——	——	——
571	20	31	180	43	870	8 597	2 054	17.0	6.2
6 921	540	1 640	343	815	4 495	64 259	26 595	79.0	51.9

各地区文化部门艺术表

	机构数（个）	从业人员数（人）	高级职称	中级职称	座席数（个）	屏幕数（个）	演(映)出场次合计（千场次）	艺术演出场次	电影放映场次
总　　计	**1 390**	**26 247**	**606**	**2 533**	**1 068 852**	**1 806**	**375.2**	**62.0**	**291.7**
中　　央	4	56	6	7	1 747	149	0.3	0.1	——
地　　方	1 386	26 191	600	2 526	1 067 105	1 657	374.9	61.9	291.7
北　　京	19	471	8	15	14 715	18	22.8	3.1	19.5
天　　津	17	251	16	18	9 323	19	13.1	0.9	11.0
河　　北	86	1 655	33	140	68 199	59	13.0	1.1	10.7
山　　西	46	964	6	139	38 544	55	28.4	1.0	25.8
内 蒙 古	28	475	5	29	23 155	29	5.5	1.6	3.9
辽　　宁	49	1 457	29	100	27 905	676	10.9	2.2	8.3
其中：大连	4	59	1	6	2 580	1	0.4	0.1	0.2
吉　　林	36	1 137	23	101	21 972	25	12.7	1.1	11.6
黑 龙 江	46	437	13	31	22 926	11	3.6	1.1	2.6
上　　海	62	1 243	13	57	42 969	46	17.6	7.8	8.4
江　　苏	8	154	9	33	8 116	7	2.9	0.3	2.6
浙　　江	52	879	19	102	40 559	48	11.9	4.1	6.2
其中：宁波	6	157	12	39	4 413	3	0.8	0.8	0.1
安　　徽	77	1 424	10	148	49 735	73	9.8	1.7	8.0
福　　建	68	842	11	103	43 364	53	23.4	4.1	18.2
其中：厦门	5	107	——	5	2 484	5	2.8	0.2	2.5
江　　西	56	673	26	129	33 111	17	5.5	1.5	2.9
山　　东	47	812	37	135	40 173	28	2.3	1.0	1.3
其中：青岛	——	——	——	——	——	——	——	——	——
河　　南	152	4 393	100	203	117 667	125	70.0	3.2	57.7
湖　　北	57	1 303	47	176	47 146	42	8.6	2.5	5.9
湖　　南	75	1 337	15	126	57 574	49	13.4	3.9	9.3
广　　东	49	1 506	12	61	102 582	40	17.3	7.4	9.9
其中：深圳	5	202	7	24	4 517	5	1.3	0.2	1.0
广　　西	22	244	3	31	20 375	15	12.7	0.9	11.7
海　　南	13	467	——	6	10 938	9	1.3	0.2	1.1
重　　庆	12	89	16	14	5 363	3	0.4	0.3	0.2
四　　川	65	1 019	25	270	44 565	35	18.7	4.2	14.3
贵　　州	9	249	5	15	5 031	9	8.0	0.3	7.7
云　　南	32	249	7	22	25 322	23	6.9	1.7	5.2
西　　藏	24	154	32	9	11 162	15	3.3	0.3	3.0
陕　　西	108	1 320	52	177	82 486	69	10.0	2.9	7.1
甘　　肃	28	291	4	31	19 307	12	4.2	0.7	3.4
青　　海	——	——	——	——	——	——	——	——	——
宁　　夏	9	131	2	31	3 810	3	0.1	0.1	0.1
新　　疆	34	565	22	74	29 011	44	16.8	1.0	14.3

演场馆(事业)基本情况 (一)

观众人次合计 (千人次)	艺术演出观众人次	电影放映观众人次	本年收入合计 (千元)	财政拨款	上级补助收入	事业收入	事业收入: 艺术演出分成收入	事业收入: 电影放映分成收入	经营收入	附属单位上缴收入	其他收入
367 721	**134 473**	**228 449**	**1 179 745**	**196 030**	**54 258**	**583 149**	**375 105**	**92 059**	**222 572**	**2 512**	**120 855**
168	168	——	5 800	——	——	207	——	——	5 580	——	13
367 553	134 305	228 449	1 173 945	196 030	54 258	582 942	375 105	92 059	216 992	2 512	120 842
1 920	1 219	641	56 122	1 237	423	49 002	24 850	7 051	2 455	——	3 005
738	348	353	9 827	1 112	289	5 618	1 716	1 619	354	——	2 454
2 392	877	1 428	28 583	6 047	1 248	9 919	2 831	2 651	4 831	——	6 538
1 673	531	1 089	24 771	4 268	202	9 989	2 960	4 503	4 027	800	5 485
1 878	547	1 326	10 007	5 497	967	2 228	574	1 654	680	——	635
30 052	2 340	26 578	177 622	2 974	28 412	52 979	43 507	5 485	90 362	——	2 895
236	127	42	2 701	——	——	781	518	188	1 906	——	14
54 077	2 592	51 467	34 568	22 773	108	9 269	2 855	2 239	1 560	96	762
904	237	606	9 226	2 070	520	2 052	1 254	798	728	——	3 856
5 730	4 113	1 439	269 838	5 012	9 806	242 797	221 308	3 900	958	315	10 950
570	284	286	9 269	250	49	7 239	2 918	1 454	1 480	——	251
2 829	1 869	890	75 109	22 625	2 004	28 582	15 058	4 694	6 908	50	14 940
340	293	28	21 872	13 982	1 159	4 750	4 591	58	7	——	1 974
195 146	94 790	100 249	26 682	9 770	1 632	8 283	2 221	3 139	2 250	322	4 056
3 741	840	2 901	50 602	6 490	1 987	22 113	3 532	10 171	11 568	——	8 444
155	41	114	7 918	1 047	204	5 036	279	520	715	——	916
1 209	531	345	18 597	5 876	1 850	7 604	1 741	1 983	1 992	45	1 230
1 779	757	528	10 571	3 386	163	5 281	2 277	1 618	1 252	——	489
——	——	——	——	——	——	——	——	——	——	——	——
9 046	1 742	6 510	63 200	5 576	540	35 261	7 451	24 471	8 991	——	12 832
4 609	2 128	2 186	32 871	4 282	400	13 057	8 555	1 545	8 503	25	6 604
3 554	1 383	1 847	28 115	9 575	412	11 848	4 961	1 889	3 098	111	3 071
5 368	2 778	2 552	96 158	42 429	1 167	23 107	9 544	2 934	24 099	151	5 205
308	189	119	15 996	8 085	980	1 185	1 050	28	4 385	——	1 361
1 458	848	572	10 878	1 552	123	3 595	2 067	1 152	4 336	411	861
143	77	66	1 879	510	——	789	120	669	580	——	——
119	103	16	1 419	264	——	648	32	69	222	125	160
2 580	1 883	570	28 115	4 921	660	6 900	4 773	1 080	7 800	58	7 776
312	134	178	7 938	698	——	1 705	550	1 144	290	——	5 245
1 928	820	1 052	17 584	3 084	184	6 848	1 309	1 385	3 682	——	3 786
18 974	7 567	11 389	2 158	1 993	77	62	49	9	21	3	2
11 278	1 822	9 434	25 113	6 254	258	8 014	4 168	1 274	3 744	——	6 843
887	580	304	11 279	1 917	176	3 161	1 460	177	5 257	——	768
——	——	——	——	——	——	——	——	——	——	——	——
87	46	41	2 511	551	459	145	32	113	4	——	1 352
2 572	519	1 606	33 333	13 037	142	4 847	432	1 189	14 960	——	347

各地区文化部门艺术表

		本年支出				
		基本支出	项目支出	经营支出	在支	
					人员支出	社会保障缴费
总　计	**1 178 712**	**735 364**	**106 486**	**241 679**	**382 812**	**71 390**
中　央	6 497	360	——	5 427	1 246	130
地　方	1 172 215	735 004	106 486	236 252	381 566	71 260
北　京	57 823	36 513	522	7 213	19 090	3 831
天　津	10 151	7 265	40	1 902	5 141	1 304
河　北	32 641	22 366	4 299	3 980	14 105	4 022
山　西	27 170	17 598	462	5 641	10 203	1 996
内蒙古	8 556	8 205	——	311	4 803	459
辽　宁	170 277	101 550	30	61 382	49 171	4 253
其中：大连	12 991	743	——	11 841	1 261	405
吉　林	42 374	25 798	770	1 430	13 707	1 117
黑龙江	9 182	7 157	821	303	3 596	646
上　海	247 429	160 949	50 757	30 518	42 870	8 417
江　苏	9 302	6 478	——	2 824	3 984	884
浙　江	81 315	64 100	7 152	9 101	37 749	6 436
其中：宁波	20 939	15 966	4 973	——	9 967	1 648
安　徽	32 711	15 630	3 602	3 049	12 031	3 147
福　建	54 304	38 895	4 723	5 539	18 682	5 316
其中：厦门	8 189	6 471	364	1 354	3 516	658
江　西	18 380	14 970	300	1 627	8 173	1 761
山　东	10 735	8 654	——	2 067	6 118	1 762
其中：青岛	——	——	——	——	——	——
河　南	60 814	32 872	563	17 952	26 591	7 912
湖　北	35 081	20 026	2 481	9 987	13 579	1 896
湖　南	28 389	19 939	4 832	2 542	11 887	2 591
广　东	88 561	36 178	21 068	28 618	22 378	2 804
其中：深圳	16 739	8 167	2 155	5 892	9 601	1 180
广　西	11 590	4 373	1 375	5 842	4 299	764
海　南	2 174	668	500	924	953	236
重　庆	1 614	1 060	254	94	828	418
四　川	28 427	19 190	583	6 465	11 877	2 995
贵　州	7 993	7 756	——	——	4 536	889
云　南	18 738	14 062	——	3 529	5 219	881
西　藏	2 071	565	8	93	1 633	5
陕　西	25 903	22 251	244	3 165	13 429	2 178
甘　肃	12 063	7 102	——	4 758	4 249	869
青　海	——	——	——	——	——	——
宁　夏	2 652	1 722	——	408	763	210
新　疆	33 795	11 112	1 100	14 988	9 922	1 261

演场馆（事业）基本情况 （二）

合计（千元） 出合计中	公用支出 福利费	维修费	各种设备购置费	税金支出	对个人和家庭补助支出	年末固定资产原值（千元）	增加值（千元）	公用房屋建筑面积（千平方米）	演（映）业务用房
406 531	**19 638**	**74 535**	**22 453**	**37 138**	**61 735**	**5 551 932**	**963 807**	**3625.3**	**1844.3**
4 354	157	439	313	5	186	6 620	2 012	5.3	——
402 177	19 481	74 096	22 140	37 133	61 549	5 545 312	961 794	3620.1	1844.3
30 858	1 056	4 665	1 903	2 849	2 863	135 203	33 229	73.3	42.5
3 407	348	577	30	332	522	33 481	7 924	36.3	16.6
9 551	405	2 628	391	1 186	860	115 073	22 690	242.6	159.9
10 950	694	1 576	1 874	959	767	61 909	18 740	106.4	62.3
2 044	162	671	425	191	1 079	47 507	8 388	68.6	52.7
54 288	489	1 155	915	1 923	4 537	174 562	106 746	157.2	68.5
357	108	96	8	140	9	38 710	4 126	16.3	6.0
19 703	141	10 962	222	621	8 565	53 536	25 244	135.4	49.2
4 321	148	427	66	599	528	42 523	6 798	41.7	14.8
78 376	3 059	23 829	871	4 587	2 638	1 805 119	257 206	173.2	39.5
3 725	428	495	164	479	354	44 372	8 197	36.8	29.7
31 936	2 642	6 004	2 517	2 645	7 158	259 639	62 732	226.2	121.6
9 136	835	1 656	610	369	1 836	31 236	14 256	19.4	12.8
10 697	421	2 224	1 139	913	5 490	74 519	22 161	130.8	73.0
21 226	1 049	2 879	2 354	5 865	3 232	205 226	42 222	170.5	93.8
3 428	85	273	301	845	933	21 391	6 243	15.1	8.2
7 372	459	484	516	718	1 442	45 558	13 024	95.7	31.1
3 493	185	807	575	324	232	72 545	10 093	103.2	58.9
——	——	——	——	——	——	——	——	——	——
16 161	1 144	2 833	988	1 948	2 357	222 646	55 719	367.5	162.2
14 468	747	940	455	1 417	2 945	229 882	28 239	209.8	116.1
9 135	679	2 418	1 242	830	1 443	147 497	22 738	168.2	95.2
27 117	1 345	3 511	2 469	1 728	510	896 355	75 267	266.5	119.9
3 114	615	255	680	255	296	30 229	13 690	51.8	10.9
2 196	236	552	228	483	663	146 775	15 565	97.7	58.5
883	27	67	30	77	10	24 267	2 431	23.6	17.6
138	16	15	5	30	99	30 979	2 377	14.4	5.2
6 999	254	779	878	1 872	3 158	184 446	26 875	145.1	71.2
2 145	395	156	86	747	1 161	25 395	7 995	30.1	14.0
8 694	362	527	131	1 352	1 972	109 969	14 236	82.0	50.8
269	——	9	49	31	44	49 555	3 706	22.0	14.7
8 433	242	946	503	858	549	159 346	21 812	242.3	117.6
6 100	1 788	289	591	711	1 006	74 572	10 775	57.2	29.2
——	——	——	——	——	——	——	——	——	——
571	20	31	180	43	870	8 597	2 054	17.0	6.2
6 921	540	1 640	343	815	4 495	64 259	26 595	79.0	51.9

各地区剧场、影剧

	机构数（个）	从业人员数（人）	高级职称	中级职称	座席数（个）	屏幕数（个）	演（映）出场次合计（千场次）	艺术演出场次	电影放映场次
总计	**1 347**	**25 285**	**587**	**2 467**	**1 040 369**	**1 632**	**361.96**	**58.51**	**282.24**
中央	3	23	5	6	723	——	0.11	0.11	——
地方	1 344	25 262	582	2 461	1 039 646	1 632	361.85	58.40	282.24
北京	21	471	8	15	14 715	18	22.76	3.11	19.54
天津	17	251	16	18	9 323	19	13.06	0.89	10.97
河北	85	1 586	32	139	64 210	57	12.74	0.87	10.64
山西	46	964	6	139	38 544	55	28.40	1.04	25.82
内蒙古	28	475	5	29	23 155	29	5.50	1.62	3.87
辽宁	46	1 350	29	95	24 863	672	9.96	2.03	7.56
其中：大连	3	14	1	1	1 500	——	0.27	——	0.21
吉林	34	1 064	21	99	21 372	25	12.70	1.12	11.58
黑龙江	40	379	11	28	21 674	11	3.44	0.90	2.55
上海	57	1 125	10	51	38 145	45	16.91	7.09	8.45
江苏	6	105	9	30	6 102	4	1.79	0.17	1.61
浙江	45	823	19	98	37 239	43	10.17	3.03	5.52
其中：宁波	5	153	12	38	3 745	2	0.78	0.71	0.06
安徽	74	1 387	9	144	48 953	68	9.05	1.49	7.45
福建	67	833	11	102	43 364	53	23.40	4.13	18.18
其中：厦门	5	107	——	5	2 484	5	2.77	0.23	2.52
江西	53	654	26	129	31 371	15	5.32	1.48	2.85
山东	47	812	37	135	40 173	28	2.28	0.98	1.28
其中：青岛	——	——	——	——	——	——	——	——	——
河南	152	4 393	100	203	117 667	125	70.01	3.16	57.72
湖北	51	1 142	41	149	44 200	42	5.25	2.09	2.97
湖南	75	1 337	15	126	57 574	49	13.40	3.88	9.31
广东	47	1 378	10	55	100 603	40	17.04	7.13	9.91
其中：深圳	4	177	5	18	4 517	5	1.25	0.24	1.01
广西	21	214	2	26	17 775	8	8.92	0.80	8.10
海南	13	467	——	6	10 938	9	1.32	0.20	1.11
重庆	12	89	16	14	5 363	3	0.44	0.29	0.15
四川	64	1 019	25	270	43 715	35	18.61	4.05	14.31
贵州	9	249	5	15	5 031	9	7.95	0.25	7.70
云南	33	249	7	22	25 920	23	6.85	1.66	5.19
西藏	23	139	32	11	13 242	19	3.48	0.31	3.17
陕西	107	1 320	52	177	82 287	69	9.96	2.89	7.05
甘肃	28	291	4	31	19 307	12	4.22	0.72	3.37
青海	——	——	——	——	——	——	——	——	——
宁夏	9	131	2	31	3 810	3	0.14	0.07	0.07
新疆	34	565	22	74	29 011	44	16.79	0.98	14.26

院（事业）基本情况（一）

观众人次合计（千人次）	艺术演出观众人次	电影放映观众人次	本年收入合计（千元）	财政拨款	上级补助收入	事业收入	艺术演出分成收入	电影放映分成收入	经营收入	附属单位上缴收入	其他收入
364 634	**132 241**	**227 744**	**1 075 995**	**177 421**	**52 598**	**525 096**	**339 762**	**89 594**	**202 905**	**2 512**	**115 084**
63	63	——	207	——	——	207	——	——	——	——	——
364 571	132 178	227 744	1 075 788	177 421	52 598	524 889	339 762	89 594	202 905	2 512	115 084
1 920	1 219	641	56 122	1 237	423	49 002	24 850	7 051	2 455	——	3 005
738	348	353	9 827	1 112	289	5 618	1 716	1 619	354	——	2 454
2 177	568	1 522	21 703	2 837	1 248	6 199	1 687	2 646	4 831	——	6 588
1 673	531	1 089	24 771	4 268	202	9 989	2 960	4 503	4 027	800	5 485
1 878	547	1 326	10 007	5 497	967	2 228	574	1 654	680	——	635
29 764	2 205	26 443	173 866	2 774	28 412	52 266	42 989	5 290	88 196	——	2 218
91	——	42	277	——	——	263	——	188	——	——	14
54 077	2 592	51 467	34 031	22 364	68	9 269	2 855	2 239	1 560	96	674
834	167	606	6 522	617	——	1 832	1 034	798	728	——	3 345
5 170	3 572	1 464	234 282	3 661	8 940	209 622	193 080	4 025	958	315	10 786
361	129	232	4 468	50	——	2 839	1 129	756	1 439	——	140
2 734	1 792	872	71 656	22 475	1 879	27 545	14 657	4 321	5 065	50	14 642
319	276	24	21 521	13 982	1 064	4 495	4 387	7	7	——	1 973
194 984	94 763	100 114	26 149	9 737	1 632	8 150	2 134	3 093	2 114	322	3 815
3 741	840	2 901	50 232	6 445	1 987	21 788	3 532	10 171	11 568	——	8 444
155	41	114	7 918	1 047	204	5 036	279	520	715	——	916
1 086	524	317	18 303	5 696	1 850	7 490	1 739	1 981	1 992	45	1 230
1 779	757	528	10 571	3 386	163	5 281	2 277	1 618	1 252	——	489
——	——	——	——	——	——	——	——	——	——	——	——
9 046	1 742	6 510	63 200	5 576	540	35 261	7 451	24 471	8 991	——	12 832
4 077	1 920	1 862	25 434	4 122	340	12 805	8 475	1 373	2 333	25	5 809
3 554	1 383	1 847	28 115	9 575	412	11 848	4 961	1 889	3 098	111	3 071
5 191	2 601	2 552	69 980	30 864	1 167	11 302	7 730	2 934	24 099	151	2 397
308	189	119	11 274	4 800	980	1 096	1 050	28	4 385	——	13
948	519	391	4 867	1 552	123	1 435	1 007	52	600	411	746
143	77	66	1 879	510	——	789	120	669	580	——	——
119	103	16	1 419	264	——	648	32	69	222	125	160
2 508	1 811	570	28 115	4 921	660	6 900	4 773	1 080	7 800	58	7 776
312	134	178	7 938	698	——	1 705	550	1 144	290	——	5 245
1 928	820	1 052	17 584	3 084	184	6 848	1 309	1 385	3 682	——	3 786
19 005	7 547	11 440	2 511	2 340	77	63	49	10	26	3	2
11 278	1 822	9 434	25 113	6 254	258	8 014	4 168	1 274	3 744	——	6 843
887	580	304	11 279	1 917	176	3 161	1 460	177	5 257	——	768
——	——	——	——	——	——	——	——	——	——	——	——
87	46	41	2 511	551	459	145	32	113	4	——	1 352
2 572	519	1 606	33 333	13 037	142	4 847	432	1 189	14 960	——	347

各地区剧场、影剧

	本年支出					
		基本支出	项目支出	经营支出	在支	
					人员支出	社会保障缴费
总计	**1 063 819**	**666 123**	**92 831**	**211 200**	**360 766**	**67 338**
中央	360	360	——	——	——	——
地方	1 063 459	665 763	92 831	211 200	360 766	67 338
北京	57 823	36 513	522	7 213	19 090	3 831
天津	10 151	7 265	40	1 902	5 141	1 304
河北	25 664	18 629	1 059	3 980	12 755	3 810
山西	27 170	17 598	462	5 641	10 203	1 996
内蒙古	8 556	8 205	——	311	4 803	459
辽宁	156 361	99 795	30	49 221	47 764	3 931
其中:大连	407	——	——	——	196	83
吉林	41 503	25 479	770	1 430	13 588	1 069
黑龙江	6 670	5 554	62	303	2 704	517
上海	210 867	125 470	49 717	30 478	37 047	6 971
江苏	4 528	1 724	——	2 804	1 400	256
浙江	77 251	60 404	7 152	8 733	35 659	6 101
其中:宁波	20 560	15 587	4 973	——	9 653	1 591
安徽	32 209	15 262	3 602	2 915	11 793	3 118
福建	53 934	38 525	4 723	5 539	18 457	5 262
其中:厦门	8 189	6 471	364	1 354	3 516	658
江西	18 089	14 683	300	1 627	8 015	1 744
山东	10 735	8 654	——	2 067	6 118	1 762
其中:青岛	——	——	——	——	——	——
河南	60 814	32 872	563	17 952	26 591	7 912
湖北	26 155	18 917	2 464	2 347	11 360	1 494
湖南	28 389	19 939	4 832	2 542	11 887	2 591
广东	65 287	20 128	13 844	28 618	19 688	2 690
其中:深圳	13 222	6 735	70	5 892	8 915	1 127
广西	5 526	4 373	——	1 153	3 086	520
海南	2 174	668	500	924	953	236
重庆	1 614	1 060	254	94	828	418
四川	28 427	19 190	583	6 465	11 877	2 995
贵州	7 993	7 756	——	——	4 536	889
云南	18 738	14 062	——	3 529	5 219	881
西藏	2 418	851	8	93	1 841	63
陕西	25 903	22 251	244	3 165	13 429	2 178
甘肃	12 063	7 102	——	4 758	4 249	869
青海	——	——	——	——	——	——
宁夏	2 652	1 722	——	408	763	210
新疆	33 795	11 112	1 100	14 988	9 922	1 261

院（事业）基本情况（二）

合	计	（千元）				年末固定资产原值（千元）	增加值（千元）	公用房屋建筑面积	
出	合	计	中						
	公用支出				对个人和家庭补助支出			（千平方米）	演（映）业务用房
	福利费	维修费	各种设备购置费	税金支出					
368 502	**18 693**	**69 658**	**21 187**	**34 760**	**59 046**	**4 832 371**	**879 141**	**3 413.50**	**1 759.87**
360	——	——	——	1	——	5 271	212	5.27	——
368 142	18 693	69 658	21 187	34 759	59 046	4 827 100	878 929	3 408.23	1 759.87
30 858	1 056	4 665	1 903	2 849	2 863	135 203	33 229	73.32	42.47
3 407	348	577	30	332	522	33 481	7 924	36.33	16.61
7 265	435	1 043	378	997	761	111 697	20 948	215.19	141.44
10 950	694	1 576	1 874	959	767	61 909	18 740	106.39	62.30
2 044	162	671	425	191	1 079	47 507	8 388	68.58	52.71
53 408	370	1 014	859	1 753	4 417	135 956	102 097	133.75	52.50
27	4	——	8	15	9	1 081	298	3.89	1.00
19 600	141	10 962	222	621	8 116	51 162	24 581	133.43	49.16
3 314	148	249	16	599	246	33 190	5 252	33.16	11.27
71 585	2 826	23 483	647	3 563	2 232	1 517 096	215 991	106.13	35.30
1 835	417	265	83	226	54	42 320	4 968	21.64	14.51
30 818	2 534	5 861	2 425	2 491	6 670	254 548	59 408	204.52	117.36
9 096	835	1 654	610	351	1 811	29 704	13 838	17.43	11.99
10 496	421	2 206	1 120	909	5 427	74 223	21 845	129.33	71.92
21 119	1 036	2 879	2 354	5 785	3 194	205 101	41 861	170.46	93.84
3 428	85	273	301	845	933	21 391	6 244	15.05	8.20
7 271	456	481	461	718	1 412	45 558	12 833	95.33	30.77
3 493	185	807	575	324	232	72 545	10 094	103.20	58.90
——	——	——	——	——	——	——	——	——	——
16 161	1 144	2 833	988	1 948	2 357	222 646	55 720	367.46	162.24
8 929	687	909	351	1 322	2 890	208 893	24 971	195.05	110.95
9 135	679	2 418	1 242	830	1 443	147 497	22 739	168.20	95.17
13 827	1 232	1 847	2 382	1 646	334	632 170	61 639	247.52	119.90
2 368	571	255	680	255	190	27 872	12 760	51.75	10.90
1 406	78	433	38	160	663	54 533	6 288	72.02	38.51
883	27	67	30	77	10	24 267	2 432	23.64	17.56
138	16	15	5	30	99	30 979	2 377	14.39	5.20
6 999	254	779	878	1 872	3 158	184 446	26 876	145.07	71.22
2 145	395	156	86	747	1 161	25 395	7 996	30.09	14.03
8 694	362	527	131	1 352	1 972	118 469	14 577	84.04	52.83
337	——	29	67	31	47	49 535	3 916	34.58	16.33
8 433	242	946	503	858	549	159 346	21 813	242.29	117.56
6 100	1 788	289	591	711	1 006	74 572	10 776	57.17	29.24
——	——	——	——	——	——	——	——	——	——
571	20	31	180	43	870	8 597	2 055	17.02	6.24
6 921	540	1 640	343	815	4 495	64 259	26 595	78.96	51.85

各地区艺术表演场

	机构数（个）	从业人员数（人）			座席数（个）	屏幕数（个）	演(映)出场次合计（千场次）		
			高级职称	中级职称				艺术演出场次	电影放映场次
总计	**440**	**8 574**	**154**	**747**	**338 941**	**511**	**207.4**	**31.0**	**171.9**
中央	1	31	——	3	1 215	——	0.1	0.1	——
地方	439	8 543	154	744	337 726	511	207.3	30.8	171.9
北京	21	820	31	62	21 094	14	8.7	5.1	3.5
天津	11	169	——	1	5 286	15	12.9	0.3	10.4
河北	6	84	4	15	4 846	7	1.3	0.5	0.8
山西	——	——	——	——	——	——	——	——	——
内蒙古	——	——	——	——	——	——	——	——	——
辽宁	1	21	——	——	1 230	1	0.1	——	0.1
其中：大连	1	21	——	——	1 230	1	0.1	——	0.1
吉林	33	698	1	22	10 917	14	5.6	0.1	5.4
黑龙江	——	——	——	——	——	——	——	——	——
上海	85	780	10	87	72 298	113	17.4	4.4	12.7
江苏	73	1 723	15	140	60 456	88	59.7	4.4	55.3
浙江	89	1 240	37	76	63 701	95	15.5	9.1	6.2
其中：宁波	17	223	4	5	8 170	10	3.2	1.8	1.4
安徽	15	329	5	37	9 379	14	3.8	1.1	2.8
福建	——	——	——	——	——	——	——	——	——
其中：厦门	——	——	——	——	——	——	——	——	——
江西	2	54	——	8	2 920	4	0.5	0.2	0.2
山东	48	1 286	28	181	48 751	51	14.3	1.8	12.1
其中：青岛	9	143	3	21	5 241	5	0.6	0.2	0.1
河南	——	——	——	——	——	——	——	——	——
湖北	10	342	1	28	4 366	11	2.0	1.2	0.7
湖南	3	204	3	8	3 837	13	18.3	0.3	17.4
广东	18	318	——	16	11 112	30	29.4	1.0	28.4
其中：深圳	——	——	——	——	——	——	——	——	——
广西	——	——	——	——	——	——	——	——	——
海南	3	140	19	32	2 600	——	0.5	0.5	——
重庆	7	91	——	7	2 946	16	7.4	0.2	7.2
四川	——	——	——	——	——	——	——	——	——
贵州	2	41	——	2	1 323	1	2.2	0.1	2.2
云南	——	——	——	——	——	——	——	——	——
西藏	——	——	——	——	——	——	——	——	——
陕西	——	——	——	——	——	——	——	——	——
甘肃	——	——	——	——	——	——	——	——	——
青海	1	28	——	——	892	1	1.8	0.1	1.1
宁夏	2	39	——	9	2 137	2	1.6	0.5	1.1
新疆	9	136	——	13	7 635	21	4.6	0.1	4.5

馆（企业）基本情况（一）

观众人次合计（千人次）	艺术演出观众人次	电影放映观众人次	实收资本（千元）	国家资本金	损益及分配：营业收入（千元）	艺术演出分成收入	电影放映分成收入	营业成本及费用（千元）	税金及附加（千元）	主营业务利润（千元）	其他业务利润（千元）
149 977	**63 567**	**83 527**	**878 294**	**657 435**	**452 186**	**295 146**	**74 453**	**288 219**	**19 567**	**96 667**	**41 452**
92	92	——	500	500	8 063	8 063	——	1 135	430	6 498	35
149 885	63 475	83 527	877 794	656 935	444 123	287 083	74 453	287 084	19 137	90 169	41 417
3 122	2 741	381	66 950	15 500	127 978	115 852	2 812	76 495	4 589	38 607	534
280	114	148	4 889	4 235	6 045	731	604	5 177	283	－150	1 393
1 493	295	1 198	1 285	1 185	776	342	253	869	43	143	123
——	——	——	——	——	——	——	——	——	——	——	——
——	——	——	——	——	——	——	——	——	——	——	——
41	8	33	160	160	905	4	163	627	131	147	——
41	8	33	160	160	905	4	163	627	131	147	——
548	48	500	15 666	14 536	2 872	43	1 909	2 048	115	509	273
——	——	——	——	——	——	——	——	——	——	——	——
4 927	2 084	2 604	100 546	7 600	43 880	29 488	9 585	18 256	1 162	6 736	1 864
8 658	2 415	6 166	293 687	274 427	73 346	27 239	34 245	52 108	3 421	9 705	14 851
3 792	2 492	710	48 343	8 925	107 534	90 859	2 991	86 211	5 991	13 121	8 328
391	216	175	5 135	2 310	17 794	15 636	498	15 376	868	2 850	1 250
51 228	50 724	487	18 546	16 465	6 847	1 910	613	4 835	372	1 286	491
——	——	——	——	——	——	——	——	——	——	——	——
——	——	——	——	——	——	——	——	——	——	——	——
194	68	126	2 304	2 304	1 086	472	296	568	42	476	176
2 592	1 055	1 410	102 216	99 366	20 665	5 525	4 043	14 449	784	4 778	4 660
246	51	68	5 139	5 139	2 022	513	201	979	37	682	733
——	——	——	——	——	——	——	——	——	——	——	——
745	359	386	15 022	6 300	4 951	2 502	764	2 812	172	1 016	75
777	102	660	50 890	50 890	9 178	538	4 896	4 440	497	4 241	75
67 547	426	67 121	51 814	51 399	30 573	8 444	8 530	13 991	1 313	7 142	6 337
——	——	——	——	——	——	——	——	——	——	——	——
——	——	——	——	——	——	——	——	——	——	——	——
307	307	——	——	——	1 620	1 620	——	1 060	——	——	——
993	89	904	33 974	32 939	2 515	654	608	684	14	1 851	512
——	——	——	——	——	——	——	——	——	——	——	——
190	10	180	2 746	2 746	199	20	179	163	7	－271	576
——	——	——	——	——	——	——	——	——	——	——	——
——	——	——	——	——	——	——	——	——	——	——	——
——	——	——	——	——	——	——	——	——	——	——	——
——	——	——	——	——	——	——	——	——	——	——	——
41	28	13	1 286	1 286	548	332	216	519	36	－7	340
57	18	39	2 475	2 475	349	157	192	420	47	111	131
2 353	92	461	64 995	64 197	2 256	351	1 554	1 352	118	728	678

各地区艺术表演场

	损益及分配								
	管理费用（千元）	税金	劳动、待业保险	补贴收入（千元）	财政补助	财务费用（千元）	营业利润（千元）	利润总额（千元）	应交所得税（千元）
总　计	**179 318**	**4 661**	**13 789**	**28 780**	**21 411**	**8 210**	**−36 282**	**−26 108**	**3 019**
中　央	5 270	——	——	——	——	−16	1 279	1 279	——
地　方	174 048	4 661	13 789	28 780	21 411	8 226	−37 561	−27 387	3 019
北　京	18 696	38	585	——	——	69	6 151	9 511	1 402
天　津	2 865	62	293	200	200	−9	− 652	− 647	——
河　北	311	15	7	1	1	——	−46	−44	——
山　西	——	——	——	——	——	——	——	——	——
内蒙古	——	——	——	——	——	——	——	——	——
辽　宁	245	——	——	——	——	1	——	−97	——
其中：大连	245	——	——	——	——	1	——	−97	——
吉　林	2 956	81	137	239	239	145	−1 500	−1 315	——
黑龙江	——	——	——	——	——	——	——	——	——
上　海	10 233	521	591	2 426	610	576	616	330	247
江　苏	48 957	1 361	5 077	1 023	210	2 320	−11 670	−16 970	118
浙　江	23 684	852	1 081	16 981	13 755	802	−5 311	7 789	885
其中：宁波	3 207	293	373	250	240	11	660	244	263
安　徽	6 493	126	205	1 824	1 093	245	−2 139	−1 899	——
福　建	——	——	——	——	——	——	——	——	——
其中：厦门	——	——	——	——	——	——	——	——	——
江　西	970	——	120	200	200	−2	− 116	− 116	——
山　东	20 038	865	3 418	4 403	3 730	387	−8 525	−5 734	——
其中：青岛	2 344	120	206	70	70	2	− 436	− 458	——
河　南	——	——	——	——	——	——	——	——	——
湖　北	3 127	199	385	——	——	1 174	−2 490	−2 414	22
湖　南	10 182	254	6	140	140	1 859	−7 395	−6 005	——
广　东	17 103	85	1 278	360	360	41	− 341	−6 262	323
其中：深圳	——	——	——	——	——	——	——	——	——
广　西	——	——	——	——	——	——	——	——	——
海　南	——	——	——	——	——	——	560	560	——
重　庆	4 182	3	126	444	444	439	−2 253	−1 604	——
四　川	——	——	——	——	——	——	——	——	——
贵　州	1 283	179	80	——	——	167	−1 405	−1 464	2
云　南	——	——	——	——	——	——	——	——	——
西　藏	——	——	——	——	——	——	——	——	——
陕　西	——	——	——	——	——	——	——	——	——
甘　肃	——	——	——	——	——	——	——	——	——
青　海	387	11	68	——	——	——	−54	−54	——
宁　夏	397	9	91	16	16	——	− 309	− 309	——
新　疆	1 939	——	241	523	413	12	− 682	− 643	20

馆（企业）基本情况（二）

其他（千元）			年末固定资产原值（千元）	增加值（千元）	上交主办单位数（千元）	固定资产累计折旧		公用房屋建筑面积	
从业人员劳动报酬	本年应付福利费总额	本年应交增值税				（千元）	本年折旧	（千平方米）	演（映）业务用房
101 576	**9 292**	**534**	**1 879 521**	**167 518**	**4 788**	**388 737**	**49 216**	**1591.4**	**768.4**
907	127	——	1 349	2 831	——	782	215	20.0	3.0
100 669	9 165	534	1 878 172	164 687	4 788	387 955	49 001	1571.4	765.4
17 128	2 249	11	123 032	32 684	480	41 365	4 778	118.2	37.0
2 285	182	——	8 736	2 630	——	2 566	452	45.0	27.8
489	49	——	17 576	614	1	1 478	112	9.5	6.4
——	——	——	——	——	——	——	——	——	——
——	——	——	——	——	——	——	——	——	——
——	——	——	——	131	——	——	——	4.9	2.0
——	——	——	——	131	——	——	——	4.9	2.0
1 458	104	——	28 660	495	——	3 380	102	40.0	12.3
——	——	——	——	——	——	——	——	——	——
11 018	486	476	52 724	16 817	——	11 889	1 074	195.0	106.7
19 727	1 677	1	644 426	31 911	3 321	153 702	18 049	288.8	142.6
18 550	1 481	43	289 995	45 391	886	28 586	8 328	409.3	166.9
2 134	150	——	3 878	4 839	22	1 990	634	37.9	19.8
4 611	363	——	41 509	5 851	100	7 080	1 057	73.9	57.8
——	——	——	——	——	——	——	——	——	——
——	——	——	——	——	——	——	——	——	——
460	64	——	3 378	736	——	1 178	150	10.6	9.6
10 767	1 188	——	245 845	13 586	——	49 813	5 292	173.4	104.6
1 030	56	——	17 379	1 061	——	3 127	240	17.2	7.3
——	——	——	——	——	——	——	——	——	——
2 130	122	——	60 424	1 598	——	16 441	1 587	28.4	12.5
1 625	241	——	157 253	−4 453	——	4 530	426	37.0	7.2
6 615	643	3	130 204	12 255	——	48 458	4 223	58.3	38.3
——	——	——	——	——	——	——	——	——	——
——	——	——	——	——	——	——	——	——	——
900	——	——	2 450	1 460	——	——	——	4.0	3.6
518	46	——	44 006	1 109	——	7 729	2 383	19.9	6.5
——	——	——	——	——	——	——	——	——	——
505	71	——	8 425	113	——	2 817	827	5.3	3.0
——	——	——	——	——	——	——	——	——	——
——	——	——	——	——	——	——	——	——	——
——	——	——	——	——	——	——	——	——	——
——	——	——	——	——	——	——	——	——	——
366	54	——	2 369	379	——	1 752	20	2.9	1.5
364	35	——	8 489	185	——	1 958	58	7.9	5.1
1 153	110	——	8 671	1 195	——	3 233	83	39.4	14.2

各地区文化部门艺术

	机构数（个）	从业人员数（人）	高级职称	中级职称	座席数（个）	屏幕数（个）	演（映）出场次合计（千场次）	艺术演出场次	电影放映场次
总计	**334**	**6 579**	**78**	**564**	**258 214**	**407**	**185.4**	**17.4**	**163.7**
中央	1	31	——	3	1 215	——	0.1	0.1	——
地方	333	6 548	78	561	256 999	407	185.2	17.3	163.7
北京	2	61	5	8	1 747	——	0.3	0.3	——
天津	11	169	——	1	5 286	15	12.9	0.3	10.4
河北	6	84	4	15	4 846	7	1.3	0.5	0.8
山西	——	——	——	——	——	——	——	——	——
内蒙古	——	——	——	——	——	——	——	——	——
辽宁	1	21	——	——	1 230	1	0.1	——	0.1
其中：大连	1	21	——	——	1 230	1	0.1	——	0.1
吉林	33	698	1	22	10 917	14	5.6	0.1	5.4
黑龙江	——	——	——	——	——	——	——	——	——
上海	73	585	6	40	49 845	95	15.4	4.1	11.0
江苏	73	1 723	15	140	60 456	88	59.7	4.4	55.3
浙江	23	440	10	27	28 074	25	5.6	2.5	3.2
其中：宁波	2	40	2	1	1 182	2	0.5	0.3	0.2
安徽	15	329	5	37	9 379	14	3.8	1.1	2.8
福建	——	——	——	——	——	——	——	——	——
其中：厦门	——	——	——	——	——	——	——	——	——
江西	2	54	——	8	2 920	4	0.5	0.2	0.2
山东	48	1 286	28	181	48 751	51	14.3	1.8	12.1
其中：青岛	9	143	3	21	5 241	5	0.6	0.2	0.1
河南	——	——	——	——	——	——	——	——	——
湖北	5	245	1	28	3 866	10	0.8	——	0.7
湖南	3	204	3	8	3 837	13	18.3	0.3	17.4
广东	18	318	——	16	11 112	30	29.4	1.0	28.4
其中：深圳	——	——	——	——	——	——	——	——	——
广西	——	——	——	——	——	——	——	——	——
海南	——	——	——	——	——	——	——	——	——
重庆	6	87	——	6	2 746	15	7.3	0.2	7.1
四川	——	——	——	——	——	——	——	——	——
贵州	2	41	——	2	1 323	1	2.2	0.1	2.2
云南	——	——	——	——	——	——	——	——	——
西藏	——	——	——	——	——	——	——	——	——
陕西	——	——	——	——	——	——	——	——	——
甘肃	——	——	——	——	——	——	——	——	——
青海	1	28	——	——	892	1	1.8	0.1	1.1
宁夏	2	39	——	9	2 137	2	1.6	0.5	1.1
新疆	9	136	——	13	7 635	21	4.6	0.1	4.5

表演场馆(企业)基本情况 (一)

观众人次合计 (千人次)	艺术演出观众人次	电影放映观众人次	实收资本 (千元)	国家资本金	损益及分配：营业收入 (千元)	艺术演出分成收入	电影放映分成收入	营业成本及费用 (千元)	税金及附加 (千元)	主营业务利润 (千元)	其他业务利润 (千元)
143 013	**58 427**	**82 300**	**698 786**	**640 335**	**228 024**	**96 288**	**67 887**	**159 683**	**9 683**	**38 264**	**37 326**
92	92	——	500	500	8 063	8 063	——	1 135	430	6 498	35
142 921	58 335	82 300	698 286	639 835	219 961	88 225	67 887	158 548	9 253	31 766	37 291
168	168	——	6 500	5 000	5 788	5 788	——	6 417	303	− 779	——
280	114	148	4 889	4 235	6 045	731	604	5 177	283	− 150	1 393
1 493	295	1 198	1 285	1 185	776	342	253	869	43	143	123
——	——	——	——	——	——	——	——	——	——	——	——
——	——	——	——	——	——	——	——	——	——	——	——
41	8	33	160	160	905	4	163	627	131	147	——
41	8	33	160	160	905	4	163	627	131	147	——
548	48	500	15 666	14 536	2 872	43	1 909	2 048	115	509	273
——	——	——	——	——	——	——	——	——	——	——	——
4 108	1 594	2 282	14 446	1 500	28 149	15 997	7 355	17 859	613	4 579	1 864
8 658	2 415	6 166	293 687	274 427	73 346	27 239	34 245	52 108	3 421	9 705	14 851
1 258	1 068	190	16 015	8 425	25 885	19 676	1 489	29 930	1 029	−1 624	4 736
28	21	7	1 810	1 810	1 611	40	221	3 596	71	− 556	——
51 228	50 724	487	18 546	16 465	6 847	1 910	613	4 835	372	1 286	491
——	——	——	——	——	——	——	——	——	——	——	——
——	——	——	——	——	——	——	——	——	——	——	——
194	68	126	2 304	2 304	1 086	472	296	568	42	476	176
2 592	1 055	1 410	102 216	99 366	20 665	5 525	4 043	14 449	784	4 778	4 660
246	51	68	5 139	5 139	2 022	513	201	979	37	682	733
——	——	——	——	——	——	——	——	——	——	——	——
399	13	386	14 692	6 300	2 001	2	764	2 112	86	−1 098	75
777	102	660	50 890	50 890	9 178	538	4 896	4 440	497	4 241	75
67 547	426	67 121	51 814	51 399	30 573	8 444	8 530	13 991	1 313	7 142	6 337
——	——	——	——	——	——	——	——	——	——	——	——
——	——	——	——	——	——	——	——	——	——	——	——
——	——	——	——	——	——	——	——	——	——	——	——
989	89	900	33 674	32 939	2 493	654	586	664	13	1 850	512
——	——	——	——	——	——	——	——	——	——	——	——
190	10	180	2 746	2 746	199	20	179	163	7	− 271	576
——	——	——	——	——	——	——	——	——	——	——	——
——	——	——	——	——	——	——	——	——	——	——	——
——	——	——	——	——	——	——	——	——	——	——	——
——	——	——	——	——	——	——	——	——	——	——	——
41	28	13	1 286	1 286	548	332	216	519	36	−7	340
57	18	39	2 475	2 475	349	157	192	420	47	111	131
2 353	92	461	64 995	64 197	2 256	351	1 554	1 352	118	728	678

各地区文化部门艺术

	损益及分配								
	管理费用（千元）	税金	劳动、待业保险	补贴收入（千元）	财政补助	财务费用（千元）	营业利润（千元）	利润总额（千元）	应交所得税（千元）
总计	**153 220**	**3 996**	**12 827**	**28 370**	**21 001**	**8 063**	**−59 477**	**−51 217**	**781**
中央	5 270	——	——	——	——	−16	1 279	1 279	——
地方	147 950	3 996	12 827	28 370	21 001	8 079	−60 756	−52 496	781
北京	98	4	——	——	——	4	−857	−1 050	——
天津	2 865	62	293	200	200	−9	−652	−647	——
河北	311	15	7	1	1	——	−46	−44	——
山西	——	——	——	——	——	——	——	——	——
内蒙古	——	——	——	——	——	——	——	——	——
辽宁	245	——	——	——	——	1	——	−97	——
其中：大连	245	——	——	——	——	1	——	−97	——
吉林	2 956	81	137	239	239	145	−1 500	−1 315	——
黑龙江	——	——	——	——	——	——	——	——	——
上海	8 411	509	444	2 016	200	581	335	−13	204
江苏	48 957	1 361	5 077	1 023	210	2 320	−11 670	−16 970	118
浙江	19 381	246	889	16 981	13 755	723	−19 925	−5 124	114
其中：宁波	628	71	355	250	240	——	——	−556	——
安徽	6 493	126	205	1 824	1 093	245	−2 139	−1 899	——
福建	——	——	——	——	——	——	——	——	——
其中：厦门	——	——	——	——	——	——	——	——	——
江西	970	——	120	200	200	−2	−116	−116	——
山东	20 038	865	3 418	4 403	3 730	387	−8 525	−5 734	——
其中：青岛	2 344	120	206	70	70	2	−436	−458	——
河南	——	——	——	——	——	——	——	——	——
湖北	1 753	186	347	——	——	1 166	−3 222	−3 146	——
湖南	10 182	254	6	140	140	1 859	−7 395	−6 005	——
广东	17 103	85	1 278	360	360	41	−341	−6 262	323
其中：深圳	——	——	——	——	——	——	——	——	——
广西	——	——	——	——	——	——	——	——	——
海南	——	——	——	——	——	——	——	——	——
重庆	4 181	3	126	444	444	439	−2 253	−1 604	——
四川	——	——	——	——	——	——	——	——	——
贵州	1 283	179	80	——	——	167	−1 405	−1 464	2
云南	——	——	——	——	——	——	——	——	——
西藏	——	——	——	——	——	——	——	——	——
陕西	——	——	——	——	——	——	——	——	——
甘肃	——	——	——	——	——	——	——	——	——
青海	387	11	68	——	——	——	−54	−54	——
宁夏	397	9	91	16	16	——	−309	−309	——
新疆	1 939	——	241	523	413	12	−682	−643	20

表演场馆（企业）基本情况 （二）

其他（千元）			年末固定资产原值（千元）	增加值（千元）	上交主办单位数（千元）	固定资产累计折旧（千元）		公用房屋建筑面积（千平方米）	
从业人员劳动报酬	本年应付福利费总额	本年应交增值税					本年折旧		演（映）业务用房
72 330	**6 683**	**523**	**1 699 134**	**96 069**	**4 286**	**331 846**	**41 167**	**1241.7**	**621.99**
907	127	——	1 349	2 831	——	782	215	20.0	3.00
71 423	6 556	523	1 697 785	93 238	4 286	331 064	40 952	1221.7	618.99
1 246	157	——	6 682	716	——	1 656	20	12.9	3.50
2 285	182	——	8 736	2 630	——	2 566	452	45.0	27.84
489	49	——	17 576	614	1	1 478	112	9.5	6.42
——	——	——	——	——	——	——	——	——	——
——	——	——	——	——	——	——	——	——	——
——	——	——	——	131	——	——	——	4.9	2.00
——	——	——	——	131	——	——	——	4.9	2.00
1 458	104	——	28 660	495	——	3 380	102	40.0	12.28
——	——	——	——	——	——	——	——	——	——
9 987	478	476	43 095	14 151	——	7 456	691	135.6	75.12
19 727	1 677	1	644 426	31 911	3 321	153 702	18 049	288.8	142.57
8 355	992	43	240 897	12 116	864	15 877	5 430	231.1	91.92
240	——	——	1 500	632	——	——	——	17.1	5.64
4 611	363	——	41 509	5 851	100	7 080	1 057	73.9	57.82
——	——	——	——	——	——	——	——	——	——
——	——	——	——	——	——	——	——	——	——
460	64	——	3 378	736	——	1 178	150	10.6	9.60
10 767	1 188	——	245 845	13 586	——	49 813	5 292	173.4	104.56
1 030	56	——	17 379	1 061	——	3 127	240	17.2	7.30
——	——	——	——	——	——	——	——	——	——
910	102	——	57 824	−453	——	16 441	1 587	25.9	9.94
1 625	241	——	157 253	−4 453	——	4 530	426	37.0	7.15
6 615	643	3	130 204	12 255	——	48 458	4 223	58.3	38.27
——	——	——	——	——	——	——	——	——	——
——	——	——	——	——	——	——	——	——	——
——	——	——	——	——	——	——	——	——	——
500	46	——	43 746	1 080	——	7 689	2 373	19.5	6.20
——	——	——	——	——	——	——	——	——	——
505	71	——	8 425	113	——	2 817	827	5.3	3.00
——	——	——	——	——	——	——	——	——	——
——	——	——	——	——	——	——	——	——	——
——	——	——	——	——	——	——	——	——	——
——	——	——	——	——	——	——	——	——	——
366	54	——	2 369	379	——	1 752	20	2.9	1.53
364	35	——	8 489	185	——	1 958	58	7.9	5.05
1 153	110	——	8 671	1 195	——	3 233	83	39.4	14.22

各地区参加院线放映的

	机构数（个）	从业人员数（人）	高级职称	中级职称	座席数（个）	屏幕数（个）	演（映）出场次合计（千场次）	艺术演出场次	电影放映场次
总计	**106**	**2 913**	**48**	**250**	**89 722**	**203**	**143.2**	**7.6**	**132.4**
北京	3	96	3	8	4 958	8	3.9	0.7	3.3
天津	4	102	——	1	3 549	14	12.4	0.1	10.1
河北	2	63	4	14	1 493	3	0.9	0.4	0.5
山西	——	——	——	——	——	——	——	——	——
内蒙古	——	——	——	——	——	——	——	——	——
辽宁	——	——	——	——	——	——	——	——	——
其中：大连	——	——	——	——	——	——	——	——	——
吉林	4	145	——	9	2 785	9	4.8	——	4.8
黑龙江	——	——	——	——	——	——	——	——	——
上海	25	355	4	21	16 759	24	10.9	1.7	9.1
江苏	18	748	9	73	20 160	45	42.2	1.5	40.7
浙江	12	173	5	15	10 041	22	5.5	1.3	4.2
其中：宁波	3	33	——	——	1 412	4	1.2	——	1.2
安徽	4	136	2	16	2 571	3	1.8	0.1	1.7
福建	——	——	——	——	——	——	——	——	——
其中：厦门	——	——	——	——	——	——	——	——	——
江西	——	——	——	——	——	——	——	——	——
山东	10	402	17	40	10 330	21	8.9	0.7	8.2
其中：青岛	——	——	——	——	——	——	——	——	——
河南	——	——	——	——	——	——	——	——	——
湖北	2	204	1	27	2 366	9	0.8	——	0.7
湖南	2	164	3	8	3 222	12	17.5	0.1	17.4
广东	15	236	——	15	8 124	28	29.1	0.9	28.2
其中：深圳	——	——	——	——	——	——	——	——	——
广西	——	——	——	——	——	——	——	——	——
海南	——	——	——	——	——	——	——	——	——
重庆	2	15	——	——	718	——	0.1	0.1	——
四川	——	——	——	——	——	——	——	——	——
贵州	——	——	——	——	——	——	——	——	——
云南	——	——	——	——	——	——	——	——	——
西藏	——	——	——	——	——	——	——	——	——
陕西	——	——	——	——	——	——	——	——	——
甘肃	——	——	——	——	——	——	——	——	——
青海	1	28	——	——	892	1	1.8	0.1	1.1
宁夏	——	——	——	——	——	——	——	——	——
新疆	2	46	——	3	1 754	4	2.6	——	2.6

艺术表演场馆基本情况（一）

观众人次合计（千人次）	艺术演出观众人次	电影放映观众人次	实收资本（千元）	国家资本金	损益及分配：营业收入（千元）	艺术演出分成收入	电影放映分成收入	营业成本及费用（千元）	税金及附加（千元）	主营业务利润（千元）	其他业务利润（千元）
79 148	**4 287**	**74 761**	**337 089**	**306 856**	**153 543**	**41 501**	**59 340**	**100 156**	**6 549**	**30 755**	**19 205**
694	577	117	6 000	6 000	21 243	12 301	2 449	13 646	973	4 895	——
180	64	98	2 707	2 707	4 785	314	494	4 773	247	−422	1 111
1 408	258	1 150	1 185	1 185	579	317	81	755	39	85	123
——	——	——	——	——	——	——	——	——	——	——	——
——	——	——	——	——	——	——	——	——	——	——	——
——	——	——	——	——	——	——	——	——	——	——	——
——	——	——	——	——	——	——	——	——	——	——	——
124	2	122	2 198	1 128	1 515	2	1 513	1 112	58	236	205
——	——	——	——	——	——	——	——	——	——	——	——
2 465	854	1 530	13 556	6 100	16 828	6 498	8 490	10 478	534	4 175	1 161
4 083	1 063	3 019	100 280	89 933	40 507	6 571	27 542	29 981	1 693	6 109	7 613
722	504	218	5 550	3 450	16 027	9 737	1 569	12 699	777	3 065	231
69	2	67	1 810	1 810	1 731	40	341	2 166	121	−556	——
370	138	232	11 239	10 658	4 199	——	280	2 252	260	1 522	50
——	——	——	——	——	——	——	——	——	——	——	——
——	——	——	——	——	——	——	——	——	——	——	——
——	——	——	——	——	——	——	——	——	——	——	——
531	254	277	47 946	47 946	11 513	1 319	1 952	7 488	409	2 299	1 470
——	——	——	——	——	——	——	——	——	——	——	——
——	——	——	——	——	——	——	——	——	——	——	——
391	8	383	12 392	4 000	1 996	——	761	2 112	86	−1 098	75
754	97	657	50 000	50 000	9 130	528	4 884	4 328	497	4 305	75
67 228	364	66 864	49 209	49 209	21 709	2 865	8 352	9 486	895	3 201	5 945
——	——	——	——	——	——	——	——	——	——	——	——
——	——	——	——	——	——	——	——	——	——	——	——
——	——	——	——	——	——	——	——	——	——	——	——
66	66	——	31 479	31 479	1 797	569	——	——	3	1 793	341
——	——	——	——	——	——	——	——	——	——	——	——
——	——	——	——	——	——	——	——	——	——	——	——
——	——	——	——	——	——	——	——	——	——	——	——
——	——	——	——	——	——	——	——	——	——	——	——
——	——	——	——	——	——	——	——	——	——	——	——
——	——	——	——	——	——	——	——	——	——	——	——
41	28	13	1 286	1 286	548	332	216	519	36	−7	340
——	——	——	——	——	——	——	——	——	——	——	——
91	10	81	2 062	1 775	1 167	148	757	527	42	597	465

各地区参加院线放映的

	损益及分配								
	管理费用（千元）	税金	劳动、待业保险	补贴收入（千元）	财政补助	财务费用（千元）	营业利润（千元）	利润总额（千元）	应交所得税（千元）
总计	**80 894**	**2 661**	**6 539**	**6 181**	**4 097**	**4 788**	**−20 103**	**−21 371**	**141**
北京	892	12	80	——	——	9	4 182	4 032	2
天津	1 805	29	154	200	200	−8	− 721	− 721	——
河北	310	15	6	——	——	——	− 102	− 102	——
山西	——	——	——	——	——	——	——	——	——
内蒙古	——	——	——	——	——	——	——	——	——
辽宁	——	——	——	——	——	——	——	——	——
其中：大连	——	——	——	——	——	——	——	——	——
吉林	2 112	7	44	239	239	145	−1 465	− 851	——
黑龙江	——	——	——	——	——	——	——	——	——
上海	7 977	465	507	1 896	80	73	69	199	44
江苏	22 698	876	2 847	175	——	682	−1 953	−3 904	47
浙江	4 173	330	532	330	320	43	− 695	−1 263	48
其中：宁波	448	71	355	250	240	——	——	− 556	——
安徽	2 452	108	31	216	150	245	− 767	− 890	——
福建	——	——	——	——	——	——	——	——	——
其中：厦门	——	——	——	——	——	——	——	——	——
江西	——	——	——	——	——	——	——	——	——
山东	7 341	292	612	2 265	2 248	95	−3 703	479	——
其中：青岛	——	——	——	——	——	——	——	——	——
河南	——	——	——	——	——	——	——	——	——
湖北	1 730	186	324	——	——	1 166	−3 222	−3 146	——
湖南	9 941	254	6	100	100	1 859	−7 395	−5 740	——
广东	13 705	76	1 061	360	360	41	−1 324	−7 198	——
其中：深圳	——	——	——	——	——	——	——	——	——
广西	——	——	——	——	——	——	——	——	——
海南	——	——	——	——	——	——	——	——	——
重庆	3 702	——	26	400	400	438	−2 346	−1 605	——
四川	——	——	——	——	——	——	——	——	——
贵州	——	——	——	——	——	——	——	——	——
云南	——	——	——	——	——	——	——	——	——
西藏	——	——	——	——	——	——	——	——	——
陕西	——	——	——	——	——	——	——	——	——
甘肃	——	——	——	——	——	——	——	——	——
青海	387	11	68	——	——	——	−54	−54	——
宁夏	——	——	——	——	——	——	——	——	——
新疆	1 669	——	241	——	——	——	− 607	− 607	——

艺术表演场馆基本情况（二）

其他（千元） 从业人员劳动报酬	本年应付福利费总额	本年应交增值税	年末固定资产原值（千元）	增加值（千元）	上交主办单位数（千元）	固定资产累计折旧（千元）	本年折旧	公用房屋建筑面积（千平方米）	演（映）业务用房
39 357	**3 439**	**58**	**881 242**	**58 881**	**3 465**	**217 803**	**24 236**	**502.70**	**310.00**
2 403	290	11	74 988	11 188	——	32 264	3 618	18.09	12.94
1 766	181	——	6 468	1 785	——	2 125	264	35.57	23.61
4485	49	——	3 378	419	1	755	32	8	5.8
——	——	——	——	——	——	——	——	——	——
——	——	——	——	——	——	——	——	——	——
——	——	——	——	——	——	——	——	——	——
——	——	——	——	——	——	——	——	——	——
468	18	——	6 396	－693	——	1 226	——	9.21	4.9
——	——	——	——	——	——	——	——	——	——
7 486	190	1	31 503	10 929	——	8 516	479	49.63	21.38
9 482	696	1	248 892	17 337	3 000	59 162	7 064	107.66	69.5
2 366	137	42	34 397	5 547	364	8 261	2 439	46.48	32.01
50	——	——	800	792	——	300	300	7.61	4.64
1 784	209	——	17 268	2 057	100	4 677	456	48.16	46.89
——	——	——	——	——	——	——	——	——	——
——	——	——	——	——	——	——	——	——	——
——	——	——	——	——	——	——	——	——	——
4 752	672	——	82 341	5 534	——	22 399	1 519	59.51	39.26
——	——	——	——	——	——	——	——	——	——
——	——	——	——	——	——	——	——	——	——
899	102	——	51 137	－464	——	16 358	1 587	18.46	5.44
1 466	241	——	151 341	－4 676	——	3 986	402	34.12	6.4
5 054	532	3	126 143	9 133	——	46 649	4 072	51.72	36.57
——	——	——	——	——	——	——	——	——	——
——	——	——	——	——	——	——	——	——	——
——	——	——	——	——	——	——	——	——	——
269	18	——	38 990	587	——	6 682	2 261	11.4	3.22
——	——	——	——	——	——	——	——	——	——
——	——	——	——	——	——	——	——	——	——
——	——	——	——	——	——	——	——	——	——
——	——	——	——	——	——	——	——	——	——
——	——	——	——	——	——	——	——	——	——
——	——	——	——	——	——	——	——	——	——
366	54	——	2 369	379	——	1 752	20	2.85	1.53
——	——	——	——	——	——	——	——	——	——
361	50	——	5 631	－181	——	2 991	23	4.03	1.5

文化部直属与省、地、县级艺术表演团体对比情况

（平均每团）

	中央	省级	地级	县级
演职员人数	354	137.00	70	34
全年演出场次（场）	200.00	210.05	184.97	153.48
其中：农村（场）	11	47	77	115
财政补贴收入（千元）	19414.33	7552.58	2329.84	402.77
人均补贴收入（千元）	54.89	55.21	33.38	11.99
其中：演出收入（千元）	11984.67	1711.52	541.04	141.04
人均收入（千元）	116.8	78.9	46.49	17.93
人均支出（千元）	111.47	77.32	46.41	17.91
经费自给率（%）	57.09	28.41	26.51	31.29

艺术业主要指标解释

1. **本年新排上演剧目**:指戏曲、话剧、歌剧、舞剧、歌舞剧、木偶、皮影剧团在本年新排并在本年上演的剧目。不包括音乐、舞蹈、曲艺、杂技等。

2. **本团创作首演剧目**:指上述剧团本团创作并在本年首演的剧目。

3. **演出场次**:指以场为计量单位的在国内和国外的艺术表演的次数。

4. **国内演出场次**:指在国内的艺术表演的次数,包括售票、包场等有演出收入的演出场数和到老、少、边、山、穷地区免费演出的场数,以及参加汇演、调演等无演出收入的公开演出场次。不包括彩排审查和内部观摩演出等类无演出收入场数。

场数的计算,通常以售票、发票一次(或在其它地点进行一次艺术表演活动相当于剧场演出一场的时间)为一场。按时收费的,按日场、晚场或早场等一般习惯(约 1 至 2 小时)计算。评弹等曲艺演出计算场数,可按演出 1 至 2 小时为一场的原则进行折算。独幕剧或音乐、舞蹈、曲、杂、木、皮节目组成专场演出时,不论包括几个独幕剧或节目,一律按一场计算。

5. **农村演出场次**:指各级剧团到乡以下(含乡)农村和林区、牧区、渔区的演出。不论在本省或外省,凡到上述地区演出,均计入农村演出。

6. **本团新创作剧目演出场次**:指剧团本团创作并在本年首演的剧目演出总场次。

7. **国内演出观众人次**:指计入演出场数相关的观众人次。按时收费的,按进场观众人数计数,不论进场早晚,在场内时间多久,进一人,算一人次。

8. **本团新创剧目观众人次**:指观看剧团新创作并在本年首演的剧目演出的总观众人次。

9. **排练制作费**:指艺术表演团体在排练剧(节)目过程中所支付的一切费用,如服装、布景、道具等费用。

10. **演出费**:指艺术表演团体在演出剧(节)目过程中所支付的一切费用,如宣传费、场租费、旅运费、演出补助费等。

11. **本年新创首演剧目费用支出总额**:指剧团为本团创作并在本年首演的剧目演出支出的费用总和。包括剧本编写、剧目排练、宣传等所有与该剧目演出有关的所发生的人员、公用费用等支出的合计数。

11. **座席数**:指艺术表演场馆可向观众售票的实际座席数。

12. **演(映)出场次合计、观众人次合计**:指艺术演出、电影放映等全部有收入的场次和观众人次。

13. **演(映)出业务用房**:指在艺术表演场馆中用于演(映)出服务的设施面积。多功能艺术表演的场所应包括观众厅、门厅、舞台部分(主台、侧台、后台)的建筑面积和辅助设施:休息室、化妆间、服装间、道具间、舞台设备控制间(灯控间、音控间、放映间等)的建筑面积以及配电设施、消防通道的建筑面积。若属非独立建筑的,则按使用面积计算。

各 地 区 公 共 图

	机构数（个）	从业人员数（人）	从业人员数：高级职称	从业人员数：中级职称	总藏量	总藏量：图书	图书：古籍	古籍：善本
总　计	**2 778**	**51 311**	**3 631**	**15 159**	**500 245**	**375 129**	**27 700**	**2 373**
中　央	1	1 418	174	567	25 704	9 704	1 920	277
地　方	2 777	49 893	3 457	14 592	474 541	365 425	25 780	2 096
北　京	24	1 216	58	271	12 060	10 928	507	34
天　津	32	1 086	98	352	9 451	8 364	552	103
河　北	156	1 680	153	544	13 510	11 155	599	35
山　西	122	1 629	75	461	9 934	7 684	776	123
内蒙古	110	1 754	113	555	7 610	6 600	314	16
辽　宁	127	2 931	238	1 157	24 001	19 430	1 127	233
其中：大连	13	418	35	167	5 006	4 127	260	23
吉　林	64	1 767	193	666	12 286	10 776	600	68
黑龙江	95	1 797	238	745	14 360	11 523	460	26
上　海	28	2 425	182	552	60 624	21 701	1 960	192
江　苏	104	2 429	258	804	34 102	30 423	3 360	198
浙　江	92	2 433	187	699	24 970	20 526	1 926	56
其中：宁波	12	252	9	72	3 027	2 546	169	2
安　徽	85	1 219	87	314	9 070	7 324	718	33
福　建	85	1 113	64	303	13 616	11 246	552	75
其中：厦门	8	160	6	41	2 298	1 884	76	1
江　西	105	1 409	66	277	13 089	10 675	1 068	51
山　东	145	2 707	391	1 135	28 464	23 621	1 347	114
其中：青岛	13	270	32	94	3 520	3 081	152	1
河　南	136	2 784	93	551	14 703	12 276	1 140	66
湖　北	102	2 243	153	911	19 811	16 104	1 005	80
湖　南	120	1 968	102	627	17 041	14 159	1 210	86
广　东	129	3 425	163	552	34 538	29 658	850	54
其中：深圳	8	490	54	114	5 600	4 753	15	1
广　西	100	1 484	118	431	15 639	11 833	516	27
海　南	20	250	6	25	1 927	1 576	7	——
重　庆	43	759	64	230	7 920	6 193	748	76
四　川	146	1 889	68	500	20 944	16 960	1 594	84
贵　州	91	883	45	193	7 707	6 569	283	20
云　南	149	1 693	76	607	13 967	11 330	1 005	45
西　藏	3	66	4	16	447	356	10	3
陕　西	111	1 777	45	332	9 133	7 727	664	78
甘　肃	92	1 219	40	215	8 724	7 007	561	88
青　海	43	380	18	117	2 885	2 333	62	12
宁　夏	20	487	25	154	3 886	3 479	148	6
新　疆	98	991	36	296	8 107	5 873	98	——

书馆基本情况（一）

（千册、件、套）			总藏量中：	当年购买的报刊种类（种）	书架单层总长度（千米）	累计发放有效借书证数（千个）	总流通人次		书刊文献外借册次（千册次）
报刊	缩微制品、视听文献	其它	开架书刊（千册、件、套）				（千人次）	书刊文献外借人次	
67 479	**20 296**	**37 341**	**164 786**	**816 293**	**14 127**	**11 598**	**252 175**	**114 079**	**210 393**
12 569	1 483	1 947	——	22 100	333	96	3 905	1 105	3 315
54 910	18 813	35 394	164 786	794 193	13 794	11 502	248 270	112 974	207 078
533	404	194	6 881	20 618	172	621	7 465	4 043	7 340
609	123	354	4 110	14 864	195	261	4 739	1 801	3 592
1 526	354	474	5 453	23 643	490	437	5 884	3 674	4 966
1 905	91	253	3 775	13 340	158	209	2 566	1 235	2 277
824	22	163	2 030	6 428	276	155	3 236	1 487	2 598
2 391	522	1 656	10 641	36 950	454	480	12 090	5 398	12 446
316	227	334	2 745	9 927	72	193	3 059	1 449	3 093
1 264	113	132	3 135	17 135	181	161	5 512	2 242	4 322
1 876	58	902	6 424	19 273	210	345	5 473	2 131	4 252
3 040	12 831	23 050	8 826	36 645	551	555	13 424	4 357	10 869
2 664	331	683	10 312	53 899	863	822	17 527	10 940	16 421
2 801	798	843	10 812	64 645	827	829	16 509	8 153	16 117
324	51	103	1 536	9 604	383	120	3 435	1 296	2 314
1 448	14	284	1 966	33 938	174	250	5 599	2 784	4 162
1 648	183	538	5 770	26 695	268	254	7 124	3 769	7 002
195	91	127	1 841	4 435	53	83	1 519	771	1 152
1 793	94	526	4 226	19 549	192	157	4 602	2 434	4 372
3 638	127	1 076	10 769	47 293	901	757	13 342	6 953	11 658
370	6	61	1 786	12 636	53	126	2 714	1 673	2 279
2 236	66	123	4 306	20 451	305	292	7 804	4 673	6 966
2 960	212	533	9 318	31 474	1 008	749	11 974	5 663	10 779
2 394	256	231	6 834	19 416	353	635	9 596	4 697	8 796
3 503	684	691	19 004	76 319	2 620	1 727	46 947	17 772	30 968
556	82	208	1 143	16 301	1 432	410	10 514	849	2 389
3 202	220	382	5 205	31 083	759	323	13 809	3 747	6 835
320	——	30	1 019	5 127	34	29	1 386	288	438
734	71	920	2 235	13 223	119	121	3 301	2 066	5 862
3 306	274	403	5 554	52 592	1 173	295	8 894	3 679	7 132
956	35	146	2 196	12 297	131	112	1 901	845	1 231
2 115	321	199	4 334	41 769	421	268	6 945	3 171	6 312
73	——	16	189	1 605	23	7	25	7	55
1 152	60	192	2 216	14 030	164	239	3 683	1 819	2 778
1 528	33	154	3 035	12 507	405	127	3 059	1 500	2 651
390	6	155	519	2 341	78	66	567	273	459
385	13	8	379	4 697	142	52	1 602	534	1 722
1 681	484	67	3 295	20 347	128	151	1 672	826	1 686

各地区公共图

	为读者举办各种活动		信息化装备				
	次数（次）	参加人次（千人次）	计算机（台）	电子阅览室终端数	网站数（个）	因特网总带数（Mbps）	共享工程服务点（个）
总计	**83 117**	**27 415**	**75 297**	**37 148**	**762**	**15 226**	**14 355**
中央	729	149	1 751	96	1	112	——
地方	82 388	27 265	73 546	37 052	761	15 114	14 355
北京	5 654	1 409	2 954	1 063	23	561	361
天津	1 127	1 804	1 760	888	11	186	98
河北	2 281	425	2 379	1 225	22	261	838
山西	1 075	623	1 393	565	17	260	194
内蒙古	570	127	871	279	8	74	67
辽宁	5 599	2 401	3 728	1 440	21	253	201
其中：大连	426	417	1 147	464	3	22	37
吉林	2 123	424	1 418	569	14	87	407
黑龙江	917	497	2 456	1 385	9	755	164
上海	4 809	1 122	4 534	1 317	37	211	420
江苏	2 932	2 152	5 613	3 219	50	1 192	98
浙江	2 039	1 439	6 448	3 331	57	3 237	4 115
其中：宁波	257	233	1 160	666	4	350	3 353
安徽	2 242	292	1 623	862	13	520	169
福建	1 475	983	1 981	1 051	21	241	71
其中：厦门	693	565	559	223	4	28	3
江西	1 576	511	1 670	451	75	514	151
山东	1 834	1 124	4 307	2 429	29	1 330	1 245
其中：青岛	418	353	802	488	4	129	830
河南	1 255	518	1 914	1 156	35	468	318
湖北	2 389	1 924	4 197	2 632	81	573	648
湖南	2 416	1 487	1 883	1 312	28	378	835
广东	21 451	3 189	7 582	3 782	83	2 320	2 156
其中：深圳	18 252	287	1 313	263	8	297	605
广西	1 294	933	1 992	1 021	21	148	355
海南	55	30	642	335	3	112	29
重庆	577	522	1 507	949	17	319	239
四川	5 559	1 017	3 684	2 378	39	414	402
贵州	752	420	615	347	2	73	154
云南	904	666	2 299	1 095	21	236	179
西藏	4	——	88	45	1	20	3
陕西	2 558	432	1 369	432	6	155	106
甘肃	3 699	410	1 002	521	6	86	117
青海	173	66	225	109	1	6	52
宁夏	241	79	261	159	2	11	67
新疆	2 808	225	1 151	705	8	113	96

书 馆 基 本 情 况（二）

本年新购藏量（千册、件）	新购图书	年末固定资产原值（千元）	增加值（千元）	公用房屋建筑面积（千平方米）	书库	阅览室	书刊阅览室	电子阅览室	阅览室座席数（千个）	少儿阅览室座席数
21 020	**16 860**	**13 293 513**	**2 186 246**	**7 189**	**1 755**	**1 590**	**1 124**	**194**	**500**	**142**
747	319	1 662 174	170 111	164	50	21	21	——	3	——
20 273	16 541	11 631 339	2 016 135	7 025	1 705	1 569	1 103	194	497	142
1 592	1 519	799 374	90 779	155	28	34	26	5	12	3
856	812	178 251	56 735	126	37	30	19	5	9	2
507	387	276 146	49 874	260	64	55	34	6	20	6
224	171	152 045	43 865	167	48	43	32	5	14	4
162	142	182 245	47 432	155	36	39	28	3	14	4
933	793	692 240	106 032	386	78	81	58	9	26	9
267	233	108 821	16 343	114	19	26	19	4	7	3
312	216	185 721	52 297	136	33	39	20	3	12	3
462	370	166 706	52 375	219	47	52	34	7	14	4
1 175	1 027	1 812 403	212 018	235	79	45	37	5	14	3
1 682	1 362	827 303	153 279	491	122	97	67	16	26	8
1 909	1 628	829 180	158 701	453	100	107	85	16	28	7
369	340	71 963	19 252	78	6	25	22	2	5	1
460	341	131 144	42 661	154	28	29	20	3	11	3
749	523	301 081	48 786	238	64	59	42	6	17	5
289	187	69 292	11 985	25	9	8	7	1	2	1
343	250	171 100	38 851	215	54	61	34	5	17	6
1 015	776	625 784	112 666	401	98	83	64	12	27	8
217	169	121 286	19 708	54	6	15	12	2	5	1
372	308	244 658	53 661	271	81	50	27	5	18	5
572	484	291 544	59 667	280	70	64	45	10	25	7
441	318	213 994	48 523	260	84	61	50	6	23	9
3 558	2 962	1 010 415	199 713	781	129	143	98	23	45	9
1 228	1 152	191 924	42 787	80	13	19	15	4	7	1
447	279	331 344	59 957	225	70	65	52	4	19	7
56	21	30 599	6 735	73	13	7	4	1	3	1
276	192	129 350	24 451	134	35	28	19	4	9	3
893	738	837 977	76 438	274	72	78	54	13	22	7
141	103	101 523	27 023	134	33	36	22	3	11	3
355	247	396 213	59 872	276	71	53	38	6	20	6
11	10	37 213	3 786	24	7	4	1	1	1	——
236	194	329 616	36 991	191	35	44	32	3	12	3
133	114	130 925	32 666	113	34	32	23	4	12	3
26	11	46 154	14 459	33	9	6	3	1	2	——
62	53	44 309	14 720	42	14	11	6	1	4	1
313	190	124 782	31 122	123	32	33	29	3	10	3

各地区公共图

	本年收入合计（千元）							本	
		财政拨款	上级补助收入	事业收入	经营收入	附属单位上缴收入	其他收入		基本支出
总　计	**3 660 892**	**3 194 791**	**63 600**	**212 141**	**34 974**	**6 110**	**149 276**	**3 440 759**	**2 307 925**
中　央	341 974	292 112	78	32 740	6 434	4 989	5 621	301 403	135 733
地　方	3 318 918	2 902 679	63 522	179 401	28 540	1 121	143 655	3 139 356	2 172 192
北　京	176 387	155 612	4 605	9 195	1 401	——	5 574	178 456	80 739
天　津	103 267	92 647	1 701	4 787	80	——	4 052	96 792	84 796
河　北	68 724	65 832	628	714	464	——	1 086	65 674	56 272
山　西	64 151	55 793	3 661	2 432	1 756	400	109	59 786	46 441
内蒙古	55 960	53 580	2	881	——	——	1 497	55 635	54 869
辽　宁	160 379	150 063	412	7 114	20	——	2 770	159 802	110 371
其中：大连	37 529	35 274	——	1 904	——	——	351	37 152	16 552
吉　林	68 863	65 255	1 113	328	693	517	957	68 688	55 551
黑龙江	77 019	73 129	949	1 155	——	——	1 786	77 604	62 004
上　海	405 915	323 577	3 954	64 680	2 229	86	11 389	385 885	214 720
江　苏	348 735	310 827	4 775	16 879	2 593	25	13 636	239 761	186 630
浙　江	262 626	216 563	6 314	16 475	1 714	36	21 524	259 511	168 648
其中：宁波	32 519	28 735	1 000	725	——	——	2 059	31 706	21 586
安　徽	65 902	58 564	1 210	1 907	162	30	4 029	63 979	35 662
福　建	76 717	65 333	1 666	2 777	2 997	——	3 944	72 218	52 486
其中：厦门	18 873	17 268	——	1 295	13	——	297	19 507	14 054
江　西	49 802	41 023	1 298	3 032	3 094	——	1 355	50 744	40 829
山　东	151 829	140 841	940	6 863	——	——	3 185	149 738	117 925
其中：青岛	24 282	22 163	487	717	——	——	915	24 611	17 353
河　南	73 484	65 882	3 714	1 675	1 487	——	726	69 787	48 868
湖　北	92 636	75 789	2 058	4 807	364	2	9 616	91 197	55 317
湖　南	74 170	61 626	1 729	3 674	3 178	11	3 952	71 244	63 401
广　东	383 796	318 193	13 768	12 249	2 527	——	37 059	397 523	241 928
其中：深圳	110 281	68 086	10 693	2 110	520	——	28 872	126 667	94 998
广　西	75 142	65 418	775	3 948	131	——	4 870	74 433	56 321
海　南	20 917	19 772	406	29	5	——	705	11 890	5 470
重　庆	46 712	40 222	2 025	3 090	337	——	1 038	39 942	26 205
四　川	98 582	89 633	1 828	4 094	879	——	2 148	90 568	55 118
贵　州	48 146	44 077	1 174	678	36	——	2 181	43 136	35 999
云　南	80 722	73 476	924	2 273	2 313	——	1 736	76 138	54 146
西　藏	3 503	3 503	——	——	——	——	——	3 463	2 425
陕　西	56 278	52 953	303	1 996	75	——	951	56 567	53 138
甘　肃	49 721	47 482	1 200	441	——	——	598	48 538	44 106
青　海	16 841	16 364	176	74	——	14	213	16 829	15 867
宁　夏	17 995	17 563	——	150	——	——	282	17 731	15 923
新　疆	43 997	42 087	214	1 004	5	——	687	46 097	30 017

书馆基本情况（三）

年支出合计（千元）											
		在支出合计中									
项目支出	经营支出	人员支出	社会保障缴费	公用支出	福利费	维修费	各种设备购置费	新增藏量购置费	图书购置费	税金支出	对个人和家庭补助支出
970 006	**21 341**	**1 269 944**	**111 030**	**1 636 283**	**31 523**	**85 884**	**931 938**	**727 533**	**660 948**	**16 009**	**336 965**
164 583	1 087	48 993	1 620	172 670	8 369	4 653	130 027	130 027	130 027	2 165	44 097
805 423	20 254	1 220 951	109 410	1 463 613	23 154	81 231	801 911	597 506	530 921	13 844	292 868
82 573	339	45 270	2 130	114 429	502	7 355	68 637	45 316	41 876	1 057	11 975
7 544	39	37 264	2 528	44 972	402	1 252	29 110	26 277	25 896	343	11 596
4 703	470	30 935	1 806	26 253	347	1 647	14 565	11 079	9 492	198	7 348
9 025	1 756	31 165	1 840	21 603	644	2 064	10 101	6 620	4 376	106	5 868
766	——	33 905	1 532	14 057	428	1 066	6 034	3 389	2 813	108	5 701
32 916	——	57 320	4 813	72 339	1 146	5 909	25 510	22 767	20 792	704	19 168
16 566	——	10 561	1 934	22 702	472	2 705	8 791	8 049	7 037	8	949
9 437	690	33 414	1 338	23 402	167	1 432	10 724	8 072	7 576	49	11 238
12 316	——	34 730	1 629	22 427	223	1 152	11 520	7 878	6 585	152	10 551
162 573	368	123 235	20 767	243 735	2 812	12 041	134 315	111 646	106 864	1 694	11 781
50 648	1 999	87 320	6 955	111 222	1 887	5 413	65 479	50 718	43 695	1 075	29 905
79 890	1 200	98 614	13 081	128 872	3 759	8 038	66 140	52 632	43 749	1 494	21 667
10 120	——	13 076	2 349	15 907	521	449	9 785	7 370	6 592	56	2 720
18 415	136	26 004	2 693	25 869	329	1 422	11 261	7 244	5 934	97	10 985
15 855	945	28 260	3 595	32 923	320	1 545	17 548	15 889	13 014	571	7 592
5 453	——	6 798	836	10 313	76	113	4 781	4 507	2 465	——	2 339
7 061	896	23 299	1 814	18 947	737	2 493	10 246	8 705	8 065	1 049	6 922
28 147	——	69 632	9 390	61 075	656	3 755	31 027	24 742	19 224	484	16 863
4 170	——	12 549	1 921	8 810	202	39	5 158	4 883	4 833	35	2 071
10 082	1 596	34 970	3 672	22 788	519	1 283	10 953	9 862	8 269	138	8 248
26 645	662	37 351	2 920	42 386	1 091	3 090	22 502	17 018	15 342	420	9 143
4 366	3 145	32 110	3 326	28 526	918	2 519	14 376	10 267	9 136	643	6 292
149 180	920	125 974	10 645	205 730	3 224	5 753	134 692	88 321	80 564	1 286	28 812
31 528	——	28 807	2 464	74 889	784	1 859	49 317	23 820	22 826	197	5 322
14 408	67	35 755	2 212	23 816	508	1 797	14 015	9 991	7 471	766	9 674
4 382	——	5 202	717	2 557	32	93	1 093	1 014	661	7	270
9 600	785	14 088	864	19 856	294	1 648	9 800	6 235	5 703	276	4 619
27 481	765	33 797	3 160	43 231	864	2 610	24 170	15 667	12 303	295	7 963
7 137	——	17 508	499	19 399	122	383	9 626	4 273	3 834	104	5 228
14 561	2 697	38 685	1 613	21 881	260	934	11 732	9 635	8 432	573	4 505
648	——	1 964	47	1 157	41	205	874	550	400	——	292
1 505	725	20 861	789	29 510	354	1 892	11 325	5 249	5 042	16	2 567
4 264	49	21 589	730	16 875	263	450	10 591	6 493	5 876	31	5 546
843	——	9 782	191	4 108	11	374	1 715	785	715	18	2 802
541	——	10 235	431	4 250	32	452	2 267	2 005	1 326	11	2 670
7 911	5	20 713	1 683	15 418	262	1 164	9 963	7 167	5 896	79	5 077

各地区少儿公共

	机构数（个）	从业人员数（人）			总藏量			
			高级职称	中级职称		图书		
							古籍	
								善本
总　计	**86**	**1 605**	**149**	**526**	**14 580**	**12 826**	**58**	**3**
北　京	4	95	4	14	762	657	——	——
天　津	12	196	18	58	1 358	1 260	——	——
河　北	1	5	——	4	50	50	——	——
山　西	1	15	1	3	93	68	——	——
内蒙古	2	30	——	9	169	148	——	——
辽　宁	15	273	30	92	1 997	1 778	——	——
其中：大连	1	43	9	17	424	358	——	——
吉　林	3	93	18	27	511	439	——	——
黑龙江	1	17	1	11	47	21	——	——
上　海	5	113	8	29	1 247	1 162	——	——
江　苏	6	49	10	23	753	709	1	——
浙　江	3	100	12	34	865	730	——	——
其中：宁波	——	——	——	——	——	——	——	——
安　徽	2	49	1	6	122	84	——	——
福　建	5	72	4	22	804	726	——	——
其中：厦门	3	46	2	12	501	445	——	——
江　西	——	——	——	——	——	——	——	——
山　东	1	8	——	3	76	74	——	——
其中：青岛	——	——	——	——	——	——	——	——
河　南	1	16	1	6	111	86	——	——
湖　北	4	79	6	41	914	702	38	3
湖　南	6	139	12	58	1 214	1 121	——	——
广　东	4	113	12	35	2 280	2 105	7	——
其中：深圳	1	31	3	15	370	335	——	——
广　西	3	57	2	26	611	360	——	——
海　南	——	——	——	——	——	——	——	——
重　庆	1	46	8	17	397	359	——	——
四　川	——	——	——	——	——	——	——	——
贵　州	——	——	——	——	——	——	——	——
云　南	3	2	——	1	55	55	——	——
西　藏	——	——	——	——	——	——	——	——
陕　西	2	25	1	6	130	116	10	——
甘　肃	1	13	——	1	7	7	——	——
青　海	——	——	——	——	——	——	——	——
宁　夏	——	——	——	——	——	——	——	——
新　疆	——	——	——	——	——	——	——	——

图书馆基本情况（一）

（千册、件、套）报刊	缩微制品、视听文献	其它	总藏量中：开架书刊（千册、件、套）	当年购买的报刊种类（种）	书架单层总长度（千米）	累计发放有效借书证数（千个）	总流通人次（千人次）	书刊文献外借人次	书刊文献外借册次（千册次）
853	**507**	**394**	**9 213**	**25 541**	**141**	**711**	**12 226**	**6 755**	**12 383**
60	33	11	674	1 594	8	52	603	465	535
17	34	45	705	1 594	6	31	682	575	914
——	——	——	37	215	——	——	26	20	20
24	——	——	——	——	——	——	4	2	2
17	1	2	16	52	2	18	78	29	32
85	50	82	994	3 145	36	66	1 349	844	2 059
3	13	48	298	453	5	35	367	166	474
61	——	10	100	584	8	12	283	131	336
9	——	16	30	116	——	3	93	59	96
5	79	——	851	1 870	12	56	939	329	737
30	13	——	617	1 215	6	39	1 193	587	1 044
56	76	1	685	2 306	4	71	597	316	715
——	——	——	——	——	——	——	——	——	——
36	1	——	49	644	1	11	386	220	339
40	12	25	606	1 605	10	49	1 272	1 029	1 302
18	12	25	371	1 029	7	48	822	639	794
——	——	——	——	——	——	——	——	——	——
1	——	——	58	223	1	8	44	27	76
——	——	——	——	——	——	——	——	——	——
23	——	——	110	208	——	4	110	110	146
18	15	177	484	1 139	7	50	457	175	465
50	36	6	1 040	2 098	11	74	701	290	627
56	104	14	1 806	3 704	11	142	1 756	427	1 015
18	16	——	20	1 643	1	3	80	16	80
215	35	——	18	1 933	7	13	915	564	631
——	——	——	——	——	——	——	——	——	——
27	10	——	238	1 051	2	——	655	510	1 181
——	——	——	——	——	——	——	——	——	——
——	——	——	——	——	——	——	——	——	——
——	——	——	55	58	——	——	11	8	11
——	——	——	——	——	——	——	——	——	——
14	——	——	31	183	1	2	61	30	89
——	——	——	——	4	——	3	4	——	2
——	——	——	——	——	——	——	——	——	——
——	——	——	——	——	——	——	——	——	——
——	——	——	——	——	——	——	——	——	——

各地区少儿公共

	为读者举办各种活动		信息化装备				共享工程服务点（个）
	次数（次）	参加人次（千人次）	计算机（台）	电子阅览室终端数	网站数（个）	因特网总带数（Mbps）	
总计	**5 360**	**3 920**	**3 125**	**1 635**	**33**	**428**	**203**
北京	605	102	217	106	2	6	1
天津	262	962	283	202	1	23	17
河北	8	6	——	——	——	——	——
山西	9	3	23	23	1	10	1
内蒙古	47	10	23	20	——	——	2
辽宁	468	1 193	468	207	3	29	31
其中：大连	81	4	188	125	1	8	1
吉林	331	65	72	59	1	4	7
黑龙江	10	6	2	2	——	——	——
上海	1 421	270	369	271	2	14	——
江苏	141	194	204	123	4	41	5
浙江	281	142	195	99	3	112	3
其中：宁波	——	——	——	——	——	——	——
安徽	39	8	80	49	1	20	21
福建	614	128	213	109	2	17	15
其中：厦门	570	114	151	66	1	6	——
江西	——	——	——	——	——	——	——
山东	7	——	21	——	1	——	3
其中：青岛	——	——	——	——	——	——	——
河南	12	12	13	——	——	——	——
湖北	179	86	133	78	2	20	4
湖南	343	181	129	78	4	12	2
广东	238	312	402	110	4	108	1
其中：深圳	16	48	91	——	2	4	——
广西	137	97	120	12	1	2	1
海南	——	——	——	——	——	——	——
重庆	129	110	149	87	1	10	87
四川	——	——	——	——	——	——	——
贵州	——	——	——	——	——	——	——
云南	2	——	1	——	——	——	——
西藏	——	——	——	——	——	——	——
陕西	72	25	8	——	——	——	2
甘肃	5	——	——	——	——	——	——
青海	——	——	——	——	——	——	——
宁夏	——	——	——	——	——	——	——
新疆	——	——	——	——	——	——	——

图书馆基本情况（二）

本年新购藏量（千册、件）	新购图书	年末固定资产原值（千元）	增加值（千元）	公用房屋建筑面积（千平方米）	书库	阅览室	书刊阅览室	电子阅览室	阅览室座席数（千个）	少儿阅览室座席数
1 405	**1 206**	**358 465**	**74 582**	**178**	**25**	**49**	**35**	**8**	**20**	**18**
105	102	41 959	4 813	14	1	5	4	1	2	2
112	107	14 210	7 454	14	2	4	2	1	1	1
13	13	——	——	1	——	1	——	——	——	——
——	——	503	795	——	——	——	——	——	——	——
3	3	1 169	671	3	——	1	——	——	——	——
209	183	44 530	9 420	27	4	6	3	1	3	3
71	58	25 008	2 185	6	1	2	——	1	1	1
37	32	11 573	3 503	7	1	1	——	——	1	1
1	——	——	374	1	——	——	——	——	——	——
128	96	28 339	7 649	12	2	3	3	1	2	2
57	48	20 856	3 240	13	2	5	4	1	2	2
86	64	59 998	8 768	19	——	5	3	1	1	1
——	——	——	——	——	——	——	——	——	——	——
18	12	7 352	1 276	3	——	——	——	——	——	——
105	91	22 976	4 900	11	2	3	3	——	1	1
82	69	18 413	3 794	8	1	3	2	——	1	1
——	——	——	——	——	——	——	——	——	——	——
2	2	700	500	4	——	2	——	1	——	——
——	——	——	——	——	——	——	——	——	——	——
14	11	1 418	536	——	——	——	——	——	——	——
58	47	11 945	3 747	6	2	2	2	——	1	1
44	30	18 780	4 077	18	6	3	3	——	2	2
324	287	53 543	7 808	11	1	4	4	——	1	1
111	90	12 158	2 384	1	——	1	——	——	——	——
37	30	8 963	2 092	7	1	2	2	——	1	1
——	——	——	——	——	——	——	——	——	——	——
39	37	7 882	2 313	4	——	2	1	——	——	——
——	——	——	——	——	——	——	——	——	——	——
——	——	——	——	——	——	——	——	——	——	——
——	——	——	10	——	——	——	——	——	——	——
——	——	——	——	——	——	——	——	——	——	——
3	2	1 666	379	2	1	1	——	——	——	——
——	——	103	249	——	——	——	——	——	——	——
——	——	——	——	——	——	——	——	——	——	——
——	——	——	——	——	——	——	——	——	——	——
——	——	——	——	——	——	——	——	——	——	——

各地区少儿公共

	本年收入合计（千元）							本	
		财政拨款	上级补助收入	事业收入	经营收入	附属单位上缴收入	其他收入		基本支出
总计	**136 086**	**114 995**	**5 064**	**7 607**	**1 746**	**——**	**6 674**	**131 275**	**87 022**
北京	7 555	6 937	26	14	382	——	196	7 109	4 360
天津	18 067	16 416	41	779	——	——	831	14 136	10 960
河北	——	——	——	——	——	——	——	——	——
山西	917	916	——	——	——	——	1	918	918
内蒙古	772	760	——	——	——	——	12	772	772
辽宁	15 229	13 934	2	573	——	——	720	14 837	11 351
其中：大连	4 427	3 846	——	230	——	——	351	4 038	2 320
吉林	4 976	4 554	——	6	——	——	416	4 962	4 864
黑龙江	398	——	——	398	——	——	——	398	——
上海	15 643	12 471	947	1 458	——	——	767	15 152	8 587
江苏	5 751	3 510	770	723	102	——	646	5 388	5 286
浙江	12 950	11 381	585	269	——	——	715	11 499	8 754
其中：宁波	——	——	——	——	——	——	——	——	——
安徽	2 032	1 699	——	——	——	——	333	2 052	1 118
福建	7 443	6 705	——	520	——	——	218	7 527	5 781
其中：厦门	5 817	5 196	——	406	——	——	215	5 783	4 197
江西	——	——	——	——	——	——	——	——	——
山东	720	680	——	40	——	——	——	745	550
其中：青岛	——	——	——	——	——	——	——	——	——
河南	914	853	——	50	——	——	11	914	914
湖北	7 803	6 644	38	——	——	——	1 121	7 791	3 908
湖南	7 000	5 299	50	324	1 256	——	71	6 653	5 440
广东	19 300	15 701	2 605	881	——	——	113	22 192	7 651
其中：深圳	8 056	5 363	2 580	——	——	——	113	10 087	3 311
广西	3 249	2 932	——	229	6	——	82	3 198	1 995
海南	——	——	——	——	——	——	——	——	——
重庆	4 565	2 907	——	1 307	——	——	351	4 230	3 022
四川	——	——	——	——	——	——	——	——	——
贵州	——	——	——	——	——	——	——	——	——
云南	11	11	——	——	——	——	——	11	——
西藏	——	——	——	——	——	——	——	——	——
陕西	526	420	——	36	——	——	70	526	526
甘肃	265	265	——	——	——	——	——	265	265
青海	——	——	——	——	——	——	——	——	——
宁夏	——	——	——	——	——	——	——	——	——
新疆	——	——	——	——	——	——	——	——	——

图书馆基本情况（三）

年支出合计（千元）											
		在支出合计中									
		人员支出		公用支出							
项目支出	经营支出		社会保障缴费		福利费	维修费	各种设备购置费	新增藏量购置费	图书购置费	税金支出	对个人和家庭补助支出
40 365	**1 271**	**46 082**	**4 266**	**67 448**	**827**	**4 940**	**31 914**	**26 381**	**23 962**	**842**	**12 493**
2 283	——	2 626	99	4 089	14	352	1 832	1 455	1 129	101	394
2 829	——	4 723	206	4 681	72	308	2 627	2 579	2 569	37	2 054
——	——	——	——	——	——	——	——	——	——	——	——
——	——	526	5	155	12	——	13	13	13	——	237
——	——	511	——	154	7	10	53	53	45	——	107
2 098	——	5 990	447	6 671	101	299	3 349	2 889	2 502	26	1 522
1 718	——	1 169	192	2 499	16	267	1 370	1 200	860	——	——
92	——	2 363	105	1 923	3	42	846	568	461	——	675
——	——	374	——	24	——	7	15	1	1	——	——
6 564	——	5 665	1 239	8 105	67	1 153	3 739	2 292	2 113	23	761
——	102	2 006	244	3 077	65	223	1 209	971	882	30	305
2 745	——	4 393	309	5 468	156	1 076	2 619	1 655	1 246	182	1 638
——	——	——	——	——	——	——	——	——	——	——	——
934	——	632	41	1 162	70	104	331	302	302	22	258
1 746	——	3 225	338	3 524	27	92	1 097	993	935	7	722
1 586	——	2 417	242	2 693	24	25	633	558	550	——	617
——	——	——	——	——	——	——	——	——	——	——	——
195	——	414	71	274	1	3	114	80	66	——	57
——	——	——	——	——	——	——	——	——	——	——	——
——	——	339	2	439	5	11	137	137	137	——	136
3 883	——	2 209	189	4 596	63	664	1 689	1 413	1 044	12	986
50	1 163	2 230	270	2 423	61	79	1 320	967	634	202	833
14 541	——	4 585	439	16 611	86	199	9 273	8 650	8 537	——	996
6 776	——	1 559	137	8 257	68	92	4 882	4 410	4 410	——	271
1 197	6	1 323	141	1 458	——	65	632	542	542	——	411
——	——	——	——	——	——	——	——	——	——	——	——
1 208	——	1 398	72	2 436	15	198	948	750	734	190	395
——	——	——	——	——	——	——	——	——	——	——	——
——	——	——	——	——	——	——	——	——	——	——	——
——	——	4	——	1	——	——	——	——	——	——	6
——	——	——	——	——	——	——	——	——	——	——	——
——	——	301	49	157	2	55	70	70	70	10	——
——	——	245	——	20	——	——	1	1	——	——	——
——	——	——	——	——	——	——	——	——	——	——	——
——	——	——	——	——	——	——	——	——	——	——	——
——	——	——	——	——	——	——	——	——	——	——	——

各地区省级公共

	机构数（个）	从业人员数（人）	高级职称	中级职称	总藏量	图书	古籍	善本
总　计	**37**	**7 531**	**1 187**	**2 261**	**147 079**	**91 692**	**13 756**	**1 253**
北　京	1	317	32	92	4 557	3 869	445	33
天　津	2	322	45	153	4 729	4 223	511	103
河　北	1	171	58	46	1 583	1 302	59	1
山　西	1	188	34	57	2 478	1 597	290	50
内蒙古	1	185	41	46	1 667	1 507	180	4
辽　宁	1	257	40	98	3 985	3 308	459	122
吉　林	1	217	39	72	3 152	2 737	370	23
黑龙江	1	210	60	56	2 704	2 039	133	6
上　海	2	1 287	145	273	51 722	13 207	1 901	192
江　苏	1	384	70	116	8 286	7 428	1 414	103
浙　江	1	368	48	80	5 162	4 138	837	14
安　徽	1	160	33	41	2 637	2 113	411	24
福　建	1	220	23	69	2 880	2 510	247	20
江　西	1	131	35	36	2 375	2 161	560	10
山　东	1	217	46	85	5 633	4 306	745	94
河　南	1	179	28	68	2 914	2 607	506	24
湖　北	1	173	41	81	4 538	3 357	448	49
湖　南	2	282	46	102	4 077	3 576	620	50
广　东	1	379	38	81	5 242	4 071	410	32
广　西	3	326	97	145	4 223	3 388	261	7
海　南	1	10	6	——	——	——	——	——
重　庆	2	217	35	69	2 949	2 180	525	56
四　川	1	242	17	60	4 422	3 620	686	60
贵　州	1	131	26	39	2 288	2 021	200	1
云　南	1	191	23	59	2 451	1 944	582	28
西　藏	1	45	4	16	345	261	10	3
陕　西	1	250	17	59	2 952	2 485	385	62
甘　肃	1	185	20	64	2 978	2 453	316	60
青　海	1	101	17	31	1 525	1 204	14	10
宁　夏	1	105	13	34	1 456	1 383	137	——
新　疆	1	81	10	33	1 153	682	80	——

图书馆基本情况（一）

报刊（千册、件、套）	缩微制品、视听文献	其它	总藏量中：开架书刊（千册、件、套）	当年购买的报刊种类（种）	书架单层总长度（千米）	累计发放有效借书证数（千个）	总流通人次（千人次）	书刊文献外借人次	书刊文献外借册次（千册次）
15 969	**13 987**	**25 431**	**26 785**	**143 656**	**3 104**	**1 954**	**34 318**	**15 623**	**32 770**
282	287	118	913	5 467	63	128	2 738	845	2 287
342	86	76	1 942	5 498	75	135	1 459	629	1 330
179	100	——	1 168	4 682	34	146	369	187	295
809	54	16	1 218	3 000	31	13	450	288	288
69	2	87	198	1 515	84	13	243	55	227
476	99	100	1 883	5 990	87	21	1 091	346	2 027
404	10	——	316	3 492	43	34	496	441	543
409	20	234	460	3 012	——	22	500	67	122
2 908	12 609	22 996	3 784	16 944	245	269	2 117	759	2 298
644	148	65	44	7 886	118	20	545	297	503
965	57	——	1 430	5 466	58	36	976	307	756
517	5	——	250	2 868	60	48	1 377	509	1 002
290	25	53	36	5 610	38	6	695	469	918
200	5	8	920	4 370	——	35	545	186	315
666	41	618	2 217	4 497	135	178	1 698	584	1 222
257	24	24	——	3 876	43	7	970	238	391
1 048	70	61	1 980	4 509	752	170	1 135	230	782
379	76	43	1 600	4 597	74	91	1 652	415	1 678
940	86	144	1 052	10 154	102	243	9 856	6 896	11 675
771	59	4	1 300	9 580	526	90	1 330	368	928
——	——	——	——	837	12	——	——	——	——
132	14	622	481	4 373	40	30	847	568	1 355
785	16	——	436	2 864	82	9	78	14	25
262	4	1	452	2 960	31	13	203	45	82
444	34	28	300	4 154	128	43	979	206	413
68	——	15	90	1 214	22	7	15	——	9
449	17	——	818	4 449	78	30	980	284	502
514	9	——	800	5 133	60	40	657	246	493
208	4	108	252	1 044	37	35	273	105	223
64	9	——	42	856	32	——	28	28	67
471	——	——	392	2 759	——	30	——	——	——

各地区省级公共

	为读者举办各种活动		信息化装备				共享工程服务点（个）
	次数（次）	参加人次（千人次）	计算机（台）	电子阅览室终端数	网站数（个）	因特网总带数（Mbps）	
总计	**7 101**	**3 995**	**12 605**	**3 182**	**78**	**1 686**	**5 127**
北京	1 364	604	730	120	5	50	194
天津	160	969	583	245	2	20	63
河北	74	56	300	——	4	100	617
山西	147	300	320	40	3	150	130
内蒙古	3	——	177	100	2	10	1
辽宁	460	304	339	104	1	15	44
吉林	98	22	362	35	3	10	304
黑龙江	219	23	565	272	2	110	74
上海	809	315	2 308	150	9	120	420
江苏	256	28	298	30	2	20	1
浙江	100	41	761	90	3	100	1
安徽	153	60	397	160	1	100	81
福建	97	20	220	80	2	100	1
江西	156	21	220	82	1	100	92
山东	127	133	562	190	2	200	283
河南	82	14	220	110	1	20	95
湖北	387	143	363	148	2	20	164
湖南	996	76	304	88	3	110	99
广东	260	111	480	80	9	108	1 259
广西	310	210	453	150	5	20	186
海南	——	——	394	164	1	100	27
重庆	183	120	312	115	5	25	167
四川	36	38	238	30	2	16	402
贵州	75	42	163	84	1	10	105
云南	160	200	412	150	1	10	108
西藏	1	——	21	——	——	——	1
陕西	232	105	656	160	3	10	68
甘肃	52	9	178	57	1	10	61
青海	75	13	101	58	——	2	40
宁夏	——	——	60	30	1	10	37
新疆	29	10	108	60	1	10	2

图书馆基本情况（二）

本年新购藏量（千册、件）	新购图书	年末固定资产原值（千元）	增加值（千元）	公用房屋建筑面积（千平方米）	书库	阅览室	书刊阅览室	电子阅览室	阅览室座席数（千个）	少儿阅览室座席数
4 078	**3 153**	**4 712 691**	**516 933**	**1 047**	**349**	**208**	**176**	**13**	**38**	**7**
360	316	464 521	39 637	37	4	7	6	——	1	——
246	211	107 517	19 948	38	11	6	5	1	2	——
56	51	55 215	6 740	18	10	4	4	——	——	——
40	34	55 706	10 095	28	18	3	3	——	1	——
44	43	92 934	8 750	20	5	6	6	——	1	——
189	170	181 181	17 918	47	7	9	8	——	1	——
93	51	40 829	9 886	13	6	2	2	——	——	——
101	72	——	7 148	33	3	9	7	1	1	——
516	420	1 587 779	125 028	122	58	13	11	——	2	——
213	139	173 214	31 692	31	26	5	4	——	——	——
153	120	271 103	32 877	42	19	10	9	——	1	——
81	73	48 105	9 553	36	8	7	6	——	1	——
70	63	101 342	12 717	38	6	7	6	——	1	——
115	93	52 380	7 291	22	15	7	——	——	1	——
263	121	286 471	24 187	64	18	14	13	——	1	——
32	28	53 565	9 334	38	10	4	——	——	1	——
126	117	66 438	9 373	25	11	7	6	——	1	——
128	79	83 514	12 224	43	14	9	8	——	2	——
456	413	184 041	29 207	38	9	8	8	——	3	——
156	104	76 029	18 664	38	14	15	15	——	1	——
——	——	2 561	501	28	——	——	——	——	——	——
124	102	64 870	9 902	39	7	4	3	——	——	——
104	71	55 507	8 367	17	8	4	4	——	——	——
33	29	25 114	5 057	22	3	5	5	——	——	——
62	38	181 443	11 754	31	7	7	6	——	1	——
9	8	24 501	2 724	17	4	3	——	——	——	——
66	57	211 150	13 357	44	13	7	6	——	2	——
56	48	58 360	8 046	22	10	7	6	1	——	——
12	1	37 346	5 552	12	3	1	1	——	——	——
21	19	14 906	4 553	7	3	——	——	——	——	——
135	49	55 049	4 838	24	7	5	4	——	——	——

各地区省级公共

	本年收入合计（千元）							本	
		财政拨款	上级补助收入	事业收入	经营收入	附属单位上缴收入	其他收入		基本支出
总计	**1 092 068**	**946 707**	**5 734**	**91 434**	**18 241**	**414**	**29 538**	**922 977**	**516 475**
北京	74 072	67 268	——	6 361	——	——	443	75 460	39 591
天津	44 647	39 440	1 030	2 432	——	——	1 745	38 100	32 225
河北	9 213	8 239	113	——	——	——	861	9 792	5 763
山西	18 598	15 940	166	300	1 756	400	36	17 350	8 162
内蒙古	9 685	8 442	——	600	——	——	643	9 771	9 738
辽宁	25 431	21 803	——	1 987	——	——	1 641	25 111	15 713
吉林	13 018	12 404	——	——	581	——	33	13 467	9 377
黑龙江	20 674	19 783	——	——	——	——	891	22 719	14 655
上海	267 306	205 714	254	54 738	2 067	——	4 533	247 854	116 382
江苏	165 579	159 270	835	3 456	46	——	1 972	58 258	29 183
浙江	56 640	47 692	——	5 892	540	——	2 516	49 387	30 477
安徽	20 752	19 161	——	321	——	——	1 270	19 968	7 852
福建	20 955	17 298	737	——	2 920	——	——	18 098	9 713
江西	10 878	7 639	——	300	2 939	——	——	11 920	5 838
山东	34 531	29 435	——	3 696	——	——	1 400	33 241	15 607
河南	15 840	14 135	——	270	1 411	——	24	15 107	8 196
湖北	17 476	15 884	——	1 223	——	——	369	17 626	6 612
湖南	20 950	16 217	——	1 616	3 016	——	101	20 603	17 680
广东	65 226	57 837	——	3 166	——	——	4 223	63 329	23 286
广西	26 375	20 895	397	1 961	——	——	3 122	26 351	18 477
海南	13 308	12 826	406	——	——	——	76	4 291	479
重庆	22 975	19 547	1 770	1 307	——	——	351	16 764	10 241
四川	24 617	22 715	——	495	719	——	688	18 020	6 800
贵州	17 477	15 936	——	——	——	——	1 541	12 483	12 483
云南	12 501	9 878	——	——	2 246	——	377	12 294	4 918
西藏	2 513	2 513	——	——	——	——	——	2 473	2 025
陕西	25 298	24 194	——	935	——	——	169	26 132	25 094
甘肃	16 215	16 036	——	179	——	——	——	15 590	15 590
青海	5 611	5 326	26	53	——	14	192	5 727	5 034
宁夏	5 792	5 765	——	26	——	——	1	5 656	5 476
新疆	7 915	7 475	——	120	——	——	320	10 035	3 808

图书馆基本情况（三）

年支出合计（千元）											
项目支出	经营支出	在支出合计中									
		人员支出		公用支出						税金支出	对个人和家庭补助支出
			社会保障缴费		福利费	维修费	各种设备购置费	新增藏量购置费	图书购置费		
393 932	**12 508**	**240 192**	**24 001**	**575 781**	**4 014**	**23 051**	**345 783**	**254 449**	**231 550**	**7 647**	**76 573**
35 869	——	16 110	870	54 479	77	5 239	27 604	18 439	16 086	479	4 391
5 875	——	10 705	631	20 195	227	211	15 334	12 674	12 674	183	4 533
4 029	——	2 963	——	5 458	60	87	4 031	4 031	4 029	138	1 371
7 432	1 756	5 057	460	9 968	391	1 004	5 499	3 000	1 636	95	2 324
33	——	3 585	48	4 954	119	253	3 088	1 241	1 055	97	1 232
9 398	——	6 910	715	15 347	260	1 001	6 000	6 000	6 000	647	2 854
3 508	581	5 790	416	5 255	14	178	3 110	2 150	2 150	27	2 422
8 064	——	5 323	363	7 517	10	225	5 359	2 705	2 008	——	1 815
131 166	245	53 767	9 322	187 860	692	6 409	103 682	84 588	82 533	1 093	5 965
29 048	27	16 771	719	33 983	115	343	24 720	21 568	18 530	401	7 477
18 377	533	17 046	2 592	27 704	347	2 535	16 464	13 408	10 351	536	4 104
12 116	——	4 378	456	12 356	9	813	5 253	2 313	1 524	8	3 234
7 488	897	5 692	1 029	8 370	44	227	5 250	5 116	5 116	472	2 456
5 289	793	2 971	80	6 669	45	961	4 459	3 735	3 735	693	1 487
17 634	——	8 455	319	20 958	21	1 061	10 756	8 457	4 902	425	3 828
5 500	1 411	4 769	600	8 093	100	191	3 207	3 207	2 364	78	2 245
11 014	——	4 342	——	11 203	177	315	7 901	5 000	4 247	116	2 081
——	2 923	5 791	1 078	9 475	198	181	6 687	4 845	4 576	484	2 411
40 043	——	15 844	1 378	42 290	323	58	41 425	24 519	23 213	484	5 195
7 874	——	11 005	810	8 059	294	352	5 970	4 149	3 068	527	3 797
3 812	——	340	66	80	——	——	——	——	——	——	59
6 523	——	5 193	498	9 741	53	343	5 000	3 164	3 148	233	1 829
10 501	719	4 173	427	12 025	39	310	8 638	4 600	3 315	113	1 822
——	——	3 017	61	8 472	——	75	1 692	1 692	1 692	42	994
4 753	2 623	4 206	68	5 569	——	293	2 989	2 514	2 514	198	793
448	——	1 411	42	770	41	5	724	400	400	——	292
1 038	——	3 431	252	20 423	240	250	7 803	2 441	2 441	——	1 240
——	——	3 981	275	9 982	104	65	6 328	3 979	3 979	——	1 627
693	——	2 631	7	1 689	3	37	886	543	543	18	1 407
180	——	2 713	202	1 709	11	28	857	821	571	——	1 233
6 227	——	1 822	217	5 128	——	1	5 067	3 150	3 150	60	755

各地区地市级公共

	机构数（个）	从业人员数			总藏量			
		（人）	高级职称	中级职称		图书		
							古籍	
								善本
总　计	**349**	**13 193**	**1 380**	**4 879**	**130 101**	**107 430**	**6 868**	**340**
北　京	——	——	——	——	——	——	——	——
天　津	——	——	——	——	——	——	——	——
河　北	12	461	63	201	5 324	4 072	447	23
山　西	6	223	18	71	1 715	1 359	149	16
内蒙古	12	461	49	198	2 257	2 005	95	3
辽　宁	24	1 323	155	557	12 747	9 754	557	26
其中：大连	2	209	25	86	3 274	2 527	260	23
吉　林	10	594	95	246	5 756	5 120	196	16
黑龙江	12	670	139	305	7 305	5 645	308	15
上　海	——	——	——	——	——	——	——	——
江　苏	15	786	109	296	11 543	10 144	1 414	70
浙　江	13	672	82	231	7 926	6 289	593	20
其中：宁波	1	85	3	23	998	796	98	——
安　徽	12	330	34	106	2 398	1 803	162	7
福　建	9	266	19	80	2 945	2 386	94	4
其中：厦门	2	123	6	36	1 589	1 359	62	1
江　西	18	434	16	94	3 619	3 083	259	31
山　东	17	812	175	330	7 865	6 682	359	7
其中：青岛	1	111	13	28	1 469	1 221	143	1
河　南	16	677	50	217	5 391	4 487	486	32
湖　北	19	780	79	410	7 948	6 750	404	9
湖　南	12	377	39	206	3 570	2 978	155	5
广　东	25	1 258	92	285	15 179	13 298	196	6
其中：深圳	3	318	44	97	3 790	3 078	15	1
广　西	13	382	18	154	3 375	2 541	95	2
海　南	2	71	——	13	487	434	5	——
重　庆	15	300	21	96	3 230	2 441	168	19
四　川	20	625	33	185	7 632	6 373	446	10
贵　州	9	230	15	82	1 851	1 572	31	6
云　南	18	418	30	183	3 284	2 562	109	——
西　藏	2	21	——	——	102	95	——	——
陕　西	6	222	10	64	1 588	1 395	32	——
甘　肃	7	244	12	52	1 329	1 127	79	1
青　海	7	101	——	46	408	322	5	——
宁　夏	4	148	10	58	1 122	1 006	2	——
新　疆	14	307	17	113	2 194	1 694	10	——

图书馆基本情况（一）

（千册、件、套）报刊	缩微制品、视听文献	其它	总藏量中：开架书刊（千册、件、套）	当年购买的报刊种类（种）	书架单层总长度（千米）	累计发放有效借书证数（千个）	总流通人次（千人次）	总流通人次：书刊文献外借人次	书刊文献外借册次（千册次）
14 922	**2 557**	**5 192**	**52 051**	**266 781**	**6 110**	**3 796**	**76 784**	**32 298**	**60 430**
——	——	——	——	——	——	——	——	——	——
——	——	——	——	——	——	——	——	——	——
714	238	298	2 019	13 250	310	121	2 180	1 147	1 773
324	19	12	575	4 628	33	23	543	120	203
190	13	47	843	2 323	128	37	1 073	572	826
1 214	374	1 403	5 146	16 465	244	230	5 477	2 384	5 161
245	217	283	1 588	4 385	39	124	1 320	611	1 347
527	95	12	1 389	8 399	75	62	2 821	672	1 730
1 041	22	596	3 579	9 446	108	208	2 718	901	1 843
——	——	——	——	——	——	——	——	——	——
889	59	449	3 749	16 793	493	337	6 668	4 356	5 856
642	380	614	3 781	22 871	441	295	5 940	2 900	5 969
91	9	102	397	1 972	297	26	615	318	560
422	2	170	404	20 390	29	83	1 449	735	881
432	22	103	1 777	5 696	68	86	1 673	1 005	1 496
182	19	27	1 387	2 930	35	62	1 184	696	927
296	——	238	1 280	4 648	66	49	1 161	806	1 676
1 042	53	87	3 371	21 332	148	206	3 944	2 048	3 736
203	1	42	849	2 811	22	83	843	372	682
865	25	12	1 781	8 694	117	123	2 648	1 608	2 795
810	95	291	3 227	10 398	130	221	4 631	2 263	4 298
520	58	13	1 683	4 429	75	138	1 751	1 126	2 127
1 206	447	227	8 385	29 646	2 251	997	14 510	3 782	8 219
508	59	144	401	8 950	1 400	330	5 224	568	1 559
653	105	74	1 143	7 906	83	101	7 092	1 287	1 993
52	——	——	195	1 430	3	18	420	74	122
483	54	251	1 014	6 186	52	43	1 430	911	2 216
913	228	116	2 649	12 266	941	103	3 597	1 182	2 336
257	12	9	621	4 167	48	44	527	339	504
484	218	20	970	19 526	94	51	1 462	625	1 488
5	——	1	99	391	——	——	10	7	45
177	8	7	212	3 821	13	93	767	378	461
147	2	51	729	2 586	31	16	741	499	932
62	——	23	107	564	19	21	127	93	106
108	3	3	259	2 061	31	26	908	250	957
433	12	53	1 050	6 469	66	51	500	214	669

各地区地市级公共

	为读者举办各种活动		信息化装备				共享工程服务点（个）
	次数（次）	参加人次（千人次）	计算机（台）	电子阅览室终端数	网站数（个）	因特网总带数（Mbps）	
总　计	**11 197**	**9 608**	**22 414**	**11 403**	**248**	**5 218**	**5 861**
北　京	——	——	——	——	——	——	——
天　津	——	——	——	——	——	——	——
河　北	409	157	785	366	8	56	118
山　西	89	30	217	115	3	48	11
内蒙古	93	20	250	116	2	47	3
辽　宁	948	1 381	1 814	648	15	114	74
其中：大连	183	117	441	209	3	18	13
吉　林	517	214	492	194	5	40	63
黑龙江	273	213	1 298	826	4	366	19
上　海	——	——	——	——	——	——	——
江　苏	1 225	1 059	1 814	837	16	328	16
浙　江	738	461	1 743	830	20	842	3 670
其中：宁波	47	61	155	75	1	100	3 306
安　徽	170	97	502	281	3	140	17
福　建	763	574	619	221	5	39	5
其中：厦门	634	500	398	112	3	19	2
江　西	208	117	630	237	6	251	22
山　东	565	332	1 713	882	10	845	402
其中：青岛	146	50	373	158	1	100	320
河　南	412	223	643	385	7	321	12
湖　北	607	912	1 766	892	58	269	255
湖　南	383	575	332	206	9	127	371
广　东	1 627	1 701	2 851	1 298	29	634	621
其中：深圳	211	126	512	69	4	209	434
广　西	417	425	530	285	7	39	55
海　南	18	4	151	103	2	7	2
重　庆	271	245	724	528	8	250	53
四　川	475	460	1 232	810	16	203	——
贵　州	269	84	246	154	1	37	3
云　南	107	46	705	360	3	70	15
西　藏	3	——	67	45	1	20	2
陕　西	144	20	224	99	1	16	4
甘　肃	173	173	290	130	3	23	13
青　海	34	7	81	50	1	4	1
宁　夏	92	21	83	81	——	1	1
新　疆	167	43	612	424	5	81	33

图书馆基本情况（二）

本年新购藏量（千册、件）	新购图书	年末固定资产原值（千元）	增加值（千元）	公用房屋建筑面积（千平方米）	书库	阅览室	书刊阅览室	电子阅览室	阅览室座席数（千个）	少儿阅览室座席数
7 108	**5 478**	**2 981 349**	**594 643**	**2 115**	**515**	**511**	**382**	**57**	**126**	**31**
——	——	——	——	——	——	——	——	——	——	——
——	——	——	——	——	——	——	——	——	——	——
268	180	104 769	19 399	70	17	13	9	2	4	——
52	37	52 739	9 754	41	5	18	13	1	2	——
55	50	40 755	14 415	46	11	12	9	——	4	——
467	383	228 314	48 993	182	40	36	25	4	9	3
151	127	71 739	9 171	46	8	11	9	1	1	——
149	107	100 112	23 394	67	16	23	10	——	4	——
262	216	110 164	24 435	110	24	21	15	3	3	——
——	——	——	——	——	——	——	——	——	——	——
470	425	407 954	58 772	159	46	35	21	3	8	2
743	535	273 510	50 127	147	37	35	29	4	8	2
97	80	37 335	5 771	10	1	2	2	——	——	——
90	75	28 484	11 700	42	6	8	6	1	2	——
361	229	72 775	14 054	49	13	14	9	2	3	1
237	146	59 278	9 972	14	3	5	4	——	1	——
88	51	43 124	11 745	76	15	26	18	2	3	1
460	394	216 156	41 221	150	33	29	25	3	8	2
144	100	103 383	11 654	25	——	8	7	——	1	——
170	139	95 306	20 058	86	36	16	11	2	4	——
231	187	121 637	25 963	119	27	25	19	3	8	2
99	70	45 322	11 776	53	23	12	10	1	4	1
2 166	1 739	470 937	94 298	236	40	52	43	6	14	2
816	748	130 077	33 690	29	4	6	5	——	3	——
164	94	80 309	18 035	72	15	15	11	——	4	1
37	6	7 439	2 430	13	3	1	——	——	——	——
99	54	41 216	9 219	51	15	14	10	2	4	1
288	224	144 181	22 947	110	30	33	26	3	6	1
49	28	49 037	10 145	38	11	10	8	——	2	——
123	69	86 754	16 253	68	13	12	9	1	4	——
2	2	12 712	1 061	7	2	1	——	——	——	——
76	64	54 966	6 320	34	2	19	14	——	1	——
37	35	35 640	8 423	27	6	10	9	1	2	——
4	2	3 108	3 965	4	2	1	——	——	——	——
27	25	19 578	4 722	13	4	4	3	——	1	——
57	45	34 351	11 007	34	9	6	4	1	2	——

各地区地市级公共

	本年收入合计（千元）							本	
		财政拨款	上级补助收入	事业收入	经营收入	附属单位上缴收入	其他收入		基本支出
总计	**961 048**	**834 293**	**13 240**	**45 875**	**2 918**	**584**	**64 138**	**966 467**	**699 232**
北京	——	——	——	——	——	——	——	——	——
天津	——	——	——	——	——	——	——	——	——
河北	34 353	33 380	——	477	376	——	120	30 758	28 279
山西	12 766	10 761	85	1 879	——	——	41	12 283	10 840
内蒙古	19 017	18 210	——	185	——	——	622	18 476	17 746
辽宁	88 050	84 096	——	3 349	——	——	605	87 802	65 432
其中：大连	24 594	22 963	——	1 280	——	——	351	24 205	8 937
吉林	32 499	30 443	1 028	161	——	517	350	32 029	25 544
黑龙江	32 400	30 723	329	474	——	——	874	31 367	27 456
上海	——	——	——	——	——	——	——	——	——
江苏	82 192	68 174	2 180	7 142	643	25	4 028	81 501	65 930
浙江	89 748	65 306	3 143	7 717	571	21	12 990	91 934	47 143
其中：宁波	10 390	8 796	338	381	——	——	875	10 283	5 006
安徽	18 257	17 235	6	259	136	10	611	17 888	12 104
福建	21 669	19 690	170	1 392	——	——	417	22 579	16 433
其中：厦门	15 671	14 207	——	1 207	——	——	257	16 360	11 187
江西	15 849	12 828	328	1 922	40	——	731	15 259	13 836
山东	60 989	57 278	70	2 515	——	——	1 126	60 023	50 757
其中：青岛	14 035	12 570	——	560	——	——	905	14 035	10 535
河南	26 447	25 178	40	945	——	——	284	25 696	19 008
湖北	44 131	36 038	521	1 817	94	——	5 661	42 634	23 086
湖南	15 691	14 326	230	339	——	11	785	15 959	13 613
广东	187 075	147 020	3 391	6 173	487	——	30 004	205 718	133 041
其中：深圳	80 196	48 060	2 680	1 460	——	——	27 996	96 892	76 699
广西	25 755	23 077	138	1 271	65	——	1 204	25 352	19 332
海南	3 553	3 008	——	——	——	——	545	3 599	1 548
重庆	14 994	12 659	——	1 658	320	——	357	14 975	10 340
四川	38 957	35 541	266	2 635	90	——	425	38 554	23 075
贵州	16 568	15 370	——	578	29	——	591	16 629	10 322
云南	29 747	26 590	635	1 886	67	——	569	25 482	18 991
西藏	990	990	——	——	——	——	——	990	400
陕西	9 409	8 494	——	501	——	——	414	9 596	9 595
甘肃	11 748	10 775	600	——	——	——	373	11 728	11 583
青海	5 772	5 762	——	——	——	——	10	5 683	5 683
宁夏	6 122	5 826	——	60	——	——	236	6 000	5 639
新疆	16 300	15 515	80	540	——	——	165	15 973	12 476

图书馆基本情况（三）

年支出合计（千元）											
项目支出	经营支出	在支出合计中									
		人员支出		公用支出						税金支出	对个人和家庭补助支出
			社会保障缴费		福利费	维修费	各种设备购置费				
								新增藏量购置费			
									图书购置费		
232 927	**3 572**	**358 008**	**34 557**	**438 360**	**8 109**	**25 195**	**223 247**	**163 581**	**140 227**	**3 654**	**105 618**
——	——	——	——	——	——	——	——	——	——	——	——
——	——	——	——	——	——	——	——	——	——	——	——
524	383	10 919	831	15 055	197	1 123	7 847	5 344	4 048	60	4 033
1 443	——	6 185	822	3 953	65	114	1 407	1 284	764	1	1 394
730	——	10 378	885	4 395	214	435	1 304	1 070	920	8	2 185
20 754	——	28 747	2 640	43 112	734	3 573	13 755	12 301	11 275	26	10 354
15 268	——	5 606	1 149	17 989	456	2 636	6 179	5 700	5 360	——	240
5 410	——	14 011	734	12 692	68	497	5 681	4 845	4 613	——	5 311
3 910	——	13 624	680	10 316	178	507	4 409	3 732	3 430	152	6 075
——	——	——	——	——	——	——	——	——	——	——	——
15 102	469	31 388	2 534	34 871	543	1 958	18 576	14 660	13 009	473	10 050
39 947	573	28 905	3 772	51 067	1 780	3 374	25 343	19 072	14 477	811	7 691
5 277	——	3 035	775	6 206	145	301	4 850	3 000	2 375	56	1 042
4 227	136	7 660	987	7 038	131	221	3 082	2 596	2 429	1	2 769
5 626	——	8 456	1 204	11 029	124	196	5 096	4 628	2 752	30	2 533
5 173	——	5 427	756	8 826	67	109	3 899	3 818	2 016	——	2 107
697	——	7 198	522	5 489	262	579	2 700	2 403	2 075	250	2 311
9 266	——	24 049	4 111	27 391	366	1 598	13 546	10 385	9 525	59	8 101
3 500	——	5 956	1 217	6 722	171	——	3 641	3 500	3 500	35	1 357
3 212	——	11 984	2 049	7 848	190	791	4 396	4 203	3 734	50	4 022
13 260	622	16 061	1 581	20 706	463	1 615	9 158	8 019	7 527	154	4 420
2 346	——	7 611	942	6 423	301	1 278	2 312	1 924	1 723	128	1 924
69 671	505	59 035	5 396	105 284	1 575	2 432	66 104	41 969	38 067	600	14 251
20 192	——	22 517	1 927	57 320	694	881	39 061	15 868	15 658	160	5 116
5 953	67	11 348	812	10 109	71	1 138	5 361	3 872	2 772	201	3 203
476	——	1 983	335	1 465	——	27	488	488	358	——	150
2 657	750	5 719	259	6 825	171	861	3 224	2 182	1 880	40	1 641
12 989	——	13 393	1 189	17 707	238	563	8 987	6 849	5 413	167	3 382
6 307	——	5 599	322	8 571	72	180	6 811	1 554	1 249	54	2 459
6 423	67	10 418	703	7 825	117	130	4 339	3 628	3 067	368	1 880
200	——	553	5	387	——	200	150	150	——	——	——
——	——	3 560	123	5 334	36	574	1 893	1 774	1 774	——	526
145	——	5 194	296	4 609	83	229	3 135	1 785	1 369	10	1 711
——	——	2 817	77	1 786	6	185	729	155	105	——	1 018
361	——	3 334	42	1 676	——	325	1 097	961	580	——	605
1 291	——	7 879	704	5 397	124	492	2 317	1 748	1 292	11	1 619

各地区县市级公共

	机构数（个）	从业人员数			总藏量			
		（人）	高级职称	中级职称		图书		
							古籍	
								善本
总　计	**2 391**	**29 169**	**890**	**7 452**	**197 360**	**166 303**	**5 156**	**504**
北　京	23	899	26	179	7 502	7 059	61	——
天　津	30	764	53	199	4 722	4 141	40	——
河　北	143	1 048	32	297	6 603	5 780	92	10
山　西	115	1 218	23	333	5 740	4 728	336	56
内蒙古	97	1 108	23	311	3 685	3 086	38	8
辽　宁	102	1 351	43	502	7 268	6 366	110	84
其中：大连	11	209	10	81	1 731	1 599	——	——
吉　林	53	956	59	348	3 378	2 919	32	28
黑龙江	82	917	39	384	4 350	3 838	18	4
上　海	26	1 138	37	279	8 902	8 494	59	——
江　苏	88	1 259	79	392	14 272	12 850	531	25
浙　江	78	1 393	57	388	11 881	10 098	494	21
其中：宁波	11	167	6	49	2 028	1 750	70	2
安　徽	72	729	20	167	4 035	3 406	144	1
福　建	75	627	22	154	7 790	6 349	211	50
其中：厦门	6	37	——	5	709	524	14	——
江　西	86	844	15	147	7 094	5 429	249	10
山　东	127	1 678	170	720	14 965	12 633	242	12
其中：青岛	12	159	19	66	2 050	1 859	9	——
河　南	119	1 928	15	266	6 397	5 180	148	9
湖　北	82	1 290	33	420	7 324	5 996	152	21
湖　南	106	1 309	17	319	9 393	7 604	434	31
广　东	103	1 788	33	186	14 116	12 288	242	15
其中：深圳	5	172	10	17	1 810	1 674	——	——
广　西	84	776	3	132	8 040	5 903	160	16
海　南	17	169	——	12	1 439	1 142	1	——
重　庆	26	242	8	65	1 740	1 570	55	——
四　川	125	1 022	18	255	8 889	6 966	461	12
贵　州	81	522	4	72	3 567	2 975	51	13
云　南	130	1 084	23	365	8 230	6 823	313	16
西　藏	——	——	——	——	——	——	——	——
陕　西	104	1 305	18	209	4 591	3 847	246	15
甘　肃	84	790	8	99	4 417	3 426	165	26
青　海	35	178	1	40	951	806	42	1
宁　夏	15	234	2	62	1 308	1 090	8	5
新　疆	83	603	9	150	4 759	3 496	7	——

图书馆基本情况（一）

（千册、件、套）			总藏量中：开架书刊（千册、件、套）	当年购买的报刊种类（种）	书架单层总长度（千米）	累计发放有效借书证数（千个）	总流通人次		书刊文献外借册次（千册次）
报刊	缩微制品、视听文献	其它					（千人次）	书刊文献外借人次	
24 018	**2 269**	**4 771**	**85 950**	**383 756**	**4 580**	**5 752**	**137 167**	**65 052**	**113 876**
251	116	76	5 968	15 151	109	493	4 726	3 197	5 052
267	36	277	2 168	9 366	120	126	3 279	1 171	2 262
632	14	174	2 265	5 711	146	169	3 333	2 339	2 897
772	16	223	1 981	5 712	94	172	1 572	826	1 785
564	6	28	989	2 590	63	103	1 919	859	1 543
699	47	153	3 612	14 495	122	228	5 521	2 667	5 258
70	10	51	1 157	5 542	33	69	1 738	837	1 745
332	7	119	1 429	5 244	62	64	2 193	1 128	2 048
425	15	71	2 384	6 815	101	114	2 254	1 161	2 286
131	221	54	5 041	19 701	306	286	11 306	3 597	8 571
1 130	122	169	6 518	29 220	251	463	10 312	6 286	10 061
1 193	360	229	5 601	36 308	326	497	9 592	4 945	9 391
233	42	1	1 138	7 632	86	94	2 820	977	1 754
508	6	113	1 311	10 680	84	118	2 773	1 539	2 278
925	134	381	3 955	15 389	161	161	4 756	2 295	4 588
13	71	99	454	1 505	17	20	335	75	224
1 296	88	279	2 026	10 531	126	72	2 895	1 440	2 379
1 928	32	370	5 181	21 464	618	372	7 699	4 319	6 699
166	5	18	937	9 825	30	42	1 871	1 301	1 596
1 113	15	87	2 525	7 881	145	162	4 185	2 826	3 779
1 102	46	179	4 110	16 567	125	357	6 207	3 169	5 698
1 493	120	174	3 550	10 390	204	405	6 191	3 155	4 991
1 355	151	320	9 566	36 519	266	486	22 580	7 093	11 074
48	23	63	741	7 351	32	79	5 290	280	829
1 778	55	303	2 761	13 597	149	132	5 386	2 091	3 912
267	——	30	824	2 860	18	11	965	214	316
119	3	47	740	2 664	27	48	1 022	586	2 290
1 606	29	286	2 468	37 462	149	181	5 217	2 482	4 770
436	18	135	1 122	5 170	51	55	1 170	460	645
1 186	68	151	3 063	18 089	198	174	4 502	2 339	4 410
——	——	——	——	——	——	——	——	——	——
524	34	185	1 184	5 760	71	115	1 935	1 156	1 815
867	20	103	1 506	4 788	313	71	1 659	754	1 225
119	2	23	160	733	21	9	166	74	129
212	——	5	78	1 780	78	25	664	256	697
775	472	14	1 851	11 119	62	68	1 171	612	1 017

各地区县市级公共

	为读者举办各种活动		信息化装备				共享工程服务点（个）
	次数（次）	参加人次（千人次）	计算机（台）	电子阅览室终端数	网站数（个）	因特网总带数（Mbps）	
总计	**64 090**	**13 662**	**38 527**	**22 467**	**435**	**8 210**	**3 367**
北京	4 290	804	2 224	943	18	511	167
天津	967	834	1 177	643	9	166	35
河北	1 798	211	1 294	859	10	105	103
山西	839	293	856	410	11	62	53
内蒙古	474	106	444	63	4	17	63
辽宁	4 191	715	1 575	688	5	124	83
其中：大连	243	300	706	255	——	4	24
吉林	1 508	187	564	340	6	37	40
黑龙江	425	260	593	287	3	279	71
上海	4 000	807	2 226	1 167	28	91	——
江苏	1 451	1 064	3 501	2 352	32	844	81
浙江	1 201	935	3 944	2 411	34	2 295	444
其中：宁波	210	171	1 005	591	3	250	47
安徽	1 919	134	724	421	9	280	71
福建	615	388	1 142	750	14	102	65
其中：厦门	59	64	161	111	1	9	1
江西	1 212	372	820	132	68	163	37
山东	1 142	658	2 032	1 357	17	285	560
其中：青岛	272	303	429	330	3	29	510
河南	761	280	1 051	661	27	127	211
湖北	1 395	868	2 068	1 592	21	284	229
湖南	1 037	835	1 247	1 018	16	141	365
广东	19 564	1 376	4 251	2 404	45	1 578	276
其中：深圳	18 041	160	801	194	4	88	171
广西	567	297	1 009	586	9	89	114
海南	37	26	97	68	——	5	——
重庆	123	156	471	306	4	44	19
四川	5 048	517	2 214	1 538	21	195	——
贵州	408	294	206	109	——	26	46
云南	637	419	1 182	585	17	156	56
西藏	——	——	——	——	——	——	——
陕西	2 182	307	489	173	2	129	34
甘肃	3 474	227	534	334	2	53	43
青海	64	46	43	1	——	——	11
宁夏	149	58	118	48	1	——	29
新疆	2 612	172	431	221	2	22	61

图书馆基本情况（二）

本年新购藏量（千册、件）	新购图书	年末固定资产原值（千元）	增加值（千元）	公用房屋建筑面积（千平方米）	书库	阅览室	书刊阅览室	电子阅览室	阅览室座席数（千个）	少儿阅览室座席数
9 087	**7 910**	**3 937 299**	**904 556**	**3 864**	**843**	**849**	**545**	**124**	**333**	**107**
1 231	1 201	334 853	51 141	117	22	26	19	4	10	3
608	600	70 734	36 786	87	26	23	14	4	7	1
182	155	116 162	23 733	170	36	36	20	4	15	4
130	99	43 600	24 015	97	23	21	14	3	10	3
60	48	48 556	24 266	88	18	19	11	2	8	3
276	239	282 745	39 119	156	30	34	23	4	14	5
116	105	37 082	7 171	67	9	14	10	2	4	2
68	57	44 780	19 016	55	10	12	7	1	7	2
99	81	56 542	20 791	75	19	20	11	2	8	3
658	605	224 624	86 989	112	21	31	25	4	11	2
998	797	246 135	62 814	299	49	56	40	11	16	5
1 011	972	284 567	75 696	263	43	61	46	11	18	5
271	259	34 628	13 480	66	4	22	20	1	4	——
288	191	54 555	21 407	74	12	14	7	1	6	2
316	229	126 964	22 014	150	43	37	25	3	12	3
51	40	10 014	2 012	11	5	2	2	——	——	——
138	104	75 596	19 813	115	23	27	15	2	12	4
290	260	123 157	47 257	185	46	38	25	7	16	5
73	67	17 903	8 054	28	5	6	4	1	2	——
168	139	95 787	24 268	146	33	28	14	2	12	4
214	179	103 469	24 329	135	31	30	18	5	15	4
212	168	85 158	24 521	163	46	39	29	4	15	6
934	808	355 437	76 206	505	78	81	46	16	26	6
411	403	61 847	9 096	50	8	13	9	3	3	——
125	80	175 006	23 257	113	40	34	25	2	13	4
18	14	20 599	3 802	31	9	5	2	——	2	——
50	35	23 264	5 328	43	11	9	5	1	3	1
499	442	638 289	45 123	146	33	39	23	9	15	5
57	44	27 372	11 819	73	18	19	8	1	7	2
169	138	128 016	31 863	176	50	34	21	3	14	5
——	——	——	——	——	——	——	——	——	——	——
92	71	63 500	17 313	111	19	17	10	1	8	2
39	30	36 925	16 196	62	17	14	7	2	9	2
9	7	5 700	4 941	17	3	3	1	——	——	——
13	8	9 825	5 445	21	6	5	2	——	2	——
120	95	35 382	15 276	63	15	22	19	1	7	2

各地区县市级公共

	本年收入合计（千元）								本
		财政拨款	上级补助收入	事业收入	经营收入	附属单位上缴收入	其他收入		基本支出
总　　计	**1 265 802**	**1 121 679**	**44 548**	**42 092**	**7 381**	**123**	**49 979**	**1 249 912**	**956 485**
北　　京	102 315	88 344	4 605	2 834	1 401	——	5 131	102 996	41 148
天　　津	58 620	53 207	671	2 355	80	——	2 307	58 692	52 571
河　　北	25 158	24 213	515	237	88	——	105	25 124	22 230
山　　西	32 787	29 092	3 410	253	——	——	32	30 153	27 439
内 蒙 古	27 258	26 928	2	96	——	——	232	27 388	27 385
辽　　宁	46 898	44 164	412	1 778	20	——	524	46 889	29 226
其中：大连	12 935	12 311	——	624	——	——	——	12 947	7 615
吉　　林	23 346	22 408	85	167	112	——	574	23 192	20 630
黑 龙 江	23 945	22 623	620	681	——	——	21	23 518	19 893
上　　海	138 609	117 863	3 700	9 942	162	86	6 856	138 031	98 338
江　　苏	100 964	83 383	1 760	6 281	1 904	——	7 636	100 002	91 517
浙　　江	116 238	103 565	3 171	2 866	603	15	6 018	118 190	91 028
其中：宁波	22 129	19 939	662	344	——	——	1 184	21 423	16 580
安　　徽	26 893	22 168	1 204	1 327	26	20	2 148	26 123	15 706
福　　建	34 093	28 345	759	1 385	77	——	3 527	31 541	26 340
其中：厦门	3 202	3 061	——	88	13	——	40	3 147	2 867
江　　西	23 075	20 556	970	810	115	——	624	23 565	21 155
山　　东	56 309	54 128	870	652	——	——	659	56 474	51 561
其中：青岛	10 247	9 593	487	157	——	——	10	10 576	6 818
河　　南	31 197	26 569	3 674	460	76	——	418	28 984	21 664
湖　　北	31 029	23 867	1 537	1 767	270	2	3 586	30 937	25 619
湖　　南	37 529	31 083	1 499	1 719	162	——	3 066	34 682	32 108
广　　东	131 495	113 336	10 377	2 910	2 040	——	2 832	128 476	85 601
其中：深圳	30 085	20 026	8 013	650	520	——	876	29 775	18 299
广　　西	23 012	21 446	240	716	66	——	544	22 730	18 512
海　　南	4 056	3 938	——	29	5	——	84	4 000	3 443
重　　庆	8 743	8 016	255	125	17	——	330	8 203	5 624
四　　川	35 008	31 377	1 562	964	70	——	1 035	33 994	25 243
贵　　州	14 101	12 771	1 174	100	7	——	49	14 024	13 194
云　　南	38 474	37 008	289	387	——	——	790	38 362	30 237
西　　藏	——	——	——	——	——	——	——	——	——
陕　　西	21 571	20 265	303	560	75	——	368	20 839	18 449
甘　　肃	21 758	20 671	600	262	——	——	225	21 220	16 933
青　　海	5 458	5 276	150	21	——	——	11	5 419	5 150
宁　　夏	6 081	5 972	——	64	——	——	45	6 075	4 808
新　　疆	19 782	19 097	134	344	5	——	202	20 089	13 733

图书馆基本情况(三)

年支出合计(千元)											
		在支出合计中									
项目支出	经营支出	人员支出		公用支出							对个人和家庭补助支出
			社会保障缴费		福利费	维修费	各种设备购置费	新增藏量购置费		税金支出	
									图书购置费		
178 564	**4 174**	**622 751**	**50 852**	**449 472**	**11 031**	**32 985**	**232 881**	**179 476**	**159 144**	**2 543**	**110 677**
46 704	339	29 160	1 260	59 950	425	2 116	41 033	26 877	25 790	578	7 584
1 669	39	26 559	1 897	24 777	175	1 041	13 776	13 603	13 222	160	7 063
150	87	17 053	975	5 740	90	437	2 687	1 704	1 415	——	1 944
150	——	19 923	558	7 682	188	946	3 195	2 336	1 976	10	2 150
3	——	19 942	599	4 708	95	378	1 642	1 078	838	3	2 284
2 764	——	21 663	1 458	13 880	152	1 335	5 755	4 466	3 517	31	5 960
1 298	——	4 955	785	4 713	16	69	2 612	2 349	1 677	8	709
519	109	13 613	188	5 455	85	757	1 933	1 077	813	22	3 505
342	——	15 783	586	4 594	35	420	1 752	1 441	1 147	——	2 661
31 407	123	69 468	11 445	55 875	2 120	5 632	30 633	27 058	24 331	601	5 816
6 498	1 503	39 161	3 702	42 368	1 229	3 112	22 183	14 490	12 156	201	12 378
21 566	94	52 663	6 717	50 101	1 632	2 129	24 333	20 152	18 921	147	9 872
4 843	——	10 041	1 574	9 701	376	148	4 935	4 370	4 217	——	1 678
2 072	——	13 966	1 250	6 475	189	388	2 926	2 335	1 981	88	4 982
2 741	48	14 112	1 362	13 524	152	1 122	7 202	6 145	5 146	69	2 603
280	——	1 371	80	1 487	9	4	882	689	449	——	232
1 075	103	13 130	1 212	6 789	430	953	3 087	2 567	2 255	106	3 124
1 247	——	37 128	4 960	12 726	269	1 096	6 725	5 900	4 797	——	4 934
670	——	6 593	704	2 088	31	39	1 517	1 383	1 333	——	714
1 370	185	18 217	1 023	6 847	229	301	3 350	2 452	2 171	10	1 981
2 371	40	16 948	1 339	10 477	451	1 160	5 443	3 999	3 568	150	2 642
2 020	222	18 708	1 306	12 628	419	1 060	5 377	3 498	2 837	31	1 957
39 466	415	51 095	3 871	58 156	1 326	3 263	27 163	21 833	19 284	202	9 366
11 336	——	6 290	537	17 569	90	978	10 256	7 952	7 168	37	206
581	——	13 402	590	5 648	143	307	2 684	1 970	1 631	38	2 674
94	——	2 879	316	1 012	32	66	605	526	303	7	61
420	35	3 176	107	3 290	70	444	1 576	889	675	3	1 149
3 991	46	16 231	1 544	13 499	587	1 737	6 545	4 218	3 575	15	2 759
830	——	8 892	116	2 356	50	128	1 123	1 027	893	8	1 775
3 385	7	24 061	842	8 487	143	511	4 404	3 493	2 851	7	2 532
——	——	——	——	——	——	——	——	——	——	——	——
467	725	13 870	414	3 753	78	1 068	1 629	1 034	827	16	801
4 119	49	12 414	159	2 284	76	156	1 128	729	528	21	2 208
150	——	4 334	107	633	2	152	100	87	67	——	377
——	——	4 188	187	865	21	99	313	223	175	11	832
393	5	11 012	762	4 893	138	671	2 579	2 269	1 454	8	2 703

各 地 区 公 共 图 书

地区	总计					省区	
	经费自给率（%）	劳动报酬占总支出比重（%）	新购图书比上年增减（%）	购书费占总支出比重 %	平均每册新书单价（元）	经费自给率（%）	劳动报酬占总支出比重（%）
中　央	36.68	16.25	319	43.14	407.61	——	——
北　京	20.03	25.37	1519	23.47	27.57	17.19	21.35
天　津	10.52	38.5	812	26.75	31.89	12.96	28.1
河　北	4.02	47.1	387	14.45	24.53	14.94	30.26
山　西	10.11	52.13	171	7.32	25.59	30.53	29.15
内蒙古	4.33	60.94	142	5.06	19.81	12.76	36.69
辽　宁	8.97	35.87	793	13.01	26.22	23.09	27.52
其中:大连	13.62	28.43	233	18.94	30.2	——	——
吉　林	4.49	48.65	216	11.03	35.07	6.55	42.99
黑龙江	4.74	44.75	370	8.49	17.8	6.08	23.43
上　海	36.51	31.94	1027	27.69	104.05	52.7	21.69
江　苏	17.75	36.42	1362	18.22	32.08	18.76	28.79
浙　江	23.57	38	1628	16.86	26.87	29.36	34.52
其中:宁波	12.9	41.24	340	20.79	19.39	——	——
安　徽	17.18	40.64	341	9.27	17.4	20.26	21.93
福　建	18.52	39.13	523	18.02	24.88	30.06	31.45
其中:厦门	11.42	34.85	187	12.64	13.18	——	——
江　西	18.32	45.91	250	15.89	32.26	55.47	24.92
山　东	8.52	46.5	776	12.84	24.77	32.65	25.44
其中:青岛	9.4	50.99	169	19.64	28.6	——	——
河　南	7.96	50.11	308	11.85	26.85	20.8	31.57
湖　北	26.73	40.96	484	16.82	31.7	24.07	24.63
湖　南	17.06	45.07	318	12.82	28.73	26.77	28.11
广　东	21.43	31.69	2962	20.27	27.2	31.73	25.02
其中:深圳	33.16	22.74	1152	18.02	19.81	——	——
广　西	15.89	48.04	279	10.04	26.78	27.51	41.76
海　南	13.51	43.75	21	5.56	31.48	15.83	7.92
重　庆	17.04	35.27	192	14.28	29.7	16.19	30.98
四　川	12.92	37.32	738	13.58	16.67	27.97	23.16
贵　州	8.04	40.59	103	8.89	37.22	12.34	24.17
云　南	11.68	50.81	247	11.07	34.14	53.32	34.21
西　藏	——	56.71	10	11.55	40	——	57.06
陕　西	5.69	36.88	194	8.91	25.99	4.4	13.13
甘　肃	2.36	44.48	114	12.11	51.54	1.15	25.54
青　海	1.9	58.13	11	4.25	65	5.14	45.94
宁　夏	2.71	57.72	53	7.48	25.02	0.49	47.97
新　疆	5.65	44.93	190	12.79	31.03	11.55	18.16

馆活动情况分析

市级			地市级					县市级				
新购图书比上年增减(%)	购书费占总支出比重%	平均每册新书单价(元)	经费自给率(%)	劳动报酬占总支出比重(%)	新购图书比上年增减(%)	购书费占总支出比重%	平均每册新书单价(元)	经费自给率(%)	劳动报酬占总支出比重(%)	新购图书比上年增减(%)	购书费占总支出比重%	平均每册新书单价(元)
——	——	——	——	——	——	——	——	——	——	——	——	——
316.87	21.32	50.77	——	——	——	——	——	22.76	28.31	1201.91	25.04	21.46
211.68	33.27	59.87	——	——	——	——	——	9.02	45.25	600.35	22.53	22.02
51	41.15	79	3.44	35.5	180.96	13.16	22.37	1.93	67.88	155.5	5.63	9.1
34.38	9.43	47.58	17.71	50.35	37.87	6.22	20.17	1.04	66.07	99.22	6.55	19.92
43.2	10.8	24.42	4.55	56.17	50.3	4.98	18.29	1.2	72.81	48.36	3.06	17.33
170.05	23.89	35.28	6.04	32.74	383.26	12.84	29.42	7.94	46.2	239.63	7.5	14.68
——	——	——	18.25	23.16	127.07	22.14	42.18	8.19	38.27	105.75	12.95	15.86
51.26	15.96	41.95	4.02	43.74	107.58	14.4	42.88	4.13	58.7	57.02	3.51	14.26
72.13	8.84	27.84	4.91	43.43	216.27	10.94	15.86	3.53	67.11	81.45	4.88	14.08
420.89	33.3	196.09	——	——	——	——	——	17.33	50.33	605.95	17.63	40.15
139.52	31.81	132.81	17.96	38.51	425.45	15.96	30.58	17.29	39.16	797.1	12.16	15.25
120.02	20.96	86.25	45.18	31.44	535.74	15.75	27.02	10.44	44.56	972.66	16.01	19.45
——	——	——	25.08	29.51	80.16	23.1	29.63	9.22	46.87	259.45	19.68	16.25
73.67	7.63	20.69	8.39	42.82	75.62	13.58	32.12	22.42	53.46	191.75	7.58	10.33
63.08	28.27	81.11	11.01	37.45	229.6	12.19	11.99	18.94	44.74	229.91	16.32	22.38
——	——	——	13.09	33.17	146.86	12.32	13.73	4.92	43.57	40.26	14.27	11.15
93.04	31.33	40.15	19.46	47.17	51.86	13.6	40.01	7.32	55.72	104.89	9.57	21.5
121.37	14.75	40.39	7.17	40.07	394.37	15.87	24.15	2.54	65.74	260.11	8.49	18.44
——	——	——	13.9	42.44	100.93	24.94	34.68	2.45	62.34	67.77	12.6	19.67
28.97	15.65	81.59	6.47	46.64	139.87	14.53	26.7	4.4	62.85	139.22	7.49	15.59
117.24	24.1	36.23	32.8	37.67	187.28	17.65	40.19	21.96	54.78	179.72	11.53	19.85
79.58	22.21	57.5	8.34	47.69	70.59	10.8	24.41	15.41	53.94	168.25	8.18	16.86
413.13	36.65	56.19	27.56	28.7	1739.82	18.5	21.88	9.09	39.77	808.93	15.01	23.84
——	——	——	38.4	23.24	748.12	16.16	20.93	11.18	21.13	403.8	24.07	17.75
104.81	11.64	29.27	13.14	44.76	94.08	10.93	29.46	7.16	58.96	80.03	7.18	20.38
——	——	——	35.18	55.1	6.57	9.95	54.51	3.43	71.97	14	7.57	21.64
102.47	18.78	30.72	22.58	38.19	54.19	12.55	34.69	8.39	38.72	35.04	8.23	19.26
71.43	18.4	46.41	13.65	34.74	224.32	14.04	24.13	8.2	47.75	442.05	10.52	8.09
29.81	13.55	56.77	11.61	33.67	28.4	7.51	43.98	1.18	63.41	44.83	6.37	19.92
38.98	20.45	64.5	13.28	40.88	69.2	12.04	44.32	3.89	62.72	138.65	7.43	20.56
8.03	16.17	49.79	——	55.86	2	——	——	——	——	——	——	——
57.03	9.34	42.8	9.54	37.1	64.88	18.49	27.34	5.44	66.56	71.93	3.97	11.5
48.62	25.52	81.84	3.22	44.29	35.03	11.67	39.08	2.88	58.5	30.28	2.49	17.44
1.16	9.48	468.91	0.18	49.57	2.02	1.85	51.9	0.62	79.98	7.79	1.24	8.6
19.65	10.1	29.07	5.25	55.57	25.6	9.67	22.66	2.27	68.94	8.12	2.88	21.56
49.73	31.39	63.34	5.65	49.33	45.29	8.09	28.53	4.01	54.82	95.42	7.24	15.24

公共图书馆主要指标解释

1. **总藏量**:指本馆已编目的古籍、图书、期刊和报纸的合订本、小册子、手稿,以及缩微制品、录像带、录音带、光盘等视听文献资料数量之和。

对同一书名,但分若干册(卷)的图书,按每一册(卷)作为一册统计。期刊和报纸均以每一合订本为一册统计。至填报本表时,尚未装订成册编目的期刊和报纸不应统计在内。

2. **古籍、善本**:指实际成书和出版年代在1911年(含1911年)以前的线装、卷轴装、经折装、蝴蝶装、包背装等书籍为古籍;其中清乾隆六十年,即1795年(含1795年)以前的古籍为善本,1795年至1911年间的具有历史文献性、学术资料性和印刷装帧艺术代表性的也归为善本。

3. **图书**:指不少于49页并在“古籍”范围以外的图书。少儿读物、连环画49页以上的按图书统计,48页以下的按小册子统计到“其它”类中。

4. **报纸**:指刊登当前事件的专题或综合新闻,每周至少出版一张并按年、月、日顺序或按编号排列的连续出版物。

5. **期刊**:指同一刊名下,按顺序号或按年、月、日出版的定期或不定期的一种连续出版物。

6. **缩微制品**:指本馆所有经过缩微处理制成缩微胶卷和缩微平片,使用时需要放大的文献资料。

7. **视听文献**:指要求使用专用设备阅读和(或)听声的非书型、非缩微制品型文献。包括声频文献(例如:唱片、录音带、盒式磁带等),视频文献(例如:幻灯片、透明正片等)和声频与视频混合文献(例如:有声电影、录像片等),电子文献(例如存储在光盘、软盘、硬盘等通过计算机阅读、视听的文献)。

8. **其它**:指手稿和48页以下的小册子等。

9. **当年购买的报刊种类**:指图书馆当年购买的期刊和报纸种类之和。其计量原则同图书。

10. **书架单层总长度**:指按书架(包括书柜)每层(不包括书架顶部遮尘板)长度累计计算的长度,其中两面放书的书架每层应按两个长度计算。

11. **累计发放有效借书证数**:指图书馆发放并正在使用的有效的借书证累计数。

12. **总流通人次**:指包括在馆内阅读和借出阅读书、刊、缩微制品、视听文献、电子文献等的读者人次。

13. **书刊文献外借人次**:指由馆内借出阅读书、刊、缩微制品、视听文献等的读者人次。

14. **书刊文献外借册次**:指读者通过借阅手续借出,在馆外阅读的书、刊、缩微制品、视听文献等册次,包括外文图书。

15. **为读者举办各种活动次数及参加人次**:指由本馆举办或与外单位联合举办的为读者服务的各种活动次数及参加这些活动的人次。如读书会、报告会、读书辅导班等。不包括零散咨询、辅导次数。

16. **网站数**:是指有独立域名的 web 站点,其中包括 CN 和通用顶级域名(gTLD)下的 web 站点。此处的独立域名指的是每个域名最多只对应一个网站"WWW、十域名",如:对域名 sina、com、cn 来说,它只有一个网站 www、sina、com、cn,并非它有 dailynews、sina、com、cn、mail、sina、com、cn……等多个网站。

17. **因特网总带宽**:是指从各种因特网服务提供者(ISP)处获得的接入因特网的带宽的总和。

18. **共享工程服务点**:指在文化系统内如图书馆、文化馆、文化站等设立的共享工程基层中心。

19. **新增藏量购置费**:指本馆本年购进图书、报刊、缩微制品和视听文献等藏品所用经费之和。

20. **图书购置费**:指本馆本年购进图书、报刊所用经费。

21. **本年新购藏量**:指本年购进馆的图书、报刊、缩微制品和视听文献等藏品之和。

22. **本年新购图书**:指本年购进馆的图书,包括从出版、发行、邮政等部门购进的已装订成合订本的期刊、报纸。

23. **阅览室座席数**:指阅览室内可供读者坐阅的座位。

24. **少儿阅览室座席数**:指少儿图书馆阅览室和公共图书馆中的少儿阅览室可供少儿读者坐阅的座席数。

各地区群众艺术馆、

	机构数（个）	从业人员数（人）	高级职称	中级职称	举办展览个数（个）	组织文艺活动次数（次）	藏书（千册）	举办训练班 班次（次）	结业人次（千人次）	下基层服务次数（次）	组织各类理论研讨活动次数（次）	组织各类讲座次数（次）
总计	**40 088**	**123 465**	**4 422**	**18 961**	**141 150**	**497 779**	**110105.5**	**218 696**	**6 872**	**684 465**	**7 060**	**9 332**
北京	329	2 060	55	174	4 445	20 217	2494.2	8 738	414	53 890	84	509
天津	200	1 050	96	200	614	2 460	518.8	1 342	71	2 813	59	152
河北	2 231	5 601	234	932	4 840	32 426	4740.6	13 149	497	18 917	394	480
山西	1 385	3 804	129	764	1 795	6 163	1316.6	2 124	74	9 022	193	154
内蒙古	1 048	3 620	92	639	1 777	17 899	1078.6	3 837	127	9 303	154	183
辽宁	1 495	4 742	182	1 014	16 557	26 966	6316.3	8 012	256	50 505	290	345
其中：大连	150	428	33	159	829	3 022	844.6	1 455	12	5 977	24	32
吉林	830	3 398	276	827	1 060	4 575	520.2	1 788	53	5 227	257	115
黑龙江	975	2 935	299	769	2 089	9 329	1555.4	4 273	87	10 087	293	400
上海	250	3 756	91	414	2 256	47 458	4009.0	28 739	563	26 204	99	162
江苏	1 477	5 324	242	1 132	7 869	23 997	17440.1	9 093	351	37 705	491	432
浙江	1 593	5 423	275	1 328	12 121	25 657	10111.6	13 869	549	56 130	380	534
其中：宁波	157	624	31	153	847	3 370	1574.9	2 789	40	7 755	44	65
安徽	1 514	4 153	78	532	2 623	6 474	1337.0	3 853	153	29 694	138	165
福建	1 108	2 153	66	314	2 185	8 097	2618.1	30 320	123	11 825	146	192
其中：厦门	40	114	7	20	44	1 060	241.3	529	8	1 743	6	11
江西	1 393	3 496	81	368	2 730	8 394	1470.3	2 551	77	22 231	124	167
山东	2 015	6 388	574	1 542	7 483	22 839	8055.7	9 359	504	28 658	449	709
其中：青岛	176	546	34	150	1 368	6 772	1957.7	2 878	244	5 707	125	382
河南	2 373	8 344	167	748	5 639	13 997	2971.7	6 639	444	15 252	467	344
湖北	1 321	4 989	259	1 000	8 628	13 861	2890.1	4 254	176	40 210	222	286
湖南	2 625	5 820	176	817	3 420	31 955	4461.6	6 399	171	43 706	299	334
广东	1 731	9 455	162	663	7 392	25 285	14641.5	19 613	527	46 145	497	1 718
其中：深圳	63	1 388	64	130	925	1 907	1589.4	2 777	55	8 725	77	1 304
广西	1 252	3 858	104	607	2 239	18 633	5726.0	5 421	189	20 524	206	198
海南	229	632	11	59	2 154	1 322	254.1	489	16	1 716	22	64
重庆	1 057	3 084	96	328	2 539	13 388	1108.5	3 022	113	14 411	158	110
四川	3 802	7 380	168	1 094	7 549	22 946	4260.8	11 260	367	40 752	602	639
贵州	1 419	3 732	55	197	1 025	6 786	932.8	1 180	47	6 809	155	111
云南	1 548	4 800	101	837	11 507	27 288	2651.0	4 494	231	32 135	145	79
西藏	206	455	11	52	151	1 552	229.2	360	5	775	12	5
陕西	1 757	5 193	127	662	11 861	9 202	1374.2	4 698	305	12 287	281	236
甘肃	1 202	2 973	75	277	2 688	28 804	1900.3	3 752	124	6 105	123	178
青海	262	646	30	132	247	2 010	275.8	198	6	1 477	31	100
宁夏	240	1 008	35	171	1 476	2 913	346.5	1 743	88	4 154	103	57
新疆	1 221	3 193	75	368	2 191	14 886	2499.2	4 127	149	25 796	186	174

文化馆（站）基本情况（一）

信息化装备		年末固定资产原值（千元）	增加值（千元）	公用房屋建筑面积（千平方米）			由本馆指导的单位（个）				
计算机（台）	网站数（个）				业务用房	对公众开放阅览室面积	馆办文艺团体	基层文化示范点	农村集镇文化中心	文化户	群众业余文艺团队
6 319	**335**	**8 320 561**	**2 794 280**	**16 229**	**9 999**	**140**	**4 365**	**14 887**	**21 831**	**499 261**	**58 409**
336	12	137 648	48 904	289	188	——	86	104	60	4 756	718
39	2	72 213	35 656	132	102	——	39	54	123	10 618	539
163	4	196 933	89 592	445	276	1	76	1 234	906	26 923	3 787
93	3	92 667	60 697	181	74	1	338	1 144	651	7 780	2 042
89	2	118 681	60 266	262	141	1	170	311	363	4 108	724
317	17	176 128	76 559	717	345	3	223	604	594	37 481	3 644
51	1	41 171	11 576	104	67	——	33	47	62	4 061	469
93	1	63 856	62 183	177	124	2	76	329	318	4 574	451
137	3	86 991	56 876	174	109	1	265	539	721	8 435	1 525
427	9	696 171	217 855	818	453	3	102	157	137	7 167	560
853	15	911 867	208 474	1 533	1 045	10	256	522	1 265	22 126	3 501
645	21	702 997	269 684	1 532	1 154	3	277	1 316	843	38 882	3 700
158	1	116 830	48 950	232	172	——	23	202	67	6 289	626
59	3	94 169	78 061	275	170	3	119	300	357	4 999	1 848
231	11	119 645	43 880	493	303	1	81	727	564	9 118	919
116	1	30 346	6 476	77	64	——	18	41	13	1 089	97
75	70	98 622	46 962	318	142	15	97	380	710	18 100	1 318
360	8	276 929	138 311	800	538	4	272	1 136	1 675	61 498	4 702
110	3	95 157	26 577	274	191	——	73	271	420	33 267	2 070
103	5	194 550	79 400	515	322	3	187	797	3 841	19 984	5 000
225	9	297 398	88 332	751	446	4	136	390	630	17 760	1 280
89	5	156 525	82 987	552	341	5	118	582	1 212	23 922	4 172
625	18	2 189 560	397 535	2 490	1 539	15	241	427	735	13 546	1 492
131	3	255 674	105 953	174	81	1	50	112	104	1 121	126
107	1	205 799	78 158	435	302	4	225	538	609	15 704	2 512
18	1	11 627	11 053	35	20	——	9	85	134	965	245
117	10	167 104	69 569	308	205	1	106	129	536	9 880	875
262	8	302 822	108 909	748	486	12	193	1 110	2 045	43 282	2 045
65	2	83 249	52 407	168	77	5	70	180	391	8 330	821
186	1	347 025	112 230	649	306	3	220	512	600	15 163	5 825
84	83	68 733	11 623	66	39	1	6	49	29	11 557	177
87	3	147 400	55 195	428	234	8	177	522	595	11 139	1 831
89	1	118 623	48 687	364	165	7	42	245	412	26 701	1 163
107	1	11 275	16 868	44	16	——	16	33	89	283	220
90	3	36 811	19 946	105	73	1	31	102	136	2 216	239
148	3	136 543	67 406	410	247	6	111	329	550	12 264	534

各地区群众艺术馆、

	本年收入合计（千元）							本	
		财政拨款	上级补助收入	事业收入	经营收入	附属单位上缴收入	其他收入		基本支出
总计	**4 289 623**	**3 227 730**	**271 437**	**357 952**	**116 378**	**12 745**	**303 381**	**4 124 304**	**3 080 724**
北京	130 315	90 069	18 587	11 127	2 306	1 313	6 913	121 370	81 341
天津	47 057	34 530	1 701	5 667	574	——	4 585	47 046	37 914
河北	109 765	103 346	1 442	2 717	1 320	——	940	109 224	96 176
山西	82 751	73 495	3 742	2 169	153	——	3 192	76 800	69 204
内蒙古	73 788	69 791	44	1 127	211	——	2 615	73 037	72 905
辽宁	153 138	143 832	2 725	4 504	220	3	1 854	110 404	76 660
其中：大连	20 634	19 388	347	859	——	——	40	20 607	10 401
吉林	79 819	73 738	311	1 761	749	35	3 225	74 934	64 062
黑龙江	78 810	72 012	4 077	1 955	4	——	762	76 821	60 481
上海	414 009	205 391	32 121	63 745	24 192	1 551	87 009	364 727	262 702
江苏	315 356	220 798	18 885	39 025	7 721	2 353	26 574	311 668	245 829
浙江	461 754	329 439	45 886	27 515	4 164	497	54 253	453 363	357 395
其中：宁波	91 776	59 714	10 916	6 182	1 368	445	13 151	89 444	70 750
安徽	90 578	76 099	2 952	5 211	417	11	5 888	90 832	70 923
福建	87 942	66 775	6 552	4 904	496	58	9 157	92 269	71 268
其中：厦门	25 718	19 046	1 487	285	1	——	4 899	23 938	12 453
江西	58 715	48 230	3 219	3 868	92	——	3 306	59 208	44 091
山东	178 602	163 860	2 530	7 680	354	——	4 178	175 610	167 062
其中：青岛	39 886	36 249	1 943	1 211	30	——	453	39 907	36 905
河南	95 042	81 586	2 307	5 708	1 797	2	3 642	94 552	78 586
湖北	125 158	81 296	11 869	12 847	4 214	214	14 718	123 510	91 183
湖南	115 773	91 675	4 366	9 817	3 493	25	6 397	115 725	97 247
广东	725 766	475 830	66 972	104 417	32 797	6 207	39 543	694 156	405 806
其中：深圳	249 229	137 922	33 294	51 241	3 505	4 686	18 581	233 261	157 825
广西	87 081	74 026	1 477	8 422	462	24	2 670	86 541	74 658
海南	15 423	14 141	173	26	24	5	1 054	15 561	12 460
重庆	95 828	54 223	4 310	14 878	18 996	206	3 215	89 365	52 132
四川	163 872	138 265	8 061	7 646	5 096	128	4 676	163 210	112 793
贵州	63 142	57 436	742	1 719	256	——	2 989	61 205	58 478
云南	146 181	131 051	7 205	3 095	2 105	——	2 725	145 476	113 059
西藏	10 556	9 231	723	19	181	15	387	11 354	6 637
陕西	71 398	65 881	1 350	2 155	309	2	1 701	71 240	59 334
甘肃	63 355	58 895	2 039	1 366	429	18	608	63 332	51 586
青海	21 049	19 406	525	199	5	——	914	21 663	20 294
宁夏	26 481	20 787	3 172	1 196	374	——	952	25 977	17 903
新疆	101 119	82 596	11 372	1 467	2 867	78	2 739	104 124	50 555

文化馆（站）基本情况（二）

年支出合计（千元）									
		在支出合计中							
项目支出	经营支出	人员支出		公用支出					对个人和家庭补助支出
			社会保障缴费		福利费	维修费	各种设备购置费	税金支出	
611 159	**99 821**	**1 973 042**	**154 069**	**1 230 472**	**47 120**	**110 305**	**164 793**	**24 598**	**372 697**
28 946	1 461	31 527	1 153	63 631	340	2 218	26 100	1 019	9 633
2 472	301	21 180	1 137	14 663	334	1 268	1 877	681	10 573
1 739	1 188	67 875	3 695	23 758	799	1 374	2 583	193	12 848
1 726	68	47 047	1 583	16 979	375	2 286	2 611	572	8 997
32	90	48 428	3 140	13 862	387	1 240	1 679	121	6 583
5 713	352	51 497	3 665	26 592	695	1 909	1 901	82	17 220
1 602	30	9 140	1 406	4 577	82	154	659	5	703
2 989	749	42 808	1 253	14 146	237	999	1 389	187	16 397
9 614	15	41 163	1 597	18 039	308	2 952	1 891	111	11 799
55 419	27 881	157 719	24 852	153 641	7 864	20 974	22 022	6 283	17 536
36 757	6 063	131 100	14 691	103 100	4 494	11 124	11 634	952	35 454
91 594	1 957	195 175	23 858	214 760	7 649	9 406	18 145	3 659	35 041
17 761	575	35 038	5 649	46 027	1 186	776	3 714	2 496	5 516
1 867	435	55 047	4 041	14 672	1 251	1 403	2 542	243	17 754
17 297	309	30 781	3 304	35 394	407	1 002	2 424	339	7 243
11 418	25	3 859	394	18 319	28	54	657	——	1 376
2 775	458	33 938	2 077	12 966	836	1 231	1 599	253	7 991
4 958	235	108 564	13 251	41 549	1 233	3 853	7 111	251	17 186
1 399	——	18 897	2 614	12 056	321	1 499	3 692	75	3 478
1 974	658	60 455	4 445	17 155	512	1 493	2 479	275	10 330
17 322	1 899	59 599	5 782	34 990	1 901	7 110	4 482	550	14 269
15 281	1 961	65 687	4 335	30 846	1 610	2 789	4 584	392	8 882
219 520	26 602	238 356	16 492	203 704	9 516	13 302	20 154	4 983	28 689
57 213	875	83 645	4 334	73 498	3 338	3 120	6 673	1 171	4 112
2 556	1 430	57 557	1 773	12 956	826	1 597	1 524	462	10 266
1 803	15	10 330	793	3 906	26	328	159	15	217
11 389	9 801	39 571	2 149	20 158	1 137	1 657	4 418	1 233	8 563
26 148	4 163	78 624	5 384	44 581	1 219	6 070	5 838	427	16 502
768	318	42 318	892	11 248	786	572	1 184	228	5 746
16 575	2 038	87 810	2 560	30 368	711	3 124	3 564	327	9 501
546	9	7 433	196	1 758	54	57	385	14	1 358
5 683	866	44 741	1 094	16 214	333	5 138	1 638	222	4 003
10 567	291	37 478	1 146	8 214	207	1 769	1 189	99	6 012
432	——	13 093	213	4 061	6	375	676	——	3 318
1 635	915	15 370	561	4 790	161	324	942	79	2 864
15 062	7 293	50 771	2 957	17 771	906	1 361	6 069	346	9 922

各地区省级群众艺术馆、

	机构数（个）	从业人员数（人）	从业人员数：高级职称	从业人员数：中级职称	举办展览个数（个）	组织文艺活动次数（次）	藏书（千册）	举办训练班：班次（次）	举办训练班：结业人次（千人次）	下基层服务次数（次）	组织各类理论研讨活动次数（次）	组织各类讲座次数（次）
总　计	**32**	**1 622**	**431**	**423**	**168**	**796**	**115.6**	**2 308**	**59**	**2 438**	**104**	**256**
北　京	1	60	9	12	7	38	——	93	——	188	——	10
天　津	1	65	19	18	8	30	——	20	——	40	12	9
河　北	1	56	16	18	——	——	21.0	1 728	34	216	——	——
山　西	1	72	16	24	——	20	8.0	——	——	30	——	——
内蒙古	1	44	11	17	5	10	3.0	23	2	20	4	11
辽　宁	1	55	——	——	7	15	——	35	——	100	4	5
吉　林	1	65	25	17	1	15	——	3	——	210	1	5
黑龙江	1	48	24	4	——	2	8.2	——	——	20	——	——
上　海	1	54	15	20	9	116	——	33	4	300	6	6
江　苏	1	41	15	12	3	53	——	1	——	35	3	——
浙　江	1	59	24	20	15	25	——	79	——	160	14	11
安　徽	1	36	——	——	10	12	2.0	5	——	——	——	——
福　建	1	48	10	16	3	8	——	6	——	——	——	——
江　西	1	38	7	16	——	13	10.0	16	1	62	4	5
山　东	1	54	27	22	25	15	13.4	15	1	30	6	5
河　南	1	44	17	9	4	4	——	8	1	3	4	2
湖　北	1	69	28	11	5	36	——	——	——	460	——	——
湖　南	1	60	8	11	1	8	——	3	——	12	——	2
广　东	1	42	7	14	5	9	——	7	——	——	——	2
广　西	1	34	16	6	——	25	15.0	48	1	32	4	21
海　南	1	32	5	13	4	20	1.1	21	1	30	8	40
重　庆	1	60	17	9	6	12	——	14	——	——	——	——
四　川	1	49	8	17	4	15	——	6	2	36	4	2
贵　州	1	65	25	5	5	55	——	3	——	120	4	12
云　南	1	63	12	24	5	14	——	7	——	108	2	——
西　藏	1	45	3	13	——	8	——	10	2	12	——	——
陕　西	1	77	14	26	7	14	4.5	5	——	150	11	10
甘　肃	1	39	8	13	15	16	27.6	26	——	8	5	7
青　海	2	48	15	12	7	53	2.0	14	——	30	4	87
宁　夏	1	53	11	16	5	130	——	8	——	15	2	2
新　疆	1	47	19	8	2	5	——	71	——	11	2	2

文化馆基本情况（一）

信息化装备		年末固定资产原值（千元）	增加值（千元）	公用房屋建筑面积（千平方米）			由本馆指导的单位（个）				
计算机（台）	网站数（个）				业务用房	对公众开放阅览室面积	馆办文艺团体	基层文化示范点	农村集镇文化中心	文化户	群众业余文艺团队
582	**12**	**134 849**	**93 082**	**122**	**76**	**2**	**53**	**72**	**33**	**37**	**33**
60	2	3 048	3 109	——	——	——	1	——	——	——	——
——	1	1 856	4 004	5	5	——	2	1	1	——	——
20	——	3 270	3 454	5	2	——	——	21	——	——	——
10	1	3 049	3 263	4	——	——	2	——	——	——	——
18	1	4 733	1 914	4	3	——	3	7	——	——	5
16	——	3 508	2 671	6	4	1	2	——	——	——	1
19	——	1 079	3 245	——	——	——	——	3	——	1	1
11	——	1 192	2 155	1	——	——	——	——	——	——	——
73	1	4 784	6 589	13	11	——	1	——	——	——	1
57	——	8 591	3 832	5	2	——	3	——	——	——	——
——	——	6 857	5 663	3	3	——	——	11	16	12	6
——	——	5 402	2 325	4	——	——	4	——	——	——	——
——	——	2 519	3 105	2	2	——	——	——	——	——	——
10	——	815	1 387	——	——	——	——	——	——	——	——
8	——	17 602	4 781	11	5	——	——	——	——	——	——
15	1	2 606	2 751	3	3	——	——	——	——	——	——
30	1	2 795	3 440	3	1	——	——	——	——	——	——
10	——	1 178	3 044	——	——	——	——	——	——	——	——
24	——	2 967	3 304	——	——	——	2	——	——	——	——
17	——	1 277	2 255	1	1	——	3	1	——	——	4
10	——	3 354	1 501	2	1	——	——	1	——	——	——
——	——	3 341	2 617	5	2	——	2	——	——	——	——
20	1	5 532	2 895	3	——	——	7	8	——	——	6
10	1	5 276	3 231	6	4	——	5	4	——	——	——
——	——	15 469	3 858	9	9	——	2	——	——	——	——
3	——	10 003	2 496	4	1	——	1	1	——	——	——
21	1	4 216	1 830	4	4	——	3	10	15	20	2
5	——	2 403	1 651	1	——	——	5	2	——	4	——
87	——	2 397	2 656	4	——	——	2	2	1	——	6
8	1	3 011	2 407	3	3	——	2	——	——	——	1
20	——	719	1 635	——	——	——	1	——	——	——	——

各地区省级群众艺术馆、

	本年收入合计（千元）								本
		财政拨款	上级补助收入	事业收入	经营收入	附属单位上缴收入	其他收入		基本支出
总计	169 241	127 614	10 708	18 522	2 713	231	9 453	159 845	128 847
北京	12 085	11 929	——	133	——	23	——	12 612	11 130
天津	5 694	3 893	80	1 721	——	——	——	5 630	5 394
河北	5 371	4 657	563	63	——	——	88	5 156	4 287
山西	6 450	5 433	200	——	129	——	688	5 519	4 105
内蒙古	3 174	2 391	——	197	——	——	586	2 990	2 990
辽宁	3 974	3 583	——	335	——	——	56	4 405	3 268
吉林	4 206	3 912	——	239	——	35	20	3 910	3 910
黑龙江	2 966	2 942	——	——	——	——	24	2 966	2 759
上海	16 612	5 722	3 282	7 556	——	——	52	16 694	16 220
江苏	7 695	5 031	748	640	——	——	1 276	6 653	4 609
浙江	12 884	9 944	——	255	——	——	2 685	11 236	8 722
安徽	2 979	2 539	——	110	——	——	330	2 979	2 785
福建	6 174	4 647	725	440	——	——	362	5 503	3 716
江西	1 837	1 599	——	94	——	——	144	2 094	1 675
山东	6 172	5 233	——	910	——	——	29	6 362	5 192
河南	3 815	2 694	——	800	319	——	2	3 815	3 346
湖北	5 499	4 545	——	612	88	——	254	5 227	4 594
湖南	4 382	3 504	——	849	——	——	29	4 382	4 382
广东	10 571	8 323	1 388	639	——	——	221	7 681	3 750
广西	3 564	2 854	——	372	——	——	338	3 113	2 734
海南	2 261	1 953	——	——	——	——	308	2 482	1 770
重庆	5 850	4 149	768	710	——	173	50	5 374	3 160
四川	3 735	3 013	——	132	589	——	1	3 750	2 903
贵州	3 686	2 958	——	——	——	——	728	3 566	3 566
云南	7 374	5 892	50	19	1 334	——	79	5 680	3 638
西藏	3 075	3 074	——	——	——	——	1	3 074	2 544
陕西	2 825	2 317	——	508	——	——	——	2 825	2 825
甘肃	3 059	2 864	——	190	——	——	5	3 054	3 054
青海	3 860	2 982	93	——	——	——	785	4 206	3 799
宁夏	4 478	306	2 811	998	254	——	109	3 981	105
新疆	2 934	2 731	——	——	——	——	203	2 926	1 915

文化馆基本情况（二）

年支出合计（千元）									
项目支出	经营支出	在支出合计中							对个人和家庭补助支出
		人员支出		公用支出					
			社会保障缴费		福利费	维修费	各种设备购置费	税金支出	
25 184	**2 116**	**51 052**	**4 868**	**53 857**	**1 040**	**4 235**	**4 830**	**1 533**	**34 063**
1 481	——	2 019	77	9 633	10	197	823	——	959
236	——	2 035	145	1 575	36	——	——	75	1 784
869	——	1 661	248	1 055	92	76	291	——	1 571
1 388	26	1 621	118	988	23	189	——	2	1 496
——	——	930	275	1 326	17	12	146	55	723
1 080	56	1 482	——	840	91	48	21	12	946
——	——	2 052	153	746	24	6	95	14	1 112
207	——	1 297	159	528	3	——	174	——	808
474	——	5 520	1 302	9 891	72	278	341	200	606
1 844	——	2 207	23	1 140	9	23	86	11	1 262
2 514	——	3 138	438	6 302	25	971	648	430	1 796
194	——	850	84	676	——	72	45	——	1 259
1 787	——	1 570	342	893	113	46	——	69	1 253
419	——	768	22	767	24	325	——	5	558
1 170	——	2 335	25	2 382	13	133	226	84	1 645
150	319	1 480	175	1 288	29	13	44	91	1 047
620	13	1 299	109	1 376	98	186	30	13	1 919
——	——	1 286	118	1 460	75	——	11	——	1 636
3 931	——	1 906	89	614	15	45	1	35	1 230
379	——	1 307	96	86	4	31	5	46	847
712	——	1 349	213	421	——	32	19	——	18
2 214	——	1 284	114	784	90	46	35	19	1 091
721	126	1 378	241	1 230	28	230	420	126	1 142
——	——	1 422	——	696	21	117	——	129	1 448
721	1 321	1 597	40	419	20	16	——	1	1 622
530	——	1 444	26	448	——	4	43	——	652
——	——	1 294	18	1 241	——	403	56	78	290
——	——	880	37	1 510	11	207	132	——	664
407	——	1 363	——	1 239	1	24	118	——	1 197
125	255	1 123	49	1 260	80	104	410	22	1 062
1 011	——	1 155	132	1 043	16	401	610	16	420

各地区地市级群众艺术馆、

	机构数（个）	从业人员数（人）	高级职称	中级职称	举办展览个数（个）	组织文艺活动次数（次）	藏书（千册）	举办训练班 班次（次）	结业人次（千人次）	下基层服务次数（次）	组织各类理论研讨活动次数（次）	组织各类讲座次数（次）
总计	**363**	**9 913**	**1 493**	**3 308**	**2 209**	**13 443**	**386.1**	**10 707**	**248**	**44 163**	**1 055**	**1 106**
北京	——	——	——	——	——	——	——	——	——	——	——	——
天津	——	——	——	——	——	——	——	——	——	——	——	——
河北	12	505	109	163	73	375	39.3	732	16	1 651	30	48
山西	11	367	45	147	49	139	25.0	102	2	115	13	13
内蒙古	12	391	36	145	39	342	16.0	212	8	711	49	78
辽宁	22	640	92	243	77	631	29.0	962	4	21 836	54	26
其中：大连	2	72	12	32	7	10	3.0	255	——	260	4	2
吉林	13	437	91	148	24	235	10.1	93	1	200	21	25
黑龙江	16	375	118	128	52	746	3.5	1 585	8	1 147	57	78
上海	——	——	——	——	——	——	——	——	——	——	——	——
江苏	12	414	81	131	68	445	10.6	945	17	1 166	51	52
浙江	11	362	77	116	172	726	3.0	282	6	1 606	58	78
其中：宁波	1	62	11	19	50	40	——	——	——	——	——	——
安徽	14	262	24	116	32	302	——	354	7	711	21	23
福建	9	103	16	35	61	342	2.5	251	7	409	18	35
其中：厦门	1	36	4	9	6	150	2.0	100	4	170	6	8
江西	11	273	37	81	36	148	14.9	156	5	695	17	25
山东	17	588	168	206	144	1 068	23.1	564	14	403	76	47
其中：青岛	1	57	11	14	20	170	——	37	4	55	7	12
河南	17	472	65	172	94	518	19.5	304	9	815	61	64
湖北	17	608	94	213	91	608	5.4	188	7	2 134	47	36
湖南	14	436	81	175	72	406	15.6	564	14	1 181	34	53
广东	21	524	54	126	166	1 994	21.6	656	21	2 464	107	112
其中：深圳	1	112	16	32	20	50	——	100	5	——	15	50
广西	15	301	32	103	80	404	10.8	476	6	642	12	10
海南	2	26	4	3	10	72	1.0	88	1	45	1	2
重庆	15	420	38	80	137	641	7.5	410	11	2 548	94	49
四川	20	591	55	181	184	887	14.0	609	20	624	93	137
贵州	7	116	18	34	29	131	0.7	84	7	216	37	23
云南	16	380	34	146	72	337	12.3	262	5	1 029	8	7
西藏	7	185	2	35	7	179	2.1	8	——	166	2	——
陕西	10	286	40	93	95	535	27.5	117	2	607	22	21
甘肃	15	329	32	91	105	364	56.7	128	2	122	13	7
青海	8	117	9	61	26	190	0.5	53	1	98	6	7
宁夏	5	102	9	36	140	291	14.0	62	5	25	3	24
新疆	14	303	32	100	74	387	——	460	30	797	50	26

文化馆基本情况（一）

信息化装备：计算机（台）	信息化装备：网站数（个）	年末固定资产原值（千元）	增加值（千元）	公用房屋建筑面积（千平方米）	业务用房	对公众开放阅览室面积	由本馆指导的单位（个）：馆办文艺团体	基层文化示范点	农村集镇文化中心	文化户	群众业余文艺团队
1 643	**56**	**755 066**	**401 572**	**960**	**609**	**12**	**634**	**1 366**	**3 990**	**5 190**	**5 781**
——	——	——	——	——	——	——	——	——	——	——	——
——	——	——	——	——	——	——	——	——	——	——	——
47	3	16 230	19 704	43	28	——	24	87	62	401	137
43	1	16 919	12 937	24	11	——	17	9	——	8	11
22	1	11 169	11 719	18	11	——	27	15	51	60	161
102	6	48 504	24 792	61	47	——	37	79	54	83	785
23	1	1 101	2 195	6	5	——	6	8	4	3	5
30	1	18 950	15 751	23	14	——	10	45	35	162	22
48	1	32 259	14 083	40	28	——	45	134	108	316	551
——	——	——	——	——	——	——	——	——	——	——	——
122	4	75 018	25 124	45	32	2	25	64	358	26	1 437
180	4	40 621	26 755	57	37	——	23	38	31	59	456
68	——	7 070	4 722	4	4	——	——	5	——	——	3
28	1	11 869	12 165	14	7	——	17	39	5	6	24
109	7	18 393	6 157	39	36	——	14	32	23	26	13
91	1	4 438	2 411	28	28	——	5	2	——	——	10
20	——	9 593	7 937	29	17	1	9	8	31	773	243
109	3	17 138	25 312	51	41	——	34	101	237	67	163
33	1	2 102	3 617	10	8	——	10	12	12	——	16
38	2	32 618	14 245	33	25	——	46	153	1 908	65	154
69	2	54 467	17 651	62	40	——	13	66	249	620	136
26	2	19 622	13 054	37	21	2	14	83	69	36	173
211	4	69 001	37 122	67	52	1	28	88	33	——	126
——	——	16 765	8 455	6	4	——	10	30	——	——	——
56	——	14 598	11 451	32	12	——	35	63	39	94	165
7	1	469	1 055	12	5	——	3	8	30	——	112
82	7	74 142	26 061	64	32	——	75	35	135	1 357	333
68	2	43 422	18 537	46	33	——	21	41	309	368	80
16	——	1 747	3 658	3	1	——	24	13	25	5	29
62	——	38 802	14 139	33	20	——	22	51	50	228	133
2	——	26 859	6 322	17	8	——	2	20	——	——	——
30	1	32 612	6 916	26	5	——	35	33	25	138	39
7	——	8 665	10 061	18	11	——	11	29	14	41	214
17	1	2 629	5 022	8	4	——	6	6	——	6	22
41	1	2 056	3 421	18	9	——	4	8	22	21	41
51	1	16 694	10 405	27	7	——	13	18	87	224	21

各地区地市级群众艺术馆、

	本年收入合计（千元）	财政拨款	上级补助收入	事业收入	经营收入	附属单位上缴收入	其他收入		本 基本支出
总计	**594 460**	**476 546**	**16 864**	**47 201**	**21 969**	**79**	**31 801**	**580 641**	**453 916**
北京	——	——	——	——	——	——	——	——	——
天津	——	——	——	——	——	——	——	——	——
河北	26 914	24 661	——	705	1 177	——	371	26 863	24 937
山西	16 887	14 321	442	1 201	——	——	923	16 938	16 744
内蒙古	14 458	13 816	22	36	——	——	584	13 976	13 976
辽宁	32 155	28 735	1 143	1 799	——	——	478	32 155	27 776
其中：大连	3 520	3 515	——	——	——	——	5	3 520	3 019
吉林	21 786	18 402	5	491	433	——	2 455	20 558	13 993
黑龙江	25 604	23 269	723	1 202	4	——	406	23 895	18 129
上海	——	——	——	——	——	——	——	——	——
江苏	46 702	30 845	1 203	12 352	945	8	1 349	45 698	38 062
浙江	47 414	31 558	1 810	5 000	404	——	8 642	46 064	35 693
其中：宁波	10 810	5 700	726	3 440	——	——	944	10 503	8 962
安徽	15 389	12 772	211	1 098	144	——	1 164	15 194	12 771
福建	17 575	13 872	1 932	600	——	——	1 171	16 363	8 899
其中：厦门	10 059	8 159	1 081	205	——	——	614	8 952	3 417
江西	10 623	8 592	847	584	52	——	548	10 226	6 412
山东	34 869	31 408	——	2 253	——	——	1 208	32 640	30 974
其中：青岛	6 105	4 939	——	909	——	——	257	6 543	6 350
河南	19 039	16 523	583	801	——	——	1 132	18 479	14 970
湖北	25 557	17 196	933	4 199	571	——	2 658	25 352	17 708
湖南	20 700	16 581	371	3 016	——	——	732	19 447	17 305
广东	58 288	50 503	3 534	2 968	185	——	1 098	59 057	39 795
其中：深圳	14 759	13 167	870	67	——	——	655	15 461	9 688
广西	14 342	11 362	111	1 750	328	——	791	13 877	12 406
海南	1 998	1 507	107	——	——	——	384	1 964	1 964
重庆	31 292	10 649	389	2 318	17 054	——	882	28 751	16 329
四川	27 876	24 340	713	2 084	11	——	728	27 090	18 895
贵州	5 952	5 076	231	35	——	——	610	5 900	5 900
云南	21 913	19 868	218	914	497	——	416	22 369	18 303
西藏	4 855	4 045	458	2	——	——	350	6 077	3 306
陕西	12 290	11 132	——	423	——	——	735	12 010	7 753
甘肃	12 729	12 203	——	355	——	——	171	12 684	11 774
青海	6 114	5 458	412	145	——	——	99	6 117	6 117
宁夏	6 270	5 293	240	——	——	——	737	6 176	4 158
新疆	14 869	12 559	226	870	164	71	979	14 721	8 867

文化馆基本情况（二）

项目支出	经营支出	在支出合计中：人员支出	社会保障缴费	公用支出	福利费	维修费	各种设备购置费	税金支出	对个人和家庭补助支出
年支出合计（千元）									
75 216	**13 094**	**250 373**	**24 862**	**176 020**	**5 714**	**13 657**	**14 786**	**4 414**	**101 780**
——	——	——	——	——	——	——	——	——	——
——	——	——	——	——	——	——	——	——	——
214	1 178	11 748	1 208	6 890	474	388	1 455	178	6 655
194	——	8 866	474	5 097	165	408	632	257	2 973
——	——	8 974	1 131	2 112	106	177	144	6	2 187
1 598	209	14 564	2 008	8 852	181	664	265	36	8 071
500	——	1 924	529	1 150	21	95	60	——	206
2 402	413	9 170	516	5 490	12	305	499	105	5 706
4 606	——	7 962	820	10 235	219	2 545	509	110	4 502
——	——	——	——	——	——	——	——	——	——
6 976	660	14 728	1 246	19 800	152	326	2 150	524	6 720
10 279	92	17 871	3 459	21 797	393	706	1 096	563	6 304
1 541	——	3 276	930	6 234	17	34	181	154	993
648	259	6 879	890	3 023	252	241	146	154	4 406
7 170	——	3 588	406	9 633	35	224	404	10	1 789
5 531	——	1 332	210	6 732	14	16	4	——	888
39	90	5 092	271	2 688	168	516	229	93	2 201
807	——	18 154	2 697	7 105	434	225	286	102	5 937
193	——	2 806	653	2 103	41	38	51	75	611
884	52	9 294	1 490	4 535	144	193	458	5	3 498
4 200	571	10 512	876	5 275	363	396	990	149	4 442
2 141	——	8 603	890	6 514	209	181	217	97	3 361
17 549	120	25 862	2 198	14 067	592	1 833	1 076	106	7 802
5 773	——	6 126	604	2 319	361	371	327	54	1 244
798	133	7 423	446	2 999	115	497	212	138	3 192
——	——	915	102	925	——	249	4	——	122
1 301	8 079	7 926	704	7 187	449	328	428	1 164	4 476
5 519	1	12 102	666	9 896	198	1 398	1 242	42	4 459
——	——	2 079	386	2 236	276	22	231	35	1 199
2 697	473	9 555	493	7 898	293	328	212	190	2 549
——	——	4 475	165	897	54	——	167	14	705
2 826	——	4 409	40	3 360	114	822	112	130	959
746	——	7 271	141	2 198	93	217	674	24	2 327
——	——	3 498	86	1 205	5	221	283	——	1 414
1 400	600	2 529	80	1 190	43	66	297	52	715
222	164	6 324	973	2 916	175	181	368	130	3 109

各地区县市级文

	机构数（个）	从业人员数（人）			举办展览个数（个）	组织文艺活动次数（次）	藏书（千册）	举办训练班		下基层服务次数（次）	组织各类理论研讨活动次数（次）	组织各类讲座次数（次）
			高级职称	中级职称				班次（次）	结业人次（千人次）			
总计	**2 819**	**39 936**	**1 986**	**10 267**	**14 329**	**131 884**	**4377.5**	**45 417**	**1 423**	**157 900**	**5 901**	**7 970**
北京	20	801	32	108	199	2 162	5.4	3 095	192	10 647	84	499
天津	18	642	75	176	152	679	——	574	45	614	47	143
河北	162	1 995	101	617	844	15 568	488.4	2 194	59	6 109	364	432
山西	119	1 660	55	486	474	2 502	166.9	752	31	3 170	180	141
内蒙古	102	1 348	39	375	397	3 163	57.1	839	30	2 966	101	94
辽宁	110	1 724	58	543	563	6 085	176.3	3 207	81	11 296	232	314
其中：大连	10	196	13	83	31	600	14.7	212	3	2 515	20	30
吉林	67	1 695	158	586	298	1 913	64.5	757	14	2 828	235	85
黑龙江	126	1 437	152	587	446	3 424	276.5	1 521	27	4 953	236	322
上海	29	1 142	51	220	240	856	97.1	1 908	22	6 040	93	156
江苏	102	1 508	118	545	741	4 170	256.4	2 427	107	11 555	437	380
浙江	87	1 657	156	489	860	4 708	209.0	3 463	79	14 497	308	445
其中：宁波	11	209	16	65	64	1 024	68.9	435	10	2 751	44	65
安徽	99	1 199	29	263	510	1 803	60.5	1 566	23	5 265	117	142
福建	80	693	33	179	470	2 051	94.1	1 243	36	3 691	128	157
其中：厦门	5	43	2	10	8	407	8.0	329	2	366	——	3
江西	101	1 349	31	261	409	3 432	82.9	1 171	33	5 205	103	137
山东	140	2 416	340	943	987	7 611	364.8	2 266	97	8 107	367	657
其中：青岛	12	194	22	71	92	2 336	5.2	649	40	1 802	118	370
河南	184	3 186	54	443	741	4 254	162.0	1 503	69	3 824	402	278
湖北	103	1 805	108	433	564	2 612	63.4	907	42	7 750	175	250
湖南	125	1 781	52	489	437	3 916	184.0	1 536	52	6 986	265	279
广东	120	1 598	48	196	979	4 316	212.5	4 722	97	8 531	390	1 604
其中：深圳	7	194	30	38	266	286	17.7	717	6	2 761	62	1 254
广西	99	1 186	18	297	406	3 727	86.4	1 380	37	4 200	190	167
海南	18	158	2	30	44	261	9.1	55	1	121	13	22
重庆	25	312	27	83	181	675	0.6	187	5	780	64	61
四川	181	1 868	56	511	910	4 489	538.2	3 444	87	6 750	505	500
贵州	87	770	10	113	192	2 952	55.4	583	15	2 228	114	76
云南	131	1 463	49	367	466	13 134	44.3	1 049	46	8 233	135	72
西藏	33	80	3	4	23	548	128.3	10	——	103	10	5
陕西	109	1 779	60	392	572	2 343	43.0	1 442	24	2 443	248	205
甘肃	85	964	28	161	570	22 763	106.4	810	32	1 536	105	164
青海	44	310	6	58	132	1 160	37.8	59	2	1 232	21	6
宁夏	19	348	14	100	137	743	78.1	241	6	1 327	98	31
新疆	94	1 062	23	212	385	3 864	228.3	506	18	4 913	134	146

化 馆 基 本 情 况 (一)

信息化装备 计算机(台)	信息化装备 网站数(个)	年末固定资产原值(千元)	增加值(千元)	公用房屋建筑面积(千平方米)	业务用房	对公众开放阅览室面积	由本馆指导的单位(个) 馆办文艺团体	基层文化示范点	农村集镇文化中心	文化户	群众业余文艺团队
4 094	**267**	**2 309 325**	**1 100 683**	**4 060**	**2 289**	**126**	**3 678**	**13 449**	**17 808**	**111 682**	**52 595**
276	10	117 861	41 434	93	52	——	85	104	60	120	718
39	1	43 105	27 401	56	35	——	37	53	122	5 167	539
96	1	78 804	41 172	164	98	1	52	1 126	844	16 847	3 650
40	1	65 113	35 707	97	40	——	319	1 135	651	6 309	2 031
49	——	39 908	27 713	94	60	1	140	289	312	1 383	558
199	11	66 174	37 638	236	85	1	184	525	540	7 989	2 858
28	——	6 156	5 334	27	14	——	27	39	58	391	464
44	——	38 147	35 905	124	96	2	66	281	283	2 872	428
78	2	46 365	34 021	76	41	1	220	405	613	1 926	974
354	8	288 265	88 584	186	101	3	101	157	137	80	559
674	11	149 414	72 206	233	175	8	228	458	907	5 786	2 064
465	17	130 291	94 953	204	144	3	254	1 267	796	3 869	3 238
90	1	27 174	20 004	28	11	——	23	197	67	1 671	623
31	2	38 729	35 366	72	46	3	98	261	352	973	1 824
122	4	45 459	20 038	143	88	1	67	695	541	3 341	906
25	——	3 275	2 238	18	9	——	13	39	13	——	87
45	70	59 953	27 802	132	57	14	88	372	679	6 455	1 075
243	5	106 913	65 221	196	121	3	238	1 035	1 438	7 618	4 539
77	2	19 365	12 918	33	17	——	63	259	408	1 455	2 054
50	2	88 054	42 145	207	105	3	141	644	1 933	7 723	4 846
126	6	64 457	34 037	156	91	4	123	324	381	4 319	1 144
53	3	67 942	33 037	140	76	3	104	499	1 143	7 924	3 999
390	14	150 678	61 615	387	148	13	211	339	702	1 129	1 366
131	3	77 914	18 204	55	28	1	40	82	104	43	126
34	1	54 955	29 248	120	77	4	187	474	570	6 838	2 343
1	——	4 925	2 986	11	8	——	6	76	104	310	133
35	3	22 790	8 435	45	29	——	29	94	401	2 607	542
174	5	139 230	46 116	235	140	12	165	1 061	1 736	3 369	1 959
39	1	58 536	19 336	85	38	5	41	163	366	487	792
124	1	120 271	38 436	171	88	3	196	461	550	1 090	5 692
79	83	27 848	1 808	27	19	1	3	28	29	20	177
36	1	65 215	29 081	129	77	8	139	479	555	1 514	1 790
77	1	47 961	21 958	84	52	7	26	214	398	1 011	949
3	——	6 090	8 358	18	6	——	8	25	88	226	192
41	1	24 096	7 811	32	20	1	25	94	114	589	197
77	2	51 776	31 101	92	60	6	97	311	463	1 791	513

各地区县市级文

	本年收入合计（千元）							本	
		财政拨款	上级补助收入	事业收入	经营收入	附属单位上缴收入	其他收入		基本支出
总计	**1 578 442**	**1 247 624**	**84 737**	**117 814**	**12 203**	**6 800**	**109 264**	**1 560 702**	**1 254 116**
北京	104 614	69 055	17 100	10 366	897	495	6 701	95 844	61 345
天津	33 850	24 573	1 002	3 588	283	——	4 404	33 782	26 951
河北	45 297	43 809	59	928	130	——	371	45 059	38 162
山西	45 043	40 343	2 232	915	——	——	1 553	43 132	39 411
内蒙古	33 112	32 465	14	292	35	——	306	33 050	33 008
辽宁	51 003	47 454	1 050	2 151	30	——	318	54 621	34 021
其中：大连	9 629	8 403	347	859	——	——	20	9 602	3 986
吉林	46 170	43 894	278	1 031	248	——	719	42 815	39 340
黑龙江	38 889	37 450	732	666	——	——	41	38 510	33 865
上海	140 211	78 336	4 977	30 138	456	——	26 304	139 605	106 508
江苏	107 083	76 819	5 271	14 894	2 042	1 213	6 844	106 117	94 394
浙江	147 636	102 427	12 556	12 472	1 642	191	18 348	145 415	119 851
其中：宁波	36 297	20 532	6 210	1 390	1 183	181	6 801	34 305	23 837
安徽	40 667	33 934	1 592	2 207	127	7	2 800	40 249	31 081
福建	37 706	26 830	1 116	2 388	213	2	7 157	36 337	28 621
其中：厦门	9 216	4 822	220	32	——	——	4 142	8 657	3 185
江西	35 580	29 802	1 535	1 951	36	——	2 256	35 602	26 916
山东	80 206	73 800	1 285	3 209	72	——	1 840	79 453	77 474
其中：青岛	15 387	14 110	878	302	——	——	97	14 990	14 414
河南	50 052	43 230	1 285	2 930	908	2	1 697	49 895	42 996
湖北	42 496	29 366	2 168	4 335	409	——	6 218	42 558	34 323
湖南	45 455	36 544	1 416	3 277	620	25	3 573	46 896	41 061
广东	141 142	97 208	19 896	9 494	127	4 765	9 652	137 555	92 205
其中：深圳	65 151	31 400	17 120	7 167	——	4 674	4 790	61 004	39 027
广西	33 985	29 311	832	2 796	——	20	1 026	34 462	30 007
海南	3 388	3 243	1	19	24	5	96	3 342	2 903
重庆	11 439	9 430	873	427	15	——	694	10 942	8 054
四川	68 590	58 847	3 217	3 148	707	70	2 601	67 584	50 305
贵州	23 972	21 424	76	1 097	54	——	1 321	22 789	22 298
云南	48 211	45 544	982	1 020	58	——	607	48 678	42 048
西藏	1 498	1 021	259	3	181	1	33	1 205	163
陕西	38 642	35 616	1 097	1 069	10	——	850	38 723	32 825
甘肃	23 792	22 020	836	353	221	3	359	23 830	22 593
青海	9 621	9 533	——	53	5	——	30	9 811	9 791
宁夏	8 993	8 512	104	151	120	——	106	8 911	7 800
新疆	40 099	35 784	896	446	2 533	1	439	43 930	23 796

化 馆 基 本 情 况 （二）

年	支出合计（千元）								
		在支出合计中							
		人员支出		公用支出					
项目支出	经营支出		社会保障缴费		福利费	维修费	各种设备购置费	税金支出	对个人和家庭补助支出
160 313	**15 771**	**794 736**	**66 556**	**452 641**	**15 396**	**34 492**	**63 825**	**7 669**	**188 943**
26 024	533	26 997	861	52 892	226	1 743	25 041	846	8 651
1 611	246	16 068	986	8 670	298	626	681	606	8 705
381	10	33 299	1 826	6 784	220	815	584	7	4 494
144	38	28 185	941	8 952	177	1 219	1 644	253	4 488
32	——	23 186	1 450	6 018	203	692	669	34	2 694
1 939	——	26 649	1 457	12 947	339	703	1 302	34	7 970
670	——	4 583	696	3 081	45	19	432	5	455
577	274	24 825	571	7 492	181	629	699	68	9 306
455	——	25 660	615	5 781	85	398	659	1	6 421
24 912	455	63 345	11 540	49 441	1 784	5 097	4 681	3 360	8 019
4 455	2 769	46 374	5 166	34 488	1 846	3 338	2 904	241	17 769
22 720	885	66 564	9 999	56 317	2 590	1 628	4 029	219	20 369
10 041	427	14 929	2 442	15 666	605	220	1 123	21	3 363
718	113	22 796	2 038	5 689	611	704	450	86	10 324
6 569	206	14 099	1 771	15 472	147	263	628	134	3 774
5 472	——	1 634	107	6 561	11	16	114	——	462
1 990	337	19 944	1 627	8 026	492	276	1 295	128	4 840
1 740	57	52 039	7 238	17 338	431	1 017	2 034	41	8 434
576	——	9 669	1 461	2 280	35	52	36	——	2 440
297	142	32 400	2 654	8 379	307	1 195	957	170	5 700
3 314	289	23 176	2 744	11 566	834	941	1 311	301	7 063
5 348	130	25 739	1 938	15 950	876	1 490	3 236	144	3 561
39 288	203	43 768	3 228	56 423	1 855	2 509	3 132	341	9 624
20 588	——	13 000	941	26 552	1 096	254	1 851	188	804
687	229	21 090	754	4 649	139	330	361	204	4 820
79	5	2 695	200	547	2	47	26	15	77
1 356	20	4 969	268	2 918	85	87	247	3	2 467
6 417	815	30 116	2 177	18 917	402	2 978	1 580	53	9 951
137	——	13 802	266	5 525	339	258	524	——	2 854
4 241	33	29 708	1 037	9 183	117	728	1 045	89	3 712
14	5	694	5	412	——	52	175	——	——
2 169	740	23 619	842	9 751	159	3 764	924	12	2 683
802	102	16 862	545	2 905	95	226	266	74	3 009
20	——	7 415	113	1 515	——	130	270	——	700
——	60	5 733	368	1 518	33	76	147	5	1 077
1 877	7 075	22 920	1 331	6 176	523	533	2 324	200	5 387

各 地 区 县 文

	机构数（个）	从业人员数（人）	高级职称	中级职称	举办展览个数（个）	组织文艺活动次数（次）	藏书（千册）	举办训练班 班次（次）	结业人次（千人次）	下基层服务次数（次）	组织各类理论研讨活动次数（次）	组织各类讲座次数（次）
总　计	**1 651**	**21 606**	**815**	**5 340**	**7 743**	**85 389**	**2210.6**	**15 521**	**521**	**66 873**	**3 046**	**2 655**
北　京	2	57	3	14	16	368	——	246	16	1 291	——	10
天　津	3	99	14	21	22	55	——	27	——	16	——	——
河　北	114	1 376	57	393	523	13 680	215.0	1 638	37	3 557	294	285
山　西	85	1 130	37	350	373	1 753	80.4	563	21	2 237	100	110
内蒙古	70	882	26	241	260	2 104	10.2	473	17	1 920	79	54
辽　宁	38	630	13	189	178	569	61.7	291	10	2 147	65	83
其中：大连	1	20	3	11	2	11	——	1	——	38	——	——
吉　林	23	646	45	226	161	522	14.2	261	6	537	172	30
黑龙江	45	688	50	271	216	1 208	12.1	463	12	2 838	104	87
上　海	1	45	4	12	6	54	2.0	40	1	104	3	6
江　苏	25	393	15	140	215	1 069	35.0	223	15	2 852	83	63
浙　江	36	610	48	210	273	1 542	37.4	1 136	32	6 799	99	174
其中：宁波	2	32	2	14	20	165	——	78	——	312	9	13
安　徽	52	717	15	155	312	839	49.1	257	11	1 937	71	63
福　建	39	302	12	81	243	661	70.0	446	11	1 025	56	51
其中：厦门	——	——	——	——	——	——	——	——	——	——	——	——
江　西	70	899	19	180	293	2 488	33.8	651	22	3 727	67	106
山　东	62	1 047	146	441	384	2 154	162.5	640	21	2 411	104	99
其中：青岛	——	——	——	——	——	——	——	——	——	——	——	——
河　南	110	1 999	28	234	486	2 525	74.7	928	44	1 488	305	180
湖　北	45	837	55	190	222	1 454	34.3	286	15	3 559	74	83
湖　南	75	1 153	34	291	309	2 294	109.2	780	29	3 656	179	144
广　东	45	562	1	47	205	1 454	121.5	517	13	1 185	76	90
其中：深圳	——	——	——	——	——	——	——	——	——	——	——	——
广　西	68	872	12	227	279	1 684	82.4	743	24	2 663	129	107
海　南	11	90	1	14	24	100	5.1	27	——	39	2	4
重　庆	21	260	21	70	156	604	0.6	170	4	640	55	57
四　川	126	1 230	31	316	657	3 026	447.0	1 662	53	3 906	324	324
贵　州	70	581	7	83	148	1 972	49.5	378	11	1 548	50	41
云　南	108	1 154	37	276	390	12 482	35.7	639	34	6 201	114	57
西　藏	32	77	3	4	21	546	128.3	9	——	98	10	5
陕　西	88	1 485	47	326	481	1 626	32.8	871	13	1 980	190	139
甘　肃	67	655	16	100	419	22 329	90.5	551	20	678	86	91
青　海	38	272	4	42	117	1 002	37.8	46	1	1 100	16	6
宁　夏	11	179	5	56	82	496	29.7	185	3	973	41	10
新　疆	71	679	9	140	272	2 729	148.2	374	10	3 761	98	96

化 馆 基 本 情 况 （一）

信息化装备：计算机（台）	信息化装备：网站数（个）	年末固定资产原值（千元）	增加值（千元）	公用房屋建筑面积（千平方米）	业务用房	对公众开放阅览室面积	由本馆指导的单位（个）：馆办文艺团体	基层文化示范点	农村集镇文化中心	文化户	群众业余文艺团队
1 344	**153**	**966 838**	**459 005**	**1 963**	**1 083**	**75**	**1 776**	**7 350**	**10 497**	**68 458**	**26 177**
21	——	3 680	2 340	8	3	——	5	15	——	——	1
2	——	6 376	2 281	7	5	——	4	9	26	4 680	10
36	1	53 183	25 969	106	64	1	29	916	628	10 932	2 610
22	1	27 014	23 061	67	26	——	282	774	478	4 040	1 140
28	——	24 696	18 173	59	35	1	91	200	212	1 196	363
94	6	20 421	11 180	139	23	——	33	189	320	5 481	483
——	——	807	505	——	——	——	——	——	——	40	——
15	——	12 951	11 590	21	12	——	18	72	183	661	167
39	1	14 169	13 669	31	16	——	67	234	252	1 212	368
——	——	3 305	2 527	5	3	——	7	10	16	——	128
179	4	26 609	11 573	47	37	2	44	136	347	2 648	389
158	4	45 406	32 382	85	59	——	73	279	226	818	587
16	——	1 273	2 544	3	1	——	1	65	18	——	12
18	——	16 773	19 460	42	26	1	48	124	229	729	1 092
51	2	23 366	7 977	59	40	——	31	128	257	790	340
——	——	——	——	——	——	——	——	——	——	——	——
21	35	34 556	18 052	81	39	9	69	318	557	5 554	512
47	——	48 154	20 235	73	45	1	79	363	459	3 396	772
——	——	——	——	——	——	——	——	——	——	——	——
17	1	44 008	23 623	123	58	2	73	390	957	5 255	3 495
50	4	27 944	13 372	62	31	2	69	174	211	1 024	513
28	1	43 885	20 875	92	46	2	70	241	765	6 157	2 082
28	1	26 471	11 151	59	37	3	58	109	285	643	197
——	——	——	——	——	——	——	——	——	——	——	——
17	1	37 644	19 086	88	56	3	114	414	366	4 491	1 592
——	——	1 395	1 680	5	3	——	3	22	50	190	28
35	3	18 647	6 936	38	22	——	28	88	373	1 042	523
113	3	103 584	30 132	159	95	9	105	915	1 193	2 604	1 089
34	——	55 628	13 895	74	31	5	28	136	290	199	540
83	1	79 734	28 784	137	74	2	130	425	474	975	5 047
77	82	27 848	1 808	26	19	1	3	27	29	20	177
25	——	57 090	23 359	107	63	7	99	278	461	1 342	743
32	1	23 230	13 788	57	38	6	13	135	251	594	571
1	——	5 125	6 814	15	5	——	5	14	85	192	145
29	1	11 163	3 990	21	14	1	19	36	77	147	126
44	——	42 783	19 229	56	43	4	79	179	440	1 446	347

各 地 区 县 文

	本年收入合计（千元）							本	
		财政拨款	上级补助收入	事业收入	经营收入	附属单位上缴收入	其他收入		基本支出
总　计	**584 295**	**514 108**	**17 507**	**24 443**	**2 852**	**54**	**25 331**	**577 151**	**489 044**
北　京	4 897	4 897	——	——	——	——	——	4 897	4 267
天　津	2 775	2 453	——	228	——	——	94	2 770	549
河　北	27 572	26 471	46	568	130	——	357	27 468	23 738
山　西	30 517	27 788	1 807	575	——	——	347	29 085	27 289
内蒙古	21 844	21 556	——	85	——	——	203	21 699	21 657
辽　宁	13 851	13 192	243	264	——	——	152	14 129	8 485
其中：大连	645	645	——	——	——	——	——	645	——
吉　林	18 206	17 573	8	208	67	——	350	14 802	13 121
黑龙江	15 725	14 844	526	347	——	——	8	15 487	13 124
上　海	3 826	2 970	——	398	456	——	2	3 746	3 005
江　苏	17 073	12 992	1 296	1 766	——	——	1 019	17 108	14 882
浙　江	48 368	34 636	2 604	5 138	214	10	5 766	47 870	41 339
其中：宁波	3 701	2 478	——	——	——	——	1 223	4 092	4 092
安　徽	22 383	19 549	665	574	31	7	1 557	22 196	16 987
福　建	10 954	8 506	326	865	213	——	1 044	10 701	9 727
其中：厦门	——	——	——	——	——	——	——	——	——
江　西	22 958	18 946	1 246	1 153	31	——	1 582	23 108	17 701
山　东	23 851	21 830	206	1 146	15	——	654	23 784	23 012
其中：青岛	——	——	——	——	——	——	——	——	——
河　南	26 726	23 907	723	1 349	29	2	716	26 213	22 701
湖　北	16 258	11 675	297	1 645	369	——	2 272	16 258	13 028
湖　南	28 786	22 649	1 109	2 028	346	25	2 629	30 124	25 588
广　东	15 660	13 274	695	760	3	——	928	15 455	13 700
其中：深圳	——	——	——	——	——	——	——	——	——
广　西	20 570	19 138	217	441	——	——	774	20 792	18 748
海　南	1 959	1 850	1	19	——	5	84	1 913	1 695
重　庆	9 737	7 864	873	333	15	——	652	9 240	6 399
四　川	45 416	38 600	2 620	2 276	438	——	1 482	44 536	34 908
贵　州	16 973	15 174	6	741	54	——	998	15 849	15 847
云　南	34 576	33 330	510	238	9	——	489	35 317	30 444
西　藏	1 498	1 021	259	3	181	1	33	1 205	163
陕　西	31 607	29 739	376	933	10	——	549	31 618	26 398
甘　肃	14 837	13 915	602	78	71	3	168	14 885	13 749
青　海	7 805	7 771	——	19	5	——	10	7 795	7 795
宁　夏	4 982	4 792	60	10	120	——	——	4 964	3 853
新　疆	22 105	21 206	186	255	45	1	412	22 137	15 145

化馆基本情况（二）

年支出合计（千元）									
		在支出合计中							
		人员支出		公用支出					
项目支出	经营支出		社会保障缴费		福利费	维修费	各种设备购置费	税金支出	对个人和家庭补助支出
29 884	**3 301**	**345 081**	**23 673**	**130 003**	**4 534**	**15 570**	**18 660**	**867**	**69 739**
630	——	1 693	54	2 086	12	——	1 234	——	488
——	——	1 397	320	766	22	9	72	——	607
381	10	21 436	969	3 265	65	618	443	3	2 338
130	——	18 566	504	6 094	101	1 052	1 565	6	3 308
32	——	15 159	1 057	4 030	86	550	411	——	1 941
480	——	8 088	127	2 838	66	465	441	——	2 210
——	——	457	76	126	4	——	——	——	12
161	63	8 670	287	3 060	24	301	434	28	2 350
331	——	11 257	134	1 989	15	62	191	——	1 831
286	455	2 239	380	926	30	17	——	——	126
1 742	——	7 680	1 058	5 161	230	756	951	——	2 599
6 318	213	23 369	4 187	18 278	915	841	1 667	60	6 222
——	——	1 981	357	1 598	——	55	49	——	513
649	113	12 279	1 007	2 667	126	584	181	26	6 359
235	206	5 304	777	2 754	71	110	228	88	1 580
——	——	——	——	——	——	——	——	——	——
1 765	273	13 202	1 144	4 874	358	242	1 145	50	3 060
654	——	16 493	1 768	5 257	128	248	666	17	1 671
——	——	——	——	——	——	——	——	——	——
107	4	18 152	1 449	3 320	201	636	182	74	3 436
386	289	9 040	979	4 042	214	332	483	131	2 785
4 334	100	16 256	1 179	10 663	631	655	2 926	136	2 097
187	133	8 242	769	4 833	279	1 166	513	52	1 520
——	——	——	——	——	——	——	——	——	——
468	90	14 153	511	2 759	101	259	196	73	3 254
69	5	1 533	97	290	——	32	23	15	77
1 309	20	4 159	150	2 573	61	87	219	3	1 968
3 135	423	19 235	1 646	13 454	294	2 072	1 124	38	6 397
——	——	10 127	201	3 787	42	251	243	——	1 501
3 378	3	23 599	724	5 579	67	394	806	16	1 913
14	5	694	5	412	——	52	175	——	——
1 491	740	18 814	621	8 095	153	3 115	873	12	2 097
752	51	11 171	200	1 095	50	31	129	20	1 618
——	——	6 202	85	1 107	——	130	270	——	407
——	60	3 318	294	863	21	8	95	5	200
460	45	13 554	990	3 086	171	495	774	14	3 779

各 地 区 文 化

	机构数（个）	从业人员数（人）			举办展览个数（个）	组织文艺活动次数（次）	藏书（千册）
			高级职称	中级职称			
总　计	**36 874**	**71 994**	**512**	**4 963**	**124 444**	**351 656**	**105226.3**
北　京	308	1 199	14	54	4 239	18 017	2488.8
天　津	181	343	2	6	454	1 751	518.8
河　北	2 056	3 045	8	134	3 923	16 483	4192.0
山　西	1 254	1 705	13	107	1 272	3 502	1116.7
内蒙古	933	1 837	6	102	1 336	14 384	1002.5
辽　宁	1 362	2 323	32	228	15 910	20 235	6111.0
其中：大连	138	160	8	44	791	2 412	826.9
吉　林	749	1 201	2	76	737	2 412	445.5
黑龙江	832	1 075	5	50	1 591	5 157	1267.2
上　海	220	2 560	25	174	2 007	46 486	3911.9
江　苏	1 362	3 361	28	444	7 057	19 329	17173.1
浙　江	1 494	3 345	18	703	11 074	20 198	9899.6
其中：宁波	145	353	4	69	733	2 306	1506.1
安　徽	1 400	2 656	25	153	2 071	4 357	1274.4
福　建	1 018	1 309	7	84	1 651	5 696	2521.5
其中：厦门	34	35	1	1	30	503	231.3
江　西	1 280	1 836	6	10	2 285	4 801	1362.5
山　东	1 857	3 330	39	371	6 327	14 145	7654.5
其中：青岛	163	295	1	65	1 256	4 266	1952.5
河　南	2 171	4 642	31	124	4 800	9 221	2790.3
湖　北	1 200	2 507	29	343	7 968	10 605	2821.3
湖　南	2 485	3 543	35	142	2 910	27 625	4262.0
广　东	1 589	7 291	53	327	6 242	18 966	14407.4
其中：深圳	55	1 082	18	60	639	1 571	1571.7
广　西	1 137	2 337	38	201	1 753	14 477	5613.8
海　南	208	416	——	13	2 096	969	243.0
重　庆	1 016	2 292	14	156	2 215	12 060	1100.3
四　川	3 600	4 872	49	385	6 451	17 555	3708.6
贵　州	1 324	2 781	2	45	799	3 648	876.7
云　南	1 400	2 894	6	300	10 964	13 803	2594.4
西　藏	165	145	3	——	121	817	98.9
陕　西	1 637	3 051	13	151	11 187	6 310	1299.2
甘　肃	1 101	1 641	7	12	1 998	5 661	1709.6
青　海	208	171	——	1	82	607	235.5
宁　夏	215	505	1	19	1 194	1 749	254.4
新　疆	1 112	1 781	1	48	1 730	10 630	2270.9

站基本情况(一)

举办训练班 班次(次)	举办训练班 结业人次(千人次)	下基层服务次数(次)	年末固定资产原值(千元)	增加值(千元)	公用房屋建筑面积(千平方米)	文化活动用房	由本站指导的文化户(个)
160 264	**5141.5**	**479 964**	**5 121 321**	**1 198 944**	**11086.4**	**7025.8**	**382 352**
5 550	222.1	43 055	16 739	4 360	196.1	135.7	4 636
748	25.8	2 159	27 252	4 251	71.0	61.4	5 451
8 495	386.5	10 941	98 629	25 261	232.4	146.0	9 675
1 270	40.8	5 707	7 586	8 788	54.8	22.8	1 463
2 763	86.5	5 606	62 871	18 918	145.6	66.6	2 665
3 808	171.1	17 273	57 942	11 456	412.9	208.0	29 409
988	8.1	3 202	33 914	4 047	71.2	47.2	3 667
935	37.1	1 989	5 680	7 281	28.7	12.5	1 539
1 167	52.4	3 967	7 175	6 616	55.8	38.6	6 193
26 798	536.3	19 864	403 122	122 681	619.2	340.7	7 087
5 720	226.2	24 949	678 844	107 310	1248.4	835.8	16 314
10 045	463.3	39 867	525 228	142 312	1267.6	969.8	34 942
2 354	29.9	5 004	82 586	24 222	199.6	157.1	4 618
1 928	122.4	23 718	38 169	28 204	183.8	116.2	4 020
28 820	79.6	7 725	53 274	14 578	307.7	176.0	5 751
100	1.7	1 207	22 633	1 827	31.0	26.9	1 089
1 208	37.4	16 269	28 261	9 835	157.0	67.9	10 872
6 514	391.6	20 118	135 276	42 996	539.9	369.6	53 813
2 192	200.0	3 850	73 690	10 041	231.0	165.6	31 812
4 824	363.7	10 610	71 272	20 257	270.9	188.1	12 196
3 159	126.4	29 866	175 679	33 203	528.2	312.2	12 821
4 296	104.4	35 527	67 783	33 850	374.3	243.4	15 962
14 228	407.3	35 150	1 966 914	295 493	2036.0	1338.8	12 417
1 960	43.4	5 964	160 995	79 293	112.6	48.9	1 078
3 517	144.4	15 650	134 969	35 203	281.7	211.1	8 772
325	12.4	1 520	2 879	5 510	8.9	4.9	655
2 411	96.7	11 083	66 831	32 454	192.4	141.2	5 916
7 201	257.3	33 342	114 638	41 360	462.0	312.6	39 545
510	25.1	4 245	17 690	26 181	74.0	33.9	7 838
3 176	178.0	22 765	172 483	55 795	436.0	187.9	13 845
332	2.7	494	4 023	995	17.6	10.3	11 537
3 134	278.0	9 087	45 357	17 366	269.1	147.4	9 467
2 788	89.0	4 439	59 594	15 016	259.4	101.3	25 645
72	1.5	117	159	830	13.1	5.7	51
1 432	75.2	2 787	7 648	6 305	50.8	39.6	1 606
3 090	100.3	20 075	67 354	24 264	291.2	179.9	10 249

各 地 区 文 化

	本年收入合计（千元）							本	
		财政拨款	上级补助收入	事业收入	经营收入	附属单位上缴收入	其他收入		基本支出
总　计	**1 947 480**	**1 375 946**	**159 128**	**174 415**	**79 493**	**5 635**	**152 863**	**1 823 116**	**1 243 845**
北　京	13 616	9 085	1 487	628	1 409	795	212	12 914	8 866
天　津	7 513	6 064	619	358	291	——	181	7 634	5 569
河　北	32 183	30 219	820	1 021	13	——	110	32 146	28 790
山　西	14 371	13 398	868	53	24	——	28	11 211	8 944
内蒙古	23 044	21 119	8	602	176	——	1 139	23 021	22 931
辽　宁	66 006	64 060	532	219	190	3	1 002	19 223	11 595
其中：大连	7 485	7 470	——	——	——	——	15	7 485	3 396
吉　林	7 657	7 530	28	——	68	——	31	7 651	6 819
黑龙江	11 351	8 351	2 622	87	——	——	291	11 450	5 728
上　海	257 186	121 333	23 862	26 051	23 736	1 551	60 653	208 428	139 974
江　苏	153 876	108 103	11 663	11 139	4 734	1 132	17 105	153 200	108 764
浙　江	253 820	185 510	31 520	9 788	2 118	306	24 578	250 648	193 129
其中：宁波	44 669	33 482	3 980	1 352	185	264	5 406	44 636	37 951
安　徽	31 543	26 854	1 149	1 796	146	4	1 594	32 410	24 286
福　建	26 487	21 426	2 779	1 476	283	56	467	34 066	30 032
其中：厦门	6 443	6 065	186	48	1	——	143	6 329	5 851
江　西	10 675	8 237	837	1 239	4	——	358	11 286	9 088
山　东	57 355	53 419	1 245	1 308	282	——	1 101	57 155	53 422
其中：青岛	18 394	17 200	1 065	——	30	——	99	18 374	16 141
河　南	22 136	19 139	439	1 177	570	——	811	22 363	17 274
湖　北	51 606	30 189	8 768	3 701	3 146	214	5 588	50 373	34 558
湖　南	45 236	35 046	2 579	2 675	2 873	——	2 063	45 000	34 499
广　东	515 765	319 796	42 154	91 316	32 485	1 442	28 572	489 863	270 056
其中：深圳	169 319	93 355	15 304	44 007	3 505	12	13 136	156 796	109 110
广　西	35 190	30 499	534	3 504	134	4	515	35 089	29 511
海　南	7 776	7 438	65	7	——	——	266	7 773	5 823
重　庆	47 247	29 995	2 280	11 423	1 927	33	1 589	44 298	24 589
四　川	63 671	52 065	4 131	2 282	3 789	58	1 346	64 786	40 690
贵　州	29 532	27 978	435	587	202	——	330	28 950	26 714
云　南	68 683	59 747	5 955	1 142	216	——	1 623	68 749	49 070
西　藏	1 128	1 091	6	14	——	14	3	998	624
陕　西	17 641	16 816	253	155	299	2	116	17 682	15 931
甘　肃	23 775	21 808	1 203	468	208	15	73	23 764	14 165
青　海	1 454	1 433	20	1	——	——	——	1 529	587
宁　夏	6 740	6 676	17	47	——	——	——	6 909	5 840
新　疆	43 217	31 522	10 250	151	170	6	1 118	42 547	15 977

站基本情况（二）

年支出合计（千元） 项目支出	经营支出	在支出合计中 人员支出	社会保障缴费	公用支出	福利费	维修费	各种设备购置费	税金支出	对个人和家庭补助支出
350 446	**68 840**	**876 881**	**57 783**	**547 954**	**24 970**	**57 921**	**81 352**	**10 982**	**47 911**
1 441	928	2 511	215	1 106	104	278	236	173	23
625	55	3 077	6	4 418	——	642	1 196	——	84
275	——	21 167	413	9 029	13	95	253	8	128
——	4	8 375	50	1 942	10	470	335	60	40
——	90	15 338	284	4 406	61	359	720	26	979
1 096	87	8 802	200	3 953	84	494	313	——	233
432	30	2 633	181	346	16	40	167	——	42
10	62	6 761	13	418	20	59	96	——	273
4 346	15	6 244	3	1 495	1	9	549	——	68
30 033	27 426	88 854	12 010	94 309	6 008	15 599	17 000	2 723	8 911
23 482	2 634	67 791	8 256	47 672	2 487	7 437	6 494	176	9 703
56 081	980	107 602	9 962	130 344	4 641	6 101	12 372	2 447	6 572
6 179	148	16 833	2 277	24 127	564	522	2 410	2 321	1 160
307	63	24 522	1 029	5 284	388	386	1 901	3	1 765
1 771	103	11 524	785	9 396	112	469	1 392	126	427
415	25	893	77	5 026	3	22	539	——	26
327	31	8 134	157	1 485	152	114	75	27	392
1 241	178	36 036	3 291	14 724	355	2 478	4 565	24	1 170
630	——	6 422	500	7 673	245	1 409	3 605	——	427
643	145	17 281	126	2 953	32	92	1 020	9	85
9 188	1 026	24 612	2 053	16 773	606	5 587	2 151	87	845
7 792	1 831	30 059	1 389	6 922	450	1 118	1 120	151	324
158 752	26 279	166 820	10 977	132 600	7 054	8 915	15 945	4 501	10 033
30 852	875	64 519	2 789	44 627	1 881	2 495	4 495	929	2 064
692	1 068	27 737	477	5 222	568	739	946	74	1 407
1 012	10	5 371	278	2 013	24	——	110	——	——
6 518	1 702	25 392	1 063	9 269	513	1 196	3 708	47	529
13 491	3 221	35 028	2 300	14 538	591	1 464	2 596	206	950
631	318	25 015	240	2 791	150	175	429	64	245
8 916	211	46 950	990	12 868	281	2 052	2 307	47	1 618
2	4	820	——	1	——	1	——	——	1
688	126	15 419	194	1 862	60	149	546	2	71
9 019	189	12 465	423	1 601	8	1 119	117	1	12
5	——	817	14	102	——	——	5	——	7
110	——	5 985	64	822	5	78	88	——	10
11 952	54	20 372	521	7 636	192	246	2 767	——	1 006

各 地 区 乡 镇 文

	机构数（个）	从业人员数（人）	高级职称	中级职称	举办展览个数（个）	组织文艺活动次数（次）	藏书（千册）
总　计	**32 706**	**62 704**	**431**	**4 182**	**92 054**	**272 012**	**82598.9**
北　京	187	751	9	37	1 047	11 859	1399.7
天　津	126	226	2	6	228	1 207	415.9
河　北	1 900	2 857	8	132	3 430	14 285	3868.8
山　西	1 167	1 534	13	72	1 213	3 008	1059.3
内蒙古	831	1 697	6	101	1 113	13 769	922.2
辽　宁	950	1 841	20	148	2 247	12 337	4774.6
其中：大连	83	98	1	28	409	529	384.6
吉　林	624	1 063	1	66	619	1 796	400.9
黑龙江	758	991	5	50	1 345	3 748	1154.4
上　海	149	2 144	24	143	1 075	30 051	2751.6
江　苏	1 145	2 845	20	381	4 923	14 618	13971.5
浙　江	1 203	2 619	15	533	9 494	13 186	7317.0
其中：宁波	90	213	3	41	530	1 140	908.2
安　徽	1 270	2 456	24	146	1 611	3 236	1005.6
福　建	914	1 154	5	75	1 556	4 629	1419.6
其中：厦门	19	25	1	1	13	278	93.6
江　西	1 229	1 759	6	10	2 070	4 188	1328.2
山　东	1 474	2 740	33	305	4 056	8 723	5047.6
其中：青岛	86	148	——	35	293	1 425	689.9
河　南	2 017	4 434	31	117	4 203	8 192	2575.7
湖　北	1 019	2 083	24	294	7 077	7 681	1839.4
湖　南	2 284	3 252	30	128	2 560	24 461	3788.0
广　东	1 230	5 032	28	203	4 079	13 027	9452.3
其中：深圳	2	101	——	8	6	41	70.0
广　西	1 127	2 312	38	196	1 721	14 268	5456.5
海　南	200	404	——	13	2 096	918	239.6
重　庆	961	2 149	13	132	1 823	9 603	962.6
四　川	3 249	4 298	49	359	5 727	15 400	2825.6
贵　州	1 284	2 695	2	45	727	3 338	801.4
云　南	1 360	2 817	6	292	10 751	13 243	2480.6
西　藏	165	145	3	——	121	817	98.9
陕　西	1 460	2 641	10	135	10 628	4 993	1100.0
甘　肃	1 022	1 537	6	9	1 951	5 046	1622.8
青　海	208	171	——	1	82	607	235.5
宁　夏	189	465	——	15	1 124	1 360	216.5
新　疆	1 004	1 592	——	38	1 357	8 418	2066.4

化站基本情况（一）

举办训练班		下基层服务次数（次）	年末固定资产原值（千元）	增加值（千元）	公用房屋建筑面积		由本站指导的文化户（个）
班次（次）	结业人次（千人次）				（千平方米）	文化活动用房	
118 562	**3730.9**	**363 963**	**4 235 551**	**972 223**	**9060.0**	**5739.5**	**309 655**
1 493	75.2	8 957	753	224	81.2	53.7	3 131
459	17.3	1 903	17 667	3 244	53.3	48.7	4 949
8 110	372.4	9 534	95 157	23 723	218.1	136.5	8 385
935	35.0	5 092	6 642	8 279	52.5	21.3	1 459
2 549	79.9	5 172	59 444	18 090	134.9	64.2	2 545
2 113	147.8	8 980	21 605	7 652	270.6	148.7	24 269
188	4.0	546	300	1 945	39.5	33.2	3 236
680	23.8	1 595	5 460	6 664	25.7	11.4	1 126
943	45.6	3 174	7 175	6 616	52.8	36.4	4 320
11 777	176.9	16 132	346 074	111 619	493.1	256.4	3 505
3 855	153.3	20 584	582 668	84 749	1031.0	666.8	11 784
6 194	302.2	29 454	378 939	107 545	990.5	768.7	26 449
448	15.8	2 703	58 697	16 899	124.6	103.0	2 039
1 572	100.6	19 882	21 775	24 835	151.5	91.3	3 517
28 530	71.8	6 279	46 161	13 012	250.0	144.6	3 453
75	1.2	977	19 946	1 659	20.2	17.2	37
1 110	34.3	15 916	28 241	9 352	154.5	66.0	10 862
3 775	180.6	14 046	98 893	33 206	399.5	278.3	31 689
534	31.5	1 529	45 562	5 799	146.9	104.7	12 286
4 455	336.9	9 207	70 930	19 554	266.6	185.1	11 193
2 053	102.5	23 234	151 580	25 112	444.6	254.1	10 593
3 701	78.0	31 278	65 046	30 104	326.0	202.8	12 258
8 824	269.2	21 943	1 591 839	191 647	1560.0	1038.1	9 248
11	0.2	88	32 729	10 910	14.0	1.3	28
3 478	143.0	15 441	133 774	34 632	278.7	208.9	8 688
323	12.4	1 509	2 879	5 470	8.9	4.9	645
1 939	76.7	8 662	60 956	30 003	176.7	130.4	4 839
6 360	209.8	29 894	102 285	38 410	409.2	273.2	37 967
447	22.0	3 735	13 715	25 513	68.9	31.8	4 770
3 018	168.9	21 052	166 091	54 260	426.3	182.0	13 494
332	2.7	494	4 023	995	17.6	10.3	11 537
2 658	252.0	6 542	40 854	15 557	241.8	132.6	6 328
2 726	83.0	4 255	41 764	13 956	170.5	89.1	25 224
72	1.5	117	159	830	13.1	5.7	51
1 382	70.6	2 637	7 585	6 134	47.0	36.1	1 458
2 699	85.1	17 263	65 417	21 221	245.3	161.6	9 919

各 地 区 乡 镇 文

	本年收入合计（千元）							本	
		财政拨款	上级补助收入	事业收入	经营收入	附属单位上缴收入	其他收入		基本支出
总计	**1 520 478**	**1 091 519**	**107 915**	**129 864**	**65 644**	**3 961**	**121 575**	**1 406 866**	**947 307**
北京	6 353	6 111	202	——	——	——	40	6 647	4 837
天津	6 418	5 500	454	321	60	——	83	6 388	4 631
河北	30 423	28 745	813	742	13	——	110	30 386	27 030
山西	13 870	12 907	868	53	24	——	18	10 720	8 453
内蒙古	21 930	20 079	8	602	176	——	1 065	21 907	21 817
辽宁	58 303	56 728	507	219	176	3	670	11 520	6 739
其中：大连	2 885	2 885	——	——	——	——	——	2 885	710
吉林	6 961	6 879	——	——	56	——	26	6 955	6 192
黑龙江	11 351	8 351	2 622	87	——	——	291	11 450	5 728
上海	237 081	111 504	17 080	24 938	22 716	1 551	59 292	186 756	124 017
江苏	123 733	86 775	9 482	7 601	3 100	862	15 913	123 067	86 104
浙江	183 030	134 559	23 700	8 194	1 199	274	15 104	179 703	141 310
其中：宁波	26 803	20 959	2 729	846	110	264	1 895	26 066	24 562
安徽	27 444	24 428	406	1 703	146	4	757	28 299	22 664
福建	18 430	15 569	1 260	1 110	119	56	316	26 267	23 527
其中：厦门	2 438	2 346	20	48	1	——	23	2 324	1 846
江西	10 083	7 755	727	1 239	4	——	358	10 694	8 496
山东	41 325	38 399	914	1 303	274	——	435	41 163	38 306
其中：青岛	9 571	8 778	764	——	22	——	7	9 571	7 980
河南	20 389	17 675	369	1 167	570	——	608	20 450	16 274
湖北	39 694	24 410	6 944	2 887	2 273	88	3 092	38 269	25 764
湖南	40 283	31 435	1 948	2 281	2 848	——	1 771	40 052	30 079
广东	303 316	188 254	16 484	56 383	25 494	1 002	15 699	289 015	131 438
其中：深圳	18 793	3 840	——	11 829	——	——	3 124	17 407	8 488
广西	34 576	29 888	534	3 504	134	4	512	34 475	29 219
海南	7 624	7 334	65	7	——	——	218	7 627	5 687
重庆	43 593	27 053	2 280	11 255	1 927	33	1 045	40 582	22 622
四川	54 341	44 601	2 956	2 025	3 492	47	1 220	55 149	35 455
贵州	28 181	27 412	125	307	7	——	330	27 556	25 886
云南	66 021	57 639	5 540	1 136	216	——	1 490	66 147	47 239
西藏	1 128	1 091	6	14	——	14	3	998	624
陕西	15 827	15 122	233	155	299	2	16	15 851	14 236
甘肃	23 295	21 372	1 203	438	196	15	71	23 284	13 697
青海	1 454	1 433	20	1	——	——	——	1 529	587
宁夏	6 511	6 455	15	41	——	——	——	6 658	5 683
新疆	37 510	26 056	10 150	151	125	6	1 022	37 302	12 966

化站基本情况（二）

年支出合计（千元）									
		在支出合计中							
		人员支出		公用支出					
项目支出	经营支出		社会保障缴费		福利费	维修费	各种设备购置费	税金支出	对个人和家庭补助支出
266 945	**60 084**	**705 997**	**45 453**	**393 144**	**18 780**	**47 622**	**63 508**	**9 181**	**37 239**
821	——	188	49	103	——	——	57	——	6
625	——	2 492	2	3 820	——	530	1 082	——	46
275	——	19 813	305	8 803	13	75	248	8	83
——	4	7 904	50	1 926	10	470	320	60	40
——	90	14 647	284	3 983	61	351	681	26	979
854	57	6 501	139	2 684	81	452	113	——	186
381	——	1 895	120	100	13	——	——	——	25
4	50	6 188	4	350	13	57	65	——	245
4 346	15	6 244	3	1 495	1	9	549	——	68
26 380	27 212	80 871	10 565	86 026	5 667	13 387	15 356	2 600	8 639
20 252	1 489	53 594	5 813	38 427	1 857	6 456	5 167	108	5 884
37 718	610	81 986	7 920	89 582	3 322	5 235	9 939	2 366	4 714
1 471	33	11 222	1 453	14 235	416	399	1 916	2 305	609
261	63	22 174	846	4 313	110	372	1 569	3	1 677
782	103	10 533	689	4 602	109	450	1 339	118	391
415	25	833	77	1 081	3	22	539	——	26
327	31	7 652	157	1 375	152	114	75	27	392
931	178	27 969	2 752	9 938	283	1 939	2 145	23	976
367	——	3 442	241	4 535	200	1 114	1 617	——	335
458	145	16 602	100	2 164	26	67	356	9	80
7 978	604	18 196	1 497	13 552	259	5 266	1 508	80	514
7 291	1 804	26 527	1 248	5 784	419	1 086	1 037	135	297
110 368	21 253	85 406	6 823	63 530	4 145	4 404	10 667	3 199	7 264
——	——	6 055	31	2 865	125	195	2 333	12	——
692	1 068	27 285	476	5 217	568	739	946	74	1 336
1 012	——	5 331	278	2 009	24	——	110	——	——
5 848	1 702	23 186	1 013	8 299	503	1 075	3 508	47	529
9 412	2 916	32 795	2 278	11 505	575	1 429	2 062	204	745
260	123	24 578	240	1 875	134	154	414	44	209
8 368	206	45 768	961	12 046	268	1 932	2 224	47	1 534
2	4	820	——	1	——	1	——	——	1
648	126	13 803	116	1 672	60	146	546	2	58
9 019	177	12 130	391	1 515	8	1 107	117	1	12
5	——	817	14	102	——	——	5	——	7
56	——	5 816	63	790	5	76	85	——	10
11 952	54	18 181	377	5 656	107	243	1 218	——	317

全国文化市场经营

	机构数（个）	从业人员数（人）	注册资本金（千元）	实收资本（千元）	国家资本金	负债合计（千元）
总　计	**318 459**	**1 362 401**	**149 937 929**	**43 603 711**	**2 692 237**	**22 589 908**
按城乡分						
1、城　市	144 301	762 776	122 458 278	28 799 909	2 040 924	17 496 301
2、县　市	113 249	394 540	18 249 031	9 185 215	494 269	1 633 731
3、乡　村	60 909	205 085	9 230 620	5 618 587	157 044	3 459 876
按行经营范围分						
文化娱乐业	202 015	1 050 999	62 108 334	36 182 703	1 717 391	15 404 721
文化市场其他经营机构	116 444	311 402	87 829 595	7 421 008	974 846	7 185 187

	损	益				及
	营业收入（千元）	营业成本及费用（千元）	税金及附加（千元）	主营业务利润（千元）	其他业务利润（千元）	管（千元）
总　计	**62 077 115**	**34 710 683**	**4 093 006**	**17 386 635**	**1 174 659**	**5 216 946**
按城乡分						
1、城　市	39 858 371	22 928 968	2 549 630	10 779 627	800 148	3 537 745
2、县　市	14 498 821	7 487 884	992 554	4 534 220	266 181	822 756
3、乡　村	7 719 923	4 293 831	550 822	2 072 788	108 330	856 445
按行经营范围分						
文化娱乐业	48 418 893	24 908 717	3 546 853	14 460 681	839 388	4 090 862
文化市场其他经营机构	13 658 222	9 801 966	546 153	2 925 955	335 271	1 126 084

机构基本情况(内资)

年末固定资产原值(千元)	固定资产累计折旧(千元)	本年提取折旧	上交主办单位数(千元)	门店加盟费(千元)	增加值(千元)	连锁企业门店数(个)	房屋建筑面积(千平方米)	经营面积
140 314 702	**16 028 008**	**3 971 713**	**77 847**	**89 754**	**27 831 637**	**53 464**	**93 196**	**50 118**
115 068 306	10 672 446	2 427 737	40 488	59 796	16 006 504	37 454	53 975	28 810
15 122 534	3 017 410	965 525	19 218	19 434	7 981 669	10 758	27 950	14 141
10 123 862	2 338 152	578 451	18 141	10 524	3 843 465	5 252	11 272	7 168
57 050 987	13 992 824	3 547 192	68 204	85 473	23 458 455	41 875	80 256	42 922
83 263 715	2 035 184	424 521	9 643	4 281	4 373 182	11 589	12 940	7 197

分配						其他(千元)		
理费用								
税金	劳动、待业保险	财务费用(千元)	营业利润(千元)	利润总额(千元)	应交所得税(千元)	从业人员劳动报酬	本年应付福利费总额	本年应交增值税
741 588	**335 034**	**2 820 168**	**10 704 109**	**12 605 170**	**1 764 750**	**8 321 221**	**411 272**	**252 740**
375 029	206 509	2 645 193	6 054 474	7 264 238	1 433 540	4 599 634	274 741	198 948
238 666	88 335	105 898	3 383 775	3 826 626	234 931	2 401 149	49 084	36 388
127 894	40 190	69 077	1 265 860	1 514 306	96 279	1 320 438	87 447	17 404
634 161	246 421	396 679	9 261 416	10 802 810	585 458	6 468 833	288 878	112 747
107 427	88 613	2 423 489	1 442 693	1 802 360	1 179 292	1 852 388	122 394	139 993

全国文化市场经营

	机构数（个）	从业人员数（人）	注册资本金（千元）	实收资本（千元）	实收资本：国家资本金	负债合计（千元）
总　　计	**237**	**8 672**	**1 473 647**	**1 159 821**	**35 106**	**1 137 905**
按城乡分						
1、城　市	159	7 124	1 249 828	909 331	35 101	994 825
2、县　市	45	1 025	187 759	221 246	4	105 585
3、乡　村	33	523	36 060	29 244	1	37 495
按行经营范围分						
文化娱乐业	191	8 492	1 360 071	1 025 725	35 106	971 177
文化市场其他经营机构	46	180	113 576	134 096	——	166 728

	损益及：营业收入（千元）	营业成本及费用（千元）	税金及附加（千元）	主营业务利润（千元）	其他业务利润（千元）	管（千元）
总　　计	**623 360**	**390 279**	**68 594**	**81 386**	**6 769**	**107 165**
按城乡分						
1、城　市	571 752	349 039	64 538	73 079	4 214	95 637
2、县　市	36 940	28 886	3 075	4 720	1 335	9 346
3、乡　村	14 668	12 354	981	3 587	1 220	2 182
按行经营范围分						
文化娱乐业	619 198	387 719	68 435	80 803	6 581	106 437
文化市场其他经营机构	4 162	2 560	159	583	188	728

机构基本情况(港澳台)

年末固定资产原值(千元)	固定资产累计折旧(千元)	本年提取折旧	上交主办单位数(千元)	门店加盟费(千元)	增加值(千元)	连锁企业门店数(个)	房屋建筑面积(千平方米)	经营面积
1 164 199	**337 886**	**68 142**	**3**	**1**	**138 518**	**3**	**625**	**320**
938 048	275 875	53 898	3	——	111 619	1	487	243
187 967	50 945	13 255	——	——	24 419	1	77	52
38 184	11 066	989	——	1	2 480	1	61	26
1 096 046	328 794	60 915	3	1	129 546	3	498	317
68 153	9 092	7 227	——	——	8 972	——	127	3

分配：理费用：税金	分配：理费用：劳动、待业保险	分配：财务费用(千元)	分配：营业利润(千元)	分配：利润总额(千元)	分配：应交所得税(千元)	其他(千元)：从业人员劳动报酬	其他(千元)：本年应付福利费总额	其他(千元)：本年应交增值税
3 121	**5 075**	**26 402**	**−120 441**	**−120 730**	**−3 885**	**119 102**	**14 849**	**9 546**
2 241	4 609	22 829	−116 106	−116 023	−4 690	107 048	14 841	9 545
838	438	3 533	−2 389	−3 338	135	9 640	8	——
42	28	40	−1 946	−1 369	670	2 414	——	1
2 745	4 891	26 268	−120 870	−121 016	−3 922	118 321	14 811	9 524
376	184	134	429	286	37	781	38	22

全国文化市场经营

	机构数（个）	从业人员数（人）	注册资本金（千元）	实收资本（千元）	国家资本金	负债合计（千元）
总　　计	**270**	**8 848**	**1 678 868**	**1 179 969**	**34 583**	**417 867**
按城乡分						
1、城　市	215	7 630	1 435 679	991 130	24 583	333 737
2、县　市	41	1 054	122 711	72 440	10 000	5 990
3、乡　村	14	164	120 478	116 399	——	78 140
按行经营范围分						
文化娱乐业	213	8 274	1 600 555	1 146 784	24 483	391 696
文化市场其他经营机构	57	574	78 313	33 185	10 100	26 171

	损益及					
	营业收入（千元）	营业成本及费用（千元）	税金及附加（千元）	主营业务利润（千元）	其他业务利润（千元）	管（千元）
总　　计	**785 832**	**466 844**	**77 791**	**174 526**	**7 887**	**124 063**
按城乡分						
1、城　市	537 895	255 005	53 723	137 436	4 146	121 455
2、县　市	239 557	202 627	23 620	38 863	3 728	1 873
3、乡　村	8 380	9 212	448	−1 773	13	735
按行经营范围分						
文化娱乐业	574 561	281 536	57 434	162 421	5 865	123 103
文化市场其他经营机构	211 271	185 308	20 357	12 105	2 022	960

机构基本情况(外资)

年末固定资产原值(千元)	固定资产累计折旧(千元)	本年提取折旧	上交主办单位数(千元)	门店加盟费(千元)	增加值(千元)	连锁企业门店数(个)	房屋建筑面积(千平方米)	经营面积
1 332 151	**240 227**	**50 149**	**303**	——	**195 791**	**24**	**810**	**264**
1 138 892	217 672	43 004	2	——	145 809	23	734	223
140 030	12 941	4 831	300	——	47 848	——	66	31
53 229	9 614	2 314	1	——	2 134	1	11	10
1 241 745	223 946	44 728	3	——	162 982	8	683	242
90 406	16 281	5 421	300	——	32 809	16	127	22

分配：理费用：税金	分配：理费用：劳动、待业保险	分配：财务费用(千元)	分配：营业利润(千元)	分配：利润总额(千元)	分配：应交所得税(千元)	其他(千元)：从业人员劳动报酬	其他(千元)：本年应付福利费总额	其他(千元)：本年应交增值税
5 161	**3 814**	**7 954**	**1 974**	**4 555**	**6 770**	**60 716**	**2 361**	**1 302**
4 191	3 285	7 965	−6 103	−3 855	6 264	50 994	2 020	1 082
925	369	−17	10 257	10 913	455	8 215	331	220
45	160	6	−2 180	−2 503	51	1 507	10	——
5 037	3 357	7 852	−405	2 796	6 691	56 188	2 319	1 092
124	457	102	2 379	1 759	79	4 528	42	210

各地区文化市场经

	机构数（个）	从业人员数（人）	注册资本金（千元）	实收资本（千元）	国家资本金	负债合计（千元）
总计	318 966	1 379 921	153 090 448	45 943 496	2 761 926	24 145 680
北京	3 215	17 150	950 159	839 812	15 661	335 745
天津	1 555	10 965	1 007 780	411 170	23 170	182 614
河北	9 966	37 135	1 657 226	1 021 328	44 743	400 794
山西	7 028	26 403	1 695 544	999 350	24 866	20 779
内蒙古	8 825	25 074	904 635	185 102	29 851	57 175
辽宁	9 865	50 075	4 029 753	274 519	165 051	82 741
其中：大连	2 915	13 980	1 853 310	20	——	——
吉林	10 151	34 269	1 883 158	1 805 524	3 342	26 017
黑龙江	11 233	31 242	1 443 765	604 751	33 648	10 206
上海	5 671	71 656	7 362 230	6 125 323	456 478	6 124 142
江苏	21 099	79 610	6 562 960	3 286 018	20 515	3 814 245
浙江	17 873	80 341	4 436 897	2 665 391	217 874	3 286 532
其中：宁波	2 350	10 556	594 670	330 361	16 850	331 148
安徽	12 423	53 159	2 008 485	1 067 671	29 628	418 701
福建	10 675	59 309	2 773 584	2 138 481	188 151	573 855
其中：厦门	454	5 767	240 390	139 974	31 623	69 936
江西	10 202	52 080	2 536 868	2 560 441	40 331	86 050
山东	16 718	70 713	3 551 037	2 272 641	166 001	999 841
其中：青岛	2 649	15 719	1 007 309	804 423	88 741	405 371
河南	10 905	43 156	1 897 234	1 475 417	17 267	350 439
湖北	12 393	49 389	2 250 009	1 091 196	138 952	62 316
湖南	15 459	49 463	2 044 684	1 198 950	14 077	20 043
广东	16 943	167 222	11 326 491	5 059 627	236 941	4 654 041
其中：深圳	1 560	30 178	2 234 865	1 432 761	26 068	575 240
广西	12 321	56 026	1 733 483	1 865 191	53 512	89 931
海南	2 515	11 241	306 730	283 740	1 649	26 138
重庆	8 610	32 239	1 492 467	1 142 905	95 496	187 095
四川	24 285	91 283	6 173 877	2 790 991	209 377	892 705
贵州	6 302	19 067	1 033 069	573 972	140 895	140 203
云南	23 127	64 352	3 094 382	1 310 712	234 509	1 133 866
西藏	——	——	——	——	——	——
陕西	7 148	36 929	2 287 645	2 062 181	111 689	28 170
甘肃	6 036	18 582	923 636	320 933	40 731	85 684
青海	1 905	5 948	74 174 259	8 301	——	86
宁夏	3 568	9 616	478 964	161 892	6 138	17 356
新疆	10 950	26 226	1 069 433	339 971	1 383	38 170

营机构基本情况（一）

年末固定资产原值（千元）	固定资产累计折旧（千元）	本年提取折旧	上交主办单位数（千元）	门店加盟费（千元）	增加值（千元）	连锁企业门店数（个）	房屋建筑面积（千平方米）	经营面积
142 811 072	**16 606 121**	**4 090 004**	**78 153**	**89 755**	**28 165 948**	**53 491**	**94632.0**	**50703.1**
700 640	188 448	48 326	247	16 987	246 408	590	1232.5	987.2
791 820	184 831	32 348	26	552	207 926	341	835.4	427.5
1 607 104	369 436	60 032	259	244	525 455	995	1784.6	1123.9
1 560 322	341 983	56 644	5 151	1 920	990 957	387	1290.6	1148.7
798 646	56 118	16 333	130	12	309 252	847	972.6	731.1
902 100	28 849	7 772	4	2	403 152	1 026	2549.0	1903.5
——	——	——	——	——	5	——	675.0	590.4
1 800 599	266 441	72 143	——	130	396 990	503	1636.1	1431.1
1 052 386	297 565	65 222	107	3	563 439	1 222	6892.2	1193.0
9 810 781	2 180 586	416 765	16 142	6 828	2 626 448	9 495	4583.8	2424.2
4 139 182	1 146 796	340 196	641	960	2 579 736	2 123	10964.0	3518.3
6 191 475	1 551 384	412 904	6 725	7 167	2 460 566	6 384	10713.6	3836.4
1 075 453	293 404	54 005	510	21	397 199	655	726.5	561.4
2 108 039	336 469	98 783	1 574	954	822 427	1 582	1846.0	1149.7
2 240 535	588 898	163 257	722	6 521	1 144 026	3 869	3668.0	2001.0
276 517	50 527	12 203	3	1	144 657	6	273.8	196.2
2 366 729	778 335	327 333	758	501	1 430 038	819	2480.9	1753.8
3 338 498	785 255	245 668	3 187	27 268	1 465 059	——	4084.1	3096.1
870 939	238 359	73 172	1 815	20 015	349 375	——	1040.8	762.7
1 737 414	512 431	190 566	933	348	839 092	1 912	1984.8	1506.1
1 786 015	209 825	80 129	4 616	7 132	891 667	792	2365.0	1778.0
1 913 647	1 003 588	140 686	562	92	1 011 485	1 265	2521.2	1694.2
9 122 460	2 195 923	364 836	13 132	4 627	2 584 637	4 938	13263.2	6648.4
1 035 552	255 364	60 269	431	373	709 475	1 898	1945.8	1041.8
2 164 931	771 675	264 886	1 471	1 122	1 045 564	73	3108.1	1772.4
427 890	67 493	18 647	5	3	187 867	350	670.0	410.4
1 400 559	341 690	109 593	985	1 102	561 540	1 366	1153.1	956.1
3 072 745	1 115 204	213 349	17 129	531	1 658 640	1 231	4847.3	2898.1
1 021 630	168 955	54 315	1 636	819	399 160	1 022	945.9	684.0
2 830 511	636 454	130 073	305	455	903 110	7 584	3370.9	1920.4
——	——	——	——	——	——	——	——	——
1 861 086	181 803	39 756	690	2 458	949 068	464	1831.5	1550.8
732 621	130 207	50 525	480	65	349 798	——	794.0	649.6
74 114 747	9 916	2 687	——	——	35 744	38	216.9	194.0
441 019	27 206	8 061	——	——	128 831	92	439.5	314.7
774 921	132 357	58 169	532	950	447 851	2 181	1587.1	1000.5

各地区文化市场经

	损	益				及
	营业收入（千元）	营业成本及费用（千元）	税金及附加（千元）	主营业务利润（千元）	其他业务利润（千元）	管（千元）
总　计	**63 486 307**	**35 567 806**	**4 239 391**	**17 642 547**	**1 189 315**	**5 448 174**
北　京	625 541	440 677	50 949	71 929	6 849	90 719
天　津	682 498	437 372	61 309	135 879	6 602	63 019
河　北	950 281	531 857	77 254	260 752	10 035	71 578
山　西	1 147 314	451 225	78 749	517 809	66 562	66 023
内蒙古	884 926	515 565	51 825	216 657	6 139	19 404
辽　宁	2 193 360	661 685	60 297	310 917	6 594	41 104
其中：大连	866 671	——	——	——	——	——
吉　林	1 354 906	565 156	88 370	703 239	6 191	9 786
黑龙江	1 020 373	437 266	60 202	340 397	35 231	95 705
上　海	9 004 002	4 378 474	570 052	2 605 081	82 559	1 406 311
江　苏	4 520 348	2 751 964	337 397	1 513 734	52 942	173 155
浙　江	6 130 226	3 742 304	361 796	1 422 734	135 469	468 591
其中：宁波	1 074 804	686 567	72 522	195 876	50 946	87 579
安　徽	1 529 955	805 634	171 033	433 154	51 045	90 972
福　建	2 356 807	1 588 517	229 547	533 384	28 868	178 216
其中：厦门	334 321	230 522	54 869	20 812	2 906	23 912
江　西	1 882 899	1 055 137	131 275	704 147	58 725	126 765
山　东	2 810 699	1 195 072	171 928	684 221	81 038	240 686
其中：青岛	782 307	342 772	40 034	139 371	9 352	97 437
河　南	1 528 471	705 207	87 548	574 865	33 487	232 055
湖　北	1 834 883	884 459	66 843	618 051	43 703	144 603
湖　南	1 824 596	1 026 512	92 209	496 447	43 413	75 325
广　东	8 110 705	5 469 760	605 345	1 860 887	120 641	1 113 214
其中：深圳	2 292 697	1 655 776	170 697	535 321	65 195	192 636
广　西	1 424 586	872 021	144 345	408 414	37 014	74 070
海　南	308 445	202 732	29 207	76 261	2 080	18 019
重　庆	1 216 714	800 345	75 508	332 917	13 030	69 256
四　川	3 923 895	1 787 748	212 061	959 321	163 047	288 382
贵　州	756 053	404 898	42 608	225 322	4 753	56 428
云　南	2 128 073	2 012 588	129 621	548 311	37 665	185 821
西　藏	——	——	——	——	——	——
陕　西	1 609 685	967 372	91 674	527 762	42 992	10 110
甘　肃	561 656	294 770	48 783	216 599	5 358	14 870
青　海	100 934	16 094	14 979	5 663	32	157
宁　夏	280 707	130 252	31 312	103 499	2 390	11 744
新　疆	782 769	435 143	65 365	234 186	4 861	12 086

营机构基本情况（二）

分配						其他（千元）		
理费用		财务费用（千元）	营业利润（千元）	利润总额（千元）	应交所得税（千元）	从业人员劳动报酬	本年应付福利费总额	本年应交增值税
税金	劳动、待业保险							
749 870	**343 923**	**2 854 524**	**10 585 642**	**12 488 995**	**1 767 635**	**8 501 039**	**428 482**	**263 588**
8 581	2 867	5 953	9 379	10 348	7 761	129 173	7 533	5 946
2 523	2 472	4 855	24 647	38 529	1 045	87 099	6 164	707
24 095	2 669	4 533	194 072	242 932	2 344	170 002	4 011	828
11 503	16 504	19 936	472 757	415 672	87 076	371 304	2 900	732
5 267	1 133	2 903	165 126	175 725	4 821	70 701	1 819	777
8 947	4 848	1 872	128 422	350 304	4 161	197 714	2 385	1 158
——	——	——	——	——	——	5	——	——
166	87	5 347	1 648	690 129	2 524	234 663	971	858
32 693	1 705	4 395	275 390	282 172	24 449	129 932	3 709	1 849
57 079	54 139	2 470 098	881 279	972 872	46 273	701 273	134 918	37 775
42 329	10 869	21 877	1 248 628	1 230 654	75 339	611 186	13 440	18 865
96 855	28 104	70 489	735 676	871 072	62 841	853 335	35 204	15 159
20 937	6 847	15 901	125 234	168 135	17 440	124 501	1 620	727
12 517	1 913	10 007	244 476	383 266	4 303	295 618	2 834	1 063
35 536	20 895	33 331	316 113	403 653	56 662	399 573	17 394	11 428
2 435	2 256	2 130	20 568	24 611	2 348	54 582	1 678	158
42 928	15 472	11 445	615 350	624 734	107 408	313 152	9 869	2 309
53 817	17 814	24 416	628 242	702 248	23 215	365 404	19 363	6 387
17 139	7 802	6 915	150 903	137 941	6 806	68 127	4 293	4 178
21 316	4 935	6 499	350 674	359 938	13 031	188 988	5 168	41 749
20 420	8 646	4 064	452 178	441 788	1 035 381	272 097	6 056	242
31 223	2 595	10 129	512 202	517 968	24 158	235 165	4 183	9 947
77 620	74 099	63 777	538 017	753 256	82 872	998 819	98 072	40 917
12 915	3 685	9 229	246 595	256 213	6 492	218 999	46 139	10 600
16 473	3 839	6 984	364 380	353 571	2 925	255 480	3 222	3 598
1 424	537	522	72 661	59 657	1 084	65 928	384	220
14 970	9 123	6 067	204 409	275 774	6 484	157 060	8 619	6 460
59 089	40 927	35 735	698 555	777 095	58 247	475 586	20 382	35 908
20 987	2 514	3 858	155 282	183 541	8 793	125 968	3 248	1 044
41 667	12 383	17 119	317 424	363 131	14 257	284 325	14 409	17 069
——	——	——	——	——	——	——	——	——
1 975	1 724	2 326	557 999	565 635	5 351	257 664	678	62
3 934	627	3 149	172 740	200 635	2 333	73 816	621	360
23	——	1 797	12 032	22 653	267	6 023	6	12
292	242	431	42 266	94 239	1 293	46 900	324	——
3 608	241	610	193 618	125 804	937	127 091	596	159

各地区文化市场经营

	机构数（个）	从业人员数（人）	注册资本金（千元）	实收资本（千元）		负债合计（千元）
					国家资本金	
总　　计	**144 674**	**777 530**	**125 143 792**	**30 700 368**	**2 100 608**	**18 824 862**
北　　京	2 680	14 593	788 421	729 369	14 151	301 422
天　　津	1 300	10 134	948 740	392 220	23 170	181 514
河　　北	4 119	18 585	913 862	598 689	23 721	302 609
山　　西	4 234	15 190	1 252 059	807 924	14 568	6 225
内 蒙 古	4 678	13 840	527 509	142 841	25 039	51 310
辽　　宁	6 088	39 400	3 269 230	186 387	125 051	90
其中：大连	1 283	9 352	1 455 831	——	——	——
吉　　林	5 842	22 563	1 191 475	1 165 714	2 121	21 427
黑 龙 江	5 390	18 125	964 992	400 265	14 002	9 800
上　　海	4 157	58 066	5 719 025	5 122 407	409 102	5 292 294
江　　苏	7 854	39 985	3 739 596	1 960 623	11 101	3 709 666
浙　　江	5 008	30 704	1 659 842	1 355 120	145 960	2 567 567
其中：宁波	696	3 789	245 059	230 043	16 824	325 770
安　　徽	6 056	31 402	1 471 754	758 832	18 308	402 110
福　　建	3 920	26 855	1 622 244	1 335 156	102 113	503 560
其中：厦门	450	5 741	240 110	139 674	31 623	69 936
江　　西	3 278	23 299	1 275 279	1 311 277	10 322	50 358
山　　东	7 236	38 110	1 913 444	1 416 655	102 084	808 511
其中：青岛	1 656	11 754	645 223	598 182	62 827	293 696
河　　南	5 452	26 006	1 344 188	1 033 716	16 210	304 352
湖　　北	6 979	33 873	1 597 824	788 740	125 594	34 211
湖　　南	6 288	23 034	852 730	572 682	8 403	13 522
广　　东	7 079	86 007	7 384 123	2 991 419	166 580	1 952 476
其中：深圳	1 238	22 990	1 657 105	853 058	7 902	305 216
广　　西	4 393	29 571	1 041 053	1 110 659	51 618	32 463
海　　南	712	4 906	166 403	143 205	505	23 970
重　　庆	4 656	21 246	1 114 967	835 349	88 768	161 496
四　　川	12 714	54 507	4 220 508	1 914 118	168 138	843 206
贵　　州	2 633	10 056	703 492	406 819	116 774	90 058
云　　南	6 344	23 928	1 667 904	941 379	213 543	1 007 155
西　　藏	——	——	——	——	——	——
陕　　西	3 211	23 885	1 739 788	1 616 262	58 972	21 202
甘　　肃	3 290	12 031	684 632	225 883	37 544	79 447
青　　海	651	3 252	74 133 744	418	——	——
宁　　夏	2 350	7 138	396 896	116 296	5 898	15 660
新　　疆	6 082	17 238	838 061	319 946	1 248	37 182

机构基本情况（城市） （一）

年末固定资产原值（千元）	固定资产累计折旧（千元）	本年提取折旧	上交主办单位数（千元）	门店加盟费（千元）	增加值（千元）	连锁企业门店数（个）	房屋建筑面积（千平方米）	经营面积
117 145 248	**11 165 993**	**2 524 639**	**40 493**	**59 796**	**16 263 931**	**37 478**	**55195.1**	**29275.7**
578 803	156 690	39 336	200	11 774	203 416	482	1062.9	852.9
767 650	178 893	29 731	26	552	191 799	341	784.0	388.2
1 073 831	277 062	31 450	57	28	276 812	334	883.0	625.5
1 067 022	273 579	32 825	3 686	1 253	523 148	233	905.8	826.1
452 966	41 068	12 947	22	10	149 150	241	593.7	421.6
611 772	15 420	3 648	4	2	276 392	930	1936.4	1433.7
——	——	——	——	——	——	——	413.2	359.8
1 153 099	173 244	49 881	——	130	274 896	11	1077.8	964.5
698 871	219 165	50 090	107	3	368 199	983	883.3	712.2
8 059 558	1 757 911	341 134	15 485	5 318	2 317 633	8 981	3364.5	1751.2
2 925 806	966 922	299 297	243	150	1 347 697	345	8697.5	1727.3
3 313 553	875 551	225 425	4 743	3 297	972 081	5 188	7437.6	1574.3
607 415	211 429	35 016	37	6	149 155	228	275.2	211.7
1 571 778	257 491	70 703	1 557	802	528 848	490	1123.9	726.3
1 214 113	406 187	96 988	363	4 688	620 779	1 610	1771.3	1010.2
276 397	50 488	12 196	3	1	144 206	6	272.6	195.6
1 066 839	354 510	149 045	60	78	646 530	780	934.1	806.2
1 932 937	482 591	137 123	2 570	15 868	781 469	——	2611.7	1943.0
679 187	167 266	46 625	1 663	13 402	255 005	——	831.5	597.2
1 167 963	328 861	116 178	715	347	499 325	750	1227.3	952.3
1 279 654	143 562	58 548	2 973	6 542	678 509	284	1471.5	1243.9
1 126 680	819 072	66 463	121	57	383 505	473	1045.0	800.3
3 866 729	1 028 302	133 883	1 625	3 844	1 322 355	3 420	7030.4	3330.1
584 490	96 133	20 988	19	373	564 094	1 604	1243.1	623.4
1 218 151	449 336	145 656	1 267	1 120	550 447	73	1636.6	952.0
252 103	44 631	12 695	——	3	80 102	202	286.1	188.4
1 056 544	264 295	84 652	664	966	364 701	731	737.6	639.4
1 753 405	696 452	84 083	2 168	76	929 797	1 230	2164.4	1772.9
476 479	109 432	34 232	149	65	238 882	821	470.8	363.7
1 600 788	478 415	87 811	215	252	382 400	6 921	1633.5	765.1
——	——	——	——	——	——	——	——	——
1 397 625	120 731	30 222	671	1 873	704 209	464	1213.5	1047.4
515 846	105 436	42 041	470	65	229 921	——	522.1	420.7
74 062 400	8 939	2 687	——	——	30 550	38	136.1	122.6
372 697	18 855	6 207	——	——	102 531	42	337.0	223.8
509 584	113 390	49 658	330	631	287 842	1 080	1216.1	690.0

各地区文化市场经营

	损	益	及			
	营业收入（千元）	营业成本及费用（千元）	税金及附加（千元）	主营业务利润（千元）	其他业务利润（千元）	管（千元）
总　计	**40 968 018**	**23 533 012**	**2 667 891**	**10 990 142**	**808 508**	**3 754 837**
北　京	557 784	395 216	39 796	61 348	6 245	75 172
天　津	653 407	424 931	60 540	124 941	6 495	60 895
河　北	531 344	307 663	57 507	158 829	7 526	40 570
山　西	850 221	343 559	63 453	379 719	51 760	42 509
内蒙古	417 405	236 671	34 019	86 095	4 879	12 133
辽　宁	1 813 386	608 557	49 523	194 950	6 045	21 918
其中：大连	733 370	——	——	——	——	——
吉　林	954 439	410 863	58 391	487 167	5 451	4 924
黑龙江	737 025	323 948	35 590	219 357	29 674	72 164
上　海	8 154 341	3 868 279	509 092	2 427 976	76 623	1 262 448
江　苏	2 396 696	1 444 784	179 439	820 166	27 110	105 085
浙　江	2 814 079	1 952 980	142 552	510 199	45 424	265 490
其中：宁波	328 700	230 206	26 414	71 522	4 014	42 445
安　徽	1 055 406	573 214	126 084	284 866	46 043	72 596
福　建	1 214 571	842 219	151 714	259 263	15 969	108 496
其中：厦门	333 459	229 890	54 805	20 686	2 906	23 893
江　西	997 578	631 244	60 216	322 303	27 451	63 570
山　东	1 468 221	643 132	117 362	344 659	54 275	159 465
其中：青岛	512 085	211 133	34 088	97 294	4 132	73 438
河　南	1 045 877	510 277	60 860	354 531	23 980	179 176
湖　北	1 439 296	723 804	42 183	509 635	37 640	120 277
湖　南	994 531	716 928	40 073	152 812	12 201	40 316
广　东	4 535 703	3 124 341	305 374	1 183 731	86 114	546 194
其中：深圳	1 717 845	1 167 062	131 819	462 894	43 145	103 821
广　西	798 457	506 341	85 748	206 562	29 001	54 482
海　南	149 600	114 751	16 149	18 656	414	14 337
重　庆	903 240	634 639	51 855	213 843	8 754	57 930
四　川	2 305 817	940 567	102 955	580 224	131 785	178 992
贵　州	441 077	238 416	25 185	125 263	3 034	27 904
云　南	1 249 321	1 568 702	61 964	229 058	20 317	132 797
西　藏	——	——	——	——	——	——
陕　西	1 284 174	810 066	70 071	388 996	35 482	7 006
甘　肃	385 703	214 932	33 711	136 103	3 228	9 306
青　海	72 782	6 568	13 394	3 287	——	——
宁　夏	228 955	108 279	28 688	80 484	1 922	11 301
新　疆	517 582	307 141	44 403	125 115	3 666	7 384

机构基本情况（城市）（二）

分配						其他（千元）		
理费用								
税金	劳动、待业保险	财务费用（千元）	营业利润（千元）	利润总额（千元）	应交所得税（千元）	从业人员劳动报酬	本年应付福利费总额	本年应交增值税
381 460	**214 403**	**2 675 987**	**5 932 265**	**7 144 360**	**1 435 114**	**4 757 676**	**291 602**	**209 575**
3 956	2 717	5 520	8 392	6 488	5 334	111 936	6 389	5 531
2 457	2 428	4 284	17 228	31 277	1 027	81 843	5 854	707
11 704	1 939	1 897	81 263	107 949	767	94 888	2 872	311
7 223	5 456	12 946	332 252	284 787	21 617	87 395	2 460	186
1 723	634	2 743	57 227	69 477	3 446	43 234	936	95
6 121	2 867	1 384	96 599	242 298	4 001	120 501	2 269	1 038
——	——	——	——	——	——	——	——	——
27	60	2 243	359	481 179	2 400	166 238	744	832
23 030	1 012	2 732	178 234	194 035	19 673	81 255	3 121	1 596
33 837	44 733	2 456 514	819 039	916 543	39 377	614 531	113 528	36 041
20 343	2 296	11 874	572 093	560 359	40 853	276 525	9 325	6 261
49 313	12 493	45 030	227 522	239 795	27 957	327 269	25 969	14 059
6 269	2 734	4 895	46 023	40 791	4 079	35 433	1 595	589
8 705	1 630	7 796	138 045	247 305	2 619	185 311	2 566	1 055
15 586	7 476	26 780	184 357	219 728	42 675	172 134	13 244	9 948
2 435	2 256	2 130	20 446	24 464	2 345	54 324	1 678	158
18 282	6 001	4 833	279 542	275 699	53 892	139 445	4 275	1 508
26 268	7 718	17 205	294 154	306 982	13 655	206 562	14 568	2 227
12 812	3 817	5 802	113 760	93 592	3 963	47 720	2 330	1 480
13 306	2 991	3 801	189 566	200 879	6 535	119 415	4 021	41 169
13 593	5 172	2 412	369 302	351 806	1 033 384	194 883	4 928	156
14 594	1 226	5 149	153 962	152 006	13 356	108 413	807	5 479
36 212	62 145	18 123	387 757	514 385	45 326	459 129	37 352	36 697
2 496	2 139	6 854	260 408	268 752	1 700	148 383	6 606	8 598
7 622	3 660	5 461	175 626	167 484	2 426	135 795	2 593	3 473
336	192	348	16 139	4 968	116	34 783	288	5
9 799	8 578	5 552	119 953	169 779	3 827	98 442	7 547	5 526
18 530	17 929	8 514	421 808	483 716	34 754	302 421	10 277	20 085
12 418	667	2 855	94 825	109 879	4 901	72 222	2 135	431
22 317	10 166	13 360	54 114	83 524	6 509	156 194	11 884	14 745
——	——	——	——	——	——	——	——	——
1 244	1 597	1 557	413 402	417 036	1 654	189 270	454	20
1 071	201	2 552	104 086	125 149	1 192	49 012	540	337
——	——	1 797	9 985	16 844	263	4 484	——	——
291	242	311	28 095	71 676	923	39 250	297	——
1 546	177	414	107 339	91 328	655	84 896	359	57

各地区文化市场经营

	机构数（个）	从业人员数（人）	注册资本金（千元）	实收资本（千元）	国家资本金	负债合计（千元）
总计	113 335	396 619	18 559 501	9 478 901	504 273	1 745 306
北京	477	2 374	147 964	100 549	810	33 736
天津	145	541	40 450	18 950	——	1 100
河北	4 526	14 754	494 443	247 745	7 658	37 760
山西	2 114	8 124	340 299	138 044	9 548	11 500
内蒙古	3 693	10 311	362 823	37 447	4 242	5 865
辽宁	2 305	7 316	612 458	75 662	40 000	82 511
其中：大连	1 011	3 273	333 097	20	——	——
吉林	3 109	8 421	517 186	467 471	1 221	4 560
黑龙江	4 204	9 588	354 336	150 579	17 269	401
上海	355	2 563	430 234	196 410	4 910	42 694
江苏	8 708	27 442	2 246 133	1 034 805	8 505	21 329
浙江	5 740	27 588	1 891 640	872 636	66 648	691 006
其中：宁波	696	3 573	221 419	70 569	6	5 150
安徽	3 939	12 200	347 723	212 331	7 782	3 965
福建	3 921	17 911	753 953	460 238	73 767	46 583
其中：厦门	3	24	250	250	——	——
江西	5 119	23 471	1 015 765	995 631	29 149	28 719
山东	7 226	25 678	1 301 219	689 647	59 248	175 180
其中：青岛	968	3 859	355 456	201 125	25 244	102 392
河南	3 867	11 099	407 122	309 466	1 057	28 971
湖北	3 646	11 380	504 779	238 103	12 106	26 147
湖南	6 667	21 433	917 918	489 920	4 409	6 029
广东	4 521	35 679	1 278 197	294 793	12 456	220 282
其中：深圳	90	2 304	137 434	133 130	8 509	52 189
广西	4 468	18 158	497 546	539 385	1 894	57 228
海南	1 030	4 102	88 829	93 247	884	2 168
重庆	2 245	7 438	268 384	232 590	5 546	21 962
四川	7 453	24 896	1 374 677	641 977	36 993	38 755
贵州	2 864	7 431	290 392	152 483	24 010	49 984
云南	10 492	29 477	1 116 190	293 484	20 200	92 695
西藏	——	——	——	——	——	——
陕西	2 611	10 256	462 135	371 158	51 105	6 864
甘肃	2 252	5 556	210 172	83 954	2 601	5 157
青海	1 104	2 435	37 411	6 934	——	86
宁夏	950	1 962	56 972	24 369	120	1 693
新疆	3 584	7 035	192 151	8 893	135	376

机构基本情况(县市) (一)

年末固定资产原值(千元)	固定资产累计折旧(千元)	本年提取折旧	上交主办单位数(千元)	门店加盟费(千元)	增加值(千元)	连锁企业门店数(个)	房屋建筑面积(千平方米)	经营面积
15 450 531	**3 081 296**	**983 611**	**19 518**	**19 434**	**8 053 936**	**10 759**	**28092.6**	**14224.2**
102 751	27 329	7 323	17	4 708	38 597	97	155.5	124.4
23 770	5 845	2 617	——	——	14 328	——	34.8	27.3
401 504	66 255	21 592	200	216	193 206	661	754.8	385.6
386 817	39 494	14 968	1 259	428	374 566	117	280.4	233.4
323 981	13 659	2 814	108	2	151 831	606	342.3	276.2
222 494	12 782	3 852	——	——	106 823	96	450.7	333.0
——	——	——	——	——	5	——	189.3	168.4
471 537	65 775	15 891	——	——	86 495	492	420.0	347.4
279 737	67 397	12 571	——	——	151 142	238	5854.8	356.4
333 096	37 634	10 029	20	——	71 164	6	249.1	131.9
911 270	120 798	28 537	292	810	927 011	1 141	1657.8	1339.0
2 048 585	491 299	134 484	817	897	868 690	723	2015.5	1351.5
290 250	48 381	14 577	470	——	168 330	217	257.3	198.1
365 739	44 374	15 496	16	152	185 330	842	546.8	280.2
688 146	112 001	39 869	33	338	311 999	1 355	1334.3	695.0
90	19	7	——	——	433	——	1.2	0.6
1 047 966	319 311	137 904	612	353	624 126	36	1262.8	761.4
1 148 180	251 646	87 982	487	8 939	548 118	——	1216.8	941.8
185 090	67 095	25 821	146	6 477	92 933	——	204.8	162.0
412 955	142 743	55 370	122	1	224 452	1 062	551.0	386.9
371 691	46 213	15 242	1 508	370	152 765	385	748.0	411.3
593 237	148 136	61 863	272	35	499 019	434	1226.6	720.2
762 389	181 310	42 292	3 530	190	420 844	781	2454.1	1243.5
209 716	83 799	20 339	——	——	65 060	110	107.2	48.6
724 025	230 842	83 037	52	——	345 673	——	1091.0	580.4
116 697	14 534	3 686	5	——	71 884	80	282.2	156.2
246 097	53 513	16 572	310	128	143 377	616	286.0	219.1
987 077	318 837	94 531	8 190	427	527 976	1	1935.3	774.9
501 636	53 642	18 268	1 398	645	138 931	171	398.3	269.4
1 074 149	126 349	33 327	74	158	411 055	541	1331.6	859.0
——	——	——	——	——	——	——	——	——
383 305	44 928	7 427	3	335	200 702	——	538.3	431.3
193 160	22 934	7 305	10	——	106 241	——	228.4	192.9
51 036	977	——	——	——	4 853	——	73.3	64.6
47 553	6 871	1 334	——	——	19 960	50	81.0	74.3
229 951	13 868	7 428	182	301	132 769	228	291.3	255.7

各地区文化市场经营

	损		益		及	
	营业收入（千元）	营业成本及费用（千元）	税金及附加（千元）	主营业务利润（千元）	其他业务利润（千元）	管（千元）
总　　计	**14 775 318**	**7 719 397**	**1 019 249**	**4 577 802**	**271 244**	**833 975**
北　　京	59 706	41 105	10 655	7 443	604	12 466
天　　津	23 600	9 211	541	10 300	107	2 124
河　　北	321 850	170 219	14 511	85 020	2 032	22 972
山　　西	235 933	81 372	11 870	120 524	12 260	21 892
内 蒙 古	451 207	269 959	16 706	125 718	1 177	6 909
辽　　宁	287 992	34 285	7 456	91 308	392	15 798
其中：大连	106 103	——	——	——	——	——
吉　　林	287 495	111 337	22 486	154 084	681	4 310
黑 龙 江	217 744	83 812	18 222	94 231	4 468	14 989
上　　海	193 040	120 447	16 996	21 861	1 603	9 966
江　　苏	1 681 309	1 064 608	120 556	529 352	19 585	53 872
浙　　江	2 031 083	1 174 974	130 715	585 532	67 560	129 840
其中：宁波	516 289	323 310	30 389	86 992	38 726	28 685
安　　徽	301 461	149 740	35 497	108 210	2 518	10 592
福　　建	708 204	442 150	53 909	192 420	10 010	41 023
其中：厦门	812	622	64	126	——	1
江　　西	707 723	339 763	56 894	305 584	26 172	52 277
山　　东	1 161 715	469 638	43 402	274 321	21 534	68 925
其中：青岛	266 382	128 273	5 724	42 017	5 149	23 562
河　　南	319 214	125 237	18 725	145 983	6 545	41 631
湖　　北	297 593	115 449	19 247	78 391	4 709	17 583
湖　　南	650 358	241 891	44 526	253 375	24 193	29 184
广　　东	1 137 158	671 948	102 368	197 348	2 897	82 234
其中：深圳	138 231	100 009	18 760	16 587	323	16 438
广　　西	443 342	260 856	42 286	140 200	6 364	16 236
海　　南	108 563	61 432	8 759	38 183	1 348	3 290
重　　庆	229 384	119 875	17 203	87 282	3 416	7 773
四　　川	1 228 178	712 521	86 046	284 765	25 434	85 431
贵　　州	270 680	145 005	15 407	89 111	1 692	26 407
云　　南	703 210	362 706	54 155	256 617	14 375	45 073
西　　藏	——	——	——	——	——	——
陕　　西	266 171	128 708	16 434	117 396	6 646	2 399
甘　　肃	157 594	72 118	13 753	71 672	1 824	5 212
青　　海	27 044	9 253	1 520	2 163	32	157
宁　　夏	41 032	17 851	2 055	18 136	175	324
新　　疆	225 735	111 927	16 349	91 264	891	3 086

机构基本情况（县市）（二）

分配						其他		（千元）
理费用		财务费用（千元）	营业利润（千元）	利润总额（千元）	应交所得税（千元）	从业人员劳动报酬	本年应付福利费总额	本年应交增值税
税金	劳动、待业保险							
240 428	**89 142**	**109 414**	**3 391 643**	**3 834 201**	**235 521**	**2 419 004**	**49 423**	**36 608**
4 013	146	429	862	3 656	2 405	15 744	1 026	388
66	44	571	7 409	7 202	18	3 695	310	——
10 052	562	2 154	87 615	106 246	1 296	59 436	335	512
3 465	10 965	6 272	116 302	107 370	54 918	227 961	431	545
3 357	430	160	103 227	103 382	1 222	25 727	883	682
2 531	1 733	465	23 991	78 730	99	68 993	113	——
——	——	——	——	——	——	5	——	——
84	27	2 825	900	147 544	104	47 134	143	26
5 842	514	1 357	78 583	72 110	3 102	35 924	489	242
5 161	505	679	17 036	15 226	670	21 942	986	609
19 029	7 342	8 118	516 191	506 943	22 836	242 698	2 968	5 054
24 537	8 981	18 746	271 178	358 482	21 306	307 776	7 349	864
9 597	3 270	6 954	59 126	82 595	11 516	54 641	17	120
2 610	177	1 621	70 224	59 739	1 034	61 503	119	——
10 958	8 089	4 016	101 539	111 744	9 046	105 724	1 791	1 017
——	——	——	122	125	3	240	——	——
20 284	8 459	5 169	265 252	276 131	41 983	143 792	4 062	739
21 606	8 965	6 169	267 891	320 946	8 248	127 237	4 388	4 132
4 246	3 903	1 081	37 555	44 467	2 834	19 587	1 885	2 695
6 004	1 330	2 076	102 135	97 038	4 246	42 218	763	505
5 109	2 369	1 369	55 179	65 786	1 370	57 988	937	80
14 566	1 272	4 749	278 478	290 678	9 185	99 586	2 215	4 161
9 825	5 460	12 108	70 901	137 410	16 063	195 458	5 704	1 017
3 050	569	2 929	−1 812	−2 097	188	24 723	881	14
7 059	108	1 021	129 307	127 602	330	83 984	575	40
881	225	174	37 096	35 417	671	21 462	96	215
3 933	537	429	64 565	78 844	2 225	41 104	986	852
31 315	16 758	23 160	194 736	200 153	18 824	121 348	8 929	12 437
7 655	1 644	939	53 053	63 029	3 328	44 548	1 108	493
15 701	1 961	3 101	210 382	218 948	6 444	97 490	2 364	1 833
——	——	——	——	——	——	——	——	——
590	119	729	122 025	125 936	3 052	54 226	102	28
2 689	377	544	60 595	66 796	1 026	21 899	56	23
23	——	——	1 800	5 462	2	1 510	6	12
1	——	120	10 105	17 448	302	6 465	27	——
1 474	43	144	73 086	28 203	166	34 432	162	102

各地区文化市场经营

	机构数（个）	从业人员数（人）	注册资本金（千元）	实收资本（千元）	国家资本金	负债合计（千元）
总　计	**60 957**	**205 772**	**9 387 158**	**5 764 230**	**157 045**	**3 575 511**
北　京	58	183	13 774	9 894	700	587
天　津	110	290	18 590	——	——	——
河　北	1 321	3 796	248 921	174 894	13 364	60 425
山　西	680	3 089	103 186	53 382	750	3 054
内蒙古	454	923	14 303	4 814	570	——
辽　宁	1 472	3 359	148 065	12 470	——	140
其中：大连	621	1 355	64 382	——	——	——
吉　林	1 200	3 285	174 497	172 339	——	30
黑龙江	1 639	3 529	124 437	53 907	2 377	5
上　海	1 159	11 027	1 212 971	806 506	42 466	789 154
江　苏	4 537	12 183	577 231	290 590	909	83 250
浙　江	7 125	22 049	885 415	437 635	5 266	27 959
其中：宁波	958	3 194	128 192	29 749	20	228
安　徽	2 428	9 557	189 008	96 508	3 538	12 626
福　建	2 834	14 543	397 387	343 087	12 271	23 712
其中：厦门	1	2	30	50	——	——
江　西	1 805	5 310	245 824	253 533	860	6 973
山　东	2 256	6 925	336 374	166 339	4 669	16 150
其中：青岛	25	106	6 630	5 116	670	9 283
河　南	1 586	6 051	145 924	132 235	——	17 116
湖　北	1 768	4 136	147 406	64 353	1 252	1 958
湖　南	2 504	4 996	274 036	136 348	1 265	492
广　东	5 343	45 536	2 664 171	1 773 415	57 905	2 481 283
其中：深圳	232	4 884	440 326	446 573	9 657	217 835
广　西	3 460	8 297	194 884	215 147	——	240
海　南	773	2 233	51 498	47 288	260	——
重　庆	1 709	3 555	109 116	74 966	1 182	3 637
四　川	4 118	11 880	578 692	234 896	4 246	10 744
贵　州	805	1 580	39 185	14 670	111	161
云　南	6 291	10 947	310 288	75 849	766	34 016
西　藏	——	——	——	——	——	——
陕　西	1 326	2 788	85 722	74 761	1 612	104
甘　肃	494	995	28 832	11 096	586	1 080
青　海	150	261	3 104	949	——	——
宁　夏	268	516	25 096	21 227	120	3
新　疆	1 284	1 953	39 221	11 132	——	612

机构基本情况(乡村) (一)

年末固定资产原值(千元)	固定资产累计折旧(千元)	本年提取折旧	上交主办单位数(千元)	门店加盟费(千元)	增加值(千元)	连锁企业门店数(个)	房屋建筑面积(千平方米)	经营面积
10 215 275	**2 358 832**	**581 754**	**18 142**	**10 525**	**3 848 079**	**5 254**	**11344.2**	**7203.3**
19 086	4 429	1 667	30	505	4 395	11	14.2	9.9
400	93	——	——	——	1 799	——	16.7	12.0
131 769	26 119	6 990	2	——	55 437	——	146.8	112.7
106 483	28 910	8 851	206	239	93 243	37	104.5	89.2
21 699	1 391	572	——	——	8 271	——	36.6	33.3
67 834	647	272	——	——	19 937	——	161.9	136.8
——	——	——	——	——	——	——	72.5	62.3
175 963	27 422	6 371	——	——	35 599	——	138.3	119.2
73 778	11 003	2 561	——	——	44 098	1	154.2	124.3
1 418 127	385 041	65 602	637	1 510	237 651	508	970.3	541.2
302 106	59 076	12 362	106	——	305 028	637	608.7	452.1
829 337	184 534	52 995	1 165	2 973	619 795	473	1260.5	910.6
177 788	33 594	4 412	3	15	79 714	210	194.0	151.6
170 522	34 604	12 584	1	——	108 249	250	175.2	143.2
338 276	70 710	26 400	326	1 495	211 248	904	562.4	295.8
30	20	——	——	——	18	——	——	——
251 924	104 514	40 384	86	70	159 382	3	284.0	186.1
257 381	51 018	20 563	129	2 459	135 471	——	255.7	211.3
6 662	3 998	726	6	134	1 437	——	4.6	3.6
156 496	40 827	19 018	96	——	115 313	100	206.6	166.9
134 670	20 050	6 339	135	220	60 392	123	145.6	122.8
193 730	36 380	12 360	169	——	128 960	358	249.6	173.8
4 493 342	986 311	188 661	7 977	593	841 438	737	3778.7	2074.8
241 346	75 432	18 942	412	——	80 321	184	595.5	369.7
222 755	91 497	36 193	152	2	149 444	——	380.5	240.0
59 090	8 328	2 266	——	——	35 881	68	101.7	65.9
97 918	23 882	8 369	11	8	53 461	19	129.4	97.6
332 263	99 915	34 735	6 771	28	200 866	——	747.6	350.3
43 515	5 881	1 815	89	109	21 347	30	76.8	51.0
155 574	31 690	8 935	16	45	109 654	122	405.8	296.4
——	——	——	——	——	——	——	——	——
80 156	16 144	2 107	16	250	44 157	——	79.7	72.1
23 615	1 837	1 179	——	——	13 636	——	43.6	36.0
1 311	——	——	——	——	341	——	7.5	6.8
20 769	1 480	520	——	——	6 340	——	21.5	16.7
35 386	5 099	1 083	20	18	27 240	873	79.7	54.7

各地区文化市场经营

	损 益 及					
	营业收入（千元）	营业成本及费用（千元）	税金及附加（千元）	主营业务利润（千元）	其他业务利润（千元）	管（千元）
总计	**7 742 971**	**4 315 397**	**552 251**	**2 074 602**	**109 563**	**859 362**
北京	8 051	4 356	498	3 138	——	3 081
天津	5 491	3 230	228	637	——	——
河北	97 087	53 975	5 236	16 903	477	8 036
山西	61 160	26 294	3 426	17 565	2 542	1 622
内蒙古	16 314	8 935	1 100	4 844	83	362
辽宁	91 982	18 843	3 318	24 659	157	3 388
其中：大连	27 198	——	——	——	——	——
吉林	112 972	42 956	7 493	61 988	59	552
黑龙江	65 604	29 506	6 390	26 809	1 089	8 552
上海	656 621	389 748	43 964	155 244	4 333	133 897
江苏	442 343	242 572	37 402	164 215	6 247	14 198
浙江	1 285 064	614 350	88 529	327 003	22 485	73 261
其中：宁波	229 815	133 051	15 719	37 362	8 206	16 449
安徽	173 088	82 680	9 452	40 078	2 484	7 784
福建	434 032	304 148	23 924	81 700	2 889	28 697
其中：厦门	50	10	——	——	——	18
江西	177 598	84 130	14 165	76 260	5 102	10 918
山东	180 763	82 302	11 164	65 240	5 229	12 296
其中：青岛	3 840	3 366	222	60	71	437
河南	163 380	69 693	7 963	74 350	2 962	11 248
湖北	97 994	45 206	5 413	30 025	1 354	6 743
湖南	179 707	67 693	7 610	90 260	7 019	5 825
广东	2 437 844	1 673 471	197 603	479 808	31 630	484 786
其中：深圳	436 621	388 705	20 118	55 840	21 727	72 377
广西	182 787	104 824	16 311	61 652	1 649	3 352
海南	50 282	26 549	4 299	19 422	318	392
重庆	84 090	45 831	6 450	31 791	860	3 553
四川	389 900	134 660	23 060	94 331	5 828	23 959
贵州	44 296	21 477	2 016	10 948	27	2 117
云南	175 542	81 180	13 502	62 635	2 973	7 951
西藏	——	——	——	——	——	——
陕西	59 340	28 598	5 169	21 370	864	705
甘肃	18 359	7 720	1 319	8 824	306	352
青海	1 108	273	65	213	——	——
宁夏	10 720	4 122	569	4 879	293	119
新疆	39 452	16 075	4 613	17 807	304	1 616

机构基本情况(乡村) (二)

分配						其他 (千元)		
理费用		财务费用(千元)	营业利润(千元)	利润总额(千元)	应交所得税(千元)	从业人员劳动报酬	本年应付福利费总额	本年应交增值税
税金	劳动、待业保险							
127 980	**40 378**	**69 123**	**1 261 734**	**1 510 434**	**97 000**	**1 324 359**	**87 457**	**17 405**
612	4	4	125	204	22	1 493	118	27
——	——	——	10	50	——	1 561	——	——
2 339	168	482	25 194	28 737	281	15 678	804	5
815	83	718	24 203	23 515	10 541	55 948	9	1
187	69	——	4 672	2 866	153	1 740	——	——
295	248	23	7 832	29 276	61	8 220	3	120
——	——	——	——	——	——	——	——	——
55	——	279	389	61 406	20	21 291	84	——
3 821	179	306	18 573	16 027	1 674	12 753	99	11
18 081	8 901	12 905	45 204	41 103	6 226	64 800	20 404	1 125
2 957	1 231	1 885	160 344	163 352	11 650	91 963	1 147	7 550
23 005	6 630	6 713	236 976	272 795	13 578	218 290	1 886	236
5 071	843	4 052	20 085	44 749	1 845	34 427	8	18
1 202	106	590	36 207	76 222	650	48 804	149	8
8 992	5 330	2 535	30 217	72 181	4 941	121 715	2 359	463
——	——	——	——	22	——	18	——	——
4 362	1 012	1 443	70 556	72 904	11 533	29 915	1 532	62
5 942	1 131	1 042	66 197	74 320	1 312	31 605	407	28
81	82	32	− 412	− 118	9	820	78	3
2 004	614	622	58 973	62 021	2 250	27 355	384	75
1 717	1 105	283	27 697	24 196	627	19 226	191	6
2 062	97	231	79 762	75 284	1 617	27 166	1 161	307
31 583	6 494	33 546	79 359	101 461	21 483	344 232	55 016	3 203
7 369	977	− 554	−12 001	−10 442	4 604	45 893	38 652	1 988
1 792	71	502	59 447	58 485	169	35 701	54	85
207	120	——	19 426	19 272	297	9 683	——	——
1 237	8	86	19 891	27 151	432	17 514	86	82
9 243	6 240	4 061	82 011	93 226	4 669	51 817	1 176	3 386
914	203	64	7 404	10 633	564	9 198	5	120
3 648	256	658	52 928	60 659	1 304	30 641	161	491
——	——	——	——	——	——	——	——	——
141	8	40	22 572	22 663	645	14 168	122	14
174	49	53	8 059	8 690	115	2 905	25	——
——	——	——	247	347	2	29	——	——
——	——	——	4 066	5 115	68	1 185	——	——
588	21	52	13 193	6 273	116	7 763	75	——

各地区文化娱乐

	机构数（个）	从业人员数（人）	注册资本金（千元）	实收资本（千元）	实收资本：国家资本金	负债合计（千元）
总　计	**202 419**	**1 067 765**	**65 068 960**	**38 355 212**	**1 776 980**	**16 767 594**
北　京	2 086	13 128	716 743	647 285	4 170	229 430
天　津	1 078	8 881	801 359	346 968	21 170	156 068
河　北	6 891	28 373	1 370 079	841 017	41 564	383 793
山　西	5 220	19 799	1 420 208	835 426	15 095	13 835
内蒙古	4 018	14 441	658 490	130 289	26 178	11 049
辽　宁	6 532	41 868	3 536 538	243 451	162 871	82 681
其中：大连	2 243	12 841	1 770 638	——	——	——
吉　林	5 906	24 845	1 477 048	1 425 445	161	2 007
黑龙江	7 996	24 788	1 276 103	521 446	29 249	9 566
上　海	4 240	62 992	6 243 505	5 146 763	343 398	4 088 801
江　苏	13 033	60 901	5 129 200	2 888 426	14 483	3 732 579
浙　江	10 572	64 475	3 718 522	2 150 200	47 952	1 243 327
其中：宁波	1 475	8 982	520 799	283 036	16 830	319 023
安　徽	8 393	34 049	1 652 874	979 054	27 014	417 190
福　建	5 903	40 324	2 337 959	1 696 563	102 576	298 988
其中：厦门	234	5 014	199 338	105 001	5 105	60 339
江　西	7 339	43 119	2 243 382	2 272 376	6 625	37 667
山　东	12 500	57 586	3 023 112	1 934 882	98 470	616 680
其中：青岛	2 031	14 091	894 150	712 904	75 808	317 916
河　南	7 585	32 993	1 579 228	1 279 373	6 980	270 655
湖　北	8 713	41 323	2 031 784	1 007 033	125 653	36 201
湖　南	12 566	42 649	1 881 134	1 119 408	9 826	17 796
广　东	9 595	137 376	9 633 204	4 213 608	110 364	3 672 292
其中：深圳	1 138	26 628	1 914 078	1 250 234	22 164	351 897
广　西	7 919	47 042	1 527 599	1 635 620	1 080	68 429
海　南	1 571	8 462	236 491	227 803	515	15 486
重　庆	5 271	22 990	1 126 446	855 497	60 335	112 388
四　川	14 246	62 721	3 828 415	1 890 006	65 891	445 307
贵　州	3 483	14 594	917 027	533 842	133 026	110 917
云　南	13 461	44 264	2 334 780	899 218	213 677	537 531
西　藏	——	——	——	——	——	——
陕　西	4 562	30 521	2 072 462	1 881 549	64 464	18 116
甘　肃	3 093	13 758	788 018	298 633	37 627	84 729
青　海	801	3 600	200 699	4 424	——	——
宁　夏	1 525	5 811	399 328	150 125	6 138	17 043
新　疆	6 321	20 092	907 223	299 482	428	37 043

业基本情况（一）

年末固定资产原值（千元）	固定资产累计折旧（千元）	本年提取折旧	上交主办单位数（千元）	门店加盟费（千元）	增加值（千元）	连锁企业门店数（个）	房屋建筑面积（千平方米）	经营面积
59 388 778	**14 545 564**	**3 652 835**	**68 210**	**85 474**	**23 750 983**	**41 886**	**81437.7**	**43480.9**
637 386	169 011	43 903	234	15 956	209 085	356	1113.8	905.5
653 558	153 664	27 606	25	552	190 929	341	606.0	377.2
1 458 898	351 608	55 898	248	216	436 342	764	1556.8	980.5
1 383 025	316 429	46 476	4 628	1 900	811 343	382	1130.5	1016.8
559 686	38 853	11 379	108	——	192 358	462	631.4	499.7
810 970	24 239	6 829	4	2	358 010	891	2116.9	1762.4
——	——	——	——	——	5	——	646.1	564.4
1 417 318	232 302	63 822	——	130	299 986	492	1231.9	1095.4
924 100	275 235	58 433	1	3	484 190	1 158	6627.5	985.5
8 877 453	1 994 297	394 695	14 811	6 824	2 511 549	9 139	3846.4	2151.2
3 725 553	1 098 682	331 476	531	920	2 182 479	1 197	9910.4	2940.4
4 610 898	1 216 369	341 014	5 909	6 916	2 136 886	5 978	9792.8	3368.9
1 018 320	280 160	51 203	160	17	362 101	542	631.8	508.8
2 017 969	323 765	95 427	1 533	949	629 875	1 291	1623.3	1029.7
1 797 024	458 236	133 931	605	6 521	867 361	3 536	3070.1	1721.3
198 615	32 942	10 330	——	1	126 767	6	226.0	163.9
2 090 741	672 990	280 570	697	438	1 239 409	732	2062.8	1519.7
2 806 894	646 784	218 289	2 648	26 072	1 215 398	——	3480.0	2709.2
781 926	214 224	68 092	1 754	19 247	304 792	——	924.5	679.6
1 481 270	457 246	175 354	549	142	703 426	1 428	1635.9	1285.5
1 653 186	194 982	76 535	3 906	6 903	817 717	618	2028.6	1574.4
1 788 327	945 840	135 639	527	90	900 195	1 218	2271.5	1542.4
8 472 310	2 031 889	334 458	12 114	4 029	2 253 492	4 233	11211.9	5742.7
919 273	231 259	53 741	430	250	643 887	1 452	1705.9	966.4
1 804 851	686 413	240 099	1 443	1 120	928 690	53	2545.5	1578.2
348 374	54 108	17 100	5	——	146 954	239	516.0	324.0
1 135 447	282 613	98 545	472	934	436 943	1 116	931.0	786.3
2 091 372	818 838	158 274	13 757	516	1 141 882	892	4076.9	2320.2
936 964	153 957	50 149	1 628	809	345 855	828	766.1	579.1
2 251 454	493 970	105 949	240	210	654 188	2 145	2435.2	1449.1
——	——	——	——	——	——	——	——	——
1 704 938	169 643	39 001	671	2 397	864 366	441	1602.5	1403.6
662 590	124 624	47 204	440	65	292 966	——	689.2	562.6
182 708	7 910	2 155	——	——	26 507	——	168.9	153.5
392 956	26 357	7 843	——	——	102 542	52	348.8	237.1
710 558	124 710	54 782	472	859	370 052	1 904	1409.0	878.6

各地区文化娱乐

	损益及					
	营业收入（千元）	营业成本及费用（千元）	税金及附加（千元）	主营业务利润（千元）	其他业务利润（千元）	管（千元）
总计	**49 612 652**	**25 577 972**	**3 672 722**	**14 703 905**	**851 834**	**4 320 402**
北京	362 263	214 751	48 776	52 590	3 292	67 129
天津	558 500	336 431	58 120	125 655	6 499	54 354
河北	771 540	427 979	66 072	220 435	9 143	58 589
山西	952 042	355 491	66 914	452 604	56 823	54 145
内蒙古	547 835	317 515	37 971	130 892	2 456	9 986
辽宁	2 046 140	594 024	55 114	272 133	5 362	30 766
其中：大连	847 141	——	——	——	——	——
吉林	1 015 937	425 434	60 069	532 482	5 392	7 359
黑龙江	908 023	389 261	49 714	295 564	31 792	82 438
上海	7 731 331	3 404 737	544 145	2 405 341	42 878	1 219 247
江苏	3 485 953	2 113 989	296 958	1 247 421	39 707	151 244
浙江	4 891 194	2 868 129	334 084	1 206 776	95 813	370 483
其中：宁波	951 964	594 522	70 147	175 597	50 763	81 254
安徽	1 209 032	619 036	135 659	386 944	46 028	75 669
福建	1 695 586	1 030 508	195 700	427 873	18 843	120 008
其中：厦门	283 224	193 084	52 542	17 139	457	16 549
江西	1 508 870	781 005	118 660	612 170	50 400	101 136
山东	1 909 434	837 241	116 940	510 135	45 784	157 706
其中：青岛	479 054	193 184	36 976	97 604	7 421	66 234
河南	1 230 753	529 576	77 539	488 989	28 305	199 878
湖北	1 683 913	820 662	61 885	581 998	41 225	135 118
湖南	1 682 578	972 931	85 425	443 273	39 622	69 563
广东	6 080 013	3 813 921	550 608	1 555 557	66 580	867 434
其中：深圳	1 757 537	1 136 731	149 648	455 588	28 302	138 246
广西	1 271 287	779 455	132 706	359 320	15 655	46 780
海南	227 387	144 250	24 136	58 778	987	14 468
重庆	829 492	512 747	55 088	255 058	10 820	44 613
四川	2 329 970	710 567	149 518	574 444	106 643	180 064
贵州	641 406	338 879	37 101	193 624	3 066	49 061
云南	1 165 363	643 183	100 044	371 544	26 815	114 010
西藏	——	——	——	——	——	——
陕西	1 466 272	870 099	80 555	490 740	41 553	6 591
甘肃	469 305	241 845	43 060	182 997	4 559	12 384
青海	77 988	12 811	12 038	4 734	32	93
宁夏	211 984	101 365	23 924	75 379	1 718	11 293
新疆	651 261	370 150	54 199	188 447	4 042	8 793

业 基 本 情 况 （二）

分配						其他 （千元）		
理费用		财务费用（千元）	营业利润（千元）	利润总额（千元）	应交所得税（千元）	从业人员劳动报酬	本年应付福利费总额	本年应交增值税
税金	劳动、待业保险							
641 943	**254 669**	**430 799**	**9 140 141**	**10 684 590**	**588 227**	**6 643 342**	**306 008**	**123 363**
8 015	1 829	2 295	13 874	14 530	6 409	94 517	5 461	712
2 415	2 059	4 968	22 560	35 213	397	80 228	5 953	336
18 953	2 246	4 333	165 311	206 035	1 722	130 108	3 627	167
10 184	13 630	17 851	406 105	351 649	62 028	281 664	2 545	194
2 556	375	1 653	94 485	101 645	3 319	45 967	1 224	327
7 768	4 298	1 503	114 399	313 302	2 943	173 900	1 931	893
——	——	——	——	——	——	5	——	——
137	22	4 590	1 194	522 106	930	174 764	346	64
27 644	1 537	3 925	243 496	252 758	21 195	104 903	3 449	1 633
50 273	47 068	109 104	876 693	992 100	34 073	645 743	122 979	18 843
37 007	8 340	19 146	1 036 061	1 026 775	58 969	480 977	10 559	16 062
87 794	20 268	54 523	664 558	761 317	48 788	709 436	29 096	1 696
19 332	6 533	13 208	109 531	144 909	12 239	111 888	1 361	504
11 314	1 828	9 189	214 545	295 645	3 513	172 930	2 585	1 020
28 761	15 166	28 781	263 419	314 392	43 408	245 550	11 881	6 863
2 058	647	2 338	17 874	19 664	1 981	43 963	905	146
38 461	10 703	9 159	548 220	553 902	92 343	253 498	7 418	1 075
45 892	10 418	20 673	537 572	607 469	18 916	296 705	7 463	1 764
15 670	4 742	6 370	131 708	129 421	4 641	52 346	2 121	587
16 654	3 280	5 216	290 411	298 650	11 371	143 468	3 844	39 215
18 184	7 686	3 677	424 560	411 181	4 354	236 553	5 136	53
29 038	2 363	9 776	444 625	460 098	22 284	205 468	2 749	9 486
67 289	59 663	57 981	498 270	706 663	70 392	802 867	47 956	5 828
11 233	3 114	8 817	246 226	259 433	7 926	183 039	7 713	1 022
15 323	2 265	5 873	322 328	312 445	2 675	218 234	2 816	1 903
1 170	352	296	58 626	45 255	814	45 922	205	10
12 429	8 198	5 044	161 476	221 580	5 353	109 405	3 598	759
44 701	23 638	31 749	504 325	576 195	47 743	285 064	12 069	11 818
18 604	1 842	3 244	136 693	156 455	7 508	103 308	3 002	879
33 471	3 822	9 720	232 929	266 008	8 286	181 795	6 694	1 471
——	——	——	——	——	——	——	——	——
1 452	859	1 393	521 014	527 998	4 390	222 344	382	57
3 498	485	3 116	141 716	168 942	2 006	57 488	529	115
——	——	1 387	8 175	18 645	257	4 139	——	——
292	242	311	36 308	69 738	1 010	34 175	210	——
2 656	187	323	156 193	95 899	831	102 222	301	120

各地区文化市场其他

	机构数（个）	从业人员数（人）	注册资本金（千元）	实收资本（千元）	国家资本金	负债合计（千元）
总　计	**116 547**	**312 156**	**88 021 484**	**7 588 289**	**984 946**	**7 378 086**
北　京	1 129	4 022	233 416	192 527	11 491	106 315
天　津	477	2 084	206 421	64 202	2 000	26 546
河　北	3 075	8 762	287 147	180 311	3 179	17 001
山　西	1 808	6 604	275 336	163 924	9 771	6 944
内蒙古	4 807	10 633	246 145	54 813	3 673	46 126
辽　宁	3 333	8 207	493 215	31 068	2 180	60
其中：大连	672	1 139	82 672	20	——	——
吉　林	4 245	9 424	406 110	380 079	3 181	24 010
黑龙江	3 237	6 454	167 662	83 305	4 399	640
上　海	1 431	8 664	1 118 725	978 560	113 080	2 035 341
江　苏	8 066	18 709	1 433 760	397 592	6 032	81 666
浙　江	7 301	15 866	718 375	515 191	169 922	2 043 205
其中：宁波	875	1 574	73 871	47 325	20	12 125
安　徽	4 030	19 110	355 611	88 617	2 614	1 511
福　建	4 772	18 985	435 625	441 918	85 575	274 867
其中：厦门	220	753	41 052	34 973	26 518	9 597
江　西	2 863	8 961	293 486	288 065	33 706	48 383
山　东	4 218	13 127	527 925	337 759	67 531	383 161
其中：青岛	618	1 628	113 159	91 519	12 933	87 455
河　南	3 320	10 163	318 006	196 044	10 287	79 784
湖　北	3 680	8 066	218 225	84 163	13 299	26 115
湖　南	2 893	6 814	163 550	79 542	4 251	2 247
广　东	7 348	29 846	1 693 287	846 019	126 577	981 749
其中：深圳	422	3 550	320 787	182 527	3 904	223 343
广　西	4 402	8 984	205 884	229 571	52 432	21 502
海　南	944	2 779	70 239	55 937	1 134	10 652
重　庆	3 339	9 249	366 021	287 408	35 161	74 707
四　川	10 039	28 562	2 345 462	900 985	143 486	447 398
贵　州	2 819	4 473	116 042	40 130	7 869	29 286
云　南	9 666	20 088	759 602	411 494	20 832	596 335
西　藏	——	——	——	——	——	——
陕　西	2 586	6 408	215 183	180 632	47 225	10 054
甘　肃	2 943	4 824	135 618	22 300	3 104	955
青　海	1 104	2 348	73 973 560	3 877	——	86
宁　夏	2 043	3 805	79 636	11 767	——	313
新　疆	4 629	6 134	162 210	40 489	955	1 127

经营机构基本情况（一）

年末固定资产原值（千元）	固定资产累计折旧（千元）	本年提取折旧	上交主办单位数（千元）	门店加盟费（千元）	增加值（千元）	连锁企业门店数（个）	房屋建筑面积（千平方米）	经营面积
83 422 274	**2 060 557**	**437 169**	**9 943**	**4 281**	**4 414 962**	**11 605**	**13194.2**	**7222.2**
63 254	19 437	4 423	13	1 031	37 323	234	118.7	81.7
138 262	31 167	4 742	1	——	16 997	——	229.4	50.3
148 206	17 828	4 134	11	28	89 112	231	227.9	143.4
177 297	25 554	10 168	523	20	179 614	5	160.1	131.9
238 960	17 265	4 954	22	12	116 894	385	341.3	231.4
91 130	4 610	943	——	——	45 142	135	432.1	141.0
——	——	——	——	——	——	——	28.9	26.0
383 281	34 139	8 321	——	——	97 004	11	404.2	335.7
128 286	22 330	6 789	106	——	79 249	64	264.7	207.5
933 328	186 289	22 070	1 331	4	114 899	356	737.4	273.0
413 629	48 114	8 720	110	40	397 257	926	1053.6	577.9
1 580 577	335 015	71 890	816	251	323 680	406	920.8	467.5
57 133	13 244	2 802	350	4	35 098	113	94.7	52.6
90 070	12 704	3 356	40	5	192 552	291	222.6	120.0
443 511	130 662	29 326	117	——	276 665	333	597.9	279.8
77 902	17 585	1 873	3	——	17 890	——	47.8	32.3
275 988	105 345	46 763	61	63	190 629	87	418.1	234.1
531 604	138 471	27 379	539	1 196	249 661	——	604.1	386.9
89 013	24 135	5 080	61	768	44 583	——	116.4	83.1
256 144	55 185	15 212	384	206	135 666	484	348.9	220.6
132 829	14 843	3 594	709	229	73 950	174	336.4	203.6
125 320	57 748	5 047	35	2	111 289	47	249.7	151.8
650 150	164 034	30 378	1 018	598	331 145	705	2051.3	905.7
116 279	24 105	6 528	1	123	65 588	446	239.9	75.4
360 080	85 262	24 787	28	2	116 874	20	562.7	194.2
79 516	13 385	1 547	——	3	40 913	111	154.0	86.3
265 112	59 077	11 048	513	168	124 596	250	222.0	169.8
981 373	296 366	55 075	3 372	15	516 758	339	770.4	577.8
84 666	14 998	4 166	8	10	53 305	194	179.8	104.9
579 057	142 484	24 124	65	245	248 922	5 439	935.8	471.3
——	——	——	——	——	——	——	——	——
156 148	12 160	755	19	61	84 702	23	229.0	147.2
70 031	5 583	3 321	40	——	56 832	——	104.8	87.0
73 932 039	2 006	532	——	——	9 237	38	48.0	40.4
48 063	849	218	——	——	26 289	40	90.7	77.7
64 363	7 647	3 387	60	91	77 799	277	178.1	121.9

各地区文化市场其他

	损	益	及			
	营业收入（千元）	营业成本及费用（千元）	税金及附加（千元）	主营业务利润（千元）	其他业务利润（千元）	管（千元）
总计	**13 873 655**	**9 989 834**	**566 669**	**2 938 642**	**337 481**	**1 127 772**
北京	263 278	225 926	2 173	19 339	3 557	23 590
天津	123 998	100 941	3 189	10 224	103	8 665
河北	178 741	103 878	11 182	40 317	892	12 989
山西	195 272	95 734	11 835	65 205	9 739	11 878
内蒙古	337 091	198 050	13 854	85 765	3 683	9 418
辽宁	147 220	67 661	5 183	38 784	1 232	10 338
其中：大连	19 530	——	——	——	——	——
吉林	338 969	139 722	28 301	170 757	799	2 427
黑龙江	112 350	48 005	10 488	44 833	3 439	13 267
上海	1 272 671	973 737	25 907	199 740	39 681	187 064
江苏	1 034 395	637 975	40 439	266 313	13 235	21 911
浙江	1 239 032	874 175	27 712	215 957	39 656	98 108
其中：宁波	122 840	92 045	2 375	20 279	183	6 325
安徽	320 923	186 598	35 374	46 210	5 017	15 303
福建	661 221	558 009	33 847	105 511	10 025	58 208
其中：厦门	51 097	37 438	2 327	3 673	2 449	7 363
江西	374 029	274 132	12 615	91 977	8 325	25 629
山东	901 265	357 831	54 988	174 086	35 254	82 980
其中：青岛	303 253	149 588	3 058	41 766	1 931	31 203
河南	297 718	175 631	10 009	85 875	5 182	32 177
湖北	150 970	63 797	4 958	36 053	2 478	9 485
湖南	142 018	53 581	6 784	53 174	3 791	5 762
广东	2 030 692	1 655 839	54 737	305 329	54 061	245 780
其中：深圳	535 160	519 045	21 049	79 733	36 893	54 390
广西	153 299	92 566	11 639	49 094	21 359	27 290
海南	81 058	58 482	5 071	17 483	1 093	3 551
重庆	387 222	287 598	20 420	77 859	2 210	24 643
四川	1 593 925	1 077 181	62 543	384 876	56 404	108 318
贵州	114 647	66 019	5 507	31 698	1 687	7 367
云南	962 710	1 369 405	29 577	176 766	10 850	71 811
西藏	——	——	——	——	——	——
陕西	143 413	97 273	11 119	37 022	1 439	3 519
甘肃	92 351	52 925	5 723	33 602	799	2 486
青海	22 946	3 283	2 941	929	——	64
宁夏	68 723	28 887	7 388	28 120	672	451
新疆	131 508	64 993	11 166	45 739	819	3 293

经营机构基本情况（二）

分配						其他（千元）		
理费用		财务费用（千元）	营业利润（千元）	利润总额（千元）	应交所得税（千元）	从业人员劳动报酬	本年应付福利费总额	本年应交增值税
税金	劳动、待业保险							
107 926	**89 254**	**2 423 725**	**1 445 501**	**1 804 405**	**1 179 408**	**1 857 697**	**122 474**	**140 225**
566	1 038	3 658	－4 495	－4 182	1 352	34 656	2 072	5 234
108	413	－ 113	2 087	3 316	648	6 871	211	371
5 141	423	200	28 761	36 897	622	39 894	384	661
1 319	2 874	2 085	66 652	64 023	25 048	89 640	355	538
2 711	758	1 250	70 641	74 080	1 502	24 734	595	450
1 179	550	369	14 023	37 002	1 218	23 814	454	265
——	——	——	——	——	——	——	——	——
29	65	757	454	168 023	1 594	59 899	625	794
5 049	168	470	31 894	29 414	3 254	25 029	260	216
6 806	7 071	2 360 994	4 586	－19 228	12 200	55 530	11 939	18 932
5 322	2 529	2 731	212 567	203 879	16 370	130 209	2 881	2 803
9 061	7 836	15 966	71 118	109 755	14 053	143 899	6 108	13 463
1 605	314	2 693	15 703	23 226	5 201	12 613	259	223
1 203	85	818	29 931	87 621	790	122 688	249	43
6 775	5 729	4 550	52 694	89 261	13 254	154 023	5 513	4 565
377	1 609	－ 208	2 694	4 947	367	10 619	773	12
4 467	4 769	2 286	67 130	70 832	15 065	59 654	2 451	1 234
7 925	7 396	3 743	90 670	94 779	4 299	68 699	11 900	4 623
1 469	3 060	545	19 195	8 520	2 165	15 781	2 172	3 591
4 662	1 655	1 283	60 263	61 288	1 660	45 520	1 324	2 534
2 236	960	387	27 618	30 607	1 031 027	35 544	920	189
2 184	232	353	67 577	57 870	1 874	29 697	1 434	461
10 331	14 436	5 796	39 747	46 593	12 480	195 952	50 116	35 089
1 682	571	412	369	－3 220	－1 434	35 960	38 426	9 578
1 150	1 574	1 111	42 052	41 126	250	37 246	406	1 695
254	185	226	14 035	14 402	270	20 006	179	210
2 540	925	1 023	42 933	54 194	1 131	47 655	5 021	5 701
14 388	17 289	3 986	194 230	200 900	10 504	190 522	8 313	24 090
2 383	672	614	18 589	27 086	1 285	22 660	246	165
8 196	8 561	7 399	84 495	97 123	5 971	102 530	7 715	15 598
——	——	——	——	——	——	——	——	——
523	865	933	36 985	37 637	961	35 320	296	5
436	142	33	31 024	31 693	327	16 328	92	245
23	——	410	3 857	4 008	10	1 884	6	12
——	——	120	5 958	24 501	283	12 725	114	——
952	54	287	37 425	29 905	106	24 869	295	39

各 地 区 歌 舞 娱

	机构数（个）	从业人员数（人）	注册资本金（千元）	实收资本（千元）	实收资本：国家资本金	负债合计（千元）
总　计	**51 742**	**490 289**	**31 008 772**	**17 832 480**	**1 050 408**	**12 987 829**
北　京	882	6 990	183 058	161 522	3 670	99 804
天　津	363	5 114	432 460	272 431	20 500	146 940
河　北	1 389	10 997	659 577	469 818	34 491	327 462
山　西	2 275	8 905	639 197	403 337	60	1 502
内蒙古	1 013	6 744	285 025	47 003	11 591	2 953
辽　宁	1 802	22 215	2 331 419	141 535	117 070	54 720
其中：大连	693	7 300	1 413 010	——	——	——
吉　林	1 511	8 829	442 777	401 579	——	300
黑龙江	2 453	6 991	270 968	88 322	9 686	3 128
上　海	1 725	33 586	3 618 805	2 812 720	180 955	2 163 245
江　苏	2 651	20 852	3 063 866	1 726 892	11 800	3 709 453
浙　江	3 547	36 964	2 015 768	994 543	18 360	994 587
其中：宁波	572	5 328	367 350	218 030	9 236	310 927
安　徽	1 276	11 921	665 738	464 094	6 107	351 760
福　建	1 699	24 598	1 495 616	1 157 827	65 013	283 439
其中：厦门	92	4 039	138 451	78 464	5 105	56 807
江　西	1 552	16 387	960 731	939 630	3 107	6 564
山　东	1 570	15 896	862 310	487 941	31 852	372 242
其中：青岛	388	4 595	315 136	238 316	27 258	208 877
河　南	1 015	8 051	544 618	376 716	4 200	109 072
湖　北	1 970	13 749	727 105	264 260	86 726	6 079
湖　南	1 254	10 754	475 937	308 305	2 454	695
广　东	2 962	94 734	5 071 479	2 535 007	94 923	3 466 207
其中：深圳	331	17 545	827 062	679 322	18 059	279 223
广　西	1 768	23 172	600 031	609 826	——	63 383
海　南	326	3 818	71 462	69 978	85	9 083
重　庆	1 306	8 741	440 656	328 368	12 465	65 214
四　川	4 964	32 002	2 342 553	1 122 664	37 011	328 464
贵　州	846	6 689	301 888	287 258	128 056	99 928
云　南	5 272	24 744	1 054 783	536 702	129 593	200 866
西　藏	——	——	——	——	——	——
陕　西	799	7 420	497 366	476 651	11 851	6 080
甘　肃	905	6 009	342 045	160 128	22 763	72 704
青　海	193	841	16 349	130	——	——
宁　夏	389	2 436	194 568	93 320	5 698	15 185
新　疆	2 065	10 140	400 616	93 973	321	26 770

乐 场 所 基 本 情 况 （一）

年末固定资产原值（千元）	固定资产累计折旧（千元）		上交主办单位数（千元）	门店加盟费（千元）	增加值（千元）	连锁企业门店数（个）	房屋建筑面积（千平方米）	
		本年提取折旧						经营面积
29 904 236	**6 780 938**	**1 387 537**	**26 760**	**4 541**	**9 259 252**	**20 109**	**49406.8**	**20705.0**
194 180	47 485	13 442	71	——	98 989	——	615.3	487.0
522 978	115 126	14 372	25	——	116 832	——	364.1	186.7
855 369	215 261	18 701	155	1	171 717	4	577.4	405.9
534 987	52 928	14 352	944	1	256 641	——	612.5	554.6
226 026	5 938	2 807	——	——	102 195	206	282.7	234.6
330 892	8 479	3 285	——	——	161 744	255	1191.5	976.7
——	——	——	——	——	5	——	327.4	285.1
432 114	31 992	10 505	——	——	97 161	200	447.1	394.5
214 916	53 866	12 276	1	1	125 442	178	5816.4	338.7
5 038 644	904 119	122 501	3 757	1 701	569 438	8 372	2473.7	1187.6
2 497 308	823 575	254 210	342	80	990 353	225	8023.5	1334.4
2 595 665	602 776	127 205	359	400	1 087 080	4 212	8028.8	1967.3
787 772	193 085	32 950	27	——	265 908	232	433.6	337.9
1 092 964	94 027	20 966	1 210	152	181 834	540	659.0	392.2
1 050 279	302 700	64 245	166	——	453 592	1 308	2085.6	1046.7
144 442	29 194	8 964	——	——	90 705	——	162.8	113.9
704 568	198 566	74 034	——	24	422 007	713	777.1	617.5
826 591	169 663	36 887	465	70	324 458	——	1515.3	1134.2
311 687	75 093	11 719	33	60	73 111	——	423.0	299.6
302 314	65 967	19 021	81	——	133 496	851	435.8	325.8
416 669	22 982	10 036	686	20	208 702	42	693.3	525.9
286 370	71 835	28 499	75	——	233 606	381	580.9	413.3
6 691 414	1 747 143	255 531	3 736	720	1 478 704	616	7021.5	3525.7
517 571	160 995	35 250	——	——	367 496	12	1039.6	606.4
644 091	255 450	75 863	25	——	344 854	——	1262.6	703.0
163 314	17 880	3 663	——	——	56 725	——	263.0	163.4
382 786	73 621	20 330	61	80	157 621	604	398.5	326.3
1 106 082	476 066	83 715	12 117	75	539 488	——	1855.6	1208.3
475 499	47 536	8 636	1 421	500	116 775	100	368.3	259.3
1 181 454	225 832	50 841	166	150	333 088	276	1244.3	722.6
——	——	——	——	——	——	——	——	——
339 874	22 994	4 023	15	——	175 551	——	467.0	418.2
299 247	75 402	22 723	410	——	131 572	——	312.3	253.0
20 622	3 850	1 200	——	——	8 958	——	34.6	30.9
197 039	10 144	2 931	——	——	41 549	——	131.0	102.6
279 981	37 735	10 737	472	566	139 072	1 026	868.5	468.3

各地区歌舞娱

	损益及					
	营业收入（千元）	营业成本及费用（千元）	税金及附加（千元）	主营业务利润（千元）	其他业务利润（千元）	管（千元）
总　计	**21 018 896**	**11 611 980**	**1 854 225**	**5 548 580**	**429 564**	**2 407 529**
北　京	209 807	120 844	28 094	23 904	739	31 334
天　津	351 375	212 431	44 019	62 682	5 121	48 371
河　北	307 923	180 793	42 724	108 599	6 224	34 165
山　西	390 585	125 611	40 471	176 617	35 870	23 386
内蒙古	301 365	187 281	19 083	67 645	1 777	4 959
辽　宁	1 125 862	158 533	13 818	127 754	3 258	16 280
其中：大连	688 435	——	——	——	——	——
吉　林	282 208	106 001	21 068	156 764	3 272	3 725
黑龙江	187 426	68 258	11 105	66 214	7 640	13 517
上　海	2 187 973	1 383 709	249 894	440 558	23 465	584 815
江　苏	1 541 057	1 029 567	159 894	572 210	16 749	100 314
浙　江	2 646 627	1 589 241	190 169	662 783	74 612	247 141
其中：宁波	714 944	464 974	55 944	119 625	49 910	71 335
安　徽	376 122	197 892	59 558	119 841	21 921	34 848
福　建	965 700	594 631	125 243	218 588	10 481	86 208
其中：厦门	220 184	156 307	45 975	12 980	449	15 723
江　西	552 757	299 754	35 703	217 455	27 162	47 258
山　东	588 093	232 909	32 236	145 587	15 512	61 484
其中：青岛	225 176	88 864	10 114	34 229	368	34 677
河　南	272 587	117 510	21 310	72 390	5 946	32 377
湖　北	439 930	214 107	15 299	114 851	13 899	70 099
湖　南	298 161	110 155	19 092	102 080	9 573	12 183
广　东	4 304 831	2 805 097	411 989	1 037 053	36 526	688 131
其中：深圳	1 125 425	786 632	99 852	184 317	11 329	80 662
广　西	522 022	327 957	59 407	134 852	6 881	21 351
海　南	104 143	71 789	11 111	21 267	311	11 420
重　庆	331 329	205 975	24 947	90 911	4 112	26 001
四　川	1 019 389	329 486	71 905	265 686	68 311	109 993
贵　州	253 963	136 978	12 277	74 992	1 594	23 026
云　南	610 543	357 965	56 709	186 281	18 093	52 087
西　藏	——	——	——	——	——	——
陕　西	273 118	146 423	19 012	101 566	3 652	1 764
甘　肃	192 772	96 034	18 503	77 403	2 894	7 578
青　海	14 548	2 078	1 428	526	——	——
宁　夏	83 080	44 152	15 480	26 809	598	10 913
新　疆	283 600	158 819	22 677	74 709	3 371	2 801

乐场所基本情况（二）

分	配					其	他	（千元）
理费用								
税金	劳动、待业保险	财务费用（千元）	营业利润（千元）	利润总额（千元）	应交所得税（千元）	从业人员劳动报酬	本年应付福利费总额	本年应交增值税
293 487	137 640	230 536	2 705 727	3 295 566	242 276	3 018 275	155 675	85 541
2 445	1 053	1 231	－1 255	－201	2 527	56 263	3 163	302
695	2 019	3 915	－5 250	3 288	164	62 996	5 606	116
7 362	522	3 292	43 258	48 298	595	59 672	3 159	34
4 157	1 626	6 267	144 165	110 191	10 728	53 496	2 082	91
736	179	644	56 370	58 215	1 218	23 199	949	207
2 192	1 081	792	38 144	145 896	885	104 305	927	367
——	——	——	——	——	——	5	——	——
6	1	2 479	220	148 663	714	65 362	40	——
5 103	516	520	69 409	71 791	2 644	27 549	178	337
39 126	28 865	46 147	－111 992	－69 968	17 543	269 909	36 030	15 443
22 620	4 265	6 841	348 555	359 951	30 077	205 074	6 103	14 799
52 628	13 077	39 490	292 697	348 363	24 298	424 381	22 448	1 248
17 043	6 299	7 843	83 424	86 912	11 852	76 547	1 144	451
1 877	1 019	2 583	39 274	63 515	754	60 159	773	11
13 996	11 400	14 632	113 544	130 664	22 310	136 564	6 168	2 374
1 974	603	1 887	－621	860	1 866	34 413	827	144
12 516	4 961	2 209	195 145	202 456	30 888	104 609	2 584	459
10 877	3 188	5 054	155 947	186 735	5 089	88 511	3 375	448
4 543	1 674	1 501	32 777	28 326	2 088	13 958	1 061	48
3 830	846	1 776	56 262	44 546	2 832	33 073	1 605	38 401
3 853	1 634	790	109 769	118 694	966	69 745	1 109	——
6 516	283	1 683	129 335	116 282	2 686	50 164	524	1 212
46 440	40 414	49 194	207 187	338 426	51 178	557 557	40 604	1 773
10 061	2 364	7 722	103 231	100 810	5 154	119 102	4 434	82
6 118	775	1 903	118 485	114 865	519	84 981	1 736	306
519	137	266	21 222	10 312	297	20 210	144	5
4 833	7 021	1 475	59 247	74 834	2 460	48 264	2 839	293
18 284	8 771	26 201	227 335	268 222	18 602	138 249	7 243	6 174
5 874	536	1 640	41 888	56 420	4 472	48 100	1 602	166
17 672	2 862	5 217	121 107	121 154	4 674	86 759	3 836	834
——	——	——	——	——	——	——	——	——
307	24	339	102 064	102 843	1 437	50 145	19	4
1 738	222	2 764	65 308	66 727	791	23 300	439	20
——	——	838	3 797	1 350	——	2 533	——	——
291	242	211	7 159	22 154	677	15 688	203	——
869	101	143	57 331	30 880	251	47 458	187	117

各地区网吧

	机构数（个）	从业人员数（人）	注册资本金（千元）	实收资本（千元）	国家资本金	负债合计（千元）
总计	**114 273**	**443 745**	**27 004 051**	**16 086 473**	**371 013**	**1 175 154**
北京	1 149	5 935	529 563	482 261	500	128 643
天津	696	3 662	351 409	69 695	590	9 128
河北	5 345	16 956	693 469	356 896	7 073	56 331
山西	2 881	10 604	756 951	419 744	15 035	12 333
内蒙古	2 089	5 911	330 966	74 953	13 429	7 611
辽宁	3 360	11 759	821 279	57 151	5 431	120
其中：大连	1 310	4 213	271 437	——	——	——
吉林	3 019	13 473	932 741	923 707	100	1 601
黑龙江	4 577	15 589	929 779	403 571	17 658	6 174
上海	1 434	8 556	490 284	430 618	63 317	185 982
江苏	6 912	24 790	1 657 910	938 289	2 320	21 739
浙江	6 232	24 211	1 496 723	1 072 638	29 037	78 505
其中：宁波	786	2 996	140 794	57 892	7 594	8 096
安徽	4 557	15 289	765 081	386 532	19 873	53 379
福建	2 975	12 394	740 013	456 591	28 079	15 181
其中：厦门	139	965	60 707	26 357	——	3 532
江西	4 446	22 243	1 081 975	1 134 181	2 823	29 776
山东	10 513	37 466	1 988 922	1 313 527	30 651	90 855
其中：青岛	1 623	7 419	525 074	420 508	13 050	36 300
河南	6 295	23 803	996 237	879 630	2 680	161 335
湖北	5 659	23 149	1 069 257	591 692	17 111	21 247
湖南	9 431	25 862	1 131 036	623 383	3 752	15 210
广东	4 586	32 401	3 825 472	1 439 973	12 051	113 734
其中：深圳	550	6 621	914 340	495 132	2 251	48 912
广西	4 625	19 798	813 948	901 807	1 000	4 877
海南	1 046	3 658	146 153	143 755	430	4 463
重庆	2 765	11 244	556 135	479 424	47 378	46 523
四川	7 329	25 641	1 255 526	620 412	21 259	33 568
贵州	1 625	5 689	516 574	217 409	1 034	10 573
云南	3 262	9 678	777 187	178 813	3 056	35 712
西藏	——	——	——	——	——	——
陕西	2 646	17 947	1 284 779	1 132 377	10 610	7 020
甘肃	1 543	5 991	402 837	122 768	14 196	11 855
青海	351	1 243	70 908	4 285	——	——
宁夏	607	2 387	182 817	46 331	440	1 800
新疆	2 318	6 416	408 120	184 060	100	9 879

基 本 情 况 （一）

年末固定资产原值（千元）	固定资产累计折旧（千元）	本年提取折旧	上交主办单位数（千元）	门店加盟费（千元）	增加值（千元）	连锁企业门店数（个）	房屋建筑面积（千平方米）	经营面积
22 108 429	**6 014 603**	**1 882 533**	**38 982**	**80 579**	**10 979 385**	**19 057**	**24235.2**	**17898.6**
434 599	116 727	29 630	163	15 956	103 919	356	485.5	407.6
125 802	37 912	12 772	——	552	70 847	341	211.3	183.5
593 539	135 389	36 915	93	215	258 321	760	921.7	519.4
826 168	261 661	31 234	3 683	1 899	521 468	382	498.1	449.2
276 901	28 993	7 855	108	——	75 867	256	238.4	187.1
387 033	14 419	3 316	4	2	103 357	396	631.0	539.4
——	——	——	——	——	——	——	258.5	225.0
888 807	188 417	50 552	——	130	176 173	292	643.4	575.9
654 048	211 513	43 562	——	2	318 764	980	700.7	559.0
607 302	244 222	88 624	10 806	5 123	253 841	755	500.5	400.0
964 908	250 441	70 836	83	840	974 686	716	1365.8	1176.7
1 561 490	532 589	186 493	5 540	6 456	949 419	1 586	1491.8	1211.4
210 889	80 081	16 559	133	17	86 317	130	176.2	152.6
710 967	175 773	58 170	323	797	344 212	680	604.4	452.9
665 907	131 583	61 829	439	6 453	355 886	2 038	785.1	540.2
54 115	3 748	1 366	——	1	35 966	6	60.4	48.5
1 233 015	420 083	187 830	695	414	717 207	19	1047.1	739.0
1 726 179	432 142	171 378	2 183	25 998	844 910	——	1616.0	1372.3
397 713	119 892	53 769	1 721	19 187	215 355	——	348.4	290.0
1 139 581	383 108	153 709	463	142	553 968	577	1113.0	903.0
1 025 430	159 002	63 137	1 647	6 788	518 826	342	1065.4	839.7
1 294 841	799 248	82 194	434	90	566 928	837	1395.6	943.0
1 441 574	183 958	68 974	8 335	3 309	593 406	3 603	2718.1	1704.1
325 658	51 195	15 758	430	250	192 986	1 430	407.9	280.8
978 198	389 376	152 100	1 412	1 120	525 386	53	1056.7	736.4
163 567	33 926	12 786	5	——	80 558	239	212.3	132.6
641 075	191 933	74 910	406	854	235 786	512	410.1	359.3
736 741	222 260	60 852	1 260	441	487 620	892	1966.5	903.3
399 137	98 989	39 131	207	309	182 726	506	285.1	231.8
544 798	95 951	32 677	4	28	211 086	706	571.5	384.0
——	——	——	——	——	——	——	——	——
1 131 524	135 761	33 058	656	2 302	585 908	346	871.9	777.6
341 020	47 868	24 037	30	65	135 291	——	280.0	242.5
71 761	2 640	555	——	——	10 835	——	69.3	63.2
173 594	11 269	4 050	——	——	48 200	50	142.0	99.4
368 923	77 450	39 367	——	293	173 977	837	337.3	265.7

各 地 区 网 吧

	损	益	及			
	营业收入（千元）	营业成本及费用（千元）	税金及附加（千元）	主营业务利润（千元）	其他业务利润（千元）	管（千元）
总 计	**20 169 128**	**10 332 011**	**1 280 219**	**6 285 018**	**326 229**	**1 079 860**
北 京	145 066	90 424	19 256	26 534	2 530	35 287
天 津	200 567	120 815	13 712	60 013	1 378	5 304
河 北	456 081	243 948	23 232	109 273	2 919	24 310
山 西	552 887	227 523	25 974	271 235	20 326	30 313
内蒙古	209 095	116 848	15 665	48 471	556	3 900
辽 宁	491 900	93 394	13 664	111 120	1 928	13 290
其中：大连	143 332	——	——	——	——	——
吉 林	660 256	293 392	31 675	335 403	2 068	2 868
黑龙江	662 628	297 339	33 656	206 571	21 529	62 066
上 海	579 327	210 420	39 431	87 926	9 947	45 546
江 苏	1 638 202	932 544	108 826	569 861	18 559	39 395
浙 江	2 067 177	1 188 610	130 967	496 379	17 720	106 682
其中：宁波	219 266	120 038	13 283	51 843	853	9 259
安 徽	611 636	308 730	50 939	208 930	17 793	28 329
福 建	627 017	381 435	61 262	171 201	6 284	29 370
其中：厦门	62 865	36 628	6 560	4 140	8	826
江 西	834 475	419 764	71 776	348 308	20 405	44 037
山 东	1 159 729	554 140	69 191	344 859	29 076	83 670
其中：青岛	184 281	77 717	14 866	60 431	6 702	27 885
河 南	925 193	397 390	54 091	408 001	21 110	165 286
湖 北	1 018 345	506 688	40 424	414 918	21 050	42 119
湖 南	1 261 724	812 960	56 203	306 994	21 996	48 884
广 东	1 388 077	779 238	100 158	405 505	14 447	129 568
其中：深圳	445 027	234 046	35 162	216 403	5 257	40 921
广 西	673 051	406 044	65 869	201 138	8 112	23 156
海 南	109 533	64 612	11 855	32 830	670	1 238
重 庆	386 646	246 935	24 203	116 136	5 626	16 393
四 川	1 162 975	339 733	69 953	240 373	17 474	54 146
贵 州	310 403	159 964	17 270	95 976	1 200	19 604
云 南	337 926	163 991	29 544	110 474	3 685	14 506
西 藏	——	——	——	——	——	——
陕 西	1 033 900	622 303	44 850	343 551	35 454	2 892
甘 肃	238 438	127 952	20 429	89 834	1 512	3 736
青 海	38 889	6 257	5 936	1 985	16	93
宁 夏	109 210	49 457	7 269	41 163	531	229
新 疆	278 775	169 161	22 939	80 049	328	3 643

基 本 情 况 （二）

分配						其他（千元）		
理费用		财务费用（千元）	营业利润（千元）	利润总额（千元）	应交所得税（千元）	从业人员劳动报酬	本年应付福利费总额	本年应交增值税
税金	劳动、待业保险							
282 265	**85 378**	**112 239**	**4 814 267**	**5 530 144**	**297 038**	**2 720 101**	**56 465**	**29 416**
5 360	753	1 027	13 211	12 914	3 593	36 462	2 240	409
1 720	30	768	26 144	30 379	233	16 499	302	220
11 494	1 719	990	118 851	154 390	1 127	67 829	468	133
5 906	11 957	11 456	258 304	237 493	51 144	200 050	454	98
1 411	132	800	32 936	36 943	1 873	18 000	246	105
5 307	2 931	654	52 020	129 325	1 910	29 050	603	340
——	——	——	——	——	——	——	——	——
76	21	1 727	302	334 446	129	93 568	262	64
20 086	928	2 624	152 625	163 327	16 444	68 835	3 159	1 200
4 934	3 573	3 347	57 641	54 559	6 363	63 211	8 936	191
9 575	2 733	9 927	579 742	558 337	21 596	205 707	1 958	756
31 102	6 275	14 348	342 466	378 484	22 884	258 391	6 139	375
2 085	234	5 225	22 754	52 338	357	31 636	216	53
8 087	564	3 072	145 549	179 338	2 513	81 467	1 192	973
12 392	3 390	13 652	128 007	163 344	18 342	92 396	5 311	4 245
84	44	451	18 482	18 791	115	9 474	78	2
20 596	4 895	6 195	313 517	312 867	55 826	123 488	3 986	527
32 822	6 049	6 643	382 687	415 186	13 321	188 832	3 085	1 217
10 573	2 326	1 252	102 195	104 112	2 486	33 952	541	504
12 369	2 354	3 265	227 184	247 250	7 781	106 615	2 198	812
12 356	5 362	2 250	259 117	255 406	3 142	143 792	1 582	53
18 600	1 949	5 422	279 054	285 041	15 543	130 877	1 896	5 911
12 560	13 779	7 652	231 500	293 562	15 830	180 214	5 350	3 293
608	362	825	102 725	116 417	2 668	38 733	2 067	936
8 309	1 466	3 811	182 283	176 212	2 061	116 825	1 074	1 596
359	107	30	32 762	32 074	361	22 796	61	5
6 404	1 121	3 496	82 556	101 262	2 626	47 713	577	313
21 262	10 947	3 798	215 069	228 554	23 939	120 484	2 908	5 294
8 500	1 096	1 449	76 261	83 345	1 921	41 564	1 320	681
7 289	757	2 219	92 140	101 347	2 273	49 436	645	457
——	——	——	——	——	——	——	——	——
841	204	709	372 359	378 303	2 296	134 800	363	53
1 570	250	340	61 396	87 266	903	27 859	67	95
——	——	351	3 209	12 457	242	1 135	——	——
——	——	100	21 882	40 326	312	14 999	——	——
971	36	117	73 493	46 407	510	37 207	83	——

各地区演出经营与经纪

	机构数（个）	从业人员数（人）	注册资本金（千元）	实收资本（千元）	国家资本金	负债合计（千元）
总　计	**922**	**11 438**	**1 039 429**	**767 624**	**225 503**	**406 426**
北　京	——	——	——	——	——	——
天　津	4	50	12 300	7 000	——	7 987
河　北	13	108	8 200	8 100	——	1 202
山　西	9	347	36 625	34 505	——	——
内蒙古	9	640	17 550	1 480	——	——
辽　宁	21	823	107 730	14 964	670	——
其中：大连	——	——	——	——	——	——
吉　林	8	76	1 971	1 971	——	——
黑龙江	3	16	160	——	——	——
上　海	216	1 418	162 540	157 437	42 080	136 873
江　苏	35	416	16 155	12 755	——	——
浙　江	60	646	72 457	62 255	11 215	16 449
其中：宁波	——	——	——	——	——	——
安　徽	33	283	7 570	3 810	——	65
福　建	43	332	44 290	42 292	——	8 103
其中：厦门	——	——	——	——	——	——
江　西	30	184	30 890	30 890	1 000	——
山　东	28	364	6 331	2 288	463	432
其中：青岛	3	24	273	200	200	432
河　南	13	418	8 300	6 440	150	239
湖　北	13	220	6 410	390	330	25
湖　南	12	524	11 800	4 010	——	——
广　东	158	1 659	140 354	117 811	80 085	152 721
其中：深圳	——	——	——	——	——	——
广　西	16	281	28 234	52 504	48 030	16 250
海　南	5	60	16 000	16 000	——	4 965
重　庆	45	467	48 065	46 245	5 800	6 562
四　川	41	556	85 038	51 422	28 537	32 490
贵　州	19	176	18 422	1 200	1 200	2 635
云　南	25	455	92 389	63 168	4 843	15 933
西　藏	——	——	——	——	——	——
陕　西	28	185	28 500	20 300	1 000	3 000
甘　肃	7	39	4 860	100	100	——
青　海	3	386	513	400	——	——
宁　夏	12	157	10 250	——	——	52
新　疆	13	152	15 525	7 887	——	443

机 构 基 本 情 况 （一）

年末固定资产原值（千元）	固定资产累计折旧（千元）		上交主办单位数（千元）	门店加盟费（千元）	增加值（千元）	连锁企业门店数（个）	房屋建筑面积（千平方米）	
		本年提取折旧						经营面积
755 759	**153 200**	**23 958**	**1 224**	——	**168 082**	**200**	**593.6**	**443.9**
——	——	——	——	——	——	——	——	——
8 223	1 835	235	——	——	102	——	0.5	0.1
7 950	628	226	——	——	3 757	——	7.1	1.8
29 999	——	——	1	——	3 636	——	21.2	21.1
4 090	——	——	——	——	3 364	200	5.3	4.6
27 639	3 150	578	——	——	5 699	——	60.1	33.8
——	——	——	——	——	——	——	——	——
2 240	636	171	——	——	718	——	4.6	3.8
100	53	3	——	——	32	——	0.3	0.1
98 322	15 461	5 958	12	——	45 724	——	6.5	5.1
8 110	——	——	——	——	4 293	——	23.8	20.4
49 123	25 101	2 703	5	——	4 494	——	31.3	22.0
——	——	——	——	——	——	——	——	——
2 839	818	132	——	——	3 306	——	13.3	11.8
5 679	1 706	610	3	——	8 692	——	11.2	7.3
——	——	——	——	——	——	——	——	——
2 580	1 117	413	——	——	4 311	——	1.4	1.4
10 428	1 705	125	——	——	3 000	——	20.2	10.6
1 253	1 150	——	——	——	338	——	9.4	3.0
16 357	2 950	711	——	——	3 259	——	8.3	7.1
3 153	250	121	253	——	3 123	——	15.4	10.8
4 030	——	——	——	——	9 560	——	11.6	11.2
196 035	64 896	6 939	——	——	19 429	——	220.9	182.2
——	——	——	——	——	——	——	——	——
100 402	16 256	2 189	——	——	5 493	——	33.8	23.3
7 378	950	300	——	——	29	——	1.4	1.4
26 787	4 878	1 023	300	——	12 572	——	15.1	7.9
41 612	4 865	756	650	——	8 441	——	40.0	27.4
1 124	——	——	——	——	2 061	——	2.3	2.3
95 151	5 022	547	——	——	7 343	——	28.8	20.1
——	——	——	——	——	——	——	——	——
2 520	325	48	——	——	2 933	——	3.2	2.7
50	30	5	——	——	233	——	0.4	0.4
400	——	——	——	——	——	——	1.3	1.3
——	——	——	——	——	294	——	1.6	1.6
3 438	568	165	——	——	2 184	——	2.8	0.7

各地区演出经营与经纪

				损	益	及
	营业收入（千元）	营业成本及费用（千元）	税金及附加（千元）	主营业务利润（千元）	其他业务利润（千元）	管（千元）
总计	**777 516**	**459 602**	**30 245**	**158 719**	**14 486**	**146 195**
北京	——	——	——	——	——	——
天津	6 359	5 601	542	709	——	——
河北	7 900	3 060	918	3 923	——	1 405
山西	10 862	7 358	282	1 233	120	200
内蒙古	12 133	1 635	558	1 710	——	475
辽宁	9 647	3 536	387	2 300	670	3 690
其中：大连	——	——	——	——	——	——
吉林	1 264	413	176	675	220	216
黑龙江	98	20	4	10	——	4
上海	375 995	204 887	9 637	77 738	9 416	49 975
江苏	8 011	12 080	457	2 110	20	163
浙江	37 141	31 691	1 592	7 378	310	16 719
其中：宁波	——	——	——	——	——	——
安徽	8 772	5 545	326	1 346	——	407
福建	38 609	27 609	2 026	5 309	58	6 176
其中：厦门	——	——	——	——	——	——
江西	11 460	5 178	26	1 114	30	——
山东	3 656	1 200	78	208	10	519
其中：青岛	330	376	12	1	——	206
河南	4 791	2 386	264	1 248	320	451
湖北	2 158	320	24	175	20	121
湖南	10 003	3 135	830	5 470	——	160
广东	100 824	62 117	5 806	17 649	2 201	46 456
其中：深圳	——	——	——	——	——	——
广西	9 456	4 972	468	4 016	3	3 812
海南	3 550	2 673	117	757	20	1 817
重庆	35 716	24 104	1 747	10 488	332	2 963
四川	34 549	20 279	1 635	4 437	399	4 981
贵州	5 751	3 093	319	1 058	——	466
云南	23 390	15 739	1 226	5 239	245	4 068
西藏	——	——	——	——	——	——
陕西	6 530	5 087	495	978	——	108
甘肃	912	682	26	198	——	58
青海	155	150	——	——	——	——
宁夏	2 621	931	103	78	——	33
新疆	5 203	4 121	176	1 165	92	752

机构基本情况（二）

分		配				其	他	（千元）
理费用		财务费用（千元）	营业利润（千元）	利润总额（千元）	应交所得税（千元）	从业人员劳动报酬	本年应付福利费总额	本年应交增值税
税金	劳动、待业保险							
4 777	**7 957**	**5 341**	**14 333**	**42 459**	**4 855**	**94 769**	**7 996**	**329**
——	——	——	——	——	——	——	——	——
——	——	−3	−1 687	−2	42	1 012	55	——
2	——	2	16	1 716	——	2 595	——	——
15	——	40	2 919	2 839	20	420	——	——
470	——	——	600	1 560	——	1 736	——	——
170	120	120	1 500	2 060	400	3 064	220	90
——	——	——	——	——	——	——	——	——
——	——	40	——	639	——	371	——	——
——	——	——	10	10	——	15	——	——
486	1 653	− 476	10 642	28 801	813	19 001	3 263	125
111	34	——	2 451	2 271	229	1 274	280	——
505	933	65	−10 689	−5 656	415	10 383	623	5
——	——	——	——	——	——	——	——	——
5	——	——	759	1 803	118	2 084	——	——
218	172	−20	1 703	2 537	1 099	4 135	422	41
——	——	——	——	——	——	——	——	——
——	——	——	1 144	1 144	257	2 728	——	——
112	276	5	526	496	2	2 159	9	——
——	206	——	−50	−50	——	376	——	——
29	217	25	1 188	1 034	11	1 067	48	——
40	21	40	129	433	5	2 809	22	13
——	——	——	5 785	5 785	3	2 945	——	——
466	3 347	1 629	−13 394	−13 405	1 120	19 612	1 711	3
——	——	——	——	——	——	——	——	——
67	245	5	202	175	1	2 567	195	——
22	3	88	−1 021	−1 013	——	611	48	——
187	177	23	6 895	6 823	139	2 720	240	22
1 042	352	271	905	579	49	4 103	311	4
238	43	187	284	882	13	1 220	——	——
529	353	3 199	1 979	− 140	77	3 062	427	14
——	——	——	——	——	——	——	——	——
22	——	33	1 008	1 008	26	1 360	——	——
18	5	6	134	134	2	50	——	——
——	——	——	——	——	——	——	——	——
——	——	——	30	−43	7	161	——	——
23	6	62	315	−11	7	1 505	122	12

各地区音像制品

	机构数（个）	从业人员数（人）	注册资本金（千元）	实收资本（千元）	实收资本 国家资本金	负债合计（千元）
总　　计	**1 624**	**16 532**	**2 506 723**	**1 415 268**	**244 657**	**3 461 835**
北　　京	23	536	55 500	55 500	1 000	60 411
天　　津	5	38	1 910	——	——	3 404
河　　北	8	77	3 450	3 170	——	4 229
山　　西	8	56	16 500	10 550	——	750
内 蒙 古	62	178	2 298	2 169	——	——
辽　　宁	25	96	670	500	100	——
其中：大连	——	——	——	——	——	——
吉　　林	13	108	9 622	9 615	2 020	19 798
黑 龙 江	61	117	3 088	953	296	5
上　　海	113	1 726	381 654	391 705	31 681	1 401 876
江　　苏	105	621	46 488	12 449	1 621	15 987
浙　　江	165	1 111	221 411	217 510	121 073	1 063 564
其中：宁波	1	——	——	——	——	——
安　　徽	26	50	1 720	932	——	204
福　　建	177	644	52 255	50 136	13 858	68 357
其中：厦门	——	——	——	——	——	——
江　　西	44	418	42 913	42 800	357	560
山　　东	76	250	17 284	12 736	327	——
其中：青岛	2	37	1 000	1 000	——	——
河　　南	108	508	27 860	29 440	2 280	27 741
湖　　北	12	18	365	317	——	——
湖　　南	97	263	4 728	4 078	25	118
广　　东	249	1 891	564 104	360 093	23 953	389 879
其中：深圳	——	——	——	——	——	——
广　　西	15	179	8 500	7 852	226	1 977
海　　南	1	——	——	——	——	——
重　　庆	37	888	65 885	59 168	11 770	14 522
四　　川	98	5 552	805 082	41 960	13 540	349 589
贵　　州	30	71	9 338	4 482	——	——
云　　南	30	366	68 309	63 638	620	37 452
西　　藏	——	——	——	——	——	——
陕　　西	18	643	40 910	32 460	19 860	900
甘　　肃	5	52	13 059	——	——	——
青　　海	2	17	750	——	——	——
宁　　夏	1	——	——	——	——	——
新　　疆	10	58	41 070	1 055	50	512

批发机构基本情况（一）

年末固定资产原值（千元）	固定资产累计折旧（千元）	本年提取折旧	上交主办单位数（千元）	门店加盟费（千元）	增加值（千元）	连锁企业门店数（个）	房屋建筑面积（千平方米）	经营面积
1 979 926	**443 073**	**93 693**	**1 277**	**199**	**366 896**	**1 492**	**597.3**	**419.6**
12 975	6 935	1 890	1	100	2 907	125	11.7	11.5
722	212	——	——	——	326	——	0.8	0.1
678	110	46	——	——	301	——	10.9	4.0
6 693	59	14	——	——	2 755	——	1.4	1.3
1 051	75	7	——	——	2 229	——	28.5	27.9
1 440	100	20	——	——	798	——	1.6	1.3
——	——	——	——	——	——	——	——	——
1 236	226	61	——	——	753	——	2.6	2.4
1 246	440	28	——	——	692	4	4.7	2.0
603 742	103 699	7 948	577	——	−7	235	131.8	112.1
74 804	8 764	1 987	——	——	22 922	237	35.0	25.3
953 668	168 580	44 709	135	95	69 840	230	41.4	19.8
——	——	——	——	——	——	——	0.1	0.1
740	213	102	——	——	468	——	1.3	0.8
19 826	6 088	990	53	——	8 544	61	77.8	16.0
——	——	——	——	——	——	——	——	——
11 944	29 849	22 276	——	——	43 676	14	11.9	7.4
10 278	6 425	261	93	4	3 316	——	17.6	16.5
129	24	18	——	——	476	——	10.4	10.4
10 102	4 133	324	15	——	7 828	3	16.0	10.1
376	43	26	1	——	255	——	1.0	0.6
60 718	43 365	721	——	——	11 951	——	20.0	14.6
43 954	21 310	3 854	9	——	41 643	43	101.2	92.5
——	——	——	——	——	——	——	——	——
2 844	911	378	——	——	1 301	20	8.8	3.8
——	——	——	——	——	——	——	0.2	0.2
42 644	11 067	1 104	2	——	7 808	76	8.8	7.7
56 756	16 773	5 029	380	——	110 118	241	18.9	17.6
511	39	8	5	——	1 901	——	8.0	2.5
42 853	9 989	1 546	——	——	11 527	145	6.7	4.9
——	——	——	——	——	——	——	——	——
12 565	3 525	322	6	——	11 226	23	15.4	13.4
5 010	——	——	——	——	787	——	2.7	1.0
500	140	40	——	——	581	34	0.4	0.4
——	——	——	——	——	——	——	——	——
50	3	2	——	——	450	1	10.4	1.9

各地区音像制品

	营业收入（千元）	营业成本及费用（千元）	税金及附加（千元）	损益及：主营业务利润（千元）	其他业务利润（千元）	管（千元）
总计	**2 691 116**	**2 276 747**	**45 234**	**395 207**	**27 214**	**286 575**
北京	174 577	159 130	283	11 225	142	9 212
天津	4 749	4 320	19	19	——	——
河北	436	378	8	30	——	1 319
山西	10 233	7 025	203	33	——	96
内蒙古	3 931	1 455	396	856	——	283
辽宁	1 375	628	304	214	——	87
其中：大连	——	——	——	——	——	——
吉林	22 644	20 842	37	1 765	——	1 029
黑龙江	1 272	503	235	330	3	376
上海	497 075	430 973	8 320	62 756	3 489	61 362
江苏	76 686	62 362	6 129	15 474	4 088	3 400
浙江	165 458	133 268	1 986	30 792	5 726	20 525
其中：宁波	——	——	——	——	——	——
安徽	1 286	613	32	356	2	65
福建	74 564	115 392	3 647	4 496	1 366	6 357
其中：厦门	——	——	——	——	——	——
江西	170 418	162 861	1 310	14 626	12	2 495
山东	19 879	12 777	423	6 569	58	375
其中：青岛	4 583	4 225	12	347	——	69
河南	50 892	40 009	583	8 152	174	7 562
湖北	329	119	39	99	——	19
湖南	24 348	13 423	688	1 915	8	188
广东	728 702	613 663	2 681	93 297	6 421	92 596
其中：深圳	——	——	——	——	——	——
广西	4 894	4 454	99	341	199	808
海南	——	——	——	——	——	——
重庆	75 449	65 201	2 599	6 095	784	8 902
四川	441 868	309 012	8 753	122 960	4 460	61 826
贵州	7 499	4 225	470	1 718	5	470
云南	68 437	55 665	4 262	6 919	176	5 634
西藏	——	——	——	——	——	——
陕西	50 834	47 199	1 522	3 199	——	1 060
甘肃	9 753	8 907	158	688	101	410
青海	865	——	20	——	——	——
宁夏	——	——	——	——	——	——
新疆	2 663	2 343	28	283	——	119

批发机构基本情况（二）

分配：理费用：税金	分配：理费用：劳动、待业保险	分配：财务费用（千元）	分配：营业利润（千元）	分配：利润总额（千元）	分配：应交所得税（千元）	其他（千元）：从业人员劳动报酬	其他（千元）：本年应付福利费总额	其他（千元）：本年应交增值税
10 547	**18 981**	**2 357 106**	**30 726**	**11 670**	**18 831**	**186 697**	**20 690**	**68 681**
37	435	311	−7 689	−5 891	38	8 386	458	2 892
——	——	——	——	− 567	——	307	35	——
1	——	1	16	35	——	230	28	——
——	——	7	2 090	2 170	——	448	——	——
158	——	55	979	720	8	689	50	——
30	10	20	290	396	20	154	20	——
——	——	——	——	——	——	——	——	——
8	60	12	——	724	——	647	141	149
93	1	2	19	176	1	317	——	2
1 953	3 122	2 351 390	−32 913	−59 607	3 946	14 685	4 048	11 545
306	222	121	10 353	9 126	1 404	4 147	405	1 639
1 090	1 618	3 610	6 425	8 173	572	15 630	1 745	4 747
——	——	——	——	——	——	——	——	——
11	——	——	91	267	1	232	110	——
205	590	122	−1 392	− 357	587	5 094	742	757
——	——	——	——	——	——	——	——	——
295	109	69	13 879	13 977	4 555	5 916	344	823
73	49	38	1 684	5 620	265	875	52	106
12	32	4	275	——	91	159	19	70
47	35	149	504	2 467	392	6 370	554	893
11	2	3	112	116	2	67	——	——
95	1	9	8 976	1 942	420	1 471	——	8
1 528	3 983	751	2 542	5 380	5 238	31 038	6 098	22 345
——	——	——	——	——	——	——	——	——
28	141	2	− 270	− 270	148	1 066	114	160
——	——	——	——	——	——	——	——	——
626	381	44	− 677	− 772	80	4 156	258	264
2 150	7 368	− 505	19 983	21 529	514	74 203	4 929	19 696
302	12	201	332	1 612	38	789	——	——
1 253	238	−16	1 232	1 188	165	3 234	521	2 478
——	——	——	——	——	——	——	——	——
242	590	660	3 199	3 199	413	5 941	——	——
——	——	——	379	293	19	250	30	150
——	——	50	415	——	——	106	——	——
——	——	——	——	——	——	——	——	——
4	14	——	167	24	5	249	8	27

各地区音像制品零售

	机构数（个）	从业人员数（人）	注册资本金（千元）	实收资本（千元）	国家资本金	负债合计（千元）
总计	**96 274**	**187 525**	**80 862 325**	**3 357 786**	**151 128**	**2 305 800**
北京	1 064	3 313	168 561	129 352	10 491	39 379
天津	450	1 807	189 953	56 489	1 611	14 753
河北	3 053	8 575	275 397	169 041	3 179	11 570
山西	1 634	3 449	187 406	101 526	2 756	5 301
内蒙古	2 755	3 999	54 327	8 283	1 758	367
辽宁	3 003	5 494	302 293	14 614	550	——
其中：大连	666	1 124	81 762	20	——	——
吉林	3 069	4 727	153 749	152 588	51	35
黑龙江	2 315	3 560	65 864	27 830	1 525	635
上海	1 005	4 904	445 583	306 898	30 986	418 480
江苏	7 537	14 789	712 910	327 030	4 411	65 676
浙江	6 694	11 492	347 416	195 154	15 503	893 054
其中：宁波	831	1 378	66 751	47 265	——	12 125
安徽	2 784	6 512	231 538	59 322	2 064	1 067
福建	4 112	7 870	159 630	112 266	11 668	69 357
其中：厦门	209	558	12 294	7 955	——	3 822
江西	2 337	4 805	114 494	112 425	1 196	802
山东	3 701	8 984	344 677	194 324	9 578	217 400
其中：青岛	551	1 048	60 779	49 319	3 942	49 668
河南	2 811	5 738	230 709	94 215	5 896	39 450
湖北	3 216	5 662	161 494	51 016	2 240	1 250
湖南	2 421	4 403	97 146	57 889	1 498	122
广东	6 498	18 880	835 787	321 283	11 272	320 328
其中：深圳	402	3 416	295 570	168 248	2 904	219 203
广西	4 260	7 903	153 599	153 062	282	——
海南	754	1 805	36 513	22 491	20	13
重庆	2 806	4 567	114 577	67 859	1 915	1 418
四川	8 795	16 643	976 950	396 291	23 135	10 709
贵州	2 530	3 536	72 569	22 813	1 049	8 482
云南	6 444	9 350	207 759	65 798	1 762	185 037
西藏	——	——	——	——	——	——
陕西	1 745	3 213	110 448	94 170	1 770	68
甘肃	2 815	4 517	114 160	19 090	2 962	955
青海	756	983	73 908 777	1 394	——	——
宁夏	1 042	1 491	14 187	7 333	——	11
新疆	3 868	4 554	73 852	15 940	——	81

、出租机构基本情况（一）

年末固定资产原值（千元）	固定资产累计折旧（千元）	本年提取折旧	上交主办单位数（千元）	门店加盟费（千元）	增加值（千元）	连锁企业门店数（个）	房屋建筑面积（千平方米）	经营面积
77 761 240	**753 159**	**197 192**	**4 946**	**3 355**	**2 535 632**	**3 798**	**8612.8**	**4113.1**
47 909	11 686	2 362	12	931	31 081	109	97.7	63.6
117 393	28 429	4 502	1	——	16 559	——	221.5	44.9
139 578	17 090	3 862	11	28	85 054	231	209.7	137.5
113 541	22 890	9 239	505	——	151 169	2	77.0	66.0
38 259	3 239	1 354	20	——	30 390	70	147.7	85.1
61 933	1 354	343	——	——	29 181	135	277.2	104.9
——	——	——	——	——	——	——	28.2	25.5
141 387	14 510	3 982	——	——	46 387	10	207.1	160.3
46 562	11 466	3 754	106	——	37 742	——	138.1	109.2
202 683	49 559	4 681	742	4	46 094	121	541.6	135.0
294 842	36 941	6 352	110	40	286 771	219	761.0	343.2
479 297	108 719	19 548	286	101	215 605	175	731.4	345.1
56 723	13 083	2 778	——	4	32 593	113	85.6	45.2
62 035	9 082	2 370	37	5	68 875	251	180.8	85.5
146 710	26 523	11 649	59	——	125 022	140	410.4	179.5
22 529	432	40	2	——	7 771	——	19.0	12.1
106 375	37 137	13 897	55	60	80 017	69	210.3	103.5
297 320	81 429	18 628	395	1 187	206 074	——	354.2	205.2
39 271	9 670	2 134	61	766	38 552	——	45.0	27.9
165 855	22 881	6 265	361	206	69 371	481	211.8	118.8
72 809	6 436	2 481	446	203	52 977	168	189.4	112.7
37 270	7 968	3 237	35	2	59 755	47	157.6	84.0
189 058	37 332	9 485	542	234	208 753	662	1440.4	459.5
115 401	23 948	6 425	1	123	62 809	446	226.8	72.4
239 557	60 050	20 139	28	2	102 290	——	492.2	145.2
57 880	9 380	588	——	3	29 048	111	121.6	67.3
90 414	15 726	4 696	59	167	53 089	158	111.8	84.1
379 925	94 589	24 398	1 003	——	200 895	98	417.1	324.4
49 297	8 149	2 858	3	10	39 543	94	129.0	69.1
73 793	20 169	10 929	29	20	87 592	189	377.8	196.8
——	——	——	——	——	——	——	——	——
92 690	935	90	——	61	54 035	——	125.6	72.0
62 051	5 398	3 260	40	——	52 432	——	95.1	80.5
73 909 140	425	114	——	——	3 494	——	22.6	19.0
7 613	389	184	——	——	9 934	——	36.2	31.3
38 067	3 278	1 945	60	91	56 396	258	119.2	79.8

各地区音像制品零售

	损	益	及			
	营 业 收 入 (千元)	营 业 成本及 费 用 (千元)	税 金 及附加 (千元)	主 营 业 务 利 润 (千元)	其 他 业 务 利 润 (千元)	管 (千元)
总　　计	**6 359 045**	**3 828 610**	**336 548**	**1 512 968**	**205 125**	**438 369**
北　　京	76 988	57 156	1 285	7 700	2 336	11 160
天　　津	110 486	89 257	2 486	9 429	103	8 307
河　　北	170 405	100 440	10 256	36 364	892	10 265
山　　西	145 725	71 401	10 246	55 580	9 206	8 907
内 蒙 古	62 061	29 096	5 077	17 113	96	856
辽　　宁	99 522	37 627	4 405	36 113	562	6 552
其中：大连	19 150	——	——	——	——	——
吉　　林	138 839	51 631	13 239	73 706	99	336
黑 龙 江	54 543	22 641	4 550	23 390	2 523	5 112
上　　海	323 667	266 277	6 116	37 679	23 996	67 302
江　　苏	591 841	326 675	29 081	166 127	6 891	16 717
浙　　江	949 738	657 677	19 117	158 016	27 852	47 021
其中：宁波	109 981	85 124	1 924	19 733	178	6 282
安　　徽	117 671	59 066	22 973	31 613	2 725	3 759
福　　建	214 174	132 674	18 037	66 154	4 673	15 501
其中：厦门	27 360	20 079	846	2 684	41	461
江　　西	86 122	42 295	6 625	37 532	3 061	5 945
山　　东	707 272	286 390	48 103	144 094	31 322	54 780
其中：青岛	230 105	121 532	1 966	31 635	806	13 352
河　　南	163 683	92 304	7 566	45 504	2 798	16 608
湖　　北	105 302	49 790	4 146	29 332	1 203	4 210
湖　　南	73 202	25 212	3 844	30 293	2 148	3 399
广　　东	997 072	846 711	39 131	140 163	43 216	84 118
其中：深圳	524 851	512 200	20 875	79 243	36 840	53 473
广　　西	130 621	77 484	10 431	42 706	21 096	22 636
海　　南	47 453	33 045	3 863	10 624	308	171
重　　庆	103 910	61 370	9 129	33 199	457	4 429
四　　川	352 444	112 502	17 362	100 872	10 646	17 569
贵　　州	74 009	40 130	3 640	25 207	457	4 570
云　　南	199 374	130 975	10 850	55 765	3 798	13 961
西　　藏	——	——	——	——	——	——
陕　　西	70 364	36 340	8 407	27 339	813	255
甘　　肃	77 312	41 288	5 302	30 677	640	1 957
青　　海	9 263	1 518	1 707	787	——	2
宁　　夏	18 610	8 248	1 128	7 620	581	84
新　　疆	87 372	41 390	8 446	32 265	627	1 880

、出租机构基本情况（二）

分配						其他（千元）		
理费用								
税金	劳动、待业保险	财务费用（千元）	营业利润（千元）	利润总额（千元）	应交所得税（千元）	从业人员劳动报酬	本年应付福利费总额	本年应交增值税
64 941	**32 095**	**44 935**	**1 015 721**	**1 175 590**	**1 126 214**	**921 231**	**69 256**	**46 833**
510	433	3 330	3 006	2 647	1 248	23 918	1 400	2 121
108	413	— 110	3 944	4 154	606	5 519	121	371
5 138	423	197	28 729	35 146	622	37 069	356	661
1 104	1 201	1 686	52 936	49 994	24 884	77 644	334	535
370	58	280	16 339	17 072	942	7 250	37	14
974	417	228	12 075	34 369	794	11 384	214	175
——	——	——	——	——	——	——	——	——
16	——	189	107	72 887	52	29 043	140	——
2 156	152	387	16 850	16 481	1 977	10 432	228	187
2 107	1 687	9 929	16 017	2 032	3 837	17 173	3 365	6 348
4 326	2 091	2 355	153 670	147 302	10 543	93 342	1 673	1 164
7 137	4 136	10 212	76 957	97 873	12 928	92 846	2 961	8 699
1 602	312	2 693	15 613	19 320	5 201	10 676	259	222
635	41	513	22 634	29 124	249	20 263	119	27
4 513	2 135	4 290	50 259	79 880	7 159	40 564	1 884	3 495
52	124	16	2 336	4 281	37	4 497	71	12
2 305	1 150	233	34 673	34 356	5 004	22 517	834	35
6 209	3 621	2 580	85 127	86 795	3 710	48 007	10 491	3 682
1 221	1 535	200	22 879	12 653	2 043	10 352	1 571	3 045
4 077	1 045	1 050	33 589	31 026	1 248	17 874	569	1 560
949	407	274	23 568	26 031	1 030 943	21 833	608	143
1 519	71	254	33 996	32 739	712	17 159	387	238
7 692	5 228	2 383	52 187	53 010	5 591	100 258	41 678	12 337
1 545	457	350	365	−2 795	−1 464	33 599	38 163	9 438
1 036	1 183	1 104	40 062	39 163	101	30 622	97	1 535
101	——	——	10 596	10 710	194	13 900	——	——
1 021	170	434	19 360	29 602	633	18 883	114	100
5 543	4 200	2 039	86 406	85 965	8 971	67 186	863	2 144
1 598	241	84	15 908	21 601	1 040	15 539	98	113
2 546	1 439	640	37 940	49 038	1 358	25 327	547	1 054
——	——	——	——	——	——	——	——	——
117	3	108	28 067	28 205	463	17 354	3	——
389	124	25	28 514	29 231	285	14 967	62	95
——	——	53	1 352	2 622	——	321	——	——
——	——	——	3 686	7 616	49	4 936	——	——
737	26	188	27 167	18 919	71	18 101	73	——

各地区画店、

	机构数（个）	从业人员数（人）	注册资本金（千元）	实收资本（千元）	实收资本：国家资本金	负债合计（千元）
总　　计	**421**	**1 444**	**85 371**	**70 441**	**8 360**	**73 563**
北　　京	42	173	9 355	7 675	——	6 525
天　　津	——	——	——	——	——	——
河　　北	1	2	100	——	——	——
山　　西	——	——	——	——	——	——
内 蒙 古	41	141	5 210	——	——	——
辽　　宁	——	——	——	——	——	——
其中：大连	——	——	——	——	——	——
吉　　林	1	1	20	20	——	——
黑 龙 江	——	——	——	——	——	——
上　　海	54	488	53 508	50 800	8 303	66 915
江　　苏	10	17	1 350	580	——	——
浙　　江	17	41	1 248	1 726	——	7
其中：宁波	3	10	40	——	——	——
安　　徽	31	61	1 626	480	——	——
福　　建	3	3	16	——	——	——
其中：厦门	——	——	——	——	——	——
江　　西	5	15	255	255	——	——
山　　东	69	208	6 021	3 577	21	66
其中：青岛	18	40	1 629	1 630	7	66
河　　南	——	——	——	——	——	——
湖　　北	2	7	56	——	——	——
湖　　南	2	4	105	——	——	——
广　　东	8	24	751	20	——	——
其中：深圳	——	——	——	——	——	——
广　　西	13	27	1 065	1 068	——	——
海　　南	——	——	——	——	——	——
重　　庆	——	——	——	——	——	——
四　　川	1	1	20	20	——	——
贵　　州	——	——	——	——	——	——
云　　南	5	12	1 132	1 116	——	——
西　　藏	——	——	——	——	——	——
陕　　西	7	19	300	220	——	——
甘　　肃	100	183	2 833	2 884	36	——
青　　海	——	——	——	——	——	——
宁　　夏	9	17	400	——	——	50
新　　疆	——	——	——	——	——	——

画廊基本情况（一）

年末固定资产原值（千元）	固定资产累计折旧（千元）	本年提取折旧	上交主办单位数（千元）	门店加盟费（千元）	增加值（千元）	连锁企业门店数（个）	房屋建筑面积（千平方米）	经营面积
33 051	**14 623**	**3 486**	**3**	**1**	**36 636**	**——**	**63.0**	**43.8**
2 370	816	171	——	——	3 335	——	9.3	6.6
——	——	——	——	——	——	——	——	——
——	——	——	——	——	——	——	0.1	0.1
——	——	——	——	——	——	——	——	——
3 996	——	——	——	——	2 670	——	4.2	4.1
——	——	——	——	——	——	——	——	——
——	——	——	——	——	——	——	——	——
10	——	——	——	——	5	——	——	——
——	——	——	——	——	——	——	——	——
14 682	12 181	2 787	——	——	19 439	——	27.2	13.9
66	24	——	——	——	466	——	0.5	0.4
3 004	851	253	——	——	2 621	——	1.3	1.3
40	12	4	——	——	79	——	0.4	0.4
473	20	5	3	——	585	——	2.6	2.4
100	76	——	——	——	31	——	0.1	0.1
——	——	——	——	——	——	——	——	——
255	30	13	——	——	283	——	0.2	0.2
3 666	226	146	——	——	2 756	——	7.5	6.9
416	56	44	——	——	438	——	3.4	3.2
——	——	——	——	——	——	——	——	——
60	——	——	——	1	10	——	0.4	0.4
——	——	——	——	——	110	——	0.3	0.2
——	——	——	——	——	139	——	1.2	1.1
——	——	——	——	——	——	——	——	——
1 005	245	56	——	——	530	——	1.5	0.9
——	——	——	——	——	——	——	——	——
——	——	——	——	——	——	——	——	——
——	——	——	——	——	15	——	0.1	0.1
——	——	——	——	——	——	——	——	——
140	1	1	——	——	57	——	0.4	0.3
——	——	——	——	——	——	——	——	——
220	——	——	——	——	245	——	0.3	0.2
2 654	153	54	——	——	2 972	——	5.4	4.1
——	——	——	——	——	——	——	——	——
350	——	——	——	——	367	——	0.5	0.5
——	——	——	——	——	——	——	——	——

各地区画店、

	损益及					
	营业收入（千元）	营业成本及费用（千元）	税金及附加（千元）	主营业务利润（千元）	其他业务利润（千元）	管（千元）
总　计	**103 330**	**89 117**	**3 136**	**27 125**	**2 991**	**11 467**
北　京	11 713	9 640	605	414	1 079	3 218
天　津	——	——	——	——	——	——
河　北	——	——	——	——	——	——
山　西	——	——	——	——	——	——
内蒙古	5 324	3 499	47	1 747	——	36
辽　宁	——	——	——	——	——	——
其中：大连	——	——	——	——	——	——
吉　林	21	2	——	19	——	——
黑龙江	——	——	——	——	——	——
上　海	69 317	68 289	1 156	19 670	1 686	7 328
江　苏	621	398	31	247	——	6
浙　江	3 703	1 872	394	1 356	——	——
其中：宁波	260	130	40	90	——	——
安　徽	1 940	992	210	163	65	6
福　建	65	46	2	13	——	——
其中：厦门	——	——	——	——	——	——
江　西	343	148	8	187	10	6
山　东	4 307	1 240	290	1 003	38	734
其中：青岛	1 395	124	184	100	——	424
河　南	——	——	——	——	——	——
湖　北	20	10	3	7	——	——
湖　南	85	——	——	——	——	——
广　东	354	258	2	——	——	——
其中：深圳	——	——	——	——	——	——
广　西	785	497	131	157	60	15
海　南	——	——	——	——	——	——
重　庆	——	——	——	——	——	——
四　川	30	——	——	——	——	——
贵　州	——	——	——	——	——	——
云　南	368	274	21	43	——	60
西　藏	——	——	——	——	——	——
陕　西	309	175	10	124	——	2
甘　肃	3 737	1 694	192	1 804	53	56
青　海	——	——	——	——	——	——
宁　夏	288	83	34	171	——	——
新　疆	——	——	——	——	——	——

画 廊 基 本 情 况 (二)

分	配					其	他	(千元)
理 费 用								
税金	劳动、待业保险	财务费用(千元)	营业利润(千元)	利润总额(千元)	应交所得税(千元)	从业人员劳动报酬	本年应付福利费总额	本年应交增值税
1 897	**793**	**264**	**17 369**	**15 948**	**3 776**	**10 748**	**1 471**	**1 143**
19	170	17	188	− 938	66	2 352	214	221
——	——	——	——	——	——	——	——	——
——	——	——	——	——	——	——	——	——
——	——	——	——	——	——	——	——	——
——	——	——	1 872	1 877	——	751	——	——
——	——	——	——	——	——	——	——	——
——	——	——	——	——	——	——	——	——
——	——	——	——	19	——	5	——	——
——	——	——	——	——	——	——	——	——
1 646	576	146	9 837	10 045	3 601	4 013	1 203	914
4	——	100	243	111	——	188	——	——
——	——	——	1 240	1 240	47	734	33	3
——	——	——	——	——	——	35	——	——
3	——	——	106	811	12	261	——	——
——	——	——	13	——	——	16	——	——
——	——	——	——	——	——	——	——	——
6	——	——	111	191	23	145	——	——
175	24	1	1 437	133	9	708	——	1
12	1	1	57	− 161	9	141	——	1
——	——	——	——	——	——	——	——	——
——	——	——	——	7	——	7	——	——
——	——	——	85	85	——	25	——	——
——	——	——	——	74	——	137	——	——
——	——	——	——	——	——	——	——	——
14	——	——	202	202	——	127	——	——
——	——	——	——	——	——	——	——	——
——	——	——	——	——	——	——	——	——
——	——	——	——	——	——	15	——	——
——	——	——	——	——	——	——	——	——
——	10	−2	−20	−7	——	55	6	4
——	——	——	——	——	——	——	——	——
1	——	——	122	127	2	112	15	——
29	13	2	1 762	1 800	16	935	——	——
——	——	——	——	——	——	——	——	——
——	——	——	171	171	——	162	——	——
——	——	——	——	——	——	——	——	——

各地区艺术品

	机构数（个）	从业人员数（人）	注册资本金（千元）	实收资本（千元）	国家资本金	负债合计（千元）
总　计	**118**	**473**	**23 067**	**17 875**	**95**	**10 405**
北　京	——	——	——	——	——	——
天　津	——	——	——	——	——	——
河　北	——	——	——	——	——	——
山　西	1	2	50	50	——	——
内蒙古	10	20	195	——	——	——
辽　宁	1	1	50	——	——	——
其中：大连	——	——	——	——	——	——
吉　林	2	5	185	185	——	——
黑龙江	8	11	128	114	——	——
上　海	3	2	50	50	30	——
江　苏	——	——	——	——	——	——
浙　江	12	35	690	1 130	——	——
其中：宁波	——	——	——	——	——	——
安　徽	2	53	60	10	——	——
福　建	3	26	5 080	5 050	——	452
其中：厦门	——	——	——	——	——	——
江　西	2	4	55	55	——	——
山　东	29	187	10 555	9 918	57	9 953
其中：青岛	14	118	9 304	9 156	——	9 953
河　南	——	——	——	——	——	——
湖　北	1	1	10	——	——	——
湖　南	3	24	710	700	——	——
广　东	2	4	18	——	——	——
其中：深圳	——	——	——	——	——	——
广　西	——	——	——	——	——	——
海　南	——	——	——	——	——	——
重　庆	——	——	——	——	——	——
四　川	9	18	2 121	13	8	——
贵　州	1	1	5	——	——	——
云　南	19	44	1 845	570	——	——
西　藏	——	——	——	——	——	——
陕　西	——	——	——	——	——	——
甘　肃	2	6	60	30	——	——
青　海	——	——	——	——	——	——
宁　夏	8	29	1 200	——	——	——
新　疆	——	——	——	——	——	——

公 司 基 本 情 况 (一)

年末固定资产原值(千元)	固定资产累计折旧(千元)		上交主办单位数(千元)	门店加盟费(千元)	增加值(千元)	连锁企业门店数(个)	房屋建筑面积(千平方米)	
		本年提取折旧						经营面积
10 204	**2 907**	**424**	**——**	**——**	**7 447**	**——**	**11.2**	**8.2**
——	——	——	——	——	——	——	——	——
——	——	——	——	——	——	——	——	——
——	——	——	——	——	——	——	——	——
10	10	10	——	——	56	——	——	——
170	——	——	——	——	119	——	0.8	0.7
——	——	——	——	——	35	——	0.1	0.1
——	——	——	——	——	——	——	——	——
180	——	——	——	——	31	——	0.1	0.1
114	99	15	——	——	225	——	0.3	0.3
60	20	5	——	——	21	——	0.1	0.1
——	——	——	——	——	——	——	——	——
1 795	413	88	——	——	1 835	——	1.0	0.9
——	——	——	——	——	——	——	——	——
50	——	——	——	——	20	——	0.3	0.3
392	62	42	——	——	534	——	0.1	0.1
——	——	——	——	——	——	——	——	——
55	36	24	——	——	65	——	0.1	0.1
4 818	2 138	187	——	——	1 950	——	4.2	2.9
4 189	1 980	141	——	——	1 172	——	3.1	2.0
——	——	——	——	——	——	——	——	——
15	4	2	——	——	31	——	——	——
160	50	10	——	——	252	——	0.4	0.4
——	——	——	——	——	5	——	0.1	0.1
——	——	——	——	——	——	——	——	——
——	——	——	——	——	——	——	——	——
——	——	——	——	——	——	——	——	——
——	——	——	——	——	——	——	——	——
13	5	1	——	——	47	——	0.8	0.5
20	——	——	——	——	14	——	——	——
632	28	28	——	——	1 852	——	0.8	0.7
——	——	——	——	——	——	——	——	——
——	——	——	——	——	——	——	——	——
30	2	2	——	——	152	——	0.4	0.1
——	——	——	——	——	——	——	——	——
1 690	40	10	——	——	203	——	1.6	0.9
——	——	——	——	——	——	——	——	——

各 地 区 艺 术 品

	损益及					
	营业收入（千元）	营业成本及费用（千元）	税金及附加（千元）	主营业务利润（千元）	其他业务利润（千元）	管（千元）
总计	**53 600**	**13 482**	**870**	**6 838**	**551**	**3 672**
北京	——	——	——	——	——	——
天津	——	——	——	——	——	——
河北	——	——	——	——	——	——
山西	30	——	5	20	10	3
内蒙古	140	69	15	53	19	2
辽宁	43	10	2	31	——	2
其中：大连	——	——	——	——	——	——
吉林	65	11	8	46	——	——
黑龙江	216	——	8	102	——	5
上海	80	60	3	——	20	3
江苏	——	——	——	——	——	——
浙江	2 155	1 092	195	768	110	24
其中：宁波	——	——	——	——	——	——
安徽	33	23	2	7	——	1
福建	1 780	130	102	1 547	——	1 500
其中：厦门	——	——	——	——	——	——
江西	59	28	3	27	——	——
山东	43 708	10 813	81	2 643	171	2 070
其中：青岛	42 769	10 460	48	2 220	165	2 012
河南	——	——	——	——	——	——
湖北	25	4	1	20	——	2
湖南	304	32	——	140	——	10
广东	7	2	1	2	——	——
其中：深圳	——	——	——	——	——	——
广西	——	——	——	——	——	——
海南	——	——	——	——	——	——
重庆	——	——	——	——	——	——
四川	1 879	20	5	39	——	2
贵州	7	2	1	4	——	——
云南	2 195	828	403	946	221	43
西藏	——	——	——	——	——	——
陕西	——	——	——	——	——	——
甘肃	154	65	——	89	——	5
青海	——	——	——	——	——	——
宁夏	720	293	35	354	——	——
新疆	——	——	——	——	——	——

公司基本情况（二）

分配						其他		（千元）
理费用		财务费用（千元）	营业利润（千元）	利润总额（千元）	应交所得税（千元）	从业人员劳动报酬	本年应付福利费总额	本年应交增值税
税金	劳动、待业保险							
124	**39**	**361**	**3 048**	**3 056**	**279**	**2 981**	**208**	**443**
——	——	——	——	——	——	——	——	——
——	——	——	——	——	——	——	——	——
——	——	——	——	——	——	——	——	——
1	——	3	30	30	——	10	——	——
2	——	——	54	——	——	48	——	——
2	——	1	28	28	4	3	——	——
——	——	——	——	——	——	——	——	——
——	——	——	——	46	——	23	——	——
5	——	——	115	115	4	82	——	——
1	2	——	——	——	3	12	1	——
——	——	——	——	——	——	——	——	——
1	7	——	868	900	44	683	20	——
——	——	——	——	——	——	——	——	——
——	——	——	——	6	——	18	——	——
6	30	1	46	170	62	338	46	1
——	——	——	——	——	——	——	——	——
——	——	——	27	16	——	11	——	——
55	——	356	537	189	2	1 090	121	442
9	——	356	60	62	2	914	121	442
——	——	——	——	——	——	——	——	——
1	——	——	18	20	——	9	——	——
5	——	——	148	143	——	89	——	——
——	——	——	2	2	——	2	——	——
——	——	——	——	——	——	——	——	——
——	——	——	——	——	——	——	——	——
——	——	——	——	——	——	——	——	——
——	——	——	——	——	——	——	——	——
2	——	——	33	11	——	6	——	——
——	——	——	7	8	1	6	——	——
43	——	——	1 011	1 024	30	367	——	——
——	——	——	——	——	——	——	——	——
——	——	——	——	——	——	——	——	——
——	——	——	84	84	5	66	——	——
——	——	——	——	——	——	——	——	——
——	——	——	40	264	124	118	20	——
——	——	——	——	——	——	——	——	——

各地区文化市场经营

	机构数（个）	从业人员数（人）	注册资本金（千元）	实收资本（千元）	国家资本金	负债合计（千元）
总　计	**12 186**	**59 747**	**5 456 181**	**2 795 089**	**166 846**	**1 270 335**
北　京	457	2 370	193 039	158 110	——	73 819
天　津	11	66	4 180	2 350	——	——
河　北	13	66	1 670	540	50	——
山　西	449	1 670	155 341	91 930	9 204	1 389
内蒙古	42	343	41 365	9 565	6 510	10
辽　宁	498	1 470	79 068	200	——	——
其中：大连	6	250	40 220	——	——	——
吉　林	79	1 288	111 701	131 718	——	——
黑龙江	181	1 230	71 910	44 954	1 015	120
上　海	419	4 127	286 095	241 945	11 474	331 937
江　苏	174	972	163 617	78 640	600	4
浙　江	447	2 496	194 192	136 446	48 156	176 707
其中：宁波	105	294	13 120	6 550	——	235
安　徽	76	268	16 708	10 652	20	2 654
福　建	654	2 863	145 063	72 399	6 651	69 899
其中：厦门	12	79	5 800	4 126	——	811
江　西	63	618	39 410	41 510	3 100	1 280
山　东	4 820	15 204	780 969	569 929	15 472	42 349
其中：青岛	996	3 654	301 675	246 076	10 909	22 411
河　南	130	908	44 805	36 828	——	4 349
湖　北	311	2 252	90 550	95 037	970	1 042
湖　南	96	300	16 439	12 356	649	50
广　东	248	3 152	1 266 855	515 017	5 000	77 127
其中：深圳	118	1 618	225 300	32 792	——	4 012
广　西	5	100	16 800	16 055	1 000	4 508
海　南	221	595	8 859	6 843	220	4
重　庆	177	1 450	147 547	132 848	56 450	10 941
四　川	1 999	11 883	1 253 597	210 014	155	439 318
贵　州	40	237	23 426	4 878	——	4 804
云　南	61	596	88 275	40 164	——	26 778
西　藏	——	——	——	——	——	——
陕　西	234	2 407	124 773	101 080	——	——
甘　肃	——	——	——	——	——	——
青　海	39	105	3 455	——	——	——
宁　夏	4	6	338	278	——	——
新　疆	238	705	86 134	32 803	150	1 246

连锁机构基本情况（一）

年末固定资产原值（千元）	固定资产累计折旧（千元）	本年提取折旧	上交主办单位数（千元）	门店加盟费（千元）	增加值（千元）	连锁企业门店数（个）	房屋建筑面积（千平方米）	经营面积
3 364 240	**656 167**	**216 998**	**19 173**	**66 602**	**1 415 296**	**8 098**	**2770.6**	**2062.8**
143 177	28 685	9 670	97	16 653	32 860	515	175.0	147.5
3 630	1 110	550	——	152	2 277	11	4.2	2.9
4 594	338	212	——	4	1 991	8	2.2	1.5
160 568	53 687	3 477	2 019	1 909	118 702	382	105.8	95.6
41 086	4 155	830	——	12	7 217	25	31.6	30.2
1 358	44	18	——	——	826	——	43.6	32.7
——	——	——	——	——	——	——	9.1	8.2
69 726	12 541	5 875	——	130	18 027	1	38.3	31.5
50 054	26 667	6 568	100	1	32 446	316	78.6	59.3
872 014	163 630	38 069	11 367	4 794	93 598	511	155.6	122.7
123 048	9 845	2 536	——	820	34 554	126	62.3	52.1
169 814	43 832	16 985	3	3 598	105 229	1 232	175.9	107.1
15 275	1 995	116	——	15	5 273	26	17.1	15.2
15 985	3 331	410	——	42	5 080	2	13.1	9.9
161 698	40 310	24 102	341	6 314	92 940	735	258.9	110.4
5 052	890	482	——	1	1 755	6	5.4	4.6
49 305	14 522	5 204	40	501	23 526	20	19.9	17.1
568 043	129 165	57 930	1 680	26 104	366 559	——	644.8	525.8
175 046	44 173	23 876	1 363	19 682	112 680	——	160.4	124.3
30 869	9 871	4 760	75	301	17 439	119	44.0	35.3
160 507	23 020	9 500	19	1 139	79 721	203	119.4	91.2
12 653	4 597	1 908	——	12	10 280	42	11.5	9.5
86 804	10 991	3 705	3 341	214	85 102	1 711	219.9	118.3
50 012	649	251	2	3	63 282	1 441	48.4	40.9
22 339	7 037	2 636	——	90	−6 477	73	20.5	17.2
10 371	1 587	807	——	2	7 261	149	27.7	12.8
103 284	22 264	4 359	79	476	27 930	157	26.7	23.8
298 922	29 834	10 858	12	456	161 101	1 115	260.2	239.1
6 001	1 266	345	——	230	3 037	193	8.4	7.5
13 173	2 506	960	——	16	13 257	76	38.9	19.0
——	——	——	——	——	——	——	——	——
149 204	3 595	1 112	——	2 357	63 932	140	123.7	105.1
——	——	——	——	——	——	——	——	——
2 655	969	255	——	——	2 306	38	3.7	2.9
283	220	100	——	——	369	——	0.4	0.3
33 075	6 548	3 257	——	273	14 205	198	56.3	34.6

各地区文化市场经营

	损益及管					
	营业收入（千元）	营业成本及费用（千元）	税金及附加（千元）	主营业务利润（千元）	其他业务利润（千元）	管（千元）
总　计	**3 516 623**	**2 047 444**	**136 090**	**861 322**	**74 796**	**254 788**
北　京	140 263	105 198	10 455	17 532	437	18 675
天　津	3 392	1 711	90	1 590	——	377
河　北	3 569	1 446	342	1 329	——	7
山　西	104 370	45 029	4 424	48 907	4 463	4 954
内蒙古	19 391	8 164	4 677	6 292	9	19
辽　宁	28 407	1 833	93	698	41	205
其中：大连	20 125	——	——	——	——	——
吉　林	76 024	44 517	1 619	29 808	——	——
黑龙江	41 989	20 170	2 093	21 433	2 043	3 070
上　海	484 481	229 560	21 128	20 118	8 217	31 347
江　苏	57 420	31 477	3 034	21 559	470	1 015
浙　江	448 574	351 801	11 031	78 812	15 187	24 023
其中：宁波	26 128	15 159	774	1 093	——	142
安　徽	11 255	6 192	1 004	2 129	55	1 633
福　建	124 492	81 333	10 994	35 074	4 911	13 624
其中：厦门	3 250	2 794	394	62	——	52
江　西	29 858	17 020	1 810	13 106	5 143	11 538
山　东	620 187	254 934	25 224	135 486	14 692	36 969
其中：青岛	88 967	37 799	5 084	23 666	5 494	10 440
河　南	32 270	15 517	2 606	13 534	1 156	9 051
湖　北	151 525	79 798	2 733	165 575	2 936	9 639
湖　南	11 008	4 007	437	3 926	164	493
广　东	206 077	182 606	6 116	56 412	5 357	12 476
其中：深圳	95 656	85 288	2 753	53 264	1 708	5 522
广　西	6 279	12 424	182	－6 327	100	4 072
海　南	9 641	5 627	709	3 382	40	36
重　庆	74 080	63 337	3 385	13 588	1 810	4 239
四　川	597 797	319 592	11 447	127 975	3 015	61 865
贵　州	11 236	10 506	722	1 622	43	1 006
云　南	57 834	44 779	4 088	4 825	47	4 220
西　藏	——	——	——	——	——	——
陕　西	135 758	89 411	3 760	39 232	4 377	202
甘　肃	——	——	——	——	——	——
青　海	2 898	——	137	——	——	——
宁　夏	140	47	21	82	10	——
新　疆	26 408	19 408	1 729	3 621	73	33

连锁机构基本情况（二）

分配						其他（千元）		
理费用		财务费用（千元）	营业利润（千元）	利润总额（千元）	应交所得税（千元）	从业人员劳动报酬	本年应付福利费总额	本年应交增值税
税金	劳动、待业保险							
35 253	**22 461**	**15 429**	**547 421**	**574 583**	**78 092**	**479 534**	**23 053**	**36 927**
3 853	237	1 039	−5 383	− 834	2 866	14 265	774	1 428
11	10	215	1 075	1 000	——	551	25	——
1	——	3	1 173	1 028	7	263	40	——
780	1 160	621	47 447	42 172	8 946	62 574	95	21
13	1	——	429	373	4	1 268	1	1
31	——	27	52	3 616	——	632	——	65
——	——	——	——	——	——	——	——	——
——	——	——	——	29 808	——	10 533	——	——
1 625	26	300	17 641	16 275	1 078	4 519	1 795	44
1 020	1 893	2 188	−5 700	−43 814	2 450	39 081	6 635	4 081
246	7	16	21 952	20 813	476	6 786	——	——
3 606	3 422	1 429	43 851	57 053	14 752	29 756	1 538	3 025
8	1	114	1 267	7 516	1	3 108	3	2
57	1	70	2 840	673	——	769	——	——
3 347	1 686	5 920	34 004	50 264	7 717	20 493	2 029	3 121
——	——	79	44	126	9	835	7	——
864	308	686	12 863	10 831	1 569	2 785	150	339
13 125	4 219	2 041	196 344	213 885	4 730	73 936	1 370	890
4 020	1 607	303	69 043	71 790	657	10 657	198	321
349	24	74	4 644	5 602	66	5 080	77	23
651	78	87	50 590	38 524	634	16 247	1 438	4
215	19	32	5 033	4 280	64	2 687	7	6
281	743	198	38 871	41 437	1 764	36 129	971	2 061
1	——	17	37 377	38 209	1 529	22 900	19	100
——	3	−2	−10 297	−10 297	——	1 002	33	20
——	——	——	3 357	3 339	——	2 388	——	——
883	201	216	12 259	13 385	599	7 044	98	111
2 529	7 399	− 271	23 021	22 561	29 865	113 246	5 210	18 987
452	71	285	− 440	1 753	9	1 958	25	37
1 270	933	2	3 340	3 483	436	3 599	645	2 659
——	——	——	——	——	——	——	——	——
35	20	54	42 154	43 327	34	16 871	20	——
——	——	——	——	——	——	——	——	——
——	——	199	1 518	——	——	396	——	——
——	——	——	82	92	——	166	——	——
8	——	——	4 701	3 954	26	4 510	77	4

各地区歌舞娱乐场所

	机构数（个）	从业人员数（人）	注册资本金（千元）	实收资本（千元）	国家资本金	负债合计（千元）
总　计	**300**	**3 903**	**238 106**	**117 234**	**280**	**141 880**
北　京	——	——	——	——	——	——
天　津	——	——	——	——	——	——
河　北	2	32	350	20	20	——
山　西	1	10	2 000	——	——	——
内蒙古	3	102	21 300	——	——	——
辽　宁	9	289	40 177	120	——	——
其中：大连	2	240	40 000	——	——	——
吉　林	——	——	——	——	——	——
黑龙江	7	16	256	194	20	——
上　海	17	947	37 525	31 275	——	28 547
江　苏	——	——	——	——	——	——
浙　江	——	——	——	——	——	——
其中：宁波	——	——	——	——	——	——
安　徽	8	117	10 680	6 350	——	——
福　建	3	25	568	550	100	——
其中：厦门	——	——	——	——	——	——
江　西	5	100	2 900	2 890	——	——
山　东	1	5	200	——	——	——
其中：青岛	——	——	——	——	——	——
河　南	1	10	——	——	——	——
湖　北	2	40	2 000	——	——	——
湖　南	4	15	1 062	930	90	——
广　东	1	230	3 000	——	——	——
其中：深圳	1	230	3 000	——	——	——
广　西	——	——	——	——	——	——
海　南	——	——	——	——	——	——
重　庆	3	210	6 500	500	——	500
四　川	220	1 719	108 583	74 225	50	112 833
贵　州	——	——	——	——	——	——
云　南	——	——	——	——	——	——
西　藏	——	——	——	——	——	——
陕　西	——	——	——	——	——	——
甘　肃	——	——	——	——	——	——
青　海	2	11	500	——	——	——
宁　夏	——	——	——	——	——	——
新　疆	11	25	505	180	——	——

连锁机构基本情况（一）

年末固定资产原值（千元）	固定资产累计折旧		上交主办单位数（千元）	门店加盟费（千元）	增加值（千元）	连锁企业门店数（个）	房屋建筑面积	
	（千元）	本年提取折旧					（千平方米）	经营面积
137 300	**24 569**	**4 273**	**——**	**67**	**55 892**	**19**	**149.4**	**129.8**
——	——	——	——	——	——	——	——	——
——	——	——	——	——	——	——	——	——
4 000	100	10	——	——	1 610	——	0.7	0.7
5 000	——	——	——	——	1 039	——	0.5	0.5
21 300	——	——	——	——	4 418	——	21.7	21.7
258	44	18	——	——	423	——	10.4	9.3
——	——	——	——	——	——	——	8.8	8.0
——	——	——	——	——	——	——	——	——
160	112	7	——	1	169	——	0.7	0.6
28 546	17 239	1 735	——	——	12 184	——	19.9	12.3
——	——	——	——	——	——	——	——	——
——	——	——	——	——	——	——	——	——
——	——	——	——	——	——	——	——	——
5 844	671	185	——	42	2 105	——	6.3	3.9
550	98	83	——	——	528	——	2.1	0.7
——	——	——	——	——	——	——	——	——
8 000	1 130	223	——	24	6 062	3	2.9	2.4
——	——	——	——	——	38	——	0.3	0.3
——	——	——	——	——	——	——	——	——
——	——	——	——	——	——	——	3.0	2.4
2 300	——	——	——	——	610	——	2.1	2.0
825	1 105	106	——	——	518	——	0.6	0.5
3 500	——	——	——	——	9 530	12	1.6	1.4
3 500	——	——	——	——	9 530	12	1.6	1.4
——	——	——	——	——	——	——	——	——
——	——	——	——	——	——	——	——	——
5 490	1 010	510	——	——	2 844	4	2.5	2.2
50 679	2 790	1 326	——	——	13 235	——	71.8	66.8
——	——	——	——	——	——	——	——	——
——	——	——	——	——	——	——	——	——
——	——	——	——	——	——	——	——	——
——	——	——	——	——	——	——	——	——
——	——	——	——	——	——	——	——	——
500	270	70	——	——	334	——	0.4	0.4
——	——	——	——	——	——	——	——	——
348	——	——	——	——	245	——	2.0	1.9

各地区歌舞娱乐场所

	损益及					
	营业收入（千元）	营业成本及费用（千元）	税金及附加（千元）	主营业务利润（千元）	其他业务利润（千元）	管（千元）
总计	**158 406**	**77 112**	**15 672**	**28 985**	**7 413**	**26 098**
北京	——	——	——	——	——	——
天津	——	——	——	——	——	——
河北	2 900	1 000	300	1 000	——	——
山西	1 500	500	1	1 000	1 000	3
内蒙古	8 000	——	3 990	4 060	——	——
辽宁	20 425	146	38	178	41	42
其中：大连	20 000	——	——	——	——	——
吉林	——	——	——	——	——	——
黑龙江	290	69	17	98	51	14
上海	68 865	56 181	7 569	5 806	1 754	13 197
江苏	——	——	——	——	——	——
浙江	——	——	——	——	——	——
其中：宁波	——	——	——	——	——	——
安徽	5 062	2 309	751	330	——	1 184
福建	260	140	13	186	10	11
其中：厦门	——	——	——	——	——	——
江西	2 665	1 422	110	4 203	4 500	9 008
山东	200	50	——	——	——	8
其中：青岛	——	——	——	——	——	——
河南	80	——	——	——	——	——
湖北	1 200	400	——	——	——	100
湖南	403	45	80	165	50	20
广东	12 000	5 300	——	7 000	——	——
其中：深圳	12 000	5 300	——	7 000	——	——
广西	——	——	——	——	——	——
海南	——	——	——	——	——	——
重庆	2 760	1 188	533	1 034	5	25
四川	30 665	7 905	2 209	3 912	2	2 486
贵州	——	——	——	——	——	——
云南	——	——	——	——	——	——
西藏	——	——	——	——	——	——
陕西	——	——	——	——	——	——
甘肃	——	——	——	——	——	——
青海	430	——	26	——	——	——
宁夏	——	——	——	——	——	——
新疆	701	457	35	13	——	——

连锁机构基本情况（二）

分配						其他（千元）		
理费用		财务费用（千元）	营业利润（千元）	利润总额（千元）	应交所得税（千元）	从业人员劳动报酬	本年应付福利费总额	本年应交增值税
税金	劳动、待业保险							
617	**603**	**911**	**11 262**	**12 493**	**4 453**	**24 068**	**1 330**	**24**
——	——	——	——	——	——	——	——	——
——	——	——	——	——	——	——	——	——
——	——	——	1 100	1 000	——	200	——	——
3	——	——	1 000	1 000	——	35	——	——
——	——	——	——	——	——	428	——	——
31	——	——	23	22	——	313	——	——
——	——	——	——	——	——	——	——	——
——	——	——	——	——	——	——	——	——
4	2	——	77	77	2	64	1	1
397	516	617	−6 228	−4 049	−46	8 711	1 135	——
——	——	——	——	——	——	——	——	——
——	——	——	——	——	——	——	——	——
——	——	——	——	——	——	——	——	——
——	——	60	760	48	——	409	——	——
11	——	——	26	31	1	395	——	——
——	——	——	——	——	——	——	——	——
6	1	11	5 220	3 596	30	503	11	20
8	——	——	——	142	——	30	——	——
——	——	——	——	——	——	——	——	——
——	——	——	——	——	——	——	——	——
60	40	——	350	350	——	200	——	——
15	3	10	250	223	18	67	2	2
——	——	——	7 100	7 130	——	2 430	——	——
——	——	——	7 100	7 130	——	2 430	——	——
——	——	——	——	——	——	——	——	——
——	——	——	——	——	——	——	——	——
10	——	——	110	1 010	194	1 681	——	——
72	41	177	1 291	1 716	4 254	8 337	181	1
——	——	——	——	——	——	——	——	——
——	——	——	——	——	——	——	——	——
——	——	——	——	——	——	——	——	——
——	——	——	——	——	——	——	——	——
——	——	——	——	——	——	——	——	——
——	——	36	170	——	——	68	——	——
——	——	——	——	——	——	——	——	——
——	——	——	13	197	——	197	——	——

各地区音像制品

	机构数（个）	从业人员数（人）	注册资本金（千元）	实收资本（千元）	实收资本 国家资本金	负债合计（千元）
总　　计	**3 971**	**17 230**	**1 808 875**	**531 245**	**55 365**	**943 674**
北　　京	62	475	23 900	22 525	——	32 551
天　　津	3	18	480	200	——	——
河　　北	9	25	550	250	30	——
山　　西	1	3	700	700	——	——
内 蒙 古	6	9	59	5	——	——
辽　　宁	448	837	23 411	——	——	——
其中：大连	3	8	120	——	——	——
吉　　林	3	16	130	487	——	——
黑 龙 江	10	422	545	200	100	100
上　　海	34	938	158 772	130 972	5 374	274 313
江　　苏	35	116	108 367	26 030	——	——
浙　　江	105	575	63 626	55 684	28 156	160 273
其中：宁波	31	32	6 250	6 250	——	235
安　　徽	51	74	1 020	39	——	——
福　　建	57	214	11 382	14 941	3 830	61 837
其中：厦门	1	3	500	——	——	——
江　　西	6	16	460	620	——	——
山　　东	1 784	3 437	150 122	65 759	2 171	9 518
其中：青岛	471	628	41 525	33 208	342	2 884
河　　南	44	110	8 885	7 420	——	575
湖　　北	28	83	3 767	5 152	70	22
湖　　南	16	52	1 541	672	484	——
广　　东	102	1 227	187 145	78 025	5 000	67 199
其中：深圳	52	508	48 500	15 000	——	3 872
广　　西	2	44	5 300	4 555	——	111
海　　南	177	393	2 455	1 655	——	4
重　　庆	121	842	49 969	43 003	10 100	505
四　　川	698	6 531	893 038	34 021	——	306 941
贵　　州	11	45	475	360	——	3 750
云　　南	34	488	75 417	34 704	——	25 778
西　　藏	——	——	——	——	——	——
陕　　西	12	48	1 870	1 400	——	——
甘　　肃	——	——	——	——	——	——
青　　海	33	76	1 820	——	——	——
宁　　夏	2	2	28	28	——	——
新　　疆	77	114	33 641	1 838	50	197

连锁机构基本情况（一）

年末固定资产原值（千元）	固定资产累计折旧（千元）		上交主办单位数（千元）	门店加盟费（千元）	增加值（千元）	连锁企业门店数（个）	房屋建筑面积（千平方米）	
		本年提取折旧						经营面积
458 640	**89 719**	**21 273**	**848**	**2 708**	**270 919**	**1 329**	**641.8**	**281.6**
8 345	4 185	1 403	1	1 007	1 756	168	11.3	9.9
200	40	20	——	——	627	——	1.5	0.3
324	3	2	——	4	88	8	1.0	0.5
650	50	25	——	——	305	1	0.2	0.2
56	——	——	——	——	37	——	0.2	0.2
520	——	——	——	——	32	——	20.9	12.1
——	——	——	——	——	——	——	0.2	0.1
676	56	21	——	——	147	——	1.4	1.3
490	200	20	100	——	262	——	19.1	15.9
46 873	22 766	3 833	583	——	6 125	39	17.5	8.2
73 893	49	30	——	——	2 509	8	5.4	5.0
75 106	13 858	3 656	3	79	17 976	221	81.1	25.3
955	339	64	——	——	429	26	1.1	1.0
1 293	180	72	——	——	762	——	1.9	1.9
35 632	7 416	3 748	——	——	10 191	21	95.4	4.9
——	——	——	——	——	32	——	——	——
600	319	36	20	60	439	——	0.7	0.3
76 658	16 378	2 313	89	1 123	52 152	——	122.7	78.9
10 523	2 424	699	59	739	8 614	——	27.8	15.1
3 021	556	151	4	160	1 926	114	3.3	2.6
4 277	44	14	10	63	1 052	——	1.8	1.2
297	152	74	——	2	823	6	0.5	0.5
21 678	4 104	1 068	——	21	31 765	106	128.4	40.5
14 947	29	8	——	3	21 221	29	11.6	10.9
723	477	150	——	——	480	20	0.6	0.6
3 736	377	12	——	2	3 731	110	23.2	8.8
27 182	6 971	504	37	125	10 131	81	9.8	8.8
67 899	9 171	3 437	——	——	112 195	257	40.5	34.7
274	78	17	——	——	387	2	1.6	1.6
4 618	1 731	515	——	——	11 144	52	30.4	12.4
——	——	——	——	——	——	——	——	——
1 770	——	——	——	61	927	——	0.9	0.8
——	——	——	——	——	——	——	——	——
1 820	558	152	——	——	1 586	34	2.6	1.9
3	——	——	——	——	12	——	0.1	0.1
26	——	——	——	——	1 351	81	18.1	2.6

各地区音像制品

	损			益		及
	营业收入（千元）	营业成本及费用（千元）	税金及附加（千元）	主营业务利润（千元）	其他业务利润（千元）	管（千元）
总计	**1 415 625**	**1 064 134**	**28 062**	**235 118**	**32 574**	**108 049**
北京	93 542	76 369	168	9 397	185	5 752
天津	600	25	10	565	——	65
河北	314	251	10	34	——	3
山西	300	50	30	220	80	90
内蒙古	119	49	7	36	——	——
辽宁	3 260	1 352	——	411	——	119
其中：大连	85	——	——	——	——	——
吉林	628	291	10	327	——	——
黑龙江	335	288	44	102	20	55
上海	146 090	146 695	1 330	2 329	500	6 512
江苏	3 272	1 792	439	1 380	40	165
浙江	242 022	240 529	661	23 558	14 871	6 500
其中：宁波	948	729	53	178	——	27
安徽	1 259	390	79	653	10	108
福建	10 657	8 854	447	8 008	3 426	6 578
其中：厦门	96	78	10	8	——	——
江西	755	451	17	292	20	5
山东	237 877	78 849	9 307	39 424	4 990	7 954
其中：青岛	23 677	15 915	714	6 143	627	1 467
河南	4 834	2 975	159	854	154	367
湖北	2 793	1 783	26	726	5	60
湖南	676	160	3	106	——	25
广东	111 711	124 095	1 782	17 152	4 821	8 356
其中：深圳	37 283	53 080	1 494	16 983	1 288	5 382
广西	1 580	1 236	30	314	——	406
海南	5 801	3 473	461	1 954	40	36
重庆	54 613	44 611	1 899	4 572	769	3 500
四川	431 322	279 684	6 916	117 586	2 564	57 054
贵州	796	3 977	67	291	——	174
云南	54 513	43 381	3 840	3 864	29	4 165
西藏	——	——	——	——	——	——
陕西	1 420	840	115	410	50	——
甘肃	——	——	——	——	——	——
青海	1 943	——	90	——	——	——
宁夏	20	8	2	10	——	——
新疆	2 573	1 676	113	543	——	——

连锁机构基本情况（二）

分		配			其	他		（千元）
理费用								
税金	劳动、待业保险	财务费用（千元）	营业利润（千元）	利润总额（千元）	应交所得税（千元）	从业人员劳动报酬	本年应付福利费总额	本年应交增值税
8 485	**11 816**	**2 230**	**60 601**	**48 038**	**12 985**	**152 498**	**9 483**	**33 520**
—								
6	149	291	−4 712	−2 735	18	4 891	213	1 167
——	——	——	500	500	——	97	5	——
——	——	3	28	28	2	48	——	——
——	90	50	160	160	32	90	——	——
——	——	——	28	10	——	2	——	——
—								
——	——	——	——	1 179	——	32	——	65
——	——	——	——	——	——	——	——	——
——	——	——	——	327	——	116	——	——
31	10	2	116	132	7	51	5	20
—								
614	520	74	−4 158	−44 535	966	4 506	1 937	4 081
115	——	——	1 330	1 271	145	595	——	——
331	674	1 238	7 252	14 691	4 231	6 076	854	3 022
——	1	6	145	155	1	167	3	2
23	——	——	423	389	——	165	——	——
440	533	594	4 076	5 631	963	1 480	98	1 439
——	——	——	——	8	——	22	——	——
2	——	1	306	256	79	78	3	2
2 546	1 511	159	19 194	38 040	919	18 792	231	591
609	181	59	4 556	5 130	170	2 036	102	154
—								
68	3	20	953	876	2	595	22	3
6	2	6	517	416	6	489	31	4
10	——	7	376	377	——	360	——	——
137	177	78	4 315	2 832	202	24 463	733	1 334
——	——	15	3 471	1 973	——	16 248	——	100
——	——	——	−92	−92	——	392	29	20
——	——	——	1 929	1 911	——	1 329	——	——
—								
677	180	89	3 017	3 281	134	4 034	87	95
2 210	7 034	− 486	20 208	19 926	4 908	79 424	4 595	18 977
20	——	1	62	160	8	221	25	37
1 248	933	1	2 459	2 499	362	3 082	609	2 659
——	——	——	——	——	——	——	——	——
—								
——	——	——	460	460	——	352	——	——
——	——	——	——	——	——	——	——	——
——	——	102	1 080	——	——	264	——	——
——	——	——	——	10	——	10	——	——
——	——	——	774	38	1	464	6	4

各地区互联网上网服务营业

	机构数（个）	从业人员数（人）	注册资本金（千元）	实收资本（千元）	国家资本金	负债合计（千元）
总　　计	**7 639**	**37 266**	**3 320 605**	**2 098 326**	**106 675**	**181 667**
北　　京	395	1 895	169 139	135 585	——	41 268
天　　津	8	48	3 700	2 150	——	——
河　　北	2	9	770	270	——	——
山　　西	444	1 645	150 134	89 230	8 204	1 389
内 蒙 古	19	192	17 100	8 000	6 400	——
辽　　宁	37	319	10 880	80	——	——
其中：大连	1	2	100	——	——	——
吉　　林	67	1 248	110 430	130 090	——	——
黑 龙 江	160	783	70 939	44 460	895	20
上　　海	360	2 193	82 030	72 230	6 100	27 478
江　　苏	135	847	55 030	52 490	600	4
浙　　江	339	1 875	130 516	80 642	20 000	16 434
其中：宁波	74	262	6 870	300	——	——
安　　徽	11	64	4 548	3 800	20	1 149
福　　建	587	2 520	132 769	55 174	2 721	8 062
其中：厦门	11	76	5 300	4 126	——	811
江　　西	41	451	28 325	30 075	1 100	1 280
山　　东	3 014	11 715	628 097	503 480	13 301	32 831
其中：青岛	521	3 018	259 050	212 318	10 567	19 527
河　　南	85	788	35 920	29 408	——	3 774
湖　　北	277	2 112	83 983	88 472	900	1 020
湖　　南	50	171	11 904	9 148	9	50
广　　东	132	1 479	1 068 910	430 992	——	9 928
其中：深圳	53	668	166 000	11 792	——	140
广　　西	3	56	11 500	11 500	1 000	4 397
海　　南	42	199	6 392	5 188	220	——
重　　庆	43	359	89 325	87 552	45 000	9 936
四　　川	972	3 137	218 911	88 225	105	19 544
贵　　州	24	136	12 350	3 913	——	1 054
云　　南	27	108	12 858	5 460	——	1 000
西　　藏	——	——	——	——	——	——
陕　　西	222	2 359	122 903	99 680	——	——
甘　　肃	——	——	——	——	——	——
青　　海	2	7	800	——	——	——
宁　　夏	2	4	310	250	——	——
新　　疆	139	547	50 132	30 782	100	1 049

场所连锁机构基本情况（一）

年末固定资产原值（千元）	固定资产累计折旧（千元）	本年提取折旧	上交主办单位数（千元）	门店加盟费（千元）	增加值（千元）	连锁企业门店数（个）	房屋建筑面积（千平方米）	经营面积
2 105 364	**534 268**	**190 749**	**18 322**	**63 766**	**1 058 153**	**6 722**	**1922.3**	**1601.5**
134 832	24 500	8 267	96	15 646	31 104	347	163.7	137.6
3 430	1 070	530	——	152	1 650	11	2.7	2.6
270	235	200	——	——	293	——	0.6	0.4
152 913	53 507	3 352	2 019	1 889	116 245	378	104.4	94.3
18 150	4 045	800	——	——	2 027	25	8.0	6.9
580	——	——	——	——	371	——	10.6	9.7
——	——	——	——	——	——	——	0.1	0.1
68 012	12 485	5 854	——	130	17 697	1	36.3	29.6
49 404	26 355	6 541	——	——	31 969	316	58.4	42.4
178 535	118 860	32 333	10 784	4 794	73 111	467	115.5	99.8
49 055	9 796	2 506	——	820	31 955	118	56.3	46.9
94 678	29 974	13 329	——	3 519	86 854	1 011	91.9	79.5
14 320	1 656	52	——	15	4 844	——	16.1	14.2
7 820	1 590	115	——	——	2 131	2	4.7	3.9
125 157	32 684	20 203	341	6 314	81 109	714	161.1	104.6
5 052	890	482	——	1	1 723	6	5.4	4.6
37 115	12 093	4 886	20	414	14 249	14	14.9	13.5
490 495	112 695	55 574	1 590	24 976	313 611	——	519.5	444.8
163 973	41 688	23 153	1 303	18 941	103 883	——	132.2	108.9
27 848	9 315	4 609	71	141	15 513	5	37.7	30.3
153 322	22 976	9 486	8	1 071	77 327	203	114.4	87.2
7 979	3 065	1 600	——	10	7 054	36	8.3	6.7
55 626	6 887	2 637	3 341	193	31 435	1 583	80.1	68.9
25 565	620	243	2	——	20 159	1 390	25.4	21.2
21 616	6 560	2 486	——	90	−6 957	53	19.9	16.6
6 600	1 210	795	——	——	3 500	39	4.4	3.9
70 492	14 270	3 338	40	350	14 519	71	13.2	11.7
159 411	17 778	6 068	12	441	31 719	858	123.6	114.7
5 107	1 180	326	——	230	1 732	191	4.5	4.1
8 555	775	445	——	16	2 113	24	8.5	6.6
——	——	——	——	——	——	——	——	——
147 434	3 595	1 112	——	2 296	63 005	140	122.9	104.3
——	——	——	——	——	——	——	—	——
——	——	——	——	——	——	——	0.4	0.4
280	220	100	——	——	357	——	0.3	0.3
30 648	6 548	3 257	——	273	12 459	115	35.4	29.4

各地区互联网上网服务营业

	损	益	及			
	营业收入（千元）	营业成本及费用（千元）	税金及附加（千元）	主营业务利润（千元）	其他业务利润（千元）	管（千元）
总　计	**1 874 766**	**872 948**	**89 053**	**575 858**	**34 148**	**118 203**
北　京	46 721	28 829	10 287	8 135	252	12 923
天　津	2 792	1 686	80	1 025	——	312
河　北	355	195	32	295	——	4
山　西	101 667	44 477	4 352	46 787	3 343	4 851
内蒙古	9 070	6 985	550	1 410	——	1
辽　宁	4 142	335	55	109	——	44
其中：大连	40	——	——	——	——	——
吉　林	74 521	43 938	1 540	28 963	——	——
黑龙江	41 229	19 772	2 012	21 183	1 972	3 001
上　海	263 532	22 961	10 925	11 023	5 915	10 863
江　苏	54 001	29 554	2 583	20 125	430	850
浙　江	206 432	111 200	10 367	55 209	316	17 493
其中：宁波	25 180	14 430	721	915	——	115
安　徽	4 766	3 163	165	1 121	45	311
福　建	111 565	70 644	10 442	26 632	1 475	6 864
其中：厦门	3 154	2 716	384	54	——	52
江　西	15 783	7 654	1 611	5 867	621	1 469
山　东	380 375	174 901	15 744	95 659	9 687	28 924
其中：青岛	65 143	21 814	4 340	17 453	4 867	8 940
河　南	27 356	12 542	2 447	12 680	1 002	8 684
湖　北	146 277	77 141	2 707	163 988	2 858	9 458
湖　南	8 772	3 455	293	3 348	102	392
广　东	61 752	40 958	3 316	20 322	116	4 120
其中：深圳	25 759	14 655	241	17 343	——	140
广　西	4 699	11 188	152	−6 641	100	3 666
海　南	3 804	2 140	246	1 408	——	——
重　庆	12 920	14 401	810	7 481	1 034	697
四　川	122 945	31 745	2 298	6 247	449	2 325
贵　州	8 857	6 096	580	570	3	662
云　南	3 321	1 398	248	961	18	55
西　藏	——	——	——	——	——	——
陕　西	134 338	88 571	3 645	38 822	4 327	202
甘　肃	——	——	——	——	——	——
青　海	——	——	——	——	——	——
宁　夏	120	39	19	72	10	——
新　疆	22 654	16 980	1 547	3 055	73	32

场所连锁机构基本情况（二）

分配						其他（千元）		
理费用		财务费用（千元）	营业利润（千元）	利润总额（千元）	应交所得税（千元）	从业人员劳动报酬	本年应付福利费总额	本年应交增值税
税金	劳动、待业保险							
25 875	**9 767**	**12 087**	**460 217**	**498 048**	**56 132**	**292 259**	**12 076**	**3 057**
3 847	88	748	－671	1 901	2 848	9 374	561	261
11	10	215	575	500	——	454	20	——
1	——	——	45	——	5	15	40	——
768	1 070	511	45 385	40 110	8 914	62 388	95	21
1	——	——	4	4	——	672	——	——
——	——	27	29	1 895	——	287	——	——
——	——	——	——	——	——	——	——	——
——	——	——	——	28 963	——	10 303	——	——
1 590	14	298	17 428	16 016	1 067	4 398	1 789	23
9	743	1 497	4 582	4 647	1 517	25 262	3 519	——
131	7	16	20 574	19 530	328	6 161	——	——
3 275	2 748	191	36 584	42 347	10 521	23 299	684	3
8	——	108	1 122	7 361	——	2 941	——	——
34	1	——	1 622	201	——	195	——	——
2 893	1 151	5 326	29 689	44 401	6 041	17 882	1 931	1 682
——	——	79	44	118	9	813	7	——
755	206	648	5 678	5 915	962	1 319	28	——
10 510	2 702	1 882	176 908	175 350	3 811	54 875	1 133	299
3 381	1 426	244	64 415	66 594	487	8 594	96	167
281	21	54	3 691	4 726	64	4 485	55	20
585	36	81	49 099	37 074	628	15 450	1 407	——
156	9	11	3 854	3 121	26	1 151	1	1
144	566	120	18 136	21 875	1 562	7 202	238	727
1	——	2	17 486	19 506	1 529	2 188	19	——
——	3	－2	－10 205	－10 205	——	610	4	——
——	——	——	1 408	1 408	——	1 051	——	——
190	20	126	9 031	8 986	269	1 150	10	11
247	324	38	1 292	592	17 440	21 814	434	9
382	28	245	－1 088	1 142	1	1 532	——	——
22	——	1	881	984	74	517	36	——
——	——	——	——	——	——	——	——	——
35	20	54	41 694	42 867	34	16 519	20	——
——	——	——	——	——	——	——	——	——
——	——	——	——	——	——	——	——	——
——	——	——	82	82	——	156	——	——
7	——	——	3 910	3 616	20	3 738	71	——

各地区文化市场管理

	机构数（个）	从业人员数（人）	本年收入合计（千元）						
				财政拨款	上级补助收入	事业收入	经营收入	附属单位上缴收入	其他收入
总计	**3 692**	**22 298**	**922 617**	**616 859**	**23 648**	**228 788**	**897**	**2 759**	**25 353**
北京	20	54	4 375	3 517	791	6	——	——	61
天津	12	82	7 490	6 066	——	——	——	——	1 424
河北	197	1 123	20 845	19 380	84	974	80	——	20
山西	124	939	14 335	12 595	46	1 342	31	40	54
内蒙古	103	568	11 161	9 343	19	1 112	4	——	91
辽宁	137	1 083	31 960	29 642	739	383	20	5	753
其中：大连	21	158	5 430	5 430	——	——	——	——	——
吉林	98	642	15 253	12 786	371	1 421	30	——	392
黑龙江	131	863	18 305	15 553	383	404	80	926	357
上海	13	134	23 990	20 729	832	1 293	——	——	1 136
江苏	174	839	51 204	44 246	1 309	3 169	80	1	2 399
浙江	176	1 201	108 787	96 455	1 741	1 106	——	1 100	4 942
其中：宁波	19	132	16 349	13 721	229	47	——	1 100	1 252
安徽	105	701	17 488	10 116	1 353	3 676	——	50	2 096
福建	130	582	33 052	25 810	1 969	929	16	18	471
其中：厦门	8	42	9 800	9 381	390	——	——	——	29
江西	213	1 940	59 574	41 255	3 659	8 108	149	393	2 777
山东	192	1 291	33 188	27 372	1 721	2 165	——	——	538
其中：青岛	14	131	7 465	6 319	38	592	——	——	31
河南	159	1 658	20 279	12 548	1 832	2 533	——	35	936
湖北	120	1 114	206 612	16 351	2 510	185 444	83	161	3 447
湖南	118	1 063	31 764	19 374	1 372	8 508	——	——	953
广东	140	305	——	——	——	——	——	——	——
其中：深圳	7	20	——	——	——	——	——	——	——
广西	197	482	14 222	12 249	190	1 020	——	——	271
海南	24	158	4 223	3 801	20	313	——	——	89
重庆	76	565	29 311	22 144	925	1 869	——	——	607
四川	200	1 140	12 708	11 192	13	306	——	——	217
贵州	96	442	14 381	11 048	252	1 403	293	——	955
云南	249	733	86 588	85 597	149	176	——	——	48
西藏	——	——	——	——	——	——	——	——	——
陕西	201	1 243	22 420	21 528	243	371	31	30	34
甘肃	121	572	5 979	5 611	46	101	——	——	——
青海	52	246	3 204	3 174	——	30	——	——	——
宁夏	——	——	——	——	——	——	——	——	——
新疆	112	534	19 919	17 377	1 079	626	——	——	285

机构基本情况（一）

本年支出合计（千元）												年末固定资产原值（千元）
	基本支出	项目支出	经营支出	在支出合计中							对个人和家庭补助支出	
				人员支出	社会保障缴费	公用支出	福利费	维修费	各种设备购置费	税金支出		
792 234	**563 073**	**59 869**	**2 096**	**383 613**	**25 062**	**254 989**	**11 081**	**9 459**	**21 825**	**150**	**34 522**	**684 618**
3 613	2 290	1 025	——	2 026	37	751	17	10	214	——	94	2 003
8 035	6 196	1 625	——	2 404	38	3 208	9	——	10	——	1 074	3 226
13 693	8 021	32	——	4 740	114	2 360	25	29	34	——	48	26 083
14 464	10 970	165	2	9 561	204	2 608	45	241	514	1	154	4 465
11 286	6 564	17	40	6 283	196	3 566	62	247	480	——	239	9 075
30 779	15 768	847	22	12 776	1 014	7 602	184	438	519	5	1 413	56 325
5 430	——	——	——	——	——	——	——	——	——	——	——	——
14 826	8 120	387	267	8 210	120	4 467	45	164	408	2	987	9 329
16 575	7 569	334	49	8 863	686	3 447	131	229	126	——	986	4 407
23 271	18 996	4 255	——	8 661	1 543	7 479	133	284	1 798	——	426	17 461
50 773	46 631	4 122	20	29 850	1 976	16 982	855	301	1 125	5	3 941	16 612
105 916	80 410	13 781	100	53 584	6 409	36 559	2 867	854	6 638	30	8 056	35 498
16 452	11 987	2 483	——	8 167	1 295	4 604	282	122	640	——	1 912	6 073
17 453	8 839	463	30	8 915	628	4 658	269	375	786	——	764	4 644
32 148	19 747	5 721	58	10 104	877	7 989	213	247	1 075	6	1 355	22 741
9 523	6 136	2 088	——	1 859	72	657	21	10	300	——	248	10 484
59 152	33 702	2 977	266	24 558	1 584	17 251	1 453	1 543	1 653	39	2 618	73 155
33 468	22 606	3 065	——	18 419	2 972	6 987	259	869	902	1	2 232	12 787
7 478	7 236	232	——	4 730	919	1 258	123	28	42	——	611	1 365
19 406	6 667	106	431	9 748	1 012	5 213	177	323	509	3	583	5 350
168 665	148 390	7 476	331	80 868	1 935	77 732	1 371	976	2 013	21	1 495	66 042
30 271	17 742	227	50	14 738	1 127	10 722	1 928	645	864	9	804	7 786
——	——	——	——	——	——	——	——	——	——	——	——	——
——	——	——	——	——	——	——	——	——	——	——	——	——
14 208	10 323	954	30	7 327	340	4 682	217	82	374	——	868	8 586
4 216	3 799	224	——	2 452	342	950	170	80	99	——	432	1 580
27 292	19 481	3 740	60	7 607	472	7 825	243	337	262	19	1 557	127 708
13 118	6 564	401	1	5 992	396	3 523	161	88	151	3	532	42 939
13 449	7 674	2 096	220	6 718	146	4 126	63	67	254	3	673	10 187
16 137	11 146	1 707	——	10 132	291	2 921	87	64	388	——	437	14 893
——	——	——	——	——	——	——	——	——	——	——	——	——
22 350	20 067	135	62	13 939	328	6 806	26	122	113	——	489	3 680
5 579	3 303	577	27	3 451	71	636	3	17	44	3	60	1 474
3 204	206	——	——	2 965	1	90	——	——	——	——	30	——
——	——	——	——	——	——	——	——	——	——	——	——	——
18 887	11 282	3 410	30	8 722	203	3 849	68	827	472	——	2 175	96 582

各地区文化市场管理

	补充										
	演出经营与经纪机构（个）	民间职业剧团（个）	个体演职人员（人）	时装表演队（个）	歌舞娱乐场所（个）	其他娱乐场所（个）	音像制品批发机构（个）	音像放映机构（个）	音像制品零售、出租机构（个）	音像制品连锁机构（个）	连锁门店数（个）
总计	**1 167**	**3 415**	**15 060**	**298**	**59 272**	**13 425**	**2 134**	**1 970**	**115 456**	**1 105**	**3 652**
北京	——	——	——	——	882	——	23	——	1 064	——	58
天津	50	2	1	1	140	6	20	——	358	3	——
河北	20	35	3	——	1 398	——	37	——	3 061	9	10
山西	9	42	173	——	917	415	179	34	1 304	——	——
内蒙古	28	23	46	——	1 096	416	46	59	2 878	6	1
辽宁	87	114	274	14	3 323	424	9	213	5 092	192	18
其中：大连	——	——	——	——	——	——	——	——	——	——	——
吉林	5	2	——	——	1 496	181	40	4	3 044	——	——
黑龙江	13	17	220	1	2 931	124	52	14	2 854	1	2
上海	11	4	——	——	652	171	——	——	399	——	——
江苏	204	247	82	——	3 158	491	95	38	8 780	8	13
浙江	49	279	2 992	6	4 013	209	27	27	6 992	420	78
其中：宁波	5	48	265	1	558	17	1	1	815	2	34
安徽	7	991	485	52	1 248	213	130	91	2 814	1	1
福建	31	398	2 507	——	2 002	547	101	325	5 000	85	15
其中：厦门	——	——	——	——	75	——	——	——	160	——	——
江西	52	65	271	3	1 405	423	85	34	2 423	1	15
山东	19	50	75	2	2 016	245	6	63	3 397	4	1 948
其中：青岛	4	3	——	——	560	50	——	2	187	——	571
河南	98	254	729	——	945	93	27	3	2 803	11	39
湖北	39	103	298	——	1 754	396	86	2	3 514	8	13
湖南	28	74	1 218	9	1 764	252	134	79	3 303	3	3
广东	158	184	21	21	2 963	218	249	67	6 492	8	209
其中：深圳	——	2	——	——	331	109	——	——	402	——	43
广西	36	57	104	32	1 919	721	24	135	4 747	2	30
海南	——	55	371	——	350	41	——	——	738	46	45
重庆	9	42	587	——	1 626	98	103	44	2 829	32	217
四川	81	180	527	133	12 884	812	508	352	22 198	117	279
贵州	12	91	2 300	16	859	477	16	16	2 724	1	23
云南	61	53	517	1	4 220	2 741	34	242	7 162	34	2
西藏	——	——	——	——	——	——	——	——	——	——	——
陕西	28	6	263	7	799	1 053	17	——	1 745	1	23
甘肃	7	——	——	——	815	727	4	10	2 770	5	503
青海	7	24	953	——	95	258	8	66	976	34	34
宁夏	——	——	——	——	——	——	——	——	——	——	——
新疆	18	23	43	——	1 602	1 673	74	52	3 995	73	73

机构基本情况(二)

资料

电影发行放映机构(个)	电影放映队	农村电影放映队	参加院线的电影放映场所(个)	电子游戏、游艺经营场所(个)	经营性互联网文化单位(个)	网吧等互联网上网服务营业场所(个)	互联网上网服务营业场所连锁机构(个)	连锁门店数	画廊、画既美术公司(个)	艺术品经纪代理机构(个)	艺术展览、评估机构(个)	其他(个)
8 341	**7 141**	**6 354**	**446**	**25 715**	**2 927**	**127 308**	**3 107**	**7 446**	**1 753**	**580**	**194**	**12 048**
——	——	——	——	55	——	1 149	——	395	42	——	——	——
3	——	——	1	9	——	314	8	26	——	——	——	——
——	——	——	——	157	——	5 412	6	2	8	——	——	——
48	21	19	——	4	297	2 428	154	131	2	——	——	1
125	79	63	15	379	59	2 267	16	17	38	——	——	1 574
29	21	19	4	703	668	6 234	140	40	13	——	——	407
——	——	——	——	——	——	——	——	——	——	——	——	——
1	1	——	2	991	138	2 794	101	3	1	——	——	1 185
69	58	52	——	1 053	93	5 399	105	72	52	——	——	455
37	37	19	1	238	——	411	46	——	9	——	——	——
1 208	1 159	1 159	68	3 386	5	6 992	4	154	29	——	——	32
189	91	59	15	794	82	6 443	321	104	114	——	——	1 991
19	16	5	2	106	——	754	83	12	16	——	——	1 354
79	57	39	4	1 629	——	5 228	76	8	48	1	3	102
574	540	358	25	1 207	46	3 361	291	174	6	5	2	87
——	——	——	——	——	——	112	——	——	——	——	——	2
607	531	457	23	1 167	54	5 514	48	45	13	——	——	298
213	157	102	66	258	2	11 454	4	3 559	214	103	——	156
8	7	7	22	3	——	1 484	——	731	49	103	——	——
374	343	290	26	241	168	5 090	267	——	9	——	——	30
264	225	180	11	619	547	5 658	483	240	6	——	——	61
124	117	86	14	1 984	229	9 498	185	2	13	2	1	65
191	48	39	20	1 787	——	4 586	——	127	16	——	——	164
12	3	——	4	110	——	550	——	41	——	——	——	57
3	——	——	——	972	——	4 776	60	53	35	——	——	117
61	55	53	3	188	81	965	——	——	——	——	——	88
325	275	256	10	1 192	——	2 990	61	43	3	——	1	107
2 196	2 035	1 887	130	2 187	199	16 623	468	614	862	463	145	293
60	34	29	1	952	8	1 515	39	9	3	——	——	436
375	316	285	——	2 746	——	3 571	27	13	65	——	——	3 093
——	——	——	——	——	——	——	——	——	——	——	——	——
731	682	677	——	51	1	2 640	6	346	7	——	——	56
——	——	——	——	——	——	1 542	7	1 019	102	——	——	59
129	106	88	3	30	——	443	——	30	37	6	42	309
——	——	——	——	——	——	——	——	——	——	——	——	——
326	153	138	4	736	250	2 011	184	220	6	——	——	882

各地区文化市场行政

	机构数（个）	从业人员数（人）	本年收入合计（千元）	财政拨款	上级补助收入	事业收入	经营收入	附属单位上缴收入	其他收入
总计	**1 851**	**9 091**	**330 289**	**273 375**	**7 519**	**24 023**	**193**	**537**	**10 573**
北京	15	——	——	——	——	——	——	——	——
天津	12	82	7 490	6 066	——	——	——	——	1 424
河北	123	640	11 723	11 544	——	19	——	——	20
山西	26	233	5 209	5 123	——	10	10	20	24
内蒙古	32	122	2 213	2 140	10	18	——	——	35
辽宁	56	236	6 089	5 732	87	70	20	5	49
其中：大连	9	21	1 468	1 468	——	——	——	——	——
吉林	25	89	2 277	1 825	191	251	——	——	10
黑龙江	83	434	6 861	6 147	86	224	80	20	293
上海	10	65	12 065	9 402	734	1 293	——	——	636
江苏	106	504	27 814	23 940	820	2 001	80	1	972
浙江	82	225	7 469	6 954	55	77	——	——	136
其中：宁波	7	13	280	280	——	——	——	——	——
安徽	67	417	11 666	7 151	984	1 846	——	——	1 544
福建	53	201	20 454	15 858	621	141	——	——	186
其中：厦门	3	16	6 702	6 312	390	——	——	——	——
江西	107	1 188	40 858	29 204	2 009	4 562	3	333	1 664
山东	58	186	1 438	1 376	——	——	——	——	——
其中：青岛	1	4	——	——	——	——	——	——	——
河南	100	892	11 450	7 028	415	1 170	——	35	675
湖北	42	439	16 230	8 342	130	7 792	——	123	1 843
湖南	27	236	10 322	5 991	318	2 498	——	——	357
广东	140	305	——	——	——	——	——	——	——
其中：深圳	7	20	——	——	——	——	——	——	——
广西	119	54	804	745	——	49	——	——	10
海南	1	1	——	——	——	——	——	——	——
重庆	58	409	25 546	19 195	776	1 489	——	——	320
四川	79	449	3 981	3 103	7	232	——	——	30
贵州	9	49	1 324	1 124	25	24	——	——	143
云南	131	256	75 227	74 828	80	31	——	——	2
西藏	——	——	——	——	——	——	——	——	——
陕西	119	667	9 931	9 642	66	60	——	——	——
甘肃	65	261	123	50	——	10	——	——	——
青海	44	214	2 855	2 825	——	30	——	——	——
宁夏	——	——	——	——	——	——	——	——	——
新疆	60	236	8 870	8 040	105	126	——	——	200

管理机构基本情况（一）

本年支出合计（千元）												年末固定资产原值（千元）
	基本支出	项目支出	经营支出	在支出合计中								
				人员支出		公用支出					对个人和家庭补助支出	
					社会保障缴费		福利费	维修费	各种设备购置费	税金支出		
247 866	**152 037**	**24 435**	**746**	**108 140**	**6 454**	**70 995**	**3 410**	**3 240**	**5 795**	**71**	**11 966**	**385 801**
——	——	——	——	——	——	——	——	——	——	——	——	——
8 035	6 196	1 625	——	2 404	38	3 208	9	——	10	——	1 074	3 226
4 557	2 658	——	——	1 824	90	698	14	5	5	——	——	14 438
5 204	4 467	——	——	4 942	42	154	3	——	——	1	61	2 286
2 153	1 366	17	10	1 249	5	713	24	139	10	——	——	6 491
6 076	1 455	74	2	2 489	27	1 038	6	9	21	1	65	932
1 468	——	——	——	——	——	——	——	——	——	——	——	——
2 018	546	——	169	987	——	556	18	12	——	——	71	541
6 535	1 886	108	44	3 330	61	1 748	28	32	41	——	429	1 757
11 446	7 452	3 974	——	4 718	775	6 280	55	261	1 248	——	374	9 615
27 591	26 000	1 571	20	16 644	1 089	8 327	534	161	602	3	2 620	10 098
6 938	4 736	329	——	3 819	367	2 402	175	35	182	——	169	743
280	80	——	——	240	——	40	30	——	——	——	——	——
11 493	5 672	362	30	5 184	463	3 245	189	115	348	——	639	4 111
19 921	12 431	4 863	——	4 356	366	5 540	44	153	687	——	856	18 822
6 511	4 940	1 297	——	792	——	224	8	5	80	——	107	9 493
41 302	22 069	2 440	257	15 023	1 132	12 228	719	1 205	1 023	36	2 151	68 123
1 363	743	——	——	530	67	82	1	66	10	——	85	500
——	——	——	——	——	——	——	——	——	——	——	——	——
10 698	2 596	15	50	5 004	606	2 992	83	71	155	3	217	1 257
17 249	9 575	2 415	64	6 459	391	4 555	296	254	541	——	631	9 537
10 243	5 336	20	10	4 500	226	3 543	919	257	347	5	444	2 024
——	——	——	——	——	——	——	——	——	——	——	——	——
——	——	——	——	——	——	——	——	——	——	——	——	——
799	685	25	——	341	17	342	3	3	6	——	23	432
——	——	——	——	——	——	——	——	——	——	——	——	——
22 975	16 462	3 691	60	5 834	428	7 005	173	311	204	18	1 503	125 529
4 465	2 301	200	——	1 903	123	1 298	57	39	50	3	153	3 978
1 204	791	——	——	781	——	283	——	——	——	1	75	1 810
4 623	2 849	375	——	3 203	51	652	6	5	122	——	78	5 540
——	——	——	——	——	——	——	——	——	——	——	——	——
9 981	9 531	100	——	6 673	5	2 523	23	43	50	——	19	112
60	——	——	——	——	——	——	——	——	——	——	——	——
2 855	206	——	——	2 616	1	90	——	——	——	——	30	——
——	——	——	——	——	——	——	——	——	——	——	——	——
8 082	4 028	2 231	30	3 327	84	1 493	31	64	133	——	199	93 899

各地区文化市场行政

	补充										
	演出经营与经纪机构（个）	民间职业剧团（个）	个体演职人员（人）	时装表演队（个）	歌舞娱乐场所（个）	其他娱乐场所（个）	音像制品批发机构（个）	音像放映机构（个）	音像制品零售、出租机构（个）	音像制品连锁机构（个）	连锁门店数（个）
总计	**937**	**1 325**	**8 572**	**82**	**27 696**	**6 974**	**1 179**	**717**	**56 809**	**439**	**1 567**
北京	——	——	——	——	602	——	23	——	798	——	56
天津	50	2	1	1	140	6	20	——	358	3	——
河北	13	15	——	——	998	——	6	——	2 146	1	6
山西	——	6	115	——	193	——	11	2	212	——	——
内蒙古	21	5	2	——	235	254	21	10	499	2	——
辽宁	82	51	178	7	1 084	205	4	1	2 637	71	8
其中：大连	——	——	——	——	——	——	——	——	——	——	——
吉林	——	——	——	——	126	24	15	——	273	——	——
黑龙江	7	5	73	——	1 715	58	1	3	1 611	——	——
上海	11	4	——	——	652	171	——	——	399	——	——
江苏	172	176	61	——	1 641	238	79	——	4 612	8	10
浙江	44	204	2 930	4	3 001	148	11	23	5 416	93	19
其中：宁波	2	23	205	1	272	12	——	——	423	——	——
安徽	5	140	391	2	650	70	16	21	1 595	1	1
福建	26	118	1 692	——	1 061	200	43	164	2 701	44	5
其中：厦门	——	——	——	——	33	——	——	——	57	——	——
江西	51	56	243	3	1 377	368	84	34	2 271	1	15
山东	3	13	——	1	476	20	6	10	955	4	422
其中：青岛	——	——	——	——	——	——	——	——	——	——	——
河南	95	48	355	——	416	52	26	3	1 569	5	5
湖北	18	71	41	——	659	75	43	——	1 165	6	11
湖南	3	14	305	1	686	19	90	5	630	——	——
广东	158	184	21	21	2 963	218	249	67	6 492	8	209
其中：深圳	——	2	——	——	331	109	——	——	402	——	43
广西	36	57	104	32	1 895	706	24	134	4 673	2	30
海南	——	——	——	——	1	——	——	——	1	——	——
重庆	8	36	527	——	1 051	33	101	30	1 756	11	108
四川	29	50	374	2	1 849	592	154	12	3 762	36	7
贵州	11	2	——	——	170	40	16	——	311	——	22
云南	39	42	375	1	1 842	1 140	34	96	3 755	31	1
西藏	——	——	——	——	——	——	——	——	——	——	——
陕西	28	6	263	7	780	1 052	17	——	1 709	1	23
甘肃	7	——	——	——	431	628	4	6	1 838	5	503
青海	3	15	483	——	76	170	7	53	637	34	34
宁夏	——	——	——	——	——	——	——	——	——	——	——
新疆	17	5	38	——	926	487	74	43	2 028	72	72

管理机构基本情况（二）

资料												
电影发行放映机构（个）	电影放映队	农村电影放映队	参加院线的电影放映场所（个）	电子游戏、游艺经营场所（个）	经营性互联网文化单位（个）	网吧等互联网上网服务营业场所（个）	互联网上网服务营业场所连锁机构（个）	连锁门店数	画廊、画眊美术公司（个）	艺术品经纪代理机构（个）	艺术展览、评估机构（个）	其他（个）
4 184	**3 434**	**3 061**	**217**	**13 272**	**1 071**	**63 398**	**1 856**	**3 846**	**516**	**7**	**8**	**6 108**
——	——	——	——	38	——	809	——	208	42	——	——	——
3	——	——	1	9	——	314	8	26	——	——	——	——
——	——	——	——	130	——	3 606	——	2	8	——	——	——
5	3	2	——	——	——	311	12	27	——	——	——	——
37	33	29	14	98	3	524	——	2	16	——	——	361
13	6	4	4	296	381	2 449	129	29	13	——	——	351
——	——	——	——	——	——	——	——	——	——	——	——	——
1	1	——	2	90	——	431	——	——	——	——	——	427
21	19	17	——	572	22	2 236	72	7	32	——	——	347
37	37	19	1	238	——	411	46	——	9	——	——	——
622	583	583	29	1 881	5	4 432	4	105	16	——	——	10
127	60	33	9	519	82	4 848	238	88	50	——	——	1 838
13	13	2	——	37	——	397	10	3	13	——	——	1 354
39	22	15	3	854	——	3 067	71	5	17	——	3	26
298	278	237	12	723	——	1 745	222	83	2	5	2	10
——	——	——	——	——	——	61	——	——	——	——	——	——
578	506	433	12	1 123	54	5 358	48	45	12	——	——	280
106	80	48	49	62	2	4 114	4	1 642	84	——	——	26
——	——	——	17	——	——	——	——	——	——	——	——	——
279	251	221	10	131	15	2 670	118	——	——	——	——	17
68	60	45	4	235	168	2 052	267	130	1	——	——	11
52	69	49	3	442	114	2 711	170	——	3	——	——	——
191	48	39	20	1 787	——	4 586	——	127	16	——	——	164
12	3	——	4	110	——	550	——	41	——	——	——	57
3	——	——	——	956	——	4 721	60	53	35	——	——	117
——	——	——	——	——	——	18	——	——	——	——	——	1
260	224	211	5	806	——	2 058	51	15	2	——	——	51
125	114	79	33	535	42	3 516	113	24	19	2	3	72
11	11	10	——	114	——	82	12	——	——	——	——	——
265	215	202	——	1 188	——	1 645	19	5	43	——	——	1 538
——	——	——	——	——	——	——	——	——	——	——	——	——
731	682	677	——	51	1	2 563	6	346	7	——	——	56
——	——	——	——	——	——	919	7	670	67	——	——	59
66	49	36	2	17	——	317	——	28	22	——	——	172
——	——	——	——	——	——	——	——	——	——	——	——	——
246	83	72	4	377	182	885	179	179	——	——	——	174

各地区文化市场稽查

	机构数（个）	从业人员数（人）	本年收入合计（千元）							本	
				财政拨款	上级补助收入	事业收入	经营收入	附属单位上缴收入	其他收入		基本支出
总计	**1 841**	**13 207**	**592 328**	**343 484**	**16 129**	**204 765**	**704**	**2 222**	**14 780**	**544 368**	**411 036**
北京	5	54	4 375	3 517	791	6	——	——	61	3 613	2 290
天津	——	——	——	——	——	——	——	——	——	——	——
河北	74	483	9 122	7 836	84	955	80	——	——	9 136	5 363
山西	98	706	9 126	7 472	46	1 332	21	20	30	9 260	6 503
内蒙古	71	446	8 948	7 203	9	1 094	4	——	56	9 133	5 198
辽宁	81	847	25 871	23 910	652	313	——	——	704	24 703	14 313
其中：大连	12	137	3 962	3 962	——	——	——	——	——	3 962	——
吉林	73	553	12 976	10 961	180	1 170	30	——	382	12 808	7 574
黑龙江	48	429	11 444	9 406	297	180	——	906	64	10 040	5 683
上海	3	69	11 925	11 327	98	——	——	——	500	11 825	11 544
江苏	68	335	23 390	20 306	489	1 168	——	——	1 427	23 182	20 631
浙江	94	976	101 318	89 501	1 686	1 029	——	1 100	4 806	98 978	75 674
其中：宁波	12	119	16 069	13 441	229	47	——	1 100	1 252	16 172	11 907
安徽	38	284	5 822	2 965	369	1 830	——	50	552	5 960	3 167
福建	77	381	12 598	9 952	1 348	788	16	18	285	12 227	7 316
其中：厦门	5	26	3 098	3 069	——	——	——	——	29	3 012	1 196
江西	106	752	18 716	12 051	1 650	3 546	146	60	1 113	17 850	11 633
山东	134	1 105	31 750	25 996	1 721	2 165	——	——	538	32 105	21 863
其中：青岛	13	127	7 465	6 319	38	592	——	——	31	7 478	7 236
河南	59	766	8 829	5 520	1 417	1 363	——	——	261	8 708	4 071
湖北	78	675	190 382	8 009	2 380	177 652	83	38	1 604	151 416	138 815
湖南	91	827	21 442	13 383	1 054	6 010	——	——	596	20 028	12 406
广东	——	——	——	——	——	——	——	——	——	——	——
其中：深圳	——	——	——	——	——	——	——	——	——	——	——
广西	78	428	13 418	11 504	190	971	——	——	261	13 409	9 638
海南	23	157	4 223	3 801	20	313	——	——	89	4 216	3 799
重庆	18	156	3 765	2 949	149	380	——	——	287	4 317	3 019
四川	121	691	8 727	8 089	6	74	——	——	187	8 653	4 263
贵州	87	393	13 057	9 924	227	1 379	293	——	812	12 245	6 883
云南	118	477	11 361	10 769	69	145	——	——	46	11 514	8 297
西藏	——	——	——	——	——	——	——	——	——	——	——
陕西	82	576	12 489	11 886	177	311	31	30	34	12 369	10 536
甘肃	56	311	5 856	5 561	46	91	——	——	——	5 519	3 303
青海	8	32	349	349	——	——	——	——	——	349	——
宁夏	——	——	——	——	——	——	——	——	——	——	——
新疆	52	298	11 049	9 337	974	500	——	——	85	10 805	7 254

机构基本情况

本年支出合计（千元）										增加值（千元）	年末固定资产原值（千元）
项目支出	经营支出	在支出合计中									
		人员支出		公用支出					对个人和家庭补助支出		
			社会保障缴费		福利费	维修费	各种设备购置费	税金支出			
35 434	**1 350**	**275 473**	**18 608**	**183 994**	**7 671**	**6 219**	**16 030**	**79**	**22 556**	**361 965**	**298 817**
1 025	——	2 026	37	751	17	10	214	——	94	2 217	2 003
——	——	——	——	——	——	——	——	——	——	——	——
32	——	2 916	24	1 662	11	24	29	——	48	3 496	11 645
165	2	4 619	162	2 454	42	241	514	——	93	5 354	2 179
——	30	5 034	191	2 853	38	108	470	——	239	5 420	2 584
773	20	10 287	987	6 564	178	429	498	4	1 348	14 220	55 393
——	——	——	——	——	——	——	——	——	——	——	——
387	98	7 223	120	3 911	27	152	408	2	916	8 557	8 788
226	5	5 533	625	1 699	103	197	85	——	557	6 377	2 650
281	——	3 943	768	1 199	78	23	550	——	52	4 387	7 846
2 551	——	13 206	887	8 655	321	140	523	2	1 321	15 111	6 514
13 452	100	49 765	6 042	34 157	2 692	819	6 456	30	7 887	61 764	34 755
2 483	——	7 927	1 295	4 564	252	122	640	——	1 912	10 334	6 073
101	——	3 731	165	1 413	80	260	438	——	125	4 289	533
858	58	5 748	511	2 449	169	94	388	6	499	6 755	3 919
791	——	1 067	72	433	13	5	220	——	141	1 261	991
537	9	9 535	452	5 023	734	338	630	3	467	11 570	5 032
3 065	——	17 889	2 905	6 905	258	803	892	1	2 147	21 255	12 287
232	——	4 730	919	1 258	123	28	42	——	611	5 926	1 365
91	381	4 744	406	2 221	94	252	354	——	366	5 521	4 093
5 061	267	74 409	1 544	73 177	1 075	722	1 472	21	864	118 382	56 505
207	40	10 238	901	7 179	1 009	388	517	4	360	13 065	5 762
——	——	——	——	——	——	——	——	——	——	——	——
——	——	——	——	——	——	——	——	——	——	——	——
929	30	6 986	323	4 340	214	79	368	——	845	8 521	8 154
224	——	2 452	342	950	170	80	99	——	432	3 143	1 580
49	——	1 773	44	820	70	26	58	1	54	1 985	2 179
201	1	4 089	273	2 225	104	49	101	——	379	6 204	38 961
2 096	220	5 937	146	3 843	63	67	254	2	598	7 303	8 377
1 332	——	6 929	240	2 269	81	59	266	——	359	7 747	9 353
——	——	——	——	——	——	——	——	——	——	——	——
35	62	7 266	323	4 283	3	79	63	——	470	7 882	3 568
577	27	3 451	71	636	3	17	44	3	60	3 576	1 474
——	——	349	——	——	——	——	——	——	——	349	——
——	——	——	——	——	——	——	——	——	——	——	——
1 179	——	5 395	119	2 356	37	763	339	——	1 976	7 515	2 683

各地区文化部门教育

	机构数（个）	从业人员数			毕业生数（人）	招生数（人）	在		
		（人）	高级职称	中级职称				戏剧类	戏曲类
总计	**186**	**13 952**	**2 048**	**3 852**	**21 166**	**26 222**	**82 157**	**5 207**	**6 495**
中央	1	145	10	33	——	——	——	——	——
地方	185	13 807	2 038	3 819	21 166	26 222	82 157	5 207	6 495
北京	3	468	58	111	——	217	1 422	——	269
天津	5	621	145	198	518	702	2 713	76	304
河北	5	682	93	170	1 216	1 435	3 418	50	151
山西	17	1 562	200	446	2 331	3 375	10 734	457	1 574
内蒙古	7	484	33	126	684	518	2 256	274	——
辽宁	9	383	64	111	639	697	2 195	239	94
其中：大连	1	64	14	23	61	112	420	40	26
吉林	——	——	——	——	——	——	——	——	——
黑龙江	8	362	140	87	338	722	1 701	166	85
上海	1	51	3	18	——	23	99	——	——
江苏	18	753	127	255	2 474	2 026	7 239	354	201
浙江	5	638	98	159	906	968	3 896	423	420
其中：宁波	——	——	——	——	——	——	——	——	——
安徽	6	510	79	119	823	1 742	4 349	539	189
福建	4	391	44	95	254	1 170	2 376	110	332
其中：厦门	1	75	9	15	8	4	242	62	——
江西	7	262	51	82	701	662	1 966	194	63
山东	6	616	139	235	1 017	1 070	3 493	69	419
其中：青岛	——	——	——	——	——	——	——	——	——
河南	20	1 181	124	268	2 405	2 193	7 237	570	1 220
湖北	8	852	127	246	1 000	1 443	4 105	344	221
湖南	6	660	101	148	793	1 253	3 934	356	70
广东	8	749	90	227	700	1 291	3 329	372	228
其中：深圳	1	13	1	3	——	——	196	——	——
广西	12	436	67	112	854	950	2 696	——	49
海南	1	113	19	31	153	117	518	——	64
重庆	2	222	40	55	124	178	576	59	25
四川	8	562	61	156	1 060	884	3 875	128	19
贵州	1	——	——	——	46	——	46	——	——
云南	2	236	32	77	263	450	1 611	90	306
西藏	——	——	——	——	——	——	——	——	——
陕西	10	469	51	147	987	848	2 874	280	143
甘肃	1	153	11	46	252	310	851	——	——
青海	1	80	14	24	189	272	497	——	——
宁夏	1	106	18	26	61	78	344	——	49
新疆	3	205	9	44	378	628	1 807	57	——

机构基本情况（一）

校生数（人）					在校中职高生数（人）	培训干部（人）	年末固定资产原值（千元）	增加值（千元）	公用房屋建筑面积（千平方米）	
舞蹈类	音乐类	美术类	电影放映	其他						教学用房
24 284	**20 040**	**12 285**	**72**	**13 774**	**16 438**	**3 084**	**1495 403**	**647 190**	**1 610**	**1 063**
——	——	——	——	——	——	368	54 199	11 901	25	10
24 284	20 040	12 285	72	13 774	16 438	2 716	1441 204	635 289	1 585	1 053
449	195	146	——	363	205	86	159 480	32 946	55	24
100	230	1 553	——	450	1 688	700	14 085	31 994	46	20
1 246	1 114	470	——	387	640	——	53 861	27 118	36	24
2 153	3 232	1 474	——	1 844	2 789	11	107 091	61 140	173	115
819	1 098	22	——	43	——	1 382	36 976	16 338	55	37
633	616	200	——	413	287	——	44 771	16 301	46	35
190	40	20	——	104	——	——	11 868	4 211	7	2
——	——	——	——	——	——	——	——	——	——	——
606	663	172	——	9	672	——	34 983	17 471	37	32
——	——	——	——	99	——	——	11 359	4 416	5	5
1 978	1 474	1 849	——	1 383	2 723	——	100 193	57 999	114	75
786	1 228	512	72	455	2 265	——	105 469	59 282	45	27
——	——	——	——	——	——	——	——	——	——	——
1 137	485	1 232	——	767	1 289	——	45 456	23 093	75	65
614	894	337	——	89	308	265	33 033	20 115	36	23
180	——	——	——	——	——	——	9 562	3 599	8	6
698	511	313	——	187	580	——	57 734	12 566	37	28
1 182	998	256	——	569	——	——	78 385	27 077	105	86
——	——	——	——	——	——	——	——	——	——	——
1 577	1 918	1 061	——	891	——	——	75 161	36 502	121	86
1 148	973	913	——	506	907	26	77 671	26 000	95	51
1 106	801	597	——	1 004	1 580	5	63 112	18 573	96	79
1 446	310	320	——	653	——	15	103 229	41 719	95	65
35	10	66	——	85	——	——	217	282	——	——
1 636	558	130	——	323	——	26	26 823	20 611	52	41
242	106	106	——	——	——	——	9 067	6 664	9	7
375	117	——	——	——	——	——	8 453	5 453	9	7
1 130	283	10	——	2 305	——	200	60 030	24 569	46	16
——	——	——	——	46	——	——	——	——	——	——
501	404	238	——	72	431	——	15 802	6 166	27	7
——	——	——	——	——	——	——	——	——	——	——
829	718	172	——	732	——	——	72 201	16 689	70	34
473	225	60	——	93	——	——	3 414	7 694	16	13
235	198	24	——	40	——	——	5 417	5 098	18	12
115	139	41	——	——	74	——	6 784	4 482	20	5
1 070	552	77	——	51	——	——	31 164	7 200	31	20

各地区文化部门教育

	本年收入合计（千元）							本	
		财政拨款	上级补助收入	事业收入	经营收入	附属单位上缴收入	其他收入		基本支出
总计	**1 143 349**	**695 012**	**23 141**	**387 377**	**7 299**	**108**	**30 412**	**1 053 193**	**865 810**
中央	14 314	6 823	1 200	4 809	1 482	——	——	17 675	14 766
地方	1 129 035	688 189	21 941	382 568	5 817	108	30 412	1 035 518	851 044
北京	80 342	70 356	——	7 842	1 716	——	428	52 633	37 582
天津	100 323	78 951	——	20 030	——	30	1 312	45 595	42 839
河北	41 449	23 245	835	16 438	——	——	931	38 088	35 685
山西	109 161	66 764	3 096	38 398	100	——	803	108 503	83 329
内蒙古	24 638	17 347	——	7 028	——	——	263	24 810	24 810
辽宁	26 422	14 528	15	11 221	8	——	650	26 247	20 526
其中：大连	6 720	4 159	——	2 561	——	——	——	6 720	3 387
吉林	——	——	——	——	——	——	——	——	——
黑龙江	23 775	11 476	50	12 017	174	——	58	24 036	21 745
上海	8 378	4 907	70	1 356	——	——	2 045	8 355	8 355
江苏	90 511	51 328	3 473	32 196	——	——	3 514	87 259	75 389
浙江	99 075	61 460	906	32 833	——	——	3 876	93 880	91 974
其中：宁波	——	——	——	——	——	——	——	——	——
安徽	52 298	18 946	3 659	25 436	——	——	4 257	52 188	34 928
福建	32 453	21 743	1 676	8 650	——	——	384	32 688	29 406
其中：厦门	6 707	5 473	15	1 160	——	——	59	6 615	5 269
江西	19 120	7 459	63	11 225	——	——	373	18 362	12 852
山东	34 533	20 474	——	13 451	——	——	608	35 757	33 986
其中：青岛	——	——	——	——	——	——	——	——	——
河南	54 004	38 403	89	14 115	860	——	537	54 866	43 171
湖北	50 122	27 558	1 543	17 369	1 812	——	1 840	49 566	39 019
湖南	36 307	9 375	——	24 982	——	——	1 950	36 084	32 825
广东	72 416	55 169	156	15 786	840	——	465	71 307	43 539
其中：深圳	420	170	30	220	——	——	——	336	336
广西	31 388	15 522	6 146	8 893	——	——	827	31 292	27 393
海南	8 056	7 209	——	801	——	——	46	8 561	8 561
重庆	8 786	2 714	——	5 255	——	78	739	10 342	9 951
四川	42 515	18 176	120	21 200	167	——	2 852	42 857	35 245
贵州	——	——	——	——	——	——	——	——	——
云南	12 974	7 064	——	5 640	——	——	270	13 301	11 105
西藏	——	——	——	——	——	——	——	——	——
陕西	30 916	13 392	30	16 478	140	——	876	30 219	28 071
甘肃	10 603	7 589	——	2 958	——	——	56	9 843	——
青海	8 071	5 425	14	2 400	——	——	232	8 575	7 075
宁夏	6 707	4 337	——	2 190	——	——	180	6 791	6 390
新疆	13 692	7 272	——	6 380	——	——	40	13 513	5 293

机构基本情况（二）

年支出合计（千元）										
		在支出合计中								
项目支出	经营支出	人员支出		公用支出					对个人和家庭补助支出	
			社会保障缴费		福利费	维修费	各种设备购置费	税金支出		助学金
129 418	**10 435**	**408 048**	**32 457**	**346 386**	**8 409**	**54 386**	**39 246**	**1 349**	**179 415**	**16 356**
1 427	1 482	5 785	99	5 074	42	1 099	1 194	——	3 907	——
127 991	8 953	402 263	32 358	341 312	8 367	53 287	38 052	1 349	175 508	16 356
12 030	1 716	22 874	994	20 231	73	9 271	3 190	191	4 122	693
2 563	——	16 139	829	16 044	467	2 237	721	57	11 356	20
2 403	——	16 520	1 645	11 919	385	597	2 215	——	8 648	589
12 053	100	40 903	1 700	34 414	422	6 160	3 985	18	14 461	681
——	——	12 392	1 446	7 765	229	1 196	615	11	2 850	623
5 111	——	10 868	956	10 723	148	1 495	1 470	56	3 590	156
3 333	——	3 529	359	2 478	19	305	330	——	332	143
——	——	——	——	——	——	——	——	——	——	——
1 280	499	10 089	1 286	7 545	77	1 377	1 461	3	6 402	499
——	——	3 631	690	2 809	25	765	94	51	735	480
9 070	——	34 276	2 362	26 666	261	3 158	4 127	37	20 054	636
1 320	——	37 907	4 453	35 826	1 145	5 026	5 076	——	19 563	3 551
——	——	——	——	——	——	——	——	——	——	——
16 407	——	12 897	940	15 051	690	1 244	1 425	——	7 848	315
2 584	——	12 618	1 948	10 287	566	1 605	1 085	145	6 738	1 273
1 346	——	2 236	253	1 829	83	58	3	145	1 204	451
5 510	——	5 882	197	3 722	72	129	238	——	3 229	59
837	——	17 529	2 889	11 309	91	1 336	329	——	6 919	597
——	——	——	——	——	——	——	——	——	——	——
7 811	802	23 108	2 696	12 123	1 242	774	1 612	216	11 182	2 252
6 707	420	15 769	1 106	22 148	235	7 836	4 247	324	6 794	228
2 776	——	11 468	1 168	17 745	785	2 276	1 399	——	4 135	339
22 235	840	26 667	1 228	10 417	703	746	101	159	10 224	163
——	——	256	58	74	18	——	——	——	——	——
2 153	——	13 971	895	10 416	446	1 367	1 797	——	6 173	1 101
——	——	5 010	725	1 078	19	77	21	——	1 468	195
——	——	4 397	196	4 657	29	651	361	——	897	208
7 592	20	17 570	1 056	17 671	118	1 113	684	——	5 444	964
——	——	——	——	——	——	——	——	——	——	——
2 196	——	4 693	——	7 470	——	938	848	——	1 138	297
——	——	——	——	——	——	——	——	——	——	——
——	788	10 349	220	15 760	35	827	676	81	3 717	381
——	3 768	3 768	194	2 348	63	481	61	——	3 727	——
1 500	——	3 220	——	1 594	4	377	——	——	1 683	25
400	——	3 140	133	2 180	——	28	39	——	1 071	——
3 453	——	4 608	406	1 394	37	200	175	——	1 340	31

各地区文化部门中等

	机构数（个）	从业人员数			毕业生数（人）	招生数（人）	在		
		（人）	高级职称	中级职称				戏剧类	戏曲类
总计	**121**	**9 232**	**1 300**	**2 688**	**13 764**	**16 147**	**53 063**	**2 807**	**5 138**
北京	1	200	23	32	——	——	647	——	——
天津	3	608	144	194	288	261	1 242	76	304
河北	4	276	31	82	544	475	1 551	50	——
山西	11	964	117	280	1 312	2 038	6 127	190	1 398
内蒙古	5	434	32	119	684	518	2 256	274	——
辽宁	7	246	40	83	287	377	1 390	97	94
其中：大连	1	64	14	23	61	112	420	40	26
吉林	——	——	——	——	——	——	——	——	——
黑龙江	7	98	28	36	118	186	308	22	3
上海	1	51	3	18	——	23	99	——	——
江苏	8	637	103	225	1 338	1 439	6 054	354	201
浙江	3	147	23	40	238	183	842	56	188
其中：宁波	——	——	——	——	——	——	——	——	——
安徽	2	108	19	35	192	301	621	——	189
福建	3	383	43	92	254	1 170	2 376	110	332
其中：厦门	1	75	9	15	8	4	242	62	——
江西	6	115	14	29	188	170	583	52	——
山东	6	616	139	235	1 017	1 070	3 493	69	419
其中：青岛	——	——	——	——	——	——	——	——	——
河南	14	1 068	112	254	2 293	2 066	6 975	528	1 211
湖北	5	350	66	129	475	625	1 872	85	152
湖南	4	254	29	72	291	370	994	53	70
广东	7	736	89	224	700	1 291	3 133	372	228
其中：深圳	——	——	——	——	——	——	——	——	——
广西	3	286	52	56	611	552	1 938	——	49
海南	1	113	19	31	153	117	518	——	64
重庆	2	222	40	55	124	178	576	59	25
四川	3	355	36	98	772	647	3 119	63	19
贵州	1	——	——	——	46	——	46	——	——
云南	——	——	——	——	——	——	——	——	——
西藏	——	——	——	——	——	——	——	——	——
陕西	8	421	46	129	959	802	2 804	240	143
甘肃	1	153	11	46	252	310	851	——	——
青海	1	80	14	24	189	272	497	——	——
宁夏	1	106	18	26	61	78	344	——	49
新疆	3	205	9	44	378	628	1 807	57	——

专业学校基本情况（一）

校生数（人）					在校生中高职数（人）	培训干部（人）	年末固定资产原值（千元）	增加值（千元）	公用房屋建筑面积（千平方米）	
舞蹈类	音乐类	美术类	电影放映	其他						教学用房
16 547	**12 841**	**6 056**	**——**	**9 674**	**3 442**	**72**	**980 675**	**419 201**	**1 109**	**720**
138	——	146	——	363	——	——	76 123	9 296	29	17
100	230	82	——	450	233	——	11 461	27 869	45	20
755	400	51	——	295	——	——	38 634	12 861	34	24
1 022	1 605	701	——	1 211	111	11	46 779	34 410	78	46
819	1 098	22	——	43	——	2	34 257	14 480	48	36
455	306	25	——	413	——	——	31 057	11 171	32	24
190	40	20	——	104	——	——	11 868	4 211	7	2
——	——	——	——	——	——	——	——	——	——	——
274	——	——	——	9	87	——	3 604	2 569	4	3
——	——	——	——	99	——	——	11 359	4 416	5	5
1 635	1 257	1 764	——	843	2 477	——	91 114	51 178	98	68
297	226	40	——	35	152	——	24 737	10 533	11	9
——	——	——	——	——	——	——	——	——	——	——
213	78	34	——	107	——	——	14 917	5 069	29	22
614	894	337	——	89	308	11	32 735	19 769	36	23
180	——	——	——	——	——	——	9 562	3 599	8	6
254	148	91	——	38	——	——	34 213	5 095	10	7
1 182	998	256	——	569	——	——	78 385	27 077	105	86
——	——	——	——	——	——	——	——	——	——	——
1 452	1 832	1 061	——	891	——	——	72 703	33 922	115	84
530	525	525	——	55	——	2	39 903	12 005	53	25
532	222	47	——	70	——	5	26 125	5 514	31	19
1 411	300	254	——	568	——	15	103 012	41 436	95	64
——	——	——	——	——	——	——	——	——	——	——
986	478	130	——	295	——	26	17 320	16 354	26	18
242	106	106	——	——	——	——	9 067	6 664	9	7
375	117	——	——	——	——	——	8 453	5 453	9	7
559	199	10	——	2 269	——	——	57 942	22 007	40	10
——	——	——	——	46	——	——	——	——	——	——
——	——	——	——	——	——	——	——	——	——	——
——	——	——	——	——	——	——	——	——	——	——
809	708	172	——	732	——	——	69 996	15 567	67	33
473	225	60	——	93	——	——	3 414	7 694	16	13
235	198	24	——	40	——	——	5 417	5 098	18	12
115	139	41	——	——	74	——	6 784	4 482	20	5
1 070	552	77	——	51	——	——	31 164	7 200	31	20

各地区文化部门中等

	本年收入合计（千元）							本	
		财政拨款	上级补助收入	事业收入	经营收入	附属单位上缴收入	其他收入		基本支出
总计	**718 113**	**468 853**	**13 869**	**219 437**	**1 874**	**108**	**13 972**	**661 282**	**540 445**
北京	23 793	18 297	——	5 406	——	——	90	18 904	14 262
天津	86 807	78 181	——	7 890	——	30	706	35 984	33 361
河北	18 854	12 516	——	5 858	——	——	480	18 508	17 508
山西	57 183	39 288	1	17 340	100	——	454	57 215	43 457
内蒙古	22 325	15 390	——	6 825	——	——	110	22 514	22 514
辽宁	17 896	9 523	15	7 721	8	——	629	18 045	13 010
其中：大连	6 720	4 159	——	2 561	——	——	——	6 720	3 387
吉林	——	——	——	——	——	——	——	——	——
黑龙江	4 479	2 150	50	2 048	174	——	57	4 473	3 462
上海	8 378	4 907	70	1 356	——	——	2 045	8 355	8 355
江苏	76 579	42 544	3 473	28 716	——	——	1 846	74 245	64 652
浙江	18 793	10 571	906	6 355	——	——	961	18 686	17 266
其中：宁波	——	——	——	——	——	——	——	——	——
安徽	5 415	2 880	——	2 533	——	——	2	5 378	5 100
福建	32 038	21 393	1 611	8 650	——	——	384	32 317	29 035
其中：厦门	6 707	5 473	15	1 160	——	——	59	6 615	5 269
江西	5 899	2 447	63	3 025	——	——	364	5 785	5 785
山东	34 533	20 474	——	13 451	——	——	608	35 757	33 986
其中：青岛	——	——	——	——	——	——	——	——	——
河南	50 325	35 694	49	13 726	445	——	411	51 199	40 227
湖北	25 421	17 068	1 245	6 201	——	——	907	24 912	19 843
湖南	8 196	3 471	——	4 591	——	——	134	7 973	7 450
广东	71 996	54 999	126	15 566	840	——	465	70 971	43 203
其中：深圳	——	——	——	——	——	——	——	——	——
广西	26 081	12 529	6 126	7 072	——	——	354	25 698	23 654
海南	8 056	7 209	——	801	——	——	46	8 561	8 561
重庆	8 786	2 714	——	5 255	——	78	739	10 342	9 951
四川	37 441	17 444	120	18 684	167	——	1 026	37 686	30 141
贵州	——	——	——	——	——	——	——	——	——
云南	——	——	——	——	——	——	——	——	——
西藏	——	——	——	——	——	——	——	——	——
陕西	29 766	12 541	——	16 439	140	——	646	29 052	26 904
甘肃	10 603	7 589	——	2 958	——	——	56	9 843	——
青海	8 071	5 425	14	2 400	——	——	232	8 575	7 075
宁夏	6 707	4 337	——	2 190	——	——	180	6 791	6 390
新疆	13 692	7 272	——	6 380	——	——	40	13 513	5 293

专业学校基本情况（二）

年支出合计（千元）										
		在支出合计中								
项目支出	经营支出	人员支出		公用支出					对个人和家庭补助支出	
			社会保障缴费		福利费	维修费	各种设备购置费	税金支出		助学金
76 053	**6 460**	**269 438**	**22 705**	**203 598**	**4 983**	**29 297**	**20 241**	**802**	**113 772**	**10 915**
4 641	——	5 467	526	8 044	15	3 344	929	69	750	49
2 563	——	15 770	801	7 145	458	43	77	57	11 146	20
1 000	——	9 015	1 552	6 182	88	492	1 064	——	2 310	97
1 978	100	22 898	1 070	16 319	187	3 321	1 653	18	8 120	418
——	——	11 338	1 409	7 295	206	1 180	590	——	2 189	623
4 425	——	7 887	639	7 788	148	913	921	56	1 989	156
3 333	——	3 529	359	2 478	19	305	330	——	332	143
——	——	——	——	——	——	——	——	——	——	——
——	499	2 034	86	1 554	2	120	588	3	885	499
——	——	3 631	690	2 809	25	765	94	51	735	480
6 793	——	29 693	2 016	21 066	225	1 714	3 640	——	18 131	515
1 320	——	6 190	565	8 364	134	939	822	——	4 032	812
——	——	——	——	——	——	——	——	——	——	——
278	——	3 867	165	959	170	155	123	——	289	8
2 584	——	12 391	1 914	10 249	565	1 605	1 085	145	6 632	1 273
1 346	——	2 236	253	1 829	83	58	3	145	1 204	451
——	——	2 670	34	2 047	51	32	——	——	1 049	43
837	——	17 529	2 889	11 309	91	1 336	329	——	6 919	597
——	——	——	——	——	——	——	——	——	——	——
7 459	445	21 244	2 485	11 575	1 223	749	1 575	163	10 630	2 246
5 069	——	7 103	847	14 340	128	5 973	3 163	——	3 230	52
40	——	3 883	451	3 541	40	1 244	58	——	549	3
22 235	840	26 411	1 170	10 343	685	746	101	159	10 224	163
——	——	——	——	——	——	——	——	——	——	——
1 953	——	11 340	605	8 557	290	1 127	1 644	——	5 103	1 071
——	——	5 010	725	1 078	19	77	21	——	1 468	195
——	——	4 397	196	4 657	29	651	361	——	897	208
7 525	20	15 317	939	15 236	66	873	472	——	5 257	950
——	——	——	——	——	——	——	——	——	——	——
——	——	——	——	——	——	——	——	——	——	——
——	——	——	——	——	——	——	——	——	——	——
——	788	9 617	198	15 625	34	812	656	81	3 417	381
——	3 768	3 768	194	2 348	63	481	61	——	3 727	——
1 500	——	3 220	——	1 594	4	377	——	——	1 683	25
400	——	3 140	133	2 180	——	28	39	——	1 071	——
3 453	——	4 608	406	1 394	37	200	175	——	1 340	31

各地区文化文物科技、

	机构数(个)	从业人员数(人)			本年完成科研项目(个)		
			高级职称	中级职称		获国家奖	获、部奖
总　计	**278**	**7 063**	**1 652**	**1 718**	**445**	**52**	**155**
中　央	3	854	282	240	10	5	2
地　方	275	6 209	1 370	1 478	435	47	153
北　京	4	107	16	32	13	2	2
天　津	1	32	9	14	4	—	—
河　北	16	307	105	79	11	2	8
山　西	23	606	95	131	26	10	14
内蒙古	9	182	45	64	18	5	9
辽　宁	20	412	84	119	12	5	6
其中：大连	2	38	4	7	1	—	1
吉　林	10	250	83	41	9	3	5
黑龙江	4	122	36	47	12	—	10
上　海	2	62	12	24	6	3	1
江　苏	9	97	31	18	17	1	11
浙　江	9	285	51	54	4	—	—
其中：宁波	1	7	2	3	—	—	—
安　徽	8	104	38	23	9	1	5
福　建	11	127	33	31	8	2	6
其中：厦门	2	23	7	3	5	2	3
江　西	17	152	46	38	27	2	12
山　东	11	168	66	54	10	—	6
其中：青岛	3	26	9	8	6	—	6
河　南	30	560	103	133	37	2	17
湖　北	5	160	54	28	3	2	1
湖　南	2	87	25	20	—	—	—
广　东	13	230	45	44	27	—	8
其中：深圳	1	15	8	2	1	—	—
广　西	10	80	25	28	8	1	6
海　南	—	—	—	—	—	—	—
重　庆	2	80	19	9	5	—	—
四　川	7	315	54	52	96	—	13
贵　州	5	45	11	13	32	2	3
云　南	2	82	35	9	—	—	—
西　藏	1	7	—	3	—	—	—
陕　西	28	544	114	138	30	3	10
甘　肃	6	727	63	135	10	—	—
青　海	2	60	11	28	—	—	—
宁　夏	4	74	21	24	1	1	—
新　疆	4	145	40	45	—	—	—

科研机构基本情况（一）

信息化装备		申请专利数（个）	年末固定资产原值（千元）	增加值（千元）	公用房屋建筑面积（千平方米）
计算机（台）	网站数（个）				
3 287	**73**	**33**	**790 467**	**438 558**	**336**
738	2	——	159 977	59 481	53
2 549	71	33	630 490	379 077	283
106	——	——	8 485	6 757	3
10	——	——	225	2 369	1
95	1	23	19 103	14 926	12
187	2	——	44 084	22 430	30
95	1	——	19 420	9 046	13
124	3	——	23 748	19 462	8
13	——	——	593	1 084	——
58	2	——	12 026	12 162	8
19	——	——	11 398	4 839	3
46	1	——	2 311	5 724	——
55	——	——	3 359	7 123	——
123	1	2	38 474	68 623	17
——	——	——	697	587	——
35	1	——	9 976	4 584	2
90	——	——	10 493	6 740	7
28	——	——	5 947	1 524	1
6	1	——	6 236	6 733	13
111	1	5	11 539	12 773	10
3	——	5	368	1 418	——
190	1	——	41 367	17 891	40
59	17	1	13 216	12 139	10
70	1	——	7 814	3 462	5
148	30	——	13 989	14 760	6
20	——	——	1 419	1 527	——
25	——	——	2 140	4 346	1
——	——	——	——	——	——
2	——	——	2 178	2 711	1
265	4	——	53 574	24 572	9
33	——	——	2 453	5 128	——
67	——	——	7 752	5 046	2
4	——	——	——	——	——
114	——	2	31 484	18 686	23
298	3	——	208 216	50 138	42
9	——	——	3 944	2 800	4
42	1	——	5 022	6 782	2
63	——	——	16 464	6 325	11

各地区文化文物科技、

	本年收入合计（千元）							本	
		财政拨款	上级补助收入	事业收入	经营收入	附属单位上缴收入	其他收入		基本支出
总　计	**1 082 769**	**502 143**	**61 993**	**382 320**	**64 675**	**——**	**71 638**	**888 218**	**571 042**
中　央	240 059	171 254	4 353	34 935	4 358	——	25 159	140 969	68 778
地　方	842 710	330 889	57 640	347 385	60 317	——	46 479	747 249	502 264
北　京	11 220	9 715	——	1 127	——	——	378	11 947	8 705
天　津	2 935	2 716	131	——	——	——	88	2 912	2 845
河　北	40 129	33 142	156	5 902	——	——	929	29 602	13 853
山　西	53 745	21 964	2 420	28 386	454	——	521	46 212	27 105
内蒙古	37 220	13 555	——	21 226	——	——	2 439	25 473	25 459
辽　宁	29 798	20 354	224	9 109	——	——	111	26 966	21 208
其中：大连	1 780	1 780	——	——	——	——	——	1 780	1 490
吉　林	19 866	15 274	2 083	2 446	——	——	63	20 467	15 963
黑龙江	5 540	5 529	10	——	——	——	1	5 740	5 425
上　海	11 358	5 556	1 050	4 703	——	——	49	10 445	5 124
江　苏	9 119	8 016	——	747	——	——	356	8 333	7 564
浙　江	86 352	16 884	1 155	8 000	59 472	——	841	67 135	21 508
其中：宁波	630	630	——	——	——	——	——	596	596
安　徽	5 307	4 414	284	——	——	——	609	5 303	4 788
福　建	10 971	10 055	545	300	——	——	71	10 940	7 331
其中：厦门	4 180	3 877	——	295	——	——	8	4 377	1 437
江　西	10 003	7 327	18	2 417	——	——	241	9 322	5 695
山　东	19 294	12 853	3	5 541	——	——	897	20 044	17 524
其中：青岛	2 311	1 890	——	——	——	——	421	2 165	2 085
河　南	62 027	26 462	7 040	27 995	——	——	530	60 777	48 240
湖　北	27 033	7 700	3 261	9 027	——	——	7 045	25 005	8 652
湖　南	10 239	3 081	——	7 067	38	——	53	10 238	5 294
广　东	68 336	20 255	32 519	14 780	——	——	782	64 222	24 420
其中：深圳	4 341	2 106	940	1 286	——	——	9	3 951	1 764
广　西	5 894	5 622	2	219	——	——	51	5 600	4 378
海　南	——	——	——	——	——	——	——	——	——
重　庆	7 926	3 959	——	3 903	——	——	64	5 462	716
四　川	82 054	10 055	——	71 950	——	——	49	72 620	63 082
贵　州	12 446	2 289	——	10 042	——	——	115	7 513	6 848
云　南	15 530	5 775	——	9 472	90	——	193	15 215	14 200
西　藏	——	——	——	——	——	——	——	——	——
陕　西	77 294	20 339	1 304	32 347	12	——	23 292	61 322	57 778
甘　肃	95 438	23 301	——	66 423	——	——	5 714	92 235	61 334
青　海	4 449	3 086	93	1 190	——	——	80	4 466	4 094
宁　夏	4 376	4 161	——	113	——	——	102	9 214	3 963
新　疆	16 811	7 450	5 342	2 953	251	——	815	12 519	9 168

科研机构基本情况（二）

年支出合计（千元）											
项目支出	经营支出	在支出合计中									
		人员支出		公用支出							对个人和家庭补助支出
			社会保障缴费		福利费	维修费	税金支出	各种设备购置费	科研仪器设备	新产品开发经费	
244 289	**39 153**	**207 866**	**19 584**	**412 315**	**7 053**	**55 028**	**42 551**	**449**	**2 845**	**——**	**97 206**
71 600	375	28 418	308	47 964	995	555	17 260	——	341	——	23 328
172 689	38 778	179 448	19 276	364 351	6 058	54 473	25 291	449	2 504	——	73 878
3 242	——	3 791	69	4 900	30	156	302	——	100	——	2 496
67	——	985	52	579	20	81	39	——	7	——	1 348
14 824	——	7 135	760	3 830	109	32	——	——	——	——	4 325
12 276	400	12 407	648	28 353	543	1 946	2 317	72	93	——	4 408
14	——	4 486	191	18 780	63	593	3 266	8	3	——	2 205
5 497	——	8 130	983	10 775	92	410	1 179	——	——	——	7 788
209	——	927	299	644	14	205	12	——	——	——	119
4 503	——	7 024	583	4 292	9	231	36	——	——	——	4 648
315	——	2 791	298	632	10	1	——	——	——	——	1 582
——	——	4 775	1 213	5 075	82	163	441	——	207	——	568
769	——	3 513	206	1 458	27	57	147	20	——	——	3 362
7 647	37 980	13 504	1 974	13 605	869	1 107	741	156	1 713	——	2 046
——	——	491	——	37	——	——	——	——	——	——	68
69	——	2 361	225	1 312	197	44	33	——	——	——	1 627
3 609	——	4 469	463	4 612	56	138	445	53	2	——	1 793
2 940	——	1 093	131	3 099	8	79	370	——	——	——	185
2 756	——	3 208	119	877	74	70	42	——	——	——	2 058
2 520	——	8 247	886	7 705	24	190	1 157	——	50	——	3 990
80	——	1 352	401	671	11	——	46	——	——	——	40
9 439	——	11 963	2 269	42 333	201	374	2 945	——	17	——	4 055
16 338	——	4 337	218	1 975	125	47	20	——	——	——	2 363
4 906	27	1 481	162	7 166	214	11	582	——	11	——	1 444
39 802	——	9 838	813	48 081	230	36 917	1 253	——	46	——	4 087
2 187	——	1 238	137	316	22	26	——	——	——	——	210
585	——	2 325	163	677	33	6	161	——	——	——	1 902
——	——	——	——	——	——	——	——	——	——	——	——
4 304	——	949	53	4 289	14	5	164	——	21	——	223
9 038	——	9 170	628	52 791	114	4 870	1 328	70	36	——	2 169
665	——	1 065	19	6 194	7	——	628	——	——	——	254
927	88	2 776	152	9 130	153	826	811	——	6	——	1 801
——	——	——	——	——	——	——	——	——	——	——	——
457	32	13 616	214	43 705	154	607	1 293	——	——	——	3 645
24 380	——	23 468	797	32 260	2 111	5 134	4 986	——	166	——	4 959
372	——	1 753	15	1 510	2	29	121	——	——	——	887
268	——	5 608	4 646	786	332	86	88	——	8	——	633
3 100	251	4 273	457	6 669	163	342	766	70	18	——	1 212

各地区文化艺术科技、

	机构数（个）	从业人员数（人）	高级职称	中级职称	本年完成科研项目（个）	获国家奖	获省、部奖	所办刊物（种）
总　计	**188**	**3 395**	**972**	**881**	**360**	**45**	**144**	**75**
中　央	2	688	251	199	7	5	2	11
地　方	186	2 707	721	682	353	40	142	64
北　京	2	30	3	17	13	2	2	——
天　津	1	32	9	14	4	——	——	——
河　北	12	145	65	30	11	2	8	6
山　西	13	184	39	54	20	7	11	3
内蒙古	8	125	29	42	16	5	8	2
辽　宁	13	290	56	96	11	5	6	3
其中：大连	1	27	3	——	1	——	1	1
吉　林	8	171	62	26	9	3	5	4
黑龙江	2	70	27	18	12	——	10	——
上　海	2	62	12	24	6	3	1	1
江　苏	7	82	28	15	17	1	11	3
浙　江	6	192	17	29	3	——	——	1
其中：宁波	1	7	2	3	——	——	——	——
安　徽	6	64	19	15	7	1	5	2
福　建	9	114	27	31	8	2	6	3
其中：厦门	1	18	5	3	5	2	3	2
江　西	15	125	34	30	27	2	12	1
山　东	6	90	40	28	10	——	6	1
其中：青岛	2	19	8	7	6	——	6	——
河　南	21	203	43	51	25	1	16	2
湖　北	3	72	14	10	3	2	1	1
湖　南	1	33	14	10	——	——	——	1
广　东	9	99	32	18	26	——	8	8
其中：深圳	——	——	——	——	——	——	——	——
广　西	10	80	25	28	8	1	6	3
海　南	——	——	——	——	——	——	——	——
重　庆	1	22	14	3	5	——	——	——
四　川	4	77	19	15	88	——	8	2
贵　州	4	27	5	9	2	——	2	2
云　南	1	44	16	6	——	——	——	1
西　藏	——	——	——	——	——	——	——	——
陕　西	15	153	39	32	16	2	10	10
甘　肃	1	21	5	4	5	——	——	1
青　海	1	13	2	2	——	——	——	——
宁　夏	3	37	12	11	1	1	——	1
新　疆	2	50	14	14	——	——	——	2

科研机构基本情况（一）

信息化装备		申请专利数（个）	论文及资料		年末固定资产原值（千元）	增加值（千元）	公用房屋建筑面积	
计算机（台）	网站数（个）		专著数（册）	论文数（级及以上刊物公开发表）（篇）			（千平方米）	科研房屋面积
1 264	**59**	**26**	**149**	**1 319**	**209 366**	**226 241**	**112**	**76**
565	1	——	67	388	90 097	47 287	40	40
699	58	26	82	931	119 269	178 954	72	36
22	——	——	3	21	1 543	2 802	——	——
10	——	——	2	32	225	2 369	1	1
12	——	23	1	9	4 713	6 533	2	1
37	——	——	10	40	5 561	6 749	10	4
30	——	——	1	57	2 032	4 980	3	2
20	1	——	1	81	4 744	12 179	——	——
7	——	——	——	50	513	665	——	——
35	2	——	5	41	7 737	8 872	4	4
19	——	——	1	77	1 485	3 023	1	——
46	1	——	5	150	2 311	5 724	——	——
34	——	——	3	33	2 478	6 450	——	——
60	1	2	——	1	30 147	61 124	11	7
——	——	——	——	——	697	586	——	——
8	1	——	——	11	691	1 663	——	——
81	——	——	9	74	9 055	6 036	5	2
19	——	——	5	18	5 626	1 159	1	1
6	1	——	4	2	2 563	4 274	3	2
33	1	——	3	37	2 024	7 150	2	——
——	——	——	——	6	320	1 080	——	——
49	——	——	1	65	11 624	6 889	6	——
9	17	1	1	10	2 898	3 464	3	3
15	——	——	1	20	1 386	1 910	——	——
34	29	——	1	11	4 222	6 912	——	——
——	——	——	——	——	——	——	——	——
25	——	——	1	23	2 140	4 345	——	——
——	——	——	——	——	——	——	——	——
——	——	——	——	——	2 130	673	——	——
34	3	——	10	7	3 742	2 438	1	——
13	——	——	1	9	362	909	——	——
16	——	——	2	2	1 550	2 082	——	——
——	——	——	——	——	——	——	——	——
12	——	——	8	81	8 281	3 985	7	3
8	1	——	——	11	454	913	——	——
——	——	——	——	——	304	798	——	——
16	——	——	——	6	1 826	1 702	——	——
15	——	——	8	20	1 041	1 992	——	——

各地区文化艺术科技、

	本年收入合计（千元）							本	
		财政拨款	上级补助收入	事业收入	经营收入	附属单位上缴收入	其他收入		基本支出
总计	**419 740**	**297 350**	**8 261**	**29 027**	**64 217**	——	**20 885**	**314 892**	**198 295**
中央	177 124	128 095	4 315	22 238	3 962	——	18 514	98 400	56 962
地方	242 616	169 255	3 946	6 789	60 255	——	2 371	216 492	141 333
北京	4 287	4 282	——	——	——	——	5	4 708	3 227
天津	2 935	2 716	131	——	——	——	88	2 912	2 845
河北	8 415	8 204	126	——	——	——	85	8 610	6 813
山西	10 803	10 345	——	49	404	——	5	10 110	8 173
内蒙古	6 202	6 152	——	8	——	——	42	5 767	5 753
辽宁	15 052	14 847	——	204	——	——	1	15 052	14 447
其中：大连	1 020	1 020	——	——	——	——	——	1 020	930
吉林	10 670	10 427	4	186	——	——	53	10 792	10 185
黑龙江	3 595	3 584	10	——	——	——	1	3 671	3 356
上海	11 358	5 556	1 050	4 703	——	——	49	10 445	5 124
江苏	7 776	7 641	——	——	——	——	135	7 452	6 683
浙江	66 358	6 744	——	——	59 472	——	142	51 649	9 580
其中：宁波	630	630	——	——	——	——	——	596	596
安徽	2 230	1 946	284	——	——	——	——	2 153	1 638
福建	9 661	8 950	545	100	——	——	66	9 362	6 504
其中：厦门	3 242	3 144	——	95	——	——	3	3 171	982
江西	5 225	5 012	18	——	——	——	195	5 093	4 421
山东	8 933	8 481	——	——	——	——	452	9 202	7 922
其中：青岛	1 440	1 433	——	——	——	——	7	1 526	1 446
河南	13 177	13 097	18	48	——	——	14	9 384	7 468
湖北	5 193	4 571	172	394	——	——	56	5 034	3 886
湖南	2 475	2 370	——	14	38	——	53	2 475	2 437
广东	14 952	13 234	986	193	——	——	539	11 848	7 305
其中：深圳	——	——	——	——	——	——	——	——	——
广西	5 894	5 622	2	219	——	——	51	5 600	4 378
海南	——	——	——	——	——	——	——	——	——
重庆	3 406	3 357	——	45	——	——	4	3 021	656
四川	3 879	3 830	——	——	——	——	49	3 658	2 108
贵州	1 187	1 144	——	——	——	——	43	1 175	1 135
云南	3 778	3 682	——	——	90	——	6	3 678	3 173
西藏	——	——	——	——	——	——	——	——	——
陕西	6 267	5 875	——	226	——	——	166	6 221	5 701
甘肃	1 196	985	——	211	——	——	——	1 196	1 196
青海	979	961	——	——	——	——	18	906	850
宁夏	2 542	2 384	——	113	——	——	45	2 397	2 129
新疆	4 191	3 256	600	76	251	——	8	2 921	2 240

科研机构基本情况（二）

年	支	出	合	计	（千元）						
		在	支	出	合	计	中				
项目支出	经营支出	人员支出	社会保障缴费	公用支出	福利费	维修费	各种设备购置费	科研仪器设备	税金支出	新产品开发经费	对个人和家庭补助支出
67 800	**38 766**	**94 162**	**7 910**	**62 349**	**2 701**	**2 318**	**4 622**	**449**	**2 136**	**——**	**69 916**
41 222	——	21 027	199	14 507	969	38	10	——	81	——	21 607
26 578	38 766	73 135	7 711	47 842	1 732	2 280	4 612	449	2 055	——	48 309
1 481	——	1 287	20	1 981	14	——	127	——	——	——	1 440
67	——	985	52	579	20	81	39	——	7	——	1 348
872	——	3 470	278	1 939	34	10	——	——	——	——	2 841
1 537	400	4 241	189	2 880	136	551	737	72	2	——	2 148
14	——	2 956	120	919	53	122	36	8	——	——	1 890
524	——	5 151	621	2 879	73	179	352	——	——	——	6 766
9	——	573	161	299	14	5	12	——	——	——	58
606	——	4 818	388	1 632	9	27	33	——	——	——	3 736
315	——	1 805	205	402	10	1	——	——	——	——	1 149
——	——	4 775	1 213	5 075	82	163	441	——	207	——	568
769	——	3 100	184	1 121	20	13	145	20	——	——	3 231
4 089	37 980	7 572	1 198	5 201	786	205	322	156	1 713	——	896
——	——	491	——	37	——	——	——	——	——	——	68
69	——	947	124	533	19	21	33	——	——	——	670
2 858	——	3 906	414	3 678	54	111	331	53	2	——	1 712
2 189	——	792	108	2 243	6	52	256	——	——	——	136
——	——	2 329	110	761	63	54	42	——	——	——	1 780
1 280	——	4 345	557	2 127	16	20	130	——	50	——	2 659
80	——	1 046	334	398	11	——	15	——	——	——	11
1 160	——	4 205	1 110	1 372	73	47	92	——	3	——	2 144
1 133	——	1 696	113	657	36	9	16	——	——	——	1 617
——	27	762	50	505	21	11	252	——	11	——	1 061
4 543	——	3 689	235	5 213	96	443	292	——	42	——	2 917
——	——	——	——	——	——	——	——	——	——	——	——
585	——	2 325	163	677	33	6	161	——	——	——	1 902
——	——	——	——	——	——	——	——	——	——	——	——
2 365	——	377	27	2 440	8	3	164	——	——	——	203
1 050	——	1 403	123	786	18	9	570	70	——	——	868
40	——	671	15	287	7	——	10	——	——	——	217
417	88	960	16	169	19	3	——	——	——	——	1 041
——	——	——	——	——	——	——	——	——	——	——	——
50	20	2 272	12	2 335	3	34	39	——	——	——	1 379
——	——	485	15	301	——	15	55	——	——	——	410
56	——	322	——	121	1	——	——	——	——	——	463
268	——	995	33	416	1	55	88	——	——	——	633
430	251	1 286	126	856	27	87	105	70	18	——	620

各地区文物保护科学

	机构数(个)	从业人员数(人)	从业人员数：在编人数	具有专业资质人数(人)	具有考古发掘个人领队资格人数	具有文物保护工程职业资格人数	具有中高级职称人数(人)	高级职称	安全保卫人员(人)	在编安全保卫人数	信息化装备：计算机(台)	信息化装备：网站数(个)
总计	**90**	**3 668**	**2 697**	**617**	**360**	**72**	**1 517**	**680**	**434**	**156**	**2 023**	**14**
中央	1	166	117	7	2	5	72	31	1	1	173	1
地方	89	3 502	2 580	610	358	67	1 445	649	433	155	1 850	13
北京	2	77	72	11	6	5	28	13	5	3	84	——
天津	——	——	——	——	——	——	——	——	——	——	——	——
河北	4	162	155	15	15	——	89	40	22	8	83	1
山西	10	422	224	22	22	——	133	56	54	21	150	2
内蒙古	1	57	57	8	8	——	38	16	6	4	65	1
辽宁	7	122	122	54	18	10	51	28	3	3	104	2
其中：大连	1	11	11	8	——	8	8	1	——	——	6	——
吉林	2	79	70	24	10	——	36	21	1	——	23	——
黑龙江	2	52	51	32	8	24	38	9	2	2	——	——
上海	——	——	——	——	——	——	——	——	——	——	——	——
江苏	2	15	15	1	1	——	6	3	——	——	21	——
浙江	3	93	69	16	16	——	59	34	18	7	63	——
其中：宁波	——	——	——	——	——	——	——	——	——	——	——	——
安徽	2	40	40	12	12	——	27	19	1	1	27	——
福建	2	13	11	3	1	——	6	6	——	——	9	——
其中：厦门	1	5	3	3	1	——	2	2	——	——	9	——
江西	2	27	27	10	10	——	20	12	1	1	——	——
山东	5	78	76	14	13	——	52	26	5	5	78	——
其中：青岛	1	7	5	2	1	——	2	1	1	1	3	——
河南	9	357	243	43	38	——	142	60	37	23	141	1
湖北	2	88	78	51	25	1	58	40	14	4	50	——
湖南	1	54	37	7	7	——	21	11	1	1	55	1
广东	4	131	75	20	20	——	39	13	3	1	114	1
其中：深圳	1	15	12	5	5	——	10	8	2	——	20	——
广西	——	——	——	——	——	——	——	——	——	——	——	——
海南	——	——	——	——	——	——	——	——	——	——	——	——
重庆	1	58	18	6	6	——	11	5	1	1	2	——
四川	3	238	114	29	24	5	72	35	73	6	231	1
贵州	1	18	18	14	6	1	10	6	——	——	20	——
云南	1	38	32	27	10	3	22	19	6	1	51	——
西藏	1	7	7	6	4	2	3	——	——	——	4	——
陕西	13	391	379	147	46	10	181	75	44	23	102	——
甘肃	5	706	415	19	13	6	189	58	112	24	290	2
青海	1	47	43	4	4	——	35	9	3	3	9	——
宁夏	1	37	37	4	4	——	22	9	4	4	26	1
新疆	2	95	95	11	11	——	57	26	17	9	48	——

研究机构基本情况（一）

文物藏品				本年考古出土文物及标本数（件、套）	藏品分类数				本年从有关部门接受文物数（件、套）	本年藏品征集数（件、套）	修复文物数			
（件、套）	一级品	二级品	三级品		（件、套）	古代文物数	近现代文物数	自然标本数			（件、套）	一级品	二级品	三级品
987 996	**2 802**	**8 216**	**78 314**	**50 379**	**509 556**	**331 963**	**23 833**	**20 111**	**4 673**	**9**	**11 499**	**5**	**29**	**718**
12 592	——	——	——	——	——	——	——	——	——	——	4 000	——	——	——
975 404	2 802	8 216	78 314	50 379	509 556	331 963	23 833	20 111	4 673	9	7 499	5	29	718
——	——	——	——	——	——	——	——	——	——	——	——	——	——	——
——	——	——	——	——	——	——	——	——	——	——	——	——	——	——
197 780	458	2 773	24 469	3	72 319	51 180	21 139	——	4 600	——	——	——	——	——
9 199	27	23	368	121	9 199	9 199	——	——	——	——	23	——	——	——
6 932	145	30	51	——	——	——	——	——	——	——	——	——	——	——
3 660	18	196	2 277	2 000	2 621	2 000	621	——	——	——	100	——	——	——
——	——	——	——	——	——	——	——	——	——	——	——	——	——	——
377	10	26	118	——	241	238	3	——	——	——	——	——	——	——
3 536	2	6	3 301	——	227	211	16	——	——	——	——	——	——	——
——	——	——	——	——	——	——	——	——	——	——	——	——	——	——
4 836	——	——	——	——	4 836	——	——	——	——	——	——	——	——	——
20 740	51	236	1 227	6 006	20 740	18 687	2 053	——	6	——	2 526	1	7	18
——	——	——	——	——	——	——	——	——	——	——	——	——	——	——
2 329	7	13	309	2 000	——	——	——	——	——	——	——	——	——	——
200	——	——	——	60	200	200	——	——	——	2	——	——	——	——
200	——	——	——	60	200	200	——	——	——	2	——	——	——	——
——	——	——	——	——	——	——	——	——	——	——	——	——	——	——
19 710	——	——	——	2 000	——	——	——	——	——	——	380	——	——	——
700	——	——	——	——	——	——	——	——	——	——	——	——	——	——
213 468	47	203	2 352	13 230	36 949	16 843	——	20 106	——	——	1 602	——	——	——
17 963	178	290	——	300	10 300	10 300	——	——	——	——	473	——	——	——
21 696	15	13	6	1 068	——	——	——	——	——	——	200	——	——	——
47 110	——	——	——	5 080	27 270	27 065	——	5	——	——	922	——	——	——
300	——	——	——	300	260	260	——	——	——	——	40	——	——	——
——	——	——	——	——	——	——	——	——	——	——	——	——	——	——
——	——	——	——	——	——	——	——	——	——	——	——	——	——	——
——	——	——	——	——	——	——	——	——	——	——	——	——	——	——
103 965	287	140	21	5 000	103 965	90 465	——	——	——	——	130	——	——	——
2 000	——	——	——	——	——	——	——	——	——	——	——	——	——	——
13 544	2	14	35	11 970	——	——	——	——	——	——	——	——	——	——
——	——	——	——	——	——	——	——	——	——	——	——	——	——	——
162 175	403	478	15 023	1 378	155 295	40 181	1	——	67	7	793	4	22	700
66 194	1 025	3 688	28 395	3	65 394	65 394	——	——	——	——	3	——	——	——
55 607	63	87	234	160	——	——	——	——	——	——	160	——	——	——
128	——	——	128	——	——	——	——	——	——	——	——	——	——	——
2 255	64	——	——	——	——	——	——	——	——	——	187	——	——	——

各地区文物保护科学

	考古发掘项目（个）	配合基建考古发掘项目	抢救性发掘项目	考古钻探面积（千平方米）	考古发掘面积（千平方米）	发掘墓葬数（个）	承担维修项目（个）	国保单位	省级保单位	市、县级保单位
总计	**964**	**668**	**160**	**33 388**	**1 138**	**12 631**	**97**	**45**	**20**	**1**
中央	——	——	——	——	——	——	23	21	——	——
地方	964	668	160	33 388	1 138	12 631	74	24	20	1
北京	40	30	10	2 880	29	771	——	——	——	——
天津	——	——	——	——	——	——	——	——	——	——
河北	35	28	2	4 887	66	543	8	——	——	——
山西	12	7	3	861	4	187	——	——	——	——
内蒙古	36	27	——	1 000	250	1 200	——	——	——	——
辽宁	48	23	5	582	40	323	14	5	9	——
其中：大连	10	——	——	1	3	10	——	——	——	——
吉林	15	13	2	530	23	87	2	2	——	——
黑龙江	10	8	2	120	35	——	——	——	——	——
上海	——	——	——	——	——	——	——	——	——	——
江苏	12	——	12	35	5	118	2	2	——	——
浙江	22	17	5	——	82	735	——	——	——	——
其中：宁波	——	——	——	——	——	——	——	——	——	——
安徽	33	33	——	——	6	800	6	——	6	——
福建	4	——	4	200	——	25	——	——	——	——
其中：厦门	4	——	4	200	——	25	——	——	——	——
江西	19	10	5	80	40	100	——	——	——	——
山东	16	6	10	273	77	57	2	——	1	1
其中：青岛	——	——	——	60	56	12	——	——	——	——
河南	164	145	12	2 460	160	2 980	12	8	4	——
湖北	68	5	3	2 000	40	100	——	——	——	——
湖南	19	9	——	180	3	300	——	——	——	——
广东	34	33	1	450	124	263	——	——	——	——
其中：深圳	4	3	1	——	2	31	——	——	——	——
广西	——	——	——	——	——	——	——	——	——	——
海南	——	——	——	——	——	——	——	——	——	——
重庆	61	2	59	——	——	——	——	——	——	——
四川	56	47	9	35	8	399	2	2	——	——
贵州	17	15	2	1	8	20	——	——	——	——
云南	14	12	2	465	42	1 531	——	——	——	——
西藏	1	——	——	——	1	——	——	——	——	——
陕西	217	192	8	16 342	76	1 995	11	3	——	——
甘肃	——	——	——	——	3	21	15	2	——	——
青海	4	——	4	6	3	9	——	——	——	——
宁夏	1	1	——	——	——	——	——	——	——	——
新疆	6	5	——	——	5	67	——	——	——	——

研究机构基本情况（二）

本年完成科研项目（个）	获国家奖	获省、部级奖	申请专利数（个）	论文及资料整理完成情况 专著和图录（册）	论文数（在省级及以上刊物公开发表）（篇）	年末固定资产原值（千元）	增加值（千元）	公用房屋建筑面积（千平方米）	文物库房	实验室用房
85	**7**	**11**	**7**	**82**	**1 016**	**581 101**	**212 315**	**222**	**15**	**56**
3	——	——	——	3	29	69 880	12 193	12	4	1
82	7	11	7	79	987	511 221	200 121	210	11	55
——	——	——	——	4	——	6 942	3 953	3	——	1
——	——	——	——	——	——	——	——	——	——	——
——	——	——	——	4	25	14 390	8 391	10	——	7
6	3	3	——	7	116	38 523	15 680	19	4	4
2	——	1	——	5	33	17 388	4 065	9	——	3
1	——	——	——	——	6	19 004	7 282	7	——	3
——	——	——	——	——	——	80	418	——	——	——
——	——	——	——	——	——	4 289	3 289	3	2	——
——	——	——	——	1	30	9 913	1 815	1	——	——
——	——	——	——	——	——	——	——	——	——	——
——	——	——	——	——	——	881	673	——	——	——
1	——	——	——	4	45	8 327	7 498	5	——	1
——	——	——	——	——	——	——	——	——	——	——
2	——	——	——	1	52	9 285	2 920	1	——	——
——	——	——	——	2	2	1 438	703	——	——	——
——	——	——	——	2	2	321	364	——	——	——
——	——	——	——	——	20	3 673	2 458	8	——	——
——	——	——	5	2	25	9 515	5 621	6	——	5
——	——	——	5	——	5	48	336	——	——	——
12	1	1	——	8	102	29 743	11 000	33	——	7
——	——	——	——	5	32	10 318	8 673	6	——	——
——	——	——	——	3	14	6 428	1 552	3	——	1
1	——	——	——	8	23	9 767	7 847	4	——	3
1	——	——	——	4	11	1 419	1 526	——	——	——
——	——	——	——	——	——	——	——	——	——	——
——	——	——	——	——	——	——	——	——	——	——
——	——	——	——	——	——	48	2 037	——	——	——
8	——	5	——	6	134	49 832	22 132	7	——	2
30	2	1	——	——	10	2 091	4 218	——	——	——
——	——	——	——	2	39	6 202	2 964	1	——	——
——	——	——	——	1	4	——	——	——	——	——
14	1	——	2	10	178	23 203	14 701	14	——	6
5	——	——	——	6	67	207 762	49 225	42	1	——
——	——	——	——	——	——	3 640	2 001	3	——	1
——	——	——	——	——	——	3 196	5 079	1	——	——
——	——	——	——	——	30	15 423	4 331	11	——	——

各地区文物保护科学

	本年收入合计（千元）							本	
		财政拨款	上级补助收入	事业收入	经营收入	附属单位上缴收入	其他收入		基本支出
总计	**663 029**	**204 793**	**53 732**	**353 293**	**458**	——	**50 753**	**573 326**	**372 747**
中央	62 935	43 159	38	12 697	396	——	6 645	42 569	11 816
地方	600 094	161 634	53 694	340 596	62	——	44 108	530 757	360 931
北京	6 933	5 433	——	1 127	——	——	373	7 239	5 478
天津	——	——	——	——	——	——	——	——	——
河北	31 714	24 938	30	5 902	——	——	844	20 992	7 040
山西	42 942	11 619	2 420	28 337	50	——	516	36 102	18 932
内蒙古	31 018	7 403	——	21 218	——	——	2 397	19 706	19 706
辽宁	14 746	5 507	224	8 905	——	——	110	11 914	6 761
其中：大连	760	760	——	——	——	——	——	760	560
吉林	9 196	4 847	2 079	2 260	——	——	10	9 675	5 778
黑龙江	1 945	1 945	——	——	——	——	——	2 069	2 069
上海	——	——	——	——	——	——	——	——	——
江苏	1 343	375	——	747	——	——	221	881	881
浙江	19 994	10 140	1 155	8 000	——	——	699	15 486	11 928
其中：宁波	——	——	——	——	——	——	——	——	——
安徽	3 077	2 468	——	——	——	——	609	3 150	3 150
福建	1 310	1 105	——	200	——	——	5	1 578	827
其中：厦门	938	733	——	200	——	——	5	1 206	455
江西	4 778	2 315	——	2 417	——	——	46	4 229	1 274
山东	10 361	4 372	3	5 541	——	——	445	10 842	9 602
其中：青岛	871	457	——	——	——	——	414	639	639
河南	48 850	13 365	7 022	27 947	——	——	516	51 393	40 772
湖北	21 840	3 129	3 089	8 633	——	——	6 989	19 971	4 766
湖南	7 764	711	——	7 053	——	——	——	7 763	2 857
广东	53 384	7 021	31 533	14 587	——	——	243	52 374	17 115
其中：深圳	4 341	2 106	940	1 286	——	——	9	3 951	1 764
广西	——	——	——	——	——	——	——	——	——
海南	——	——	——	——	——	——	——	——	——
重庆	4 520	602	——	3 858	——	——	60	2 441	60
四川	78 175	6 225	——	71 950	——	——	——	68 962	60 974
贵州	11 259	1 145	——	10 042	——	——	72	6 338	5 713
云南	11 752	2 093	——	9 472	——	——	187	11 537	11 027
西藏	——	——	——	——	——	——	——	——	——
陕西	71 027	14 464	1 304	32 121	12	——	23 126	55 101	52 077
甘肃	94 242	22 316	——	66 212	——	——	5 714	91 039	60 138
青海	3 470	2 125	93	1 190	——	——	62	3 560	3 244
宁夏	1 834	1 777	——	——	——	——	57	6 817	1 834
新疆	12 620	4 194	4 742	2 877	——	——	807	9 598	6 928

研究机构基本情况（三）

年支出合计（千元）									
		在支出合计中							
项目支出	经营支出	人员支出		公用支出				税金支出	对个人和家庭补助支出
			社会保障缴费		福利费	维修费	各种设备购置费		
176 489	**387**	**113 704**	**11 674**	**349 966**	**4 352**	**52 710**	**37 929**	**709**	**27 290**
30 378	375	7 391	109	33 457	26	517	17 250	260	1 721
146 111	12	106 313	11 565	316 509	4 326	52 193	20 679	449	25 569
1 761	——	2 504	49	2 919	16	156	175	100	1 056
——	——	——	——	——	——	——	——	——	——
13 952	——	3 665	482	1 891	75	22	——	——	1 484
10 739	——	8 166	459	25 473	407	1 395	1 580	91	2 260
——	——	1 530	71	17 861	10	471	3 230	3	315
4 973	——	2 979	362	7 896	19	231	827	——	1 022
200	——	354	138	345	——	200	——	——	61
3 897	——	2 206	195	2 660	——	204	3	——	912
——	——	986	93	230	——	——	——	——	433
——	——	——	——	——	——	——	——	——	——
——	——	413	22	337	7	44	2	——	131
3 558	——	5 932	776	8 404	83	902	419	——	1 150
——	——	——	——	——	——	——	——	——	——
——	——	1 414	101	779	178	23	——	——	957
751	——	563	49	934	2	27	114	——	81
751	——	301	23	856	2	27	114	——	49
2 756	——	879	9	116	11	16	——	——	278
1 240	——	3 902	329	5 578	8	170	1 027	——	1 331
——	——	306	67	273	——	——	31	——	29
8 279	——	7 758	1 159	40 961	128	327	2 853	14	1 911
15 205	——	2 641	105	1 318	89	38	4	——	746
4 906	——	719	112	6 661	193	——	330	——	383
35 259	——	6 149	578	42 868	134	36 474	961	4	1 170
2 187	——	1 238	137	316	22	26	——	——	210
——	——	——	——	——	——	——	——	——	——
——	——	——	——	——	——	——	——	——	——
1 939	——	572	26	1 849	6	2	——	21	20
7 988	——	7 767	505	52 005	96	4 861	758	36	1 301
625	——	394	4	5 907	——	——	618	——	37
510	——	1 816	136	8 961	134	823	811	6	760
——	——	——	——	——	——	——	——	——	——
407	12	11 344	202	41 370	151	573	1 254	——	2 266
24 380	——	22 983	782	31 959	2 111	5 119	4 931	166	4 549
316	——	1 431	15	1 389	1	29	121	——	424
——	——	4 613	4 613	370	331	31	——	8	——
2 670	——	2 987	331	5 813	136	255	661	——	592

各地区其他文化

	机构数（个）	从业人员数（人）			本年收入合计（千元）							本	
			高级职称	中级职称		财政拨款	上级补助收入	事业收入	经营收入	附属单位上缴收入	其他收入		基本支出
总计	**959**	**12 328**	**1 506**	**2 375**	**1567 479**	**891 899**	**83 894**	**408 401**	**55 560**	**5 352**	**122 373**	**1405 804**	**974 369**
中央	19	1 100	130	223	595 743	343 227	28 233	169 700	11 526	——	43 057	451 113	286 846
地方	940	11 228	1 376	2 152	971 736	548 672	55 661	238 701	44 034	5 352	79 316	954 691	687 523
北京	10	274	4	21	71 773	42 405	——	24 316	——	1 500	3 552	75 706	44 006
天津	22	532	59	85	57 876	22 129	1 464	25 640	5 508	297	2 838	58 868	47 439
河北	33	398	40	77	31 121	24 223	962	1 858	——	1 020	3 058	30 133	15 829
山西	16	202	39	48	13 075	12 234	466	——	181	——	194	13 315	9 278
内蒙古	22	358	28	83	22 031	13 349	——	3 307	798	——	4 577	19 469	19 443
辽宁	33	390	48	107	24 114	14 431	——	8 664	204	——	815	24 182	14 759
其中：大连	4	109	21	53	3 590	3 060	——	264	——	——	266	3 621	2 919
吉林	57	489	79	107	15 975	12 706	180	2 526	35	——	528	16 097	15 083
黑龙江	21	148	37	47	8 014	5 780	424	1 314	——	51	445	8 423	6 432
上海	24	548	62	89	172 940	53 438	16 009	90 641	2 604	1 833	8 415	151 748	135 720
江苏	98	706	205	204	74 757	58 427	1 408	6 009	1 160	——	7 753	75 266	60 582
浙江	13	88	9	21	30 070	6 057	21 192	1 768	15	——	1 038	24 190	6 104
其中：宁波	——	——	——	——	——	——	——	——	——	——	——	——	——
安徽	60	414	61	84	19 780	14 747	1 270	1 476	1 113	——	1 174	18 909	16 053
福建	27	161	18	38	8 170	6 307	51	875	736	——	201	9 054	7 069
其中：厦门	1	12	——	——	559	559	——	——	——	——	——	612	612
江西	30	322	25	48	11 378	8 923	207	1 016	390	151	691	10 868	7 915
山东	65	646	166	199	38 473	31 312	1 751	1 074	901	——	3 435	38 386	34 789
其中：青岛	5	21	——	5	2 129	1 199	——	6	732	——	192	2 312	1 528
河南	29	482	18	53	13 840	6 871	31	5 831	436	——	671	14 565	10 611
湖北	54	649	101	143	31 430	13 436	511	4 246	3 107	——	10 130	31 302	25 113
湖南	69	921	45	172	30 277	14 532	343	9 264	4 727	——	1 411	30 282	24 715
广东	41	709	57	99	126 237	86 332	2 988	11 363	6 020	——	19 534	134 633	56 040
其中：深圳	8	162	15	31	47 322	30 641	160	377	4 979	——	11 165	51 301	20 532
广西	27	395	27	65	24 726	6 788	263	8 326	7 464	——	1 885	24 046	16 855
海南	5	41	4	6	1 933	1 932	——	——	——	——	1	2 036	1 626
重庆	11	180	11	24	9 407	4 911	200	3 274	206	——	816	9 760	6 433
四川	29	351	44	42	32 016	11 817	1 385	15 706	489	500	2 119	32 620	26 175
贵州	35	545	19	31	23 580	17 744	969	4 403	——	——	464	23 071	22 814
云南	44	498	35	76	26 802	16 667	910	1 354	5 052	——	2 819	27 567	14 938
西藏	2	53	10	7	4 099	4 099	——	——	——	——	——	4 099	3 632
陕西	19	191	30	37	13 223	10 492	181	2 431	5	——	114	13 189	11 620
甘肃	23	199	44	46	11 020	8 821	2 011	178	——	——	10	9 898	9 588
青海	7	82	12	20	7 681	6 656	484	55	——	——	486	7 418	5 400
宁夏	6	185	25	41	12 467	7 843	——	1 741	2 883	——	——	12 172	8 597
新疆	8	71	14	32	3 451	3 263	1	45	——	——	142	3 419	2 865

事业机构基本情况

本年支出合计（千元）										年末固定资产原值（千元）	增加值（千元）	公用房屋建筑面积（千平方米）
项目支出	经营支出	在支出合计中										
		人员支出		公用支出					对个人和家庭补助支出			
			社会保障缴费		福利费	维修费	各种设备购置费	税金支出				
326 120	**56 646**	**372 407**	**50 895**	**647 560**	**17 926**	**62 946**	**43 528**	**17 893**	**188 430**	**1792 736**	**730 207**	**889.1**
148 963	11 203	77 434	13 222	239 408	9 650	15 585	4 671	4 422	64 800	413 223	201 506	80.4
177 157	45 443	294 973	37 673	408 152	8 276	47 361	38 857	13 471	123 630	1379 513	528 700	808.7
31 700	——	14 283	1 608	56 093	547	23 948	3 764	1 245	5 306	79 719	24 569	34.6
1 001	2 475	15 482	1 584	31 370	575	1 761	373	1 791	8 233	17 181	27 079	14.0
13 811	——	8 686	1 187	15 479	81	144	10 759	38	3 065	30 514	13 090	149.4
1 192	180	4 854	377	4 462	233	393	1 061	32	2 520	11 780	8 110	6.5
16	10	7 458	765	5 454	119	1 129	198	328	1 938	30 003	12 002	29.7
1 273	6 275	7 939	1 345	6 089	77	688	155	130	2 906	26 287	18 454	42.1
702	——	2 256	786	1 187	3	134	25	52	150	1 081	2 504	5.1
313	——	7 367	328	3731	10	483	133	16	4 411	6 653	12 070	10.8
1 664	——	2 992	356	1 434	25	357	259	——	1 860	4 772	6 227	4.9
13 891	2 023	40 135	8 908	95 304	1 425	2 481	7 222	2 500	3 668	248 117	68 209	13.8
12 853	1 167	27 598	2 799	26 953	360	1 953	2 796	202	17 349	81 486	49 317	44.0
3 070	2	3 181	452	5 084	125	215	635	110	597	31 188	5 260	16.5
——	——	——	——	——	——	——	——	——	——	——	——	——
368	1 002	7 976	1 232	3 556	216	80	188	115	5 640	9 546	14 451	10.7
374	1 423	4 448	726	2 851	188	80	155	168	1 112	20 865	6 750	16.1
——	——	489	91	16	13	——	——	——	107	69	611	——
573	162	5 266	571	3 224	289	147	517	34	1 880	34 919	8 930	13.7
2 897	212	18 399	2 367	10 438	187	782	1 660	404	9 448	92 162	32 124	36.6
720	42	562	157	1 618	——	——	221	42	69	534	694	——
1 078	2 591	7 139	1 050	4 766	212	331	331	101	1 425	79 083	12 045	19.8
1 716	3 249	10 795	1 285	9 296	774	557	719	782	8 081	61 312	22 891	51.1
607	4 105	13 084	1 977	11 883	462	1 234	2 062	485	4 601	60 355	21 115	45.1
70 474	4 795	35 153	3 428	53 757	831	4 347	1 542	1 690	8 215	167 869	56 364	69.7
27 067	3 627	12 803	1 053	7 343	431	1 721	721	471	1 633	42 242	20 695	12.2
1 071	5 905	8 743	1 209	4 999	467	1 110	497	853	3 402	57 243	21 573	34.3
——	——	1 142	196	672	30	7	20	32	221	1 232	1 474	1.1
2 167	539	2 522	605	3 749	108	104	107	104	2 764	11 061	5 940	14.7
5 618	374	7 331	1 470	16 214	130	1 638	776	672	2 110	21 708	11 151	21.8
42	215	6 418	362	5 728	68	255	379	146	10 606	8 060	17 560	11.9
5 574	5 873	7 503	518	6 282	317	601	541	1 021	2 670	63 175	17 432	31.4
467	——	1 921	22	811	22	7	——	——	1 156	5 364	3 313	7.1
——	——	4 047	252	7 868	98	840	409	215	1 272	76 163	8 678	26.1
310	——	4 280	93	3 736	67	637	464	——	1 861	17 907	6 924	9.5
2 016	——	2 171	29	1 989	7	106	740	40	1 742	8 478	4 299	6.8
708	2 866	4 999	424	4 439	201	946	354	196	2 598	11 245	8 443	10.7
313	——	1 661	148	441	25	——	41	21	973	4 066	2 842	4.4

各地区其他文化产业和非

	机构数(个)	从业人员数(人)	注册资本金(千元)	实收资本(千元)	国家资本金	负债合计(千元)
总计	**578**	**12 319**	**1 778 393**	**1 278 508**	**1 016 419**	**2 891 801**
中央	55	588	133 712	132 986	107 880	286 742
地方	523	11 731	1 644 681	1 145 522	908 539	2 605 059
北京	13	288	22 620	22 670	14 350	50 188
天津	43	664	23 838	43 391	24 977	96 638
河北	15	172	18 487	6 865	6 231	13 017
山西	14	166	4 280	2 933	1 644	7 421
内蒙古	——	——	——	——	——	——
辽宁	6	96	11 535	8 867	7 505	8 994
其中：大连	2	16	1 362	1 362	——	1 240
吉林	58	916	578 796	33 472	20 980	68 201
黑龙江	4	123	1 382	1 245	576	15 038
上海	24	283	61 576	60 541	25 173	45 099
江苏	63	838	39 406	71 793	58 252	174 640
浙江	41	821	218 686	219 927	204 036	656 824
其中：宁波	3	62	2 925	2 625	2 625	9 086
安徽	4	71	1 915	2 141	2 141	8 861
福建	8	252	14 730	27 666	26 565	32 094
其中：厦门	1	11	300	604	304	1 505
江西	13	624	32 902	32 878	19 661	45 381
山东	14	277	7 008	10 554	10 054	16 895
其中：青岛	2	51	500	831	331	2 979
河南	9	143	3 053	3 026	1 552	8 852
湖北	77	2 729	143 393	157 020	137 879	201 049
湖南	33	738	123 313	100 695	58 707	365 931
广东	15	514	106 313	110 682	96 790	243 439
其中：深圳	3	75	7 320	9 243	600	10 668
广西	5	113	10 616	13 150	12 921	42 711
海南	——	——	——	——	——	——
重庆	20	816	61 055	58 866	46 380	125 740
四川	13	350	118 582	118 788	106 719	224 090
贵州	6	105	2 156	2 056	470	3 587
云南	7	119	2 479	932	29	13 792
西藏	——	——	——	——	——	——
陕西	7	316	19 015	20 821	20 821	120 177
甘肃	4	73	3 635	1 800	794	3 285
青海	5	100	2 880	2 122	1 704	2 297
宁夏	2	24	11 030	10 621	1 628	10 818
新疆	——	——	——	——	——	——

文化产业机构基本情况（一）

年末固定资产原值（千元）	固定资产累计折旧（千元）	本年提取折旧	上交主办单位数（千元）	增加值（千元）	房屋建筑面积（千平方米）
2 188 954	**637 501**	**91 944**	**35 746**	**250 844**	**607.9**
99 819	24 024	3 713	3 027	49 210	9.3
2 089 135	613 477	88 231	32 719	201 634	598.6
22 736	11 702	1 439	——	4 308	17.6
55 121	25 845	2 051	245	11 662	7.3
18 201	4 969	444	10	1 586	6.9
3 276	1 370	147	200	1 270	0.3
——	——	——	——	——	——
9 321	2 115	308	——	447	3.1
1 387	567	86	——	－836	0.6
57 406	16 203	7 739	1	9 162	36.8
10 281	3 070	353	——	527	1.6
82 436	58 856	5 773	12	22 794	7.5
110 650	47 633	5 085	3 416	20 227	53.9
396 338	89 349	23 775	151	47 371	115.3
5 269	2 339	274	——	4 006	5.0
4 984	1 143	——	——	－313	3.1
29 390	9 692	762	10 700	－242	13.2
559	151	23	——	346	0.1
80 624	15 200	1 114	——	6 522	17.8
10 765	5 487	598	1	3 865	2.8
3 806	2 321	99	1	698	0.6
2 152	1 048	12	4	1 724	8.2
279 316	118 231	11 449	57	23 765	149.1
84 473	16 770	2 599	17 582	－4 341	15.8
170 122	83 388	5 251	1	25 581	40.4
26 389	4 723	550	——	791	2.6
6 603	3 542	346	——	1 560	5.9
——	——	——	——	——	——
152 943	42 026	5 092	179	10 248	32.0
448 690	33 237	12 754	——	7 235	22.0
5 455	1 853	81	——	673	0.8
7 177	6 466	32	160	1 162	7.6
——	——	——	——	——	——
24 312	9 778	727	——	1 495	21.7
9 669	1 088	——	——	405	4.6
6 018	3 224	262	——	1 364	2.7
676	192	38	——	1 577	0.7
——	——	——	——	——	——

各地区其他文化产业和非

	损益及					
	营业收入（千元）	营业成本及费用（千元）	税金及附加（千元）	主营业务利润（千元）	其他业务利润（千元）	管（千元）
总计	**1 041 470**	**882 619**	**36 302**	**167 802**	**102 898**	**384 793**
中央	156 522	150 865	3 779	4 338	31 523	16 425
地方	884 948	731 754	32 523	163 464	71 375	368 368
北京	39 517	34 297	852	4 265	4 447	12 497
天津	54 314	42 616	1 123	10 740	2 775	17 306
河北	7 968	7 405	256	76	1 173	2 409
山西	5 840	5 155	79	165	867	2 017
内蒙古	——	——	——	——	——	——
辽宁	2 860	1 137	55	1 647	—35	2 897
其中：大连	57	——	3	54	——	1 064
吉林	6 903	3 896	136	2 092	1 675	9 692
黑龙江	12 242	11 783	28	431	33	461
上海	45 851	42 921	6 024	16 774	606	13 493
江苏	76 129	58 707	1 423	15 710	7 991	100 401
浙江	138 404	97 686	4 877	46 122	10 592	40 819
其中：宁波	14 904	12 679	126	815	236	1 985
安徽	885	125	9	48	51	1 932
福建	9 349	6 982	—71	1 684	2 049	8 520
其中：厦门	723	239	29	——	——	347
江西	12 603	7 403	656	1 177	3 677	6 841
山东	21 243	16 205	790	4 119	91	4 578
其中：青岛	2 540	1 431	126	983	——	939
河南	8 432	5 927	762	816	37	1 569
湖北	66 845	64 516	1 309	13 004	14 410	40 024
湖南	25 867	22 662	911	998	4 446	12 565
广东	258 451	221 356	9 229	25 174	1 856	39 497
其中：深圳	6 541	4 882	393	1 305	630	5 682
广西	4 219	2 670	211	425	3 205	3 839
海南	——	——	——	——	——	——
重庆	27 714	26 801	1 122	3 708	10 079	15 802
四川	28 018	33 063	1 208	7 041	379	21 127
贵州	4 433	3 002	102	1 329	——	1 386
云南	4 304	2 360	119	— 168	——	1 639
西藏	——	——	——	——	——	——
陕西	13 891	6 878	927	3 741	434	5 232
甘肃	479	301	—29	382	447	135
青海	4 067	3 216	161	577	90	775
宁夏	4 120	2 684	254	1 387	——	915
新疆	——	——	——	——	——	——

文化产业机构基本情况（二）

分配		补贴收入		财务费用（千元）	营业利润（千元）	利润总额（千元）	应交所得税（千元）	其他（千元）		
理费用										
税金	劳动、待业保险	（千元）	财政补贴					从业人员劳动报酬	本年应付福利费总额	本年应交增值税
9 698	**37 881**	**88 247**	**83 203**	**21 722**	**−133 324**	**−60 809**	**11 751**	**157 977**	**23 481**	**11 786**
95	1 295	——	——	−1 202	19 033	18 177	3 910	22 590	3 035	1 983
9 603	36 586	88 247	83 203	22 924	−152 357	−78 986	7 841	135 387	20 446	9 803
85	1 080	——	——	17	−3 802	−2 382	388	5 734	813	971
401	2 794	——	——	−364	−4 314	−3 478	86	12 401	1 544	631
61	415	2	——	23	−672	−666	9	1 495	191	27
181	289	——	——	−3	−177	−536	28	1 040	128	176
——	——	——	——	——	——	——	——	——	——	——
42	90	390	10	−10	−1 216	−1 346	15	868	113	47
——	90	——	——	−3	−1 007	−1 065	——	82	——	——
277	988	581	506	37	−2 852	−5 255	4	3 281	570	820
21	36	——	——	——	19	17	2	106	12	213
30	1 210	459	5	−289	3 719	2 437	299	6 789	751	561
766	5 840	78 471	77 869	529	−78 215	652	329	12 697	1 822	1 298
2 621	4 663	1 464	1 238	8 047	−1 562	−1 803	3 115	16 196	2 619	3 310
64	440	1 240	1 238	−41	325	303	58	1 977	232	513
51	516	——	——	−16	−1 123	−1 175	——	750	105	——
217	1 682	200	200	−58	−4 678	−4 436	24	3 328	495	267
1	48	——	——	−11	119	97	22	174	18	8
544	874	610	610	159	−434	−2 057	——	4 032	267	——
202	751	80	50	130	−118	206	58	2 313	224	294
88	228	——	——	93	20	20	5	365	51	11
46	109	——	——	41	78	469	101	826	134	4
998	6 546	1 879	391	1 208	−7 167	−6 683	2	15 297	5 068	121
−84	861	1 544	1 340	7 868	−16 844	−16 102	1 278	7 533	905	114
1 718	3 620	993	634	−345	−9 453	−13 345	1 538	17 843	2 169	455
175	409	973	614	−2	−4 458	−5 271	105	3 158	324	20
134	565	——	——	−15	−498	−873	17	1 367	319	160
——	——	——	——	——	——	——	——	——	——	——
625	2 675	1 016	——	791	−5 000	−3 712	94	7 393	260	72
29	128	200	200	1 841	−14 478	−14 526	430	7 522	875	130
65	96	——	——	33	10	−41	——	415	82	——
119	129	——	——	——	−143	−269	——	1 035	166	93
——	——	——	——	——	——	——	——	——	——	——
369	600	120	——	3 289	−4 038	−4 018	——	3 390	601	26
69	——	40	——	2	−132	−132	9	457	56	——
14	——	——	——	−2	56	39	15	871	103	13
2	29	198	150	11	677	29	——	408	54	——
——	——	——	——	——	——	——	——	——	——	——

各地区其他文化产业和非文化

	机构数（个）	从业人员数（人）	注册资本金（千元）	实收资本（千元）	国家资本金	负债合计（千元）
总　计	**153**	**2 300**	**170 853**	**186 429**	**104 591**	**452 730**
中　央	23	236	25 487	24 328	15 143	196 635
地　方	130	2 064	145 366	162 101	89 448	256 095
北　京	9	107	7 700	7 750	3 800	10 841
天　津	19	193	7 606	14 115	4 341	30 113
河　北	3	17	2 600	2 600	2 300	516
山　西	10	154	1 750	1 683	1 394	6 589
内蒙古	——	——	——	——	——	——
辽　宁	——	——	——	——	——	——
其中：大连	——	——	——	——	——	——
吉　林	3	38	——	100	——	——
黑龙江	4	123	1 382	1 245	576	15 038
上　海	5	76	31 976	31 976	11 516	20 554
江　苏	32	552	17 557	28 242	18 817	102 476
浙　江	19	237	21 280	21 451	14 600	39 292
其中：宁波	——	——	——	——	——	——
安　徽	——	——	——	——	——	——
福　建	——	——	——	——	——	——
其中：厦门	——	——	——	——	——	——
江　西	——	——	——	——	——	——
山　东	——	——	——	——	——	——
其中：青岛	——	——	——	——	——	——
河　南	3	48	530	1 124	——	6 321
湖　北	2	133	9 360	9 577	7 577	4 001
湖　南	11	139	26 273	26 303	18 863	6 480
广　东	1	3	505	505	505	94
其中：深圳	——	——	——	——	——	——
广　西	——	——	——	——	——	——
海　南	——	——	——	——	——	——
重　庆	——	——	——	——	——	——
四　川	6	197	15 022	15 026	5 159	10 592
贵　州	——	——	——	——	——	——
云　南	3	47	1 825	404	——	3 188
西　藏	——	——	——	——	——	——
陕　西	——	——	——	——	——	——
甘　肃	——	——	——	——	——	——
青　海	——	——	——	——	——	——
宁　夏	——	——	——	——	——	——
新　疆	——	——	——	——	——	——

产业机构(第二产业)基本情况 (一)

年末固定资产原值(千元)	固定资产累计折旧(千元)		上交主办单位数(千元)	增加值(千元)	房屋建筑面积(千平方米)
		本年提取折旧			
218 012	**128 289**	**15 522**	**551**	**78 269**	**57.1**
14 649	7 089	1 728	——	23 195	1.3
203 363	121 200	13 794	551	55 074	55.8
4 831	2 958	438	——	231	2.9
6 303	2 750	306	128	2 996	——
1 994	904	63	10	177	0.2
2 606	1 169	105	200	1 053	0.3
——	——	——	——	——	——
——	——	——	——	——	——
——	——	——	——	——	——
23	71	——	——	130	——
10 281	3 070	353	——	527	1.6
50 418	41 837	2 999	——	11 466	2.4
50 633	32 378	2 202	166	13 535	26.0
52 923	23 631	4 827	——	15 629	13.0
——	——	——	——	——	——
——	——	——	——	——	——
——	——	——	——	——	——
——	——	——	——	——	——
——	——	——	——	——	——
——	——	——	——	——	——
——	——	——	——	——	——
305	410	6	4	989	1.3
7 002	6 232	33	——	794	7.2
4 131	1 033	322	43	1 503	0.7
161	——	——	——	−2	——
——	——	——	——	——	——
——	——	——	——	——	——
——	——	——	——	——	——
——	——	——	——	——	——
11 092	4 522	2 140	——	5 742	0.3
——	——	——	——	——	——
660	235	——	——	304	0.1
——	——	——	——	——	——
——	——	——	——	——	——
——	——	——	——	——	——
——	——	——	——	——	——
——	——	——	——	——	——
——	——	——	——	——	——

各地区其他文化产业和非文化

	损	益	及			
	营业收入（千元）	营业成本及费用（千元）	税金及附加（千元）	主营业务利润（千元）	其他业务利润（千元）	管（千元）
总计	**270 891**	**253 498**	**10 904**	**50 336**	**16 523**	**127 825**
中央	78 430	71 083	1 630	8 916	8 628	9 929
地方	192 461	182 415	9 274	41 420	7 895	117 896
北京	16 432	17 225	343	－1 137	311	1 741
天津	13 995	9 636	248	4 644	643	5 315
河北	1 053	1 203	5	－ 155	447	362
山西	5 136	4 893	41	－ 137	861	1 549
内蒙古	——	——	——	——	——	——
辽宁	——	——	——	——	——	——
其中：大连	——	——	——	——	——	——
吉林	642	438	——	——	——	177
黑龙江	12 242	11 783	28	431	33	461
上海	8 405	16 633	4 905	4 666	132	4 007
江苏	41 147	33 194	588	7 647	3 199	87 892
浙江	59 189	45 249	1 624	23 528	1 699	8 247
其中：宁波	——	——	——	——	——	——
安徽	——	——	——	——	——	——
福建	——	——	——	——	——	——
其中：厦门	——	——	——	——	——	——
江西	——	——	——	——	——	——
山东	——	——	——	——	——	——
其中：青岛	——	——	——	——	——	——
河南	6 783	5 452	681	26	——	613
湖北	162	——	16	119	562	1 776
湖南	10 804	7 576	278	3 029	1	3 753
广东	2	——	——	2	——	11
其中：深圳	——	——	——	——	——	——
广西	——	——	——	——	——	——
海南	——	——	——	——	——	——
重庆	——	——	——	——	——	——
四川	13 618	26 793	476	－1 075	7	1 807
贵州	——	——	——	——	——	——
云南	2 851	2 340	41	－ 168	——	185
西藏	——	——	——	——	——	——
陕西	——	——	——	——	——	——
甘肃	——	——	——	——	——	——
青海	——	——	——	——	——	——
宁夏	——	——	——	——	——	——
新疆	——	——	——	——	——	——

产业机构(第二产业)基本情况 (二)

分配								其他(千元)		
理费用		补贴收入		财务费用(千元)	营业利润(千元)	利润总额(千元)	应交所得税(千元)	从业人员劳动报酬	本年应付福利费总额	本年应交增值税
税金	劳动、待业保险	(千元)	财政补贴							
648	**7 109**	**79 588**	**78 069**	**−1 331**	**−67 943**	**9 861**	**5 548**	**39 550**	**5 364**	**4 461**
57	753	——	——	− 909	8 183	7 258	2 106	11 597	1 334	83
591	6 356	79 588	78 069	− 422	−76 126	2 603	3 442	27 953	4 030	4 378
3	106	——	——	−48	−2 518	−2 553	112	1 965	209	517
63	226	——	——	−97	−1 157	− 932	−15	3 536	449	251
——	42	——	——	−2	−68	−68	——	177	24	26
143	251	——	——	−2	− 120	− 479	12	884	105	176
——	——	——	——	——	——	——	——	——	——	——
——	——	——	——	——	——	——	——	——	——	——
——	——	——	——	——	——	——	——	——	——	——
——	——	——	——	——	——	23	4	130	——	——
21	36	——	——	——	19	17	2	106	12	213
30	486	454	——	− 189	912	861	30	2 166	314	6
97	4 541	78 381	77 869	− 211	−77 174	1 288	185	9 441	1 428	636
198	624	53	——	160	5 852	5 621	2 985	3 075	897	2 456
——	——	——	——	——	——	——	——	——	——	——
——	——	——	——	——	——	——	——	——	——	——
——	——	——	——	——	——	——	——	——	——	——
——	——	——	——	——	——	——	——	——	——	——
——	——	——	——	——	——	——	——	——	——	——
——	——	——	——	——	——	——	——	——	——	——
——	——	——	——	——	——	——	——	——	——	——
16	31	——	——	−23	−36	360	100	322	33	4
——	——	500	——	6	——	− 601	——	245	35	——
4	10	——	——	−8	− 716	− 716	——	1 615	198	——
——	——	——	——	——	−9	−9	——	7	——	——
——	——	——	——	——	——	——	——	——	——	——
——	——	——	——	——	——	——	——	——	——	——
——	——	——	——	——	——	——	——	——	——	——
——	——	——	——	——	——	——	——	——	——	——
16	——	200	200	−8	− 954	−47	27	3 864	252	——
——	——	——	——	——	——	——	——	——	——	——
——	3	——	——	——	− 157	− 162	——	420	74	93
——	——	——	——	——	——	——	——	——	——	——
——	——	——	——	——	——	——	——	——	——	——
——	——	——	——	——	——	——	——	——	——	——
——	——	——	——	——	——	——	——	——	——	——
——	——	——	——	——	——	——	——	——	——	——
——	——	——	——	——	——	——	——	——	——	——

各地区其他文化产业和非文化

	机构数（个）	从业人员数（人）	注册资本金（千元）	实收资本（千元）	实收资本 国家资本金	负债合计（千元）
总计	**135**	**1 983**	**147 685**	**163 437**	**88 549**	**385 940**
中央	23	236	25 487	24 328	15 143	196 635
地方	112	1 747	122 198	139 109	73 406	189 305
北京	8	106	7 400	7 450	3 500	10 841
天津	17	181	7 392	13 901	4 227	29 704
河北	3	17	2 600	2 600	2 300	516
山西	10	154	1 750	1 683	1 394	6 589
内蒙古	——	——	——	——	——	——
辽宁	——	——	——	——	——	——
其中：大连	——	——	——	——	——	——
吉林	3	38	——	100	——	——
黑龙江	1	17	310	142	——	536
上海	5	76	31 976	31 976	11 516	20 554
江苏	28	496	14 835	25 520	16 607	81 519
浙江	14	150	5 380	5 380	4 340	8 641
其中：宁波	——	——	——	——	——	——
安徽	——	——	——	——	——	——
福建	——	——	——	——	——	——
其中：厦门	——	——	——	——	——	——
江西	——	——	——	——	——	——
山东	——	——	——	——	——	——
其中：青岛	——	——	——	——	——	——
河南	3	48	530	1 124	——	6 321
湖北	1	83	7 000	7 000	5 000	4 000
湖南	9	134	25 673	26 298	18 858	6 210
广东	1	3	505	505	505	94
其中：深圳	——	——	——	——	——	——
广西	——	——	——	——	——	——
海南	——	——	——	——	——	——
重庆	——	——	——	——	——	——
四川	6	197	15 022	15 026	5 159	10 592
贵州	——	——	——	——	——	——
云南	3	47	1 825	404	——	3 188
西藏	——	——	——	——	——	——
陕西	——	——	——	——	——	——
甘肃	——	——	——	——	——	——
青海	——	——	——	——	——	——
宁夏	——	——	——	——	——	——
新疆	——	——	——	——	——	——

产业(第三产业)机构基本情况　(一)

年末固定资产原值(千元)	固定资产累计折旧(千元)	本年提取折旧	上交主办单位数(千元)	增加值(千元)	房屋建筑面积(千平方米)
161 332	**106 060**	**11 189**	**508**	**66 747**	**42.7**
14 649	7 089	1 728	——	23 195	1.3
146 683	98 971	9 461	508	43 552	41.4
4 746	2 893	438	——	255	2.9
6 046	2 563	289	128	2 916	——
1 994	904	63	10	177	0.2
2 606	1 169	105	200	1 053	0.3
——	——	——	——	——	——
——	——	——	——	——	——
——	——	——	——	——	——
23	71	——	——	130	——
311	——	——	——	——	——
50 418	41 837	2 999	——	11 466	2.4
46 075	29 967	2 148	166	14 462	25.9
11 140	7 380	955	——	4 604	6.3
——	——	——	——	——	——
——	——	——	——	——	——
——	——	——	——	——	——
——	——	——	——	——	——
——	——	——	——	——	——
——	——	——	——	——	——
——	——	——	——	——	——
305	410	6	4	989	1.3
7 000	6 000	——	——	4	1.1
4 106	1 020	318	——	1 452	0.7
161	——	——	——	−2	——
——	——	——	——	——	——
——	——	——	——	——	——
——	——	——	——	——	——
——	——	——	——	——	——
11 092	4 522	2 140	——	5 742	0.3
——	——	——	——	——	——
660	235	——	——	304	0.1
——	——	——	——	——	——
——	——	——	——	——	——
——	——	——	——	——	——
——	——	——	——	——	——
——	——	——	——	——	——
——	——	——	——	——	——

各地区其他文化产业和非文化

	营业收入（千元）	营业成本及费用（千元）	税金及附加（千元）	损益及 主营业务利润（千元）	其他业务利润（千元）	管（千元）
总　　计	**219 389**	**211 492**	**9 952**	**35 439**	**15 860**	**119 958**
中　　央	78 430	71 083	1 630	8 916	8 628	9 929
地　　方	140 959	140 409	8 322	26 523	7 232	110 029
北　　京	16 400	17 176	343	-1 120	311	1 733
天　　津	12 406	7 832	196	4 377	643	5 149
河　　北	1 053	1 203	5	-155	447	362
山　　西	5 136	4 893	41	-137	861	1 549
内 蒙 古	——	——	——	——	——	——
辽　　宁	——	——	——	——	——	——
其中：大连	——	——	——	——	——	——
吉　　林	642	438	——	——	——	177
黑 龙 江	——	——	——	——	——	——
上　　海	8 405	16 633	4 905	4 666	132	4 007
江　　苏	40 880	32 945	584	7 673	3 199	86 030
浙　　江	22 188	17 315	768	9 438	1 631	4 693
其中：宁波	——	——	——	——	——	——
安　　徽	——	——	——	——	——	——
福　　建	——	——	——	——	——	——
其中：厦门	——	——	——	——	——	——
江　　西	——	——	——	——	——	——
山　　东	——	——	——	——	——	——
其中：青岛	——	——	——	——	——	——
河　　南	6 783	5 452	681	26	——	613
湖　　北	31	——	4	——	——	——
湖　　南	10 564	7 389	278	2 996	1	3 713
广　　东	2	——	——	2	——	11
其中：深圳	——	——	——	——	——	——
广　　西	——	——	——	——	——	——
海　　南	——	——	——	——	——	——
重　　庆	——	——	——	——	——	——
四　　川	13 618	26 793	476	-1 075	7	1 807
贵　　州	——	——	——	——	——	——
云　　南	2 851	2 340	41	-168	——	185
西　　藏	——	——	——	——	——	——
陕　　西	——	——	——	——	——	——
甘　　肃	——	——	——	——	——	——
青　　海	——	——	——	——	——	——
宁　　夏	——	——	——	——	——	——
新　　疆	——	——	——	——	——	——

产业(第三产业)机构基本情况 (二)

分配								其他(千元)		
理费用		补贴收入		财务费用(千元)	营业利润(千元)	利润总额(千元)	应交所得税(千元)	从业人员劳动报酬	本年应付福利费总额	本年应交增值税
税金	劳动、待业保险	(千元)	财政补贴							
482	**6 314**	**79 035**	**78 069**	**−1 538**	**−70 409**	**7 826**	**3 490**	**36 498**	**4 440**	**2 666**
57	753	——	——	− 909	8 183	7 258	2 106	11 597	1 334	83
425	5 561	79 035	78 069	− 629	−78 592	568	1 384	24 901	3 106	2 583
3	106	——	——	−47	−2 494	−2 529	112	1 965	209	515
63	127	——	——	−95	− 890	− 932	−15	3 258	410	251
——	42	——	——	−2	−68	−68	——	177	24	26
143	251	——	——	−2	− 120	− 479	12	884	105	176
——	——	——	——	——	——	——	——	——	——	——
——	——	——	——	——	——	——	——	——	——	——
——	——	——	——	——	——	——	——	——	——	——
——	——	——	——	——	——	23	4	130	——	——
——	——	——	——	——	——	——	——	——	——	——
30	486	454	——	− 189	912	861	30	2 166	314	6
97	4 281	78 381	77 869	− 208	−75 328	3 134	185	8 580	1 294	636
56	224	——	——	−47	1 261	1 125	929	1 564	210	876
——	——	——	——	——	——	——	——	——	——	——
——	——	——	——	——	——	——	——	——	——	——
——	——	——	——	——	——	——	——	——	——	——
——	——	——	——	——	——	——	——	——	——	——
——	——	——	——	——	——	——	——	——	——	——
——	——	——	——	——	——	——	——	——	——	——
——	——	——	——	——	——	——	——	——	——	——
16	31	——	——	−23	−36	360	100	322	33	4
——	——	——	——	——	——	——	——	——	——	——
1	10	——	——	−8	− 709	− 709	——	1 564	181	——
——	——	——	——	——	−9	−9	——	7	——	——
——	——	——	——	——	——	——	——	——	——	——
——	——	——	——	——	——	——	——	——	——	——
——	——	——	——	——	——	——	——	——	——	——
——		——	——	——	——	——	——	——	——	——
16	——	200	200	−8	− 954	−47	27	3 864	252	——
——	——	——	——	——	——	——	——	——	——	——
——	3	——	——	——	− 157	− 162	——	420	74	93
——	——	——	——	——	——	——	——	——	——	——
——	——	——	——	——	——	——	——	——	——	——
——	——	——	——	——	——	——	——	——	——	——
——	——	——	——	——	——	——	——	——	——	——
——	——	——	——	——	——	——	——	——	——	——
——	——	——	——	——	——	——	——	——	——	——

各地区文化部门附营非文化

	机构数（个）	从业人员数（人）	注册资本金（千元）	实收资本（千元）	实收资本 国家资本金	负债合计（千元）
总计	**21**	**239**	**24 040**	**15 797**	**12 470**	**27 460**
中央	1	35	5 000	5 000	5 000	1 635
地方	20	204	19 040	10 797	7 470	25 825
北京	——	——	——	——	——	——
天津	5	21	1 240	1 240	300	4 346
河北	1	5	9 230	——	——	2
山西	——	——	——	——	——	——
内蒙古	——	——	——	——	——	——
辽宁	——	——	——	——	——	——
其中：大连	——	——	——	——	——	——
吉林	——	——	——	——	——	——
黑龙江	——	——	——	——	——	——
上海	——	——	——	——	——	——
江苏	8	33	860	1 047	860	8 510
浙江	1	13	——	800	——	128
其中：宁波	——	——	——	——	——	——
安徽	——	——	——	——	——	——
福建	——	——	——	——	——	——
其中：厦门	——	——	——	——	——	——
江西	——	——	——	——	——	——
山东	——	——	——	——	——	——
其中：青岛	——	——	——	——	——	——
河南	——	——	——	——	——	——
湖北	——	——	——	——	——	——
湖南	2	38	5 000	5 000	4 800	2 369
广东	——	——	——	——	——	——
其中：深圳	——	——	——	——	——	——
广西	——	——	——	——	——	——
海南	——	——	——	——	——	——
重庆	——	——	——	——	——	——
四川	3	94	2 710	2 710	1 510	10 470
贵州	——	——	——	——	——	——
云南	——	——	——	——	——	——
西藏	——	——	——	——	——	——
陕西	——	——	——	——	——	——
甘肃	——	——	——	——	——	——
青海	——	——	——	——	——	——
宁夏	——	——	——	——	——	——
新疆	——	——	——	——	——	——

产业(第三产业)机构基本情况 (一)

年末固定资产原值(千元)	固定资产累计折旧(千元)	固定资产累计折旧:本年提取折旧	上交主办单位数(千元)	增加值(千元)	房屋建筑面积(千平方米)
5 275	**1 507**	**339**	**18**	**6 966**	**965.0**
34	21	2	——	633	70.0
5 241	1 486	337	18	6 333	895.0
——	——	——	——	——	——
683	521	32	18	12	——
——	——	——	——	95	——
——	——	——	——	——	——
——	——	——	——	——	——
——	——	——	——	——	——
——	——	——	——	——	——
——	——	——	——	——	——
——	——	——	——	——	——
——	——	——	——	——	——
1 774	633	58	——	549	270.0
673	2	——	——	154	——
——	——	——	——	——	——
——	——	——	——	——	——
——	——	——	——	——	——
——	——	——	——	——	——
——	——	——	——	——	——
——	——	——	——	——	——
——	——	——	——	——	——
——	——	——	——	——	——
——	——	——	——	——	——
666	117	82	——	325	——
——	——	——	——	——	——
——	——	——	——	——	——
——	——	——	——	——	——
——	——	——	——	——	——
——	——	——	——	——	——
1 445	213	165	——	5 198	625.0
——	——	——	——	——	——
——	——	——	——	——	——
——	——	——	——	——	——
——	——	——	——	——	——
——	——	——	——	——	——
——	——	——	——	——	——
——	——	——	——	——	——
——	——	——	——	——	——

各地区文化部门附营非文化

	损益及					
	营业收入（千元）	营业成本及费用（千元）	税金及附加（千元）	主营业务利润（千元）	其他业务利润（千元）	管（千元）
总　计	**24 571**	**15 088**	**931**	**9 205**	**472**	**6 893**
中　央	5 503	4 953	126	424	——	368
地　方	19 068	10 135	805	8 781	472	6 525
北　京	——	——	——	——	——	——
天　津	416	266	10	253	——	183
河　北	1 020	624	5	304	——	683
山　西	——	——	——	——	——	——
内蒙古	——	——	——	——	——	——
辽　宁	——	——	——	——	——	——
其中：大连	——	——	——	——	——	——
吉　林	——	——	——	——	——	——
黑龙江	——	——	——	——	——	——
上　海	——	——	——	——	——	——
江　苏	2 960	2 349	130	390	319	928
浙　江	611	559	10	42	——	34
其中：宁波	——	——	——	——	——	——
安　徽	——	——	——	——	——	——
福　建	——	——	——	——	——	——
其中：厦门	——	——	——	——	——	——
江　西	——	——	——	——	——	——
山　东	——	——	——	——	——	——
其中：青岛	——	——	——	——	——	——
河　南	——	——	——	——	——	——
湖　北	——	——	——	——	——	——
湖　南	2 256	1 652	43	561	5	722
广　东	——	——	——	——	——	——
其中：深圳	——	——	——	——	——	——
广　西	——	——	——	——	——	——
海　南	——	——	——	——	——	——
重　庆	——	——	——	——	——	——
四　川	11 805	4 685	607	7 231	148	3 975
贵　州	——	——	——	——	——	——
云　南	——	——	——	——	——	——
西　藏	——	——	——	——	——	——
陕　西	——	——	——	——	——	——
甘　肃	——	——	——	——	——	——
青　海	——	——	——	——	——	——
宁　夏	——	——	——	——	——	——
新　疆	——	——	——	——	——	——

产业(第三产业)机构基本情况 (二)

分配								其他(千元)		
理费用		补贴收入		财务费用(千元)	营业利润(千元)	利润总额(千元)	应交所得税(千元)	从业人员劳动报酬	本年应付福利费总额	本年应交增值税
税金	劳动、待业保险	(千元)	财政补贴							
7	**104**	——	——	**−64**	**2 135**	**2 332**	**478**	**3 554**	**568**	**288**
1	1	——	——	−1	57	57	38	447	63	——
6	103	——	——	−63	2 078	2 275	440	3 107	505	288
——	——	——	——	——	——	——	——	——	——	——
——	——	——	——	−4	−66	−66	——	36	5	7
——	——	——	——	——	——	——	——	90	——	——
——	——	——	——	——	——	——	——	——	——	——
——	——	——	——	——	——	——	——	——	——	——
——	——	——	——	——	——	——	——	——	——	——
——	——	——	——	——	——	——	——	——	——	——
——	——	——	——	——	——	——	——	——	——	——
——	——	——	——	——	——	——	——	——	——	——
——	——	——	——	——	——	——	——	——	——	——
4	62	——	——	−2	− 119	−3	25	476	57	105
——	——	——	——	——	8	8	1	136	——	——
——	——	——	——	——	——	——	——	——	——	——
——	——	——	——	——	——	——	——	——	——	——
——	——	——	——	——	——	——	——	——	——	——
——	——	——	——	——	——	——	——	——	——	——
——	——	——	——	——	——	——	——	——	——	——
——	——	——	——	——	——	——	——	——	——	——
——	——	——	——	——	——	——	——	——	——	——
——	——	——	——	——	——	——	——	——	——	——
——	——	——	——	——	——	——	——	——	——	——
——	——	——	——	−29	− 227	− 238	11	427	56	66
——	——	——	——	——	——	——	——	——	——	——
——	——	——	——	——	——	——	——	——	——	——
——	——	——	——	——	——	——	——	——	——	——
——	——	——	——	——	——	——	——	——	——	——
——	——	——	——	——	——	——	——	——	——	——
2	41	——	——	−28	2 482	2 574	403	1 942	387	110
——	——	——	——	——	——	——	——	——	——	——
——	——	——	——	——	——	——	——	——	——	——
——	——	——	——	——	——	——	——	——	——	——
——	——	——	——	——	——	——	——	——	——	——
——	——	——	——	——	——	——	——	——	——	——
——	——	——	——	——	——	——	——	——	——	——
——	——	——	——	——	——	——	——	——	——	——
——	——	——	——	——	——	——	——	——	——	——

各 地 区 文 物

	机构数(个)	从业人员数		具有专业资质人数			具有中高级职称人数		安全保卫人员		信息化装备	
		(人)	在编人数	(人)	具有考古发掘个人领队资格人数	具有文物保护工程职业资格人数	(人)	高级职称	(人)	在编安全保卫人数	计算机(台)	网站数(个)
总　计	**4 092**	**80 894**	**59 311**	**7 041**	**734**	**484**	**15 653**	**4 428**	**12 272**	**6 139**	**16 206**	**380**
中　央	11	2 872	2 586	755	12	5	794	248	471	384	1 676	7
地　方	4 081	78 022	56 725	6 286	722	479	14 859	4 180	11 801	5 755	14 530	373
北　京	70	4 160	2 704	295	7	15	324	75	537	230	850	12
天　津	28	954	710	37	5	10	283	97	114	55	210	7
河　北	216	6 213	4 680	91	42	3	874	244	668	453	599	23
山　西	208	4 903	3 581	63	26	1	739	167	756	361	513	21
内蒙古	112	1 481	1 234	192	20	22	428	118	182	92	276	4
辽　宁	101	2 784	2 235	450	51	38	681	197	496	226	543	16
其中：大连	8	288	211	17	——	8	67	25	48	23	93	3
吉　林	67	1 175	963	244	11	3	420	142	100	46	183	4
黑龙江	140	1 155	974	145	10	27	481	146	113	72	163	26
上　海	33	1 249	1 047	23	5	——	340	108	165	70	831	15
江　苏	178	2 906	2 159	32	29	3	776	232	498	184	905	27
浙　江	193	3 562	1 877	346	24	13	703	249	641	152	1 337	36
其中：宁波	20	338	201	5	4	1	86	24	43	23	140	6
安　徽	148	1 596	1 263	253	21	23	421	104	269	128	229	5
福　建	124	1 245	830	267	17	12	274	102	216	76	444	6
其中：厦门	7	141	87	17	2	——	37	13	16	5	158	——
江　西	160	2 350	1 937	222	22	19	390	112	324	180	152	10
山　东	187	4 647	3 939	286	27	33	1 342	406	627	447	554	12
其中：青岛	17	246	226	20	1	——	67	15	37	26	56	3
河　南	232	6 727	4 453	243	62	9	935	252	1 061	585	752	25
湖　北	149	3 585	2 331	263	50	33	940	232	485	236	480	12
湖　南	201	2 810	2 173	55	50	4	502	121	370	194	468	13
广　东	203	3 535	2 126	555	33	11	414	118	636	201	1 124	27
其中：深圳	14	237	119	72	9	——	56	27	44	7	141	8
广　西	118	1 197	927	108	18	58	297	74	213	86	316	6
海　南	25	311	269	40	1	1	39	8	63	38	37	1
重　庆	60	1 295	1 009	290	12	3	246	60	236	100	465	4
四　川	226	4 535	2 925	308	41	49	637	136	604	257	795	19
贵　州	108	923	632	137	8	3	127	36	83	34	121	5
云　南	154	1 231	1 079	390	20	42	388	114	185	97	264	5
西　藏	22	604	261	54	8	2	35	6	83	45	41	——
陕　西	317	6 611	5 194	700	63	24	926	283	1 340	769	759	17
甘　肃	118	2 164	1 586	31	13	9	396	109	402	193	588	3
青　海	43	311	240	20	4	——	99	26	38	29	42	——
宁　夏	26	408	294	98	8	3	104	27	73	41	78	5
新　疆	117	1 395	1 093	48	14	6	298	79	223	78	411	7

业基本情况（一）

	文物藏品数(件、套)				藏品分类数(件、套)		
	一级品	二级品	三级品	(件、套)	古代文物数	近现代文物数	自然标本数
18 453 447	**56 126**	**928 241**	**2 447 339**	**12 132 687**	**8 528 881**	**1 638 083**	**430 331**
1 686 643	13 260	621 265	317 362	39 338	——	——	——
16 766 804	42 866	306 976	2 129 977	12 093 349	8 528 881	1 638 083	430 331
1 154 683	643	9 092	44 496	1 140 217	1 026 078	106 837	1 143
202 611	969	2 753	39 505	21 151	2 174	11 662	1 415
523 534	1 119	11 431	49 952	390 072	311 441	78 164	254
944 350	2 117	7 759	51 049	711 933	635 798	67 709	1 293
448 307	1 571	1 749	5 350	359 967	291 258	34 118	11 507
385 989	1 385	11 978	181 860	172 856	128 337	32 935	5 102
49 772	235	2 496	26 861	39 271	26 638	12 585	48
194 057	345	3 203	9 922	161 862	81 213	65 849	3 635
173 221	297	1 323	18 193	167 266	53 763	24 619	83 087
308 077	1 306	45 664	129 077	297 026	8 744	41 364	8
1 930 699	1 970	99 901	427 397	973 450	488 004	151 704	5 171
1 068 973	2 951	8 555	55 239	630 672	415 984	92 357	122 331
231 999	173	840	6 835	103 402	101 323	2 018	61
484 528	1 547	3 940	130 594	228 135	203 341	11 180	858
418 000	912	2 010	102 756	322 023	113 128	183 261	16 737
65 827	16	200	6 028	14 881	11 061	3 011	——
365 436	1 365	6 646	43 093	227 582	140 628	57 396	5 154
806 951	2 985	8 872	96 173	669 232	513 672	68 494	20 616
146 421	208	1 921	9 562	142 125	134 446	7 266	107
1 435 495	2 020	15 592	215 371	1 052 598	953 193	36 712	23 246
817 623	2 166	7 539	88 720	686 688	615 157	64 394	4 222
524 518	1 436	4 500	40 736	487 425	336 283	116 636	9 981
1 005 832	1 165	15 330	74 274	486 768	308 341	92 455	24 635
32 035	25	160	4 857	28 414	1 527	4 788	——
269 691	334	4 254	22 079	238 174	117 690	45 113	38 368
37 889	136	240	1 040	35 249	12 538	12 594	228
322 923	907	1 811	18 696	272 127	169 486	28 073	494
756 962	2 452	7 171	100 991	738 381	368 205	81 146	14 308
54 936	287	588	7 438	52 356	21 509	27 157	1 622
305 870	813	753	23 250	118 212	74 011	13 838	4 853
182 215	886	82	299	546	312	112	15
880 382	4 173	9 510	44 272	798 059	606 174	61 324	249
443 671	3 275	11 619	97 111	429 047	366 203	11 781	29 065
135 515	251	719	2 592	79 908	54 432	231	25
75 249	376	2 392	8 452	74 334	61 059	3 840	535
108 617	707	——	——	70 033	50 725	15 028	174

各 地 区 文 物

	本年从有关部门接收文物数（件、套）	本年藏品征集数（件、套）	本年修复藏品数（件、套）				举办展览（个）
				一级品	二级品	三级品	
总　　计	**30 900**	**139 951**	**37 607**	**282**	**964**	**6 556**	**7 866**
中　　央	——	1 227	4 371	8	118	9	98
地　　方	30 900	138 724	33 236	274	846	6 547	7 768
北　　京	1 738	1 932	478	1	129	48	153
天　　津	2 289	775	——	——	——	——	95
河　　北	4 850	43 065	3 572	1	2	8	193
山　　西	——	77	79	——	2	49	118
内 蒙 古	160	5 064	436	3	2	5	199
辽　　宁	1 432	6 939	657	10	3	544	160
其中：大连	13	456	14	2	1	11	34
吉　　林	114	1 108	137	——	1	——	88
黑 龙 江	120	1 922	1 122	——	12	73	162
上　　海	——	5 709	178	3	7	96	211
江　　苏	1 295	5 647	1 548	3	16	636	686
浙　　江	4 506	7 718	5 115	7	17	91	713
其中：宁波	629	15	——	——	——	——	80
安　　徽	187	446	23	——	9	13	194
福　　建	2 143	797	356	——	——	191	234
其中：厦门	34	374	——	——	——	——	6
江　　西	71	4 568	808	28	32	215	231
山　　东	2 533	1 869	756	3	19	163	473
其中：青岛	——	367	44	——	15	25	53
河　　南	626	907	1 990	5	24	54	379
湖　　北	1 773	1 083	3 223	35	141	1 497	190
湖　　南	123	11 134	450	18	28	109	282
广　　东	508	9 087	1 621	41	14	111	859
其中：深圳	——	634	63	——	——	——	69
广　　西	160	2 945	1 248	——	5	——	265
海　　南	——	97	——	——	——	——	19
重　　庆	2 634	2 400	1 887	——	7	336	425
四　　川	763	12 682	915	——	3	253	365
贵　　州	521	1 045	2	——	——	2	145
云　　南	161	1 905	257	——	1	9	293
西　　藏	24	83	30	——	——	——	2
陕　　西	657	2 898	4 535	65	140	1 415	225
甘　　肃	1 157	1 800	357	42	93	85	202
青　　海	——	181	160	——	——	——	20
宁　　夏	243	595	667	2	130	535	87
新　　疆	112	2 246	629	7	9	9	100

业基本情况（二）

参观人次（千人次）			年末固定资产原值（千元）	增加值（千元）	公用房屋建筑面积		
	外宾参观人次	青少年参观人次			（千平方米）	实验室	文物库房
184 443	**8 986**	**40 053**	**10 494 001**	**4 222 524**	**10 800**	**472**	**827**
14 093	1	1 969	506 167	592 558	352	22	67
170 350	8 985	38 084	9 987 834	3 629 966	10 448	450	760
14 167	2 588	1 058	472 394	471 374	701	12	34
1 407	22	489	68 733	75 764	128	8	19
7 551	190	2 091	333 654	169 750	306	30	31
7 288	178	1 452	204 413	168 134	303	29	22
1 235	54	482	145 309	37 582	189	8	17
4 090	119	694	547 940	101 528	243	10	29
691	20	124	11 131	8 929	62	——	4
833	16	186	153 016	38 096	118	5	7
1 405	44	657	245 034	38 324	135	12	5
4 915	1 065	891	686 217	143 956	174	4	78
9 787	221	3 507	628 925	187 174	525	19	42
22 128	478	3 300	876 088	332 256	474	60	42
1 235	34	360	87 448	23 367	47	5	4
1 429	25	488	187 702	42 391	141	25	16
2797	54	1076	92 446	37 382	245	4	18
415	3	17	11 779	6 906	15	——	2
3 292	87	1774	141 472	52 188	235	11	15
9 531	327	1203	633 977	304 154	437	20	50
488	45	66	21 433	12 170	45	1	2
10 882	164	1 941	615 881	166 464	2 136	19	58
4 131	105	1731	261 407	68 014	258	6	27
7 771	260	3751	459 236	81 311	346	12	35
12 105	524	2875	551 657	206 075	560	17	45
586	91	119	42 806	16 890	45	——	2
2 219	166	678	131 219	41 766	154	8	17
340	29	172	29 359	8 184	19	5	——
4 390	52	881	270 532	88 595	169	17	15
13 964	446	2464	424 268	203 542	399	32	34
1 746	34	555	41 381	25 032	59	14	7
3 009	109	1470	310 785	42 797	221	22	18
2 084	260	70	10 121	55 999	935	——	2
10 984	1064	1431	997 988	290 852	458	23	31
2 126	112	367	341 963	86 079	197	6	28
653	4	29	16 808	9 242	25	1	4
494	13	98	38 774	17 339	58	3	6
1 597	175	223	69 135	38 622	100	8	8

各 地 区 文 物

	本年收入合计（千元）							
		财政拨款	上级补助收入	事业收入		经营收入	附属单位上缴收入	其他收入
					门票收入			
总　计	**8 828 537**	**3 759 345**	**370 798**	**3 459 706**	**2 627 166**	**750 420**	**80 003**	**408 265**
中　央	975 935	272 525	10 995	486 384	435 705	112 611	18 071	75 349
地　方	7 852 602	3 486 820	359 803	2 973 322	2 191 461	637 809	61 932	332 916
北　京	850 941	222 147	6 612	427 733	391 986	137 251	3 360	53 838
天　津	195 964	80 742	——	13 114	10 570	97 593	120	4 395
河　北	391 505	196 073	11 638	160 831	147 108	6 732	10 370	5 861
山　西	358 025	132 429	7 243	208 796	150 107	3 326	73	6 158
内蒙古	112 122	73 448	1 807	29 846	7 109	2 999	——	4 022
辽　宁	175 140	87 923	6 126	70 051	56 784	6 083	——	4 957
其中：大连	25 866	15 649	——	5 954	5 954	2 355	——	1 908
吉　林	103 457	59 656	17 559	21 953	19 633	3 637	——	652
黑龙江	52 742	47 037	1 670	2 596	2 544	——	——	1 439
上　海	314 295	180 312	2 897	73 595	56 178	42 895	——	14 596
江　苏	439 331	230 369	9 907	45 364	28 363	128 033	157	25 501
浙　江	792 936	397 714	30 095	282 830	242 021	20 072	44 838	17 387
其中：宁波	49 322	33 972	2 682	8 053	4 859	1 966	——	2 649
安　徽	95 430	65 128	9 639	7 493	5 578	7 592	——	5 578
福　建	80 579	58 275	4 915	4 007	2 927	8 009	——	5 373
其中：厦门	17 708	9 874	23	660	460	6 071	——	1 080
江　西	106 352	62 210	4 802	24 270	20 378	9 224	——	5 846
山　东	373 173	112 289	9 751	221 402	175 409	22 116	——	7 615
其中：青岛	24 982	18 262	2 075	1 746	1 728	1 798	——	1 101
河　南	513 932	228 468	32 350	208 563	113 537	33 665	150	10 736
湖　北	195 971	109 013	24 397	35 666	22 798	10 986	——	15 909
湖　南	218 119	112 629	11 340	67 567	47 358	17 425	——	9 158
广　东	521 265	278 036	48 719	126 428	77 681	44 882	668	22 532
其中：深圳	47 292	27 880	5 335	3 701	2 159	2 277	——	8 099
广　西	120 402	84 557	3 457	18 888	2 895	5 609	——	7 891
海　南	11 029	7 284	15	790	676	——	——	2 940
重　庆	140 709	39 154	5 899	90 294	69 539	3 515	——	1 847
四　川	453 157	119 430	27 750	271 379	191 348	9 601	31	24 966
贵　州	62 943	30 027	2 305	25 041	3 834	3 809	——	1 761
云　南	100 366	76 096	4 636	12 886	1 589	2 497	——	4 251
西　藏	87 740	29 833	1 140	55 170	29 230	1 360	——	237
陕　西	552 579	138 412	51 430	300 747	255 172	6 331	2 165	53 494
甘　肃	215 964	102 212	5 707	99 090	27 031	208	——	8 747
青　海	27 184	22 430	263	2 602	1 038	771	——	1 118
宁　夏	24 369	17 046	277	6 581	6 198	99	——	366
新　疆	164 881	86 441	15 457	57 749	24 842	1 489	——	3 745

业 基 本 情 况（三）

本年支出合计（千元）	基本支出	项目支出	经营支出	在支出合计中：人员支出	社会保障缴费	公用支出	福利费	维修费	各种设备购置费	税金支出	对个人和家庭补助支出
7697 264	**3886 144**	**2413 987**	**395 019**	**1869 998**	**174 355**	**3108 355**	**55 600**	**532 584**	**177 829**	**85 319**	**407 830**
940 531	318 110	479 877	74 028	133 300	12 255	300 874	1 695	6 345	34 628	7 354	89 512
6756 733	3568 034	1934 110	320 991	1736 698	162 100	2807 481	53 905	526 239	143 201	77 965	318 318
800 968	204 583	176 764	140 704	127 992	4 996	206 328	5 790	28 098	9 645	6 201	19 103
135 355	52 125	10 002	12 293	33 711	1 953	31 988	520	3 144	1 881	12 799	7 929
287 173	203 713	78 143	4 643	111 106	13 602	115 410	1 673	32 713	4 167	569	13 281
269 801	189 484	59 925	498	78 631	4 768	143 819	2 746	21 065	8 987	2 012	9 285
87 306	84 168	1 956	2 283	24 955	1 158	51 390	326	5 255	4 246	185	4 505
166 458	77 432	38 727	4 411	62 881	6 428	61 223	672	9 308	7 456	557	13 553
21 882	12 899	6 088	1 133	7 465	1 028	7 102	198	2 229	759	285	628
101 739	69 191	26 674	3 408	23 990	1 873	48 085	258	16 742	1 830	16	7 992
51 852	39 598	10 289	2	22 603	984	19 853	188	7 285	267	326	5 604
255 208	135 672	85 847	5 687	81 551	14 785	145 180	2 138	29 295	5 035	8 666	6 075
378 138	175 048	103 694	16 163	101 856	6 263	144 381	1 740	30 368	12 772	8 719	25 826
635 403	331 142	284 857	4 649	154 527	24 252	409 135	7 056	51 406	7 212	5 954	35 816
43 803	28 429	15 147	485	16 494	2 856	18 535	452	1 862	578	264	2 833
82 853	55 572	12 264	5 120	27 780	2 194	31 988	929	8 310	2 319	747	9 558
71 911	47 631	14 907	2 103	26 828	2 652	24 922	269	3 324	2 048	610	5 834
17 244	8 289	4 756	994	4 223	173	6 710	47	1 685	544	495	1 101
96 568	47 603	29 701	1 874	31 097	2 791	22 596	584	4 612	1 301	332	9 688
366 036	290 419	28 108	32 514	105 410	13 575	64 068	3 158	12 759	3 795	4 137	18 508
22 762	18 195	2 565	627	10 435	2 216	6 192	81	512	157	94	2 176
435 043	265 350	114 512	29 611	102 083	10 645	285 146	3 090	23 985	8 687	2 578	14 620
191 828	76 312	100 378	4 549	44 872	4 278	44 921	1 737	6 553	2 768	471	8 887
207 214	107 420	76 932	2 175	54 252	4 040	98 985	2 264	24 005	6 062	1 362	6 977
471 970	194 085	222 297	21 487	107 635	9 326	212 436	3 538	60 863	13 447	9 392	24 099
50 313	14 762	19 708	365	13 363	1 052	8 595	306	857	659	878	1 911
98 683	43 120	47 276	3 171	25 980	1 387	32 052	1 040	8 931	1 927	1 297	6 901
11 929	5 370	1 923	60	6 385	1 363	2 287	35	286	135	16	402
106 719	71 909	25 752	1 747	29 255	1 361	37 008	1 261	8 298	2 214	644	5 722
402 620	265 777	108 742	4 923	92 739	10 045	204 961	2 123	65 488	7 167	3 388	15 503
47 551	40 513	2 993	3 616	16 184	359	25 985	269	5 881	1 292	465	2 646
95 724	47 511	38 459	1 835	26 237	1 076	32 585	439	4 806	1 880	1 005	2 658
47 652	12 382	12 962	125	8 100	341	3 438	125	928	230	13	2 200
455 121	229 018	62 794	8 454	113 723	6 922	174 955	5 135	28 589	9 829	3 799	16 501
193 000	127 158	56 039	45	48 179	1 794	81 408	3 273	18 635	8 784	1 377	10 492
20 970	14 476	6 191	69	7 039	44	6 398	6	866	322	22	1 686
27 382	14 172	6 867	21	12 767	4 984	6 695	461	804	814	18	1 098
156 558	50 080	88 135	2 751	26 350	1 861	37 855	1 062	3 637	4 682	288	5 369

各地区省级文物

	机构数（个）	从业人员数（人）	从业人员数 在编人数	具有专业资质人数（人）	具有考古发掘个人领队资格人数	具有文物保护工程职业资格人数	具有中高级职称人数（人）	具有中高级职称人数 高级职称	安全保卫人员（人）	安全保卫人员 在编安全保卫人数	信息化装备 计算机（台）	信息化装备 网站数（个）
总计	**198**	**13 542**	**10 316**	**1 726**	**343**	**124**	**4 220**	**1 678**	**2 423**	**906**	**5 589**	**69**
北京	28	1 153	853	178	7	6	212	63	155	73	587	4
天津	8	725	581	26	4	——	241	90	104	49	190	6
河北	6	358	309	14	14	——	142	72	51	9	143	2
山西	15	498	358	28	20	——	149	65	80	15	208	5
内蒙古	3	229	202	10	10	——	123	44	28	18	120	2
辽宁	4	323	254	36	13	2	98	44	137	17	147	2
吉林	3	235	208	124	10	——	99	53	14	13	35	1
黑龙江	7	331	305	99	9	24	198	85	30	30	64	——
上海	5	662	634	5	5	——	265	96	46	29	598	3
江苏	3	333	213	16	13	3	95	44	70	12	144	1
浙江	9	461	322	172	16	——	195	108	105	30	326	4
安徽	4	134	124	——	——	——	60	23	42	14	38	1
福建	5	262	167	96	11	——	63	32	63	19	103	——
江西	8	581	402	12	10	2	115	44	102	44	66	3
山东	4	240	240	11	11	——	126	48	61	31	144	1
河南	5	554	381	31	27	2	176	65	122	42	234	5
湖北	8	416	340	41	21	1	196	98	55	18	184	3
湖南	5	497	329	7	7	——	130	50	92	33	241	3
广东	7	278	218	110	8	——	69	21	47	15	171	1
广西	5	274	137	104	17	58	110	39	47	8	134	2
海南	3	65	63	19	1	——	28	5	12	10	27	——
重庆	9	881	670	218	9	——	170	40	179	56	360	4
四川	4	320	303	18	13	5	91	33	41	25	102	1
贵州	3	97	81	51	8	1	45	21	12	2	32	1
云南	3	153	147	27	10	3	58	35	42	15	95	1
西藏	——	——	——	——	——	——	——	——	——	——	——	——
陕西	12	2 092	1 482	228	38	10	494	203	446	169	480	8
甘肃	10	914	595	19	13	6	269	86	150	52	452	3
青海	6	153	109	4	4	——	63	20	21	13	38	——
宁夏	1	8	8	5	2	——	5	4	——	——	7	——
新疆	5	315	281	17	12	1	135	47	69	45	119	2

业 基 本 情 况 (一)

文物藏品数(件、套)				藏品分类数(件、套)			
	一级品	二级品	三级品		古代文物数	近现代文物数	自然标本数
6 394 552	**20 322**	**203 746**	**1 248 777**	**4 599 134**	**2 991 789**	**813 655**	**280 890**
1 123 012	529	8 693	43 076	1 121 531	1 015 799	104 413	——
187 713	967	2 745	39 485	12 608	38	11 265	1 305
290 597	464	2 790	25 683	165 131	101 827	63 304	——
353 268	514	1 535	37 380	120 851	79 969	40 213	669
178 102	696	30	51	110 135	89 656	12 001	8 478
108 421	487	4 202	102 334	——	——	——	——
90 615	167	2 339	7 438	65 941	24 672	41 269	——
120 880	180	1 064	15 474	115 017	20 676	14 404	79 243
285 549	1 090	44 708	123 163	282 609	——	36 044	——
548 377	1 062	95 242	353 299	449 603	333 327	116 268	8
197 477	1 720	3 831	24 610	197 477	75 054	7 347	115 076
217 919	404	1 546	81 531	——	——	——	——
204 081	553	286	53 143	184 279	52 212	129 013	3 054
70 347	507	1 757	11 223	58 765	29 591	25 444	3 730
134 071	1 409	15	57 097	116 248	85 557	16 640	14 051
292 966	616	3 177	40 936	134 654	119 696	12 337	2 621
84 708	841	2 065	32 267	84 678	64 975	19 703	——
126 515	453	1 662	15 219	104 819	47 694	57 125	——
375 918	405	7 268	12 545	123 359	114 544	6 390	2 225
77 361	183	1 831	3 549	77 361	31 129	15 299	30 933
21 240	78	100	488	21 240	622	11 678	——
195 714	695	1 417	11 733	172 368	75 704	22 634	2
172 635	685	3 155	50 003	172 635	——	——	——
38 208	221	250	636	36 108	14 088	22 020	——
168 479	507	416	20 035	——	——	——	——
——	——	——	——	——	——	——	——
436 369	2 545	4 638	8 880	436 369	421 610	14 683	76
151 253	1 731	6 394	76 799	150 453	124 842	6 192	19 419
101 951	171	590	700	46 344	37 925	——	——
——	——	——	——	——	——	——	——
40 806	442	——	——	38 551	30 582	7 969	——

各 地 区 省 级

	本年从有关部门接收文物数(件、套)	本年藏品征集数(件、套)	本年修复藏品数(件、套)				举办展览(个)
				一级品	二级品	三级品	
总计	**12 307**	**61 611**	**10 515**	**81**	**340**	**1 609**	**726**
北京	1 645	1 214	286	1	129	48	89
天津	14	184	——	——	——	——	49
河北	4 600	42 372	——	——	——	——	24
山西	——	26	——	——	——	——	40
内蒙古	——	670	359	——	——	——	4
辽宁	——	19	499	7	2	490	19
吉林	——	181	——	——	——	——	16
黑龙江	——	——	——	——	——	——	20
上海	——	5427	105	2	7	96	40
江苏	352	——	73	——	——	——	63
浙江	3 215	2 189	4 763	6	10	37	49
安徽	——	29	——	——	——	——	16
福建	——	12	27	——	——	27	14
江西	——	3 730	495	——	——	——	10
山东	2	3	469	3	——	50	25
河南	——	123	531	2	8	21	39
湖北	1 746	50	500	5	62	400	7
湖南	——	136	227	14	10	3	20
广东	——	613	375	——	——	——	14
广西	1	558	413	——	5	——	25
海南	——	35	——	——	——	——	——
重庆	106	2306	308	——	2	306	53
四川	——	——	130	——	——	——	——
贵州	149	989	——	——	——	——	22
云南	——	——	——	——	——	——	20
西藏	——	——	——	——	——	——	——
陕西	293	383	196	11	76	84	37
甘肃	114	173	84	23	20	38	1
青海	——	20	160	——	——	——	5
宁夏	——	——	——	——	——	——	——
新疆	70	169	515	7	9	9	5

文物业基本情况(二)

参观人次(千人次)	外宾参观人次	青少年参观人次	年末固定资产原值(千元)	增加值(千元)	公用房屋建筑面积(千平方米)	实验室	文物库房
23 591	**1 784**	**7 312**	**3 192 973**	**857 753**	**1 665**	**19**	**296**
1 851	111	312	135 348	62 471	197	3	32
826	4	415	60 507	68 545	91	——	19
228	1	100	39 603	15 060	40	1	14
636	3	228	41 720	13 804	91	5	9
200	38	84	26 764	9 166	34	——	7
500	10	150	225 884	23 752	35	1	9
48	——	32	81 423	11 513	45	3	——
237	4	98	160 200	17 749	40	——	1
1 607	212	228	578 891	86 458	110	1	75
382	44	203	63 606	25 677	100	——	3
2 662	141	1 366	105 815	38 519	35	——	11
——	——	——	13 362	6 882	17	——	4
213	2	79	18 718	9 456	42	——	7
1 221	——	755	23 863	20 146	51	——	5
44	4	13	101 297	19 114	49	——	11
442	13	210	282 358	23 937	76	1	10
278	32	89	38 978	18 307	39	——	4
1 263	148	394	189 728	24 413	50	——	12
139	3	47	78 702	20 073	20	1	4
213	8	131	27 991	13 646	24	——	3
5	——	2	8 358	2 186	2	——	——
3 669	6	743	106 355	57 900	114	——	7
——	——	——	30 582	11 846	26	——	10
260	4	85	5 572	6 665	7	——	3
1 044	14	1030	16 275	6 725	14	——	4
——	——	——	——	——	——	——	——
5 149	940	467	356 576	172 396	193	1	12
61	6	4	240 295	57 374	80	2	13
257	1	11	10 177	5 214	7	——	3
——	——	——	159	184	——	——	——
156	35	36	23 866	8 575	36	——	4

各地区省级文物

	本年收入合计（千元）							
		财政拨款	上级补助收入	事业收入	门票收入	经营收入	附属单位上缴收入	其他收入
总计	**2 537 109**	**1 406 957**	**111 311**	**647 728**	**336 725**	**248 814**	**3 480**	**118 819**
北京	276 812	182 403	——	25 505	21 657	48 604	3 360	16 940
天津	180 818	72 784	——	7 763	5 339	97 593	120	2 558
河北	145 342	135 017	2 538	7 009	223	——	——	778
山西	52 476	40 943	——	7 205	2 197	2 876	——	1 452
内蒙古	56 655	26 788	——	23 637	900	2 754	——	3 476
辽宁	35 077	22 093	——	10 542	1 742	2 290	——	152
吉林	18 928	13 943	2 079	2 452	192	280	——	174
黑龙江	17 120	15 626	——	285	258	——	——	1 209
上海	198 739	127 721	2 433	36 117	21 119	23 379	——	9 089
江苏	46 358	32 636	2 064	5 405	61	3 244	——	3 009
浙江	89 661	72 000	——	10 659	120	3 249	——	3 753
安徽	19 756	15 886	989	167	22	2 186	——	528
福建	19 438	14 463	2 351	260	260	1 771	——	593
江西	56 505	28 883	——	18 079	14 802	8 476	——	1 067
山东	29 785	13 395	——	7 017	121	7 105	——	2 268
河南	167 218	132 936	3 289	22 809	2 670	5 002	——	3 182
湖北	67 145	34 309	6 409	13 637	4 755	3 769	——	9 021
湖南	89 232	33 965	——	35 749	27 404	16 657	——	2 861
广东	84 341	31 469	33 503	13 411	192	4 630	——	1 328
广西	60 825	37 388	——	13 798	453	4 429	——	5 210
海南	4 142	3 322	——	27	27	——	——	793
重庆	104 626	31 176	4 192	65 346	45 041	2 278	——	1 634
四川	50 739	33 643	——	6 156	——	4 436	——	6 504
贵州	23 131	11 401	——	11 574	100	——	——	156
云南	34 580	21 153	——	9 624	152	1 948	——	1 855
西藏	——	——	——	——	——	——	——	——
陕西	348 706	71 253	40 618	208 538	182 743	——	——	28 297
甘肃	153 962	68 204	4 079	73 650	2 121	208	——	7 821
青海	20 392	17 171	93	1 721	294	441	——	966
宁夏	3 299	3 291	——	——	——	——	——	8
新疆	81 301	61 695	6 674	9 586	1 760	1 209	——	2 137

业基本情况（三）

本年支出合计（千元）	在支出合计中：基本支出	项目支出	经营支出	人员支出	社会保障缴费	公用支出	福利费	维修费	各种设备购置费	税金支出	对个人和家庭补助支出
2 030 708	**857 306**	**870 504**	**58 321**	**406 846**	**29 740**	**811 206**	**12 254**	**157 419**	**57 803**	**37 240**	**101 439**
251 152	73 013	136 459	18 031	40 260	690	45 992	219	8 353	3 792	5 395	7 891
120 132	38 582	9 292	12 293	28 382	1 383	23 654	389	1 245	1 290	12 793	6 505
82 389	15 124	67 265	——	8 408	815	31 202	192	22 826	628	48	3 434
45 057	15 038	27 518	498	8 610	520	19 617	264	3 749	3 391	195	2 800
37 525	36 540	26	2 213	4 863	85	30 886	60	487	3 450	162	1 278
29 997	10 723	18 098	1 021	10 239	541	8 510	31	41	624	127	2 006
17 817	14 129	3 460	51	5 834	593	5 859	13	360	44	13	2 487
16 691	14 049	2 642	——	7 200	837	3 702	139	11	11	324	3 678
159 331	70 605	70 502	473	46 939	7 908	91 133	601	12 878	3 258	7 597	3 035
41 054	18 995	20 158	525	13 423	247	21 357	59	1 587	6 861	506	4 780
73 674	40 940	31 606	519	25 989	3 033	41 373	911	5 309	3 839	612	5 404
13 621	11 435	——	2 186	3 223	271	7 518	116	378	243	136	2 873
14 030	8 791	3 952	982	6 213	568	2 781	33	186	278	91	2 295
50 729	18 688	25 847	1 565	8 700	483	7 103	171	1 309	661	251	5 261
29 351	18 808	3 350	1 405	9 877	69	8 575	7	645	1 547	572	4 717
119 919	45 082	69 618	1 890	10 510	1 210	100 065	249	1 421	2 165	661	3 850
64 842	17 558	44 021	2 821	9 435	189	5 758	129	297	36	117	3 821
82 939	29 107	35 400	1 868	14 252	794	29 573	771	1 781	2 414	1 132	2 391
79 394	27 115	50 075	645	11 382	647	45 354	562	34 948	3 326	891	4 082
40 204	12 897	22 899	2 083	7 130	456	21 361	925	7 710	700	1 156	1 846
4 060	2 808	1 192	60	1 778	425	387	1	13	41	——	145
71 310	46 306	22 948	1 391	20 502	897	28 704	848	6 882	1 849	210	4 744
43 496	9 519	32 019	1 423	5 537	605	24 784	131	21 533	1 207	517	2 176
17 030	14 616	2 414	——	1 773	39	14 153	——	4 350	630	——	965
35 137	14 787	14 925	1 185	4 369	168	18 344	134	823	851	786	760
——	——	——	——	——	——	——	——	——	——	——	——
262 975	132 692	36 899	890	52 260	4 632	105 230	2 553	11 331	6 711	2 209	8 836
132 218	77 398	47 118	3	28 447	947	51 862	2 579	5 743	6 183	469	6 664
14 091	7 874	6 019	69	3 681	42	3 404	2	669	280	22	1 285
2 313	139	2 174	——	178	——	1 891	——	40	204	——	——
78 230	13 948	62 608	2 231	7 452	646	11 074	165	514	1 289	248	1 430

各 地 区 地 市 级

	机构数（个）	从业人员数（人）	从业人员数：在编人数	具有专业资质人数（人）	具有考古发掘个人领队资格人数	具有文物保护工程职业资格人数	具有中高级职称人数（人）	高级职称	安全保卫人员（人）	在编安全保卫人数	信息化装备：计算机（台）	信息化装备：网站数（个）
总　　计	**1 083**	**32 192**	**21 654**	**2 349**	**244**	**112**	**6 277**	**1 763**	**4 362**	**2 185**	**6 067**	**179**
北　　京	36	2 305	1 338	104	——	9	64	6	317	157	213	7
天　　津	18	161	100	7	——	7	38	7	6	2	16	——
河　　北	33	2 822	1 886	32	12	——	385	102	237	186	259	9
山　　西	39	1 508	994	4	4	——	279	72	225	109	199	5
内 蒙 古	21	594	520	68	6	——	194	60	78	48	119	1
辽　　宁	42	1 580	1 292	216	8	20	437	128	237	137	307	11
其中：大连	5	266	189	8	——	8	61	23	45	20	87	3
吉　　林	17	442	372	32	1	——	200	82	34	18	122	1
黑 龙 江	25	313	239	19	——	——	137	42	30	5	58	24
上　　海	27	555	397	18	——	——	72	12	111	38	225	11
江　　苏	73	1 784	1 401	16	16	——	520	153	271	122	602	14
浙　　江	55	1 923	898	101	8	——	278	84	303	63	570	18
其中：宁波	4	171	92	4	4	——	45	17	7	7	79	4
安　　徽	44	614	504	108	13	——	198	51	73	33	123	2
福　　建	29	336	234	75	4	7	86	29	48	19	188	1
其中：厦门	5	132	78	17	2	——	34	13	15	4	154	——
江　　西	44	1 016	838	82	6	3	173	50	118	69	55	2
山　　东	48	1 363	1 221	168	12	13	523	191	180	144	223	4
其中：青岛	6	176	168	2	1	——	38	11	27	24	46	2
河　　南	76	3 129	1 971	112	29	——	557	148	432	267	362	5
湖　　北	39	1 579	860	75	20	3	439	105	191	89	213	9
湖　　南	37	768	586	28	27	1	194	49	119	66	149	6
广　　东	83	2 127	1 089	295	21	2	268	84	405	125	756	20
其中：深圳	14	237	119	72	9	——	56	27	44	7	141	8
广　　西	28	434	380	3	1	——	129	33	106	40	143	4
海　　南	8	179	176	6	——	——	8	3	45	26	6	1
重　　庆	17	108	87	5	3	——	35	15	24	22	40	——
四　　川	39	2 323	1 154	132	17	22	339	82	224	74	417	7
贵　　州	14	414	164	35	——	——	26	11	34	5	45	3
云　　南	28	435	396	184	4	19	162	46	63	50	87	3
西　　藏	22	604	261	54	8	2	35	6	83	45	41	——
陕　　西	71	1 522	1 270	290	21	4	249	56	205	153	183	5
甘　　肃	15	375	260	——	——	——	48	13	50	31	60	——
青　　海	11	51	40	4	——	——	19	4	6	6	3	——
宁　　夏	7	150	135	54	1	——	54	13	24	12	31	1
新　　疆	37	678	591	22	2	——	131	26	83	24	252	5

文物业基本情况（一）

文物藏品数(件、套)				藏品分类数(件、套)			
	一级品	二级品	三级品		古代文物数	近现代文物数	自然标本数
6 308 742	**12 243**	**60 715**	**502 183**	**3 922 982**	**2 828 712**	**428 925**	**79 722**
25 062	113	393	1 245	14 199	9 375	2 009	1 117
12 762	2	8	20	6 407	——	397	110
57 227	314	6 892	13 850	55 431	52 042	3 362	27
198 538	558	900	2 564	198 538	194 115	2 209	28
169 548	394	753	1 684	164 952	150 426	9 542	272
180 411	794	6 802	65 235	99 916	68 976	29 621	1 313
39 961	228	2 394	25 135	38 743	26 220	12 475	48
59 936	141	743	2 114	53 039	30 438	19 338	3 263
21 910	45	110	1 711	21 910	15 797	2 064	716
20 773	214	941	5 548	14 417	8 744	5 320	8
1 229 602	714	3 623	66 973	371 127	100 369	24 136	3 887
608 602	652	2 340	11 757	170 301	140 327	28 665	1 309
204 584	85	430	4 188	75 987	75 987	——	——
145 893	414	881	19 601	138 989	124 755	3 382	843
115 385	144	908	19 967	51 738	21 008	28 884	465
63 840	16	178	5 669	12 894	10 028	2 866	——
134 980	382	2 060	14 231	61 412	30 059	17 622	1 350
243 575	689	4 640	19 720	224 670	189 535	25 116	155
109 261	165	1 759	7 157	108 561	108 353	207	1
802 806	849	8 131	102 975	625 145	576 294	13 396	20 286
433 491	1 023	3 018	41 114	352 860	330 319	19 069	3 461
254 138	572	1 454	13 699	250 705	194 345	32 830	3 530
447 423	650	6 171	29 449	227 031	99 318	63 123	19 409
32 035	25	160	4 857	28 414	1 527	4 788	——
113 442	66	1 440	8 676	98 491	56 700	9 726	6 201
3 000	25	19	72	918	590	126	11
67 698	25	78	1 262	67 649	65 493	2 090	61
265 121	837	1 551	17 525	249 407	151 812	43 225	10 172
5 711	14	40	4 743	5 708	4 514	340	6
55 778	104	114	790	39 448	23 544	4 969	1 114
182 215	886	82	299	546	312	112	15
289 001	791	3 435	25 678	226 579	79 391	32 028	12
43 188	324	1 129	4 531	41 201	40 525	575	101
15 438	9	12	164	15 438	5 217	——	——
54 094	303	2 047	4 986	54 094	49 687	3 474	342
51 994	195	——	——	20 716	14 685	2 175	138

各 地 区 地 市 级

	本年从有关部门接收文物数（件、套）	本年藏品征集数（件、套）	本年修复藏品数（件、套）				举办展览（个）
				一级品	二级品	三级品	
总　计	**7 627**	**51 442**	**15 627**	**131**	**359**	**3 981**	**2 895**
北　京	——	381	192	——	——	——	63
天　津	2 275	591	——	——	——	——	46
河　北	20	241	3 538	——	——	2	87
山　西	——	4	23	——	——	——	30
内蒙古	45	275	20	2	——	——	49
辽　宁	1 331	6 668	156	2	1	53	110
其中：大连	13	356	14	2	1	11	30
吉　林	114	476	101	——	1	——	56
黑龙江	120	783	91	——	12	73	50
上　海	——	240	73	1	——	——	168
江　苏	45	5 045	979	3	14	556	274
浙　江	190	1 745	133	1	7	54	233
其中：宁波	——	——	——	——	——	——	21
安　徽	——	286	1	——	——	——	57
福　建	1 744	687	168	——	——	164	92
其中：厦门	34	374	——	——	——	——	5
江　西	——	115	40	——	——	2	79
山　东	145	99	187	——	19	83	221
其中：青岛	——	40	40	——	15	25	29
河　南	214	194	1 329	3	16	23	179
湖　北	12	498	2 234	30	78	1 067	55
湖　南	68	10 723	212	4	18	105	123
广　东	256	6 868	860	41	2	3	504
其中：深圳	——	634	63	——	——	——	69
广　西	25	810	820	——	——	——	36
海　南	——	28	——	——	——	——	11
重　庆	210	58	121	——	——	——	14
四　川	196	11 922	14	——	——	1	76
贵　州	2	1	——	——	——	——	27
云　南	——	982	36	——	1	9	69
西　藏	24	83	30	——	——	——	2
陕　西	255	500	3 552	29	23	1 251	54
甘　肃	54	637	50	13	37	——	68
青　海	——	10	——	——	——	——	9
宁　夏	243	1	667	2	130	535	23
新　疆	39	491	——	——	——	——	30

文物业基本情况（二）

参观人次（千人次）			年末固定资产原值（千元）	增加值（千元）	公用房屋建筑面积		
	外宾参观人次	青少年参观人次			（千平方米）	实验室	文物库房
78 308	**4 548**	**14 167**	**3 437 739**	**1 591 402**	**5 517**	**148**	**252**
6 150	1 215	739	176 108	219 086	85	8	2
501	16	64	7 696	5 899	31	2	——
2 674	135	823	55 981	81 270	150	7	9
1 598	36	370	95 976	42 896	68	4	6
427	7	192	84 410	17 972	86	3	5
3 057	104	472	290 704	67 089	165	3	11
685	20	120	10 657	8 171	56	——	3
624	6	135	62 978	18 548	64	——	7
345	17	173	52 132	11 706	50	5	1
3 289	853	658	100 649	56 320	61	3	3
5 642	145	1947	294 668	127 035	252	6	28
14 929	256	950	451 577	234 051	216	36	14
851	32	160	52 916	10 337	25	2	1
377	11	122	129 351	19 385	49	13	6
1 131	4	422	19 275	10 887	62	1	3
397	2	2	10 604	6 363	13	——	2
526	19	317	50 620	17 988	88	8	3
2 438	54	622	127 665	55 313	155	2	17
385	37	25	15 980	10 402	37	——	2
6 145	119	964	249 736	104 223	1 825	6	35
2 050	61	854	139 293	30 580	112	2	16
2 163	72	1011	128 808	25 276	123	2	12
7 270	347	1481	300 637	112 450	334	——	21
586	91	119	42 806	16 890	45	——	2
967	122	217	47 679	17 029	66	2	5
227	16	94	13 070	4 973	10	4	——
140	22	50	32 686	3 449	17	6	1
7 262	310	418	185 785	142 846	141	2	12
672	3	207	13 087	10 409	15	——	1
616	23	107	155 673	17 597	115	10	10
2 084	260	70	10 121	55 999	935	——	2
2 295	109	370	65 364	37 977	125	7	9
1 217	74	182	32 982	11 946	26	——	4
321	2	5	4 088	2 126	8	——	1
63	1	16	20 156	5 452	37	——	5
1 108	129	115	38 784	23 625	46	6	3

各地区地市级

	本年收入合计（千元）	财政拨款	上级补助收入	事业收入	门票收入	经营收入	附属单位上缴收入	其他收入
				事业收入				
总计	**3 483 733**	**1 363 800**	**122 398**	**1 446 211**	**1 111 881**	**352 927**	**58 396**	**140 001**
北京	363 525	37 454	6 612	229 945	198 046	73 537	——	15 977
天津	13 618	7 768	——	4 013	3 893	——	——	1 837
河北	134 283	32 177	3 641	86 216	84 549	522	10 370	1 357
山西	119 388	53 933	4 305	56 863	28 690	450	73	3 764
内蒙古	32 618	26 324	707	4 842	4 842	245	——	500
辽宁	114 681	51 909	4 065	52 710	51 660	2 355	——	3 642
其中：大连	24 893	14 682	——	5 948	5 948	2 355	——	1 908
吉林	70 479	38 417	15 244	16 365	16 346	52	——	401
黑龙江	22 928	20 834	1 563	492	492	——	——	39
上海	113 462	50 622	464	37 448	35 029	19 516	——	5 412
江苏	334 664	153 974	4 243	31 329	21 410	124 348	157	20 613
浙江	562 092	223 283	9 055	264 165	237 257	16 215	44 838	4 536
其中：宁波	24 180	12 846	2 047	6 317	3 940	1 966	——	1 004
安徽	37 536	22 575	1 680	3 242	2 184	5 406	——	4 633
福建	27 138	16 443	611	1 489	1 266	6 238	——	2 357
其中：厦门	17 049	9 240	——	658	458	6 071	——	1 080
江西	31 221	18 860	2 604	4 964	4 574	622	——	4 171
山东	97 532	60 793	4 815	15 717	13 135	13 390	——	2 817
其中：青岛	21 585	14 983	2 000	1 715	1 702	1 798	——	1 089
河南	253 805	59 433	14 870	146 243	86 879	27 683	130	5 446
湖北	95 079	58 237	12 981	13 638	11 619	6 695	——	3 528
湖南	61 127	34 905	3 574	20 672	13 279	514	——	1 462
广东	283 007	168 964	7 589	50 881	32 834	38 327	668	16 578
其中：深圳	47 292	27 880	5 335	3 701	2 159	2 277	——	8 099
广西	45 250	35 231	2 080	4 579	2 199	1 180	——	2 180
海南	5 905	3 138	——	633	519	——	——	2 134
重庆	4 038	2 852	——	120	92	878	——	188
四川	290 822	35 758	9 113	230 401	161 665	3 061	——	12 489
贵州	24 070	9 137	159	10 152	545	3 809	——	813
云南	39 352	33 959	1 480	1 660	420	541	——	1 712
西藏	87 740	29 833	1 140	55 170	29 230	1 360	——	237
陕西	102 581	33 672	2 853	39 225	27 946	5 633	2 160	19 038
甘肃	35 404	14 899	20	19 775	19 766	——	——	710
青海	2 698	2 433	——	113	113	——	——	152
宁夏	9 453	8 644	90	616	244	90	——	13
新疆	68 237	17 339	6 840	42 533	21 158	260	——	1 265

文物业基本情况（三）

本年支出合计（千元）											
	基本支出	项目支出	经营支出	在支出合计中							
				人员支出	社会保障缴费	公用支出	福利费	维修费	各种设备购置费	税金支出	对个人和家庭补助支出
3067 936	**1619 567**	**815 425**	**96 037**	**820 285**	**90 137**	**1429 551**	**21 311**	**232 340**	**58 834**	**32 017**	**164 514**
339 474	36 449	39 611	8 146	63 453	3 683	138 312	1 936	13 730	3 820	143	11 029
13 695	12 015	710	——	4 394	414	8 100	131	1 879	591	1	1 065
113 082	110 419	2 390	144	61 791	8 071	43 460	466	4 865	2 786	94	7 100
107 515	77 661	15 980	——	32 514	2 367	63 304	989	6 191	3 493	91	5 131
27 230	26 177	830	70	11 524	767	10 422	224	1 569	512	23	2 759
108 424	52 293	16 489	1 127	41 650	5 348	44 167	438	7 854	6 356	336	10 459
20 909	12 411	6 088	1 127	6 847	949	6 866	190	2 171	757	285	515
69 886	45 265	23 103	52	11 122	592	36 096	183	16 176	1 439	3	4 721
22 768	14 322	7 455	——	8 591	55	11 433	33	6 174	209	——	1 195
93 784	62 974	15 345	5 214	33 767	6 728	52 857	1 529	16 411	1 722	1 069	2 982
279 252	112 928	74 393	14 760	65 878	3 997	97 448	825	21 959	4 365	8 078	17 005
438 979	223 738	203 438	3 715	90 065	16 087	294 142	3 255	32 771	1 482	5 177	25 002
22 546	13 472	8 877	485	6 841	1 329	9 726	110	683	384	236	1 208
32 817	22 337	5 976	843	11 708	1 063	12 332	587	3 252	1 497	595	4 134
25 589	13 313	6 926	1 058	7 642	627	10 271	137	1 793	926	496	1 576
16 590	7 635	4 756	994	3 827	146	6 549	44	1 635	528	495	1 004
28 013	17 303	1 475	308	12 970	1 576	10 998	206	2 034	289	40	2 728
90 669	72 549	7 333	3 540	44 153	8 946	25 319	638	4 451	975	665	7 919
19 271	16 092	1 859	627	9 128	1 869	5 612	75	448	151	94	1 948
230 643	163 655	29 537	26 816	59 058	6 747	140 943	1 597	10 953	4 407	1 863	8 798
93 808	38 319	51 752	1 203	20 341	2 703	27 030	1 033	2 001	2 199	341	3 550
58 440	33 431	23 182	259	16 692	1 406	35 340	395	9 510	2 447	138	3 290
280 828	105 595	129 997	19 933	68 921	6 138	125 161	2 274	20 769	6 864	8 145	15 184
50 313	14 762	19 708	365	13 363	1 052	8 595	306	857	659	878	1 911
44 247	19 409	23 003	1 088	11 329	799	6 403	50	254	875	129	3 665
6 887	1 638	716	——	3 908	856	1 692	33	207	52	16	249
3 633	2 018	621	356	1 617	42	456	18	51	11	147	315
254 210	188 378	55 224	1 031	57 396	6 947	129 258	577	25 993	3 948	2 696	9 942
18 305	14 570	31	3 600	7 711	152	7 266	79	538	419	465	1 354
37 222	15 334	20 105	606	9 851	555	7 440	227	1 602	692	163	1 128
47 652	12 382	12 962	125	8 100	341	3 438	125	928	230	13	2 200
92 575	55 346	19 790	1 577	27 894	1 664	40 372	1 915	4 147	1 094	299	3 498
34 195	30 730	1 483	——	7 362	451	23 770	581	12 047	1 796	789	1 894
2 770	2 618	152	——	1 632	——	810	2	44	8	——	328
8 567	5 971	2 276	7	3 730	143	1 685	1	475	464	2	912
62 777	30 430	23 140	459	13 521	872	19 826	827	1 712	2 866	——	3 402

各地区县市级

	机构数（个）	从业人员数（人）	从业人员数：在编人数	具有专业资质人数（人）	具有考古发掘个人领队资格人数	具有文物保护工程职业资格人数	具有中高级职称人数（人）	高级职称	安全保卫人员（人）	在编安全保卫人数	信息化装备：计算机（台）	信息化装备：网站数（个）
总计	**2 800**	**32 276**	**24 743**	**2 211**	**135**	**243**	**4 362**	**739**	**5 014**	**2 664**	**2 874**	**125**
北京	6	702	513	13	——	——	48	6	65	——	50	1
天津	2	68	29	4	1	3	4	——	4	4	4	1
河北	177	3 033	2 485	45	16	3	347	70	380	258	197	12
山西	153	2 885	2 217	31	2	1	311	30	449	237	106	11
内蒙古	88	658	512	114	4	22	111	14	76	26	37	1
辽宁	55	881	689	198	30	16	146	25	122	72	89	3
其中：大连	3	22	22	9	——	——	6	2	3	3	6	——
吉林	47	498	383	88	——	3	121	7	52	15	26	2
黑龙江	108	511	430	27	1	3	146	19	53	37	41	2
上海	1	32	16	——	——	——	3	——	8	3	8	1
江苏	100	789	545	——	——	——	161	35	157	50	159	12
浙江	129	1 178	657	73	——	13	230	57	233	59	441	14
其中：宁波	16	167	109	1	——	1	41	7	36	16	61	2
安徽	100	848	635	145	8	23	163	30	154	81	68	2
福建	90	647	429	96	2	5	125	41	105	38	153	5
其中：厦门	2	9	9	——	——	——	3	——	1	1	4	——
江西	108	753	697	128	6	14	102	18	104	67	31	5
山东	135	3 044	2 478	107	4	20	693	167	386	272	187	7
其中：青岛	11	70	58	18	——	——	29	4	10	2	10	1
河南	151	3 044	2 101	100	6	7	202	39	507	276	156	15
湖北	102	1 590	1 131	147	9	29	305	29	239	129	83	——
湖南	159	1 545	1 258	20	16	3	178	22	159	95	78	4
广东	113	1 130	819	150	4	9	77	13	184	61	197	6
其中：深圳	——	——	——	——	——	——	——	——	——	——	——	——
广西	85	489	410	1	——	——	58	2	60	38	39	——
海南	14	67	30	15	——	1	3	——	6	2	4	——
重庆	34	306	252	67	——	3	41	5	33	22	65	——
四川	183	1 892	1 468	158	11	22	207	21	339	158	276	11
贵州	91	412	387	51	——	2	56	4	37	27	44	1
云南	123	643	536	179	6	20	168	33	80	32	82	1
西藏	——	——	——	——	——	——	——	——	——	——	——	——
陕西	234	2 997	2 442	182	4	10	183	24	689	447	96	4
甘肃	93	875	731	12	——	3	79	10	202	110	76	——
青海	26	107	91	12	——	——	17	2	11	10	1	——
宁夏	18	250	151	39	5	3	45	10	49	29	40	4
新疆	75	402	221	9	——	5	32	6	71	9	40	——

文物业基本情况（一）

文物藏品数(件、套)				藏品分类数(件、套)			
	一级品	二级品	三级品		古代文物数	近现代文物数	自然标本数
4 025 747	**10 301**	**42 515**	**379 017**	**3 533 470**	**2 671 271**	**394 849**	**69 719**
6 609	1	6	175	4 487	904	415	26
2 136	——	——	——	2 136	2 136	——	——
175 710	341	1 749	10 419	169 510	157 572	11 498	227
354 781	1 045	5 324	11 105	354 781	324 605	24 633	596
100 657	481	966	3 615	84 880	51 176	12 575	2 757
97 157	104	974	14 291	72 940	59 361	3 314	3 789
9 811	7	102	1 726	528	418	110	——
43 506	37	121	370	42 882	26 103	5 242	372
30 431	72	149	1 008	30 339	17 290	8 151	3 128
1 755	2	15	366	——	——	——	——
152 720	194	1 036	7 125	152 720	54 308	11 300	1 276
262 894	579	2 384	18 872	262 894	200 603	56 345	5 946
27 415	88	410	2 647	27 415	25 336	2 018	61
120 716	729	1 513	29 462	89 146	78 586	7 798	15
98 534	215	816	29 646	86 006	39 908	25 364	13 218
1 987	——	22	359	1 987	1 033	145	——
160 109	476	2 829	17 639	107 405	80 978	14 330	74
429 305	887	4 217	19 356	328 314	238 580	26 738	6 410
37 160	43	162	2 405	33 564	26 093	7 059	106
339 723	555	4 284	71 460	292 799	257 203	10 979	339
299 424	302	2 456	15 339	249 150	219 863	25 622	761
143 865	411	1 384	11 818	131 901	94 244	26 681	6 451
182 491	110	1 891	32 280	136 378	94 479	22 942	3 001
——	——	——	——	——	——	——	——
78 888	85	983	9 854	62 322	29 861	20 088	1 234
13 649	33	121	480	13 091	11 326	790	217
59 511	187	316	5 701	32 110	28 289	3 349	431
319 206	930	2 465	33 463	316 339	216 393	37 921	4 136
11 017	52	298	2 059	10 540	2 907	4 797	1 616
81 613	202	223	2 425	78 764	50 467	8 869	3 739
——	——	——	——	——	——	——	——
155 012	837	1 437	9 714	135 111	105 173	14 613	161
249 230	1 220	4 096	15 781	237 393	200 836	5 014	9 545
18 126	71	117	1 728	18 126	11 290	231	25
21 155	73	345	3 466	20 240	11 372	366	193
15 817	70	——	——	10 766	5 458	4 884	36

各 地 区 县 市 级

	本年从有关部门接收文物数(件、套)	本年藏品征集数(件、套)	本年修复藏品数(件、套)				举办展览(个)
				一级品	二级品	三级品	
总　计	**10 966**	**25 671**	**7 094**	**62**	**147**	**957**	**4 147**
北　京	93	337	——	——	——	——	1
天　津	——	——	——	——	——	——	——
河　北	230	452	34	1	2	6	82
山　西	——	47	56	——	2	49	48
内蒙古	115	4 119	57	1	2	5	146
辽　宁	101	252	2	1	——	1	31
其中：大连	——	100	——	——	——	——	4
吉　林	——	451	36	——	——	——	16
黑龙江	——	1 139	1 031	——	——	——	92
上　海	——	42	——	——	——	——	3
江　苏	898	602	496	——	2	80	349
浙　江	1 101	3 784	219	——	——	——	431
其中：宁波	629	15	——	——	——	——	59
安　徽	187	131	22	——	9	13	121
福　建	399	98	161	——	——	——	128
其中：厦门	——	——	——	——	——	——	1
江　西	71	723	273	28	32	213	142
山　东	2 386	1 767	100	——	——	30	227
其中：青岛	——	327	4	——	——	——	24
河　南	412	590	130	——	——	10	161
湖　北	15	535	489	——	1	30	128
湖　南	55	275	11	——	——	1	139
广　东	252	1 606	386	——	12	108	341
其中：深圳	——	——	——	——	——	——	——
广　西	134	1 577	15	——	——	——	204
海　南	——	34	——	——	——	——	8
重　庆	2 318	36	1 458	——	5	30	358
四　川	567	760	771	——	3	252	289
贵　州	370	55	2	——	——	2	96
云　南	161	923	221	——	——	——	204
西　藏	——	——	——	——	——	——	——
陕　西	109	2 015	787	25	41	80	134
甘　肃	989	990	223	6	36	47	133
青　海	——	151	——	——	——	——	6
宁　夏	——	594	——	——	——	——	64
新　疆	3	1 586	114	——	——	——	65

文物业基本情况(二)

参观人次(千人次)			年末固定资产原值(千元)	增加值(千元)	公用房屋建筑面积		
	外宾参观人次	青少年参观人次			(千平方米)	实验室	文物库房
68 451	**2 653**	**16 605**	**3 357 011**	**1 180 557**	**3 266**	**283**	**212**
6 166	1 262	7	160 938	189 817	419	1	——
80	2	10	530	1 320	6	6	——
4 649	54	1168	238 070	73 420	116	22	8
5 054	—139	854	66 606	111 180	144	20	7
608	9	206	34 135	10 444	69	5	5
533	5	72	31 352	10 687	43	6	9
6	——	4	474	758	6	——	1
161	10	19	8 615	8 035	9	2	——
823	23	386	32 702	8 869	45	7	3
19	——	5	6 677	1 178	3	——	——
3 763	32	1357	170 651	34 462	173	13	11
4 537	81	984	318 696	59 686	223	24	17
384	2	200	34 532	13 030	22	3	3
1 052	14	366	44 989	16 124	75	12	6
1 453	48	575	54 453	17 039	141	3	8
18	1	15	1 175	543	2	——	——
1 545	68	702	66 989	14 054	96	3	7
7 049	269	568	405 015	229 727	233	18	22
103	8	41	5 453	1 768	8	1	——
4 295	32	767	83 787	38 304	235	12	13
1 803	12	788	83 136	19 127	107	4	7
4 345	40	2346	140 700	31 622	173	10	11
4 696	174	1347	172 318	73 552	206	16	20
——	——	——	——	——	——	——	——
1 039	36	330	55 549	11 091	64	6	9
108	13	76	7 931	1 025	7	1	——
581	24	88	131 491	27 246	38	11	7
6 702	136	2046	207 901	48 850	232	30	12
814	27	263	22 722	7 958	37	14	3
1 349	72	333	138 837	18 475	92	12	4
——	——	——	——	——	——	——	——
3 540	15	594	576 048	80 479	140	15	10
848	32	181	68 686	16 759	91	4	11
75	1	13	2 543	1 902	10	1	——
431	12	82	18 459	11 703	21	3	1
333	11	72	6 485	6 422	18	2	1

各地区县市级

	本年收入合计（千元）							
		财政拨款	上级补助收入	事业收入		经营收入	附属单位上缴收入	其他收入
					门票收入			
总　计	**1 831 450**	**715 843**	**126 094**	**879 293**	**742 855**	**36 068**	**56**	**74 096**
北　京	210 604	2 290	——	172 283	172 283	15 110	——	20 921
天　津	1 528	190	——	1 338	1 338	——	——	——
河　北	111 880	28 879	5 459	67 606	62 336	6 210	——	3 726
山　西	185 851	37 333	2 938	144 638	119 220	——	——	942
内蒙古	22 849	20 336	1 100	1 367	1 367	——	——	46
辽　宁	25 382	13 921	2 061	6 799	3 382	1 438	——	1 163
其中：大连	973	967	——	6	6	——	——	——
吉　林	14 050	7 296	236	3 136	3 095	3 305	——	77
黑龙江	12 694	10 577	107	1 819	1 794	——	——	191
上　海	2 094	1 969	——	30	30	——	——	95
江　苏	58 309	43 759	3 600	8 630	6 892	441	——	1 879
浙　江	141 183	102 431	21 040	8 006	4 644	608	——	9 098
其中：宁波	25 142	21 126	635	1 736	919	——	——	1 645
安　徽	38 138	26 667	6 970	4 084	3 372	——	——	417
福　建	34 003	27 369	1 953	2 258	1 401	——	——	2 423
其中：厦门	659	634	23	2	2	——	——	——
江　西	18 626	14 467	2 198	1 227	1 002	126	——	608
山　东	245 856	38 101	4 936	198 668	162 153	1 621	——	2 530
其中：青岛	3 397	3 279	75	31	26	——	——	12
河　南	92 909	36 099	14 191	39 511	23 988	980	20	2 108
湖　北	33 747	16 467	5 007	8 391	6 424	522	——	3 360
湖　南	67 760	43 759	7 766	11 146	6 675	254	——	4 835
广　东	153 917	77 603	7 627	62 136	44 655	1 925	——	4 626
其中：深圳	——	——	——	——	——	——	——	——
广　西	14 327	11 938	1 377	511	243	——	——	501
海　南	982	824	15	130	130	——	——	13
重　庆	32 045	5 126	1 707	24 828	24 406	359	——	25
四　川	111 596	50 029	18 637	34 822	29 683	2 104	31	5 973
贵　州	15 742	9 489	2 146	3 315	3 189	——	——	792
云　南	26 434	20 984	3 156	1 602	1 017	8	——	684
西　藏	——	——	——	——	——	——	——	——
陕　西	101 292	33 487	7 959	52 984	44 483	698	5	6 159
甘　肃	26 598	19 109	1 608	5 665	5 144	——	——	216
青　海	4 094	2 826	170	768	631	330	——	——
宁　夏	11 617	5 111	187	5 965	5 954	9	——	345
新　疆	15 343	7 407	1 943	5 630	1 924	20	——	343

文物业基本情况（三）

本年支出合计（千元）				在支出合计中							
	基本支出	项目支出	经营支出	人员支出	社会保障缴费	公用支出	福利费	维修费	各种设备购置费	税金支出	对个人和家庭补助支出
1 657 779	**1 090 851**	**248 176**	**166 633**	**509 367**	**42 223**	**566 664**	**20 340**	**136 468**	**26 564**	**8 708**	**52 315**
210 342	95 121	694	114 527	24 279	623	22 024	3 635	6 015	2 033	663	183
1 528	1 528	——	——	935	156	234	——	20	——	5	359
91 702	78 170	8 488	4 499	40 907	4 716	40 748	1 015	5 022	753	427	2 747
116 919	96 475	16 422	——	37 307	1 881	60 838	1 493	11 113	2 103	1 726	1 304
22 551	21 451	1 100	——	8 568	306	10 082	42	3 199	284	——	468
28 037	14 416	4 140	2 263	10 992	539	8 546	203	1 413	476	94	1 088
973	488	——	6	618	79	236	8	58	2	——	113
14 036	9 797	111	3 305	7 034	688	6 130	62	206	347	——	784
12 393	11 227	192	2	6 812	92	4 718	16	1 100	47	2	731
2 093	2 093	——	——	845	149	1 190	8	6	55	——	58
57 832	43 125	9 143	878	22 555	2 019	25 576	856	6 822	1 546	135	4 041
122 750	66 464	49 813	415	38 473	5 132	73 620	2 890	13 326	1 891	165	5 410
21 257	14 957	6 270	——	9 653	1 527	8 809	342	1 179	194	28	1 625
36 415	21 800	6 288	2 091	12 849	860	12 138	226	4 680	579	16	2 551
32 292	25 527	4 029	63	12 973	1 457	11 870	99	1 345	844	23	1 963
654	654	——	——	396	27	161	3	50	16	——	97
17 826	11 612	2 379	1	9 427	732	4 495	207	1 269	351	41	1 699
246 016	199 062	17 425	27 569	51 380	4 560	30 174	2 513	7 663	1 273	2 900	5 872
3 491	2 103	706	——	1 307	347	580	6	64	6	——	228
84 481	56 613	15 357	905	32 515	2 688	44 138	1 244	11 611	2 115	54	1 972
33 178	20 435	4 605	525	15 096	1 386	12 133	575	4 255	533	13	1 516
65 835	44 882	18 350	48	23 308	1 840	34 072	1 098	12 714	1 201	92	1 296
111 748	61 375	42 225	909	27 332	2 541	41 921	702	5 146	3 257	356	4 833
——	——	——	——	——	——	——	——	——	——	——	——
14 232	10 814	1 374	——	7 521	132	4 288	65	967	352	12	1 390
982	924	15	——	699	82	208	1	66	42	——	8
31 776	23 585	2 183	——	7 136	422	7 848	395	1 365	354	287	663
104 914	67 880	21 499	2 469	29 806	2 493	50 919	1 415	17 962	2 012	175	3 385
12 216	11 327	548	16	6 700	168	4 566	190	993	243	——	327
23 365	17 390	3 429	44	12 017	353	6 801	78	2 381	337	56	770
——	——	——	——	——	——	——	——	——	——	——	——
99 571	40 980	6 105	5 987	33 569	626	29 353	667	13 111	2 024	1 291	4 167
26 587	19 030	7 438	42	12 370	396	5 776	113	845	805	119	1 934
4 109	3 984	20	——	1 726	2	2 184	2	153	34	——	73
16 502	8 062	2 417	14	8 859	4 841	3 119	460	289	146	16	186
15 551	5 702	2 387	61	5 377	343	6 955	70	1 411	527	40	537

各地区文物主管部门机关

	机构数（个）	事业编制人数（人）	具有专业资质人数（人）	具有考古发掘个人领队资格	具有文物保护工程职业资格人数	具有中高级职称人数（人）	高级职称人数	安全保卫人员（人）	在编安全保卫人数
总计	**728**	**2 772**	**275**	**34**	**11**	**473**	**119**	**196**	**98**
中央	1	——	——	——	——	——	——	——	——
地方	727	2 772	275	34	11	473	119	196	98
北京	19	2	——	——	——	——	——	——	——
天津	1	——	——	——	——	——	——	——	——
河北	150	333	19	1	——	58	37	8	5
山西	68	688	31	2	1	74	7	38	17
内蒙古	1	——	——	——	——	——	——	——	——
辽宁	20	174	57	9	4	45	11	30	18
其中：大连	——	——	——	——	——	——	——	——	——
吉林	1	18	16	——	——	11	——	——	——
黑龙江	3	3	——	——	——	——	——	——	——
上海	1	——	——	——	——	——	——	——	——
江苏	15	5	——	——	——	3	2	——	——
浙江	16	42	——	——	——	23	6	1	1
其中：宁波	1	——	——	——	——	——	——	——	——
安徽	23	133	30	——	——	43	10	13	4
福建	16	31	9	2	——	8	3	1	——
其中：厦门	——	——	——	——	——	——	——	——	——
江西	1	6	——	——	——	——	——	——	——
山东	7	60	1	1	——	7	3	1	1
其中：青岛	1	17	——	——	——	——	——	1	1
河南	18	177	18	1	1	29	5	13	10
湖北	38	178	7	5	1	44	1	12	7
湖南	2	30	——	——	——	10	3	——	——
广东	23	42	5	——	——	4	3	——	——
其中：深圳	2	8	——	——	——	4	3	——	——
广西	12	6	——	——	——	——	——	——	——
海南	1	——	——	——	——	——	——	——	——
重庆	8	18	3	——	1	4	2	3	1
四川	32	152	32	10	——	20	2	18	10
贵州	8	17	6	——	——	5	1	——	——
云南	1	——	——	——	——	——	——	——	——
西藏	9	53	9	——	——	3	1	2	2
陕西	114	256	5	——	——	16	7	10	8
甘肃	100	54	4	——	3	4	——	5	3
青海	1	6	——	——	——	4	2	——	——
宁夏	1	4	2	2	——	2	2	——	——
新疆	17	284	21	1	——	56	11	41	11

事业费收支基本情况（一）

信息化装备		本年举办出国（境）文物展览（个）	出国接受培训人员数（人次）	本辖区文物点（处）			审核文物商店销售文物数（件、套）	审核文物拍卖数（件、套）
计算机（台）	网站数（个）			（个）	省级以上文物保护单位	市、县级以上文物保护单位		
1 563	**31**	**29**	**135**	**226 043**	**11 222**	**57 744**	**31 708**	**234 270**
——	——	——	——	——	——	——	——	——
1 563	31	29	135	226 043	11 222	57 744	31 708	234 270
145	2	1	5	3 688	228	576	——	89 939
——	——	——	——	1 300	128	155	——	20 851
117	4	——	——	12 474	662	2 891	——	——
130	6	5	6	6 880	706	6 174	——	363
7	——	2	——	15 000	395	496	——	——
37	3	——	3	1 164	77	253	——	——
——	——	——	——	——	——	——	——	——
6	1	——	——	14	2	10	——	——
10	——	——	——	4 500	220	391	——	——
——	——	5	95	500	182	318	9 885	96 266
39	1	——	——	2 890	645	2 245	——	8 914
203	2	——	——	3 249	520	2 729	——	——
——	——	——	——	——	——	——	——	——
53	1	——	——	3 419	628	2 639	——	——
19	1	——	——	3 623	216	1 765	——	——
——	——	——	——	——	——	——	——	——
7	——	——	——	——	——	——	——	——
40	——	——	——	5 070	784	4 286	——	——
12	——	——	——	——	——	——	——	——
117	3	3	——	30 050	959	3 500	——	——
52	——	——	5	15 000	457	4 013	——	——
22	1	2	——	18 440	381	2 685	——	——
24	1	3	——	3 049	354	2 416	——	13 432
——	1	——	——	——	——	——	——	——
10	——	——	——	2 016	335	1 681	1 175	129
4	——	——	——	332	41	291	——	——
33	——	——	——	13 104	153	1 207	——	——
57	——	——	——	7 827	416	3 785	——	276
6	——	——	——	4 844	336	2 207	——	——
——	——	——	——	5 300	243	1 724	3 000	4 100
15	——	——	——	1 893	59	221	——	——
152	1	7	11	35 750	555	2 090	17 620	——
101	1	——	——	13 284	517	3 146	——	——
9	——	——	1	4 300	315	394	——	——
4	——	1	2	336	104	232	28	——
144	3	——	7	6 747	604	3 224	——	——

各地区文物主管部门机关

	本年收入合计（千元）								本
		财政拨款	上级补助收入	事业收入	经营收入	附属单位上缴收入	其他收入		基本支出
总　　计	**1 106 031**	**902 766**	**35 376**	**79 111**	**979**	**60 931**	**26 868**	**942 618**	**185 094**
中　　央	150 000	150 000	——	——	——	——	——	165 152	2 801
地　　方	956 031	752 766	35 376	79 111	979	60 931	26 868	777 466	182 293
北　　京	68 630	49 434	3 891	100	——	3 360	11 845	75 102	414
天　　津	——	——	——	——	——	——	——	——	——
河　　北	83 243	68 851	2 580	1 290	——	10 370	152	41 123	16 853
山　　西	59 368	29 869	1 705	26 054	——	73	1 667	58 206	38 905
内 蒙 古	13 539	12 710	——	——	——	——	829	7 859	7 859
辽　　宁	13 740	9 401	653	2 796	719	——	171	15 037	6 201
其中：大连	——	——	——	——	——	——	——	——	——
吉　　林	196	196	——	——	——	——	——	196	196
黑 龙 江	382	382	——	——	——	——	——	382	352
上　　海	13 696	8 500	——	5 126	——	——	70	7 458	906
江　　苏	6 139	5 023	——	——	——	——	1 116	4 913	2 028
浙　　江	214 075	167 066	1 350	——	——	44 838	821	165 018	4 266
其中：宁波	1 642	1 642	——	——	——	——	——	1 696	187
安　　徽	10 002	8 271	270	70	——	——	1 391	12 879	7 463
福　　建	4 006	3 711	240	20	——	——	35	3 305	997
其中：厦门	——	——	——	——	——	——	——	——	——
江　　西	100	100	——	——	——	——	——	100	——
山　　东	10 910	8 321	2 000	230	——	——	359	9 579	4 961
其中：青岛	5 792	3 792	2 000	——	——	——	——	4 000	2 841
河　　南	132 625	121 106	4 121	6 570	——	130	698	77 199	15 190
湖　　北	20 080	14 844	3 853	220	——	——	1 163	20 889	6 172
湖　　南	25 082	24 735	——	——	——	——	347	25 260	3 221
广　　东	37 951	36 290	1 336	300	——	——	25	48 279	3 808
其中：深圳	7 948	6 823	1 125	——	——	——	——	13 046	842
广　　西	7 709	7 698	——	——	——	——	11	7 627	69
海　　南	——	——	——	——	——	——	——	——	——
重　　庆	5 742	5 660	——	82	——	——	——	5 998	984
四　　川	36 560	30 719	949	677	——	——	4 215	33 467	9 013
贵　　州	7 037	6 720	175	82	——	——	60	7 117	6 574
云　　南	10 840	10 840	——	——	——	——	——	7 434	——
西　　藏	17 450	16 516	814	60	——	——	60	4 722	2 046
陕　　西	31 652	17 650	5 805	5 382	——	2 160	655	31 013	25 018
甘　　肃	29 012	20 970	2 645	5 180	——	——	217	16 743	4 741
青　　海	9 482	9 482	——	——	——	——	——	3 870	392
宁　　夏	——	——	——	——	——	——	——	——	——
新　　疆	86 783	57 701	2 989	24 872	260	——	961	86 691	13 664

事业费收支基本情况（二）

年支出合计（千元）									
		在支出合计中							
项目支出	经营支出	人员支出		公用支出					对个人和家庭补助支出
			社会保障缴费		福利费	维修费	各种设备购置费	税金支出	
735 020	**3 403**	**59 829**	**2 680**	**601 208**	**1 785**	**71 385**	**8 237**	**204**	**16 635**
162 351	——	——	——	165 152	——	——	——	——	——
572 669	3 403	59 829	2 680	436 056	1 785	71 385	8 237	204	16 635
74 688	——	172	——	17 970	——	6 784	446	——	12
——	——	——	——	——	——	——	——	——	——
24 050	——	8 069	338	6 289	40	492	903	——	2 767
16 301	——	11 183	416	35 800	191	3 045	440	——	1 535
——	——	——	——	7 859	——	4	110	——	——
5 775	1 075	2 643	170	2 666	57	265	201	47	296
——	——	——	——	——	——	——	——	——	——
——	——	189	——	7	——	——	——	——	——
30	——	90	——	184	——	6	26	——	108
4 119	——	——	——	5 025	——	3 072	——	——	——
2 885	——	151	8	4 077	——	479	190	——	52
160 595	——	1 940	135	156 703	22	5 143	31	——	1 612
1 509	——	——	——	——	——	——	——	——	187
3 267	2 063	2 990	86	6 490	101	2 685	373	151	927
2 094	5	420	45	343	3	2	14	——	76
——	——	——	——	——	——	——	——	——	——
100	——	——	——	100	——	——	——	——	——
4 618	——	1 933	207	4 349	2	1 305	151	——	638
1 159	——	985	66	1 391	——	——	64	——	465
60 432	——	3 578	176	70 657	253	3 647	914	——	371
14 541	——	2 719	61	4 120	89	1 000	88	2	631
22 039	——	1 164	127	6 601	16	2 032	367	——	588
41 934	——	1 500	152	26 166	9	3 325	41	——	191
10 861	——	1 048	77	945	9	23	41	——	191
7 470	——	89	——	7 522	10	6 504	——	——	10
——	——	——	——	——	——	——	——	——	——
4 956	——	442	36	5 222	7	1 230	——	——	334
24 454	——	2 589	147	28 595	27	24 026	1 146	3	375
139	——	396	——	6 582	54	4 417	149	——	——
7 434	——	——	——	7 434	——	——	40	——	——
2 214	——	921	39	491	42	5	3	1	423
3 825	——	8 410	111	12 982	393	1 133	880	——	4 205
12 002	——	1 488	13	3 169	195	4	362	——	150
3 478	——	163	——	192	——	——	——	——	37
——	——	——	——	——	——	——	——	——	——
69 229	260	6 590	413	8 461	274	780	1 362	——	1 297

各地区文物保护管理

	机构数（个）	从业人员数（人）	从业人员数：在编人数	具有专业资质人数（人）	具有考古发掘个人领队资格人数	具有文物保护工程职业资格人数	具有中高级职称人数（人）	高级职称	安全保卫人员（人）	在编安全保卫人数	信息化装备：计算机（台）	信息化装备：网站数（个）
总　计	**2 204**	**29 257**	**20 163**	**1 500**	**113**	**173**	**3 589**	**712**	**3 549**	**1 977**	**2 438**	**96**
北　京	27	2 822	1 705	116	——	8	96	9	324	163	189	5
天　津	8	132	71	11	1	10	30	13	7	6	7	1
河　北	161	4 284	3 119	34	23	3	458	93	415	338	199	8
山　西	99	1 379	1 046	——	——	——	180	29	265	140	35	4
内蒙古	74	605	504	62	1	10	114	19	65	42	52	1
辽　宁	52	677	496	113	14	14	93	11	79	47	42	2
其中：大连	——	——	——	——	——	——	——	——	——	——	——	——
吉　林	45	293	260	34	1	3	106	21	9	7	19	——
黑龙江	83	343	310	28	——	2	136	29	24	12	52	21
上　海	5	91	43	5	——	——	12	1	19	3	35	3
江　苏	65	314	242	——	——	——	60	15	26	6	86	2
浙　江	92	1 321	634	43	5	6	181	42	122	34	389	12
其中：宁波	13	128	99	5	4	1	45	12	16	9	80	3
安　徽	93	697	511	131	9	23	156	28	113	38	51	2
福　建	35	127	79	13	2	3	25	13	10	3	23	——
其中：厦门	2	2	2	——	——	——	——	——	——	——	6	——
江　西	65	426	321	22	2	7	66	19	37	19	19	1
山　东	97	2 517	2 029	71	4	25	504	129	257	187	115	4
其中：青岛	7	24	16	4	——	——	13	1	——	——	4	——
河　南	133	3 095	1 802	94	17	5	251	58	383	183	217	6
湖　北	41	1 113	460	28	1	5	116	15	123	53	39	1
湖　南	125	1 032	787	21	20	1	142	23	93	47	91	1
广　东	38	218	199	13	——	2	7	——	43	31	28	2
其中：深圳	——	——	——	——	——	——	——	——	——	——	——	——
广　西	60	304	257	4	1	——	49	7	21	10	47	——
海　南	8	139	117	12	——	——	6	3	29	16	7	1
重　庆	38	315	260	63	——	2	45	10	30	25	62	——
四　川	162	1 740	1 069	121	1	24	202	31	162	82	190	7
贵　州	92	511	398	45	——	2	58	7	35	28	50	1
云　南	116	611	526	195	6	7	183	42	66	30	90	2
西　藏	18	448	112	8	——	——	5	1	64	26	15	——
陕　西	203	2 329	1 874	161	3	3	152	21	488	292	99	4
甘　肃	41	380	227	6	——	——	21	3	106	54	24	——
青　海	24	108	101	14	——	——	24	3	9	9	1	——
宁　夏	19	207	135	22	1	3	26	3	40	25	19	3
新　疆	85	679	469	10	1	5	85	14	85	21	146	2

机构基本情况（一）

文物藏品数(件、套)				藏品分类数(件、套)			
	一级品	二级品	三级品		古代文物数	近现代文物数	自然标本数
2 342 103	**5 084**	**18 187**	**176 254**	**1 959 832**	**1 621 449**	**144 142**	**21 551**
14 951	88	386	1 040	10 536	7 488	676	674
3 042	2	5	——	2 143	2 136	7	——
112 569	258	1 557	11 207	104 573	98 750	5 478	132
153 053	407	488	1 952	153 053	149 146	2 047	6
58 058	177	316	1 580	40 579	22 047	7 362	757
72 078	69	710	7 107	60 970	53 835	1 373	3 789
——	——	——	——	——	——	——	——
17 709	9	108	300	16 333	9 086	3 469	1 572
19 263	32	114	1 014	19 183	10 763	2 879	1 545
1 671	——	——	——	1 129	——	1 129	——
34 260	74	484	2 410	34 260	15 606	1 314	33
79 280	291	846	5 289	79 280	72 925	6 055	300
20 212	53	195	1 793	20 212	19 476	736	——
97 307	519	1 047	21 596	72 679	65 832	3 293	811
1 500	1	10	300	1 500	——	599	——
——	——	——	——	——	——	——	——
31 009	146	460	3 901	21 765	7 861	1 535	1
223 476	448	2 785	9 871	146 226	110 177	12 534	250
4 142	1	36	599	2 942	2 040	596	——
541 016	371	3 910	43 381	531 025	513 225	6 801	237
26 843	76	381	6 085	26 295	23 798	1 593	854
118 615	232	766	7 392	111 553	86 059	15 369	5 653
8 581	——	4	58	8 459	161	8 298	——
——	——	——	——	——	——	——	——
33 124	23	407	3 544	24 042	8 940	7 335	558
1 748	13	15	51	450	382	68	——
81 647	66	356	5 625	65 111	60 087	4 516	462
273 610	613	1 564	26 285	255 734	195 665	26 832	646
14 006	51	286	5 614	13 529	6 347	4 058	1 616
64 242	191	168	2 112	59 577	35 895	9 883	1 268
145 625	514	17	40	396	312	84	——
77 081	222	427	4 379	67 837	45 623	7 917	89
4 148	46	166	629	4 148	4 148	——	——
6 882	40	61	133	6 882	1 585	18	——
15 396	68	343	3 359	14 609	8 702	790	240
10 313	37	——	——	5 976	4 868	830	58

各地区文物保护

	本年从有关部门接收文物数（件、套）	本年藏品征集数（件、套）	本年修复藏品数（件、套）				举办展览（个）
				一级品	二级品	三级品	
总计	**5 112**	**14 716**	**3 108**	**26**	**52**	**516**	**1 987**
北京	1	13	——	——	——	——	18
天津	——	36	——	——	——	——	19
河北	——	330	34	1	2	6	38
山西	——	——	56	——	2	49	5
内蒙古	115	3 914	5	——	——	——	77
辽宁	1	164	2	1	——	1	26
其中：大连	——	——	——	——	——	——	——
吉林	——	378	36	——	——	——	23
黑龙江	——	926	5	——	——	4	58
上海	——	29	——	——	——	——	40
江苏	——	192	64	——	——	——	113
浙江	704	2 084	6	——	——	——	123
其中：宁波	600	——	——	——	——	——	29
安徽	35	317	19	——	5	13	51
福建	——	——	1	——	——	1	41
其中：厦门	——	——	——	——	——	——	——
江西	2	151	121	14	11	96	33
山东	69	791	63	——	——	30	58
其中：青岛	——	282	4	——	——	——	6
河南	106	214	52	3	15	22	56
湖北	2	112	52	——	1	8	30
湖南	55	177	26	——	——	1	70
广东	——	60	——	——	——	——	22
其中：深圳	——	——	——	——	——	——	——
广西	150	768	15	——	——	——	105
海南	——	——	——	——	——	——	12
重庆	2 318	69	1 458	——	5	30	359
四川	445	743	773	——	3	253	202
贵州	370	55	2	——	——	2	113
云南	47	888	87	——	——	——	72
西藏	——	——	——	——	——	——	1
陕西	109	1 536	159	7	8	——	88
甘肃	580	——	——	——	——	——	5
青海	——	131	——	——	——	——	2
宁夏	——	304	——	——	——	——	72
新疆	3	334	72	——	——	——	55

管理机构基本情况（二）

参观人次			考古发掘项目			年末固定资产原值	增加值	公用房屋建筑面积		
（千人次）	外宾参观人次	青少年参观人次	（个）	配合基建考古发掘项目	抢救性发掘项目	（千元）	（千元）	（千平方米）	展览用房	文物库房
64112.9	**4220.3**	**7099.5**	**705**	**437**	**201**	**2182 651**	**1464 732**	**4572.1**	**427.3**	**109.8**
11348.8	2340.7	536.5	1	1	——	238 988	395 037	476.2	12.5	1.0
144.5	3.2	35.8	——	——	——	2 725	4 097	11.0	7.9	0.2
4047.0	129.8	335.3	46	41	3	167 056	113 379	99.4	28.9	8.3
2471.1	43.0	479.3	——	——	——	35 513	41 042	79.0	24.1	4.4
424.9	6.1	135.9	26	2	4	15 849	11 914	27.7	8.1	2.4
940.6	49.5	113.0	10	2	4	30 562	12 718	24.6	8.9	3.9
——	——	——	——	——	——	——	——	——	——	——
71.9	0.8	15.7	1	1	——	6 106	5 257	4.1	2.0	0.5
205.6	3.5	98.2	2	1	1	11 689	8 080	26.0	11.3	2.3
210.6	2.0	65.5	——	——	——	2 248	3 722	4.0	3.4	0.1
1819.5	15.0	289.3	12	3	9	66 779	19 407	57.9	17.1	4.1
11801.1	211.4	443.6	34	24	9	233 633	178 014	147.4	59.1	5.3
502.3	30.6	155.6	19	17	2	19 971	10 071	22.4	4.9	1.7
409.8	9.2	145.7	107	34	69	130 840	19 546	52.0	24.4	3.9
233.2	5.5	75.0	1	1	——	4 543	3 096	23.6	3.9	0.5
——	——	——	——	——	——	145	156	0.2	——	——
511.8	17.2	275.7	1	1	——	30 133	7 077	45.3	10.8	1.9
5157.8	231.6	280.2	14	5	9	260 627	212 856	110.2	20.4	10.9
36.5	5.1	3.0	2	1	1	515	443	3.2	0.6	0.2
3667.7	106.9	417.0	103	88	15	150 574	77 169	1816.4	15.9	16.3
1183.8	33.1	230.4	10	6	4	45 372	13 474	39.1	6.0	2.5
1084.8	14.2	472.1	97	72	23	34 792	19 717	56.8	12.0	4.7
1392.7	56.8	69.0	2	2	——	26 515	6 620	34.8	16.6	0.1
——	——	——	——	——	——	——	——	——	——	——
586.0	26.3	110.0	7	4	1	15 550	7 533	27.5	8.7	3.3
261.8	17.3	118.1	——	——	——	11 434	3 326	9.6	4.2	0.2
614.8	28.2	85.3	64	22	15	148 857	28 203	37.8	15.7	6.5
5474.5	249.6	982.6	88	73	13	142 851	79 200	113.2	31.6	9.0
881.2	24.5	326.0	16	16	——	22 193	10 175	35.2	14.4	2.9
1193.4	75.8	246.8	19	7	12	145 860	19 371	88.8	21.5	4.1
2018.5	251.6	59.3	——	——	——	6 997	49 614	932.5	——	1.8
3684.0	104.9	415.6	26	18	6	98 371	68 623	105.8	21.8	5.3
748.4	28.2	61.3	——	——	——	40 830	10 526	24.1	3.9	0.6
63.2	1.0	12.0	9	8	1	1 304	2 299	8.8	0.8	0.4
390.4	12.1	66.1	6	5	——	12 727	6 512	16.1	2.9	0.8
1069.7	121.6	103.5	3	——	3	41 133	27 114	37.4	8.7	1.9

各地区文物保护

	本年收入合计（千元）							
		财政拨款	上级补助收入	事业收入	门票收入	经营收入	附属单位上缴收入	其他收入
总　　计	**2 252 866**	**544 854**	**78 528**	**1 415 028**	**1 238 086**	**128 547**	**120**	**85 789**
北　　京	533 490	22 814	2 203	394 055	363 779	88 647	——	25 771
天　　津	5 276	3 429	——	1 613	1 613	——	120	114
河　　北	168 590	33 742	4 314	120 230	115 928	6 078	——	4 226
山　　西	63 783	21 402	715	40 315	39 123	——	——	1 351
内 蒙 古	24 856	19 483	1 100	4 233	4 233	——	——	40
辽　　宁	19 510	11 598	1 380	4 434	3 887	719	——	1 379
其中：大连	——	——	——	——	——	——	——	——
吉　　林	7 133	6 699	274	124	124	——	——	36
黑 龙 江	16 157	15 594	320	104	94	——	——	139
上　　海	8 582	7 017	8	396	58	——	——	1 161
江　　苏	46 690	38 736	1 631	5 046	3 384	——	——	1 277
浙　　江	303 766	68 071	9 440	220 079	197 083	808	——	5 368
其中：宁波	24 444	17 087	1 942	3 475	760	——	——	1 940
安　　徽	28 653	21 802	3 011	1 870	426	58	——	1 912
福　　建	8 708	6 990	1 452	114	175	——	——	152
其中：厦门	1 310	1 290	20	——	——	——	——	——
江　　西	10 795	6 399	618	2 397	2 162	——	——	1 381
山　　东	226 466	22 101	3 785	197 490	160 429	810	——	2 280
其中：青岛	1 125	1 093	——	21	21	——	——	11
河　　南	185 446	35 264	11 552	112 174	78 008	22 385	——	4 071
湖　　北	27 688	7 566	1 287	15 566	14 503	1 962	——	1 307
湖　　南	49 082	33 792	3 436	9 584	2 855	47	——	2 223
广　　东	27 749	7 315	3 553	16 278	15 476	——	——	603
其中：深圳	——	——	——	——	——	——	——	——
广　　西	12 882	9 936	610	2 007	625	——	——	329
海　　南	4 219	2 475	15	649	649	——	——	1 080
重　　庆	30 500	4 067	1 587	24 773	24 438	36	——	37
四　　川	127 441	34 176	9 306	78 887	75 323	996	——	4 076
贵　　州	18 294	10 420	2 130	3 727	3 683	791	——	1 226
云　　南	33 828	27 185	3 480	1 707	680	402	——	1 054
西　　藏	58 265	8 555	226	48 274	29 210	1 210	——	——
陕　　西	118 048	26 412	7 210	59 638	55 492	3 239	——	21 549
甘　　肃	23 488	5 829	158	16 899	16 800	——	——	602
青　　海	4 420	3 282	20	788	650	330	——	——
宁　　夏	13 542	7 002	155	6 080	5 946	9	——	296
新　　疆	45 519	15 701	3 552	25 497	21 250	20	——	749

管理机构基本情况（三）

本年支出合计（千元）											
	基本支出	项目支出	经营支出	在支出合计中							
				人员支出		公用支出					对个人和家庭补助支出
					社会保障缴费		福利费	维修费	各种设备购置费	税金支出	
2 028 654	**1 151 857**	**275 002**	**191 639**	**554 638**	**52 482**	**731 969**	**20 408**	**156 429**	**28 251**	**15 246**	**75 836**
499 517	108 374	13 424	122 673	78 820	3 905	121 738	5 381	11 405	4 795	613	10 379
5 308	4 742	81	——	2 912	298	1 287	24	102	——	5	1 047
137 178	123 688	8 886	4 335	71 549	9 603	54 389	1 052	4 350	2 101	459	4 302
45 804	38 200	5 618	——	19 369	1 315	22 691	696	5 686	2 008	262	1 984
21 553	20 008	1 545	——	9 806	578	7 786	126	2 256	316	——	1 349
20 864	11 666	2 580	1 182	9 687	333	6 626	97	1 081	310	56	1 621
——	——	——	——	——	——	——	——	——	——	——	——
7 167	6 869	121	——	4 082	66	2 060	2	195	27	——	929
15 971	9 080	6 287	——	6 275	67	8 288	39	6 166	182	——	1 299
8 231	2 564	3 000	——	3 293	530	3 219	59	191	384	——	281
50 280	24 125	19 761	——	12 745	1 182	28 393	249	18 721	770	286	3 456
231 345	193 283	37 380	607	77 084	15 171	128 260	3 878	34 500	1 307	3 703	19 132
21 733	14 707	6 996	——	7 658	1 325	8 532	174	796	336	65	1 376
27 637	18 119	5 766	66	11 024	680	9 818	256	3 153	293	157	2 873
8 483	4 108	3 582	——	2 139	296	3 072	43	1 279	41	9	724
1 724	215	1 509	——	99	6	1 574	1	1 133	9	——	51
10 828	6 612	721	1	5 010	431	4 677	120	1 352	171	1	741
226 785	181 976	16 142	27 313	40 866	2 855	23 451	2 407	6 015	950	2 891	4 854
1 125	283	160	——	360	109	298	——	——	——	——	55
163 757	110 688	17 925	25 632	44 600	3 215	104 808	1 412	9 103	2 968	1 458	4 539
27 343	19 761	1 419	752	9 938	1 637	14 334	427	2 697	346	32	1 263
46 952	29 895	15 922	39	16 395	1 310	24 831	670	8 948	1 313	75	1 186
26 962	21 751	5 190	——	5 071	503	19 045	296	222	871	——	181
——	——	——	——	——	——	——	——	——	——	——	——
12 470	10 071	1 469	——	5 784	193	4 213	40	866	595	33	1 054
4 711	1 649	716	——	2 416	527	1 093	34	208	57	9	165
30 231	22 725	1 206	——	6 913	414	6 917	399	1 266	365	287	400
126 064	68 203	49 997	719	30 033	4 020	50 025	483	14 408	2 189	2 451	2 766
15 038	12 371	579	1 969	7 920	218	4 777	113	994	198	149	821
30 629	17 773	9 477	377	12 205	377	7 903	69	2 088	604	108	1 155
37 887	7 099	9 233	——	4 790	162	2 183	——	904	227	1	1 513
108 482	27 470	18 831	5 864	30 252	1 418	31 886	1 089	10 860	2 110	1 387	2 040
21 578	17 010	1 415	35	6 420	220	12 184	501	4 972	923	782	1 169
4 484	4 354	130	——	2 034	2	1 994	3	43	19	——	210
11 980	6 326	4 904	14	4 231	213	4 584	129	246	358	8	191
43 135	21 297	11 695	61	10 975	743	15 437	314	2 152	1 453	24	2 212

各　地　区　博

	机构数（个）	从业人员数（人）	从业人员数：在编人数	具有专业资质人数（人）	具有考古发掘个人领队资格人数	具有文物保护工程职业资格人数	具有中高级职称人数（人）	具有中高级职称人数：高级职称	安全保卫人员（人）	安全保卫人员：在编安全保卫人数	信息化装备：计算机（台）	信息化装备：网站数（个）
总　　计	**1 617**	**40 818**	**30 363**	**4 472**	**218**	**211**	**9 335**	**2 729**	**7 663**	**3 666**	**9 513**	**223**
中　　央	4	2 321	2 114	628	9	——	624	179	458	373	1 352	4
地　　方	1 613	38 497	28 249	3 844	209	211	8 711	2 550	7 205	3 293	8 161	219
北　　京	33	990	710	167	1	1	160	49	202	59	358	4
天　　津	19	724	569	26	4	——	224	77	93	48	194	1
河　　北	46	1 335	994	23	3	——	256	68	222	102	197	10
山　　西	87	2 159	1 420	8	——	——	316	62	382	167	154	8
内 蒙 古	35	780	643	122	11	12	266	80	105	44	137	2
辽　　宁	36	1 701	1 336	226	10	10	472	140	381	157	347	9
其中：大连	6	233	159	9	——	——	57	24	45	22	84	3
吉　　林	18	674	584	170	——	——	264	98	61	39	135	3
黑 龙 江	47	726	579	85	2	1	297	104	86	57	97	5
上　　海	26	1 042	918	18	5	——	309	105	125	65	779	12
江　　苏	102	2 265	1 635	31	28	3	641	201	436	172	717	24
浙　　江	83	2 002	1 061	287	3	7	417	160	481	95	651	21
其中：宁波	6	197	89	——	——	——	37	12	26	13	59	3
安　　徽	44	618	474	80	——	——	167	44	133	76	83	2
福　　建	84	1 012	675	242	12	9	223	77	194	70	378	5
其中：厦门	3	102	60	14	1	——	28	10	10	4	134	——
江　　西	87	1 379	1 223	189	10	11	285	79	272	157	107	9
山　　东	76	1 770	1 568	200	9	8	710	227	353	244	306	8
其中：青岛	8	181	171	14	——	——	45	12	35	24	35	3
河　　南	79	2 863	2 005	79	1	3	478	121	599	344	251	14
湖　　北	96	1 834	1 522	176	19	25	663	159	328	164	318	10
湖　　南	72	1 610	1 255	27	23	3	308	80	264	144	269	10
广　　东	148	2 951	1 671	508	13	9	338	97	579	164	885	22
其中：深圳	12	208	93	67	4	——	42	16	42	7	118	6
广　　西	53	787	615	76	16	45	226	56	182	76	252	5
海　　南	15	105	85	28	1	1	29	5	15	9	26	——
重　　庆	16	871	700	218	6	——	181	40	195	72	367	4
四　　川	59	2 308	1 510	126	6	20	326	67	337	157	312	11
贵　　州	13	353	182	72	2	——	53	22	46	5	43	4
云　　南	33	543	486	168	4	32	172	53	111	66	116	3
西　　藏	2	84	79	31	4	——	22	4	16	16	7	——
陕　　西	86	3 431	2 487	386	14	11	561	178	705	355	391	10
甘　　肃	70	1 001	867	2	——	——	178	47	178	111	171	——
青　　海	17	140	90	2	——	——	34	12	24	17	22	——
宁　　夏	5	157	116	70	1	——	54	13	29	12	29	1
新　　疆	28	282	190	1	1	——	81	25	71	29	62	2

物 馆 基 本 情 况 (一)

文物藏品数(件、套)				藏品分类数(件、套)				本年从有关部门接收文物数(件、套)	本年藏品征集数(件、套)
	一级品	二级品	三级品		古代文物数	近现代文物数	自然标本数		
13 024 192	**47 966**	**897 162**	**2 143 223**	**9 648 307**	**6 565 928**	**1 465 557**	**388 643**	**21 115**	**125 218**
1 674 051	13 260	621 265	317 362	39 338	——	——	——	——	1 227
11 350 141	34 706	275 897	1 825 861	9 608 969	6 565 928	1 465 557	388 643	21 115	123 991
1 133 142	414	4 222	41 491	1 123 091	1 013 590	104 571	469	1 737	1 919
175 193	967	2 748	39 505	19 008	38	11 655	1 415	2 289	739
213 185	403	7 101	14 276	213 180	161 511	51 547	122	250	42 735
639 539	1 683	7 248	48 729	549 681	477 453	65 662	1 287	——	77
342 818	1 249	1 403	3 719	319 388	269 211	26 756	10 750	45	1 150
310 210	1 297	11 070	172 438	109 265	72 502	30 941	1 313	1 431	6 775
49 754	235	2 496	26 843	39 271	26 638	12 585	48	13	456
175 971	326	3 069	9 504	145 288	71 889	62 377	2 063	114	730
150 422	263	1 203	13 878	147 856	42 789	21 724	81 542	120	996
306 406	1 306	45 664	129 077	295 897	8 744	40 235	8	——	5 680
931 920	1 895	99 410	424 880	931 920	471 007	150 240	5 119	1 295	5 455
530 652	2 609	7 473	48 723	530 652	324 372	84 249	122 031	3 796	5 634
83 190	120	645	5 042	83 190	81 847	1 282	61	29	15
384 578	1 007	2 877	108 392	155 456	137 509	7 887	47	152	129
345 863	911	2 000	102 456	320 323	112 928	182 662	16 737	2 143	795
14 681	16	200	6 028	14 681	10 861	3 011	——	34	372
293 380	1 216	6 186	39 192	205 815	132 767	55 861	5 151	69	4 417
563 735	2 529	6 069	86 298	523 006	403 495	55 960	20 366	2 464	1 078
141 579	207	1 885	8 963	139 183	132 406	6 670	107	——	85
647 674	1 586	11 471	136 348	484 624	423 125	29 911	2 903	520	693
729 512	1 878	6 730	71 344	649 793	580 884	62 681	3 363	1 771	971
384 207	1 189	3 721	33 338	375 872	250 224	101 267	4 328	68	10 957
712 703	1 163	15 318	71 767	448 590	281 115	81 708	24 630	508	9 027
29 515	25	160	4 857	28 154	1 267	4 788	——	——	634
236 567	311	3 847	18 535	214 132	108 750	37 778	37 810	10	2 177
35 340	118	225	989	34 799	12 156	12 526	228	——	97
241 016	841	1 453	13 046	206 775	109 399	23 316	32	316	2 331
379 383	1 552	5 467	74 681	378 682	82 075	54 314	13 662	318	11 939
38 930	236	302	1 824	38 827	15 162	23 099	6	151	990
227 461	620	571	21 103	58 635	38 116	3 955	3 585	114	1 017
31 545	372	63	254	150	——	28	15	24	83
586 660	3 499	8 601	24 797	571 951	517 395	53 405	160	481	1 347
373 329	2 204	7 765	68 087	359 505	296 661	11 781	29 065	577	1 800
73 026	148	571	2 225	73 026	52 847	213	25	——	50
59 725	308	2 049	4 965	59 725	52 357	3 050	295	243	291
96 049	606	——	——	64 057	45 857	14 198	116	109	1 912

各 地 区 博 物

	本年修复藏品数（件、套）	一级品	二级品	三级品	举办展览（个）	本年承担课题、项目数（个）	部级以上课题、项目数	结项课题、项目数	论文及资料整理完成情况 专著和图录（册）	论文（省级及以上刊物发表）（篇）
总　计	**22 950**	**251**	**883**	**5 322**	**5 879**	**351**	**141**	**77**	**10 458**	**2 852**
中　央	371	8	118	9	98	31	2	3	16	160
地　方	22 579	243	765	5 313	5 781	320	139	74	10 442	2 692
北　京	478	1	129	48	135	19	3	9	8	76
天　津	——	——	——	——	76	——	——	——	3	——
河　北	3 538	——	——	2	155	5	4	1	10 005	149
山　西	——	——	——	——	113	13	——	——	3	30
内蒙古	431	3	2	5	122	7	5	2	——	10
辽　宁	555	9	3	543	134	21	3	15	14	103
其中：大连	14	2	1	11	34	11	2	6	7	43
吉　林	101	——	1	——	65	5	1	3	3	60
黑龙江	1 117	——	12	69	104	1	——	——	——	51
上　海	178	3	7	96	171	21	9	1	15	38
江　苏	1 484	3	16	636	573	32	23	12	21	218
浙　江	2 583	6	10	73	590	20	11	2	24	259
其中：宁波	——	——	——	——	51	——	——	——	——	——
安　徽	4	——	4	——	143	1	——	——	1	56
福　建	355	——	——	190	193	13	6	4	26	115
其中：厦门	——	——	——	——	6	——	——	——	——	10
江　西	687	14	21	119	198	7	6	5	3	242
山　东	313	3	19	133	415	6	5	1	9	110
其中：青岛	40	——	15	25	47	——	——	——	——	——
河　南	286	2	9	32	323	9	3	5	11	126
湖　北	2 698	35	140	1 489	160	18	4	——	6	102
湖　南	224	18	28	108	212	23	19	1	14	116
广　东	699	41	14	111	837	24	2	1	26	201
其中：深圳	23	——	——	——	69	21	1	1	1	22
广　西	1 233	——	5	——	160	13	3	4	3	71
海　南	——	——	——	——	7	——	——	——	——	——
重　庆	429	——	2	306	66	18	9	3	2	24
四　川	12	——	——	——	163	21	5	2	9	39
贵　州	——	——	——	——	32	——	——	——	——	31
云　南	170	——	1	9	221	7	4	——	——	33
西　藏	30	——	——	——	1	——	——	——	1	2
陕　西	3 583	54	110	715	137	11	9	2	228	318
甘　肃	354	42	93	85	197	3	3	——	5	50
青　海	——	——	——	——	18	——	——	——	——	10
宁　夏	667	2	130	535	15	2	2	1	——	——
新　疆	370	7	9	9	45	——	——	——	2	52

馆基本情况(二)

参观人次（千人次）	外宾参观人次	青少年参观人次	年末固定资产原值（千元）	增加值（千元）	公用房屋建筑面积（千平方米）	展览用房	实验室	修复室	文物库房
120 324	**4 755**	**32 950**	**7 389 713**	**2 273 871**	**5 802.4**	**2 523.0**	**10.9**	**24.0**	**591.5**
14 093	1	1 969	377 709	528 919	317.8	54.8	1.0	1.0	64.6
106 231	4 754	30 981	7 012 004	1 744 952	5 484.6	2 468.2	9.9	23.0	526.9
2 819	248	521	192 354	49 206	204.1	81.8	0.1	3.3	17.7
1 263	20	452	42 681	28 907	105.1	62.4	——	0.1	11.3
3 503	60	1 757	151 295	46 120	196.9	100.0	——	0.1	13.1
4 817	135	973	117 281	103 964	199.4	94.8	0.3	0.3	11.0
810	48	346	109 299	20 443	151.8	60.5	0.6	1.2	10.6
3 149	70	581	495 442	79 448	210.9	123.4	0.9	2.8	21.5
691	20	124	9 960	7 528	61.2	33.5	0.4	0.6	3.8
761	15	170	142 247	28 402	110.6	34.6	——	0.2	6.8
1 198	41	558	223 094	27 929	107.0	53.0	0.2	0.3	2.5
4 705	1 062	826	683 969	113 635	151.3	60.8	0.6	——	63.1
7 966	206	3 219	529 868	122 951	448.6	260.0	1.7	0.8	30.8
10 327	266	2 856	609 808	138 286	317.0	135.9	0.6	0.5	33.9
733	4	205	65 728	13 046	22.0	10.5	——	0.1	1.4
1 019	16	342	39 795	18 475	84.3	36.5	0.3	0.8	11.1
2 564	49	1 001	72 834	30 168	215.5	113.3	0.5	0.6	15.9
415	3	17	7 684	4 232	12.1	3.1	——	——	0.8
2 780	69	1 498	97 295	39 859	161.9	79.7	0.1	0.2	12.8
4 373	96	922	347 885	81 833	309.4	145.9	0.4	1.4	29.2
451	40	63	20 673	10 706	41.7	12.6	——	0.1	2.6
7 214	57	1 524	422 805	70 056	274.3	124.6	1.0	0.6	32.7
2 947	72	1 501	190 470	42 557	197.4	85.7	0.3	1.7	21.3
6 686	244	3 279	403 794	57 830	277.1	130.1	0.2	0.3	26.4
10 711	467	2 806	485 335	171 130	508.1	215.7	0.3	1.0	36.9
586	91	119	41 387	15 272	45.4	18.5	——	——	1.6
1 633	138	567	113 120	30 489	124.1	50.7	0.3	1.3	13.8
78	11	54	13 961	3 032	7.1	2.2	——	——	0.2
3 775	23	795	121 182	57 575	129.2	34.8	0.1	0.3	8.6
8 490	195	1 481	227 513	100 677	272.1	119.7	0.1	1.7	21.4
865	9	230	13 588	9 266	21.6	11.3	——	0.1	3.2
1 815	32	1 223	153 880	18 690	130.4	51.5	0.2	0.3	12.5
65	8	11	1 095	6 236	0.9	0.1	——	——	0.0
7 301	958	1 016	873 708	204 718	335.6	126.8	0.8	2.0	20.3
1 378	83	306	92 463	26 084	131.5	43.5	0.1	0.9	26.2
590	3	16	11 302	4 830	12.1	6.1	——	——	1.9
103	1	32	22 830	5 744	40.8	9.0	——	0.1	5.5
526	53	119	9 811	6 412	48.9	14.1	0.1	0.1	4.9

各 地 区 博 物

	本年收入合计（千元）							
		财政拨款	上级补助收入	事业收入		经营收入	附属单位上缴收入	其他收入
					门票收入			
总　　计	**4 099 266**	**2 037 403**	**189 803**	**1 577 687**	**1 389 080**	**88 574**	**18 952**	**186 847**
中　　央	688 292	78 087	8 657	464 899	435 705	67 596	18 071	50 982
地　　方	3 410 974	1 959 316	181 146	1 112 788	953 375	20 978	881	135 865
北　　京	179 312	136 862	518	31 947	28 207	——	——	9 985
天　　津	93 095	77 313	——	11 501	8 957	——	——	4 281
河　　北	102 876	66 590	1 850	33 409	31 180	518	——	509
山　　西	178 704	62 739	2 403	111 705	110 984	——	——	1 857
内 蒙 古	39 710	33 852	707	4 395	2 876	——	——	756
辽　　宁	121 711	61 258	3 869	53 916	52 897	——	——	2 668
其中：大连	22 176	14 889	——	5 954	5 954	——	——	1 333
吉　　林	83 198	47 914	15 206	19 569	19 509	52	——	457
黑 龙 江	33 636	28 521	1 350	2 465	2 450	——	——	1 300
上　　海	246 289	164 795	2 889	68 073	56 120	4 461	——	6 071
江　　苏	254 324	186 090	8 276	39 571	24 979	1 405	157	18 825
浙　　江	232 634	150 070	18 090	53 551	44 938	694	——	10 229
其中：宁波	21 171	15 243	740	4 578	4 099	167	——	443
安　　徽	46 808	31 734	6 338	5 553	5 152	2 186	——	997
福　　建	57 529	46 444	3 223	3 673	2 752	167	——	4 022
其中：厦门	8 808	7 851	3	460	460	——	——	494
江　　西	78 660	52 396	4 184	19 456	18 216	215	——	2 409
山　　东	103 327	77 495	3 963	18 141	14 980	877	——	2 851
其中：青岛	15 396	12 920	75	1 725	1 707	——	——	676
河　　南	116 392	58 331	7 996	44 165	35 529	920	20	4 960
湖　　北	107 194	79 805	9 958	11 138	8 295	1 981	——	4 312
湖　　南	117 989	52 589	7 904	50 710	44 503	897	——	5 889
广　　东	311 086	188 078	12 197	93 340	62 205	1 396	668	15 407
其中：深圳	33 432	18 951	3 270	2 415	2 159	706	——	8 090
广　　西	93 814	66 923	2 847	16 881	2 270	614	——	6 549
海　　南	5 020	4 293	——	27	27	——	——	700
重　　庆	97 551	28 699	4 312	61 581	45 101	1 380	——	1 579
四　　川	202 885	48 310	17 495	119 865	116 025	2 181	31	15 003
贵　　州	23 335	11 742	——	11 190	151	——	——	403
云　　南	42 295	35 978	1 156	1 707	909	444	——	3 010
西　　藏	11 699	4 762	100	6 836	20	——	——	1
陕　　西	325 646	78 848	37 098	201 996	199 680	590	5	7 109
甘　　肃	68 603	52 689	2 904	10 799	10 231	——	——	2 211
青　　海	9 336	7 541	150	624	388	——	——	1 021
宁　　夏	8 901	8 267	122	501	252	——	——	11
新　　疆	17 415	8 388	4 041	4 503	3 592	——	——	483

馆 基 本 情 况（三）

本年支出合计（千元）											
	基本支出	项目支出	经营支出	在支出合计中							
				人员支出	社会保障缴费	公用支出	福利费	维修费	各种设备购置费	税金支出	对个人和家庭补助支出
3635 177	**2096 821**	**1176 781**	**58 140**	**1034 499**	**101 746**	**1369 740**	**25 286**	**250 993**	**96 635**	**16 288**	**284 457**
658 637	272 782	283 529	38 613	106 700	9 940	85 750	319	5 484	16 140	3 558	86 821
2976 540	1824 039	893 252	19 527	927 799	91 806	1283 990	24 967	245 509	80 495	12 730	197 636
175 963	86 717	81 612	49	32 864	934	59 099	380	9 633	2 088	979	7 289
57 789	47 383	9 921	——	19 677	1 655	30 701	496	3 042	1 881	145	6 882
82 837	51 972	30 511	298	26 169	2 829	50 492	461	27 849	1 162	101	4 564
117 644	84 265	26 904	——	34 040	1 789	54 905	1 024	10 822	4 760	1 491	3 154
37 099	36 595	411	——	12 951	509	17 884	190	2 524	590	89	2 841
115 547	52 645	25 399	6	45 669	5 561	43 966	442	7 731	6 049	116	10 611
19 361	12 339	5 888	6	6 291	890	6 757	198	2 029	759	74	567
81 168	56 348	22 656	52	16 301	1 285	41 214	256	16 343	1 800	4	6 151
32 808	27 563	3 884	2	14 967	824	11 103	149	1 113	59	326	3 563
222 568	132 202	78 728	4 430	78 001	14 255	136 936	2 079	26 032	4 651	402	5 794
233 990	148 014	80 903	1 753	77 204	5 051	111 539	1 484	11 089	11 810	629	22 187
207 752	119 526	81 878	522	66 047	7 989	113 657	2 896	10 812	5 243	647	13 707
20 208	13 535	6 642	31	8 824	1 531	10 003	278	1 066	242	45	1 270
36 384	26 297	3 231	2 206	11 640	1 308	14 695	293	2 412	1 640	138	4 742
53 034	41 674	8 480	122	22 069	2 262	20 573	218	2 016	1 879	15	4 953
10 115	7 619	2 496	——	2 880	144	4 280	44	525	421	——	1 001
72 661	38 857	26 124	68	23 665	1 655	16 940	429	3 041	822	84	8 474
100 730	93 880	6 108	316	54 803	10 184	30 690	739	5 269	1 667	107	11 685
15 678	14 432	1 246	——	8 157	1 974	4 230	81	512	62	14	1 627
117 644	83 546	27 773	515	40 593	5 783	57 171	996	10 814	1 838	497	7 584
109 217	44 703	60 330	1 566	27 426	2 448	24 593	1 008	2 817	2 302	30	6 194
112 457	71 033	33 679	692	34 810	2 477	60 657	1 366	13 025	4 036	493	4 809
275 880	144 083	110 365	307	84 964	7 996	117 402	3 071	20 812	9 251	2 382	21 933
31 931	12 156	6 660	——	10 898	838	7 334	266	808	618	673	1 510
73 649	32 980	38 337	704	18 584	1 096	19 902	906	1 553	1 332	637	5 837
4 971	3 721	1 207	——	2 323	474	681	1	64	78	——	150
66 722	47 781	17 561	1 380	20 889	881	22 911	842	5 800	1 849	145	4 948
170 256	127 587	26 303	2 392	51 645	5 373	74 336	1 490	22 193	3 074	354	11 061
17 505	15 855	1 650	——	6 815	137	8 719	48	470	327	71	1 788
44 049	18 711	21 038	580	11 448	563	8 287	236	1 895	425	108	743
4 951	3 237	1 515	——	2 333	140	764	41	19	——	——	264
255 704	121 758	39 731	1 361	61 224	5 058	87 608	3 103	16 008	5 470	2 304	7 968
63 201	44 911	18 242	7	17 089	771	33 954	256	8 540	2 568	420	4 607
8 858	6 486	2 267	——	3 361	27	2 823	2	794	182	——	1 015
8 536	6 012	1 963	——	3 923	158	1 741	1	527	456	——	907
14 966	7 697	4 541	199	4 305	334	8 047	64	450	1 206	16	1 231

各地区文物系统

	机构数（个）	从业人员数（人）	从业人员数：在编人数	具有专业资质人数（人）	具有考古发掘个人领队资格人数	具有文物保护工程职业资格人数	具有中高级职称人数（人）	具有中高级职称人数：高级职称	安全保卫人员（人）	安全保卫人员：在编安全保卫人数	信息化装备：计算机（台）	信息化装备：网站数（个）
总　计	**1 595**	**40 181**	**30 010**	**4 433**	**216**	**211**	**9 269**	**2 705**	**7 543**	**3 626**	**9 386**	**216**
中　央	4	2 321	2 114	628	9	——	624	179	458	373	1 352	4
地　方	1 591	37 860	27 896	3 805	207	211	8 645	2 526	7 085	3 253	8 034	212
北　京	31	945	668	167	1	1	152	49	186	59	351	4
天　津	19	724	569	26	4	——	224	77	93	48	194	1
河　北	46	1 335	994	23	3	——	256	68	222	102	197	10
山　西	87	2 159	1 420	8	——	——	316	62	382	167	154	8
内蒙古	35	780	643	122	11	12	266	80	105	44	137	2
辽　宁	36	1 701	1 336	226	10	10	472	140	381	157	347	9
其中：大连	6	233	159	9	——	——	57	24	45	22	84	3
吉　林	18	674	584	170	——	——	264	98	61	39	135	3
黑龙江	47	726	579	85	2	1	297	104	86	57	97	5
上　海	26	1 042	918	18	5	——	309	105	125	65	779	12
江　苏	102	2 265	1 635	31	28	3	641	201	436	172	717	24
浙　江	72	1 848	1 039	286	3	7	415	159	454	89	610	18
其中：宁波	6	197	89	——	——	——	37	12	26	13	59	3
安　徽	43	606	466	80	——	——	164	43	131	74	82	2
福　建	84	1 012	675	242	12	9	223	77	194	70	378	5
其中：厦门	3	102	60	14	1	——	28	10	10	4	134	——
江　西	87	1 379	1 223	189	10	11	285	79	272	157	107	9
山　东	76	1 770	1 568	200	9	8	710	227	353	244	306	8
其中：青岛	8	181	171	14	——	——	45	12	35	24	35	3
河　南	79	2 863	2 005	79	1	3	478	121	599	344	251	14
湖　北	94	1 803	1 513	176	19	25	659	158	321	162	311	10
湖　南	68	1 294	1 050	27	23	3	287	76	206	116	224	8
广　东	148	2 951	1 671	508	13	9	338	97	579	164	885	22
其中：深圳	12	208	93	67	4	——	42	16	42	7	118	6
广　西	53	787	615	76	16	45	226	56	182	76	252	5
海　南	15	105	85	28	1	1	29	5	15	9	26	——
重　庆	15	803	644	180	4	——	153	23	187	70	342	3
四　川	59	2 308	1 510	126	6	20	326	67	337	157	312	11
贵　州	12	342	171	72	2	——	53	22	44	5	42	3
云　南	33	543	486	168	4	32	172	53	111	66	116	3
西　藏	2	84	79	31	4	——	22	4	16	16	7	——
陕　西	86	3 431	2 487	386	14	11	561	178	705	355	391	10
甘　肃	70	1 001	867	2	——	——	178	47	178	111	171	——
青　海	17	140	90	2	——	——	34	12	24	17	22	——
宁　夏	5	157	116	70	1	——	54	13	29	12	29	1
新　疆	28	282	190	1	1	——	81	25	71	29	62	2

博物馆基本情况（一）

文物藏品数（件、套）				藏品分类数（件、套）				本年从有关部门接收文物数（件、套）	本年藏品征集数（件、套）
	一级品	二级品	三级品		古代文物数	近现代文物数	自然标本数		
12 912 592	**47 679**	**896 477**	**2 142 417**	**9 536 707**	**6 565 788**	**1 435 939**	**383 769**	**21 023**	**123 120**
1 674 051	13 260	621 265	317 362	39 338	——	——	——	——	1 227
11 238 541	34 419	275 212	1 825 055	9 497 369	6 565 788	1 435 939	383 769	21 023	121 893
1 129 999	413	4 216	41 316	1 119 948	1 013 589	104 571	469	1 645	1 585
175 193	967	2 748	39 505	19 008	38	11 655	1 415	2 289	739
213 185	403	7 101	14 276	213 180	161 511	51 547	122	250	42 735
639 539	1 683	7 248	48 729	549 681	477 453	65 662	1 287	——	77
342 818	1 249	1 403	3 719	319 388	269 211	26 756	10 750	45	1 150
310 210	1 297	11 070	172 438	109 265	72 502	30 941	1 313	1 431	6 775
49 754	235	2 496	26 843	39 271	26 638	12 585	48	13	456
175 971	326	3 069	9 504	145 288	71 889	62 377	2 063	114	730
150 422	263	1 203	13 878	147 856	42 789	21 724	81 542	120	996
306 406	1 306	45 664	129 077	295 897	8 744	40 235	8	——	5 680
931 920	1 895	99 410	424 880	931 920	471 007	150 240	5 119	1 295	5 455
523 515	2 609	7 473	48 723	523 515	324 237	82 121	117 157	3 796	5 614
83 190	120	645	5 042	83 190	81 847	1 282	61	29	15
384 542	1 005	2 874	108 361	155 420	137 507	7 853	47	152	129
345 863	911	2 000	102 456	320 323	112 928	182 662	16 737	2 143	795
14 681	16	200	6 028	14 681	10 861	3 011	——	34	372
293 380	1 216	6 186	39 192	205 815	132 767	55 861	5 151	69	4 417
563 735	2 529	6 069	86 298	523 006	403 495	55 960	20 366	2 464	1 078
141 579	207	1 885	8 963	139 183	132 406	6 670	107	——	85
647 674	1 586	11 471	136 348	484 624	423 125	29 911	2 903	520	693
729 490	1 875	6 719	71 338	649 771	580 882	62 661	3 363	1 771	971
356 771	1 130	3 527	32 744	348 436	250 224	73 831	4 328	68	10 631
712 703	1 163	15 318	71 767	448 590	281 115	81 708	24 630	508	9 027
29 515	25	160	4 857	28 154	1 267	4 788	——	——	634
236 567	311	3 847	18 535	214 132	108 750	37 778	37 810	10	2 177
35 340	118	225	989	34 799	12 156	12 526	228	——	97
167 190	619	982	13 046	132 949	109 399	23 316	32	316	913
379 383	1 552	5 467	74 681	378 682	82 075	54 314	13 662	318	11 939
38 930	236	302	1 824	38 827	15 162	23 099	6	151	990
227 461	620	571	21 103	58 635	38 116	3 955	3 585	114	1 017
31 545	372	63	254	150	——	28	15	24	83
586 660	3 499	8 601	24 797	571 951	517 395	53 405	160	481	1 347
373 329	2 204	7 765	68 087	359 505	296 661	11 781	29 065	577	1 800
73 026	148	571	2 225	73 026	52 847	213	25	——	50
59 725	308	2 049	4 965	59 725	52 357	3 050	295	243	291
96 049	606	——	——	64 057	45 857	14 198	116	109	1 912

各地区文物系统

	本年修复藏品数（件、套）				举办展览（个）	本年承担课题、项目数（个）			论文及资料整理完成情况	
		一级品	二级品	三级品			部级以上课题、项目数	结项课题、项目数	专著和图录（册）	论文（省级及以上刊物发表）（篇）
总　计	**22 863**	**247**	**870**	**5 257**	**5 836**	**344**	**134**	**77**	**10 456**	**2 818**
中　央	371	8	118	9	98	31	2	3	16	160
地　方	22 492	239	752	5 248	5 738	313	132	74	10 440	2 658
北　京	478	1	129	48	134	19	3	9	8	76
天　津	——	——	——	——	76	——	——	——	3	——
河　北	3 538	——	——	2	155	5	4	1	10 005	149
山　西	——	——	——	——	113	13	——	——	3	30
内蒙古	431	3	2	5	122	7	5	2	——	10
辽　宁	555	9	3	543	134	21	3	15	14	103
其中：大连	14	2	1	11	34	11	2	6	7	43
吉　林	101	——	1	——	65	5	1	3	3	60
黑龙江	1 117	——	12	69	104	1	——	——	——	51
上　海	178	3	7	96	171	21	9	1	15	38
江　苏	1 484	3	16	636	573	32	23	12	21	218
浙　江	2 583	6	10	73	573	20	11	2	23	253
其中：宁波	——	——	——	——	51	——	——	——	——	——
安　徽	4	——	4	——	141	1	——	——	1	54
福　建	355	——	——	190	193	13	6	4	26	115
其中：厦门	——	——	——	——	6	——	——	——	——	10
江　西	687	14	21	119	198	7	6	5	3	242
山　东	313	3	19	133	415	6	5	1	9	110
其中：青岛	40	——	15	25	47	——	——	——	——	——
河　南	286	2	9	32	323	9	3	5	11	126
湖　北	2 698	35	140	1 489	158	18	4	——	6	102
湖　南	137	14	15	43	200	19	15	1	13	103
广　东	699	41	14	111	837	24	2	1	26	201
其中：深圳	23	——	——	——	69	21	1	1	1	22
广　西	1 233	——	5	——	160	13	3	4	3	71
海　南	——	——	——	——	7	——	——	——	——	——
重　庆	429	——	2	306	58	15	6	3	2	11
四　川	12	——	——	——	163	21	5	2	9	39
贵　州	——	——	——	——	31	——	——	——	——	31
云　南	170	——	1	9	221	7	4	——	——	33
西　藏	30	——	——	——	1	——	——	——	1	2
陕　西	3 583	54	110	715	137	11	9	2	228	318
甘　肃	354	42	93	85	197	3	3	——	5	50
青　海	——	——	——	——	18	——	——	——	——	10
宁　夏	667	2	130	535	15	2	2	1	——	——
新　疆	370	7	9	9	45	——	——	——	2	52

博物馆基本情况（二）

参观人次（千人次）	外宾参观人次	青少年参观人次	年末固定资产原值（千元）	增加值（千元）	公用房屋建筑面积（千平方米）	展览用房	实验室	修复室	文物库房
117 191	**4 684**	**31 651**	**7 242 465**	**2 250 803**	**5 718.3**	**2 482.3**	**10.9**	**23.9**	**586.4**
14 093	1	1 969	377 709	528 919	317.8	54.8	1.0	1.0	64.6
103 099	4 683	29 682	6 864 756	1 721 884	5 400.5	2 427.5	9.8	22.9	521.8
2 597	245	518	173 515	45 906	200.1	78.6	0.1	3.3	17.7
1 263	20	452	42 681	28 907	105.1	62.4	——	0.1	11.3
3 503	60	1 757	151 295	46 120	196.9	100.0	——	0.1	13.1
4 817	135	973	117 281	103 964	199.4	94.8	0.3	0.3	11.0
810	48	346	109 299	20 443	151.8	60.4	0.6	1.2	10.5
3 149	70	581	495 442	79 448	210.9	123.3	0.9	2.8	21.5
691	20	124	9 960	7 528	61.2	33.5	0.4	0.6	3.8
761	15	170	142 247	28 402	110.6	34.6	——	0.2	6.8
1 198	41	558	223 094	27 929	107.0	53.0	0.2	0.3	2.5
4 705	1 062	826	683 969	113 635	151.3	60.8	0.6	——	63.1
7 966	206	3 219	529 868	122 951	448.6	260.0	1.7	0.8	30.8
9 809	262	2 849	575 937	135 293	295.0	123.2	0.6	0.5	33.5
733	4	205	65 728	13 046	22.0	10.5	——	0.1	1.4
959	16	339	38 715	18 201	83.3	35.5	0.3	0.7	11.0
2 564	49	1 001	72 834	30 168	215.5	113.3	0.5	0.6	15.9
415	3	17	7 684	4 232	12.1	3.1	——	——	0.8
2 780	69	1 498	97 295	39 859	161.9	79.7	0.1	0.2	12.8
4 373	95	922	347 885	81 833	309.4	145.9	0.4	1.4	29.2
451	40	63	20 673	10 706	41.6	12.6	——	0.1	2.6
7 214	57	1 524	422 805	70 056	274.3	124.5	1.0	0.6	32.7
2 899	72	1 463	189 803	42 387	193.2	84.5	0.3	1.7	21.2
4 553	179	2 148	315 890	43 407	231.7	110.4	0.2	0.3	23.2
10 711	467	2 806	485 335	171 130	508.1	215.7	0.3	1.0	36.9
586	91	119	41 387	15 272	45.4	18.5	——	——	1.6
1 633	138	567	113 120	30 489	124.1	50.7	0.3	1.3	13.8
78	11	54	13 961	3 032	7.1	2.2	——	——	0.2
3 652	23	685	118 855	55 989	122.5	31.9	0.1	0.3	7.3
8 490	195	1 481	227 513	100 677	272.1	119.7	0.1	1.7	21.4
835	9	221	11 028	8 943	20.8	11.1	——	——	3.1
1 815	32	1 223	153 880	18 690	130.3	51.5	0.2	0.3	12.5
65	8	11	1 095	6 236	0.9	0.1	——	——	0.0
7 301	958	1 016	873 708	204 718	335.6	126.8	0.8	2.0	20.3
1 378	83	306	92 463	26 084	131.5	43.5	0.1	0.9	26.2
590	3	16	11 302	4 830	12.1	6.1	——	——	1.9
103	1	32	22 830	5 744	40.8	9.0	——	0.1	5.5
526	53	119	9 811	6 412	48.9	14.1	0.1	0.1	4.9

各地区文物系统

	本年收入合计（千元）							
		财政拨款	上级补助收入	事业收入		经营收入	附属单位上缴收入	其他收入
					门票收入			
总　计	**4 058 449**	**2 027 297**	**180 373**	**1 559 524**	**1 372 511**	**88 337**	**18 952**	**183 966**
中　央	688 292	78 087	8 657	464 899	435 705	67 596	18 071	50 982
地　方	3 370 157	1 949 210	171 716	1 094 625	936 806	20 741	881	132 984
北　京	179 287	136 862	518	31 947	28 207	——	——	9 960
天　津	93 095	77 313	——	11 501	8 957	——	——	4 281
河　北	102 876	66 590	1 850	33 409	31 180	518	——	509
山　西	178 704	62 739	2 403	111 705	110 984	——	——	1 857
内蒙古	39 710	33 852	707	4 395	2 876	——	——	756
辽　宁	121 711	61 258	3 869	53 916	52 897	——	——	2 668
其中：大连	22 176	14 889	——	5 954	5 954	——	——	1 333
吉　林	83 198	47 914	15 206	19 569	19 509	52	——	457
黑龙江	33 636	28 521	1 350	2 465	2 450	——	——	1 300
上　海	246 289	164 795	2 889	68 073	56 120	4 461	——	6 071
江　苏	254 324	186 090	8 276	39 571	24 979	1 405	157	18 825
浙　江	222 093	149 690	9 350	53 149	44 536	457	——	9 447
其中：宁波	21 171	15 243	740	4 578	4 099	167	——	443
安　徽	46 517	31 470	6 338	5 526	5 129	2 186	——	997
福　建	57 529	46 444	3 223	3 673	2 752	167	——	4 022
其中：厦门	8 808	7 851	3	460	460	——	——	494
江　西	78 660	52 396	4 184	19 456	18 216	215	——	2 409
山　东	103 327	77 495	3 963	18 141	14 980	877	——	2 851
其中：青岛	15 396	12 920	75	1 725	1 707	——	——	676
河　南	116 392	58 331	7 996	44 165	35 529	920	20	4 960
湖　北	106 998	79 737	9 888	11 106	8 294	1 981	——	4 286
湖　南	91 476	46 207	7 284	33 245	28 455	897	——	3 843
广　东	311 086	188 078	12 197	93 340	62 205	1 396	668	15 407
其中：深圳	33 432	18 951	3 270	2 415	2 159	706	——	8 090
广　西	93 814	66 923	2 847	16 881	2 270	614	——	6 549
海　南	5 020	4 293	——	27	27	——	——	700
重　庆	94 520	25 905	4 312	61 346	45 008	1 380	——	1 577
四　川	202 885	48 310	17 495	119 865	116 025	2 181	31	15 003
贵　州	23 115	11 524	——	11 188	149	——	——	403
云　南	42 295	35 978	1 156	1 707	909	444	——	3 010
西　藏	11 699	4 762	100	6 836	20	——	——	1
陕　西	325 646	78 848	37 098	201 996	199 680	590	5	7 109
甘　肃	68 603	52 689	2 904	10 799	10 231	——	——	2 211
青　海	9 336	7 541	150	624	388	——	——	1 021
宁　夏	8 901	8 267	122	501	252	——	——	11
新　疆	17 415	8 388	4 041	4 503	3 592	——	——	483

保护、维修竣工基本情况

本年项目收入合计（千元）	财政拨款	中央财政拨款	省级财政拨款	其他收入	本年支出合计（千元）	累计项目支出（千元）	建筑面积（千平方米）	维修面积
775 749	**335 552**	**77 464**	**171 307**	**422 592**	**614 076**	**935 345**	**9150.7**	**855.5**
41 852	18 032	——	14 789	21 848	44 124	165 389	131.6	110.3
360	——	——	——	360	360	360	7.7	3.0
5 207	5 207	3 457	1 430	——	4 407	4 254	28.1	16.6
4 466	2 290	700	1 200	1 776	4 099	13 248	15.8	12.5
225	225	——	——	——	465	465	4.6	0.5
1 233	1 108	——	390	125	1 207	1 557	11.6	7.5
——	——	——	——	——	——	——	——	——
53	53	——	——	——	53	——	0.3	0.3
4 037	3 389	230	100	648	3 919	974	98.8	88.2
240 665	3 433	——	3 433	237 232	240 665	243 416	158.9	137.6
12 016	8 469	——	3 000	890	12 287	97 383	49.9	36.2
16 454	9 319	——	3 320	5 475	31 003	72 717	229.0	47.7
1 466	66	——	——	1 400	1 466	5 466	5.6	5.6
4 857	3 827	1 300	1 530	1 030	4 525	32 539	26.9	14.2
1 896	1 846	——	520	10	1 452	1 100	18.3	7.9
——	——	——	——	——	——	——	——	——
2 425	1 934	——	410	331	3 616	2 537	32.3	22.0
15 351	6 913	500	300	1 744	14 648	8 441	30.8	16.0
——	——	——	——	——	——	——	——	——
108 530	107 785	900	102 650	25	108 300	21 377	38.3	12.9
5 000	2 840	300	640	1 425	6 797	8 991	31.5	12.7
21 824	11 145	6 102	3 360	10 679	21 358	25 718	92.2	65.0
26 729	17 487	——	3 004	9 132	25 918	59 937	62.3	40.6
——	——	——	——	——	——	——	——	——
6 460	6 217	300	200	193	6 251	4 587	7115.3	8.8
4 263	4 263	470	660	——	2 393	25 325	6.1	1.0
6 688	5 888	80	1 800	800	9 960	12 876	12.5	12.3
191 732	80 988	48 800	21 510	109 894	37 689	85 235	819.8	127.0
13 244	11 745	9 000	1 505	581	4 333	5 524	30.0	13.3
11 551	7 821	20	1 519	3 665	10 920	13 219	59.7	22.5
——	——	——	——	——	——	——	9.5	1.1
7 747	5 288	1 200	1 873	1 885	7 084	5 091	10.7	4.7
935	877	——	350	58	973	707	2.7	1.5
2 358	2 338	2 174	164	20	907	——	1.0	0.5
4 550	4 350	1 700	1 650	200	2 580	21 547	4.0	1.6
13 041	475	231	——	12 566	1 783	831	11.0	9.8

签订文化合作协定

国家	名称	时间
科摩罗联盟	中华人民共和国政府和科摩罗联盟政府文化协定	7月31日
卡塔尔	中华人民共和国政府和卡塔尔国政府关于修订《中卡教育文化合作协定》的协定书	4月4日
格鲁吉亚	中华人民共和国文化部和格鲁吉亚、纪念物保护及体育部2006—2009年文化合作协议书	4月
俄罗斯	俄罗斯联邦文化电影署和中华人民共和国文化部就2007年在俄罗斯组织和举办中国年框架内中国文化节协定	9月18日
新加坡	中华人民共和国政府和新加坡共和国政府文化合作协定	8月25日

签订文化合作备忘录

国家	名称	时间
哈萨克斯坦	中哈合作委员会人文合作分委会第二次会议纪要	9月21日
俄罗斯	中俄教育、文化、卫生、体育合作委员会文化合作分委会第六次会议纪要	9月18日

签订文化合作协定执行计划

国家	名称	时间
肯尼亚	文化合作协定2006年至2008年执行计划	4月
南非	文化艺术合作协定2006年至2009年执行计划	6月21日
贝宁	文化协定2006年至2009年执行计划	8月28日
莫桑比克	文化合作协定2007年至2009年执行计划	11月21日
塞浦路斯	2006年至2010年文化合作执行计划	12月7日
摩洛哥	2006年至2008年文化合作执行计划	4月24日
苏丹	文化合作协定2006年至2008年执行计划	6月24日
突尼斯	文化协定2006年至2008年执行计划	3月24日
阿尔及利亚	文化合作协定2006年至2008年执行计划	1月14日
吉尔吉斯	2006年至2011年文化合作计划	6月9日
朝鲜	2006年至2008年文化交流执行计划	4月10日
巴基斯坦	文化协定2007年至2009年执行计划	11月24日
比利时(弗拉芒区)	2006年至2010年文化交流执行计划	4月3日
法兰西	2006年至2008年文化交流与合作执行计划	10月26日

缔约情况表(多边条约)

条约(或公约)名称	通过日期、地点和保存机构	生效日期	我国签署或批准、核准、接受、加入日期
上海合作组织框架内文化专家工作组2006—2007年度工作计划	2006年4月28日，塔什干	自签署之日起生效	2006年4月28日
2007—2008年度上海合作组织成员国多边合作计划	2006年4月28日，塔什干	自签署之日起生效	2006年4月28日
保护和促进文化表现形式多样性公约	2005年10月20日，巴黎教科文总部	2007年3月18日	2006年12月29日全国人大十届二十五次会议批准

全国艺术表演团体分剧种按演出场次排序

单位:场

名次	单位名称	演出场次	名次	单位名称	演出场次
	一、话剧、儿童剧、滑稽剧		46	云南省话剧团	129
1	浙江省杭州滑稽艺术剧院	1410	47	上海现代人剧社	127
2	黑龙江省哈尔滨儿童艺术剧院	1006	48	安徽省阜阳市艺术团	120
3	辽宁人民艺术剧院	612	49	广东省韶关市采茶剧团	120
4	山东省济南市儿童艺术剧院	475	50	湖南省话剧团	118
5	浙江省海宁市江南皮影艺术团有限公司	451	51	辽宁省丹东市话剧团	117
6	辽宁省沈阳话剧团	450	52	广东省翁源县采茶剧团	115
7	湖北省武汉人民艺术剧院	444	53	贵州省话剧团	109
8	安徽省话剧团	430	54	江苏省常州市滑稽剧团	108
9	上海话剧艺术中心	388	55	广东省韶关市歌舞剧团	108
10	辽宁省沈阳评剧院	356	56	广东省韶关市曲江区采茶剧团	103
11	浙江话剧团	347	57	上海人民滑稽剧团	101
12	陕西省西安儿童艺术剧院	329	58	安徽省潜山县剧团	100
13	中国儿童艺术剧院	327	59	福建省福建人民艺术剧院	100
14	山东省青岛市话剧院	323	60	江西省九江市话剧团	100
15	江苏省苏州市滑稽剧团	306	61	广东省信宜市粤剧团	100
16	北京儿童艺术剧院股份有限公司	303	62	湖北省话剧院	97
17	浙江省峰江影院	300	63	辽宁省大连话剧团	94
18	天津市儿童艺术剧团	296	64	广东省韶关市乳源县民族艺术团	93
19	广东话剧院	272	65	宁夏自治区话剧团	93
20	黑龙江省哈尔滨话剧院	258	66	辽宁省喀左县民族文工团	86
21	浙江省杭州越剧院三团	255	67	重庆市涪陵区歌舞剧团	86
22	广东省高州市粤剧团	234	68	广东省广州话剧团	85
23	广东省茂名市茂南杂技团	230	69	重庆喜剧艺术团	85
24	北京人民艺术剧院	229	70	黑龙江省佳木斯市话剧团	84
25	中国国家话剧院	222	71	广东省仁化县文工团	84
26	广东省茂名市茂南区粤剧团	215	72	广东省高州市木偶粤剧团	83
27	吉林省吉林市话剧团	213	73	江苏省话剧院	83
28	广东省化州市粤剧团	210	74	中华全国总工会文工团	83
29	天津人民艺术剧院	202	75	四川人民艺术剧院	83
30	安徽省桐城市黄梅戏艺术传播有限公司	197	76	陕西省西安话剧院	83
31	广东省茂名市粤剧团	192	77	河北省承德话剧团	81
32	广东省茂名市茂南区青年粤剧团	190	78	山西省话剧院	80
33	浙江省诸暨市振兴越剧团	180	79	河南省话剧团	80
34	新疆伊犁州话剧团	172	80	甘肃省话剧院	77
35	新疆吐鲁番市吾斯曼歌舞队	170	81	山东省话剧院	72
36	重庆市话剧团	164	82	吉林省四平市话剧团	71
37	江苏省无锡市滑稽剧团	163	83	广西自治区话剧团	71
38	浙江省宁波市海曙滑稽艺术团	160	84	内蒙古自治区呼伦贝尔市话剧团	68
39	福建省永春县高甲戏剧团	160	85	辽宁省朝阳市话剧歌舞团	67
40	广东省茂名市茂南区红霞粤剧团	155	86	内蒙古自治区内蒙古话剧团	65
41	上海滑稽剧团	155	87	黑龙江省齐齐哈尔市话剧团	64
42	上海市中国福利会儿童艺术剧院	150	88	广东省始兴县文化馆	64
43	广东省电白县粤剧团	138	89	上海市青艺滑稽剧团	61
44	辽宁省辽阳市辽阳艺术剧院	130	90	新疆话剧团	60
45	上海东方儿童艺术团	129	91	河北省话剧院	59

全国艺术表演团体分剧种按演出场次排序

单位:场

名次	单位名称	演出场次	名次	单位名称	演出场次
92	广东省乐昌市文工团	58	37	山西省大同市歌舞剧院	156
93	广东省南雄市采茶剧团	55	38	甘肃省兰州歌舞剧院	153
94	江苏省南京市话剧团(国有)	54	39	湖南省株洲市歌舞剧团	151
95	安徽省安庆市京话剧团	54	40	山西省歌舞剧院	149
96	重庆市綦江县川剧团	53	41	陕西省延安歌舞剧团	148
97	陕西省人民艺术剧院	51	42	重庆市歌剧院	147
98	青海省黄南州民族歌舞剧团	51	43	广东歌舞剧院	147
99	西藏自治区话剧团	46	44	江西省歌舞剧团	138
100	广东省汕头市话剧团	42	45	广东省惠州市歌舞剧团	135
	二、歌剧、舞剧、歌舞剧团		46	黑龙江省歌舞剧院	127
1	四川省歌舞剧院	1460	47	福建省泉州市歌剧团	126
2	陕西省歌舞剧院	904	48	贵州省贵阳市歌舞剧院	125
3	浙江省泰顺县莒江越剧团	568	49	内蒙古自治区东胜区歌舞剧团	120
4	浙江省泰顺县青年越剧团	550	50	浙江省义乌市实验舞剧团	115
5	辽宁歌舞团	417	51	湖南省衡阳市歌舞剧团	110
6	广东潮剧院	414	52	新疆石河子豫剧团	110
7	安徽省歌舞剧院	403	53	四川省凉山州歌舞团	106
8	山西省武乡县光明剧团	400	54	西藏自治区藏剧团	105
9	上海歌剧院	323	55	四川省南充歌舞剧院	105
10	山西省阳高县民间歌剧团	300	56	山西省长治市歌舞剧团	105
11	青海省民族歌舞剧院	299	57	上海歌舞团	104
12	山东省淄博市歌剧舞剧院	290	58	广东汉剧院	103
13	湖南省长沙市歌舞剧院	289	59	广东省平远县山歌剧团	103
14	甘肃敦煌艺术剧院	270	60	广东省梅县山歌剧团	101
15	山西省太谷县秧歌剧团	270	61	江西省安远县采茶戏剧团	100
16	山西省襄垣县人民剧团	266	62	新疆喀什地区歌舞剧团	98
17	天津歌舞剧院	264	63	山东省潍坊市歌舞剧院	96
18	云南省歌舞剧院	257	64	山东歌舞剧院	96
19	湖南省常宁市歌舞剧团	250	65	广东省深圳市南山艺术团	88
20	海南省琼中县五指山歌舞团	250	66	中央歌剧院	84
21	甘肃省歌剧院	243	67	内蒙古自治区临河区歌舞剧团	83
22	新疆伊犁州歌舞话剧团	236	68	上海芭蕾舞团	81
23	湖北省武汉歌舞剧院	234	69	湖北省钟祥市莫愁女歌舞团	80
24	湖北省襄樊市歌舞剧团	224	70	湖南省郴州市歌舞剧团	80
25	黑龙江省哈尔滨歌剧院	219	71	广东省惠东县歌剧团	78
26	山东省济南市歌舞剧院	212	72	湖北省宜昌市歌舞剧团	78
27	辽宁歌剧院	210	73	山西省吕梁市歌舞剧院	75
28	湖南省歌舞剧院	208	74	江苏省歌剧舞剧院	73
29	湖北省歌剧舞剧院	202	75	广东实验现代舞团	70
30	江西省赣州艺术剧院	190	76	上海舞梦舞蹈团	70
31	甘肃省甘南州藏族歌舞剧院	180	77	安徽省滁州市歌舞团	70
32	江西省兴国县山歌剧团	180	78	山东省烟台市歌舞剧院	70
33	山西省朔城区秧歌剧团	175	79	青海省西宁市歌剧团	69
34	福建省厦门歌舞剧院	168	80	湖北省荆州市艺术剧院	66
35	四川省泸州市歌舞团	160	81	福建省龙岩山歌剧团	65
36	山东省青岛市歌舞剧院	159	82	四川省攀枝花市歌舞剧团	64

全国艺术表演团体分剧种按演出场次排序

单位：场

名次	单位名称	演出场次
83	云南省文山州民族歌舞剧团	62
84	广东省蕉岭县山歌剧团	61
85	辽宁芭蕾舞团	57
86	广东省广州芭蕾舞团	55
87	重庆铜梁县龙人世家龙灯艺术有限公司	50
88	新疆哈密市歌舞剧团	48
89	新疆歌剧团	36
90	重庆铜梁龙文化传播有限公司	20
91	海南省昌江黎族自治县歌舞团	12
92	重庆市铜梁县富龙文化艺术团	12
	三、乐　　团	
1	上海东方国乐团	215
2	江苏省南京市民族乐团(国有)	153
3	上海民族乐团	141
4	山西省新绛县绛州鼓乐艺术团	136
5	上海交响乐团	136
6	广东省深圳交响乐团	130
7	山西省新绛县兰天鼓乐艺术团	130
8	中国电影乐团	115
9	天津交响乐团	113
10	广东省汕头潮乐团	108
11	中国交响乐团	100
12	上海爱乐乐团	98
13	中央民族乐团	97
14	浙江省宁波市职工铜管乐团	90
15	上海轻音乐团	89
16	山东省青岛交响乐团	87
17	广东省广州交响乐团	83
18	北京交响乐团	64
19	河北省交响乐团	63
20	湖北省武汉乐团	51
21	江苏省民族乐团	48
22	江苏省交响乐团	47
23	陕西省乐团	33
24	广东省珠海市女子室内中乐团	20
	四、文工团、文宣队、乌兰牧骑	
1	陕西省佳县剧团	830
2	陕西省神木县剧团	620
3	中国铁路文工团	524
4	西藏自治区城关区文化宣传队	460
5	内蒙古自治区翁牛特旗乌兰牧骑	370
6	内蒙古自治区和林县乌兰牧骑	370
7	甘肃省成县文工团	350
8	陕西省府谷县文艺工作团	345
9	湖北省竹山县艺术团	342
10	内蒙古自治区清水河县乌兰牧骑	340

名次	单位名称	演出场次
11	内蒙古自治区宁城县乌兰牧骑	324
12	内蒙古自治区敖汉旗乌兰牧骑	316
13	云南省福贡县石月亮艺术团	300
14	陕西省横山县文工团	300
15	陕西省清涧县剧团	300
16	湖南省冷水江市文工团	298
17	湖南省炎陵县炎帝文化艺术团	287
18	陕西省子洲县文工团	280
19	新疆疏附县文工团	272
20	内蒙古自治区伊金霍洛旗乌兰牧骑	271
21	陕西省榆阳区文艺工作团	270
22	甘肃省庆城县文工团	260
23	新疆岳普湖县文工团	252
24	内蒙古自治区东乌旗乌兰牧骑	246
25	内蒙古自治区新巴尔虎右旗乌兰牧骑	245
26	湖北省恩施市民族文工团	245
27	湖南省新化县文工团	243
28	内蒙古自治区克什克腾旗乌兰牧骑	240
29	内蒙古自治区陈巴尔虎旗乌兰牧骑	240
30	河北省深泽县文工团	240
31	陕西省榆林市文工团	238
32	江西省万年县文工团	236
33	湖南省华容县艺术团	236
34	内蒙古自治区察右中旗乌兰牧骑	230
35	宁夏自治区宁夏灵武民族艺术团	230
36	新疆莎车县文工团	221
37	内蒙古自治区额尔古纳市乌兰牧骑	220
38	新疆和静县乌兰牧骑队	220
39	内蒙古自治区开鲁县乌兰牧骑	218
40	湖北省房县文艺工作团	218
41	湖南省双峰县文工团	218
42	新疆疏勒县文工团	215
43	甘肃省榆中县文工团	210
44	湖北省十堰市艺术剧院	204
45	广西桂林市资源县民族艺术工团	204
46	中国煤矿文工团	201
47	内蒙古自治区察右前旗乌兰牧骑	200
48	河北省任县文工团	200
49	新疆巴楚县文工团	200
50	新疆英吉沙县文工团	200
51	内蒙古自治区乌拉特中旗乌兰牧骑	198
52	新疆麦盖提县文工团	196
53	内蒙古自治区科左后旗乌兰牧骑	193
54	广西武鸣县歌舞剧团	186
55	陕西省靖边县文工团	185
56	内蒙古自治区牙克石市乌兰牧骑	184

全国艺术表演团体分剧种按演出场次排序

单位:场

名次	单位名称	演出场次	名次	单位名称	演出场次
57	内蒙古自治区巴林左旗乌兰牧骑	180	2	江苏省苏州昆剧院(苏州市、国有)	2070
58	内蒙古自治区多伦县乌兰牧骑	180	3	上海市东方评弹团	1500
59	湖北省巴东县文工团	180	4	北京市中国评剧院	1304
60	云南省华宁县杂技团	180	5	上海市新艺评弹团	900
61	广西南宁市艺术剧院	176	6	福建省泰宁县梅林戏剧团	802
62	新疆阿勒泰市艺术团	175	7	浙江省缙云县婺剧二团	800
63	广西防城金海歌舞团	174	8	浙江省富阳市金星越剧团	800
64	内蒙古自治区正蓝旗乌兰牧骑	173	9	浙江省缙云县小百花婺剧团	800
65	广西上思县文工团	169	10	北京京剧院	747
66	内蒙古自治区兴和县乌兰牧骑	168	11	福建省漳州市木偶剧团	720
67	新疆墨玉县文工团	165	12	江苏省苏州市锡剧团	710
68	广西桂林市灵川县文工团	161	13	河北省曲阳县评剧团	700
69	广西桂林市阳朔县文工团	161	14	湖南省衡南县花古戏剧团	700
70	河南省汝阳县文工团	160	15	浙江省文成县青年越剧团	674
71	甘肃省高台县文工团	160	16	浙江省文成县巨龙越剧团	672
72	河北省辛集市文工团	159	17	上海市新长征评弹团	656
73	山东省青州市艺术剧院	158	18	浙江省缙云县小百花婺剧团	650
74	云南省腾越文化艺术团	158	19	浙江省奉化实验越剧团	620
75	内蒙古自治区九原区乌兰牧骑	156	20	浙江省富阳市场口长龙小百花越剧团	620
76	湖北省南漳县文工团	156	21	浙江省文成县万紫红京瓯剧团	614
77	内蒙古自治区巴林右旗乌兰牧骑	155	22	浙江省文成县新百花京瓯剧	612
78	内蒙古自治区苏尼特左旗乌兰牧骑	155	23	浙江省文成县青年京瓯剧团	612
79	湖北省郧西县文化艺术中心	153	24	浙江省文成县顺福越剧团	606
80	内蒙古自治区莫力达瓦旗乌兰牧骑	150	25	浙江省文成县东升越剧团	600
81	内蒙古自治区额旗乌兰牧骑	149	26	浙江省富阳市丽华越剧团	600
82	内蒙古自治区乌拉特前旗乌兰牧骑	148	27	浙江省缙云县婺剧七弟班	600
83	内蒙古自治区新巴尔虎左旗乌兰牧骑	148	28	河南省内乡县宛邦剧团	600
84	甘肃省肃北县乌兰牧骑	148	29	四川省遂宁市川剧团	581
85	新疆青河县艺术团	147	30	安徽省石台县黄梅戏剧团	580
86	内蒙古自治区喀喇沁旗乌兰牧骑	146	31	湖南省临湘市花鼓戏剧团	580
87	广西陆川县文工团	146	32	浙江省桐庐春江越剧团	560
88	江西省遂川县文工团	145	33	甘肃省陇西县秦剧团	540
89	内蒙古自治区鄂托克前旗乌兰牧骑	143	34	北京市河北梆子剧团	537
90	内蒙古自治区鄂托克旗乌兰牧骑	142	35	福建省莆仙戏二团	526
91	甘肃省康县文工团	140	36	浙江省文成县幸福越剧团	521
92	甘肃省临泽县文工团	140	37	山西省盂县晋剧团	520
93	陕西省镇巴县文工团	139	38	河北省魏县豫剧团	500
94	新疆福海县艺术团	138	39	浙江省永嘉白鹿城京瓯剧团	500
95	广西东兰县文工团	136	40	浙江省龙游百花婺剧团	500
96	内蒙古自治区阿旗乌兰牧骑	135	41	浙江省永嘉梅艳越剧团	500
97	内蒙古自治区镶黄旗乌兰牧骑	135	42	浙江省永嘉县百花婺剧团	500
98	河北省围场满蒙自治县文工团	132	43	浙江省永嘉胜利京瓯剧团	500
99	湖南省湘阴县艺术团	132	44	浙江省富阳市爱艺越剧团	500
100	广西柳江县文工团	132	45	浙江省桐庐春燕越剧团	500
	五、戏曲剧团		46	浙江省富阳市繁华越剧团	500
1	上海评弹团	2909	47	浙江省富阳市群芳越剧团	500

全国艺术表演团体分剧种按演出场次排序

单位:场

名次	单位名称	演出场次	名次	单位名称	演出场次
48	浙江省黄岩新春越剧团	500	94	山西省阳城县人民剧团	420
49	陕西省旬邑剧团	500	95	山西省高平市人民剧团	420
50	湖南省邵东花古剧团	486	96	山西省高平市上党梆子剧团	420
51	陕西省戏曲研究院	486	97	山东省单县豫剧团	420
52	河北省沧洲市梆子团	480	98	河南省鄢陵县豫剧二团	420
53	山西省洪洞县蒲剧团	480	99	陕西省新声剧团	420
54	江苏省射阳县淮剧团	480	100	甘肃省清水县秦剧团	420
55	浙江省溪口武岭越剧团	480		**六、曲、杂、木、皮团**	
56	浙江省桐庐富杭越剧团	480	1	江苏省苏州市评弹团	6500
57	浙江省富阳市双江越剧团	480	2	安徽省宿州市动物表演团	3460
58	北京风雷京剧团	474	3	上海野生动物园艺术团	2650
59	河北省井陉县晋剧团	470	4	江苏省苏州市吴中区评弹团	2576
60	山西省长治县红旗剧团	470	5	江苏省常州市评弹团	2502
61	陕西省韩城市人民剧团	470	6	江苏省评弹团	2487
62	甘肃省秦安县剧团	470	7	江苏省常熟市评弹团	2100
63	湖北省监利县花鼓戏剧团	468	8	浙江曲艺杂技总团	1921
64	湖南省平江县花鼓戏剧团	463	9	黑龙江省齐齐哈尔市马戏团	1750
65	黑龙江省哈尔滨京剧评剧院	462	10	江苏省江阴市评弹团	1615
66	浙江省桐庐梁祝越剧团	461	11	江苏省启东市评弹团	1459
67	河南省林州市豫剧二团	460	12	北京市中国杂技团	1371
68	河南省鄢陵县豫剧团	458	13	河北省沧洲杂技团	1230
69	湖北省谷城县曲剧团	458	14	河南省开封市杂技团	1100
70	山西省闻喜县蒲剧团	456	15	福建省福州市曲艺团	1068
71	山西省介休市绵山晋剧团	455	16	江苏省扬州市曲艺团	1010
72	河北省河北梆子剧团	450	17	广东音乐曲艺团	987
73	山西省太原市实验晋剧院	450	18	上海杂技团	769
74	山西省平定县晋剧团	450	19	浙江省杭州蓝宝石马戏团有限公司	760
75	山西省平顺县落子剧团	450	20	吉林省长春市杂技团	730
76	山西省潞城市红旗剧团	450	21	宁夏自治区银川市杂技团	648
77	山西省翼城县蒲剧团	450	22	辽宁省大连杂技团	641
78	山西省翼城县琴剧团	450	23	四川省自贡市杂技团	611
79	山东省兖州市豫剧团	450	24	河南省新乡市杂技团	580
80	陕西省礼泉剧团	450	25	北京杂技团	550
81	江苏省金坛市锡剧团	445	26	江苏省射阳县杂技团	550
82	甘肃省甘谷县秦剧团	440	27	江苏省阜宁县杂技团	531
83	陕西省麟游县人民剧团	436	28	上海木偶剧团	529
84	湖北省松滋市京剧团	433	29	河南省清丰县动物驯化表演团	520
85	山西省长子县人民剧团	430	30	上海魔术团(新上海马戏团)	500
86	山西省汾西县蒲剧团	430	31	河北省群艺马戏团	500
87	山西省吕梁市晋剧院	430	32	四川省南充市杂技团	490
88	河南省林州市豫剧一团	430	33	广东省木偶剧团	474
89	陕西省周至县剧团	430	34	重庆木偶艺术团	455
90	陕西省眉县人民剧团	430	35	重庆杂技艺术团	451
91	浙江省文成县芳华越剧团	425	36	河北省园明杂技马戏团	450
92	山西省长治县红专剧团	420	37	北京市中国木偶艺术剧团	439
93	山西省长子县落子剧团	420	38	安徽省杂技团	426

全国艺术表演团体分剧种按演出场次排序

单位:场

名次	单位名称	演出场次	名次	单位名称	演出场次
39	重庆三峡杂技艺术团	412	70	江苏省如皋市木偶艺术团	250
40	安徽省安庆市杂技团	402	71	广西防城港市杂技团	250
41	河北省飞飞杂技马戏团	400	72	河南省夏邑县艺术团	240
42	河北省景县动物表演团	400	73	云南省杂技团	235
43	河北省树新杂技团	400	74	上海云之木杂技团	233
44	江苏省扬州市木偶剧团	386	75	山东省庆云县杂技团	230
45	河南省漯河市杂技团	380	76	陕西省民间艺术剧院	225
46	河南省郑州市杂技团	370	77	江苏省盐城市杂技团(建湖县)	220
47	上海影视乐园有限公司特技队	365	78	新疆杂技团	220
48	陕西省杂技团	364	79	广西自治区杂技团	218
49	武汉杂技艺术发展中心(武汉杂技团)	362	80	河南省卧龙区说唱团	210
50	河北省勇进马戏团	360	81	广西桂林市杂技团	209
51	江西省杂技团	356	82	新疆民间曲艺团	209
52	山东省济宁市杂技团	352	83	重庆市曲艺团	206
53	新疆民间达瓦孜艺术团	350	84	山东省济南市杂技团	203
54	天津市曲艺团	342	85	湖南省杂技团	202
55	北京皮影剧团(说唱、群声)	330	86	安徽省宿州市埇桥区杂技团	200
56	江苏省吴江市评弹团	320	87	河北省亮亮杂技马戏团	200
57	甘肃省杂技团	318	88	河北省邢台市杂技团	200
58	四川省宜宾市杂技艺术团	313	89	上海市上海星光杂技艺术团	200
59	内蒙古自治区内蒙古杂技团	302	90	山东省宁津县杂技团	200
60	河北省吴桥县杂技团	300	91	海南省江南木偶剧团	198
61	河北省新艺杂技马戏团	300	92	江苏省如东县少年杂技团	191
62	辽宁省锦州市杂技团	300	93	广西博白县杂技团	189
63	黑龙江省哈尔滨曲艺团	298	94	河南省清丰县说唱团	187
64	山东省济南市曲艺团	295	95	广东省广州杂技团	180
65	江苏省南京市杂技团(国有)	288	96	河北省杂技团	176
66	湖南省木偶皮影艺术剧院	281	97	湖北省武汉说唱团	173
67	山东省聊城市杂技团	260	98	四川省自贡市曲艺剧团	171
68	河南省清丰县杂技团	256	99	河南省南乐县杂技团	170
69	江苏省无锡市评弹团	251	100	河南省驿城区杂技团	170

全国艺术表演团体分剧种按经费自给率排序

单位：%

名次	单位名称	经费自给率	名次	单位名称	经费自给率
	一、话剧、儿童剧、滑稽剧		48	江苏省常州市滑稽剧团	26.51
1	广东省高州市木偶粤剧团	101.86	49	湖北省话剧院	25.64
2	广东省茂名市茂南区青年粤剧团	100.00	50	陕西省人民艺术剧院	25.10
3	广东省茂名市茂南区红霞粤剧团	100.00	51	陕西省宝鸡市话剧团	24.62
4	福建省永春县高甲戏剧团	90.40	52	广西自治区话剧团	24.02
5	广东省茂名市粤剧团	80.82	53	山东省青岛市话剧院	23.47
6	上海市青艺滑稽剧团	80.60	54	山西省太原市话剧团	22.83
7	重庆市綦江县川剧团	79.62	55	浙江话剧团	21.72
8	上海滑稽剧团	78.87	56	广东省翁源县采茶剧团	20.85
9	广东省信宜市粤剧团	75.21	57	天津人民艺术剧院	20.11
10	陕西省西安儿童艺术剧院	73.21	58	辽宁省丹东市话剧团	20.05
11	江苏省无锡市滑稽剧团	70.60	59	山东省话剧院	19.68
12	广东省电白县粤剧团	70.31	60	黑龙江省哈尔滨儿童艺术剧院	19.06
13	广东省高州市粤剧团	67.81	61	吉林省吉林市话剧团	17.46
14	上海人民滑稽剧团	67.81	62	湖北省武汉人民艺术剧院	17.44
15	江苏省苏州市滑稽剧团	66.41	63	新疆话剧团	17.38
16	上海话剧艺术中心	65.31	64	河北省承德话剧团	17.03
17	陕西省西安话剧院	59.56	65	黑龙江省哈尔滨话剧院	16.48
18	山东省济南市儿童艺术剧院	58.42	66	贵州省话剧团	16.17
19	中国儿童艺术剧院	56.87	67	宁夏自治区话剧团	16.09
20	中国国家话剧院	53.92	68	福建省长乐市闽剧团	15.29
21	山西省话剧院	51.41	69	云南省话剧团	13.34
22	浙江省杭州滑稽艺术剧院	49.13	70	广东省广州话剧团	13.26
23	江苏省南京市话剧团(国有)	44.97	71	吉林省长春话剧院	13.03
24	广东话剧院	42.44	72	内蒙古自治区呼伦贝尔市话剧团	11.85
25	安徽省阜阳市艺术团	41.60	73	黑龙江省齐齐哈尔市话剧团	10.43
26	河南省话剧团	39.78	74	江西省九江市话剧团	9.18
27	辽宁省沈阳评剧院	39.69	75	重庆市涪陵区歌舞剧团	8.88
28	重庆喜剧艺术团	39.48	76	内蒙古自治区内蒙古话剧团	8.82
29	北京人民艺术剧院	39.32	77	福建省福建人民艺术剧院	8.66
30	河北省话剧院	36.79	78	黑龙江省佳木斯市话剧团	5.05
31	重庆市话剧团	36.36	79	广东省新丰县采茶剧团	4.88
32	江苏省连云港市话剧团(国有)	35.78	80	安徽省安庆市京话剧团	4.39
33	重庆市合川市艺术团	35.62	81	吉林省四平市话剧团	4.15
34	辽宁人民艺术剧院	35.49	82	辽宁省朝阳市话剧歌舞团	3.04
35	广东省化州市粤剧团	34.17	83	青海省黄南州民族歌舞剧团	2.98
36	广东省韶关市采茶剧团	33.30	84	重庆市秀山县花灯歌舞剧团	1.71
37	广东省汕头市话剧团	32.37	85	安徽省阜阳市话剧团	1.50
38	安徽省潜山县剧团	31.58		二、歌剧、舞剧、歌舞剧团	
39	广东省韶关市曲江区采茶剧团	31.06	1	湖南省郴州市歌舞剧团	232.43
40	湖南省话剧团	30.99	2	湖南省常宁市歌舞剧团	195.79
41	江西省话剧团	30.14	3	江西省安远县采茶戏剧团	117.92
42	浙江省杭州话剧团	29.94	4	江西省龙南县采茶戏剧团	105.00
43	新疆伊犁州话剧团	29.85	5	山西省太谷县秧歌剧团	100.00
44	中华全国总工会文工团	29.27	6	山西省武乡县光明剧团	100.00
45	四川人民艺术剧院	29.06	7	上海歌舞团	66.31
46	甘肃省话剧院	29.04	8	广东省广州芭蕾舞团	66.23
47	安徽省话剧团	27.83	9	广东省蕉岭县山歌剧团	65.25

全国艺术表演团体分剧种按经费自给率排序

单位：%

名次	单位名称	经费自给率	名次	单位名称	经费自给率
10	内蒙古自治区临河区歌舞剧团	60.00	58	广东省惠州市歌舞剧团	17.52
11	湖南省歌舞剧院	57.40	59	福建省厦门歌舞剧院	16.20
12	广东实验现代舞团	55.42	60	四川省南充歌舞剧院	15.93
13	湖南省长沙市歌舞剧院	54.96	61	湖北省宜昌市歌舞剧团	15.66
14	广东潮剧院	54.62	62	江西省赣州艺术剧院	15.08
15	山西省阳高县民间歌剧团	54.55	63	湖南省衡阳市歌舞剧团	14.93
16	四川省歌舞剧院	51.23	64	广东汉剧院	14.15
17	江西省歌舞剧团	50.17	65	新疆伊犁州歌舞话剧团	14.01
18	江西省兴国县山歌剧团	49.84	66	甘肃省歌剧院	13.01
19	辽宁芭蕾舞团	49.41	67	内蒙古自治区东胜区歌舞剧团	12.68
20	广东省梅县山歌剧团	48.44	68	四川省攀枝花市歌舞剧团	11.67
21	上海歌剧院	44.83	69	福建省泉州市歌剧团	11.44
22	中央歌剧院	44.81	70	安徽省淮北市歌舞团	9.88
23	山东省潍坊市歌舞剧院	43.86	71	四川省凉山州歌舞团	8.88
24	山西省襄垣县人民剧团	41.52	72	黑龙江省哈尔滨歌剧院	7.17
25	海南省琼中县五指山歌舞团	41.18	73	新疆喀什地区歌舞剧团	6.86
26	甘肃省兰州歌舞剧院	40.86	74	云南省文山州民族歌舞剧团	6.73
27	湖南省株洲市歌舞剧团	40.81	75	广东省深圳市南山艺术团	4.18
28	陕西省歌舞剧院	40.80	76	黑龙江省歌舞剧院	3.96
29	广东歌舞剧院	40.19	77	青海省西宁市歌剧团	2.32
30	山东省济南市歌舞剧院	39.71	78	新疆石河子豫剧团	1.96
31	辽宁歌舞团	36.39	79	安徽省宣城市歌剧团	1.66
32	广东省平远县山歌剧团	35.00		**三、乐　　团**	
33	湖北省荆州市艺术剧院	34.46	1	广东省深圳交响乐团	94.24
34	山西省歌舞剧院	33.55	2	上海交响乐团	78.13
35	四川省泸州市歌舞团	33.50	3	上海轻音乐团	65.15
36	安徽省滁州市歌舞团	32.90	4	中国交响乐团	60.12
37	山东省烟台市歌舞剧院	32.11	5	广东省汕头潮乐团	59.78
38	重庆市歌剧院	31.24	6	广东省广州交响乐团	58.64
39	湖北省歌剧舞剧院	30.85	7	北京交响乐团	54.59
40	湖北省襄樊市歌舞剧团	29.65	8	江苏省南京市民族乐团(国有)	52.92
41	青海省民族歌舞剧院	28.58	9	广东省珠海市女子室内中乐团	52.17
42	安徽省歌舞剧院	27.94	10	中央民族乐团	46.50
43	山西省吕梁市歌舞剧院	27.81	11	上海民族乐团	45.19
44	福建省龙岩山歌剧团	27.15	12	中国电影乐团	33.55
45	天津歌舞剧院	26.40	13	河北省交响乐团	27.84
46	湖北省武汉歌舞剧院	24.18	14	山东省青岛交响乐团	25.40
47	云南省歌舞剧院	24.15	15	陕西省乐团	17.48
48	甘肃敦煌艺术剧院	22.43	16	天津交响乐团	12.26
49	贵州省贵阳市歌舞剧院	22.42	17	湖北省武汉乐团	11.94
50	山东省淄博市歌剧舞剧院	22.35		**四、文工团、文宣队、乌兰牧骑**	
51	辽宁歌剧院	21.84	1	西藏自治区江孜县委宣传部	333.33
52	上海芭蕾舞团	20.72	2	陕西省佳县剧团	112.50
53	山东歌舞剧院	20.68	3	西藏自治区城关区文化局	107.78
54	新疆歌剧团	20.62	4	陕西省清涧县剧团	106.67
55	陕西省延安歌舞剧团	18.70	5	河北省任县文工团	100.00
56	山东省青岛市歌舞剧院	18.40	6	河南省汝阳县文工团	100.00
57	山西省大同市歌舞剧院	17.70	7	湖南省洪江市文艺轻骑队	100.00

全国艺术表演团体分剧种按经费自给率排序

单位:%

名次	单位名称	经费自给率	名次	单位名称	经费自给率
8	湖南省华容县艺术团	96.67	56	甘肃省榆中县文工团	24.29
9	江西省遂川县文工团	88.61	57	内蒙古自治区苏尼特左旗乌兰牧骑	23.42
10	陕西省子洲县文工团	83.02	58	山西省运城市文工团	22.33
11	内蒙古自治区清水河县乌兰牧骑	80.00	59	黑龙江省海林市文工团	22.32
12	陕西省府谷县文艺工作团	76.12	60	陕西省镇巴县文工团	22.22
13	湖南省湘阴县艺术团	75.00	61	天津文工团	21.35
14	陕西省神木县剧团	74.55	62	甘肃省庆城县文工团	21.28
15	内蒙古自治区扎鲁特旗乌兰牧骑	69.23	63	新疆莎车县文工团	21.09
16	湖北省鹤峰县文工团	66.67	64	内蒙古自治区兴和县乌兰牧骑	21.05
17	中国煤矿文工团	64.51	65	甘肃省高台县文工团	20.99
18	江西省万年县文工团	61.59	66	甘肃省永登县文工团	20.99
19	广西武鸣县歌舞剧团	60.97	67	河北省兴隆县文工团	20.00
20	湖南省炎陵县炎帝文化艺术团	60.75	68	甘肃省两当县文艺工作团	20.00
21	陕西省横山县文工团	60.36	69	内蒙古自治区正蓝旗乌兰牧骑	19.70
22	湖北省中国武当功夫团	53.85	70	广西陆川县文工团	19.41
23	湖南省冷水江市文工团	52.24	71	新疆沙雅县文工团	19.27
24	山东省青州市艺术剧院	49.53	72	宁夏自治区青铜峡市文工团	18.06
25	广西桂林市灌阳县文工团	47.31	73	内蒙古自治区喀喇沁旗乌兰牧骑	17.70
26	内蒙古自治区和林县乌兰牧骑	47.06	74	内蒙古自治区太仆寺旗乌兰牧骑	17.65
27	内蒙古自治区翁牛特旗乌兰牧骑	45.45	75	湖北省郧西县文化艺术中心	17.56
28	湖北省恩施市民族文工团	43.33	76	甘肃省肃北县乌兰牧骑	17.54
29	江西省安福县文工团	42.52	77	广西桂林市资源县民族艺术工团	17.30
30	湖南省新化县文工团	41.78	78	广西苍梧县文艺工作团	17.13
31	内蒙古自治区鄂托克旗乌兰牧骑	40.95	79	内蒙古自治区巴林左旗乌兰牧骑	16.90
32	新疆皮山县文工团	40.00	80	吉林省舒兰市文工团	16.53
33	山西省柳林县文工团	39.06	81	内蒙古自治区乌审旗乌兰牧骑	15.56
34	陕西省榆阳区文艺工作团	38.97	82	广西隆安县民族文工团	14.15
35	重庆市奉节县文工团	38.46	83	内蒙古自治区林西县乌兰牧骑	13.65
36	湖北省南漳县文工团	36.70	84	内蒙古自治区武川县乌兰牧骑	13.33
37	西藏自治区琼结县民间艺术团	36.36	85	黑龙江省肇源县文工团	13.28
38	江西省吉水县文工团	36.11	86	内蒙古自治区克什克腾旗乌兰牧骑	12.92
39	湖北省十堰市艺术剧院	35.60	87	宁夏自治区宁夏灵武民族艺术团	12.79
40	湖北省竹山县艺术团	35.20	88	广西桂林市恭城县文工团	12.66
41	甘肃省临泽县文工团	35.00	89	新疆乌什县文工团	12.54
42	河北省深泽县文工团	34.88	90	新疆沙湾县文工团	12.50
43	河北省辛集市文工团	30.56	91	广西上林县民族歌舞团	12.35
44	内蒙古自治区内蒙古直属乌兰牧骑	29.48	92	内蒙古自治区阿左旗乌兰牧骑	12.29
45	贵州省遵义市文工团	29.05	93	广西藤县文工团	12.09
46	广西南宁市艺术剧院	27.34	94	内蒙古自治区开鲁县乌兰牧骑	12.05
47	陕西省靖边县文工团	26.44	95	云南省巍山县民族文工队	11.67
48	云南省师宗县文工团	26.13	96	内蒙古自治区多伦县乌兰牧骑	11.54
49	广西大新县文化艺术工作团	26.10	97	内蒙古自治区鄂托克前旗乌兰牧骑	11.51
50	江西省峡江县文工团	25.97	98	湖南省双峰县文工团	11.31
51	甘肃省成县文工团	25.86	99	广西融安县文工团	11.30
52	中国铁路文工团	25.51	100	广西桂林市龙胜县民族艺术工团	11.29
53	甘肃省康县文工团	25.17		**五、戏曲剧团**	
54	内蒙古自治区乌拉特中旗乌兰牧骑	24.81	1	河北省大名县豫剧团	198.67
55	湖北省宣恩县文艺工作团	24.54	2	四川省合江县川剧团	190.24

全国艺术表演团体分剧种按经费自给率排序

单位:%

名次	单位名称	经费自给率	名次	单位名称	经费自给率
3	山西省洪洞县蒲剧团	188.24	51	河南省杞县豫剧团	100.00
4	四川省古蔺县川剧团	173.13	52	河南省长垣县豫剧团	100.00
5	陕西省澄城县剧团	154.55	53	河南省濮阳县二夹弦剧团	100.00
6	陕西省富平县阿宫腔剧团	154.55	54	河南省濮阳县曲剧团	100.00
7	河南省登封市豫剧团	153.85	55	海南省屯昌县琼剧团	100.00
8	湖南省临湘市花鼓戏剧团	145.12	56	四川省乐至县川剧团	100.00
9	陕西省绥德县晋剧团	130.95	57	陕西省兴平市剧团	100.00
10	海南省澄迈县琼剧团	126.95	58	陕西省礼泉剧团	100.00
11	陕西省洛川县人民剧团	126.70	59	陕西省永寿剧团	100.00
12	福建省福安市闽剧团	125.15	60	陕西省大荔县剧团	100.00
13	江苏省姜堰市扬剧团	124.84	61	河北省元氏县豫剧团	99.29
14	福建省诏安县潮剧团	124.69	62	河南省安阳市豫剧团	98.77
15	陕西省杨陵区人民剧团	123.81	63	山西省灵石县晋剧团	98.58
16	山西省临猗县眉户剧团	121.06	64	上海市东方评弹团	98.58
17	广东省吴川市粤剧团	118.13	65	浙江省建德市婺剧团	97.67
18	河南省鄢陵县豫剧二团	111.94	66	山西省长治县红专剧团	97.60
19	安徽省宿州市埇桥区花鼓戏剧团	111.62	67	山西省长治县红旗剧团	97.60
20	河南省鄢陵县豫剧团	110.00	68	山西省寿阳县晋剧团	96.71
21	江苏省仪征市扬剧团	108.84	69	河北省魏县豫剧团	96.30
22	江西省彭泽县黄梅戏剧团	107.30	70	山西省平顺县落子剧团	96.00
23	广东省南澳县潮剧团	106.88	71	河南省延津县大平调剧团	95.00
24	四川省双流县川剧团	105.99	72	广东省台山市粤剧团	93.51
25	江西省抚州市汤显祖艺术实验剧团	105.95	73	湖南省祁东县祁剧团	93.24
26	河北省井陉县晋剧团	103.64	74	河北省沽源县晋剧团	92.31
27	河南省郑州市豫剧院	103.21	75	河南省尉氏县豫剧团	92.31
28	河南省林州市豫剧二团	101.88	76	陕西省户县人民剧团	92.31
29	山西省介休市绵山晋剧团	101.50	77	山西省盂县晋剧团	92.22
30	河北省衡水市评剧团	101.17	78	江苏省如皋市京剧团(留守)	92.20
31	广东省开平市粤剧团	100.67	79	河南省封丘县豫剧团	91.14
32	河北省易县河北梆子剧团	100.00	80	河南省柘城县说唱团	90.91
33	河北省高碑店市河北梆子剧团	100.00	81	陕西省陇县人民剧团	90.00
34	河北省曲阳县评剧团	100.00	82	上海市崇明县沪剧团	89.84
35	河北省唐县梆子团	100.00	83	湖南省邵东花古剧团	88.82
36	河北省定州市梆子剧团	100.00	84	浙江省临安市越剧团	88.59
37	河北省新乐市河北梆子剧团	100.00	85	河北省大厂县评剧团	88.46
38	河北省赞皇县丝弦剧团	100.00	86	湖北省孝昌县楚剧团	88.46
39	山西省太谷县晋剧团	100.00	87	山西省长治市郊区落子剧团	88.24
40	山西省垣曲县曲剧团	100.00	88	山西省高平市上党梆子剧团	88.24
41	山西省定襄县晋剧团	100.00	89	陕西省淳化剧团	88.24
42	山西省尧都区蒲剧团	100.00	90	山西省新绛县蒲剧团	88.03
43	山西省安泽县蒲剧团	100.00	91	陕西省眉县人民剧团	87.80
44	山西省柳林县晋剧团	100.00	92	广东省江门市粤剧团	87.70
45	辽宁省黑山县地方戏剧团	100.00	93	重庆市沙坪坝区川剧团	87.67
46	浙江省湖州市越剧团	100.00		**六、曲、杂、木、皮团**	
47	山东省梁山县山东梆子剧团	100.00	1	河南省漯河市杂技团	323.05
48	山东省乐陵梆子剧团	100.00	2	河南省新乡市杂技团	165.63
49	山东省成武县四平调剧团	100.00	3	河北省吴桥县杂技团	163.64
50	河南省鹤壁市淇县豫剧团	100.00	4	河南省濮阳市杂技团	137.12

全国艺术表演团体分剧种按经费自给率排序

单位:%

名次	单位名称	经费自给率	名次	单位名称	经费自给率
5	山东省宁津县杂技团	125.00	53	陕西省延安市曲艺馆	36.94
6	北京市中国木偶艺术剧团	114.73	54	陕西省西安市说唱艺术团	36.90
7	浙江省温州市曲艺团	107.55	55	江苏省苏州市评弹团	36.84
8	浙江省舟山市曲艺队	106.76	56	江苏省常熟市评弹团	36.53
9	河南省南阳市说唱二团	100.00	57	重庆市曲艺团	36.43
10	河南省夏邑县艺术团	100.00	58	江苏省盐城市杂技团(建湖县)	36.03
11	河北省景县动物表演团	100.00	59	江苏省江阴市评弹团	35.94
12	山东省庆云县杂技团	100.00	60	四川省木偶大剧院	35.92
13	安徽省宿州市动物表演团	98.39	61	山东省济宁市杂技团	35.55
14	河南省柘城县杂技团	88.24	62	江苏省南京市杂技团(国有)	34.98
15	河北省沧洲杂技团	81.16	63	陕西省民间艺术剧院	34.31
16	江苏省如东县少年杂技团	80.57	64	广西木偶剧团	34.30
17	河南省南乐县杂技团	75.54	65	江苏省扬州市木偶剧团	34.26
18	江苏省如皋市木偶艺术团	75.54	66	甘肃省曲艺团	34.15
19	黑龙江省鸡西市曲艺团	69.90	67	河南省郑州市杂技团	33.91
20	广东省廉江市木偶白戏剧团	66.67	68	广东省五华县木偶剧团	33.58
21	湖南省杂技团	64.48	69	四川省自贡市杂技团	33.55
22	北京杂技团	63.19	70	广东音乐曲艺团	33.28
23	安徽省合肥市曲艺团	62.51	71	陕西省杂技团	32.52
24	湖北省武汉说唱团	61.10	72	黑龙江省齐齐哈尔市马戏团	32.00
25	河南省驿城区杂技团	59.83	73	江苏省吴江市评弹团	31.79
26	广西自治区杂技团	59.77	74	辽宁省锦州市杂技团	31.53
27	江苏省常州市评弹团	59.70	75	山西省孝义市木偶剧团	31.40
28	江苏省射阳县杂技团	56.10	76	广东省龙川县杂技团	30.98
29	湖北省浠水县杂技团	55.17	77	山东省德州市杂技团	30.39
30	广东省陆河县杂技艺术团	55.17	78	广东省汕头市杂技魔术团	29.71
31	辽宁省大连杂技团	55.13	79	山西省长治市杂技团	29.60
32	河南省卧龙区说唱团	54.57	80	山西省太原市杂技团	29.59
33	陕西省富平县皮影剧团	54.55	81	重庆三峡杂技艺术团	28.84
34	宁夏自治区银川市杂技团	53.98	82	江苏省启东市评弹团	28.74
35	浙江曲艺杂技总团	53.73	83	重庆杂技艺术团	28.65
36	上海木偶剧团	53.08	84	广东省广州杂技团	28.49
37	上海杂技团	51.86	85	贵州省贵阳市杂技团	25.97
38	重庆木偶艺术团	50.00	86	山西省曲艺团	25.78
39	山东省杂技团	49.54	87	广东省木偶剧团	25.48
40	广西博白县杂技团	49.21	88	福建省闽候县曲艺团	25.12
41	河北省杂技团	46.36	89	北京皮影剧团(说唱、群声)	24.77
42	江苏省苏州市吴中区评弹团	45.55	90	湖南省木偶皮影艺术剧院	24.76
43	北京市中国杂技团	44.66	91	山东省济南市杂技团	23.69
44	河南省开封市杂技团	43.24	92	新疆杂技团	23.59
45	贵州省遵义市杂技团	43.13	93	江苏省扬州市曲艺团	23.58
46	海南省临高县木偶剧团	42.75	94	山东省聊城市杂技团	23.11
47	云南省杂技团	40.26	95	四川省宜宾市杂技艺术团	21.38
48	吉林省长春市杂技团	40.13	96	内蒙古自治区内蒙古杂技团	20.83
49	山东省济南市曲艺团	39.99	97	四川省南充市杂技团	20.77
50	河北省邢台市杂技团	39.96	98	福建省惠安县掌中木偶戏剧团	20.00
51	江西省杂技团	38.89	99	江苏省阜宁县杂技团	20.00
52	武汉市杂技艺术发展中心(武汉杂技团)	38.71	100	四川省自贡市曲艺剧团	19.86

全国艺术表演团体分剧种按演出收入排序

单位:千元

名次	单位名称	演出收入	名次	单位名称	演出收入
	一、话剧、儿童剧、滑稽剧		43	湖北省话剧院	372
1	北京儿童艺术剧院股份有限公司	22845	44	广东省茂名市茂南杂技团	345
2	北京人民艺术剧院	9691	45	浙江省峰江影院	321
3	上海话剧艺术中心	7816	46	福建省永春县高甲戏剧团	320
4	上海滑稽剧团	6452	47	广东省茂名市茂南区青年粤剧团	285
5	广东话剧院	6111	48	吉林省吉林市话剧团	275
6	中国儿童艺术剧院	5980	49	安徽省桐城市黄梅戏艺术传播有限公司	260
7	中华全国总工会文工团	5272	50	四川人民艺术剧院	254
8	江苏省苏州市滑稽剧团	4525	51	宁夏自治区话剧团	252
9	中国国家话剧院	3187	52	吉林省长春话剧院	236
10	上海人民滑稽剧团	3119	53	广东省茂名市茂南区红霞粤剧团	230
11	上海市青艺滑稽剧团	2664	54	广东省汕头市话剧团	230
12	浙江省杭州滑稽艺术剧院	2531	55	陕西省人民艺术剧院	230
13	辽宁人民艺术剧院	2377	56	重庆市话剧团	219
14	辽宁省沈阳评剧院	2228	57	辽宁省本溪市话剧团	212
15	江苏省无锡市滑稽剧团	1807	58	内蒙古自治区呼伦贝尔市话剧团	208
16	河南省话剧团	1572	59	湖南省话剧团	199
17	上海现代人剧社	1500	60	上海黄永生演出团	198
18	山东省青岛市话剧院	1490	61	广东省信宜市粤剧团	197
19	广东省韶关市歌舞剧团	1306	62	安徽省阜阳市艺术团	192
20	安徽省话剧团	1238	63	广东省化州市粤剧团	190
21	上海市中国福利会儿童艺术剧院	1201	64	江西省话剧团	190
22	浙江省杭州越剧院三团	1200	65	云南省话剧团	180
23	湖北省武汉人民艺术剧院	1125	66	重庆市合川市艺术团	171
24	陕西省西安儿童艺术剧院	1060	67	浙江省诸暨市振兴越剧团	170
25	山东省济南市儿童艺术剧院	1024	68	内蒙古自治区内蒙古话剧团	165
26	天津人民艺术剧院	920	69	广西自治区话剧团	161
27	黑龙江省哈尔滨儿童艺术剧院	887	70	辽宁省丹东市话剧团	149
28	浙江省宁波市海曙滑稽艺术团	750	71	重庆喜剧艺术团	138
29	福建省福建人民艺术剧院	724	72	上海阿木林滑稽剧团	125
30	广东省韶关市采茶剧团	685	73	辽宁省朝阳市话剧歌舞团	96
31	江苏省南京市话剧团(国有)	671	74	浙江省杭州话剧团	94
32	辽宁省沈阳话剧团	671	75	辽宁省喀左县民族文工团	85
33	山东省话剧院	561	76	广东省翁源县采茶剧团	83
34	广东省高州市粤剧团	510	77	安徽省潜山县剧团	80
35	黑龙江省哈尔滨话剧院	508	78	江西省九江市话剧团	78
36	江苏省话剧院	504	79	陕西省西安话剧院	70
37	浙江话剧团	491	80	河北省承德话剧团	56
38	广东省茂名市粤剧团	462	81	陕西省宝鸡市话剧团	56
39	广东省广州话剧团	455	82	广东省南雄市采茶剧团	55
40	河北省话剧院	434	83	甘肃省话剧院	54
41	天津市儿童艺术剧团	388	84	广东省韶关市曲江区采茶剧团	52
42	江苏省常州市滑稽剧团	382	85	广东省始兴县文化馆剧团	50

全国艺术表演团体分剧种按演出收入排序

单位:千元

名次	单位名称	演出收入	名次	单位名称	演出收入
86	安徽省安庆市京话剧团	44	34	陕西省延安歌舞剧团	922
87	新疆伊犁州话剧团	34	35	浙江省泰顺县青年越剧团	891
88	黑龙江省佳木斯市话剧团	33	36	山西省长治市歌舞剧团	840
89	重庆市綦江县川剧团	32	37	甘肃省歌剧院	749
90	重庆市涪陵区歌舞剧团	31	38	浙江省泰顺县莒江越剧团	688
91	广东省韶关市乳源县民族艺术团	23	39	福建省厦门歌舞剧院	565
92	四川省资中木偶剧团	20	40	山西省吕梁市歌舞剧院	554
93	黑龙江省齐齐哈尔市话剧团	15	41	重庆铜梁龙文化传播有限公司	550
94	安徽省阜阳市话剧团	10	42	重庆市歌剧院	517
	二、歌剧、舞剧、歌舞剧团		43	广东实验现代舞团	503
1	上海歌剧院	14704	44	广东汉剧院	476
2	广东歌舞剧院	6666	45	黑龙江省哈尔滨歌剧院	470
3	甘肃省兰州歌舞剧院	6524	46	福建省泉州市歌剧团	416
4	广东潮剧院	6210	47	广东省惠州市歌舞剧团	406
5	陕西省歌舞剧院	6074	48	湖北省钟祥市莫愁女歌舞团	400
6	中央歌剧院	4783	49	山东省烟台市歌舞剧院	386
7	天津歌舞剧院	4615	50	安徽省滁州市歌舞团	377
8	上海歌舞团	4290	51	黑龙江省歌舞剧院	364
9	四川省歌舞剧院	4007	52	广东省蕉岭县山歌剧团	356
10	辽宁歌剧院	3352	53	重庆市铜梁县富龙文化艺术团	350
11	安徽省歌舞剧院	3288	54	湖北省荆州市艺术剧院	346
12	辽宁歌舞团	3024	55	四川省攀枝花市歌舞剧团	340
13	上海芭蕾舞团	2899	56	山西省朔城区秧歌剧团	332
14	江苏省歌剧舞剧院	2738	57	重庆浩龙文化传播有限公司	330
15	湖北省武汉歌舞剧院	2726	58	贵州省贵阳市歌舞剧院	320
16	山西省歌舞剧院	2442	59	新疆喀什地区歌舞剧团	305
17	山东省济南市歌舞剧院	2224	60	重庆铜梁县龙人世家龙灯艺术有限公司	300
18	山东歌舞剧院	2205	61	浙江省义乌市实验舞剧团	300
19	青海省民族歌舞剧院	1955	62	山西省阳高县民间歌剧团	300
20	湖南省歌舞剧院	1788	63	湖北省襄樊市歌舞剧团	281
21	湖南省株洲市歌舞剧团	1766	64	四川省凉山州歌舞团	240
22	广东省广州芭蕾舞团	1720	65	山西省武乡县光明剧团	240
23	江西省歌舞剧团	1674	66	福建省龙岩山歌剧团	225
24	湖北省歌剧舞剧院	1610	67	江西省兴国县山歌剧团	220
25	山东省青岛市歌舞剧院	1485	68	湖北省宜昌市歌舞剧团	215
26	湖南省长沙市歌舞剧院	1464	69	新疆伊犁州歌舞话剧团	215
27	云南省歌舞剧院	1440	70	湖南省郴州市歌舞剧团	210
28	新疆歌剧团	1167	71	湖南省常宁市歌舞剧团	200
29	山东省淄博市歌剧舞剧院	1130	72	江西省赣州艺术剧院	190
30	上海舞梦舞蹈团	1071	73	山西省太谷县秧歌剧团	166
31	甘肃敦煌艺术剧院	1018	74	山西省襄垣县人民剧团	142
32	山东省潍坊市歌舞剧院	1000	75	江西省安远县采茶戏剧团	125
33	辽宁芭蕾舞团	987	76	广东省梅县山歌剧团	120

全国艺术表演团体分剧种按演出收入排序

单位:千元

名次	单位名称	演出收入	名次	单位名称	演出收入
77	四川省泸州市歌舞团	96	6	云南省隆阳区文工团	688
78	内蒙古自治区临河区歌舞剧团	90	7	山西省平鲁区煤炭文工团	600
79	海南省琼中县五指山歌舞团	70	8	山西省运城市文工团	593
80	内蒙古自治区东胜区歌舞剧团	70	9	陕西省府谷县文艺工作团	510
81	湖南省衡阳市歌舞剧团	63	10	西藏自治区城关区文化局	490
82	云南省文山州民族歌舞剧团	61	11	广西武鸣县歌舞剧团	467
83	四川省南充歌舞剧院	48	12	内蒙古自治区扎鲁特旗乌兰牧骑	450
84	广东省平远县山歌剧团	47	13	陕西省神木县剧团	450
85	重庆旺龙文化传播有限公司	28	14	湖北省恩施市民族文工团	390
86	安徽省宣城市歌剧团	23	15	湖南省炎陵县炎帝文化艺术团	376
87	新疆哈密市歌舞剧团	11	16	内蒙古自治区翁牛特旗乌兰牧骑	350
88	新疆石河子豫剧团	10	17	宁夏自治区青铜峡市文工团	336
89	重庆市铜梁县龙城龙灯工艺厂民间龙舞表演	6	18	山西省柳林县文工团	300
90	江西省龙南县采茶戏剧团	2	19	湖北省十堰市艺术剧院	300
	三、乐　团		20	陕西省横山县文工团	300
1	广东省广州交响乐团	12466	21	内蒙古自治区清水河县乌兰牧骑	280
2	上海交响乐团	9423	22	江西省遂川县文工团	280
3	北京交响乐团	9117	23	江西省万年县文工团	259
4	中国交响乐团	7618	24	江西省安福县文工团	248
5	上海爱乐乐团	4706	25	湖南省新化县文工团	247
6	广东省深圳交响乐团	3649	26	陕西省子洲县文工团	220
7	中央民族乐团	3589	27	新疆莎车县文工团	205
8	上海轻音乐团	2552	28	内蒙古自治区乌海市文工团	192
9	上海民族乐团	2366	29	新疆皮山县文工团	190
10	河北省交响乐团	1259	30	陕西省靖边县文工团	175
11	天津交响乐团	1253	31	陕西省榆阳区文艺工作团	166
12	山西省新绛县绛州鼓乐艺术团	1200	32	内蒙古自治区鄂托克前旗乌兰牧骑	160
13	江苏省交响乐团	1137	33	湖北省郧西县文化艺术中心	160
14	山东省青岛交响乐团	1085	34	陕西省榆林市文工团	160
15	上海东方国乐团	1004	35	陕西省清涧县剧团	160
16	广东省汕头潮乐团	675	36	陕西省镇巴县文工团	160
17	陕西省乐团	674	37	内蒙古自治区鄂托克旗乌兰牧骑	156
18	江苏省南京市民族乐团(国有)	554	38	山西省晋中市文工团	150
19	江苏省民族乐团	497	39	内蒙古自治区乌审旗乌兰牧骑	150
20	山西省新绛县兰天鼓乐艺术团	400	40	山东省青州市艺术剧院	150
21	湖北省武汉乐团	397	41	甘肃省成县文工团	150
22	广东省珠海市弦乐室内乐团	15	42	湖南省华容县艺术团	145
	四、文工团、文宣队、乌兰牧骑		43	广西防城金海歌舞团	135
1	中国铁路文工团	12939	44	内蒙古自治区伊金霍洛旗乌兰牧骑	133
2	中国煤矿文工团	7115	45	湖南省冷水江市文工团	130
3	广西南宁市艺术剧院	927	46	新疆乌什县文工团	130
4	内蒙古自治区内蒙古直属乌兰牧骑	724	47	内蒙古自治区乌拉特中旗乌兰牧骑	120
5	陕西省佳县剧团	720	48	江西省吉水县文工团	120

全国艺术表演团体分剧种按演出收入排序

单位:千元

名次	单位名称	演出收入	名次	单位名称	演出收入
49	湖北省巴东县文工团	120	92	广西融水县民族文工团	45
50	湖北省鹤峰县文工团	120	93	宁夏自治区宁夏灵武民族艺术团	44
51	吉林省舒兰市文工团	117	94	内蒙古自治区林西县乌兰牧骑	40
52	河北省辛集市文工团	110	95	内蒙古自治区兴和县乌兰牧骑	40
53	甘肃省榆中县文工团	103	96	内蒙古自治区额尔古纳市乌兰牧骑	40
54	内蒙古自治区喀喇沁旗乌兰牧骑	100	97	新疆沙雅县文工团	40
55	内蒙古自治区苏尼特左旗乌兰牧骑	100	98	湖北省南漳县文工团	38
56	江西省峡江县文工团	100	99	广西象州县文工团	38
57	湖北省中国武当功夫团	100		**五、戏曲剧团**	
58	甘肃省庆城县文工团	100	1	北京京剧院	12104
59	甘肃省高台县文工团	93	2	上海市新长征评弹团	7500
60	云南省牟定县民族艺术团	89	3	广东粤剧院	5919
61	广西南宁市邕宁区文艺工作团	83	4	上海越剧院(一团、红楼剧团)	5749
62	内蒙古自治区和林县乌兰牧骑	80	5	北京市中国评剧院	5682
63	内蒙古自治区九原区乌兰牧骑	80	6	中国京剧院	5679
64	云南省华宁县杂技团	80	7	上海京剧院(一团、二团)	5408
65	内蒙古自治区开鲁县乌兰牧骑	76	8	河南省郑州市豫剧院	4794
66	内蒙古自治区达拉特旗乌兰牧骑	76	9	河北省大厂县评剧团	4406
67	甘肃省临泽县文工团	70	10	上海沪剧院(一团、青年团)	3436
68	甘肃省肃北县乌兰牧骑	70	11	河南省豫剧三团	3380
69	新疆新和县文工团	70	12	广东省广州粤剧团	3329
70	新疆拜城县文工团	68	13	浙江小百花越剧团	3052
71	湖北省宣恩县文艺工作团	67	14	江苏省无锡市锡剧院	2924
72	内蒙古自治区正蓝旗乌兰牧骑	65	15	广东省广州红豆粤剧团	2740
73	广西金秀瑶族自治县瑶族艺术团	62	16	江苏省苏州市锡剧团	2523
74	内蒙古自治区克什克腾旗乌兰牧骑	61	17	河南省豫剧一团	2412
75	内蒙古自治区巴林左旗乌兰牧骑	60	18	北京市河北梆子剧团	2375
76	河南省汝阳县文工团	60	19	天津市京剧院	2327
77	内蒙古自治区宁城县乌兰牧骑	59	20	安徽省黄梅戏剧院	2303
78	内蒙古自治区太仆寺旗乌兰牧骑	57	21	河南省豫剧二团	2244
79	湖北省房县文艺工作团	55	22	广东省潮州市潮剧团	2201
80	广西苍梧县文艺工作团	54	23	浙江省嵊州越剧团	1877
81	内蒙古自治区乌拉特前旗乌兰牧骑	52	24	浙江省奉化实验越剧团	1860
82	广西陆川县文工团	52	25	福建省芳华越剧团	1796
83	黑龙江省海林市文工团	50	26	浙江绍剧团	1740
84	内蒙古自治区准格尔旗乌兰牧骑	50	27	北京市曲剧团	1672
85	内蒙古自治区敖汉旗乌兰牧骑	50	28	江苏省京剧院	1656
86	湖南省湘阴县艺术团	50	29	陕西省戏曲研究院	1625
87	广西桂林市资源县民族艺术工团	50	30	山东省吕剧院	1611
88	西藏自治区琼结县民间艺术团	50	31	山西省太原市实验晋剧院	1577
89	陕西省商州区文工团	50	32	山西省晋剧院	1510
90	内蒙古自治区巴林右旗乌兰牧骑	46	33	浙江省诸暨市越剧团	1503
91	河北省深泽县文工团	45	34	广东省揭阳市潮剧团	1485

全国艺术表演团体分剧种按演出收入排序

单位：千元

名次	单位名称	演出收入	名次	单位名称	演出收入
35	广东省饶平县潮剧团	1482	78	江苏省金坛市锡剧团	971
36	山西省吕梁市晋剧院	1450	79	辽宁省沈阳京剧院	970
37	福建省实验闽剧院	1440	80	浙江省上虞市越剧团	966
38	江苏省南京市越剧团(国有)	1434	81	浙江省溪口武岭越剧团	960
39	河南省越调剧团	1432	82	河北省丰润区评剧团	955
40	陕西省西安秦腔剧院	1430	83	福建省龙岩市汉剧团	955
41	江苏省昆剧院	1406	84	广东省顺德粤剧团	952
42	广东省普宁市潮剧团	1386	85	山西省运城市蒲剧团	947
43	广东省深圳市粤剧团	1366	86	江苏省常州市青年锡剧团(国有)	937
44	江苏省常熟市锡剧团	1349	87	广东省南澳县潮剧团	937
45	广东粤剧青年团	1341	88	浙江省金华市婺剧团	935
46	江苏省苏州昆剧院(苏州市、国有)	1320	89	山西省临汾蒲剧院实验蒲剧团	930
47	山西省盂县晋剧团	1300	90	广东省广州粤艺发展中心	925
48	河南省曲剧团	1270	91	山东省淄博市京剧院	924
49	山东省青岛市京剧院	1261	92	浙江省宁海县越剧团	902
50	上海市长宁沪剧团	1250	93	浙江省永嘉县百花婺剧团	900
51	浙江省永嘉环城京瓯 剧团	1200	94	浙江省永嘉胜利京瓯剧团	900
52	河南省洛阳豫剧院	1189	95	海南省琼剧院实验琼剧团	900
53	安徽省安庆再芬黄梅艺术剧院	1177	96	河北省青年晋剧团	899
54	江苏省苏州市吴中区沪剧团	1153	97	福建省晋江市高甲戏剧团	895
55	广西桂林市桂剧团	1153	98	山西省大同市晋剧院	893
56	安徽省马鞍山市黄梅戏剧团	1147	99	福建省云霄县潮剧团	880
57	浙江省杭州越剧院	1142		**六、曲、杂、木、皮团**	
58	浙江越剧团	1136	1	北京市中国杂技团	15193
59	北京风雷京剧团	1127	2	上海杂技团	9765
60	河北省梆子剧院	1098	3	上海魔术团(新上海马戏团)	7500
61	福建省惠安高甲戏剧团	1097	4	浙江曲艺杂技总团	5669
62	江苏省锡剧团	1093	5	山东省杂技团	4431
63	广东省江门市粤剧团	1093	6	北京杂技团	3585
64	宁夏自治区京剧团	1085	7	武汉杂技艺术发展中心(武汉杂技团)	2972
65	福建省福清市闽剧团	1080	8	河北省沧洲杂技团	2835
66	浙江省杭州越剧三团	1075	9	河北省群艺马戏团	2800
67	海南省海口市琼剧团	1068	10	云南省杂技团	2767
68	福建省古田县闽剧团	1051	11	辽宁省大连杂技团	2548
69	浙江省桐庐梁祝越剧团	1044	12	北京市中国木偶艺术剧团	2326
70	江苏省江都市扬剧团	1043	13	广东省广州杂技团	2319
71	天津市评剧院	1038	14	湖北省武汉说唱团	2103
72	湖南省株洲市花鼓戏剧团	1009	15	上海木偶剧团	2033
73	广东省台山市粤剧团	1008	16	江苏省南京市杂技团(国有)	2002
74	山西省阳泉市晋剧院	1001	17	吉林省长春市杂技团	1970
75	江苏省江阴市锡剧团	1000	18	河北省吴桥县杂技团	1800
76	天津市河北梆子剧院	999	19	黑龙江省齐齐哈尔市马戏团	1581
77	广东省海丰县白字戏剧团	990	20	广东音乐曲艺团	1537

全国艺术表演团体分剧种按演出收入排序

单位:千元

名次	单位名称	演出收入	名次	单位名称	演出收入
21	江苏省如东县少年杂技团	1510	61	江苏省盐城市杂技团(建湖县)	496
22	江苏省扬州市木偶剧团	1497	62	江苏省常熟市评弹团	492
23	天津市杂技团	1418	63	广西木偶剧团	471
24	广西自治区杂技团	1411	64	安徽省合肥市曲艺团	469
25	江苏省苏州市评弹团	1397	65	陕西省民间艺术剧院	467
26	湖南省杂技团	1299	66	甘肃省杂技团	462
27	安徽省宿州市动物表演团	1271	67	重庆市曲艺团	437
28	浙江省杭州蓝宝石马戏团有限公司	1228	68	宁夏自治区银川市杂技团	415
29	河北省树新杂技团	1200	69	湖南省木偶皮影艺术剧院	404
30	广东省木偶剧团	1158	70	湖北省钟祥市卧龙杂技团	400
31	河北省杂技团	1137	71	山东省聊城市杂技团	379
32	河北省园明杂技马戏团	1100	72	山西省长治市杂技团	362
33	安徽省杂技团	1037	73	新疆民间曲艺团	340
34	上海野生动物园艺术团	1000	74	江苏省评弹团	316
35	上海云之木杂技团	1000	75	辽宁省锦州市杂技团	303
36	河北省飞飞杂技马戏团	1000	76	河北省景县动物表演团	300
37	河南省郑州市杂技团	979	77	海南省江南木偶剧团	300
38	新疆杂技团	979	78	宁夏自治区银川市说唱艺术团	300
39	河南省开封市杂技团	960	79	重庆三峡杂技艺术团	299
40	江西省杂技团	945	80	甘肃省曲艺团	299
41	山东省济南市杂技团	921	81	四川省成都市杂技团	284
42	山东省济宁市杂技团	900	82	福建省泉州市木偶剧团	274
43	浙江省杭州杂技总团	875	83	四川省南充市杂技团	271
44	陕西省杂技团	842	84	重庆木偶艺术团	269
45	河北省勇进马戏团	800	85	吉林省曲艺团	255
46	广西防城港市杂技团	800	86	浙江省永嘉木偶剧团	250
47	内蒙古自治区内蒙古杂技团	769	87	山东省宁津县杂技团	250
48	河南省漯河市杂技团	741	88	广西博白县杂技团	250
49	山东省济南市曲艺团	737	89	海南省焕杰木偶剧团	250
50	河北省新艺杂技马戏团	700	90	北京皮影剧团(说唱、群声)	241
51	四川省自贡市杂技团	700	91	湖北省浠水县杂技团	240
52	河南省新乡市杂技团	689	92	安徽省安庆市杂技团	239
53	重庆杂技艺术团	628	93	海南省临高县木偶剧团	224
54	河北省亮亮杂技马戏团	600	94	山东省德州市杂技团	211
55	江苏省如皋市木偶艺术团	600	95	黑龙江省哈尔滨曲艺团	210
56	江苏省常州市评弹团	600	96	河南省驿城区杂技团	210
57	黑龙江省杂技团	597	97	山东省青岛市曲艺团	208
58	江苏省苏州市吴中区评弹团	578	98	山东省庆云县杂技团	200
59	贵州省贵阳市杂技团	530	99	新疆民间达瓦孜艺术团	200
60	江苏省射阳县杂技团	508	100	天津市曲艺团	199

全国公共图书馆分级别按总藏量排序

单位：册(件)

名次	单位名称	总藏量	名次	单位名称	总藏量
	一、省级公共图书馆		3	辽宁省大连市图书馆	2849319
1	上海图书馆	50952232	4	黑龙江省哈尔滨市图书馆	2414565
2	江苏省南京图书馆	8286779	5	湖北省武汉图书馆	1949729
3	山东省图书馆	5633531	6	辽宁省沈阳市图书馆	1945020
4	广东省立中山图书馆	5242520	7	黑龙江省大庆市图书馆、石油学院图书馆	1896601
5	浙江图书馆	5162638	8	四川省成都市图书馆	1848195
6	北京市首都图书馆	4557827	9	吉林省长春市图书馆	1731262
7	湖北省图书馆	4538327	10	江苏省苏州图书馆	1668914
8	四川省图书馆	4422609	11	广东省广州少年儿童图书馆	1599110
9	天津图书馆	4150979	12	山东省青岛市图书馆	1469695
10	辽宁省图书馆	3985656	13	江苏省常州市图书馆	1412992
11	湖南图书馆	3215131	14	山东省济南市图书馆	1394906
12	吉林省图书馆	3152373	15	江苏省金陵图书馆(南京市)	1348053
13	甘肃省图书馆	2978058	16	吉林省吉林市图书馆	1318311
14	陕西省图书馆	2952792	17	江苏省无锡市图书馆	1307491
15	河南省图书馆	2914712	18	浙江省杭州图书馆	1247062
16	福建省图书馆	2880865	19	浙江省金华严济慈图书馆	1229385
17	黑龙江省图书馆	2704512	20	黑龙江省齐齐哈尔市图书馆	1177746
18	安徽省图书馆	2637201	21	福建省厦门市图书馆	1162634
19	重庆图书馆	2552236	22	辽宁省鞍山市图书馆	1160065
20	山西省图书馆	2478019	23	山东省烟台图书馆	1140865
21	云南省图书馆	2451942	24	四川省广安市图书馆	1100000
22	江西省图书馆	2375525	25	广东省东莞图书馆	1088301
23	贵州省图书馆	2288728	26	浙江省宁波市图书馆	998899
24	广西桂林图书馆	2158528	27	江苏省扬州市图书馆	986163
25	广西自治区图书馆	1814980	28	吉林省辽源市图书馆	977320
26	内蒙古自治区图书馆	1667696	29	河北省石家庄市图书馆	953242
27	河北省图书馆	1583060	30	浙江省温州市图书馆	944248
28	青海省图书馆	1525908	31	江苏省南通市图书馆	913786
29	宁夏自治区图书馆	1456114	32	江苏省镇江市图书馆	884223
30	新疆自治区图书馆	1153903	33	重庆市北碚区图书馆	866000
31	湖南省少年儿童图书馆	862473	34	江西省南昌市图书馆	859000
32	上海少年儿童图书馆	770086	35	浙江省嘉兴市图书馆	814805
33	天津市少年儿童图书馆	578273	36	河南省郑州市图书馆	801739
34	重庆市少年儿童图书馆	397421	37	四川省泸州市图书馆	795597
35	西藏自治区图书馆	345427	38	湖北省黄石市图书馆	794824
36	广西少年儿童图书馆	250133	39	辽宁省抚顺市图书馆	787311
	二、地市级公共图书馆		40	山东省淄博市图书馆	772881
1	广东省广州图书馆	3610301	41	江苏省徐州市图书馆	768824
2	广东省深圳市图书馆	2888336	42	河北省唐山市图书馆	760991

全国公共图书馆分级别按总藏量排序

单位:册(件)

名次	单位名称	总藏量	名次	单位名称	总藏量
43	辽宁省丹东市图书馆	753158	83	湖南省长沙市图书馆	449970
44	河北省保定市图书馆	743866	84	内蒙古自治区呼市图书馆	448723
45	山西省太原市图书馆	741190	85	云南省曲靖市图书馆	446142
46	辽宁省沈阳市少年儿童图书馆	730000	86	重庆市涪陵区图书馆	442442
47	辽宁省锦州市图书馆	703333	87	江苏省连云港市图书馆	441229
48	贵州省贵阳市图书馆	701325	88	湖南省株洲市图书馆	440031
49	湖北省武汉市少年儿童图书馆	698300	89	四川省南充市图书馆	439025
50	广西柳州市图书馆	696539	90	湖南省湘潭市图书馆	433271
51	辽宁省本溪市图书馆	680871	91	贵州省遵义市图书馆	427738
52	河南省南阳市图书馆	662524	92	福建省厦门市少年儿童图书馆	426911
53	浙江省绍兴图书馆	660628	93	江苏省盐城市图书馆	426554
54	湖北省荆州市图书馆	652225	94	福建省三明市图书馆	425560
55	湖北省恩施州图书馆	650067	95	辽宁省大连市少年儿童图书馆	424981
56	河南省洛阳市图书馆	642774	96	江苏省泰州市图书馆	420000
57	广东省中山市中山图书馆	642695	97	辽宁省营口市图书馆	414628
58	湖北省宜昌市图书馆	632222	98	四川省绵阳市图书馆	414094
59	河南省新乡市图书馆	625634	99	江苏省淮安市图书馆	413726
60	河北省张家口市图书馆	617064	100	江西省萍乡市图书馆	413526
61	辽宁省辽阳市图书馆	573874		**三、县级公共图书馆**	
62	广东省汕头市图书馆	570131	1	山东省东营中心城区图书馆	1630000
63	河南省开封市图书馆	551314	2	江苏省常熟市图书馆	1352686
64	广西南宁市图书馆	548879	3	上海市黄浦区图书馆	823047
65	河北省廊坊市图书馆	533048	4	广东省深圳市福田区图书馆	805814
66	广东省深圳市南山图书馆	531386	5	北京市朝阳区图书馆	697530
67	广东省江门市五邑图书馆	520000	6	广东省佛山市图书馆	648830
68	江西省九江市图书馆	516405	7	福建省福州市图书馆	601855
69	湖南省衡阳市图书馆	516050	8	福建省泉州市图书馆	599604
70	浙江省杭州少年儿童图书馆	515526	9	新疆沙湾县图书馆	558000
71	陕西省宝鸡市图书馆	510447	10	北京市崇文区图书馆	556807
72	云南省昆明图书馆	490120	11	上海市宝山区图书馆	555344
73	湖北省十堰市图书馆	489313	12	江苏省江阴市图书馆	534119
74	浙江省湖州市图书馆	479110	13	天津市泰达图书馆	520000
75	河北省秦皇岛市图书馆	478101	14	福建省建宁县图书馆	500432
76	重庆市渝中区图书馆	473206	15	北京市西城区图书馆	491797
77	湖北省襄樊市图书馆	469000	16	江西省庐山局图书馆	491300
78	广西梧州市图书馆	463794	17	广东省佛山市南海区图书馆	489960
79	四川省宜宾市图书馆	456101	18	广东省顺德图书馆	485627
80	吉林省延边图书馆	453778	19	江苏省昆山市图书馆	480000
81	山东省枣庄市图书馆	451187	20	江苏省张家港市图书馆	476824
82	安徽省合肥市图书馆	450000	21	浙江省萧山区图书馆	470029

全国公共图书馆分级别按总藏量排序

单位:册(件)

名次	单位名称	总藏量	名次	单位名称	总藏量
22	上海市长宁区图书馆	469546	62	浙江省海宁市图书馆	337991
23	广东省越秀区图书馆	462686	63	北京市昌平区图书馆	330000
24	上海市浦东新区图书馆	457317	64	上海市青浦区图书馆	323643
25	广东省深圳市宝安区图书馆	457000	65	上海市杨浦区图书馆	323611
26	天津市塘沽区图书馆	454370	66	浙江省慈溪市图书馆	318264
27	上海市普陀区图书馆	453467	67	广东省从化市图书馆	314612
28	北京市大兴区图书馆	453442	68	北京市顺义区图书馆	311659
29	辽宁省抚顺市望花区图书馆	450000	69	北京市石景山区图书馆	311233
30	上海市嘉定区图书馆	442382	70	江西省新余市图书馆	309889
31	上海市卢湾区图书馆	441930	71	云南省个旧市图书馆	308365
32	上海市静安区图书馆	438404	72	山东省文登市图书馆	303180
33	广东省荔湾区图书馆	435000	73	浙江省余姚市图书馆	299733
34	北京市东城区图书馆	434291	74	山东省李沧区图书馆	296000
35	上海市徐汇区图书馆	425215	75	天津市河西区图书馆	292288
36	广东省番禺区图书馆	425000	76	浙江省平湖市图书馆	291111
37	浙江省桐乡市图书馆	423652	77	广东省佛山市三水区图书馆	290519
38	上海市崇明县图书馆	413082	78	山东省莒南县图书馆	287263
39	上海市闸北区图书馆	397349	79	北京市门头沟区图书馆	284895
40	四川省双流县图书馆	388000	80	河南省鹤壁市图书馆	283099
41	上海市松江区图书馆	387813	81	四川省达县图书馆	282070
42	广东省新会区景堂图书馆	386000	82	浙江省宁波市鄞州区图书馆	280063
43	广东省天河区图书馆	380000	83	天津市河北区图书馆	279253
44	北京市平谷区图书馆	379250	84	天津市南开区图书馆	279073
45	江苏省通州市图书馆	378006	85	北京市怀柔区图书馆	277365
46	北京市房山区图书馆	377097	86	江西省吉安市图书馆	277000
47	江西省吉水县图书馆	370000	87	天津市和平区图书馆	276710
48	北京市石景山区少年儿童图书馆	366531	88	广东省花都区图书馆	276623
49	上海市闵行区图书馆	366310	89	浙江省余杭区图书馆	275591
50	浙江省临海市图书馆	363389	90	江苏省海安县图书馆	268486
51	北京市宣武区图书馆	361052	91	北京市密云县图书馆	268000
52	新疆独山子区图书馆	360942	92	江苏省东台市图书馆	264104
53	江苏省吴江市图书馆	355125	93	江苏省宜兴市图书馆	263256
54	上海市奉贤区图书馆	350729	94	浙江省桐庐县图书馆	262893
55	江苏省南京市江宁区图书馆	348667	95	北京市通州区图书馆	262125
56	上海市虹口区图书馆	346481	96	浙江省长兴县图书馆	260957
57	山东省平度市图书馆	342339	97	广东省榕城区图书馆	260685
58	北京市海淀区图书馆	341123	98	广东省佛山市禅城区图书馆	260538
59	山东省青州市图书馆	341088	99	贵州省遵义县图书馆	260180
60	天津市河东区图书馆	339863	100	辽宁省甘井子区图书馆	259942
61	上海市南汇区图书馆	339785			

全国公共图书馆分级别按外借册次排序

单位:册次

名次	单位名称	外借册次	名次	单位名称	外借册次
	一、省级公共图书馆		2	广东省广州图书馆	789298
1	广东省立中山图书馆	6896468	3	福建省厦门市少年儿童图书馆	631449
2	北京市首都图书馆	845764	4	广东省东莞图书馆	556792
3	山东省图书馆	584275	5	江苏省无锡市图书馆	458460
4	上海图书馆	519430	6	辽宁省大连市图书馆	445278
5	重庆市少年儿童图书馆	510361	7	浙江省温州市图书馆	444106
6	安徽省图书馆	509615	8	广东省深圳市图书馆	406502
7	福建省图书馆	469000	9	山东省青岛市图书馆	372497
8	吉林省图书馆	441128	10	江苏省泰州市图书馆	356766
9	辽宁省图书馆	346215	11	广西北海市少年儿童图书馆	354500
10	天津图书馆	337302	12	辽宁省沈阳市图书馆	344009
11	浙江图书馆	307079	13	浙江省杭州图书馆	343662
12	江苏省南京图书馆	297159	14	江苏省镇江市图书馆	340000
13	天津市少年儿童图书馆	292085	15	湖北省荆州市图书馆	333000
14	山西省图书馆	288801	16	湖北省武汉图书馆	322959
15	湖南图书馆	288685	17	浙江省宁波市图书馆	318799
16	陕西省图书馆	284327	18	浙江省金华严济慈图书馆	308251
17	甘肃省图书馆	246720	19	甘肃省兰州市图书馆	297017
18	上海少年儿童图书馆	239619	20	吉林省长春市图书馆	294707
19	河南省图书馆	238340	21	浙江省湖州市图书馆	292889
20	湖北省图书馆	230027	22	浙江省嘉兴市图书馆	291441
21	云南省图书馆	206625	23	江苏省常州市图书馆	290000
22	广西自治区图书馆	198455	24	江苏省金陵图书馆(南京市)	283112
23	河北省图书馆	187571	25	辽宁省本溪市图书馆	280000
24	江西省图书馆	186924	26	四川省广安市图书馆	280000
25	广西桂林图书馆	128050	27	浙江省绍兴图书馆	270000
26	湖南省少年儿童图书馆	127036	28	湖北省孝感市图书馆	268000
27	青海省图书馆	105047	29	广东省广州少年儿童图书馆	265760
28	黑龙江省图书馆	67208	30	湖北省鄂州市图书馆	260000
29	重庆图书馆	57781	31	黑龙江省哈尔滨市图书馆	254814
30	内蒙古自治区图书馆	55239	32	江苏省扬州市图书馆	250000
31	贵州省图书馆	45314	33	江苏省扬州市少年儿童图书馆	249358
32	广西少年儿童图书馆	42139	34	山东省泰安市学院图书馆	247500
33	宁夏自治区图书馆	28936	35	重庆市沙坪坝区图书馆	240261
34	四川省图书馆	14563	36	广东省珠海市图书馆	238800
35	新疆自治区图书馆	70	37	湖南省岳阳市图书馆	235000
36	西藏自治区图书馆	0	38	辽宁省沈阳市少年儿童图书馆	232894
37	海南省图书馆(筹)	0	39	内蒙古自治区包头市图书馆	229911
	二、地市级公共图书馆		40	四川省成都市图书馆	228002
1	江苏省苏州图书馆	1482119	41	湖北省黄冈市图书馆	225000

全国公共图书馆分级别按外借册次排序

单位:册次

名次	单位名称	外借册次	名次	单位名称	外借册次
42	安徽省阜阳市图书馆	220000	82	河南省濮阳市图书馆	133000
43	河北省张家口市图书馆	210000	83	甘肃省白银市图书馆	132000
44	山东省淄博市图书馆	210000	84	河南省漯河市图书馆	123716
45	河南省新乡市图书馆	205616	85	重庆市九龙坡区图书馆	123476
46	山东省潍坊市图书馆	200035	86	宁夏自治区中卫市图书馆	123000
47	河北省石家庄市图书馆	200000	87	湖南省常德市图书馆	122560
48	广东省江门市五邑图书馆	200000	88	河北省唐山市图书馆	121912
49	河北省邯郸市图书馆	193686	89	湖南省湘潭市图书馆	120859
50	吉林省吉林市图书馆	188686	90	江西省南昌市图书馆	120000
51	山东省济南市图书馆	187295	91	湖北省襄樊市图书馆	120000
52	广西柳州市图书馆	186729	92	河北省秦皇岛市图书馆	119683
53	江苏省南通市图书馆	180000	93	湖南省株洲市图书馆	115479
54	河南省南阳市图书馆	180000	94	湖北省十堰市图书馆	113843
55	浙江省杭州少年儿童图书馆	175575	95	河南省洛阳市图书馆	112355
56	浙江省衢州市图书馆	169468	96	河南省安阳市少年儿童图书馆	110280
57	广西南宁市少儿图书馆	167967	97	河南省济源市图书馆	110000
58	辽宁省大连市少年儿童图书馆	166050	98	湖北省神农架林区图书馆	110000
59	河北省沧州市图书馆	162100	99	湖南省长沙市图书馆	110000
60	河南省郑州市图书馆	160896	100	广西北海市图书馆	110000
61	山东省威海市图书馆	160000		**三、县级公共图书馆**	
62	山东省枣庄市图书馆	157603	1	广东省榕城区图书馆	1250000
63	山东省泰医图书馆	157360	2	浙江省桐乡市图书馆	415000
64	福建省南平市图书馆	155000	3	江苏省张家港市图书馆	398000
65	黑龙江省鸡西市图书馆	151270	4	上海市浦东新区图书馆	366729
66	陕西省宝鸡市图书馆	151222	5	福建省福州市少儿图书馆	340000
67	云南省玉溪市图书馆	150633	6	江苏省昆山市图书馆	320000
68	河南省安阳市图书馆	150000	7	上海市宝山区图书馆	314734
69	广东省深圳市南山图书馆	146073	8	浙江省余杭区图书馆	308000
70	广东省湛江市少儿图书馆	145637	9	上海市普陀区图书馆	296100
71	贵州省贵阳市图书馆	145538	10	北京市西城区图书馆	295220
72	山东省烟台图书馆	143000	11	北京市石景山区图书馆	285703
73	广东省惠州慈云图书馆	141402	12	上海市奉贤区图书馆	281094
74	广东省中山市中山图书馆	141070	13	广东省增城市图书馆	265320
75	广西贺州市图书馆	140410	14	上海市杨浦区图书馆	264553
76	安徽省合肥市图书馆	140000	15	北京市崇文区图书馆	263579
77	江西省高安市图书馆	139000	16	江苏省大丰市图书馆	256000
78	广西南宁市图书馆	138534	17	上海市卢湾区图书馆	253005
79	新疆克拉玛依市图书馆	137000	18	辽宁省旅顺口区图书馆	243802
80	辽宁省辽阳市图书馆	134360	19	北京市西城区青少年儿童图书馆	233563
81	广东省汕头市图书馆	133091	20	江苏省通州市图书馆	231200

全国公共图书馆分级别按外借册次排序

单位:册次

名次	单位名称	外借册次	名次	单位名称	外借册次
21	浙江省绍兴县图书馆	228023	61	北京市大兴区图书馆	150510
22	浙江省慈溪市图书馆	225247	62	辽宁省凤城市图书馆	150340
23	上海市闸北区图书馆	214500	63	山东省平度市图书馆	150000
24	广东省顺德图书馆	212786	64	广东省佛山市三水区图书馆	150000
25	上海市杨浦区延吉图书馆	210000	65	广东省罗定市图书馆	150000
26	北京市顺义区图书馆	204520	66	浙江省瓯海区图书馆	149000
27	浙江省海宁市图书馆	204500	67	湖北省枝江市图书馆	148000
28	江苏省江阴市图书馆	200000	68	广东省肇庆市端州图书馆	147332
29	广东省天河区图书馆	200000	69	安徽省太湖县图书馆	145272
30	广东省佛山市南海区图书馆	200000	70	浙江省临海市图书馆	145000
31	北京市房山区图书馆	199564	71	山东省李沧区图书馆	142361
32	吉林省敦化市图书馆	199000	72	江苏省沛县图书馆	141270
33	江苏省泰兴市图书馆	193000	73	河北省赵县图书馆	140000
34	上海市闵行区图书馆	192749	74	河北省宣化区图书馆	140000
35	山东省茌平县图书馆	190000	75	江苏省铜山县图书馆	140000
36	广东省花都区图书馆	190000	76	浙江省永嘉县图书馆	140000
37	北京市昌平区图书馆	188422	77	安徽省合肥市少儿图书馆	140000
38	山东省即墨市图书馆	180990	78	湖北省武汉市汉阳区图书馆	140000
39	江苏省太仓市图书馆	180000	79	广东省化州市图书馆	138000
40	江苏省仪征市图书馆	180000	80	四川省金牛区图书馆	136080
41	安徽省濉溪县图书馆	180000	81	浙江省宁海县图书馆	135900
42	河南省鹤壁市图书馆	179870	82	北京市丰台区少儿馆	134755
43	广东省番禺区图书馆	176000	83	广东省高州市图书馆	133567
44	北京市怀柔区图书馆	173052	84	广东省佛山市高明区图书馆	131000
45	河北省栾城县图书馆	171000	85	天津市静海县图书馆	130008
46	广东省佛山市图书馆	170115	86	宁夏自治区青铜峡市图书馆	130000
47	天津市河东区图书馆	169109	87	上海市徐汇区图书馆	128341
48	山东省文登市图书馆	168680	88	浙江省余姚市图书馆	128137
49	浙江省萧山区图书馆	167043	89	上海市崇明县图书馆	128000
50	北京市密云县图书馆	166656	90	北京市平谷区图书馆	127843
51	北京市宣武区图书馆	166102	91	河南省偃师市图书馆	126135
52	湖南省攸县图书馆	165000	92	上海市松江区图书馆	126100
53	河北省正定县图书馆	163000	93	湖北省罗田县图书馆	125000
54	河北省新乐市图书馆	162000	94	广东省南雄市图书馆	124731
55	北京市朝阳区图书馆	161201	95	山东省临沭县图书馆	124600
56	江苏省吴江市图书馆	160000	96	湖南省茶陵县图书馆	124000
57	湖北省红安县图书馆	160000	97	上海市黄浦区图书馆	123945
58	广东省荔湾区图书馆	157634	98	广西北流市图书馆	121600
59	山东省市北区图书馆	155327	99	河北省藁城市图书馆	120000
60	辽宁省普兰店市图书馆	151175	100	河北省鹿泉市图书馆	120000

全国公共图书馆分级别按购书费占总支出比重排序

单位：%

名次	单位名称	购书费占总支出比重	名次	单位名称	购书费占总支出比重
	一、省级公共图书馆		3	河北省廊坊市图书馆	54.28
1	河北省图书馆	41.15	4	黑龙江省七台河市图书馆	50.68
2	广东省立中山图书馆	36.65	5	山东省东营市图书馆	50.45
3	天津图书馆	34.97	6	广东省深圳少年儿童图书馆	43.72
4	上海图书馆	34.12	7	重庆市大渡口区图书馆	40.00
5	江苏省南京图书馆	31.81	8	广东省清远市图书馆	38.59
6	新疆自治区图书馆	31.39	9	广东省广州少年儿童图书馆	37.75
7	江西省图书馆	31.33	10	河南省济源市图书馆	36.66
8	福建省图书馆	28.27	11	广东省广州图书馆	35.66
9	湖南图书馆	26.40	12	四川省眉山市图书馆	31.65
10	天津市少年儿童图书馆	26.39	13	陕西省西安图书馆	29.71
11	甘肃省图书馆	25.52	14	云南省玉溪市图书馆	28.51
12	湖北省图书馆	24.10	15	辽宁省沈阳市少年儿童图书馆	28.36
13	辽宁省图书馆	23.89	16	江苏省淮安市图书馆	27.90
14	北京市首都图书馆	21.32	17	重庆市长寿区图书馆	26.93
15	浙江图书馆	20.96	18	湖北省宜昌市图书馆	26.40
16	云南省图书馆	20.45	19	浙江省金华严济慈图书馆	25.61
17	重庆图书馆	19.26	20	江苏省扬州市少年儿童图书馆	25.48
18	四川省图书馆	18.40	21	江西省萍乡市图书馆	25.23
19	重庆市少年儿童图书馆	17.35	22	贵州省贵阳市图书馆	25.16
20	西藏自治区图书馆	16.17	23	安徽省铜陵市图书馆	25.09
21	吉林省图书馆	15.96	24	山东省青岛市图书馆	24.94
22	河南省图书馆	15.65	25	新疆阿克苏地区图书馆	24.86
23	山东省图书馆	14.75	26	江西省南昌市图书馆	24.20
24	广西自治区图书馆	14.31	27	四川省成都市图书馆	23.51
25	贵州省图书馆	13.55	28	广东省茂名市图书馆	23.36
26	上海少年儿童图书馆	11.51	29	湖南省邵阳市少儿图书馆	23.32
27	内蒙古自治区图书馆	10.80	30	安徽省合肥市图书馆	23.17
28	宁夏自治区图书馆	10.10	31	浙江省宁波市图书馆	23.10
29	青海省图书馆	9.48	32	浙江省嘉兴市图书馆	23.06
30	山西省图书馆	9.43	33	河南省濮阳市图书馆	23.05
31	陕西省图书馆	9.34	34	湖北省孝感市图书馆	22.93
32	黑龙江省图书馆	8.84	35	重庆市渝北区图书馆	22.89
33	湖南省少年儿童图书馆	7.84	36	湖北省武汉图书馆	22.85
34	安徽省图书馆	7.63	37	吉林省长春市图书馆	22.41
35	广西桂林图书馆	7.29	38	山东省济南市图书馆	22.40
36	海南省图书馆(筹)	0.0	39	辽宁省大连市图书馆	22.31
	二、地市级公共图书馆		40	四川省德阳市图书馆	21.99
1	湖北省十堰市少儿图书馆	100.00	41	河南省郑州市图书馆	21.85
2	江苏省宿迁市图书馆(非独立机构)	70.59	42	浙江省杭州图书馆	21.69

全国公共图书馆分级别按购书费占总支出比重排序

单位:%

名次	单位名称	购书费占总支出比重	名次	单位名称	购书费占总支出比重
43	广东省湛江市图书馆	21.65	83	新疆巴州图书馆	16.59
44	云南省红河州图书馆	21.62	84	河南省新乡市图书馆	16.48
45	江苏省常州市图书馆	21.48	85	浙江省衢州市图书馆	16.33
46	辽宁省大连市少年儿童图书馆	21.30	86	重庆市渝中区图书馆	16.30
47	湖北省黄冈市图书馆	21.14	87	云南省思茅市图书馆	16.23
48	福建省南平市图书馆	20.93	88	河南省三门峡市图书馆	15.67
49	重庆市九龙坡区图书馆	20.92	89	江苏省无锡市图书馆	15.58
50	湖北省荆州市图书馆	20.86	90	福建省莆田市图书馆	15.56
51	辽宁省丹东市少儿图书馆	20.30	91	四川省泸州市图书馆	15.55
52	湖北省鄂州市图书馆	19.94	92	甘肃省白银市图书馆	15.53
53	江苏省连云港市少儿图书馆	19.74	93	江苏省镇江市图书馆	15.48
54	内蒙古自治区兴安盟图书馆	19.61	94	浙江省湖州市图书馆	15.33
55	湖南省衡阳市少年儿童图书馆	19.28	95	广西贺州市图书馆	15.12
56	广西南宁市少儿图书馆	19.12	96	江西省德兴市图书馆	15.11
57	湖北省黄石市图书馆	18.93	97	河南省安阳市少年儿童图书馆	14.99
58	甘肃省兰州市图书馆	18.87	98	江苏省苏州图书馆	14.92
59	浙江省丽水市图书馆	18.84	99	山东省烟台图书馆	14.85
60	重庆市巴南区图书馆	18.69	100	湖北省天门市图书馆	14.81
61	四川省绵阳市图书馆	18.55		**三、县级公共图书馆**	
62	内蒙古自治区乌海市图书馆	18.39	1	北京市朝阳区少儿图书馆	100.00
63	辽宁省营口市少年儿童图书馆	18.31	2	吉林省长春市南关区图书馆	100.00
64	湖北省荆门市图书馆	18.19	3	吉林省长春市朝阳区图书馆	100.00
65	新疆和田地区图书馆	18.18	4	黑龙江省伊春市南岔区图书馆	100.00
66	广东省梅州市剑英图书馆	18.03	5	上海市闸北区少儿图书馆	100.00
67	江苏省泰州市图书馆	17.93	6	山东省崂山区图书馆	100.00
68	江苏省金陵图书馆(南京市)	17.81	7	新疆青河县图书馆	100.00
69	甘肃省嘉峪关市图书馆	17.79	8	福建省罗源县图书馆	79.14
70	黑龙江省哈尔滨市图书馆	17.69	9	湖北省沙洋县图书馆	76.92
71	浙江省杭州少年儿童图书馆	17.27	10	北京市大兴区图书馆	76.05
72	江西省樟树市图书馆	17.27	11	浙江省滨江区图书馆	75.00
73	新疆吐鲁番地区图书馆	17.27	12	河北省新华区图书馆	72.36
74	江西省瑞金市文化局	17.24	13	广东省白云区图书馆	69.02
75	湖南省常德市图书馆	17.22	14	贵州省岑巩县图书馆	61.86
76	云南省市图书馆	17.14	15	贵州省织金县图书馆	61.46
77	江苏省盐城市图书馆	17.10	16	山西省高平市图书馆	61.04
78	广东省潮州市谢慧如图书馆	16.89	17	浙江省衢州市柯城区图书馆	60.00
79	黑龙江省伊春市图书馆	16.70	18	四川省蓬安县图书馆	59.88
80	四川省广安市图书馆	16.67	19	山西省娄烦县君宇图书馆	58.16
81	辽宁省沈阳市图书馆	16.64	20	浙江省杭州市上城区图书馆	57.04
82	云南省保山市图书馆	16.64	21	浙江省江北区图书馆	56.50

全国公共图书馆分级别按购书费占总支出比重排序

单位：%

名次	单位名称	购书费占总支出比重	名次	单位名称	购书费占总支出比重
22	山东省禹城市图书馆	55.56	62	北京市昌平区图书馆	31.21
23	江苏省苏州市金阊区图书馆	52.17	63	江西省弋阳县图书馆	30.99
24	河南省中牟县图书馆	51.38	64	湖南省长沙市岳麓区图书馆	30.93
25	山东省市南区图书馆	50.00	65	河北省栾城县图书馆	30.37
26	湖南省长沙市芙蓉区图书馆	49.00	66	云南省巍山县图书馆	30.23
27	浙江省宁波江东区图书馆	48.57	67	重庆市石柱土家族自治县图书馆	30.00
28	广东省潮安县图书馆	48.08	68	广东省鹤山市图书馆	29.94
29	北京市怀柔区图书馆	46.66	69	广东省番禺区图书馆	29.80
30	广东省始兴县图书馆	44.94	70	广东省蕉岭县图书馆	29.78
31	福建省长乐市图书馆	44.17	71	北京市房山区图书馆	29.76
32	新疆巴楚县图书馆	44.02	72	四川省新都区图书馆	29.76
33	河南省鄢陵县图书馆	42.25	73	广东省清新县图书馆	29.41
34	黑龙江省同江市图书馆	41.84	74	上海市长宁区图书馆	29.26
35	陕西省大荔县图书馆	41.67	75	广东省雷州市图书馆	29.07
36	陕西省户县图书馆	40.80	76	江西省南昌县图书馆	28.99
37	天津市泰达图书馆	40.26	77	浙江省永康市图书馆	28.97
38	四川省蒲江县图书馆	40.00	78	新疆哈密市图书馆	28.90
39	湖南省长沙市雨花区公共图书馆	39.74	79	北京市燕山图书馆	28.76
40	河南省鹤壁市图书馆	39.40	80	内蒙古自治区霍林郭勒市图书馆	28.74
41	河北省辛集市图书馆	39.27	81	广东省清城区图书馆	28.62
42	四川省新津县图书馆	39.25	82	山西省太原市尖草坪区图书馆	28.57
43	北京市密云县图书馆	38.71	83	江苏省丹阳市少儿图书馆	28.57
44	四川省宁南县图书馆	37.74	84	山东省东营中心城区图书馆	28.57
45	四川省绵竹市图书馆	37.43	85	江西省黎川县图书馆	28.46
46	浙江省绍兴县图书馆	37.10	86	江西省鹰潭市图书馆	27.89
47	山西省潞城市图书馆	36.71	87	四川省平武县图书馆	27.78
48	重庆市綦江县图书馆	34.56	88	四川省武胜县图书馆	27.78
49	北京市平谷区图书馆	34.10	89	贵州省长顺县图书馆	27.78
50	湖南省城步县图书馆	33.65	90	云南省南华县图书馆	27.78
51	广东省深圳市宝安区图书馆	33.59	91	陕西省凤县图书馆	27.78
52	河南省孟州市图书馆	33.56	92	福建省漳浦县图书馆	27.27
53	河南省新密市图书馆	33.33	93	广东省连平县图书馆	27.27
54	四川省屏山县图书馆	33.33	94	北京市门头沟区图书馆	27.05
55	上海市奉贤区图书馆	33.21	95	四川省兴文县图书馆	26.80
56	广东省深圳市福田区图书馆	33.04	96	四川省广元市元坝区文体旅游局	26.67
57	福建省福州市图书馆	32.26	97	福建省福州市少儿图书馆	26.47
58	四川省普格县图书馆	31.96	98	广西南宁市江南区图书馆	26.47
59	北京市顺义区图书馆	31.71	99	四川省高坪区图书馆	26.47
60	浙江省宁波市海曙区图书馆	31.62	100	黑龙江省塔河县图书馆	26.32
61	安徽省霍邱县图书馆	31.25			

全国公共图书馆分级别按经费自给率排序

单位：%

名次	单位名称	经费自给率	名次	单位名称	经费自给率
	一、省级公共图书馆		2	浙江省绍兴图书馆	72.01
1	江西省图书馆	55.48	3	湖北省孝感市图书馆	50.63
2	重庆市少年儿童图书馆	54.86	4	江苏省扬州市少年儿童图书馆	49.21
3	云南省图书馆	53.33	5	湖北省武汉图书馆	47.97
4	上海图书馆	53.31	6	四川省成都市图书馆	47.51
5	湖南省少年儿童图书馆	43.24	7	重庆市沙坪坝区图书馆	46.47
6	上海少年儿童图书馆	37.23	8	重庆市南岸区图书馆	45.70
7	山东省图书馆	32.65	9	重庆市九龙坡区图书馆	45.56
8	广东省立中山图书馆	31.73	10	云南省昆明图书馆	43.79
9	广西自治区图书馆	30.88	11	广东省深圳市图书馆	43.49
10	山西省图书馆	30.53	12	浙江省嘉兴市图书馆	43.01
11	福建省图书馆	30.06	13	广东省江门市五邑图书馆	39.99
12	浙江图书馆	29.36	14	山西省太原市图书馆	34.33
13	四川省图书馆	27.97	15	湖北省随州市图书馆	33.42
14	湖北省图书馆	24.08	16	辽宁省辽阳市少年儿童图书馆	33.33
15	辽宁省图书馆	23.09	17	重庆市长寿区图书馆	32.32
16	湖南图书馆	22.72	18	海南省三亚市图书馆	31.98
17	广西桂林图书馆	21.97	19	广西贵港市图书馆	31.44
18	河南省图书馆	20.80	20	湖北省武汉市少年儿童图书馆	30.97
19	安徽省图书馆	20.26	21	广东省广州图书馆	30.58
20	江苏省南京图书馆	18.76	22	江西省南昌市图书馆	30.33
21	北京市首都图书馆	17.19	23	江西省赣州市图书馆	29.83
22	海南省图书馆(筹)	15.87	24	广东省广州少年儿童图书馆	28.89
23	河北省图书馆	14.94	25	安徽省淮南市少儿图书馆	27.92
24	天津图书馆	13.12	26	浙江省舟山市图书馆	27.36
25	内蒙古自治区图书馆	12.76	27	江苏省南通市图书馆	27.14
26	贵州省图书馆	12.34	28	贵州省六盘水市图书馆	26.25
27	天津市少年儿童图书馆	12.13	29	浙江省宁波市图书馆	25.09
28	新疆自治区图书馆	11.55	30	辽宁省大连市少年儿童图书馆	25.04
29	吉林省图书馆	6.55	31	山西省阳泉市图书馆	25.02
30	黑龙江省图书馆	6.08	32	江苏省连云港市图书馆	24.53
31	青海省图书馆	5.15	33	江苏省南通市少年儿童图书馆	23.92
32	陕西省图书馆	4.40	34	湖北省恩施州图书馆	23.68
33	甘肃省图书馆	1.15	35	江西省萍乡市图书馆	23.35
34	宁夏自治区图书馆	0.49	36	江苏省常州市图书馆	22.96
35	西藏自治区图书馆	——	37	山东省泰医图书馆	22.44
36	重庆图书馆	——	38	广西柳州市图书馆	22.36
	二、地市级公共图书馆		39	江苏省连云港市少儿图书馆	21.67
1	湖北省仙桃市图书馆	96.00	40	江苏省苏州图书馆	21.58

全国公共图书馆分级别按经费自给率排序

单位:%

名次	单位名称	经费自给率	名次	单位名称	经费自给率
41	贵州省毕节地区图书馆	21.36	80	四川省自贡市图书室馆	13.84
42	湖南省衡阳市图书馆	21.29	81	浙江省温州市图书馆	13.69
43	浙江省金华严济慈图书馆	21.17	82	湖北省潜江市图书馆	13.39
44	广西南宁市少儿图书馆	20.74	83	云南省楚雄州图书馆	13.00
45	江西省景德镇市图书馆	20.57	84	新疆乌鲁木齐市图书馆	12.69
46	江苏省泰州市图书馆	19.74	85	重庆市涪陵区图书馆	12.59
47	江苏省扬州市图书馆	19.32	86	山西省吕梁市图书馆	11.43
48	重庆市万盛区图书馆	19.05	87	四川省宜宾市图书馆	11.31
49	重庆市渝北区图书馆	18.88	88	福建省厦门市图书馆	11.26
50	内蒙古自治区乌兰察布市图书馆	18.62	89	江苏省金陵图书馆(南京市)	11.17
51	河南省漯河市图书馆	18.40	90	陕西省西安图书馆	11.17
52	江西省贵溪市图书馆	17.76	91	辽宁省沈阳市少年儿童图书馆	11.06
53	湖南省岳阳市图书馆	17.71	92	吉林省长春市少年儿童图书馆	11.04
54	广东省韶关市图书馆	17.31	93	广西防城港市图书馆	11.02
55	河北省邢台市图书馆	17.22	94	湖北省神农架林区图书馆	10.92
56	江西省九江市图书馆	17.19	95	陕西省咸阳图书馆	10.78
57	福建省厦门市少年儿童图书馆	16.93	96	江西省樟树市图书馆	10.44
58	安徽省合肥市图书馆	16.67	97	江西省丰城市图书馆	10.20
59	陕西省安康市图书馆	16.64	98	甘肃省嘉峪关市图书馆	10.17
60	重庆市渝中区图书馆	16.63	99	宁夏自治区银川市图书馆	10.12
61	广东省潮州市谢慧如图书馆	16.47		**三、县级公共图书馆**	
62	江苏省无锡市图书馆	16.29	1	福建省晋江市图书馆	171.01
63	湖北省襄樊市图书馆	16.29	2	湖南省宁远县图书馆	165.00
64	广东省河源市图书馆	16.19	3	云南省富源县图书馆	125.51
65	贵州省贵阳市图书馆	16.09	4	湖北省咸丰县图书馆	100.00
66	辽宁省大连市图书馆	15.87	5	四川省合江县图书馆	100.00
67	浙江省杭州图书馆	15.85	6	陕西省绥德县子洲图书馆	98.10
68	河南省洛阳市图书馆	15.79	7	广东省深圳市盐田区图书馆	87.72
69	四川省泸州市图书馆	15.65	8	湖南省衡阳市珠晖图书馆	69.57
70	江西省乐平市图书馆	15.38	9	湖南省湘潭县图书馆	69.52
71	重庆市北碚区图书馆	15.10	10	广西靖西县图书馆	68.92
72	河南省济源市图书馆	14.95	11	广东省新会区景堂图书馆	62.54
73	浙江省杭州少年儿童图书馆	14.85	12	湖南省岳阳县图书馆	60.00
74	四川省攀枝花市图书馆	14.35	13	江苏省金湖县图书馆	58.81
75	四川省南充市图书馆	14.20	14	天津市蓟县图书馆	58.66
76	河南省信阳市图书馆	14.19	15	江苏省靖江市图书馆	57.43
77	广西南宁市图书馆	14.01	16	湖北省安陆市图书馆	55.52
78	山东省青岛市图书馆	13.91	17	湖北省英山县图书馆	53.57
79	山东省泰安市学院图书馆	13.84	18	湖南省沅江市图书馆	52.89

全国公共图书馆分级别按经费自给率排序

单位:%

名次	单位名称	经费自给率	名次	单位名称	经费自给率
19	广东省遂溪县图书馆	52.76	58	江苏省昆山市图书馆	36.45
20	湖北省麻城市图书馆	52.66	59	重庆市南川市图书馆	36.30
21	江苏省常熟市图书馆	52.07	60	湖北省恩施市图书馆	36.13
22	湖南省南县图书馆	50.64	61	江苏省高邮市图书馆	35.78
23	湖南省平江县图书馆	49.65	62	浙江省天台县图书馆	35.64
24	上海市黄浦区图书馆	47.50	63	湖北省武汉市黄陂区图书馆	35.32
25	福建省台江区图书馆	46.75	64	湖北省武汉市江夏区图书馆	35.27
26	陕西省王益区少儿图书馆	46.67	65	浙江省临安市图书馆	34.92
27	辽宁省沈阳市和平区少年儿童图书馆	46.45	66	北京市石景山区图书馆	34.68
28	湖北省武汉市新洲区图书馆	45.70	67	江苏省金坛市图书馆	34.07
29	上海市长宁区图书馆	45.17	68	湖南省祁东县图书馆	33.94
30	湖北省老河口市图书馆	44.97	69	湖北省武汉市江岸区少年儿童图书馆	33.89
31	安徽省蒙城县图书馆	43.84	70	湖北省公安县图书馆	33.73
32	陕西省靖边县图书馆	43.01	71	福建省柘荣县图书馆	33.33
33	浙江省桐乡市图书馆	42.81	72	湖北省团风县图书馆	33.33
34	湖北省武汉市硚口区图书馆	42.68	73	湖北省罗田县图书馆	33.33
35	广西藤县图书馆	42.35	74	江苏省东海县图书馆	33.13
36	新疆乌什县图书馆	42.32	75	湖北省京山县图书馆	32.80
37	湖南省桑植县图书馆	42.17	76	四川省崇州市图书馆	32.50
38	浙江省路桥区图书馆	42.11	77	广东省高州市图书馆	32.43
39	湖北省广水市图书馆	42.11	78	湖北省洪湖市图书馆	32.26
40	辽宁省北票市图书馆	41.82	79	江西省鹰潭市图书馆	32.06
41	安徽省黄山市屯溪区图书馆	41.82	80	山东省汶上县图书馆	32.06
42	广西南宁市江南区图书馆	41.67	81	浙江省张元济图书馆	31.90
43	湖南省常宁市图书馆	41.65	82	江西省抚州市临川区图书馆	31.69
44	福建省松溪县图书馆	41.61	83	湖北省大冶市图书馆	31.66
45	上海市杨浦区延吉图书馆	40.47	84	江西省莲花县图书馆	31.53
46	湖南省溆浦县图书馆	40.00	85	安徽省合肥市少儿图书馆	31.46
47	重庆市双桥区图书馆	40.00	86	河南省沈丘县图书馆	31.45
48	湖北省江陵县图书馆	39.46	87	重庆市秀山县图书馆	31.10
49	江西省新建县图书馆	39.22	88	福建省厦门市思明区图书馆	30.89
50	江苏省南京市浦口区图书馆	38.49	89	湖北省监利县图书馆	30.83
51	河南省睢县图书馆	38.14	90	内蒙古自治区商都县图书馆	30.61
52	天津市南开区少年儿童图书馆	37.75	91	上海市杨浦区图书馆	30.61
53	湖南省桂东县图书馆	37.75	92	陕西省陈仓区图书馆	30.52
54	江西省龙南县图书馆	37.50	93	浙江省奉化市图书馆	30.48
55	安徽省旌德县图书馆	37.14	94	天津市河北区图书馆	30.29
56	四川省普格县图书馆	37.11	95	北京市西城区图书馆	30.11
57	广东省普宁市图书馆	36.81			

全国群众文化业按经营收入排序

单位：千元

名次	单位名称	经营收入	名次	单位名称	经营收入
1	重庆市沙坪坝区文化馆	14918	51	安徽省居巢区文化馆	70
2	新疆独山子区文化馆	2488	52	广东省廉江市文化馆	70
3	重庆市北碚区文化馆	2131	53	湖北省京山县文化馆	63
4	江苏省常熟市文化馆	1462	54	四川省仪陇县文化馆	60
5	云南省文化馆	1334	55	宁夏自治区永宁县文化馆	60
6	浙江省宁波市海曙区文化馆	770	56	宁夏自治区中宁县文化馆	60
7	北京市西城区文化馆	720	57	山东省张店区文化馆	57
8	河南省信阳市浉河区文化中心	682	58	江西省抚州市群艺馆	52
9	四川省文化馆	589	59	湖北省罗田县文化馆	50
10	湖北省荆门市群众艺术馆	571	60	西藏自治区丁青县文化馆	50
11	河北省沧州市文化艺术中心	544	61	甘肃省平凉市崆峒区文化馆	50
12	江苏省南通市文化馆	522	62	贵州省大方县文化馆	48
13	上海市崇明县文化馆	456	63	吉林省长白县文化馆	45
14	江苏省南京市鼓楼区文化馆	450	64	新疆玛纳斯县文化馆	45
15	浙江省绍兴市群众艺术馆	404	65	湖南省炎陵县文化馆	44
16	江苏省常州市文化馆	400	66	西藏自治区安多县综合文化活动中心	42
17	广西北海市群众艺术馆	328	67	西藏自治区那曲尼玛县综合文化活动中心	42
18	河北省邢台市群众艺术馆	322	68	湖南省临澧县文化馆	40
19	河南省群众艺术馆	319	69	西藏自治区洛扎县综合文化活动中心	40
20	浙江省慈溪市文化馆	318	70	吉林省德惠市文化馆	36
21	河北省承德市群众艺术馆	311	71	湖南省永州市冷水滩区文化馆	36
22	四川省合江县文化馆	294	72	云南省红塔区文化馆	36
23	天津市津南区文化馆	283	73	内蒙古自治区昆都伦区文化馆	35
24	吉林省吉林市群众艺术馆	281	74	吉林省公主岭市文化馆	34
25	云南省昆明市文化馆	263	75	湖北省武汉市东西湖区文化馆	34
26	宁夏自治区群众艺术馆	254	76	吉林省舒兰市文化馆	32
27	浙江省台州市黄岩区文化馆	245	77	吉林省吉林市朝鲜族群众艺术馆	31
28	云南省大理州群艺馆	234	78	湖南省通道侗族自治县文化馆	31
29	湖北省沙洋县文化中心	230	79	河北省故城县文化馆	30
30	四川省绵竹市文化馆	219	80	辽宁省凤城市文化馆	30
31	浙江省嘉善县文化馆	214	81	湖南省溆浦县龙潭文化馆	30
32	广东省珠海市文化馆	185	82	四川省广元市市中区文化中心	30
33	福建省文化馆	182	83	四川省长宁县文化馆	30
34	湖南省益阳市赫山区文化馆	180	84	甘肃省康县文化馆	30
35	安徽省芜湖市群众艺术馆	144	85	吉林省长春市群众艺术馆	29
36	新疆昌吉州群艺馆	143	86	广东省普宁市文化馆	29
37	山西省群众艺术馆	129	87	四川省沐川县文化馆	27
38	河南省林州市文化馆	103	88	河南省嵩县文化馆	25
39	北京市通州区文化馆	101	89	湖南省城步县文化馆	25
40	江苏省连云港市海州区文化馆	100	90	广东省潮州市湘桥区文化馆	25
41	甘肃省凉州区文化馆	100	91	甘肃省肃南县文化馆	25
42	浙江省镇海区文化馆	95	92	江西省永修县文化馆	24
43	吉林省长春市朝鲜族群众艺术馆	92	93	海南省琼海市文化馆	24
44	湖南省安乡县文化馆	91	94	江苏省徐州市文化馆	23
45	河南省驿城区文化馆	90	95	新疆石河子市群艺馆	21
46	湖北省群众艺术馆	88	96	河北省临漳县文化馆	20
47	湖南省岳阳县文化馆	85	97	江苏省南通市崇川区文化馆	20
48	河北省高阳县文化馆	80	98	湖北省长阳土家族自治县资丘民族文化馆	20
49	吉林省蛟河市文化馆	79	99	湖南省湘乡市文化馆	20
50	北京市燕山文化馆	76	100	四川省乐至县文化馆	20

全国群众文化业按经费自给率排序

单位：%

名次	单位名称	经费自给率	名次	单位名称	经费自给率
1	广东省深圳市盐田区文化馆	300.16	51	广东省南雄市文化馆	75.71
2	重庆市沙坪坝区文化馆	266.87	52	四川省合江县文化馆	75.26
3	安徽省临泉县文化馆	192.00	53	广东省深圳市南山区文化馆	75.13
4	河南省驿城区文化馆	187.76	54	宁夏中宁县文化馆	75.00
5	福建省台江区文化馆	163.74	55	河南省项城市文化馆	74.71
6	河南省洛阳市涧西区文化馆	163.64	56	湖南省张家界市群众艺术馆	74.63
7	安徽省瑶海区文化局	163.50	57	新疆独山子区文化馆	73.87
8	湖北省沙洋县文化中心	160.84	58	广东省深圳市宝安区文化馆	73.67
9	西藏自治区萨迦县委宣传部	140.00	59	安徽省淮南市毛集实验区文化馆	73.56
10	西藏自治区仲巴县委宣传部	133.33	60	上海市长宁文化艺术中心	73.46
11	江苏省响水县文化馆	131.58	61	河南省原阳县人民文化馆	73.30
12	江苏省常州市戚墅堰区文化馆	129.71	62	北京市东城区文化馆	73.16
13	河南省信阳市浉河区文化中心	122.47	63	湖南省张家界市永定区文化馆	72.73
14	上海市普陀区文化馆	116.92	64	河南省南阳市群众艺术馆	72.05
15	江西省南昌市东湖区文化馆	116.67	65	江苏省新沂市文化馆	71.81
16	广东省珠海市斗门区文化馆	113.61	66	广西柳州市群众艺术馆	71.46
17	湖北省荆门市群众艺术馆	105.87	67	安徽省凤台县文化馆	71.43
18	上海市闸北区彭浦文化馆	105.65	68	福建省福鼎市文化馆	71.28
19	湖北省十堰市群众文化活动中心	104.64	69	云南省云南省文化馆	71.03
20	湖北省大悟县文化馆	104.58	70	福建省古田县文化馆	70.92
21	江苏省常熟市文化馆	103.83	71	湖北省通城县文化馆	70.39
22	北京市崇文区文化馆	101.08	72	广西桂林市叠彩区文化馆	69.71
23	上海市普陀区甘泉文化馆	101.03	73	四川省罗江县文化馆	69.51
24	河南省开封县文化馆陈留分馆	100.00	74	江苏省江阴市文化馆	68.96
25	湖南省湘潭市岳塘区文化馆	100.00	75	湖北省监利县文化馆	68.39
26	西藏自治区丁青县文化馆	100.00	76	四川省北川羌族自治县文化馆	68.06
27	山西省太原市迎泽区文化馆	99.81	77	福建省鼓楼区文化馆	67.92
28	上海市卢湾区文化馆	99.79	78	天津市河北区文化馆	67.81
29	河北省沧州市文化艺术中心	99.63	79	贵州省铜仁市群众艺术馆	66.83
30	福建省闽候县文化馆	92.40	80	重庆市南岸区文化馆	66.53
31	湖北省石首市群艺馆	91.17	81	湖南省岳阳县文化馆	66.48
32	四川省隆昌县文化馆	91.17	82	浙江省余杭区文化馆	66.34
33	四川省广元市市中区文化中心	90.91	83	云南省大理州群艺馆	66.24
34	上海市徐汇区宛南文化馆	90.17	84	上海市宝山区月浦文化馆	66.18
35	上海市静安区文化馆	86.89	85	浙江省衢州市群众艺术馆	65.93
36	福建省厦门市思明区文化馆	85.11	86	河南省洛阳市吉利区文化馆	65.00
37	湖南省衡阳市珠晖区文化馆	85.00	87	湖北省大冶市群众文化馆	64.94
38	福建省南安市文化馆	83.20	88	云南省楚雄州文化馆	64.51
39	江苏省扬州市维扬区文化馆	83.14	89	湖北省安陆市文化馆	64.40
40	甘肃省张掖市宣传文化中心	82.71	90	湖南省衡阳市雁峰区文化馆	64.08
41	重庆市双桥区文化馆	81.82	91	天津市红桥区文化馆	63.63
42	重庆市垫江县文化馆	79.89	92	浙江省诸暨市文化馆	63.42
43	辽宁省抚顺市望花区文化馆	79.17	93	浙江省绍兴市群众艺术馆	63.39
44	广东省花都区文化馆	78.12	94	北京市东城区文化馆	63.39
45	上海市杨浦区文化馆	77.80	95	湖北省南漳县文化馆	63.28
46	福建省松溪县文化馆	77.32	96	新疆昌吉州群艺馆	63.12
47	湖北省武汉市群众艺术馆	76.56	97	黑龙江省宾县文化馆	62.55
48	上海市浦东新区浦东文化馆	76.26	98	湖北省武汉市硚口区文化馆	62.54
49	浙江省宁波市海曙区文化馆	76.08	99	吉林省长春市群众艺术馆	62.32
50	新疆乌鲁木齐市群众艺术馆	75.88	100	河南省扶沟县文化馆	62.24

全国其他文化产业(企业)按利润排序

单位:千元

名次	单位名称	利润	名次	单位名称	利润
1	北京故宫文化服务中心	11907	51	湖南文化资源开发服务中心文源宾馆	100
2	北京中演环球艺术制作有限公司	4967	52	湖南省涟源市爱心文化园有限责任公司	97
3	浙江省古建筑设计研究院	4177	53	青海省省江河源文化开发总公司	94
4	北京端门服务部	4069	54	浙江省杭州美声文化艺术公司	90
5	广东省广州市美术公司	3278	55	北京长安舞台艺术有限公司	86
6	成都武侯锦里旅游文化管理有限公司	2406	56	江苏省常州市科图文化用品公司	81
7	湖北省荆州市电影公司	2226	57	广东省演出公司	80
8	北京恭王府书画社	2144	58	江苏省演出公司	77
9	湖北省潜江市电影发行放映公司	1707	59	重庆歌乐山文化实业开发公司	74
10	浙江庆春电影大世界	1489	60	北京中演展新时代广告有限责任公司	69
11	上海市宝松美术设计公司	1184	61	浙江景达装璜公司	68
12	江西省萍乡市电影公司	970	62	湖北省市电影发行放映有限公司	66
13	上海市中国画院经营部	908	63	四川省成都杜甫草堂服务部	66
14	国艺斋(北京)文化艺术有限公司	867	64	湖南省炎陵县电影公司	65
15	国博(北京)综合服务部	866	65	山西省山西力源实业公司	64
16	宁夏文华房地产开发有限公司	667	66	青海省西海民族音像发行社	62
17	上海仙乐斯文化实业公司	653	67	江苏省江苏文化音像出版社	58
18	紫禁城出版社	594	68	北京中瑞装饰工程有限公司	57
19	江苏省无锡市印刷物资公司	421	69	湖北省荆门市电影发行放映公司	56
20	中国文化国际旅行社	358	70	山东文化音像出版社	50
21	浙江天创光电有限公司	343	71	北京泮水文化服务中心	46
22	浙江省慈溪市文艺演出有限公司	292	72	上海新世纪演艺公司	46
23	重庆市沙坪坝文化实业开发公司	286	73	浙江省文化实业发展中心	37
24	上海舞美艺术中心有限公司	283	74	浙江省宁波镇海新华书店	33
25	湖北省蕲春县电影发行放映公司	262	75	浙江省嘉善县银星文化实业公司	32
26	天津市滨江乐园	236	76	山西省华艺实业总公司	31
27	山东省文物科技保护中心	231	77	广西百色市百花园招待所	31
28	浙江省杭州百花服装制作部	227	78	山东省济南市文化局房产管理修建公司	30
29	广西自治区文化物质供应公司	226	79	湖北省孝南区电影公司	30
30	上海市青浦文化发展中心	216	80	北京剧本制作有限责任公司	27
31	上海星际企业管理有限公司	211	81	天津市和平文化宫娱乐中心	27
32	江苏省南京市电影机械设备厂	186	82	江苏省苏州市文化经济发展总公司	27
33	重庆市歌乐山文化实业发展有限公司	182	83	江苏省徐州汉艺斋服务部	26
34	湖北省电影发行放映总公司	175	84	天津市视听设备技术服务中心	24
35	北京中演客货运输代理公司	166	85	江苏省徐州博物馆文博斋	23
36	上海南梦宫有限公司	159	86	浙江省杭州华艺贸易公司	23
37	北京东艺贸易公司	143	87	云南省石林县儿童乐园	23
38	江苏省苏州市演出管理处	134	88	江苏省南京雨花印刷厂	22
39	河南省周口市文化局招待所	131	89	湖北省宜昌市解放电影院	22
40	湖南省湘潭市文化艺术学校	130	90	北京市电影器材公司	21
41	上海美术馆艺术品有限公司	126	91	天津中科舞台工程技术中心	20
42	上海市存天阁艺术品经营部	126	92	山东省青岛广告公司	20
43	福建省厦门市书画社	119	93	广东省深圳市罗湖区人民电影院	19
44	湖北省咸安区电影发行放映分司	119	94	河北省衡水市兴文商行	17
45	湖北省咸安区电影发行公司	119	95	北京市影和广告公司	15
46	浙江文化大厦有限公司	114	96	江苏省扬州市图书公司	15
47	北京文化艺术音像出版社	110	97	江苏省常熟市礼仪演出服务中心	15
48	北京雍幽文化书社	109	98	北京中演图兰多文化有限公司	14
49	湖北省黄冈市电影发行放映公司	105	99	天津市演出器材公司	13
50	上海市金山区文化馆文化娱乐中心	100	100	北京和平旅行社	13

全国其他文化产业(企业)按上缴各种税金排序

单位:千元

名次	单位名称	上缴各种税金	名次	单位名称	上缴各种税金
1	北京故宫文化服务中心	14150	51	北京中演客货运输代理公司	312
2	广东省广州市美术公司	10608	52	江苏省南京市中山食品原料中心	310
3	北京中演环球艺术制作有限公司	5726	53	江西省龙南县文化局	305
4	浙江省古建筑设计研究院	4917	54	重庆市沙坪坝文化实业开发公司	304
5	上海南梦宫有限公司	4665	55	上海美术馆艺术品有限公司	291
6	北京端门服务部	4233	56	陕西省文化物资公司	276
7	江苏省演艺集团有限公司	3202	57	上海星际企业管理有限公司	275
8	浙江文化大厦有限公司	2968	58	四川省成都杜甫草堂服务部	275
9	成都武侯锦里旅游文化管理有限公司	2927	59	黑龙江省文化印刷厂	270
10	北京恭王府书画社	2261	60	山西省山西力源实业公司	264
11	浙江庆春电影大世界	2248	61	江苏省姜堰市图书馆服务部	262
12	湖北省荆州市电影公司	2231	62	北京市影和广告公司	260
13	浙江天创光电有限公司	2133	63	山东省青岛广告公司	245
14	湖北省潜江市电影发行放映公司	1707	64	湖南省湘潭市文化艺术学校	240
15	湖北省电影发行放映总公司	1141	65	上海市青浦文化发展中心	231
16	上海仙乐斯文化实业公司	1095	66	吉林省洮南市电影公司	229
17	河南省文物考古勘探中心	1082	67	北京东艺贸易公司	226
18	上海市中国画院经营部	1048	68	湖北省宜昌市解放电影院	210
19	湖北省崇阳县电影公司	1042	69	江苏省扬州广陵古籍刻印社	203
20	四川省成都艺博文化艺术培训学校	1035	70	江西省江西画报社	201
21	国博(北京)综合服务部	962	71	山东省济南市天庆剧场	196
22	国艺斋(北京)文化艺术有限公司	889	72	上海新世纪演艺公司	192
23	宁夏文华房地产开发有限公司	887	73	重庆市银河影业有限公司	190
24	江苏省无锡市印刷物资公司	810	74	江苏省姜堰市文化馆文化艺术培训中心	189
25	浙江时代数字电影发行放映有限公司	800	75	广西自治区文化物质供应公司	189
26	北京市电影公司	732	76	北京中瑞装饰工程有限公司	184
27	广东省演出公司	718	77	重庆市歌乐山文化实业发展有限公司	184
28	江苏省苏州市演出管理处	658	78	湖南文化资源开发服务中心文源宾馆	178
29	浙江省宁波镇海新华书店	634	79	广东音像出版社	168
30	上海舞美艺术中心有限公司	632	80	上海市存天阁艺术品经营部	155
31	紫禁城出版社	594	81	山西省太原市舞台技术服务部	154
32	广东省佛山市民间艺术研究社	593	82	北京雍幽文化书社	152
33	吉林省镇赉县电影公司	567	83	湖北省长阳土家族自治县电影发行放映公司	145
34	北京北图图新书店	553	84	北京中演展新时代广告有限责任公司	140
35	中国文化国际旅行社	523	85	河南省周口市文化局招待所	140
36	北京市电影器材公司	512	86	湖北省文化艺术器材公司	139
37	天津市滨江乐园	491	87	浙江省文化实业发展中心	137
38	江苏省南京市电影机械设备厂	429	88	青海省省江河源文化开发总公司	137
39	湖北省大悟县电影公司	418	89	江苏省演出公司	136
40	山东省济南市文化局房产管理修建公司	402	90	福建省厦门市书画社	135
41	江苏省常州市科图文化用品公司	400	91	湖北省黄冈市电影发行放映公司	135
42	北京文化艺术音像出版社	379	92	湖北省浠水县电影公司	121
43	江苏省扬州广陵书社	368	93	天津市美术广告公司	120
44	上海市宝松美术设计公司	362	94	辽宁文化艺术音像出版社	119
45	江苏文华演出器材有限公司	355	95	重庆歌乐山文化实业开发公司	114
46	浙江省慈溪市文艺演出有限公司	351	96	湖北省市电影发行放映有限公司	112
47	山东文化音像出版社	338	97	北京长安舞台艺术有限公司	108
48	山东省文物科技保护中心	328	98	浙江省杭州美声文化艺术公司	108
49	北京北图文化发展中心	321	99	江苏省苏州市文化经济发展总公司	104
50	天津杨柳青画社	315	100	山西省华艺实业总公司	103

全国文化市场网吧按房屋经营面积排序

单位：平方米

名次	单位名称	房屋经营面积	名次	单位名称	房屋经营面积
1	上海东方网点连锁管理有限公司	89700	51	陕西省西安亿乐小蚂蚁网络有限公司	2000
2	广东省深圳市商银投资有限公司	18579	52	陕西省易时代互联网俱乐部	2000
3	山东中鲁时空城阳红埠数字文化家园	14400	53	陕西省白桦林网络文化有限公司	2000
4	广西区电信有限公司电信信息分公司	13000	54	湖北省五里桥网吧超市	1990
5	山东中鲁时空城阳演礼村数字文化家园	12000	55	海南省海口财盛网吧	1980
6	上海中数网络家园管理有限公司	7500	56	四川省成都市钱坤网吧	1918
7	四川省成都殷商时代网络有限责任公司	6800	57	北京蓝越森上网服务中心	1900
8	深圳市航维网络服务有限公司航维网吧	6789	58	广东省民众浪潮网吧	1900
9	四川零度聚阵文化有限公司	6369	59	广东省黄岐前讯网吧	1900
10	河北省网络科技有限公司	5000	60	南宁市傲世网络商贸有限公司大沙田分公司	1900
11	广东省湛江市霞山区虹日网吧	4510	61	南宁市星海虹桥餐饮管理有限公司	1900
12	辽宁省硬石网吧四部	3699	62	陕西省西安金浪贸易有限公司	1900
13	广东省广州市宏丽有限公司	3600	63	陕西省经典网络服务有限公司	1900
14	陕西省西安赢向未来巨龙网吧	3600	64	四川省星歌场歌城	1890
15	浙江省嘉兴市工人文化宫	3507	65	湖北省天都网友俱乐部	1888
16	上海中录时空文化发展有限公司	3500	66	陕西省西安市莲湖区爱慕九休闲网吧	1885
17	江西省龙行天下网吧	3400	67	广东省湛江市霞山区网想网吧	1873
18	上海市亚联电信网络有限公司	3360	68	江西省星球网吧	1870
19	广西南宁长宽网络文化管理有限公司	3200	69	广东省东莞市天汇网络科技有限公司	1860
20	广东省湛江市赤坎鑫港源网吧	3040	70	贵州省九方宽带网吧	1850
21	陕西省虫虫网吧	2967	71	广东省湛江市霞山区旺昌网吧	1825
22	广东省湛江市霞山区梦雅网络经营部	2950	72	广东省湛江市霞山区缘缘网吧	1810
23	陕西省小蚂蚁网络俱乐部本部	2850	73	广东省中国联通广州分公司联通网苑大石店	1800
24	云南省昆明市盘龙区航波公众电脑屋	2800	74	广东省中青网络家园广州江南店	1800
25	浙江五洲网络发展有限公司	2800	75	广东省东莞市石龙巨豪网吧	1800
26	重庆网众科技有限公司	2800	76	广西西林网吧	1800
27	天津新洋网吧	2700	77	吉林省长春市天易网络休闲广场	1800
28	北京千龙网都触极伍贰灵上网服务有限公司	2600	78	吉林省长春市鑫心网络城	1800
29	广西南宁市利晟网络技术有限公司	2500	79	吉林省英图上网服务有限公司	1800
30	江西省江西电信绿色网盟信息有限责任公司	2500	80	山东省龙腾网吧	1800
31	山东省青岛翔宇网吧	2500	81	陕西省西安天虹红树林网络有限公司	1800
32	广东省东莞市桥头光之速电脑科技有限公司	2376	82	西安汉宫网络有限公司东大街店	1800
33	广东星盟网络连锁广州分公司广花(直营)店	2350	83	陕西省优优网络有限责任公司	1800
34	广东星盟网络连锁广州分公司鹤边店	2300	84	陕西省水世界网络会所	1800
35	吉林省英图网吧	2200	85	中青网络家园(武汉)有限公司理科分公司	1800
36	江西省维也纳会所	2200	86	上海市八佰龙科技发展有限公司	1800
37	西安几何网络科技有限公司西大街店	2200	87	杭州经济开发区大安龙腾信息服务有限公司	1800
38	陕西省红蜘蛛网吧	2200	88	辽宁省沈阳兴隆室内公园娱乐有限公司	1800
39	广东省湛江市麻章区声群网络服务中心	2110	89	广东省中山市东升镇翔雄网络服务部	1792
40	广西南宁市皇庭娱乐有限公司	2100	90	广西南宁市尖峰网吧	1769
41	吉林省相约网吧	2100	91	河北省飞渡网城	1750
42	陕西省翔宇网吧	2097	92	江西省欢乐城网吧	1750
43	陕西省碧空网吧	2097	93	江西省利群网吧	1730
44	广东省闽粤网络人生服务部	2044	94	北京六点水上网服务有限公司	1700
45	北京快乐港湾北京华润世纪上网服务有限公司	2000	95	广东省佛山市禅城区通济电脑信息服务部	1700
46	北京伍贰灵上网服务有限公司	2000	96	广东省东莞市塘厦兴毅网吧	1700
47	广东省深圳市沛卓科技有限公司任我行网吧	2000	97	江苏省常州市中南网吧	1700
48	广东省黄岐景仲网吧	2000	98	江西省南昌长城宽带网络文化发展有限公司	1700
49	湖北省五一网吧	2000	99	山东省中鲁时空巨龙数字文化家园	1700
50	西安红树林网络科技有限公司土门示范店	2000	100	陕西省西安巴巴拉小蚂蚁网络有限公司	1700

全国文物保护管理机构按藏品排序

单位：件

名次	单位名称	藏品数	名次	单位名称	藏品数
	一、省级文物保护管理机构		21	安徽省亳州市文物处	3818
1	陕西省西岳庙文物管理处	1503	22	云南省昭通市文管所	3488
2	甘肃炳灵寺文物保护研究所	354	23	辽宁省抚顺市博物馆	3400
3	北京市白塔寺管理处	160	24	贵州省六盘水市文物管理所	3344
4	天津市文化局文物处	98	25	北京市昌平区十三陵特区办事处	3253
5	北京市团城演武厅管理处	37	26	河南省鹤壁市文物工作队	3205
	二、地市级文物保护管理机构		27	新疆克州文物管理所	2993
1	河南省洛阳市文物工作队	252794	28	安徽省合肥市文物处	2877
2	河南省龙门石窟文物保护区风景名胜区管理局	100000	29	河南省洛阳市白马寺汉魏故程文物保管所	2783
3	西藏自治区布达拉宫管理处	64980	30	河南省平顶山市文物管理局	2739
4	河南省洛阳市第二文物工作队	40380	31	河北省邯郸市文物保护研究所	2695
5	重庆市长寿区文管所	27188	32	河南省信阳市文物局	2635
6	西藏自治区扎什伦布寺	18383	33	安徽省宿州市文物管理所	2585
7	四川省阿坝州文物管理所	16432	34	黑龙江省鹤岗市文物管理站	2584
8	西藏自治区罗布林卡管理处	14318	35	黑龙江省绥化市文物管理站	2569
9	西藏自治区萨迦寺	13109	36	云南省西双版纳州文物管理所	2293
10	江西省高安市吴城科教馆	12006	37	安徽省铜陵市文物管理局	2200
11	湖南省长沙市文物考古研究所	8969	38	河南省濮阳市文物保护管理所	2175
12	西藏自治区拉萨市色拉寺管理委员会	8960	39	云南省楚雄州文管所	2146
13	西藏自治区哲蚌寺管理委员会	8266	40	重庆市渝北区文物管理所	2070
14	广东省梅州市人境庐文物管理所	8098	41	山东省莱芜市文物管理委员会办公室	2023
15	西藏自治区江孜白居寺	7784	42	山西省太原市双塔寺文物保管所	1827
16	河北省承德市外八庙管理处	7250	43	内蒙古自治区包头市文物管理处	1800
17	西藏自治区拉萨市大昭寺管理委员会	6306	44	吉林省辽源市文物管理所	1757
18	安徽省六安市文物管理局	5442	45	山东省滨州市文物管理处	1756
19	内蒙古自治区巴彦淖尔市文物站	4457	46	西藏自治区夏鲁寺	1739
20	安徽省淮北市文物管理所	4107	47	河南省驻马店市文物考古管理所	1640

全国文物保护管理机构按藏品排序

单位:件

名次	单位名称	藏品数	名次	单位名称	藏品数
48	重庆市南岸区文物管理所	1559	24	重庆市巫山县文物管理所	9362
49	安徽省巢湖市文物管理所	1458	25	云南省威信县文体局	8990
50	内蒙古自治区锡盟文物站	1434	26	浙江省宁海县文官会	8462
	三、县级文物保护管理机构		27	云南省会泽县文管所	8291
1	山东省曲阜市文物管理委员会	63886	28	安徽省怀远县文物管理处	7745
2	山西省天镇县文物保管所	44420	29	湖北省利川市文物管理所	7640
3	辽宁省凌海市文物保护管理所	41440	30	四川省射洪县文物管理所	7460
4	四川省南江县文物管理所	34378	31	四川省通江县文物管理所	7419
5	山东省蓬莱阁文物管理处	32588	32	山西省朔城区崇福寺文物保管所	7378
6	山西省吉县文物管理所	30411	33	河南省灵宝市文物保护管理所	7356
7	四川省巴中市巴州区文物管理所	29034	34	陕西省子长县钟山石窟文管所	7200
8	四川省都江堰市文物局	26219	35	四川省宣汉县文物管理所	7144
9	山西省寿阳县文物管理所	23889	36	山东省东阿县文管所	7034
10	湖南省邵东县文物管理所	22718	37	河南省宜阳县文物保护管理所	6808
11	山东省昌乐县文物管理所	17492	38	浙江省瑞安市文物馆	6672
12	河北省涿州市文物保护管理所	16569	39	湖北省武当山文管所	6599
13	四川省三台县文物管理所	14718	40	湖南省靖州县文物管理所	6597
14	山东省章丘市文管所	14413	41	四川省渠县文物管理所	6558
15	河北省磁县文物保管所	14086	42	河南省开封县文物管理所	6544
16	内蒙古自治区准格尔旗文物馆	13800	43	四川省绵竹市文物保护管理所	6100
17	河南省鹤壁市淇县文物管理所	13296	44	浙江省东阳市文物管理办公室	5880
18	重庆市丰都县文物管理所	13018	45	浙江省绍兴县文物保护管理所	5708
19	四川省阿坝州汶川县文管所	12273	46	四川省邛崃市文物局	5706
20	河南省长葛市文物管理所	11541	47	河南省信阳市光山文旅局	5684
21	安徽省祁门县文物管理所	11434	48	重庆市开县文物管理所	5661
22	山西省临县文物管理所	10000	49	安徽省东至县文物管理所	5608
23	江苏省宜兴市文物管理委员会办公室	9449	50	安徽省五河县文物管理所	5400

全国文物保护管理机构按参观人次排序

单位:人次

名次	单位名称	参观人次	名次	单位名称	参观人次
	一、省级文物保护管理机构		20	陕西省药王山管理局	350000
1	北京市白塔寺管理处	95903	21	辽宁省锦州市笔架山风景管理处	300000
2	甘肃炳灵寺文物保护研究所	55480	22	山西省大同市古建筑文物保管所	298871
3	陕西省西岳庙文物管理处	49399	23	甘肃省嘉峪关关城文物管理所	292297
4	北京市团城演武厅管理处	27999	24	西藏自治区拉萨市大昭寺管理委员会	267141
5	甘肃大地湾文物保护研究所	3000	25	浙江省衢州市文物保护管理所	240000
6	甘肃北石窟文物保护研究所	3000	26	湖北省襄樊市隆中管理处	240000
	二、地市级文物保护管理机构		27	山西省解州关帝庙文物保管所	236315
1	北京市昌平区十三陵特区办事处	5076324	28	西藏自治区拉萨市色拉寺管理委员会	214962
2	浙江省杭州市园文局灵隐管理处	3493588	29	湖北省宜昌市三游洞文物管理处	200000
3	四川省乐山大佛乌尤文物保护管理局	2630000	30	河南省许昌市灞陵桥文物管理处	181816
4	浙江省杭州市园文局钱江管理处	1740000	31	西藏自治区扎什伦布寺	156258
5	浙江省杭州市园文局凤凰山管理处	1532000	32	广西梧州市古建筑管理处	156000
6	河南省龙门石窟文物保护区风景名胜区管理局	1308000	33	江苏省无锡市名人故居文物管理处	137638
7	浙江省杭州市园文局岳庙管理处	1244900	34	江苏省无锡市薛福成故居文物管理处	130000
8	浙江省绍兴市大禹陵景区管理处	873200	35	江西省景德镇市陶瓷民俗博物馆	130000
9	新疆吐鲁番地区文物管理局	824757	36	四川省绵阳市文管所	130000
10	西藏自治区布达拉宫管理处	693490	37	北京历代帝王庙管理处	129657
11	河北省承德市外八庙管理处	557690	38	陕西省西安市小雁塔保管所	128729
12	河北省承德市避暑山庄管理处	546226	39	浙江省绍兴市名人故居管理处	122132
13	河南省安阳市殷墟王陵遗址管理处	500000	40	西藏自治区哲蚌寺管理委员会	120500
14	浙江省绍兴市兰亭景区管理处	499790	41	辽宁省营口市西炮台文物管理所	120000
15	浙江省宁波市保国寺文保所	450000	42	内蒙古自治区呼市文物事业管理处	117000
16	河南省濮阳市戚城文物景区管理处	380000	43	浙江省绍兴市沈园景区管理处	111967
17	西藏自治区罗布林卡管理处	376700	44	湖北省武汉市晴川阁管理处	104500
18	陕西省西安市钟鼓楼保管所	362003	45	山西省太原市天龙山文物保管所	100000
19	陕西省岐山县周公庙管理处	350000	46	山东省烟台山文物管理处	100000

全国文物保护管理机构按参观人次排序

单位：人次

名次	单位名称	参观人次	名次	单位名称	参观人次
47	湖南省邵阳市文物管理局	100000	23	湖南省炎帝陵管理局	220000
48	云南省聂耳墓文物管理所	100000	24	河北省正定县文物保管所	218851
49	上海市静安区文物史料馆	98261	25	广东省佛山市顺德区清晖园管理处	200061
50	浙江省衢州孔氏南宗家庙管理委员会	91225	26	辽宁省义县文物保管所	200000
	三、县级文物保护管理机构		27	湖北省夷陵区黄陵庙文物处	200000
1	北京市延庆县八达岭特区办事处	5930888	28	四川省阆中市文物管理所	200000
2	山东省曲阜市文物管理委员会	2780000	29	四川省广元市朝天区文管所	200000
3	山东省蓬莱阁文物管理处	1094997	30	河北省山海关区孟姜女庙景区管理处	195587
4	山西省平遥县古城墙管理处	852678	31	河南省康百万庄园文物保管所	190000
5	陕西省佳县白云山管理办	800000	32	四川省泸定县泸定桥文物管理局	183800
6	河北省山海关区第一关景区	635035	33	山西省运城市盐湖区舜帝陵庙文管所	180000
7	江苏省高邮市文物管理委员会	620000	34	四川省通江县文物管理所	170000
8	广东省南海神庙文物保管所	589601	35	山东省栖霞市牟氏庄园管理处	165763
9	河北省易县清西陵文物管理处	510000	36	四川省石棉县文物管理所	160000
10	河北省赵县文物保护管理所	500000	37	贵州省息烽县文物管理所	160000
11	浙江省湖州南浔区文物保护管理所	500000	38	河南省获嘉县同盟山旅游区管理所	150000
12	江苏省盱眙县明祖陵文物保管所	480000	39	四川省万源市文物管理所	150000
13	陕西省黄帝陵管理局	460000	40	广西恭城县文物管理所	147000
14	云南省崇圣寺三塔文物保护管理所	450000	41	浙江省海宁市盐官文物保护管理所	145000
15	重庆市奉节县白帝城文馆所	400000	42	山西省洪洞县大槐树迁民遗址文物管理所	143762
16	广东省德庆县悦城龙母祖庙文物管理所	390000	43	山东省济南市长清区灵岩寺管委会	142000
17	四川省梓潼县文物管理所	350000	44	湖北省钟祥市显陵管理处	140000
18	宁夏自治区银川市西夏陵区管理处	298000	45	辽宁省新宾满族自治县赫图阿拉城文物管理所	139700
19	山东省嘉祥县文物管理局	260000	46	四川省崇州市罨画池管理处	130000
20	河南省汝州市风穴寺文物管理所	260000	47	贵州省花溪区文物管理所	130000
21	河北省清东陵文物管理处	257439	48	广东省德庆县学宫管理所	128438
22	河北省涉县文物保管所	222256	49	湖南省祁阳县浯溪文物管理所	128000

全国文物保护管理机构按门票收入排序

单位：千元

名次	单 位 名 称	门票收入	名次	单 位 名 称	门票收入
	一、省级文物保护管理机构		20	陕西省西安市小雁塔保管所	2268
1	甘肃炳灵寺文物保护研究所	2011	21	浙江省绍兴市沈园景区管理处	2263
2	北京市白塔寺管理处	674	22	西藏自治区罗布林卡管理处	2158
3	甘肃北石窟文物保护研究所	80	23	山东省烟台山文物管理处	2066
4	北京市团城演武厅管理处	31	24	湖北省宜昌市三游洞文物管理处	1800
5	甘肃大地湾文物保护研究所	30	25	北京市周口店北京人遗址管理处	1656
6	青海省馨庐文物管理所	19	26	北京历代帝王庙管理处	1579
	二、地市级文物保护管理机构		27	山西省大同市古建筑文物保管所	1257
1	北京市昌平区十三陵特区办事处	187550	28	陕西省西安市青龙寺遗址保管所	1233
2	浙江省杭州市园文局灵隐管理处	110277	29	陕西省岐山县周公庙管理处	1170
3	河南省龙门石窟文物保护区风景名胜区管理局	72160	30	浙江省绍兴市名人故居管理处	1033
4	四川省乐山大佛乌尤文物保护管理局	69463	31	河北省邯郸市黄粱梦文物管理处	1001
5	河北省承德市避暑山庄管理处	38235	32	陕西省宝鸡市陈仓区钓鱼台文物管理所	970
6	浙江省杭州市园文局岳庙管理处	32008	33	江苏省无锡市薛福成故居文物管理处	926
7	浙江省杭州市园文局钱江管理处	24250	34	陕西省药王山管理局	858
8	西藏自治区布达拉宫管理处	22752	35	江西省景德镇市陶瓷民俗博物馆	828
9	新疆吐鲁番地区文物管理局	19953	36	山西省芮城永乐宫文物保管所	761
10	河北省承德市外八庙管理处	16730	37	浙江省宁波市保国寺文保所	741
11	甘肃省嘉峪关关城文物管理所	12887	38	河南省许昌市灞陵桥文物管理处	732
12	陕西省西安市钟鼓楼保管所	9367	39	河南省濮阳市戚城文物景区管理处	720
13	浙江省绍兴市大禹陵景区管理处	8533	40	河南省许昌春秋楼文物管理处	610
14	浙江省杭州市园文局凤凰山管理处	8116	41	浙江省衢州孔氏南宗家庙管理委员会	561
15	浙江省绍兴市兰亭景区管理处	7243	42	陕西省榆林市镇北台文物管理所	530
16	山西省解州关帝庙文物保管所	6912	43	贵州省贵阳市文物管理所	524
17	湖北省襄樊市隆中管理处	6750	44	山东省光岳楼管理处	513
18	西藏自治区拉萨市大昭寺管理委员会	4300	45	江西省九江市文物名胜管理处	465
19	内蒙古自治区呼市文物事业管理处	4097	46	陕西省榆林市红石峡文物管理所	446

全国文物保护管理机构按门票收入排序

单位:千元

名次	单位名称	门票收入	名次	单位名称	门票收入
47	广西桂林市靖江王陵文物管理处	418	23	陕西省佳县白云山管理办	1800
48	海南省海口市海瑞墓管理处	405	24	湖南省炎帝陵管理局	1741
49	山西省太原市天龙山文物保管所	380	25	贵州省息烽县文物管理所	1726
50	辽宁省锦州市笔架山风景管理处	300	26	四川省梓潼县文物管理所	1680
	三、县级文物保护管理机构		27	广东省南海神庙文物保管所	1530
1	北京市延庆县八达岭特区办事处	172283	28	天津市蓟县文物保管所	1338
2	山东省曲阜市文物管理委员会	80651	29	浙江省东阳市卢宅文物保护管理所	1251
3	山东省蓬莱阁文物管理处	70049	30	山西省洪洞县明代监狱文物管理所	1203
4	陕西省黄帝陵管理局	32768	31	贵州省镇远县文物局	1203
5	河北省山海关区第一关景区	20930	32	四川省阆中市文物管理所	1194
6	河北省清东陵文物管理处	20570	33	江苏省盱眙县明祖陵文物保管所	1190
7	重庆市奉节县白帝城文馆所	19300	34	四川省泸定县泸定桥文物管理局	1146
8	山西省平遥县古城墙管理处	17504	35	陕西省留坝县张良庙文管所	1000
9	广东省德庆县悦城龙母祖庙文物管理所	12960	36	陕西省韩城市司马迁祠墓文管所	1000
10	河北省易县清西陵文物管理处	6700	37	山西省洪洞县广胜寺文物管理所	880
11	重庆市云阳县文物保护管理所	4880	38	广东省德庆县学宫管理所	876
12	宁夏自治区银川市西夏陵区管理处	4850	39	湖北省武当山文管所	800
13	山西省应县木塔文物保管所	4783	40	河北省邯郸市峰峰矿区响堂山风景管理处	745
14	山东省济南市长清区灵岩寺管委会	4513	41	甘肃省武都区万象洞风景名胜管理所	710
15	湖北省钟祥市显陵管理处	4070	42	宁夏自治区青铜峡市文物管理所	700
16	河北省山海关区孟姜女庙景区管理处	3793	43	辽宁省义县文物保管所	655
17	河北省赵县文物保护管理所	3280	44	青海省贵德县文管所	631
18	山西省洪洞县大槐树迁民遗址文物管理所	3136	45	江西省龙虎山风景旅游区文教局	600
19	河北省涉县文物保管所	2913	46	河北省山海关老龙头景区管理处	515
20	河南省康百万庄园文物保管所	2562	47	湖南省祁阳县浯溪文物管理所	500
21	辽宁省新宾满族自治县赫图阿拉城文物管理所	2465	48	浙江省湖州南浔区文物保护管理所	400
22	山东省栖霞市牟氏庄园管理处	2300	49	陕西省大佛寺文物管理所	400

全国博物馆机构按藏品排序

单位:件

名次	单位名称	藏品数	名次	单位名称	藏品数
	一、国家博物馆机构		35	广西自治区自然博物馆	30933
1	故宫博物院	1013942	36	重庆红岩革命纪念馆	23988
2	中国国家博物馆	620000	37	山西省艺术博物馆	23000
3	北京鲁迅博物馆	24025	38	湖南省韶山毛泽东同志纪念馆	15204
4	国际友谊博物馆	16084	39	海南省民族博物馆	12300
	二、省级博物馆机构		40	江西省瑞金中央革命根据地纪念馆	11582
1	北京市首都博物馆	1020366	41	海南省博物馆	8940
2	江苏省南京博物院	449603	42	青海省博物馆	8419
3	陕西历史博物馆	381951	43	北京市古代钱币展览馆	7954
4	安徽省博物馆	217919	44	天津市周恩来邓颖超纪念馆	6835
5	山西博物院	185200	45	重庆大足石刻艺术博物馆	6173
6	福建省福建博物院	179979	46	陕西省秦始皇兵马俑博物馆	5949
7	四川省博物馆	159135	47	陕西省西安半坡博物馆	5873
8	云南省博物馆	154935	48	陕西省西安碑林博物馆	5762
9	天津博物馆	147276	49	江西省安源路矿工人运动纪念馆	5010
10	内蒙古博物馆	132138	50	天津市平津战役纪念馆	4823
11	河南博物院	129654		**三、地市级博物馆机构**	
12	上海博物馆	128910	1	内蒙古自治区内蒙包头市博物馆	108827
13	广东省博物馆	122916	2	山东省青岛市博物馆	108080
14	山东省博物馆	116152	3	山西省长治市博物馆	105162
15	浙江自然博物馆	115132	4	湖南省长沙简牍博物馆	100000
16	黑龙江省博物馆	108584	5	安徽省黄山市博物馆	96802
17	辽宁省博物馆	108398	6	河南省开封市博物馆	87360
18	河北省民俗博物馆	92820	7	广东省惠州市博物馆	85462
19	吉林省博物院	90479	8	江苏省南京市博物馆	76072
20	重庆中国三峡博物馆	89839	9	浙江省宁波市天一阁博物馆	75860
21	湖南省博物馆	89615	10	湖北省鄂州市博物馆	74674
22	甘肃省博物馆	84730	11	湖北省恩施州博物馆	70060
23	上海鲁迅纪念馆	78435	12	广东省江门市五邑华侨华人博物馆	62766
24	北京艺术博物馆	74687	13	湖北省荆门市博物馆	60725
25	重庆自然博物馆	73826	14	江苏省苏州戏曲博物馆	53705
26	浙江省博物馆	72609	15	河南省鹤壁市博物馆	52944
27	湖北省博物馆	72177	16	江苏省南通博物苑	48948
28	江西省博物馆	49067	17	河南省许昌市博物馆	45684
29	广西区博物馆	46428	18	湖南省长沙市博物馆	45000
30	上海市历史博物馆	39220	19	辽宁省抗美援朝纪念馆	41806
31	上海市中共“一大”会址纪念馆	38984	20	四川省杜甫草堂博物馆	37798
32	新疆博物馆	38551	21	湖北省荆州市博物馆	37525
33	青海省中国青海柳湾彩陶博物馆	37925	22	宁夏自治区宁夏博物馆	36835
34	贵州省博物馆	36208			

全国博物馆机构按藏品排序

单位:件

名次	单位名称	藏品数	名次	单位名称	藏品数
23	广西柳州市博物馆	36783	12	河北省平泉县博物馆	17709
24	广东省广州博物馆	36247	13	河南省偃师商城博物馆	16904
25	湖北省十堰市博物馆	32988	14	山西省高平市文博馆	16623
26	重庆市万州区博物馆	31895	15	江西省吉水县博物馆	16000
27	陕西省延安革命纪念馆	31013	16	江西省秋收起义铜鼓纪念馆	15329
28	西藏自治区西藏博物馆	29065	17	山东省邹城市博物馆	15149
29	辽宁省旅顺博物馆	27425	18	内蒙古自治区巴林左旗博物馆	15000
30	江苏省镇江博物馆	27353	19	江苏省常熟博物馆	15000
31	山西省大同市博物馆	26000	20	山东省诸城市博物馆	15000
32	河北省承德市避暑山庄博物馆	24994	21	湖北省武穴市博物馆	14928
33	广东省揭阳市博物馆	24661	22	湖北省鹤峰县博物馆	14882
34	广东省广州艺术博物院	24059	23	山东省章丘市博物馆	14820
35	广西桂林博物馆	23458	24	湖北省老河口市博物馆	14483
36	广东省河源市博物馆	23368	25	广东省和平县博物馆	13497
37	湖南省岳阳市博物馆	22103	26	甘肃省敦煌市博物馆	13357
38	山西省晋城博物馆	21845	27	广东省佛山市博物馆	12795
39	广东省深圳市博物馆	21712	28	山西省陵川县博物馆	12721
40	山东省济南市博物馆	20984	29	山东省莒县博物馆	12674
41	江苏省无锡市博物馆	20971	30	山西省沁源县文物馆	12395
42	四川省凉山州博物馆	20200	31	湖北省广水市博物馆	11766
43	广东革命历史博物馆	19997	32	山东省滕州市博物馆	11727
44	江苏省常州市博物馆	19864	33	山西省汾西县博物馆	11515
45	江西省景德镇陶瓷馆	19650	34	安徽省祁门县博物馆	11434
46	河南省商丘博物馆	19236	35	山东省平度市博物馆	11182
47	广西贺州市博物馆	18793	36	河南省巩义市文物管理局	11137
48	浙江省温州博物馆	18708	37	湖北省赤壁市博物馆	11109
49	辽宁省沈阳故宫博物院	18192	38	福建省石狮市博物馆	11081
50	江苏省扬州博物馆	18170	39	湖北省点军区车溪农家博物馆	11000
	四、县级博物馆机构		40	山西省闻喜县博物馆	10859
1	河南省新郑市文物管理局	54598	41	重庆市铜梁县博物馆	10846
2	湖北省浠水县博物馆	51021	42	甘肃省会宁县博物馆	10763
3	甘肃省武威市博物馆	44733	43	吉林省集安市博物馆	10187
4	河南省舞阳县博物馆	38000	44	湖北省武汉市蔡甸区博物馆	10082
5	山东省青州市博物馆	28386	45	江西省婺源县博物馆	10057
6	浙江省嵊州市越剧博物馆	26455	46	广东省番禺博物馆	9621
7	河南省淅川县博物馆	24842	47	浙江省兰溪市博物馆	9475
8	甘肃省甘州区博物馆	20827	48	江西省分宜县博物馆	9447
9	浙江省上虞博物馆	20042	49	浙江省江山市博物馆	9405
10	河北省定州市博物馆	19723	50	四川省芦山县博物馆	9096
11	山东省即墨市博物馆	18000			

全国博物馆机构按参观人次排序

单位:人次

名次	单位名称	参观人次
	一、国家博物馆机构	
1	故宫博物院	8767545
2	国际友谊博物馆	3000000
3	中国国家博物馆	2315798
4	北京鲁迅博物馆	9482
	二、省级博物馆机构	
1	陕西省秦始皇兵马俑博物馆	2507372
2	重庆歌乐山烈士陵园管理处	1920000
3	浙江自然博物馆	1115350
4	浙江省博物馆	1087000
5	重庆中国三峡博物馆	1080616
6	上海博物馆	1057135
7	云南省博物馆	1044000
8	湖南省博物馆	902992
9	江西省井冈山革命博物馆	800000
10	北京市首都博物馆	759568
11	陕西历史博物馆	750000
12	陕西省西安碑林博物馆	564000
13	陕西省乾陵博物馆	530000
14	辽宁省博物馆	500000
15	浙江省中国丝绸博物馆	459472
16	河南博物院	441913
17	江苏省南京博物院	379958
18	重庆大足石刻艺术博物馆	368484
19	湖南省韶山毛泽东同志纪念馆	360000
20	陕西省法门寺博物馆	265961
21	贵州省博物馆	260000
22	陕西省汉阳陵考古陈列馆	247240
23	山西省八路军太行纪念馆	232310
24	天津市周恩来邓颖超纪念馆	229000
25	青海省博物馆	227128
26	上海市中共“一大”会址纪念馆	226082
27	山西博物院	220000
28	天津博物馆	212000
29	上海市历史博物馆	210000
30	湖北省博物馆	205000
31	内蒙古博物馆	200000
32	江西省博物馆	200000
33	重庆红岩革命纪念馆	172492
34	福建省福建博物院	170000
35	北京西山大觉寺管理处	169482
36	天津市平津战役纪念馆	166525
37	广西区博物馆	160000
38	河北省博物馆	158000
39	新疆博物馆	155527
40	北京市孔庙和国子监管理处	149482
41	北京市古代钱币展览馆	124514
42	重庆自然博物馆	122630
43	江西省瑞金中央革命根据地纪念馆	120690
44	上海鲁迅纪念馆	113917
45	黑龙江省民族博物馆	100000
46	江西省安源路矿工人运动纪念馆	100000
47	北京艺术博物馆	95868
48	天津自然博物馆	95598
49	陕西省乾陵懿德太子墓博物馆	95000
50	陕西省西安半坡博物馆	93978
	三、地市级博物馆机构	
1	四川省武候祠博物馆	2190666
2	上海豫园管理处	1609645
3	广东省虎门林则徐纪念馆	1510000
4	四川省乐山市麻浩崖墓博物馆	1144452
5	湖南省刘少奇同志纪念馆	1050000
6	河南省焦作市博物馆	1000000
7	浙江省绍兴鲁迅纪念馆	902084
8	辽宁省沈阳故宫博物院	878675
9	浙江省杭州西湖博物馆	854570
10	江苏省茅山新四军纪念馆(镇江市)	850000
11	广东省广州艺术博物院	731711
12	广东民间工艺博物馆	643031
13	山东省中国甲午战争博物馆	610000
14	山西省太原市晋祠博物馆	580000
15	河北省西柏坡纪念馆	550000
16	河北省承德市避暑山庄博物馆	544870
17	江苏省镇江博物馆	502340
18	江苏省南通博物苑	500000
19	湖北省武汉市博物馆	500000
20	贵州省遵义会议纪念馆	500000
21	浙江省杭州名人纪念馆	494000
22	上海市南汇区	464444
23	江苏省中国共产党代表团梅园新村纪念馆	450000

全国博物馆机构按参观人次排序

单位：人次

名次	单位名称	参观人次	名次	单位名称	参观人次
24	四川省杜甫草堂博物馆	415963	12	广东省佛山市博物馆	479990
25	吉林省伪满皇宫博物院	411898	13	湖南省耒阳蔡伦纪念馆	470000
26	浙江省宁波市天一阁博物馆	401020	14	湖南省湖南雷锋纪念馆	422170
27	江苏省镇江焦山碑刻博物馆	400000	15	浙江省安吉竹子博物馆	404544
28	福建省厦门市郑成功纪念馆	386000	16	河北省满城汉墓博物馆	350000
29	广东省黄埔军校旧址纪念馆	382000	17	山东省汶上县博物馆	320000
30	广东省孙中山故居纪念馆	374937	18	山西省灵石县王家大院民居艺术馆	318695
31	广东省西汉南越王博物馆	372611	19	黑龙江省侵华日军第七三一部队罪证陈列馆	310000
32	浙江省衢州市博物馆	350000	20	江苏省周恩来故居管理处(楚州区)	310000
33	辽宁省张氏帅府博物馆	334000	21	河南省禹州钧官窑址博物馆	310000
34	浙江省中国茶叶博物馆	328800	22	河南省鹤壁市浚县大伾山风景区管理处博物馆	302400
35	广西百色起义纪念馆	328000	23	湖南省任弼时纪念馆	300000
36	广东省广州博物馆	321162	24	广东省花都洪秀全纪念馆	291669
37	江苏省南京市太平天国历史博物馆	320056	25	湖南省秋收起义文家市会师纪念馆	281200
38	辽宁省旅顺日俄监狱旧址博物馆	318000	26	湖北省点军区车溪农家博物馆	280000
39	江苏省南京市博物馆	310000	27	广东省叶剑英纪念馆	280000
40	广东省中山市博物馆	300000	28	福建省泉州市博物馆	268000
41	青海省海南州博物馆	300000	29	广东省海丰县红宫红场旧址纪念馆	265000
42	甘肃省嘉峪关长城博物馆	292297	30	广东省罗定市博物馆	260000
43	山东省泰安市博物馆	291800	31	湖南省杨开慧纪念馆	258000
44	广东省深圳市博物馆	287400	32	河北省乐亭县李大钊纪念馆	232000
45	陕西省延安革命纪念馆	274607	33	北京市中国长城博物馆	221574
46	上海淞沪抗战纪念馆	263600	34	浙江省萧山区博物馆	221000
47	北京民俗博物馆	262748	35	河北省晋察冀边区革命纪念馆	210000
48	北京市钟鼓楼文物保管所	256957	36	湖南省中国人民抗日战争胜利受降纪念馆	210000
49	辽宁省旅顺博物馆	254733	37	江西省永新县湘赣革命纪念馆	201000
50	浙江省杭州历史博物馆	253500	38	河北省定州市博物馆	200000
	四、县级博物馆机构		39	江苏省江阴市博物馆	200000
1	四川省峨眉山博物馆	1083210	40	河南省信阳市鄂豫皖苏区首府革命博物馆	200000
2	四川省夕佳山民俗博物馆	1000000	41	四川省大邑刘氏庄园博物馆	200000
3	浙江省桐乡市茅盾纪念馆	984500	42	福建省海外交通史博物馆	180000
4	山西省平遥县中国票号博物馆	852678	43	江苏省南京静海寺纪念馆(下关区)	172000
5	山东省台儿庄大战纪念馆	830955	44	浙江省长兴县新四军苏浙军区纪念馆	160000
6	河南省淮阳县博物馆	820000	45	安徽省九华山历史文物馆	160000
7	山西省平遥县博物馆	769282	46	河南省社旗县博物馆	160000
8	山西省祁县乔家大院民俗博物馆	750000	47	广东省番禺博物馆	160000
9	四川省广汉三星堆博物馆	609839	48	江苏省常州市武进区淹城博物馆	153497
10	河南省内乡县衙博物馆	600000	49	河北省丰润区潘家峪惨案纪念馆	151210
11	陕西省茂陵博物馆	536656	50	浙江省长兴县博物馆	150000

全国博物馆机构按门票收入排序

单位：千元

名次	单位名称	门票收入	名次	单位名称	门票收入
	一、国家博物馆机构		35	湖北省辛亥革命武昌起义纪念馆	497
1	故宫博物院	424373	36	上海市中共“一大”会址纪念馆	491
2	中国国家博物馆	10824	37	广西区博物馆	447
3	国际友谊博物馆	492	38	江西省安源路矿工人运动纪念馆	433
4	北京鲁迅博物馆	16	39	上海鲁迅纪念馆	397
	二、省级博物馆机构		40	天津戏剧博物馆文庙博物馆管理办公室	289
1	陕西省秦始皇兵马俑博物馆	130101	41	河北省博物馆	223
2	湖南省博物馆	24469	42	北京艺术博物馆	202
3	重庆大足石刻艺术博物馆	21740	43	吉林省博物院	192
4	上海博物馆	20231	44	广东省博物馆	192
5	重庆歌乐山烈士陵园管理处	16402	45	福建省福建博物院	168
6	北京市首都博物馆	15860	46	黑龙江省民族博物馆	165
7	陕西省乾陵博物馆	15058	47	云南省博物馆	152
8	陕西历史博物馆	13733	48	青海省博物馆	144
9	陕西省西安碑林博物馆	8775	49	青海省中国青海柳湾彩陶博物馆	131
10	江西省井冈山革命博物馆	8268	50	山东省博物馆	121
11	陕西省汉阳陵考古陈列馆	6889		**三、地市级博物馆机构**	
12	重庆中国三峡博物馆	5397	1	四川省武侯祠博物馆	50013
13	陕西省法门寺博物馆	5385	2	浙江省绍兴鲁迅纪念馆	38141
14	江西省南昌八一起义纪念馆	5021	3	上海豫园管理处	34000
15	湖北省博物馆	4258	4	辽宁省沈阳故宫博物院	30387
16	湖南省韶山毛泽东同志纪念馆	2935	5	四川省杜甫草堂博物馆	27409
17	河南博物院	2670	6	河北省承德市避暑山庄博物馆	19070
18	北京西山大觉寺管理处	2176	7	山西省太原市晋祠博物馆	17790
19	陕西省乾陵懿德太子墓博物馆	1995	8	吉林省伪满皇宫博物院	15400
20	新疆博物馆	1760	9	湖南省刘少奇同志纪念馆	12450
21	辽宁省博物馆	1742	10	广东省虎门林则徐纪念馆	11851
22	山西省八路军太行纪念馆	1608	11	辽宁省张氏帅府博物馆	10376
23	天津博物馆	1384	12	陕西省延安革命纪念馆	9683
24	重庆红岩革命纪念馆	1306	13	河北省西柏坡纪念馆	8709
25	天津市周恩来邓颖超纪念馆	1277	14	山东省中国甲午战争博物馆	6117
26	天津自然博物馆	1276	15	四川省乐山市麻浩崖墓博物馆	5722
27	天津市平津战役纪念馆	1107	16	广东省孙中山故居纪念馆	5471
28	北京市孔庙和国子监管理处	999	17	广东民间工艺博物馆	4485
29	江西省瑞金中央革命根据地纪念馆	980	18	甘肃省嘉峪关长城博物馆	4295
30	内蒙古自治区内蒙古博物馆	900	19	辽宁省旅顺日俄监狱旧址博物馆	4147
31	北京文博交流馆	824	20	四川省自贡恐龙博物馆	4005
32	陕西省西安半坡博物馆	687	21	江苏省周恩来纪念馆(淮安市)	3720
33	北京市正阳门管理处	659	22	河南省洛阳古代艺术馆	3600
34	山西博物院	589	23	河南省南阳市博物馆	3400

全国博物馆机构按门票收入排序

单位：千元

名次	单位名称	门票收入	名次	单位名称	门票收入
24	浙江省宁波市天一阁博物馆	3199	12	吉林省集安市博物馆	2974
25	天津杨柳青博物馆	3004	13	河南省鹤壁市浚县大伾山风景区管理处博物馆	2560
26	北京市钟鼓楼文物保管所	2821	14	甘肃省甘州区博物馆	2093
27	辽宁省抗美援朝纪念馆	2811	15	江苏省周恩来故居管理处(楚州区)	1930
28	广东革命历史博物馆	2580	16	河南省汤阴县岳飞纪念馆	1640
29	北京民俗博物馆	2459	17	陕西省茂陵博物馆	1460
30	江苏省苏州博物馆	2251	18	山西省临汾市尧都区博物馆	1400
31	甘肃省天水市博物馆	2159	19	河南省汤阴县羑里周易博物馆	1375
32	四川省眉山三苏祠博物馆	2100	20	江苏省南京江南贡院历史陈列馆	1331
33	河南省洛阳周王城天子驾六博物馆	2060	21	安徽省九华山历史文物馆	1260
34	湖北省荆州市博物馆	2060	22	广东省叶剑英纪念馆	1260
35	江苏省南京市太平天国历史博物馆	1985	23	河北省满城汉墓博物馆	1250
36	安徽省李鸿章故居陈列馆	1924	24	陕西省勉县武侯墓博物馆	1240
37	四川省广元市皇泽寺博物馆	1844	25	四川省平武报恩寺博物馆	1175
38	江苏省茅山新四军纪念馆(镇江市)	1833	26	山东省台儿庄大战纪念馆	1150
39	辽宁省旅顺博物馆	1801	27	山东省齐国古城遗址博物馆	1100
40	北京焦庄户地道战遗址纪念馆	1741	28	陕西省勉县武侯祠博物馆	1100
41	江苏省徐州汉兵马俑博物馆	1615	29	山东省临淄中国古车博物馆	1020
42	广东省西汉南越王博物馆	1520	30	甘肃省武威市博物馆	960
43	广东省广州博物馆	1318	31	山西省平遥县双林寺彩塑艺术馆	877
44	江苏省扬州汉广陵王墓博物馆	1299	32	浙江省余姚河姆渡遗址博物馆	860
45	江苏省中国共产党代表团梅园新村纪念馆	1165	33	内蒙古自治区喀喇沁旗王府博物馆	800
46	辽宁省沈阳市“九一八”历史博物馆	1163	34	湖南省中国人民抗日战争胜利受降纪念馆	800
47	河南省三门峡市虢国博物馆	1138	35	新疆兵团军垦博物馆	775
48	江西省赣州市博物馆	1047	36	山西省太谷县三多堂博物馆	774
49	山东省青岛迎宾馆	1007	37	黑龙江省哈尔滨市阿城区金上京历史博物馆	760
50	广东省深圳市南山区天后博物馆	961	38	四川省新都区杨升庵博物馆	744
	四、县级博物馆机构		39	广东省佛山市梁园博物馆	697
1	山西省祁县乔家大院民俗博物馆	29400	40	安徽省新四军军部旧址纪念馆	680
2	山西省灵石县王家大院民居艺术馆	17947	41	河南省叶县县衙博物馆	620
3	山西省平遥县中国票号博物馆	17504	42	陕西省三原县博物馆	614
4	广东省南雄市博物馆	17000	43	湖南省张家界市永定区博物馆	600
5	山西省平遥县博物馆	16663	44	河北省乐亭县李大钊纪念馆	511
6	四川广汉三星堆博物馆	16102	45	山东省青州市博物馆	493
7	广东省佛山市博物馆	9049	46	黑龙江省侵华日军第七三一部队罪证陈列馆	471
8	河南省淮阳县博物馆	8600	47	陕西省汉中市博物馆	467
9	河南省内乡县衙博物馆	4300	48	浙江省平湖市莫氏庄园陈列馆	454
10	四川省大邑刘氏庄园博物馆	4211	49	山西省蒲津渡遗址博物馆	452
11	山西省定襄河边民俗馆	3598	50	江苏省宿迁市宿豫区博物馆	442

全国其他文物机构按藏品排序

单位：件

名次	单位名称	藏品数	名次	单位名称	藏品数
	一、省级其他文物机构		1	广东省开平市申报世界文化遗产领导小组办公室	2449
1	北京市文物局图书资料中心	6590	2	江苏省金湖县图书馆	874
	二、地市级其他文物机构		3	江苏省淮安市淮阴区图书馆	433
1	河南省安阳市文物工作队	33100	4	江苏省泗阳县图书馆	390
2	陕西省眉县文化馆	1965	5	江苏省铜山县文化与体育局	349
3	陕西省凤县文化馆	1431	6	湖北省保康县文化馆	300
4	陕西省千阳县文化馆	961	7	江苏省涟水县图书馆	259
5	海南省海口市五公祠管理处	801	8	陕西省秦都区旅游文物稽查队	166
6	陕西省宝鸡市金台区文化馆	381	9	重庆市聂荣臻旧居	138
7	陕西省太白县文化馆	37	10	江苏省沭阳县图书馆	129
8	江西省景德镇古窑瓷厂	2	11	重庆市陈独秀旧居	103
	三、县级其他文物机构		12	重庆市綦江县石壕镇红军墓管理所	19

全国文物保护考古研究科研机构按藏品排序

单位：件

名次	单位名称	藏品数	名次	单位名称	藏品数
	一、省级文物保护考古研究机构		6	浙江省绍兴市文物考古研究所	14740
1	河南省文物考古研究所	163298	7	陕西省咸阳市文物保护中心	10503
2	河北省文物研究所	125461	8	湖北省武汉市文物考古研究所	7963
3	河北省文物保护中心	72311	9	山西省运城市文物保护研究所	7000
4	甘肃省文物考古研究所	63131	10	江苏省扬州市文物考古研究所	4836
5	青海省文物考古研究所	55607	11	陕西省咸阳市文物考古研究所	4463
6	陕西省考古研究所	28856	12	辽宁省沈阳市文物考古研究所	3660
7	湖南省文物考古研究所	21696	13	河南省南阳市文物考古研究所	2499
8	广东省文物考古研究所	20000	14	安徽省文物考古研究所	2329
9	山东省文物考古研究所	17800	15	山西省大同市考古研究所	2078
10	云南省文物考古研究所	13544	16	山东省济南市考古研究所	1210
11	四川省文物考古研究院	13500	17	陕西省延安市文物研究所	1018
12	湖北省文物考古研究所	10000	18	陕西省榆林市文物保护研究所	823
13	内蒙古自治区文物考古研究所	6932	19	山东省青岛市文物保护考古研究所	700
14	浙江省文物考古研究所	6000	20	陕西省渭南市文物保护考古研究所	576
15	黑龙江省文物考古研究所	3309	21	广东省深圳市文物考古鉴定所	300
16	甘肃省敦煌研究院	2238	22	吉林省长春市文物保护研究所	241
17	新疆文物考古研究所	2175	23	陕西省铜川市考古研究所	234
18	贵州省文物考古研究所	2000	24	黑龙江省文物考古研究所黑河分所	227
19	甘肃省麦积山石窟艺术研究所	800	25	福建省厦门文化遗产保护中心	200
20	吉林省文物考古研究所	136	26	山西省晋城市文物研究所	121
21	新疆龟兹石窟研究所	80	27	河北省张家口市文物考古研究所	8
	二、地市级文物保护考古研究机构			**三、县级文物保护考古研究机构**	
1	陕西省西安市文物保护考古所	115183	1	陕西省渭城区文物保护中心	367
2	四川省成都市文物考古研究所	90465	2	陕西省蒲城县文保中心	152
3	河南省郑州市文物考古研究院	31719	3	宁夏自治区文物考古研究所	128
4	广东省广州市文物考古所	26810	4	甘肃省武威市文物考古研究所	25
5	河南省三门峡市文物考古研究所	15952			

第一批国家级非物质文化遗产项目代表性传承人名单(共226名)

民间文学(32名)

序号	项目编码	项目名称	申报地区或单位	代表性传承人		
				姓名	性别	年龄
1	Ⅰ—1	苗族古歌	贵州省台江县	王安江	男	72
2				刘永洪	男	71
3			贵州省黄平县	龙通珍	女	71
4				王明芝	女	68
5	Ⅰ—3	遮帕麻和遮咪麻	云南省梁河县	曹明宽	男	64
6	Ⅰ—4	牡帕密帕	云南省普洱市	李扎戈	男	68
7				李扎倮	男	64
8	Ⅰ—5	刻　道	贵州省施秉县	石光明	男	66
9				吴治光	男	61
10	Ⅰ—13	河西宝卷	甘肃省酒泉市肃州区	乔玉安	男	63
11	Ⅰ—14	耿村民间故事	河北省藁城市	靳景祥	男	79
12				靳正新	男	80
13	Ⅰ—16	下堡坪民间故事	湖北省宜昌市夷陵区	刘德方	男	69
14	Ⅰ—17	走马镇民间故事	重庆市九龙坡区	魏显德	男	84
15	Ⅰ—20	谭振山民间故事	辽宁省新民市	谭振山	男	82
16	Ⅰ—22	吴歌	江苏省苏州市	陆瑞英	女	75
17				杨文英	女	59
18	Ⅰ—24	四季生产调	云南省红河哈尼族彝族自治州	朱小和	男	67
19	Ⅰ—25	玛纳斯	新疆维吾尔自治区克孜勒苏柯尔克孜自治州	居素甫·玛玛依	男	89
20			新疆维吾尔自治区文联民间文家协会	沙尔塔洪·卡德尔	男	66
21	Ⅰ—26	江格尔	新疆维吾尔自治区和布克赛尔蒙古自治县	加·朱乃	男	82
22			新疆维吾尔自治区巴音郭楞蒙古自治州	李日甫	男	65
23			新疆维吾尔自治区文联民间文家协会	夏日尼曼	男	50
24	Ⅰ—27	格萨(斯)尔	西藏自治区	次仁占堆	男	39
25			青海省	才让旺堆	男	74
26				达哇扎巴	男	28
27			甘肃省	王永福	男	77
28			四川省	阿尼	男	65
29			新疆维吾尔自治区	吕日甫	男	72
30	Ⅰ—28	阿诗玛	云南省石林彝族自治县	毕华玉	男	54
31				王玉芳	女	66
32	Ⅰ—29	拉仁布与吉门索	青海省互助土族自治县	何全梅	女	40

杂技与竞技(15 名)

序号	项目编码	项目名称	申报地区或单位	代表性传承人		
				姓名	性别	年龄
33	Ⅵ－1	吴桥杂技	河北省吴桥县	王保合	男	63
34	Ⅵ－3	天桥中幡	北京市	傅文刚	男	45
35	Ⅵ－4	抖空竹	北京市宣武区	张国良	男	51
36				李连元	男	60
37	Ⅵ－5	维吾尔族达瓦孜	新疆维吾尔自治区	阿迪力·吾休尔	男	36
38	Ⅵ－8	武当武术	湖北省十堰市	赵剑英	女	81
39	Ⅵ－9	回族重刀武术	天津市	曹仕杰	男	40
40	Ⅵ－10	沧州武术	河北省沧州市	石同鼎	男	46
41	Ⅵ－11	太极拳(杨氏太极拳)	河北省永年县	杨振河	男	54
42				韩会明	男	82
43		太极拳(陈氏太级拳)	河南省焦作市	王西安	男	63
44				朱天才	男	62
45	Ⅵ－12	邢台梅花拳	河北省邢台市	张西岭	男	41
46				李玉琢	男	59
47	Ⅵ－13	沙河藤牌阵	河北省沙河市	胡道正	男	80

民间美术(72 名)

序号	项目编码	项目名称	申报地区或单位	代表性传承人		
				姓名	性别	年龄
48	Ⅶ－1	杨柳青木版年画	天津市	霍庆顺	男	55
49				霍庆有	男	53
50				冯庆矩	男	63
51				王文达	男	63
52	Ⅶ－2	武强木版年画	河北省武强县	马习钦	男	48
53	Ⅶ－5	杨家埠木板年画	山东省潍坊市	杨洛书	男	80
54	Ⅶ－6	高密扑灰年画	山东省高密市	吕臻立	男	54
55	Ⅶ－7	朱仙镇木版年画	河南省开封市	郭泰运	男	81
56	Ⅶ－8	滩头木版年画	湖南省隆回县	钟海仙	男	79
57				李咸陆	男	73
58	Ⅶ－9	佛山木版年画	广东省佛山市	冯炳棠	男	71
59	Ⅶ－11	绵竹木版年画	四川省德阳市	陈兴才	男	87
60	Ⅶ－12	凤翔木版年画	陕西省凤翔县	邰瑜	男	74
61				邰立平	男	55
62	Ⅶ－13	纳西族东巴画	云南省丽江市	和训	男	81
63	Ⅶ－14	藏族唐卡(勉唐画派)	西藏自治区	丹巴绕旦	男	66
64				格桑次旦	男	49

序号	项目编码	项目名称	申报地区或单位	代表性传承人		
				姓名	性别	年龄
65	Ⅶ－15	衡水内画	河北省衡水市	王习三	男	69
66	Ⅶ－16	剪纸（蔚县剪纸）	河北省蔚县	张冬阁	男	62
67		剪纸（丰宁满族剪纸）	河北省丰宁满族自治县	周兆明	男	72
68		剪纸（中阳剪纸）	山西省中阳县	王计汝	女	60
		剪纸（医巫闾山满族剪纸）	辽宁省锦州市	汪秀霞	女	60
69				赵志国	男	51
70		剪纸（扬州剪纸）	江苏省扬州市	张秀芳	女	64
71						
72		剪纸（乐清细纹刻纸）	浙江省乐清市	林邦栋	男	81
73				陈余华	男	54
74		剪纸（傣族剪纸）	云南省潞西市	思华章	男	84
75		剪纸（安塞剪纸）	陕西省安塞县	李秀芳	女	67
76				高金爱	女	85
77	Ⅶ－17	顾绣	上海市松江区	戴明教	女	85
78	Ⅶ－18	苏绣	江苏省苏州市	李娥瑛	女	81
79				顾文霞	女	76
80	Ⅶ－19	湘绣	湖南省长沙市	刘爱云	女	69
81	Ⅶ－20	粤绣（广绣）	广东省广州市	陈少芳	女	70
82		粤绣（潮绣）	广东省潮州市	林智成	男	85
83	Ⅶ－21	蜀绣	四川省成都市	郝淑萍	女	62
84	Ⅶ－24	土族盘绣	青海省互助土族自治县	李发秀	女	48
85	Ⅶ－25	挑花（黄梅挑花）	湖北省黄梅县	石九梅	女	56
86		挑花（花瑶挑花）	湖南省隆回县	奉雪妹	女	48
87	Ⅶ－26	庆阳香包绣制	甘肃省庆阳市	贺梅英	女	70
88	Ⅶ－27	象牙雕刻	北京市崇文区	孙森	男	71
89				王树文	男	64
90	Ⅶ－28	扬州玉雕	江苏省扬州市	江春源	男	60
91				顾永骏	男	65
92	Ⅶ－29	岫岩玉雕	辽宁省岫岩满族自治县	王运岫	男	55
93	Ⅶ－30	阜新玛瑙雕	辽宁省阜新市	李洪斌	男	68
94	Ⅶ－31	夜光杯雕	甘肃省酒泉市	黄越肃	男	57
95	Ⅶ－34	曲阳石雕	河北省曲阳县	卢进桥	男	80
96				甄彦苍	男	69
97	Ⅶ－35	寿山石雕	福建省福州市	冯久和	男	79
98				林亨云	男	77
99	Ⅶ－37	徽州三雕	安徽省黄山市	方新中	男	58
100				冯有进	男	54
101	Ⅶ－40	潮州木雕	广东省潮州市	李得浓	男	58
102				陈培臣	男	57

序号	项目编码	项目名称	申报地区或单位	代表性传承人		
				姓名	性别	年龄
103	Ⅶ－43	东阳木雕	浙江省东阳市	陆光正	男	62
104				冯文土	男	63
105	Ⅶ－44	漳州木偶头雕刻	福建省漳州市	徐竹初	男	69
106				徐聪亮	男	57
107	Ⅶ－46	竹刻（宝庆竹刻）	湖南省邵阳市	曾剑潭	男	75
108	Ⅶ－47	泥塑（惠山泥人）	江苏省无锡市	喻湘涟	女	67
109				王南仙	女	66
110		泥塑（凤翔泥塑）	陕西省凤翔县	胡深	男	76
111		泥塑（浚县泥咕咕）	河南省浚县	王学锋	男	53
112	Ⅶ－49	热贡艺术	青海省同仁县	更登达吉	男	43
113				启　加	男	67
114	Ⅶ－50	灯彩（仙居花灯）	浙江省仙居县	李湘满	男	63
115		灯彩（硖石灯彩）	浙江省海宁市	陈伟炎	男	85
116		灯彩（泉州花灯）	福建省泉州市	李珠琴	女	66
				蔡炳汉	男	78
117		灯彩（湟源排灯）	青海省湟源县	杨增贵	男	63
118						
119	Ⅶ－51	嵊州竹编	浙江省嵊州市	俞樟根	男	75

传统手工技艺（78名）

序号	项目编码	项目名称	申报地区或单位	代表性传承人		
				姓名	性别	年龄
120	Ⅷ－1	宜兴紫砂陶制作技艺	江苏省宜兴市	汪寅仙	女	64
121	Ⅷ－2	界首彩陶烧制技艺	安徽省界首市	王京胜	男	63
122				卢群山	男	57
123	Ⅷ－3	石湾陶塑技艺	广东省佛山市	刘泽棉	男	70
124	Ⅷ－4	黎族原始制陶技艺	海南省昌江黎族自治县	羊拜亮	女	72
125	Ⅷ－6	维吾尔族模制法土陶烧制技艺	新疆维吾尔自治区英吉沙县	阿不都热合曼·买买提明	男	49
126	Ⅷ－8	耀州窑陶瓷烧制技艺	陕西省铜川市	孟树锋	男	52
127	Ⅷ－9	龙泉青瓷烧制技艺	浙江省龙泉市	徐朝兴	男	64
128	Ⅷ－10	磁州窑烧制技艺	河北省峰峰矿区	刘立忠	男	63
129	Ⅷ－11	德化瓷烧制技艺	福建省德化县	苏清河	男	66
130	Ⅷ－12	澄城尧头陶瓷烧制技艺	陕西省澄城县	李义仓	男	76
131	Ⅷ－13	南京云锦木机妆花手工织造技艺	江苏省南京市	朱枫	男	92

序号	项目编码	项目名称	申报地区或单位	代表性传承人		
				姓名	性别	年龄
132	Ⅷ－14	宋锦织造技艺	江苏省苏州市	钱小萍	女	68
133	Ⅷ－15	苏州缂丝织造技艺	江苏省苏州市	王金山	男	68
134	Ⅷ－16	蜀锦织造技艺	四川省成都市	叶永洲	男	78
135				刘晨曦	男	63
136	Ⅷ－17	乌泥泾手工棉纺织技艺	上海市徐汇区	康新琴	女	75
137	Ⅷ－18	土家族织锦技艺	湖南省湘西土家族苗族自治州	叶水云	女	40
138				刘代娥	女	52
139	Ⅷ－19	黎族传统纺染织绣技艺	海南省乐东黎族自治县	容亚美	女	52
140	Ⅷ－21	藏族邦典、卡垫织造技艺	西藏自治区山南地区	格　桑	男	51
141	Ⅷ－22	加牙藏族织毯技艺	青海省湟中县	杨永良	男	45
142	Ⅷ－23	维吾尔族花毡、印花布织染技艺	新疆维吾尔自治区吐鲁番地区	牙生·阿不都热合曼	男	50
143				尧尔达西·阿洪	男	59
144	Ⅷ－24	南通蓝印花布印染技艺	江苏省南通市	吴元新	男	47
145	Ⅷ－26	白族扎染技艺	云南省大理市	张仕绅	男	66
146	Ⅷ－27	香山帮传统建筑营造技艺	江苏省苏州市	薛福鑫	男	79
147				陆耀祖	男	58
148	Ⅷ－28	客家土楼营造技艺	福建省龙岩市	徐松生	男	54
149	Ⅷ－30	侗族木构建筑营造技艺	广西壮族自治区三江侗族自治县	杨似玉	男	52
150	Ⅷ－32	苏州御窑金砖制作技艺	江苏省苏州市	金梅泉	男	58
151	Ⅷ－33	苗族芦笙制作技艺	贵州省雷山县	莫厌学	男	56
152			云南省大关县	王杰锋	男	47
153	Ⅷ－34	玉屏箫笛制作技艺	贵州省玉屏侗族自治县	刘泽松	男	61
154				姚茂禄	男	61
155	Ⅷ－35	阳城生铁冶铸技艺	山西省阳城县	吉抓住	男	61
156	Ⅷ－37	龙泉宝剑锻制技艺	浙江省龙泉市	沈新培	男	59
157	Ⅷ－38	张小泉剪刀锻制技艺	浙江省杭州市	施金水	男	74
158				徐祖兴	男	76
159	Ⅷ－39	芜湖铁画锻制技艺	安徽省芜湖市	杨光辉	男	75
160	Ⅷ－40	苗族银饰锻制技艺	贵州省雷山县	杨光宾	男	44
161	Ⅷ－41	阿昌族户撒刀锻制技艺	云南省陇川县	项老赛	男	47
162	Ⅷ－42	保安族腰刀锻制技艺	甘肃省积石山保安族东乡族撒拉族自治县	马维雄	男	49
163				冶古白	男	77
164	Ⅷ－43	景泰蓝制作技艺	北京市崇文区	钱美华	女	80
165				张同禄	男	65
166	Ⅷ－44	聚元号弓箭制作技艺	北京市朝阳区	杨福喜	男	49
167	Ⅷ－50	雕漆技艺	北京市崇文区	文乾刚	男	66
168	Ⅷ－52	扬州漆器髹饰技艺	江苏省扬州市	张　宇	男	63
169				赵如柏	男	68
170	Ⅷ－54	福州脱胎漆器髹饰技艺	福建省福州市	郑益坤	男	71

序号	项目编码	项目名称	申报地区或单位	代表性传承人		
				姓名	性别	年龄
171	Ⅷ—55	厦门漆线雕技艺	福建省厦门市	蔡水况	男	68
172	Ⅷ—56	成都漆艺	四川省成都市	宋西平	女	56
173				尹利萍	女	54
174	Ⅷ—58	泸州老窖酒酿制技艺	四川省泸州市	赖高淮	男	73
175				沈才洪	男	41
176	Ⅷ—60	绍兴黄酒酿制技艺	浙江省绍兴市	王阿牛	男	82
177	Ⅷ—64	自贡井盐深钻汲制技艺	四川省大英县	严昌武	男	79
178	Ⅷ—65	宣纸制作技艺	安徽省泾县	邢春荣	男	53
179	Ⅷ—67	皮纸制作技艺	贵州省贵阳市	罗守全	男	65
180			贵州省贞丰县	刘世阳	男	55
181	Ⅷ—68	傣族、纳西族手工造纸技艺	云南省香格里拉县	和志本	男	79
182	Ⅷ—70	维吾尔族桑皮纸制作技艺	新疆维吾尔自治区吐鲁番地区	托乎提·吐尔迪	男	79
183	Ⅷ—71	竹纸制作技艺	四川省夹江县	杨占尧	男	62
184			浙江省富阳市	庄富泉	男	52
185	Ⅷ—72	湖笔制作技艺	浙江省湖州市	邱昌明	男	57
186	Ⅷ—73	徽墨制作技艺	安徽省歙县	周美洪	男	50
187	Ⅷ—74	歙砚制作技艺	安徽省歙县	曹阶铭	男	53
188	Ⅷ—75	端砚制作技艺	广东省肇庆市	程文	男	57
189	Ⅷ—77	木版水印技艺	北京市荣宝斋	崇德福	男	53
190				王丽菊	女	48
191	Ⅷ—78	雕版印刷技艺	江苏省扬州市	陈义时	男	60
192	Ⅷ—80	德格印经院藏族雕版印刷技艺	四川省德格县	彭措泽仁	男	52
193	Ⅷ—81	制扇技艺	江苏省苏州市	徐义林	男	74
194	Ⅷ—82	剧装戏具制作技艺	江苏省苏州市	李荣森	男	51
195	Ⅷ—83	桦树皮制作技艺	黑龙江省	付占祥	男	52
196	Ⅷ—85	赫哲族鱼皮制作技艺	黑龙江省	尤文凤	女	55
197	Ⅷ—88	风筝制作技艺(南通板鹞风筝)	江苏省南通市	郭承毅	男	62

传统医药(29名)

序号	项目编码	项目名称	申报地区或单位	代表性传承人		
				姓名	性别	年龄
198	Ⅸ－1	中医生命与疾病认知方法	中国中医科学院	路志正	男	87
199				王绵之	男	84
200				颜德馨	男	87
201				曹洪欣	男	49
202				吴咸中	男	82
203				陈可冀	男	77
204	Ⅸ－2	中医诊法	中国中医科学院	邓铁涛	男	91
205				周仲瑛	男	79
206	Ⅸ－3	中药炮制技术	中国中医科学院中国中药协会	王孝涛	男	79
207				金世元	男	81
208	Ⅸ－4	中医传统制剂方法	中国中医科学院中国中药协会	颜正华	男	87
209				张伯礼	男	59
210	Ⅸ－5	针灸	中国中医科学院中国针灸学会	王雪苔	男	82
211				贺普仁	男	81
212	Ⅸ－6	中医正骨疗法	中国中医科学院	郭维淮	男	78
213				孙树椿	男	68
214				施杞	男	70
215	Ⅸ－7	同仁堂中医药文化	中国北京同仁堂(集团)有限责任公司	卢广荣	女	70
216				金霭英	女	67
217				关庆维	男	47
218				田瑞华	男	47
219	Ⅸ－8	胡庆余堂中药文化	浙江省杭州市	冯根生	男	73
220	Ⅸ－9	藏医药	西藏自治区	强巴赤列	男	78
221		藏医药(拉萨北派藏医水银洗炼法和藏医药仁青常觉配伍技艺)		尼玛次仁	男	48
222				索朗其美	男	45
223				嘎务	男	57
224				多吉	男	50
225		藏医药(甘孜州南派藏医药)	四川省甘孜藏族自治州	唐卡·昂翁降措	男	82
226				格桑尼玛	男	70

人事部、文化部全国非物质文化遗产保护先进工作者名单

（共35人，按姓氏笔画排序）

乌丙安（蒙古族） 辽宁大学文化传播学院民俗研究中心教授
方李莉（女） 中国艺术研究院文化研究所研究员
王 淼 浙江省文化厅社会文化处调研员
王秦安 山西绛州鼓乐艺术团团长，研究馆员
田 青 中国艺术研究院中国非物质文化遗产保护中心副主任，研究员
石振怀 北京文化艺术活动中心副主任，副研究馆员
乔玉光（蒙古族） 内蒙古自治区艺术研究所所长
乔晓光 中央美术学院非物质文化遗产研究中心主任，研究员
孙宏开 中国社会科学院民族学与人类学研究所研究员
闫桂君（女） 海南省文化广电出版体育厅调研员
宋兆麟 国家博物馆研究馆员
张永福 青海省湟源县文化馆馆长
李明明（女） 黑龙江省艺术研究所所长，一级编剧
杨明敬 广东省群众艺术馆馆长
广东省非物质文化遗产保护中心主任
沈网君 江苏省常熟市文化局副局长
邹 健 湖南省文化厅社会文化处处长
陈山桥 陕西省艺术馆研究馆员
陈勤建 华东师范大学对外汉语学院副院长，教授
周 吉 新疆维吾尔自治区艺术研究所研究员
柳长华 中国中医科学院中国医史文献研究所所长
段 明 重庆市艺术研究所（重庆市非物质文化遗产保护中心）所长，副研究员
胡世春（女，土家族） 湖北省长阳土家族自治县文化体育局党委书记、局长
郝苏民（回族） 西北民族大学社会人类学·民俗学学院教授
夏挽群 河南省民间文艺家协会秘书长
徐建华 故宫博物院文保科技部副研究馆员
郭桂玲（女） 四川省文化厅教科处处长
龚万全 福建省泉州市文化局局长
彭措朗杰（藏族） 西藏自治区文化厅社会文化处处长
谢克林 安徽省蚌埠市文化局党委书记、局长
靳之林 中央美术学院教授
靳宗伟 宁夏回族自治区文化馆（宁夏非物质文化遗产保护中心）馆长，研究馆员
廖明君（壮族） 广西民族文化艺术研究院院长，研究员
蔡永辉 云南省文化厅社会文化处副处长
潘鲁生 山东工艺美术学院院长，教授
魏力群 河北师范大学艺术设计学院非物质文化遗产研究中心主任，教授

人事部、国家文物局全国文物系统先进集体名单

（34个）

北京市
首都博物馆
天津市
塘沽区文化局
河北省
磁县文物保管所
山西省
运城市文物局
内蒙古自治区
鄂尔多斯博物馆
辽宁省
营口市博物馆
吉林省
伪满皇宫博物院
黑龙江省
东北烈士纪念馆
上海市
中共“一大”会址纪念馆

江苏省
苏州市文物局
浙江省
中国茶叶博物馆
安徽省
安徽省文物考古研究所
福建省
古田会议纪念馆
山东省
济宁市文物局
河南省
殷墟宫殿宗庙(王陵)遗址管理处
湖北省
钟祥市显陵管理处
湖南省
株洲市文物管理处(博物馆)
广东省
中山市博物馆
广西壮族自治区
广西壮族自治区自然博物馆
海南省
陵水黎族自治县博物馆
重庆市
潼南县文化广电新闻出版局
四川省
凉山彝族自治州博物馆
贵州省
大方县奢香博物馆
云南省
保山市博物馆
西藏自治区
山南地区文物局
陕西省
汉阳陵博物苑工程指挥部
甘肃省
敦煌研究院
青海省
湟中县博物馆
宁夏回族自治区
宁夏回族自治区文物考古研究所
新疆维吾尔自治区
阿勒泰地区文物局
故宫博物院
资料信息中心
国家博物馆
展览一部
中国文物研究所
援助柬埔寨工作队
文物出版社
第五图书编辑部

人事部、国家文物局全国文物系统先进工作者名单

(19人)

山西省
吕生祉　大同市文物局局长
内蒙古自治区
陈永志(蒙古族)　内蒙古自治区文物考古研究所副所长
辽宁省
崔玉宽(满族)　凤城市文物管理所所长
吉林省
傅佳欣　吉林省文物考古研究所抢救性考古办公室主任
江苏省
张　敏　江苏省考古研究所所长
浙江省
康熙民　浙江自然博物馆馆长
安徽省
胡荣孙　安徽省黟县文物管理局局长
福建省
杨　琮　福建博物院院长
山东省
宋爱华(女)　山东省文登市革命遗址管理所所长
河南省
宫嵩涛　河南省登封市文物管理局副局长
湖南省
陈建明　湖南省博物馆馆长
广西壮族自治区
韦爱桃(女)(壮族)　广西壮族自治区田东县文化和体育局副局长、右江革命纪念馆馆长
海南省
李蔓莉(女)(回族)　海南省澄迈县文化广电出版体育局文物股股长
贵州省
张桂林　贵州省博物馆陈列部主任
云南省
余剑明　云南省文物局副局长
西藏自治区
拉巴次仁(藏族)　西藏自治区日喀则地区文物局局长
青海省
董志强(藏族)　青海省博物馆产业发展部主任
新疆维吾尔自治区
艾尔肯·米吉提(维吾尔族)　新疆维吾尔自治区文物局副局长
中国文物信息咨询中心
常兴照　中国文物信息咨询中心项目审核部副主任

文化部非物质文化遗产保护工作先进集体名单

（共40个）

北京市崇文区文化委员会（崇文区"非遗"保护工作办公室）
天津市杨柳青画社
河北省民族民间文化研究保护中心
山西省非物质文化遗产保护中心
内蒙古莫利达瓦达斡尔族自治旗文体广电局
辽宁省岫岩满族自治县文化馆
吉林省延边朝鲜族自治州文化局
黑龙江省艺术研究所
上海市徐汇区文化局
江苏省文化厅社会文化处
浙江省文化厅社会文化处
安徽省黄山市文化局
福建省泉州市文化局
江西省婺源县文化广播电视局
山东省淄博市文化局
河南省非物质文化遗产保护中心
湖北省宜昌市文化局
湖南省湘西自治州文化局
广东省非物质文化遗产保护中心
海南省群众艺术馆（海南省非物质文化遗产保护中心）
广西壮族自治区河池市文化局
重庆市艺术研究所（重庆市非物质文化遗产保护中心）
四川省成都市文化局
贵州省黎平县非物质文化遗产保护办公室
云南省非物质文化遗产保护中心
西藏自治区群众艺术馆
陕西省艺术馆
甘肃省环县道情皮影保护中心
青海省互助土族自治县社会发展局
宁夏文化馆
新疆喀什地区文化体育局
华中师范大学文学院民间文学教研室
中国文物报社报纸编辑部
中国中医科学院
苏州工艺美术职业技术学院
中国民间文艺家协会
中国社会科学院民族文学研究所
中国艺术研究院（中国非物质文化遗产保护中心）
民族民间文艺发展中心
故宫博物院古建修缮中心

文化部非物质文化遗产保护工作先进个人名单

（共120人）

北京市

武良田　崇文区文化馆副馆长，副研究馆员
魏晋华　海淀区文化馆民保创研部主任
支秋红（女）　延庆县文化馆副馆长

天津市

丁春丽（女）　天津市文化局副调研员
杨　文（女）　天津市杨柳青画社总编室主任
贾立青（女）　天津市艺术研究所副研究员
马中良（回族）　天津市西青区文化旅游局局长（天津民间文艺家协会副主席）

河北省

刘得洋　河北省涉县文化教育体育局局长
吕世忠　沧州市非物质文化遗产保护中心副主任，副研究馆员
王晓燕（女）　廊坊市群艺馆馆员
马维彬　河北省民族民间文化研究保护中心主任

山西省

杜旭华　山西省吕梁市文化新闻出版局局长，主任编辑

张　福　朔州市朔城区大秧歌剧团馆长

韩锦秀　长子县文化馆馆长

内蒙古

翟　静(女,满族)　呼伦贝尔市文化局科长

那日苏(蒙古族)　阿拉善盟文化广播电视局科长

辽宁省

王晓滨　本溪市群众文化馆馆长

张士龙　阜新市文化局科长

韩　琢　凌源市文化馆副研究馆员

吉林省

蒋占富　吉林省文化厅社会文化处处长

曹保明　吉林省民间文艺家协会主席,编审

何新生(满族)　吉林省吉林市戏剧创编室一级作曲

黑龙江省

姜一平　黑龙江省文化厅社会文化图书馆处副处长,高级政工师

孙亚强　黑龙江省艺术研究所副所长(黑龙江省非物质文化遗产保护中心副主任),研究馆员

张敏杰(女)　黑龙江省民族博物馆副馆长,研究馆员

上海市

陶继明　嘉定区博物馆研究部主任,副研究馆员

张伟强　南汇区文化馆馆员

张黎明　上海市非物质文化遗产保护中心研究馆员

江苏省

栾　虹(女)　扬州市文化局社会文化处处长,一级艺术监督

康新民　镇江市民间文化艺术馆研究馆员

李　永　江苏省文化馆艺术总监,研究馆员

浙江省

张尧国　诸暨市文化广电新闻出版局局长

陈顺水　杭州市余杭区文化广电新闻出版局副调研员

陈月明　仙居县文化广电新闻出版局干部

安徽省

陈泽琦　安徽省岳西县文化馆馆长,馆员

张　燕(女)　宿州市文化局科长

裴锦茹(女)　五河县文化体育局局长

福建省

陈　耕　厦门市闽南文化研究所研究员

王晓萌　福建省文化厅社会文化处处长

吴志跃　福建省艺术馆馆长,副研究馆员

江西省

黄英龙　弋阳县文化局局长

万以红(女)　赣州市文化局社会文化科科长

徐　卫(女)　江西省文化厅社会文化处主任科员

山东省

牛玉新　荷泽市群众艺术馆馆长,研究馆员

王新民　枣庄市群众艺术馆馆长(枣庄市非物质文化遗产保护中心主任),副研究馆员

王丕琢　山东省艺术馆副馆长(山东省非物质文化遗产保护中心副主任),研究馆员

单继瑜　潍坊市群众艺术馆馆长

河南省

陈高峰　河南省文化厅社会文化处主任科员

高天星　郑州大学民俗文化研究所所长,教授

尚春升　河南省群众艺术馆副研究馆员

湖北省

何起群(土家族)　恩施自治州文体局科长

李　波　湖北省文化厅副处长

龚泽生　武汉市群众艺术馆馆长,副研究馆员

湖南省

颜　喜(女)　湖南省文化厅社会文化处主任科员

田茂军(土家族)　湖南省吉首大学文学院副院长,教授

侯碧云(女,土家族)　桑植县非物质文化遗产保护工作办公室主任

广东省

张　梅(女)　广东省文化厅社会文化处副处长

李锡洁　揭阳市非物质文化遗产保护中心主任,三级美术师

徐俊贤　潮州市群众艺术馆职员

海南省

王学忠　海南省群众艺术馆副馆长

陈照荣　海南省儋州市文化馆馆长

广　西

农敏坚(壮族)　广西平果县人大常委会主任

黄晓平(壮族)　柳州市群众艺术馆副馆长,副研究馆员

廖昆铭(壮族)　广西壮族自治区艺术馆馆长,副研究馆员

重庆市

熊　英(女)　重庆市巴南区接龙镇文化体育站站长

李荣耀　重庆市梁平县文化馆馆长,副研究馆员

宗和云　重庆市铜梁县文化馆馆长

四川省

杨玉芳(女)　甘孜州文化局干部

张建世　西南民族大学博物馆馆长,研究员

杜建华(女)　四川省川剧艺术研究院副院长,研究员

贵州省

余安华(蒙古族)　贵州省石阡县文化体育广播电视局局长

杨远松(侗族)　榕江县文化馆馆长

刘　莹(女,布依族)　安顺市文化局副科长
龙耀宏(侗族)　贵州民族学院民族文化学院院长,教授

云南省

倪金奎　云南省文化馆副馆长,副研究馆员
吴春光(藏族)　云南省迪庆州文化馆馆长,副研究馆员
朱丽红(女,哈尼族)　红河州文化局副局长
杨德鋆(白族)　云南民族大学研究员

西　藏

丹增次仁(藏族)　西藏自治区民族艺术研究所研究员
扎西加措(藏族)　拉萨市文化局文化科科长
坚参(藏族)　日喀则地区群艺馆副馆长

陕西省

赵吴宁　延安市文化局副局长
王宁宇　西安美术学院教授
王勇超　关中民俗艺术博物院院长,高级工程师

甘肃省

柯　杨　兰州大学文学院教授
李元考　甘肃省环县人大常委会主任

青海省

谢　佐　省人民政府参事室参事,教授
赵宗福　青海师范大学人文学院院长
李晓燕(女)　青海省文化厅社会文化处处长

宁　夏

雷　侃(女,满族)　宁夏文化馆(宁夏非物质文化遗产保护中心)副研究馆员
王莲喜(女)　宁夏隆德县文化广播电视局副研究员
咸国英(回族)　泾源县文化旅游局局长

新　疆

李季莲(女)　新疆艺术研究所副所长,研究员
吾甫尔·买提尼牙孜(维吾尔族)　昌吉州文化体育局副局长
田万仁　塔城地区文体局副调研员
赛买提·艾斯拉(维吾尔族)　哈密地区非物质文化保护中心副主任,副编审

建设兵团

杜元铎　农十师党委宣传部调研员

教育部

康保成　中山大学中国非物质文化遗产研究中心主任,教授
阙维民　北京大学世界遗产研究中心副主任,教授
袁静芳(女)　中央音乐学院教授

国家民委

李旭练(壮族)　国家民委文化宣传司语文室副主任
慈仁桑姆(女,藏族)　中央民族大学舞蹈学院教授

国家文物局

杨树森　中国文物研究所资料中心文物保护传统技术与工艺工作室副主任

中医药管理局

沈志祥　中国民间中医医药研究开发协会会长
王凤兰(女)　中国中医科学院中国医史文献研究所副研究员

中国轻工业联合会

孟树锋　陕西省铜川市陶瓷研究所所长,高级工艺美术师
田步高　扬州民族乐器研制厂有限公司董事长,高级教师
陈文增　河北省曲阳定瓷有限公司总经理,高级工艺美术师

中国文联

刘晓路　中国民间文艺家协会编辑

中国社会科学院

郎　樱(女)　中国社会科学院民族文学研究所研究员
巴莫·曲布嫫　中国社会科学院民族文学研究所研究员

文化部

吕品田　中国艺术研究院美术研究所研究员
王海霞(女,回族)　中国艺术研究院美术研究所研究员
郑长铃　中国艺术研究院(中国非物质文化遗产保护中心)研究员
陈飞龙　中国艺术研究院马克思主义文艺理论研究所所长,研究员
罗　微(女)　中国艺术研究院(中国非物质文化遗产保护中心)副研究员
王　路　中国非物质文化遗产保护中心副主任,中国艺术研究院副研究员
刘文峰　中国艺术研究院戏曲研究所副所长,研究员
邱邑洪　民族民间文艺发展中心规划处处长
余青欣(女)　中央民族乐团一级演奏员

国家文物局全国文化遗产保护工作先进个人名单

（120 名）

北京市

周洪福　怀柔区文化委员会副调研员

祝自祥　密云县文物管理所所长

刘卫东　北京石刻艺术博物馆干部

高小华　昌平区十三陵特区办事处文物科长

天津市

王可有　北洋水师大沽船坞遗址博物馆馆长

岳　宏　天津博物馆历史部主任

河北省

谷同伟　河北省博物馆馆长

贾金标　河北省文物研究所文物保护办公室主任

李新威　蔚县文物事业管理所所长

杨卫东　涿州市文物保管所所长

山西省

李文艺　晋中市文物局党组书记、局长

乔云飞　山西省古建筑保护研究所副所长

范　临　新绛县福胜寺文管所文物看护员

赵乃仁　太原市文物局副局长

内蒙古自治区

王维国(蒙古族)　通辽市文化局文物科科长

范荣南　阿拉善右旗文物管理所所长

哈　斯(蒙古族)　兴安盟文物管理站副站长

乌力吉(蒙古族)　赤峰市文化局副局长

辽宁省

张忠勇　抗美援朝纪念馆副馆长

马宝杰　辽宁省博物馆馆长

邢启坤　新宾满族自治县清永陵文物管理所所长

吉林省

李　强　延边州文物管理委员会办公室主任

景富国(蒙古族)　前郭县文物保护管理所所长

张殿甲　白山市文物保护管理办公室主任

黑龙江省

张凤礼　大庆市文物管理站站长、大庆市博物馆馆长

刘云才　哈尔滨市文物管理站站长

席洪礼　望奎县林枫同志故居纪念馆馆长

上海市

宋浩杰　徐汇区文物局副局长

江苏省

李银德　徐州博物馆馆长

陈丽华(女)　常州博物馆馆长

李洪波　连云港市文管会办公室副主任兼市重点文物保护研究所所长

浙江省

孟建耀　宁波市文化广电新闻出版局副局长

张振常　杭州南宋官窑博物馆馆长

厉仲云　磐安县文物管理办公室副主任

赵　丰　中国丝绸博物馆副馆长

安徽省

张敬国　安徽省文物考古研究所研究员

鲍广喜　寿县文化广播电视局局长

汪茂东　淮南市博物馆副馆长

福建省

王华洋　南靖县文体局局长

陈寅龙　浦城县博物馆馆长

杨小川　南安市文管办主任

胡大新　永定县博物馆馆长

江西省

文先国　进贤县文物管理所所长

何　俊　景德镇民窑博物馆馆长

胡　玮(女)　庐山会议旧址管理所所长

山东省

崔大庸　济南市考古所所长

于　勇　宁阳县博物馆馆长

张启龙　菏泽市文物管理处主任

河南省

刘海旺　河南省文物考古研究所研究室主任

赫玉建　南阳市文物考古研究所所长
张怀银　三门峡市文物局副局长
张有新　辉县市人大常委会副主任兼文物管理局局长

湖北省

姚天国　武当山旅游经济特区文物局局长
刘庆平　武汉市博物馆馆长
梁华平　辛亥革命武昌起义纪念馆（辛亥革命博物馆）馆长
李　斌　钟祥市显陵管理处处长

湖南省

朱汉民　湖南大学岳麓书院院长 岳麓书院文物管理处处长
吴顺东　湖南省文物考古研究所副主任
席道合　株洲市文物局局长
孙　杨　湖南省文物交流鉴定中心保卫科科长

广东省

陈松南　韶关市文化广电新闻出版局文物科科长
谭金花（女）　开平市碉楼研究所干部

广西壮族自治区

谢日万　广西博物馆副馆长兼文物考古研究所所长
莫进尤　广西壮族自治区自然博物馆地学部主任
王伟昭　合浦县博物馆馆长

海南省

陈　涛　海口市海瑞墓管理处主任
叶　帆（黎族）　海南省博物馆保管部副主任

重庆市

杨成茂　重庆文物商店经理
袁东山（回族）　重庆市文物考古所副所长
戴月英（女）　南岸区文物管理所干部

四川省

王　毅　成都博物院院长、成都文物考古研究所所长、成都金沙遗址博物馆馆长
林品强　朱德同志故居纪念馆馆长
鲜继新　眉山市洪雅县文物管理所所长
冯庆川　峨眉山市峨眉山管理委员会党委副书记、常务副主任

贵州省

龙盛瑜（苗族）　黎平县文体广播电视局党组书记、局长
李　军　安顺市博物馆业务室主任
姚海英（女）　清镇市文物管理所所长

云南省

刘　旭　云南省文物考古研究所副所长
李景泰　通海县文物管理所所长
钟燕林（女）　云南省文物局副调研员
李东明　昆明市文化局文物处处长

西藏自治区

达娃卓玛（女，藏族）　阿里地区札达县文化局副局长
多布杰（藏族）　林芝地区文化局文物管理科科长
尼玛旦增（藏族）　罗布林卡管理处副处长
肖元春　拉萨市文化文物局局长

陕西省

周魁英　陕西省文物局文物保护处处长
任周方　宝鸡市文物事业管理局党组书记、局长
段国强　富平县文物旅游局局长
雷军利　咸阳市渭城区文物稽查大队大队长

甘肃省

施爱民　张掖市文物管理局文物科科长
王士忠　会宁县文化文物出版局局长
杨万荣　定西市博物馆馆长

青海省

何克洲　民和回族土族自治县博物馆馆长
李特尔（蒙古族）　海西州民族博物馆馆长
苏生雄（土族）　互助土族自治县文物管理所所长

宁夏回族自治区

王昌丰　银川西夏陵区管理处文物管理科科长
闫秀芳（女）　宁夏回族自治区文物保护中心主任
哈彦成　青铜峡市文物管理所所长

新疆维吾尔自治区

石德俊　新疆文物总店总经理
白克力·塞买提（维吾尔族）　伊吾县文管所文物干部
鲍自斌　新和县文物管理局局长
努尔旦·居马哈里（哈萨克族）　富蕴县文物局普查员

国土资源部

李俊德　山东省临朐县山旺国家级自然保护区管理局局长
杨　成　河北省泥河湾国家级自然保护区管理处主任

海关总署

王　巍　海关总署缉私局侦查处副处长
孙　钊　天津新港海关综合业务处旅检科副主任科员

国家林业局

张厚宗　安徽省滁州市琅琊山国家森林公园管理处副处长
柳宝良　甘肃省庄浪县石桥林场场长

国家旅游局

窦　群　　计财司规划处副处长

中国科学院

王昌燧　　中国科学院研究生院系主任

国家测绘局

缪宏钢　　甘肃省基础地理信息中心主任

赵有松　　国家基础地理信息中心遥感部高级工程师

故宫博物院

梁金生　　文物管理处处长

国际友谊博物馆

隋立新(女)　　藏品管理部副主任

文物出版社

于炳文　　第六编辑部主任

中国文物研究所

王　磊　　古代建筑与古迹保护中心助理工程师

中国文物报社

李　卫　　报纸编辑部主任

国家文物局机关

盛蔚蔚(女)　　办公室国际合作处处长

陆　琼(女)　　文物保护司世界遗产处处长

郭立志　　机关服务中心红楼管理处职工

国家文物局全国文化遗产保护工作先进集体

(42个)

北京市周口店北京人遗址管理处

天津市天津船厂北洋水师大沽船坞遗址纪念馆

河北省易县清西陵文物管理处

山西博物院

内蒙古自治区清将军衙署博物院

辽宁省文物保护中心

吉林省集安市文物局

黑龙江省侵华日军第七三一部队罪证陈列馆

上海市松江区文化广播电视管理局

江苏省无锡市文化遗产局

浙江省温州博物馆

安徽省六安市文物管理局

福建博物院考古研究所

江西省萍乡市博物馆

江西省赣州市博物馆

山东省青岛市文物局

河南省文物管理局南水北调文物保护办公室

河南省登封市文物管理局

湖北省恩施土家族苗族自治州博物馆

湖南省衡阳市文物处

广东省开平市华侨博物馆

广西壮族自治区桂林市文物工作队

海南省三亚市文化出版体育局

重庆市中国三峡博物馆(重庆博物馆)

四川省渠县文物管理所

贵州省文物考古研究所

云南省博物馆

西藏自治区布达拉宫管理处

西藏自治区昌都地区文化局文物管理科

陕西省西安市文物局

甘肃省文物考古研究所

青海省都兰县文物公安派出所

宁夏回族自治区银川市文物管理处

新疆维吾尔自治区博物馆

新疆维吾尔自治区喀什地区叶城县文体广电局文物管理所

河南省国有登封林场

中国科学院研究生院人文学院科技史与科技考古系

河北省基础地理信息中心

北京海关现场业务二处外交物品监管科

北京鲁迅博物馆文物资料保管部

中国文物研究所文物保护修复培训中心

国家文物局办公室

国家文物局"文物保护特别奖"陕西省宝鸡市保护文物的农民群体名单

1.陕西省宝鸡市眉县马家镇杨家村农民:王宁贤、王明锁、王拉乾、王勤宁、张勤辉。

2.陕西省宝鸡市金台区长青村农民:侯启恒

3.陕西省宝鸡市陈仓区洪源村农民:罗红社

4.陕西省宝鸡市陈仓区虢镇南阳村农民:郭明贤、赵明科、李都堂、贾拉宝。

5.陕西省宝鸡市扶风县法门镇刘家村农民:刘文昌,岐山县京当乡贺家村农民:贺多文。

6.陕西省宝鸡市陈仓区新街镇新街村农民:王生贵、王来贵。

7.陕西省宝鸡市凤翔县城关镇小沙凹村农民:王焕堂

8.陕西省宝鸡市扶风县太白乡良峪村唐家沟村农民:唐东海、唐军怀、李军焕。

9.陕西省宝鸡市陈仓区新街镇庙川村农民:代西存。

10.陕西省宝鸡市眉县首善镇五坳村农民:杜天佑、张存新。

11.陕西省宝鸡市扶风县上宋乡红卫村农民:李军娃、张铁路、李雄辉。

12.陕西省宝鸡市扶风县城关镇五郡村农民:刘银科、刘东林、刘邦劳、刘锁乾、刘广后、刘东后。

国家文物局"文物保护特别奖"全国优秀长城保护员名单

北京市

王长青　密云县古北口镇政府旅游办主任

梅景田　延庆县八达岭镇石峡村农民

河北省

张鹤珊　抚宁县驻操营镇城子峪村农民

孙振元　抚宁县驻操营镇董家口村农民

山西省

曹明礼　代县组织部内退职工

内蒙古自治区

蔡睿良　清水河县北堡乡政府干部

落和平　固阳县金山镇居民

山东省

朱增顺　泰山风景名胜区管理委员会巴山管理区书记

河南省

董中峰　叶县科技局副局长

陕西省

王兴发　横山县横山镇王圪堵村农民

党生福　合阳县杨家庄乡杜家塬村党支部书记

甘肃省

毛学彪　临洮县新添镇南坪村村委会主任

姜有玉　山丹县老军乡农民

宁夏回族自治区

温宏武　盐池县高沙窝镇二步坑村党支部书记

新疆维吾尔自治区

艾山·牙合甫(维吾尔族)　哈密地区白杨沟佛寺遗址义务烽燧保护员

国家文物局、国务院国有资产监督管理委员会"文物保护特别奖"

中国建筑设计研究院建筑历史研究所

国家有突出贡献话剧艺术家名单

（按姓氏笔画排序）

于是之　北京人民艺术剧院原副院长，演员
大旺堆（藏族）　西藏自治区话剧团演员
万　一　陕西省西安话剧院导演
方掬芬（女）　中国儿童艺术剧院原院长，演员
王志洪　宁夏话剧团演员
丛　深　黑龙江省哈尔滨市文联原主席，编剧
史　行　浙江省文化厅原代局长，导演
白　刃　解放军艺术学院研究员、编剧
朱　琳（女）　北京人民艺术剧院演员
孙德民（蒙古族）　河北省文化厅原副厅长，编剧
许东活（朝鲜族）　吉林省延边歌舞团导演
刘厚生　中国戏剧家协会顾问，编审
杜　澎　国家话剧院演员、导演
张奇虹（女）　国家话剧院导演
李默然（回族）　中国戏剧家协会名誉主席
辽宁人民艺术剧院名誉院长，演员
宋国锋　辽宁人民艺术剧院院长，演员
欧阳山尊　文化部艺术局原顾问，导演
林兆华　北京人民艺术剧院原副院长，导演
陈鲤庭　上海电影集团公司导演
陈薪伊（女）　上海话剧艺术中心导演
赵　寻　中国戏剧家协会顾问
赵　寰　广州军区战士话剧团原团长，编剧
苏叔阳　北京电影制片厂编剧
胡　可（满族）　解放军艺术学院原院长，编剧
胡　导　上海戏剧学院教授
胡宗温（女）　北京人民艺术剧院演员
姚　远　南京军区政治部文工团编剧
徐晓钟　中央戏剧学院原院长，教授、导演
路　希　天津人民艺术剧院演员
濮存昕　北京人民艺术剧院副院长，演员

文化部优秀话剧艺术工作者表彰名单

北京市

朱　旭　北京人民艺术剧院演员
林连昆　北京人民艺术剧院原副院长，演员
刘锦云　北京人民艺术剧院原院长，编剧
顾　威　北京人民艺术剧院演员
郭启宏　北京人民艺术剧院编剧
徐　帆（女）　北京人民艺术剧院演员
李若君（女）　北京儿童艺术剧院股份有限公司演员

天津市

马　路（回族）　天津市儿童艺术剧团副团长，导演
钟　海　天津人民艺术剧院院长，编剧

河北省

王晓英　河北省承德话剧团团长，演员
宋英杰　河北省话剧院副院长，导演

山西省

贾茂盛　山西省话剧院院长

辽宁省

刘喜廷　辽宁歌剧院导演
李宝群　辽宁省文化厅剧目工作室编剧
王纪厚　辽宁人民艺术剧院原副院长，舞美设计
孙丁尼　辽宁人民艺术剧院原院长，导演

吉林省

郝国忱　吉林省艺术研究院名誉院长，编剧
方美善（女，朝鲜族）　延边歌舞团导演

黑龙江省

杨利民　大庆市文联名誉主席，编剧

上海市

宗福先　上海市作家协会编剧

杨绍林　上海话剧艺术中心总经理，演员

许承先　上海话剧艺术中心演员

焦　晃　上海话剧艺术中心演员

周本义　上海戏剧学院教授

刘元声　上海戏剧学院教授

金长烈（回族）　上海戏剧学院教授

韩　生　上海戏剧学院副院长，教授

卢　昂　上海戏剧学院教授

江苏省

王立信　江苏省话剧院编剧

山东省

陈永涓（女，满族）　山东省话剧院编剧

代　路　青岛市话剧院编剧

福建省

胡小玲（女）　福建人民艺术剧院院长，演员

周长赋　福建省艺术研究所副所长，编剧

湖北省

沈虹光（女）　湖北省文化厅副厅长，编剧

肖慧芳（女）　湖北省话剧团演员

强　音（女）　武汉人民艺术剧院演员

广东省

潘伟行　广州话剧团演员

姚锡娟（女）　广东话剧院演员

四川省

李　亭（女）　四川人民艺术剧院院长，编剧

查丽芳（女）　成都艺术剧院话剧团导演

西藏自治区

扎西顿珠（藏族）　西藏自治区话剧团演员

陕西省

刘　远（女）　陕西人民艺术剧院副院长，演员

甘肃省

张　明　甘肃省话剧院院长，编剧

新疆维吾尔自治区

戈　弋　新疆话剧团团长

铁道部系统

张　炬　中国铁路文工团话剧团演员

张玉玉（女）　中国铁路文工团话剧团团长，演员

教育部系统

谭霈生　中央戏剧学院教授

曹其敬（女）　中央戏剧学院教授、导演

廖向红（女）　中央戏剧学院副院长，教授、导演

黄海威　中央戏剧学院讲师

黄维若　中央戏剧学院教授

刘杏林　中央戏剧学院教授

国家安全生产监督管理总局系统

王福麟　中国煤矿文工团话剧团原团长，演员

瞿弦和　中国煤矿文工团团长，演员

解放军系统

郑振环　八一电影制片厂原厂长，编剧

郑邦玉　解放军艺术学院原副院长，演员

孟　冰　总政话剧团团长，编剧

邵钧林　南京军区政治部文工团艺术指导，编剧

唐　栋　广州军区政治部文工团政委，编剧

周振天　海军政治部电视艺术中心艺术指导，编剧

黄定山　解放军艺术学院戏剧系主任，编剧、导演

魏积安　总政话剧团艺术指导，演员

翟万臣　总政话剧团演员

王　俭　空军政治部文工团编剧

文化部直属单位

赵有亮　中国国家话剧院院长，演员

王晓鹰　中国国家话剧院副院长，导演

薛殿杰　中国国家话剧院舞美设计

李龙云　中国国家话剧院编剧

查明哲　中国国家话剧院副院长，导演

田沁鑫（女）　中国国家话剧院导演

王铁成　中国儿童艺术剧院演员

覃　琨（女）　中国儿童艺术剧院演员

欧阳逸冰　中国儿童艺术剧院原院长，编剧

黄意璘（女）　中国儿童艺术剧院导演

周予援　中国儿童艺术剧院院长，演员

钟　浩　中国儿童艺术剧院导演

王　羊（女）　中国儿童艺术剧院演员

田本相　中国艺术研究院研究员

蔡体良　中国艺术研究院研究员

宋宝珍（女）　中国艺术研究院话研所副所长，研究员

全国文化文物系统统计工作先进个人名单

（共104人）

北京市

王卓焱（女） 北京市西城区文化委员会财务审计科科长
程　青（女） 北京市文化局信息中心
付　颖（女） 北京市文物局计划财务处主任科员

天津市

唐　迪（女） 天津市文化局计财处
刘金桂（女） 天津市历史博物馆
孙泽英（女） 天津市蓟县文化局

河北省

孙晓华（女） 河北省文化厅计划财务处助理调研员
赵丽娟（女） 河北省文化厅市场处科员
郄　玲（女） 河北省文物局计划财务处主任科员

山西省

王晓龙 山西省文化厅计划财务处科员
徐国栋 山西省文化厅市场处主任科员
张晓强 山西省文物局规划财务处主任科员

内蒙古自治区

赵若奎 内蒙古自治区文化厅计划财处副调研员
郭素华（女） 内蒙古自治区赤峰市文化局
陈雅光 内蒙古自治区文化厅文物处主任科员

辽宁省

冯忠禄 辽宁省文化厅计划财务处科员
宫长平 辽宁省文化厅文化市场管理与稽查处科员
徐振东 辽宁省大连市文化局规划财务处主任科员

吉林省

蒋　林 吉林省文化厅规划财务处副处长
许国辉（女） 吉林省文化市场稽查总队
徐　辉（女） 吉林省吉林市文化局

黑龙江省

陈　虹（女） 黑龙江省文化厅计划财务处助理调研员
刘梦杰 黑龙江省文化市场稽查总队科长
李庆瑶（女） 黑龙江省哈尔滨市文化局行政处副处长

上海市

唐恺玲（女） 上海市文化广播影视管理局计财处主任科员
迟晓玲（女） 上海市文化广播影视管理局市场处主任科员
沈田群（女） 上海市文物管理委员会财务处处长

江苏省

艾　涛（女） 江苏省文化厅计划财务处副调研员
卞玮玮（女） 江苏省文化厅市场管理办公室科员
邹世泰 江苏省南京市文化局计财处
魏　华 江苏省连云港市文化局办公室副主任科员

浙江省

李　俏（女） 浙江省文化厅计划财务处主任科员
邵　敏（女） 浙江省宁波市文化市场行政执法总队副科长
陈玉英（女） 浙江省衢州市文化广播新闻出版局
周世德 浙江省湖州市文化广电新闻出版局科长

安徽省

周化东 安徽省文化厅计划财务处主任科员
韦家强 安徽省合肥市文化局主办会计
陈建东 安徽省宣城市文化局

福建省

黄　婷（女） 福建省文化厅计划财务处
张丽珠（女） 福建省泉州市文化局会计兼统计
郑美容（女） 福建省三明市文化与出版局会计

江西省

龚跃萍（女） 江西省文化厅计财处助理调研员
文　峰 江西省电影发行放映公司职员
王琴红（女） 江西省文化厅文物局（处）主任科员

山东省

张芳兰（女） 山东省文化厅计划财务处副处长
解秀海 山东省文化厅计划财务处主任科员
高善玉 山东省文化厅市场处主任科员

河南省

于　洁(女)　河南省文化厅计财处副主任科员

刘　岩(女)　河南省文物管理局计财处主任科员

陈德超　河南省文化厅市场处

湖北省

周鸿森　湖北省文化厅计划财务处副处长(正处级)

薛　翔　湖北省文化厅市场处主任科员

何　凌(女)　湖北省文物局综合处主任科员

范忠清　湖北省荆门市文化体育局计财科科长

湖南省

胡建华　湖南省文化厅计划财务处调研员

张绍群(女)　湖南省湘西州文化局财务科长办公室副主任

刘超美(女)　湖南省衡阳市文化局办公室主任

葛　莎(女)　湖南省湘潭市文化局市场科副科长

广东省

刘丽团(女)　广东省文化厅计划财务处副主任科员

陈波谊(女)　广东省广州市文化局副调研员

汪雨红(女)　广东省江门市文广电新局市场科副科长

广西壮族自治区

施融宁　广西壮族自治区文化厅计财处主任科员

何　伟　广西壮族自治区文化厅市场处副处长

梅绮玲(女)　广西壮族自治区梧州市文化局科长

海南省

高利利(女)　海南省文化广电出版体育厅市场处副调研员

李小琼(女)　海南省海口市文物局统计员

黄秀霞(女)　海南省保亭县文广电出版体育局统计员

重庆市

王建国　重庆市文化广播电视局计划财务处副处长

孙晓燕(女)　重庆市万州区文化广播电视新闻出版局科长

陈之颖(女)　重庆市涪陵区文化广电新闻出版局

四川省

潘　沛　四川省文化厅计划财务处副处长

袁大俊(女)　四川省文物管理局科长

牛克莹(女)　四川省成都市文化局助理调研员

贵州省

彭知勇　贵州省文化厅计划财务处主任科员

徐　兵　贵州省六盘水市文化局会计

何泽兰(女)　贵州省遵义市文化局副主任科员

云南省

彭月萍(女)　云南省文化厅计划财务处副调研员

李　喜(女)　云南省思茅市文化局办公室副主任

董桂兰(女)　云南省西双版纳州文化体育局主任科员

西藏自治区

琼　达(女)　西藏自治区文化厅计划财务处副主任科员

多吉卓嘎(女)　西藏自治区文物局办公室副主任

次　旦(女)　西藏自治区文化厅市场处主任科员

陕西省

任晓燕(女)　陕西省文化厅振兴办副主任

苏　琳(女)　陕西省文化厅市场处助理调研员

张晓英(女)　陕西省文物局办公室主任科员

甘肃省

田爱军(女)　甘肃省文化厅计划财务处副主任科员

李　强　甘肃省文化厅市场处副主任科员

邵书兰(女)　甘肃省文物资料信息中心馆员

青海省

刘起林　青海省海西州文体广电局文化体育科科长

王锡媛(女)　青海省海东地区文体广电局办公室主任

陈　英(女)　青海省海南州文体广电局稽查科科长

宁夏回族自治区

朱瑞华(女)　宁夏自治区文化厅计划财务处助理调研员

周继红(女)　宁夏自治区文化厅市场处

何惠琴(女)　宁夏自治区文化厅文物局主任科员

新疆维吾尔族自治区

何　嘉　新疆自治区文化厅计划财务处主任科员

黄俊芳(女)　新疆自治区文化厅市场处主任科员

韩晓梅(女)　新疆自治区文物局主任科员

李莲瑞(女)　新疆自治区昌吉州文体新闻出版局市场科长

文化部、国家文物局直属单位

唐　凤(女)　中国歌剧舞剧院科员

张　军　国家图书馆计划财务处处长助理

金　澎(女)　中国艺术研究院人事处副处长

王　辉　故宫博物院计财处助理会计师

刘小兰(女)　中国文物研究所财务处处长

张文杰(女)　鲁迅博物馆资产财务处副处长

2005—2006年度国家舞台艺术十大精品剧目名单

眉户戏《迟开的玫瑰》	陕西省戏曲研究院
桂剧《大儒还乡》	广西桂林市桂剧团
杂技剧《天鹅湖》	广州军区政治部战士杂技团 上海城市舞蹈有限公司
舞剧《一把酸枣》	山西艺术职业学院
舞剧《风中少林》	河南郑州歌舞剧院
芭蕾舞剧《二泉映月》	辽宁芭蕾舞团
话剧《立秋》	山西省话剧院
话剧《我在天堂等你》	解放军艺术学院
儿童剧《宝贝儿》	济南市儿童艺术剧院
京剧《廉吏于成龙》	上海京剧院

纪念中国话剧诞生100周年暨第五届全国话剧优秀剧目展演获奖名单

一等奖

（以得票多少为序）

《立秋》	山西省话剧院
《黄土谣》	总政话剧团
《矸子山》	辽宁人民艺术剧院
《天籁》	广州军区政治部战士文工团
《我在天堂等你》	解放军艺术学院
《马蹄声碎》	南京军区政治部前线文工团
《秀才与刽子手》	上海话剧艺术中心
《沦陷》	南京市话剧团
《郭双印连他乡党》	西安话剧院
《荒原与人》	国家话剧院
《全家福》	北京人民艺术剧院

二等奖

（以得票多少为序
票数相同者以演出先后为序）

《红尘》	国家话剧院
《临时病房》	湖北省话剧院
《望天吼》	天津人民艺术剧院
《张之洞》	武汉人民艺术剧院
《农民》	四川人民艺术剧院
《南越王》	广州话剧团
《红星照耀中国》	上海话剧艺术中心
《十三行商人》	广东话剧院 广东省艺术研究所
《棋盘岭传》	河北省承德话剧团
《9路汽车》	长春话剧院
《爱的心碎》	浙江话剧团 杭州市艺术创作中心
《铁人轶事》	大庆话剧院
《马市巷子的老院子》	新疆话剧团
《桃花满天红》	重庆市话剧团
《农机站长》	宁夏回族自治区话剧团
《穿越巅峰》	西藏自治区话剧团
《苍天有泪》	南宁市艺术剧院
《天堂向左深渊往右》	青岛市话剧院
《牛玉儒》	内蒙古话剧团
《钟声远去》	陕西人民艺术剧院

第二届文化部创新奖获奖项目名单

特等奖1项

项目名称:广东省公共文化服务体系的创新与实践
完成单位:广东省文化厅
完成人:曹淳亮　杜佐祥　景李虎　孙　强　李昭淳
　　肖洽龙　杨明敬　陈小明　苏桂芬　杨伟时

创新奖14项

项目名称:体制机制创新使北京儿艺获得新发展
完成单位:北京市委宣传部
　　北京市文化局
　　中国共产主义青年团北京市委员会
　　北京青年报社
　　北京市文化设施运营管理中心
　　北京电视产业发展集团
　　北京高校房地产总公司
　　北京市文化发展中心
　　北京儿童艺术剧院股份有限公司
完成人:王学勤　陈　冬　肖　培　王文光　降巩民
　　李恩杰　徐恒进　刘　剑　王　粤　张延平

项目名称:中国京剧音配像精粹
完成单位:天津市中华民族文化促进会
　　天津市文化艺术音像出版社
　　天津民族文化光盘有限责任公司
完成人:谢国祥　叶厚荣

项目名称:现代艺术职业教育人才培养模式的探索与实践
完成单位:山西艺术职业学院
完成人:李　力　王建军　王菁华　赵葆真　卫建杰

项目名称:超级多媒体梦幻剧"ERA-时空之旅"
完成单位:上海时空之旅文化发展有限公司
完成人:宗　明　竺自毅　俞亦纲　郑　梅　马敏辉
　　张丽清　潘沛明　陈　涛　张训导　谭代清

项目名称:"数字文化家园"-上海东方社区信息苑
完成单位:上海市社区文化服务中心
　　上海市社区文化信息化综合服务工程联席会议办公室
　　上海东方数字社区发展有限公司
完成人:樊人龙　王小明　曾崇信　徐小萍　李智平
　　张　洁　蒋涌波　张建民　林华岚　俞　亮

项目名称:上海市中心图书馆"一卡通"信息系统建设暨向社区基层服务点延伸
完成单位:上海图书馆上海科学技术情报研究所
完成人:徐　强　余　江　陈君辉　应　浩　黄显功
　　刘　燕　赵　亮　史晓红　夏　海　朱普德

项目名称:江苏省乡镇文化站建设工程
完成单位:江苏省文化厅
完成人:章剑华　王慧芬　方标军　徐循华　谷　峰

项目名称:长江流域文化资源的整合、共享和利用
完成单位:张家港市文化广播电视管理局
完成人:王　翔　李汉忠　郑国祥

项目名称:"钱江浪花"艺术团现象及文化直通车的研发
完成单位:浙江省文化厅
　　浙江钱江浪花文化艺术有限公司
　　浙江舞台设计研究院有限公司
　　中汽商用汽车有限公司(杭州)
完成人:杨建新　赵和平　田宇原　周冠均　陆耀亭
　　傅建军　陆湘汉　詹有根　鲁　星　陈永兴

项目名称:安阳殷墟大遗址的保护与展示
完成单位:安阳市文化局
完成人:李阳生　段振美　杜久明　李付强　孔德铭
　　周　伟　程保兴　孟合庄　杨善清

项目名称:区域图书馆集群管理与协同发展模式
完成单位:东莞图书馆
广州图创计算机软件开发有限公司
完成人:李东来　杜燕翔　张劲松　冯　玲　钟新革
　　肖焕忠　卢毅锋　周崇弘　辜　莎　杨建强

项目名称:中国记忆-中国民间文化资源工作体系建设
完成单位:文化部民族民间文艺发展中心
完成人:李　松　刘　嘉　张　刚　王　静　邱邑洪
　　李　明　朱飞跃　杨小楠　闫东东　王　贵

项目名称:中国民族声乐教学体系建设
完成单位:中国音乐学院
完成人:金铁霖　郭祥义　邹文琴　沈时松　马淑明
　　王士魁

项目名称:演艺虚拟空间合成研究与应用
完成单位:上海戏剧学院
完成人:贺寿昌　张世永　韩　生　徐承志　张敬平
　　刘志新　朱　云　牟道广

第二届文化部文化艺术科学优秀成果奖获奖成果名单

一等奖(7项)

《中国音乐文物大系》 黄翔鹏 王子初 总主编
《中国少数民族传统音乐》 田联韬 主编
《泉州传统戏曲丛书》 郑国权 主编
《中华舞蹈图史》 王克芬 著
《中国建筑艺术史》 萧默 主编
《信息加工》 倪晓建 主编
《中国先进文化论》 王文章 主编

二等奖(24项)

《中国五声性调式和声的理论与方法》 樊祖荫 著
《刀郎木卡姆的生态与形态研究》 周吉 主编
《贝叶礼赞——傣族南传佛教节庆仪式音乐研究》 杨民康 著
《学堂乐歌考源》 钱仁康 著
《草根的力量》 傅谨 著
《阅读空间——舞台设计美学》 胡妙胜 著
《法国戏剧百年》 宫宝荣 著
《京剧大师程砚秋》 王文章 主编
《上党傩文化与祭祀戏剧》 寒声 主编
《二人转史论》 王兆一 王肯 著
《世界电影鉴赏辞典》(1—4卷) 郑雪来 主编
《中国纪录片发展史》 方方 著
《巴蜀舞蹈史》 林堃堃 主编
《中国古典舞基本功训练教程》 王佩英 主编
《色彩的中国绘画》 牛克诚 著
《土家族民间美术》 辛艺华 罗彬 著
《中国当代美术现象批评文丛》 张晓凌 主编
《新时期文艺主潮论》 郑恩波 主编
《中国艺术百科词典》 冯其庸 主编
《壮族自然崇拜文化》 廖明君 著
《古代版印通论》 李致忠 著
《中国图书馆分类法》第四版 刘湘生 主编
《中国游戏娱乐业国际竞争力研究报告》(调研报告) 宋奇慧 著
《依托民族文化 创建世界品牌——"刘三姐"品牌的内涵与扩张》(论文) 黄燕熙 著

三等奖(65项)

《山西乐户研究》 项阳 著
《<神奇秘谱>乐诠》 吴文光 著
《音的历程——现代音乐声学导论》 韩宝强 著
《神圣的娱乐——中国民间祭祀仪式及其音乐的人类学研究》 薛艺兵 著
《论律制的结构本质与文化属性》(论文) 崔宪 著
《满族萨满乐器研究》 刘桂腾 著
《阿尔班·贝尔格的生活与创作道路》 余志刚 著
《中国汉传佛教音乐文化》 袁静芳 著
《半音化的历史演进》 桑桐 著
《云南花灯音乐概论》 王群 著
《中国戏曲现代戏史》 高义龙 李晓 主编
《振飞曲谱》(上、下) 上海昆剧团 编
《湘剧音乐概论》 黎建明 著
《<聊斋志异>与川剧聊斋戏》 杜建华 著
《民间祭礼与仪式戏剧》 胡天成 主编
《戏剧表演学》 胡导 著
《川剧剧目辞典》 王定欧 主编
《明刊戏曲弦管选集》、《清刻本文焕堂指谱》 泉州地方戏曲研究社 编
《北京戏剧通史》 周传家 秦华生 主编
《莆仙戏与宋元南戏、明清传奇》 马建华 著
《戏曲音乐史》 海震 著
《戏曲美学》 陈多 著
《上海京剧志》 徐幸捷 蔡世成 主编
《福建傀儡戏史论》 叶明生 著
《中国戏曲观众学》 刘景亮 谭静波 著
《插图中国话剧史》 郭富民 著
《戏苑掇卉》 麻淑云 著
《当代若干少数民族戏曲发展概观》(论文) 李悦 著
《目连戏曲珍本辑选》 戴云 著
《明代南戏声腔源流考辨》 流沙 著
《戏曲程式的符号结构及其民族特性》 陈贻亮 著
《现代舞蹈的身体语言》 刘青弋 著
《解读形象聆听理想——石窟乐舞形象

与佛教思想精神》(论文)　王宁宁　著
《中国近现代当代舞蹈发展史》　王克芬　隆荫培　主编
《萨满教舞蹈及其象征》　王宏刚　荆文礼　于国华　著
《敦煌舞教程》　高金荣　著
《中国服饰名物考》　高春明　著
《演进与运动:中国美术的现代化》　郑　工　著
《陈半丁》　朱京生　著
《百年中国美术经典文库》　顾　森　李树声　主编
《中国古代美术批评史纲》　李　一　著
《中国三代艺术的意义》(论文)　李心峰　著
《草原艺术论》　李宝祥　主编
《红学:1954》　孙玉明　著
《让一弗·利奥塔:独树一帜的后现代理论家》　秦喜清　著
《青海土族文化艺术研究》　曹娅丽　主编
《上海艺术史图志》　马博敏　主编
《西文文献著录条例》(修订扩大版)　顾　犇　主编
《全唐文篇目分类索引》　冯秉文　主编
《特色图书馆论》　汤旭岩　主编
《浙江省图书馆新馆计算机集成系统的设计与实施研究》(调研报告)　程小澜　主编
《东北地区古籍线装书联合目录》　王荣国　韩锡铎　王海泉　石丽珍　主编
《迈向21世纪的复合图书馆》　杨向明　编著
《国际图联/联合国教科文组织:公共图书馆服务发展指南》(中文版)　林祖藻　译
《演出营销》　胡月明　著
《转型时期艺术表演团体改革模式研究》　蒋昌忠　宋丹娜　主编
《山东艺术科学发展研究》(调研报告)　李国琳　主编
《鄂伦春游猎生活》　于学斌　编著
《全面建设小康与群众文化发展纬度》(论文)　杜云生　著
《文化事业和文化产业在全省小康建设中担负的职责与任务》(调研报告)　甘肃省文化厅　编
《＜中国水城农民画＞组织辅导与开发研究》(论文)　汪龙舞　著
《文化艺术生态保护与民族地区社会发展》(调研报告)　谢彬如　主编
《二人转艺术》　刘振德　主编
《艺术教育管理学研究》　傅才武　杨光进　著
《六盘山区传统文化探究》　邹　荣　著

2006全国歌舞、杂技主题晚会优秀剧目展演获奖名单

优秀剧目一等奖(4个):

剧　目	演出单位
楚水巴山	湖北省宜昌市歌舞剧团
西游记	广州市杂技团
家住长江边	湖北艺术职业学院
太阳女	云南楚雄彝族自治州民族艺术剧院

优秀剧目二等奖(4个):

剧　目	演出单位
东风颂	第二炮兵政治部文工团
洒满阳光的新疆	新疆歌舞团
英雄天地间	武汉杂技团
天堂草原	内蒙古民族歌舞剧院

优秀剧目三等奖(5个):

剧　目	演出单位
刘三姐故乡的歌	广西柳州市歌舞团
多彩哈达	西藏自治区歌舞团
梦之旅	南京市杂技团
鼓舞七乡	云南省文山州民族歌舞剧团
敦煌韵	甘肃省歌剧院

组委会特别奖(1个):

剧　目	演出单位
神　圣	广州军区政治部战士文工团

文华艺术院校奖——第八届“桃李杯”舞蹈比赛获奖名单

芭蕾舞青年组(男子)

一等奖:黄　怡　星海音乐学院继续教育学院

二等奖:王羽佳　北京舞蹈学院

董佳迪　北京舞蹈学院

三等奖:戴吉言　北京舞蹈学院

马殿麟　北京市海淀区曲皓芭蕾舞培训学校

蓝志明　北京舞蹈学院

优秀表演奖:

王　壮　北京舞蹈学院

聂　彬　北京市海淀区曲皓芭蕾舞培训学校

张　臻　上海戏剧学院舞蹈学院

林　瑶　北京舞蹈学院

刘　鹏　北京舞蹈学院

王子龙　辽宁歌舞团附属舞蹈学校

芭蕾舞青年组(女子)

一等奖:成　萱　星海音乐学院继续教育学院

二等奖:谢明静　北京舞蹈学院

肖旻斐　上海戏剧学院舞蹈学院

三等奖:周　瑜　沈阳音乐学院附属中等舞蹈学校

王　姝　上海戏剧学院舞蹈学院

朱洁莹　上海戏剧学院舞蹈学院

优秀表演奖:

张跃馨　北京舞蹈学院

苏钰琳　北京舞蹈学院

王瑞雪　北京舞蹈学院

何军妮　北京舞蹈学院

上官玉婷　北京舞蹈学院

李晨晨　上海戏剧学院舞蹈学院

芭蕾舞少年甲组(男子)

一等奖:郭承武　北京舞蹈学院附中

二等奖:张　熙　北京舞蹈学院附中

黄俊龙　上海戏剧学院附属舞蹈学校

邢　亮　北京舞蹈学院附中

三等奖:孙佳勇　辽宁歌舞团附属舞蹈学校

李晓龙　沈阳音乐学院附属中等舞蹈学校

优秀演奏奖:

徐志乐　北京舞蹈学院附中

郁希闻　上海戏剧学院附属舞蹈学校

袁　帅　天津艺术学校

王旭丹　上海戏剧学院附属舞蹈学校

芭蕾舞少年甲组(女子)

一等奖:张毅婧　北京舞蹈学院附中

二等奖:管文婷　北京舞蹈学院附中

张思园　北京舞蹈学院附中

三等奖:闫夏萌　北京舞蹈学院附中

帖佳欣　上海戏剧学院附属舞蹈学校

周嘉雯　上海戏剧学院附属舞蹈学校

优秀演奏奖:

张怡雯　上海戏剧学院附属舞蹈学校

芭蕾舞少年乙组(男子)

一等奖:马晓东　北京舞蹈学院附中

二等奖:陈道远　上海戏剧学院附属舞蹈学校

诸小琳　北京舞蹈学院附中

三等奖:张文君　上海戏剧学院附属舞蹈学校

杜皓天　沈阳音乐学院附属中等舞蹈学校

王　浩　北京舞蹈学院附中

优秀表演奖:

许梦繁　北京舞蹈学院附中

王济禹　北京舞蹈学院附中

路　程　天津艺术学校

王智繁　辽宁歌舞团附属舞蹈学校

梁晋朗　北京舞蹈学院附中

芭蕾舞少年乙组(女子)

一等奖:方梦颖　北京舞蹈学院附中

二等奖:刘思睿　上海戏剧学院附属舞蹈学校

刘　茜　辽宁芭蕾舞团附属舞蹈学校

三等奖:战薪潞　北京舞蹈学院附中

赵惠子　沈阳音乐学院附属中等舞蹈学校

廖　想　北京舞蹈学院附中

优秀表演奖：

赵菡冰　上海戏剧学院附属舞蹈学校

孙晓倩　北京舞蹈学院附中

张　妍　北京舞蹈学院附中

安　静　沈阳音乐学院附属舞蹈学校

林雅濛　北京舞蹈学院附中

李　婕　上海戏剧学院附属舞蹈学校

张丽娟　北京舞蹈学院附中

杨静怡　沈阳音乐学院附属中等舞蹈学校

郭虹妤　上海戏剧学院附属舞蹈学校

孙雅莉　武汉音乐学院舞蹈系

彭　钰　四川省舞蹈学校绵阳分校

中国古典舞A级青年组(男子)

一等奖：李　庚　北京舞蹈学院

二等奖：郭　英　解放军艺术学院

朱　晗　北京舞蹈学院

三等奖：董华兴　沈阳音乐学院舞蹈学院

张　旸　解放军艺术学院

曾　明　北京舞蹈学院

优秀表演奖：

兰　浩　上海戏剧学院舞蹈学院

张大光　沈阳音乐学院舞蹈学院

宁　斌　北京舞蹈学院

张镇新　北京舞蹈学院

鄢小强　北京舞蹈学院

洪升开　上海戏剧学院舞蹈学院

中国古典舞A级青年组(女子)

一等奖：邵俊婷　北京舞蹈学院

二等奖：殷　硕　北京舞蹈学院

佘尔格　四川省舞蹈学校

韦士雯　解放军艺术学院

三等奖：门　洋　解放军艺术学院

蔡梦娜　北京舞蹈学院

优秀表演奖：

杨晶晶　上海戏剧学院舞蹈学院

王　乐　北京舞蹈学院

周丽君　北京舞蹈学院

汪小舟　解放军艺术学院

杜　鹃　沈阳音乐学院舞蹈学院

陈亚楠　中央民族大学舞蹈学院

张丝蕊　北京舞蹈学院

许　鑫　沈阳音乐学院舞蹈学院

中国古典舞A级少年甲组(男子)

一等奖：孙　科　北京舞蹈学院附中

二等奖：苏　鹏　解放军艺术学院

孙公伟　北京舞蹈学院附中

三等奖：杜昌盛　解放军艺术学院

万　源　解放军艺术学院

刘　洙　北京舞蹈学院附中

优秀表演奖：

高泽炜　北京舞蹈学院附中

周　然　解放军艺术学院

胡　适　沈阳音乐学院附属中等舞蹈学校

吴陈超　上海戏剧学院附属舞蹈学校

李齐伟　广东舞蹈学校

单思涵　北京舞蹈学院附中

王　帅　北京舞蹈学院附中

赵梓宁　沈阳音乐学院附属中等舞蹈学校

中国古典舞A级少年甲组(女子)

一等奖：唐诗逸　北京舞蹈学院附中

二等奖：秦　熙　解放军艺术学院

杨笑婷　上海戏剧学院附属舞蹈学校

三等奖：梁　茜　解放军艺术学院

杨　秋　解放军艺术学院

鞠施诗　北京舞蹈学院附中

优秀表演奖：

贾　琳　北京舞蹈学院附中

陶雯婷　解放军艺术学院

唐　靓　广东舞蹈学校

王　洋　北京舞蹈学院附中

郑怡帆　上海戏剧学院附属舞蹈学校

贾　璞　四川省舞蹈学校

陈紫璇　北京舞蹈学院附中

刘美麟　沈阳音乐学院附属中等舞蹈学校

张　睿　沈阳音乐学院附属中等舞蹈学校

中国古典舞B级青年组(男子)

一等奖：杨　剑　浙江艺术职业学院

二等奖：高雪洋　沈阳师范大学附属艺术学校

王　苗　湖北艺术职业学院

三等奖：泮克敏　浙江艺术职业学院

韩　涛　广西艺术学院舞蹈系

周智辉　首都师范大学音乐学院舞蹈系

优秀表演奖：

张大策　东北师范大学音乐学院舞蹈系

宁江涛　首都师范大学音乐学院舞蹈系

宫　臣　上海师范大学音乐学院舞蹈系

崔振波　广西艺术学院舞蹈系

唐文鹤　南京艺术学院

肖泽滕　武汉音乐学院舞蹈系

李　杰　武汉音乐学院舞蹈系

中国古典舞B级青年组(女子)

一等奖：肖　洒　武汉音乐学院舞蹈系

二等奖：刘　爽　武汉音乐学院舞蹈系

李婷婷　西北民族大学音乐舞蹈学院

三等奖：陈婉姗　星海音乐学院

郑亚楠　南京艺术学院

景　瑶　首都师范大学

优秀表演奖：

位　超　首都师范大学

刘梦禹　上海师范大学音乐学院舞蹈系

郭音然　上海师范大学音乐学院舞蹈系

智文婷　首都师范大学

舒　睿　首都师范大学

李佳洋　上海师范大学音乐学院舞蹈系

中国古典舞B级少年甲组(男子)

一等奖：贺　翔　广西艺术学校附属中等艺术学校

二等奖：高　健　山西艺术职业学院

张　琦　沈阳师范大学附属艺术学校

三等奖：芦　鹏　山东省潍坊艺术学校

马蛟龙　河北艺术职业学院

石　龙　深圳艺术学校

优秀演奏奖：

林　欢　深圳艺术学校

熊　鹰　重庆大学沙坪坝舞蹈学校

王　尧　湖北艺术职业学院

赵健杰　重庆大学沙坪坝舞蹈学校

李程乐　安徽艺术职业学院

中国古典舞B级少年甲组(女子)

一等奖：黄欣欣　深圳艺术学校

二等奖：何晓茜　广西艺术学院附属中等艺术学校

胡玉婷　湖北艺术职业学院

三等奖：赵　园　山东省潍坊艺术学校

蒋明珊　广西艺术学院附属中等艺术学校

张西贝　沈阳师范大学附属艺术学校

优秀表演奖：

石雪函　吉林艺术学院舞蹈学院

郭梦娇　湖北艺术职业学院

吴琪瑶　江西艺术职业学院

章文慧　南京艺术学院

平文静　安徽艺术职业学院

吴　琼　江西艺术职业学院

刘　雪　山东省歌舞剧院职业艺术学校

中国民族民间舞A级青年组(男子)

一等奖：玉米提　解放军艺术学院

二等奖：武　帅　北京舞蹈学院

唐　寅　北京舞蹈学院

三等奖：汪　阳　北京舞蹈学院

艾尼江　解放军艺术学院

周格特力加　中央民族大学舞蹈学院

优秀表演奖：

黄云松　北京舞蹈学院

黄　天　北京舞蹈学院

张　磊　上海戏剧学院舞蹈学院

李　涵　北京舞蹈学院

沙呷俊楠　北京舞蹈学院

池咚咚　北京舞蹈学院

中国民族民间舞A级青年组(女子)

一等奖：刘萌萌　北京舞蹈学院

二等奖：宋　洁　上海戏剧学院舞蹈学校

苟婵婵　北京舞蹈学院

三等奖：刘　舒　解放军艺术学院

黄冬梅　北京舞蹈学院

刘　芳　中央民族大学舞蹈学院

王　聪　北京舞蹈学院

优秀表演奖：

薛明倩　北京舞蹈学院

沙　曼　北京舞蹈学院

苏楠楠　上海戏剧学院舞蹈学院

张　乐　北京舞蹈学院

田呈扉　中央民族大学舞蹈学院

李雪晶　北京舞蹈学院

李　超　中央民族大学舞蹈学院

赵　悦　沈阳音乐学院舞蹈学院

中国民族民间舞A级少年甲组(男子)

一等奖:刘　彬　北京舞蹈学院附中

二等奖:李　志　解放军艺术学院

李家兴　解放军艺术学院

三等奖:李　洋　北京舞蹈学院附中

贺成龙　中央民族大学舞蹈学院

侯成栋　北京舞蹈学院附中

李　超　广东舞蹈学校

优秀表演奖:

张　峰　北京舞蹈学院附中

吴　刚　广东舞蹈学校

黄文浩　四川省舞蹈学校

高　添　沈阳音乐学院附属中等舞蹈学校

张天阳　北京舞蹈学院附中

王　俊　上海戏剧学院附属舞蹈学院

刘　威　广东舞蹈学校

杨　成　解放军艺术学院

中国民族民间舞A级少年甲组(女子)

一等奖:吴萌萌　北京舞蹈学院附中

二等奖:潘艺烁　北京舞蹈学院附中

郭一歌　解放军艺术学院

三等奖:徐彤彤　解放军艺术学院

骆文博　北京舞蹈学院附中

陶　洋　上海戏剧学院附属舞蹈学院

优秀表演奖:

邵　琨　解放军艺术学院

孟　琳　解放军艺术学院

侯梦瑶　北京舞蹈学院附中

董黛儿　四川省舞蹈学校

曹端丹　广东舞蹈学校

任元颖　上海戏剧学院附属舞蹈学校

刘倩微　广东舞蹈学校

张嫣然　广东舞蹈学校

陈　汐　北京舞蹈学院附中

中国民族民间舞B级青年组(男子)

一等奖:赵　松　云南艺术学院附属艺术学校

二等奖:巴特尔　西北民族大学音乐舞蹈学院

呼德勒　内蒙古大学艺术学院

三等奖:锡林夫　内蒙古大学艺术学院

韩　杰　石家庄市艺术学校

张　荣　云南艺术学院文华学院

优秀表演奖:

咎建军　云南艺术学院舞蹈学院

陈　斌　武汉音乐学院舞蹈系

穆瑞鹰　东北师范大学音乐学院舞蹈系

陈伟强　南京艺术学院舞蹈系

兰海龙　科尔沁艺术职业学院

赵　亮　上海师范大学音乐学院舞蹈系

中国民族民间舞B级青年组(女子)

一等奖:金仙花　延边大学艺术学院

二等奖:古丽米娜·麦麦提　新疆艺术学院舞蹈学院

何佳　内蒙古大学艺术学院

三等奖:翁晶晶　厦门演艺职业学院

金　妮　东北师范大学音乐学院舞蹈系

斯仁道力玛　内蒙古大学艺术学院

阿娜尔　内蒙古大学艺术学院

优秀表演奖:

唐勤琴　云南艺术学院舞蹈学院

菲罗拉　新疆艺术学院舞蹈学院

陈　薇　首都师范大学音乐学院舞蹈系

陈　晨　南京艺术学院舞蹈系

齐美禄　上海师范大学音乐学院舞蹈系

乌日利戈　内蒙古大学艺术学院

魏博音　武汉音乐学院舞蹈系

中国民族民间舞B级少年甲组(男子)

一等奖:雍文勇　厦门艺术学校

二等奖:贝毓卓　吉林艺术学院舞蹈学院

沈立原　广西艺术学院附属中等艺术学校

三等奖:郭　杨　广西艺术学院附属中等艺术学校

钟志煜　厦门艺术学校

刘　星　安徽艺术职业学院

优秀表演奖:

闫美水　深圳艺术学校

陈　功　重庆艺术学校

田　飞　湖北艺术职业学院

王俊久　西安市艺术学校

中国民族民间舞B级少年甲组(女子)

一等奖:刘　璐　广州市艺术学校

二等奖:董玲钰　辽宁文化艺术学校

韦　娜　广西艺术学院附属中等艺术学校

三等奖:李亚迪　深圳艺术学校

黄亚茜　无锡文化艺术学校

史方乐　安徽艺术职业学院

黄　鋆　广州市艺术学校

于弘洋　辽宁文化艺术学校

彭婷婷　广西艺术学院附属中等艺术学校

张雨菲　武汉音乐学院舞蹈系

蔡　博　厦门演艺职业学院

优秀表演奖：

叶柔柔　浙江艺术职业学院

陈姣姣　安徽艺术职业学院

王　雪　重庆艺术学校

陈昆花　江西艺术职业学院

于雯雯　西安市艺术学校

纪婉悦　安徽艺术职业学院

杨　妮　石家庄市艺术学校

郭迷雪　福建艺术职业学院

卢丹妮　厦门演艺职业学院

中国舞少年乙组(男子)

一等奖：吴　迪　北京舞蹈学院附中

二等奖：潘永超　解放军艺术学院

胡　阳　北京舞蹈学院附中

三等奖：李　响　广东舞蹈学校

盖　峥　沈阳音乐学院附属中等舞蹈学校

李　润　上海戏剧学院附属舞蹈学校

优秀表演奖：

黎　星　解放军艺术学院

何　将　解放军艺术学院

程　飞　北京舞蹈学院附中

朱王博　北京舞蹈学院附中

姚潇欢　上海戏剧学院附属舞蹈学校

杨　帅　解放军艺术学院

中国舞少年乙组(女子)

一等奖：单　媛　北京舞蹈学院附中

二等奖：戎昳宁　上海戏剧学院附属舞蹈学校

黄路霏　解放军艺术学院

三等奖：陈倩雯　广东舞蹈学校

李妮亭　四川省舞蹈学校

倪倩云　上海戏剧学院附属舞蹈学校

钱　璇　北京舞蹈学院附中

李海若　沈阳音乐学院附属中等舞蹈学校

黄子微　广东舞蹈学校

庞妮娜　解放军艺术学院

秦　朗　解放军艺术学院

吴婉菁　深圳艺术学校

优秀表演奖：

孟庆旸　北京戏曲艺术职业学院舞蹈系

余　瑜　北京舞蹈学院附中

赵思园　北京舞蹈学院附中

吴灵薇　广东舞蹈学校

陈成玉茜　沈阳音乐学院附属中等舞蹈学校

刘　珂　北京舞蹈学院附中

刘　颖　深圳艺术学校

孙　婧　四川省舞蹈学校

钱金玉　解放军艺术学院

杜宾燕　山东省潍坊艺术学院

彭圣棋　北京市音乐舞蹈学校

吴嘉雯　浙江艺术职业学院

唐乙民　武汉市艺术学校

教学剧目创作奖：

一等奖：少年聂耳　胡　岩、马　军

与书包对话　昕娜

书痴(河北秧歌)　胡岩

屈原·简魂　刘震

孔乙己　胡岩

二等奖：自由自在　马南

田园曲(花鼓灯)　靳苗苗

戏面(藏族)　袁佳

母亲(蒙族)　万玛尖措

舞踏　李珊珊

爱莲说　赵小刚

我欲乘风归去　胡磊

篆形舞意　赵小刚、张云峰

三等奖：走来　张帝莎

花儿为什么这样红(维族)　田露

行者(朝鲜舞)　崔月梅、曾焕兴

倩女悲情(东北秧歌)　王嵩妹、李岩

新靴子(维族)　余秉力

重生　王志国、家建超

屈原·天问　梁群

碧雨幽兰　佟睿睿

身与白云间　胡磊

家·梅表姐　梁群

花之语　李彬

施琅　武巍峰

我和月亮说句话　丁然

教学剧目音乐创作奖：

二等奖：黎母山的阿妹

边塞

春潮

咸水歌

飞(蒙族)

武昭仪

三等奖：重生

竹叶青

禅鼓声声

秋·忆

春江花月夜

家·梅表姐

酒狂

悟弦

施琅

喝酒·跳舞—爽(蒙古)

爬坡上坎

戏面(藏族)

赞哈(傣族)

灵雀(傣族)

巴郎(维族)

鄂温克小鹿(鄂温克族)

铃铛少女(维族)

蝶

小火苗

吉祥——阿穆古朗

离太阳最近的人

欢天喜地秧歌情

杨柳轻扬

俏兰花

情醉女儿鼓

阿妹惹

教学精品组合课：

保护传统舞蹈文化贡献奖

第一场：中国古典舞教学组合课

朝鲜族民间舞蹈(男班)

藏族民间舞蹈(女班)

蒙古舞教学

第二场：安徽花鼓灯流派传承

河北民间舞蹈

东北秧歌组合

云南滇南彝族民间舞蹈

敦煌舞组合

朝鲜民族舞蹈动作

广东排瑶长鼓

彝族支系舞蹈代表性

优秀编排奖

第一场：东北秧歌(女班)

维吾尔族刀郎

第二场：闽南拍胸、钱鼓、彩婆、彩球

彝族支系舞蹈代表性

优秀组合表现奖

第一场：羌族民间舞(女班教材)组合课

广东英歌训练组合课

东北秧歌(女班组合课)

藏族、蒙族民间舞蹈组合课

维吾尔族刀郎组合课

第二场：蒙古族教学组合课

土家族舞蹈组合课

朝鲜族民族舞蹈动作课

群舞组(古典)表演奖：

一等奖：《冲》　上海戏剧学院舞蹈学院

二等奖：《边塞》　北京舞蹈学院

《桃夭》　解放军艺术学院

三等奖：《猴戏》　北京舞蹈学院附中

《楚腰》　北京舞蹈学院

《岁寒三友》　北京舞蹈学院

优秀表演奖：

《梨园新韵》　沈阳音乐学院附中大连音乐舞蹈学校

《春吟》　福建艺术职业学院

《谢公屐》　北京舞蹈学院

《梦非梦》　南京艺术学院

《戏魂》　中国戏曲学院艺术传媒学院

《春潮》　安徽艺术职业学院

《月引霓裳》　北京市音乐舞蹈学校

《拂·晓》　星海音乐学院舞蹈系

群舞组(古典)剧目奖：

一等奖：《岁寒三友》　北京舞蹈学院

二等奖：《桃夭》 解放军艺术学院

《边塞》 北京舞蹈学院

三等奖：《冲》 上海戏剧学院舞蹈学院

《拂·晓》 星海音乐学院舞蹈系

《猴戏》 北京舞蹈学院附中

优秀剧目奖：

《谢公屐》 北京舞蹈学院

《梦非梦》 南京艺术学院

《梨园新韵》 沈阳音乐学院附中大连音乐舞蹈学校

《春吟》 福建艺术职业学院

《春潮》 安徽艺术职业学院

《戏魂》 中国戏曲学院艺术传媒学院

《月引霓裳》 北京市音乐舞蹈学校

古典舞学科贡献奖：《楚腰》 北京舞蹈学院 孙颖

群舞组(民间)表演奖：

一等奖：

离太阳最近的人(藏族) 北京舞蹈学院

阳光康巴(藏族) 四川省舞蹈学校

东归英雄(蒙族) 中央民族大学舞蹈学院

东北那旮旯(东北秧歌) 沈阳音乐学院附属中等舞蹈学校

稻草香(客家) 广东舞蹈学校

二等奖：

狼图腾(蒙族) 北京舞蹈学院

红珊瑚(山东秧歌) 北京舞蹈学院

走在山水间(壮族) 广西艺术学院附属中等艺术学校

山娃仔(壮族) 广西艺术学院舞蹈系

吉祥—阿穆古朗(蒙族) 北京舞蹈学院附中

蒙古风韵(蒙族) 内蒙古大学艺术学院

蓝色游吟(蒙族) 广东舞蹈学校

俏兰花(花鼓灯) 安徽艺术职业学院

欢天喜地秧歌情(东北秧歌) 沈阳音乐学院

情醉女儿鼓(东北民间舞 单鼓) 黑龙江艺术职业学院

三等奖：

洗衣舞(藏族) 厦门艺术学校

花腰花(傣族) 东北师范大学音乐舞蹈系

鼓韵之声(朝鲜族) 延边大学艺术学院

美丽姑娘(维族) 北京舞蹈学院附中

铃舞(藏族) 北京舞蹈学院附中

飞(蒙族) 内蒙古大学艺术学院附中

鹰之歌(维族) 中央民族大学舞蹈学院

山鹰之邦(塔吉克族) 新疆艺术学院舞蹈学院

战魂(蒙族) 天津音乐学院舞蹈系

红是红啊、绿是绿！(傣族) 无锡文化艺术学校

佤山火(佤族) 中央民族大学舞蹈学院

火塘边(苗族) 湖南艺术职业学院

杨柳轻扬(汉族) 江苏省扬州文化艺术学校

雨后春山(山东胶州秧歌) 深圳艺术学校

八角街的阿西(藏族) 西藏大学艺术学院

勒哨哇丙(壮族) 云南文化艺术职业学院

游牧一族(蒙族) 厦门演艺职业学院

品春(汉族) 江西艺术职业学院

优秀表演奖：

听鼓仔(钱鼓) 广东舞蹈学校

心中的祝福(蒙族) 内蒙古大学艺术学院

佤山夜醉(佤族舞蹈素材) 星海音乐学院舞蹈系

旋·旋·旋(维族) 杭州师范学院

啊佤(佤族) 云南艺术学院舞蹈学院

瑶鼓谣(瑶族) 广西艺术学院舞蹈系

渣某阿(福建民间舞素材) 福建艺术职业学院

唐古拉风(藏族) 西北民族大学音乐舞蹈学院

敕勒歌(蒙族) 深圳艺术学校

巾帼颂(朝鲜族) 沈阳音乐学院附中大连音乐舞蹈学校

走向远方(维族) 无锡文化艺术学校

我梦飞翔(蒙族) 内蒙古呼和浩特市艺术学校

草原姑娘(蒙族) 西安市艺术学校

阿妹惹(彝族) 云南艺术学院文华学院

心中的牡丹(回族) 西北民族大学音乐舞蹈学院

黎母山的阿妹(黎族) 海口市亚安舞蹈艺术学校

猎(佤族) 北京戏曲艺术职业学院舞蹈系

雪山的太阳(藏族) 厦门演艺职业学院

塔林呼和德(蒙族) 内蒙古大学艺术学院附中

潇洒的牧马人(蒙族) 内蒙古包头艺术学校

火玛蹉(哈尼族) 云南艺术学院附属艺术学校

赶太阳(傣族) 云南师范大学艺术学院

南晃罕(傣族) 云南艺术学院附属艺术学校

人偶心(朝鲜族) 首都师范大学音乐学院舞蹈系

摇奶呓语(裕固族) 西北师范大音乐学院

敦煌羯鼓舞(西域民间舞) 兰州艺术学校

打衣歌(土族) 福建艺术职业学院

群舞组(民间)剧目奖：

一等奖：

红珊瑚(山东秧歌) 北京舞蹈学院

东北那旮答(东北秧歌)　沈阳音乐学院附属中等舞蹈学校
山娃仔(壮族)　广西艺术学院舞蹈系
狼图腾(蒙族)　北京舞蹈学院
走在山水间(壮族)　广西艺术学院附属中等艺术学校

二等奖:

蓝色游吟(蒙族)　广东舞蹈学校
东归英雄(蒙族)　中央民族大学舞蹈学院
离太阳最近的人(藏族)　北京舞蹈学院
阳光康巴(藏族)　四川省舞蹈学校
稻草香(客家)　广东舞蹈学校
红是红啊、绿是绿!(傣族)　无锡文化艺术学校
八角街的阿西(藏族)　西藏大学艺术学院
蒙古风韵(蒙族)　内蒙古大学艺术学院
勒哨哇丙(壮族)　云南文化艺术职业学院
洗衣舞(藏族)　厦门艺术学校

三等奖:

欢天喜地秧歌情(东北秧歌)　沈阳音乐学院
情醉女儿鼓(东北民间舞 单鼓)　黑龙江艺术职业学院
山鹰之邦(塔吉克族)　新疆艺术学院舞蹈学院
佤山火(佤族)　中央民族大学舞蹈学院
鹰之歌(维族)　中央民族大学舞蹈学院
鼓韵之声(朝鲜族)　延边大学艺术学院
杨柳轻扬(汉族)　江苏省扬州文化艺术学校
俏兰花(花鼓灯)　安徽艺术职业学院
敕勒歌(蒙族)　深圳艺术学校
火塘边(苗族)　湖南艺术职业学院
花腰花(傣族)　东北师范大学音乐舞蹈系
啊佤(佤族)　云南艺术学院舞蹈学院
飞(蒙族)　内蒙古大学艺术学院附中
战魂(蒙族)　天津音乐学院舞蹈系
铃舞(藏族)　北京舞蹈学院附中
听鼓仔(钱鼓)　广东舞蹈学校
吉祥—阿穆古朗(蒙族)　北京舞蹈学院附中
瑶鼓谣(瑶族)　广西艺术学院舞蹈系

优秀剧目奖:

美丽姑娘(维族)　北京舞蹈学院附中
品春(汉族)　江西艺术职业学院
巾帼颂(朝鲜族)　沈阳音乐学院附中大连音乐舞蹈学校
潇洒的牧马人(蒙族)　内蒙古包头艺术学校
旋·旋·旋(维族)　杭州师范学院
雨后春山(山东胶州秧歌)　深圳艺术学校
我梦飞翔(蒙族)　内蒙古呼和浩特市艺术学校
猎(佤族)　北京戏曲艺术职业学院舞蹈系
摇奶吒语(裕固族)　西北师范大音乐学院
唐古拉风(藏族)　西北民族大学音乐舞蹈学院
火玛蹉(哈尼族)　云南艺术学院附属艺术学校
走向远方(维族)　无锡文化艺术学校
心中的牡丹(回族)　西北民族大学音乐舞蹈学院
塔林呼和德(蒙族)　内蒙古大学艺术学院附中
赶太阳(傣族)　云南师范大学艺术学院
游牧一族(蒙族)　厦门演艺职业学院
打衣歌(土族)　福建艺术职业学院
黎母山的阿妹(黎族)　海口市亚安舞蹈艺术学校
心中的祝福(蒙族)　内蒙古大学艺术学院
佤山夜醉(佤族舞蹈素材)　星海音乐学院舞蹈系
人偶心(朝鲜族)　首都师范大学音乐学院舞蹈系
南晃罕(傣族)　云南艺术学院附属艺术学校
阿妹惹(彝族)　云南艺术学院文华学院
草原姑娘(蒙族)　西安市艺术学校
渣某阿(福建民间舞素材)　福建艺术职业学院
敦煌羯鼓舞(西域民间舞)　兰州艺术学校
雪山的太阳(藏族)　厦门演艺职业学院

群舞组(其他)表演奖:

一等奖:一片羽毛　解放军艺术学院
进城　东北师范大学音乐舞蹈系

二等奖:前人的足迹　解放军艺术学院
女兵　沈阳音乐学院附属中等舞蹈学校
风雪中的我们　沈阳音乐学院附属中等舞蹈学校

三等奖:兰亭修竹　北京舞蹈学院
好一片美丽的茉莉花　沈阳师范大学附属艺术学校
烨艳鼓啸　北京百汇演艺学校
风的诉说　深圳艺术学校

优秀表演奖:

彩陶幻想　厦门艺术学校
巴郎鼓　广东舞蹈学校
祈福　四川省舞蹈学校绵阳分校
向日葵　安徽艺术职业学院
悸动　广东外语艺术职业学院
一曲兰花花　山西艺术职业学院
生命的诉说　武汉音乐学院舞蹈系
雨中花　江西艺术职业学院
咸水歌　广州市艺术学校

白鹭　厦门演艺职业学院

唱山歌　广西壮族自治区艺术学校

风吹俺的扇　山东省青年管理干部学院

大海的女儿　厦门演艺职业学院

毕业照　南京艺术学院

乐滋滋　广西艺术学院舞蹈系

家有七凤　江南大学艺术系

季候风　河北艺术职业学院

天空　广西师范大学音乐学院

群舞组(其他)剧目奖:

一等奖:一片羽毛　解放军艺术学院

女兵　沈阳音乐学院附属中等舞蹈学校

二等奖:巴郎鼓　广东舞蹈学校

好一片美丽的茉莉花　沈阳师范大学附属艺术学校

前人的足迹　解放军艺术学院

三等奖:进城　东北师范大学音乐舞蹈系

兰亭修竹　北京舞蹈学院

风雪中的我们　沈阳音乐学院附属中等舞蹈学校

祈福　四川省舞蹈学校绵阳分校

优秀剧目奖:

风吹俺的扇　山东省青年管理干部学院

家有七凤　江南大学艺术系

彩陶幻想　厦门艺术学校

咸水歌　广州市艺术学校

雨中花　江西艺术职业学院

生命的诉说　武汉音乐学院舞蹈系

天空　广西师范大学音乐学院

唱山歌　广西壮族自治区艺术学校

大海的女儿　厦门演艺职业学院

向日葵　安徽艺术职业学院

悸动　广东外语艺术职业学院

烨艳鼓啸　北京百汇演艺学校

毕业照　南京艺术学院

一曲兰花花　山西艺术职业学院

乐滋滋　广西艺术学院舞蹈系

风的诉说　深圳艺术学校

白鹭　厦门演艺职业学院

季候风　河北艺术职业学院

港澳台及海外组:

一等奖:群　舞　澳门演艺学院舞蹈学校

二等奖:张筱枫　台北精华舞集

陈小玉　澳门演艺学院舞蹈学校

三等奖:群　舞　澳门演艺学院舞蹈学校

群　舞　澳门濠江中学

陈妍鋟　新加坡嫌矜艺术学院

群　舞　澳门演艺学院舞蹈学校

潘家玉　美国王馨悦舞蹈学校

吴晓清　美国 MOPA

群　舞　台北舞雩舞集舞蹈团

倪海伦　美国王馨悦舞蹈学校

姚凤凤　美国王馨悦舞蹈学校

倪米米　美国王馨悦舞蹈学校

舞蹈学术论文奖:

一等奖:

刘青弋　关于中国古典舞的基本范畴与概念丛

赵铁春　与人民共舞

史晶歆　中国舞剧叙事媒介与叙事策略初探

敫　捷　新古典主义创作与生态式教学模式

刘　建　文化语境中的传统舞蹈评判

郭　磊　从赣南采茶“矮子步”看中国民族民间舞教学的延伸与发展

应　杰　藏族舞蹈教学中的文化传承

许　锐　宏大主题的升华与接近生活的乐趣

金　浩　论中国古典舞创作的“后身韵时段”

刘珊珊　试析清江中游土家族“撒尔嗬”舞蹈的审美特征

张　麟　在艺术化的发展进程中

韩　瑾　当代中国古典舞的形态特征,运动规律以及审美特质阐释

冯百跃　论舞蹈训练方法

阎成立　满族萨满舞蹈研究

二等奖:

李爱顺　中国朝鲜族舞蹈训练体系的理论考析

胡　博　当前军队舞蹈发展现状分析

张素琴　舞蹈资源的认知与开掘

贾安林　同根共源 唇齿相依

宋海芳　中国古典舞教学动作风格与教学方法模式探究

刁　英　舞蹈基训 基本原理解剖

慕　羽　当代舞蹈编导的价值定位

莫　非　六舞纵歌,礼乐传承

平　心　关于舞蹈创作与作品分类的新方法

李士明　当代舞蹈文化传统重建中的现实主义精神
陈　中　崖画中舞动的精灵——云南佤族舞蹈研究
毛　毳　一片秋天枯叶上的湿润经脉
李丹娜　借鉴戏曲“眼的功法”来丰富芭蕾舞课堂的表现力
沈　阳　论剧场舞蹈的现代走向
张居淮　浅析安徽花鼓灯艺术的保护、继承和发展
胡　伟　中国古典舞与太极图式分析
陶景杜　舞蹈肢体动作价值观
刘　丽　论当代“学院派”民间舞之文化形态
王佳维　大舞希舞
柳雅青　中国舞剧时空建构探析
朴永光　民族民间舞蹈作品的价值取向
靳苗苗　浅析中国民族民间舞表演人才的培养模式
袁　莉　“桃李杯”对少年组教学节目建设的影响
李丽宏　浅谈朝鲜族舞蹈中的民俗意识与重要意义
何海飞　《云南映象》被忽略的意义与价值
邓晓娟　吾歌、吾舞、三叩首
钟　瑛　浅谈现代舞剧“雷和雨”的现代主义精神

三等奖：

王泳舸　回鹘萨满教乐舞的流变
胡要岩　“方”“圆”如是说
王建军　从舞剧《一把酸枣》的实践
刘要炼　浅谈中国民间舞蹈未来发展方向
马志鑫　论舞蹈创作过程中的符号化过程
王静波　论古典舞的文化属性
park zong gil　教师教育和舞蹈教师研究方向
李　卿　由“自娱性”向“表演性”的转变
高娟敏　浅谈芭蕾训练中对抗力的作用
杨　鸥　舞蹈科学选材由理论推向应用的思考
何　群　校园舞蹈教学定位及其模式探索
胡　骁　朝鲜族舞蹈体态与动态浅析
郑慧慧　借鉴中的升华与失落
许　薇　舞蹈本科专业课程体系的构建与探讨
李　涛　在探索中成长
仝　妍　论当代舞蹈的专业审美与文化审美
安　静　论电视舞蹈艺术的生存与发展
杨　倩　试论服饰的差异和变迁对于民族舞蹈的影响
史　博　艺术·文化·宗教——《金刚力士》的创作感悟
李雪梅　“根”之所在“味”之所依
温　柔　舞蹈者的身体成分及其对身体机能与健康的影响
孙　超　花鼓灯教学中鼓架子的训练价值
李　琦　从生理学视角解析舞蹈动作技术与动作技能
赵小丁　蒙古族舞蹈中“原生态文化资源”探索
赵纯基　科学塑造舞蹈演员完美的艺术形体
张仙爱　通过舞蹈发展认知、情绪
徐　梅　在建立民间舞教材、教法中实现对传统民族民间舞的继承与发展
娄　影　罢黜百家
王　芳　舞蹈教学中学生创新意识培养刍议
郑　捷　舞蹈心理教育平台的aq支持
李　杨　扇子舞的继承与发展
景新力　一等奖群舞创意性“亮点“甄别
孙　玥　从“那一类”到“这一个”—“桃李杯”汉族民间舞作品之表演性研究
曹　瑜　扎根传统 继承传统 发展传统
安歌昕　校园舞蹈教学中的舞蹈与音乐中的关系选择
兰　燕　14—16岁女舞蹈学生的骨密度状况的初步研究
陈　萌　浪尖上的珍珠
杨　越　芭蕾舞重心论述
胡小兰　土家族舞蹈文化探悉
赵文波　潜能开发与舞蹈创造力培养新思路
宁　治　传统基因与时代新美的融合

文华艺术院校奖—第八届小提琴演奏比赛
获 奖 名 单

一、少 年 组

第一名 余振阳 中央音乐学院附中
第二名 高天阳 上海音乐学院附中
第三名 张安迪 中央音乐学院附中
第四名 唐 韵 上海音乐学院附中
第五名 孙同同 上海音乐学院附中
第六名 周子昊 上海音乐学院附中
优秀演奏奖:冯继霆 四川音乐学院附属小学
段 静 武汉音乐学院附中
李泉帅 沈阳音乐学院附中
演奏奖:郭思言 岳光男 刘芳蕾 刘芳希
吴钟嘉 王珏儿 顾 成 何枢聪
刘欣欣 李 杏 谢 涵
中国作品演奏奖:高天阳
优秀指导教师奖:林耀基 张堤 方 蕾 汤伟剑
俞丽拿 周彬佑
指导教师奖:李开祥 陈 响 李 果 王 冠

二、青年组

第一名 高参 中央音乐学院研究生部
第二名 谢昊明 中央音乐学院附中
第三名 贾天韵 上海音乐学院附中
第四名 沈倩雯 上海音乐学院附中
第五名 张夏夏 中央音乐学院
第六名 李芙蓉 中央音乐学院附中
优秀演奏奖:宋怡萱 沈阳音乐学院
俞倩如 天津音乐学院
何可嘉 四川音乐学院附中
演奏奖:谷丽莎 王佳昊 王佳稚 沈 婷
王 静 杜帅黎 卢天杰 莫婷婷
梁寒琰 龚 雨 李 阳 冯元媛
中国作品演奏奖:谢昊明
优秀指导教师奖:林耀基 郑石生 方 蕾 谭力玮
指导教师奖:王 冠 管文宁 刘 盾
钢琴伴奏奖:李 慧 姜 珊 凌 寒

文华艺术院校奖——第八届“桃李杯”舞蹈比赛
国际标准舞比赛项目获奖名单

21岁以上标准舞

一等奖:杨 超/谭轶凌 上海戏剧学院舞蹈学院
指导老师:曹 洪、李 利
二等奖:王 静/郝媛媛 北京舞蹈学院
指导老师:李 濛、王奕菲
方 堃/刘 歌 上海电影艺术学院舞蹈学院
指导老师:陈敏佳、刘 媛
三等奖:张硕丰/贾红蕾 上海戏剧学院舞蹈学院
指导老师:曹 洪、李 利
赵耀程/王洲文 上海电影艺术学院舞蹈学院
指导老师:王景怡、罗 莎
赵 磊/王 杨 秦皇岛体育舞蹈专科学校
指导老师:黎 明、程 龙
优秀表演奖:
赵 江/田露茜 上海电影艺术学院舞蹈学院
历铁鑫/杜 威 广东文艺职业学院
韩新朋/田明华 天津师范大学艺术学院

21岁以上拉丁舞

一等奖:王 为/陈 金 北京舞蹈学院
指导老师:陈淑民、韩美玲
二等奖:郭敬洋/康 静 深圳骏毅舞蹈学校
指导老师:尹向荣、候彩萍
魏晓丹/邓丽位 深圳骏毅舞蹈学校
指导老师:尹向荣、候彩萍
三等奖:王 磊/阎晴晴 北京现代音乐研修学院阎岭舞蹈学院
指导老师:阎 岭
杨慧康/赵 茹 上海电影艺术学院舞蹈学院
指导老师:刘哲明、朱嘉益
骆治豪/周紫月 广东文艺职业学院
指导老师:尹卫东、龙卫敏

优秀表演奖：

吴博文／于晓宇　北京舞蹈学院

娄开松／薛晔佳　上海戏剧学院舞蹈学院

关　磊／李　懿　北京现代音乐研修学院阎岭舞蹈学院

21岁以下标准舞

一等奖：赵　淳／杨珊珊　上海电影艺术学院

指导老师：温亮富、张　佳

二等奖：李伟平／孙　佳　上海戏剧学院舞蹈学院

指导老师：曹　洪、李　利

王　寅／胡　悦　北京舞蹈学院

指导老师：李　濛、王奕菲

三等奖：戴　彬／张　怡　上海电影艺术学院舞蹈学院

指导老师：王　帅、于亚东

王　政／卢　琳　北京舞蹈学院

指导老师：李　濛、王奕菲

陶其斌／杨　磊　秦皇岛体育舞蹈专科学校

指导老师：黎　明、程　龙

优秀表演奖：

宋　帆／岑　橙　上海电影艺术学院舞蹈学院

王正康／郭　玥　北京舞蹈学院

梁　爽／邱　婷　上海电影艺术学院舞蹈学院

余　强／杨正瑛　上海戏剧学院舞蹈学院

华　麟／牛　宣　上海戏剧学院舞蹈学院

邝浩跃／钟汝玲　广东文艺职业学院

21岁以下拉丁舞

一等奖：侯寅山／付　玥　北京舞蹈学院

指导老师：叶　薇、王小洲

二等奖：李　航／娄　慧　北京舞蹈学院

指导老师：韩美玲

杨　阳／董岚岚　秦皇岛体育舞蹈专科学校

指导老师：黎　明、程　龙

三等奖：钟琪润／毛　菁　深圳骏毅舞蹈学校

指导老师：尹向荣、候彩萍

漆剑如／姜梦佳　北京舞蹈学院

指导老师：陈淑民、韩美玲

周　鑫／赵　萌　深圳骏毅舞蹈学校

指导老师：尹向荣、候彩萍

优秀表演奖：

潘　瑞／张馨月　秦皇岛体育舞蹈专科学校

林　超／唐梦露　北京舞蹈学院

武鸿志／周　蕊　吉林体育学院五环体育舞蹈训练基地

牛　犇／祖颖颖　北京国际标准舞学院

周　庆／巫　丹　深圳骏毅体育舞蹈学校

何　龙／王郢彬　广东文艺职业学院

18岁以下标准舞

一等奖：李思诚／周曼妮　深圳骏毅体育舞蹈学校

指导老师：沈　毅、黄文娟

二等奖：程　丹／李祯妮　大连国际舞蹈学校

指导老师：李世国

姚　智／李佩佩　上海电影艺术学院舞蹈学院

指导老师：赵　立、凌　晨

三等奖：耿　鑫／周旺旺　秦皇岛体育舞蹈专科学校

指导老师：黎　明、程　龙

马作诗／谭艳秋　上海电影艺术学院舞蹈学院

指导老师：曲慧佳、邓　昕

闭裕丰／毛畋丁　广东文艺职业学院

指导老师：叶荣元、龙卫敏

优秀表演奖：

辛雨陆／冯昊晨　北京舞蹈学院附属中等舞蹈学校

韩伟超／霍　珊　北京舞蹈学院

余晓荣／许雯雯　深圳骏毅体育舞蹈学校

王　帅／李　欢　深圳骏毅体育舞蹈学校

董　健／李　享　北京舞蹈学院

平庆龙／浦　煜　北京国际标准舞学院

18岁以下拉丁舞

一等奖：王　棘／高　雪　广东文艺职业学院

指导老师：尹卫东、龙卫敏

二等奖：王　勇／林巧燕　深圳骏毅舞蹈学校

指导老师：尹向荣、候彩萍

王仁正／陈万辉　北京舞蹈学院

指导老师：陈淑民、韩美玲

三等奖：付　强／李小芬　广东文艺职业学院

指导老师：尹卫东、龙卫敏

王　军／张晓婉　大连国际舞蹈学校

指导老师：孙玉枝

孙　凯／黄　伟　秦皇岛体育舞蹈专科学校

指导老师：黎　明、程　龙

优秀表演奖：段　明／许　茜　广东舞蹈学校

汪　祥／顿晓晨　广东文艺职业学院

李　帅／奚齐月　北京舞蹈学院附属中等舞蹈学校

何　程／陈伴雪　广东文艺职业学院

陈　昊／吴　洋　吉林体育学院五环体育舞蹈训练基地

胡　杭／沈　楠　北京国际标准舞学院

16岁以下标准舞

一等奖：瞿　文／邹亚云　上海电影艺术学院舞蹈学院

指导老师：是科圣、孙　荣

二等奖：刘鹏飞／赵灵依　秦皇岛体育舞蹈专科学校

指导老师：黎　明、程　龙

郑登科／秦　露　秦皇岛体育舞蹈专科学校

指导老师：黎　明、程　龙

三等奖：汪　亮／李司宇　武汉市体育舞蹈学校

指导老师：李跃辉

郑博文／刘　丹　深圳骏毅体育舞蹈学校

指导老师：沈　毅、黄文娟

王　凡／王傲雪　上海电影艺术学院舞蹈学院

指导老师：温亮富、江　帆

优秀表演奖：

石　献／叶发慧　上海电影艺术学院舞蹈学院

施德海／汪　沁　北京舞蹈学院

张力俊／牟思璇　上海戏剧学院舞蹈学院

王秉凯／张　露　秦皇岛体育舞蹈专科学校

唐明宇／万　璐　北京体育大学附属中等体育专业学校

王　琨／郑丽颖　北京戏曲艺术职业学院

16岁以拉丁舞

一等奖：檀健次／韩　歌　北京舞蹈学院附属中等舞蹈学校

指导老师：胡　耀

二等奖：李　玓／赵　蕾　北京国际标准舞学院

指导老师：孙文斌、范　航

许耀南／程佳妮　广东文艺职业学院

指导老师：尹卫东、龙卫敏

三等奖：王光帅／刘一菲　北京戏曲艺术职业学院

指导老师：张　玮、何　彬

余　磊／雄　媛　武汉市体育舞蹈学校

指导老师：徐立伟

刘艺夫／龙　媛　广东文艺职业学院

指导老师：尹卫东、龙卫敏

优秀表演奖：

王宇光／卫　晓　北京国际标准舞学院

滕　达／李　冰　北京体育大学附属中等体育专业学校

韩正庆／杨梦迪　武汉市体育舞蹈学校

张诗杰／丁文漪　北京国际标准舞学校

孙　翔／黄宝儿　广东文艺职业学院

张　夏／徐士超　广东舞蹈学校

艺术表演舞标准双人舞

一等奖：《冬天来了》　上海戏剧学院舞蹈学院

选手：李伟平／孙　佳

指导老师：曹　洪、李　利、杨　威

二等奖：《爱，本该……》　北京舞蹈学院

选手：刘少博／左金民

指导老师：花　鸣

《蝶恋》　上海电影艺术学院舞蹈学院

选手：赵耀程／王洲文

指导老师：孙　荣、温亮富

三等奖：《似火柔情》　海电影艺术学院舞蹈学院

选手：方　堃／刘　歌

指导老师：刘哲明、孔德辛

《爱上风的叶子》　北京舞蹈学院

选手：王　寅／胡　悦

指导老师：张永庆、时丕彦

《舞之泪》　北京舞蹈学院

选手：王　政／卢　琳

指导老师：孙轶娇

优秀表演奖：《如果·爱》　北京舞蹈学院

选手：王宇潇／徐　瑶

《和谐时代》　上海电影艺术学院舞蹈学院

选手：梁　爽／邱　婷

《偶·遇》　上海电影艺术学院舞蹈学院

选手：宋　帆／岑　橙

《少女的回忆》　上海电影艺术学院舞蹈学院

选手：马作诗／潭艳秋

艺术表演舞拉丁双人舞

一等奖：《明天我们结婚》　北京舞蹈学院

选手：李　航／娄　慧

指导老师：万　泉

二等奖：《再晚，我都等着你》　北京舞蹈学院

选手：侯寅山／付　玥

指导老师：万　泉

《我的葛贝利亚》　北京舞蹈学院

选手：尹新杰／樊林月

指导老师：易　杰

三等奖：《青春的活力》　深圳骏毅体育舞蹈学校

选手：王　勇／林巧燕

指导老师：尹向荣、候彩萍

《森林变奏》　广东文艺职业学院

选手：王　棘／高　雪

指导老师：尹卫东、龙卫敏

《那一端》　北京舞蹈学院

选手：李　航／左金民

指导老师：李　航、项　莹

优秀表演奖：《情》　北京舞蹈学院

选手：林　超／唐梦露

《梦会》　北京舞蹈学院

选手：韩　毅／刘　丹

《沙滩》　广东文艺职业学院

选手：周钰俊／杨　茜

《今生爱走远》　北京舞蹈学院

选手：吴博文／于晓羽

《桑巴情》　北京国际标准舞学院

选手：牛　犇／祖颖颖

艺术表演舞标准队列舞

一等奖：《舞出狂澜》　上海电影艺术学院

指导老师：杨鲜婷、孙　荣

二等奖：《歌声》　北京舞蹈学院

指导老师：李　濛、王奕菲

《飞扬玫瑰》　北京戏曲艺术学院

指导老师：臧晓静、成　沂、周　磊

艺术表演舞拉丁队列舞

一等奖：《MEET ME ON THE DANCE FLOOR，BABY》　广东文艺职业学院

指导老师：尹卫东、龙卫敏、Michael Chapman

二等奖：《永恒》　北京舞蹈学院

指导老师：陈淑民、胡　耀

《阳光舞步》　北京戏曲艺术职业学院

指导老师：张　玮、吴　蕾

三等奖：《阳光》　大连国际舞蹈学院

指导老师：孙玉枝

《森林飞舞》　吉林体育学院五环体育舞蹈训练基地

指导老师：叶莲娜(俄)、王　鑫

《跳动的音符》　沈阳音乐学院舞蹈学院

指导老师：孟宪文、戴青青

优秀表演奖：《律动的青春》　江西艺术职业学院

艺术表演舞创编舞

一等奖：《黑裙子，白裙子》　北京舞蹈学院

指导老师：韩美玲、汤·格里顿

二等奖：《青春之歌》　上海电影艺术学院

指导老师：夏　冰、孔德辛

《VS》　广东文艺职业学院

指导老师：尹卫东、龙卫敏

三等奖：《黑白情》　广西艺术学院

指导老师：刘　芳、曾菲菲、丁　波

《舞动激情》　津师范大学艺术学院

指导老师：林欣甫、刘　立

《火凤凰》　武汉市体育舞蹈学校

指导老师：姚晓明、徐立伟

教学剧目创作奖：

一等奖：《明天我们结婚》　北京舞蹈学院

编创者：万　泉

《黑裙子·白裙子》　北京舞蹈学院

编创者：韩美玲、汤·格里顿

二等奖：《MEET ME ON THE DANCE FLOOR，BABY》　广东文艺职业学院

编创者：尹卫东、龙卫敏、Michael Chapman

《再晚我都等着你》　北京舞蹈学院

编创者：万　泉

《歌声》　北京舞蹈学院

编创者：李　濛、王奕菲

《我的葛贝利亚》　北京舞蹈学院

编创者：易　杰

三等奖：《冬天来了》　上海戏剧学院舞蹈学院

指导老师：余　霄、杨　威、曹　洪

《蝶恋》　上海电影艺术学院舞蹈学院

指导老师：孙　荣、温亮富

《VS》　广东文艺职业学院

指导老师：龙卫敏、尹卫东

《爱，本该……》　北京舞蹈学院

指导老师：花鸣

《舞出狂澜》　上海电影艺术学院

指导老师：杨鲜婷、孙　荣

《飞扬玫瑰》　北京戏曲艺术学院

指导老师：臧晓静、成　沂、周　磊

2006年度国际比赛获奖名录

（公派）

序号	名称	时间	地点	人数	奖项
1	第18届摩纳哥“初登舞台”国际杂技节	2006.1.31—2.6	摩纳哥	21	上海马戏学校“空中大飞人”节目和“倒立技巧”节目均获比赛的最高奖“金k奖”及亲王特别奖和摩纳哥城市特别奖
2	第27届法国世界“明日”杂技节暨第18届未来杂技节	2006.1.26—30	巴黎	20	大连杂技团《大连女孩》女子车技节目和杭州青少年杂技团《双人皮条》节目均获银奖
3	第十五届法国金鸽国际魔术比赛	2006.3.10—12	法国	2	解放军二炮文工团赵育莹的《扇舞新韵》节目获舞台魔术金奖
4	2006帕肯宁国际吉他比赛	2006.5.30—6.2	美国马里布市	3	中央音乐学院附中学生苏萌和朱俐颖分获少年组第1名和第3名

2006年度国际比赛获奖名录

（自费）

序号	名称	时间	地点	人数	奖项
1	第22届意大利罗马金色马戏节	2005.12.19—2006.01.10	罗马	25	上海市马戏学校《双人倒立技巧》、《单手倒立》、《跳板蹬人》、《爬杆》、《跳绳》5个节目获比赛唯一金奖和共和国总统奖
2	第14届法国玛希国际马戏节	2006.1.8—15	玛希	25	福建省杂技团的《行为艺术一度》和《舞者》两个节目获共和国总统奖
3	俄罗斯少年马戏爱好者比赛	2006.9.10—15	索契	10	河北省杂技团《蹬人》节目获金奖
4	意大利“拉蒂那城市”国际马戏节	2006.10.19—23	拉蒂娜那	13	广州军区战士杂技团《女子集团柔术》节目获金奖、《弹皮飞人》节目获铜奖
5	莫斯科国际青少年马戏比赛	2006.9.2—5	莫斯科	5	山东济南市杂技团《双人高椅》节目获金象奖
6	第23届世界魔术大会	2006.7.30—8.9	斯德哥尔摩	17	浙江省曲艺杂技总团戴滨淳《牌技》节目获舞台魔术手彩类第一名
7	瑞士洛桑国际芭蕾比赛	2006.1.19—2.2	洛桑	6	北京舞蹈学院学生郭乘武《唐.吉诃德》变奏、coda和现代舞《春来》获现代舞男子组金奖和总成绩第二名
8	第3届韩国首尔国际舞蹈比赛	2006.8.22—9.4	首尔	4	解放军艺术学院学生王圳冰获现代舞（青年组）第3名
9	第七届法国瓦兹河谷国际杂技节	2006.9.21—25	都蒙	7	四川遂宁市杂技团《双人技巧》节目获银奖

全国昆曲优秀青年演员展演“十佳演员”

俞玖林 江苏省苏州市昆剧院
吴双 上海昆剧团
项卫东 浙江昆剧团
魏春荣 北方昆曲剧院
谷好好 上海昆剧团
张军 上海昆剧团
沈丰英 江苏省苏州市昆剧院
周雪峰 江苏省苏州市昆剧院
杨崑 浙江昆剧团
刘巍 北方昆曲剧院

全国昆曲优秀青年演员展演“十佳新秀”

曹志威 湖南省昆剧团
罗晨雪 江苏省昆剧院
毛文霞 浙江昆剧团
张媛媛 北方昆曲剧院
单雯 江苏省昆剧院
由腾腾 浙江省永嘉昆剧团
刘娜 湖南省昆剧团
朱振莹 浙江省昆剧团
施夏明 江苏省昆剧院
孙晶 江苏省昆剧院

全国昆曲优秀青年演员展演“十佳论文”获奖名单

俞玖林 江苏省苏州市昆剧院
杨崑 浙江昆剧团
张军 上海昆剧团
耿绿洁 浙江昆剧团
顾卫英 江苏省苏州市昆剧院
张媛媛 北方昆曲剧院
侯哲 上海昆剧团
魏春荣 北方昆曲剧院
刘巍 北方昆曲剧院
沈昳丽 上海昆剧团

全国地方戏优秀剧目(南北片)展演获奖名单

一等奖(14名)

(以得票多少为序)

《十二月等郎》 湖北省荆门市艺术剧院
《易胆大》 四川省川剧院
《邵江海》 福建省厦门市歌仔戏剧团
《大别山人》 湖北省地方戏曲艺术剧院
《常香玉》 河南省豫剧一团
《三月茶香》 武汉楚剧院
《黄河管子声》 山西省忻州市北路梆子剧团 山西省忻州市师院艺术系
《春琴传》 浙江小百花越剧团
《画龙点睛》 山东省吕剧院
《大儒还乡》 广西桂林市桂剧团
《大都名伶》 河北省河北梆子剧院
《欲海狂潮》 四川省成都市川剧院
《走近阳光》 湖南省花鼓戏剧院
《风雨帝王家》 山东省柳子剧团

二等奖(14名)

(以得票多少为序)

《虢都遗恨》 河南省三门峡市豫剧团
《柳毅传书》 江苏省南京市越剧团
《太阳花》 江苏省淮剧团
《石月亮》 云南省花灯剧团

《赵氏孤儿》 上海越剧院
《赵树理》 山西省晋城市上党梆子剧团
《逆火》 安徽省黄梅戏剧院
《半江清澈半江红》 黑龙江省评剧院
《孔雀东南飞》 安徽省安庆市黄梅戏剧院一团
《观世音传奇》 河北省唐山市皮影剧团
《正红旗下》 北京市曲剧院
《窦娥冤》 北京市河北梆子剧团
《清风明月》 宁夏秦腔剧团
《大河情》 甘肃秦剧团

三等奖(14名)

(以演出先后为序)

《老骆铁事》 湖南省岳阳市花鼓戏剧团
《百年苍翠》 海南省海口市琼剧团
《红豆缘》 福建省闽侯县闽剧团
《燃烧的玫瑰》 江西省萍乡市采茶歌舞剧团
《柳宗元》 广西柳州市桂剧团
《杀狗劝夫记》 浙江省温州市瓯剧团
《山魂》 广东省梅州市山歌剧团
《童心劫》 云南省滇剧院
《塔中塔》 青海戏剧艺术剧院平弦剧团
《跷中情》 辽宁省鞍山市戏曲剧院
《杜甫》 陕西省戏曲研究院
《光棍汉与外来妹》 内蒙古二人台艺术团
《海殇》 烟台市吕剧院
《月在别时圆》 辽宁大连瓦房店市辽剧团

组织工作奖

武汉市文化局
山东省文化厅

第八届中国老年合唱节获奖名单

神采奖

1. 北京经典合唱团
2. 四川省文化馆巴蜀老年合唱团
3. 湖南省文化厅老干部合唱团
4. 胜利油田老年合唱团
5. 黑龙江省哈尔滨市老年艺术合唱团
6. 贵州省老干部活动中心老干部合唱团
7. 天津老知青“草原情”合唱团
8. 广西自治区柳州市夕阳红合唱团
9. 黑龙江省哈尔滨老年大学艺术合唱团
10. 贵州省文华合唱团
11. 山西省青松合唱团
12. 广东省深圳市罗湖区黄贝街道凤凰女子合唱团
13. 河北省群艺馆合唱团
14. 安徽省淮北市社保局群艺馆老年合唱团
15. 福建省福州市老干部合唱团
16. 天津市和平文化宫和平友谊合唱团
17. 河南省老干部合唱团

光采奖

1. 海南省老干部艺术团合唱团
2. 辽宁省老干部艺术团合唱团
3. 天津市河北区老年大学枫韵合唱团
4. 甘肃省兰州星光合唱团
5. 山西省太原市老年大学女子合唱团
6. 广东省江门侨乡爱乐婆婆合唱团
7. 辽宁省沈阳工艺美术合唱团
8. 黑龙江省哈尔滨市夕阳红教师合唱团
9. 山东省烟台老年大学老干部活动中心艺术团合唱团
10. 水利部黄河水利委员会老干部合唱团
11. 重庆大学老教授合唱团
12. 天津市塘沽区“海之韵”合唱团
13. 福建省福州大学晚霞合唱团
14. 新疆生产建设兵团老军垦合唱团
15. 天津市响板合唱团
16. 华北油田金秋合唱团
17. 河北省沧州市老年艺术合唱团
18. 吉林省吉林市老干部合唱艺术团
19. 河北省老科协艺术团一团
20. 山东济南市千佛山老年大学女子合唱团

风采奖

1. 陕西省延安老干部合唱团
2. 湖南省长沙通泰老年艺术团合唱团
3. 山西省大同市工人文化宫老年合唱团
4. 青海省音乐家协会合唱团
5. 山西省星海合唱团
6. 内蒙古自治区呼和浩特市教师合唱团
7. 湖南省老干部艺术团合唱团
8. 湖北省十堰市银光合唱团
9. 浙江杭州市萧山区退休干部活动中心金秋合唱团
10. 山西潞州矿业集团公司夕阳红合唱团
11. 天津市大港滨海合唱团
12. 宁夏自治区石嘴山市老年合唱团
13. 内蒙古自治区包钢(集团)公司老干部合唱团
14. 山东省聊城市艺术中心群艺合唱团
15. 山西省教授合唱团

全国文化信息资源共享工程

单位:个

地区	合计	省级分中心	支中心	基层服务点	其他
全国	**8 627**	**33**	**1 821**	**5 797**	**976**
北京	414	1	22	391	
天津	51	1	18	27	5
河北	619	1	117	473	28
山西	173	1	93	54	25
内蒙古	76	1	55	18	2
辽宁	94	1	26	67	
吉林	354	1	49	197	107
黑龙江	148	1	56	75	16
上海	458	1	23	409	25
江苏	371	1	90	179	101
浙江	435	1	68	347	19
安徽	81	1	26	53	1
福建	120	1	52	62	5
江西	93	1	77	15	
山东	1 625	1	76	1 513	35
河南	97	1	51	45	
湖北	165	1	91	72	1
湖南	121	1	74	46	
广东	1 323	1	89	658	575
广西	193	2	56	135	
海南	31	1	19	11	
重庆	130	1	17	104	8
四川	402	1	149	240	12
贵州	169	1	42	123	3
云南	155	1	82	71	1
西藏	62	1	48	13	
陕西	320	1	51	268	
甘肃	98	1	76	21	
青海	44	1	27	14	2
宁夏	58	1	21	35	1
新疆	103	1	80	18	4
兵团	44	1		43	

全国农村电影放映队基本情况

	机构数（个）	人员编制（人）			从业人员（人）			设备情况（台）			
			行政	事业		行政	事业	放映机16mm	放映机35mm	放映机其他	发电机
总　计	**5 187**	**11 949**	**170**	**11 589**	**33 361**	**15 310**	**9 465**	**20 306**	**2 949**	**1 334**	**4 413**
1.县所属	1 672	10 039	129	9 851	19 483	11 034	7 217	11 795	1 509	811	2 298
2.乡镇所属	1 846	1 815	41	1 738	6 300	4 276	2 248	3 729	809	217	861
3.民　营	60	95	——	44	1 356	——	——	546	54	201	100
4.个　体	1 609	——	——	——	6 222	——	——	4 236	577	105	1 154

	经费来源（千元）				拷贝情况（部）				
		财政拨款	放映收入	其他		赠送	租用	自购	库存
总　计	**681 595**	**78 423**	**818 008**	**33 072**	**320 420**	**12 875**	**132 823**	**42 250**	**214 856**
1.县所属	80 466	63 640	116 432	14 771	191 760	9 138	41 590	31 986	165 457
2.乡镇所属	35 674	12 723	27 435	16 196	67 871	2 451	45 790	4 967	27 610
3.民　营	535 184	383	535 003	321	6 388	80	1 142	936	6 283
4.个　体	30 271	1 677	139 138	1 784	54 401	1 206	44 301	4 361	15 506

全国社区、村文化室基本情况

	机构数(个)		人员编制(人)			实有人数(人)			
		有编制		行政	事业		正式职工	临时工	其他
总　计	**137 665**	**12 777**	**18 173**	**2 839**	**13 581**	**153 856**	**25 405**	**331 699**	**102 956**
社区	39 797	7 516	11 370	1 921	9 046	59 167	18 421	26 442	27 998
村	97 868	5 261	6 803	918	4 535	94 689	6 984	305 257	74 958

	业务活动情况				公用房屋建筑面积	
	藏书量(册)	年购书经费(千元)	每周开放时间(小时)	持证读者人数(人)	(平方米)	阅览室面积
总　计	**111 717 550**	**2 565 276**	**15 780 683**	**7 769 633**	**17 048 792**	**3 572 002**
社区	52 603 283	856 170	314 872	3 635 116	4 955 197	1 510 739
村	59 114 267	1 709 106	15 465 811	4 134 517	12 093 595	2 061 263

	正式职工人员构成情况								
		性　别		年　龄			学　历		
		男	女	30以下	30至45	45以上	高中以下	中专	大专以上
总　计	**23 150**	**17 417**	**14 413**	**5 605**	**15 663**	**7 437**	**12 427**	**7 453**	**8 337**
社区	15 098	11 679	10 605	3 844	9 999	4 696	6 829	4 954	6 365
村	8 052	5 738	3 808	1 761	5 664	2 741	5 598	2 499	1 972

	正式职工人员构成情况					
	职　称			人员类型		
	中级以上	中　级	高　级	业务人员	行政人员	其　他
总　计	**11 901**	**1 140**	**181**	**12 013**	**4 427**	**9 748**
社区	8 033	778	98	7 894	3 479	5 814
村	3 868	362	83	4 119	948	3 934

2006年各地区社区、村文化室基本情况

	机构(个)			人员(人)			公共建筑面积(平方米)		
	总计	社区	村	总计	社区	村	总计	社区	村
总　　计	**137665**	**39797**	**97868**	**153856**	**59167**	**94689**	**17048792**	**4955197**	**12093595**
北　　京	5701	1845	3856	6296	2306	3990	1007309	237065	770244
天　　津	717	361	356	725	339	386	60096	40667	19429
河　　北	11222	5840	5382	14656	8794	5862	669964	383110	286854
山　　西	3961	569	3392	6387	1010	5377	235298	43058	192240
内 蒙 古	2216	1006	1210	3514	2218	1296	222115	157611	64504
辽　　宁	6877	2972	3905	6810	3139	3671	665277	419368	245909
吉　　林	3269	1043	2226	3618	1952	1666	245814	133719	112095
黑 龙 江	1711	505	1206	2817	1368	1449	143027	53133	89894
上　　海	3596	2249	1347	3568	1960	1608	438779	265530	173249
江　　苏	8430	3198	5232	5816	2361	3455	802807	368203	434604
浙　　江	13499	2126	11373	11388	2878	8510	2342463	449881	1892582
安　　徽	2414	623	1791	2483	837	1646	144679	51824	92855
福　　建	3629	1462	2167	5236	2420	2816	493835	317563	176272
江　　西	1690	573	1117	2676	1096	1580	85616	47021	38595
山　　东	10258	1288	8970	10510	1458	9052	860249	210571	649678
河　　南	6926	806	6120	8851	1774	7077	556057	132223	423834
湖　　北	4404	1420	2984	5896	2643	3253	3715539	143197	3572342
湖　　南	4296	1732	2564	6617	3094	3523	541673	148797	392876
广　　东	3239	1433	1806	4305	2829	1476	725640	476380	249260
广　　西	863	293	570	1291	563	728	100317	27315	73002
海　　南	608	49	559	98	42	56	69142	23841	45301
重　　庆	3103	1043	2060	2235	1257	978	929044	94328	834716
四　　川	11970	2092	9878	13539	3900	9639	558986	182498	376488
贵　　州	1199	274	925	1171	515	656	39997	15391	24606
云　　南	3358	493	2865	2769	538	2231	246892	42322	204570
西　　藏	311	31	280	336	56	280	33940	19974	13966
陕　　西	4939	1433	3506	6007	2620	3387	202829	92376	110453
甘　　肃	3489	763	2726	4425	1561	2864	314999	181780	133219
青　　海	564	541	23	1251	1251	——	64082	63392	690
宁　　夏	1084	518	566	2545	1267	1278	77562	33253	44309
新　　疆	8122	1216	6906	6020	1121	4899	454765	99806	354959

全国流动文化设施基本情况

	流动文化设施（个）	人员（人）			经费来源（千元）		
			专职	聘用		财政拨款	自筹
总计	**1088**	**18798**	**9512**	**4633**	**494282**	**410495**	**87381**
主管部门							
1、省市区文化厅、局	115	1804	1145	465	38216	18392	23535
2、地州盟市文化局	152	2523	1549	970	36770	22237	12925
3、县旗市文化馆	295	5801	3220	1470	41901	20735	22039
4、群众艺术馆	7	82	59	11	4008	2966	1042
5、文化馆	140	1707	922	724	45299	36237	9579
6、图书馆	80	2394	376	74	282904	280697	2199
7、剧团、歌舞团	94	1517	914	424	17017	12679	3791
8、电影公司	205	2970	1327	495	28167	16552	12271
车型							
1、吉普	127	1747	1340	431	27094	21962	5866
2、面包	195	2401	1656	802	329419	318589	10175
3、卡车	217	1955	1315	500	19676	13904	5369
3、其他	549	12695	5201	2900	118093	56040	65971

		配置设备									
		电视机	VCD DVD机	录像机	音响设备	电影放映机	电子琴	图书	流动舞台	发电机	活动帐篷
总计	**8404**	**1503**	**1510**	**451**	**1994**	**4440**	**779**	**7550382**	**494**	**863**	**663**
主管部门											
1、省市区文化厅、局	303	219	181	72	481	578	45	1802714	76	58	156
2、地州盟市文化局	502	473	340	138	337	559	151	1517129	69	124	190
3、县旗市文化馆	5830	477	560	135	450	1629	403	1146484	155	331	102
4、群众艺术馆	9	6	8	4	8	29	6	271887	3	4	5
5、文化馆	817	145	189	36	332	164	115	284023	52	36	28
6、图书馆	32	62	56	5	28	25	7	2432945	2	4	1
7、剧团、歌舞团	258	41	61	17	212	299	47	200	107	59	65
8、电影公司	653	80	115	44	146	1157	5	95000	30	247	116
车型											
1、吉普	4466	210	159	83	409	874	141	438579	39	128	197
2、面包	827	350	409	76	401	725	120	2683940	86	158	86
3、卡车	598	79	132	29	171	591	52	700571	99	162	68
3、其他	2513	864	810	263	1013	2250	466	3727292	270	415	312

全国老年大学基本情况

	机构数（个）	教师（人）			课程情况				
			专职	聘用	半年以下	一年	两年以上	课程设置数	总班次
总　计	**805**	**10924**	**883**	**10377**	**2249**	**2675**	**5221**	**7065**	**15715**
系统判别									
1、文化系统	147	2521	277	2379	1345	698	1224	1283	3568
2、非文化系统	658	8403	606	7998	904	1977	3997	5782	12147
机构级别									
1、省　级	17	535	25	510	21	29	117	126	970
2、市　级	138	2801	195	2661	241	789	1317	1604	4296
3、县　级	589	6823	639	6466	1915	1674	2895	4738	9348
4、乡　级	61	765	24	740	72	183	892	597	1101
性质分类									
1、政府机关主办	643	8799	715	8394	1784	1850	4158	5890	11611
2、企事业主办	52	787	101	696	297	432	682	260	2529
3、非政府企事	13	83	7	76	4	7	9	81	64
4、其　它	97	1255	60	1211	164	386	372	834	1511

	校舍面积（平方米）			经费情况（千元）					在校学员人数（人）
		自用	租用		主办单位拨款	学费	捐赠	其他	
总　计	**596154**	**487895**	**94941**	**220442**	**133680**	**49971**	**14076**	**62848**	**343478**
系统判别									
1、文化系统	117862	90039	28330	6400	23429	1680	656	2498	57551
2、非文化系统	478292	397856	66611	214042	110251	48291	13420	60350	285927
机构级别									
1、省　级	23361	18766	2115	9188	4002	4416	140	288	29893
2、市　级	183436	168442	16669	54184	60758	9458	1944	4504	118930
3、县　级	362453	279978	69782	155907	67706	30334	11942	57971	181386
4、乡　级	26904	20709	6375	1163	1214	5763	50	85	13269
性质分类									
1、政府机关主办	488550	403396	69129	164775	128926	44168	7231	21358	284625
2、企事业主办	53627	43315	12297	4852	1938	3658	345	518	24617
3、非政府企事	2043	1435	1100	1243	217	165	1087	28	1874
4、其　它	51934	39749	12415	49572	2599	1980	5413	40944	32362

全国行政区划（一）

（2006 年底）

单位:个

地划名称	地级区划数	＃地市级	县级区划数	＃县市级	＃市辖区	＃县	＃自治县
全国	**333**	**283**	**2 860**	**369**	**856**	**1 463**	**117**
北京市			18		16	2	
天津市			18		15	3	
河北省	11	11	172	22	36	108	6
山西省	11	11	119	11	23	85	
内蒙古自治区	12	9	101	11	21	17	
辽宁省	14	14	100	17	56	19	8
吉林省	9	8	60	20	20	17	3
黑龙江省	13	12	128	18	64	45	1
上海市			19		18	1	
江苏省	13	13	106	27	54	25	
浙江省	11	11	90	22	32	35	1
安徽省	17	17	105	5	44	56	
福建省	9	9	85	14	26	45	
江西省	11	11	99	10	19	70	
山东省	17	17	140	31	49	60	
河南省	17	17	159	21	50	88	
湖北省	13	12	102	24	38	37	2
湖南省	14	13	122	16	34	65	7
广东省	21	21	121	23	54	41	3
广西壮族自治区	14	14	109	7	34	56	12
海南省	2	2	20	6	4	4	6
重庆市			40		19	17	4
四川省	21	18	181	14	43	120	4
贵州省	9	4	88	9	10	56	11
云南省	16	8	129	9	12	79	29
西藏自治区	7	1	73	1	1	71	
陕西省	10	10	107	3	24	80	
甘肃省	14	12	86	4	17	58	7
青海省	8	1	43	2	4	30	7
宁夏回族自治区	5	5	21	2	8	11	
新疆维吾尔自治区	14	2	99	20	11	62	6
香港特别行政区							
澳门特别行政区							
台湾省							

全国行政区划（二）

（2006年底）

单位：个

地划名称	乡镇级区划数	街道办事处	镇数	乡数	村民、居民委员会	村民委员会	居民委员会
全国	**41 040**	**6 355**	**19 369**	**15 306**	**705 153**	**624 428**	**80 725**
北京市	314	131	142	41	6 482	3 957	2 525
天津市	242	104	118	20	5 347	3 825	1 522
河北省	2 233	270	946	1 016	52 240	49 115	3 125
山西省	1 389	193	561	635	30 015	28 172	1 843
内蒙古自治区	861	220	457	184	13 530	11 219	2 311
辽宁省	1 522	555	595	372	15 773	11 768	4 005
吉林省	887	264	425	198	11 092	9 211	1 881
黑龙江省	1 270	363	470	437	11 840	9 055	2 785
上海市	213	104	106	3	5 275	1 862	3 413
江苏省	1 388	285	994	109	22 684	17 303	5 381
浙江省	1 519	304	754	461	36 668	32 931	3 737
安徽省	1 625	242	924	459	22 868	20 019	2 849
福建省	1 104	173	591	340	16 530	14 485	2 045
江西省	1 526	131	767	628	20 685	17 571	3 114
山东省	1 932	466	1 190	276	86 778	81 283	5 495
河南省	2 355	460	832	1 063	51 669	48 362	3 307
湖北省	1 219	277	732	210	29 373	25 828	3 545
湖南省	2 407	231	1 091	1 085	48 770	44 270	4 500
广东省	1 579	431	1 137	11	25 455	19 505	5 950
广西壮族自治区	1 230	104	700	426	16 012	14 363	1 649
海南省	220	18	181	21	2 985	2 543	442
重庆市	1 022	121	595	306	11 709	9 722	1 987
四川省	4 660	249	1 821	2 590	55 255	50 047	5 208
贵州省	1 543	94	691	758	21 277	19 669	1 608
云南省	1 368	56	583	729	13 660	12 882	778
西藏自治区	691	9	140	542	5 904	5 746	158
陕西省	1 745	159	908	678	29 153	27 537	1 616
甘肃省	1 342	122	460	760	17 995	16 823	1 172
青海省	396	30	135	231	4 530	4 163	367
宁夏回族自治区	229	42	94	93	2 829	2 376	453
新疆维吾尔自治区	1 009	147	229	624	10 770	8 816	1 954
香港特别行政区							
澳门特别行政区							
台湾省							

高职高专机电专业规划教材

机械制图	检测技术
计算机绘图	数控加工编程技术
电工电子技术基础	电气控制与PLC技术
机械制造基础	数控技术及应用
机械制造技术	液压与气压传动
机械设计基础	单片机原理及应用
工程力学	冷冲压模具设计与制造
数控机床自动编程	塑料模具设计与制造

李喜婷
孙　彤
柯　姣
张　伟
栾亚平

9-3440-0

机电专业规划教材

单片机原理及应用

主编　李传军

河南科学技术出

河南科学技术出版社

单片机原理及

主编　李传军

高职高专机电专业规划教材

机械制图
计算机绘图
电工电子技术基础
机械制造基础
机械制造技术
机械设计基础
工程力学
数控机床自动编程
检测技术
数控加工编程技术
电气控制与 PLC 技术
数控技术及应用
液压与气压传动
单片机原理及应用
冷冲压模具设计与制造
塑料模具设计与制造

李喜婷
孙　彤
柯　姣
张　伟
栾亚平

9-3440-0

机电专业规划教材

单片机原理及应用
主编　李传军

河南科学技术出

河南科学技术出版社

单片机原理

主编　李传军